EL LIBRO DE JOB

CARL FRIEDRICH KEIL

Comentario al texto hebreo
del
Antiguo Testamento
por C. F. Keil y F. J. Delitzsch

Traducción y adaptación de Xabier Pikaza

EDITORIAL CLIE
C/ Ferrocarril, 8
08232 VILADECAVALLS
(Barcelona) ESPAÑA
E-mail: clie@clie.es
http://www.clie.es

Publicado originalmente en alemán bajo el título [Biblischer Commentar über das Alte Testament] Biblischer Commentar über die Poetischen Bücher des Alten Testaments: Das buch Iob, von Franz Julius Delitzsch. Editorial: Dörffling und Franke, Leipzig, 1876.

Con colaboraciones del Profesor Dr. Fleishner y del Cónsul Dr. Wetzstein
Traducido y adaptado por: Xabier Pikaza Ibarrondo

"Cualquier forma de reproducción, distribución, comunicación pública o transformación de esta obra solo puede ser realizada con la autorización de sus titulares, salvo excepción prevista por la ley. Diríjase a CEDRO (Centro Español de Derechos Reprográficos) si necesita fotocopiar o escanear algún fragmento de esta obra (www.conlicencia.com; 917 021 970 / 932 720 447)".

© 2021 Editorial CLIE, para esta edición en español.

COMENTARIO AL TEXTO HEBREO DEL ANTIGUO TESTAMENTO
El Libro de Job
ISBN: 978-84-18204-12-8
Depósito Legal: B 9136-2021
Comentarios bíblicos
Antiguo Testamento
Referencia: 225143

Querido lector:

Nos sentimos honrados de proporcionar este destacado comentario en español. Durante más de 150 años, la obra monumental de Keil y Delitzsch ha sido la referencia estándar de oro en el Antiguo Testamento.

    El Antiguo Testamento es fundamental para nuestra comprensión de los propósitos de Dios en la tierra. Hay profecías y promesas, muchas de las cuales ya se han cumplido, como el nacimiento y la vida de Jesucristo, tal y como se registra en el Nuevo Testamento. Algunas se están cumpliendo ahora, mientras que otras se realizarán en el futuro.

    Los autores, Keil y Delitzsch, escribiendo cuando lo hicieron, solo podían imaginar por la fe lo que sucedería cien años después: el renacimiento de Israel como nación y el reagrupamiento del pueblo judío en la Tierra. Este milagro moderno continúa desarrollándose en nuestros días. Desde nuestra perspectiva actual podemos entender más plenamente la naturaleza eterna del pacto de Dios con su pueblo.

    Según nuestro análisis, los escritos de Keil y Delitzsch parecen haber anticipado lo que vemos hoy en Tierra Santa. Donde su interpretación es menos clara, es comprensible dada la improbabilidad, desde el punto de vista natural, de que la nación hebrea renaciera y su pueblo se reuniera.

En resumen, le encomendamos este libro de referencia, solo añadiendo que lo involucramos desde la perspectiva de la realidad de lo que ahora sabemos acerca del Israel moderno. De hecho, el Señor está comenzando a levantar el velo de los ojos del pueblo judío.

    Sé bendecido con el magnífico comentario de Keil y Delitzsch, ya que estamos ayudando a que esté disponible.

John y Wendy Beckett
Elyria, Ohio, Estados Unidos

Manteniendo su virtud y justificando las palabras que el Creador había dicho sobre él, Job se sienta sobre su montón de cenizas como gloria y orgullo de Dios. Dios y toda su corte celestial son testigos de la forma en que Job soporta su desdicha. Él vence, y su victoria es un triunfo que va más allá de las estrellas. Sea historia, sea poesía, quien escribió este libro fue un vidente divino.

Friedrich Heinrich Jacobi
(*Werke* III, 427)

CONTENIDO

INTRODUCCIÓN DEL TRADUCTOR IX

INTRODUCCIÓN 1
  1. El problema del libro de Job 1
  2. El carácter de "hokma" (sabiduría) del libro 4
  3. Lugar en el canon 8
  4. Sistema de acentuación. Escritura en verso,
      estructura de la estrofa 9
  5. El arte dramático de la trama y de su ejecución (desenlace)... 12
  6. Tiempo de composición 15
  7. Signos del contenido doctrinal del libro 18
  8. Ecos de Job en los escritos sagrados posteriores 19
  9. Cuestiones críticas principales 21
  10. El Satán del prólogo 22
  11. La solución definitiva del problema 23
  12. Historia de la exposición o comentarios del libro de Job 26

TRADUCCIÓN Y EXPOSICIÓN DEL LIBRO DE JOB

PRIMERA PARTE: JOB 1-3
APERTURA

Job 1-2. Prólogo 37

Job 3. Primer discurso desconsolado de Job 62

SEGUNDA PARTE: Job 4-26
LA TRAMA

Job 4-14. Primer curso de la controversia 77
  Job 4-5. Primer discurso de Elifaz 77
  Job 6-7. Primera respuesta de Job 94
  Job 8. Primer discurso de Bildad 114
  Job 9-10. Segunda respuesta de Job 126
  Job 11. Discurso de Sofar 152
  Job 12-14. Tercera respuesta de Job 164

Job 15-21. Segundo curso de la controversia 209

Job 15. Segundo discurso de Elifaz 209
Job 16-17. Primera respuesta de Job 231
Job 18. Segundo discurso de Bildad 261
Job 19. Segunda respuesta de Job 275
Job 20. Segundo discurso de Sofar 305
Job 21. Tercera respuesta de Job 322

Job 22-26. Tercer curso de la controversia 345

Job 22. Tercer discurso de Elifaz 345
Job 23-24. Primera respuesta de Job 365
Job 25. Tercer discurso de Bildad 397
Job 26. Segunda respuesta de Job 401

TERCERA PARTE: Job 27-31
TRANSICIÓN AL DESENLACE

Job 27-28. Discurso final de Job a sus amigos 417

Job 29-31. Monólogo de Job 458

Job 29. Primera parte 458
Job 30. Segunda parte 472
Job 31. Tercera parte 499

CUARTA PARTE: Job 32-42
DESENLACE

Job 32-37. Discursos de Elihu 529

Job 32-33. Primer discurso 529
Job 34. Segundo discurso 560
Job 35. Tercer discurso 577
Job 36-37. Cuarto discurso 585

Job 38, 1-42, 6. Desenlace en la conciencia 614

Job 38, 1-40, 5. Primer discurso de Yahvé y respuesta de Job 614
Job 40, 6-42, 6. Segundo discurso de Yahvé y segunda respuesta penitente de Job 647

Job 42, 7-16. Desenlace externo 672

INTRODUCCIÓN DEL TRADUCTOR

Siendo de origen "pagano" Job es una de las figuras centrales de la tradición israelita y ha sido ya citado en Ez 14, 14, junto Noé y Daniel como ejemplo de honestidad y justicia ante Dios. Job es representante de un tipo de religión y justicia universal abierta al Dios creador y reconciliador que vincula a todos los pueblos, por encima de las luchas y juicios injustos en que ellos se encuentran sumidos.

El libro de su nombre, escrito desde una perspectiva israelita (pero sin fundarse en las tradiciones específicas del pueblo elegido: Ley del Sinaí, monarquía mesiánica, templo de Jerusalén…) recoge esa figura de Job y elabora en torno a ella un drama teológico de gran hondura que ha sido aceptado por la Biblia judía en el canon de sus textos sagrados, en la sección de los sapienciales, al lado de Salmos, Proverbios, Eclesiastés y Cantar de los cantares, siendo citado por el Nuevo Testamento (Sant 5, 1) y por el Corán (4, 163; 6, 84; 21, 83; 38, 41).

Ese libro ha planteado de un modo radical el tema de las relaciones de Dios con el hombre en el contexto de lo que después se ha llamado el enigma y misterio de la teodicea, centrada en la justificación de Dios ante el sufrimiento de los inocentes y en la justificación o salvación de los hombres expulsados y oprimidos, dentro de una tierra donde tiende a imponerse y sacralizarse la injusticia. Este ha sido desde antiguo un libro valorado, discutido y comentado por judíos y cristianos, y entre los cristianos por Padres de la Iglesia y escolásticos medievales, reformadores y teólogos, protestantes y católicos y, finalmente, por filósofos y antropólogos modernos, de todas las confesiones y tendencias. Entre los comentarios esenciales de este libro sobresale el de F. Delitzsch, escrito en alemán y publicado en Leipzig el año 1864 (2ª edición 1876), que ahora traducimos y adaptamos en lengua castellana en esta colección de *Comentarios al texto hebreo del Antiguo Testamento*. Los lectores de este libro conocen bien su figura pues ha comentado también otros textos esenciales de la Biblia como Isaías y Salmos, por lo que resulta innecesario presentarle. Por eso, a modo de prólogo, como traductor y adaptador de su obra me limito a evocar alguno de los rasgos principales de este libro de Job y del comentario de F. Delitzsch como ayuda para los lectores de lengua castellana.

1. El libro de Job

1. Entorno y circunstancia. Comienza el libro en forma de parábola. En una tierra oriental del entorno de Israel, entre Siria, Transjordania, Moab o Idumea, habitaba un gentil rico y justo, adorador del Dios Todopoderoso (*Shadai, Eloah, Elohim*) aunque no era judío. De un modo significativo su historia se sitúa en los tiempos patriarcales, antes del nacimiento de Israel como nación elegida de Dios, como un contemporáneo de Abraham y de Jacob, sedentario y rico, habitante principal de una tierra fértil entre la ciudad y el desierto, sin necesidad de emigrar como los patriarcas de Israel hacia la tierra prometida de Canaán.

Era fiel a Dios y hombre justo conforme a la justicia antigua de los pueblos, y habitaba como un tipo de jeque más alto (casi como un rey) entre los pueblos y ciudades de su entorno, como nuevo Adán, protector de pobres, abogado de huérfanos y viudas, manteniendo el buen orden de la tierra, de manera que Dios mismo se gloriaba de tenerle por amigo ante sus siervos o sus hijos (los ángeles del cielo), como cuenta con ingenuidad bien estudiada un relato antiguo que el autor del libro ha colocado al frente de su obra:

> Un día, cuando los hijos de Dios venían a presentarse ante Yahvé, se presentó también con ellos el Satán. Así hablaron sobre Job: Yahvé: ¿De dónde vienes? Satán respondió: De recorrer la tierra y pasearla. Yahvé le dijo: ¿No te has fijado en Job, mi siervo? No hay nadie como él sobre la tierra. Es hombre recto y cabal, que teme a Dios y que se aparta de lo malo. Satán replicó: ¿Piensas que Job se porta así de balde? Tú mismo has levantado una valla en torno a él, en torno a su casa y a sus bienes. Has multiplicado sus posesiones y se extienden sus rebaños por la tierra. Pero extiende la mano y quítale los bienes ¡verás cómo te maldice abiertamente! Yahvé le dijo: Haz lo que quieras con sus bienes; pero no toques su persona (Job 1, 6-12).

Así comienza el libro. El Dios del cielo celebra consejo de gobierno sobre el mundo. Le rodea el misterio de los ángeles que el texto antiguo llama "hijos de Dios", entre ellos se encuentra Satán, que es el Diablo o Tentador, algo así como fiscal supremo, que discurre por el mundo escudriñando sus rincones en busca de "pecados" (pecadores) para presentar su temática ante Dios. Este Satán no es aún el enemigo abierto de Dios y de los buenos, no es el Diablo de las tradiciones posteriores ni es una especie de "antidios" como le presentan algunas teologías dualistas que provienen del oriente (Irán) y que se han asentado más tarde en el mismo judaísmo y cristianismo (algunos esenios de Qumrán, los maniqueos cristianos).

No es el *antidios*, pero sospecha de Dios y se eleva como acusador de los hombres, y logra enfrentarse por ellos (o mejor dicho, contra ellos) ante el mismo Dios cumpliendo una función que puede compararse a la función de la serpiente del Gen 2-3, que se sitúa y nos sitúa en un contexto semejante a ese en el libro de Job. Este Satán vive en la trama de la tierra y sabe que es fácil agradecer la vida a Dios en tiempos de dicha, pero muy difícil ser agradecido y mantener su fidelidad en la desdicha. Por eso desconfía de aquellos que se dicen "fieles de Yahvé", duda de Job y de su gratuidad diciéndole a Dios que le sirve solo por interés, porque le conviene.

Pues bien, con gran sorpresa vemos que este Dios, a quien el Diablo tienta (en vez de tentar simplemente a los hombres), se deja influir en principio por la acusación de ese Diablo en contra Job dejándole en sus manos para que le tiente y de esa forma pueda verse si "sirve" a Dios por gracia o solo por interés humano. ¿Por qué se deja Dios influir de esa manera? ¿Por qué duda de sí mismo, por qué duda de los hombres? ¿No será porque Satán forma de algún modo parte de su vida divina? Sea como fuere, al principio del libro da la impresión de que este Dios no se encuentras todavía seguro de su propia identidad como promotor y garante de la justicia y como defensor de los hombres a quienes él ha debido crear por amor.

En ese contexto podemos preguntarnos: ¿es justo probar de esa manera a un hombre como Job, solo porque el Diablo no comparta su fama de justicia? ¿A quién está probando este Diablo: al pobre Job o al mismo Dios? Quizá podamos añadir: ¿se hubiera comportado así el Señor del Sinaí, de la Alianza de las tribus de Israel y de las promesas mesiánicas del templo de Jerusalén? Evidentemente parece que no: la historia Dios en Israel tal como aparece narrada en el Pentateuco y los profetas no probaba a los fieles de esa forma, no sospechaba de los hombres. Pero el autor de este libro está interesado en llegar hasta el final en ese tema, y por eso presenta la historia de Job como "parábola teológica" en un momento anterior, antes de lo que pudiéramos llamar la historia positiva de la revelación, en el lugar donde se plantean los problemas radicales de la vida, en el contexto de un hombre rico y bueno, por todos venerado, a quien Dios deja en manos del Diablo, que le toca con su mano de juicio y le convierte de pronto en pobre, enfermo, abandonado y encima criticado y condenado por tres "amigos" que antes le habían acogido, imitado y agradecido por sus grandes dones de bondad y de riqueza.

Sabemos por la misma Biblia antigua que Dios prueba, como indica Gen 2-3 (la historia del Edén). Pero conforme a ese relato y al conjunto de la Biblia, Dios lo hacía por fidelidad al ser humano. Aquí, en cambio, parece hacerlo por desconfianza ante él (es decir, ante Job) y por un tipo de juego maligno, en colaboración con Satán, el Diablo. Quizá pudiéramos decir que este Dios de Job aparece como un anticreador, un tipo de Gran Espíritu Adverso que "deconstruye" su creación, deshaciendo hilo tras hilo la trama en que ha venido a tejerse la vida de los hombres justos y ricos, señores bondadosos de la tierra, protectores de los pobres y los desvalidos.

Este Dios de Job parece un Señor diabólico, un doble de Satán dominado por un fuerte deseo de poder, sin más intención ni voluntad que dominarlo todo para probar que él puede hacerlo, imponiendo su majestad sobre el mundo entero, pero sin auténtica justicia, sin que le interese el sufrimiento de Job, ni la justicia de los hombres. Pues bien, en este contexto, desde el comienzo de la trama de esta historia, podemos advertir, como sin haberlo buscado, que este el libro de Job nos introduce en el "drama" de Jesús, como lo irá destacando este comentario de Delitzsch, porque a aquel quien este libro "prueba", esto es, quiere revelar, no es solo a Job, sino a Dios.

2. Job sufriente. Los cinco dolores

En esa línea, este libro podría titularse el "drama de los caminos adversos de Dios", como una especie de "tragedia israelita" donde, como en la tragedia griega de aquel tiempo (en las obras de Esquilo o Sófocles), los sufrientes del mundo tenían que enfrentarse con un "destino" superior que dominaba sobre dioses y hombres (Edipo, Antígona…). Pero aquí, el adversario de los hombres como Job no parece ser el destino, sino un Dios a quien la religión de Israel presenta como Señor personal y amigo de los hombres.

Job se eleva así como símbolo de la humanidad entera condensada en su figura patriarcal, de hombre (varón) rico y bueno, pero tentado por el "diablo" de la enfermedad y del rechazo social, en un mundo que parece falto de sentido o, mejor dicho, lleno de sentido adverso, dominado por el mal y condenado desde su mismo principio a la muerte. Los autores o, mejor dicho, los agentes de este drama o tragedia de Dios parecen venir de un pasado de armonía, de existencia pacífica y riqueza. Pero luego sobreviene la violencia personificada en el "castigo" de Job, arrojado de la buena sociedad, a quien la vida (el Diablo) ha quitado toda su riqueza, su honor y su familia (hijos), un condenado que yace en el estercolero de la sociedad (de la nueva ciudad de los hombres), condenado por sus antiguos amigos y colegas que le acusan de pecado, exigiéndole que confiese sus culpas y que se arrepienta para que así pueda formar parte de la nueva sociedad de los triunfadores, sometiéndose a ellos. Desde ese fondo se entienden sus "sufrimientos":

1. Sufrimiento material, pobreza. Aplastado por la rueda de un destino adverso Job pierde sus bienes y sufre, condenado a una próxima muerte, sin tener ya rebaños ni pastores, sin tierras de cultivo y labranza, sobre el suelo duro de oriente sin más ayuda o posesión que el sufrimiento. Ha perdido casa y campos, propiedades familiares y sociales. Desnudo de bienes y honores personales o sociales yace derribado de su pedestal antiguo, fuera del espacio de los nómadas de la tribu y de los labradores de grandes campos ricos, expulsado de la ciudad a la que antes se hallaba asociado, a merced de todos los que pasan o vienen a su lado para lamentarse con él, que es ahora el tipo del hombre caído, y para criticarle aún más en su desgracia.

2. Sufrimiento social y afectivo, sin casa ni familia. Job no era solo él como persona aislada, sino su "casa" entendida en el sentido extenso: siete hijos, para comer con ellos un día de cada la semana, tres hijas, signo de vida y descendencia (futuro), con criados, labradores, pastores, boyeros y camelleros, en el centro de una gran mansión entendida como "reino patriarcal" sobre el que dominaba como "jeque principesco", estableciendo su "bondadosa y paterna justicia" sobre huérfanos y pobres, viudas y necesitados del entorno e incluso de la misma ciudad. Pero todo eso ha quedado destruido en un momento, por un cambio de fortuna cósmica (incendio, tormenta) y social (razias de tribus enemigas…). Y de esa forma ha quedado solo, sin casa ni hacienda, ayuda social, sin amor de familia, sin fidelidad de grupo, rechazado por todos como un condenado solitario que espera la muerte en el estercolero, entre la ciudad y el campo, donde se pudren en vida las basuras. Significativamente, sobrevive su mujer, pero solo para atormentarle como acusadora, echándole en cara su pasado de justicia.

3. Sufrimiento físico, enfermo. La destrucción externa se traduce como enfermedad personal y social, del cuerpo y del alma, como un cáncer total que le corroe, como una lepra (en la línea de lo que se suele llamar elefantiasis) que va quebrando y destruyendo su mismo cuerpo interno, la razón de su existencia, como castigo o negación de su existencia. De esa forma se derrumba (le derrumban y le dejan) sobre el estercolero o "gehena" de la ciudad y del campo, sin fuerzas para vivir, como adelantado de la muerte, como escoria viviente (mejor dicho, *muriente*), allá en el vertedero donde vienen a parar hombres y cosas que sobran y que estorban, hasta que ellas mismas se destruyen, como basura de un mundo donde los que triunfan expulsan a los derrotados y le dejan morir (les matan con su rechazo, sin necesidad de rematarlos con una ejecución externa). Así queda Job, como un desecho personal, como sacrificio viviente, ruina humana entre las otras ruinas de la tierra, como ofrenda que el nuevo sistema social tiene que elevar al Dios de la muerte para así seguir viviendo.

4. Sufrimiento social, rechazado por el conjunto de los hombres. Está expulsado pero no olvidado pues su figura y sufrimiento en el estercolero resulta absolutamente necesaria para que funcione la "buena sociedad", la de los triunfadores que se justifican a sí mismos ante su propio Dios (que crean y afianzan su nuevo poder, sus sistema) expulsando y condenando (echando la culpa) a los contrarios, convertidos de esa forma en víctimas, entre las que sobresale Job, que antes era el signo más importante del sistema. De esa forma, los responsables de la buena (nueva) sociedad no solo le han "echado" a la basura del sistema, sino que le destruyen moralmente con la ley de razones, esto es, de su Dios, que es el Dios de los triunfadores. Por eso, ellos se empeñan en quebrar sus defensas personales, jurídicas y religiosas para que confiese su culpa ante ese Dios a quien ellos presentan como garante de armonía y verdad sobre la tierra. Ellos solo pueden confesar su "verdad" expulsando y condenando a los derrotados como Job.

5. Sufrimiento personal, el ocaso del Dios de los triunfadores. Job era "monoteísta", confiaba en un Dios universal. Pero ese era el Dios de su tierra y de su hacienda, de su poder y su familia, de su gran riqueza y todo eso lo ha perdido, y con ello pierde al Dios que "premia a los llamados justos y condena a los presuntos culpables", que es el Dios de los vencedores que le expulsan y condenan en el reino de la muerte. Desde ese fondo, desde el lugar de la muerte anunciada que le va quebrantando día a día Job tiene que "luchar" contra ese Dios, tiene que rechazarle y buscar al Dios verdadero, para defender así su verdad (la verdad de la vida) desde el lugar de la *no verdad*, para defender su derecho desde el lugar del *no derecho*, para mantenerse a sí mismo y no quebrar y confesarse culpable en medio de la enfermedad y rechazo social, desde su total pobreza. Encerrado en su dura contradicción, condenado a una muerte muy próxima, Job tiene que asumir (sufrir y recrear desde dentro) el sentido de sus sufrimientos descubriendo en ellos y por ellos al nuevo Dios del futuro de su vida, el Dios que no puede "cubrir su sangre", es decir, justificar su fracaso y su muerte sin esperanza de vida futura.

Esos cinco dolores se condensan en un tipo de dolor más alto que es el sufrimiento "teológico", la dolencia de un Dios que no puede responderle ni resolver el problema de su vida. El creyente de Israel, escritor de nuestro libro, no puede responder a los problemas de Job acudiendo a buenas tradiciones del Éxodo y la Alianza, no puede responder a sus preguntas con argumentos viejos de los sacerdotes de Jerusalén. Por eso ha colocado en el principio de la historia, ante la corte de Dios, a un personaje maléfico, Satán, no porque crea en él, sino porque le sirve para contar la historia de la "resurrección", es decir, de la nueva esperanza de Job cuando las razones del Dios y de la religión anterior han quebrado.

El tema de fondo es que el Dios de los "amigos" de Job, de aquellos que le acusan, tiene rasgos satánicos que se expresan en el triunfo de los vencedores ante los que Job tiene que inclinarse, confesando sus culpas, para así humillarse ante ese Dios de los fuertes, que se impone sobre el mundo con su razón "poderosa", la razón de los triunfadores, que se imponen y gobiernan sobre el mundo echando la culpa a las víctimas (como Job). El problema de fondo está en "someterse" a los vencedores, como si fueran los representantes de un Dios que es poder y seguridad, que expulsa y somete a los pobres (a las víctimas) para elevarse a sí mismo sobre el mundo. Pues bien, contra ese "dios", en busca del Dios verdadero de los vencidos y las víctimas se eleva Job a lo largo de este libro, esperando un tipo de "resurrección", es decir, de manifestación más alta de la justicia de Dios.

3. Relato y poema. Un libro en dos planos

Las preguntas anteriores van surgiendo en los discursos del centro del libro que forman un poema sapiencial dialogado, en forma de drama teológico y antropológico, sobre Dios y el hombre en torno al sufrimiento (Job 3-41). Ese poema se distingue claramente del encuadre histórico del libro formado por un *prólogo* (Job 1-2) y un *epílogo* (Job 42, 7-17), que cuentan una especie de leyenda en la línea que he venido indicando: Satán es principio de tentación y Dios mismo parece esconder dentro de sí un rostro satánico. Pues bien, ese problema parece resolverse al fin de una forma amable, positiva: Job mantiene su paciencia en medio de la prueba, apela al Dios más alto y acaba premiándole al fin, dándole razón en contra de sus adversarios y restituyéndole la riqueza y vida anterior con su familia y posesiones, como si nada hubiera pasado (42, 7-17).

Introducción del traductor

Ciertamente todo parece pasar, pero permanece vivo en el centro del drama con las acusaciones y preguntas de Job, con las razones y la imposición de sus adversarios. Dios responde en un plano dándole razón a Job, pero su respuesta solo es verdadera en un nivel más hondo, en el nivel de la conciencia nueva de los hombres y mujeres como Job, no en un plano externo en el que las cosas siguen siendo como eran.

Es evidente que muchos israelitas se han identificado con esta figura piadosa y paciente de Job proyectando en ella sus padecimientos. Pero en el centro del libro, que es un largo poema (Job 3-41) que al principio parece independiente de la leyenda anterior (una especie de drama o discurso dialogado, en largos versos duros, desgarrados), Job no es ya el hombre piadoso y paciente de la antigua historia, sino un luchador que se sitúa de manera crítica ante el Dios de su tradición y enfrentándose a los amigos que le acusan.

Este es el Job verdadero, el hombre que disiente del Dios de los triunfadores al que acusa, presentándole de forma apasionada sus preguntas, pidiéndole (casi exigiéndole) que se manifiesta en su verdad como "goel", esto es, como redentor de los expulsados y oprimidos. En esa línea, el argumento básico del libro lo forma un diálogo cruzado sobre el sufrimiento entre Job, sus amigos y Dios. Habla *Job* desde el nivel de su experiencia, como hombre tentado pero no destruido, que defiende poderosamente su justicia. Hablan *los sabios* del mundo, primero sus tres "amigos" que, en vez de consolarle, imponen sobre su dolor una visión legalista de la justicia acusándole así de pecado, después un cuarto "teólogo", como un "extra" que razona desde la "justicia oficial" de Dios.

— *Los tres amigos* son los sabios del sistema, esto es, del orden social y de la religión del mundo. De esa forma defienden la "justicia universal de Dios" (que es su justicia histórica, la defensa del poder de los triunfadores) y piden a Job que se humille, confesándose culpable. No lo hacen por "ayudar" a Job, sino para justificarse a sí mismos. Son portavoces de un sistema que les ha exaltado (en cuyo interior se han elevado como jueces de los otros) llamándose sabios, y para defenderse y mantener su privilegio necesitan condenar a Job, haciéndole culpable. Más aún, ellos necesitan que Job se "confiese" culpable, como en los juicios de las inquisiciones de este mundo, para así mantener ellos la justicia oficial, de forma que puedan sentirse seguros destruyendo a Job, el rebelde, que es una amenaza para sus seguridades.

— *Job, en cambio, mantiene su inocencia frente a Dios*, en contra del sistema de los sabios oficiales que buscan su seguridad acusando de "pecado" al fracasado, que es Job, obligándole a someterse. Así se eleva él, como un hombre libre, como simple ser humano, como individuo llamado a la vida por Dios frente al sistema social de la religión social (es

XV

decir, ante el poder de los triunfadores). De esa forma aparece como un "protestante" en el sentido radical de la palabra, un hombre que quiere ponerse en pie y se pone, libremente, para hablar de esa manera con Dios, sin mentir en su presencia ni humillarse; como un hombre que protesta no solo ante Dios, sino ante los que defienden al Dios del poder queriendo así doblegarle. Pues bien, Job no se doblega, sino que eleva su alegato ante Dios y lo rubrica: "esta es mi firma; responda Dios omnipotente" (Job 31, 35). Se ha defendido honestamente; honestamente quiere que Dios hable y le presente sus razones.

Este Job no niega la existencia de Dios, sino todo lo contrario: quiere situarse ante el Dios verdadero de los expulsados de la historia, el Dios que precisamente le ha dado la libertad para protestar pudiendo así reconciliarse con él en su verdad, desde el sufrimiento de la historia no desde el poder de los triunfadores. Ciertamente ha proferido acusaciones duras, pero es que el "Dios" del sistema (es decir, el Dios de sus amigos) le ha tratado duramente exigiéndole encima que se someta bajo su poder; pues bien, en contra de ese Dios del sistema de poder, representado por sus "tres amigos", Job se mantiene firme, en el estercolero de la historia, apelando al Dios de la verdad que no ha dicho aún su palabra más profunda pues está manipulado por los falsos sabios del sistema.

Job ha descubierto y sufrido el poder satánico de Dios: el poder opresivo de su fuerza, su injusticia. Ha descubierto la violencia de aquello que muchos llaman "misterio de Dios", que se identifica en el fondo con el misterio de la iniquidad del mundo (dirigido y dominado por Satán) y quiere superar ese nivel. Por eso sale en busca del rostro más hondo, del único rostro verdadero del Dios que es divino: presiente que ha de haber en Dios un rostro de gracia no opresora y por eso no se rinde en el camino de dureza y sufrimiento de este mundo. En esa línea, los grandes lectores de la Biblia judía, guiados de la mano de Job, representados en su mismo dolor y en sus preguntas, han querido entender su vida y la vida de Dios a través de un camino de compromiso personal por la verdad, asumiendo así los "caminos adversos" de Dios, para introducirse en su auténtico camino de vida.

4. El comentario de F. Delitzsch

F. Delitzsch ha querido entender y comentar desde ese fondo a Dios, como muchos creyentes anteriores, judíos, cristianos e incluso musulmanes, pero lo ha hecho de un modo especial y memorable como filólogo hebreo, cristiano protestante y pensador universal del siglo XIX. Su comentario a Job ha sido y sigue siendo uno de los libros fundamentales de la teología moderna, y así hemos querido traducirlo y adaptarlo, no solo como obra histórica propia de un pasado memorable, sino como referencia abierta de un futuro que nos permita interpretar mejor no solo la Biblia sino el sentido de la vida en su conjunto

Introducción del traductor

1. Un comentario filológico. F. Delitzsch ha sido quizá, con H. Gesenius (a quien constantemente cita) el mayor investigador de la filología y de la poesía hebrea del siglo XIX, no solo en un plano de análisis lingüístico, sino también de estudio temático de los grandes textos proféticos y sapienciales de la Biblia. Quizá nadie ha sabido estudiar y recrear con su fuerza el lenguaje hebreo, como lengua viva de experiencia religiosa y de revelación del misterio, como profecía y poesía universal de vida, que vincula a judíos y cristianos, católicos y protestantes e, incluso, a creyentes confesionales y no creyentes.

En este sentido, su comentario no ha sido superado todavía, por su forma de analizar las palabras y por su comparación constante con otras lenguas semitas del entorno (especialmente el árabe y el arameo). Se puede discutir su forma de concretar su opción básica por el árabe antiguo y moderno, con su intento por recuperar y aplicar el mensaje "hebreo" (bíblico) de Job en un contexto de apertura a la cultura religiosa universal de oriente (en lengua aramea y árabe); pero su intento sigue siendo esencial como expresión de una experiencia y búsqueda de la verdad de Dios y de la libertad y justicia de los hombres, en un contexto en el que se vinculan elementos judíos, musulmanes (quizá mejor, protomusulmanes) y cristianos desde el lenguaje poético de Job.

Ciertamente, se ha avanzado en este campo. Hoy se conocen mejor otros idiomas del entorno bíblico (como el ugarítico), otras culturas antiguas del entorno "arameo" como la de Mari. Pero no conozco a nadie que haya investigado como Delitzsch el trasfondo semítico antiguo del libro de Job situándolo desde una perspectiva israelita, en un contexto de cultura y religión universal, retomando y aplicando así los motivos fundamentales del protestantismo ortodoxo y liberal, en el mejor sentido de la palabra, con elementos que pueden relacionarse con la mejor moralidad religiosa del kantismo.

2. Comentario temático, en un entorno semejante al griego. Delitzsch supone que el libro de Job ha sido escrito en un contexto hebreo antiguo, en tiempos de Salomón (siglo X a. C.), en el principio de la historia israelita. En sí mismo ese "supuesto" resulta hoy menos claro pues son muchos los que suponen (suponemos) que este libro ha sido sufrido, pensado y escrito varios siglos más tarde, a la luz (y a consecuencia) de las grandes transformaciones histórico-teológicas de Israel, tras el exilio (en torno a siglo V a. C.). Pero, en su raíz, ese supuesto sigue siendo verdadero: el libro de Job retoma o recrea unos supuestos "originarios" del pensamiento y de la vida israelita que se sitúan y deben entenderse antes de la Ley nacional del Sinaí y del templo confesional y separado de Jerusalén.

En esa línea, Delitzsch ha sabido captar bien el esfuerzo del autor o autores del libro de Job por situar su temática y su historia en un tiempo primigenio, en un contexto patriarcal, abierto a las culturas del entorno representadas no solo por el arameo y el árabe (con el mundo egipcio), sino también, de alguna forma, por el esfuerzo radical de la tragedia, escrita y representada en esos mismos años en el mundo griego. Es muy posible que el autor o autores de Job no conocieran de un modo directo la tragedia de los griegos, pero vivían en el contexto de su problemática centrada en la nueva "revelación" de la razón humana, del enfrentamiento del hombre con el destino, de la búsqueda de un Dios diferente, de libertad, racionalidad y justicia.

En esa línea resultan fundamentales las alusiones y comparaciones que Delitzsch establece entre el libro de Job y los motivos de las obras trágicas de Grecia. Más aún, desde ese fondo, él ha realizado un trabajo a mi juicio esencial, situando el libro de Job (con su experiencia y mensaje) en la raíz común de las religiones monoteístas posteriores, en un contexto de experiencia teológica y antropológica compartida por judíos, cristianos y musulmanes. Ciertamente, el libro de Job es "confesional" (centrado en la experiencia de Dios y de la problemática humana del dolor, de la justicia, de la esperanza de los hombres), pero no en sentido de un culto sagrado, judío, cristiano o musulmán. Da la impresión de que a su juicio, desde la aportación del libro de Job, las tres religiones proféticas (abrahámicas) podrían y deberían vincularse.

3. En un contexto geográfico y cultural muy concreto. En la línea anterior resulta fundamental (aunque quizá externamente equivocado) el esfuerzo que Delitzsch ha realizado por situar el libro de Job en un contexto geográfico y cultural muy concreto, en la tierra del Haurán-Traconítide, en una tierra cercana al antiguo Galaad israelita, entre los montes del Golán y Damasco, en una zona donde, a su juicio, se ha conservado hasta la modernidad (a mediados del siglo XIX) una cultura de tipo árabe-arameo muy cercana a la del libro de Job.

En ese sentido resultan importantes las anotaciones y aportaciones geográficas, culturales y religiosas del cónsul Wetzstein, gran conocedor de esa región donde, a su juicio, se conservaba un tipo de "islam premahometano" (una religión universalista, centrada en el "din" o juicio sacral originario de las tribus vinculadas a la memoria de Abraham. En ese fondo ha de entenderse, según él, la aportación religiosa y cultural, lingüística y social del libro de Job, que es al mismo tiempo, un texto judío y "musulmán" (en el sentido radical de la palabra), una palabra abierta, por otra parte, a la experiencia protestante radical del cristianismo.

Parece que la hipótesis geográfica de Delitzsch no se ha confirmado de manera que es más probable que el libro de Job haya sido situado por su autor en el entorno de los "sabios de Edom", al sudeste de Judea, pero el tema de fondo que propone Delitzsch sigue siendo verdadero: este libro vincula la religión de Job con la de un entorno semita universal, quizá más árabe que judío, más arameo que puramente israelita, en perspectiva de justicia abierta a todos los pueblos, en contra de los brotes xenófobos de un tipo de judaísmo posterior.

4. Comentario canónico: Antiguo Testamento hebreo, en línea masorética. El lenguaje hebreo del libro de Job viene siendo discutido desde antiguo de manera que son muchos los comentaristas que se atreven a criticar y cambiar la puntuación (acentuación) de los masoretas, con su misma división de palabras, reconociendo solo el valor original de las raíces consonánticas de la escritura hebrea. Como se sabe, desde el V al IX d. C. los masoretas han realizado una labor enorme de fijación del texto canónico que ellos han vocalizado, puntuado y dividido según sus conocimientos, en una línea canonizada después por los grandes maestros de los siglos IX–XI que han fijado el texto que ahora conservamos.

Pues bien, muchos comentaristas posteriores (especialmente a lo largo de todo el siglo XX) se han atrevido a criticar parte de la "fijación textual" de los masoretas quienes, a su juicio, no entendían bien ciertas palabras e imágenes del texto de Job, que actualmente (en el siglo XX–XXI) se pueden fijar partiendo del mejor conocimiento que tenemos de las lenguas del entorno bíblico del Antiguo Testamento. En contra de eso, en la línea del judaísmo rabínico, Delitzsch acepta por principio la puntuación "canónica" del texto masorético, con su división de palabras y su sistema de acentos, pensando que ella es normativa en línea literaria y religiosa. En ese sentido, en la línea del judaísmo tradicional, él ha querido no solo aceptar, sino también potenciar el trabajo esencial de cinco siglos de tradición masorética empeñada en conservar y entender fielmente el texto (del V al X d. C.). Por eso, en un sentido, su comentario sigue siendo esencialmente judío, fiel a la "letra" de la "veritas hebraica" en el sentido de san Jerónimo cuya "vulgata" constituye, a su juicio, una de las grandes "autoridades textuales" para interpretar el libro de Job, por encima incluso del texto de los LXX.

5. *Comentario teológico, en línea judeo–cristiana protestante.* Como acabo de indicar, Delitzsch se mantiene fiel a la "letra" hebrea del libro de Job, pero lo entiende como libro abierto al cristianismo, desde un fondo "pagano" universal. Por eso entiende su texto en perspectiva histórica, como testimonio de un judaísmo sapiencial, abierto a la memoria religiosa de los libros de oriente (y del mismo islam antiguo, premahometano), y como "promesa" que se cumple y culmina en el cristianismo. Ciertamente, no dice como dirá más tarde C. G. Jung, en su *Respuesta a Job* (*Antwort auf Job*, 1952) que el Dios contra el que argumenta este libro "quiso" encarnarse para responder a las preguntas de Job sobre el sentido del dolor y el sufrimiento, pero todo su argumento se sitúa en esa línea: las cuestiones que el libro de Job ha planteado se adelantan a su tiempo, y solo han sido plenamente respondidas por el Dios de Jesucristo, de un modo vital y personal no en un plano de teoría.

En ese contexto, Delitzsch presenta a Job como "tipo" de Jesús, de forma que su "historia" constituye un anticipo de la historia de los evangelios, y su mensaje una preparación del mensaje y vida de Jesús, pero con la diferencia esencial de que a Jesús le han crucificado, en vez de limitarse a expulsarle y criticarle como a Job. Ciertamente, Job no murió como resultado de su juicio (condenado por los hombres), de forma que, según el conjunto del libro, él no pudo resucitar de la muerte, sino ser restaurado por Dios a una vida como la anterior. A pesar de ello, el drama del centro del libro Job no se resuelve con su "restauración" final (para volver a lo que él había sido en el principio), sino que implica una verdadera muerte, de manera que su sentido solo puede entenderse en línea de "resurrección".

El libro de Job, tal como actualmente se conserva, no ha podido culminar en la muerte de su protagonista, que en el fondo simboliza la muerte de todo el sistema sacrificial de la religión israelita y del sistema social de la humanidad. Por eso, a modo de solución provisional, este Job judío termina siendo "restaurado", de manera que se mantiene en el fondo el sistema sacrificial antiguo, con unos ligeros retoques (los mismos "amigos" que antes le criticaban quedan de algún modo rehabilitados por intercesión del mismo Job). Pero esa solución provisional, formulada en clave de "restauración" no ha podido satisfacer a las generaciones posteriores de judíos, y ella ha sido rechazada y superada por los cristianos, que saben que Jesús, el verdadero Job, ha muerto, de forma que no se puede hablar de una posible restauración, sino que es necesaria una verdadera resurrección.

Estos son algunos de los rasgos principales de este comentario a Job, escrito de forma estrictamente académica, de investigación y estudio, no de aplicación pastoral directa. Es un libro difícil de leer, escrito para especialistas que, según su autor supone, han de conocer bien no solamente el hebreo sino también, de alguna forma, el árabe y arameo, lenguas a las que Delitzsch apela constantemente, lo mismo que el griego y el latín, que cita de un modo normal, sin sentir la necesidad de traducir los textos, pues supone que resultan conocidos para sus lectores. Actualmente, a principios del siglo XXI, en un contexto de cultura hispana, de línea cristiana (protestante, católica…), la mayor parte de los lectores de este libro no conocen bien el hebreo, y menos el árabe–arameo, o el griego–latín, por lo que su lectura puede resultar más difícil, aunque no imposible. Pues bien, superando esa "barrera" de las lenguas, y en especial la gran barrera filológica hebrea, buscando su mensaje central, este libro puede y debe entenderse como libro de profunda "pastoral", de conocimiento religioso y de profundización cristiana.

5. Elementos básicos de esta traducción y adaptación

El libro de Job ha sido muy estudiado y comentado en los últimos decenios, no solo en las lenguas más comunes de la investigación bíblica (inglés, alemán, francés…), sino también en castellano, idioma en que se han publicado algunos de los mejores comentarios que citaré al final de esta introducción (entre ellos los de Alonso–Sicre, Morla y Trebolle). Hay, por tanto, mucho y buen material sobre Job, tanto en línea de investigación como de aplicación pastoral. A pesar de ello, pienso que esta traducción y adaptación del comentario de F. Delitzsch constituye un acontecimiento importante en la historia de la exégesis bíblica y de la teología y la religión en lengua española. Estas son algunas de sus aportaciones:

Introducción del traductor

1. Este es un libro importante, yo diría esencial, para el estudio filológico de la Biblia Hebrea. Más que comentario a las "ideas" del libro de Job es un comentario a sus palabras, un estudio fundamental para el conocimiento del lenguaje del Antiguo Testamento, en el contexto de las otras dos grandes lenguas semíticas occidentales, el arameo y el hebreo. En esta traducción he conservado en lo esencial la grafía del arameo (que es la misma del hebreo), y la del griego (que se supone de algún modo conocida para los lectores). Sin embargo, he transcrito la grafía del árabe en caracteres latinos, como hace la traducción inglesa, que es actualmente la más conocida para los lectores de la obra (*Job* I–II, COT 4, Eerdmanns, Gran Rapids, 1986). Aunque solo fuera por este análisis filológico habría merecido la pena la traducción y adaptación castellana de esta obra, no solo para bibliotecas y centros de estudio bíblico, protestantes y católico, sino también para lectores individuales, pues empieza a haber personas interesadas en el conocimiento de obras como esta, para así conocer y vivir mejor el mensaje de la Biblia, desde sus mismas fuentes. La lectura del libro no es fácil, el lenguaje es a veces muy técnico, pero merece la pena tenerlo y consultarlo (estudiarlo) como texto de estudio y compromiso personal cristiano, en la línea de eso que pudiéramos llamar el protestantismo esencial de todo cristianismo.

2. Aplicación histórico–religiosa. Como he dicho ya, este comentario supone que el libro de Job ha sido escrito pensando en los distritos de Haurán y Traconítide, al nordeste del lago de Galilea, lugar que ha conservado hasta el tiempo en que ha sido escrito (1864) unas costumbres religiosas y sociales parecidas a las del entorno antiguo de Job. En esa línea siguen siendo muy importantes las notas del cónsul Wetzstein y del exegeta Fleischer sobre formas de vida y costumbres de aquel territorio. Este comentario supone que ha existido un tipo de continuidad entre el tiempo de Job y el siglo XIX y el XXI d. C., en un plano cultural y religioso. En la raíz de nuestra vida somos contemporáneos de Job.

En esa línea son importantes las referencias a las costumbres culturales y sociales, económicas y religiosas de Job y de su entorno, de manera que podemos hablar de un pan-semitismo bíblico, que se hallaría en el fondo no solo del judaísmo y del islam, sino del mismo cristianismo. Como alemán culto del siglo XIX, Delitzsch apela también a los ejemplos y rasgos comunes de la cultura semita del fondo del libro de Job que mantiene con la cultura indoeuropea de Persia y de la India, es decir, de todo el Gran Oriente antiguo (del que solo se excluye China y las zonas de influjo de su lengua, escritura y cultura. Él remite también, de un modo constante, a la cultura griega y latina, con textos y temas emparentados con los argumentos del libro de Job. De esa forma nos permite trazar una especie de fondo común de la experiencia de los pueblos que van desde Grecia (por Israel y Siria) hasta Persia y la India, apareciendo así como testigo y representante de un despliegue religioso único (central) en la historia de la humanidad.

3. Actualización teológico–religiosa. Delitzsch no ha querido aplicar directamente las implicaciones religiosas del libro de Job a la historia y vida del protestantismo (cristianismo) del siglo XIX, pero indirectamente lo hace, de manera que su libro puede servir de punto de referencia para un diálogo religioso, abierto por la Biblia y desde Europa (desde las iglesias cristianas) al conjunto de la humanidad. Ciertamente, él pertenece a un tipo de "cultura burguesa" que se siente consciente de la superioridad cultural de Europa, pero no en línea de dominación sobre el resto del mundo, sino de diálogo, desde la figura de un hombre expulsado y víctima como Job.

Sin duda, Delitzsch es protestante, de tradición luterana, contrario a un tipo de predestinacionismo consecuente, como el de algunos calvinistas, pero se muestra abierto no solo a las diversas líneas del protestantismo, sino al catolicismo, representado incluso por autores de lengua castellana, comentaristas de Job, como fray Luis de León (1527–1591), Arias Montano (1527–1598) y Juan de Pineda (1558-1637).

4. Conclusión. Referencia bibliográfica. Esta obra recoge la bibliografía básica antigua sobre Job, hasta el tiempo de su composición (1864; 2ª edición 1876). Es una bibliografía inmensa, que una edición crítica debería fijar y organizar con precisión, distinguiendo y organizando los intérpretes judíos (antiguos y modernos), con los Padres de la Iglesia y los escolásticos medievales, con los grandes reformadores y los filólogos, teólogos e investigadores modernos (del siglo XVIII y el XIX). Pero esta edición que traducimos y presentamos en lengua castellana no es de tipo crítico (para ello sigue siendo básica la edición original alemana), sino de estudio y de aplicación pastoral. Por eso, hemos dejado los autores y libros tal como aparecen en su edición alemana, limitándonos a citar a los autores con su nombre entero, pues en la mayoría de los casos ellos aparecen con una abreviatura convencional, a menudo difícil de interpretar.

Teniendo eso en cuenta, a modo de orientación y ayuda, para lectores de lengua castellana, me limito a presentar aquí algunos comentarios posteriores al de Delitzsch, insistiendo, como he dicho, en los escritos en lengua española (Alonso-Sicre y V. Morla), además de los ya clásicos como los de Budde, Dhorme y Sellin:

Alonso, L. y Sicre J. L., *Job. Comentario teológico y literario*, Cristiandad, Madrid 1983 (^{2}2002)
Asurmendi, J., *Job. Experiencia del mal, experiencia de Dios*, Verbo Divino, Estella 2001 Auge, R., *Job*, en *Biblia de Montserrat*, Montserrat 1959.
Barth, K., *Hiob*, Neukirchener V., Neukirchen-Vluyn 1966.
Ben-Chorin, Sch. y M. *Die Tränen des Hiob*, Tyrolia, Innsbruck 1994.
Bochet, M., *Job après Job. Destinée littéraire d'une figure biblique*, Cerf, Paris 2000.

Bonora, S., *Giobbe: Il tormento di credere*, Gregoriana, Padova 1990.
Borgonovo, S., *La notte e il suo sole. Luce e tenebre nel libro di Giobbe*, An Biblica, Roma 1995.
Budde, K.F. R., *Das Buch Hiob*, HKAT 2, Göttingen 1913. Cabodevilla, J. M., *La impaciencia de Job*, BAC, Madrid 1967.
Clines, D. J. A., *Job* I–II, Word, Dallas 1898/2006.
Dhorme P., *Le livre de Job*, Gabalda, París 1924.
Driver S. R. y G. B. Gray, *Critical and Exegetical Commentary on the Book of Job*, T&T, New York 1950.
Emo, P., *Job y el exceso del mal*, Caparrós, Madrid 1995.
Fohrer G., *Das Buch Hiob*, G. Mohn, Gütersloh 1963; *Studien zum Buche Hiob (1956-1979)*, Beihefte ZAW, Berlín-Nueva York ²1983.
García Cordero, M., *Libro de Job*, en Profesores de Salamanca, *Biblia comentada*, IV, Madrid 1962, 16-165.
Girard, R., *Job: The Victim of his People*, Standford UP, Cal. 1987; *La ruta antigua de los hombre perversos*, Anagrama, Barcelona 2006.
Glaze, A., *Un varón llamado Job*, Casa Bautista, El Paso 1970.
Gray, J., *The Book of* Job (The Text of The Hebrew Bible 1), Sheffield 2010.
Gutiérrez, G., *Hablar de Dios desde el sufrimiento del inocente. Una reflexión sobre el libro de Job*, Sígueme, Salamanca 1986.
Habel N.C., *The Book of Job*, Cambridge UP, Cambridge 1975.
Heckl, R., *Hiob – vom Gottesfürchtigen zum Repräsentanten Israels. Studien zur Buchwerdung des biblischen Hiobbuches und zu seinen Quellen*, Mohr Siebeck, Tübingen 2010.
Iwanski, D., *The Dynamics of Job's Intercession*, An. Biblica, Roma.
Janzen, J. G., The *Ground of the Hope in the Book of Job*, Baker, Grand Rapids 2009 Jones, H. R., *A Study Commetary of* Job, Ev.Press, Darlingnton 2007.
Jung, C. G., *Respuesta a Job*, Trotta, Madrid 2024 (original 1952).
Keel, O., *Jahwes Entgegnung an Hiob*, Vandenhoeck & Ruprecht, Göttingen 1978.
Kermani, N., Der *Schrecken Gottes, Attar, Hiob und die metaphysische Revolte*, Beck, München 2005.
Krüger, Th y M. Oeming (eds.), *Das Buch Hiob und seine Interpretation*, AThANT 88 Zürich 2007.
Langenhorst, G., *Hiob unser Zeitgenosse. Die literarische Hiob-Rezeption im 20. Jahrhundert als theologische Herausforderung*, Grünewald, Mainz 1994.
Léveque, J., *Job et son Dieu I–III*, Gabalda, Paris 1970. *Job. El libro y el mensaje*, Verbo Divino, Estella 1986, *Job ou le drame de a foi*, Cerf, Paris 2007.
Lobato, J., *El libro de Job*, Sígueme, Salamanca 1992.
Mathys, H. P. y G. Kaiser, *Das Buch Hiob: Dichtung als Theologie*, Neukirchener, Neukirchen 2006.

Morla, V., *Libros sapienciales y otros escritos*, Verbo Divino, Estella 1994; *Job 1–28* y *Job 29–42*, DDB, Bilbao 2007 y 2010; *Libro de Job. Recóndita armonía*, Verbo Divino, Estella 2017.
Müller, H. P., *Das Hiobproblem. Seine Stellung und Entstehung im alten Orient und im Alten Testament*, EF 84, Darmstadt 1995.
Nemo, Ph., *Job et l'excés du mal*, Grasset, Paris 1978.
O'Connor, D. J., *Job. His Wife, his Friends and his God*, Columba P., Dublin 1995.
Pieri, F., *Giobbe e il suo Dio. L'incontro-scontro con il semplicemente altro*, Bíblico, Roma 2012.
Pixley, J. *El libro de Job; comentario bíblico latino-americano*. San José, Costa Rica 1982.
Pope, M. H., *Job*, Doubleday, New York 1965.
Pyeon, Y., *You have not spoken what is right about me. Intertextuality in the Book of Job*, Lang, New Kork 2003.
Rademakers, J., *Dieu, Job et la Sagesse*, Lessius, Brussels 1998.
Ravasi, G., *Giobbe*, Borla, Roma 1984.
Renan, E., *Le livre de Job*, Calmann, Paris 1926.
Ricciotti, G., *Il libro di Giobbe*, Marietti, Turín-Roma 1924.
Schwienhorst-Schönberger, L., *Ein Weg durch das Leid – Das Buch Ijob*. Herder, Freiburg i.Br. 2007.
Sellin, E. F., *Das Hiobproblem*, Berlín 1931.
Skehan, P.W., *The Book of Job*, CBA, Washington 1971.
Snaith, N.H., *The Book of Job. Origin and Purpose*, SCM Press, London 1968.
Steinmann J., *Le livre de Job*, Cerf, París 1954.
Terrien, S., *Job*, Delachaux-Niestlé, Neuchátel-París 1963.
Trebolle J. y S. Pottecher, *Job*, Trotta, Madrid 2011.
Vermeylen, J., *Job, se samis et son Dieu: La Legende de Job et ses relectures postexiliques*, Brill, Leiden 1986.
Weiser, A., *Das Buch Hiob*, ATD, Vandenhoeck, Göttingen 1980.
Westermann, C. *Der Aufbau des Buches Hiob*, Calwer, Stuttgart 1978.
Witte, M. (ed.), *Hiobs Gestalten. Interdisziplinäre Studien zum Bild Hiobs in Judentum und Christentum*, Evangelische V., Leipzig 2012; *Hiobs viele Gesichter. Studien zur Komposition, Tradition und frühen Rezeption des Hiobbuches*, FRLANT 267, Vandenhoeck, Göttingen 2018.
Witte, M., *Vom Leiden zur Lehre. Der dritte Redegang (Hiob 21-27) und die Redaktionsgeschichte des Hiobbuches*, de Gruyter, Berlin 1994.
Zerafa, P.P., *The Wisdom of God in the Book of Job*, Angelicum, Roma 1978.

INTRODUCCIÓN

1. El problema del libro de Job[1]

¿Por qué cae sobre el justo aflicción tras aflicción? Esta es la pregunta a la que responde el libro de Job. Conforme a la conclusión del libro, la respuesta dice así: las aflicciones constituyen para el justo el camino que lleva a una mayor bienaventuranza. Pero en sí misma (desde una perspectiva del Nuevo Testamento) esta respuesta no es satisfactoria, dado que esa bienaventuranza mayor que Job finalmente recibe es tan terrena y de este mundo como la que él había perdido en su aflicción. Esta respuesta resulta inadecuada pues, por una parte, la pérdida de hijos queridos y de ovejas y camellos no puede compensarse por la recepción posterior del mismo número de hijos y de un número doble de bienes, como se dice en la conclusión del libro. Por otra parte, se puede objetar que muchos justos, privados de la prosperidad que antes habían tenido, mueren en total pobreza (a diferencia de lo que le sucede a Job).

Muchos hombres yacen y mueren en su lecho, en medio de grandes dolores, y su muerte constituye una protesta en contra de la respuesta que presenta el libro de Job. Hay muchos sufrientes piadosos a los que no ofrece satisfacción alguna la solución externa que ofrece esta respuesta del libro de Job; hay otros muchos sufrientes a los que, en una situación de conflicto, la respuesta de este libro puede llevarles incluso a la desesperación.

Por lo que se refiere a esta conclusión, el libro de Job ofrece una teodicea insuficiente, como es insuficiente, en general, la enseñanza del Antiguo Testamento, según la cual el fin (אהרית) del hombre, es decir, la muerte sin esperanza de

---

1. Esta introducción al *Comentario de Job* ha sido tomada en parte del artículo "Hiob", publicado en Herzog, *Real–Encyklopädie;* pero aquel material ha sido reelaborado, recogiéndose aquí solo aquello que es necesario como introducción para este *Comentario*. El autor ha tratado también de estos temas sobre el libro de Job *en Zeitschrift für Protestantismus und Kirche*, 1851, 65–85.

La primera edición de este *Comentario* se publicó el año 1964. Aquí traducimos el texto de la segunda edición, publicada el año 1976, aunque prescindimos de la introducción especial de esa edición, ya que, con el paso del tiempo, no aporta ya nada al conocimiento del libro. Esta obra ha sido enriquecida por diversas notas de tipo crítico, escritas por el Prof. Dr. Fleischer, y por notas de tipo histórico, geográfico e ilustrativo, del Dr. Wietzstein. La segunda edición alemana incluye igualmente un apéndice sobre la historia y tradición del "Monasterio de Job", que se encuentra en la zona del Haurán. Dado el carácter estrictamente exegético de esta traducción hemos prescindido de ese apéndice, como hemos indicado convenientemente en nuestro prólogo (nota del traductor).

futuro, será una revelación universal de la justicia de Dios, que es la misma, tanto para el justo como como para el injusto. Esa conclusión resulta incapaz de ofrecer un consuelo verdadero, dado que este אהרית o fin del hombre nos sume con la muerte en la noche del Hades, es decir, del שׁאול, y no abre ninguna prospectiva de vida eterna.

Pero este final de la historia, mirado externamente, no es en modo alguno la verdadera respuesta a la pregunta del libro del Job. El tema principal del libro no es tampoco el hecho de que Job sea al fin doblemente bendecido, sino el hecho de que Dios le reconoce como su siervo, pues él (Dios) ha logrado que, en medio de todas sus aflicciones, Job mantenga su fidelidad. Esta es la auténtica verdad: que existe para el justo un sufrimiento que no es resultado de la ira de Dios, un sufrimiento que no va en contra del amor de Dios, sino que es una expresión de su mismo amor.

Esta verdad constituye el corazón del libro de Job. En esa línea han podido decir algunos comentaristas, como en otro tiempo Hirzel y más recientemente Renan, que este libro pretende destruir la doctrina mosaica de la retribución. Pero esta antigua doctrina de la retribución mosaica es una fantasía. La Torá mosaica no enseña en ningún lugar que el sufrimiento sea una retribución divina. Renan dice que esta doctrina es la *vielle conception patriarcale*, pero la historia de los patriarcas y especialmente la de José ofrecen una prueba clara en contra de eso.

La distinción que el libro de Job establece entre el sufrimiento del justo y la justicia retributiva de Dios no es ninguna novedad. La historia anterior a Israel y la misma historia de Israel lo muestran con hechos. Por su parte, las palabras de la misma ley, como Dt 8, 16, indican expresamente, que hay sufrimientos que provienen del amor de Dios. De todas formas es claro que el libro de Job desarrolla con más fuerza esta verdad, pues en otros lugares de la Biblia aparece dispersa y como de paso, mientras que aquí lo hace de un modo muy concreto, presentándose ante nosotros en forma de duro y terrible conflicto (encarnado en la persona de Job), como oro puro extraído de un horno de fuego.

Esta verdad se muestra así como resultado de una controversia que Job mantiene con unos amigos que aparecen en el libro como defensores de la falsa doctrina de la retribución, una doctrina que ciertamente no es mosaica, porque la ley de Moisés no ha sido nunca impugnada ni corregida en el conjunto de la historia de la revelación, sino solo argumentada y completada de un modo consistente, partiendo de su carácter más hondo. En esa línea, siguiendo en la dirección del Pentateuco, el libro de Job ofrece, a mi entender, dos respuestas a esta pregunta:

— *Primera respuesta: las aflicciones del justo son un medio de disciplina y purificación.* Ciertamente, ellas brotan de los pecados del justo, pero no son una expresión de la ira de Dios, sino de su amor, y así sirven para purificación y mejora del mismo justo. Esta es la opinión que está representada dentro del libro por discurso final Elihu. Así lo ha mostrado de un modo breve pero hermoso el autor de la introducción del libro de los Proverbios (cf. Prov 3, 11 y Hbr 12). En esa línea, a fin de precisar las diversas teorías del castigo, Oehler pone de relieve la visión de los tres amigos de Job y la que aparece en los discursos finales de Elihu. Esta corrección "disciplinar" dirigida a la mejora de la persona no se puede tomar propiamente como castigo, pues conforme a su más hondo sentido, el castigo es solo una satisfacción o reparación que el pecador ha de ofrecer por haber violado el orden moral. Pero la corrección que exige el libro de Job no es para satisfacer a Dios, sino para transformar y sanar a los mismos hombres. Aquí no podemos establecer mejor la diferencia que puede existir en esa línea entre el discurso de Elihu y el de los otros tres amigos, especialmente el de Elifaz. De todas formas, ese tema está en la mente del poeta como elemento característico de los discursos del libro.

— *Segunda respuesta: las aflicciones del justo son medios para probar y testificar la conducta de los hombres, y de esa forma ellas provienen del amor de Dios.* Su objeto no es por tanto el de hacer que los hombres expíen o purguen por los pecados que siguen oprimiendo al justo, sino al contrario, son un medio para manifestar y atestiguar su justicia (la de Dios y la de los hombres). Este es el punto de vista desde el que (dejando a un lado los discursos de Elihu) el libro de Job presenta las aflicciones de Job. Solo desde esta perspectiva se explica, justifica y excusa el disgusto con el que Job toma las palabras de Elifaz, con las que comienza la controversia.

Ciertamente, sigue siendo difícil que el cristiano trace de un modo más preciso que Job la línea y diferencia que hay entre el sufrimiento como prueba que Dios pone y como medio de corrección para los hombres; pero, a fin de lograr una percepción más honda y clara del sentido del pecado en el Nuevo Testamento, se puede y debe decir que el sufrimiento del justo no es sin más una consecuencia de su pecado, como lo muestra de manera muy clara el sufrimiento por confesar la fe, es decir, el martirio que el justo asume no por su causa, sino por causa de Dios. Si en esa línea, tenemos en mente estas dos respuestas que el libro de Job ofrece a la pregunta de fondo (¿cómo se puede hablar de una bendición del sufrimiento?) debemos afirmar que ellas son prácticamente suficientes. Si yo reconozco en esa línea que, dado que el pecado y sufrimiento han entrado en el mundo, Dios me envía aflicciones con el fin de purificarme y probarme (y así perfeccionarme), debo afirmar que estas explicaciones pueden y deben consolarme.

De todas formas, estas dos respuestas (el sufrimiento como prueba y el sufrimiento como purificación) son insuficientes, pues no recogen la gran hondura y el alto significado que la visión de Job ha tenido y tiene en el desarrollo histórico de la revelación, con su carácter típico, reconocido ya en el Antiguo Testamento, como seguiremos destacando en este comentario. Solo en esa línea, el libro de Job nos ofrece una respuesta que es satisfactoria, en un plano práctico y especulativo, pues ella nos sitúa ante las raíces más hondas del pecado, y puede deducirse de la conexión más íntima de la vida individual del hombre con la historia y el plan de Dios en el mundo, en su sentido más amplio.

2. El carácter de "hokma" (sabiduría) del libro

Pues bien, antes de situarnos ante la respuesta final y más alta al problema, en la medida en que lo permite y requiere la introducción, a fin de situar al lector en el lugar adecuado para entender el mensaje de Job, preguntamos: ¿Cómo ha sido posible que el libro de Job presente una solución tan universal y absoluta al problema en una línea que, por otra parte, no aparece en la Escritura del Antiguo Testamento? Para responder a esa pregunta debemos precisar la tendencia o dirección mental (*Geistesrichtung*) propia del pueblo de Israel.

Había en Israel una visión universal, humanista y filosófica de la realidad y de la vida de los hombres que, partiendo del temor o adoración (religión) de Yahvé, se aplicó a las causas finales de la realidad, precisando así las conexiones cósmicas de las cosas de la tierra, los fundamentos humanos comunes del pueblo de Israel, las raíces invisibles de lo visible, la verdad universal de la historia de los individuos y de la nación… Este carácter común y universal que aparece en las pocas obras bíblicas de tipo plenamente sapiencial, obras que se sitúan en una perspectiva humanista (universal) va más allá de cualquier tipo de particularidad o separación israelita, y de esa forma se aplica a todos los hombres y pueblos del mundo. En ese sentido, en esa línea, el Antiguo Testamento aparece como un libro de sabiduría universal, no como expresión de una sabiduría particular de Israel, como pueblo separado de todos los restantes pueblos.

- Así lo muestra de un modo especial el libro de los Proverbios, que trata de las relaciones de la vida humana en su sentido más general, pues en ese libro no aparece ni siquiera una vez el nombre del pueblo de la alianza (Israel, ישראל).
- Lo mismo sucede en el Eclesiastés, que trata de la vanidad o nada de todas las cosas terrenas, un libro que puede llamarse con más justicia que el de Job *el canto de la búsqueda*. En este libro no aparece ni siquiera el nombre del Dios del pacto (יהוה).

– Por su parte, en el Cantar de los Cantares, el lienzo sobre el que se realiza la "pintura" es ciertamente israelita, pero la pintura en cuanto tal (es decir, el contenido del mensaje) no es israelita, pues expone y canta una relación humana de tipo primario, el amor entre un hombre y una mujer, y esto lo hace de una forma alegórica, por no decir mística, de un modo semejante a la Bagavad Gita (Gitagovinda) y a la tercera parte del Tamul Kura, traducido por Graul (traducción latina y alemana, el año 1856)[2].

En esa línea, el libro de Job expone una cuestión fundamental de nuestra humanidad común, y su autor (un poeta) no ha tomado a su héroe de la historia israelita, sino de la historia común de la humanidad, pues Job no es un israelita, sino un ser humano en cuanto tal. De principio a fin, el autor del libro de Job es consciente de estar contando una historia extraisraelita, una historia transmitida entre las tribus árabes del nordeste de Palestina, que ha llegado a sus oídos. Ninguno de los nombres personales de esa historia contienen un indicio de que puedan ser simbólicos, con un sentido teológico israelita. Además, entre los israelitas no eran comunes los poemas históricos de tipo romántico (como podrían ser el Cantar de los Cantares o el libro de Job).

La historia extraisraelita que está al fondo del libro de Job puso en marcha la mente del autor del libro, que, ciertamente, era israelita, pero que aquí no piensa ya para el pueblo de Israel en particular, sino para la humanidad en cuanto tal. Pero en su libro no incluye nada de la ley del Sinaí, ni de la profecía, ni de la historia y oración de Israel, ni siquiera en referencias indirectas. El autor del libro se sitúa con asombrosa fidelidad, efectividad y viveza en un contexto extraisraelita.

Ciertamente, el autor de este libro no niega su perspectiva israelita, como vemos en el hecho de que llama a Dios varias veces con el nombre de יהוה en el prólogo y en el epílogo. Pero él mantiene de un modo consecuente el carácter no israelita de su héroe, y de su localización geográfica (pues el libro no está escrito desde la tierra santa de Israel).

Solo dos veces aparece el nombre יהוה en la boca de Job (Job 1, 21; 12,9), lo que no es extraño, pues, como indican los nombres teóforos *Morija* y *Jochebed*, esos nombres que incluyen una referencia a Yahvé no son en modo alguno postmosáicos (es decir, israelitas en sentido particular), pues ellos pueden haber sido conocidos por los antepasados del pueblo hebreo antes de la existencia de Israel como pueblo concreto de la alianza. Pero, a no ser en estos casos, Job y sus

---

2. H. Heine, *Vermischte Schriften*, 1854, dice que Job es un libro de búsqueda, un tipo de Cantar de los Cantares del escepticismo, un libro en el que horrendas serpientes silban su eterno "de dónde". Job es un hombre que sufre y debe llorar, y así debe también dudar. Este veneno de duda no pude faltar en la Biblia, pues para ser ella completa debe ofrecer una visión de conjunto y una solución de este gran problema de la humanidad.

Introducción

amigos llaman siempre a Dios con el nombre de אלוה, que es más poético y más apropiado para los no israelitas (cf. Prov 30,5) que el nombre de אלהים, que en Job aparece solo tres veces (Job 20, 29; 32, 2; 38,7).

En otros casos los amigos de Job llaman a Dios שׁדי, que es el nombre propio de Dios en los tiempos patriarcales, como aparece por doquier en el Génesis. Así se cita este nombre en los lugares elohistas más significativos y en las más altas manifestaciones de Dios en el libro de Job (17, 1; 35, 11, cf. Ex 6,3). Por otro lado, este nombre de שׁדי es el que emplean los patriarcas en momentos especiales, cuando proclaman la promesa que han recibido de Dios para sus descendientes (Gn 28,3; 48, 3; 49. 25; cf. 43,14).

Incluso muchas de las designaciones de los atributos divinos, que aparecen ya fijados en la Torá, como רחום, חנון, ארך אפים, que uno podría pensar que debían encontrarse en el libro de Job, no aparecen; ni aparece טוב, un nombre que se aplica con frecuencia a Yahvé en los Salmos, ni tampoco, por así decirlo, la terminología dogmática de la religión israelita; en ese sentido, el libro de Job aparece como expresión universal de la fe israelita (pero sin las particularidades del dogma israelita)³.

Además de eso, cosa que resulta extraña, el libro de Job solo evoca un tipo más antiguo de adoración de los astros (Job 31, 26-28), sin citar en relación con ellos a Dios (nunca le presenta como אלהים צבאות o יהוה צבאות), una terminología que supone que Dios aparece para los creyentes como Señor de los cielos, que los cielos están divinizados. Eso supone que el autor ha evitado intencionalmente ese nombre del Dios de los Cielos, que aparece como el Astro/Estrella del tiempo de los reyes israelitas, sino que ha situado el tema de un modo universal, mostrando así que se trata de un tema es ante y extraisraelita.

Hengstenberg, en su libro sobre Job (1856) se atreve a decir que una figura como la de Job no ha podido surgir en el mundo pagano, y que la revelación bíblica hubiera sido innecesaria si el paganismo como tal hubiera podido producir por sí mismo una figura como la suya. Pues bien, en contra de eso, el poeta, autor del libro, piensa realmente lo opuesto; y en el caso de que no pensara así, él tendría que haber empleado todo su talento para producir la impresión de lo contrario. En contra de la opinión de Hengstenberg, este libro indica que su autor ha empleado todo su talento para mostrar que una figura como la de Job (con su visión religiosa universal) pudo haber existido en el paganismo.

---

3. Así, קרוש, aplicado a Dios solo aparece una vez (Job 6,10); y חסד solo dos veces (10,12 y 37,13). Por su parte אהב con sus derivados no aparece nunca (por su parte, en el Génesis solo aparece en 19,19). En los discursos de los tres amigos de Job, צדיק solo aparece en boca de Elihu, Job 34,17), y las palabras משפט y שלם, como expresiones de la justicia recompensadora de Dios no aparecen nunca; בחן y נסה no se emplean tampoco nunca como sinónimos para designar por sus propios nombres los sufrimientos de Job; מסה (Job 9,23) aparece solo con el significado general de infortunio.

- *Por una parte, el autor del libro sitúa a Job en el período patriarcal*, es decir, antes de la revelación de la ley, un período en el que la revelación antigua seguía influyendo en la vida de los hombres, una revelación que no había permanecido desconocida en las ramas laterales de la familia patriarcal.
- *Por otra parte, ese autor se sitúa de un modo consecuente en la línea de la* hokma, de la literatura patriarcal, que presupone la existencia de una automanifestación preparatoria de Dios, incluso en el mundo no israelita. En esa línea se sitúa el mismo Evangelio de Juan, que desea probar que el cristianismo es la religión absoluta, que satisface todos los deseos del conjunto de la humanidad, reconociendo que los τέκνα τοῦ Θεοῦ διεσκορπισμένα por el mundo (fuera de Israel) pertenecen también al pueblo de Dios (Jn 11,52), sin que por ello resulte superflua la encarnación del *Logos* y la regeneración que ese *Logos* encarnado fundamenta.

Ese paralelo entre el libro de Job y el evangelio de Juan está bien fundamentado, porque la importante referencia al *Logos* en el evangelio de Juan se sitúa en la línea del libro de Job, como la introducción al libro de los Proverbios, especialmente Prov 8, sin que se exija por eso el influjo de la filosofía religiosa alejandrina, una filosofía que, una vez formulada, no puede ser dejada a un lado o rechazada sin hacerlo de un modo explícito.

La doctrina alejandrina del *Logos* constituye realmente el desarrollo más genuino, aunque con muchas imperfecciones, de aquello que enseña la *hokma* en el libro de Job y en Proverbios. En ambos casos hallamos una apertura universal, pues esos libros se refieren no solo a Israel, sino a la humanidad. Ciertamente, la חכמה puso su morada en Israel, como ella misma muestra en la Sabiduría del Sirácida, Σοφια Σειραχ, cap. 24. Pero los libros sapienciales muestran que se debe hablar también de una revelación de esa sabiduría en el conjunto de la humanidad (fuera de Israel).

Esta es la visión de nuestro autor: él quiere mostrar que también entre los pueblos del mundo se puede entrar en contacto con el Dios vivo, que se ha revelado a sí mismo en Israel; que ese Dios puede revelarse continuamente a sí mismo, de un modo ordinario en estado de conciencia despierta, pero también de un modo extraordinario en sueños y visiones. Eso significa que fuera de Israel existe también un deseo y una lucha por aquella redención que ha sido especialmente prometida en Israel.

Este maravilloso drama se eleva con altura sobre el límite del Antiguo Testamento; este es el "Melquisedec" entre los libros de la Biblia israelita. La solución final y más alta de los problemas con los que este libro se ocupa se ha extendido incluso más allá de la historia patriarcal. Así, como veremos, la sabiduría del libro de Job proviene del mismo paraíso (es decir, del principio de los tiempos).

Introducción

Este libro nos remite por tanto a las historias primitivas del Génesis, que se encuentran más allá del surgimiento de las naciones, más allá de la investigación de los jeroglíficos, en el preludio de la Torá. Estos temas que, por otra parte han pasado casi inadvertidos en el Antiguo Testamento, pertenecen a las peculiaridades de la *hokma*, es decir, de la Sabiduría.

3. Lugar en el canon

Como obra de la *hokma* o Sabiduría el libro de Job se sitúa, con los otros tres de este mismo tipo (Proverbios, Eclesiastés y Cantar de los Cantares), entre los *Hagiographa* de la literatura israelita, que en hebreo se llaman simplemente *ketubim* o Escritos. De esa forma se integran, al lado de la תורה y de los נביאים, en la tercera parte del canon, en la que se incluyen todos aquellos escritos que, sin ser del Pentateuco, no forman parte de la historia profética de Israel ni de la proclamación profética.

Entre los *Hagiographa* se incluyen también libros que tienen rasgos proféticos, como Salmos y Daniel, pero que no pueden tomarse estrictamente como נביאים o profetas en el sentido específico de la palabra. En las ediciones actuales se suele colocar también entre ellos al libro de las Lamentaciones, aunque este no es su lugar original, lo mismo que el de Rut, que parece haber estado originalmente entre Jueces y Samuel.

Tanto Lamentaciones como Rut han sido colocados entre los *Hagiographa*, a fin de que los cinco מגלות puedan seguir estando y leyéndose juntos: *Schir ha-Schirim* o Cantar de los Cantares el día octavo de la pascua, Rut el día segundo de los *Schabuoth* o Fiesta de la semanas, *Kinoth* o Lamentaciones el día nueve del mes de *Ab*, *Koheleth* o Eclesiastés el día ocho de *Succoth* y Ester en la fiesta de *Purim*.

El libro de Job, que no ha sido escrito ni en estilo profético-histórico, ni en forma de predicación profética, sino como poema didáctico, no podía haber sido colocado en ningún otro lugar, sino en la tercera parte del canon, entre otros libros dispersos. De todas formas, el puesto que ocupa es muy conveniente. En el canon alejandrino, Crónicas, Esdras, Nehemías, Tobías, Judit y Ester siguen a los cuatro libros de los Reyes. De esa manera, los libros históricos aparecen juntos, de principio a fin. Después de ellos comienza con Job, Salmos y Proverbios una serie nueva, con estos tres libros, que son poéticos en el sentido más estricto.

En esa línea, Melitón de Sardes, en el siglo II d. C., coloca los libros de las Crónicas después de los libros de los Reyes, pero situando inmediatamente después los *Hagiographa* sapienciales, no históricos, en el orden siguiente: Salmos, Proverbios, Eclesiastés, Cantares y Job. De esa forma, los libros salomónicos van unidos al salterio davídico, y al final de ellos aparece por fin el libro de Job.

En nuestra división, los *Hagiographa* comienzan con Salmos, Proverbios, Job (esta es la sucesión particular que hallamos en los Manuscritos de tipo germánico o askenazi). En el Talmud (*Bathra*, 14b) los *Hagiographa* comienzan con Rut, Salmos, Job y Proverbios. En la Masora en los manuscritos de tipo hispánico o sefardita, los *Hagiographa* comienzan con Crónicas, Salmos, Job y Proverbios.

Todos estos tipos de clasificación tienen sus razones. La Masora conecta a los Hagiógrafos con los נביאים אחרונים, Profetas Anteriores, después del libro homogéneo de Crónicas. Por su parte, el Talmud coloca el libro de Rut antes de Salmos, como prólogo histórico para Salmos, o como una conexión entre los libros profético-históricos y los Hagiógrafos[4].

En la práctica, nuestras ediciones suelen colocar los Salmos como primer libro de la división, lo que concuerda con Lc 24,44 y con Filón que colocan los ὕμνους o Salmos después de los libros proféticos. Solo en los LXX aparece Job a la cabeza de los tres llamados libros poéticos, quizá teniendo en cuenta su contenido patriarcal, que evoca los tiempos más antiguos. En todas las otras ediciones los Salmos aparecen al principio de estos tres libros[5].

4. Sistema de acentuación. Escritura en verso, estructura de la estrofa

Los tres libros así indicados (Job, Proverbios y Salmos) tienen, como se sabe, esto en común: con la excepción del prólogo y el epílogo de Job, ellos han sido puntuados conforme a un sistema especial, que yo he discutido y precisado de un modo completo en mi comentario a los Salmos y en la edición de S. Baer, *Salmos* (Leipzig 1961). Este sistema de acentuación está construido, como el sistema de acentos de los textos en prosa, sobre la ley fundamental de la dicotomía, pero está determinado por una mejor organización, y por un desarrollo más expresivo y melodioso. Sin embargo, solo han sido conservados los acentos de la prosa, no los métricos o poéticos (con la excepción de algunos fragmentos). De todas formas a partir de esos fragmentos podemos descubrir la manera en que la lectura de la sinagoga dividía los pensamientos recogidos en forma de versos masoréticos, en dos divisiones principales, pasando una y otra vez a divisiones menores, y cómo se conectaban o separaban las mismas palabras.

Sabemos también que el ritmo musical se acomodaba todo lo posible al ritmo lógico del discurso, de manera que la acentuación constituye una fuente importante para descubrir la exégesis tradicional del texto y ofrece una gran

---

4. Que Job se sitúe después de Salmos se explica por el hecho de que se considere contemporáneo de la reina de Saba o por el hecho de pensar que Moisés fue el autor del libro; en ese caso debería haberse situado al frente de los *Ketubim*, pero se añade que no se ha hecho eso a causa de su contenido terrible (conforme a la máxima לא מתחילין בפרענותא).

5. Estos tres libros suelen evocarse con la *vox memorabilis* אײמת מפרי; pero esta sucesión, Job, Proverbios y Salmos no se encuentra en ningún lugar. Por su parte, la Masora organiza estos libros a su modo, conforme al orden que se sigue en la tradición talmúdica: ספרי ת ייאם

Introducción

ayuda para el intérprete. Más aún, la tradición supone que estos tres libros (Job, Proverbios y Salmos) se hallaban divididos de un modo especial, donde el texto aparecía fijado en forma de líneas cortas.

Según eso, en este caso, la palabra פסוק, verso, no significa originalmente un verso masorético, sino una sentencia separada, es decir un estico, στίχος, indicado en el texto a través de un signo distintivo grande, como por ejemplo en Job 3, 3, "Perezca el día en que yo nací y la noche en que se dijo: un varón ha sido concebido: יֹאבַד יוֹם אִוָּלֶד בּוֹ וְהַלַּיְלָה אָמַר הֹרָה גָבֶר. De esa manera, el verso masorético queda dividido en dos partes, pero según el orden antiguo debería dividirse en dos esticos, στίχοι: וְהַלַּיְלָה אָמַר הֹרָה גָבֶר:יֹאבַד יוֹם אִוָּלֶד בּוֹ.[6]

Esta observación resulta importante. Para reconocer la estructura estrófica de los poemas hebreos deben tenerse en cuenta los στίχοι, a través de los cuales fluye el pensamiento estrófico conforme a un flujo textual bien medido. En esa línea, el paralelismo, que debemos reconocer también como ley fundamental del ritmo de la poesía hebrea, conforma la evolución del pensamiento no siempre en dos miembros, sino también, a menudo, en tres, como en Job 3,4; 3, 5. 6. 9 etc. Por otra parte, la formación poética no se reduce a esto, pues, como se muestra claramente en los salmos alfabéticos[7], existen otras formas de combinaciones, como el mismo Ewald se ha inclinado a reconocer recientemente[8], uniendo dísticos y trísticos en unidades mayores, formando un círculo completo de pensamiento. En otras palabras, los esticos pueden reunirse en estrofas de cuatro, de ocho o de aún más línea, formando así párrafos que se muestran en sí mismos como estrofas, en la medida en que se refieren entre sí y cambian simétricamente.

Hupfeld ha objetado que estas estrofas, que son como agregados que se forman con un número simétrico de esticos, se oponen a la naturaleza del ritmo

---

6. El sentido de este orden antiguo y el valor de su aplicación se ha perdido en los copistas posteriores por el hecho de que ellos dividen los versos no conforme a su sentido, sino solamente según el espacio, como στίχοι que sirve para numerar las líneas, donde las línea se dividen simplemente según el espacio (*Raumzeile*), al menos conforme a la visión de Ritschl (*Die alex. Bibliotheken*, 1838, S. 92-136), que, sin embargo, ha sido rechazada por Vömel. Por su parte, el orden antiguo de los *soferim* divide las líneas según el sentido, y en ese contexto ha de entenderse la referencia griega a los πέντε στιχηραί (στιχήρεις) βίβλοι, es decir, a los cinco libros divididos por esticos: Job, Salmos, Proverbios, Cantares y Eclesiastés.

7. Los antiguos comentaristas mostraron en diversos casos la importancia que debemos dar a este tema. Así lo dice por ejemplo Serpilius: "Se puede pensar a veces, aquí y allí, que el tipo de verso y poesía davídica ha de entenderse en esta línea desde los así llamados salmos alfabéticos".

8. Así escribe sobre las estrofas en su libro sobre Job (*Jahrb. für prot. Theologie* iii. 118): "La división masorética de los versos no es siempre correcta; así se deduce de una consideración más exacta de las estrofas. De aquí brota una cuestión ulterior: si uno debe determinar el límite de una estrofa solamente a partir de los versos, que son a menudo en sí mismos muy irregulares, o más bien siguiendo estrictamente los miembros del verso. La segunda opinión me parece más exacta, como he tenido oportunidad de poner de relieve." A pesar de ello, en *Neue Bemerkungen zum B. Ijob* (Job 9,35-37), Ewald reconstruye las estrofas de acuerdo con los versos masoréticos.

formado por paralelos iguales, que no pueden sostenerse sobre un pie o pensamiento básico, sino que necesitan dos. Pero esta objeción resulta inválida; es como si dijéramos que, dado que un soldado tiene dos piernas, los soldados solo pueden marchar de uno en uno y no en una fila o compañía.

Esto puede verse en Job 36,22-25. 26-29 y 30-33, donde el poeta comienza tres veces con הן, y las tres veces la sentencia que así comienza está formada por ocho líneas. ¿No deberíamos decir que aquí estamos ante tres estrofas de ocho líneas que comienzan con הן?

De todas formas, aquí no sostenemos en modo alguno que el libro de Job está formado siempre por discursos en forma de estrofas de tipo poético. Este libro consta más bien de párrafos que, con cierta frecuencia se dividen en estrofas simétricas. En esa línea, el hecho de que el autor no siga siempre con regularidad un esquema de simetría en paralelismo o de estrofas múltiples se debe a la libertad artística que mantiene para no sacrificar ni la verdad ni la belleza de los discursos.

Nuestra traducción, distribuida en párrafos, y el esquema del número de esticos del párrafo, que colocamos encima de cada discurso, mostrará que la distribución del conjunto es, después de todo, de tipo más estrófico que lo que permite su carácter dramático, según el arte poético clásico y moderno[9].

Algo semejante hallamos en el Cantar de los Cantares, donde la división de las estrofas se ajusta mejor a su carácter melodramático. En ambos casos la división debe explicarse a partir del hecho de que la poesía hebrea es fundamentalmente lírica, y que incluso en sus momentos dramáticos no se ha liberado de su carácter lírico, ni ha alcanzado una completa independencia. Más aún, el libro de Job no se puede tomar como un drama completamente desarrollado. El prólogo y el epílogo aparecen como historia, y los discursos por separado están introducidos de un modo narrativo, aunque el centro de los discursos sea de tipo lírico. En ese último sentido (a excepción de Job 2, 10) el libro del Cantar de los Cantares es más directamente dramático que el de Job[10].

---

9. De todas formas, debe tenerse muy en cuenta lo que dice Gottfr. Hermann (1772–1848) en su *Diss. de arte poesis Graecorum bucolicae*, sobre la división de estrofas en Teócrito, donde nos advierte que no debemos perdernos persiguiendo imaginaciones subjetivas y olvidando el sentido firme y objetivo de la obra. No tiene sentido que queramos fijar con exactitud un tipo de división de estrofas, en las que el poeta ni siquiera ha pensado. Debemos tener en cuenta que muchas veces puede ponerse en duda la forma en que ha de entenderse el número de las estrofas, pues el tipo de poesía que utilizan los autores bucólicos está constituido en gran parte por dichos breves, que por su misma naturaleza pueden dividirse en pares o grupos de dichos semejantes. De todas formas, pienso que no se puede despreciar el tipo de división de estrofas que utilizan en general los poetas bucólicos, etc.

10. En esa línea, hay manuscritos en los que el nombre de los que hablan en el Cantar (por ejemplo: ἡ νύμφη, αἱ νεανίδες, ὁ νυμφίος) aparece por separado, introduciendo las diversas partes del cántico (Cf. *Repertorium für bibl. u. morgenl. Lit.* viii. 1781, pag. 180). El Archimandrita Porphyrios, que en su libro de viajes (*Reisewerk* 1856) describió el *Codex Sinaiticus* antes de

El carácter dramático del Cantar aparece vinculado a su forma estrófica y en relación con la forma narrativa que sigue estando al fondo de toda la obra. Pues bien, en contra de eso, el libro de Job no puede ser considerado como drama, si es que tenemos en cuenta la idea de G. Baur[11], según el cual la visión dramática y escénica son inseparables, porque los judíos entraron por primera vez en contacto con el teatro a través de los griegos y romanos[12].

De todas formas, resulta cuestionable que el drama presuponga siempre la existencia de una representación escénica, como supone A. W. v. Schlegel, en sus *Vorlesungen über Dramatische Kunst und Literatur*. En contra de eso, Goethe afirma más de una vez que el drama y la composición para ser representada en un escenario pueden separarse, y admite que en el Cantar existe "una trama y desarrollo dramático"[13].

5. El arte dramático de la trama y de su ejecución (desenlace)

En conjunto, en la línea de Hupfeld, podemos afirmar sin duda que el libro de Job es un drama. Es indudable que la *hokma* israelita, a través del Cantar y del libro de Job, que son sus dos manifestaciones básicas, ha enriquecido la poesía nacional y lo ha hecho de un modo universal, con esta forma nueva de composición poética. Ciertamente, el libro de Job no es un drama en todos sus detalles, pero sí lo es en su substancia, un drama que consta de siete divisiones.

(1) Job 1-3: Apertura.
(2) Job 4-14: Primer acto o curso de la controversia y comienzo de la trama.
(3) Job 15-21: Segundo acto o curso de la controversia o profundización de la trama.
(4) Job 22-26: Tercer curso de la controversia y aumento más intenso de la trama.
(5) Job 27-31, transición de la trama (δέσις) al desenlace (λύσις): monólogos de Job.
(6) Job 38, 1-42, 6: Toma de conciencia del desenlace.
(7) Job 42, 7 ss.: Desenlace externo de la trama.

Tischendorf, aunque lo hizo de modo menos satisfactorio, afirma que el manuscrito de Cánticos está escrito διαλογικῶς, en forma de diálogo.

11. Cf. *Das B. Hiob und Dante's Göttliche Comödie*, en *Studien und Krit.* 1856, iii.

12. Cf. *Geschichte der jüdischen Dramatik* en mi edición de Mose Chajim Luzzatto. *Migdal Oz* 1 (Drama según el ejemplo de Guarini), Leipzig 1837.

13. Cf. *Werke*. Nueva edición en 30 vols.

En esas divisiones no he tomado en cuenta los discursos de Elihu (Job 32-37), ya que resulta muy cuestionable el hecho de que formen parte del libro original, pues ellos pueden ser, al contrario, la introducción de un poeta distinto. Si incluimos esos capítulos, el libro de Job tendrá ocho divisiones. Sea como fuere, los discursos de Elihu forman un interludio en la transición de la δέσις a la λύσις.

El libro de Job es una especie de "relato de cámara" (un texto que se lee y representa ante un pequeño auditorio), y uno puede suponer con facilidad que un poeta contemporáneo o posterior se ha mezclado entre los que representan o proclaman el texto.

El prólogo es narrativo, pero sigue teniendo en parte un estilo dialogal, y no carece en modo alguno de dramatismo. Por su forma está más cerca de las obras de Eurípides, en donde hay también una introducción épica a las tragedias, y cumple aquello que Sófocles pone de relieve de un modo muy preciso en sus prólogos.

Desde el mismo comienzo, ese prólogo capta el interés de la audiencia, que espera que el drama sea desarrollado, y nos hace conscientes de algo que los mismos actores desconocen. Después expone en el prólogo el nudo del puzle, y ese nudo se vuelve cada vez más profundamente enigmático en los tres "actos" de la controversia.

Ese nudo empieza a desenrollarse en los monólogos de Job, y así continúa aclarándose en la sexta parte del libro, donde aparece bien expuesto el tema, de manera que la solución no viene dada ἀπὸ μηχανῆς, es decir, *ex machina* (desde fuera), sino en el mismo despliegue de los discursos, siendo perfeccionado en el epílogo o *exodus* de la obra: a diferencia de lo que sucede con los opositores, Job, el siervo de Dios, bien limpiado por la penitencia, queda así justificado, de forma que resulta vencedor, y viene a ser coronado, conforme al discurso divino. El texto nos sitúa, según eso, ante una historia claramente unitaria y progresiva.

La anotación de Herder (*Geist der Ebräischen Poesie*, 1805,137), según la cual, "todo el libro de Job está quieto, estacionario, en medio de largas conversaciones" resulta superficial. De principio a fin, este libro ofrece una corriente de vida muy activa, con incidentes externos que aparecen solo al comienzo y fin de ella. En esa línea se puede aplicar a la parte central del libro lo que Schlegel dice de Goethe, *Iphigenie*: que las ideas actúan como si fueran acontecimiento, y que así vienen a presentarse ante los ojos (como algo que se ve), más que simplemente ante los oídos. Más aún, como sucede en otro drama de Goethe (*Torcuato Tasso*), la sobriedad de la acción externa queda compensada por la riqueza y precisión con la que quedan descritos los personajes: Satán, la mujer de Job, el héroe mismo, los tres amigos… todos quedan descritos de un modo distinto y preciso.

El poeta manifiesta también su estilo dramático en otras direcciones: él ha expuesto la controversia con mano de maestro, consiguiendo así que el corazón del lector se aparte de los amigos de Job y vaya decidiéndose (optando) a favor de Job. El autor consigue que los amigos de Job expongan con seguridad las más gloriosas verdades, pero de manera que después, esas mismas verdades de los amigos que acusan y condenan a Job, al aplicarse al caso tratado (a Job) resulten mentirosas.

Y aunque el conjunto de la representación se ponga al servicio de una gran idea, esa idea no queda expresada por ninguna de las personas (amigos) que actúan. Es como si cada una de las personas que exponen sus ideas propusiera algunos elementos de la gran idea que se va manifestando a través del conjunto de la obra, pero de tal forma que ella solo queda clara y se expresa al final. En esa línea, el mismo Job aparece como un héroe trágico, no menos que el Edipo de las dos tragedias de Sófocles[14].

Lo que en las tragedias griegas constituye el *destino inevitable, expresado por un oráculo, es en el libro de Job el decreto de Yahvé*, proclamado en la asamblea de los ángeles, sobre el cual no se puede elevar ningún poder que lo controle. Y de esa forma, como en un puzle de dolores, las aflicciones caen sobre Job. Al principio él aparece como vencedor en una fácil batalla, hasta que llegan las exhortaciones de sus amigos que le piden que se arrepienta, aumentado así su dolor, que resulta en sí mismo incomprensible, y que se vuelve más difícil de entender.

De esa forma, Job aparece envuelto en un duro conflicto, en el que a veces, lleno de autoconfianza arrogante, se eleva hacia el cielo, mientras otras se hunde en el suelo, envuelto en gran tristeza. Pero el Dios contra el que Job combate no es más que un fantasma, que la tentación ha colocado ante sus ojos entristecidos, no es el Dios verdadero.

Pues bien, ese Dios fantasma contra el que lucha Job se parece mucho al destino inexorable de la tragedia griega. En esa situación, el héroe Job intenta mantener su libertad interior en contra del poder secreto que le aplasta con su brazo de hierro; de esa forma, mantiene su inocencia en contra de ese Dios, que se empeña en destruirle como si fuera un pecador.

Precisamente en medio de ese conflicto terrible, con un Dios que él mismo ha creado (como resultado de la tentación en la que vive), la fe de Job se eleva hacia el Dios del futuro, hacia el que se va acercando, a medida que sus enemigos le persiguen, cada vez de forma menos misericordiosa. Al final se muestra Yahvé realmente, pero no como se lo pide Job, de un modo impetuoso (imponiendo su

---

14. Así dice Schultens: No hay tragedia alguna del Sófocles o Esquilo que se aproxime a la de Job en la grandeza, intensidad y viveza infinita de afectos. De un modo semejante añade Ewald (*Jahrb.* ix. 27): Ni los hindúes, ni los griegos y romanos han logrado producir un poema tan elevado y perfecto; uno podría compararlo, si fuera el caso, con alguna de las tragedias de Esquilo y Sófocles, pero resulta difícil encontrar entre ellas alguna que se aproxime a su altura y perfección intachable, en medio de su gran simplicidad.

violencia desde arriba), sino como juez amigo. Yahvé se revela a Job una vez que él ha comenzado a humillarse, y lo hace con el fin de completar la obra comenzada en los discursos anteriores, aceptando la tarea de ir a su encuentro. Yahvé se muestra, y así se desvanece la furia de Job.

La oposición que la tragedia griega deja sin superar queda aquí reconciliada. La libertad humana de Job no sucumbe ni queda destruida bajo un tipo de destino impersonal, y de esa forma resulta evidente que Dios no es un poder arbitrario, sino que es Sabiduría divina, y que su impulso más profundo es el amor, que moldea y fecunda el destino de los hombres.

6. Tiempo de composición

Podemos empezar suponiendo que esta obra maestra de la reflexión religiosa y del arte creativo, este libro elevado y grandioso que, según la expresión de Lutero, se eleva como una montaña rodeada de valles alpinos inferiores, como producto terrible y sublime de la historia humana, por encima de todas las restantes producciones del arte religioso, pertenece al período salomónico de la historia de Israel; así podemos asumirlo, aunque no seamos capaces de confirmarlo plenamente desde todas las perspectivas históricas posibles.

En el Talmud (*j. Sota* V. 8; *b. Bathra*, 15a) aparece la opinión de que Moisés escribió el libro de Job antes de producir la Ley. Esta visión ha sido recientemente retomada por Ebrard (1858). Pero ¿no es improbable, por no decir imposible, que la literatura poética de Israel haya comenzado con una obra de poesía reflexiva como esta, y que haya tenido al mismo legislador Moisés como su autor? Ante esa pregunta responde rectamente Herder (*Geist der Ebrard Poesie, 1805,* 130) diciendo que Salomón no puede haber sido el autor de este libro, "pues ello hubiera sido como si Salomón fuera el autor de la *Ilíada* y también el autor de las *Euménides*" (que son de Esquilo).

Esta opinión, que se encuentra también en Orígenes, Jerónimo, Policronio y Julián de Halicarnaso, no podría haber sido sugerida por nadie, a no ser por alguien de forma intencionada: de toda referencia a la ley, a la profecía, a la historia, a la adoración cúltica y a la misma terminología religiosa de Israel, y en consecuencia de su misma vocación, produjera la apariencia de que esta obra debía tener un origen presinaítico.

Pero, en primer lugar, como he dicho ya, la ausencia de ese tipo de referencias es el resultado de la intención del autor genial de la obra. En segundo lugar, de un modo bastante preciso, el autor muestra cierto conocimiento de la Ley, pues, como indican los otros libros sapienciales, la *hokma* (literatura sapiencial) presupone la revelación de Dios, concretada en la Torá, y así se esfuerza por mostrar el carácter universal y eterno de sus ideas y el carácter imperecedero de su significado para todos los hombres. En esa línea, un libro concreto como este de

Introducción

Job solo pudo haber sido escrito por un autor israelita, es decir, solo pudo haber brotado de la fuente del conocimiento y de la experiencia espiritual que ha sido posible por la Torá[15].

En esa línea, así como la búsqueda tanteante del mundo pagano hacia la verdad divina solo es posible por la luz del cristianismo, una reproducción tan osada y precisa de la tradición patriarcal, como la que muestra el libro de Job, solo fue posible a través de la revelación de Yahvé. Por otro lado, en esa línea, debemos recordar que la parte central del libro está escrita en forma de imitación del libro de los Proverbios y la inicial y la final están imitando el estilo de las historias primitivas del Pentateuco, cosa que nos sitúa en el entorno del tiempo de Salomón.

Pues bien, así como resulta imposible probar el origen presalomónico del libro, tampoco tiene sentido buscar un origen postsalomónico. Ewald, al que siguen Heiligstedt y Renan, piensa que el libro refleja unas condiciones de vida inseguras e infortunadas, y que ello, con otras indicaciones, nos lleva a suponer que fue escrito bajo el reinado de Manasés, mucho tiempo después de Salomón.

Hirzel añade que el autor, que está muy familiarizado con Egipto, debió ser llevado a ese país con el rey Jehoahaz. Stickel afirma que el libro supone que la conquista asiática de Israel por los asirios y babilonios ha debido comenzar, pero que aún no ha culminado con la toma de Jerusalén; Bleek sigue diciendo que la obra pertenece al período postsalomónico, pues parece suponer el conocimiento de una literatura previa, más amplia y diversificada.

Pero todas estas razones se apoyan en supuestos inválidos, falsos y engañosos. La opinión de que un libro que pone de relieve un conflicto terrible, y que penetra en las profundidades de la aflicción humana, debe haber brotado en un tiempo de gran destrucción y tristeza nacional no puede sostenerse. Resulta suficiente sostener que el autor ha sentido dentro de sí una experiencia como esa, y que puede haberlo hecho en un tiempo en el que en su entorno existía un gran lujo, cosa que servía para hacer más dura su prueba. En esa línea, sería preferible suponer que el libro de Job pertenece al tiempo del exilio (como piensan Umbreit y otros), suponiendo así que Job, sin ser estrictamente hablando una personificación

---

15. Ciertamente, Reggio (*Kerem Chemed*, vi. 53-60) argumenta como sigue a favor de la composición mosaica y presinaítica de la obra: "Dios está representado aquí solo como el Poderoso, el Gobernante del universo; nunca se mencionan aquí su amor, su misericordia, su paciencia, que se han revelado por primera vez en la Thora". Partiendo de ese argumento, S. D. Luzzatto defiende también el origen no israelita del libro: "El dios de Job no es el Dios de Israel, el Dios de la Gracia. Este Dios de Job es poderoso y justo, pero no el Dios clemente y fiable". Pues bien, en contra de eso hay que afirmar que aunque el libro no utiliza las palabras "bondad, amor, paciencia, compasión", aplicándolas a Dios, defiende en realidad, de un modo brillante, todas esas virtudes divinas. Precisamente es el amor de Dios el que se manifiesta como un rayo de luz brillante en medio del oscuro misterio del sufrimiento del justo.

de Israel, viene a mostrarse sin embargo como מָשָׁל para Israel, como un modelo del pueblo del tiempo del exilio (Bernstein)[16].

Ciertamente, esta visión, que es en sí misma interesante, tiene a su favor la semejanza de varios textos de Job con otros de la segunda parte del libro de Isaías; comparar Is 40,14 con Job 21,22; comparar también Is 40,23 con Job 12,24; Is 44,25 con Job 12,17; 12:20; Is 44:24 con Job 9,8; Is 49,4 con Job 15:35 y Sal 7,15. Pero esto prueba solamente que la comunidad judía del exilio (la *ecclesia pressa*, muy probada, de los exiliados) pudo reconocerse a sí misma en el ejemplo de Job, lo que hace más probable que el libro sea anterior al período de sufrimiento vinculado a la caída de Jerusalén y al exilio de Israel.

La literatura sapiencial (*hokma*) comenzó con Salomón. Se inició en el tiempo de este gran rey, cuyo don particular era la sabiduría del mundo, en un momento que está caracterizado por la contemplación pacífica del mundo y de la historia que vino a suceder al tiempo de conflicto de creencias del reinado de David[17]. En este tiempo de Salomón se dieron las condiciones internas y externas para el surgimiento de un libro como este.

La mayor parte del libro de los Proverbios y del Cantar de los Cantares es obra del mismo Salomón; los pasajes introductorios (Prob 1-9) representan un período posterior de la *hokma*, y deben situarse probablemente en el tiempo de Josafat. Por su parte, el libro del Eclesiastés, que H. G. Bernstein (*Questiones Kohelethanae*) sitúa rectamente en el tiempo entre Artajerjes I Longimano y Dario Codomanno, pertenece quizá al tiempo de Artajerjes II Mnemon, y representa el período final de la literatura de la *hokma*.

El libro de Job ha de situarse en el primero de estos tres períodos, por su forma clásica, elevada y noble. Lleva así la marca del primer momento creador de la *hokma* israelita, es decir, de la edad salomónica del conocimiento y del arte, de un pensamiento más hondo, respetando la religión revelada y manifestando una cultura inteligente y progresiva de las formas tradicionales del arte; esa literatura responde a aquella época nueva y sin precedentes en la que la literatura se sitúa en la cumbre de la gloriosa magnificencia que ha logrado alcanzar el reino prometido en tiempos de Salomón.

Conforme a 1 Rey 5, 9, el corazón de Salomón estaba lleno de la plenitud del conocimiento "como la arena de la orilla del mar"; su sabiduría era mayor que

---

16. Cf. Aharon b. Elias de Nicomedia, *Ez chajim* c. 90, editada por Delitzsch, 1841, que corresponde a More Nebuchim, iii.-22-24. La visión según la cual el mismo poeta quisiera haber simbolizado en Job al Israel del exilio (según Warburton, al Israel de la restauración, tras el exilio; según Grotius, a los edomitas llevados al exilio por los babilonios), es como decir que el rey Edipo era un símbolo de Pericles o que Ulises/Odiseo era un símbolo de los Sofistas de Filoctetes.

17. En esa línea, Gaupp, *Praktische Theol.* ii. 1, 488, tiene parte de razón cuando afirma que el libro de Job es un testimonio vivo de la mentalidad que estaba surgiendo después de los años conflictivos de David.

Introducción

la de los hijos de oriente, בני קדם, de la que el libro de Job ha tomado su material tradicional; fue mayor que la sabiduría de מצרים, Egipto, con cuyo país y maravillas estaba familiarizado el autor del libro de Job.

El extenso conocimiento de la historia natural y de la ciencia en general que aparece en el libro de Job es el resultado del amplio abanico de conocimientos que Israel había alcanzado. Era un tiempo en que existía un contacto más grande que nunca entre Israel y las naciones. Toda la educación de Israel tomó en aquel momento, por así decirlo, una dirección cosmopolita. Fue un tiempo "introductorio" para la extensión posterior de la redención, para el triunfo de la religión de Israel y de la unión de todas las naciones en la fe en el Dios del amor.

7. Signos del contenido doctrinal del libro

El hecho de que el libro de Job pertenezca a ese período y no a otro está confirmado también por la relación de su contenido doctrinal con otros libros canónicos. Si comparamos la doctrina sobre la Sabiduría – su preeminencia, su aplicación a los temas del mundo, su cooperación en la creación del mundo… – que aparece en Prov 1–9 (especialmente en el cap. 8) con la doctrina de la Sabiduría de Job 28, vemos que la visión de Proverbios es más avanzada y está más desarrollada que la de Job.

Por otra parte, si comparamos la alusión al juicio de Dios en Job 19, 29 con la referencia a un juicio futuro de tipo general, que decidirá y ajustará todas las cosas, en Ecl 12, 14, vemos inmediatamente que lo que en Job aparece solo como expresión de una fe personal viene a presentarse en Eclesiastés como un elemento bien establecido de la conciencia religiosa.

Por otra parte, lo que se dice sobre la Sabiduría en un brillante pasaje de Job (19, 25-27), ya se refiera a un tipo de contemplación de Dios, en este cuerpo presente, ya se refiera a una visión espiritual más concreta, en un estado glorificado, no es en modo alguno el eco de una revelación posterior, aún no existente, de la resurrección de los muertos, una revelación que veremos expresarse y expandirse desde Is 26,19 (cf. Is 25,8) y Ez 37 (cf. Os 6,2) hasta Dan 12,2. Las representaciones dominantes del futuro que aparecen en el libro de Job son, al contrario, muy anteriores: son exactamente las mismas que vemos en los salmos del tiempo de David y Salomón, y en los Proverbios de Salomón.

El autor de Job habla como alguien que pertenece al mismo período en el que el salmista *Heman* suspiraba en Sal 88, 11-12: "¿Será proclamada en el sepulcro tu misericordia o tu verdad en el abismo? ¿Serán reconocidas en las tinieblas tus maravillas y tu justicia en la tierra del olvido?". Por otra parte, la mayor cantidad de alusiones al libro de Job, incluyendo los discursos de Elihu se encuentran en Sal 88-89 y 89, cuyos autores, los ezrahitas Heman y Ethan, no son los grandes cantores de los salmos del tiempo de David, sino que son contemporáneos de Salomón, mencionados en 1 Rey 5, 11.

Estos dos salmos coinciden con el libro de Job, tanto en expresiones con las que van unidas representaciones muy significativas, como קרושים, espíritus celestiales, רפאים o sombras del Hades, אבדון que es el mismo Hades, como también en expresiones que no aparecen en ningún otro lugar del Antiguo Testamento, como son אמים y בעתים. Esa coincidencia aparece aún de manera más clara en la identidad de versos enteros, tanto en pensamiento como en lenguaje. Comparar en esa línea Sal 89, 38 con Job 16,19; Sal 89, 48 con Job 7,7; Sal 89,49 con Job 14, 14; Sal 88, 5 con Job 14:10; Sal 88, 9 con Job 30,10; 89:8 con Job 31,34.

En todos estos pasajes no hay, sin embargo, ninguna indicación de que el texto de Job dependa de Sal 88–89 o viceversa, sino que ambos surgen del mismo ambiente. Por otra parte, la coincidencia entre esos textos no puede ser accidental, de forma que ella debe ser explicada por el hecho de que tanto Job como estos salmos provienen del mismo círculo de sabiduría (*hokma*) al que pertenecen, según 1 Rey 5,11, los dos ezrahitas, autores de Sal 88 y 89, del tiempo de Salomón. Se podría ir más allá y conjeturar que el mismo Heman que compuso el Sal 88, el más tenebroso del salterio, escrito bajo unas circunstancias de sufrimiento semejantes a las de Job, pudo haber sido el autor del libro de Job, y para ello se podrían aducir muchas razones, y partiendo de ellas se podría confirmar lo que dice G. Baur, cuando afirma que el autor de Job debe haber pasado por conflictos espirituales semejantes a los que describe Heman, de forma que el libro de Job podría tomarse como una expresión de la historia religiosa de Heman.

Pero debemos dejar de lado ese tema. Aquí, nos basta con suponer que el libro de Job es la obra de uno de aquellos sabios que se movían en torno a la corte de Salomón. Tanto Gregorio Nazianceno como Lutero habían admitido ya que el libro de Job había surgido en tiempo de Salomón. Y entre los críticos posteriores, Rosenmüller, Hvernick, Vaihinger, Hahn, Schlottmann, Keil y Hofmann concuerdan con esa opinión (aunque Hormann diga en *Weissagung und Erfüllung* que Job proviene de un tiempo premosaico.

8. Ecos de Job en los escritos sagrados posteriores

Puede suponerse fácilmente que un libro como este que se ocupa de un tema de tanta importancia para cada persona de pensamiento y de piedad – un libro que se expresa de forma tan viva y atractiva, rebosante de simpatía, que es importante no solo por su tema central sino por su lenguaje mayestático y por su riqueza de imágenes – ha debido ser uno de los libros nacionales más leído en Israel. Y así ha sido de hecho, confirmándose de esa forma su origen en los tiempos de Salomón, en los que surgió el Sal 88–89, que está relacionado con Job, como he dicho.

Pues bien, los ecos aparecen ya en los דברי חכמים, los *dichos de los sabios*, que se han añadido a los משלי salomónicos del libro de los Proverbios. Así puede

Introducción

compararse la enseñanza de un ejemplo tomado de la experiencia de Prov 24, 20 con la de Job 5, 3. En esa línea, el libro de Job, muy cercano a los Proverbios de Salomón, fue la fuente de información favorita para el autor de la parte introductoria de Proverbios (Prov 1-9). Aquí, además de la doctrina general sobre la sabiduría, encontramos pasajes enteros que son semejantes al libro de Job. Compárese Prov 3, 11 con Job 5, 17; Prov 8, 25 con Job 15, 7; Prov 3,15 con Job 28,18.

Más tarde, en los profetas del período floreciente de la literatura profética, que comienza con Abdías y Joel, encontramos rasgos de familiaridad con el libro de Job. Amós describe la gloria de Dios creador con palabras tomadas de Job (cf. Am 4, 13 y 5, 8 con Job 9,8; cf. Job 10, 22; 38,31). Por su parte, Isaías ha introducido todo un verso del libro de Job, casi *verbatim*, al pie de la letra, en su profecía contra Egipto (Is 19, 5 igual a Job 14,11). En esa misma profecía Is 19, 13 se refiere a Job 12, 24; cf. también Is 35, 3 con Job 4,4.

Estas reminiscencias del libro de Job son frecuentes en Isaías, en especial en Is 40-66. Este libro de consolación para los exilados corresponde al libro de Job no solo en las palabras comunes en ambos casos (גזע y צאצאים), y en la sorprendente semejanza de expresiones (compárese Is 53, 9 con Job 16,17; Is 60,6 en relación con Job 22,11), sino también en numerosos pasajes que tienen un pensamiento y forma semejante (cf. Is 40, 23 con Job 12,24) y en la descripción del Siervo de Yahvé en cuyo tema uno recuerda sin más el libro de Job (comparar Is 50,6 con Job 16,10).

En Jeremías podemos citar el corto pasaje lírico de Jer 20,14-18, en el que maldice el día en que nació, como hace Job 3. La forma en que se expresa la desesperación del profeta está determinada por el libro de Job, un libro con el que Jeremías tenía que estar familiarizado. No hace falta probar que el mismo profeta sigue el libro de Job en muchos pasajes de Lamentaciones, y especialmente en la primera parte de Lam 3, donde utiliza confesiones, lamentos e imágenes de la aflicción de Job para representar la aflicción de Israel.

Hacia finales del tiempo de los reyes, Job era un personaje bien conocido en Israel, donde se le reconocía como santo. En esa línea, Ezequiel, en el año 593-592 a.C. (cf. Ez 14,14) afirma que el pecado de Israel es tan grande que si Noé, Daniel y Job surgieran en medio del pueblo, ellos se salvarían a sí mismos, pero no serían capaces de detener el brazo de la justicia divina sobre el pueblo. El profeta menciona primero a Noé, el hombre justo del mundo antiguo; después nombra a Daniel, el justo del tiempo de Israel; y al fin de todos cita a Job, un hombre justo más allá de la línea de las promesas de Israel[18].

---

18. Hengstenberg (*Beiträge*, i. 72) piensa que Job aparece mencionado al final porque resulta menos apropiado para el propósito de Ezequiel que Noé y Daniel. Carpzov (*Introd. in ll. poet. Bücher*, 35) es más ingenioso, pero demasiado artificial, cuando encuentra en el orden de los tres un anticlimax: *Noachus in clade primi mundi aecumenica, Daniel in clade patriae ac gentis suae,*

Sea como fuere, Ezequiel no hubiera nombrado a Job si este Job no hubiera sido un personaje bien conocido en el pueblo (al que Ezequiel se dirigía) a causa de la narración escrita de su vida. La literatura del Antiguo Testamento no ofrece más referencias sobre el tema del tiempo de composición del libro de Job, porque si comparamos Ecl 5, 14 con Job 1, 21 no existe duda alguna de a quién pertenece la prioridad.

9. Cuestiones críticas principales

En forma de conclusión, podemos afirmar que la pregunta de si todo el libro, tal como ahora lo tenemos, proviene del tiempo de Salomón, como obra de un poeta principal, es algo que solo puede determinarse mejor a lo largo de la exposición que sigue[19]. De todas formas, han surgido dudas más o menos importantes sobre algunas partes del texto actual, pues hay comentaristas que se preguntan si ellas forman o no parte del libro originario.

La cuestión más significativa es, con mucho, la de los seis capítulos con los discursos de Elihu (Job 32-37), respecto de los cuales surgieron ya dudas en tiempo de los Padres de la Iglesia. Este es un tema que ha sido decididamente planteado por Stuhlmann (1804), quien afirma que esos capítulos no solo son artísticamente inferiores al resto de la obra, sino que se oponen a su plan originario. Esta es una cuestión que aún no ha sido decidida, ni quizá lo será nunca de un modo satisfactorio.

Además de eso, Kennicot eleva también sus sospechas sobre el discurso de 27,11-28,28, porque Job parece apoyar aquí la doctrina disputada de sus "amigos" sobre la retribución. De Wette se inclina a pensar que, más que ante una interpolación, aquí estamos ante una falta de conexión por parte del escritor. En el comentario tendremos que probar si este discurso de Job ha de tomarse como mala traducción del original o si sirve para que la transición entre las partes del discurso sea más completa.

Por otra parte, toda la descripción de Behemot y Leviatán, en Job 40,15-41,26, le parece a Ewald un añadido posterior. De Wette piensa que ese añadido se reduce a Job 41, 4-26. Por su parte, en un primer momento, Eichhorn pensaba que para resolver el problema bastaba un simple cambio en el orden de los discursos de Yahvé; pero en la última edición de su *Einleitung* afirma que todo el pasaje en el que se trata de los dos monstruos (Job 40-41) pertenece a un poeta posterior. Nuestro comentario tendrá que precisar la forma en que se podría justificar esa

---

Iobus in clade familiae servatus est (Noé se salva de la gran crisis del mundo antiguo; Daniel de la crisis de su pueblo; Job de la crisis de su familia).

19. Cf. Bötticher, *Aehrenlese*, 68: "Por lo que se refiere al modo de composición, pensamos que hubo un poeta principal, con algunos asociados de su tiempo, movidos a intervenir por las frecuentes aflicciones de los inocentes, durante el reino de Manasés".

Introducción

interpelación, y su relación con la finalidad del segundo discurso de Jehovah en comparación con el primero.

En este contexto no tenemos necesidad de defender con más razones la autenticidad del prólogo y del epílogo. Todas las dudas elevadas por Stuhlmann, por Bernstein y Knobel (en *Diss. de carminis Iobi argumento, fine ac dispositione* y en *Studien u. Kritiken*, 1842, ii) y por otros autores respecto de estas dos partes esenciales del libro quedan resueltas teniendo en cuenta el hecho de que la parte intermedia del libro carece de sentido si le falta el prólogo, como un torso sin cabeza ni piernas.

10. El Satán del prólogo

El Satán del prólogo del libro es una piedra de tropiezo para muchos, de manera que a algunos les lleva a tener dudas sobre la autenticidad del prólogo y también a dudar de que el libro haya podido ser compuesto en el tiempo de Salomón. Porque de Satán se habla por primera vez de un modo preciso en Zac 3,1-10 y en 1 Cro 21,1, es decir, en escritos posteriores al tiempo del exilio.

Por otra parte, en Num 22, 22, שטן es un apelativo que se utiliza para describir a alguien que actúa con hostilidad, para impedir algo. De todas formas, resulta dudoso que el Sal 109, 6 se refiera al príncipe de los malos espíritus, como parece suponer Zac 3, 1. Además, en la visión de Miqueas de 1 Rey 22, 19-23, allí donde uno podría esperar que se utilizara la palabra השטן se utiliza הרוח.

Incluso en el tiempo actual muchos siguen pensando que la idea de Satán solo se introdujo en Israel a través del contacto con las naciones del este asiático, contacto que empezó en el reino de Israel/Samaría en el tiempo de Menahem, y en Judá en tiempo de Asa. En otra línea, hoy nadie defiende ya la visión de Diestel, según la cual Satán es una copia del Dios egipcio Set-Typhon.

Si hoy tenemos en cuenta que Jesús y sus discípulos consideran la obra redentora del evangelio como superación y derrota de Satán sería algo inaceptable para la verdad divina del cristianismo que ese Satán fuera una simple copia del Dios persa Arhiman y, en consecuencia, un mero fantasma. Pues bien, suponiendo que en el libro de Job hubiera algún tipo de conexión entre la visión israelita y la visión pagana de Satán, debemos afirmar que ese tipo de conexión solo pudo darse en dos momentos históricos (en los que podría haberse compuesto el libro de Job): (a) En el tiempo después del exilio; (b) o en el tiempo de Salomón, pues estos fueron los únicos momentos en los que hubo no solo colisión sino también intercambio de ideas entre Israel y las naciones profanas, paganas, del entorno.

Históricamente resulta posible que la visión de Satán se haya introducido en la mente israelita en el tiempo de Salomón o durante el exilio. Ciertamente, en ese contexto se puede afirmar que la religión de Ciro, tal como aparece en el Zend-Avesta puede haber influido en Israel en tiempo del exilio; pero también se puede decir, a la inversa, quizá con más razón, que el pensamiento de Israel ha influido en la religión del Zend-Avesta.

Pues bien, en ese contexto debemos añadir que la afirmación de la existencia de Satán proviene de tiempos más antiguos que Salomón: ciertamente, la visión de la serpiente del paraíso tiene que haber aparecido ante una mente buscadora como expresión de un mal espíritu. En esa línea, en la celebración del gran día de la remisión, ese mal espíritu aparece con el nombre de Azazel, עזאזל (llamado más tarde בעל זבוב, un nombre tomado del dios de Ekron); ese es el Espíritu que en la literatura posterior de Israel aparece con el nombre de השטן.

Más aún, dado que la *hokma* del período salomónico estaba especialmente vinculada con las historias preisraelitas del Génesis, de donde proviene el pensamiento básico del Cantar de los Cantares e incluso la figura del árbol de la vida (עץ חיים), resulta difícil pensar que el mal espíritu, que en forma de serpiente quería ejercer su maldad sobre los hombres, no haya podido recibir el nombre de Satán, השטן, ya en el tiempo salomónico.

Como he dicho, la sabiduría del autor del libro de Job está vinculada a (o proviene de) los relatos del paraíso que están en el fondo del Génesis. De ese fondo ha recibido él la solución más alta y más adecuada del problema. En este momento de la introducción presentaremos solo un esbozo del tema, porque es bueno que nos situemos desde el principio en el lugar apropiado para interpretar (entender) el libro de Job.

11. La solución definitiva del problema

La naturaleza del pecado es doble: (a) Consiste por un lado en el hecho de que la creatura se eleve sobre sí misma y se ponga en oposición a Dios, de quien proviene, para centrarse en la esencia de las creaturas. (b) Por otro lado, el pecado consiste en la destrucción de la profundidad (de la identidad) de la creatura que alcanza y logra su consistencia en armonía con Dios; de esa manera, al destruir su identidad, la naturaleza humana cae en una confusión salvaje.

En otras palabras, el pecado tiene un aspecto personal y otro natural. De igual forma, la ira de Dios que suscita el pecado y que se despliega en contra del pecado tiene un aspecto personal y otro natural.

- Así, por una parte, *la ira de Dios se identifica con el disgusto o aversión personal en la que se transforma su amor,* en el momento en que su voluntad divina y la voluntad de las creaturas se oponen entre sí.
- Por otra parte, *la ira de Dios es un tipo de excitación producida en Dios por las fuerzas que se oponen a la naturaleza divina* o, como dice la Escritura, esa ira de Dios es el ardor de fuego de su gloria divina, y en ese sentido se habla en la Biblia a menudo de la ira que brota de Dios, de la ira que

él derrama y que los hombres tienen que beber (comparar Job 21,20 con Job 6,4; véase mi prólogo al libro de Weber sobre *La Ira de Dios*).

En referencia a la creatura, en línea social, decimos que el mal es ἔχθρα, enemistad o enfrentamiento interhumano, y en línea personal decimos que es ἀταραξία, es decir, un tipo de turbación o insensibilidad (cf. mi *Biblische Psychologie*, 128 y 160). Ambos elementos del mal, el social y el personal, han brotado del espíritu del mundo.

En primer lugar, ese mal proviene de un espíritu muy alto, cercano a Dios, que se ha rebelado contra Dios y ha caído en el mundo, donde recibe el nombre de השׂטן o Satán, apareciendo como aquel que ha buscado el cumplimiento de sus propios fines egoístas, en contra de Dios, tentando al mismo tiempo a los hombres, e inclinándoles al mal. Este Satán ha destruido el sentido de su naturaleza, y se ha convertido, de un modo fuerte, en opositor a Dios, siendo objeto de ira, como material en que arde esa ira divina.

En esa línea, el pecado es ἔχθρα, enemistad contra Dios y contra los hombres. Por otra parte recibe el nombre de ἀταραξία o turbación, evocando así el ardor del incendio de la ira de Dios, como inversión del mismo Dios. En esa línea, en la medida en que Satán ha venido a quedar enteramente poseído por esos poderes (*Energien*), contrarios a Dios se ha convertido en instrumento de una ira que parece provenir de Dios, siendo contraria a él.

El espíritu de la luz y del amor que es Dios se ha invertido totalmente, convirtiéndose en espíritu del fuego y de la ira, de un Dios que viene a convertirse en antiDios, de manera que en él se centran todos los poderes contrarios a Dios. Tras haber perdido su lugar en el reino de la Luz (que es el Amor, que es Dios en sí mismo), este Dios invertido que es el Diablo viene a presentarse como señor del reino de la ira, es decir, de la perversión antidivina.

De esa forma, desde el comienzo de la caída, Satán tiene el infierno en sí mismo como poder de oscuridad (contrario a Dios), que amenaza a los hombres; pero al final del tiempo de la dispensación presente es lanzado al lago de fuego (Mt 25,41; Ap 20,10; comparar con Dan 7,11). De todas formas, en el tiempo intermedio, desde la venida de Jesús hasta el juicio final, este poder satánico ha sido privado de su capacidad de actuar, a través del Hijo del Hombre, quien, en el tiempo de la victoria de sus discípulos sobre los demonios, le ha visto caer como un rayo del cielo (Lc 10,18) y quien en su muerte le ha dado un golpe mortal, de forma que ha comenzado así el tiempo de su juicio (del juicio de Satán) que más tarde vendrá a manifestarse en su degradación o destrucción final (cf. Ap 12, 9: 20, 3. 10).

Según eso, cuando en el libro de Job Satán aparece todavía entre los ángeles de Dios en el cielo, y ciertamente como acusador, κατήγωρ, este dato se sitúa ya en una línea que desemboca en las revelaciones que el Nuevo Testamento ofrecerá en relación con el aspecto angélico de la presente dispensación. Según eso, el sufrimiento de Job constituye una dispensación de amor (es decir, al servicio del amor de Dios), pero una disposición desplegada sobre un fondo en el que viene a desplegarse el aspecto más hondo de la ira de Dios, que no se entiende como castigo, al servicio de la destrucción de los hombres, sino en forma de prueba, a fin de que el hombre pueda superar el mal que lleva dentro de él.

Eso significa que este mundo se encuentra situado en el centro de un conflicto entre el mal y el bien, un conflicto que solo puede desembocar en la victoria del bien en la medida en que el bien, siendo probado, pueda mantenerse y vencer, separándose (es decir, liberándose) del mal, en la medida en que el bien resista al asalto del mal que lleva unido a sí (como mezclado a sí mismo). Y esto se realiza solamente en la medida en que el bien, que está todavía mezclado con el mal, viene a ser refinado como por el fuego, quedando así más y más libre del mal, que queda expulsado, como escoria impura, dejando que el buen metal quede limpio, en su plenitud de bien, sin mezcla alguna de "ganga" negativa.

Este es el doble punto de vista desde el que ha de ser mirado el sufrimiento de Job. (a) Ante todo, ese sufrimiento ha sido dispuesto *para que Job se pruebe a sí mismo*, en oposición a Satán, a fin de superarle. (b) Por otra parte, dado que Job no pasa a través de la prueba de un modo totalmente victorioso, sin pecar en modo alguno, *ese sufrimiento tiene al mismo tiempo la finalidad de purificarle* y perfeccionarle. Desde ambas perspectivas (la de superar a Satán y la de purificarse a sí mismo), la historia de Job constituye un paso que está vinculado a la misma historia del conflicto de Dios con el mal, conflicto que se encuentra latente en la sustancia de la historia de la redención y que culmina con el triunfo del amor divino. Como dice bien Gaupp (*Praktische Theologie*, ii. 1, 488s), en el libro de Job, Satán pierde solo una causa (una batalla), pero añadiendo que esa derrota ha de tomarse solo como preludio de la mayor de todas las derrotas (batallas), que Satán ha perdido, que es la batalla de Cristo. En esa línea, por medio de Job el juicio de Dios ha comenzado a realizarse sobre el mundo y el príncipe de la oscuridad empieza a ser expulsado, hasta que la expulsión sea completa por medio de Cristo.

Desde ese fondo, la Iglesia ha reconocido siempre en *la pasión de Job es un tipo (un anticipo) de la pasión de Jesucristo*. Lógicamente, Sant 5, 11 compara la paciencia de Job con el despliegue y sentido de los sufrimientos del Señor. De un modo consecuente, a partir del siglo II d. C., las iglesias leían la pasión de Job durante la Semana de Pasión[20]. Desde ese fondo podrá entenderse la solución

---

20. Cf. Orígenes, *Opp.* t. ii. p. 851: *In conventu ecclesiae in diebus sanctis legitur passio Iob, in deibus jejunii, in diebus abstinentiae, in diebus, in quibus tanquam compatiuntur ii qui jejunant et abstinent admirabili illo Iob, in deibus, in quibus in jejunio et abstinentia sanctam Do- mini nostri Jesu Christi passionem sectamur* (En la asamblea de la Iglesia, en los días santos se lee la pasión de Job, en los días de ayuno, en los días de abstinencia, en los días en los que aquellos que ayudan y cumplen la abstinencia comparten el sufrimiento de Job, en los días en que compartimos en ayuno y abstinencia la santa pasión de nuestro Señor Jesucristo). Resulta conocido el hecho de que, por

definitiva del problema que plantea este libro maravilloso de Job, que es como un anuncio de la victoria de Jesucristo sobre la serpiente.

El sufrimiento del inocente es el tema más profundo de esta lucha, entendida como conflicto entre la semilla de la mujer y la semilla de la serpiente, que termina cuando la cabeza de la serpiente sea aplastada bajo los pies de la semilla de la mujer (como dice Gen 3). En esa línea, la aflicción o sufrimiento de Job aparece como tipo o copia del sufrimiento de Cristo, el Santo de Dios, que ha cargado con nuestros pecados y que con la constancia de su amor reconciliador ha resistido hasta el final el asalto de ira del ángel de la ira. Según eso, el contenido real del libro de Job es el misterio de la cruz: la cruz del Gólgota es la solución del enigma de todas las cruces de los hombres; y el libro de Job es la profecía de esa solución definitiva de Cristo.

12. Historia de la exposición o comentarios del libro de Job

Antes de pasar a la exposición del libro de Job ofreceremos una visión de conjunto de la historia de la exégesis del texto. La promesa del Espíritu que nos guiará hacia la verdad completa está recibiendo continuamente su cumplimiento en la historia de la Iglesia y especialmente en la interpretación de la Escritura. Pues bien, en ningún otro lugar queda tan de manifiesto el progreso de la Iglesia de acuerdo con la promesa como en la exposición de la Palabra de Dios, que se anuncia de un modo especial en el Antiguo Testamento.

En la patrística y en la Edad Media la luz bíblica alumbraba solo algunas porciones separadas del Antiguo Testamento, pues los autores cristianos desconocían totalmente o tenían solo un conocimiento inadecuado de la lengua hebrea. Ellos miraban el Antiguo Testamento no como precursor del Nuevo, sino como alegoría y le prestaban menos atención, pues la percepción espiritual de la Iglesia perdió su pureza y frescura apostólica. Sin embargo, en la medida en que el sentimiento espiritual interno y la experiencia podían compensar la ausencia casi total de condiciones externas (por falta de conocimiento directo del texto hebreo del libro), este período ha producido y transmitido muchos comentarios y explicaciones valiosas del Antiguo Testamento.

Pero en el tiempo de la Reforma la luz que había ya amanecido comenzó a expandir su claridad sobre el Antiguo Testamento. El conocimiento del idioma hebreo, que había sido hasta entonces una riqueza limitada a unos pocos, vino a convertirse en propiedad pública de la Iglesia. Quedaron superados todos los obstáculos que hasta entonces habían separado a la Iglesia tanto de Cristo como

---

esta lectura pública en la Iglesias, Job recibía entre los sirios el nombre de *Machbono*, el amado, el querido (Ewald, *Jahrb*. x. 207) y entre los árabes el nombre de *Es-ssabûr*, el paciente.

de la fuente viva de la palabra; y partiendo de la verdad central de la justificación por la fe y de sus resultados comenzó una investigación libre, pero no arbitraria, de la Escritura. De todas formas, en este momento seguía faltando una percepción del desarrollo histórico de la Escritura, y por tanto faltaba la habilidad para entender el Antiguo Testamento como preparación del camino para el Nuevo, a través del desarrollo histórico gradual del plan de la redención. A pesar de ello, la exposición de la Escritura cayó pronto bajo el yugo de una tradición esclavizadora, de una sistematización escolástica y de un dogmatismo antihistórico, que no supo entender su verdadera finalidad.

Y este período de cautividad medieval, desprovisto de espiritualidad bíblica, fue seguido por un período de falsa libertad, el período del racionalismo comenzado en el siglo XVII, que destruyó la mutua relación que había entre la exposición de la Escritura y la confesión de la Iglesia, pues redujo los contenidos del pacto bíblico y de la confesión de la Iglesia a una noción muy estrecha de Dios, con unas leyes morales de tipo trivial, y tomó el Antiguo Testamento como libro histórico, pero con ojos carnales, que estaban ciegos para la obra que Dios había estado preparando a través de la historia de Israel para la redención del Nuevo Testamento.

En aquel momento se había paralizado el progreso de la exégesis; pero el mismo Cristo que es Cabeza de la Iglesia, que reinó en medio de (sobre) sus enemigos, hizo que la exposición de su palabra se elevara de nuevo de la muerte en que se hallaba anteriormente, tomando una forma más gloriosa, a través de la Reforma del siglo XVI. La apertura hacia el aspecto humano de la exégesis había enseñado a la Iglesia que la Escritura no es solo divina ni sola humana, sino que la Biblia es un libro humano-divino.

El método histórico y el avanzado conocimiento del lenguaje (del hebreo) habían enseñado que el Antiguo Testamento presenta un crecimiento humano-divino, que tiende hacia el Dios-hombre, mostrando el desarrollo y declaración gradual del propósito divino de la salvación, una historia milagrosa, que tiende por dentro hacia el milagro de todos los milagros, que es Jesucristo.

Creyendo en Jesús, llevando en sí mismo el sello de su Espíritu, y compartiendo la libertad que el Espíritu imparte, el exegeta o expositor de la Escritura puede situarse ante el Antiguo Testamento a rostro descubierto, como nunca antes lo había hecho, descubriendo así la gloria del Señor. La verdad de este esquema quedará confirmada por la historia de la exposición del libro de Job.

Los Padres Griegos, (incluido Efrén) de los cuales se citan 22 en la "catena" publicada por Patricius Junius (año 1637)[21] ofrecen poco más que aquello que podía esperarse. Pues bien, si hay actualmente un libro del Antiguo Testamento

---

21. Esta Catena incluye como base el texto griego del libro de Job, tomado del *Cod. Alexandrinus*, y organizado por esticos.

cuyo sentido de conjunto viene a ser entendido de un modo maduro, conforme a las condiciones externas e internas de su despliegue, ese es el libro de Job.

Los Padres Griegos estaban confinados a la traducción de los LXX, sin tener la posibilidad de testificar la validez de aquella traducción acudiendo al texto original hebreo; y ha sido justamente la traducción griega del libro de Job la que más ha padecido (la que más ha sido manipulada), en comparación con otros libros del Antiguo Testamento. En esta traducción se omiten versos enteros del texto hebreo, y otros aparecen desplazados de sus lugares originales, y las omisiones quedan suplidas con adiciones apócrifas[22].

Orígenes era consciente de esto (*Ep. ad Afric.* 3f.), pero él no conocía suficientemente el hebreo como para ofrecer una comparación fiable de los LXX con el texto original, ni en su Tetrapla ni en su Hexapla. Y las adiciones que él ofrece (indicadas con flechas), y los pasajes que él restaura a partir de otros traductores, especialmente de Theodocion (indicadas por asteriscos) privan al texto de los LXX de su forma original, sin ofrecer sin embargo una impresión correcta del texto original hebreo. Pues bien, en esa línea, dado que en el libro de Job el sentido del conjunto depende del significado de los pasajes aislados, los Padres Griegos no tuvieron la posibilidad de conocer el sentido total del libro. Ellos se ocupaban mucho de este misterioso libro, pero el uso del sentido típico y alegórico no podía suplir su carencia de conocimiento gramatical e histórico.

Por su parte, la versión Itálica (Itala) era aún más defectuosa que los LXX. En su traducción (Vulgata), Jerónimo dice que el libro de Job está *decurtatus et laceratus corrosusque* (disminuido, herido y corrompido). Por eso lo revisó a partir de la Hexapla, y conforme a su propio plan tuvo que suplir no menos de unos 700-800 versos (στίχοι).

La propia traducción independiente de Jerónimo se adelanta a su tiempo; pero él mismo reconoce sus defectos, y así dice en su *Praefatio in l. Iob*, cómo la realizó, empleando *non parvis numis* (no pocas monedas) con un maestro judío de Lyda, donde en aquel tiempo había un tipo de universidad, pero confesó que tras haber empleado con él mucho tiempo en el libro de Job no terminó siendo más sabio que antes: *Cujus doctrina an aliquid profecerim nescio; hoc unum scio, non potuisse me interpretari nisi quod antea intellexeram* (No sé si me aprovechó algo su doctrina; una cosa sé, que solo pude interpretar lo que ya antes sabía). En este contexto, parece que él se queja del libro en cuanto tal, diciendo que es *obliquus, figuratus, lubricus* (torcido, figurado, lúbrico), para añadir que se parece a una anguila: Cuanto más fuerte la agarras más se te escapa.

Había por entonces tres versiones latinas del libro de Job: la Itala, la Itala mejorada por Jerónimo, y la traducción independiente de Jerónimo, cuya novedad

---

22. Sobre este tema, cf. Gust. Bickel, *De indole ac ratione versionis Alexandrinae in interpretando l. Iobi,* libro que acaba de ser publicado (1863).

(como dice Agustín) producían no poco embarazo. Los sirios salieron mejor parados con la *Peschita*, realizada directamente a partir del texto original[23]. Pero los *Scholia* de Efrén (pp. 1-19, del tomo ii. de los tres de la traducción de sus obras siríacas) contienen menos material utilizable que el que podía haberse esperado[24].

La edad siguiente no produjo nada mejor, aunque entre los expositores del libro de Job encontremos algunos nombres ilustres: Gregorio el Grande, Beda el Venerable (cuyo comentario ha circulado erróneamente como si fuera un comentario, que aún no ha sido descubierto, de Jerónimo), Tomás de Aquino, Alberto Magno (cuyas *Postillae super Iob* no se han imprimido todavía) y otros. Pero no hubo progreso en la interpretación del libro, pues faltaban los medios para ello. La obra más importante de la Edad Media fue la de Gregorio Magno, *Expositio in beatum Iob seu Moralium*, ll. xxxv, una obra gigantesca que trata de todos los posibles temas dogmáticos y éticos, pero que en su propio campo (la exégesis de Job) no ofrece nada de importancia, pues Gregorio escribió *ut super historiae fundamentum moralitatis construeret aedificium et anagoges imposuerit culmen praestantissimum* (Para construir sobre el fundamento de la historia el edificio de la moral, de forma que se llegara a través de la analogía a una cumbre elevadísima)[25]; pero el fundamento histórico-lingüístico resultaba insuficiente, y la exposición, que contiene muestras de talento, se pierde casi constantemente en digresiones que se oponen al texto hebreo.

Solo hacia el final de la Edad Media comenzó el conocimiento del hebreo, a través de los judíos convertidos que entraron en la Iglesia, comenzando así una nueva era en el conocimiento de Job. El avance que hasta entonces habían realizado los comentarios judíos al libro de Job se debía a su conocimiento del hebreo. Pero esos comentarios no tenían una visión clara de la tarea del expositor y comentarista, y en especial del comentarista de la Biblia, de manera que no pudieron aprovecharse del conocimiento del hebreo.

En esa línea, la traducción arábiga del libro de Job, hecha por Saadía (nacido el 890) con explicaciones o notas[26], no logra mucho más que lo que había logrado Jerónimo, aunque en general podemos decir que le sobrepasa. Salomon Isaaki de

---

23. La versión siríaca (Peschita) utiliza quizá un targum judío, aunque no el que ahora existe, pues la literatura talmúdica sabe que había un targum del libro de Job antes de la destrucción del templo, cf. *b. Sabbath*, 115a, etc. Por otra parte, la versión de los LXX fue considerada en el oriente de tal autoridad que el obispo monofisita Paulus de Tela, 617, realizó una nueva traducción siríaca y lo hizo a partir de los LXX y del texto de la Hexapla, publicado por Middeldorff, 1834-35. Cf. sus *Curae hexaplares in Iobum*, 1817.

24. J. F. Froriep, *Ephraemiana in l. Iobi*, 1769, iv., habla muchos de estos *Scholia*, pero con poco provecho.

25. Cf. Notker citado por Dümmler, *Formelbuch des Bischof's Salomo von Constanz*, 1857, 67s.

26. Cf, Ewald-Duke, *Beiträge zur Gesch. der ältesten Auslegung und Spracherklärung des A. T*, I-II, 1844.

Troyes (Raschi, erróneamente llamado Jarchi), cuyo comentario al libro de Job estaba incompleto en el momento de su muerte (1105), y que fue completado por su nieto Samuel b. Meir (llamado Raschbam, muerto en torno al 1160)[27], contiene algunos intentos de exposición de tipo gramatical e histórico, pero en otros aspectos depende enteramente del Midrash Haggada (que puede compararse con el sistema de interpretación alegórica de la iglesia), cuyo material bruto ha sido compilado en diversos tipos de "Catenae" (o cadenas de textos), una de las cuales, aplicada al Antiguo Testamento lleva el nombre de Simeon ha-Darschan (ילקוט שמעוני); otra, referida a los tres libros poéticos del AT lleva el nombre de Machir b. Todros (מכירי ילקוט).

Por su parte, Abenezra, el judío español, que escribió su comentario al libro de Job en Roma, 1175, se complace en nuevas y extrañas ideas, y le gusta envolverse en un tipo de nimbo místico. David Kimchi, que se ajusta mejor al curso histórico-gramatical del tema no ha expuesto el libro de Job; y un comentario de su hermano Mose Kimchi a este mismo libro no ha sido aún publicado.

Sin duda, los comentarios judíos más importantes del libro de Job son los de Mose b. Nachman o Nahmanides (Ramban), que nació en Gerona (España), 1194, y los de Levi b. Gerson o Gersónides (Ralbag), que nació en Bagnols, entre el Languedoc y Rosellón, en 1288. Ambos eran pensadores de talento, el primero de tipo más platónico, el segundo más aristotélico. Sus comentarios, incluidos en los comentarios rabínicos colectivos, especialmente el último, circularon con abundancia en la Edad Media. Ambos tienen un tono filosófico.

Otros comentarios antiguos, que han sido importantes en la historia de la exposición del libro, como los de Menahem b. Chelbo, Joseph Kara, Parchon y otros no son aún conocidos; y el comentario de un poeta italiano, llamado Immanuel, amigo de Dante, no ha sido imprimido todavía. Además de los antes citados entre los comentarios rabínicos se encuentran solo los de Abraham Farisol de Avignon (hacia el 1460).

Lo que de útil puede encontrarse en ellos puede precisarse bien por la compilación de Nicolás de Lyra, que fue autor de unas *Postillae perpetuae in universa Biblia* (completadas el año 1330), que mostraban para aquel tiempo un excelente conocimiento del texto original: N. de Lyra reconocía la necesidad de conocer el texto original y tomaba el *sensus litteralis* como base de todos los demás sentidos de la Biblia. Pero, por un lado, él no era independiente de sus predecesores judíos; y por otra parte estaba atado al espíritu servil y antievangélico de aquel momento.

Poco después se rompieron las cadenas de una interpretación alegórica de Job, y se extendió una nueva luz para la exégesis. En la nueva línea, Lutero, Brentius y otros reformadores, animados por la profundidad de su experiencia

---

27. Estos datos son en parte inseguros. Cf. Geiger, *Die französische Exegetenschule*, 22 (1855) y de Rossi, *Catalogus Cod.* 181; L. Zunz, *Zur Geschichte und Literatur*, 1845.

religiosa y por su rechazo del sistema caprichoso de las interpretaciones alegóricas, se liberaron de un tipo de tradición anterior y fueron capaces de penetrar en el corazón de la experiencia de Job. De esa forma pudieron atisbar la idea básica del libro de Job, aunque solo atisbarla.

En esa línea, Lutero dice en su prefacio que "el libro de Job expone ya con profundidad la cuestión de si el infortunio recae también de parte de Dios sobre los impíos". En este contexto, Job se mantiene firme y asegura que Dios aflige sin causa también a los impíos, solo para alabanza suya, como dice igualmente Cristo, en Jn 9, al referirse al ciego de nacimiento".

Estas palabras recogen fielmente la idea del libro. Pero el mismo Lutero confiesa que él tiene solo una visión aproximada del contenido más preciso de las diversas partes del libro de Job. Con la ayuda de Melancton y del hebraísta Aurogallus, Lutero traduce el libro de Job y afirma en su carta sobre esta traducción, que ellos tres, algunas veces, apenas podían traducir tres líneas en cuatro días. Significativamente, mientras estaba empeñado en esa traducción, Lutero escribió a Espalatino, a su manera fuerte e ingenua, diciéndole que Job parecía soportar su traducción con menos paciencia que el consuelo de sus amigos, y que hubiera preferido quedar sentado sobre el estercolero.

Jerome Weller, un hombre que vivió una experiencia interior semejante a la del libro de Job, y que tuvo una capacidad superior para exponer el libro, sintió la misma insatisfacción que Lutero. Así dice que un expositor de este libro tiene que haber padecido en su lecho la misma enfermedad de Job, habiendo "gustado", de igual forma, las mismas amargas experiencias de Job. En esa línea comentó Weller el libro de Job, aunque su exposición solo llegó hasta el cap.12. Y en esa línea él pudo sentirse contento por haber llegado, con la ayuda de Dios hasta ese capítulo 12, encomendando el resto del libro a otros traductores[28].

La obra más extensa del tiempo de la Reforma sobre Job la forman los Sermones (*conciones*) de Calvino. La exégesis luterana prerracionalista avanzó sobre Lutero solo en la medida en que se extendió el conocimiento filológico del hebreo. Así lo muestran Mercier (=Mercerus) y Cocceius entre los reformados, Seb. Schmid entre los luteranos y Juan de Pineda entre los católicos romanos.

El comentario de este último (Pineda), que constituye una compilación sorprendentemente culta, fue utilizado y admirado por los protestantes, aunque defiende con celo las opciones de la Vulgata. También es importante la traducción y el corto comentario realizado, con espíritu cercano al de la Reforma, por Fr. Luis de León, cuando se hallaba encerrado por la Inquisición en la cárcel de Valladolid, en España (1572-1577).

---

28. Jerome Weller fue un discípulo y amigo de Lutero, en cuya casa permaneció durante un tiempo, como tutor de sus hijos, padeciendo bajo un tipo de depresión espiritual. Es famosa la carta que M. Lutero le dirigió ofreciéndole sus consejos, el año 1530 (nota del traductor).

Introducción

Con el comentario del holandés Albert Schultens (1737, 2 vols.) comenzó una época nueva en la exposición de Job. Él fue el primero en valerse de las lenguas semíticas, y en especial del árabe, para la traducción del libro. Y lo hizo rectamente[29], porque el árabe ha conservado más rasgos antiguos que todos los restantes idiomas semíticos. En esa línea, en su prefacio a Daniel, Jerónimo había puesto ya de relieve que *Iob cum arabica lingua plurimam habet societatem* (que Job conserva mucha vinculación con la lengua árabe).

Reiske (*Conjecturae in Iobum*, 1779) y Schnurrer (*Animadv. ad quaedam loca Iobi,* 1781) siguieron más tarde las huellas de Schultens, pero de forma equivocada, pues al comparar el idioma israelita con otros idiomas orientales pasaron por alto la singularidad divina del elemento israelita. A pesar de ello, en relación con otros libros bíblicos, el libro de Job tenía menos que perder a causa del racionalismo con sus juicios morales frívolos y con sus interpretaciones distorsionadas de la Escritura. Ellos redujeron la idea del libro a la mansedumbre de Job, y a Satán le tomaron como un invento mítico; de todas formas, en este libro no había milagros y profecías que criticar.

Pues bien, en esa línea, por primera vez desde el período apostólico se insistió en que el libro era una obra maestra de poesía, como mostraron las exposiciones, las traducciones y las explicaciones de Eckermann, Moldenhauer, Stuhlmann y otros. Siguiendo en esta línea, esos autores sobrepasan de un modo incomparable lo que habían hecho un versificador alemán antiguo (de nombre Hennig) y el poeta nacional florentino, llamado Juliano Dati (1445-1523) al comienzo del siglo XVII, en sus reproducciones poéticas del libro de Job.

¡Cuánto hubieran hecho los Padres antiguos si hubieran conocido las nuevas traducciones del libro de Job como las de E. Böckel (1783-1845), *Die heiligen Dichter der Hebräer*, o las de la piadosa señorita Elizabeth Smith, experta en lenguas Orientales (que murió a los 28 años, el 1805)[30], o el trabajo de un estudioso laico suizo: *Noten zum hebräischen Texte del A. T. nebst einer Uebersetzung des Buch Hiobs,* Basel 1841!

El camino para la percepción verdadera y total de la Escritura Divina pasa a través de un buen conocimiento de su realidad humana. Por eso, el verdadero racionalismo, especialmente el posterior a Herder, que mejoró y profundizó la forma humana de la percepción de los textos bíblicos, preparó el camino para una nueva era en la exposición del libro de Job en la Iglesia.

---

29. Aunque no guardó en eso la debida proporción, especialmente en *Animadversiones philologicae in Iobum* (*Op. minora*, 1769), donde él quiere explicar los errores en la traducción de los LXX a partir del árabe.

30. Cf. *The Book of Job: Translated from the Hebrew, by the Late Miss Elizabeth Smith*, con *Fragments, in Prose and Verse: by Miss Elizabeth Smith Lately Deceased, with Some Account of Her Life and Character by H.M. Bowdler,* New York 1810. (Hay varias ediciones modernas de la obra, que pueden encontrarse con facilidad, como la de Leopold, en *Classic Library*, 2016. Nota del traductor).

En esa línea, los comentarios de Samuel Lee (1837), Vaihinger (1842), Welte (1849), Hahn (1850) Schlottmann (1851)[31], constituyen los primeros frutos de un nuevo período que se ha vuelto posible por los comentarios anteriores de Umbreit (1824-32), Ewald (1836-51) y Hirzel (1839, segunda edición realizada por Olshausen, 1852)[32].

El comentario de Umbreit está caracterizado por el entusiasmo por la grandeza poética del libro; el de Ewald por la clara percepción trágica del texto; y el de Hirzel por la mesura y la buena organización del material. Al lado de estas obras, de carácter básicamente progresista, puede citarse el comentario de Heiligstedt (1847), que es una obra de recopilación en la línea de las de Rosenmüller, pero más condensada. Por lo que toca a los nuevos comentarios judíos, como los de Blumenfeld, Arnheim (1836) y Löwenthal (1846), podemos decir que, aunque siguen en la línea de los antiguos פרושים y באורים judíos, ellos están muy influenciados por sus predecesores cristianos.

La investigación sobre el libro de Job ha avanzado también de una forma condensada a través de las traducciones, con explicaciones adyacentes. En esa línea podemos citar la traducción de F. B. Köster (1831), que fue el primero que insistió en la estructura estrófica de la poesía hebrea, pero que, al mismo tiempo, al tomar el verso masorético como un elemento constructivo de la estrofa, ha introducido un error que no ha sido superado aún.

Debemos citar también a Stickel (1842), que ha querido imitar con cierto gusto el estilo magistral del libro de Job, aunque su división del verso masorético en líneas estróficas, conforme a los acentos (como hacen Hirzel y Meier en su traducción del Cantar) se sitúa en el extremo opuesto al que proponía Köster. Puede citarse también a Ebrard (1858), que traduce el libro de Job en pentámetros yámbicos, como había hecho previamente Hösse[33]. Por su parte, Renan se limita a fijar la disposición de los esticos conforme a la división masorética de los versos. Se pueden citar aquí también los comentarios generales (*Bibelwerke*) del AT, entre los que sobresale el de Von Gerlach (3 vol., 1849) y también las exposiciones populares de tipo práctico, como la de Diedrich (1858). Hay además otros trabajos sobre la poesía de Job (como el de Spiess, 1852), y otros más interesados por la teología bíblica (como los de Haupt, 1847; Hosse, 1849; Hayd, 1859; Birkholz 1859; con el de Lindgren, en Upsala, Suecia 1831); ellos quieren lograr que la lectura

---

31. Cf. la recensión que han realizado sobre estos dos últimos libros Oehler, *Reuter's Repertorium*, Feb. 1852, y Kosegarten, en su ensayo sobre Job en *Kieler Allgem. Monatsschrift*, 1853, S. 761-774.

32. Cf. Cf. Ullmann-Riehm, *Blätter der Erinnerung*, sobre F. W. C. Umbreit (1862) pag. 54-58.

33. Cf. Schneider, *Die neuesten Studien über das B. Hiob*, Deutsche Zeitschr. für christl. Wissenschaft, 1859, N. 27.

del libro de Job resulte más fácil y más provechosa, a través de la traducción, con introducciones cortas y explicaciones ocasionales.

Pues bien, a pesar de todas estas obras, que en parte son excelentes y realizan un buen servicio, debemos afirmar que la tarea de la exposición del libro de Job no se ha cumplido aún de un modo exhaustivo, de forma que quedan muchas cosas que realizar. Queda todavía por ajustar el ideal básico del libro de Job a su lenguaje, poniendo de relieve su importancia en la historia de la redención, con su carácter espiritual; queda, sobre todo, la exigencia de vincular cada parte del libro con la idea de fondo del conjunto. Es eso lo que aquí intento realizar, sin tener la presunción de haberlo conseguido, respondiendo a todas las preguntas que se le piden a un comentarista.

Una exposición justa del libro de Job debe explicar su contenido ante todo desde la perspectiva de una visión creyente de la obra de Cristo, de manera que el lector sea capaz de entender el libro a partir de su conexión con el desarrollo histórico del plan de redención, cuya unidad es la obra de Cristo. El lector debe captar de un modo libre y apasionado la vena profunda de este libro que es (con el Eclesiastés) el más osado de todos los del Antiguo Testamento, a fin de mostrar desde su mismo corazón su idea más oculta.

Por otra parte, debe tener una fina percepción histórica a fin de captar los rasgos dependientes del contexto histórico-cultural con los que la idea radical del libro viene a presentarse, dentro del orden progresivo del plan de la salvación, a pesar de la verdad absoluta que se esconde en su seno. Por otra parte, el lector debe tener no solo una clara percepción de la verdad divina, sino también de la belleza del arte humano, para así apreciar la maravillosa vinculación de lo divino y de lo humano, en su forma y en su contenido.

Finalmente, el lector debe situarse en el lugar más alto del conocimiento lingüístico y de la historia de la antigüedad a fin de seguir el vuelo elevado de su lenguaje y familiarizarse con la riqueza y variedad incomparable de su temática. Debemos tener siempre ante nosotros esta idea de fondo del libro, a fin de poderla exponer y mostrar en los límites asignados a un manual exegético donde los temas han de tratarse de un modo condensado.

TRADUCCIÓN Y EXPOSICIÓN DEL LIBRO DE JOB

PRIMERA PARTE: JOB 1-3
APERTURA

Job 1–2
PRÓLOGO

Job 1, 1-5[1]. La piedad de Dios en medio de la mayor prosperidad

El libro comienza en estilo de prosa, como dice Jerónimo: *Prosa incipit, versu labitur, pedestri sermone finitur* (empieza en prosa, se desarrolla en forma de verso, y termina con lenguaje prosaico). Según eso, prólogo y epílogo no siguen el sistema de la acentuación poética, y se acentúan por tanto conforme al sistema usual, como muestra la primera palabra (אִישׁ), que, en las buenas ediciones lleva un *tebir*, una nota distintiva más pequeña que no pertenece a la acentuación poética.

El autor no comienza con וַיְהִי, como hacen los escritores de los libros histórico-proféticos, que son conscientes de que están narrando una parte de la historia colectiva de Israel, como en 1 Sam 1,1, וַיְהִי אִישׁ, sino que empieza escribiendo como el autor del libro de Ester (Est 2,5) y por razones semejantes, de manera que comienza con אִישׁ הָיָה [2], porque él sabe que está comenzando una historia extraisraelita.

Job 1, 1

אִישׁ הָיָה בְאֶרֶץ־עוּץ אִיּוֹב שְׁמוֹ וְהָיָה הָאִישׁ
הַהוּא תָּם וְיָשָׁר וִירֵא אֱלֹהִים וְסָר מֵרָע׃

[1]Había en el país de Uz un hombre llamado Job. Era un hombre perfecto y recto, temeroso de Dios y apartado del mal.

Los LXX traducen ἐν χώρᾳ τῇ Αὐσίτιδι, y añaden al final del libro, ἐπὶ τοῖς ὁρίοις τῆν Ἰδουμαίας καὶ Ἀραβίας, es decir, al nordeste de Idumea, hacia el desierto

---

1. El comentario de F. Delitzsch comienza con una cita (Ἐπ' αὐτῶν τῶν λέξεων [τοῦ βιβλίου] γενόμενοι σαφηνίσωμεν τὴν ἔννοιαν, αὐτοῦ ποδηγοῦντος ἡμᾶς πρὸς τὴν ἑρμηνείαν, τοῦ καὶ τὸν ἅγιον Ἰὼβ πρὸς τοὺς ἀγῶνας ἐνισχύσαντος), en la que Olimpiodoro el joven (filósofo y pensador bizantino: 495 - 570 d.C.) insistía en la importancia de la recta interpretación del libro de Job (*nota del traductor*).

Prólogo

arábigo. Allá, en el desierto arábico, al oeste de Babilonia, bajo los Caucabenes, habitaban según Ptolemeo (v. 19, 2), Αἰσῖται (Αἰσεῖται), i.e., los uzitas.

Esta determinación del lugar de Uz es totalmente fiable, y así tiende a mostrarlo indirectamente el hecho de que Jos. *Ant.* i. 6, 4 presenta a Οὖσος como fundador de la Traconítide y de Damasco. Así lo confirma también el hecho de que Jakut Hamawi y la tradición musulmana (como ha mostrado recientemente Fries, *Stud. u. Krit.* 1854, ii.) presentan la franja fértil del este de Haurán, al noroeste de Têmâ y de Bûzân, como *el-Bethenije*, el distrito de Damasco en el que habitaba Job[2]; y lo confirma también el hecho de que la tradición siríaca transfiere el lugar donde habitaba Job a la zona Haurán, en el distrito de Damasco, donde hay un monasterio en su honor, llamado *Dair Ejjub* (cf. Volck, *Calendarium Syriacum*, p. 29).

Todos estos relatos y textos concuerdan en el hecho de que Uz no ha de buscarse en la tierra de Idumea propiamente dicha (Gebâl). Por su parte, las antiguas genealogías históricas (Gen 10,23; 22, 21; 36,28) no van en contra de nuestra propuesta, pues ellas sitúan a Uz por un lado en relación a Seir-Edom y por otro en relación a Aram: la intrigante doble aparición de nombres como Têmâ y Dûma, por un lado en Idumea y por otro al este de Haurán, proviene quizá de la mezcla de tribus diferentes a través de migraciones.

Sea como fuere, Uz no se encuentra en Gebâl, aunque a causa de Lam 4, 21 y de la referencia que el mismo libro de Job hace de los Horitas, debe mantenerse que existía una conexión geográfica entre Idumea y Ausitis. Por otro lado, con Jer 25,20 debemos suponer que עוץ, con el que concuerda el nombre de Esaú (*ýṣ, 'l-ýṣ*), de un modo que no es accidental, era el nombre colectivo de la parte norte del desierto arábico, extendiéndose hacia el nordeste, de Idumea hacia Siria.

Precisamente aquí, donde los aborígenes de Seir habían sido arrinconados por los inmigrantes arameos, una tierra hacia la que se extendió en tiempos posteriores el territorio de Edom, habitaba Job. Su nombre no es simbólico, tomado como referencia para la historia que sigue, sino que ha de entenderse en sentido literal.

Se ha dicho que איוב significa alguien que es hostilmente tratado por otro, es decir, por Satán[3]. Pero hay varias razones que van en contra de eso. (a) Ninguno de los otros nombres que aparecen en el libro tiene un carácter simbólico conectado con su historia. (b) La forma קטול no tiene nunca un sentido propiamente pasivo,

---

2. Cf. Abulfeda, *Historia anteislamica* p. 26 (cf. 207s.), donde él dice: "Toda la tierra de Bethenije, una parte de la provincia de Damasco, pertenecía a Job como posesión".

3. Geiger (DMZ, 1858, 542s.) conjetura que en Sir 49, 9 (καὶ γὰρ ἐμνήσθη τῶν ἐχθρῶν ἐν ὄμβρῳ) la expresión τῶν ἐχθρῶν es una *traducción* falsa de איוב. Renan asiente a ello. Pero τῶν ἐχθρῶν responde de un modo excelente al contexto, mientras que Job lo haría de un modo antinatural.

pero tampoco activo, como יסוּר, reprobar (forma paralela de קטל), o neutro, ילוד, nacido, שִׁכּוּר, borracho, u ocasionalmente un sentido de infinitivo (cf. Frürst, *Concord.* 1349 s.), de manera que resulta más correcto explicar la palabra, como hace Ewald, a partir del árabe (אוּב, palabra vinculada a שׁוּב, quizá también a בּוֹא), en el sentido de "uno que sale de sí mismo".

Palabras semejantes por el sonido son יוֹב, el nombre de uno de los hijos de Isacar (Gen 46,13) y el nombre del rey idumeo יוֹבָב, Gen 36, 33, que los LXX, Aristeas y Julio Africano combinan con Job[4]; y también el nombre del rey de Mauritania, Juba, que en griego se escribe Ἰόβας (como dice Didymus Chalcenter, ed. Schmidt, p. 305).

Quizá todos estos nombres pertenecen a la raíz יב, gritar con gozo. Los LXX escriben Ἰώβ con espíritu suave. En todos los restantes casos, la א al comienzo de palabra se escribe con espíritu áspero, como en ʼΑβραάμ, Ἡλίας. Lutero escribe *Hiob*, sin espíritu áspero, de forma que no puede leerse Job con la "iota" de tipo consonántico (Job), sino que debe leerse *Iob*, con "i" latina. Hubiera sido preferible escribir *Ijob*, pero Lutero deseaba mantener la forma usual de la palabra, siempre que ello fuera posible. De esa manera, al escribir "Iob", con la vocal "i", no con "yod" queremos desviarnos lo menos posible de la forma de escribir y de pronunciar que ha sido usual desde el tiempo de Lutero[5].

El autor utiliza intencionadamente cuatro sinónimos para describir con tanta fuerza como sea posible la piedad de Job, cuya realidad y autenticidad constituye el presupuesto fundamental de esta historia. (1) Job es un תָּם, alguien que tiene el corazón totalmente dirigido hacia Dios y hacia lo que es bueno, y también bien dispuesto hacia los otros. (2) Job es יָשָׁר, recto en pensamiento y acción, sin desviarse de aquello que es justo. (3) Job es יְרֵא אֱלֹהִים, temeroso de Dios, y consecuentemente movido por el temor de Dios, que es el comienzo (es decir, el principio) de la sabiduría. (4) Job es סָר מֵרָע, alguien que se mantiene alejado del mal, que es lo opuesto a Dios. El primero de esos predicados es una evocación de Gen 25, 27; el cuarto es proverbial en Salmos (cf. Sal 34, 15; 37,27) y en Prov 14,16. Esta mezcla de expresiones, tomadas de Génesis y de Proverbios es característica. Precisamente ahora, después que la historia ha comenzado en pretérito, ella sigue con aoristos.

---

4. Cf. Routh, *Relinquiae* ii.:154s.: Ἐκ τοῦ Ἡσαῦ ἄλλοι τε πολλοὶ καὶ Ῥαγουὴλ γεννᾶται ἀφ᾽ οὗ Ζάρεδ, ἐξ οὗ Ἰὼβ ὅς κατὰ συγχώρησιν θεοῦ ὑπὸ διαβόλου ἐπειράσθη καὶ ἐνίκησε τὸν πειράζοντα.

5. Sobre la forma autorizada de escribir *Iob*, más exactamente *Îob* y también *Îjob* (no sin embargo *Ijjob*, que no corresponde a la pronunciación usual, que suaviza la *ij* en *î* y la *uw* en *û*), cf. Fleischer, *Beiträge zur arab. Sprachkunde*, Abh. der sächs. Gesellschaft d. Wissenschaften, 1863, S. 137f. (En esta traducción aceptamos la forma usual hispana de Job, aunque en el texto original de Delitzsch se siga escribiendo *Iob*, Indicación de traductor).

Prólogo

Job 1, 2-3

² וַיִּוָּלְדוּ לוֹ שִׁבְעָה בָנִים וְשָׁלוֹשׁ בָּנוֹת: ³ וַיְהִי מִקְנֵהוּ שִׁבְעַת אַלְפֵי־צֹאן וּשְׁלֹשֶׁת אַלְפֵי גְמַלִּים וַחֲמֵשׁ מֵאוֹת צֶמֶד־בָּקָר וַחֲמֵשׁ מֵאוֹת אֲתוֹנוֹת וַעֲבֻדָּה רַבָּה מְאֹד וַיְהִי הָאִישׁ הַהוּא גָּדוֹל מִכָּל־בְּנֵי־קֶדֶם:

²Le habían nacido siete hijos y tres hijas. ³Su hacienda era de siete mil ovejas, tres mil camellos, quinientas yuntas de bueyes, quinientas asnas y muchísimos criados. Era el hombre más importante de todos los orientales.

Job posee una hacienda grande, principesca. Los números parecen exagerados, pero en este contexto no deben tomarse como una invención. Los cuatro animales citados son de los dos géneros, masculino y femenino. A la palabra אלפי que aparece dos veces corresponde מאות también en constructo, con *tsere* que nunca se acorta, aunque en singular se dice מאת, de מאה.

Los aoristos, especialmente los del verbo היה (הוה) , que conforme a su raíz no significan *esse* sino *fieri, existere*, se utilizan aquí para colocarnos de pronto en medio de la prosperidad. León el Africano al referirse a los rebaños dice: *Ex iis, Arabes suas divitias ac possessiones aestimant* (por ellos calculan los árabes sus riquezas y posesiones). En fin, Job aparece aquí como alguien sin igual entre los בני קדם, los hijos de oriente.

Este es el nombre que se da a las tribus que se extienden a partir de la Arabia Deserta, al este de Palestina, y hacia el norte, hacia los países del Éufrates, y hacia el sur, hacia la Arabia Pétrea y Feliz. La sabiduría de esas tribus, contenida en proverbios, cantos y tradiciones, aparece mencionada en 1 Rey 5, 10, al lado de la sabiduría de los egipcios. Y aquí ofrece el escritor un rasgo muy característico de la vida de Job.

Job 1, 4-5

⁴ וְהָלְכוּ בָנָיו וְעָשׂוּ מִשְׁתֶּה בֵּית אִישׁ יוֹמוֹ וְשָׁלְחוּ וְקָרְאוּ לִשְׁלֹשֶׁת (אֲחְיֹתֵיהֶם) [אַחְיוֹתֵיהֶם] לֶאֱכֹל וְלִשְׁתּוֹת עִמָּהֶם: ⁵ וַיְהִי כִּי הִקִּיפוּ יְמֵי הַמִּשְׁתֶּה וַיִּשְׁלַח אִיּוֹב וַיְקַדְּשֵׁם וְהִשְׁכִּים בַּבֹּקֶר וְהֶעֱלָה עֹלוֹת מִסְפַּר כֻּלָּם כִּי אָמַר אִיּוֹב אוּלַי חָטְאוּ בָנַי וּבֵרֲכוּ אֱלֹהִים בִּלְבָבָם כָּכָה יַעֲשֶׂה אִיּוֹב כָּל־הַיָּמִים:

⁴Sus hijos celebraban banquetes en sus casas, cada uno en su día; y enviaban a llamar a sus tres hermanas para que comieran y bebieran con ellos. ⁵ Y sucedía que una vez pasados los días de turno, Job los hacía venir y los santificaba. Se levantaba de mañana y ofrecía holocaustos conforme al número de todos ellos. Porque decía Job: Quizá habrán pecado mis hijos y habrán blasfemado contra Dios en sus corazones. Esto mismo hacía todos los días.

Los elementos subordinados preceden a Job 1, 4 y están en perfecto; el hecho central que sigue, Job 1, 5, está en futuro consecutivo. Según Gesenius 126, 3, el perfecto describe algo que ha sucedido repetidamente en el pasado, como en Rut 4,7. El futuro consecutivo indica los hechos que acostumbra a realizar Job en relación con este caso. La *consecutio temporum* es exactamente la misma que en 1 Sam 1,3.

Parece que בית איש es una expresión adverbial separada, *in domu unuiscujusque* (en la casa de cada uno de ellos), y que יומו es una palabra autónoma, *die ejus* (en su día, como piensan Hirzel y otros). Parece también claro que las tres palabras forman una expresión adverbial única, *in domo ejus cujus dies erat* (en la casa de aquel a quien le correspondía ese día), como nosotros pensamos. Sea como fuere, en este contexto, יומו no se refiere, como piensan Hahn, Schlottmann y otros, al día del cumpleaños, como en Job 3:1. El texto, en su forma actual, se refiere simplemente a algo que se repite cada semana.

Los siete hijos tienen la costumbre de comer unos con otros cada día de la semana, y no dejan a las hermanas olvidadas en la soledad de la casa del padre, sino que las añaden a su número. Todos formaban, según eso, una familia en paz y unión, y así lo mostraban de un modo ininterrumpido.

A pesar de eso, a una hora temprana, en la mañana del octavo día, Job celebraba un solemne servicio religioso a favor de su familia, ofreciendo sacrificios por sus diez hijos, a fin de que ellos pudieran ser perdonados de cualquier tipo de pecados y frivolidades en los que hubieran podido caer, en medio de sus reuniones familiares.

El autor podía haber situado esta celebración en la tarde del día séptimo, pero él evita la más mínima referencia a algo que pueda tener un matiz israelita, porque no hay en la Escritura ninguna mención de una celebración sabática antes del tiempo de Israel. La observancia sagrada del sábado, que fue consagrada por Dios en Israel, aparece citada por vez primera en la Torá del Sinaí. Por eso, la celebración familiar cae en la mañana del domingo, un preludio memorable de la celebración neotestamentaria del domingo, algo que vemos aquí antes de la recepción de la Ley, de manera que podemos decir que nos hallamos ante el tipo de algo que se cumplirá en el Nuevo Testamento, después de la Ley.

El hecho de que Job, como padre de familia, sea el *cohen* o sacerdote de su casa es un elemento característico de la edad anterior a la Ley; este es, además, un derecho sacerdotal que los padres de Israel ejercieron en la prima pascua en Egipto (פסח מצרים), un derecho que aún se conserva en la celebración anual de la pascua (פסח הדורות).

El hecho es que aquí se conserva fielmente la perspectiva de aquella edad antigua, y eso mismo se indica también por la palabra עולה, que igual que en Job 42, 8, está indicando de un modo muy preciso un sacrificio expiatorio. En contra de eso, a pesar de que ese tipo de sacrificio sirve también, según el ritual mosaico,

לְכַפֵּר (para expiar: Lev 1, 4), como toda ofrenda de sangre, la idea de expiación ha sido transferida más tarde al sacrificio חטאת y אשם.

Aquí, en Job, no se menciona ninguno de esos dos tipos de sacrificio expiatorio. La ofrenda sangrienta se indica aún con un nombre más genérico, עוֹלֹה, que recibió tras el diluvio. Este nombre indica que la ofrenda, consumida por el fuego, asciende como llama y humo hacia la altura de Dios. העלה no se refiere a poner la ofrenda sobre un altar elevado, sino a hacer que ascienda en forma de llama y fuego hacia el Dios que está por encima.

קִדֵּשׁ significa la limpieza externa y la preservación espiritual para la celebración del sacrificio sagrado, como en Ex 19, 14. No hará falta poner de relieve que los sufijos masculinos se refieren también a las hijas. El texto evoca, por tanto, diez sacrificios totales, ofrecidos por Job, cada día que se inicia la ronda seminal de comidas, en la mañana del domingo. Y en esa línea podemos seguir suponiendo que la ronda de comidas comienza en la casa del primogénito el primer día de la semana.

Así dice Job: "Quizá mis hijos habrán pecado y habrán blasfemado contra Dios en sus corazones". Sin duda, la palabra בֵּרַךְ significa "en alguna otra parte" (1 Rey 21,10; Sal 10,3), en la línea de lo que puede significar ἀντιφραστικὴ εὐφημία, *maledicere* o maldecir. Este significado se aplica a Job 2,5, pero no a Job 2,9. Este último pasaje lleva más bien el significado de *valedicere* (bendecir), que nace de la costumbre de pronunciar una bendición o un saludo de bendición al separarse las personas (cf. Gen 47,10).

Job teme que sus hijos hayan podido olvidar de alguna forma a Dios, o actuar en contra de él, en medio de sus gozosas reuniones. Eso supone que en la familia de Job existía un fuerte deseo de santificación, de forma que él no se contentaba con el cumplimiento de una conducta apropiada, sino que buscaba la forma de reparar los posibles errores o pecados cometidos sin advertencia. El sacrificio, que es tan antiguo como el pecado de la humanidad, era para Job un medio de gracia para limpiarse a sí mismo y para limpiar a su familia cada semana de todo posible pecado interior.

Los futuros consecutivos vienen seguidos por perfectos, que son gobernados por ellos. Sin embargo, ככה viene seguido por un futuro, a causa de su conexión histórica (véase, por otra parte, Num 8, 26), con el significado de *faciebat*, es decir, *facere solebat,* acostumbraba a hacer (Gesenius 127, 4, b).

Esto significa que Job lo hacía cada día, es decir, continuamente. Como cabeza de familia, él realizaba fielmente su vocación sacerdotal, lo que le permitía ofrecer sacrificios como un antiguo siervo pagano de Dios. Por medio de estos datos, el escritor nos ha hecho conocer al protagonista de la historia, de manera que ahora, con Job 1, 6 puede comenzar la historia misma. A partir de aquí, el autor nos traslada de la tierra al cielo, donde tiene su raíz invisible y su sentido final todo lo que se realiza en la tierra.

Job 1, 6–11

Job 1, 6

וַיְהִ֣י הַיּ֔וֹם וַיָּבֹ֙אוּ֙ בְּנֵ֣י הָאֱלֹהִ֔ים לְהִתְיַצֵּ֖ב עַל־יְהוָ֑ה וַיָּב֥וֹא גַֽם־הַשָּׂטָ֖ן בְּתוֹכָֽם

⁶Pues bien, un día acudieron a presentarse delante de Yahvé los hijos de Dios, y entre ellos vino también Satanás.

La traducción "y sucedió un día" ha sido rechazada por Gesenius 109, 1, c. Suele decirse que el artículo se refiere aquí a lo que precede, a "aquel día" (en que actuaba en la tierra Job), a aquel tiempo. Ciertamente, este modo de expresión se encuentra al principio de las narraciones, de manera que no tiene por qué referirse a algo anterior en concreto, cf. 2 Rey 4,18. Pero el artículo (הַיּוֹם) se emplea aquí de una manera opuesta, porque el narrador está conectando mentalmente este día con lo que vendrá después, y esto hace que él no se exprese de un modo totalmente indefinido, en contra de lo que suele suceder en las narraciones de tipo occidental. El autor de esta historia atribuye una medida terrena de tiempo a las realidades que se refieren a Dios y a los espíritus, de manera que las cosas del cielo quedan aquí representadas de un modo parabólico. Pero los presupuestos con los que él actúa (es decir, que están en el fondo de su texto) aparecen por todas partes en la Escritura:

- Los בְּנֵי הָאֱלֹהִים, *hijos de Dios*, como nombre de los espíritus celestes, aparece también fuera del libro de Job (Gen 6, 2; cf. Sal 29,1; 59,7; Dan 3,25). Ellos reciben ese nombre por su semejanza con Dios, porque surgieron de Dios en el tiempo más antiguo de la creación, antes del surgimiento del mundo material, antes que el hombre viniera a la existencia (Job 28, 4-7); la designación בְּנֵי está evocando el modo particular de su creación.

- En segundo lugar, conforme a la enseñanza de la Escritura, *estos "hijos de Dios" son sus servidores cercanos*, los que asisten a Dios de un modo más íntimo, como expresión de la gloria creada más cercana, de la que él se ha rodeado en su gloria eterna; y de esa forma los emplea Dios como instrumentos inmediatos de su administración cósmica. Esta representación está en el fondo de Gen 1, 26, que Filón explica de un modo correcto diciendo: διαλέγεται ὁ τῶν ὅλων πατὴρ ταῖς ἑαυτοῦ δυνάμεσιν (así aparece como padre de todas sus potencias), como supone también el Sal 59, 6–8, un salmo muy cercano al libro de Job. En esa línea, סוֹד y קָהָל están evocando la asamblea de los santos, de los espíritus celestes, desde donde, como ἄγγελοι o mensajeros de Dios, ellos salen para actuar en el universo y entre los hombres.

- *Sentido de Satán*. Esta es, además, la enseñanza de la Escritura, según la cual uno de esos espíritus se ha separado del amor de Dios, ha invertido la verdad de su existencia luminosa, y se ha convertido en enemigo de Dios y de todo lo que esa divino en el mundo. Este espíritu recibe, en su referencia a Dios y a las creaturas, el nombre de השטן, que procede del verbo שטן, enfrentarse, oponerse, actuar con enemistad, un nombre que aparece aquí por primera vez y que solo vuelve a aparecer en Zac 3, 1-10 y en 1 Cro 21,1. En el momento en que la *hokma* volvió a dirigirse, con preferencia decidida, a los recuerdos más antiguos del mundo y de la humanidad, antes del surgimiento de las naciones, ella tuvo que reconocer la existencia de este espíritu de Gen 2-3, opuesto a Dios. La referencia frecuente al árbol y camino de la vida en los Proverbios de Salomón muestra la forma en que la investigación de ese tiempo estaba vinculada con la temática del Paraíso, de manera que no puede resultar sorprendente que la Sabiduría haya acuñado este nombre, השטן, para el mal espíritu.

– Por un lado, en la línea de 1 Rey 22, 19-22; Zac 3,1, y por otro en la de Ap 12, este Satán aparece aquí todavía entre los buenos espíritus, pareciéndose así a Judas Iscariote, que forma parte de los discípulos de Jesús, hasta que se revela su traición. La obra de la redención, durante la cual se despliega la enemistad de Satán frente a Dios, y por la que se muestra el daño que Satán realiza en el mundo, constituye una historia incompleta a lo largo de todo el Antiguo Testamento. Herder, Eichhorn, Lutz, Ewald y Umbreit piensan que la forma de situar a Satán en relación con la deidad y con los buenos espíritus no es más que un cambio de representación externa, que se ha introducido en Israel a partir de influjos externos; pero si Jesucristo es realmente el vencedor de Satán, como él mismo afirma, el reino de los espíritus ha tenido que tener una historia, que está dividida en dos eras por el mismo triunfo mesiánico de Cristo (antes y después de su venida y de su obra). Más aún, tanto el Antiguo como el Nuevo Testamento concuerdan en que Satán es un adversario de Dios, y que es en consecuencia totalmente malo, pero que él debe servir a Dios, que utiliza a este mal ministro para el fin de su salvación y para el despliegue de la redención en el gobierno del mundo.

Este es el pensamiento principal que está en el fondo de la escena. Los elementos terrenos de tiempo, espacio y diálogo pertenecen a la escenificación poética. En lugar de לפני se utiliza ya en otros lugares התיצב על (cf. Prov 22, 29): על es una forma de lenguaje que deriva de la ilusión óptica referida a alguien que está en la parte delantera y que parece adelantarse respecto de los que están por detrás. Todos los espíritus se presentaron para presentar ante Dios el resultado de sus funciones y para seguir recibiendo órdenes. El dialogo siguiente se realiza entre Yahvé y Satán

Job 1, 7-8

⁷ וַיֹּאמֶר יְהוָה אֶל־הַשָּׂטָן מֵאַיִן תָּבֹא וַיַּעַן הַשָּׂטָן אֶת־יְהוָה וַיֹּאמַר מִשּׁוּט בָּאָרֶץ וּמֵהִתְהַלֵּךְ בָּהּ׃
⁸ וַיֹּאמֶר יְהוָה אֶל־הַשָּׂטָן הֲשַׂמְתָּ לִבְּךָ עַל־עַבְדִּי אִיּוֹב כִּי אֵין כָּמֹהוּ בָּאָרֶץ אִישׁ תָּם וְיָשָׁר יְרֵא אֱלֹהִים וְסָר מֵרָע׃

⁷Dijo Yahvé a Satanás: — ¿De dónde vienes? Respondiendo Satanás a Yahvé, dijo: — De rodear la tierra y andar por ella. ⁸Yahvé dijo a Satanás: — ¿No te has fijado en mi siervo Job, que no hay otro como él en la tierra, varón perfecto y recto, temeroso de Dios y apartado del mal?

1, 7. El futuro sigue a מאין con el significado de presente: ¿De dónde vienes? El perfecto significa "¿de dónde has venido?" (Gesenius 127, 2). Cocceius observa sutilmente: *Notatur Satanas velut Deo nescio h.e. non adprobante res suas agere* (se nota que Satanás actúa como si Dios no supiera, es decir, no aprobara su forma de actuar). La pregunta supone que la forma de actuar de Satán es egoísta y arbitraria, y no tiene conexión con Dios. En su respuesta, שׁוּט ב, implica, como en 2 Sam 24, 2, el paso rápido de un fin al otro; התלך, ir de un lado a otro observando. La carta de Pedro dice también que Satán περιπατεῖ (1 Ped 5,8.)⁶. Él responde así de un modo general, como si esperara una pregunta más concreta, que Yahvé le plantea después.

1, 8. A través de la partícula כי, Yahvé da la razón de su pregunta. Si Satán hubiera observado a Job hubiera confesado que existía en la tierra una piedad genuina, en ese contexto, שׂים לב, *animum advertere* (pues aquí לב es *animus*, נפשׁ *anima*), se construye con על, que se refiere al objeto sobre el que se centra la atención, para fijarse en ella (mientras que אל evocaría el objeto hacia el que se dirige la atención, cf. Job 2,3).

La repetición de los cuatro predicados que Yahvé atribuye a Job (cf. Job 1,1), aunque sin la *waw* que los combina en forma de dos pares, es un signo de la inteligencia del poeta. Más adelante, la narración estará también entretejida de repeticiones poéticas (cf. Job 34 y Gen 1), para trazar así una simetría arquitectónica, y para destacar el significado y la impresión de lo que se dice. Yahvé presenta así, de un modo triunfante a su siervo, y lo hace de un modo incomparable, en oposición a Satán. Pero esto no desconcierta a Satán, pues él conoce la forma la que puede negar lo que Yahvé afirma, no solo aquí, sino en todas las ocasiones posibles.

---

6. Entre los árabes, el diablo toma el nombre de *'l-ḥârt, el-hharith*, el activo, el ocupado, el "industrioso".

Job 1, 9-11

⁹ וַיַּעַן הַשָּׂטָן אֶת־יְהוָה וַיֹּאמַר הַחִנָּם יָרֵא אִיּוֹב אֱלֹהִים׃
¹⁰ הֲלֹא־(אַתְּ) [אַתָּה] שַׂכְתָּ בַעֲדוֹ וּבְעַד־בֵּיתוֹ וּבְעַד
כָּל־אֲשֶׁר־לוֹ מִסָּבִיב מַעֲשֵׂה יָדָיו בֵּרַכְתָּ וּמִקְנֵהוּ פָּרַץ בָּאָרֶץ׃
¹¹ וְאוּלָם שְׁלַח־נָא יָדְךָ וְגַע בְּכָל־אֲשֶׁר־לוֹ אִם־לֹא עַל־פָּנֶיךָ יְבָרֲכֶךָּ׃

⁹Respondiendo Satanás a Yahvé, dijo: ¿Acaso teme Job a Dios de balde? ¹⁰ ¿No le has rodeado de tu protección, a él y a su casa y a todo lo que tiene? El trabajo de sus manos has bendecido, y por eso sus bienes han aumentado sobre la tierra. ¹¹ Pero extiende ahora tu mano y toca todo lo que posee, y verás si no blasfema contra ti en tu propia presencia.

1, 9. Según Ap 12, 10, Satán es el κατήγωρ, aquel que acusa a los siervos de Dios día y noche, ante Dios. Este es un hecho que se refiere al mundo de lo invisible, pero que se expresa en el lenguaje y con las imágenes de este mundo. Mientras no sea finalmente derrotado y condenado, Satán tiene acceso a Dios, y quiere justificarse a sí mismo negando la verdad de la existencia y la posibilidad de mantenerse en una vida de piedad.

Dios permite eso, pues todo lo que sucede en el mundo de las creaturas está colocado bajo la ley de un libre desarrollo de la vida de los hombres, de manera que el mal del mundo de los espíritus puede mantenerse en libertad y expandirse, hasta que un poder espiritual más alto (el Hijo de Dios) venga y se enfrente con Satán, de manera que se decida así el conflicto antes fluctuante entre los principios del bien y del mal y triunfe totalmente el bien por medio de Jesucristo.

Esta es la verdad contenida en esta descripción poética de lo que sucede en el cielo, algo que tristemente ha sido equivocado por Umbreit en su *Schrift von der Sünde* (*Escrito sobre el Pecado*, 1853), donde él explica la existencia y acción de Satán en la línea del Sal 109, 6, como una creación de la fantasía del autor. La parquedad de las declaraciones del AT sobre Satán le han equivocado. Ciertamente, el avance histórico que va del Antiguo al Nuevo Testamento, aunque en sí mismo resulta claro, ha hecho que a veces se nivelen y nieguen las alturas y profundidades del mismo Antiguo Testamento respecto al mal.

En un primer momento, Umbreit pensaba (como muchos siguen pensando) que la idea de Satán proviene de Persia. Pero entre Ahriman (Aingramainyus) y Satán no hay grandes semejanzas[7]. Por su parte, Diestel, *Abh. über Set-Typhon, Asasel und Satan*, en *Stud. u. Krit.*, 1860, 2, no ha podido trazar ninguna conexión entre עזאזל (Azazel) y Satán en el libro de Job, sino que defiende una armonía más

---

[7]. Más aún, puede preguntarse si la antigua doctrina de la adoración del fuego entre los persas no fue el resultado de un influjo judío. Cf. Stuhr, *Religionssyteme der heidn. Völker des Orients*, 373-75.

completa, en todos los aspectos esenciales, entre Satán y el *Typhon* egipcio, y de aquí deduce lo siguiente:

> Satán no tiene ningún rasgo de originalidad puramente israelita, de forma que no es el resultado natural de la mente hebrea. Israel no tiene en ningún sentido el honor de haber forjado la figura de Satán, y Satán nunca ha sido un elemento propio (esencial) de la conciencia hebrea.

Pero, en contra de Diestel, debemos afirmar que Israel, el pueblo al que se le ha dado la revelación de la redención, el pueblo en cuya historia se ha trazado el plan de la redención de Dios, ha tenido el honor de haber seguido y descubierto hasta su fuente el origen y el despliegue del mal, en el principio del mundo espiritual; Israel ha tenido el honor de haber formulado de manera muy profunda la historia del pecado de la humanidad, situándonos ante el despliegue de un poder sobrehumano, opuesto a la voluntad de Dios.

Ciertamente, esta visión solo empieza a expresarse gradualmente en el Antiguo Testamento. Pero el Nuevo Testamento ofrece plenamente la revelación del mal, y Satán ha tenido tal importancia en la mente de Jesús, que él plantea y despliega su vocación como un conflicto contra Satán. De esa manera, el NT descifra el sentido del Protoevangelio, donde se dice que la semilla sagrada de la mujer aplastará la cabeza de la serpiente, mientras que ella sufrirá en su calcañar las mordeduras (las asechanzas) de la misma serpiente.

La visión de algunos (cf. Lutz, *Biblische Dogmatik*) que piensan que Satán, tal como está representado en el libro de Job, no es el espíritu malo posterior ha de ser rechazada. Como dicen Herder y Eichhorn, Satán empieza apareciendo aquí como un ejecutor imparcial del juicio, y como un supervisor de la moralidad humana, comisionado para ello por Dios. Pero Satán niega lo que Dios afirma, afirmando que en el mundo no puede haber un amor que no está fundado en el egoísmo, y por eso está decidido a negar o destruir ese amor, como si fuera una simple apariencia. Allí donde se oscurece la piedad, él se goza; donde existe piedad, él quiere mostrar que ella no es más que la expresión de un egoísmo interior. Así sucede en Zac 3, 1–10 y también aquí. Aquel que tiene amor genuino ama a Dios חִנָּם de un modo gratuito (חִנָּם, adverbio, de חֵן, en el sentido de gratis, que viene de gracia). Este amor ama a Dios por lo que él es, le ama por sí mismo, en una relación de persona a persona, sin ningún tipo de segunda intención, sin exigencias de ningún tipo.

1, 10-11. Pero, según Satán, Job no ama a Dios de esa manera, es decir, no le teme gratuitamente (cf. יָרֵא, 1, 9). ירא es aquí pretérito, mientras que en 1, 1 y en 1, 8 era un adjetivo. Esto significa que Yahvé ha defendido a Job hasta ahora de todos los males; שׂכת de שׂוּךְ, poner un cerco y בעד (בַּעַד) compuesto de בְּ y עַד, en el sentido primario de *circum*, pues עַד indica que uno se vincula con otro, y בְּ que le cubre, que se cubre a sí mismo con él.

Con el añadido de מסביב se refuerza la idea indicada tres veces con בעד. Los LXX y la Vulgata han traducido מעשה en forma plural, lo que no es falso según la idea de fondo, pues מעשה ידים se utiliza, especialmente en el Deuteronomio para indicar de un modo colectivo el sentido y valor de las empresas humanas. פרץ, una palabra que en su raíz sánscrito-semítica tiene el sentido de *frangere*, relacionado con פרק, que significa romper o desbordar las propias fronteras, multiplicar o aumentar de un modo ilimitado las propias fronteras (cf. Gen 30, 30 y en otros casos). La partícula אולם, que se utiliza solo en el período más antiguo o clásico, aparece con mucha frecuencia en los primeros cuatro libros del Pentateuco y en nuestro libro, donde generalmente, igual que וְאוּלָם, tiene el sentido enfático de "pero", como en latín (al menos en este pasaje) con el significado de *verum, enim, vero*.

אם־לא puede ser, como sucede con frecuencia, una forma abreviada de aseveración: ¡Que esto me suceda si no...!, como en los LXX ἦ μήν. Pero אם־לא puede ser también un tipo de pregunta: Haz solo esto o aquello, y verás si él no te niega, en el sentido latino de *annon*, como en Job 17, 2; 22, 20. El primer sentido se ajusta quizá mejor al carácter de Satán: él afirma así que Dios está equivocado.

ברך significa aquí también "maldecir": él te abandonará (te maldecirá), y lo hará precisamente על־פניך (como en Is 65, 3), enfrentándose contigo de un modo arrogante y sin vergüenza, es decir, ante tu propio rostro; esto es, él te dirá cara a cara que no querrá tener ya ninguna relación contigo (cf. Job 2, 5). Pues bien, en este momento, a fin de probar frente a Satán la verdad de su testimonio sobre la piedad de Job, Yahvé deja todas las posesiones de Job en manos de Satán, a excepción de su misma vida.

Job 1, 12

וַיֹּאמֶר יְהוָה אֶל־הַשָּׂטָן הִנֵּה כָל־אֲשֶׁר־לוֹ בְּיָדֶךָ רַק אֵלָיו אַל־תִּשְׁלַח יָדֶךָ וַיֵּצֵא הַשָּׂטָן מֵעִם פְּנֵי יְהוָה׃ [12]

[12] Dijo Yahvé a Satanás: - Todo lo que tiene está en tu mano; solamente no pongas tu mano sobre él. Y salió Satanás de delante de Yahvé.

1. Nótese bien que el permiso divino aparece al mismo tiempo como mandamiento divino porque en general no hay ningún permiso en el que Dios permanezca puramente pasivo, y en esa línea la Escritura llama a Dios *creator mali* (de manera que de esa definición solo se excluye el acto del pecado como tal, cf., Is 45, 7).
2. Más aún, esta disposición divina (permitir que Satán tiente a Job) no se fundamenta en un tipo de pecado que haya podido ser realizado por Job, pero tampoco lo niega, porque en la alabanza anterior a Job no se dice que él esté absolutamente libre de pecado; la pecaminosidad

universal se atribuye en la Escritura no solo a los impíos, sino también a los justos de la raza de Adán.

3. En tercer lugar, el permiso de tentar a Job proviene del propósito que Dios tiene de mantener, en oposición a Satán, la justicia de Job, a pesar de la tendencia universal al pecado (es decir, de Job). Pues bien, si situamos este caso particular en conexión con el desarrollo del plan de redención, descubrimos que este ha de entenderse como parte de aquel conflicto de la semilla de la mujer con la serpiente, y de la degradación constante de Satán, que se va acercando al lago de fuego de que habla el Apocalipsis.

Tras el permiso de Yahvé, Satán se retira. Ese permiso para Satán bienvenido, porque él se deleita en la obra de la destrucción, esperando salir vencedor. Satán ha experimentado ya en su propia vida el poder ilimitado del pecado, de manera que ya no cree en el poder del bien. Él se ha convertido a sí mismo en padre de la mentira y de esa forma espera triunfar sobre Job, de tal manera que Dios ya no pueda decir que hay un hombre que le escucha y le sigue fielmente.

1, 13-19. Los cuatro mensajes de infortunio

Satán despliega ahora su poder más alto, a través de una serie de golpes por medio de los cuales cumple aquello que Yahvé le ha permitido, en primer lugar sobre los bueyes, asnos y pastores de Job.

1, 13-15. Primer mensajero

¹³ וַיְהִי הַיּוֹם וּבָנָיו וּבְנֹתָיו אֹכְלִים וְשֹׁתִים יַיִן בְּבֵית אֲחִיהֶם הַבְּכוֹר׃
¹⁴ וּמַלְאָךְ בָּא אֶל־אִיּוֹב וַיֹּאמַר הַבָּקָר הָיוּ חֹרְשׁוֹת וְהָאֲתֹנוֹת רֹעוֹת עַל־יְדֵיהֶם׃
¹⁵ וַתִּפֹּל שְׁבָא וַתִּקָּחֵם וְאֶת־הַנְּעָרִים הִכּוּ לְפִי־חָרֶב וָאִמָּלְטָה רַק־אֲנִי לְבַדִּי לְהַגִּיד לָךְ׃

¹³Un día acontecíó que sus hijos e hijas comían y bebían vino en casa de su hermano el primogénito, ¹⁴y vino un mensajero a Job y le dijo: — Estaban arando los bueyes y las asnas pacían cerca de ellos; ¹⁵ de pronto nos asaltaron los sabeos y se los llevaron, y mataron a los criados a filo de espada. Solamente escapé yo para darte la noticia.

La cláusula principal, וַיְהִי הַיּוֹם, donde el artículo de היום no se refiere ya a nada precedente (como en 1, 6), viene inmediatamente seguida por una cláusula adverbial que puede expresarse por medio de participios, en latín *filiis ejus filiabusque convivantibus* (estando comiendo sus hijos y sus hijas).

Los detalles que siguen son importantes. Job ha celebrado la liturgia semanal del domingo por la mañana con sus hijos, sabiendo que ellos iban a reunirse en la casa del mayor, empezando así la nueva ronda semanal de comidas familiares. Pues bien, en ese momento comienzan a golpear contra él los mensajeros del infortunio. Era precisamente el día en el que, por razón del sacrificio que él había ofrecido, podía estar seguro del favor de Yahvé.

La construcción de participio (estaban arando los bueyes: cf. Gesenius 134, 2, c), describe la situación en que se hallaban los bienes y trabajadores de Job cuando empezó a ser destruido todo por la calamidad que cayó sobre ellos. Aquí se utiliza el verbo היו porque se trata de una frase principal, y no adverbial como en 1, 13. Por su parte, עַל־יְדֵיהֶם, que significa propiamente "a su mano (mano de ellos)", pierde aquí su sentido principal y ha de entenderse en el sentido de "cerca" (como en Jc 11, 26).

La interpretación "estaban en sus lugares" (cf. Num 2, 17) no se puede aplicar aquí, pues este sentido de יד, mano, solo es posible en singular. שבא se construye como femenino, porque el nombre del país se utiliza del mismo modo que el nombre del pueblo que lo habita. En el Génesis se citan tres razas de este pueblo de Saba: Cusitas (Gen 10, 7), Joktanitas (Gen 10, 28), y Abrahamitas (Gen 25, 3).

Aquí se alude a la parte nómada de esta raza mezclada que existía en la parte norte de Arabia, desde el Golfo Pérsico hasta Idumea. En la palabra וָאִמָּלְטָה, tal como lo muestra el *kametz*, la *waw* es una *waw convertens*, y el paragógico h del final, como signo de cohortativo, carece de significado o se limita a poner de relieve el sentido de intensidad de la idea verbal: Me he salvado con gran dificultad. Esta forma común de futuro consecutivo aparece cuatro veces en el Pentateuco, cf. Gesenius 49, 2. La frase להגיד לך es de objetivo, "a fin de", es decir: La calamidad quiso que yo me salvara para contártelo a ti.

1, 16–19. Los tres siguientes mensajeros

¹⁶ עוֹד ׀ זֶה מְדַבֵּר וְזֶה בָּא וַיֹּאמַר אֵשׁ אֱלֹהִים נָפְלָה מִן־הַשָּׁמַיִם
וַתִּבְעַר בַּצֹּאן וּבַנְּעָרִים וַתֹּאכְלֵם וָאִמָּלְטָה רַק־אֲנִי לְבַדִּי לְהַגִּיד לָךְ:
¹⁷ עוֹד ׀ זֶה מְדַבֵּר וְזֶה בָּא וַיֹּאמַר
כַּשְׂדִּים שָׂמוּ ׀ שְׁלֹשָׁה רָאשִׁים וַיִּפְשְׁטוּ עַל־הַגְּמַלִּים וַיִּקָּחוּם
וְאֶת־הַנְּעָרִים הִכּוּ לְפִי־חָרֶב וָאִמָּלְטָה רַק־אֲנִי לְבַדִּי לְהַגִּיד לָךְ:
¹⁸ עַד זֶה מְדַבֵּר וְזֶה בָּא וַיֹּאמַר בָּנֶיךָ וּבְנוֹתֶיךָ אֹכְלִים
וְשֹׁתִים יַיִן בְּבֵית אֲחִיהֶם הַבְּכוֹר:
¹⁹ וְהִנֵּה רוּחַ גְּדוֹלָה בָּאָה ׀ מֵעֵבֶר הַמִּדְבָּר וַיִּגַּע בְּאַרְבַּע פִּנּוֹת הַבַּיִת
וַיִּפֹּל עַל־הַנְּעָרִים וַיָּמוּתוּ וָאִמָּלְטָה רַק־אֲנִי לְבַדִּי לְהַגִּיד לָךְ:

¹⁶Aún estaba este hablando, cuando vino otro, que dijo: — Fuego de Dios cayó del cielo y quemó a ovejas y a pastores, y los consumió. Solamente escapé yo para darte la noticia. ¹⁷Aún estaba este hablando, cuando vino otro, que dijo: — Tres

escuadrones de caldeos arremetieron contra los camellos y se los llevaron, y mataron a los criados a filo de espada. Solamente escapé yo para darte la noticia. ¹⁸Entre tanto que este hablaba, vino otro, que dijo: — Tus hijos y tus hijas estaban comiendo y bebiendo vino en casa de su hermano el primogénito, ¹⁹cuando un gran viento se levantó del otro lado del desierto y azotó las cuatro esquinas de la casa, la cual cayó sobre los jóvenes, y murieron. Solamente escapé yo para darte la noticia.

1, 16. *Segundo mensajero*. El fuego de Dios no es la expresión más adecuada para evocar el *Samûm/Simûm* (Schlottmann), aquel viento del destino que mata de repente a hombres y bestias, aunque empieza presentando ciertos fenómenos atmosféricos que pueden entenderse en esa línea, pues el cielo aparece primero con un color amarillo, que toma después un tono plomizo y que se extiende rápidamente por toda la atmósfera, de manera que el mismo sol del mediodía se convierte en rojo muy oscuro. El escritor no ha podido referirse al relámpago (como piensan Rosenmüller, Hirzel, Hahn), sino a un tipo de lluvia de fuego y de azufre, como la que cayó sobre Sodoma y Gomorra (cf. 1 Rey 18, 28; 2 Rey 1, 12).

1, 17. *Tercer mensajero*. Sin ninguna autoridad, en esta mención a los caldeos, Ewald ha visto una indicación de que el libro ha sido escrito en el siglo VII a. C., cuando bajo el reinado de Nabopolasar los caldeos empezaron a heredar el poder de los asirios. Siguiendo a Ewald, Renan observa que los caldeos aparecieron al principio como ladrones merodeadores en torno al tiempo de Ozías. Pero en el Génesis hallamos una referencia a los primitivos caldeos semitas entre las líneas de montaña que se extendían hacia el norte de Asiria y de Mesopotamia. Más tarde hallamos a los Caldeos de Nahor, de Mesopotamia, cuya existencia puede trazarse hacia atrás, hasta los tiempos patriarcales y que eran lo suficientemente poderosos en aquel tiempo como para hacer una incursión en Idumea[8]. Para atacar así se dividían en varias ראשים, *cabezas*, multitudes, bandas (en dos, Gen 14, 15; en tres, en Jc 7, 16; 1 Sam 11, 11; o en cuatro, en Jc 9, 34). El verbo פשט (cf. Jc 9, 33) es la palabra adecuada para indicar el ataque de ese tipo de banda, sea para saqueo, sea para venganza. En לפי־חרב, al filo de la espada, la *lamed* (ל) indica un acusativo de modo.

1, 18–19. *El cuarto mensajero*. En vez de עוד, aquí tenemos עד. La primera partícula está indicando continuidad en el tiempo, la segunda continuidad en el espacio, pero ambas se pueden intercambiar. Aquí aparece עד con el sentido de "mientras", y se construye con participio, como en Neh 7, 3; cf. también Job 8, 21; 1 Sam 14, 19; Jon 4, 2. La expresión "del otro lado del desierto" tiene aquí el sentido de "lo más alejado del desierto". הנערים son los hijos jóvenes y las hijas de Job, conforme al uso epiceno de נער en el Pentateuco (jóvenes y doncellas).

---

8. Cf. *Comentario* a *Génesis*, p. 422; en esta misma colección de Comentarios al texto hebreo del AT (nota del traductor).

De esa manera, en un solo día, Job queda privado de todo lo que para él constituía el don de Yahvé: sus rebaños, y con ellos sus siervos, a los que él no considera simplemente como objetos de su propiedad, sino a los que él ama también con un corazón tierno (Job 31). La pérdida final es la más dura, la que afectaba a sus seres más queridos, que eran sus hijos. Satán se ha servido de elementos naturales y de personas para destruir, en varios golpes, las posesiones de Job.

No es nada sorprendente que Satán utilice a hombres y naciones para realizar obras hostiles (cf. Ap 20, 8); pero aquí se le atribuyen también el fuego de Dios y el huracán, como si él (Satán) pudiera manejarlos. ¿Es esto pura poesía ficticia o es verdad? Lutero, en el *Gran Catecismo*, pregunta 4, dice: "El diablo causa lucha, asesinato, rebelión y guerra, también rayo y relámpago con granizo, para destruir la cosecha y el ganado, para envenenar la atmósfera, etc.". Este es un pasaje del credo que ha sido ridiculizado a menudo por los racionalistas. Pero su mensaje es correcto si se interpreta de acuerdo con la Escritura y no de un modo supersticioso. Tanto en los hombres como en la naturaleza, desde el momento de la caída, están actuando dos poderes diferentes: la ira divina y el amor divino; la mezcla de ambos es la esencia del mundo presente. Cualquier cosa que sea destructora para la naturaleza y todo lo que brote de ella, con todo lo que lo que se muestre como destructor y fatal para la vida del hombre, constituye una manifestación externa del poder de la ira de Dios. Satán se ha fortificado o fundamentado a sí mismo en ese poder, de manera que él es capaz de utilizar todo lo que está en el fondo de la naturaleza, en la medida en que Dios se lo permite, al servicio de su designio principal de salvación (cf. Ap 13, 13; 2 Tes 2, 9).

Satán no tiene poder creador. El fuego y la tormenta por medio de lo cual actúa son de Dios. Pero él puede "excitar" esas fuerzas, de un modo hostil, en contra de los hombres, pues él mismo se ha convertido en instrumento del mal. Algo semejante sucede en la "*demonocracia* humana", cuya esencia consiste en que el hombre se ponga al servicio de los poderes ocultos de la naturaleza, en la línea del mal.

Satán es el gran engañador, y así se ha manifestado a sí mismo ya en el paraíso, y lo hará en la tentación de Jesucristo. Tanto en la naturaleza externa como en la vida de los hombres hay una combinación de fuerzas contrarias, y Satán sabe cómo desencadenarlas, porque están bajo la esfera de su dominio especial. En esa línea, todo el curso de la naturaleza, en la lucha e intercambio de sus fenómenos, está sometido no solo a unas leyes abstractas, sino también a unos poderes sobrenaturales concretos, tanto buenos como perversos.

1, 20–22. La Conducta de Job

[20] וַיָּקָם אִיּוֹב וַיִּקְרַע אֶת־מְעִלוֹ וַיָּגָז אֶת־רֹאשׁוֹ וַיִּפֹּל אַרְצָה וַיִּשְׁתָּחוּ׃

[21] וַיֹּאמֶר עָרֹם (יָצָתִי) [יָצָאתִי] מִבֶּטֶן אִמִּי וְעָרֹם אָשׁוּב שָׁמָה יְהוָה נָתַן וַיהוָה לָקָח יְהִי שֵׁם יְהוָה מְבֹרָךְ׃

[22] בְּכָל־זֹאת לֹא־חָטָא אִיּוֹב וְלֹא־נָתַן תִּפְלָה לֵאלֹהִים׃ פ

²⁰ Entonces Job se levantó, rasgó su manto y se rasuró la cabeza; luego, postrado en tierra, adoró ²¹ y dijo: "Desnudo salí del vientre de mi madre y desnudo volveré allá. Yahvé dio y Yahvé quitó: ¡Bendito sea el nombre de Yahvé!". ²² En todo esto no pecó Job ni atribuyó a Dios despropósito alguno.

1, 20-21. Job había escuchado sin levantarse las noticias de los tres primeros mensajeros. Pero tras el cuarto mensaje se levantó, rasgó el manto, se afeitó la cabeza y se tiende sobre el suelo, adorando a Dios y diciendo: "Desnudo salí del vientre de mi madre y desnudo volveré allí. Yahvé dio, Yahvé quitó, bendito sea su nombre".

Job muestra la intensidad de su sentimiento por el hecho de levantarse (cf. Jon 3, 6), y expresa también el desgarro de su corazón por la pérdida consciente de sus seres queridos, rasgando su manto y cortando el pelo de su cabeza. De todas formas, él no actúa como alguien que está desesperado, sino que se humilla bajo la poderosa mano de Dios, cayendo en tierra y postrándose en ella, es decir, adorando a Dios, de manera que su rostro toque la tierra. השתחוה, se dice *prosternere*, postrarse, y como el gesto de adoración, προσκύνησις[9].

יָצָתִי en vez de יָצָאתִי se escribe aquí de un modo defectivo, como en Num 11, 11; cf. infra, Job 32,18. El empleo de שמה resulta aquí típico, y puede haber suscitado la pregunta de Nicodemo, en Jn 3, 4: μὴ δύναται ἄνθρωπος εἰς τὴν κοιλίαν τῆς μητρὸς αὐτοῦ δεύτερον εἰσελθεῖν. El autor de Ecl 5, 14, ha eliminado esta dificultad vinculada con שמה.

La palabra de Job (desnudo volveré...) puede entenderse en la línea de una vuelta al estado de inconsciencia y reclusión, fuera de la luz y del tumulto de este mundo, a una situación semejante a la del estado anterior en el vientre de la madre, como supone Hupfeld, en su *Commentatio in quosdam Iobeidos locos*, 1853. Pero, dado que la idea del בטן אמי puede extenderse y entenderse como un retorno al vientre de la madre tierra (Ewald, Hirzel, Schlottmann y otros), y dado que también la palabra שמה puede interpretarse en sentido prospectivo, y no retrospectivo, pienso que esa "vuelta" al vientre debe entender como referencia a la tumba, pues la vida del hombre es un paso del vientre de la madre al vientre de la tierra (Bötticher).

Este es el sentido que me parece preferible. En esa línea, el vientre de la madre puede compararse con el vientre de la tierra (Sal 139,15), porque pertenece a la tierra, y es un recuerdo de la formación original del hombre, a partir de la tierra; de un modo correspondiente, también el vientre de la tierra puede compararse con el de la madre, como supone Sir 40,1: ἀφ' ἡμέρας ἐξόδου ἐκ γαστρὸς μητρὸς ἕως ἡμέρας ἐπιταφῆς εἰς μητέρα πάντων.

De un modo intencionado, el escritor hace que Job llame a Dios con el nombre de יהוה. En la parte de los diálogos del libro de Job, ese nombre aparece

---

9. Cf. Hölemann, *Abh. über die biblische Gestaltung der Anbetung*, en *Bibelstudien* 1 (1859).

Prólogo

solo una vez en la boca de Job (cf. Job 12, 9). De un modo general, los dialogantes hablan de אלוה y שדי. Esa forma de nombrar a Dios corresponde al uso temprano del mismo Pentateuco, conforme al cual שדי es el nombre propio de Dios en los días patriarcales, mientras יהוה va apareciendo hacia el final, tras la preparación anterior, como nombre especial del Dios de Israel.

La visión tradicional, según la cual *Elohim* describe a Dios conforme a su atributo de justicia, mientras Yahvé se refiere a su misericordia es solo en parte correcta, porque incluso allí donde se anuncia la llegada de Dios para el juicio él aparece en general con el nombre de Yahvé. El nombre אלהים (plural de אלוה, temer) presenta a Dios como aquel a quien se reverencia y teme, describiéndole como objeto. Por el contrario יהוה le presenta como sujeto.

אלהים describe a Dios en la plenitud de su gloriosa majestad, incluyendo también a los espíritus que están a su alrededor. יהוה les describe más bien como el Absoluto. De un modo consecuente, cuando Job dice יהוה él está pensando en Dios no solo como causa absoluta de su destino, sino también como aquel que dirige su vida conforme a su propio consejo, que es siempre digno de alabanza, tanto cuando da como cuando quita, conforme a su absoluta sabiduría.

Job no queda por esto alejado (apartado) de Dios, sino que le alaba en medio del sufrimiento, incluso allí donde, conforme al pensamiento y al sentimiento humano, solo se podía hablar de angustia. De esa manera destruyó Job la sospecha de Satán, según la cual él solo temía y servía a Dios a causa de sus dones, no por sí mismo, saliendo así como triunfador de las cuatro tentaciones anteriores. En esa línea, a lo largo de todo el libro, Job no negará o maldecirá nunca a Dios ברך אלהים), y de esa manera él nunca proferirá una palabra indigna en contra de Dios.

1, 22. *En todo eso Job nunca pecó…*, es decir, como traduce rectamente el texto de los LXX, Job no pecó en todo lo que hasta este momento le había sucedido. Ewald y otros traducen de un modo incorrecto: Él no provocó a Dios. תפלה significa según Job 24, 12 (cf. 6, 6) algo insípido y sin gusto, algo desprovisto de significado y finalidad. De esa forma se puede traducir de dos formas:

— Él no dijo, no expresó, nada que fuera absurdo contra Dios, como traduce Jerónimo: *neque stultum quid contra Deum locutus est.*
— Él no atribuyó ninguna locura a Dios, de forma que נתן y ל estarían conectadas, como en Sal 68, 35 y en Jer 13,16. Pero dado que, por sí misma, la palabra נתן nunca significa "expresar" nos situamos con Hirzel y Schlottmann, en contra de Rödiger (*Thesaurus*) y Oehler, a favor de la segunda opinión. Más tarde, el escritor insinuará que Job tuvo y defendió algunos pensamientos menos sabios sobre el gobierno de Dios.

Job 2

Job 2, 1-3

¹וַיְהִי הַיּוֹם וַיָּבֹאוּ בְּנֵי הָאֱלֹהִים לְהִתְיַצֵּב
עַל־יְהוָה וַיָּבוֹא גַם־הַשָּׂטָן בְּתֹכָם לְהִתְיַצֵּב עַל־יְהוָה:
²וַיֹּאמֶר יְהוָה אֶל־הַשָּׂטָן אֵי מִזֶּה תָּבֹא וַיַּעַן הַשָּׂטָן אֶת־יְהוָה וַיֹּאמַר
מִשֻּׁט בָּאָרֶץ וּמֵהִתְהַלֵּךְ בָּהּ:
³וַיֹּאמֶר יְהוָה אֶל־הַשָּׂטָן הֲשַׂמְתָּ לִבְּךָ אֶל־עַבְדִּי אִיּוֹב כִּי
אֵין כָּמֹהוּ בָּאָרֶץ אִישׁ תָּם וְיָשָׁר יְרֵא אֱלֹהִים וְסָר מֵרָע
וְעֹדֶנּוּ מַחֲזִיק בְּתֻמָּתוֹ וַתְּסִיתֵנִי בוֹ לְבַלְּעוֹ חִנָּם:

¹Otro día acudieron a presentarse delante de Yahvé los hijos de Dios, y entre ellos vino también Satanás para presentarse delante de Yahvé. ²Dijo Yahvé a Satanás: ¿De dónde vienes? Respondiendo Satanás a Yahvé, dijo: De rodear la tierra y andar por ella. ³ Yahvé dijo a Satanás: ¿No te has fijado en mi siervo Job, que no hay otro como él en la tierra, varón perfecto y recto, temeroso de Dios y apartado del mal? ¡Todavía mantiene su integridad, a pesar de que tú me incitaste contra él para que lo arruinara sin causa!

2, 1. Se repite la cláusula que expresa el propósito de la reunión de los "hijos de Dios" ante Yahvé, en conexión ya directa con Satán (a diferencia de lo que sucedía en Job 1, 6). En este momento, Satán aparece como un personaje ya más definido, en relación con Job, y Yahvé se dirige a él como lo había hecho en la primera ocasión.

2, 2. En lugar de מאין (Job 1,7), aquí tenemos una expresión semejante: אי מזה (Gesenius 150). Este tipo de pequeñas variaciones son también frecuentes en las repeticiones de los salmos, y hemos visto ya un ejemplo en Job 1 con el intercambio entre עוד y עד. Tras la respuesta general de Satán, Yahvé sigue preguntando de un modo más concreto.

2, 3. Según eso, en medio de todos los sufrimientos anteriores, Job ha preservado y probado su תמה (palabra que fuera del libro de Job solo aparece en Prov 11, 3, de manera que él aparece así como אִישׁ תָּם, varón perfecto. Pues bien, por la forma de utilizar el verbo (en futuro consecutivo) se puede sacar la siguiente conclusión: no existía razón anterior para el daño que, siguiendo a Satán, Dios había realizado contra Job.

A diferencia de lo que piensa Umbreit, הסית no significa *pervertir*, en cuyo caso implicaría un antropomorfismo casi blasfemo, sino *instigare*, mover a, generalmente a lo malo, como en 1 Cro 21, 1, pero no siempre, como en Js 15, 18. Aquí nos hallamos ciertamente ante lo que pudiéramos llamar un *impulso antropopático*, un movimiento de Satán para que Yahvé pruebe a Job de una manera muy dolorosa.

Con toda intención, el autor escoge estas fuertes expresiones: בלע הסית. Ellas muestran que la intención de Satán, que sigue sospechando de Job, va más

Prólogo

allá de los límites del poder que Dios ha dado Satán sobre Job. Satán sigue negando aún aquí lo que Yahvé afirma.

Job 2, 4-5. Nueva prueba. Piel por piel

⁴ וַיַּעַן הַשָּׂטָן אֶת־יְהוָה וַיֹּאמַר עוֹר בְּעַד־עוֹר וְכֹל אֲשֶׁר לָאִישׁ יִתֵּן בְּעַד נַפְשׁוֹ׃
⁵ אוּלָם שְׁלַח־נָא יָדְךָ וְגַע אֶל־עַצְמוֹ וְאֶל־בְּשָׂרוֹ אִם־לֹא אֶל־פָּנֶיךָ יְבָרֲכֶךָּ׃

⁴Respondiendo Satanás a Yahvé, dijo: — Piel por piel, todo lo que el hombre tiene lo dará por su vida. ⁵ Pero extiende tu mano, toca su hueso y su carne, y verás si no blasfema contra ti en tu misma presencia.

Olshausen aplica עוֹר בְּעַד־עוֹר a Job en relación con Yahvé: Mientras tú no toques su piel, tampoco él te tocará a ti (tocará tu piel). Estas palabras, aunque sea el diablo quien las diga, están expresadas de una forma que no es muy clara. Hupfeld supone aquí que la palabra "piel" (revestimiento externo del hombre) está aludiendo a la vida de otros: la piel de Job la formaría su ganado, sus siervos e hijos, piel que Job ha dejado perder sin problema, pues de esa manera, aunque pierda la piel externa, él sigue estando bien defendido, en integridad corporal, con su propia piel sana.

Pero la *beth* de בְּעַד no puede tomarse como *beth pretii*, pues ni siquiera en Prov 6, 26 se entiende así. Por esa razón debemos traducir diciendo con Hirzel, Ewald y la mayoría de los comentaristas: *Piel por piel, en el sentido de lo mismo por lo mismo*, como hace Ewald quien funda su traducción en la extraña afirmación de que una piel es igual que la otra, como una pieza muerta es igual que otra.

El significado de las palabras que dice Satán (rectamente entendidas por Schlottmann y los traductores judíos) *es este*: uno da una parte de su propia piel para preservar su totalidad (en el sentido de todo su cuerpo, toda su vida); es decir, uno soporta dolores en una parte enferma de su piel, para conseguir o asegurar así la salvación de toda su piel. En esa línea, sugiere Raschi, uno puede entregar hasta su mano para evitar el corte de su cabeza.

La segunda frase marca el clímax: un hombre da (cambia) piel por piel, pero por lo que toca a su vida, su bien supremo, el hombre da todo, absolutamente todo, sin excepción, a fin de mantenerla. Aplicado a Job, este principio que deriva de la experiencia, puede expresarse así: Job está contento porque, habiéndolo perdido todo, ha logrado escapar con vida, que es lo importante. וְאוּלָם, *verum enim vero*, está conectado con la aplicación anterior (que el texto no dice expresamente, porque resulta evidente).

El verbo נגע, que arriba, en Job 1,11, aparecía con בְּ, se construye aquí con אֶל, y expresa una malignidad diabólica crecida: extiende tu mano, pero que esta vez llegue hasta sus huesos, etc. En lugar de עַל־פָּנֶיךָ, Job 1, 11, aquí se utiliza עַל־פ con la misma fuerza: hasta el fin, sin miedo, sin contemplaciones (cf. Job 13, 15; Dt 7, 10), y él te maldecirá (se apartará de ti).

Job 2, 6-8

⁶ וַיֹּ֤אמֶר יְהוָה֙ אֶל־הַשָּׂטָ֔ן הִנּ֖וֹ בְּיָדֶ֑ךָ אַ֖ךְ אֶת־נַפְשׁ֥וֹ שְׁמֹֽר׃
⁷ וַיֵּצֵא֙ הַשָּׂטָ֔ן מֵאֵ֖ת פְּנֵ֣י יְהוָ֑ה וַיַּ֤ךְ אֶת־אִיּוֹב֙ בִּשְׁחִ֣ין רָ֔ע מִכַּ֥ף רַגְל֖וֹ (עַד) וְעַ֥ד קָדְקֳדֽוֹ׃
⁸ וַיִּֽקַּֽח־ל֣וֹ חֶ֔רֶשׂ לְהִתְגָּרֵ֖ד בּ֑וֹ וְה֖וּא יֹשֵׁ֥ב בְּתוֹךְ־הָאֵֽפֶר׃

⁶Dijo Yahvé a Satanás: Él está en tus manos; pero conserva su vida. ⁷Salió entonces Satanás de la presencia de Yahvé e hirió a Job con una llaga maligna desde la planta del pie hasta la coronilla de la cabeza. ⁸Y Job, sentado en medio de ceniza, tomaba un trozo de ladrillo y se rascaba con él.

2, 6. Dios entrega a Job en manos de Satán, pero sin permitirle que le mate. Job no debe perder su vida. Dios concede a Satán el permiso de poner a Job en extremo peligro, pero no más, a fin de que pueda verse de esa forma si, ante el rostro de la muerte, Job negará al Dios que ha decretado sobre él una aflicción tan fuerte. נפש no significa aquí vida sin más, חיים, sino que es como el alma o intimidad que produce la vida/espíritu del hombre. De todas formas, debemos traducir esa palabra por "vida", porque ya, en este tiempo, no utilizamos "alma" en el sentido de ψυχή, anima.

2, 7-8. La descripción de esta enfermedad de Job recuerda la de Dt 28, 34 y 28, 27, y según los síntomas que se mencionan más adelante, a lo largo del libro, es un tipo de elefantiasis, porque las piernas se vuelven como bultos desgajados (patas de elefante). En árabe jdâm, ʿgudhâm; en latín *lepra nodosa*, la más terrible de las formas de lepra, que a veces ataca incluso a las personas de rango más alto. Así Artapan (C. Müller, *Fragm.* iii. 222) dice que un rey egipcio fue el primer hombre que murió de elefantiasis. Balduino, rey cruzado de Jerusalén, fue afligido por esta enfermedad de una forma muy dolorosa[10].

La enfermedad comienza con el crecimiento de tumores inflamados de manera que al fin parecen un cáncer que se extiende por todo el cuerpo, y el cuerpo queda de tal forma afectado que las piernas pueden parecer separadas del mismo tronco. Rascarse con un ladrillo o trozo de cerámica puede suavizar el ardor de la piel, y sirve para quitar el pus.

---

10. Cf. Heer, *De elephantiasi Graecorum et Arabum*, Breslau, 1842, con imágenes coloreadas en Danielssen y Boeck, *Traité de la Spdalskhed ou Elephantiasis des Grecs*, Paris, 1848, obra traducida del noruego. Véase también Hecker, *Elephantiasis oder Lepra Arabica*, Lahr, 1858 (con litografía). Aretus el Capadocio (cuyas obras han sido traducidas por Mann, 1858) afirma que "los medios para la curación de las enfermedades han de ser más poderosos que la enfermedad. Pero ¿qué remedio podrá aplicarse con éxito a la terrible enfermedad de la elefantiasis, pues ella no está confinada a una parte del cuerpo, interna o externa, sino que toma posesión de todo el sistema humano? Es una enfermedad terrible, y horrorosa para ser contemplada, porque da al hombre la apariencia de un animal. Todos tienen miedo de vivir y de tener relación con este tipo de enfermos. Todos huyen de ellos como de una plaga, porque la infección se comunica fácilmente, por el aliento. ¿Dónde podrá encontrarse, en todo tipo de farmacias, un remedio para esta enfermedad?

El hecho de sentarse sobre cenizas es un signo de la profunda tristeza (cf. Jon 3, 6) que se ha apoderado de Job por las grandes pérdidas que ha sufrido, especialmente la de sus hijos. Los LXX añaden que se sentó sobre un basurero fuera de la ciudad. Este tema del basurero está tomado de Sal 113, 7, y el hecho de estar fuera de la ciudad puede deducirse de la misma de ley o forma de actual con los leprosos, מצרע. A las cuatro pérdidas citadas en los versos anteriores se añade esta quinta entendida como tentación suprema, en forma de enfermedad incurable, a los ojos de los hombres, una enfermedad que se apodera de Job, que parece natural, pero que ha sido producida por Satán, aunque permitida e incluso decretada por Dios.

Pues bien, a partir de aquí, de un modo sorprendente, Satán ya no aparece más a lo largo de todo el libro. El mal no tiene solamente una existencia personal en el mundo invisible, sino que tiene sus agentes e instrumentos en este mundo, y por ellos se manifiesta de ahora en adelante, en la misma vida de Job en la tierra.

2, 9–10. La mujer de Job

⁹ וַתֹּאמֶר לוֹ אִשְׁתּוֹ עֹדְךָ מַחֲזִיק בְּתֻמָּתֶךָ בָּרֵךְ אֱלֹהִים וָמֻת׃
¹⁰ וַיֹּאמֶר אֵלֶיהָ כְּדַבֵּר אַחַת הַנְּבָלוֹת תְּדַבֵּרִי גַּם אֶת־הַטּוֹב נְקַבֵּל מֵאֵת הָאֱלֹהִים וְאֶת־הָרָע לֹא נְקַבֵּל בְּכָל־זֹאת לֹא־חָטָא אִיּוֹב בִּשְׂפָתָיו׃ פ

⁹Entonces le dijo su mujer: ¿Aún te mantienes en tu integridad? ¡Maldice a Dios y muérete! ¹⁰Él le dijo: Como suele hablar cualquier mujer insensata, así has hablado. ¿Pues qué? ¿Recibiremos de Dios el bien, y el mal no lo recibiremos? En todo esto no pecó Job con sus labios.

2, 9. La versión de los LXX amplía con poca inteligencia las palabras de la mujer, pues las pocas que tenía el texto hebreo eran suficientemente características. Ellas no tienen necesidad de ser explicadas: "Maldice a Dios por última vez y muere" (como han propuesto muchos.); o "llámale para que mueras" (según Gesenius, 2). De todas formas, como muestra la respuesta de Job, ברך significa, *abandonar a Dios*. Según eso, la mujer le aconseja a Job que haga aquello que Satán se gloría de conseguir: dejar de confiar en Dios, abandonarle.

A pesar de ello, en su comentario de Job (1860), en contra del severo juicio de los comentaristas, Hengstenberg piensa que se puede defender a la mujer de Job. Él piensa según eso que la intervención de la mujer de Job proviene del gran amor que ella tiene hacia su marido, añadiendo que, si ella tuviera que sufrir lo mismo que su marido, probablemente habría luchado contra la desesperación.

Pero, en contra de eso, tenemos que decir que el amor espera todo, y que mantiene escondida pero firme la vinculación con el amado (su relación con Dios), aunque no pueda expresarse con palabras. El verdadero amor no puede expresarse a través de ningún consejo o exigencia como el de la mujer de Job, que le dice: *Renuncia a Dios*. Ninguno que ame puede decir: *¡Muere!* Ciertamente no.

Esta mujer es una ayudante del Diablo (*diaboli adjutrix*, Agustín); es un instrumento de la ira (Ebrard); *impiae carnis praeco* (heraldo de carne impía, Brentius). Y aunque Calvino va quizá demasiado lejos cuando le llama no solo órgano de Satanás, *organum Satanae*, sino también *Proserpinam et Furiam infernalem*, presentándola como otra Xantipa (contra lo que protesta Hengstenberg) esto es quizá una adulación más que una calumnia. También Tobías amaba a su mujer, y sin embargo ella parece en el texto una copia de la mujer de Job, pues ambas critican a sus maridos[11]. El autor de este libro manifiesta así una gran experiencia de vida y de conocimiento al introducir a la mujer de Job como alguien que se opone de forma burlona a su piedad. Job ha perdido a sus hijos, pero ha conservado a su mujer, para seguir así siendo probado por ella, que aparece solo una vez más en el libro, pero tampoco entonces para ventaja de Job. Por eso pregunta Crisóstomo: ¿Por qué el diablo deja viva a su mujer? Porque él piensa que ella será causa de sufrimiento para Job, hiriéndole por medio de ella con más fuerza que por todos los otros medios.

Pues bien, en esa línea se podría pensar que Dios ha dejado viva a la mujer (y se ha comportado así con Job), para que cuando él reciba al fin el doble de los bienes que ha perdido, no tenga que aguantar también la doble espina de dolor de las injurias de esta mujer[12]. ¡Qué enemistad contra Dios, qué falta de caridad hacia su marido, en estas sarcásticas palabras de la mujer que, en el caso de que sean más que simple burla, le aconsejan que se suicide! (Ebrard). Pero Job las rechaza, mostrándose así como quien es.

2, 10. La respuesta de Job es fuerte, pero no es hiriente, porque la palabra אחת (cf. 2 Sam 13,13) es bastante suave. La traducción *como una mujer loca* no corresponde al hebreo, pues נבל es uno que piensa insensatamente y que actúa de una forma impía (pero no alguien que es loco sin más).

Este pensamiento se formula a través de una doble pregunta, con גם en vez de הגם. La partícula גם está al comienzo de la sentencia, pero lógicamente pertenece a la segunda parte, de forma que la pronunciación y la lectura debe apresurarse de la primera parte a la segunda, conforme a un esquema que resulta frecuente después de

---

11. Ella dice al ciego Tobías, cuando estaba obligada a trabajar para mantener a la familia, dirigiéndose a él de forma desconsiderada: ποῦ εἰσὶν αἱ ἐλεημοσύναι σου καὶ αἱ δικαιοσύναι σου, ἰδοὺ γνωστὰ πάντα μετὰ σοῦ, es decir (como, explican correctamente Sengelmann, *Das Buch Tobit*, 1857, y O. F. Fritzsche, *Handbuch zu d. Apokriphen,* ii. pag. 36): "Uno puede ver por tu infortunio que tu virtud no te ha servido de mucho". En el texto revisado ella aparece aún más cercana a la mujer de Job: *manifeste vana facta est spes tua et eleemosynae tuae modo apparuerunt,* es decir, "tu esperanza ha sido manifiestamente vana y tus limosnas te han servido de poco". En el texto de Jerónimo antes de las palabras de la mujer de Tobías se ofrece un paralelo entre Job y Tobías.

12. No se debe pasar por alto el delicado intento del autor, con su fondo tragicómico, que ha dado abundante material a los escritores epigramáticos, no solo a partir de Kästner, sino también desde tiempos antiguos. Cf. Serpilius, *Epigramm vom Job*, 1696, en *Personalia Iobi*. En esa línea se sitúa. también un proverbio judío, relacionado con esta temática, que se cita en Tendlau, *Sprüchw. u. Redensarten deutsch-jd. Vorzeit* (1860) 11.

partículas interrogativas, como en Num 16, 22 y en Is 5, 4, después de partículas causales (Is 12, 1; Prov 1, 24), y después de la partícula negativa פֶּן, Dt 8, 12, y en otros casos

Hupfeld traduce de manera muy correcta esta doble pregunta: *bonum quidem hucusque a Deo accepimus, malum vero jam non item accipiemus?* (si recibimos los bienes de parte de Dios ¿no recibiremos también los males?). גַם aparece también en otros muchos casos, al comienzo de una sentencia aunque pertenezca a la cláusula siguiente, incluso cuando no se trata de la cláusula inmediatamente posterior, como en Os 6, 11; Zac 9, 11; la misma sintaxis aparece con רַק, אַף, אַך.

Por su parte, קבל y תמה son palabras corrientes, tanto en el libro de Job como en Proverbios (cf. 19, 20). Fuera de estos casos, קבל aparece solo en libros escritos después del exilio, y es una palabra aramea más que hebrea. Pues bien, a través de esta respuesta de Job a su mujer él ha rechazado la sexta tentación.

Por lo que se refiere a 2, 10b (en todo esto Job no pecó con sus labios), el targum añade *pero en sus pensamientos él acarició ya palabras pecadoras*. La palabra בשפתיו aparece aquí de un modo apropiado, y no había aparecido en 1, 22. La tentación de murmurar estaba ya actuando dentro de él, pero él supo dominarla, de manera que no pronunció ninguna murmuración.

Job 2, 11–13. Visita silenciosa

¹¹ וַיִּשְׁמְעוּ שְׁלֹשֶׁת ׀ רֵעֵי אִיּוֹב אֵת כָּל־הָרָעָה הַזֹּאת הַבָּאָה עָלָיו וַיָּבֹאוּ אִישׁ מִמְּקֹמוֹ אֱלִיפַז הַתֵּימָנִי וּבִלְדַּד הַשּׁוּחִי וְצוֹפַר הַנַּעֲמָתִי וַיִּוָּעֲדוּ יַחְדָּו לָבוֹא לָנוּד־לוֹ וּלְנַחֲמוֹ׃
¹² וַיִּשְׂאוּ אֶת־עֵינֵיהֶם מֵרָחוֹק וְלֹא הִכִּירֻהוּ וַיִּשְׂאוּ קוֹלָם וַיִּבְכּוּ וַיִּקְרְעוּ אִישׁ מְעִלוֹ וַיִּזְרְקוּ עָפָר עַל־רָאשֵׁיהֶם הַשָּׁמָיְמָה׃
¹³ וַיֵּשְׁבוּ אִתּוֹ לָאָרֶץ שִׁבְעַת יָמִים וְשִׁבְעַת לֵילוֹת וְאֵין־דֹּבֵר אֵלָיו דָּבָר כִּי רָאוּ כִּי־גָדַל הַכְּאֵב מְאֹד׃

¹¹Tres amigos de Job, Elifaz, el temanita, Bildad, el suhita, y Sofar, el naamatita, al enterarse de todo este mal que le había sobrevenido, llegaron cada uno de su tierra, habiendo acordado venir juntos a condolerse con él y a consolarlo. ¹²Estos, alzando los ojos desde lejos, no lo reconocieron. Entonces lloraron a gritos, y rasgó cada cual su manto y esparcieron polvo los tres sobre sus cabezas hacia el cielo. ¹³Así permanecieron sentados con él en tierra durante siete días y siete noches, y ninguno le decía una palabra, porque veían que su dolor era muy grande.

Tras la sexta tentación llega la séptima, y ahora comienza el conflicto real, a través del cual debe mantenerse firme el héroe Job, pasando adelante, no libre de todo pecado, pero saliendo al fin triunfador.

2, 11. Conforme a Gen 36, אֱלִיפַז, Elifaz, es un antiguo nombre idumeo, con el mismo sentido que Phasael, que aparece en la historia de los herodianos. Según Michaelis, *Suppl.* p. 87 tiene el sentido de *cui Deus aurum est* (para quien Dios es oro, cf. Job 22, 25).

תֵּימָן es un distrito de Idumea, célebre por la sabiduría de su gente (Jer 49,7; Bar 3, 22f.). Pero también al este de Haurán hallamos (hasta en la actualidad) una localidad llamada Temán, descrita por Wetzstein, *Bericht ber seine Reise in den beiden Trachonen und um das Hauran-Gebirge*, en Zeitschr. fr allg. Erdkunde, 1859; y a unas quince millas al sur de Temán se encuentra un lugar llamado Bûzân, que sugiere el sobrenombre de Elihu, Job 32, 2 (cf. Jer 25, 23).

La palabra שׁוּחַ (cf. הַשּׁוּחִי) la conocemos solo por Gen 25, aplicada al hijo de Abraham y Keturah, que se estableció hacia el oriente. Debe ser, por tanto, un distrito de Arabia, no lejos de Idumea. Podría compararse con Schakka, que está más allá del Haurán, pero el sonido de la palabra hace muy improbable que se trate de la misma ciudad y región, que es sin duda Dakkai'a, al este de Batanea, mencionada por Ptolemeo v. 15.

נעמה es un nombre frecuente en Siria y Palestina. Hay una ciudad de ese nombre en la *Shephela* judía (zona costera baja del Mediterráneo, cf. Js 15, 41, que no puede ser esta a la que se refiere nuestro texto). הבאה está en *milel*, y por lo tanto en tercera persona, con artículo en vez del pronombre de relativo (como, además de aquí, en Gen 18, 21 y 46, 27), cf. Gesenius, 109 *ad init.*

Muchos traductores piensan que el *nifal* נועד tiene el mismo sentido que נועץ, quedar con alguien en algo, preparar una reunión. Significa reunirse, encontrarse en un determinado lugar y tiempo (Neh 6, 2). Las noticias se propagan entre las tribus de montaña del desierto arábico con la velocidad de los despachos telegráficos.

2, 12. Ellos vieron una forma humana que parecía ser la de Job, pero no fueron capaces de reconocerle. Así empezaron a llorar, y a rasgar sus vestiduras, echando cenizas, es decir, elevándolas hacia el cielo (1 Sam 4, 12), haciendo que cayeran así sobre sus cabezas. El hecho de arrojar ceniza hacia lo alto es un signo externo de intenso sufrimiento, como si fuera un grito elevado contra el cielo, como recuerda rectamente von Gerlach.

2, 13. Y así se sentaron con él sobre el suelo por siete días y siete noches, y nadie habló ni una palabra, pues vieron que la pena de Job era muy grande. Ewald piensa erróneamente que la costumbre y la buena educación exigen siete días de silencio. Pero lo que les hizo estar callados fue más bien (como en Ez 2, 15) la fuerza de la impresión que la figura de Job produjo en ellos, o el temor de molestar al sufriente.

Pero este largo silencio muestra que ellos no pudieron cumplir del todo el propósito de su visita. Su sentimiento fue sobrepasado por la reflexión, su simpatía fue sobrepasada por su impotencia. Fue una pena que ellos dejaran que fuera Job el que pronunciara la primera palabra, pues eran ellos los que debían haberla pronunciado, con el fin de ofrecerle su amable consuelo. Sea como fuere, volviéndose consciente de la diferencia entre su situación actual y la anterior, a causa de la conducta de sus amigos, fue Job el que rompió el silencio con maldiciones.

Job 3
PRIMER DISCURSO DESCONSOLADO DE JOB

Job 3, 1-2

¹אַחֲרֵי־כֵ֗ן פָּתַ֣ח אִיּוֹב֙ אֶת־פִּ֔יהוּ וַיְקַלֵּ֖ל אֶת־יוֹמֽוֹ׃ פ
² וַיַּ֥עַן אִיּ֖וֹב וַיֹּאמַֽר׃

¹Después de esto, abrió Job su boca y maldijo su día. ²Exclamó, pues, Job y dijo:

3, 1-2. Aquí comienza el primer discurso largo de Job, quien, de esa manera se implica en el conflicto. Esta es su séptima tentación o prueba. **Job 3, 2** consta solo de tres palabras.

La palabra final ויאמר, aunque está en *milel*, ha sido vocalizada como מַר וַיֹּא, pues la forma usual, que precede siempre a una narración directa, no es la apropiada para concluir el verso. ענה significa comenzar a hablar a partir de alguna referencia o de algún impulso previo, como se utiliza algunas veces en el NT la palabra ἀποκρίνεσθαι (que no siempre tiene el mismo sentido que השיב)[13].

El siguiente discurso de Job con el que comienza la acentuación poética (cf. división: Job 3, 3-10; Job 3, 11-19; Job 3, 20-26), ha sido analizado de diversas formas por los críticos modernos. Schlottmann dice que contiene tres estrofas; Hahn dice que estamos ante tres partes de una misma estrofa: la primera es una maldición delirante; la segunda evoca un fuerte deseo de muerte; la tercera es una pregunta llena de reproches sobre el final de este tipo de vida llena de sufrimientos. En esa línea, Ebrard está equivocado cuando afirma, en general, que la estructura estrófica es tan difícil de encontrar en Job como en Fr. Schiller, en el monólogo de *Wallenstein*. La parte poética del libro de Job es en conjunto de tipo estrófico, en la medida en que lo permite la naturaleza del drama. Así ha de verse en este primer discurso.

Stickel ha trazado de manera precisa sus divisiones, pero lo ha hecho de un modo imperfecto, porque las ha organizado conforme a los versos masoréticos, aunque después ha descubierto que ese modo de división es falso. También

---

13. Sobre este uso de ἀποκρίνεσθαι, cf. Photius, *Amphilochia*, Quaestio xxi, en Ang. Maji, *Collectio*, i.229s.

Ewald, en su ensayo sobre los *Liedwenden im Buch Job* (Jahrb. iii. X. 118, nota 3) se ha equivocado de un modo casi total cuando ha intentado fijar sin fundamento alguno las estrofas de Job siguiendo los versos masoréticos.

El esquema estrófico del discurso siguiente es como sigue: 8. 10. 6. 8. 6. 8. 6. La traducción mostrará la validez de ese esquema, aunque en ella hemos seguido las líneas completas del original. El pentámetro yámbico en el que Ebrard y antes Hosse (1849) habían traducido el texto, va en contra de la riqueza de la poesía oriental hebrea, con su múltiple variedad de formas, imponiendo sobre ella una monótona impresión, de tipo occidental, que no se encuentra contrabalanceada en el libro de Job con los cambios de la acción externa.

Tras la traducción daremos la explicación gramatical de cada estrofa, y en la conclusión de cada discurso así traducido y explicado, ofreceremos una exposición de la implicación artística del poema, en conexión con el despliegue del drama, y con su importancia teológica en relación con la religión del Antiguo Testamento, del Nuevo Testamento y de la vida religiosa actual.

Job 3, 3-5

³ יֹאבַד יוֹם אִוָּלֶד בּוֹ וְהַלַּיְלָה אָמַר הֹרָה גָבֶר׃
⁴ הַיּוֹם הַהוּא יְהִי חֹשֶׁךְ אַל־יִדְרְשֵׁהוּ אֱלוֹהַּ מִמָּעַל וְאַל־תּוֹפַע עָלָיו נְהָרָה׃
⁵ יִגְאָלֻהוּ חֹשֶׁךְ וְצַלְמָוֶת תִּשְׁכָּן־עָלָיו עֲנָנָה יְבַעֲתֻהוּ כִּמְרִירֵי יוֹם׃

³¡Perezca el día en que nací y la noche que dijo: Un varón ha sido concebido! ⁴Que aquel día sea oscuridad; que Eloah no cuide de él desde arriba ni haya luz que sobre él resplandezca. ⁵Cúbranlo tinieblas y sombra de muerte, y repose sobre él nublado, que lo haga horrible como día tenebroso.

La maldición recae sobre el día de su nacimiento, y sobre la noche de su concepción, tal como retornan cada año, pero no (en contra de lo que se ha dicho) en el primer día sin más (Schlottmann), pues las imprecaciones que siguen no pueden aplicarse solo al día de nacimiento de Job. Lo que Job quiere es que el día de su nacimiento se vuelva *dies ater*, día terrible, marcado por la oscuridad y por la nada. Las frases elípticas de relativo de **3, 3** (cf. Gesenius 123, 3; cf. 127, 4, c) quedan claras por la traducción. Solo la noche fue testigo del comienzo del desarrollo de un niño, y dio el anuncio al Dios de arriba, a quien se subordina. En **3, 4** se está indicando que el día emerge de la oscuridad de *Eloah* de arriba (como en Job 31, 2; 31, 28). Eso significa que Aquel que reina desde arriba sobre los cambios de aquí abajo, pregunta por ellos, se interesa por lo que sucede, por la suerte de Job (דרש).

Pero Job quiere que el día de su nacimiento no se celebra como día de gozo. Los "parientes" de ese día de su nacimiento son la oscuridad y la sombra de muerte. Ellos son los que tendrían que redimirle, conforme al derecho de la estirpe, pues la propiedad de la estirpe o del clan ha de ser redimida cuando cae en manos de extraños. Este es el sentido de גאל (cf. 2, 5: יִגְאָלֻהוּ, xx ἐκλάβοι), que no tiene el sentido de געל, *inquinent* (targum). עננה es colectivo, como נהרה, *masa de nubes*. Debemos leer כִּמְרִירֵי, como Ewald (157, a), Olshausen, (187, b) y otros, en la línea de חכליל, oscuridad, brillo oscuro (cf. comentario a Sal 10, 8), como שפריר, tapiz, a no ser que queramos interpretar la palabra como un nombre, para lo que no tenemos ningún ejemplo semejante en la Biblia. La palabra (כִּמְרִירֵי) significa un "oscurecimiento", de כמר, brillar de calor, porque cuando más grande es el brillo mayor es la oscuridad que deja detrás. Todo lo que hace que un día se oscurezca deberá ser superado aquel día, que aparecerá de un modo más terrible que todos los otros días[14].

Job 3, 6-9

⁶ הַלַּיְלָה הַהוּא יִקָּחֵהוּ אֹפֶל אַל־יִחַדְּ בִּימֵי שָׁנָה בְּמִסְפַּר יְרָחִים אַל־יָבֹא׃
⁷ הִנֵּה הַלַּיְלָה הַהוּא יְהִי גַלְמוּד אַל־תָּבֹא רְנָנָה בּוֹ׃
⁸ יִקְּבֻהוּ אֹרְרֵי־יוֹם הָעֲתִידִים עֹרֵר לִוְיָתָן׃
⁹ יֶחְשְׁכוּ כּוֹכְבֵי נִשְׁפּוֹ יְקַו־לְאוֹר וָאַיִן וְאַל־יִרְאֶה בְּעַפְעַפֵּי־שָׁחַר׃

⁶Apodérese de aquella noche la oscuridad; no sea contada entre los días del año ni entre en el número de los meses.
⁷¡Ojalá fuera aquella una noche estéril, que no hubiera canción alguna en ella!
⁸Maldíganla los que maldicen el día, los resueltos a despertar a Leviatán.
⁹Oscurézcanse las estrellas del alba; que suspiren por la luz, y que no venga, y que no se despierte con el parpadeo de la aurora.

La oscuridad se apoderará de tal manera de la noche y la tragará de tal forma, que no será posible que llegue tras (para) ella el nuevo día. Esa noche no se convertirá en un día que pueda ser contado entre los días del año, y regocijarse por ello. Por su parte, יִחַדְּ es futuro *kal* de חדה (Ex 18,9), con *dagesh lene*, y un *pathach* de ayuda (cf. Gesenius 75, 3, d), a la inversa de Gen 49, 6, donde hallamos יחד, *uniat se* (cf. אַל־תֵּחַד). Este día ha de volverse estéril, גלמוד, de manera que ningún ser humano ha de ser concebido o ha de nacer en él, para que así no puedan darse ese día saludos gozosos[15].

---

14. Pueden compararse estas palabras con el estallido de desesperación de Constancio, en Shakespeare, *King John* (3, 1 y 3, 4). Shakespeare como Goethe se enriquece también con elementos inspirados en Job.

15. Fries piensa que רננה alude a la música de las esferas celestes (*concentum coeli*, cf. Job 38:37, Vulg.); pero esa concepción helenista no aparece en la Sagrada Escritura.

Este es pues un día que ha de ser maldecido por aquellos que maldicen unos días especiales, es decir, por aquellos magos que conocen la forma de hacer que los días se vuelvan *dies infausti* a través de sus encantamientos. Conforme a una vulgar superstición, de la que se toman las imágenes de Job 3, 8, había un arte especial para excitar al dragón, que es el enemigo del sol y de la luna, de tal forma que cuando el dragón los devoraba venía la oscuridad total. El dragón se llama en hindi *râhu*. Los chinos y los nativos de Argelia, incluso en el tiempo actual, hacen un fuerte tumulto, con tambores y vasijas de cobre, cuando se produce un eclipse de sol o de luna, hasta que el dragón suelta a su presa[16].

Job desea, según eso, que un monstruo como ese devore al sol en el día de su nacimiento. Si la noche en que fue concebido o nació ha de volverse día, entonces las estrellas del amanecer de ese día (que son mensajeras de la mañana y que brillan durante el tiempo del amanecer) han de volverse oscuras. Esa noche ha de permanecer para siempre negra, sin ser nunca portadora del gozo de los ojos que se abren al amanecer.

ראה ב, alegrarse con la visión de algo que recrea o fortalece la identidad de alguien. Cuando los primeros rayos de la mañana estallan en el cielo del oriente, entonces, la aurora abre sus párpados. Así dice Sófocles en *Antigona*, 103, χρυσέης ἡμέρας βλέφαρον, los párpados del día dorado, es decir, del sol, que es el gran Ojo.

Job 3, 10-12

10 כִּי לֹא סָגַר דַּלְתֵי בִטְנִי וַיַּסְתֵּר עָמָל מֵעֵינָי׃
11 לָמָּה לֹּא מֵרֶחֶם אָמוּת מִבֶּטֶן יָצָאתִי וְאֶגְוָע׃
12 מַדּוּעַ קִדְּמוּנִי בִרְכָּיִם וּמַה־שָּׁדַיִם כִּי אִינָק׃

[10] ¿Por qué no cerró las puertas del vientre? ¿Por qué no escondió de mis ojos la miseria,
[11] por qué no morí yo en la matriz? ¿Por qué no expiré al salir del vientre?
[12] ¿Por qué me recibieron las rodillas (de mi padre) y unos pechos para mamar?

Toda la estrofa contiene fuertes razones para que se proclame la maldición de la noche de la concepción de Job o del día de su nacimiento. Aquella noche debería haber cerrado las puertas del vientre de su madre (hacer que ella fuera estéril, en la línea de 1 Sam 1, 5 y de Gen 16, 2), a fin de que su vientre no concibiera, y de esa manera se hubiera evitado la tristeza que le llena, porque sus ojos no habrían

---

16. Sobre el dragón *rhu*, que devora el sol y la luna, cf. Pott, en *Hallische Lit. Zeitschr.* 1849, No. 199. Sobre las costumbres de China, cf. Kuffer, *Das chinesische Volk*, 123. He leído en un periódico la existencia de una costumbre semejante entre los nativos de Argelia. Más aún, los hindúes representan a las nubes que ocultan el cielo como serpientes. Ellos hablan de *Ahi*, la nube serpiente a la que derrota Indra, cuando divide las nubes con su rayo. Cf. Westergaard en Weber, *Indischer Zeitschr.* 1855, 417.

nacido (sobre la fuerza extendida de la negación cf. Gesenius 152, 3). Pero no sucedió así. Y entonces ¿con qué finalidad fue él concebido y nació?

Las preguntas de estos versos nos sitúan al comienzo del curso de la vida *desde el embrión en el útero* (מרחם ha de explicarse según Jer 20, 17 y Job 10, 18, donde, sin embargo, el מן es local, no temporal como aquí) *hasta el nacimiento del niño*, y desde el gozo del padre que tomó al recién nacido en sus rodillas a la alegría de la madre que le amamanta. Estas maldiciones evocan las diversas fases del nacimiento de Job, que tendrían que haberse impedido, de forma que él hubiera muerto y no tuviera que sufrir.

El texto nos sitúa ante una *consecutio temp.*, ante un despliegue temporal. El futuro אמות tiene el significado de *moriebar*, porque se aplica al primer período de la concepción y al nacimiento; por su parte, ואגוע, gobernado por el perfecto anterior, tiene el significado de *exspirabam* (Gesenius 127, 4, c), lo mismo que אינק, en sentido modal: *ut sugerem ea* (de forma que mamara).

Job 3, 13-16

¹³ כִּי־עַתָּה שָׁכַבְתִּי וְאֶשְׁקוֹט יָשַׁנְתִּי אָז ׀ יָנוּחַ לִי׃
¹⁴ עִם־מְלָכִים וְיֹעֲצֵי אָרֶץ הַבֹּנִים חֳרָבוֹת לָמוֹ׃
¹⁵ אוֹ עִם־שָׂרִים זָהָב לָהֶם הַמְמַלְאִים בָּתֵּיהֶם כָּסֶף׃
¹⁶ אוֹ כְנֵפֶל טָמוּן לֹא אֶהְיֶה כְּעֹלְלִים לֹא־רָאוּ אוֹר׃

¹³En ese caso hubiera muerto, y reposaría; yo dormiría, y hubiera sido bueno para mí
¹⁴junto a los reyes y consejeros de la tierra, los que para sí construyen ruinas;
¹⁵o junto a los príncipes que poseían el oro y que llenaban de plata sus casas.
¹⁶Como un aborto escondido, yo no hubiera sido, como los niños que no han visto la luz.

El perfecto y los futuros cambiantes hebreos tienen el significado de los conjuntivos, en la línea de los perfectos de las lenguas orientales, según Gesenius 126, 5. Por su parte, כי עתה es la expresión usual, después de una cláusula hipotética, y toma el sentido de perfecto, en el caso de que la frase especifique una condición que no ha sucedido en el pasado (cf. Gen 31, 42; 43, 10; Num 22, 29; 22,33; 1 Sam 14, 30): pero también puede tomar un sentido de futuro si es que la condición no se cumple en el presente (Job 6, 3; 8, 6; 13, 19). No debe traducirse "pues en ese caso"; porque כי es el comienzo de la cláusula que sigue. Se puede traducir más bien diciendo: *yo debería, ciertamente yo...*

חֳרָבוֹת son lugares de ruina, edificios desolados e inhabitados, en cualquier lugar, tal como han llegado a ser, y como han de permanecer para siempre, inhabitados; se trata, por tanto, de sepulcros o mausoleos, dado que el libro tiene alusiones egipcias también en otros pasajes, en relación con las pirámides, en cuyos nombres (III-XPAM, conforme a los glosarios coptos) el III es el artículo egipcio (cf. Bunsen, *Aeg.* ii. 361); en árabe, sin artículo, se dice *hirâm* o *ahrâm* (cf. de Sacy, *Abdollatf*, 293, s.)[17].

Así dice también Renan: *Qui se bâtissent des mausoles.* Por su parte, Bötticher, *de inferis*, 298 (quien, sin embargo, prefiere leer רחבות, calles anchas), llama directamente la atención sobre las diferencias entre בנה החרבות (reconstruir las ruinas) y בנה לו ח (construir ruinas para uno mismo). Con או se sitúan, una tras otra, cosas semejantes. Constructores de pirámides, abortos (cf. Ecl 6, 3) y muertos recién nacidos... Todos estos quedan liberados de los sufrimientos de esta vida, en la quietud de sus tumbas, ya sean unas ruinas contempladas por los descendientes, ya sean agujeros excavados en la tierra, para ser cubiertos de nuevo, quedando como estaban antes.

3, 17-19

¹⁷ שָׁם רְשָׁעִים חָדְלוּ רֹגֶז וְשָׁם יָנוּחוּ יְגִיעֵי כֹחַ׃
¹⁸ יַחַד אֲסִירִים שַׁאֲנָנוּ לֹא שָׁמְעוּ קוֹל נֹגֵשׂ׃
¹⁹ קָטֹן וְגָדוֹל שָׁם הוּא וְעֶבֶד חָפְשִׁי מֵאֲדֹנָיו׃

¹⁷Allí dejan de perturbar los malvados, y allí descansan los que perdieron sus fuerzas.
¹⁸Allí reposan juntos los cautivos y ya no oyen las órdenes del capataz.
¹⁹Allí están juntos chicos y grandes; y el esclavo queda libre ya de su amo.

Allí, es decir, en la tumba gozan todos del descanso que no pudieron encontrar en esta tierra; están juntos los perturbadores y los perturbados. רגן corresponde a la idea radical de estar desligado, roto en piezas, sin imposición alguna de la muchedumbre, de los otros (cf. Is 57, 20; Je 6, 7), que está contenida etimológicamente en רשע.

El *pilel* שאנן (cf. Gesenius 55, 2) significa perfecta libertad de los cuidados. En הוּא (שָׁם הוּא) tenemos más que un signo de cópula (Hirzel, Hahn, Schlottmann); la traducción de LXX, Vulgata y Lutero es demasiado débil. Así como se dice que Dios es הוא, i.e., aquel que es siempre el mismo, ὁ αὐτός (Is 41, 4; 43, 13; Sal 102, 28), también aquí se utiliza הוא con toda propiedad, en vez de המה, indicando así que grandes y pequeños son lo mismo, unos y otros, en la tumba. Ha cesado ya toda distinción, ha sido superada por la igualdad de la condición final. Ewald traduce correctamente: Grandes y pequeños son lo mismo. יחד, en 3, 18, se refiere al destino que les mantiene unidos.

17. Pensamos que חרבות suena más bien חרמות, que es el nombre de las pirámides, como en árabe *haram* (en lugar de *hharam*), derivado de XPAM, relacionado con *harmân* (p. ej., *beith harmân*, una casa en ruinas), que es sinónimo *hharbân* (חרבאן).

Primer discurso desconsolado de Job

3, 20-23

²⁰ לָמָּה יִתֵּן לְעָמֵל אוֹר וְחַיִּים לְמָרֵי נָפֶשׁ׃
²¹ הַמְחַכִּים לַמָּוֶת וְאֵינֶנּוּ וַיַּחְפְּרֻהוּ מִמַּטְמוֹנִים׃
²² הַשְּׂמֵחִים אֱלֵי־גִיל יָשִׂישׂוּ כִּי יִמְצְאוּ־קָבֶר׃
²³ לְגֶבֶר אֲשֶׁר־דַּרְכּוֹ נִסְתָּרָה וַיָּסֶךְ אֱלוֹהַּ בַּעֲדוֹ׃

²⁰ ¿Por qué se ha dado luz al desgraciado y vida a los de ánimo amargado,
²¹ al que espera la muerte y no le llega, al que la busca más que a un tesoro;
²² a los que se alegrarían con exultación y se extasiarían encontrando el sepulcro?
²³ ¿Por qué dar vida al de camino escondido, al que Eloah ha cercado el paso?

La parte descriptiva (3, 21-22) está formada por cláusulas predicativas, que son virtualmente de relativo. Job 3, 21 está en futuro consecutivo, porque los que sufren están mirados como si estuvieran ya al fin muertos. Job 3, 22 indica que el anhelo de tumba viene colocado delante de los ojos (sobre esta traducción, que toma los participios como verbos finitos, cf. Gesenius 134, 2).

Schlottmann y Hahn traducen de un modo que parece equivocado: al que "excavaría" (en lugar de excava) buscando la tumba más que un tesoro אֱלֵי־גִיל (con el poético אֱלֵי en vez de אֶל), como si esa palabra significara: "se alegrarían con gran gozo", i.e., gritarían y gesticularían con alegría. En contra de eso, la traducción *usque ad exultationem* (hasta la exultación) resulta aquí más apropiada, como en Os 9, 1. En 3, 23 Job se refiere a su propia vida: él mismo es aquel hombre cuyo camino de sufrimiento es misterioso y carente de salida, aquel a quien Dios ha vallado el camino por todos los lados (una figura como en Job 19, 8; cf. Lam 3, 5). סכך, poner un seto, una valla, cf. Job 1, 10: valla para protección; aquí en el sentido de encerramiento forzoso.

3, 24-26

²⁴ כִּי־לִפְנֵי לַחְמִי אַנְחָתִי תָבֹא וַיִּתְּכוּ כַמַּיִם שַׁאֲגֹתָי׃
²⁵ כִּי פַחַד פָּחַדְתִּי וַיֶּאֱתָיֵנִי וַאֲשֶׁר יָגֹרְתִּי יָבֹא לִי׃
²⁶ לֹא שָׁלַוְתִּי וְלֹא שָׁקַטְתִּי וְלֹא־נָחְתִּי וַיָּבֹא רֹגֶז׃ פ

²⁴ Porque en vez de mi pan, llegan mis suspiros, y mis gemidos se deslizan como el agua;
²⁵ porque tenía gran temor y me ha venido, y lo que me espantaba me ha llegado.
²⁶ ¡No he tenido paz, tranquilidad ni reposo, y me ha llegado la turbación!

La expresión לִפְנֵי (**3, 24**) puede pasar del sentido local (ante mí) al sentido de sustitución (en vez de mí), como en latín *pro* (p. ej., *pro praemio est*, en vez de *premio* sin más…). Así puede verse en Job 4, 19 (cf. 1 Sam 1,16). El mismo paralelismo resulta menos favorable para el sentido de "ante mi pan" (Hahn, Schlottmann y otros), en el sentido de *pro* (en vez de mi pan).

El futuro consecutivo de 3, 24, ויתכו (cal de נתך) ha de traducirse según Gesenius 129, 3a como *se effundunt* (no *effuderunt*), en el sentido de llegan, se efunden. De esa forma se indica, en estrecha conexión con lo anterior, aquello que ha pasado ya. En esa línea se dice, en **3, 25** "yo temía algo terrible", y de pronto ha venido sobre mí (esa cosa terrible, la más horrorosa). אתה (cf. וַיֶּאֱתָיֵנִי) se conjuga con la ה (cf. Gesenius 74, 4).

De esa manera se llega a la conclusión: y así de pronto viene de nuevo רגן (i.e., el sufrimiento que desordena, se abalanza y destruye furiosamente). Schlottmann traduce de un modo osado y equivocado: "entonces viene la opresión". Hahn traduce mejor: "a pesar de ello llega la nueva turbación".

De todas formas, "a pesar de ello" no es correcto, porque el futuro consecutivo indica una conexión estrecha, no un contraste. El pretérito de **Job 3, 26** ofrece el detalle del hecho principal que sigue en futuro consecutivo, con el sentido que sigue: "Solo se ha dado un pequeño respiro, no ha cesado el dolor; y de pronto se abalanza de nuevo con toda fuerza el sufrimiento".

Exposición de 3, 3-26. Este primer discurso de Job abre toda la controversia que sigue, y plantea una serie de preguntas ulteriores: ¿por qué ha permitido el escritor que Job, que hasta entonces, en oposición a su mujer, había mostrado una sabia sumisión a los consejos de Dios, estalle y comience diciendo de pronto estas palabras de desesperación? ¿No sirven estas palabras para confirmar la sospecha de Satán, cuando afirmaba que Job solo servía a Dios cuando las cosas le iban bien? Sobre esto hay que considerar dos cosas:

– Este discurso no contiene ningún rasgo de aquello que el escritor indicaba al hablar de ברך את־האלהים, es decir, de *maldecir a Dios*, y de separarse totalmente de él; Job no ha renunciado a su fidelidad anterior, no se ha rebelado contra Dios (es decir, Satán no ha triunfado).

– De todas maneras, conforme a la mente del escritor, tal como se expresa en Job 2, 10, este discurso ha de tomarse como *principio del "pecado de Job"*, es decir, de un tipo de falta o sospecha que le acompañará de ahora en adelante hasta la manifestación final de Dios en Job 42.

Allí donde un hombre, por razón de su sufrimiento, desea morir pronto, o incluso no haber nacido, ha perdido su confianza en el Dios que, incluso en los más severos sufrimientos, busca el bien mayor de los hombres. Y esta falta de confianza es pecado. Hay, sin embargo, una gran diferencia entre un hombre que no confía en Dios en general, de manera que el sufrimiento se limita a manifestarlo de un modo terrible, y el hombre que confía en Dios, como expresión de un hábito de su alma, pero que queda, por un momento como reprimido, paralizado por el sufrimiento (como es aquí el caso de Job).

Primer discurso desconsolado de Job

Esa interrupción del estado habitual de confianza en Dios puede brotar de la primera y más honda presión de un sufrimiento inaudito; en ese momento puede parecer que la confianza anterior en Dios quede sobrepasada, mientras que se trata solo de algo momentáneo, de manera que el sufriente pueda confiar en Dios de nuevo (como hará Job). De todas formas, lo que hace que se tambalee en Job la sincera confianza en Dios no es la aflicción en sí misma, sino la sensación de que Dios mismo es quien causa su aflicción.

El sufriente se ve a sí mismo como olvidado, abandonado y rechazado por Dios, como muestran muchos pasajes de los Salmos y Lamentaciones. Por eso él se hunde en la desesperación. Y esta misma desesperación traduce una profunda verdad (que expresada de forma individual puede ser un signo de debilidad pecadora): es mejor no haber nacido o ser aniquilado que ser rechazado por Dios (cf. Mt 26, 24, καλὸν ἦ αὐτῷ εἰ' οὐκ ἐγεννήθη ὁ ἄνθρωπος ἐκεῖνος, sería mejor para aquel hombre que no hubiera nacido...).

En este contexto de tentación espiritual y satánica se encuentra Job, por lo que dice el prólogo (cf. Lc 22, 31; Ef 6, 16). Él no se desespera cuando contempla su aflicción, sino cuando mira a través de ella hacia Dios quien (como si fuera su enemigo) le ha rodeado con esta aflicción, como con una muralla. Él se presenta a sí mismo como un hombre cuyo camino está escondido, como se lamenta Sión en Is 40, 27: "Mi camino está escondido/separado de Yahvé".

Job se ve a sí mismo como un hombre a quien *Eloah* ha levantado una valla alrededor, como se lamentará Jeremías sobre Jerusalén en Lam 3, 1-13 (que en un sentido es un comentario de Job 3, 23): "Soy un hombre que ha sido afligido por la vara de su ira... Él me ha rodeado de manera que no puedo salir, y ha hecho pesada mi cadena".

En esta situación en la que se encuentra privado de todo gusto de la divina bondad, Job estalla por fin en maldiciones. Él ha perdido riqueza e hijos, y ha bendecido a Dios; él ha comenzado incluso a soportar una enfermedad incurable, y lo ha hecho sometiéndose a la providencia de Dios.

Pero ahora, cuando no solo la aflicción sino el mismo Dios parece mostrársele hostil (*nunc autem occultato patre*, como dice Brentius), empezamos a escuchar de su boca palabras que no son de alabanza (la mayor excelencia que se puede alcanzar en la aflicción), ni de resignación (como sería el deber en ese estado), sino de desesperación; su confianza en Dios no ha sido destruida, pero sí sobrecargada con densas nubes de melancolía y duda[18].

---

18. En su discusión sobre esta parte del libro de Job, Fries, *Jahrb. für Deutsche Theologie*, 1859, 790 ss., tiene razón cuando afirma que la aflicción real de Job consiste en esto: "En la sensación interior de haber sido abandonado por Dios, que hasta ahora le había sido extraña, ha venido a dominar a Job". Pero la observación, que Fries dirige en contra de mi interpretación (en la primera edición de este libro), diciendo que el sentimiento de haber sido abandonado por Dios no siempre

Resulta ciertamente inconcebible que un creyente del Nuevo Testamento, incluso bajo la más fuerte de las tentaciones, pudiera proferir esas imprecaciones, o mostrar una duda como la de Job, 2, 2: ¿Por qué se ha dado a luz (=se ha hecho nacer) al desgraciado? Pero, a diferencia de lo que sucede en el NT, en el AT son posibles imprecaciones como las de Job, porque no existe una revelación divina expresa que hable de una vida que va más allá de esta condición presente (no existe una esperanza de vida eterna).

En el tiempo en que fue escrito el libro de Job, solo existían deseos de vida futura, inferencias y anhelos del alma; pero no había una palabra clara y consoladora de Dios en la que uno pudiera confiar, no había un θεῖος λόγος que, para hablar en la línea de Platón (*Phaedon* 85, D), pudiera servir como tabla de salvación para los náufragos de esta vida. Por eso, el πανταχοῦ θρυλλούμενον (cf. 2 Cor 4, 8) se extiende sobre todo el pensamiento griego.

En contra de eso, allí donde no hay fe en la inmortalidad (como sucede en el caso de Job) se puede decir que lo mejor es no haber nacido. Y al lado de ese deseo de no haber nacido está el deseo de morir pronto, mejor lo más pronto posible. Todavía no se había revelado la verdad de que el sufrimiento de la vida presente no es digno de la Gloria que ha de revelarse en nosotros. Por eso, ante ese velo de la vida futura, resultaba a veces más fuerte la propia disposición de la mente (deseo de no haber nacido) que la fe ciega en la guía (esperanza) de Dios.

Por eso, Job se hallaba muy cerca de pensar que una vida de dolores era signo de la ira divina, de manera que se podía preguntar: ¿por qué nos permite Dios nacer si vamos a sufrir en una vida como esta? Los judíos del tiempo de Job no sabían que la forma presente de vida es solo una mitad de la historia de los hombres; ellos solo podían ver un platillo de la balanza, con la miseria y la ira, pero sin el otro platillo, con el cielo de amor y bendición que iba a revelarse más tarde, un platillo en el que quedarían compensados y resueltos todos los misterios de la vida. Ellos, los judíos del tiempo de Job, no conocían ninguna posibilidad de una solución futura para los problemas de la vida.

Comparación con el profeta Jeremías. Desde ese fondo hay que explicar no solo la pregunta de Job en su poema, sino también *la de Jeremías en el libro de*

---

está en conexión con otras aflicciones, sino que puede venir incluso sobre los favorecidos por Dios, incluso en medio de una prosperidad externa ininterrumpida, no tiene nada que ver con lo que yo digo.

En este caso de Job, resulta claro que han sido las mismas "dispensaciones" (disposiciones) de Dios las que le han privado de todas sus posesiones, y que al final le han afligido de un modo corporal y espiritual, las que le han llevado a pensar que está olvidado de Dios, más aún, que es objeto del odio de Dios. Por otra parte, esta visión de la tentación de Job no aparece como algo simplemente subjetivo, pues Dios ha privado realmente a Job de la prueba externa de su presencia y, al mismo tiempo, le ha privado del sentimiento interno de su ayuda amorosa, y lo ha hecho para probar la fidelidad del amor de su siervo (de Job) y su propia realidad absoluta (la de Dios).

su profecía (Jer 20, 14-18), cuando maldice el día de su nacimiento. Jeremías y Job maldicen al hombre que llevó a su padre la alegre noticia del nacimiento de su hijo, y le desean que sufra el destino de Sodoma y Gomorra. Desean que su madre hubiera sido su tumba y preguntan: ¿Por qué salí fuera del vientre para ver fatiga y tristeza, y que mis años se consumieran en la vergüenza?

Sobre este caso, por el contenido y forma de estas palabras, Hitzig piensa, que debió darse en Jeremías una cierta perturbación de espíritu, como resultado de la inmensa turbación y tristeza de los últimos días del reinado de Sedecías, de forma que el espíritu del profeta terminó sucumbiendo.

Ciertamente, podemos hablar de un tipo de delirio que Jeremías tuvo que sufrir para hablar de esa manera, pero él no sufrió ningún desorden físico en su mente; lo que sucedió fue que la comprensión mental del profeta quedó de tal manera perturbada, que esa turbación se impuso sobre su fe, de forma que él vino a mostrarse por un momento como preso de su fuerza.

Sin aplicar a este discurso lírico del profeta Jeremías un tipo de moralismo pedante, y sin criticarlo desde una perspectiva profética, la intensa melancolía que muestran sus palabras puede haberse desplegado del siguiente modo: tras haber respondido durante diez largos años con fidelidad y sacrificio a su llamada profética, Jeremías ha descubierto que había fracasado totalmente en su intento; han fracasado todas sus esperanzas, todas sus llamadas a la conversión y todas sus oraciones. La fidelidad a Dios no ha logrado sacar a Jeremías (y al pueblo de Judá) del abismo en el que ahora se encuentra arrojada, ni ha logrado desviar la ira de Dios que ahora se está derramando; por eso, hubiera sido mejor para él no haber nacido.

Este pensamiento afecta al profeta tanto más porque, en cada fibra de su ser, él es un israelita, e identifica el gozo y sufrimiento de su pueblo con su propio gozo y sufrimiento. En esa línea dijo que prefería ser borrado del libro de la vida antes que Israel pereciera; y por su parte Pablo estaba dispuesto a ser separado de Cristo, como anatema, en el caso de que así pudiera salvar a Israel. No es por tanto extraño que este pensamiento se expresara en tales imprecaciones como las de Jeremías. Si no hubiera nacido, no habría tenido ocasión de sentarse sobre las ruinas de Jerusalén.

De todas formas, el estallido de su sentimiento implica un tipo de paroxismo de excitación porque, aunque la razón pudiera llevarle a la desesperación, la fe debería haberle llevado a esperar en medio de la ruina de Jerusalén. Por otra parte, en esa línea, esta pequeña palabra lírica, dentro del conjunto de la profecía de Jeremías, es solo como una piedra desgajada sobre la cual, como corriente de agua viva, fluye la profecía más gozosa de la fe, más confiada en el futuro.

En el libro de Job las cosas discurren de otra forma, porque aquello que en Jeremías y en varios salmos no son más que pequeños compases musicales (con la oscuridad de la tentación y su superación) constituye en Job la sustancia de una larga trama presentada de un modo dramático, que aquí (Job 3) aparece en forma de estallido, y que se va desarrollando después progresivamente. Si Jeremías no hubiera nacido no tendría que haberse sentado en las ruinas de Jerusalén. De un modo semejante, si no hubiera nacido, Job no tendría que haberse hallado inmerso en este abismo de la ira de Dios.

Ninguno de ellos conocía nada de la solución futura de cada misterio presente de la vida. Ellos no sabían nada de la vida tras la muerte y de la corona celestial. Este dato, que justifica su desesperación, arroja una luz más grande en torno a su fe, en medio de toda su problemática.

Y ahora puede venir **Elifaz**, que es el primero de los amigos que expondrá su discurso, haciéndolo probablemente porque es el más anciano de los tres. En esa línea, los tres "amigos" de Job representan una misma visión, pero cada uno de ellos la presenta con sus peculiaridades individuales[19]. **Bildad** lo hace con la moderación y el cuidado de alguien que tiene el pensamiento menos desarrollado. **Sofar** lo hace con una vehemente excitación, que no es tampoco inteligente, ni está dispuesta a un diálogo duradero.

Como podemos ver aquí desde el principio de los discursos de los amigos de Job, la inteligencia del escritor se irá mostrando en el hecho de que, tomadas en sí mismas, las palabras que dicen los amigos son verdad. El error está solo en la inadecuación y la poca referencia de lo que dicen ante el caso del que están tratando.

---

19. B. Davidson piensa que Elifaz está representado como el más anciano, el más digno y más calmado, el más respetuoso de los tres amigos de Job.

SEGUNDA PARTE:
JOB 4-26
LA TRAMA

Job 4-14
PRIMER CURSO DE LA CONTROVERSIA

Job 4-5. Primer discurso de Elifaz
Esquema: 8. 12. 11. 11 / 11. 112. 10 10. 10 1

Job 4, 1

וַיַּעַן אֱלִיפַז הַתֵּימָנִי וַיֹּאמַר׃

¹Entonces respondió Elifaz, el temanita, y dijo:

Para contestar a Sommer, que en su excelente *Biblische Abhandlungen*, 1846, considera que el octaestico es el límite de la ordenación de la estrofa (es decir, que no puede haber estrofas con más esticos), basta con indicar el sistema de estrofas de las literatura siríaca. De todas formas, es imposible lo que ha dicho Ewald (*Jahrb.* ix. 37), refiriéndose al primer discurso de Yahvé, hacia el final del libro (Job 38-39), donde afirma que las estrofas pueden tener a veces la extensión de doce líneas del texto masorético (componiéndose por tanto de 24 στίχοι y más). Y empecemos ya con el discurso de Elifaz el temanita:

Job 4, 2-5

² הֲנִסָּה דָבָר אֵלֶיךָ תִּלְאֶה וַעְצֹר בְּמִלִּין מִי יוּכָל׃
³ הִנֵּה יִסַּרְתָּ רַבִּים וְיָדַיִם רָפוֹת תְּחַזֵּק׃
⁴ כּוֹשֵׁל יְקִימוּן מִלֶּיךָ וּבִרְכַּיִם כֹּרְעוֹת תְּאַמֵּץ׃
⁵ כִּי עַתָּה ׀ תָּבוֹא אֵלֶיךָ וַתֵּלֶא תִּגַּע עָדֶיךָ וַתִּבָּהֵל׃

²Si me atrevo a hablarte, te será molesto, pero ¿quién podrá refrenarse y no hablar?
³Mira, has enseñado a muchos y has fortalecido las manos debilitadas;
⁴con tus palabras sostenías al que tropezaba y fortalecías las rodillas que decaían.
⁵Mas ahora que ha venido sobre ti y te quejas, y te ha tocado a ti y te desalientas.

4, 2. La pregunta con la que comienza Elifaz es ciertamente una de aquellas en las que el tono de la interrogación recae en la segunda de las sentencias que están paratácticamente conectadas. ¿Te sentirás molesto en el caso de que yo te hable? Ejemplo semejantes aparecen en Job 4, 21; Num 16, 22; Jer 8, 4; y con interrogativo en Is 5, 4; 50, 2. Compárese la unión de sentencias paratácticas semejantes en Job 2, 10; 3,11.

Aquí surge la cuestión de si נסה es una forma aramea de escribir en vez de נשא (como supone la Masora en Dt 4, 34), y también si es futuro (¿te será molesto si probamos a...?), o si es una forma pasiva como pensaba Ewald[20]. Surge también la cuestión de si tiene el significado de "si se plantea una palabra", נשא דבר, como en נשא משל, Job 27, 1, o si nos hallamos ante una tercera persona, con el sentido de *attemptare, tentare*, Ecl 7, 23 (¿quién podrá refrenarse?).

Este segundo sentido ha de ser preferido, porque cuadra mejor con el contexto, y porque es más expresivo. נסה con un futuro posterior tiene el sentido de pretérito hipotético: "Suponiendo que... tú querrás" etc., como en Job 23, 10. מלין es el plural arameo de מלה, que es más frecuente en el libro de Job que el hebreo מלים. Los futuros de Job 4, 3, siguen al perfecto, y tienen así el sentido de imperfectos (en los idiomas occidentales); la expresión es como en Is 35, 3. En 4, 5, כִּי עַתָּה tiene un sentido temporal: *Ahora, cuando...* (Gesenius 155, 1, e, b).

4, 6-11

⁶ הֲלֹא יִרְאָתְךָ כִּסְלָתֶךָ תִּקְוָתְךָ וְתֹם דְּרָכֶיךָ:
⁷ זְכָר־נָא מִי הוּא נָקִי אָבָד וְאֵיפֹה יְשָׁרִים נִכְחָדוּ:
⁸ כַּאֲשֶׁר רָאִיתִי חֹרְשֵׁי אָוֶן וְזֹרְעֵי עָמָל יִקְצְרֻהוּ:
⁹ מִנִּשְׁמַת אֱלוֹהַּ יֹאבֵדוּ וּמֵרוּחַ אַפּוֹ יִכְלוּ:
¹⁰ שַׁאֲגַת אַרְיֵה וְקוֹל שָׁחַל וְשִׁנֵּי כְפִירִים נִתָּעוּ:
¹¹ לַיִשׁ אֹבֵד מִבְּלִי־טָרֶף וּבְנֵי לָבִיא יִתְפָּרָדוּ:

⁶¿Pero no es tu piedad tu confianza, y tu esperanza la integridad de tus caminos?
⁷Recuerda: ¿qué inocente ha perecido? ¿Cuándo han sido destruidos los rectos?
⁸Como he visto: los que cultivan iniquidad y siembran injuria, eso cosechan.
⁹Perecen por el aliento de Eloah; por el soplo de su ira son consumidos.
¹⁰Los rugidos del león y los bramidos del chacal, y los dientes de sus cachorros son arrancados.
¹¹El león viejo vaga por falta de presa, y los cachorros de la leona se dispersan.

Todos los traductores recientes toman la *waw* inicial (הֲלֹא) como *waw de apódosis*: ¿Y tu esperanza no es la integridad de tus caminos...? (וְתֹם). Pero conforme a nuestra puntuación no hay razón para defender esa forma de entender la *waw* como

---

20. En la segunda edición (cf. *Jahrb*. ix. 37) Ewald se expresa de otra manera: Si mantenemos una palabra contigo ¿será molesto para ti, de forma que te irrites, *aegre feras*?

apódosis pues ello sería erróneo en una cláusula que consta solo de sustantivos, algo para lo que, por lo demás, no tenemos otros ejemplos (como podrían ser los de Job 15, 17; 23, 12; 2 Sam 22, 41)²¹.

תקותך es la forma permutativa del ambiguo כסלתך, que viene de כסל, ser gordo, y que significa dos cosas: la torpeza de la estupidez, y la arrogancia de la confianza en sí mismo. La adición de הוא a מי, Job 4, 7, tiene el mismo sentido que en Job 13, 19; 17, 3, e intensifica el tono de la pregunta: *quis tandem*, como en מי זה, *quisnam* (Gesenius 122, 2).

En **Job 4, 8**, כאשר no es comparativo, sino temporal y vincula, como es usual, lo que está en conexión cercana y lo que sigue directamente a lo anterior: "Así como he visto a menudo a muchos que planeaban y realizaban lo malo (cf. Prov 22, 8) he visto también cómo han cosechado". Con el símbolo del león se muestra en **Job 4, 10** que los impíos, y solo ellos, perecen.

El hebreo, como en general las lenguas orientales, tiene varios nombres para los leones; la razón está en el hecho de que, siendo ahora raros (de forma que solo se ven algunas veces y aislados en el valle del Nilo), los leones antes eran muy numerosos, y estaban extendidos en amplias zonas de Asia²². שחל, que muchos autores antiguos han interpretado como *pantera*, es, quizá un tipo de león que aún puede encontrarse en el bajo Éufrates y Tigris (o un tipo de chacal).

נתע es igual que נתק, Sal 58, 7, sacar, arrancar, y se aplica también a la voz. Los comentaristas recientes suelen traducir el comienzo de Job **4, 11** de forma equivocada: el león perece... El participio אבד es una expresión para indicar una forma de caminar sin rumbo ni ayuda (Dt 26, 5; Is 27, 13; Sal 119, 176, etc.). El participio, que en otro sentido resulta significativo, tiene su origen en este uso del lenguaje. Cf. paralelismo, como el de Sal 92, 10.

4, 12-16

¹² וְאֵלַי דָּבָר יְגֻנָּב וַתִּקַּח אָזְנִי שֵׁמֶץ מֶנְהוּ׃
¹³ בִּשְׂעִפִּים מֵחֶזְיֹנוֹת לָיְלָה בִּנְפֹל תַּרְדֵּמָה עַל־אֲנָשִׁים׃
¹⁴ פַּחַד קְרָאַנִי וּרְעָדָה וְרֹב עַצְמוֹתַי הִפְחִיד׃
¹⁵ וְרוּחַ עַל־פָּנַי יַחֲלֹף תְּסַמֵּר שַׂעֲרַת בְּשָׂרִי׃
¹⁶ יַעֲמֹד ׀ וְלֹא־אַכִּיר מַרְאֵהוּ תְּמוּנָה לְנֶגֶד עֵינָי דְּמָמָה וָקוֹל אֶשְׁמָע׃

---

21. No discutimos, sin embargo, la posibilidad de que, al menos en árabe, uno pueda decir *Zeîd f-hkîm* (Zeid, él es sabio). Los gramáticos ponen de relieve que en árabe, en este caso, esas palabras nos sitúan ante una sentencia hipotética: *Si uno pregunta...* El caso es semejante en 2 Sam 15, 34.

22. Cf. Schmarda, *Geographische Verbreitung der Thiere*, i. 210, donde, entre otras cosas, leemos: En Asia el león ha sido ilimitado, casi en todas partes, y en África ha disminuido mucho. Leones y panteras se utilizaban a cientos en los anfiteatros romanos; ahora sería imposible encontrar un número tan grande de ellos.

¹²Y una voz me llegó como un susurro; mis oídos la oyeron como cuchicheo.
¹³ Entre pensamientos, en visiones nocturnas, cuando el gran sueño cae sobre los hombres,
¹⁴ me sobrevino espanto y temblor, y se estremeció de miedo la multitud de mis huesos:
¹⁵ y un aliento pasó sobre mi rostro se erizó de miedo el pelo de mi carne,
¹⁶ y se mantuvo allí, y no pude discernir su apariencia:
Delante de mis ojos se detuvo una imagen, un murmullo suave, y escuché una voz.

El futuro יגנב, como en Jc 2, 1; Sal 80, 9, está regido por el futuro consecutivo que sigue: *ad me furtim delatum est* (no *deferebatur*). Elifaz no dice ויגנב אלי (*me llegó a mí*) aunque está evocando una sola manifestación), sino que alude más bien al hecho de que la voz le llega de un modo tan secreto, y al hecho de que la oyera como si fuera un murmullo. Según Arnheim, a distinción de שמע (con *ayin*), שֶׁמֶץ indica una ligera, indistinta, impresión en el oído, y así está evocando el valor de una comunicación solemne, para excitar así la curiosidad de los lectores.

En lugar del prosaico ממנו, encontramos aquí la forma pausal מנהו expandida de מנו, según la forma מני, Job 21, 16; Sal 18, 23. מן es partitivo: yo escuché solo un murmullo, un cuchicheo. La voz era tan sagrada y santa que ella llegó con toda nitidez, directamente a su oído, y vino cuando él (Elifaz) se encontraba en medio del sueño profundo de la noche, envuelto en la confusión de pensamientos que provienen de los sueños nocturnos.

שׂעפים (de שׂעיף, con ramaje) son pensamientos que proceden como ramas, desde la raíz del corazón, y que se entrelazan entre sí. La partícula מן que sigue se refiere a la causa de ellos: había todo tipo de sueños que brotaban de los pensamientos de Job, y a los que se refiere el texto (cf. Job 33, 15). A diferencia de שנה, dormir y de תנומה, adormecerse, תרדמה se aplica al sueño fuerte, relacionado con la muerte y con el éxtasis en que el hombre se hunde, pasando de la vida exterior a la vida interior, hasta llegar a su límite más hondo.

En Job 4, 14, קראני, de קרא tiene el sentido de קרה, *encontrarse* (Gesenius 75, 22) y es equivalente de קרני (cf. Gen 44, 29). El sujeto de הפחיד es un tipo de susurro indiscernible, de tipo inmaterial (como de espíritus). Elifaz yacía en su cama cuando un רוח, un aliento de aire pasó (חלף), como en Is 21, 1, sobre su rostro.

El aire–viento aparece así como el elemento por medio del cual se manifiesta la existencia de lo espiritual; cf. 1 Rey 19, 12, donde Yahvé aparece en el hondo suspiro del viento, y Hch 2, 2, donde la presencia del Espíritu Santo se muestra a través del poderoso "rugido" de viento. רוח, πνεῦμα, en sánscrito *âtma*, significa al mismo tiempo el espíritu inmaterial y el aire, que así aparece, en sentido proporcional, como la más inmaterial de las cosas materiales[23].

---

23. Sobre viento y espíritu, cf. Windischmann, *Die Philosophie im Fortgang der Weltgesch.*, 1331ss.

Su piel se erizó y se erizaron los pelos de su cuerpo. סמר no es causativo, sino intensivo de *kal*. El sujeto de יעמד es también la aparición "espiritual", inmaterial. Elifaz no pudo discernir su forma, solo una תמונה, *imago quaedam* (la más etérea palabra para indicar una forma: Num 12, 8; Sal 17, 15, un tipo de μορφή o δόξα de Dios, que se situaba ante sus ojos y que él escuchaba, como si la voz proviniera de esa forma–gloria, דממה וקל, es decir, por endíadis, una voz que le hablaba, de un modo elegante, en forma de bisbiseo, como sigue:

Job 4, 17–21

¹⁷ הַאֱנוֹשׁ מֵאֱלוֹהַ יִצְדָּק אִם מֵעֹשֵׂהוּ יִטְהַר־גָּבֶר׃
¹⁸ הֵן בַּעֲבָדָיו לֹא יַאֲמִין וּבְמַלְאָכָיו יָשִׂים תָּהֳלָה׃
¹⁹ אַף שֹׁכְנֵי בָתֵּי־חֹמֶר אֲשֶׁר־בֶּעָפָר יְסוֹדָם יְדַכְּאוּם לִפְנֵי־עָשׁ׃
²⁰ מִבֹּקֶר לָעֶרֶב יֻכַּתּוּ מִבְּלִי מֵשִׂים לָנֶצַח יֹאבֵדוּ׃
²¹ הֲלֹא־נִסַּע יִתְרָם בָּם יָמוּתוּ וְלֹא בְחָכְמָה׃

¹⁷¿Será el mortal más justo que Eloah? ¿Será el varón fuerte más puro que su Hacedor? ¹⁸Mirad, él ni siquiera en sus siervos confía, y en sus ángeles descubre imperfecciones, ¹⁹¡cuánto más en los que habitan en casas de barro, consumidas por la carcoma! ²⁰De la mañana a la tarde son destruidos, perecen para siempre sin nadie que lo repare. ²¹¿La cuerda de su tienda no se rompe? Mueren por no tener sabiduría.

Surge aquí la pregunta de si el מן antes de *Eloah* y de Hacedor es comparativo: *prae* (comparando qué aflicción es más justa que la otra). Sobre lo cual observa Mercier (=Mercerus) con penetración: *justior sit oportet qui immerito affligitur quam qui immerito affligit* (conviene que sea más justo quien sin causa es afligido, que aquel que sin causa aflige a los demás). Pero ese מן puede ser también causal, con el sentido de a Dios, es decir (a causa de Dios): *ita ut a Deo justificetur* (de manera que sea justificado por Dios).

Todos los traductores modernos se inclinan decididamente por la última opinión. Hahn afirma justamente que עם y בעיני aparecen en otros lugares con una conexión semejante. Y quizá Job 32, 2 ha de explicarse de la misma manera, de forma que este sentido no aparece solo en ese pasaje. Los siervos de Dios que aparecen en **4, 18** son los ángeles.

שִׂים con ב significa *imputare* (1 Sam 22, 15). En esa línea en Job 24, 12 (cf. Job 1, 22) leemos תפלה, que significa *absurditatem* (sentido que Hupfeld quiere restaurar también aquí), unido al verbo con ese significado. La forma תָּהֳלָה de **4, 18** no ha de tomarse en el sentido de *stultitia*, del verbo הלל; la semivocal, con la ausencia de *dagesh*, no permiten que tenga ese sentido.

La palabra תרן de etimología insegura (cf. Olshausen 213, c) no puede tomarse como analogía válida. Por su forma, ella parece ser un *verbo lamed-he*, como תרמה de רמה, un verbo que podía ser הלה, en *nifal*. Cf. נהלא, *remotus*, Miq

4,7: ser distante, ser diferente, más allá de lo normal. Puede venir también de הלה (targum הלא, הלי), con el sentido de לאה, debilidad, falta de fuerza[24].

Ambos significados (absurdo y sin fuerzas; en la traducción he puesto *imperfecciones*) pueden servir, porque aquí no se afirma que los buenos espíritus pecan positivamente, como si el pecado fuera una consecuencia natural necesaria, derivada de su carácter de creaturas finitas, sino que se quiere indicar que incluso la santidad de los buenos espíritus no es igual a la santidad absoluta de Dios, y que esta deficiencia es aún mayor en los hombres, que son espíritus corpóreos, cuya naturaleza original proviene de la tierra.

Este pasaje supone, al mismo tiempo, que la distancia entre Dios y las creaturas de la tierra es desproporcionadamente mayor que la distancia entre Dios y el espíritu creado, porque la materia está destinada a ser exaltada, tomando la naturaleza del espíritu, pero ella pone también al espíritu en peligro de ser degradado al nivel de la materia.

4, 19. La partícula אף, lo mismo que אף כי, significa *quanto minus*, o *quanto magis*, conforme al sentido de la sentencia anterior, negativo o positivo. Por eso, dado que Job 4, 18 es positivo, hemos traducido aquí *quanto magis*, cuanto más, como en 2 Sam 16, 11.

Aquí se dice que los hombres habitan en casas de barro. En esa línea, la casa de barro es su φθαρτὸν σῶμα, su *cuerpo corruptible*, tomado del *limus terrae* o barro de la tierra (Job 33, 6; cf. Sab 9, 15). Se trata de una habitación frágil, construida con materiales inferiores y destinados a la destrucción.

La explicación que sigue (aquellas cuyo יסוד, es decir, cuyo fundamento es polvo) muestra esto de un modo aún más claro que Gen 2, 7; 3, 19. Ellas (las casas) son destruidas (el sujeto es cualquier cosa que actúa de forma destructiva en la vida de un hombre). La expresión לפני־עש no significa "antes que sea destruida por la polilla" (Hahn), ni más rápidamente que lo que destruye una polilla (Oehler, Fries), ni tampoco en el sentido de "queda en manos de la polilla para ser destruida" (Schlottmann). De un modo estricto לפני significa, como en Job 3, 24 (cf. 1 Sam 1, 16), "como", es decir, "tan fácilmente como es destruida una polilla".

Los hombres duran así de una mañana hasta la tarde. Ellos se rompen en piezas (הכת, de כתת, en vez de הוכת), de manera que son por sí mismo tan efímeros. Ellos perecen para siempre, sin que nadie les mantenga en su corazón (suplir על־לב, Is 42, 25; 57, 1), o sin que nadie dirija hacia ellos su mente, *animum advertit* (suplir לב, Job 1, 8).

En 4, 21 el alma se compara con la cuerda de una tienda que se tensa y que así mantiene extendidas las lonas o pieles que la recubren; de esa forma el alma,

---

24. Schnurrer compara esa palabra con el árabe *wahila*, que significa estar relajado, equivocarse, ser negligente. Ewald, considera la ה como radical, y compara esta palabra con el árabe *dll*, errar, con *tâl*, ser inconsciente. Pero la forma sustantiva del término no puede entenderse a partir de והל ni de תהל.

que está como tensa hacia su fundamento superior, mantiene el cuerpo unido; por su parte, Ecl 12, 6 compara el alma con una cinta de plata, que mantiene la lámpara que cuelga de la cobertura de la tienda.

Olshausen tiende a leer יתדם, como clavija de tienda, en vez יתרם, y en esa línea piensa que la palabra בם resulta superflua y carente de sentido. Pero la comparación que aquí se aplica al alma y a la vida que es sostenida por ella corresponde a la comparación usual del alma con un hilo o cuerda, que se rompe o desgarra por la muerte (Job 6, 9; 27, 8; Is 38, 12). En esa línea, la palabra בם no es superflua o carente de sentido, porque con ella se intenta decir que la duración de la vida se corta de pronto, como se derrumba una tienda cuando se rompe aquello que en ella (בם) corresponde al alma (es decir, al נפש), que aparece como la cuerda tensada que mantiene la lona.

La relación de los miembros de la sentencia entre sí (en Job 4, 21) es la misma que en Job 4, 2. Los hombres sin sabiduría mueren sin más, es decir, sin haber actuado de un modo consecuente, sin haber tenido en cuenta el carácter perecedero de su naturaleza y de su distancia respecto a Dios. Es decir, bien miradas las cosas, ellos mueren sin estar preparados, sin advertirlo, cf. Job 36, 12; Prov 5, 23. Oehler traduce de un modo correcto: Sin haberse vuelto más sabios por las aflicciones que les envía Dios. La palabra del "espíritu" que ha hablado a Elifaz termina aquí, como muestra de un modo bien claro la división de las estrofas. Pues bien, ahora, teniendo eso en cuenta, Elifaz se dirige a Dios.

Job 5

Job 5, 1-5

¹ קְרָא־נָא הֲיֵשׁ עוֹנֶךָּ וְאֶל־מִי מִקְּדֹשִׁים תִּפְנֶה׃
² כִּי־לֶאֱוִיל יַהֲרָג־כָּעַשׂ וּפֹתֶה תָּמִית קִנְאָה׃
³ אֲנִי־רָאִיתִי אֱוִיל מַשְׁרִישׁ וָאֶקּוֹב נָוֵהוּ פִתְאֹם׃
⁴ יִרְחֲקוּ בָנָיו מִיֶּשַׁע וְיִדַּכְּאוּ בַשַּׁעַר וְאֵין מַצִּיל׃
⁵ אֲשֶׁר קְצִירוֹ ׀ רָעֵב יֹאכֵל וְאֶל־מִצִּנִּים יִקָּחֵהוּ וְשָׁאַף צַמִּים חֵילָם׃

¹Mira pues: ¿Habrá quien quiera responderte? ¿Y a cuál de los santos te volverás? ²Porque al necio le matan las lamentaciones, y al simple le consume la envidia. ³He visto que el necio echaba raíces, pero de repente he tenido que maldecir su morada. ⁴Sus hijos carecerán de socorro, y serán quebrantados en la puerta, sin nadie que les rescate.
⁵Su cosecha la comerán los hambrientos, sacándola de entre espinos; y los intrigantes arrebatarán su hacienda.

El pensamiento principal de este oráculo es que Dios es absolutamente justo, infinitamente exaltado sobre hombres y ángeles. Resumiendo su discurso desde esta perspectiva, Elifaz dice a Job que ningún grito pidiendo ayuda podrá valerle, a no ser que se someta al Dios justo, presentándose a sí mismo como injusto. No podrá ayudarle ninguna petición de auxilio que se eleve hasta los ángeles; solo el Dios justo podrá responder a su petición de perdón y perdonarle.

La partícula כִּי de **5, 2** ratifica la negación que está implicada en 5, 1: Si Dios no te ayuda, ninguna creatura podrá hacerlo. Porque aquel que se lamenta por sí mismo y no quiere aceptar su propia suerte, hace que llegue en contra de él una más honda destrucción, porque alimenta y excita con más fuerza la ira de Dios. Ese murmullo de fondo en contra de Dios recibe aquí el nombre de אֱוִיל, con la *lamed* inicial (cf. לֶאֱוִיל), como signo arameo que indica el objeto, en el sentido de *quod attinet ad, quoad*, es decir, "por lo que respecta a" (Ewald 310, a). Elifaz justifica lo que ha dicho con un ejemplo (**Job 5, 2**). Él ha visto con gran prosperidad a un injusto que se jactaba de su suerte. Pero luego, de pronto, descubrió que tenía que maldecir su habitación, pues él ya no existía. No se trata de que él, Elifaz, maldijera de antemano su habitación, a pesar de que פתאם pudiera entenderse así, pues ese sentido no lo permite el futuro siguiente, que equivale a un imperfecto (de forma que aquí פתאם ha de traducirse por *subito*, después, por ello, *illico*; cf. Num 12, 4).

El sentido de la frase es el siguiente: Elifaz vio a uno que se jactaba en medio de su prosperidad, siendo malvado. Pero pasó después y vio muy pronto que la habitación o casa de aquel malvado había sido objeto de maldición (tenía que ser maldecida). No es que Elifaz maldijera la casa, para así destruirla, sino que fue la misma maldad del hombre la causa de su maldición. Por eso, la maldición posterior de Elifaz no es causa de la destrucción del malvado sino, al contrario, ella es un reconocimiento de la maldición de Dios, que responde a la maldad de los hombres que se rebelan en contra de él y no se arrepienten.

Esta maldición de Dios se manifiesta también en los hijos y propiedades del hombre malvado (**Job 5, 4**.). שער es la *puerta* de la ciudad, lugar donde se establece la justicia. La frase "oprimir en la puerta" (¡allí serán quebrantados!) es como la que aparece Prov 22, 22, en forma *hitpael*, que responde a la regla que hallamos en Gesenius 54, 2, b.

El relativo אשר, **Job 5, 5**, es aquí una conjunción como indica Gesenius 155, 1, c. En la expresión con אל־מצנים, la partícula אל es equivalente a עד, *adeo e spinis* (de entre los espinos): los hambrientos caerán con tanta avidez sobre aquello que ha cosechado el padre de estos nuevos huérfanos, que buscaran incluso algo de comida entre los espinos del vallado de su campo infértil.

צנים tiene aquí el mismo sentido que en Prov 22, 5. La doble preposición אל־מן (cf. אֶל־מִצְּנִים) es muy común, pero aquí con otro significado (de los...). עמים tiene apariencia de plural, pero es singular, según el ejemplo de la forma de צדיק, del verbo צמם, *nectere*, y significa arrebatar, como en Job 18, 9, con "trampa". Aquí no tenemos, sin embargo, una trampa judicial (Böttcher), aunque sí algo que, por su forma, está cerca de eso.

El texto nos pone ante la acción de unos intrigantes. El targum traduce esa palabra por "ladrones" (LXX: λησταί). La mayoría de los críticos modernos (como Rosenmüller) traducen: *los sedientos* (los necesitados)..., como hacían las versiones antiguas, excepto el targum; pero esa traducción es imposible a no ser que cambiáramos de forma las palabras. El sentido es que las personas intrigantes malgastan, destruyen (cf. שׁאף, Am 2, 7) su riqueza, cayendo así bajo causa de juicio. En esa línea, Elifaz cuenta la forma en que esto se aplica a la persona y causa de Job y de sus hijos.

Job 5, 6–11

⁶ כִּי לֹא־יֵצֵא מֵעָפָר אָוֶן וּמֵאֲדָמָה לֹא־יִצְמַח עָמָל:
⁷ כִּי־אָדָם לְעָמָל יוּלָּד וּבְנֵי־רֶשֶׁף יַגְבִּיהוּ עוּף:
⁸ אוּלָם אֲנִי אֶדְרֹשׁ אֶל־אֵל וְאֶל־אֱלֹהִים אָשִׂים דִּבְרָתִי:
⁹ עֹשֶׂה גְדֹלוֹת וְאֵין חֵקֶר נִפְלָאוֹת עַד־אֵין מִסְפָּר:
¹⁰ הַנֹּתֵן מָטָר עַל־פְּנֵי־אָרֶץ וְשֹׁלֵחַ מַיִם עַל־פְּנֵי חוּצוֹת:
¹¹ לָשׂוּם שְׁפָלִים לְמָרוֹם וְקֹדְרִים שָׂגְבוּ יֶשַׁע:

⁶Porque la aflicción no nace del polvo ni la desdicha brota de la tierra.
⁷Pero el hombre ha nacido para la desdicha como las chispas nacen para volar.
⁸Ciertamente yo me acercaría a El (=Dios) y encomendaría mi causa a Elohim.
⁹Él hace cosas grandes e inescrutables, maravillas que no pueden contarse.
¹⁰Da la lluvia sobre la faz de la tierra y derrama las aguas sobre los campos.
¹¹Eleva a los humildes y a los afligidos les ofrece prosperidad.

Como en el oráculo anterior, Elifaz confiesa que al hombre le ha caído en suerte una vida de aflicción[25], de manera que su sabiduría consiste, de un modo consecuente, en acomodarse a su suerte; quien no actúa así es un hombre malo (desdichado) y por lo tanto perece. La aflicción no brota de la tierra como las semillas, sino que ella ha sido establecida en el orden divino del mundo, como la misma naturaleza establece que las chispas de fuego asciendan a la altura.

5, 7. Los antiguos críticos entendían por בני רשׁף *pájaros de presa*, por ser rápidos como los relámpagos (con los que se podrían comparar los pájaros de presa, cf. Job 28, 8; 41, 26); pero רשׁף significa también una llama o resplandor (Cant 8, 6). El nombre "hijos de la llama" (בְּנֵי־רֶשֶׁף) es apropiado para las chispas, y el volar hacia lo alto puede aplicarse lo mismo a las chispas como a los pájaros de presa.

---

25. Fries explica יוּלָּד como participio, y se apoya en Geiger, *Lehrb. zur Sprache der Mischna*, 41s., donde מקטל significa *muerto* y קטל (en forma rabínica: מתקטל) *ser matado* (lo que se apoya, sin embargo sobre puras imaginaciones). No es la materia de la que el hombre ha surgido la que trae con ella el mal, sino que es el hombre el que se inclina hacia el mal. Bötticher propone la lectura יוֹלֵד: el hombre es pariente de la miseria, aunque él mismo puede hacer que aumente su propio su mal.

En esa línea, entre los traductores modernos, Hirzel, Ewald, Hahn, von Gerlach y Ebrard, se inclinan por chispas. Schlottmann piensa que esos hijos de la llama son ángeles, pero las alas que se les atribuyen según la Escritura a los ángeles son solamente un símbolo de su libertad de movimiento. Esta curiosa interpretación es totalmente opuesta al carácter sapiencial (sentencioso) de 5, 7, pues en los libros de la Sabiduría israelita una verdad moral no queda simbolizada a través de cosas o signos ordinarios de la vida. La *waw* de וּבְנֵי, que hemos traducido por "como" es la llamada *waw adaequationis* propia de los Proverbios, y también de las sentencias emblemáticas, como en Prov 25, 25.

En el verso siguiente, **5, 8**, Elifaz dice lo que él haría en el lugar de Job, algo que Ewald y Ebrard traducen de un modo incorrecto o, por lo menos, innecesario: Ciertamente, yo quiero... De acuerdo con Gesenius 127, 5, yo traduzco: "Ciertamente, yo intentaría...", con un yo enfático: *Ciertamente, yo, por mi parte...* דרשׁ con אל es una *constructio praegnans*, como Dt 12, 5, *sedulo adire*. דברה no es discurso (palabra, como אמרה) sino *causa*, en sentido judicial. אל es Dios como el Poderoso; אלהים es Dios en la totalidad de sus manifestaciones naturales.

El texto pone de relieve, de manera muy intencionada, la fecundidad de la tierra por la lluvia y la de los campos (חוצות en el sentido de *rura*, campos rurales) por las fuentes (cf. Sal 104, 10), como obras de Dios. Pues bien, ese Dios que convierte los terrenos baldíos en campos fructuosos puede cambiar también el sufrimiento en gozo. A su poder en la naturaleza corresponde su poder entre los hombres que se arrepienten (**Job 5, 11**).

לשׂום es aquí solo una variación de השׂם, como Heiligstedt ha observado rectamente: es equivalente a *collocaturus*, es decir, a *qui in eo est ut collocet*, el que tiene el poder de colocar, elevar, conforme a un modo de expresión discutido en Gesenius 132, 1, y de un modo más claro en Hab 1, 17. La construcción de Hab 1, 11 es aún más intensa.

שׂגב significa estar elevado o empinado, ser inaccesible. Aquí se construye con un acusativo de movimiento: aquellos que van por ahí con vestidos sucios, negros, porque guardan luto, serán elevados a la prosperidad, es decir, se elevarán a una altura inalcanzable de prosperidad.

Job 5, 12-16

¹² מֵפֵר מַחְשְׁבוֹת עֲרוּמִים וְלֹא־תַעֲשֶׂינָה יְדֵיהֶם תּוּשִׁיָּה׃
¹³ לֹכֵד חֲכָמִים בְּעָרְמָם וַעֲצַת נִפְתָּלִים נִמְהָרָה׃
¹⁴ יוֹמָם יְפַגְּשׁוּ־חֹשֶׁךְ וְכַלַּיְלָה יְמַשְׁשׁוּ בַצָּהֳרָיִם׃
¹⁵ וַיֹּשַׁע מֵחֶרֶב מִפִּיהֶם וּמִיַּד חָזָק אֶבְיוֹן׃
¹⁶ וַתְּהִי לַדַּל תִּקְוָה וְעֹלָתָה קָפְצָה פִּיהָ׃

¹²Frustra las maquinaciones de los astutos, para que sus manos no logren hacer nada.
¹³Atrapa a los sabios en su astucia y frustra los planes de los perversos.

¹⁴ De día tropiezan con tinieblas; a mediodía andan a tientas, como de noche.
¹⁵ Él salva a los necesitados de la espada de la boca, y de la mano de los malvados;
¹⁶ por eso, el débil tiene esperanza, pero la iniquidad ha de cerrar su boca.

Todos estos versos han sido formulados de un modo muy preciso: Dios abaja a los soberbios y tiene compasión de los necesitados. El nombre תּוּשִׁיָּה ha sido acuñado y empleado básicamente por la literatura de la *hokma*, de forma que fuera de ellas, de Job y Proverbios, se encuentra solo en Miq 6, 9; Is 28, 29, e incluso allí en un contexto gnómico. Ese nombre (תּוּשִׁיָּה) está formado de יֵשׁ, esencia, y evoca lo que podríamos llamar *essentialitas, realitas*.

Este verso denota así, en su referencia a todas las cosas visibles, aquellas que existen realmente, lo real, lo objetivo, la verdadera sabiduría (es decir, un conocimiento que se apoya sobre bases objetivas, actuales), la auténtica prosperidad, aquello que realmente vale, no aquello que simplemente puede servir por un momento.

La mejor traducción posible de **Job 5, 13** es la de Pablo en 1 Cor 3, 19 ('Ο δρασσόμενος τοὺς σοφοὺς ἐν τῇ πανουργίᾳ αὐτῶν·), que se desvía aquí de los LXX. La נמהרה es aquello que impide el despliegue de la verdadera obra de Dios. Esta es la falsa sabiduría de los sabios del mundo, aquello que los profetas llaman "espíritu" de sueño (תרדמה), de sopor o de mareo (עועים). Pues bien, en oposición a eso, Dios ayuda a los pobres.

Entre los dos מן de מחרב מפיהם el segundo es local: de la espada de su boca (cf. Sal 64, 4; 57, 5, otros pasajes). Bötticher traduce *sin espada*, es decir, sin instrumento de poder (cf. Job 9, 15; 21, 9). Pero el מן con חרב hace que esperemos que se describa aquello de lo que uno es rescatado (cf. Job 5, 20). Ewald corrige מֵחָרֵב como si fuera un verbo en pasiva, y Olshausen acepta su propuesta; pero lo que ellos proponen es un cambio imposible, que no puede fundarse en la Biblia, y que no tiene sentido según nuestro conocimiento actual del hebreo.

Pues bien, tal como aparece en su forma actual, en 5, 15, el texto tiene un sentido claro y apasionado: el texto trata de salvar de la espada, y de un modo especial de "la espada de la boca". Por su parte, וְעֹלָתָה, con un patético, inacentuado "ah" (Gesenius 80, 2, f), de עולה, aparece también en Sal 92, 16, *qetiv*.

Job 5, 17-21

¹⁷ הִנֵּה אַשְׁרֵי אֱנוֹשׁ יוֹכִחֶנּוּ אֱלוֹהַּ וּמוּסַר שַׁדַּי אַל־תִּמְאָס׃
¹⁸ כִּי הוּא יַכְאִיב וְיֶחְבָּשׁ יִמְחַץ (וְיָדוֹ) [וְיָדָיו] תִּרְפֶּינָה׃
¹⁹ בְּשֵׁשׁ צָרוֹת יַצִּילֶךָּ וּבְשֶׁבַע ׀ לֹא־יִגַּע בְּךָ רָע׃
²⁰ בְּרָעָב פָּדְךָ מִמָּוֶת וּבְמִלְחָמָה מִידֵי חָרֶב׃
²¹ בְּשׁוֹט לָשׁוֹן תֵּחָבֵא וְלֹא־תִירָא מִשֹּׁד כִּי יָבוֹא׃

¹⁷ Bienaventurado el hombre a quien Eloah corrige; no desprecies la represión de Shadai.
¹⁸ Porque él es quien hace la herida, pero él la cura; él golpea, pero sus manos sanan.
¹⁹ De seis tribulaciones él te rescatará, y en la séptima no te tocará el mal.
²⁰ En tiempo de hambre te salvará de la muerte, y del golpe de espada en la guerra.
²¹ Del azote de la lengua serás protegido y no temerás cuando venga la destrucción.

El discurso se vuelve más persuasivo a medida que avanza hacia su conclusión. Dado que Dios humilla a quien se exalta, y lo hace con el fin de que pueda elevarse justamente, el hecho de que nos corrija (הוכיח) con afliciones es algo que debería llevarnos a tener más alegría. Por eso, no deberíamos recibir su castigo (מוסר) con un espíritu enojado, sino con resignación, incluso con alegría. Este mismo pensamiento aparece en Prov 3, 11-13 y en Sal 94, 12, textos que son cita de este pasaje de Job 5, 18, que por su parte (lo mismo que Os 6, 1) depende de Dt 32, 39. רפא, curar, está conjugado aquí como un verbo *lamed-he* (Gesenius 75, 21).

El verso **5, 19** está formado según el estilo de los proverbios numerales (Prov 6,16; 30, 15. 18), lo mismo que el juicio a las naciones de Am 1-2, citando seis tribulaciones y luego una más. רע evoca el mal definitivo, aquel que ha de ser temido.

En **5, 20** el pretérito está conjugado con un verbo *lamed-he* (Gesenius 75, 21), conforme al estilo del pretérito profético. El "azote" de la lengua recuerda una promesa semejante que aparece en Sal 31, 21, donde, en lugar de "azote" se habla de "disputa" de la lengua. שוד, de שדד, violencia, desastre, con un sonido semejante al de שוט. Isaías tiene en su mente este pasaje de Job cuando escribe Is 28, 15. A partir de aquí la promesa de Elifaz continúa elevándose a más altura, y se presenta cada vez más agradable y gloriosa.

Job 5, 22-27

²² לְשֹׁד וּלְכָפָן תִּשְׂחָק וּמֵחַיַּת הָאָרֶץ אַל־תִּירָא׃
²³ כִּי עִם־אַבְנֵי הַשָּׂדֶה בְרִיתֶךָ וְחַיַּת הַשָּׂדֶה הָשְׁלְמָה־לָךְ׃
²⁴ וְיָדַעְתָּ כִּי־שָׁלוֹם אָהֳלֶךָ וּפָקַדְתָּ נָוְךָ וְלֹא תֶחֱטָא׃
²⁵ וְיָדַעְתָּ כִּי־רַב זַרְעֶךָ וְצֶאֱצָאֶיךָ כְּעֵשֶׂב הָאָרֶץ׃
²⁶ תָּבוֹא בְכֶלַח אֱלֵי־קָבֶר כַּעֲלוֹת גָּדִישׁ בְּעִתּוֹ׃
²⁷ הִנֵּה־זֹאת חֲקַרְנוּהָ כֶּן־הִיא שְׁמָעֶנָּה וְאַתָּה דַּע־לָךְ׃

²²De la ruina y el hambre te reirás y a las fieras de la tierra no temerás,
²³con los espíritus salvajes pactarás y las fieras del campo se pacificarán contigo.
²⁴Sabrás que hay paz en tu tienda: y buscarás en tu familia y nada faltará.
²⁵Y verás que tu semilla es numerosa, y tu descendencia como hierba del campo.
²⁶Llegarás en tu madurez a la sepultura, como gavilla de trigo recogida a su tiempo.
²⁷Mira, lo hemos inquirido, y es así; escúchalo y estate atento a ello (para tu bien).

El verbo שׂחק (**Job 5, 22**) con ל se refiere a la cosa que debe ser superada, como en Job 39, 7-8: 41, 21. על־תירא es la forma que se emplea para una negación de subjuntivo (cf. Gesenius 152, 1): ¡no temas! (=no tendrás ocasión de temer). En **Job 5, 23**, בריתך es la forma sustantiva condensada de ברית לך. Toda la naturaleza estará en paz contigo: las piedras del campo no harán daño a las cosechas, ni impedirán la fertilidad de los sembrados; las bestias del campo no te harán daño ni a ti ni a tus rebaños.

Estas palabras nos hacen ver cómo la *hokma* ha buscado sus motivos en la historia del paraíso y la caída del Génesis. Solo después que el hombre, al que Dios ha hecho señor sobre la tierra, ha sido tentado por la serpiente y ha caído/pecado bajo el árbol, su relación con la naturaleza y consigo mismo ha sido invertida. Esta es una incongruencia que queda superada cuando el hombre retoma su verdadera relación con Dios.

Job 5, 24 evoca la paz, שׁלום (que podría ser también un adjetivo): así descubrirás y sabrás (וְיָדַעְתָּ, pretérito consecutivo con acento en la última sílaba, como en Dt 4, 39, aquí con *piphcha* inicial, que nos sirve para indicar el tono silábico, gramatical) que tu tienda está en paz, es decir, en una condición de plenitud y felicidad por doquier. Desde ese fondo ha de traducirse el verso: Y cuando tú examines tu casa verás que nada falta en ella, de forma que encontrarás cada cosa en su lugar, sin que te falte nada.

Job 5, 25 recuerda un salmo de tipo salomónico (Sal 72, 16). La palabra צאצאים (cf. וְצֶאֱצָאֶיךָ) aparece en el AT solo en Job y en Isaías. El significado del nombre כֶּלַח (5, 26), que solo aparece aquí y en Job 30, 2, es claro. Está vinculado al verbo כלח, cf. en árabe *qahila (qalhama)*, ser mayor, ser anciano, y significa la madurez de una buena ancianidad, una idea que resulta más fácil de entender si conectamos כלח con כלה (estar completo), como קשׁח con קשׁה (ser fuerte)[26].

En **5, 27** se alude al tiempo de la cosecha, cuando se lleva el trigo o cereal a las eras que están en zonas altas, al final de la cosecha. עלה alude al hecho de llevar las gavillas del campo al lugar alto donde se trillan o varean; esta es una palabra que tiene el sentido general de elevar, y que puede referirse al hecho de poner los animales sobre al altar para los sacrificios.

גדישׁ es aquí una gavilla de trigo segado, y se puede comparar al árabe *kuds*, como en Job 21, 32 que se refiere a un "montón" (de piedras) indicando un sepulcro. En esa línea, el árabe *jadat* (distinto de אלמה, gavilla) que es una simple espiga de trigo.

Interpretación de Job 5, discurso de Elifaz. De esa forma termina el discurso de Elifaz, que constaba de nueve estrofas, con un dístico en forma de epinicio (**Job 5, 27**), con un enfático "mira", tenlo en cuenta (הִנֵּה־זֹאת). Él habla aquí en nombre

---

26. También podemos comparar el árabe *khl*, de donde proviene *cuhulije*, madurez varonil, en oposición a *tufulije*, que es la tierna infancia.

de sus compañeros, y dice que su palabra es expresión de una experiencia que va en contra de Job, que debería tenerla más en cuenta: *tu scito tibi*.

Tomado en sí mismo, todo lo que Elifaz ha dicho es intachable. Ciertamente, él censura la vehemencia de Job, que, sin duda, no debe ser aprobada. Él afirma que el juicio destructor de Dios nunca recae sobre el inocente, sino sobre el culpable y, al mismo tiempo, expresa la misma verdad que el salmista ha puesto como lema en Sal 1, 1–6, un tema que, por lo demás, queda confirmado de un modo brillante por la solución de la historia de Job: Dios no abandona a los justos.

Puede parecer que Is 57, 2 (cf. Sal 12, 2) va en contra de eso, al afirmar que Dios juzga (condena de algún modo) a los justos, pero el texto Isaías no dice eso, sino solo que la generación del justo será juzgada y perecerá (*aetati suae perit*; la edad o generación del justo, no el justo como tal). Y, entendida así, esta palabra es una verdad eterna, pues entre el Creador y su creatura (incluso entre Dios y un ángel) sigue habiendo una distancia infinita, de forma que no existe creatura alguna que posea una justicia tan grande que pueda mantenerse en pie ante Dios y salvarse en sí misma. Hay, por tanto, un juicio que Dios puede hacer que recaiga sobre todos, pero, al mismo tiempo, hay que decir que Dios salva a los justos. Por otro lado, no se puede murmurar de Dios, y los pecadores han de pasar por tribulaciones especiales, y no podrán salvarse, a no ser que se conviertan… En esa línea, el consejo de Elifaz es auténtico cuando le dice "yo me convertiría a Dios, etc.", invitándole a Job que se convierta… De esa manera concluye su hermosa exhortación, tan rica en promesas.

Algunos, como Löwenthal, han observado que si el discurso de Elifaz (Job 5, 17) tuviera razón en cuanto pone de relieve el carácter espiritual de la aflicción, invitando a Job a que se convierta, toda la coherencia del libro queda destruida desde el principio. Pero, en realidad, el fruto que Elifaz atribuye a la conversión que él propone a Job no es simplemente una felicidad exterior, sino también (sobre todo) una santidad interior. Por eso, es necesario que preguntemos cómo se relaciona este discurso de Elifaz, y su propia tesis, con el plan de conjunto del libro, es decir, con el posible pecado de Job, con el juicio de Dios.

En el discurso de Elifaz no encontramos ningún error doctrinal, y sin embargo no podemos tomarlo como expresión de la verdad total de la Escritura. Job debería humillarse ante ese discurso de Elifaz, y dado que no lo hace, en un sentido, debemos ponernos del lado de Elifaz. Pero Elifaz no representa toda la verdad de la Escritura porque, conforme a ella, hay dos tipos de sufrimiento, que deben distinguirse con mucho cuidado, pues no todo sufrimiento es consecuencia del pecado, de manera que no debe superarse con el arrepentimiento y la penitencia[27].

---

27. Nuestros antiguos dogmáticos, por ejemplo Baer, *Compendium Theologiae positivae*, ii. 1, 15), también los teólogos pastorales (p. ej. Danhauer) definen y estudian esos tres tipos de sufrimiento por separado. Entre los antiguos comentaristas de Job que yo conozco, Olympiodoro me parece comparativamente el mejor en este plano.

- *Los impíos, que se han separado de Dios, son visitados por un sufrimiento que viene de Dios*, porque el pecado y el castigo por el pecado están conectados de un modo necesario, como causa y efecto (y así lo expresa el mismo lenguaje, como indican las palabras עון y חטאת). Este sufrimiento del impío es el efecto de la justicia divina que se expresa en el castigo; este es el castigo (מוסר) que proviene de la misma ira de Dios (Sal 6, 2; 38, 2; Jer 10, 24.), aunque no se trate de la ira final, sino de un sufrimiento punitivo (נגע, נקם, τιμωρία, *poena*).
- *A diferencia de eso, el sufrimiento de los justos* brota del amor divino, a cuyo servicio ha de ponerse todo lo que en Dios pueda tener apariencia de ira (la ira de Dios), que es un medio a través del cual opera el amor, porque, aunque el justo no queda eximido de la debilidad y pecaminosidad de la raza humana, él no puede convertirse nunca en objeto de la ira divina destructora, siempre que su vida interior esté dirigida hacia Dios y su vida exterior esté gobernada por el esfuerza más serio hacia la santificación.

Esto nos lleva a precisar el sentido de la "ira" de Dios, tal como ha sido interpretada por el Nuevo Testamento, especialmente por san Pablo. Conforme al Antiguo y Nuevo Testamento, el hombre justo es como un hijo (un niño) en manos de su padre (aunque solo el Nuevo Testamento incluye el misterio del nuevo nacimiento, no revelado aún en el Antiguo), de forma que los castigos son castigos paternos (cf. Dt 8, 5; Prov 3, 12; Hebr 12, 6; Ap 3, 19, cf. Tob 12, 13, Vulgata.). De todas formas, esta distinción general entre el sufrimiento de los justos y el de los impíos no es suficiente para entender el libro de Job, pues los sufrimientos de los justos pueden entenderse también de tres maneras:

1. *Sufrimiento como purificación.* Dios envía a los justos más y más aflicciones para purificarles del pecado que aún tiene poder sobre ellos, haciendo así que superen el riesgo de poner la seguridad en la carne; les envía sufrimientos para que mantengan la conciencia del pecado, y también la conciencia de la gracia, con la necesidad de humillarse por medio de la penitencia; para hacer que el mundo y sus placeres sean para ellos amargos, como la hiel. Dios les envía sufrimientos para separarles de las creaturas, y unirles con él a través de la oración y de la devoción.

   De esa forma, el mismo sufrimiento, que en los impíos proviene del pecado, en los justos no proviene de la ira destructora de Dios, sino del amor de Dios, que quiere preservarles, y hacer que avancen en la bondad. Este es, ante todo, un sufrimiento "disciplinario", es decir, que sirve de disciplina, para educación del hombre (תוכחת o מוסר, Prov 3, 11; cf. παιδεία, Hebr 12).

Este es el sufrimiento del que habla Pablo en 1 Cor 11, 32. Este sufrimiento disciplinario puede alcanzar tal intensidad que parezca destruir en el hombre la misma conciencia de estar en relación de gracia con Dios; en esa línea, con frecuencia, el sufriente de los salmos se considera a sí mismo como alguien rechazado por Dios, como alguien del que la ira de Dios se ha adueñado. Cuanto mayor conciencia de pecado tenga este sufriente más grande podrá ser su abatimiento; y, sin embargo, los pensamientos de Dios respecto a él son pensamiento de paz y no de mal o de castigo y destrucción (Jer 29, 11). Dios castiga, pero no con ira, sino במשפט, con moderación, con juicio (Jer 10, 24).

2. *Sufrimiento como prueba.* Cerca del anterior hay otro tipo de sufrimiento de los justos que es, sin embargo distinto, tanto en su causa como en su finalidad. Dios manda sufrimientos a los justos a fin de probar la fidelidad que ellos le tienen, para comprobar la seriedad de su búsqueda de santificación, especialmente su confianza en Dios y su paciencia. Dios permite así que Satán les tiente, que les zarandee como al trigo, a fin de que él (Satán) sea confundido y la elección y conducta divina sea justificada…, a fin de que se manifieste que ni muerte ni vida, ni ángeles ni principados o poderes, pueden separar a los justos del amor de Dios, a fin de que su fe quede afirmada en la verdad (אמונה) de Dios, que es siempre firme, a pesar de toda aparente manifestación de ira. El piadoso reconocerá que su aflicción es de este tipo (como prueba de su confianza en Dios) cuando vea que esa aflicción le llega en medio de su apertura a Dios, en medio de su comunión con Dios, de su oración y de su vigilancia, en medio de su esfuerzo por la santificación. Para este tipo de sufrimiento (de prueba) la Escritura emplea estas expresiones: נסה (Dt 8, 2; 8, 16) y בחן (Prov 17, 3), con πειρασμός (Sant 1, 12; 1 Ped 1, 6; Job 4, 19; cf. Sir 2, 1ss.).

Este tipo de sufrimiento es para los justos como el horno en el que se purifican y aquilatan los metales preciosos. Una rica recompensa espera a los que sean descubiertos limpios a través de la prueba, de la tentación y del conflicto, de forma que vengan a ser como oro puro y refinado. Este sufrimiento de prueba está cerca del sufrimiento por castigo, pues el mismo castigo puede aparecer como prueba; pero debemos tener en cuenta que no toda prueba es castigo (es decir, que no tiene la finalidad de purgar y de expiar lo que aún quede de pecado en los que la sufren).

3. *Sufrimiento de los mártires.* Hay al lado de los dos anteriores un tercer tipo de sufrimiento de los justos, que es el de los mártires y los perseguidos, un sufrimiento que se padece, se acepta, por fidelidad a Dios y a su palabra. Así como es bendito aquel que se mantiene limpio en

la prueba, así es también bendito aquel que soporta este sufrimiento del martirio (cf. Mt 5, 11 y otros pasajes).

Todos los restantes sufrimientos vienen sobre el hombre por causa de Dios y del pecado humano. Pero en este caso del martirio no hay ninguna relación entre el sufrimiento y la pecaminosidad de aquel que lo padece. En esa línea, el Sal 44 es un testimonio de este tipo de sufrimiento en Israel. En el Nuevo Testamento, este sufrimiento lleva el nombre de Σταυρός o Cruz, es el sufrimiento a causa del Reino de los cielos.

El libro de Job no puede comprenderse a no ser que se conozcan bien estos diversos tipos de sufrimiento humano. Como dice Brentius: "Todo aquel que mire con ojos espirituales, no juzgará el carácter moral de un hombre por su sufrimiento, sino que valorará su sufrimiento por su carácter moral". Precisamente esta falta de discernimiento espiritual, y esta inhabilidad para distinguir los diversos tipos de sufrimiento ha sido la causa de la equivocación de los amigos de Job, empezando por el mismo Elifaz.

Pues bien, en la línea anterior, convencido de la sincera piedad de su amigo Job, Elifaz vino a él pensando que su sufrimiento era un castigo, que tenía un carácter de sanación interior (pues debía conducir al arrepentimiento), y que, de esa forma, terminaría siendo bueno para el mismo Job. Partiendo de estos presupuestos, Elifaz reprocha a Job por sus murmuraciones, y le invita a recibir esta aflicción como reconocimiento de su pecaminosidad humana y del propósito de Dios, dirigido a su bien. Precisamente así comienza la controversia.

Esta conexión causal del sufrimiento con el pecado es el punto de partida del discurso de Elifaz. Pero él no va más allá de eso, y de esa forma recuerda a Job que él es pecador porque es un hombre, y que además tiene pecados concretos por los que sufre de forma que tiene que arrepentirse de ellos. Pues bien, esta conexión causal por la que Elifaz conecta el sufrimiento de Job (aunque de un modo muy moderado) con sus pecados anteriores merecedores de castigo, es el πρῶτον ψεῦδος, la primera equivocación de Elifaz, pues el sufrimiento de Job no es castigo de Dios, como quiere Elifaz, sino prueba de amor. Yahvé ha decretado este sufrimiento de Job no para castigarle, sino para probarle.

Esta es la equivocación de Elifaz; y esto es algo que nosotros tampoco habríamos conocido a no ser por el prólogo (y por el consiguiente epílogo) del libro. Según eso, prólogo y epílogo son partes orgánicas del libro; si se suprimen se destruye el espíritu y sentido del conjunto del libro. Además de eso, por bello y verdadero que sea, considerado en sí mismo, el discurso de Elifaz es despiadado, es enojoso, rígido y frío, por las siguientes razones:

— *Este discurso no contiene una palabra de simpatía por su amigo dolorido,* a pesar de que el sufrimiento que él está contemplando en Job es terriblemente doloroso; la primera palabra que le dirige tras siete días de penoso silencio no de consuelo, sino de moralismo, no es de ánimo, sino de reproche y llamada al arrepentimiento.

— *Elifaz debía reconocer que esta enfermedad final no ha sido el primer sufrimiento que ha venido sobre Job*, pues él ha sufrido previamente grandes aflicciones (la destrucción de sus bienes, la muerte de sus hijos…) con sumisión heroica a la voluntad de Dios Pero Elifaz lo ignora, y actúa como si este sufrimiento de la enfermedad fuera el primero que ha sobrevenido sobre Job.

— En vez de admitir el sentido profundo del dolor de Job, reconociendo que él piensa que ha sido abandonado del amor de Dios, convirtiéndose en objeto de su ira, *Elifaz piensa que Job no hace otra cosa que autojustificarse;* en esa línea, para excitar sus sentimiento, le cuenta un oráculo que contiene algo que Job hubiera admitido seriamente como verdad, pero que no es totalmente verdadero[28].

— En vez pensar que la desesperación de Job y su murmuración contra Dios es realmente distinta de la murmuración de los impíos, *Elifaz toma a Job como uno de esos impíos, y en vez de corregirle y darle ánimo con amabilidad, le acusa y condena* como a los locos que murmuran contra Dios, como él dice haber visto en su visión. De esa manera, a causa de la falsa aplicación que Elifaz hace de ella, la verdad contenida en su mensaje queda totalmente devaluada e invertida.

De esta forma, de un modo en parte delicado y profundo, comienza el debate dramático del libro. La habilidad del poeta se muestra bien en la dificultad que el traductor y el lector encuentran en detectar aquello que es falso en el discurso de Elifaz. La idea del libro no flota y se expresa de un modo superficial, sino que está revestida de carne y sangre, está inmersa en la acción e historia de los hombres, en especial, en la de Job y sus amigos.

Job 6–7. Primera respuesta de Job

Esquema: 6.6.7.6.8.6.6.8.6.7.11.10.6.8

Job 6, 1-4

¹וַיַּעַן אִיּוֹב וַיֹּאמַר׃
²לוּ שָׁקוֹל יִשָּׁקֵל כַּעְשִׂי (וְהַיָּתִי) [וְהַוָּתִי] בְּמֹאזְנַיִם יִשְׂאוּ־יָחַד׃
³כִּי־עַתָּה מֵחוֹל יַמִּים יִכְבָּד עַל־כֵּן דְּבָרַי לָעוּ׃
⁴כִּי חִצֵּי שַׁדַּי עִמָּדִי אֲשֶׁר חֲמָתָם שֹׁתָה רוּחִי בִּעוּתֵי אֱלוֹהַּ יַעַרְכוּנִי׃

---

28. Oetinger: "Elifaz menciona el oráculo que ha escuchado en la noche para criticar la hipocresía escondida en el corazón de Job".

¹Respondió entonces Job y dijo:
²¡Ojalá pudieran pesarse mi queja y mi tormento, y fueran puestos a la vez en la balanza!
³Pesarían ahora más que la arena del mar. Por eso mis palabras han sido temerarias,
⁴porque las flechas de Shadai contra mí, pues su veneno lo ha bebido mi espíritu y los terrores de Eloah combaten contra mí.

6, 2-3. Job eleva su queja (כעש, cf. כַּעְשִׂי) en oposición a lo que Elifaz le ha reprochado (**Job 5, 2**), deseando que esa queja y su tormento se coloquen en los platillos de una balanza, para ver cuál es mayor (con היה, *kere de* הוּה, y con יחד). Esa palabra (mi tormento: וְהַיָּתִי de הוה, היה, *flare, hiare*), significa propiamente *hiatus*, y en esa línea tiene el sentido de *vorago*, un tipo de abismo devorador, χάσμα, y por extensión una calamidad terrible, un *tormento* que destruye la vida del hombre (cf. Hupfeldm sobre Sal 5, 10).

נשא, como נטל, Is 11, 15, elevar la balanza en el sentido de *pendere*, colgarla alto para pesar lo que se ponga en ella. Este es su deseo, y si sus amigos lo hubieran entendido quedaría claro (כי־עתּה, como en Job 3, 13) el alcance de su queja: Job pide a sus amigos que le entiendan, que pesen su dolor, para que de esa forma quede manifiesto el hecho de que su sufrimiento es más pesado que el peso inconmensurable de la arena del mar (con, כי, ciertamente, que en este lugar tiene un sentido de inferencia afirmativa, cf. Gen 26, 22; 29, 32, y también 1 Sam 25, 34; 2 Sam 2, 27).

יכבד es neutro, en referencia a והיתי. Por su parte, לָעוּ, con su tono en la penúltima sílaba (lo cual no se debe atribuir al ritmo, como en Sal 27, 20 y 137, 7), no puede derivarse de לעה, sino solo de לוע, pero no con el significado de tragar, sino en el sentido que tiene también לעה (cf. en árabe: *lagiya* o también *lagâ*), como *temere loqui, inania effutire*, hablar temerariamente, un significado que cuadra bien con el contexto[29]. Job confiesa que sus palabras han sido temerarias, como las de alguien que está sufriendo un delirio, pero pide a sus amigos que le entiendan.

6, 4. עמדי ha de explicarse en la línea de Sal 38, 3. חמתם, tiene el sentido que recibe en Sal 7, 15. יערכוני es la forma breve para יערכי מלחמה עלי, ellos hacen guerra en contra de mí, se ponen en combate en contra de mí. Bötticher traduce la frase de manera inadecuada: *Ellos me ponen en necesidad de armarme*, hacen que me ponga a la defensivo (lo que no responde al tema de fondo de Job).

Los terrores de Dios derriban toda defensa. La ira de Dios es irresistible. La "picadura" de su sufrimiento proviene de la ira de Dios, que su espíritu bebe como pócima de veneno (cf. Job 21, 20), y que por consiguiente le lleva a pensar

---

29. Cf. יָלַע, Prov 20, 25, con doble acento y que debe pronunciarse como oxítono, con significado de trampa de un hombre que ha utilizado de un modo inadecuado aquello que es santo y que ha caído en el riesgo de realizar un voto sin pensar en sus implicaciones, buscando la manera de evitar su cumplimiento.

que Dios se ha convertido en su enemigo. Por eso, el sufrimiento de Job no tiene fin, y así se explica el hecho de que él haya hablado de forma tan desconsiderada.

Job 6, 5-7

⁵ הֲיִנְהַק־פֶּרֶא עֲלֵי־דֶשֶׁא אִם יִגְעֶה־שּׁוֹר עַל־בְּלִילוֹ׃
⁶ הֲיֵאָכֵל תָּפֵל מִבְּלִי־מֶלַח אִם־יֶשׁ־טַעַם בְּרִיר חַלָּמוּת׃
⁷ מֵאֲנָה לִנְגּוֹעַ נַפְשִׁי הֵמָּה כִּדְוֵי לַחְמִי׃

⁵ Acaso gime el onagro junto a la hierba, y muge el buey con un buen alimento?
⁶ ¿Acaso se come sin sal lo desabrido o tiene sabor la clara del huevo?
⁷ Las cosas que mi alma no quería tocar, ellas son ahora mi repugnante alimento.

6, 5. El significado de las dos primeras figuras es este: Job no se quejaría si no hubiera realmente causa para ello. El sentido de las figuras siguientes es: que nadie piense que él (Job) pueda sonreír en medio del sufrimiento, y encima gozar, como si ese sufrimiento fuera para él un alimento delicado. En esa línea he traducido la expresión עֲלֵי־בְּלִילוֹ "con un buen alimento", porque בְּלִיל es alimento mezclado de diversos tipos de grano, *farrago*.

6, 6. El sentido de תָּפֵל es "sin sal", insípido, sin gusto. Lo que no tiene sal ha de ser condimentado para que tenga gusto… En esa línea se dice que lo blanco (la clara) de un huevo no tiene sabor (targum)[30]. Es como si Job tuviera que alimentarse de comidas que no están sazonadas (que no tienen sabor) y encima alegrarse de ello. Ese tema ha de aplicarse a sus sufrimientos. Aquellas cosas que él antes detestaba internamente (como la suciedad y el polvo de los leprosos) son ahora *sicut fastidiosa cibi mei*, como la comida insípida que él debe comer.

La primera frase de **Job 6, 7** ha de tomarse como una cláusula elíptica de relativo, a partir del sujeto (cf. Gesenius 123, 3, c). Los desagradables consejos que Elifaz le ha dado se parecen a una dieta sucia, repugnante, y él, Elifaz quiere que Job los tome como alimento agradable. Gesenius, Ewald, Hahn, Schlottmann, Olshausen (165, b) interpretan כִּדְוֵי como estado constructo de דְּוַי, enfermedad, inmundicia. En esa línea la traducción de דְּוַי, plural de דָּוֶה, en forma personal, como enfermo, impuro (aplicado especialmente a la menstruación de la mujer, Is 30, 22), resulta más apropiada como han explicado Heiligstedt y otros comentaristas modernos.

Hitzmann (que actúa como revisor anónimo del Job de Ewald, *Liter. Centralblatt*) traduce el texto así: *Ellos (mis sufrimientos) son los bocados de mi comida*… Pero esta explicación de הֵמָּה no es correcta, ni hay necesidad de acudir

---

30. Saadia compara este pasaje con b. *Aboda zara*, 40, a donde se ofrece una comparación entre el color de la clara los huevos y el de las huevas de los peces: מבפנים וחלמון מב מבחוץ חלבון, donde lo blanco está fuera y lo amarillo dentro.

al árabe para explicar el sentido de כְּדְוֵי. Tampoco es necesario traducir como hace Bötticher: *Así es mi comida, en relación con mi enfermedad*. Job habla aquí de su dieta como algo que no tiene valor.

Job 6, 8-10

⁸ מִי־יִתֵּן תָּבוֹא שֶׁאֱלָתִי וְתִקְוָתִי יִתֵּן אֱלוֹהַּ׃
⁹ וְיֹאֵל אֱלוֹהַּ וִידַכְּאֵנִי יַתֵּר יָדוֹ וִיבַצְּעֵנִי׃
¹⁰ וּתְהִי עוֹד נֶחָמָתִי וַאֲסַלְּדָה בְחִילָה לֹא יַחְמוֹל כִּי־לֹא כִחַדְתִּי אִמְרֵי קָדוֹשׁ׃

⁸¡Quién me diera que se cumpliese mi petición, que Eloah me otorgara lo que anhelo:
⁹que Eloah lo quisiera y me aplastara: que suelte su mano y acabe conmigo!
¹⁰Y habría todavía para mí consuelo, (yo podría exultar en medio de un dolor sin consuelo), de manera que no rechazaría de las palabras del Santo.

Este deseo se refiere al final de su sufrimiento, es decir, a su muerte. Hupfeld prefiere leer ותאותי en vez de ותקותי (**Job 6, 8**); pero la muerte que Job desea ciertamente es la que él espera. Aquí está sin duda la paradoja del pasaje: la esperanza de Job no es la vida, sino la muerte: *Que Dios suelte ya su mano... que me deje en paz, que corte mi alma, el hilo de mi vida* (cf. Job 27, 8; Is 38, 12).

El optativo מי יתן (Gesenius 136, 1) está seguido por otro optativo de futuro, en forma de yusivo, como יאל, *velit* (*hitpael* de ואל, *velle*), y por יתר, *solvat* (*hitpael* de נתר). En la frase התיר יד, el hecho de extender la mano se entiende en el sentido de soltar aquello que antes estaba atado.

La conclusión comienza con ותהי, como en Job 13, 5. Pero hay que precisar si aquí se trata del consuelo de una muerte rápida (la cláusula con כי nos hace pensar en ello, como si la muerte fuera el cumplimiento del deseo), o si Job está pensando más bien en que su consuelo estaría en el hecho de no haber deshonrado las palabras del Santo (cf. Job 23, 11, con אמרי־אל en la boca de Balám, el profeta no israelita de Num 24, 4. 16).

Se trata de saber si Job quiere morir sin más (y que todo acabe) o si él quiere más bien, ante todo, ser justificado por Dios (¡que Dios le justifique!), como seguiremos viendo. Con Hupfeld nos inclinamos por la última posibilidad, teniendo en el fondo lo que dice Sal 119, 50: esta conciencia de la inocencia de Job aparece a lo largo del libro como su escudo y defensa.

De todas formas, si נֶחָמָתִי (con *kametz* impuro) se refiere a כי, *quod*, etc., la cláusula con וַאֲסַלְּדָה habrá de tomarse como un paréntesis. En esa línea, la frase cohortativa aparece como paréntesis también en otros textos como Sal 40, 6 y 51, 8. En esa línea habría que traducir el texto así: *Según eso, mi consuelo (yo podría exultar...) estaría en que...*

El significado de סלד, *tripudiare*, exultar, queda confirmado por los LXX, que ponen ἡλλόμην, que puede vincularse con él árabe *ṣalada* (que se aplica al caballo que galopa, apoyándose con fuerza en sus pies delanteros), y en esa línea el targum traduce también ואבוע (yo me regocijaré)[31].

Para לא יחמל, cf. Is 30, 14 (romper en piezas, de un modo total). Esa expresión לא יחמל aparece ciertamente como si debiera referirse a Dios (cf. Ewald, Hahn, Schlottmann y otros), pues חילה debe tomarse como femenino; en esa línea חילה se puede pronunciar en la línea de חיל como *milel* (Hitzmann), o tomar לא יחמל de un modo adverbial, no como una cláusula dependiente de tipo elíptico (Gesenius 147, 1), sino virtualmente como un adjetivo (en el sentido de dolor despiadado).

Job 6, 11-13

¹¹ מַה־כֹּחִי כִי־אֲיַחֵל וּמַה־קִּצִּי כִּי־אַאֲרִיךְ נַפְשִׁי׃
¹² אִם־כֹּחַ אֲבָנִים כֹּחִי אִם־בְּשָׂרִי נָחוּשׁ׃
¹³ הַאִם אֵין עֶזְרָתִי בִי וְתֻשִׁיָּה נִדְּחָה מִמֶּנִּי׃

¹¹ ¿Cuál es mi fuerza para esperar? ¿Cuál mi esperanza para seguir siendo paciente?
¹² ¿Es mi fuerza como la de las piedras? ¿Es mi carne como el bronce?
¹³ ¿Podré mantenerme sin ayuda, habiéndoseme quitado la capacidad para continuar?

El significado de la pregunta de 6, 11 es: ¿No está mi fuerza ya tan devastada, y mi infortunado final no es ya tan grande y seguro, de manera que seguir esperando calmadamente es para mí algo imposible, y además carente de sentido? האריך נפש, extender el alma significa seguirla manteniendo, distribuyendo la intensidad de las emociones, conservando las expectativas, siendo paciente.

La pregunta de Job 6, 11 está seguida por un אם (6, 12), cosa que es normal en preguntas dobles: ¿O será mi fuerza como la de las piedras...? Por su parte el האם, 6, 13, que ha sido entendida de formas distintas por los traductores, se explica mejor desde Num 17, 28, el único pasaje en que vuelve a aparecer esa palabra. Aquí tiene el mismo sentido de ה אם, o el de Num 17, 28, אם הלא: ¿*O no estoy yo más bien...* de forma que todos pereceremos pronto...? Así se explica este pasaje.

El interrogativo ה se emplea con cierta frecuencia en el sentido de הלא, Job 20, 4; 41, 1 (Gesenius 153, 3); y el אם adicional se introduce *per inversionem* en segundo lugar y no en el primero, de forma que *nonne an* tiene el sentido de

---

31. El sentido primario de סלד, según el árabe, es ser fuerte, pisar duro, de un modo firme, como en *pulsanda tellus*, afirmándose en el suelo, mientras que los poemas de las sinagogas (Pijut) entienden סלד en el sentido de suplicar, y utilizan סלד en un sentido litánico (no de himno, como quiere Zunz); por su parte, en la Misná y en el Talmud סלד significa cantar, pero también "quemarse uno a sí mismo", con el significado de quedar afligido

an nonne, annon: o ¿no es más bien así? ¿No es mi ayuda en mí... *de manera que estoy totalmente sin ayuda?*

Ewald (356, a) explica el tema de un modo diferente, suponiendo que אִם, que aparece como juramento, sería equivalente a לֹא. De todas formas, el significado es el mismo. Job no tiene capacidad de continuar, en la línea de תּוּשִׁיָּה, es decir, sin poder mantenerse, sin tener ninguna prospectiva razonable de vivir, pues todo eso él lo ha perdido.

Job 6, 14-17

¹⁴ לַמָּס מֵרֵעֵהוּ חָסֶד וְיִרְאַת שַׁדַּי יַעֲזוֹב׃
¹⁵ אַחַי בָּגְדוּ כְמוֹ־נָחַל כַּאֲפִיק נְחָלִים יַעֲבֹרוּ׃
¹⁶ הַקֹּדְרִים מִנִּי־קָרַח עָלֵימוֹ יִתְעַלֶּם־שָׁלֶג׃
¹⁷ בְּעֵת יְזֹרְבוּ נִצְמָתוּ בְּחֻמּוֹ נִדְעֲכוּ מִמְּקוֹמָם׃

¹⁴El que sufre necesita consuelo de amigos, pues le abandonaría el temor de Shadai.
¹⁵Mis hermanos me traicionan como torrente, lecho de torrentes que desaparecen;
¹⁶bajaban turbios por el deshielo, pues la nieve estaba escondida en ellos,
¹⁷pero llega el calor y se secan, y al calentarse desaparecen de sus cauces.

Ewald introduce entre Job 6, 14a y 6, 14b dos líneas que habrían sido suprimidas ("de un hermano se debe la simpatía a favor de un oprimido por Dios, a fin de que no sucumba ante el exceso de tristeza"). Hitzig responde con gran fuerza que esa interpolación es una "pura imaginación", pues en realidad en 6, 14 no falta nada. De todas formas, no debemos tomar la palabra חֶסֶד, con Hitzmann, en el sentido de reproche (como en Prov 14, 34): si el amigo dirige un reproche al que sufre, este puede olvidar el temor de Dios.

La palabra מָס (de מסס, derretirse) se refiere a alguien que está internamente descorazonado. El tema es que uno debe recibir חֶסֶד, es decir, el consuelo del amigo, para así quedar restablecido ἐν πνεύματι πραΰτητος (Gal 6, 1). La *waw* de וְיִרְאַת (Job 6, 14) equivale a *alioqui* (de otra manera), con el subjuntivo de futuro (cf. Gesenius 127, 5).

La dureza de los amigos puede arrojarle a Job a un abismo del que solo el amor puede sacarle. Así Schnurrer: *Afflicto exhibenda est ab amico ipsius humanitas, alioqui hic reverentiam Dei exuit* (el amigo debe ofrecer humanidad al afligido, pues de lo contrario puede perder el respeto por Dios). Pues bien, Job recibe de sus amigos (a los que ama como hermanos) dureza en vez de caridad.

En vano ha esperado de ellos un consuelo que le permita revivir, pues ellos no le ofrecen ayuda, sino que son como las aguas secas de un *wuadi*. נַחַל es un torrente de montaña o de bosque, que viene de la altura, y que en primavera baja cargado de agua por el hielo y la nieve derretida, que desciende de la cumbre, como los χειμάρροῦς, es decir, los torrentes llenos de aguas de invierno.

Los bloques derretidos del hielo oscurecen el agua de esos *wuadis*, y la nieve derretida con el hielo viene a esconderse rápidamente en las partes bajas (התעלם). Cuando comienza a hacer calor (pual de זרב, equivalente de צרב, Ez 21, 3, *aduri*, y de שׂרף, *comburere*, derretirse) esos torrentes pierden su corriente de agua (נצמת, *exstingui*, se extinguen); ellos desaparecen בחמו, cuando viene el calor fuerte.

Con Ewald, Olshausen y otros, el sufijo de מְקוֹמָם ha de tomarse como neutro y no se refiere a un את que se haya suprimido. Cuando la estación se vuelve calurosa... En esa línea, Job da testimonio del disgusto que ha experimentado ante la falta de caridad de sus amigos, reflejados en la imagen de un torrente de montaña que se seca[32].

Job 6, 18-20

¹⁸ יְלָפְתוּ אָרְחוֹת דַּרְכָּם יַעֲלוּ בַתֹּהוּ וְיֹאבֵדוּ׃
¹⁹ הִבִּיטוּ אָרְחוֹת תֵּמָא הֲלִיכֹת שְׁבָא קִוּוּ־לָמוֹ׃
²⁰ בֹּשׁוּ כִּי־בָטָח בָּאוּ עָדֶיהָ וַיֶּחְפָּרוּ׃

¹⁸Ellos (los torrentes) se apartan de su curso, vagan por el desierto y se pierden.
¹⁹Les buscan las caravanas de Temán, y los caminantes de Sabá esperan en ellos;
²⁰pero se frustra su esperanza, al llegar a su lugar y verse defraudados.

Tal como está vocalizada, la palabra אָרְחוֹת, de Job 6, 18, está indicando los cauces de los torrentes. Sin embargo Hitzmann, Ewald, y Schlottmann, corrigen ese sentido poniendo ארחות que significa caravanas, y Hahn piensa que aun sin corrección esa palabra puede entenderse de esa forma, y así traduce: *las caravanas se apartan de su camino* (es decir, del camino que estaban siguiendo), y así penetran en el desierto y perecen (es decir, porque los torrentes que ellos conocían se han secado). De esa forma traducen de hecho casi todos los comentaristas modernos. ¿Pero es posible que el poeta diga en 5, 18 que las caravanas perecen para decir luego en 6, 19 que están vivas?

En esa línea, el texto de 6, 19 se volvería tautológico, y la figura más débil seguiría a la más fuerte. Pues bien, en contra de eso, explicamos el texto como sigue: los torrentes de montaña, es decir, los נחלים, desembocan en cauces serpentinos poco profundos, y las aguas casi estancadas se evaporan completamente por el calor del sol. En esa línea עלה בתהו significa ir a la nada (cf. Is 40, 23), según la analogía de כלה בעשן, convertirse en humo.

De esa manera interpreta también Mercier (=Mercerus) el texto: *in auras abeunt, in nihilum rediguntur* (se pierden en el polvo o se sumergen en las arenas,

---

32. Oetinger dice que Job 6, 15-20 describe la sequedad de aquellos que están obligados a ofrecer los pechos de su compasión a sus prójimos en necesidad.

volviendo a la nada). Lo que viene después queda relatado como una narración histórica (Job 6, 19–20), y por eso se cuenta en pretérito: Job compara a sus amigos con el *wadi* donde desaparece el agua del hielo y de la nieve, y con las bandas de viajeros que buscan agua y se pierden en el desierto.

Ha tenido sed de la ayuda de sus amigos, pero no la ha encontrado pues ellos no le han ofrecido agua, sino que se han vuelto como torrentes de montaña que se evaporan en el desierto. El singular בטח individualiza el tema, de manera que no resulta necesario leer con Olshausen בטחו.

Job 6, 21-23

²¹ כִּי־עַתָּה הֱיִיתֶם (לֹא) [לוֹ] תִּרְאוּ חֲתַת וַתִּירָאוּ׃
²² הֲכִי־אָמַרְתִּי הָבוּ לִי וּמִכֹּחֲכֶם שִׁחֲדוּ בַעֲדִי׃
²³ וּמַלְּטוּנִי מִיַּד־צָר וּמִיַּד עָרִיצִים תִּפְדּוּנִי׃

²¹Pero ahora os habéis convertido en nada, habéis visto el horror y tenéis miedo.
²²¿Es que os he dicho "traedme algo, y pagad por mí de vuestra hacienda,
²³o libradme de manos del opresor, y redimidme del poder de los violentos?

En Job **6, 21,** las lecturas oscilan entre לוֹ y לֹא, con el *kere* לוֹ; pero esa partícula que es la *lectio recepta*, no ofrece un sentido apropiado, sino solo un sentido muy aproximado: vosotros os habéis convertido en ello, es decir, en un torrente de montaña que se seca.

הייתם no debe traducirse con Stickel y otros en el sentido, *estis,* sino *facti estis* (os habéis convertido). Pues bien, el targum toma como base el *qetib*, y traduce: Os habéis hecho como si nunca hubierais sido, os habéis convertido en nada. Pues bien, dado que לֹא, en arameo לה, puede utilizarse (según muestra Dan 4, 32) como un sustantivo (algo que no equivale a nada), el pensamiento del texto puede traducirse así: *Vosotros os habéis convertido en nada,* vuestra amistad es como si no hubiera existido.

Por eso, nos inclinamos por el *qetiv,* que es לֹא, pues en ese sentido se entienden mejor las palabras de 6, 18: יַעֲלוּ בַתֹּהוּ. Por su parte, los LXX, la versión siríaca y la Vulgata suponen que el texto original dice לי en vez de לו: os habéis convertido para mí en ello (es decir, en torrentes engañosos). Ewald propone otra lectura (כן עתה הייתם לי; cf. explicación Gesenius 137, 3), que resuelve bien algunas dificultades del texto. Pero la lectura con לֹא es la que resulta preferible, porque es más intensa y expresiva.

Todo el resto del pasaje se explica bien. Es significativo que Job 6, 21 ofrezca igualmente la lectura תִּירוּ en lugar de תִּרְאוּ: Vosotros temisteis el infortunio, y por eso fuiste afligidos. Según Gesenius 29, 3, הבו tiene aquí, como excepción, el sentido de propiedad privada. כח, como en Prov 5, 10; Lev 26, 20, aquello que uno ha conseguido por esfuerzo propio. חיל, gran fuerza.

Job 6, 24-27

²⁴ הוֹרוּנִי וַאֲנִי אַחֲרִישׁ וּמַה־שָּׁגִיתִי הָבִינוּ לִי׃
²⁵ מַה־נִּמְרְצוּ אִמְרֵי־יֹשֶׁר וּמַה־יּוֹכִיחַ הוֹכֵחַ מִכֶּם׃
²⁶ הַלְהוֹכַח מִלִּים תַּחְשֹׁבוּ וּלְרוּחַ אִמְרֵי נֹאָשׁ׃
²⁷ אַף־עַל־יָתוֹם תַּפִּילוּ וְתִכְרוּ עַל־רֵיעֲכֶם׃

²⁴Instruidme, y callaré; hacedme entender en qué he errado.
²⁵¡Qué penetrantes son las palabras rectas! Pero ¿qué me reprocháis al reprocharme?
²⁶¿Queréis censurar palabras? Las palabras de un desesperado son como el viento?
²⁷Vosotros os aprovecháis del lote del huérfano y traficáis en contra de vuestro amigo.

La palabra נמרצו, de **Job 6, 25,** en el sentido de נמלצו (Sal 119, 103), respondería bien al contexto: qué delicadas, suaves, dulces son… (Hirzel, Ewald, Schlottmann). Pero este significado va en contra de Job 16, 3. Hupfeld, ha comparado esa palabra con la raíz *mar,* amargo, y traduce: *quantumvis acerba…;* pero מה puede significar *quidquid,* pero no *quantumvis.* Hahn, por su parte, compara ese término con el verbo árabe que se emplea para indicar la enfermedad, y traduce: *Vuestras palabras son enfermas…* Pero la enfermedad física y la maldad ética son cosas distintas. Ebrard interpreta: *Las palabras honestas no han de tomarse a mal,* pero lo hace con una referencia inadmisible a Job 1, 3. Es mejor la traducción de Von Gerlach: Qué fuertes son…

מרץ puede tomarse como palabra relacionada con פרץ, en el sentido de *penetrar,* en *hithpael, picar* como un aguijón; en *nifal,* estar dotado de la cualidad de *abrir un agujero,* palabra que se utilizaría aquí para evocar un lenguaje penetrante; así en 1 Rey 2, 8, tiene el sentido de una maldición que se cumple de manera inevitable; en Miq 2, 10 se aplica a una destrucción de la que no hay forma de escapar.

En esa línea se dice que las palabras que mantienen el camino recto (que llevan a la verdad) van al corazón. Por el contrario, Job dice a sus amigos: ¿Quién podrá aceptar el reproche que viene de vosotros, es decir, que vosotros me hacéis, sin entenderme ni querer ayudarme? הוכח, infinitivo absoluto, como en Prov 25, 27, y en algunos otros pasajes, empleado como sujeto. מכם, como en Job 5, 15, la espada que sale de la boca.

En **Job 6, 26** la *waw* de וּלְרוּחַ introduce una frase subordinada de tipo adverbial, con el sentido siguiente: pero (en contra de eso), el texto supone que las palabras de alguien que está casi desesperado son como las que lleva el viento, de manera que no pueden ser recogidas y analizadas, sin tener en cuenta la forma y momento en que han sido proclamadas.

El tiempo futuro de los verbos pone de relieve la falta de sentimiento de las palabras de aquellos que no tienen en cuenta la situación de un hombre que está sufriendo como Job. Esos verbos están en subjuntivo, como en Job 3, 13. 16. En גורל, el lote, hay que suplir תפילו, como en 1 Sam 14, 42. Sin embargo, el verbo

כרה no significa aquí *cavar*, de forma que no se debe suplir una palabra como שחת, un pozo (como hace Heiligstedt). Según eso, el texto no tiene el sentido de cavar la tierra y echarla en contra de alguno (Ebrard), sino el de comprar y vender, con על para indicar el objeto, lo mismo que en Job 39, 30.

Job 6, 28-30

²⁸ וְעַתָּה הוֹאִילוּ פְנוּ־בִי וְעַל־פְּנֵיכֶם אִם־אֲכַזֵּב׃
²⁹ שֻׁבוּ־נָא אַל־תְּהִי עַוְלָה (וְשֻׁבִי) [וְשׁוּבוּ] עוֹד צִדְקִי־בָהּ׃
³⁰ הֲיֵשׁ־בִּלְשׁוֹנִי עַוְלָה אִם־חִכִּי לֹא־יָבִין הַוּוֹת׃

²⁸Ahora, pues, id, miradme amablemente y no os engañaré ante vuestros rostros.
²⁹Consideradlo de nuevo, y no haya injusticia; volved a tener en cuenta mi rectitud.
³⁰¿Es que hay engaño en mi lengua, o acaso no puede mi paladar discernir lo malo?

6, 28. Job pide a los amigos que observen de manera más atenta. פנה ב, como en Ecl 2, 11, tiene el sentido de mirar con cuidado. אם está indicando el carácter negativo de lo que se dice (Gesenius 155, 2, f). Ciertamente, Job les dice que él no quiere mentirles a causa de su gran dolor, valiéndose de la grandeza y carácter inexplicable de su sufrimiento.

6, 29. No hemos puesto de relieve el carácter de reto que tiene la palabra שׁובו (volved a vuestros pasos...), sino que insistimos en el carácter novedoso del nuevo ofrecimiento de Job (consideradlo ahora de nuevo...), porque estas palabras se ajustan mejor a las afirmaciones que siguen, como han puesto de relieve Schlottmann y von Gerlach.

Hahn prefiere el *qetiv* שׁובי, con el significado de "mi respuesta". Pero esto no es posible, pues la respuesta debía construirse con השׁיב, no con שׁובי. El עוד que el signo de *rebia mugrasch* vincula con שׁובו resulta mejor vincularlo con צדקי־בה, pues בה se refiere de un modo neutral al tema del que se está tratando. Ellos han de buscar lo justo desde el principio, a fin de que todo el caso se resuelva con tranquilidad. Las acusaciones de los amigos son עולה, es decir, mentirosas, de manera que las quejas de Job están totalmente justificadas.

Elifaz no ha justificado el hecho de que el estallido del sentimiento de dolor de Job (Job 3) haya sido עולה, pues Job no ha perdido de un modo total su control sobre la tentación, cosa que habría sucedido si se hubiera dejado dominar por la הוות, es decir, por aquel tipo de maldad que contamina totalmente el sentimiento y palabras de un hombre.

Y, tras decir eso, Job comienza a justificar de nuevo sus reproches, despreocupándose cada vez más de sus amigos y abriéndose progresivamente hacia Dios, aunque sin penetrar en la oscuridad en la que Dios, autor de su sufrimiento, está velado para él.

Job 7

Job 7, 1-3

¹הֲלֹא־צָבָא לֶאֱנוֹשׁ (עַל־)[עֲלֵי־]אָרֶץ וְכִימֵי שָׂכִיר יָמָיו׃
²כְּעֶבֶד יִשְׁאַף־צֵל וּכְשָׂכִיר יְקַוֶּה פָעֳלוֹ׃
³כֵּן הָנְחַלְתִּי לִי יַרְחֵי־שָׁוְא וְלֵילוֹת עָמָל מִנּוּ־לִי׃

¹¿No es acaso milicia la vida del hombre en la tierra, y sus días como los días del jornalero?

²Como siervo que suspira por la sombra o como jornalero que espera el salario de su trabajo,

³así yo he recibido meses de desengaño y noches de sufrimiento me tocaron en suerte.

7, 1. La conclusión que se quiere derivar de esas palabras es: *Así espero yo la muerte, como descanso tras un duro trabajo.* De todas formas, él va más allá de esta comparación o, mejor dicho, permanece por un lado en ella para transformarla. צבא no es el servicio de un agricultor en el campo, sino un servicio militar activo, que implica en general fatiga y esfuerzo (Is 40, 20; Dan 10, 1).

7, 2. Ewald traduce de un modo incorrecto: *Como un siervo anhela...* etc. Pero כ nunca introduce una cláusula comparativa, excepto en infinitivo, como por ejemplo en Is 5, 24, que de esa manera puede continuar con un verbo finito. Pero en nuestro caso el כ de כְּעֶבֶד no puede introducir la comparación de un modo directo, en lugar de כאשר (como podría hacer כמו en algunos casos especiales).

7, 3. En Is 5,3, שוא conserva su sentido originario de nada, de error, de gran fatiga (cf. Job 15, 31): *Como meses que uno tras otro frustran la esperanza del enfermo.* Esto nos lleva a suponer que los amigos no han llegado a tomar en serio ni ocuparse radicalmente de la enfermedad de Job, que es la elefantiasis, una enfermedad que a veces dura años, y que va destruyendo el cuerpo de un modo lento aunque inexorable. Sobre מנו, *adnumeraverunt* con el mismo sentido de *adnumeratae sunt* (*me tocaron en suerte*, me han numerado...), cf. Gesenius 137, 3.

Job 7, 4-6

⁴אִם־שָׁכַבְתִּי וְאָמַרְתִּי מָתַי אָקוּם וּמִדַּד־עָרֶב וְשָׂבַעְתִּי נְדֻדִים עֲדֵי־נָשֶׁף׃
⁵לָבַשׁ בְּשָׂרִי רִמָּה (וְגִישׁ)[וְגוּשׁ] עָפָר עוֹרִי רָגַע וַיִּמָּאֵס׃
⁶יָמַי קַלּוּ מִנִּי־אָרֶג וַיִּכְלוּ בְּאֶפֶס תִּקְוָה׃

⁴Cuando estoy acostado, digo: ¿Cuándo me levantaré y romperá la aurora? Y me canso, de un sitio a otro, hasta que llegue el alba.

⁵Mi carne está vestida de gusanos y costras de tierra; mi piel hendida y abierta, supura.

⁶ Mis días corren más que lanzadera del tejedor, y se desvanecen sin esperanza.

La mayoría de los comentaristas modernos toman מִדַּד como tiempo *piel* de מדד: la noche de extiende (Renan: *la nuit se prolonge*), y esa lectura es posible; cf. Gesenius 52, 2. Pero la métrica sugiere otra traducción, tomando מִדַּד como estado constructo de מַדּ de נדד, huir lejos: *¿Cuándo huirá lejos la aurora?* La noche se describe desde su comienzo, al atardecer, para marcar así el largo intervalo de tiempo sin dormir ni descansar, tiempo que queda en medio para Job, el enfermo. Entre נדדים y מדד hay un juego de palabras (Ebrard).

רִמָּה, *gusanos*, evoca las úlceras que se pudren. Por otra parte, la piel del enfermo de elefantiasis aparece llena de escamas con color y apariencia de tierra (עָפָר עוֹרִי רָגַע). Los pretéritos se emplean aquí para algo que viene del pasado, pero cuyo efecto dura; por su parte el futuro consecutivo se utiliza para aquello que sigue dándose. La piel se hiende, רגע (o se contrae, según Gesenius y Ewald: *contrahere se*). Eso significa que la piel supura y se vuelve húmeda de nuevo. Según Gesenius 67, 4, ימאס tiene el mismo sentido que ימס, Sal 58, 8.

Los días se suceden rápidamente, y el resultado es que van pasando sin traer ninguna mejoría al enfermo. ארג es como κερκίς, *radius*, la lanzadera del tejedor, por medio de la cual se va trenzando con rapidez la trama, con movimiento de arriba y abajo. Sus días pasan tan velozmente como la lanzadera que sube y baja en la trama del telar. Después de esto sigue una oración a Dios, para que termine su pena, pues no hay una segunda vida después de la presente, por lo que, de un modo consiguiente, con la muerte termina la posibilidad de recuperar lo que somos.

Job 7, 7-11

⁷ זְכֹר כִּי־רוּחַ חַיָּי לֹא־תָשׁוּב עֵינִי לִרְאוֹת טוֹב׃
⁸ לֹא־תְשׁוּרֵנִי עֵין רֹאִי עֵינֶיךָ בִּי וְאֵינֶנִּי׃
⁹ כָּלָה עָנָן וַיֵּלַךְ כֵּן יוֹרֵד שְׁאוֹל לֹא יַעֲלֶה׃
¹⁰ לֹא־יָשׁוּב עוֹד לְבֵיתוֹ וְלֹא־יַכִּירֶנּוּ עוֹד מְקֹמוֹ׃
¹¹ גַּם־אֲנִי לֹא אֶחֱשָׂךְ פִּי אֲדַבְּרָה בְּצַר רוּחִי אָשִׂיחָה בְּמַר נַפְשִׁי׃

⁷Recuerda que mi vida es un soplo y que mis ojos no volverán a ver prosperidad.
⁸No me verán más los ojos de quienes me ven; pondrás tus ojos en mí, pero ya no seré.
⁹Las nubes se desvanecen y pasan, así el que desciende al *Sheol* no subirá de allí;
¹⁰no volverá más a su casa, ni su lugar volverá a reconocerlo.
¹¹Por tanto, no refrenaré mi boca, sino que hablaré en la angustia de mi espíritu y me quejaré en la amargura de mi alma.

7, 7-8. Solo podemos ver el bien, es decir, tener prosperidad y gozo, en la presente vida, pues el gozo termina con ella, es decir, en la muerte. שׁוּב con ל de infinitivo es un sinónimo de הוֹסִיף. *Ningún ojo* (עֵין en femenino) *que ahora me ve...* se refiere a las personas que en este momento pueden mirar a Job, como en Gen 16, 13 (cf. Job 20, 7; Sal 31, 12, con ראני, Is 29, 15; Is 47, 10, o según otra lectura o con ראי): ningún ojo que tiene ahora el poder de verme (de ראי, visión) podrá verme después (tras la muerte), ninguno de esos ojos que ahora deberían estar dispuestos a ayudarme podrá hacerlo después; mi vida se habrá ido, de manera que yo ראי, no podré ser ya más objeto de ayuda de nadie.

Eso significa que no hay retorno desde el *Sheol*, ni hay resurrección (cf. Sal 103, 16). Por eso, dice Job: *Daré rienda suelta a mis pensamientos y sentimientos* (cf. Sal 77, 4; Is 38, 15). La partícula גם, **Job 7, 11**, recuerda la así llamada *lex talionis*, como indican con precisión los paralelos que Michaelis aduce en este contexto (cf. Ez 16, 43; Mal 2, 9; Sal 52, 7). Aquí aparece en Job por vez primera el nombre del mundo inferior (*Sheol*), y es aquí, en el libro de Job, donde encontramos con más precisión que en ningún otro lugar esa concepción de la intimidad del hombre. Aquí solo podemos evocar su nombre (*Sheol*), en conexión con la exposición gramatical del texto. שאול (usualmente de género femenino) se toma ahora en sentido general, como derivado de שעל, ser hueco, tener una oquedad. Esta es una derivación apropiada, porque los israelitas imaginaban el *Sheol* como algo que está bajo tierra, como indican Num 16, 30. 33, tema que aparece aquí claro, lo mismo que a partir de Gen 37, 35 en adelante, por lo que en general se habla de bajar al *Sheol*, ירד שאולה. De todas formas, se puede discutir si esta derivación es correcta, pues hay pasajes como Is 5, 14; Hab 2, 5 y Prov 30, 15, que muestran que en el uso posterior del lenguaje, el *Sheol* se vincula con שאל, pedir, demandar:

- En ese contexto se puede relacionar el *Sheol* con la pregunta inevitable e inexorable de todos los hombres (en esa línea se sitúa un nombre infinitivo como פקוד אלוה).
- El *Sheol* aparece también como un espacio, un lugar de sombra, donde desemboca todo lo se hace sobre el mundo.
- Finalmente, concebido conforme a su naturaleza, el *Sheol* expresa un tipo de furia divina en la que se reúne y desemboca todo lo que ha existido sobre la tierra. Job no conoce nada sobre la pregunta de una redención del hombre desde el *Sheol*.

Job 7, 12-16

¹² הֲיָם־אָנִי אִם־תַּנִּין כִּי־תָשִׂים עָלַי מִשְׁמָר׃
¹³ כִּי־אָמַרְתִּי תְּנַחֲמֵנִי עַרְשִׂי יִשָּׂא בְשִׂיחִי מִשְׁכָּבִי׃
¹⁴ וְחִתַּתַּנִי בַחֲלֹמוֹת וּמֵחֶזְיֹנוֹת תְּבַעֲתַנִּי׃
¹⁵ וַתִּבְחַר מַחֲנָק נַפְשִׁי מָוֶת מֵעַצְמוֹתָי׃
¹⁶ מָאַסְתִּי לֹא־לְעֹלָם אֶחְיֶה חֲדַל מִמֶּנִּי כִּי־הֶבֶל יָמָי׃

¹²¿Acaso soy el mar o soy Tannin (monstruo marino) para ponerme vigilancia en torno?

¹³ Cuando digo: "Mi lecho me consolará, mi cama me ayudará a soportar los dolores",
¹⁴ entonces me atemorizas con sueños y me despiertas con visiones de terror.
¹⁵ Por eso quise que terminara mi vida, y la muerte más que mis huesos.
¹⁶ ¡Lo aborrezco! No he de vivir para siempre; ¡déjame, pues, vanidad son mis días!

7, 12. Dado que la visión del mar exige ciertas precauciones desde la orilla, es probable que el poeta esté pensando aquí en el Nilo, y esté refiriéndose al תַּנִּין como monstruo, cocodrilo, con el que Job se compara. Al Nilo se le llama también mar, יָם, en Is 19, 5, y en Homero, ὠκεανός, en egipcio *oham* (en el sentido de ὠκεανός), y, al menos los beduinos, le llaman *bahhr* (en árabe *bahr*). En este contexto, como dice correctamente von Gerlach, las referencias del libro de Job nos sitúan básicamente en Egipto.

De todas formas, Hahn piensa que la comparación de este pasaje no puede aplicarse al Nilo, que no se concibe como "mar peligroso", sino que aparece, al contrario, como mar/agua de gran utilidad. Por su parte, Schlottman piensa que el Nilo es pequeño para la forma en que Job entiende el mar, aunque no ofrece razones suficientes para probarlo. De todas formas, la imagen es apropiada.

En esa línea, se puede recordar que en aquel tiempo se ponían vigilantes en el Nilo para que se mantuvieran limpios sus canales, y también para observar la presencia de cocodrilos moviéndose por aquí o allí. En esa línea Job dice que él se encuentra vigilado por todas partes, desde el comienzo, de tal forma que cuando desea ser tratado con más amabilidad siente el dolor de alguna pena nueva.

En **Job 7, 13-14**, la ב de יִשָּׂא בְשִׂיחִי es partitiva, como en Num 11, 17. Así dice correctamente Mercier: *non nihil querelam meam levabit*, indicando que la pena de Job no cesa. Tan pronto como él busca una respuesta, vuelve de pronto la angustia, de manera que los sueños comienzan a afligirle. Como dice Avicena (en Stickel, 170) sueños terribles impiden dormir a los que padecen la elefantiasis; y en esas circunstancias Job desea morir, por la dificultad que encuentra en respirar.

7, 15-16. מַחֲנָק está en absoluto (sin necesidad de cambiar la puntuación, como quiere Schlottmann, como en el caso de מרמס, Is 10, 6; cf. Ewald, 160, c). Job prefiere la muerte a vivir con estos huesos, es decir, con este miserable esqueleto de huesos devastados en los que ha venido a convertirse. Por eso aborrece su vida, como dirá en Job 9, 21. En medio de ese sufrimiento él preferiría no vivir ya más. הבל, como רוח, en Job 7, 7.

Job 7, 17-19

¹⁷ מָה־אֱנוֹשׁ כִּי תְגַדְּלֶנּוּ וְכִי־תָשִׁית אֵלָיו לִבֶּךָ׃
¹⁸ וַתִּפְקְדֶנּוּ לִבְקָרִים לִרְגָעִים תִּבְחָנֶנּוּ׃
¹⁹ כַּמָּה לֹא־תִשְׁעֶה מִמֶּנִּי לֹא־תַרְפֵּנִי עַד־בִּלְעִי רֻקִּי׃

¹⁷¿Qué es el hombre para que lo engrandezcas, para que pongas en él tu corazón
¹⁸y para que lo visites todas las mañanas, y a cada momento lo pruebes?
¹⁹¿Cuándo apartarás de mí tu mirada y me dejarás en paz, mientras trago mi saliva?

Las preguntas de **Job 7, 17** son en algún sentido una parodia de Sal 144, 3 y Lam 3, 23. Allí se dice que Dios exalta al pequeño ser humano a una dignidad real y divina entre sus creaturas, distinguiéndole continuamente con nuevos signos de su favor; aquí, en cambio, se dice que en vez de ignorarle Dios escoge al hombre y le selecciona, como ser perecedero que es, haciéndole objeto de sufrimientos siempre nuevos כמה, *quamdiu* (¿cuándo?), **Job 7, 19,** está construido con el pretérito en vez de con el futuro: ¿Hasta cuándo continuarás sin apartar de mí el rostro de tu ira? Esa palabra (כמה) igual que su sinónimo עד־מתי, hasta cuándo, se construye a veces con el pretérito en vez del futuro, como en Sal 80, 5. "Hasta que yo trague mi saliva", es una expresión proverbial indicando una porción mínima de tiempo.

Job 7, 20-21

²⁰ חָטָאתִי מָה אֶפְעַל ׀ לָךְ נֹצֵר הָאָדָם לָמָה שַׂמְתַּנִי לְמִפְגָּע
לָךְ וָאֶהְיֶה עָלַי לְמַשָּׂא׃ ²¹וּמֶה ׀ לֹא־תִשָּׂא פִשְׁעִי וְתַעֲבִיר
אֶת־עֲוֺנִי כִּי־עַתָּה לֶעָפָר אֶשְׁכָּב וְשִׁחֲרְתַּנִי וְאֵינֶנִּי׃ פ

²⁰ Aunque pecara ¿qué podría yo hacerte, a ti, que observas a los hombres?
¿Por qué me pones por blanco tuyo, hasta ser una carga para mí mismo?
²¹ ¿Y por qué no borras mi rebelión y perdonas mi iniquidad?
Pues pronto dormiré en el polvo, y aunque me busques temprano, no existiré.

"Aunque hubiera pecado…" es hipotético (Gesenius 155, 4, a): *Aun concediendo que hubiera pecado...* Según Ewald y Olshausen, las palabras מָה אֶפְעַל לָךְ definirían de un modo más particular el tema, en el sentido de "ciertamente he pecado por aquello que he realizado, en mi modo de relacionarme contigo…". Pero esta interpretación no mejora en modo alguno el texto, sino que se limita a presentar el posible pecado de Job como algo que no puede influir realmente en Dios, como si dijera: *¿Qué daño pueden hacer a Dios las palabras que yo he pronunciado?* Detrás de esta pregunta estaría el hecho de que el pecado del hombre no puede destruir en modo alguno la bendición y gloria de Dios.

Con un tipo de amargura pecadora, Job llama a Dios נֹצֵר הָאָדָם, es decir, aquel que observa a los hombres de un modo escrupuloso y constante, casi como por maldad (*per convicium fere*), como Gesenius ha observado con cierta razón. Esa forma de observar a los hombres iría en contra de un tipo de decoro divino (cf. Renan, que llama a este Dios *espion de l'homme*, espía del hombre). De todas formas, esta manera de presentar a Dios como espía de los hombres tiene un significado que parece poco conveniente (un matiz distinto en Is 27, 3).

En sentido estricto מִפְגָּע no está evocando un blanco contra el que se dispara, idea que debería expresarse con מטרה (Job 16, 12; Lam 3, 12), sino un objeto o persona contra la cual uno se abalanza con violencia hostil (פגע ב). Lo que dice Job es esto: ¿Por qué me has convertido en objeto de un ataque hostil, y por qué me he convertido en una carga pesada para ti?

Conforme a la tradición judía, la palabra עלי (que ahora tenemos en el texto: וָאֶהְיֶה עָלַי לְמַשָּׂא) sería solo una תקון סופרים, *correctio scribarum*, corrección de escribas[33], pues el texto original habría sido todavía más duro, con la palabra אליך, en contra de ti, que ha sido suprimida del texto primitivo porque ha parecido casi blasfema: ¿Cómo he podido convertirme en un peso para ti, de manera que tú hayas querido liberarme de mí? Pues bien, a pesar de los intentos que ha hecho la tradición por cambiarla, pienso que esta lectura es la original, pues está confirmada por los: LXX, εἰμὶ δὲ ἐπὶ σοὶ φορτίον (me he convertido para ti en una carga, y así parece que quieres liberarte de mí).

Interpretación de Job 6-7. Respuesta de Job a Elifaz. En la línea de las reflexiones anteriores, debemos recordar que aquel que es plenamente consciente de su pecado no puede considerar que el castigo de Dios es injusto por más estricto y duro que sea. Según eso, el sufrimiento de un hombre que habitualmente agrada a Dios y que es consciente del favor divino no se puede explicar nunca ni se puede medir como castigo sin más; y en esa línea, en el caso de una enfermedad, la dureza de la justicia divina no se puede entender de un modo estricto en forma de castigo por el pecado.

Job 6. De un modo consiguiente, cuando Elifaz pide a Job que mire su aflicción o enfermedad como castigo, puede estar hablando sin la debida mesura, pero debemos reconocer, a favor de Elifaz, que Job tampoco tiene mesura cuando disputa con Dios y le reprocha por la magnitud de su sufrimiento. En sentido profundo (conforme a la visión del sufrimiento como castigo), Job tendría que haberse "rendido", aceptando la voluntad de Dios y reconociendo en el fondo de su sufrimiento el designio salvador de Dios.

Pues bien, en contra de eso, Job ha tendido a tomar su sufrimiento como consecuencia de una enemistad o ira de Dios, y no como expresión de su misericordia. De esa manera, al situar ante su mente el fantasma de un Dios hostil, él se vuelve incapaz de descubrir el brillo de su rostro, es decir, de la manifestación, de Dios, a quien acusa de falta de misericordia. Desde ese punto de vista no podemos rechazar sin más el discurso de Elifaz, que ha presentado con mucho

---

33. Cf. *Comentario a Habacuc*, 206-208 y Geiger, *Urschrift und Uebersetzungen der Bibel*, 308 ss.

sentimiento el propósito misericordioso de Dios en la descripción del castigo, aunque se le debe reprochar su falta de mesura y de humanidad respecto a Job.

El discurso de Job va dirigido en contra del tono de sus amigos, faltos de simpatía, llenos de reproches, tras un lago silencio, sin tener en cuenta la magnitud de la angustia de Job. Él (Job) justifica su lamento (cap. 3) como expresión natural y justa de su intenso dolor, de manera que considera una rápida muerte como la mayor alegría que Dios podría concederle, recompensando su piedad; al mismo tiempo, él, Job, se queja de la falta de comprensión de sus amigos, de los cuales había esperado una ayuda afectiva, mientras que, en vez de eso, ellos se olvidan de su dolor y le acusan; por eso les pide que reconozcan la razón de su protesta (cap. 6). Pero ¿podrían ellos haberse comportado así? Ciertamente, podrían y deberían haberlo hecho.

Por otra parte, por el hecho de que Job piense que ya no es objeto del favor de Dios (es decir, que Dios no le ama), él añade a su dolor exterior un conflicto interior, más terrible que el mismo infierno. Los condenados pueden dar gloria a Dios, pues reconocen su sufrimiento como justo castigo de Dios; pero Job piensa que sufrimiento es consecuencia de la ira de Dios, dado que él (Job), se descubre al mismo tiempo, consciente de su inocencia. Este es el "dolor por el Dios" que es injusto (el dolor por la injusticia de Dios).

En medio de su sufrimiento, en medio del dolor de alma y cuerpo, el salmista Asaf (Sal 73) reconoce y siente que Dios es misericordioso, de forma que él puede llamarle "mi Dios". Pues bien, esta fe de Asaf ha sido combatida en el caso de Job por el pensamiento de que Dios es su enemigo, que le está disparando sus flechas. Esta visión de Job es falsa, pero desde su perspectiva (cap. 3), partiendo de lo que él siente, sus quejas contra Dios son relativamente justas.

Ciertamente, sus palabras son equivocadas, y carentes de sentido, pero son palabras de alguien que está desesperado y merecen todo respeto. Son palabras de desesperación pecadora, pero han de entenderse desde la situación en que se encuentra Job! ¡Sin duda, en esa línea, las maldiciones y preguntas desesperadas que él plantea son pecadoras, pero se pueden y deben entender de un modo favorable desde su situación de sufrimiento extremo!

Pero, según eso ¿no es Elifaz el que tiene razón? ¡De ningún modo! Mirado en sentido profundo, todo su planteamiento es equivocado. En vez de distinguir entre el lamento de Job como sufriente y la queja ante Dios por el estallido de la angustia de Job, Elifaz vincula ambas cosas, sin reconocer que la queja del que sufre es el resultado natural y nunca condenable de aquel que tiene un gran sufrimiento.

Lo cierto es que Elifaz no muestra simpatía por el amigo que sufre. Y por lo que toca a las quejas de Dios, si le hubiera interesado el bienestar espiritual de Job, Elifaz no tendría que haber empezado llenándole de reproches, pues las palabras de alguien que sufre merecen indulgencia, y un tratamiento delicado. Ciertamente, Elifaz tendría que haber rechazado las falsas suposiciones de Job, pero tendría que haberle tratado siempre con indulgencia.

- *En primer lugar,* Elifaz debería haber dicho a Job: "Las quejas por tu sufrimiento son justas, porque tu sufrimiento es incomparablemente grande". En ese sentido, la primera actitud ante un hombre que tiene un gran sufrimiento debe ser de solidaridad, de comprensión, de ayuda.
- *En segundo lugar,* podría haber añadido: Tu maldición por haber nacido, y la queja contra Dios por haberte dado la vida podría ser justa en el caso de que Dios te hubiera rechazado; pero eso no es verdad; incluso en medio de tus sufrimientos, Dios quiere para ti lo mejor; cuanto mayor es el sufrimiento mayor es la gloria que tienes.

Elifaz podría haber calmado a Job de esa manera, haciendo que superara sus falsas suposiciones; pero, en contra de eso, él empieza de un modo equivocado, y por eso, a pesar de lo verdaderas y bellas que pueden ser sus palabras, sobre el fin glorioso del sufrimiento, ellas no impresionan a Job. Elifaz no ha querido mantener encendida la mecha humeante de Job, sino que todo su discurso es frío y violento, como calculado para extinguir totalmente la llama de la vida de Dios en el hombre que sufre.

Job 7. Después que ha defendido la justicia de sus quejas en contra de la insensibilidad de sus amigos, Job retoma de nuevo sus lamentaciones, y de esa forma, partiendo del cansancio propio de la vida en general, describe la dureza de su propio sufrimiento, que no ha sido reconocido por sus amigos: está sufriendo una muerte despiadada, que le tortura sin esperanza (Job 7, 1-6).

Después de eso se vuelve hacia Dios: recuerda que no existe una nueva vida tras la muerte, de manera que "yo me iré pronto para siempre", y por eso quiere proclamar sus palabras sin miedo alguno (Job 7, 7-11). Mirando así las cosas, a partir Job 6, 1 en adelante, yo no encuentro en Job ningún signo de desesperación pecadora.

Cuando él dice (7, 8-12): ¡Cuánto me alegraría si Dios, cuya palabra yo nunca he deshonrado, quisiera acabar con mi vida, pues no puedo soportar ya mi sufrimiento...! Yo no puede ver aquí, como hace Ewald, una desesperación tendente a la locura, ni un tipo de frenesí extremo, propio de un angustiado (en 7, 10). A los ojos de sus contemporáneos, la enfermedad de Job es como él mismo la describe. En medio de una dolencia incurable, el hecho de implorar a Dios pidiendo que acelere la muerte, y el hecho de regocijarse ante ella, no es un pecado, y no puede tomarse como desesperación...

Por otra parte, no podemos olvidar que el libro de Job es una obra de retórica literaria, de manera que es normal que utilice la intensidad, la fuerza y los giros de las mentes orientales. Tampoco olvidemos que es un libro poético, de manera que no se puede hablar de frenesí y locura, sino más bien de poesías que intensifican e idealizan las expresiones.

Finalmente, tampoco podemos olvidar que se trata de un libro del Antiguo Testamento, donde la naturaleza fundamental del hombre queda santificada y elevada, pero sin que se resuelve al misterio del dolor y el sentido de la muerte: el Espíritu brilla como una luz en un espacio oscuro, pero el día verdadero, con una conciencia constante del favor de Dios y de la vida no ha amanecido todavía. El deseo de una terminación rápida de la vida (cf. Job 6, 8-12) queda suavizado en Job 7, 7-11, de manera que aparece como petición de que se acorte el sufrimiento, con el convencimiento de que con la muerte termina la vida para siempre. En este contexto, el Talmud (*b. Bathra* 16, a) observa que Job no acepta la resurrección de la carne (המתים בתחיים איוב שכפר מכאן); él no conoce nada de la resurrección de los muertos, y lo que uno no conoce no puede negarlo.

Job solo sabe que tras la muerte (tras esta vida presente) no hay nueva vida en este mundo, sino solo una estancia de muerto en el *Sheol*, una existencia que es solo aparente (una no-existencia), en la que no se puede alabar a Dios, porque en ese estado de muerte Dios no se revela como viviente en este mundo (Sal 66; 30, 10; 88, 11-13; 115, 17).

Desde ese fondo, con una visión caótica de lo que hay al otro lado de la tumba, una visión y una amenaza contra la que luchan también los salmistas, no pudo haberse establecido todavía en tiempo de Job la doctrina de la resurrección, ni tampoco en el tiempo en que se escribió su libro. Solo la restauración de Israel tras el exilio (Ez 37) pudo dar el impulso para una esperanza en la resurrección, una doctrina que quedó confirmada cuando Jesús, Príncipe de la Vida, resucitó del sepulcro, y puso encima el sello de su vida. La resurrección de Jesús fue ante todo la superación del Hades.

Así dice Brentius, de acuerdo con la Escritura: *Mortis seu inferni ea conditio est, ut natura sua quoscunque comprehenderit tantisper teneat nec dimittat, dum Christus, filius Dei, morte ad infernum descenderit, h.e. perierit; per hunc enim devicta morte et inferno liberantur quotquot fide renovati sunt* (de acuerdo con la Escritura, la condición de la muerte y del infierno es tal que se extiende a todos, y no puede ser superada hasta que Jesús, Hijo de Dios, haya descendido por la muerte al infierno, es decir, haya perecido; solo por Jesús, vencida la muerte y el infierno, quedan liberados todos los que renuevan su vida por la fe).

En tiempos de Job no se había descubierto ese destino de resurrección, y aún no había entrado en vigor la esperanza cada vez más brillante de la venida del conquistador de la muerte que es Jesús. Tras la muerte de los hombres o, lo que es lo mismo, tras su descenso al *Sheol*, no había verdadera existencia para Job; por eso, él solo podría imaginar la vida tras la muerte como simple retorno al mundo presente, cosa que no sucede (que va en contra de la experiencia humana).

En esa línea, Job no conocía ninguna revelación sobre una vida futura que le compensara al hombre, infinitamente, por los dolores de este mundo. Por eso, de un modo consecuente, si no conocía nada sobre una existencia futura, no se puede afirmar que él la negara; no la conocía, y nada podían decirle sobre ella sus amigos.

Como seguiremos viendo, cuanto más le atormentan sus amigos más se sentirá él urgido a desear una vida futura; pero careciendo de toda revelación sobre ella no podía decir nada que fundara de manera plena esa esperanza. Cuanto más trágico y desolador era el deseo que Job tenía de ser liberado por la muerte de un sufrimiento insoportable, más emocionante y anhelosa vendrá a ser su oración pidiéndole a Dios que le haga objeto de su misericordia, en una línea abierta al futuro de una vida distinta, de resurrección o de inmortalidad.

Esa misma petición aparece con frecuencia en los salmos (cf. Sal 4 y 89, lo mismo que 103, 14-16, donde no hay nada que se oponga al temor de Dios que es propio del Antiguo Testamento). Hasta aquí no hemos encontrado en Job ningún rasgo de locura o desesperación, sino solo la certeza de que él ha tenido que abandonar la esperanza (נואש) de una restauración en este mundo. Pero eso no significa que él haya perdido toda esperanza, pues la desesperación supone haber roto todos los vínculos o lazos que le mantienen unido al Dios de la vida. Este libro de Job (tal como está planteado desde Job 1-2) no ha podido mostrar a un Job desesperado, pues en ese caso él habría dado la razón a Satán y no a Dios, en contra de todo el argumento del libro. Ciertamente, las dos últimas estrofas de este capítulo pueden dar la impresión de que Job ha comenzado a utilizar un tipo de lenguaje que podemos llamar de pecado contra Dios: así dice en Job 7, 12-16: ¿Soy yo acaso un monstruo marino...? y en Job 7, 17-21: ¿Qué es el hombre para que te ocupes de esa forma de él...? Pero estas expresiones nos dicen que Job piensa que Dios está mostrando en un plano un tipo de hostilidad en contra de él, pero no que él, Job, esté pecando contra Dios, como seguiremos viendo a lo largo de todo el libro.

En esa línea podemos citar, por ejemplo, otras expresiones de la Biblia, como la de Lam 3, 9-10: "Dios ha cerrado mis caminos con piedras, ha confundido todas mis sendas; él es para mí como un oso amenazante, un león en la espesura...". Esta forma de pensar, según la cual Dios actúa como un enemigo contra él no es exclusiva de Job, sino que aparece en otros textos del AT. Esta es una visión que ha de entenderse desde aquello que Job está sufriendo como vemos con frecuencia en los salmos.

Si las preguntas que él plantea a Dios (¿hasta cuándo? ¿por qué?) fueran pecado, muchos salmos estarían llenos de pecados. El posible pecado de Job se encuentra más bien en la forma en que él se sitúa antes esas preguntas, de manera que, aparentemente, atribuye a Dios una falta de misericordia y de justicia. Y son sus mismos amigos los que le hacen penetrar más hondamente en el sentido de su situación ante Dios (y de llevarle a la protesta contra Dios), cuando le dicen que su sufrimiento proviene de su falta de justicia (cosa que Job negará, buscando otro sentido a su propio sufrimiento).

Después de haber elevado unos lamentos semejantes a los de Job, Jeremías, autor de las Lamentaciones añade: *Entonces yo repetí esto en mi corazón, pero después me elevé con fuerza y dije: Las misericordias de Yahvé no tienen fin; su compasión no cesará jamás...* (cf. Lam 3). Muchos salmos que han comenzado en forma de lamento acaban de igual manera, confesando la justicia de Dios, de forma que al final, la fe se abre camino a través de las nubes de la duda.

De todas maneras, en un texto como Sal 6, 1-10 todo el proceso de la duda y la pregunta se condensa en los estrechos límites de una composición de diez versos. Por el contrario, aquí en Job, ese proceso se expande con detalles dramáticos a lo largo de la historia de toda su vida: su fe, antes tan heroica, parece apagarse entre las cenizas; sus amigos en vez de darle ánimo se encargan de introducirle más en su dolor y en sus preguntas, hasta que al final solo Dios podrá liberarle de su cautiverio, mostrándose en el remolino.

Job 8. Primer discurso de Bildad

Esquema: 6. 7. 6. 10. 8. 6[34]

Job 8, 1-4

¹וַיַּ֗עַן בִּלְדַּ֥ד הַשּׁוּחִ֗י וַיֹּאמַֽר׃
²עַד־אָ֥ן תְּמַלֶּל־אֵ֑לֶּה וְר֥וּחַ כַּ֝בִּ֗יר אִמְרֵי־פִֽיךָ׃

---

34. Podemos ofrecer aquí un ejemplo de la forma en que Ewald computa las estrofas. Así dice: "En el discurso de Bildad, cap. 8 (cf. *Jahrb*. ix. 35) la primera parte puede llegar hasta Job 8, 10, y dividirse en tres estrofas de tres líneas cada una". Esto es cierto, pero el hecho de que las tres estrofas consten de tres líneas (es decir, de tres versos masoréticos), resulta accidental. Hay tres estrofas, de las cuales la primera consta de seis líneas (formando doce esticos), la segunda de siete, la tercera de seis. Ewald sigue así: "De esa manera, la segunda parte (Job 8, 11-19), se puede dividir en tres estrofas semejantes: Job 8, 11-13; 8, 14-16; 8, 17-19".

Pero las estrofas han de tomarse ante todo como grupos de esticos que tienen un sentido completo (como *Sinngruppen*). Son, según eso, grupos de estructura medida, como miembros de un todo simétrico. Pero ¿podemos tomar Job 8, 14-16 como un grupo completo? En su edición de Job del 1854, Ewald coloca solo un punto y coma tras Job 8, 16, y lo hace bien, porque Job 8, 16- 19 forman una unidad inseparable. Tomando así las cosas, podemos dividir la segunda parte del discurso (8, 11-19) de Job en tres grupos:

(a) En el primero, Job 8, 11-15, los impíos son comparados con cañas frágiles, y su casa se compara por su falta de estabilidad con una red de araña, que es aún más frágil que una simple y débil caña (אשר, Job 8, 14).

(b) En el segundo grupo, Job 8, 16-19, sigue evocando la figura de una planta trepadora, que parece evocada en Job 8, 19 (יצמחו).

(c) En el tercero, Job 8, 20-22, se abandona esa figura y la estrofa aparece totalmente en forma de epinicio o canto triunfal.

Pues bien, por lo que toca a estos tres grupos, el primero consta de diez, el segundo de ocho y el tercero de seis líneas que equivalen a esticos. Según eso, el esquema es el que hemos dado arriba: 6. 7. 6. 10. 8. 6. Tenemos cierta justificación para decir que esos grupos son estrofas, por el predominio del exástico (estrofas de seis esticos), que aparece al principio, en el medio y al final del estico.

Job 8, 5-7

³ הַאֵל יְעַוֵּת מִשְׁפָּט וְאִם־שַׁדַּי יְעַוֵּת־צֶדֶק׃
⁴ אִם־בָּנֶיךָ חָטְאוּ־לוֹ וַיְשַׁלְּחֵם בְּיַד־פִּשְׁעָם׃

¹Respondió Bildad, el suhita, y dijo:
²¿Hasta cuándo hablarás así y serán como viento exaltado las palabras de tu boca?
³¿Invertirá Dios el juicio, pervertirá Shadai la justicia?
⁴Cuando tus hijos pecaron contra él, él les entregó bajo la mano de su maldad.

Así comienza Bildad[35], de forma dura y autosuficiente, con un *quousque tandem, hasta cuándo...*, עַד־אָן, en vez de empezar con el usual עד־אנה. Por su parte, אלה no significa "esto", sino "de ese modo", "de esta manera", como en Job 12, 3; 16, 2. רוּחַ כַּבִּיר tiene un sentido simbólico y es equivalente a רוּחַ גדולה, Job 1, 19.

De un modo normal, רוּחַ tiene aquí el significado de *viento*, lo mismo que espíritu el latín, y se utiliza de manera más frecuente en femenino que en masculino. Esta palabra supone que los discursos de Job son como el viento, que es vacío, a pesar de ser impetuoso por su vehemencia. Bildad supone que Job ha impugnado (negado) la justicia de Dios, que es el Absoluto, aquel que debería ser universalmente reconocido, pero que ha sido sin embargo impugnado (combatido por Job). A fin de no decir directamente que los hijos de Job han sufrido una muerte repentina a causa de su pecado, Bildad habla de un modo condicional: si ellos han pecado, la muerte ha sido el castigo por su pecado. Dios no les ha borrado de la vida de un modo arbitrario, sino que les ha entregado en manos de la muerte destructora de los malvados (en referencia al prólogo, que forma una parte inseparable del conjunto de la obra, donde se narra el modo en que han muerto los hijos de Job, a causa de la tentación de Satán).

Job 8, 5-7

⁵ אִם־אַתָּה תְּשַׁחֵר אֶל־אֵל וְאֶל־שַׁדַּי תִּתְחַנָּן׃
⁶ אִם־זַךְ וְיָשָׁר אָתָּה כִּי־עַתָּה יָעִיר עָלֶיךָ וְשִׁלַּם נְוַת צִדְקֶךָ׃
⁷ וְהָיָה רֵאשִׁיתְךָ מִצְעָר וְאַחֲרִיתְךָ יִשְׂגֶּה מְאֹד׃

⁵Si tú hubieras buscado a Dios y hubieras hecho súplicas a Shadai,
⁶ si fueras puro y recto, ciertamente él velaría por ti y restauraría la morada de tu justicia.
⁷ Y aunque tu principio haya sido pequeño, tu fin sería engrandecido.

Todavía hay esperanza para Job (en oposición a sus hijos ya muertos), en el caso de que, volviéndose humildemente a Dios, mostrando que, aunque haya sido

---

35. No se puede decir nada sobre el significado de ese nombre בלדד ni siquiera de un modo aproximado, a no ser que le demos el sentido de בל־דד, *sine mamas*, es decir, alguien que se ha educado y ha crecido sin la leche de su madre.

castigado con razón, él se mantenga sin embargo en el fondo puro y recto de mente. Así ha de entenderse **Job 8, 5-6**, y no como Mercier y otros pretenden: *si in posterum puritati et justitiae studueris* (si en el futuro te esfuerzas por mantener la pureza y la justicia). Así se entiende תִּשְׁחַר אֶל־אֵל, volverse para buscar a Dios de un modo intenso, en forma de *constructio praegnans*.

En esa línea comienza la conclusión de **8, 6** con כִּי־עַתָּה יָעִיר עָלֶיךָ, ciertamente él velara por ti (cf. Job 13, 18: "la habitación de tu justicia", es decir, la casa de Job, quedará limpia y justificada de pecado). Así le restaurará Dios, si él se arrepiente y vuelve hacia Dios. וְשִׁלַּם (cf. וְשִׁלַּם נְוַת צִדְקֶךָ) puede significar dar paz, pero el sentido más apropiado del término es restaurar "la morada de tu justicia" (es decir, toda tu vida, personal y social).

En esa línea, restaurar o recuperar la justicia, en *piel*, significa recibir una recompensa, volver a la paz original, recuperando lo antes perdido. Dios no solo restaurará, sino que aumentará sobremanera aquello que Job fue y lo que tuvo. Es importante el hecho de que aquí el verbo vinculado a *tu fin*, a tu posteridad (אַחֲרִיתְךָ), que es אַחֲרִית, esté en masculino, y no en femenino, en contra de lo que afirma Olshausen. Con Ewald 174, e, pensamos que אהרית ha sido expresamente tratado como masculino, y no tiene sentido apelar a Prov 23, 32; 29, 21 para apoyar la visión contraria.

Job 8, 8-10

⁸ כִּי־שְׁאַל־נָא לְדֹר רִישׁוֹן וְכוֹנֵן לְחֵקֶר אֲבוֹתָם׃
⁹ כִּי־תְמוֹל אֲנַחְנוּ וְלֹא נֵדָע כִּי צֵל יָמֵינוּ עֲלֵי־אָרֶץ׃
¹⁰ הֲלֹא־הֵם יוֹרוּךָ יֹאמְרוּ לָךְ וּמִלִּבָּם יוֹצִאוּ מִלִּים׃

⁸Pregunta pues a las generaciones pasadas y dispone a interrogar a sus padres;
⁹pues somos de ayer, sin experiencia, y una sombra son nuestros días sobre la tierra.
¹⁰¿No te enseñarán ellos, te hablarán y sacarán palabras de su corazón?

Este pasaje se sitúa en la línea de Dt 32, 7. La palabra לבך ha de suplirse con כונן; la conjetura de Olshausen, ובונן, es buena pero innecesaria. רִישׁוֹן se escribe aquí como en el arameo, cf. Job 15,7, donde se combina esta forma y la forma ordinaria hebrea. La opinión de sus padres, es decir, la de aquellos que han sido miembros de las generaciones anteriores, es el resultado de su búsqueda, como signo profundo de la sabiduría que los antepasados han logrado y transmitido por su experiencia. Nuestra breve vida, pasajera y sombría, no es suficiente para construir un juicio contrario sobre la forma de actuar de Dios, y por eso debemos llamar en nuestra ayuda a la historia y a la tradición.

Nosotros somos תְּמוֹל (por aféresis, lo mismo que אתמול), es decir, *de ayer*. No es necesario leer con Olshausen, מתמול. En este contexto no se puede suponer que **Job 8, 9** quiera trazar una antítesis respecto a la larga duración de la vida de los hombres primigenios del Génesis (cf. Gen 1-9). El corazón, לב (Job **8,10**), no es aquí antítesis de boca, sino que tiene la significación pregnante de sentimiento, pues el corazón siente-entiende, está dotado de inteligencia, como muestra la expresión en איש לבב, un hombre de corazón, es decir, de entendimiento: Job 34, 10. 34.

יוֹצִאוּ, *promunt*, "sacarán…", nos sitúa ya en la línea de Mt 13, 52. Siguen a continuación unas sentencias de los antepasados, cuyos nombres no se citan directamente, como citas de la sabiduría de los padres, que Bildad intenta reproducir.

Job 8, 11-15

^{11} הֲיִגְאֶה־גֹּמֶא בְּלֹא בִצָּה יִשְׂגֶּה־אָחוּ בְלִי־מָיִם׃
^{12} עֹדֶנּוּ בְאִבּוֹ לֹא יִקָּטֵף וְלִפְנֵי כָל־חָצִיר יִיבָשׁ׃
^{13} כֵּן אָרְחוֹת כָּל־שֹׁכְחֵי אֵל וְתִקְוַת חָנֵף תֹּאבֵד׃
^{14} אֲשֶׁר־יָקוֹט כִּסְלוֹ וּבֵית עַכָּבִישׁ מִבְטַחוֹ׃
^{15} יִשָּׁעֵן עַל־בֵּיתוֹ וְלֹא יַעֲמֹד יַחֲזִיק בּוֹ וְלֹא יָקוּם׃

^{11}¿Crece el papiro donde no hay lodo? ¿Crece la caña donde no hay agua?
^{12}Y en su verdor y sin haber sido cortados (papiro y caña) se secan antes que toda otra hierba.
^{13}Así el camino de todos los que olvidan a Dios; y así perecerá la esperanza del impío,
^{14}porque su esperanza se corta y su confianza es como tela de araña.
^{15}Si se apoya en su casa, no permanecerá; si se agarra a ella, no resistirá.

Bildad compara la tierra en la que crece la prosperidad de los impíos con el suelo seco en el que crece por un tiempo el papiro y la caña, pero solo para secarse después muy pronto. Así es la prosperidad de los impíos, que parecen por un tiempo frondosos, pero después, si no tienen agua, se secan muy pronto, antes que las restantes plantas[36].

גֹּמֶא es una palabra que en todos los restantes casos aparece en la Biblia en relación directa con Egipto (cf. Ex 2, 3; Is 18, 2; 35, 7) y que se refiere a la planta de papiro propiamente dicho (*Cypeerus papyyrus*, Linneo), y que se distingue del nombre general קנה que se aplica a la caña). Ese nombre para papiro (גֹּמֶא) deriva en hebreo de גמא, *chupar* (cf. Lucan. iv. 136: *conseritur bibul memphytis cymba papyro*).

Pero, al mismo tiempo, este es un nombre egipcio, pues el copto *kam, cham* (que equivale al hebreo גמא), significa caña. Al mismo tiempo, *'gôm, 'gōme, cham* (como el hebreo גמא) significa libro (y puede compararse con el latín *liber*, parte interior de la corteza de árboles y plantas que servía para escribir, de donde proviene nuestra palabra libro)[37].

---

36. Cf. Champollion-Figeac, *Aegypten* (traducción alemana pág. 47s).

37. Cf. *Libro de los muertos* (*Tottenbuch*, cap. 162): "Capítulo de la creación del calor en la parte trasera de la cabeza de los muertos. Palabras sobre una joven novilla escritas en oro… Colocarlas

Como dice Jerónimo (cf. *Opera*. ed. Vallarsi, iv. 291), añadiendo que lo aprendió de los egipcios, la palabra אחו, que aparece solo en el libro Job y en la historia de José (Génesis), significa en lenguaje egipcio, *omne quod in palude virem nascitur* (todo lo que nace naturalmente en los pantanos). La traducción de los LXX reproduce esa palabra en su forma ἄχι (ἄχει), término que fue incorporado en el griego alejandrino, como es evidente ya en Is 19, 7 (καὶ τὸ ἄχι τὸ χλωρόν) y en Sir 40, 16 (ἄχι ἐπὶ παντὸς ὕδατος καὶ χείλους ποταμοῦ πρὸ παντὸς χόρτου ἐκτιλήσεται). Por su parte, en copto, esa palabra se traduce como *pi-akhi*; más aún, *ake, oke* significa en copto *calamus, juncus*[38].

8, 14. יקטף לא describe su condición, una forma de vida en la que el papiro-caña no está ya madurado para ser recogido. En esa misma línea, por medio de אשר, *quippe, quoniam*, se está evocando el fin del hombre que se ha olvidado de Dios, muriendo así sin haber madurado. Por medio de חנף, se describe el tipo de vida secreta del malvado, de un modo más preciso. Su esperanza יקוט, de קטט, de קוט, forma media, con significado neutro, en el sentido de *succiditur*, se corta, o se seca antes de tiempo.

Uno podría haber esperado quizá una referencia a la tela de araña que es muy frágil. De todas formas, Hahn, siguiendo a Reiske, vincula esta temática con la de una calabaza que se seca pronto: "Cuya esperanza es como una calabaza". Pero esta es una figura absurda e imposible, lingüísticamente, pues calabaza se dice קשוא, que tiene una forma semejante en árabe y en la traducción siríaca, y no עַכָּבִישׁ como en nuestro caso[39].

Saadia traduce "cuya esperanza está amenazada por el hilo del sol". El hilo del sol es lo que podemos llamar el verano ardiente, el *Altweibersommer*, es decir,

---

sobre el cuello de los muertos, y pintarlas también sobre un papiro nuevo…".

Papiro es aquí *cama/gama*. Esa palabra proviene del rollo de papiro sobre el que se escribe. La primera letra consonante de esa palabra (*cham*, cama) corresponde a la *g* aspirada del copto. Por otra parte, no podemos olvidar que esta palabra *cama, gôme*, significa también un vestido, como en la oración: "Oh, Isis, madre mía, ven y vélame en tu *cama/vestido*". Quizá ambas ideas están representadas en la palabra *volumen, involucrum*. De todas formas, es también posible que la palabra *gôme* sea independiente de *kam, cham* = גמא.

38. La tradición de Jerónimo, según la cual אחו significa originalmente de color verde, está apoyada por el hecho de que el verbo correspondiente se utiliza con ese significado (ser verde). Así aparece en el *Papiro Anastas*, 3 (cf. Brugsch, *Aeg. Geographic*, 20, N. 115): *naif hesbu achach em sim* (sus campos tenían color verde por sus hierbas). Así también en un pasaje citado por Young, *Hieroglyphics*, ii. 69: *achechut uoi aas em senem.t* (el hermoso campo está verde…).

La segunda radical de la palabra se dobla en *achech*, como en *uot-uet*, que ciertamente significa color verde. El sustantivo está representado también por tres hojas sobre una misma base; su forma radical es *ah*, en plural, aspirada de forma más débil o fuerte, *ahu* o *akhu*, de color verde: cf. Salvolini, *Campagne de Rhamses le Grand*, p. 117; y Brugsch, lugar citado, pág. 25.

39. Cf. Ewald-Duke, *Beiträge zur Gesch. der Ältesten Auslegung*, i.89.

los días soleados de los últimos meses del año; esta es una figura que podría ser adecuada, pero no podemos encontrar ningún paralelo que la sostenga[40].

Según eso, debemos suponer que יקוט, *succiditur*, hizo que surgiera pronto la imagen que sigue: así como la tela de araña se corta sin que ofrezca resistencia, por obra de cualquier rozamiento o simplemente por un golpe de aire, así también se corta y se destruye aquello en lo que se fundamenta la esperanza de los impíos.

El nombre para tela de araña es בֵית עכביש y en esa línea puede entenderse la prosperidad de un impío[41] acudiendo al simbolismo de la casa (**Job 8, 15**): su casa (la de Job) es como una tela de araña, que no tiene firmeza alguna, que no puede sostenerle, de forma que caerá ante cualquier golpe de viento. Sigue después otra figura: la prosperidad del malvado es como una planta trepadora, que crece con fuerza por un tiempo, pero que inmediatamente perece.

Job 8, 16-19

¹⁶ רָטֹב הוּא לִפְנֵי־שָׁמֶשׁ וְעַל גַּנָּתוֹ יֹנַקְתּוֹ תֵצֵא:
¹⁷ עַל־גַּל שָׁרָשָׁיו יְסֻבָּכוּ בֵּית אֲבָנִים יֶחֱזֶה:
¹⁸ אִם־יְבַלְּעֶנּוּ מִמְּקוֹמוֹ וְכִחֶשׁ בּוֹ לֹא רְאִיתִיךָ:
¹⁹ הֶן־הוּא מְשׂוֹשׂ דַּרְכּוֹ וּמֵעָפָר אַחֵר יִצְמָחוּ:

¹⁶Como árbol verde plantado al sol, y sus renuevos salen por encima de su huerto;
¹⁷se entrelazan sus raíces sobre montones de piedras, se juntan hasta el lugar pedregoso.
¹⁸Pero si se les arranca de su lugar, el nuevo lugar les negará: "No os he visto".
¹⁹ Ciertamente así terminará su rápido curso y otros nacerán del polvo.

El tema del conjunto no es la planta trepadora, sino el impío que se parece a ella. En esa línea, el pensamiento de fondo es en parte figurativo y en parte literal. יֶחֱזֶה

---

40. Esa interpretación de Saadia no se puede apoyar en el árabe, porque los árabes llaman al *Altweibersommer* (los hilos de sol del fin de verano) el hijo engañoso (*el-chaitt el-bâttil*), o "el lodo de sol" (saliva): *luʾâb es-schems* o *chaytaʿûr*, una palabra que Ewald, *Jahrb.* ix. 38, hace derivar del árabe *ab. Chayt*, en el sentido de יקוט (término que, por otro lado, no existe) o de *ʿûr*, paja, una palabra que no es árabe, o de *chatʾara*, desalojar, ser dispersado, perecer, desvanecerse.

A partir de este significado radical, ese término *chaitaʿûr*, como muchas palabras semejantes del árabe antiguo, que tienen una gran cantidad de significados parecidos, ha venido a aplicarse a un gran número de cosas, que pueden referirse a la noción de perderse o dispersarse. A partir de aquí, como dice el turco Kamus: "*chaitaʿûr* evoca aquel fenómeno que puede observarse en días muy calientes, como si se pudiera ver una tela de araña en todo el aire, como si sus hilos descendieran de la atmósfera, lo que se debe al carácter espeso del aire caliente". La forma que ha sido evocada por Ewald, escrita con las letras árabes *t* or *ṭ*, es más bien una invención de nuestros léxicos.

41. La araña se llama עכביש, en vez de ענכביש, y en árabe *ʿancabuth*, por lo que en Saida, un antiguo lugar de Fenicia dicen *ʿaccabuth*, como dice *atta* (tú) en vez de *anta* (comunicación oral de Wetzstein).

בֵּית אֲבָנִים (**Job 8, 17**): así como la enredadera (la trepadora) se agarra a las piedras, enlazándose sobre ellas, parece que las domina, de manera que se podría decir que son suyas (von Gerlach: una enredadera exuberante parece hacerse dueña de los muros, y los mira orgullosamente desde su estructura de piedra…); de un modo semejante, los impíos toman su fortuna como si fuera una estructura sólida, con la que ellos han podido ascender, de forma que les parece que no pueden perecer, pero serán pronto arrancados.

Ewald traduce: *Él separa una piedra de la otra*; y así piensa que בית, como dice en la pág. 217, g, es equivalente a בינת, y significa estar separados unos de los otros. Pero aunque חזה que equivale a חז, conforme a su idea radical, puede significar romper, despedazar, בית, cuando se utiliza con una preposición, solo puede significar "entre". Otros como Rosenmüller traducen: Él señala un lugar de piedras, es decir, se enfrenta con un montón de piedras, contra las cuales combate; pero tampoco en este caso בית tiene sentido.

Aquel/aquello que arranca algo del lugar (**Job 8, 18**) no es la casa de piedra, sino Dios. Aquel que hasta ahora ha sido próspero, comienza a ser desde ahora un extraño, precisamente allí donde antes florecía de un modo tan lujuriante, como si nunca se le hubiera visto. "Miradle…, הֶן־הוּא, este el sentido (falta de sentido) de su camino (de su curso de vida): parecía glorioso, pero es perecedero y así termina". Del mismo terreno donde él había estado antes brotarán otros (hombres, plantas…) cuyo destino será el mismo, si es que no tienen mejor base de vida. Y a partir de ahora, tras haber expuesto ante Job tanto la ganancia bendita de aquel que confía como la repentina destrucción de aquel que olvida y abandona a Dios, como resultado de todo su discurso, Bildad recapitula:

Job 8, 20-22

²⁰ הֶן־אֵל לֹא יִמְאַס־תָּם וְלֹא־יַחֲזִיק בְּיַד־מְרֵעִים׃
²¹ עַד־יְמַלֵּה שְׂחוֹק פִּיךָ וּשְׂפָתֶיךָ תְרוּעָה׃
²² שֹׂנְאֶיךָ יִלְבְּשׁוּ־בֹשֶׁת וְאֹהֶל רְשָׁעִים אֵינֶנּוּ׃ פ

²⁰Mira: Dios no desecha al íntegro ni toma de la mano a los malvados;
²¹de nuevo llenará tu boca de risas, y tus labios de júbilo.
²²Los que te aborrecen serán cubiertos de confusión: la morada de los impíos perecerá.

"Te toma de la mano…", es decir, está dispuesto a ayudarte porque eres suyo, como en Is 41, 13; 42, 6. En vez de leer עד (**Job 8, 21**), no habría mayor dificultad en leer עוד, en sentido *de nuevo*, como en Sal 42, 6; pero tampoco la lectura עד es mala, y significa *mientras* (como en Job 1, 18; Sal 141, 10). Sobre la forma יְמַלֵּה, cf. Gesenius 75, 21, b. La conclusión de este pequeño discurso de Bildad resulta bastante parecida a la de algunos salmos. Cf. Sal 126, 2 con Job 8, 21; Sal 35, 26;

109, 29 y 132, 18, con Job 8, 22). Bildad hace todo lo que puede para vencer en su discurso a Job; él llama a los impíos שנאיך, para mostrar a Job que él debe hacer penitencia, para que Dios le perdone, de forma que pueda así vivir.

Interpretación de Job 8, discurso de Bildad. Hemos visto que en su segundo sermón Job acusaba a Dios de injusticia y de falta de compasión. Los que dialogan con Job quieren mostrarse como amigos suyos, pero no cesan de criticarle diciéndole que debe convertirse.

Después que Job se ha cansado de lamentarse, entra Bildad en la escena, con el discurso que acabamos de presentar, y en la línea de su discurso defiende la justicia de Dios, diciéndole a Job que él (Dios) se ha inclinado siempre por el derecho, poniéndose sin vacilar de parte de aquello que es justo. Por eso, Bildad añade que sería una blasfemia contra Dios afirmar (como Job) que él (Dios) pervierte el derecho.

Pues bien, en este contexto el tema consiste en entender el sentido que tiene la palabra derecho para Bildad y para Job. Bildad parece entender bien el derecho de Dios cuando promete a Job que encontrará un glorioso fin para su sufrimiento, y que ello será una prueba clara de que Dios no le trata de manera injusta. Según eso, el sufrimiento de Job llegará a su fin si él se convierte (aceptando la justicia de Dios), y ese fin glorioso será tal que destruirá su falsa visión de que Dios ha sido injusto con él o falto de misericordia.

En esa línea, Bildad expresa su idea central de un modo aún más prudente, y más de acuerdo con el tema que está en litigio cuando dice: ¡Mira; Dios no actúa con hostilidad contra los piadosos, ni se pone nunca de parte de los malhechores! (Job 8, 20). Debemos admitir que esta confesión resulta sin duda verdadera.

De esa manera, con las figuras más emotivas, Bildad muestra el carácter perecedero de la prosperidad de aquellos que olvidan a Dios, y pinta con fuertes colores el fondo oscuro del juicio que le espera a Job. Pero ¿qué es lo que hay de censurable en este discurso de Bildad, y por qué no produce el cambio deseable de debería haber producido en Job?

Ciertamente, nada de lo que Dios envía al hombre procede de algún tipo de injusticia, como dice Bildad, pero también es verdad que no todo lo que él envía procede de su justicia. Así como Dios no ordena el sufrimiento de un modo directo para el pecador endurecido, porque él es misericordioso, así tampoco envía sufrimiento a los que son verdaderamente justos a fin de castigarles, porque él es justo.

Por eso, el sufrimiento del justo no puede ser castigo de Dios, sino prueba y así debe entenderse, pero eso es algo que Bildad no acepta en este caso. Lo que llamamos atributos de Dios son solo momentos separados de su santidad indivisible, momentos de su *operación ad extra*, una operación en la que se vinculan todos los aspectos del ser y de la acción de Dios, de manera que uno de ellos no puede ir en contra del otro. Pero, sin embargo, todos esos momentos no están implicados de igual forma, al mismo tiempo, sobre el mismo objeto.

Según eso, no se puede afirmar que el amor de Dios se muestra activo en el infierno, ni que su ira se manifiesta en el cielo, ni que su justicia actúa en la aflicción de los justos, ni su misericordia en el sufrimiento de los impíos, sino que hay que distinguir las perspectivas. Aquí es donde se encuentra la equivocación de Bildad, pues él piensa que unas frases que son solo lugares comunes sobre Dios bastan para explicar todos los misterios de la vida humana. Desde este fondo debemos añadir que el juicio de Bildad sobre la muerte de los hijos de Job es injusto, porque él toma esa muerte como expresión de la justicia divina (y en el fondo como castigo), no como prueba o signo de la misericordia de Dios.

Ciertamente, Bildad solo habla de un modo hipotético, pero lo hace de tal manera que conforme a esta visión, la muerte repentina de los hijos de Job viene a presentarse como un castigo en contra de Job por sus pecados. En esa línea, si hubiera encontrado a Job muerto, Bildad habría debido afirmar que Job había sido un pecador, a quien Dios había aniquilado con ira.

Más aún, Bildad no siente gozo cuando promete a Job ayuda y bendición, sino que él expresa su punto de vista de un modo muy condicional: "Si tú eres puro y justo…". Vemos por eso que él no cree en la justicia de Job, porque ¿cómo podría el Dios totalmente justo haber visitado a Job con tan severos sufrimientos si es que Job no los hubiera merecido?

A pesar de todo, en otro sentido, cuando dice אִם־זַךְ וְיָשָׁר אָתָּה (Job 8, 6), Bildad parece pensar que el corazón de Job puede ser puro y justo, de manera que su aflicción presente no es un simple castigo directo, como tal, sino un medio de purificación disciplinar. Lo que Job debería hacer, según Bildad, es dar gloria a Dios, y reconocer que él (Job) merecía un sufrimiento como el que padece, humillándose de esa forma ante la justa mano de Dios, de manera que así podrá volverse justo, para ser de nuevo exaltado por Dios.

Pues bien, en contra de eso, Job no puede tomar su sufrimiento como un acto de la justicia divina. Para él, su fidelidad es un dato clave, que no se puede negar, con el fin de afirmar piadosamente la justicia de Dios, porque la verdad no se puede apoyar con razones falsas. Por eso, las gloriosas promesas de Bildad no ofrecen a Job consuelo alguno.

Además de estar introducidas de un modo indebido, esas promesas se apoyan en un presupuesto que Job no puede aceptar, sin volverse infiel a sí mismo. Por eso, aunque lo hiciere con la mejor intención, Bildad no hace otra cosa que aumentar más y más el conflicto y dolor de Job. En vez de consolarle, ayudándole a entender y aceptar su dolor con algún tipo de esperanza, Bildad no hace más que exasperar su ánimo, al acusarle de ser pecador.

De hecho las expresiones de Job pueden parecer desconsideradas e indignas de Dios, mientras que los discursos de Elifaz y Bildad han sido convincentes y apropiados, pero esos discursos no responden a la situación de Job, ni le ayudan a entender y aceptar su sufrimiento. En sí mismos, esos discursos de los amigos pueden ser justos, pero ellos no tienen en cuenta lo que puede ser bueno para Job, ni su situación. De todas formas, es necesario prestar mucha atención, para detectar lo que es falso en ellos.

La maestría con que el autor del libro expone el tema y la inteligencia que muestra en ello se expresa en el hecho de que permite que los amigos de Job, aunque tengan un fondo de razón, empiecen muy pronto a manifestarse muy duros, tomando a Job como un pecador que está padeciendo con justicia el castigo de Dios, cuando él (oponiéndose a ellos) defiende su inocencia y apela a una decisión de parte de Dios (es decir, emplaza a Dios a fin de que le responda).

De todas formas, el poeta permite que Bildad haga una declaración por la cual podemos ver claramente que su discurso, siendo en lo externo bello, se apoya sobre una falsa base y pierda su efecto. En esa línea, Bildad no podría haber disparado un dardo más hiriente en contra del corazón ya herido de Job cuando le dice que la muerte de sus hijos puede ser un castigo de Dios por su culpa (por la culpa de Job). Porque ¿es posible decirle a un hombre algo que sea más hiriente que el hecho de que su padre, su madre y sus hijos han muerto como castigo directo por sus pecados?

Un amigo no debería decir eso, aunque fuera algo obvio, y menos decírselo a un padre que está profundamente triste por la muerte de sus hijos, de forma que casi se encuentra ya en la puerta de la tumba. Por otra parte, Bildad no se apoya en hechos, sino que razona solo a priori. Él no sabe si los hijos de Job eran impíos, pero se apoya en un tipo de silogismo que suena así: todo aquel que muere de un modo terrible y repentino tiene que ser un gran pecador; Dios ha hecho que los hijos de Job mueran de esa forma…; por eso, ellos han tenido que ser pecadores (o ser castigados por el pecado de su padre).

Bildad tiene celo por Dios, pero sin comprensión. Él es un ciego ante la verdad de la experiencia, de manera que no modifica en modo algunos sus premisas. Él no quiere admitir nada que vaya en contra de esas premisas. Su mismo racionalismo supersticioso y crédulo está en el principio de su falsa doctrina, que va en la línea de un *decretum absolutum, decreto absoluto de predestinación de Dios*. De esa forma, Bildad actúa con el mismo rigorismo helado y falto de sentimientos con el que algunos calvinistas se refieren al "decreto de Dios", añadiendo que todo lo que sucede en la tierra responde al principio del deseo y despliegue de la voluntad de Dios, poniéndose así en contradicción con la Escritura y con la experiencia humana. De esa forma, Bildad lo funda todo en el principio de la justicia divina y, más aún, en una justicia divina entendida en sentido judicial. Además de ese tipo de justicia judicial hay otra que tiene un sentido distinto, dado que el concepto *justicia*, צדקה o צדק, se refiere en general a la forma de actuación de Dios, regida por su santidad. Pues bien, en Dios no existe solo un tipo de deseo santo que se refiere a los hombres diciendo: ¡Sed santos porque yo soy santo! En Dios existe también un propósito o deseo de redención de los pecadores, que brota del santo amor de Dios hacia los hombres.

Según eso, la justicia de Dios tiene dos formas. (a) Por un lado se manifiesta en el deseo de que se cumpla su santidad, expresada en las exigencias de la ley. (b) Pero, al mismo tiempo, esa justicia se muestra en su amor gratuito, claramente manifestado en el evangelio. Nos hallamos, pues, ante una justicia retributiva o redentora. Pues bien, si un hombre como Bildad habla solo en el primer sentido, Dios nunca actuará de un modo injusto en el sentido externo; pero, de esa manera, no se podrá aclarar el misterio de las dispensaciones divinas de amor y de perdón, sino que lo destruirá con toda fuerza.

En esa línea, el sufrimiento de Job no sería ya más un misterio... Job sufriría solo lo que merece; y en el caso de que eso no se pudiera demostrar por experiencia habría que ir en contra de la misma experiencia. Pues bien, esta visión determinista de la justicia de Dios y de su dolor no basta para pacificar a Job, a pesar de las gloriosas promesas que se le abren en teoría.

Su misma conciencia ofrece a Job el testimonio de que él no ha merecido una aflicción incomparable de ese tipo. Y si nosotros suponemos que Job vivía en amistad con Dios cuando el sufrimiento empezó a sacudirle, tenemos que rechazar totalmente la idea de que Dios le ha castigado por un tipo de pecado no reconocido. Dios no castiga a los que son suyos, y cuando lo hace eso no es un acto de su justicia retributiva, sino de su amor "disciplinar".

Este motivo de amor pertenece por tanto al castigo mirado como prueba que Dios pone para purificar a los hombres. Pues bien, el creyente que discierne ese tipo de amor será capaz de mirar incluso las aflicciones más severas como castigos disciplinares, fundados en el amor redentor de Dios, podrá aceptar esas aflicciones como medio de maduración (de purificación), aceptado ese castigo como medicina, aunque pueda ser amarga.

Según eso, si Bildad hubiera presentado la aflicción de Job como castigo que proviene del amor divino, un castigo que serviría primero para humillarle, pero con el fin posterior de exaltarle así más, entonces Job se hubiera humillado a sí mismo, aún en el caso de que Bildad no tuviera totalmente razón. Pero Bildad, de un modo aún más duro que Elifaz, en vez de superar la suposición errónea de que un Dios hostil ha tomado posesión de la mente de Job, insiste en un tipo de justicia casi vengadora de Dios, a la que atribuye la muerte de los hijos de Job, un Dios de dura mano bajo la que Job tiene que humillarse, en vez de poner de relieve su amor. En esa línea, en vez de confortar a Job, sus amigos le torturan aún más, y su juicio se le muestra aún más hiriente y vengativo, pues su conciencia no le acusa de ningún pecado por el cual él debería humillarse ante un Dios airado, más que ante un Dios de gracia.

Pues bien, desde este fondo debemos añadir que la composición y fundamentación de un drama tan duro como este de Job no será ya posible en el Nuevo Testamento. La visión del sufrimiento de Cristo y de su corona futura tiene el poder de calmar la mente de los creyentes, de forma que una tristeza como la de Job es ya imposible, incluso bajo la más fuerte tentación.

Así dice Lutero en una de sus cartas de consuelo (cf. Rambach, *Kleine Schriften Luthers*, 627): "Aunque la carne pueda murmurar y gritar, como Cristo gritó y fue débil, sin embargo el espíritu se encuentra dispuesto y lleno de deseos buenos, y con suspiros inefables podrá gritar: Abba, Padre, eso eres tú; tu vara es dura, pero tú eres siempre Padre. Yo reconozco que esto es la verdad".

Y como la conciencia de pecado es tan honda como la conciencia de la gracia, el cristiano descubrirá que ningún sufrimiento es tan severo como lo que él merece por sus pecados, de manera que aún en medio de la cruz él podrá reconocer el amor divino. El cristiano no podrá quedar exasperado y sin ánimo, ni siquiera aunque unos "amigos" tan poco consoladores como Elifaz y Bildad le digan que su sufrimiento es un castigo divino. Porque él es consciente de que no necesita unas consideraciones tan poco caritativas como las de sus amigos para descubrir en el fondo de su sufrimiento el amor consolador y purificador de Dios.

En el excurso a su *Comentario sobre los Salmos* (*Psalmen–Commentar*) Hengstenberg observa que en la justicia de algunos salmos, como Sal 17, 1-15; 18, 21; 44, 18-23, etc., en los que se incluye la petición para ser escuchados, se está evocando la justificación por la fe. Desde ese fondo (de justificación por la fe) pueden entenderse mejor los sufrimientos de Job.

De todas formas, cerradas en sí mismas, estas afirmaciones no resultan concluyentes, a pesar del alto tono en que se formulan. Cada vez que se plantea el tema, como sucede a veces con cierta frecuencia (cf. Sal 143, 2), deberíamos mirar las cosas también desde el otro lado, poniendo más de relieve la debilidad humana, y también el perdón de Dios, insistiendo en ello más que en la posible incongruencia o falta de equivalencia entre la aflicción que sufre el hombre y su conciencia de rectitud respecto a Dios.

En sentido radical, no podemos tomar siempre esos pasajes y salmos del Antiguo Testamento como expresión de nuestro sentimiento cristiano, y en esa línea no somos capaces de leerlos en público sin vacilación o duda cuando lo intentamos. ¿De dónde proviene esto? Hengstenberg replicaba:

> El Antiguo Testamento buscaba los medios más eficaces para producir el conocimiento del pecado, pero sin llegar a la contemplación de los sufrimientos de Cristo. Pues bien, el Nuevo Testamento está dotado de un conocimiento más hondo del Espíritu, que no se centra ya tanto en la búsqueda de las profundidades de la naturaleza divina, sino que se abre y nos abre a las profundidades del pecado. Por eso, en los cantos (litúrgicos) cristianos el sentido del pecado, siendo más independiente de las condiciones externas, se manifiesta de un modo más abierto y, al mismo tiempo, más profundo. Se siente así que el fundamento del pecado es más hondo, y que así son más hondas sus manifestaciones.

Fue bueno que bajo el Antiguo Testamento las cuerdas o ataduras de la experiencia del pecado no se tensaran de una forma tan intensa, dado que aún no se había manifestado plenamente el consuelo de Dios en Cristo. De esa forma, cuando el sufrimiento había pasado, los hombres del Antiguo Testamento podían olvidarse más fácilmente del pecado.

Esta conexión y este desarrollo de la obra de la redención en la historia de la humanidad se repite en la experiencia individual de cada creyente. De esa manera, el individuo, cuanto más progresa en la vida divina, se vuelve más profundamente consciente de la depravación natural del hombre y adquiere una visión más aguda del pecado que actúa en él. Y así, con la revelación de la salvación ya alcanzada, viene a darse también una visión más honda del pecado. Cuando se revela la infinita profundidad y extensión del Reino de la Luz, viene a manifestarse también por vez primera la hondura abismal del Reino de la Tiniebla.

Si el Reino de las Tinieblas se hubiera revelado primero, en la dispensación del Antiguo Testamento, antes de Cristo, sin haberse revelado como ha sucedido de hecho en Jesucristo, el Antiguo Testamento no habría sido lo que es, una escuela de severa disciplina preparatoria para el Nuevo Testamento, una escuela de ardiente deseo de redención, sino que ese Antiguo Testamento hubiera sido solo un abismo de desesperación.

Job 9–10. Segunda respuesta de Job

Esquema: 6.6.6.10.10.9.8.9 / (cap. 9, 34-10, 2). 11.10.12.11.

Job 9, 1-4

¹וַיַּעַן אִיּוֹב וַיֹּאמַר׃
²אָמְנָם יָדַעְתִּי כִי־כֵן וּמַה־יִּצְדַּק אֱנוֹשׁ עִם־אֵל׃
³אִם־יַחְפֹּץ לָרִיב עִמּוֹ לֹא־יַעֲנֶנּוּ אַחַת מִנִּי־אָלֶף׃
⁴חֲכַם לֵבָב וְאַמִּיץ כֹּחַ מִי־הִקְשָׁה אֵלָיו וַיִּשְׁלָם׃

¹Respondió Job y dijo:
²Ciertamente yo sé que esto es así: ¿Cómo se justificará el hombre ante Dios?
³Si pretendiera discutir con él, no podría responderle a una cosa entre mil.
⁴Él es sabio de corazón y poderoso en fuerzas. ¿Quién le ha desafiado y queda sano?

Job 9, 1-2 no se refiere a lo que dijo Elifaz (Job 4, 17), sino a lo que ha dicho Bildad, que es muy semejante, aunque no exactamente lo mismo. En esa línea, las palabras "ciertamente, yo sé que es así" (9, 2) deben responder a lo que Bildad ha dicho inmediatamente antes, cuando afirmaba que Dios no pervierte lo que es recto.

Por eso, sin duda, la palabra אָמְנָם, *scilicet, nimirum*, como en Job 12, 2, en el sentido de amén, "así es", indica irónicamente que Job está confirmando la máxima de Bildad: lo que Dios hace es siempre justo, porque lo hace él, que es divino. ¿Cómo podría el hombre decir que él, un pobre ser humano, tiene razón oponiéndose a Dios?

Si Dios quisiera entrar en controversia con el hombre, podría preguntar sobre todos los temas discutibles, de manera que el hombre quedaría así confundido, desarmado, descubriendo la infinita distancia que existe entre él, como débil criatura, y su creador. En esa línea, los atributos que presenta Job 9, 4 no pertenecen al hombre (Olshausen), sino a Dios, como en Job 36, 5.

Job sabe que Dios es sabio de corazón, es decir, de gran conocimiento (לב equivale aquí a νοῦς), de forma que él puede plantear al hombre infinitas cuestiones, una después de otra. Y sabe también que Dios es poderoso en fuerzas frente al hombre que es incapaz de mantener su pretensión frente a él. Por eso, Job afirma que no tiene sentido desafiar a Dios (הקשׁה, endurecer ערף, la frente o nuca, contra él). Nunca podrá vencer el hombre enfrentándose a Dios.

Job 9, 5-7

⁵ הַמַּעְתִּיק הָרִים וְלֹא יָדָעוּ אֲשֶׁר הֲפָכָם בְּאַפּוֹ׃
⁶ הַמַּרְגִּיז אֶרֶץ מִמְּקוֹמָהּ וְעַמּוּדֶיהָ יִתְפַלָּצוּן׃
⁷ הָאֹמֵר לַחֶרֶס וְלֹא יִזְרָח וּבְעַד כּוֹכָבִים יַחְתֹּם׃

⁵Remueve montañas sin que ellas sepan que él las ha derruido con su ira.
⁶Hace que la tierra tiemble en sus lugares y que sus pilares se tambaleen.
⁷Manda al sol, y el sol no sale, y él pone sello a las estrellas.

וְלֹא יָדָעוּ (Job 9, 5), y las montañas no saben, puede traducirse también: "sin percibir o conocer por qué", pero es más natural tomar las montañas como sujeto (sin que ellas perciban…). אֲשֶׁר, *quod*, qué (no "cómo", en contra de Ewald, 333, a), tras יָדָעוּ, como en Ez 20, 26 y Ecl 8, 12.

Incluso las altas montañas son inconscientes del cambio que Dios efectúa en un momento en ellas. Antes de que lo adviertan, el cambio se ha hecho ya, como implica el pretérito; el despliegue destructivo de su ira es irresistible, Dios realiza las cosas de inmediato.

Dios hace que la tierra empiece a cambiar del lugar (cf. Is 13, 13), dentro del espacio que antes ocupaba (Job 26, 7), de manera que, al ponerla en movimiento, él hace que se muden y tiemblen sus pilares, es decir, sus fundamentos más profundos (Sal 104, 5), que son removidos y que cambian sin que los hombres lo adviertan. Aquí pudieran quizá evocarse las montañas más altas, que reciben el nombre de pilares, como si fueran los soportes del cielo (Job 26, 11).

Por su mismo deseo todopoderoso, Dios dispone del sol y las estrellas. Aquí el sol recibe el nombre de חֶרֶס, lo mismo que en Jc 14, 18, donde encontramos חרסה con un *ah* que no se acentúa, y en Is 19, 18, donde 'Ir ha-Heres (עִיר הַחֶרֶס)

es un juego de palabras con las que se traduce el nombre griego de Ἡλιοπολις, en Egipto); esta palabra proviene quizá de la misma raíz que חָרוּץ, uno de los nombres poéticos de oro.

Cuando Dios lo manda, el sol no sale, y quedan selladas las estrellas, es decir, ocultas tras las densas nubes, de manera que el cielo se vuelve oscuro y no brilla. Se podría pensar, con Schultens, que Job se está refiriendo aquí al diluvio de Gen 6, o con Warburton, a la oscuridad de las plagas de Egipto, y al hecho de que el sol se detuvo por mandato de Josué; pero estas son solo ocasiones históricas de un principio que se afirma aquí como experiencia universal del poder divino.

Job 9, 8-10

⁸ נֹטֶה שָׁמַיִם לְבַדּוֹ וְדוֹרֵךְ עַל־בָּמֳתֵי יָם׃
⁹ עֹשֶׂה־עָשׁ כְּסִיל וְכִימָה וְחַדְרֵי תֵמָן׃
¹⁰ עֹשֶׂה גְדֹלוֹת עַד־אֵין חֵקֶר וְנִפְלָאוֹת עַד־אֵין מִסְפָּר׃

⁸Solo él extiende los cielos, y camina sobre las alturas del mar.
⁹Él hizo la Osa y Orión, las Pléyades y los remotos lugares (cámaras) del sur.
¹⁰Hace cosas grandes e incomprensibles, maravillosas y sin número.

Ewald, Hirzel y otros entienden נטה (Job 9, 8) en la línea de Sal 18,10: Dios abaja las nubes del cielo, y camina sobre las alturas del mar superior, es decir, por encima de las altas nubes cargadas de truenos. Pero los pasajes paralelos como Is 40, 22; Sal 104, 2 y especialmente Is 44, 24, muestran que Job 9, 8 ha de entenderse como referido a la creación del firmamento del cielo, de forma que נטה tiene aquí el sentido de *expandere*, vinculándose de un modo natural con las aguas del alto, que están separadas de la tierra por medio de la רקיע, es decir, del firmamento, según Gen 1.

El problema está en si ים significa aquí el mar de las aguas que están por encima del firmamento o si aluden al mar que está sobre la tierra. Conforme a la visión de los antiguos, las aguas que descienden como lluvia tienen su "habitación" muy lejos, en la expansión infinita de los cielos; allí se encuentra el océano superior, el mar del alto (*Nun-pa*), por el cual navega cada día Ra. Es posible que "las alturas del mar" no se refieran aquí a las olas del mar de abajo, sino a las alturas del mar superior, de forma que las raíces del mal (sufrimiento) de Job 36, 30 pueden vincularse también al océano del cielo, como han supuesto Hahn y Schlottmann. Pero no es necesario aceptar esa explicación, y además parece aventurada, porque esta idea de θάλασσα o mar celestial no se encuentra en otros lugares de la Biblia (a no ser en Ap 4, 6; 15, 2 y 22, 1). En esa línea, la palabra במתי, que se utiliza de la altura de las nubes (Is 14, 14), puede referirse a las olas del mar, que ascienden hasta los cielos (Sal 107, 26). Dios camina sobre las olas como el hombre camina sobre el suelo firme (LXX περιπατῶν ἐπὶ θαλάσσης ὡς ἐπ' ἐδάφους); y según la voluntad de Dios, las olas se elevan o quedan en calma bajo los pies del Todopoderoso (cf. Hab 3, 15).

A continuación, Job describe a Dios como creador de las estrellas, introduciendo una constelación del norte (la Osa), una del sur (Orión) al lado de las Pléyades. עש, contracto de נעש, en árabe *na'š*, Osa, es la constelación de las siete estrellas (*septentrión* o *septentriones*), en el cielo del norte. La Osa Mayor y la Osa Menor forman un cuadrado, que los árabes miraban como si fuera un animal en forma de oso. Las otras tres estrellas, llamadas *benâth n'asch*, es decir, hijas de la Osa (Job 38, 32) parecen ser las "lamentadoras". כסיל es Orión, encadenado al cielo, al que los antiguos miraban como un poderoso gigante, y también como un ser (un humanoide) insolente y loco[42].

כימה son las *Pléyades*, una constelación que consta de siete estrellas grandes y de otras más pequeñas, en árabe *turayyâ*, que, como el hebreo כימה (cf. árabe *kûmat, cumulus*), significa montón, un conjunto (cf. Job 38, 31), palabra que los poetas persas comparan con un "ramo" de perlas. Es la constelación de las siete estrellas, cuya aparición y desaparición determina el comienzo y fin de los movimientos astrales (πλειάς, vincula probablemente constelación y navegación), y debe distinguirse de las estrellas que están más al norte, que son las *septentriones*.

Según el targum, חדר תימן son las "cámaras de las constelaciones" en la parte sur de los cielos y muchos comentaristas (cf. Mercier: *sidera quae sunt in altero hemisphaerio versus alterum polum antarcticum*, las estrellas que están en el otro hemisferio, hacia el polo antártico), las explican a partir de תימן escrito defectivamente (=תֵּמָן) como equivalente de תמן כוכבי, el sur de las estrellas o, quizá mejor, en un sentido general, como refiriéndose a las regiones de la parte sur del cielo (*penetralia*), que están veladas o fuera de la vista humana (Hirzel).

En 9, 10, Job dice, casi al pie de la letra, lo que había dicho ya Elifaz (Job 5, 10). Según eso, Job comparte con sus amigos la visión del poder de Dios, y de un modo intencionado describe estos momentos en los que su despliegue aparece como expresión de una majestad terrible. Pero mientras sus amigos deducen a partir de aquí el deber que tiene el hombre sufriente de humillarse, Job utiliza este conocimiento para decir que el derecho humano no puede mantenerse nunca en oposición a Dios.

Job 9, 11-15

[11] הֵן יַעֲבֹר עָלַי וְלֹא אֶרְאֶה וְיַחֲלֹף וְלֹא־אָבִין לוֹ׃
[12] הֵן יַחְתֹּף מִי יְשִׁיבֶנּוּ מִי־יֹאמַר אֵלָיו מַה־תַּעֲשֶׂה׃

---

42. Cf. K. O. Müller, *Kleine deutsche Schriften*, ii. 125. El árabe *jâhil* tiene un sentido semejante, y combina los significados de ignorante–loco y de hombre apasionado cf. Fleischer, *Ali's hundert Sprüche*, 115 ss.

¹³ אֱלוֹהַּ לֹא־יָשִׁיב אַפּוֹ (תַּחְתּוֹ) [תַּחְתָּיו] שָׁחֲחוּ עֹזְרֵי רָהַב׃
¹⁴ אַף כִּי־אָנֹכִי אֶעֱנֶנּוּ אֶבְחֲרָה דְבָרַי עִמּוֹ׃
¹⁵ אֲשֶׁר אִם־צָדַקְתִּי לֹא אֶעֱנֶה לִמְשֹׁפְטִי אֶתְחַנָּן׃

¹¹Mira, él pasa ante de mí, y no le veo; pasa a mi lado y no le percibo.
¹²Mira, si arrebata algo ¿Quién se lo tomará? ¿Quién le dirá: Qué haces tú?
¹³Eloah no volverá atrás su ira, y bajo él se postran los que ayudan a Rahab.
¹⁴¿Cuánto menos podré yo replicarle y escoger mis palabras justas frente a él?
¹⁵Aunque yo fuera justo, no podría responderle; a él que es mi juez debo elevar mi súplica

Dios actúa entre los hombres como en la naturaleza, con un supremo control sobre todas las cosas, de un modo invisible, irresistible, y no es responsable ante nadie (Is 45, 9). Él no se vuelve atrás ni retira su ira sin haber cumplido su propósito. Esta es una proposición que, expresada así, de un modo general, solo es parcialmente verdadera, como resulta evidente por el Salmo 78, 38.

Incluso aquellos que ayudan a Rahab deben inclinarse ante él (es decir, ante Dios). Esto no se puede entender solo de un modo general, como refiriéndose únicamente a los que con arrogancia soberbia ayudan a los que se oponen a Dios, sino que se aplica de un modo concreto a la conversación de los "amigos" con Job (y a algún acontecimiento de la historia primigenia del mundo).

La forma de expresión que sigue en Job 9, 14 (¡cuánto menos!) está a favor de la idea de que los עֹזְרֵי רָהַב, es decir, los que ayudan a Rahab evocan algún ejemplo extraordinario de empresa malvada que ha sido frustrada, a pesar de la fuerza gigantesca con la que había sido apoyada. En esa línea, la palabra שָׁחֲחוּ (se postran) debe traducirse en presente pues un hecho ordinario se utiliza como sinónimo para apoyar una verdad universal.

En todos los demás lugares, Rahab es signo de Egipto y se refiere a la salida de los israelitas de la cautividad (Sal 87, 4), pero aquí no se puede entender de esa manera, porque va en contra del carácter del libro de Job el referirse a acontecimientos concretos de la historia de Israel, pues Job evita de un modo consistente toda referencia israelita. Pero ¿cómo ha tomado Egipto el nombre de Rahab? Is 20, 7 supone que Egipto lo ha hecho (ha tomado ese nombre, Rahab) por sus hechos poderosos (por su gran poder).

Pues bien, a partir de Sal 89, 11 e Is 51, 9 resulta evidente que, en sentido estricto, Rahab es un monstruo marino, que ha venido a convertirse en símbolo de Egipto, como en otros lugares Tannin y Leviatán. Este significado de la palabra se apoya también en Job 25, 12 donde los LXX traducen de hecho κητος, lo mismo que aquí, con gran libertad: ὑπ᾽ αὐτοῦ ἐκάμφθησαν κήτη τὰ ὑπ᾽ οὐρανόν.

Es evidente que Dios ha sometido a los poderes de Rahab, aunque no queda claro si estos monstruos del mar (que aparecen como enemigos de Dios) son poderes rebeldes, que han sido arrojados por Dios en el mar que está bajo el cielo, es decir, junto a la tierra, o si han sido encadenados en el mar que, según Gen 1, está sobre el cielo (es decir, en las aguas superiores).

De todas formas, la conciencia de un significado mitológico de עֹזְרֵי רָהַב queda expresado por esta traducción, y también por la traducción aún más libre de Jerónimo: *sub quo curvantur qui portant orbem* (bajo el cual se inclinan los portadores del orbe), que alude probablemente a un mito conectado con nombres que se aplican a otras constelaciones como Κῆτος y Πρίστις/Piscis, un enorme pez (cf. Ewald, Hirzel, Schlottmann).

Aquí y en otras constelaciones, la poesía del libro de Job no tiene reparo en utilizar alusiones mitológicas. Y esta que estamos evocando recuerda una imagen famosa del mito hindú, donde se dice que Indra venció al demonio negro *Vrtras* y a sus ayudantes, que intentaban retrasar la llegada de la lluvia. Tanto en *Vrtras* como en רהב hallamos la idea de una resistencia hostil frente a Dios. Job, hombre débil, se compara a sí mismo con estos poderes míticos, de tipo titánico, a los que él alude en 9, 14.

אַף כִּי־אָנֹכִי (propiamente "incluso yo"), o también אַף (Job 4, 19), según el contexto, son palabras que sirven para introducir un clímax o anticlímax, con el significado de *quanto magis* o *quanto minus*, como aquí: ¡Cuanto menos puedo yo, que soy débil, disputar con él!. אשר, Job 9,15, ha de tomarse, como en 5, 5, con el significado de *quoniam* (porque…).

El participio *poel* משפטי debemos traducirlo más correctamente con el sentido de *mi disputante o antagonista*, que, igual que la palabra *mi juez*, está en *poel*, forma que Ewald identifica bien como conjugación "de ataque" (de enfrentamiento…): שׁוֹפֵט, *judicando vel litigando aliquem petere* (pedir a alguien, en juicio o en litigio; cf. Gesenius 55, 1). El participio *kal* indica un juicio, el *poel* alguien que es acusador y juez al mismo tiempo. Sobre esas formas de *poel*, de raíces fuertes, cf. *Comentario* a Sal 109, 10, donde ha de leerse וְדָרְשׁוּ, como está escrito en los buenos códices.

Job 9, 16-20

¹⁶ אִם־קָרָאתִי וַיַּעֲנֵנִי לֹא־אַאֲמִין כִּי־יַאֲזִין קוֹלִי׃
¹⁷ אֲשֶׁר־בִּשְׂעָרָה יְשׁוּפֵנִי וְהִרְבָּה פְצָעַי חִנָּם׃
¹⁸ לֹא־יִתְּנֵנִי הָשֵׁב רוּחִי כִּי יַשְׂבִּעַנִי מַמְּרֹרִים׃
¹⁹ אִם־לְכֹחַ אַמִּיץ הִנֵּה וְאִם־לְמִשְׁפָּט מִי יוֹעִידֵנִי׃
²⁰ אִם־אֶצְדָּק פִּי יַרְשִׁיעֵנִי תָּם־אָנִי וַיַּעְקְשֵׁנִי׃

¹⁶Ni aunque le invocara y él me respondiera, yo creería que ha escuchado mi voz.
¹⁷Pues me aplastaría en la tempestad, y multiplicaría sin causa mis heridas.
¹⁸Y no me daría tiempo para retomar mi aliento, sino que me llenaría de amarguras.
¹⁹Si hablamos de Fuerza él dirá ¡Aquí estoy! Si de Derecho ¿Quién me retará?
²⁰Si yo tuviera razón, mi boca me reprobaría; si yo fuera inocente, él me condenaría.

La respuesta de Dios cuando es llamado, es decir, convocado, aparece en 9, 16 de manera fáctica (con pretérito seguido por un futuro consecutivo); por eso, 9, 16 no puede traducirse *yo no podría creer que él me había respondido*, sino de esta otra forma: *yo no podría creer que él (el que me respondía) me habría escuchado*. Su infinita exaltación (elevación) no le permitiría a Dios ser condescendiente con Job de esa manera.

El אשר que sigue en Job 9, 17, puede significar *quippe qui* o *quoniam* (dado que, porque…). Ambos matices del significado aparecen aquí vinculados, como en 9, 15. El problema empieza cuando queremos precisar el sentido de שׁוּף (cf. יְשׁוּפֵנִי) que significa *conterere*, o, según el sentido cercano de שׁאף (cf. יְשׁוּפֵנִי), *inhiare* (aplastar, destruir), un tema de importancia para comprender el mensaje del protoevangelio (donde se dice que la mujer aplastará a la serpiente). En ese contexto, debemos recordar que en la Biblia solo hay tres lugares en los que aparece esta palabra: aquí, en Gen 3, 15 y en el Sal 139, 11.

En el Sal 139, 11 resulta inadecuado el sentido de *conterere*, destruir, pero tampoco se puede aceptar el *inhiare*, con el significado de desear, a no ser que encontremos uno mejor. Quizá puede explicarse en comparación con צע, en el sentido de *obvelare*, cubrir, o como forma denominativa de נשׁף (verbo cercano a נשׁב, נשׁם, cuyo significado es soplar) que aquí tendría el sentido de *obtenebrare*, oscurecer.

Mirando las cosas de un modo superficial, en Gen 3, 15, parecen posibles los sentidos de *inhiare* y de *conterere*, pero el significado de *inhiare* priva a la palabra de Dios de su carácter profético que se le ha reconocido desde el principio. Por eso las traducciones han dado preferencia ya en el tiempo antiguo al sentido de *conterere, contundere*, aplastar.

Nosotros aceptamos también como punto de partida ese sentido (aplastar), siguiendo así las traducciones antiguas (LXX ἐκτρίψῃ, targum מדקדק, *comminuens*). Más aún, ese es el significado que responde mejor a los dialectos y lenguas del entorno, mientras que el sentido *inhiare* solo podría defenderse a partir de una comparación con שׁאף y con el árabe *sâfa* (oler, olfatear, aspirar el aroma).

Por otra parte, "asaltar con ira" (Hirzel, Ewald) sería una desfiguración de *inhiare*, que, en sentido fuerte significa aprovechar abruptamente (Schlottmann), y más en concreto arrebatar, apoderarse. Hemos traducido por tanto *él me aplastaría*, como si fuera una tempestad, y multiplicaría sin causa mis heridas, sin dejarme respirar, y así me llenaría (יַשְׂבִּעַנִי, con *pathach* y *rebia mugrasch*) con amarguras (מַמְרֹרִים, con *dagesh dirimens*, que hace que la palabra tenga una expresión más patética).

El significado de Job 9, 19 es que Dios destruye desde el principio todo intento de oposición del hombre, de manera que no deja a los hombres que entren en disputa con él para tratar de aquello que es justo. הנה (con הנני como איה, Job 15, 23, o como איו). Dios dice: ¡Aquí estoy! Como añadiendo: Yo preparado para imponerme sobre todo y sobre todos. Esta es la palabra de Dios, que puede entenderse como *quis citare possit me* (cf. Jer 49, 19; 50, 44), que parece como un eco de este pasaje de Job.

El texto supone así que la creatura está siempre equivocada ante Dios... un pensamiento que es verdadero en sí mismo, aunque Job olvida que el derecho de Dios en oposición a la creatura es siempre un derecho bueno, objetivo, justo en sí mismo. פִּי, con sufijo, para indicar la conexión lógica de esta palabra con todo lo anterior, como en Job 15, 6: *Mi propia boca*⁴³.

En וַיַּעְקְשֵׁנִי el *jirek* del *hifil* queda suavizado en forma de *sheva*, como en 1 Sam 17, 25; cf. Gesenius 53, 4. El sujeto es Dios, no "mi boca" (Schlottmann): Aunque yo tuviera razón, él me condenaría; aunque fuera inocente, él me declararía culpable.

Job 9, 21-23

²¹ תָּם־אָנִי לֹא־אֵדַע נַפְשִׁי אֶמְאַס חַיָּי׃
²² אַחַת הִיא עַל־כֵּן אָמַרְתִּי תָּם וְרָשָׁע הוּא מְכַלֶּה׃
²³ אִם־שׁוֹט יָמִית פִּתְאֹם לְמַסַּת נְקִיִּם יִלְעָג׃
²⁴ אֶרֶץ ׀ נִתְּנָה בְיַד־רָשָׁע פְּנֵי־שֹׁפְטֶיהָ יְכַסֶּה אִם־לֹא אֵפוֹא מִי־הוּא׃

²¹Aunque fuera inocente, yo no me acepto a mí mismo, mi vida es ofensiva para mí.
²²Hay solo una cosa, y por eso digo: Al inocente y al malvado él los destruye.
²³Si un azote mata de repente, él se ríe del sufrimiento del inocente.
²⁴Si tierra es entregada en manos de impíos, él cubre el rostro de sus jueces. Y si no es así ¿qué otro puede hacerlo?

Job 9, 21 se toma de ordinario como una declaración de inocencia por parte de Job, pero sin que ella tenga un efecto positivo, estando él como está en peligro de ser destruido. "Yo soy inocente y lo digo abiertamente, incluso con desdén de mi vida" (Schnurrer, Hirzel, Ewald, Schlottmann). Pero aunque לֹא־אֵדַע נַפְשִׁי pueda significar no me importa mi alma, es decir, mi vida (cf. Gen 39, 6), el primer significado de esas palabras es: "No conozco mi alma", es decir, no me conozco a mí mismo, y este sentido cuadra bien con el contexto.

Job es inocente, pero la contradicción que existe entre su suerte y su inocencia parece mostrar que su autoconciencia es engañosa, y hace que él se convierta en un misterio para sí mismo, de forma que no pueda conocerse. Y habiéndose así convertido en un extraño para sí mismo, Job aborrece esta vida hecha de contradicciones, por lo que no puede desear en modo algunos una larga continuación en ella (cf. Job 7, 16).

---

43. La conjetura de Olshausen que lee פִּיו, disminuye la dificultad en Is 34, 16, pero aquí destruye la fuerte expresión de violencia en contra de la conciencia moral.

Primer curso de la controversia

La palabras אַחַת הִיא de 9, 22 no se explican por tanto de esta forma: "es para mí lo mismo vivir o no vivir", sino, da lo mismo ser inocente o no serlo. El mismo Job es una prueba de ello. Por eso, él mantiene, etc. Sin embargo es también posible que esta expresión tenga el mismo sentido que Ecl 9, 2 (hay un mismo fin, מקרה אחד, para el justo y para el malvado; pues ante Dios es lo mismo ser justo o no serlo), expresión que ha sido bien traducida por el targum.

Eso significa que hay una misma medida, de מכילא (es decir un מדה, μέτρον, Mt 7, 2), una misma forma de conducta de Dios para todos los hombres, sin que él haga distinción entre justos y malvados. Esto se refiere a lo que sigue, y por tanto la frase "yo mantengo" es como un paréntesis (como אמרתי, Sal 119:57; cf. אמר לי, Is 45, 24), y en esa línea he traducido lo que sigue. Ciertamente, el texto tiene un tipo de suspense, y על־כן introduce una afirmación de Job, que está fundada en el hecho de la prolongación de su propia desgracia, una cosa que él mantiene en directa contradicción con lo que dicen sus amigos, una afirmación que será criticada por Elihu.

Con unos ejemplos sorprendentes, Job 9, 23 completa la tesis anterior, mostrando con ellos la forma de conducta de Dios en unos casos que son como los de su relación con Job. שוט, un azote, significa un juicio que sobreviene sobre una nación (Is 28, 15). Ese azote destruye también a los inocentes, de forma que Job concluye diciendo que Dios se deleita en מסה, es decir, en el πειρασμός, en la prueba o, quizá para decirlo de manera más clara, en la destrucción (con מסס, como en Job 6, 14) de los inocentes, es decir, en su aniquilación en medio de la angustia y de la falta de fuerza. Conforme a este pasaje, parece que Dios se alegra de la aniquilación de los inocentes, de su destrucción. Jerónimo indica que en todo el libro de Job no hay nada que sea *asperius*, es decir, *más duro*, que lo que se dice aquí, en 9, 23.

Otro ejemplo a favor del sentido que damos a este palabra desconsolada (אַחַת הִיא , una misma cosa para todos...), es aquello que sucede cuanto toda una tierra o país (con buenos y malos por igual) queda entregada en manos de malvados: el mismo Dios deja que el rey sea un malvado, y cubre también el rostro de los jueces, de manera que ellos no imparten justicia, no distinguen lo que es justo y lo injusto, y dictan sentencia a favor de los malvados, no de los justos. Dios mismo es la causa última de todo. Si no es él ¿quién puede serlo?

Conforme a la opinión corriente, אפו (que aparece en el libro de Job cuatro veces, en lugar de la forma usual אפוא) se coloca por hipérbaton en condicional, en vez de aparecer en una frase interrogativa. Según eso, מי y אפו no han de tomarse en unidad, en contra de lo que piensa Hirzel. De todas formas, aquí no estamos ante un verdadero hipérbaton, sino que אפו concede intensidad a la pregunta, aunque no lo hace directamente como en Job 17, 15 (Gesenius 153, 2), sino solo indirectamente, de manera que lo que siga tenga un sentido más fuerte, como en Job 24, 25 y en Gen 27, 37.

De esa forma hay que traducir: *Si no es realmente así...* (cf. la expresión homérica εἰ δ' ἄγε). Es indudable que Dios es el causante último de esta miseria humana, aparentemente llena de contradicciones, con la que nos encontramos en la historia de la humanidad, una miseria que Job experimenta ahora con tanta fuerza.

Job 9, 5-28

²⁵ וְיָמַי קַלּוּ מִנִּי־רָץ בָּרְחוּ לֹא־רָאוּ טוֹבָה׃
²⁶ חָלְפוּ עִם־אֳנִיּוֹת אֵבֶה כְּנֶשֶׁר יָטוּשׂ עֲלֵי־אֹכֶל׃
²⁷ אִם־אָמְרִי אֶשְׁכְּחָה שִׂיחִי אֶעֶזְבָה פָנַי וְאַבְלִיגָה׃
²⁸ יָגֹרְתִּי כָל־עַצְּבֹתָי יָדַעְתִּי כִּי־לֹא תְנַקֵּנִי׃

²⁵Mis días han sido más ligeros que un correo; huyeron sin haber visto el bien.
²⁶Pasaron cual naves veloces, como águila que se arroja sobre la presa.
²⁷Si me digo "olvidaré mi queja, cambiaré mi tristeza y miraré de un modo amable",
²⁸me estremezco ante todos mis dolores, pues sé que no me has declarado inocente.

9, 25. Tal como Job lo ha descrito en la estrofa anterior, esta es la suerte de los inocentes en general y, en ese contexto, este es también el lote o destino del mismo Job: el paso rápido de su vida llega a su fin en medio de sufrimientos, como llega a su fin el paso de los malvados a los que Dios destruye por el juicio. En medio de su presente sufrimiento, Job ha olvidado totalmente su prosperidad anterior. No hay en él felicidad ninguna, porque el gozo del que ha disfrutado en el pasado hace que su pérdida le resulte ahora más difícil de soportar.

Los días de su prosperidad se han ido rápidamente, sin dejar טוֹבָה, es decir, *una prosperidad duradera*. Han sido más rápidos que מִנִּי רָץ. Esta referencia a lo dicho ya en Job 7, 6 puede ser considerada como una figura tomada de la lanza del tejedor, y en esa línea, las cuerdas del hilo o la lana (*fila subteminis*) que rodean a la lanzadera se llaman en copto "corredoras" (cf. Gesenius, *Thesaurus*).

En este contexto, Rosenmüller ha observado correctamente que, a fin de describir la trayectoria de su vida, Job ha vinculado aquello que es más rápido: *los veloces corredores que llevan el correo*, los rápidos barcos de caña o papiro en el agua y las águilas que planean en el aire (con la lanzadera del tejedor). Desde ese fondo ha de entenderse la partícula עִם, **Job 9, 26**, que significa en este contexto *en comparación con*, *aeque ac* (los correos, los barcos, las águilas...).

Dejamos el tema de los rápidos correos, *pasamos a los barcos*, y debemos empezar diciendo que no tenemos una tradición segura sobre el tipo de barcos a los que se alude aquí con אֳנִיּוֹת אֵבֶה, que hemos traducido como *naves de caña* (que surcaban veloces sobre todo por los ríos, en Egipto). Jerónimo traduce, según el targum, *naves poma portantes*, que puede interpretarse como pequeños bajeles que, según Edrisi, eran comunes incluso en el mar Muerto, en los que se llevaban varios tipos de cereales y de frutas desde Zoar a Jericó y a otras partes del Jordan

(Stickel, S. 267); pero en el caso de que אבה estuviera conectada con אב, hubiéramos esperado más bien אבה, con la forma אשה (de אש), en vez de אבה.

Otros entienden esa palabra אבה (cf. אֲנִיּוֹת אֵבֶה) en el sentido de la palabra *avere*: barcos deseados, es decir, bien armados y preparados para el mar (Gecatilia, en Gesenius, *Thes. suppl.* p. 62), o bien dirigidos hacia la meta (Kimchi), o avanzando hacia ella y consiguientemente apresurándose (Símmaco, σπευδούσαις), para llegar al puerto. Pero no podemos olvidar que esa explicación no responde a los argumentos de Job, y en ese caso, la palabra אֵבֶה tendría que estar acentuada de un modo distinto.

Por otra parte, la explicación "barcos de hostilidad", como en la traducción *siríaca*[44], es decir, barcos pertenecientes a piratas o salteadores del mar, traducción que se hubiera ajustado bien al contexto, resulta menos admisible, dada la puntuación del texto, que debía haber sido איבה con la que podía haberse comparado la palabra egipcia *uba*, que significa contra, *adverse, contrarius*. Según Abulwalid (con Parchon y Raschi), אבה sería el nombre de un río grande, tema que nos situaría cerca de algunos motivos del libro de Job.

En esa línea, אבה podría ser un nombre babilonio para río (en árabe *'bby*). Estos אֲנִיּוֹת אֵבֶה serían por tanto simplemente "barcos de río". Esa misma palabra, אֵבֶה, podría ser el nombre que los abisinios daban al Nilo, *ab*. En esa palabra podría compararse con לבנה en relación con el árabe *lubna*. Pero la explicación más satisfactoria, la que actualmente se acepta en general, es aquella que se funda en una comparación con el árabe *abâ'un*, caña o junco de la que se hacía el barco (de aquí proviene *abaa-t-un*, una *caña*, como unidad de número).

Se trataría por tanto de *barcos hechos de caña o de juncos* como los כלי גמא, Is 18, 2, barcos de papiro, βαρίδες παπύριναι. Estos eran los barcos pequeños que los comerciantes egipcios utilizaban para navegar hasta Taprobane (que se decía que era la isla de Ceilán). Estos barcos estaban hechos de manera que podían ser llevados también a hombros, para pasar así las cataratas. Heliodoro les llama ὀξυδρομώτατα[45].

Otro momento o figura de esta comparación son *las águilas* que se abalanzan (כְּנֶשֶׁר יָטוּשׂ) con rapidez sobre la presa. טוש, abalanzarse, es como el caldeo טוס, palabra con la que el targum traduce הש, Hab 1, 8. Sin razón alguna, Görtz piensa

---

44. Quizá el mismo Lutero entendió la palabra de esa forma al traducirla *wie die starcken Schiff*.

45. No hay en egipcio ninguna palabra que pueda compararse con אבה, mientras que la palabra *han* (*hani*) o *an* (*ana*), lo mismo en egipcio que en hebreo אניה, significa un barco (cf. Chabas, *Le Papyrus magique Harris*, 246, No. 826, cf. pág. 33, 47). Esa palabra está escrita con un signo hacia abajo, pues los barcos iban fondeados con una piedra colgada de la parte delantera. Este es también un tema al que alude Herodoto, relacionándolo por su parte con la rapidez del barco al descender por el río. En ese sentido se puede afirmar que esos אֲנִיּוֹת אֵבֶה eran barcos rápidos.

que la palabra de fondo (יְטוּשׁ) que significa *volar, lanzarse a*, resulta superflua, pero eso no es cierto. Tampoco es necesario el cambio que propone Olshausen, en **9, 27**, quien en vez de אִם־אָמְרִי quiere poner אִם אמרתי: "Si mi dicho es equivalente a…, tan pronto como yo digo o pienso…".

פנים significa aquí (como en la frase alemana *ein Gesicht machen*, poner una cara…) un rostro malhumorado, distorsionado, duro. Y así se supone que Job desea superar su rostro de sufrimiento y poner uno agradable (הבליג, como en Job 10, 20, *hilaritatem prae se ferre, vultum hilarem induere,* poner un rostro sonriente). En esa línea la certeza de que él no ha sido favorecido por Dios y, de un modo consecuente, de que no puede ser liberado de su sufrimiento y de su angustia, a pesar de sus esfuerzos por lograrlo, hace que todo su dolor vuelva a su mente. No hará falta poner de relieve que תנקני se dirige a Dios, no a Bildad.

Según eso, debemos indicar que, al referirse a Dios, Job está hablando al mismo tiempo de sí mismo en su oración. A pesar de que se siente rechazado por Dios, él permanece, sin embargo, fiel a Dios. En la siguiente estrofa seguirá quejándose a Dios, pero sin negarle.

Job 9, 29-33

²⁹ אָנֹכִי אֶרְשָׁע לָמָּה־זֶּה הֶבֶל אִיגָע׃
³⁰ אִם־הִתְרָחַצְתִּי (בְמוֹ) [בְמֵי־]שָׁלֶג וַהֲזִכּוֹתִי בְּבֹר כַּפָּי׃
³¹ אָז בַּשַּׁחַת תִּטְבְּלֵנִי וְתִעֲבוּנִי שַׂלְמוֹתָי׃
³² כִּי־לֹא־אִישׁ כָּמֹנִי אֶעֱנֶנּוּ נָבוֹא יַחְדָּו בַּמִּשְׁפָּט׃
³³ לֹא יֵשׁ־בֵּינֵינוּ מוֹכִיחַ יָשֵׁת יָדוֹ עַל־שְׁנֵינוּ׃

²⁹Y si soy culpable ¿por qué me esfuerzo en vano?
³⁰Aunque me lave con agua de nieve y limpie mis manos con lejía,
³¹aun así me hundirás en la fosa, y hasta mis vestidos me aborrecerán.
³²Porque él no es un hombre como yo, para replicarle y comparecer juntos en un juicio.
³³No hay entre nosotros árbitro que ponga su mano sobre ambos.

La primera frase, con un "yo" muy acentuado, afirma que, en relación con Dios, desde el principio, un malvado, es decir, un hombre culpable (cf. Sal 109, 7), un רשע, un hombre perverso, que actúa como tal, ha de ser reconocido como tal (como malvado). ¿Por qué entonces debe Job esforzarse vanamente pidiendo ayuda, y teniendo que gritar, sin recibir ayuda, siendo como es inocente?

En **Job 9, 30** el *qetiv* es במו y el *kere* es במי, a la inversa de lo que sucede en Is 25, 10. מי aparece básicamente con el significado de agua (en egipcio *muau*). Esa raíz está presente en el nombre propio de Moab y de Moisés (que, según Jablonsky, significa *ex aqua servatus*, salvado de la aguas). Sin embargo, en במו, la radical puede entenderse según Gesenius 103, 2, con el sentido de "limpieza".

Este es el significado: ninguna limpieza, ni siquiera la que se realice con agua de nieve y con un tipo de בר (lejía vegetal), es decir, ni la mejor fundada autojustificación de un hombre como Job podrá conseguir ante Dios que su pretendida inocencia lograra borrar su horrible impureza.

Ewald, Rödiger y otros traducen esta frase de un modo incorrecto: Mis propios vestidos harán que yo parezca aborrecible. La idea es sin duda sugerente. El *piel* תעב significa en todos los restantes casos del libro de Job (19, 19; 30, 10) *aborrecer*, no *hacerse aborrecible*, pues ese sentido causativo es muy problemático, porque מתעב (Is 49, 7) significa aversión, como מכסה (Job 23:17) algo que cubre.

Ciertamente Ez 16, 25 nos pone muy cerca de ese significado: "hacer que algo sea detestable". Pero תעב puede significar también en primer lugar, *abominari*, hacerse abominable, una expresión muy fuerte para indicar el desprecio por la belleza que Dios ha concedido a los hombres, convirtiendo esa belleza en medio o causa de la prostitución.

He traducido "mis vestidos me aborrecerán". Eso no significa que *yo estaré disgustado conmigo mismo* (Hirzel), sino más bien que Job aparece representado más bien como alguien que está desnudo. Pues bien, a él, el desnudo, Dios le introduce de tal forma en la fosa que incluso sus vestidos concebirán horror por él; se echarán atrás por terror, ante la idea de que serán puestos en un hombre como él, siendo así manchados por una creatura inmunda como es Job (Schlottmann, Oehler).

Job añade en este contexto que Dios no es su "igual", pues no está a su nivel, sino que, siendo el Ser Absoluto, es al mismo tiempo su acusador y su juez. No hay entre ambos (Dios y Job) un árbitro que pudiera vincularles, de igual a igual (de manera que se puedan poner las manos sobre uno y sobre otro). Mercier lo explica correctamente: *impositio manus est potestatis signum*...

La imposición de manos es un signo de poder, y en este caso no puede haber nadie *qui utrumque nostrum velut manu imposita coerceat*, no puede haber nadie que imponiéndonos las manos nos obligue a tratarnos de igual a igual, un tipo de *SupraDios*) que actúe de árbitro entre Dios y los hombres.

Job 9, 34-35

³⁴ יָסֵר מֵעָלַי שִׁבְטוֹ וְאֵמָתוֹ אַל־תְּבַעֲתַנִּי׃
³⁵ אֲדַבְּרָה וְלֹא אִירָאֶנּוּ כִּי לֹא־כֵן אָנֹכִי עִמָּדִי׃

³⁴Que él aparte de mí su vara, y que su terror no me espante,
³⁵y hablaré sin miedo, pues no soy así en mí mismo.

Como sucede con frecuencia, los dos optativos de **9, 34** están seguidos por el cohortativo, que así aparece como conclusión (אדברה, *entonces yo le hablaré*; mientras que ואדברה puede tener el sentido de *a fin de que yo le hable*) de una frase condicional precedente.

שבט es aquí la vara con la que Dios castiga, cf. Job 13, 21. Si Dios apartara la vara de su castigo sobre él, aunque fuera por un breve tiempo, Job podría recuperarse y defenderse a sí mismo, de manera que sus palabras nacieran libremente de sus labios, al enfrentarse con su soberana majestad, pudiendo expresarse sin miedo. Porque yo no soy así en mí mismo, es decir, yo no soy consciente de una condición moral que me obligue a permanecer mudo ante él.

Ese parece el sentido de la frase. De todas formas debemos precisar bien el lenguaje, para ver si es así, a partir de לֹא־כֵן (9, 35). Puede haber un uso especial de כן, pero esa palabra no tiene significado cuando viene acompañada por un gesto expresivo de rechazo o desprecio, como en Num 13, 33 (cf. כמו־כן), en Is. 51, 6, en el sentido de "nada")⁴⁶.

En esa línea לֹא־כֵן puede tener el significado de "no ser tan pequeño", "tan de poco uso" (cf. 2 Sam 23, 5), acompañada de un gesto expresivo que indica la negación de tal desprecio, y así puede explicarse este pasaje: por mí mismo, es decir, conforme al testimonio de mi conciencia, yo no soy así, no soy tan falto de valor y desprovisto de derechos.

Job 10

Job 10, 1-2

¹ נָקְטָה נַפְשִׁי בְּחַיָּי אֶעֶזְבָה עָלַי שִׂיחִי אֲדַבְּרָה בְּמַר נַפְשִׁי׃
² אֹמַר אֶל־אֱלוֹהַּ אַל־תַּרְשִׁיעֵנִי הוֹדִיעֵנִי עַל מַה־תְּרִיבֵנִי׃

¹ ¡Mi alma está hastiada de mi vida! Daré libre curso a mi queja, hablaré con amargura de mi alma.

² Diré a Dios: No me condenes, deja que conozca por qué disputas conmigo.

Su autoconciencia le hace desear que se le conceda la posibilidad de responder por sí mismo; y dado que está cansado de su existencia, y que ha renunciado a todo deseo de mantenerse en vida, él quiere al menos dar libre curso a sus quejas, y ruega al autor de sus sufrimientos que no le permita recibir la muerte de los malvados (morir como un maldito), algo que es contrario al testimonio de su propia conciencia.

נקטה es equivalente a נקטה en Ez 6, 9, según la forma usual de contracción de los verbos de *doble ayin* (Gen 11, 6-7; Is 19, 3; Jc 5, 5; Ez 41, 7. Cf. Gesenius 67, 11). De todas formas, puede derivarse de נקט, porque este verbo secundario, formado del nifal de נקט se encuentra atestiguado en arameo. De un modo semejante hay que suponer en Gen 17, 11 un verbo secundario como נפץ (cf. 1 Sam

---

46. En ambos casos, a los que Bötticher añade Sal 127, 2 (así, iguales, sin referencia posterior), כן puede tomarse como derivado de כינם, mosquitos; pero ese singular no existe, como sucede con כיב, que antes se consideraba singular de כיצב. Sus respectivos singulares son כנה, ביצה.

13,11), formado por el *nifal* נפץ (Gen 10, 18), porque la contracción de la forma *nifal* נקומה en נקמה resulta imposible. Por otra parte, la suposición de algunos según la cual existe una raíz פצץ que es igual a פוץ con el significado de *diffundere, dissipare*, resulta innecesaria.

Su alma está disgustada (*fastidio affecta est*, es decir, *fastidit*) por su vida, de forma que él quiere dar libre curso a su llanto (cf. Job 7, 11). עלי no es *super* (sobre mí) o *de me* (de mí), sino *en mí*, como en Job 30, 16. Ese fastidio pertenece a su *Ego*, como expresión de espontaneidad. Así ha de traducirse *en mí mismo*, pues el *Ego* es el sujeto, ὑποκείμενον, de su individualidad (cf. mi *Psychologie*, 151s).

Aquí se está evocando el hombre interior, que tiene su *ego* sobre o en sí mismo. Por esa razón, su queja brotará de sí mismo, como una corriente que no puede detenerse. Esta no es sin embargo una simple lamentación quejumbrosa sobre su dolor sino una queja suplicante, dirigida a Dios, pidiéndole que respete la angustia especial de su sufrimiento, es decir, este choque que parece sobrevenirle de parte de su juez (ריב, con acusativo, como en Is 27, 8), sin que él mismo sea consciente de la razón por la que se le toma como culpable.

Job 10, 3-7

³ הֲט֥וֹב לְךָ֨ ׀ כִּֽי־תַעֲשֹׁ֗ק כִּֽי־תִ֭מְאַס יְגִ֣יעַ כַּפֶּ֑יךָ וְעַל־עֲצַ֖ת רְשָׁעִ֣ים הוֹפָֽעְתָּ׃
⁴ הַעֵינֵ֣י בָשָׂ֣ר לָ֑ךְ אִם־כִּרְא֖וֹת אֱנ֣וֹשׁ תִּרְאֶֽה׃
⁵ הֲכִימֵ֣י אֱנ֣וֹשׁ יָמֶ֑יךָ אִם־שְׁ֝נוֹתֶ֗יךָ כִּ֣ימֵי גָֽבֶר׃
⁶ כִּֽי־תְבַקֵּ֥שׁ לַעֲוֹנִ֑י וּלְחַטָּאתִ֥י תִדְרֽוֹשׁ׃
⁷ עַֽל־דַּ֭עְתְּךָ כִּי־לֹ֣א אֶרְשָׁ֑ע וְאֵ֖ין מִיָּדְךָ֣ מַצִּֽיל׃

³¿Te parece bien oprimirme, desechar la obra de tus manos y favorecer los designios de los impíos?
⁴¿Acaso son de carne tus ojos? ¿O ves tú las cosas como las ve el hombre?
⁵¿Son tus días como los días del hombre, o tus años como los días del hombre,
⁶para que estés al acecho de mi iniquidad y andes indagando tras mi pecado,
⁷aun sabiendo que no soy impío y que nadie podría librarme de tu mano?

Aquí hallamos tres cuestiones por las que Job quiere evocar la posibilidad de que sus sufrimientos puedan entenderse como si vinieran de Dios. Estos intentos de explicación quedan, sin embargo, superados por el hecho de que proceden de concepciones que son indignas de Dios y opuestas a su naturaleza.

En primer lugar, el tema es saber si a Dios le da placer (si es טוב, bueno, como en Job 13, 9) el oprimir. Eso significaría que él desprecia, es decir, que arroja lejos de sí, como odiosa (מאס, como en Sal 89, 39; Is 54, 6) la obra de sus manos, mientras que permite que brille su luz sobre el designio de los malvados, a quienes favorecería. El hombre es llamado aquí יגיע *(obra) de las manos divinas*, como si el mismo ser humano hubiera sido elaborado por esas manos, como en el principio (Gen 2, 7), a lo que sigue el desarrollo de esa obra en el vientre de la madre (Sal 139, 15).

Eso significa que el hombre viene a la existencia de un modo admirable, a través de la obra de Dios, realizada de una forma cuidadosa y, por así decirlo, inteligente. Aquí se describe a un hombre que es moralmente inocente, de forma que él no es simplemente un hombre en medio de dificultades, sino alguien que aparece como oprimido y rechazado. Más aún, la palabra "obra de tus manos" supone que hay que responder a la pregunta (¿te parece bien oprimirme…?) de una forma negativa. El hecho de que Dios obrara de esa forma iría en contra de la bondad y del amor benevolente al que el hombre debe su existencia.

En segundo lugar: ¿Tiene Dios ojos de carne, es decir, ojos que solo miran la apariencia externa de las personas, pero sin penetrar en su naturaleza profunda, de modo que el mira a los hombres y les juzga solo κατὰ τὴν σάρκα (Jn 8, 15)? Mercier responde correctamente: *num ex facie judicas, ut affectibus ducaris more hominum* (¿acaso juzgas según lo externo, de modo que te dejas llevar por los afectos, al modo humano?). También esta pregunta ha de responderse de forma negativa, pues no se puede pensar que Dios se deja llevar por pensamientos variables (1 Sam 16, 7).

En tercer lugar: ¿Es la vida de Dios tan breve como la vida del hombre, de manera que él no puede esperar hasta que el hombre se manifiesta tal como es, sino que debe entrar en un juicio inmediato, extorsionando así al hombre a la fuerza, para que confiese su pecado? Da la impresión de que Dios utiliza el sufrimiento como una forma de inquisición, a la que sigue el juicio al final, cuando se prueba (a la fuerza) que el hombre es culpable.

Pero lo que se añade en **10, 7** refuta esa visión de Dios. Ese modo de proceder se podría aceptar en un juez mortal, que, a causa de su cortedad de miras, quiere conseguir por medios de fuerza que el hombre confiese lo que al principio no eran más que simples conjeturas; ese proceder solo se puede entender en un juez que se afana por imponer sus sospechas sobre el juzgado, de manera que la víctima no pueda escapar de su mano.

Pues bien, si Dios tiene un conocimiento pleno y un poder absoluto, no puede actuar de esa manera, pues sabe desde el principio que él (Job) no aparecerá como culpable (רשע, como en Job 9, 29)… Y sin embargo Job reconoce que no hay nada ni nadie que pueda escapar de las manos de Dios. Este es el tema que sigue en la próxima estrofa, en la que Job evoca el "trabajo de tus manos" (las de Dios), para añadir que su suerte le parece totalmente incomprensible.

Job 10, 8-12

⁸ יָדֶיךָ עִצְּבוּנִי וַֽיַּעֲשׂוּנִי יַחַד סָבִיב וַֽתְּבַלְּעֵֽנִי׃
⁹ זְכָר־נָא כִּי־כַחֹמֶר עֲשִׂיתָנִי וְאֶל־עָפָר תְּשִׁיבֵֽנִי׃

¹⁰ הֲלֹא כֶחָלָב תַּתִּיכֵנִי וְכַגְּבִנָּה תַּקְפִּיאֵנִי׃
¹¹ עוֹר וּבָשָׂר תַּלְבִּישֵׁנִי וּבַעֲצָמוֹת וְגִידִים תְּסֹכְכֵנִי׃
¹² חַיִּים וָחֶסֶד עָשִׂיתָ עִמָּדִי וּפְקֻדָּתְךָ שָׁמְרָה רוּחִי׃

⁸Tus manos me formaron y perfeccionaron del todo ¿y luego te vuelves y me deshaces?
⁹Recuerda que como a barro me diste forma ¿y en polvo me has de volver?
¹⁰¿No me has fundido como leche, y me has cuajado como queso?
¹¹Con piel y carne me has vestido y me has tejido con huesos y nervios,
¹²vida y misericordia me has mostrado, y tu cuidado ha mantenido mi aliento (espíritu).

10, 8-9. La *hokma* consideraba el desarrollo del embrión como uno de los mayores misterios de Dios (Ecl 11, 5; 2 Mac 7, 22f.). Hay dos pasajes poéticos que tratan expresamente de este misterioso despliegue: esta estrofa del libro de Job y un salmo de David (Sal 139, 13-16, cf. mi *Psychol. S.* 210).

Algunos autores como Scheuchzer, Hoffmann y Oetinger afirman que estos pasajes de la Escritura incluyen y van más allá que todos los *systemata generationis* o tratados de la generación de aquel tiempo, y que su intención era la de impartir una instrucción de tipo biológico; pero esa no es su finalidad. La Escritura no intenta ofrecer en modo alguno un análisis de la actuación de la naturaleza como tal, en un plano de ciencia moderna, sino que remite siempre a su causa final (y al origen trascendente del hombre).

Conforme a la visión de la Escritura, en el origen de cada individuo humano se repite un acto creador de Dios que es semejante al de la creación de Adán, de manera que la continuación y desarrollo del despliegue de cada individuo forma parte de la acción de Dios, lo mismo que el inicio creador de cada individuo humano. Así dice Job: "Tus manos me han formado" (con עִצְּבוּנִי, de עצב, cortar, esculpir, dar forma); términos vinculados a ese son חצב y קצב, sin la noción de un instrumento material, lo que hace que esta palabra (עִצְּבוּנִי) sea especialmente apropiada para describir el complejo proceso de surgimiento del ser humano, que concluye diciendo "tus manos me han perfeccionado". Aquí no hemos empleado la palabra "hacer", porque עשה se relaciona con ברא y con יצר como *perficere* con *creare* y *fingere* (Gen 2, 2; Is 43, 7).

יחד se refiere de un modo colectivo a los miembros del cuerpo, y סביב evoca toda su forma. El hecho de "formar" al hombre como/con barro (arcilla) implica tres cosas: el carácter terreno de la sustancia humana, el despliegue del embrión humano sin su conocimiento y cooperación, y el modelado de la substancia informe (barro) por medio del poder y de la sabiduría divina.

El origen primigenio del hombre, *de limo terrae* (Job 33, 6; Sal 139, 15), se repite en el vientre de la madre. Las figuras que siguen (**Job 10, 10**) describen este origen, que siendo en sí oscuro es tanto más misterioso y sirve para glorificar con más fuerza el poder de Dios.

El esperma humano aparece simbolizado de esa forma con un tipo de leche o líquido viscoso; la palabra תַּתִּיכֵנִי (de חתיך que se utiliza normalmente en el sentido de fundir), que Seb. Schmid explica rectamente diciendo *colliquatam fundere et immittere in formam aliquam* (fundir algo y darle una forma especial) evoca el *nisus formativus* o poder formativo que está presente en el esperma. Así dicen Ewald y Hahn: No basta el suero para hacer el queso, pues se necesita leche que cuaje.

Aquí tampoco puede hablarse de cualquier tipo de leche (Schlottmann), porque la crema no es *lac coagulatum*, que es lo que la palabra significa. El embrión que se despliega a sí mismo a partir del esperma es como leche que se cuaja y recibe forma. De todas maneras, hay que observar la *consecutio temporum*. Así es, por ejemplo, incorrecto traducir como hace Ewald: ¿No me has hecho fluir como leche…?

Job está mirando hacia atrás, hacia el origen de su vida: las cuatro frases de 10, 10-11, regidas por los dos primeros verbos (10, 8), que definen el sentido de toda la estrofa tienen un significado que ha de verse de un modo retrospectivo. En esa línea, los futuros son como imperfectos sincrónicos, y en esa línea, cuando 10, 12 vuelve al perfecto, descubrimos que Job 10, 11 describe el desarrollo del embrión hasta el despliegue de la infancia.

Así lo pone de relieve Grocio (=Grotius): *Hic ordo est in genitura: primum pellicula fit, deinde in ea caro, duriora paulatim accedunt* (este es el orden que se da en la generación: primero se forma la piel, después la carne dentro, finalmente se añaden poco a poco las partes más duras). Por eso, en Job 10, 12 se despliega la manifestación de la divina bondad, no solo en el vientre de la madre, sino desde el comienzo de la vida hacia adelante.

La expresión "vida y misericordia (חַיִּים וָחֶסֶד) me has mostrado" (has realizado en mí) no aparece de esta forma en ningún otro lugar de la Biblia y actúa como un zeugma, como elipsis que recoge todo lo anterior: Dios le ha dado la vida, y le ha sostenido en medio de pruebas constantes, actuando a su favor. Su cuidado ha mantenido en vida su espíritu (רוּחַ), de manera que todo su entramado vital ha venido a convertirse en un ser vivo y autoconsciente.

Esta retrospectiva gozosa está entremezclada con reflexiones dolorosas, en las que Job muestra sus sentimientos, poniendo de relieve el contraste entre la manifestación de la divina bondad que se había expresado en el tiempo de su nacimiento y la situación posterior de su vida. Como en Job 10, 8, también en **10, 11** la palabra תְּלַבִּישֵׁנִי ha sido mal traducida por Hirzel: "y ahora quiere destruirme". El tema de la destrucción aparece más bien en los versos que seguirán.

Esta es la paradoja o tema de fondo que anuncia esta estrofa: la obra de la creación, que en Gen 1 aparece como buena (inicio de todo lo que sigue), se interpretará a partir de aquí como principio de destrucción. Dios ha creado a Job de un modo gratuito, y de esa forma ha sostenido su vida; pero lo ha hecho para conducirla después a un fin terrible.

Job 10, 13-17

¹³ וְאֵלֶּה צָפַנְתָּ בִלְבָבֶךָ יָדַעְתִּי כִּי־זֹאת עִמָּךְ׃
¹⁴ אִם־חָטָאתִי וּשְׁמַרְתָּנִי וּמֵעֲוֹנִי לֹא תְנַקֵּנִי׃
¹⁵ אִם־רָשַׁעְתִּי אַלְלַי לִי וְצָדַקְתִּי לֹא־אֶשָּׂא רֹאשִׁי שְׂבַע קָלוֹן וּרְאֵה עָנְיִי׃
¹⁶ וְיִגְאֶה כַּשַּׁחַל תְּצוּדֵנִי וְתָשֹׁב תִּתְפַּלָּא־בִי׃
¹⁷ תְּחַדֵּשׁ עֵדֶיךָ ׀ נֶגְדִּי וְתֶרֶב כַּעַשְׂךָ עִמָּדִי חֲלִיפוֹת וְצָבָא עִמִּי׃

¹³Pero ocultabas esto en tu corazón, y sé que esto tenías en tu mente:

¹⁴Si hubiera pecado insistirías en ello, y no me considerarías limpio de mi iniquidad.

¹⁵Si fuera malo ¡ay de mí!, y si fuera justo tampoco levantaría la cabeza, hastiado de mi deshonra y consciente de mi aflicción.

¹⁶Si alzara la cabeza, me darías caza como a león,
y desplegarías contra mí tu poder maravilloso (destructor).

¹⁷Tú renovarías siempre tus testimonios contra mí,
y contra mí aumentarías tu furor,
de manera que estaría obligado a oponerme siempre a nuevas tropas.

En este momento, a Job le parece que la manifestación de la divina bondad que él ha experimentado en el principio de su vida, en comparación con la miseria presente, tenía la finalidad escondida de velar (de silenciar, de tapar) el carácter terrible de la opresión posterior. Ahora queda manifiesto aquel primer propósito, que parecía tan bueno: Dios le ha creado de un modo que parecía bondadoso y le ha mantenido hasta el momento actual para condenarle después del modo más severo y doloroso.

Tanto אלה como זאת (10, 13) se refieren en lo que sigue a זאת עִמָּךְ, es decir al pensamiento concebido, al propósito de fondo, como en Job 23, 14; 27, 11. Todo lo que sigue recibe así un colorido de futuro, a partir de la primera frase, que rige y define la estrofa posterior: Era esto lo que tú tenías en tu mente. Por eso, **10, 14** ha de traducirse así: 14 Si yo hubiera pecado, tú tomarías nota de ello, es decir, me tendrías vigilado, como equivalente de *custoditurus eras me,* y de esa forma me tendrías sometido.

שמר, con el acusativo de persona, conforme a Sal 130, 3 (seguido de acusativo, en referencia al pecado…), ha de entenderse así: tener siempre presente, es decir, vigilado, a uno, marcándole como pecador (Hirzel). Esta parece una traducción más apropiada que la de *observaturus eras me* (Schlottmann).

Por su parte, según Gesenius 121, 4, וּשְׁמַרְתָּנִי, **10, 14,** puede tomarse como חטאתי (o לי ושמרת); pero esto resulta innecesario, y hemos traducido *tú tomarías nota de ello,* pero lo hemos hecho solo por motivos de claridad. Dios no dejaría que sus faltas quedaran sin castigo, como si él hubiera actuado con maldad (רשע, en referencia a un pecado voluntario, a diferencia de חטא), que es ¡ay de mí! (cf. οἰαί μοι, 1 Cor 9, 16).

Conforme a la construcción antes evocada, וצדקתי es *praet. hypotheticum* (Genesius 155, 4, a). La conclusión sigue con un *waw*, como apódosis: Y si hubiera actuado con justicia no hubiera podido levantar la cabeza, lleno de vergüenza, consciente de mi miseria.

Los adjetivos no están en aposición a ראשי (Bötticher), sino que describen la condición en la que Job hubiera sido arrojado, para hundirse en ella, en vez de ser capaz de levantar la cabeza de un modo confiado (conforme al principio ético expresado en Gen 4, 7). ראה es constructo de ראה, como שבע o שבע. Resulta innecesario alterar esa palabra (como quieren J. Piscator, Hirzel, Bötticher y Ewald), porque ראה es un adjetivo verbal, en la línea de קשה, נכה, יפה.

Por otra parte, וראה no puede ser imperativo (como piensan Rosenmüller y De Wette). Ciertamente, hay imperativos que se unen con *waw* a sentencias que tienen una construcción distinta (Sal 77, 2; 2 Sam 21, 3); pero en el presente caso esa forma de expresar el tema hubiera destruido la conexión y el tono del pasaje.

En **10, 16**, וְיִגְאֶה tiene sentido hipotético como וְצָדַקְתִּי, de 10, 15, pero en futuro, porque se refiere a un acto voluntario (Ewald & 357, b): *Y si hubiera alzado la cabeza* (de un modo orgulloso, con algún tipo de autoconciencia) tú me darías caza como un león o chacal (cf. כַּשַּׁחַל, como a un chacal; sobre el sentido de la frase cf. 4, 10).

Job presenta a Dios como león (cf. Os. 5, 14; 13, 7), y se compara a sí mismo con una presa a la que el león persigue. "Tú te mostrarías así maravilloso a mis expensas" (con תשב, en forma voluntativa, seguido con un futuro con el que se conecta de un modo adverbial, cf. Genesius 142, 3, b): *Te mostrarías según eso maravilloso*, תִּתְפַּלָּא, con acento en la última sílaba, aunque no sea en pausa, como en Num 19, 1 (cf. Ewald, 141, c.). Maravilloso en poder, inventando nuevas formas de hacerme sufrir, por las cuales yo estaría obligado a arrepentirme de tu altivez (no de mis pecados).

10, 17. Los testimonios (עדים) que Dios eleva siempre de nuevo en contra de Job son la causa de su sufrimiento (cf. Job 16, 8), de forma que aunque es consciente de su inocencia tiene que declarar que es pecador, porque Job, igual que sus amigos solo puede concebir el pecado y el sufrimiento como realidades vinculadas entre sí; y de esa manera se ve obligado a poner las marcas o signos del pecado en un hombre que no ha pecado (por razón de que sufre).

תרב (futuro apocopado, en *hitpael*, cf. Genesius 75, 15) es también una forma voluntativa: *Tu multiplicarías, aumentarías* tus testimonios, acrecentando así tu maldad en contra de mí. עם (cf. עִמָּדִי) tiene aquí el sentido de *contra*, lo mismo que en otros pasajes, con palabras que evocan violencia o guerra (Job 13, 19; 23, 6; 31, 13) o allí donde el contexto implica hostilidad (cf. Sal 55, 29; 94, 16).

Esta última línea, 10, 17 es una frase formada totalmente por nombres. Todos los comentaristas modernos piensan que חֲלִיפוֹת וְצָבָא es una endíadis, como traduce Mercier: *impetor variis et sibi succedentibus malorum agminibus* (es decir, obligado a oponerse a diversos males, como ejércitos que se van sucediendo). De un modo consecuente, en esa línea, צבא suele tomarse en sentido colectivo. El texto evoca la llegada de *ejércitos* que se van dispersando a sí mismos, pero que vuelven siempre de nuevo y atacan.

Pero ¿no será esta una forma de expresión antinatural? Por medio de חליפות Job evoca las tropas que van avanzando; y por צבא indica el cuerpo principal del ejército, del que provienen las diversas unidades de tropas. La primera palabra está al comienzo porque el pensamiento expresado en תחדש y תרב está indicando algo que es continuo (cf. Job 19, 12): la enemistad que Dios manifiesta en contra de Job se muestra siempre de nuevo a través de sufrimientos que se repiten, sufrimientos que se añaden a su aflicción de base.

Bötticher llama la atención sobre el hecho de que las frases que siguen a 10, 14 desembocan en un tipo de inflexión que aparecerá en 10, 18. La repetición del sufijo pronominal (cf. נֶגְדִּי עִמָּדִי) sirve para destacar el hecho de que estas manifestaciones de la ira divina se refieren a Job de un modo especial, individual.

Job 10, 18-22

¹⁸ וְלָמָּה מֵרֶחֶם הֹצֵאתָנִי אֶגְוַע וְעַיִן לֹא־תִרְאֵנִי׃
¹⁹ כַּאֲשֶׁר לֹא־הָיִיתִי אֶהְיֶה מִבֶּטֶן לַקֶּבֶר אוּבָל׃
²⁰ הֲלֹא־מְעַט יָמַי (יֶחְדָּל) [וַחֲדָל] (יָשִׁית) [וְשִׁית] מִמֶּנִּי וְאַבְלִיגָה מְּעָט׃
²¹ בְּטֶרֶם אֵלֵךְ וְלֹא אָשׁוּב אֶל־אֶרֶץ חֹשֶׁךְ וְצַלְמָוֶת׃
²² אֶרֶץ עֵיפָתָה ׀ כְּמוֹ אֹפֶל צַלְמָוֶת וְלֹא סְדָרִים וַתֹּפַע כְּמוֹ־אֹפֶל׃ פ

¹⁸¿Y por qué me hiciste salir de la matriz? Habría expirado y nadie me habría visto.
¹⁹Sería como si nunca hubiera existido, llevado del vientre a la sepultura.
²⁰¿No son pocos mis días? ¡Déjame, pues! Apártate, que pueda consolarme un poco
²¹antes que vaya para no retornar ya más a la tierra de tinieblas y sombra de muerte,
²²a la tierra de oscuridad, como a media noche, tierra de sombra de muerte y confusión, donde la luz es como tiniebla de media noche.

La pregunta *¿y por qué?* (**10, 18**) viene seguida por un futuro en modo condicional (Gesenius 127, 5) y trata de aquello que podría y debería haber sucedido en el caso de que Dios no le hubiera hecho nacer vivo: Yo debería haber expirado, como si no hubiera nacido (cf. 3, 13, donde el pretérito expresa de un modo más objetivo aquello que debería haber sucedido).

Estos *modi conditionales* continúan en **Job 10, 19**: Yo hubiera estado (es decir, hubiera seguido en el vientre) como si no hubiera existido (cf. la breve expresión elíptica de Abd 1, 16)⁴⁷, es decir, como alguien que apenas ha entrado en la existencia, como si todo se hubiera reducido al principio, sin más desarrollo (en la concepción). Sería como si nunca hubiera vivido, habría sido llevado (הובל, como Job 21, 32) del vientre (sin ver la luz, como la ve quien nace) a la sepultura. Este rechazo de su vida se expresa (**10, 20**) en el deseo de que Dios se complazca en relajar un poco su cerco, dejando de perseguirle con esa fuerza, antes de que llegue y le trague la noche del Hades. No podemos traducir con el targum : ¿No son pocos mis días y se desvanecen? Ni tampoco con Oetinger: ¿No cesará la cortedad de mis días?

Ambas traducciones van en contra de la acentuación y del ritmo poético del texto. Olshausen insiste en la extrañeza de que no exista ni un acento pausal débil en יָמַי, pero, al menos indirectamente, hay un acento, pues el *munach* equivale aquí del *dech*, a partir del cual se ha formado (cf. mi *Comentario a Salmos* II, 505. De un manera consecuente, Seb. Schmid traduce de un modo correcto: *nonne parum dies mei? ideo cessa* (¿no son pocos mis días? ¡Cesa por tanto!).

El *kere* pone el optativo (וַחֲדָל) en lugar de una expresión precativa (יֶחְדָּל) en el sentido de "cesa pues, apártate de mí" (imperativo consecutivo con *waw* de resultado, Ewald, 235, a). Cf. la conclusión precativa del discurso de Job 7, 16, pero allí no hay razón real alguna para cambiar la forma optativa del texto.

יָשִׁית (voluntativo para שִׁת, cf. Job 9, 33) puede ser suplementado con פָּנָיו, לִבּוֹ o עֵינָיו (Job 7, 17), cosa que, en contra de Hirzel, no se puede hacer con שִׁבְטוֹ, tras Job 9, 34, pues no responde al uso del lenguaje hebreo, ni con מַחֲנֵהוּ, *copias suas* (en contra de Bötticher). Pero שִׁית, lo mismo que שִׂים, Job 4, 20, significa volverse a uno mismo, *se disponere*, en el sentido de *estar a la espera de,* de manera que שִׁית מִן significa "volver a", como שָׁעָה מִן, Job 7, 19, Sal 39, 14 (donde, como aquí, viene después וְאַבְלִיגָה).

10, 21. Lo que Job desea es un alivio momentáneo de su sufrimiento, antes de bajar al Hades, que parece estar ya muy próximo, a la mano. Él presenta así al Hades como tierra de la oscuridad y sombra de muerte. וְצַלְמָוֶת, que aparece por vez primera en el AT en Sal 23, 4, como derivado de צֵל, sombra, y de מָת, muerte; esta es la palabra que se emplea para indicar la oscuridad de la región de los muertos y así se repite poco después.

Job presenta después a la muerte como tierra de la oscuridad que todo lo rodea, con עֵפָתָה, defectivo de עֵיפָתָה, de עוּף, estar en tinieblas, con la *he* (ה) paragógica, intensiva, en lugar de עֵיפָה, en Am 4, 13, quien también utiliza הִבְלִיג, y en Am 4, 9, en común con Job, en el sentido de oscuridad de media noche. אֹפֶל no puede significar la penumbra del crepúsculo, sino que es la ausencia total de

---

47. כְּלֹא tiene aquí el mismo sentido que כַּאֲשֶׁר לֹא, como לְלֹא, Is 65, 1 que es lo mismo que לֹא לַאֲשֶׁר [cf. Gesenius 123, 3]. Por su parte, כ no se utiliza en forma de conjunción, como tampoco la ל (cf. *Comentario* a Sal 38, 14).

luz del sol, como en Job 3, 6; 28, 3; Sal 91, 6; cf. Ex 10, 22, donde la oscuridad de Egipto se llama חֹשֶׁךְ אֲפֵלָה.

Bötticher compara correctamente אפל y נפל: *mersa ad imum h.e. profunda nox* (es decir, noche que avanza, en lo más profundo de la oscuridad). Más aún, él llama aquí a la tierra con el nombre de *sombra de muerte*, porque está desprovista de orden y sentido. Por su parte, סדרים, es un ἅπ. Λεγ; no aparece más el AT, pero es una palabra común en hebreo posterior, donde cualquier cosa vinculada a la sombra de muerte viene a presentarse como caos, pues carece de una línea clara que distinga a las diversas cosas.

Es difícil determinar si ותפע ha de referirse a ארץ, y tomarse como aquello que ilumina (como futuro consecutivo, con acento en la penúltima línea y sintaxis como la de Job 3, 21. 23 e Is 57, 3), o si ha de tomarse como neutro: *Y brilla allí* (donde quiere que aparezca), como la oscuridad de medianoche. Dado que ותפע (de יפע, elevarse, brillar, cf. *Comentario* a Sal 95, 4) igual que האיר, no aparece en ningún otro lugar como neutro, preferimos (con Hirzel) vincular esa palabra (ותפע) a ארץ, como la opción más segura.

En esa línea, אפל significa aquí la más profunda oscuridad, *ipsum medullitium umbrae mortis ejusque intensissimum, la intensidad mayor de las sombras* de muerte, como ha puesto de relieve Oetinger. Lo que aquí se llama luz, es decir, el grado más intenso de oscuridad, es como la media noche de este mundo: "No es luz, sino oscuridad visible", como dice Milton, hablando del infierno.

Interpretación de Job 9-10. En este pasaje, Job evoca por primera vez el principio en el que se funda el ataque de sus amigos. Está dirigido principalmente en contra de Elifaz, porque la crítica de los otros dos amigos se fundamenta en los mismos principios.

Pues bien, a partir de esto, a pesar de que la primera parte del discurso de Job no se refiere a él, ni a sus amigos, no podemos decir (con Ewald) que se trata de un simple soliloquio. Hasta 9, 28, Job se dirige a sus amigos; y además, cuando se dirige más tarde a Dios, todo lo que dice a Dios está fundado en lo que sus amigos han dicho en contra de él.

La máxima de los amigos era que *Dios no pervierte el derecho*, sino que actúa con justicia en todo lo que hace. Los amigos concluyen partiendo de ello que ningún hombre, aunque sea sufriente, puede justificarse a sí mismo. El deber de los hombres consiste en humillarse a sí mismos bajo la justa mano de Dios. Job asiente a todo eso, pero su asentimiento es un mero sarcasmo de aquello que ellos dicen.

Job admite que todo lo que Dios hace es recto; pero no porque lo sea en sí mismo, sino porque es obra del Dios absoluto, en contra del cual no puede protestar ninguna creatura, por más clara que sea su conciencia de inocencia. Job rechaza así la bondad de Dios, y mira todo aquello que él hace que sea como producto de su voluntad arbitraria. Lo que Dios hace y dice debe ser verdadero y justo para los hombres, aunque no sea justo y verdadero en sí mismo.

El Dios de los amigos es un Dios de justicia absoluta; *el Dios de Job* es un Dios de absoluto poder. El Dios de los amigos trata a los hombres según la regla objetiva del derecho; el Dios de Job lo hace conforme a su pura libertad, la cual, libre de todo freno viene a convertirse en puro capricho.

¿Cuál es la razón por la que Job despliega una visión tan triste y dura del tema? Son los mismos amigos los que, por la visión tan fuerte que han asumido, le hacen escorarse hasta ese extremo. Por su parte, ellos imaginan que la justicia de Dios es fundamento suficiente para dar razón de todas las desgracias de la humanidad, y en particular de la de Job. Ellos sostienen así, con respecto a la humanidad en general (Elifaz partiendo de su propia observación y Bildad llamando en su ayuda a la sabiduría de los ancianos), que los impíos, aunque prosperan por un tiempo, desembocan en un fin terrible; y respecto a Job se atreven a decir que su desgracia es un justo castigo de Dios, aunque se trate de un castigo pensado para su bien.

En contra de la primera afirmación de los amigos (que los malvados tienen un fin terrible...) se rebela la propia experiencia de la vida de Job. En contra de la segunda (que su desgracia es castigo de Dios) se rebela su conciencia, y lo hace con indignación. Ciertamente, la observación de Job es tan correcta como la de sus amigos, pues tanto la historia del pasado como la del presente ofrece muchos ejemplos de juicios que han caído de pronto sobre los impíos y también de visitas destructoras de Dios sobre los justos, de forma que han sufrido por igual los inocentes y los culpables, que son los responsables de esos juicios.

Pero en relación con su desgracia, Job no tiene razones para argumentar en una línea posterior, propia del Nuevo Testamento donde se pueden aplicar las palabras de Brentius: "Todo lo que acontece tras la justificación de la fe se aplica al piadoso, es decir, al inocente". Job no puede situarse todavía en ese plano, no puede partir de la justificación del impío, en la línea en que lo han hecho Jesús o Pablo.

Según eso, si el sufrimiento de Job no fuera tan severo y su fe no hubiera sido tan poderosamente sacudida, él podría haberse situado ya en la línea del Nuevo Testamento, siendo confortado con el pensamiento de que los caminos de Dios son insondables. Pero él se encuentra perplejo, porque: (a) por un lado, él (Job) no puede negar los muchos aspectos de la justicia del gobierno divino en el mundo (él no los niega, ni incluso aquí); (b) por otro lado, él considera las numerosas incongruencias del destino humano ante la justicia de Dios[48].

Job no está todavía en el Nuevo Testamento, de forma que su propia suerte ha terminado siendo inexplicable para él, sin que por ello haya llegado a perder la confianza radical en el divino amor, ni la conciencia de una fe como la de Asaf (levita y músico del templo de Jerusalén, autor del salmo 72) quien, como dice

---

48. Este pensamiento se vuelve más consolador para nosotros, que hemos recibido la revelación de la vida futura. De todas formas, ya en los tiempos finales del Antiguo Testamento se evoca un juicio final que resolverá todas esas incongruencias. Cf. conclusiones del *Comentario* al Eclesiastés.

Lutero, se esfuerza por mantenerse dirigido hacia Dios, en medio de la ira y del infortunio, como a través de un campo de espinas, como si tuviera que atravesar un camino de lanzas y espadas.

Job camina así también entre conflicto y tentación. Él no comprende el motivo y propósito divino de su sufrimiento, ni tiene una fe tan firme y tan inquebrantable que le hubiera permitido superar las visiones equivocadas de Dios, de manera que sus dispensaciones constituyen para él un enigma.

En esa línea, como ha mostrado su primer discurso (maldiciones del cap. 3), Job se encuentra atormentado por pensamientos que forman parte del conflicto de la tentación. La imagen del Dios de gracia permanece escondida para él, de forma que solo percibe la acción de la ira divina y pregunta: ¿Desde dónde puede ofrecer Dios luz a los que sufren? Esta es una pregunta que no puede sorprendernos mucho pues, como dice Lutero: "No ha existido nunca alguien tan santo que no haya sido atormentado con este *quare, quare*: ¿por qué, por qué? ¿Por qué han de ser así las cosas?".

Pues bien, los amigos, que conocen tan poco como el mismo Job la solución de este misterio, le censuran por sus preguntas y piensan que las proposiciones que ellos defienden (*no hay en el hombre justicia que pueda mantenerse ante Dios y Dios no pervierte jamás el derecho*) pueden ser y son la llave para resolver el misterio. Pero, en ese contexto, el conflicto se vuelve más hiriente para Job, porque esa justicia de Dios de la que le hablan los amigos no le ofrece ninguna explicación satisfactoria de su propia suerte ni de las aflicciones de la humanidad en general.

La justicia de Dios, que sus amigos juzgan suficiente para explicar todo lo que acontece a los hombres, Job no puede mirarla como "derecho" propio del Ser Supremo (en contra de los hombres). Y así, mientras sus amigos piensan que toda acción de Dios proviene de su justicia, él piensa que todo lo que Dios hace está controlado por su absoluto poder, no por su justicia.

Este principio, carente de consuelo, hace que Job se encuentre perplejo y sin respuesta ante el problema o misterio que le desborda: (a) Por un lado, él sabe que es inocente. (b) Por otro lado, él debe aparecer como culpable ante Dios, teniendo que mantenerse así, sin palabras, ante su terrible majestad. La única salida para él sería la de colocarse ante Dios, frente a frente, para hablar con él sin miedo, defendiéndose a sí mismo, y esperando una respuesta que le permita conocer la razón de su destino de dolor (Job 9).

En ese contexto, tras unos discursos en los que no existe ninguna conciencia ni experiencia del amor de Dios, Job ha podido formular esta oración emocionante: ¡No me condenes sin que yo sepa la razón por la que tú lo haces, obrando de esta forma! (Job 10, 1-7).

Cuando mira hacia atrás, se ve obligado a alabar a Dios como su Creador y Conservador, por aquello que el mismo Dios ha hecho por él (Job 10,8-12); pero cuando piensa en su condición presente Job descubre que, desde el mismo principio, Dios ha tenido el designio de descargar sobre él su ira, para llenarle de enfermedades, y para privarle de toda la alegría vinculada a la conciencia de su inocencia (Job 10, 13-17). Él se descubre así perseguido por Dios.

Por eso, Job se siente obligado a mirar a Dios como a su enemigo y este pensamiento se impone en él sobre el recuerdo de la bondad divina que a su lado no actúa ya en su vida. De todas formas, si Dios fuera su enemigo, él podría preguntarse: ¿De dónde, entonces, y por qué he venido a la existencia? En ese contexto, mientras él se retuerce como un gusano bajo el poder omnipotente de Dios, Job le pide que al fin le deje perderse en la tierra de la oscuridad, de donde no hay retorno, para así no tener que sufrir ya más (Job 10, 18-22).

Brentius afirma que este discurso de Job contiene blasfemias del infierno, y lo explica de esta forma: En medio de tanto horror de juicio, Job no siente a Dios como Padre, sino como carnicero (*non enim in tanto judicii horrore Deum patrem, sed carnificem sentit*). Pero Brentius añade también que en pasajes como este de Job 10, 8-12, la fe hace que su mente se eleve hacia Dios, incluso en medio del juicio, pues cuando alaba las misericordias de Dios lo hace *spiritu fidei*, con espíritu creyente, y no podría hacerlo así a no ser que permaneciera en él una chispa de fe (*fidei scintilla*).

Esto es verdad. El fundamento de la fe de Job permanece firme incluso en medio del más fiero conflicto de la tentación, y así se manifiesta de un modo continuo. No seremos capaces de entender el tema de fondo de este libro de Job a no ser que veamos esta *fidei scintilla* en el fondo de su vida, pues si en ella no quedara algo de fe, eso habría significado el cumplimiento de la acusación Satán y la derrota de Dios (pues no habría en el mundo nadie que le reconociera como tal, aun en medio del dolor).

Pues bien, mirados en esa línea, los pensamientos indignos que Job eleva contra Dios (y que Brentius llama *inferni blasphemias*) no llegan nunca a presentarle como su enemigo total, como alguien a quien él rechaza y niega, como quería el Diablo, aunque él (Job) le tome a veces como un tipo de ser maléfico, lleno de rabia en contra de él. Por eso, a pesar de la imaginada enemistad de Dios en contra de él, Job nunca llega a declararse enemigo de Dios, de forma que nunca le condena y rechaza del todo, hasta maldecirle (en la línea del ברך אלהים).

De esa forma, en el fondo, Job no se revuelve contra Dios (para negarle y matarle), sino que, a pesar (o en medio) de sus palabras duras se inclina ante Dios en oración. Su alma está llena de la adoración de Dios, de reverencia por su poder y majestad.

Ciertamente, Job puede discernir claramente las obras maravillosas de Dios en la naturaleza, entre los hombres, con su poder creador y su providencia gratuita, cuyas obras él mismo ha experimentado. Pero sus pretendidos amigos (que son sus acusadores) han extendido un oscuro velo sobre este misterio, de forma que, en esta situación, él no puede contemplar ya más el rostro amoroso de Dios. Su fe es incapaz de dispersar esta nube de oscuridad divina, de manera que solo ve un lado del carácter divino: su poder infinito (no su amor providente).

Y dado que mira hacia Dios como el Todopoderoso y el Airado, su sensación se manifiesta de un modo alternativo bajo dos o tres fases que son igualmente trágicas. En un momento dado, él se eleva, con la conciencia de la justicia de su causa. En un segundo momento se hunde de nuevo ante la majestad de Dios, ante la cual sin embargo sucumbe. Finalmente, en otro momento su sentimiento de autoconciencia queda desbordado y sofocado por la severidad de su sufrimiento, de manera que comienza a importunar a Dios con peticiones.

Es verdad que, mientras mira sus sufrimientos como dispensaciones del juicio divino, Job responde y critica a Dios de un modo injusto, pues cree que Dios ha sido injusto con él. Pero debemos recordar que este estado de conflicto y tentación no excluye la idea de que nos hallamos ante una especie de ocultamiento temporal de la fe, de forma que (como Baumgarten lo ha dicho de un modo muy adecuado, *Pentat*. i. 209), el secreto profundo de la oración es que el hombre puede permanecer unido al Ser Divino en medio de una oscuridad como esta. Desde ese fondo podremos comprender que esta nube oscura necesita ser removida por el mismo Dios, a fin de que Job pueda mantenerse en pie ante el Dios del amor, que es Justo y Santo.

Job 11. Discurso de Sofar

Job 11, 1-6

וַיַּעַן צֹפַר הַנַּעֲמָתִי וַיֹּאמַר׃ ¹
הֲרֹב דְּבָרִים לֹא יֵעָנֶה וְאִם־אִישׁ שְׂפָתַיִם יִצְדָּק׃ ²
בַּדֶּיךָ מְתִים יַחֲרִישׁוּ וַתִּלְעַג וְאֵין מַכְלִם׃ ³
וַתֹּאמֶר זַךְ לִקְחִי וּבַר הָיִיתִי בְעֵינֶיךָ׃ ⁴
וְאוּלָם מִי־יִתֵּן אֱלוֹהַּ דַּבֵּר וְיִפְתַּח שְׂפָתָיו עִמָּךְ׃ ⁵
וְיַגֶּד־לְךָ תַּעֲלֻמוֹת חָכְמָה כִּי־כִפְלַיִם לְתוּשִׁיָּה ⁶
וְדַע כִּי־יַשֶּׁה לְךָ אֱלוֹהַּ מֵעֲוֹנֶךָ׃

¹Respondió Sofar, el naamatita, y dijo:
²¿Las muchas palabras no serán respondidas y el de mucho hablar será justificado?
³¿Tu vana habladuría acallará al pueblo? ¿Te burlarás, sin que nadie te avergüence?
⁴Tú has ha dicho: Mi doctrina es recta, y soy inocente ante tus ojos (los de Dios).
⁵Mas ¡ah, quién diera que Eloah hablara, y abriera sus labios para responderte
⁶y te comunicara secretos de sabiduría, que es mayor conocimiento!
Y sabrías que Eloah ha perdonado gran parte de tu iniquidad.

Cuando Job ha concluido el largo discurso anterior (Job 9-10), comienza el discurso de Sofar, el tercero y más impetuoso de sus amigos. Su nombre, si ha de ser explicado conforme al *árabe* (en la línea de la tradición de Esaú), ha de tomarse como *el-assfar*[49], que significa el Amarillo (*flavedo*), un nombre que puede tener el sentido de *amenidad* (*amaenitas*).

El comienzo de su alocución es ya impresionante, y así empieza diciendo que el discurso de Job ha sido רב דברים, una multitud de palabras (además de aquí en Prov 10, 19; Ecl 5, 2), y él (Sofar) pregunta con fuerza retórica si esas palabras pueden quedarse así, sin respuesta. לא יענה, *responsum non feret*, de נענה, no en el sentido de ser humillado, sino en el de no ser respondido (que se aplica al suplicante).

Ser escuchado significa recibir una respuesta. Pues bien Sofar llama a Job un אִישׁ שְׂפָתַיִם, *hombre de labios, charlatán* (una expresión que ha de distinguirse de איש דברים, un hombre experto en pronunciar discursos, Ex 4, 10). Job es, según eso, alguien que no tiene razón, alguien a quien no se le puede permitir que diga la última palabra, alguien a quien hay que responder con fuerza.

Las preguntas de Sofar en Job 11, 2 van seguidas por otras (**11, 3-4**) que no vienen marcadas en hebreo por un signo de interrogación, sino solo por un acento interrogativo. ¿Han de quedar sin respuesta tus בדים, discursos sin sentido (de בדד que tiene el mismo significado de בטא, βαττολογεῖν)?

¿Has de imponer a los hombres (מתים, que es otro arcaísmo para hombre, igual que תבל, siempre sin artículo) el silencio, de manera que te atrevas a mofarte de ellos (de los otros) sin que nadie te avergüence, es decir, sin que muestre el absurdo al que llevan tus palabras? ¿Te atreverás a mofarte de Dios (Hirzel)? o, mejor, con Rosenmüller: ¿Te atreverás a mofarte de nosotros y de Dios, *nos et Deum*?

Todo lo que Sofar ha escuchado en el largo discurso de Job ha sido a su juicio una burla en contra de sus oponentes, una burla en contra de los hombres honrados, que pudieran pensar que ese Job charlatán tiene razón porque ellos permanecen en silencio.

El futuro consecutivo de **Job 11, 3,** describe la conducta de Job, tal como resulta del hecho de que no le contradigan. En **11, 4**, Sofar no retoma las palabras de Job como tales, sino que él supone que sería mejor no tener más relaciones con él (con ese charlatán), hasta que un día dijera y pensara cosas distintas (verdaderas), de manera que se le pudiera considerar irreprochable, manteniendo así una relación pura con Dios.

La palabra לקח (cf. לְקָחִי) aparece solo aquí en el libro de Job, aunque es frecuente en el libro de los Proverbios (cf. también Dt 21, 2; Is 29, 24) y significa propiamente el acto de apropiarse de algo, y en esa línea puede significar también "aquello que se puede tener por apropiación", es decir, por enseñanza, como una doctrina (semejante a שמועה, lo que se escucha, ἀκοή, y por extensión un discurso). Por las palabras "mi doctrina es pura" que Sofar pone en boca de Job, vemos que la controversia se convierte más y más en una discusión sobre principios.

---

49. Cf. Abulfeda, *Historia anteislámica*, ed. Fleischer, 168.

11, 5. Con ואולם, *verum enim vero* (pero, en verdad), Sofar introduce su deseo, queriendo que el mismo Dios instruya a Job, pues de esa manera refutaría completamente sus falsos discursos. מִי־יִתֵּן está seguido por un infinitivo y después por un futuro (cf. Gesenius 136, 1). כִּפְלַיִם (solo aquí y en Is 40, 2) indica no solo que aquello que se dice dos veces (y que es por eso grande), sino, de un modo general, aquello que sobrepasa por mucho a otra cosa, en este caso la sabiduría de Dios (cf. חָכְמָה כִּי־כִפְלַיִם).

El sujeto de la frase que comienza con כִּי es הִיא referido a la Sabiduría de Dios: que ella es el doble (que es muy grande) respecto de toda otra forma de sabiduría o realidad (לְתוּשִׁיָּה) con ל como por ejemplo en 1 Rey 10, 23. Evidentemente, aquí se contrapone la sabiduría de Dios con la sabiduría mentirosa y los sofismas filosóficos de Job.

En vez de decir suavemente "entonces tú podrías percibir", Sofar dice, de un modo impetuoso (expresando lo más hondo de su mente y de su deseo), *sabrás*, es decir, tendrás que saber, con ודע (en imperativo consecutivo o, como Ewald, 345, b dice, en imperativo de futuro, *futuri*, semejante a Gen 20, 7; 2 Sam 21, 3): Entonces percibirías que Dios te ha tratado con mucha mayor suavidad y clemencia que la que tú merecías. El causativo השה (en el AT solo en ese pasaje y en Job 39, 17) denota aquí *oblivioni dare* (poner en olvido, pasar por alto), con el מן de מעונך en sentido partitivo.

Job 11, 7-9

⁷ הַחֵקֶר אֱלוֹהַ תִּמְצָא אִם עַד־תַּכְלִית שַׁדַּי תִּמְצָא׃
⁸ גָּבְהֵי שָׁמַיִם מַה־תִּפְעָל עֲמֻקָּה מִשְּׁאוֹל מַה־תֵּדָע׃
⁹ אֲרֻכָּה מֵאֶרֶץ מִדָּהּ וּרְחָבָה מִנִּי־יָם׃

⁷¿Encontrarás los secretos de Eloah? ¿Penetrarás en los fundamentos de Shadai?
⁸Es más alta que los cielos: ¿qué harás? Más profunda que el *Sheol*: ¿cómo la conocerás?
⁹Su medida es más larga que la tierra, y es más ancha que el mar.

La mayoría de los comentaristas modernos traducen erróneamente חקר que es *buscar–descubrir* como comprender, y תכלית como perfección, un significado que ese término no ha tenido nunca. Ciertamente, la primera palabra significa ante todo en sentido activo *encontrar por haber buscado*, y después, en línea objetiva, encontrar la cosa que se está buscando y se ha encontrado: el fundamento escondido (Ewald), lo profundo (aquí y en Job 38, 16; y en ese sentido, según Ewald (cf. Job 8, 8) aquella profundidad de la que siempre se piensa.

Ese último sentido implica penetrar hasta lo más profundo, es decir, hasta el último límite, πέρας (Job 26, 10; 28, 3). En otras palabras: hasta la naturaleza que está en el fondo de todo lo visible, como objeto de la búsqueda, expresada por חקר. El texto se refiere así al extremo de una cosa, es decir, a su fin, sin el cual no se puede entender ni el principio ni el medio, algo que se indica con la palabra תכלית. La naturaleza de Dios puede ser objeto de búsqueda, pero no puede ser encontrada, y en esa línea el "fin" de Dios resulta inalcanzable, porque él es ambas cosas: es el Perfecto, *absolutus*, y el que no tiene fin, el *infinitus*.

11, 8-9. La forma de expresión que aquí se emplea hace referencia a la sabiduría divina (*hokma*, Job 11, 6), y amplifica lo que allí se dice sobre su realidad trascendente. Su carácter absoluto se describe en cuatro dimensiones (la Sabiduría es alta y profunda, ancha y larga), como el carácter absoluto del amor, que está implicado en el plan de la redención del hombre (cf. Ef 3, 18). El pronombre היא, referido al sujeto de esta sentencia, debe ser suplido. La Sabiduría de Dios es como "lo alto de los cielos" (גָּבְהֵי שָׁמַיִם), con sustantivo en vez de adjetivo (cf. Job 22, 12): ¿Qué quieres o puedes hacer tú a fin de escalar lo que es más alto que los cielos?

En **Job 11, 9** he traducido conforme a la lectura de מִדָּהּ con ה de *mapic*. Esta construcción en femenino es una contracción de מדתה, como en Job 5, 13, ערמם en vez de ערמתם (cf. Zac 4, 2, con גלה por גלתה; más formas sincopadas del mismo tiempo en *Comm. über den Psalter*, i. 225, ii. 172). La lectura recogida por la Masora es, sin embargo, מִדָּה, con *he* y *rafe*, según lo cual la palabra parece un acusativo empleado como adverbio.

Sin embargo, la separación de este *acc. relativus* respecto a su forma *regens* por la inserción de una palabra entre esos dos términos (cf. Job 15, 10) parece difícil de aceptarse aquí, pues falta la partícula היא y de un modo consecuente מדה puede entenderse en el sentido de *mensura eius* en cualquiera de las formas en que se escriba (pues *ah*, ה, con *rafe* es a veces una forma suavizada de sufijo, como Job 31, 22; cf. Ewald, 94, b). La Sabiduría de Dios se sitúa en una altura inaccesible, en una profundidad inalcanzable, más allá de todo lo que el hombre pueda investigar, con una longitud ilimitada y una anchura incomprensible, extendiéndose más allá de todo pensamiento humano.

Job 11, 10-12

¹⁰ אִם־יַחֲלֹף וְיַסְגִּיר וְיַקְהִיל וּמִי יְשִׁיבֶנּוּ׃
¹¹ כִּי־הוּא יָדַע מְתֵי־שָׁוְא וַיַּרְא־אָוֶן וְלֹא יִתְבּוֹנָן׃
¹² וְאִישׁ נָבוּב יִלָּבֵב וְעַיִר פֶּרֶא אָדָם יִוָּלֵד׃

¹⁰Si él pasa y aprisiona, y si llama a juicio ¿quién podrá oponérsele?
¹¹Porque conoce a los hombres sin principios, y ve la iniquidad sin andarla observando.
¹²Y antes que un hombre vano se haga inteligente un asno salvaje podría volverse hombre.

En אִם־יַחֲלֹף se concibe a Dios como alguien que se manifiesta pasando de un lado al otro en los poderes de la naturaleza (en el torbellino, Is 21, 1). Pues bien, en el caso de que él se encuentre con alguien que es culpable y le llame a juicio ¿quién (con *waw* de apódosis) podrá enfrentarse con él y oponerse? הקהיל se utiliza en el sentido de llevar a uno a juicio, con referencia a la forma antigua de los tribunales, que impartían justicia en público, y donde el cumplimiento de la sentencia se dejaba parcialmente en manos del pueblo (1 Rey 21, 9; Ez 16,4; 23, 46).

Uno puede casi imaginar a Sofar mirando en torno, rodeado por los otros dos amigos, como si formaran una asamblea judicial. Ellos no pueden justificar a Job, en oposición a Dios, porque Dios le ha juzgado culpable. El modo de juicio de Dios es sumarísimo, porque es infalible. Dios conoce especialmente a los מתי שוא, es decir, al pueblo que de un modo hipócrita quiere disfrazar su vaciedad moral (sobre esta idea מְתֵי־שָׁוְא, cf. *Comentario* a Sal 26, 4).

Dios mira y ve lo que es vaciedad, אָוֶן, de la raíz *ân*, que es respirar, en el sentido de mostrar la vaciedad interior, aquello que no tiene ningún rasgo de dignidad o plenitud. Dios conoce y sabe desde el principio su maldad (la de los hombres, la de Job) sin necesidad de andar reflexionando sobre ella. Como ha traducido Abenezra y lo ha explicado de un modo correcto: *non opus habet ut diu consideret* (no tiene sentido que dedique más tiempo a ello; la misma idea aparece en Job 34, 23).

Job 11, 12 se ha interpretado con frecuencia mal. Gesenius en su *Handwörterbuch* (cf. לבב en nifal) ha traducido el *hombre está vacío y falto de entendimiento*. Pero esa traducción va en contra de la acentuación del texto, según la cual אִישׁ נָבוּב forman juntos el sujeto. Olshausen traduce mejor: *Un hombre vacío, por otra parte, carece de corazón.* Pero el futuro no puede utilizarse exactamente de esa forma; y si consideramos que el *piel* no tiene nunca un sentido privativo (aunque puede implicar a veces una idea privativa, como סקל, *operam consumere in lapidos*, es decir, expulsándolos), debemos concluir que aquí no estamos ante un nifal privativo.

Stickel traduce de un modo peculiar: *el hombre desprovisto de entendimiento está enfrentado* con Dios; pero esta traducción se opone a la correlación clara entre נבוב y ילבב, que no indica la antítesis entre una persona vacía y una malhumorada (Bötticher): la primera palabra raramente significa una (persona) vacía y la última significa adquirir corazón o sensatez (Heidenheim, יקנה לב), de tal manera que aquí se debe suponer לב, corazón.

La traducción de Hirzel cumple en parte la exigencia de esta correlación: El hombre tiene entendimiento como una cabeza hueca. Pero esta explicación, lo mismo que la de Gesenius, va en contra de la acentuación e implica un tipo de agudeza afectada (artificial). Para traducir bien el texto, hay que ver Job 11, 12 como descripción de la disciplina del juicio divino (cf. Is 26, 9), pues esa traducción no va en contra de los acentos, y además está más de acuerdo con la forma futura: El hombre vacío no es capaz de discernir humanamente lo más duro o áspero (así recientemente Ewald, Heiligstedt, Schlottmann).

De todas formas, esa explicación de Job 11, 12 no estaría conectada con lo que precede inmediatamente, ni lograría poner de relieve el carácter peculiar de toda la sentencia. Para resolver el tema, *Hupfeld* abre otra forma de interpretación del pasaje en la línea de *nihil dicto facilius et simplicius*, no hay nada más fácil y simple, y de esa forma entiende Job 11, 12a según Job 11, 12b: El hombre está dotado de un corazón vacío, es decir, recibe en su nacimiento un corazón que esta hueco, que no puede entender nada. En otras palabras, el hombre nace como un potro de asno salvaje, como un ser estúpido y obstinado.

Este pensamiento queda satisfactoriamente conectado con lo precedente. De todas formas, también aquí la palabra נבוב se toma como predicado, cosa que va en contra de la acentuación del texto y que no hace justicia a la correlación antes destacada, de manera que toda la sentencia se aplica a la suerte del hombre en su nacimiento, en contra de la impresión que ofrece el uso del verbo, que está en futuro.

En esa línea de futuro, *Oehler* ha reconocido el verdadero sentido de la frase: *Un hombre vacío, vano, está tan poco dotado de entendimiento como un asno salvaje, que para tener entendimiento tendría que haber nacido hombre (es decir, tendría que nacer de nuevo y ser hombre)*[50]. Así también, el hombre necio, para tener entendimiento tiene que nacer de nuevo.

La *waw* en ועיר es como la de Job 5, 7; 12, 11, y sirve para poner en conexión cosas que han de ser comparadas, sobre todo en proverbios emblemáticos (cf. Herzog, *Real Encyklopädie*, xiv. 696). Una cosa (que el hombre vano se vuelve inteligente) no podrá suceder antes (o más fácilmente) que la otra: que un asno se vuelva hombre. Es más fácil para un asno hacer hombre que para un necio volverse sabio. El *nifal* נולד, que en Prov 17, 17 significa hacerse manifiesto, aquí tiene casi el sentido de *regenerari*: sería necesaria una regeneración para que un asno pudiera hacerse hombre (y para que un necio se vuelva sabio), una regeneración que es inconcebible.

Resulta imposible que un asno salvaje, especialmente joven, que vaga por la estepa, pueda volverse sabio como el hombre. Es igualmente imposible que el hombre vano (vacío) sea capaz de llenarse de sabiduría. En esa línea parece situarse la comparación que Sofar aplica a Job, a quien presenta en realidad como asno sin entendimiento, un hombre vacío, a quien no se puede llenar (transformar) con la sabiduría y la paz de corazón que quieren transmitirle sus amigos.

50. Wetzstein explica: "Pero un hombre que ladra como un perro (es decir, que actúa sin vergüenza) puede volverse sensible, y un asno salvaje joven (es decir, la creatura más salvaje y torpe) puede nacer de nuevo como un hombre (es decir, volverse culto y civilizado)". En esa línea entiende נבב que es igual que נבה, que es la palabra más común para ladrar, en los pueblos y aldeas de Siria. Por otra parte, esa palabra es la que emplean en árabe lo beduinos que habitan en tiendas. Pero en ese caso tendríamos que poner נבוּב, y, conforme a la antítesis con ילבב, es más probable que debamos atribuir a esa palabra hebrea el significado de hueco o vacío (no de ladrar).

En conclusión: en ese fondo se entiende la comparación básica de Job 11, 12, por la que Sofar presenta a Job como una mente vacía, que no puede llenarse de sabiduría, lo mismo que un asno salvaje no puede volverse hombre.

Job 11, 13-15

¹³ אִם־אַתָּה הֲכִינוֹתָ לִבֶּךָ וּפָרַשְׂתָּ אֵלָיו כַּפֶּךָ׃
¹⁴ אִם־אָוֶן בְּיָדְךָ הַרְחִיקֵהוּ וְאַל־תַּשְׁכֵּן בְּאֹהָלֶיךָ עַוְלָה׃
¹⁵ כִּי־אָז ׀ תִּשָּׂא פָנֶיךָ מִמּוּם וְהָיִיתָ מֻצָק וְלֹא תִירָא׃

¹³Pero si tú dispones tu corazón, y tiendes hacia él (=Dios) las manos;
¹⁴si hay iniquidad en tus manos y la apartas, y no dejas morar en tu casa la injusticia,
¹⁵entonces levantarás tu rostro limpio de mancha, serás fuerte y no temerás.

11, 13. La expresión לב הכין (cf. הֲכִינוֹתָ לִבֶּךָ) no significa elevar el corazón (Ewald), ni establecerlo (Hirzel), sino "dirigirlo" es decir, ponerlo en la recta dirección (Sal 78, 8) hacia Dios, cf. 1 Sam 7, 3; 2 Cron 20, 33. Esa expresión tiene sentido en sí, de manera que no es necesario introducir dos partículas, אל־אל, ni cambiar וּפָרַשְׂתָּ por לפרוש (conforme a la construcción de 2 Cron 30, 19).

Extender la manos en oración es פרש כפים (פָּרַשׂ כַּפָּיו). En este contexto se utiliza pocas veces la palabra más ordinaria ידים en lugar de la más elevada, que es כפים, que significa palmas, es decir, *manus supinas*. La cláusula condicional antecedente y viene seguida de inmediato en **Job 11, 14**, por otra cláusula semejante, a modo de paréntesis condicional, que introduce la condición indispensable para que la oración sea escuchada.

Esa condición podría empezar con הרחיקהו: cuando tú diriges tu corazón hacia él (hacia Dios) y extiendes tus manos hacia él, si tienes en tu corazón alguna debilidad apártala de ti. Pero la frase antecedente requiere una promesa para que se cumpla en la conclusión, y tanto más cuando el pretérito y el futuro que siguen a אם, **Job 11, 13**, cumplen la función de futuro exacto (*si disposueris et extenderis*) a la que no responde la conclusión (apártala de ti) que expresa más bien una condición preliminar para que la oración pueda ser aceptada.

La conclusión comienza según eso con כי־אז, *ciertamente entonces*, como en Job 8, 6; 13, 19, cf. Job 6, 3, con כי עתה, ahora, ciertamente. En ambos casos, el significado causal de כי toma un sentido de confirmación (cf. 1 Sam 14, 44; Sal 118, 10-12; 128, 2. Cf. *Comentario* a Gen 26, 22): En ese caso, sin duda, tú serás capaz de elevar tu rostro (sin estar forzado a elevar más tristes quejas, como en Job 10, 15). Sin mancha (libre de mancha), no "sin enfermedad corporal", sino "sin mancha de culpa que puede castigarse", es decir, libre de *sceleris et paenae* (Rosenmüller).

La partícula מן significa aquí "sin" (targum דלא), en sentido estricto, *lejos de*, como en Job 21, 9; 2 Sam 1, 22; Prov 20, 3. Estando entonces así, sin falta, Job será capaz de elevar la mirada y de ser firme (מצק de יצק, según Gesenius 71), *quasi ex aere fusus* (1 Rey 7, 16), un hombre del que Dios no puede ya conseguir nada mejor, porque es ya perfecto.

Job 11, 16-20

¹⁶ כִּי־אַתָּה עָמָל תִּשְׁכָּח כְּמַיִם עָבְרוּ תִזְכֹּר׃
¹⁷ וּמִצָּהֳרַיִם יָקוּם חָלֶד תָּעֻפָה כַּבֹּקֶר תִּהְיֶה׃
¹⁸ וּבָטַחְתָּ כִּי־יֵשׁ תִּקְוָה וְחָפַרְתָּ לָבֶטַח תִּשְׁכָּב׃
¹⁹ וְרָבַצְתָּ וְאֵין מַחֲרִיד וְחִלּוּ פָנֶיךָ רַבִּים׃
²⁰ וְעֵינֵי רְשָׁעִים תִּכְלֶינָה וּמָנוֹס אָבַד מִנְהֶם וְתִקְוָתָם מַפַּח־נָפֶשׁ׃ פ

¹⁶Porque tú olvidarás tu miseria, o la recordarás como aguas que pasaron.

¹⁷Y tu camino será más claro que mediodía; aunque oscurezca, será como la mañana.

¹⁸Y tú tendrás confianza, porque hay esperanza; y mirarás y te acostarás seguro.

¹⁹Te acostarás y no habrá quien te espante; y muchos suplicarán tu favor.

²⁰Pero los ojos de los malvados se consumirán; no encontrarán refugio, y su esperanza será dar su último suspiro.

11, 16-17. La tristeza que ha sido superada no dejará ni rastro en su memoria, como el agua que ha pasado ya (no la que fluye lejos, como supone Olshausen, pues eso debería expresarse de un modo distinto; cf. Job 20, 28 con 2 Sam 14, 14). No es necesario cambiar כי אתה en כי עתה (Hirzel); אתה, como en Job 11, 13, insiste en la fuerza de esta conclusión del discurso.

חָלֶד de חלד deslizarse, en el sentido de pasar inadvertida[51]) significa en sentido extenso *vida*, como αἰών, tanto con el significado de *vida-tiempo*, Sal 39, 6, como con el de *vida-mundo*, Sal 49, 2. En este caso tiene el sentido de vida-mundo, y debe traducirse así: Al final de lo que tú habías pensado que eras, y cuando parecía que todo desembocaba en total oscuridad, la vida será restaurada para ti (יָקוּם con acento en la última sílaba, como Job 31, 14, no en la penúltima), con un brillo mayor que al mediodía (con מִן, mayor que, aquí *más brillante que*, como en Miq 7, 4). Y aunque sea tan oscuro como en plena noche, todo se volverá claro como a la mañana.

A partir de aquí ha de entenderse la interpretación de תָּעֻפָה. No puede ser un sustantivo, porque tiene el acento en la penúltima. Como sustantivo tendría que haberse escrito תעופה (como תקודה, תקומה y otras palabras semejantes). Este es uno de los pocos ejemplos de un *voluntativo paragógico*, intensificado en la tercera

---

51. Cf. Hupfeld sobre Sal 17, 14, y por otra parte Bötticher, o.c., 275 s., quien, tomando חלד en el sentido de *enraizarse en*, traduce: "El anochecer será más brillante que el mediodía". Pero, sea cualquiera la opinión que uno pueda tener sobre el sentido básico de la raíz חלד, este significado es demasiado imaginario.

persona, como en Sal 20, 4; Is 5, 29⁵² (cf. Ges 48, 3). La forma cohortativa de futuro se utiliza con o sin אם (cf. *Comentario* al Sal 73, 16) en cláusulas hipotéticas antecedentes (Gesenius 128, 1).

Por consiguiente, debe traducirse: *aunque oscurezca* (correctamente acentuado con *rebia mugrasch*, según la Masora), de עוּף, con el sentido de rodearse uno mismo de oscuridad, oscurecer (de aquí עפתה, Job 10, 22) y no en el de "aunque tú te volvieras oscuro" (Schlottmann). Las formas son femeninas, en vez de neutras, como en el caso de תמטיר, llueve, Am 4, 7, y de חשכה, volverse oscuro, Miq 3, 6 (Gesenius 137, 2).

En **11, 18**, el futuro está seguido por un perfecto consecutivo: *Y tú debes tomar confianza*, porque hay una razón de esperanza para ti. יֵשׁ tiene el sentido de una existencia real y duradera. וְחָפַרְתָּ es también perfecto consecutivo, y está bien acentuado como tal.

Para que esa palabra pudiera traducirse como *et erubueris pudore tranquille cubabis* (y aunque te ruborizaras de pudor podrías descansar tranquilo) sería necesario que el acento recayera en la penúltima sílaba pues se trataría de un *perf. hypotheticum*. Pero aunque la aparente antítesis de וחפרת y לבטח (cf. Job 6, 20) parece favorecer esta interpretación, sin embargo, ella resulta inadmisible porque introduce en la promesa una tristeza: A pesar de que tú tengas que padecer un tipo de vergüenza…

Pues bien, si la raíz חפר puede tomarse aquí en el sentido de *scrutari*, mirar alrededor, como lo utiliza en otros lugares nuestro poeta (cf. Job 3, 21; 39, 29), y no como Bötticher, que compara ese pasaje con el de Ecl 5, 11, dando a esta palabra el sentido de *fodere*, trabajar en el campo, un sentido muy poco común. Solo así se supera ese sentido más negativo y se mantiene el valor de los acentos: Y tú mirarás (escrutarás) alrededor (examinarás la condición de tu hacienda, que se expresa en Job 5, 24 con ופקדת), podrás acostarte y descansar en paz (porque verás que todo se encuentra en una condición próspera, sin que tengas ansiedades). Esta sensación de seguridad en contra de todo daño que puede recaer sobre personas o propiedades, se funda en la confianza en Dios y se expresa (**11, 19**) en la pacífica situación de un rebaño, cuando no hay ningún peligro en el entorno, una figura que ha sido tomada de Lev 26, 6 y que se repite con frecuencia en los profetas (Is 17, 2; Sof 3, 13).

La promesa de Sofar culmina en una exaltación futura, que suscitará reverencia ante Dios y que inspirará confianza: *et mulcebunt faciem tuam multi* (y muchos buscarán tu favor). חלה פני, aproximarse a uno con reverencia. Se aplica

---

52. En otros casos, como en תרנה, Prov 1, 20; 8, 3 y ותעגבה, Ez 23, 20, la *ah* (ה) final de חָפְפָה se puede tomar como cohortativa, sea en forma paragógica sin un sentido especial (de forma que el futuro tenga una doble forma femenina) o como terminación femenina, como es evidente en Job 22, 21, donde *ah* tiene también un sentido de inflexión.

en general a Dios; pero también, aunque con menos frecuencia a los hombres que ocupan un lugar elevado (como en Sal 45, 13; Prov 19, 6).

Del fin de los malvados se habla, por otra parte, en **11, 20**. Sofar escoge aquí las expresiones más precisas del estilo de los salmos proféticos que exponen el tema. כלה, que en otros lugares se aplica a personas que están llenas de deseos no cumplidos, se refiere aquí a los que están dominados por ansiedades insatisfechas.

מִנְחָם (arameo: מנהון), palabra poética para מפח נפש en el sentido de dar el último suspiro del alma, morir (Jer 15, 9, cf. Job 31, 39). El significado no es que la muerte sea su última esperanza, sino que toda esperanza queda sin cumplirse ante el hecho final de la muerte. Entregar el espíritu (morir) es aquello a lo que tienden todas las esperanzas no cumplidas.

Interpretación de Job 11. Discurso de Sofar. Conforme a la visión del poeta, Sofar proclama la última palabra de los tres amigos. Es el más joven, siendo el más impetuoso, el que dice las cosas con más claridad, en contra de Job..., viniendo a presentarse de esa forma como el más incapaz de llegar al corazón de Job y de hacerle entender su situación y sufrimiento desde un plano más hondo.

El punto de partida de su discurso es el mismo que el de los otros dos, pues toma la justicia distributiva como el único principio del gobierno de Dios sobre el mundo, una justicia que ha de aplicarse siempre, como punto de partida, sin tener en cuenta las circunstancias de la vida de Job o de los otros hombres. Este argumento de Sofar es simple, y así se puede formular con brevedad, en comparación con las reflexiones de Job.

Este argumento de Sofar es el mismo que el de los otros dos, que lo presentan como "dogma" que viene de las experiencias del pasado, tal como las interpretan. Ellos piensan que en un momento anterior Job gozaba de la bendición de Dios, pero de una bendición que se ofrece de los malvados, a los que Dios abandona a su suerte, de manera que al fin esa bendición se ha convertido en maldición, a no ser que Job se someta al buen orden de Dios. Pues bien, en ese momento, Dios ha castigado a Job por sus pecados, con el fin de que se arrepienta y pueda cambiar.

Los amigos lo ven así de simple. Piensan que a Job le falta solo una cosa, pero que es la más importante, es decir, arrepentirse, para que Dios pueda actuar en él de un modo distinto. Pero él se encuentra en una situación muy distinta, como perdido en sí mismo, en manos de los poderes de la duda, de la desconfianza y de la impotencia. Su mente, que hasta entonces se mantenía en paz, se ha vuelto una confusión caótica, salvaje. Por eso, sus discursos, en comparación con los de sus amigos son como cataratas rugientes, que tienen que expresarse en palabras de dolor y de llamada contenida.

Pero en medio de este caos mental, Job se encuentra al principio de un nuevo nacimiento, algo que sus amigos, desde su simplicidad, no pueden comprender.

Ellos reducen todo, piensan que todo se arregla con un arrepentimiento de tipo irracional. Este es su dogma, este es el principio y única razón de su argumento.

Los "amigos" de Job no comprenden que la nueva verdad, que la solución del misterio solo brota a través de la batalla espiritual, una batalla que Job tiene que combatir y de la que él saldrá con heridas, pero como triunfador, si se somete a Dios y reconoce su pecado. Según eso, el dogma de los amigos es una pura doctrina (לקח זך) sin fondo, comparable a la que según Sofar defiende el mismo Job (pero en una línea de intolerancia, no de búsqueda de la verdad, como en el caso de Job).

Conforme a la visión de Sofar, Dios actúa siempre de acuerdo con un tipo de justicia, mientras que Job responde, según su experiencia, diciendo que no siempre las cosas son así. La máxima de los amigos es falsa, si se toma con la exclusividad con la que ellos la mantienen; la conclusión a la que llegan esos amigos pone en evidencia la falacia de las premisas de las que están partiendo: ellos tienen que condenar a Job y, al hacerlo, ellos mismos se convierten en injustos, para así poder defender una justicia que atribuyen a Dios.

Por otra parte, la máxima de Job es verdadera; pero, tal como él la defiende, se encuentra tan desconectada con la realidad que, en un momento dado, ella puede invertirse y transformarse en falsedad. En esa línea, ciertamente, se puede afirmar con verdad que Dios no actúa siempre como justo, pero es una blasfemia decir que a veces él actúa de una forma injusta.

Entre esos dos extremos se mantiene suspendido Job. Porque la terca conciencia de su inocencia le dice que Dios no siempre actúa como justo. ¿Podrá él atreverse a decirle, según eso, a Dios que él le trata de un modo injusto? A partir de esta inversión blasfema de su máxima, Job quiere refugiarse en el poder absoluto de Dios, que hace precisamente aquello que es injusto conforme a la más clara conciencia humana.

Este es el débil hilo sobre el que pende la piedad de Job. Si se cortara este hilo, caería y se destruiría todo el edificio y proyecto de su vida… y los amigos hacen todo lo que pueden para cortar en dos este hilo. El discurso de Sofar es como una espada que intenta hacerlo. Porque mientras que Elifaz y Bildad, con generosidad calculada, describían el sufrimiento más como castigo que como condena, Sofar actúa de un modo más arriesgado, y pide a Job que se humille, como alguien que ha incurrido en la condena de Dios que se muestra en su castigo.

Sobre la realidad del pecado como tal, que puede haber provocado el juicio de Dios, Sofar conoce tan poco como el mismo Job. Pero él desea que Dios conceda a Job alguna revelación de su infinita sabiduría, dado que él rehúsa humillarse por sí mismo. Entonces, por medio de esa revelación, Job debería confesar su locura, viendo que Dios no solo no le condena injustamente, sino que permite que gran parte de su culpa quede sin castigo (pues no le castiga con toda la fuerza que merecería por sus pecados).

Según eso, Job ha de volverse de un modo penitente ante Dios, expulsando de sí el mal que es la causa de su sufrimiento, a fin de que su petición pueda ser escuchada. En esa línea, su condición desesperanzada podrá volverse brillante de esperanza, mientras que, por otra parte, la caída de los malvados (que no hacen penitencia) no puede ser reparada (no lleva a la salvación).

Ewald ha puesto de relieve que las palabras finales de los amigos de Job terminan siendo de algún modo ambiguas. Elifaz se limitaba a precaver a Job, indicándole el riesgo en que se encontraba; Bildad introducía el contraste entre Job y Dios, y Sofar lo ponía más de relieve, en unas pocas palabras, insistiendo en la locura de Job, si no se humilla ante el juicio de Dios. Pues bien, mirados así en conjunto, ellos aparecen como precursores de una multitud de amenazas semejantes y más duras que dirigirán contra Job en los capítulos siguientes (Job 15. 18. 20).

¿Qué impresión ha podido producir en Job este duro tratamiento que le ha dirigido Sofar? Según él, Job tiene que humillarse como un pecador, que está siendo castigado por Dios, aunque la medida de ese castigo le pueda parecer que va mucho más allá de su culpa. Pero mientras tanto, él (Job) no tiene conciencia de su culpabilidad pecadora, él sigue estando convencido de que es justo, y que habiendo experimentado en principio el favor de Dios, no puede convertirse después en objeto de castigo.

En este contexto, Brentius observa: *Videntur et Sophar et reliqui amici Hiob prorsus ignorare quid sit aut efficiat Evangelion et fides in promissionem Dei; sic argumentantur contra Hiobem, quasi nullus unquam possit coram Deo fide justificari* (Job y los restantes amigos de Job ignoran lo que es y lo que hace el Evangelio y la fe en la promesa de Dios; de esa forma, ellos argumentan contra Job como si nunca nadie pudiera ser justificado ante Dios por la fe).

Este lenguaje de Brentius se sitúa en la línea de la revelación que ofrece el NT; pero es claro que los amigos de Job no saben nada sobre la condición de un hombre verdaderamente justo, un hombre sobre el que la ley con su maldición, según la justicia retributiva de Dios, no tiene ya poder. La interpretación de la aflicción de Job de acuerdo con el reconocimiento de este principio resulta extraña para ellos; y este es precisamente el tema que tiene que ser desarrollado por el drama de este libro, conforme al caso de Job: *Esta es la idea (la justificación por la fe) que debe irse desarrollando a lo largo de la trama de este libro.*

Job no percibe todavía la solución del misterio, de manera que, en medio del conflicto, él se encuentra en un estado de ignorancia que suscita compasión. Por el contrario, la ignorancia de los amigos, que surge por el carácter superficial de su comprensión, crea aversión. Por eso, cuando Sofar desea que Dios conceda a Job alguna revelación de su infinita sabiduría, está diciendo una verdad, pues Job necesita una verdadera revelación de Dios; pero el hecho de que él (Sofar) no imagine que él necesita también una revelación de Dios es un orgullo engañoso.

Porque Job también ignora la hondura de esa sabiduría que ha decretado el sufrimiento que padece. Por eso, Sofar no describe el sufrimiento de su amigo como un misterio de Dios, sino que lo interpreta todo como una expresión de la justicia distributiva de Dios. Pero, al querer explicar de esa manera el misterio desde un punto de vista de justicia material está injuriando a Dios y está destruyendo las bases sobre las que pende la fe de Job. Porque si Job tuviera que mirar sus sufrimientos como retribución justa de Dios, él no podría ya creer en Dios como aquel que es el Justo.

Job 12–14. Tercera respuesta de Job

Esquema: 5. 8. 8. 6. 6. 10. 8 / 4. 8. 10. 10. 6. 6. 6. 7 / 6. 7. 7. 7.10. 7. 6

Job 12

Job 12, 1-3

¹ וַיַּ֥עַן אִיּ֗וֹב וַיֹּאמַֽר׃
² אָ֭מְנָם כִּ֣י אַתֶּם־עָ֑ם וְ֝עִמָּכֶ֗ם תָּמ֥וּת חָכְמָֽה׃
³ גַּם־לִ֤י לֵבָ֨ב ׀ כְּֽמוֹכֶ֗ם לֹא־נֹפֵ֣ל אָנֹכִ֣י מִכֶּ֑ם וְאֶת־מִי־אֵ֥ין כְּמוֹ־אֵֽלֶּה׃

¹Respondió entonces Job diciendo:
²Ciertamente vosotros sois el pueblo, y con vosotros morirá la sabiduría.
³Pero en mí hay corazón, como en vosotros; ¡no soy menos que vosotros!
¿Y a quién no han de ser conocidas esas cosas?

Esta palabra de aceptación, intensificada por אָמְנָם כִּי (ciertamente...), que debe distinguirse de כִּי־אָמְנָם (cf. Job 36, 4), es semejante a הִנֵּה כִּי, *mira, ciertamente* (cf. Sal 128, 4) y ha de entenderse de forma irónica: vosotros no sois meramente individuos particulares, sino el pueblo, en el sentido de "la raza humana" (עָם, como en Is 40, 7; 42, 5), y de esa forma se os ha confiado todo el entendimiento humano, de manera que no pueda encontrarse entendimiento en ningún otro lugar; y cuando muráis parecerá que ha muerto todo entendimiento.

Los LXX traducen de un modo correcto: μὴ ὑμεῖς ἐστὲ ἄνθρωποι μόνοι (conforme a la lectura del *Cod. Alexandrinus*). También Job tiene un corazón (entendimiento) como el de ellos, de forma que no está vacío נבוב, Job 11, 12. El corazón es aquí, como en Job 34, 10, cf. נלבב, Job 11,12, equivalente a entendimiento: νοῦς, διάνοια.

La traducción de Ewald "yo tengo también una *cabeza* como vosotros" (de acuerdo al contexto, mejor que *cabeza* aquí hubiera sido preferible usar la palabra *cerebro*), es una forma de expresión occidental, moderna, no bíblica (cf. mi *Psychol. iv. 12*, temas sobre *Herz* y sobre *Haupt*, es decir, sobre *corazón* y *cabeza*).

Job no es menor, no es inferior a esos "amigos", con לֹא־נֹפֵל אָנֹכִי מִכֶּם, como en Job 13, 2, en el sentido de descender, ser más bajo que; מן no es aquí comparativo

(Ewald). La traducción de Oetinger no es mala: "Yo no puedo apartarme de vuestra presencia". ¿Quién no tiene conocimiento de esas cosas, como las que ellos, haciéndose defensores de Dios le han objetado) Por su parte, las palabras implícitas אתי היה son equivalentes a ידעתי, σύνοιδα, Is 59, 12.

Job 12, 4-6

⁴ שְׂחֹק לְרֵעֵהוּ ׀ אֶהְיֶה קֹרֵא לֶאֱלוֹהַּ וַיַּעֲנֵהוּ שְׂחוֹק צַדִּיק תָּמִים׃
⁵ לַפִּיד בּוּז לְעַשְׁתּוּת שַׁאֲנָן נָכוֹן לְמוֹעֲדֵי רָגֶל׃
⁶ יִשְׁלָיוּ אֹהָלִים ׀ לְשֹׁדְדִים וּבַטֻּחוֹת לְמַרְגִּיזֵי אֵל לַאֲשֶׁר הֵבִיא אֱלוֹהַּ בְּיָדוֹ׃

⁴Soy escarnio para su amigo; alguien que invoca a Eloah, y él le responde; así está escarnecido uno que es justo e íntegro.
⁵El desprecio es para los desafortunados, conforme a la idea de los prósperos, ellos vigilan a los de pies resbaladizos.
⁶Están en paz las tiendas de los que destruyen, son prósperos los que desafían a Dios, aquellos que identifican a Eloah con su mano.

12, 4. La *sinalague* de לרעהו en vez de לרעי no es tan difícil como muchas otras, y tiene el sentido de hacerse objeto de mofa para su propio amigo (cf. Is 2, 8: "Ellos adoran la obra de sus propias manos, ידיו). Job se presenta a sí mismo como alguien que invoca a *Eloah* (לאלוה, palabra que está en el fondo de Job 36, 2 LXX), alguien a quien *Eloah* escucha (responde), en aposición de sujeto, en el sentido de תָּמִים צַדִּיק, ser justo perfecto, que ha de explicarse como Prov 11, 5.

צַדִּיק (de צדק, significa también en árabe, ser fuerte, firme, recto). Job se presenta, según eso, como alguien que en su conducta se rige estrictamente conforme a la voluntad de Dios. Él aparece también como תָּמִים porque es lo que tiene que ser, sin falsedad alguna, es decir puro.

12, 5. La mayoría de los traductores antiguos (targum, Vulgata, Lutero) piensan que לַפִּיד tiene el significado de antorcha. Así lo explican por ejemplo Levi Gerson: "Conforme a la visión de los prósperos y de los carnalmente seguros, ellos aparecen como personas que están en riesgo, pero que avanzan sin vacilar, como si llevaran una antorcha encendida, que expande su fuego y que destruye todo lo que se opone a su verdad…. Pero ellos son también algo más que esto; son objeto de desprecio de aquellos que les miran".

No sería inapropiado que Job dijera que a los ojos de los prósperos él es como un despreciado, una antorcha que se arroja lejos (cf. figura semejante Is 14, 19, como una rama que se rompe con desprecio). De esa manera Job 12, 5 respondería bien a ese pensamiento, en el caso de que לְמוֹעֲדֵי pudiera derivarse de un sustantivo como מעד, *vacillatio*. Pero ni el uso del lenguaje, ni la *scriptio plena* (según la cual Jerónimo traduce *tempus statutum*, y teniendo por tanto en su mente los מועדים, tiempos de peregrinaciones festivas, que en etapas posteriores se llaman también רדלים), ni la disposición de vocales (habría que escribir מעדי), son favorables a esa traducción.

מוֹעֲדֵי רֶגֶל significa más bien *vacillantes pede*, aquellos cuya dicha o prosperidad se encuentra amenazada, estando según eso en peligro de ser destruidos. Así pues, como Abenezra y los comentaristas modernos, que felizmente concuerdan en esto, tomamos לַפִּיד como palabra compuesta de ל y de פיד, una palabra común en los libros de Job (30, 24; 31, 29) y Proverbios (24, 22) que, de acuerdo con su forma y significado, los lexicógrafos judíos comparan con כיד (Job 21, 20) y con איד, *que originalmente significa quizá dissolutio* (cf. פדה), *muerte* (traducción siríaca *f'jodo*, disolverse; árabe *faid*, muerte), caída, y de un modo general *calamidad, infortunio, desprecio* (conforme a la idea de los que gozan de prosperidad).

La puntuación de לְעַשְׁתּוּת (que es la más autorizada) varía según los manuscritos. Parchon compara esa palabra con los nombres עבדות y מרדות. La ת, como la ד en la palabra anterior (cf. לְעַשְׁתּוּת y לַפִּיד), tiene el *dagesh lene*, pues la puntuación en estos casos no es fija, o sigue unas leyes que en el momento actual siguen siendo desconocidas (cf. Gesenius 21, 2).

Entendidas de esa manera las cosas, las frases de **Job 12, 5-6** se encuentran bien conectadas con el contexto, y deben traducirse en la línea que sigue: Los malvados vigilan, están preparados (con referencia a בוז) para ver a aquellos que resbalan: vigilan a los de pie resbaladizo, con deseo de que caigan; esperan que suceda eso, están preparados para ello: נכון, ἕτοιμος, como Ex 34, 2. De esa manera, mientras los infortunados, a pesar de su inocencia, no pueden esperar más que desprecio, las tiendas (es decir, las casas y posesiones) de los opresores y ladrones siguen manteniéndose en prosperidad.

יִשְׁלָיוּ en lugar de ישלו, es una forma intensiva, que se utiliza no solo en pausa (Sal 36, 8; cf. Dt 32, 37) y con acentos distintivos (Num 34, 6; Sal 122, 6), sino también en pasajes donde esa palabra no recibe tales acentos (Sal 36. 9; 57, 2; 73, 2). Sobre אֹהָלִים, cf, Gesenius 93, 6, 3. La cláusula verbal de **Job 12, 6** está seguida por una cláusula substantiva. בטחות es una forma abstracta, plural de בטוח, en el sentido de *perfectamente seguro*; por eso, la mayor seguridad externa, libre de cuidados, en línea de mundo, es propia de aquellos que provocan a Dios, que no le tienen en cuenta (LXX περοργίζουσι)[53]. El argumento sigue después de forma individualizada: aquel que toma a *Eloah* en su mano.

Seb. Schmid explica este pasaje de un modo básicamente correcto: *qui Deum in manu fert*, es decir, aquel que identifica a Dios con su manos, y piensa que puede hacer lícitamente todo lo que quiere y puede. Cf. Hab 1, 11: "el que identifica a Dios con su fuerza, es decir, el que deifica su propio poder, y lo pone en lugar de Dios". Pero, en esta conexión, vinculada con לידו (no con בידו), la palabra

---

53. Lutero toma בטחות como adverbio añadido a מרגיזי: Y se alzan sedientos en contra de Dios (cf. Vilmar, *Pastoraltheologische Blätter*, 1861, 110-112). La Vulgata traduce: *et audacter provocant Deum*, y provocan a Dios audazmente.

הביא no significa llevar, ni dirigir (cf. Gesenius, que compara ese texto con Sal 74, 5, donde, sin embargo, esa palabra significa caminar entre iguales discutiendo).

Sea como fuere, *el que pone a Eloah en su mano* es aquel que toma a *Eloah* como suyo, no el que deifica sin más su manos, sino aquello que le toma (a Dios) bajo su poder, convirtiéndolo en un ídolo (Abenezra), especialmente con la ayuda de la espada; por tanto, alguien que actúa en la línea de Lamec (Gen 4, 25), aquel que toma la espada en la mano, para atacar y defender, de manera que no necesita de más Dios que su propia fuerza.

Job 12, 7-10

⁷ וְאוּלָם שְׁאַל־נָא בְהֵמוֹת וְתֹרֶךָּ וְעוֹף הַשָּׁמַיִם וְיַגֶּד־לָךְ׃
⁸ אוֹ שִׂיחַ לָאָרֶץ וְתֹרֶךָּ וִיסַפְּרוּ לְךָ דְּגֵי הַיָּם׃
⁹ מִי לֹא־יָדַע בְּכָל־אֵלֶּה כִּי יַד־יְהוָה עָשְׂתָה זֹּאת׃
¹⁰ אֲשֶׁר בְּיָדוֹ נֶפֶשׁ כָּל־חָי וְרוּחַ כָּל־בְּשַׂר־אִישׁ׃

⁷Pregunta ahora a las bestias y te enseñarán; a las aves del cielo, y te lo mostrarán;
⁸o mira con cuidado a la tierra y te enseñará; y los peces del mar lo declararán también.
⁹¿Cuál entre todos ellos no reconocerá que la mano de Yahvé hizo esto?
¹⁰En su mano está el alma de todo ser viviente y el hálito de todo el género humano.

El sentido de toda la estrofa se pervierte si זֹאת (final **12, 9**) se refiere, como piensa Ewald, al destino de severo sufrimiento y pena de los hombres y si, por tanto, se aplica al testimonio que la creación rinde a Dios en esa línea, como a su autor. Pero, en contra de eso, como muestra una visión general de lo que sigue, aquí puede esperarse que el texto se refiera a Dios como creador y conservador del mundo, y este parece el sentido de fondo de las palabras, de forma que Job mismo expresaría aquí la idea base del himno de confesión que aparecía en 12, 2 y aparecerá 13, 1 ss: Job mostrará a sus amigos que la majestad de Dios, ante la cual, según ellos, debería humillarse a sí mismo en penitencia, la conoce tan bien como ellos.

Y de esa forma, con וְאוּלָם al principio, en el sentido de *verum enim vero* (12, 7), Job vuelve a situarse ante el tema, cuando comienza su tercera respuesta, que seguiremos estudiando. Este es el sentido de su argumento que sigue: *La percepción que vosotros estáis orgullosos de tener la tengo yo también. Ciertamente, yo soy objeto de desprecio para vosotros, que sois incapaces de entender el sufrimiento de los piadosos y la prosperidad de los impíos; sin embargo, aquello que vosotros conocéis lo conozco yo también; preguntad pues...*

Bildad ha apelado a los dichos de los antiguos, que tienen a su favor la larga experiencia del pasado, para indicar la justicia del gobierno divino. Pues bien, en esa línea, Job apela también al carácter absoluto del dominio de Dios sobre la creación. En cuanto a su forma, esta estrofa corresponde a Job 8, 8-10, que es un discurso de Bildad, y también, en algún sentido, a Job 11, 7-9, que es un discurso de Sofar. Todas las cosas creadas predican sin cesar el sermón de las obras de Dios que transcienden todo poder y conocimiento; todas ellas proclaman la omnipotencia y sabiduría del Creador.

El plural בְהֵמוֹת (12, 7) esta seguido por un verbo que se refiere a esa(s) bestia(s) en singular, en una línea que todos los comentaristas comparan con Gen 49, 22 (cf. Ges 146, 3). Por otra parte, el verbo puede seguir con el colectivo עוֹף en plural, conforme a lo que dice Gesenius 146, 1. Pero en este caso, en 12, 8, el plural se utilizaría solamente porque el verbo precede al sujeto, en vez de seguirle, pues conforme a la regla de Gesenius 128, 2, la forma yusiva del futuro sigue al imperativo.

En medio de esta enumeración de cosas creadas, la palabra שִׂיחַ, como sustantivo, parece significar *plantas*, y especialmente como en el árabe hablado todavía hoy en el entorno de la patria de Job, *sī h* sigue siendo el nombre de una bien conocida *planta de montaña*, bajo cuya sombra crece una pobre vegetación, incluso en la estación de calor (cf. comentario a Job 30, 4).

Pero, en contra de eso, hay que decir: (1) שִׂיחַ como sustantivo es de género masculino (Gen 2, 5); (2) en vez de לְעֶרֶץ, a fin de describir una planta que se encuentra sobre el campo, o que está enraizada en la tierra, el texto tendría que decir בָּאָרֶץ o עַל־הָאָרֶץ; (3) la mención de las plantas entre los pájaros y los peces resulta por otro lado extraña.

Según eso, esa palabra שִׂיחַ debería tomarse como un imperativo: *hablad a la tierra* (LXX, targum, Vulgata y otras muchas traducciones). Quizá mejor, dado que la construcción aramea, לוֹ (*se lo dijo*), no aparece nunca en hebreo (a no ser, quizá implícitamente, en Prov 6, 22, con תְּשִׂיחֶךָ en el sentido de לְךָ תָּשִׂיחַ, *favulabitur* o *confabulabitur tibi*), esa palabra, שִׂיחַ, habrá de tomarse como una expresión *pregnante*, de imperativo, que debe traducirse así: *Piensa, mira meditativamente a la tierra* (Ewald), pues שׂוּחַ (שִׂיחַ) igual que הגה tiene el significado de meditación quieta o bien articulada sobre un tema.

La exhortación no dirige la mente del oyente o lector hacia la tierra en sí misma, sino hacia un pequeño grupo de cosas que se mueven sobre el suelo, todas ellas comprendidas bajo un nombre colectivo רֶמֶשׂ, que es sinónimo de שֶׁרֶץ (cosas que reptan) en el conjunto de la creación. Todas estas criaturas, carentes de razón y de palabra, emplean, sin embargo, un lenguaje que es escuchado por todo hombre inteligente. Por eso, Job dice a sus amigos que piensen…

Renan, siguiendo a Ewald, traduce de un modo erróneo: *qui ne sait parmi tous ces tres*. Esas criaturas no poseen conocimiento, y sin embargo nos ofrecen su instrucción, y son medios de conocimiento para los hombres. בְּ con יָדַע, aparece en Gen 15, 8 ; 42, 33 y en otros muchos lugares. Todas las criaturas aquí nombradas declaran que ha sido la mano de Yahvé la que ha hecho esto, todo lo que vemos en torno a nosotros, τὸ βλεπόμενον, Hebr 11, 3.

De igual manera en Is 66, 2; Jer 14, 22, כל־אלה se refiere al mundo en torno a nosotros. Todo está en las manos de Dios (יַד־יְהוָה), es decir, en su poder, porque su obra (su presencia) son las almas de todos los seres vivientes. De esa forma se alude al espíritu, que viene directamente de Dios sobre todos los hombres. Todo orden de vida, alto o bajo, debe a Dios su origen y su permanencia. אִישׁ es el ser humano individual, en relación mutua, en la que נפשׁ y רוח (igual a נשמה) se separan de un modo intencional, formando así el individuo humano.

La creación es la escuela del conocimiento, y el hombre es su intérprete. Y este conocimiento exige que el hombre le preste su atención: *quis non cognoverit?* El perfecto tiene siempre ese sentido subjuntivo, y de manera especial en las cláusulas interrogativas, cf. Sal 22, 3 (cf. *Comentario* a Gen 21, 7). Este es uno de los poquísimos casos en los que el poeta, autor de Job, emplea el nombre de יְהוָה, y esto se explica por el hecho de que habla de la "mano de Yahvé", conforme a un dicho proverbial (יַד־יְהוָה, cf. Is 41, 20; 66, 2), que se puede entender también en otros pueblos. Job se refiere aquí a un dicho de los antepasados, cuya autoridad, tal como ha sido transmitida por las pasadas generaciones, Bildad ha mantenido en oposición a Job.

Job 12, 11-13

¹¹ הֲלֹא־אֹזֶן מִלִּין תִּבְחָן וְחֵךְ אֹכֶל יִטְעַם־לוֹ׃
¹² בִּישִׁישִׁים חָכְמָה וְאֹרֶךְ יָמִים תְּבוּנָה׃
¹³ עִמּוֹ חָכְמָה וּגְבוּרָה לוֹ עֵצָה וּתְבוּנָה׃

¹¹¿No deberá distinguir el oído las palabras; y el paladar no saboreará las comidas?
¹²En los ancianos está la ciencia y una larga vida es escuela de inteligencia.
¹³Con él están la sabiduría y el poder: suyo es el consejo y la inteligencia.

El sentido de Job 12, 11 es que las palabras de los ancianos (מִלִּין, Job 8, 10, comparar con 5, 27) han de ser aceptadas pues están probadas por una larga experiencia, pero que ellas han de ser discernidas. La *waw* de וחך es una *waw adaequationis*, como en Job 5, 7; 11, 12, de forma que es equivalente a *quemadmodum* y vincula para comparar las cosas que son análogas: el oído que se utiliza como αἰσθητήριον (Hebr 5, 14) cumple la tarea de acoger las cosas que vienen de fuera y la de sopesar los dichos de los hombres; el paladar sirve para gustar las comidas deliciosas y apropiadas; así queda indicado por לוֹ, que es un *dat. commodi*.

Hasta aquí, Job reconoce la autoridad de esos dichos tradicionales, pero él añade (12, 12) que la sabiduría es algo que puede esperarse de personas bien dotadas para la escucha, que han tenido mucho tiempo para entender, lo que significa que han tenido una larga vida. "Largos de días" (וְאֹרֶךְ יָמִים) puede tomarse como sujeto (Ewald, Olshausen); pero la ב anterior de ancianos (בִּישִׁישִׁים) se puede aplicar también a esa expresión, como hacen algunas traducciones y comentarios antiguos, como los LXX: ἐν δὲ πολλῷ βίῳ ἐπιστήμη (LXX).

De todas formas, preferimos el sentido más natural: *Una vida larga es una escuela de inteligencia*. Pero, como muestra la antítesis de Job 12, 13 que pertenece a esta estrofa, el posesor más alto de la sabiduría y de la fuerza es Dios, por encima de la experiencia de los ancianos. En este contexto, Ewald introduce dos "pareados" (medios versos) escritos por él mismo, antes de 12, 12, que le parecen necesarios para la conexión y estructura de la estrofa. Pero no vemos ninguna necesidad para que él introduzca esa interpolación que pretende haber descubierto y aplicado, ni aquí ni antes, en Job 6, 14.

Las partículas עמו y לו, que aparecen en 12, 13, se han utilizado aquí a causa del énfasis, y marcan sin duda una antítesis entre Dios (que es el Uno) y los muchos hombres que tienen experiencia de Dios. La sabiduría se encuentra entre los ancianos, aunque sus dichos no han de ser aceptados siempre sin más, pues, en sentido estricto, la Sabiduría (*Hokma*) pertenece a Dios, como un atributo de su naturaleza, de un modo absoluto, en todas sus maneras y medidas (por encima de los hombres).

Así lo indica la multiplicación de expresiones sinónimas con un significado que tiene en cada caso matices distintos. (a) La חכמה percibe la razón de la naturaleza y la realidad de la existencia de las cosas. (b) La עצה se mantiene siempre firme como el mejor camino para alcanzar su propósito. (c) La תבונה puede penetrar en la profundidad de aquello que es verdadero y falso, que es sano o que está corrompido (cf. 1 Rey 3, 9). (d) Y también se puede hablar de la גבורה, que es la capacidad de realizar los planes, los propósitos y decisiones de esta sabiduría, en contra de todo impedimento e imposición.

En la estrofa que sigue, a partir de su propia observación y del conocimiento tradicional (13, 1), Job describe la actuación de Dios, en quien reside la sabiduría de las cosas insondables y el poder absoluto, irresistible, tanto entre los hombres como en la naturaleza.

Job 12, 14-16

¹⁴ הֵן יַהֲרוֹס וְלֹא יִבָּנֶה יִסְגֹּר עַל־אִישׁ וְלֹא יִפָּתֵחַ׃
¹⁵ הֵן יַעְצֹר בַּמַּיִם וְיִבָשׁוּ וִישַׁלְּחֵם וְיַהַפְכוּ אָרֶץ׃
¹⁶ עִמּוֹ עֹז וְתוּשִׁיָּה לוֹ שֹׁגֵג וּמַשְׁגֶּה׃

¹⁴Mirad: si él derriba, nadie edifica, si él cierra algo no puede ser abierto.

¹⁵Mirad, él detiene las aguas, ellas se secan; si las deja ir, ellas arrasan la tierra.

¹⁶Con él están el poder y la existencia; suyos son el que yerra y el que engaña.

Dios es todopoderoso, y en oposición a él todo carece de poder. Si él destruye cualquier realidad, ella no puede ser reconstruida; si él cierra alguna cosa (por ejemplo, una cárcel, o quizá una cisterna cubierta con una piedra; Lam 3, 53, cf. Jer 38, 6; על con referencia a la cárcel, en lugar de la palabra normal que es

בְּעַד), ella (es decir, la cosa cerrada desde arriba) no puede ser abierta de nuevo. De manera semejante, cuando Dios quiere castigar a una tierra dispone para ello los elementos necesarios, conforme a su voluntad y deseo, enviando una sequía o una inundación.

יַעְצֹר, *coercet*, Dios *detiene* las aguas, conforme al modo de escribir masorético, con *dagesh* en la *tsade,* a fin de distinguir la pronunciación entre las formas *j'a-ssor* y *jaa'ssor* (יעצר)[54]. Por su parte, וִיבָשׁוּ (que Abulwalid transcribe de un modo algo distinto) es, conforme a Gesenius 69, 3, 3, un testimonio de escritura defectiva.

La forma וַיֵּהָפְכוּ, con el futuro consecutivo de Sal 25, 12, vocalizado y acentuado de un modo semejante, ha de entenderse en un mismo sentido (*Zûg*) que el de 1 Sam 25, 12, como ha puesto de relieve la Masora. Por תּוּשִׁיָּה, palabra que se atribuye a Dios, ha de entenderse aquí aquello que existe realmente, lo objetivo, el conocimiento que se funda sobre bases objetivas, a diferencia de aquello que es simple apariencia. En esa línea, la idea básica de Job 12, 13a (con la de 12, 16a) queda algo velada, pues el sentido primario de חכמה es gordura, solidez, pureza, como en griego πυκνότης[55].

Esta estrofa se cierra de la misma forma que la anterior, lo que está a favor de nuestra división. La experiencia que va en la línea de עמו está seguida por una que se sitúa en línea de לו, lo que supone, como veremos, dada la supremacía de su poder y de su sabiduría que, según Job, Dios realiza lo que es (parece) malo siempre que ello sirva a sus propósitos.

Job 12, 17-21

¹⁷ מוֹלִיךְ יוֹעֲצִים שׁוֹלָל וְשֹׁפְטִים יְהוֹלֵל׃
¹⁸ מוּסַר מְלָכִים פִּתֵּחַ וַיֶּאְסֹר אֵזוֹר בְּמָתְנֵיהֶם׃
¹⁹ מוֹלִיךְ כֹּהֲנִים שׁוֹלָל וְאֵתָנִים יְסַלֵּף׃
²⁰ מֵסִיר שָׂפָה לְנֶאֱמָנִים וְטַעַם זְקֵנִים יִקָּח׃
²¹ שׁוֹפֵךְ בּוּז עַל־נְדִיבִים וּמְזִיחַ אֲפִיקִים רִפָּה׃

¹⁷Lleva desnudos a los consejeros y enloquece a los jueces.
¹⁸Destruye la autoridad de los reyes y ata sus lomos con sogas.
¹⁹Lleva a los sacerdotes sin vestimentas y derriba a los firmemente establecidos.
²⁰Quita la palabra a los que están seguros y priva de discernimiento a los ancianos.
²¹Derrama desprecio sobre los príncipes y afloja el cinturón de los poderosos.

---

54. Cf. mi anotación en Baer, *Psalter-Ausgabe*, Luth. Zeitschr. 1863, 3 y el comentario de Keil sobre *Levítico* 4,13.

55. La noción primaria de חכם, en árabe *hkm*, es la de ser gordo, firme, sólido, como la primera noción del árabe *sachfa* (estar alocado, ser vano) es estar delgado, sin firmeza, sin consistencia (como un tejido frágil). Las mismas nociones fundamentales están representadas a través de las cualidades morales de la persona (a diferencia de las puramente intelectuales) por צדק, árabe *sdq* y por רשע (árabe *rs'*, *rsg*).

En 12, 17. 19 se añade שׁולל a מוליך como acusativo condicional. Los traductores antiguos varían en la traducción de esta palabra. De todas formas, ella no significa "encadenados" (targum sobre Job 12, 17), de שׁלל (שׁרר), que se reduplica en la palabra שׁלשׁלת, cadena, una palabra que se utiliza en el hebreo posterior, no en el Antiguo Testamento (el término empleado en el Antiguo Testamento es שׁרשׁרה). Esta palabra no significa tampoco *tomados como cau*tivos (LXX αἰχμαλώτους; cf. targum sobre Job 12, 19; בבזתא es aquello que se captura como espolio), cosa que se diría משׁולל; sino que es un adjetivo neutro, muy vinculado a la idea verbal de *exutus*, desnudo, despojado, pero no de mente (privado de sentido), sino de vestidos (*vestibus*). No se aplica simplemente a los descalzos (Hirzel, Oehler, con los LXX, cf. Miq 1, 8: ἀνυπόδετος), que sería el significado de יחף, sino a los despojados de su vestimenta con violencia (cf. Is 20, 4), desposeídos, en particular, de las insignias de su poder.

(Dios) les lleva medio desnudos en cautividad, y convierte a los jueces en locos (יהולל, cf. *Psychologie*, 292), destruyendo no solo su poder, sino su prestigio y su lugar social. Tenemos ecos de esta forma paradójica de manifestarse el gobierno de Dios en el mundo en Is 40, 23; 44, 25 y en el oráculo de Isaías sobre Egipto, cf. Is 19, 11-15, donde encontramos ilustraciones de esta realidad.

Resulta muy natural traducir así **12, 18**: Dios destruye las ataduras de los reyes (en la línea de Sal 116, 16: פתחת למוסרי, tú has destruido mis ataduras…). Pero la relación entre las dos partes del verso va en contra de esa lectura (que sería así: "Él libera y encadena a los reyes, cf. Hirzel, Ewald, Heiligstedt Schlottmann), porque el futuro consecutivo, ויאסר, exige un contraste que esté íntimamente conectado con el contexto, y no solo por la forma externa.

Una traducción como "las cadenas con las que los reyes han atado a otros (con מלכים, genitivo subjetivo) él las rompe: él mismo ata a los reyes con argollas" (Raschi) sería muy apropiada, pero solo en el caso de que מוּסַר pudiera tomarse como constructo, con la observación de que quien antes ataba queda ahora atado (Ewald, 213, c). Ciertamente, מוסר no aparece nunca en la Biblia con el significado de *vinculum*, sino solo en las formas plurales, מוסרים y מוסרות, en el sentido latino de *vincula*, de acuerdo con el uso del lenguaje, de manera que las reconstrucciones que parten de ese sentido de la palabra resultan simplemente imaginarias

Pero מוּסַר puede ser y es constructo, en el sentido de corrección, disciplina, regla (es decir, imposición o castigo, de יסר, *castigare*), y así ofrece un sentido aceptable, de manera que el poeta ha conectado probablemente ese término con פתח (una palabra que le es familiar: Job 30, 11; 39, 5; 41, 6) a causa de su relación, tanto en sonido como en sentido, con מוסרים (cf. Sal 105, 22). Esta es, por tanto, la traducción correcta: Destruye la autoridad de los reyes. Ciertamente, con esa traducción, se rompe el carácter de antítesis del verso, pero los pensamientos fluyen de un modo perfecto, en paralelismo sinonímico.

12, 19-21. No es necesario tomar los כהנים en el sentido de 2 Sam 8, 18, como altos oficiales de estado, quizá como consejeros privados, sino que aquí se evoca a los *príncipes-sacerdotes*, como Melquisedec de Salem y Jetró de Madián. La palabra איטנים, que significa aguas perennes, que no se puede agotar, se refiere aquí a naciones que se creen invencibles por su poder (Jer 5, 15) y a personas de mucho arraigo y fortaleza.

Los נאמנים, tal como aquí aparecen, son hombres capaces de hablar y de aconsejar lo que es más conveniente en cada momento, es decir, aquellas personas que están prontas para dirigir a otros. La derivación propuesta por Kimchi de נאם, en el sentido de *diserti* (los versados) hubiera requerido una escritura distinta, como טעם. Por su parte נֶאֱמָנִים evoca el gusto, el juicio, el tacto que conoce lo que es justo y apropiado en las diversas circunstancias de la vida, como en 1 Sam 25, 33. יקח se utiliza aquí exactamente como en Os 4, 11.

Las palabras de **12, 21** se repiten *verbatim* en Sal 107, 40. En esa línea, Sal 107, está lleno de pasajes semejantes a la segunda parte de Isaías y al libro de Job (cf. *Psalter*, ii. 117). אפיקים (que aparece solo aquí y en Job 41, 7) son *los fuertes*, palabra que proviene אפק, mantener unidos, especialmente concentrar la fuerza en algo.

La palabra מזיח (que aparece solo aquí, pero que no viene de מזח, que es una raíz imaginaria, sino de זחח, conforme a la propuesta de Fürst) es equivalente a זקק, enlazar, atar. En esa línea, significa el cinturón con el que se sujetaban y ceñían los vestidos, especialmente en momentos de gran intensidad, y de un modo más particular para un combate (Is 5, 27). Hacer que alguien se debilite o quede relajado es lo mismo que privarle de la habilidad de realizar una acción vigorosa y poderosa. Cada palabra se emplea aquí de un modo adecuado.

Esta condición vacilante, relajada, se opone a la forma de ser y de actuar con vigor propia del hombre fuerte. Todo poder temporal y espiritual está sometido a Dios. Él lo concede o lo quita, conforme a su voluntad y deseo supremo.

Job 12, 22-25

²² מְגַלֶּה עֲמֻקוֹת מִנִּי־חֹשֶׁךְ וַיֹּצֵא לָאוֹר צַלְמָוֶת׃
²³ מַשְׂגִּיא לַגּוֹיִם וַיְאַבְּדֵם שֹׁטֵחַ לַגּוֹיִם וַיַּנְחֵם׃
²⁴ מֵסִיר לֵב רָאשֵׁי עַם־הָאָרֶץ וַיַּתְעֵם בְּתֹהוּ לֹא־דָרֶךְ׃
²⁵ יְמַשְׁשׁוּ־חֹשֶׁךְ וְלֹא־אוֹר וַיַּתְעֵם כַּשִּׁכּוֹר׃

²²Descubre las cosas profundas de las tinieblas y saca a luz la sombra de muerte.
²³Da prosperidad a las naciones y las destruye; aumenta a las naciones y las expulsa.
²⁴Ciega a los jefes del pueblo de la tierra, los hace vagar por un desierto sin caminos;
²⁵van a tientas, como en tinieblas, sin luz; y los hace vacilar como a un borracho.

En este contexto, el sentido de Job 12, 22 es que no hay nada tan escondido que Dios no pueda llevar a la luz. Todos los planes secretos de los malvados, todos los pecados ocultos y todas las acciones de los perversos, aunque estén ocultas en profunda oscuridad, Dios las pondrá ante el tribunal del mundo. La forma en que la Masora escribe esta palabra עֲמָקוֹת, con *koph raphatum*, indica que ella es el plural de עמוק, como ערומים, עצומים que vienen de עצום, ערום, no de עמק[56].

12, 22. Los LXX traducen la palabra משגיא con πλανῶν, y en esa línea explican la palabra varios pasajes del Midrash, pero solo unos pocos expositores (J. Jachja, M. Alschech) la interpretan en la línea de מטעה. Sin embargo, la palabra no es מַשׁגִיא, sino משׂגיא con שׂ (*sinistrum*), y en el Midrash de Ester se explica por מגדיל (engrandecer).

Hirzel interpreta correctamente esta palabra מַשְׂגִּיא, aplicándola al engrandecimiento externo (por el contrario, Jerónimo, siguiendo al targum, la traduce de un modo inadecuado diciendo *multiplicat*), y entiende además שֹׁטֵחַ en el sentido de aumentar en extensión. Por su parte, esta última palabra la interpreta también el targum de un modo inadecuado en el sentido de expandir la red, y también Abenezra desconoce su sentido, traduciendo: Dispersa las naciones y las lleva de nuevo a su lugar original.

Pues bien, el verbo שֹׁטֵחַ está conectado con ל (cf. לַגּוֹיִם) como הפתה (Gen 9, 27); en ambos casos significa ensanchar y alargar el espacio para uno, y se aplica aquí al territorio sobre el que una nación vive y gobierna. Lo opuesto, en un sentido poco propicio, se indica con la palabra הנחה, que se utiliza aquí, como en 2 Rey 18, 11, en un significado semejante, con הגלה (*abducere*, i.e., *in servitutem*, poner bajo dominio).

Hemos traducido גוים como naciones y עם como pueblo, pues como sabemos por otros pasajes y como veremos, גוי es una masa que se mantiene unida por lazos de origen común, de lenguaje y tierra. Por su parte, עם es un pueblo unido por un gobierno, cuyos miembros principales se llaman por tanto ראשי העם. En este contexto הארץ es el país, aunque en otros lugares, como en Is 24, 4 y Job 42, 5 עם הארץ significa también el pueblo de la tierra, o la humanidad.

El lenguaje hebreo toma a un país como una porción de tierra, y al mismo tiempo entiende la tierra como un todo, con el mismo nombre de הארץ. Job entiende todo este tema desde la perspectiva de una visión trágica de la vida, indicando la forma en la que Dios hace que la estrella de la prosperidad de los jefes del mundo se pueda convertir en loca y ciega autodestrucción, conforme al proverbio que dice *quem Deus perdere vult prius dementat* (Dios enloquece primero a quien él quiere perder). Esta descripción parece hallarse evocada en varios pasajes de Isaías, especialmente en el oráculo sobre Egipto, Is 19 (cf. כְּשִׁכּוֹר, Job 19, 14).

La conexión de בְּתֹהוּ לֹא־דָרֶךְ no es de tipo de genitivo, sino que לֹא דָרֶךְ puede ser una cláusula adverbial añadida al verbo, como en לא חקר, Job 34, 24, y en לא בנים, 1 Cron 2, 30; 2, 32, o también puede ser (como preferimos por más

---

56. Kimchi en su *Diccionario*, adopta la forma עמקות, pero apela a Abulwalid como garante de la forma alargada que, según la Masora de Lev 13, 3. 25, es la tradicional. Las dos excepciones en las que esta palabra aparece con vocal larga son Prov 23, 27 y esta de Job.

natural o por más fiel a la posición de las palabras) un adjetivo virtual con este sentido: *por un desierto sin camino,* como לֹא אִישׁ, Job 38,26; לֹא עֲבֻוֹת, 2 Sam 23, 4 (Olshausen). Job toma así el tono de Elifaz (cf. Job 5, 13); intencionadamente insiste en la visión de la absoluta majestad de Dios, para mostrar de esa manera que él no es menos consciente de ello que sus amigos.

Job 13

Job 13, 1-2

¹הֶן־כֹּל רָאֲתָה עֵינִי שָׁמְעָה אָזְנִי וַתָּבֶן לָהּ׃
²כְּדַעְתְּכֶם יָדַעְתִּי גַם־אָנִי לֹא־נֹפֵל אָנֹכִי מִכֶּם׃

¹Todas estas cosas han visto mis ojos, y han oído y entendido mis oídos.
²Como vosotros lo sabéis, lo sé yo: no soy menos que vosotros.

Job vuelve a presentar aquí la prueba de lo que ha dicho al comienzo de su discurso (12, 3), afirmando que no es inferior a sus amigos en el conocimiento de Dios y de las cosas divinas; por eso, él puede repetir aquí como algo probado la idea fundamental de su discurso. El simple כֹּל, que en otros pasajes, con la fuerza del artículo, a modo de הַכֹּל, significa *omnes* (Gen 16, 12; Is 30, 5; Jer 44, 12) y *omnia* (Job 42, 2; Sal 8, 7; Is 44, 24), tiene aquí el sentido definido de *haec omnia*.

El final לָהּ (**13,1b**) no aparece en ese caso, al modo arameo, como dativo *pro acc. objecti* (cf. mi oído lo ha escuchado y comprendido), sino como *dat. commodi*, o quizá *dat. ethicus:* y se han hecho inteligibles (*sibi,* para sí, לָהּ); בִּין indica la aprehensión que acompaña a la percepción.

Job tiene un conocimiento de la gloriosa y exaltada majestad de Dios, adquirido en parte por su propia observación y en parte por el conocimiento de otros. Él también conoce lo mismo que (*instar*) ellos (sus amigos) conocen; es decir, él, Job, tiene un conocimiento (ידע como la idea implicada en él, como Sal 82, 5) que puede compararse al que pretenden tener sus amigos. Pero no quiere seguir compitiendo con ellos.

Job 13, 3-6

³אוּלָם אֲנִי אֶל־שַׁדַּי אֲדַבֵּר וְהוֹכֵחַ אֶל־אֵל אֶחְפָּץ׃
⁴וְאוּלָם אַתֶּם טֹפְלֵי־שָׁקֶר רֹפְאֵי אֱלִל כֻּלְּכֶם׃
⁵מִי־יִתֵּן הַחֲרֵשׁ תַּחֲרִישׁוּן וּתְהִי לָכֶם לְחָכְמָה׃
⁶שִׁמְעוּ־נָא תוֹכַחְתִּי וְרִבוֹת שְׂפָתַי הַקְשִׁיבוּ׃

³Mas yo querría hablar con el Todopoderoso, y desearía razonar con Dios.
⁴Pero vosotros sois autores de mentira; todos vosotros sois médicos inútiles.
⁵¡Ojalá os callarais por completo, pues así demostraríais sabiduría!
⁶Escuchad ahora mi razonamiento; estad atentos a los argumentos de mis labios.

Job no quiere seguir disputando con sus amigos; de esa manera, cuanto más se oponen ellos a él, con más fuerza desea él presentar su causa ante Dios (no ante el juicio de esos amigos falsos). La palabra אוּלָם (**13, 3**) es disyuntivo, como ἀλλά, e introduce un nuevo nivel de pensamientos. Los LXX traducen: οὐ᾽ μήν δὲ ἀλλά, *verum enim vero, mas yo…*

Ciertamente, Job ha dicho en cap. 9 que nadie puede mantener su causa ante Dios, pero su confianza en Dios crece en proporción a la desconfianza que va sintiendo ante sus amigos. Por otra parte, en este momento, Job, va adquiriendo la confianza de que Dios suavizará el terror de su majestad, tal como el mismo Dios se le ha mostrado en conexión con su declaración (cf. Job 9, 34, en comparación con 13, 20).

El infinitivo absoluto וְהוֹכֵחַ, que en Job 6, 25 se utilizaba casi como sustantivo, y ciertamente como sujeto, ocupa aquí el lugar del objeto, como en Is 5, 5; 58, 6: *yo deseo probar (=presentar) mi causa ante Dios* (אֶל־אֵל, como en Job 13, 15, פָּנָיו אֶל). Con וְאוּלָם (**Job 13, 4**) se introduce la antítesis de nuevo: *Yo me volveré a Dios*, mientras que vosotros (καὶ ὑμεῖς δὲ) sois amigos de la mentira.

Por su parte, el verbo טפל (cf. טִפְלֵי־שָׁקֶר), conforme a su significado primitivo, tiene el sentido de *manchar* (de donde viene por ejemplo el talmúdico טפלה, el gesto de arrojar algo, de pegar y cerrar los huecos de un horno), que está vinculado a תפל (de aquí תִּפֵּל, poner un remiendo, carecer de gusto…). En esa línea, Job acusa a sus amigos de ser creadores de mentiras, que ellos van poniendo como remiendos a través de su discurso falso. Por eso podemos decir, con Hirzel y otros, que esos "amigos" de Job son *assutores mendacii,* autores de mentiras, que van colocando piezas y palabras sin fundamento, como parches, de forma que Job les presenta como personas a las que se debe castigar por su falta.

Esta explicación queda confirmada por Job 14, 17. De todas formas, Hupfeld ha ofrecido otra explicación, diciendo que los amigos de Job son *sarcinatores false* es decir, personas *inanes, inútiles,* y en esa línea la palabra שֶׁקֶר se aplica aquí a los que mienten, es decir, a aquellos que engañan, como en el miembro paralelo del verso אֱלִיל[57]. Conforme a esa visión, los amigos de Job son *nada, nulidad.*

El sentido de fondo del texto es, por tanto: *No son capaces de curar las heridas de Job con medicina de consuelo,* pues son *medici nihili,* es decir, *médicos de nada,* inútiles. El dicho de Prov 17, 28, "incluso el necio cuando está callado parece sabio" se aplica a estos amigos de Job: *si tacuisses, sapiens mansisses.* En esa línea se mantiene un proverbio rabínico, de sentido semejante, citado por Heidenheim, que dice: השגה בהשגה הלאות, "la fatiga de la comprensión es ya comprensión" (una pausa de silencio ante el problema es ya media solución).

---

57. En hebreo talmúdico אֱלִיל es la vena yugular cuyo corte produce la muerte (que más tarde se dice עצב, en *árabe 'ṣb). En ese sentido se hablará en un tiempo posterior (b. Chullin 121a) de* curadores de la arteria yugular, es decir, de personas falsas que dicen curar lo incurable, es decir, de charlatanes, una idea extraña que ha surgido por forma defectiva de escribir אלל. Los LXX traducen ἰαταὶ κακῶν.

La forma yusiva וּתְהִי (Gesenius 128, 2), se utiliza como culminación del deseo. En esa línea, Job reta a sus "amigos" a escuchar su תוכחת (תוכחה) y su רבוה. Hirzel tiene razón cuando dice que la primera palabra no significa defensa (justificación), ni la última implica pruebas (contraevidencias). Conforme a su significación (a su *significatus*, no a sus *sensus*) תוכחת es ἔλεγχος, *correptio* (LXX, Vulgata), y aquí no tanto refutación y respuesta cuanto corrección en sentido ético, de manera que en correspondencia con רבות esta palabra ha de entenderse como reproche, represión o reprimenda.

Job 13, 7-11

⁷ הַלְאֵל תְּדַבְּרוּ עַוְלָה וְלוֹ תְּדַבְּרוּ רְמִיָּה׃
⁸ הֲפָנָיו תִּשָּׂאוּן אִם־לָאֵל תְּרִיבוּן׃
⁹ הֲטוֹב כִּי־יַחְקֹר אֶתְכֶם אִם־כְּהָתֵל בֶּאֱנוֹשׁ תְּהָתֵלּוּ בוֹ׃
¹⁰ הוֹכֵחַ יוֹכִיחַ אֶתְכֶם אִם־בַּסֵּתֶר פָּנִים תִּשָּׂאוּן׃
¹¹ הֲלֹא שְׂאֵתוֹ תְּבַעֵת אֶתְכֶם וּפַחְדּוֹ יִפֹּל עֲלֵיכֶם׃

⁷¿Hablaréis iniquidad por defender a Dios? ¿Hablaréis con engaño por defenderle?
⁸¿Seréis parciales por él? ¿O en defensa de Dios actuaréis como abogados?
⁹¡Bueno sería que él os examinara! ¿Os burlaréis de él que se burla de un hombre?
¹⁰Él sin duda os reprochará, si actuáis secretamente con parcialidad.
¹¹¿No os confundirá su Majestad, o caerá su pavor sobre vosotros?

13, 7-8. La forma en que esos amigos defienden a Dios (este es el tema de la estrofa) constituye para Job una injusticia, un mal servicio a favor de la majestad divina, de manera que ellos no podrán evadir el castigo del mismo Dios. Esos amigos de Job se presentan a sí mismo como abogados falsos de Dios (ריב לאל, como criados del Señor ריב לבעל, Jc 6, 31), pero en contra de la verdad más honda de Dios, y de esa forma se muestran parciales respecto a Dios, a quien *non accipiunt* (como en *acceptus* en el sentido de *gratus*), es decir, a quien no son gratos, de manera que prefieren (dan preferencia) a un tipo de "dios", que es reflejo del poder de sus personas, a expensas de la verdad (del verdadero Dios). Ellos son parciales a favor de Dios, como se lo dice Job por dos veces, y como lo da a entender el *futurum energicum* תשאון.

La adición בַּסֵּתֶר (**Job 13, 10**) implica que ellos ocultan su conocimiento más profundo por la forma de asumir un tono serio y duro, que quiere expresar el hecho de que ellos tienen el falso convencimiento de que están en la verdad (siendo así que son testigos y defensores de la mentira). Ellos saben que Job no es un pecador flagrante; sin embargo se engañan a sí mismos con la idea de que lo es, y por causa de ese engaño provocan a Dios (ponen la causa de su Dios en contra de la verdad, para condenar así a Job).

Esta perversión de la verdad *in maiorem Dei gloriam* es una abominación para Dios, de forma que, cuando Dios les investigue, ellos, sus abogados falsos (חקר, como en Prov 28, 11), tomarán conciencia de su pecado. Porque ¿se puede engañar a Dios como uno engaña a hombres mortales? Cf. Gal 6, 7 donde aparece un pensamiento semejante.

חתל es inf. absoluto, según la forma תלל, y תְּהָתֵלּוּ ha de ser también un derivado de תלל, como futuro *hitpael*, de un performativo sincopado. Por su parte, תתלו (Gesenius 53, 7) no es una forma *piel* de התל (como en 1 Rey 18, 27; cf. Olshausen, *Lehrb*. 577). A Dios no le place una λατρεία (Jn 16, 2) que le rinde honor a él, pero no en verdad, como un ζῆλος Θεοῦ ἀλλ᾽ οὐ᾽ κατ᾽ ἐπίγνωσιν (Rom 10, 2), en la línea de un celo de Dios, pero sin discernimiento ni justicia. Esta forma de defender a Dios va en contra del mejor conocimiento y conciencia de Dios, pues el fin no justifica los medios.

Esta forma de defender a Dios ha de ser avergonzada y confundida cuando Dios (que no necesita ocultamiento de su verdad para justificarse) se manifieste en su שאת, cf. שְׂאֵתוֹ, no en el despliegue inflamado de su ira (cf. Jc 20, 38; Is 30, 27), sino en su elevación (así lo dice correctamente Ralbag: התנשאותו ורוממותו), cuando él ponga ante su luz y rechace (destruya) todo lo que es mentira. Este es el mayor pecado imaginable, el pecado de uno que se atreve a mentirse a sí mismo en relación con Dios. Esto resulta aquí evidente, pues Dios y la verdad no pueden ser nunca antagonistas.

Job 13, 12-16

¹² זִכְרֹנֵיכֶם מִשְׁלֵי־אֵפֶר לְגַבֵּי־חֹמֶר גַּבֵּיכֶם׃
¹³ הַחֲרִישׁוּ מִמֶּנִּי וַאֲדַבְּרָה־אָנִי וְיַעֲבֹר עָלַי מָה׃
¹⁴ עַל־מָה ׀ אֶשָּׂא בְשָׂרִי בְשִׁנָּי וְנַפְשִׁי אָשִׂים בְּכַפִּי׃
¹⁵ הֵן יִקְטְלֵנִי (לֹא) [לוֹ] אֲיַחֵל אַךְ־דְּרָכַי אֶל־פָּנָיו אוֹכִיחַ׃
¹⁶ גַּם־הוּא־לִי לִישׁוּעָה כִּי־לֹא לְפָנָיו חָנֵף יָבוֹא׃

¹²¡Vuestras palabras son refranes de ceniza y vuestros baluartes baluartes de lodo!
¹³Dejadme en paz, y yo hablaré, y dejad lo que pueda venir sobre mí.
¹⁴¿Por qué arrancaré mi carne con mis dientes y tomaré mi vida en mis manos?
¹⁵Mirad, aunque me mate, yo le esperaré, solo mis caminos ante él defenderé;
¹⁶incluso eso sería mi salvación, porque el impío no podrá entrar en su presencia.

13, 12. Las palabras por las que los amigos exhortan y avisan a Job se llaman זִכְרֹנֵיכֶם, *ziknorikem*, en el sentido profundo de recuerdos (de *zikaron*), no porque ellas recojan su experiencia y enseñanza (Hirzel), sino como dichos a los que se debe prestar gran atención y fidelidad, como pone de relieve זכר נא (cf. Job 4, 7, cf. Hahn), en la línea de los recuerdos fundamentales de Dios.

En esa línea se sitúa el ספר זכרון, Mal 3,16, libro del recuerdo, lo mismo que el ספר זכרנות de Es 6,1, es decir, las *memorabilia* o *memoranda*. Pues bien, estos *loci communes* de los "amigos" de Job son proverbios de cenizas, pensamientos que no dicen nada respecto al caso presente, de forma que vuelan y pasan como ceniza en el viento (אפר en el sentido de vanidad, Is 44, 20).

Mientras Job 13, 12a supone que los discursos de Job "son" firmes (con una sopesada *nota bene*), Job 13, 12b afirma que ellos se han vuelto גבים (לְגַבֵּי־חֹמֶר, discursos de barro) pues la ל indica siempre una κίνησις que es igual a una γένεσις. Según eso, los discursos de los amigos de Job se vuelven palabra de lodo, que no puede sostenerse y ni mantener cosa ninguna[58].

Como el árabe *dahr*, גב significa una caja, y por extensión baluarte, rampante, muralla, protección; sus argumentos o pruebas se llaman גבים (pues ellos, cuando son lanzados contra Job, se convierten en trozos de barro, de manera que se rompen al caerse). Esas armas que arrojan contra él no tienen firmeza, sino que quedan destruidas ante Dios, como si fueran flechas de barro.

Job 13, 13. Estad callados ante mí, les dice Job; es decir, apartaos de mí y dejadme en paz (lo opuesto a אל החריש, Is 41,1): *entonces yo hablaré* o, mejor dicho, *a fin de que yo hable* (con el cohortativo usual y con apódosis de imperativo), pues él y solo él quiere defender su causa (que es en el fondo la del Dios verdadero), la causa que sus amigos han abandonado de manera tan poco caritativa, a pesar de su mejor conocimiento y conciencia.

Así lo hará Job, pase lo que pase (con עבר, cf. Dt 24, 5; וְיַעֲבֹר עָלַי מָה), en el sentido de *quidquid est*, como en 2 Sam 18, 22, ויהי מה, suceda lo que deba suceder, o más simplemente como en דבר מה *quodcunque*, Num 23, 3: Pase cualquier cosa que pueda pasar. En esa línea, מי recibe también un sentido semejante, y de esa forma se coloca al final de la frase (Ewald, 104, d). **Job 13, 14.** Por eso, antes de arrancar la propia carne con sus dientes, queriendo mantener su vida, como una bestia salvaje que preserva su presa a mordiscos (*mordicus tenet*), para guardarla en otro sitio, así es la palabra de Job.

Esta es una frase proverbial que no aparece en ningún otro caso de la Biblia; pues Jer 38, 2 (tu vida será como despojo, לשלל, para ti) es solo semejante por su apariencia externa. Se puede cuestionar si Job 13, 14 continúa con la pregunta comenzada en על־מה (cf. *Comentario* a Is 1, 5): *¿Y por qué razón debería yo tomar mi alma en mis manos, es decir,* protegerla de un modo cuidadoso, como cosa muy valiosa (Eichhorn, Umbreit y Vahinger)? Pero, en la línea de Sal 119, 109 (mi alma está continuamente en mi mano), se podía preguntar si el alma no se toma aquí (como se hace en una frase normal, de tipo religioso) en el sentido de aquello que

---

58. Los expositores judíos comparan el tema con 1 Cron 3, 2 con לגבי, pero esta lamed, ל, en לאבשלום es un error de copista (cf. 2 Sam 3, 3). Reiske conjetura que la palabra de fondo sería רגבי (montones de arcilla), que es una de sus aventuradas conjeturas, pero que es quizá de las mejores.

uno debe asegurar con las propias manos trabajando con temor y temblor por la propia salvación).

La expresión וְנַפְשִׁי אָשִׂים בְּכַפִּי significa propiamente hablando, en todos los demás lugares (Jc 12, 3; 1 Sam 19, 5; 28, 21), *poner mi alma en mi mano*, arriesgar mi propia vida, sin miedo a la muerte; luchar con las propias fuerzas, para así perecer y morir cuando las propias fuerzas desaparecen (Ewald). Cf. la expresión sobre el inminente riesgo de muerte en Dt 28, 66. En el caso de que nuestra frase se interprete en esa línea, de acuerdo con el uso del lenguaje, no hace falta (con Hirzel siguiendo a Ewald, 352, b) tomar ונפשי en el sentido de גם נפשי: *por tanto, incluso mi alma, etc.* De todas formas, debe reconocerse que la *waw*, lo mismo que καὶ y *et* (en latín) significa a veces: *also, etiam* (cf. Is 32, 7; 2 Cron 27, 5; Ecl 5, 6, y también Os 8, 6, conforme a los acentos).

En una línea distinta, en 2 Sam 1, 23; Sal 31, 12, la *waw* puede explicarse al menos en un sentido copulativo, y en Am 4, 10 con el sentido de "y ciertamente". La *waw* vincula la afirmación positiva y negativa contenidas en la pregunta de Job 13, 14 (Hahn): Yo no defenderé ansiosamente mi carne, y (sino que) tomaré mi alma en mi mano (la arriesgaré…), y lo haré de forma serena, exponiéndome a mí mismo al peligro de la muerte. De esa forma, Job 13, 15 se conecta a lo anterior de la manera más directa.

13, 15. Este es uno de los 18 pasajes de la Biblia donde el *qetib* es לא y el *keré* לו (Job 6, 21 es otro de ellos)[59]. Por su parte, en los LXX, que cambian איחל en החל, la traducción ἄρχεσθαι resulta dudosa, de manera que el *Cod. Vaticanus* traduce ἐάν με χειρώσηται, y el *Alexandrinus* ἐὰν μή με χειρ.

La Misná *b. Sota, 27, b*, relaciona este pasaje con la cuestión de si Job ha servido a Dios por amor o por temor, y para fundar la última opinión apela a Job 27, 5, pero aquí la respuesta resulta dudosa (שקול הדבר) y ese pasaje puede traducirse de dos formas: "yo espero en él" o "no espero". La *Gemara, ib. 31, a,* observa que la traducción לא no debe determinar el sentido, pues en Is 63, 9 se escribe לא, y no es necesario que se entienda como לו, aunque puede ser entendido de esa forma[60]. Entre las versiones antiguas, el targum, traducción siríaca y Jerónimo (*etiam si occiderit me, in ipso sperabo,* aunque me matara esperaría en él) están en favor de לו. Esta traducción de la Vulgata es la seguida por varias versiones posteriores, como la francesa, la inglesa y la italiana. Esta explicación, como indicaremos, tiene una historia venerable.

---

59. En Fürst, *Concord.* p. 1367, Col 1, faltan los siguientes pasajes: 1 Sam 2, 3; 2 Rey 8, 10; Sal 100, 3; 139, 16; Prov 19, 7, que han de ser suplidos por Aurivillius, *Diss.* p. 469, donde, sin embargo, falta, 2 Sam 19, 7. También Ex 21, 8 pertenece a esos pasajes. En ese último caso Mühlau propone una transposición de letras, diciendo así: לא ידעה (si ella displace a su marido, de manera que ella no la "conoce", no puede convertirla en su concubina, haciendo así que ella pueda ser redimida, etc.).

60. Cf. Geiger, *Lesestücke aus der Mischnah* (1845), 37f.

La princesa electora alemana Louise Henriette von Oranien (muerta el año 1667), autora del himno inmortal, "Jesus meine Zuversicht" (Jesús, mi confianza), eligió para el texto de su oración funeraria estas palabras: "Aunque el Señor me matara, yo seguiría confiando en él". Otros muchos creyentes, en la hora de su muerte han adoptado esta expresión tradicional del libro de Job, para manifestar su fe y consuelo[61].

Entre ellos podemos citar a varias mujeres judías, como Grace Aguilar (1816–1817), sefardita, nacida en Londres y muerta en Alemania, historiadora y novelista, que escribió con los dedos entumecidos, en el lecho de muerte, estas palabras: "Aunque me matara, yo seguiría confiando en él".[62]

Las palabras así entendidas tienen a su favor un peso histórico que nosotros no queremos poner en duda. Incluso los apóstoles no rechazaron el uso de las citas y palabras griegas del Antiguo Testamento, aunque ellas no respondieran al texto original hebreo, siempre que concordaran con el contenido de la Sagrada Escritura. Eso mismo sucede con estas palabras, que entendidas como fueron por la Vulgata ofrecen una expresión breve y pregnante de una verdad enseñada en otros lugares en las Escrituras, conteniendo un pensamiento que está en el fondo de la obra de Job y que, de alguna manera, constituye la última solución del libro entero.

En esa línea, entendidas en su sentido más hondo, esas palabras ofrecen un testimonio claro de resignación perfecta. De todas formas, debemos admitir que si traducimos el texto en el otro sentido: Mira, aunque me mate yo no confiaré en él (con el *qetib* לא en vez del *kere* לו) obtenemos también un sentido que responde al contexto.

Pero la palabra יחל no significa propiamente esperar (de esperanza) sino "aguardar por". Incluso en Job 6, 11; 14, 14, donde esa palabra aparece también como aquí, sin un objeto preciso, tiene ese sentido, que es el de *aguardar* (no el de esperar); y Lutero es fiel a ese sentido cuando traduce: *Mira, él puede destruirme, y yo no podré aguardarle* (aunque esta es una traducción extraña y contraria al mismo texto); y por su parte, Bötticher traduce: *Yo no esperaré para justificarme* (otra traducción extraña).

El significado propio de יחל, *praestolari*, *esperar*, en sentido personal (en la línea de la virtud de la esperanza), no responde al contenido del texto. Job no habla aquí en el sentido de esperar en una línea personal (como virtud teologal cristiana), sino de aguardar a Dios, para poder presentar ante él su queja; por eso se mantiene la partícula לו, no לא. Por otra parte, לו יחל es una expresión que el autor conoce bien (cf. Job 29, 21; 29, 23; 30, 26).

Según eso, el significado que responde al contexto y al texto es: aunque me mate yo aguardaré por él; yo le aguardaré (estaré esperando su respuesta), haga

---

61. Cf. Göschel, *Die Kurfürstinnen zu Brandenburg aus dem Hause Hohenzollern* (1857), 28-32.
62. Testimonio de María Henríquez Morales, transmitido por Piza (1860), X. 12.

él lo que haga, incluso darme la muerte, pues lo único que yo quiero es probar (defender) mis caminos ante él, delante de su rostro. Job teme esa circunstancia (situarse cara a cara ante Dios), pero está preparado para ello (y lo espera, lo desea), de manera que aunque Dios le mate él seguirá aguardando, porque quiere presentar y defender ante él su causa.

Hirzel, Heiligstedt, Vaihinger y otros piensan que Job toma ese deseo de aguardar a Dios para presentarle su queja como un camino seguro de muerte, conforme a la certeza de que la aparición (la visión) de Dios implicaba la muerte, pues nadie puede ver a Dios sin morir. Pero יִקְטְלֵנִי se refiere a una forma distinta de entender la muerte.

Job tiene miedo del riesgo que supone disputar con Dios, y estar obligado a poner en riesgo su vida; pero como implica איחל לו, está preparado incluso para lo peor, él aguarda a Dios (aunque le mate), pues quiere disputar con él (pedirle una respuesta), cualquiera que pueda ser su suerte. En esa línea, no puede ni quiere renunciar a la defensa de su inocencia, de manera que está preparado para ofrecer a Dios un testimonio interior de la inocencia en la que él ha caminado (es decir, es decir, Job quiere un testimonio del mismo Dios, mostrándole que él ha cumplido su voluntad). Él puede sucumbir, pero está preparado para dar testimonio de su inocencia moral ante Dios.

13, 16. Añade una idea para probar lo anterior: un hombre impío o hipócrita (conforme al sentido del contexto, aunque no a la idea original del discurso)[63], un hombre que no expresa la verdad de su corazón, no podría adelantarse y esperar, para responder por sí mismo ante Dios (Hahn). Esto puede explicarse así: una persona impía no tiene acceso a Dios. Pero hay otra explicación que entiende mejor el texto. הוא tiene aquí un sentido neutro (como Job 15, 9; 31, 28 cf. 41, 3, Ex 34, 10) y en esa línea los LXX han traducido correctamente el texto: καὶ τοῦτό μοι ἀποβήσεται εἰς σωτηρίαν (ese gesto de llamar a Dios y esperar que él le responda constituye su verdadera salvación).

De todas formas, esa palabra, σωτηρία, aquí יְשׁוּעָה (cf. Job 30, 15), no tiene el sentido usual profundo que recibe en los profetas y en los Salmos, sino que significa salvación o, mejor dicho, victoria en un contexto judicial. Job afirma así que en el fondo él ya ha ganado la disputa, por el deseo que tiene de defenderse urgentemente ante Dios. Esto suscita ya un sentimiento a favor de su inocencia, y lo hace desde el principio de su querella, de manera que se puede suponer ya que Job será al fin absuelto por Dios.

---

63. El verbo חנף (cf. חָנֵף) significa en árabe *desviarse*, ir a un lado (de aquí viene por ejemplo *ahhnaf*, en relación con una banda). Pero *hhanîf*, una palabra que deriva de la misma raíz, significa en árabe ἐναντιόσημον, alguien que se inclina hacia el bien y la verdad (uno que es ortodoxo), y en ese sentido es un sobrenombre de Abraham, pero sabiendo que él puede inclinarse también hacia el mal. Beidhwi lo explica por *mâïl*, inclinarse hacia uno mismo. Un sinónimo, pero aplicado solo a inclinarse hacia el bien, es en árabe *'l-'âdl, el-'âdil.*

Job 13, 17-19

¹⁷ שִׁמְעוּ שָׁמוֹעַ מִלָּתִי וְאַחֲוָתִי בְּאָזְנֵיכֶם׃
¹⁸ הִנֵּה־נָא עָרַכְתִּי מִשְׁפָּט יָדַעְתִּי כִּי־אֲנִי אֶצְדָּק׃
¹⁹ מִי־הוּא יָרִיב עִמָּדִי כִּי־עַתָּה אַחֲרִישׁ וְאֶגְוָע׃

¹⁷Escuchad bien mi razonamiento, y que mi declaración penetre en vuestros oídos.
¹⁸Atended ahora, he preparado la causa, y sé que seré justificado.
¹⁹¿Quién litigará conmigo? Porque si él venciera callaría y moriría (tranquilo).

Ansioso por el cumplimiento de su deseo (que él mismo pudiera defender su causa ante Dios), y como si eso hubiera sucedido ya en su imaginación, Job invita a sus amigos a que escuchen su defensa. La palabra מלה (cf. מִלָּתִי se utiliza directamente en árabe para la confesión de fe, en sentido religioso). Esta es la confesión que Job presentará ante Dios, y אחוה (וְאַחֲוָתִי) es la declaración que pondrá en claro su inocencia. El último sustantivo (אַחֲוָתִי) que en hebreo postbíblico significa conducta fraterna, es aquí un ἅπ. λεγ., de חוה, pero no con *aleph* prostético, de *kal*, sino según la forma אזכרה que es igual que הזכרה, con el *alef* propio del *hifil* que, a no ser en Sal 19, 3, solo aparece en hebreo en el libro de Job (cf. el *nomen actionis* אחויה, Dan 5,12, Ewald, 156, c). Job quiere que todos escuchen su razonamiento, que sean testigos de su manera de "emplazar" a Dios, para mantener ante él la defensa de su conducta.

Desde ese fondo, no es necesario aplicar la palabra שמעו de 13, 17 (*oíd ahora con vuestros oídos*, como en Jer 26, 11) al mismo Job, porque esa es una frase sustantiva independiente como en Job 15, 1; Is 5, 9, que lleva en sí misma la idea verbal de תהי o תבא (18:7). Ellos (los amigos) tienen que oír porque él, Job, por su parte, ha dispuesto, es decir, ha preparado (ערך משפט, *causam instruere*) su causa o defensa, como en Job 23, 4 (cf. Job 33, 5).

Job ha preparado su causa ante Dios, de manera que la acción puede comenzar ahora; y sabe que él mismo, ningún otro, será ratificado como el que tiene la verdad. Con el convencimiento de esta superioridad, exclama: ¿Quién podrá disputar conmigo, es decir, presentar argumentos válidos en contra de mi argumento?

En ese caso, sin duda, si esa imposibilidad sucediera (si Dios le mostrara que no tiene razón), él (Job) quedaría mudo, y moriría voluntariamente, como alguien que había sido desprovisto de la razón, no meramente por una apariencia o aparición externa, sino por haber sido derrotado en el plano más honda de su vida (descubriendo que su protesta no había tenido sentido).

La expresión עמדי יריב siguiendo a מי הוא (cf. Job 4, 7) puede tomarse como una frase elíptica de relativo: *qui litigare possit mecum* (cf. Is 50, 9 con Rom 8, 34, τίς ὁ κατακρίνων). Pero, dado que מי הוא זה se utiliza también en el sentido de *quis tandem* o *ecquisnam*, la conexión sintáctica, que realmente existe

(Ewald, 325, a) ha sido pospuesta, de manera que הוא sirve como זה solo para dar intensidad y viveza a מי.

Sobre כי עתה (en un sentido parecido al de כי אז), cf. Job 3, 13; 8, 6. En Job 13, 19 esto viene dado como posible, aunque, conforme a la declaración de su conciencia, Job debe considerarlo como absolutamente imposible. Según eso, todo el argumento de Job depende de la posibilidad que tiene de presentar su causa ante Dios, de forma que él viene a presentarse cada vez más dependiente de esa posibilidad (es decir, de que Dios responda a su reto o llamada).

Job 13, 20-22

²⁰ אַךְ־שְׁתַּיִם אַל־תַּעַשׂ עִמָּדִי אָז מִפָּנֶיךָ לֹא אֶסָּתֵר׃
²¹ כַּפְּךָ מֵעָלַי הַרְחַק וְאֵמָתְךָ אַל־תְּבַעֲתַנִּי׃
²² וּקְרָא וְאָנֹכִי אֶעֱנֶה אוֹ־אֲדַבֵּר וַהֲשִׁיבֵנִי׃

²⁰Solo dos cosas no dejes de hacer conmigo, y entonces no me esconderé de tu rostro:
²¹Aparta de mí tu mano, y que no me espante tu terror.
²²Llámame luego y yo responderé; o yo hablaré y tú me responderás.

Job pone solo dos condiciones en su oración, condiciones que ha presentado ya expresamente en 9, 34: (1) Que Dios le garantice que van a cesar sus terrores. (2) Que no le imponga con pavor su majestad. La mano castigadora de Dios se llama en general יד; pero a pesar de ese uso dominante del lenguaje כף solo puede entenderse aquí (cf. en contra Job 33, 7) como la mano (Job 9, 34: el látigo) de Dios, mano que él descarga con fuerza sobre Job.

La dolorosa presión de esa mano haría imposible que Job recogiera y ordenara sus pensamientos, de un modo conveniente, para encontrarse con Dios, pues la אימה (cf. אֵמָתְךָ, palabra escrita defectivamente) de Dios le aplastaría y confundiría completamente. Pero si Dios le concediera estas dos cosas (apartar su mano por un tiempo, y no aplastarle con el lado terrible de su majestad), Job estaría dispuesto a que Dios mismo abriera su causa, o que le permitiera tener la primera palabra. Correctamente lo presenta Mercerus (=Mercier): *Optionem ei dat ut aut actoris aut rei personam deligat, sua fretus innocentia, sed interim sui oblitus et immodicus* (es decir, le da la opción de que sea él, Dios, o el mismo Job el que comience el juicio, pero sin imposición de terror por arriba).

A diferencia de Dios, Job se siente como un pobre gusano, pero la conciencia de su inocencia le convierte en un titán. Él sabe ya lo que le preguntaría a Dios o, mejor dicho, lo que él va a preguntarle ya, porque él (Job) visualiza la acción del juicio que intenta mantener con Dios, como si estuviera realizándose en este mismo momento. De esa forma, su imaginación anticipa el cumplimiento de aquello que él desea. Algunos comentaristas modernos comienzan con 13, 23 una nueva división en el texto. Pero las palabras de Job no toman aquí todavía un curso nuevo, de forma que él sigue su argumento de un modo continuo, *uno tenore*, con el mismo tono anterior.

Job 13, 23-25

²³ כַּמָּה לִי עֲוֺנוֹת וְחַטָּאוֹת פִּשְׁעִי וְחַטָּאתִי הֹדִיעֵנִי:
²⁴ לָמָּה־פָנֶיךָ תַסְתִּיר וְתַחְשְׁבֵנִי לְאוֹיֵב לָךְ:
²⁵ הֶעָלֶה נִדָּף תַּעֲרוֹץ וְאֶת־קַשׁ יָבֵשׁ תִּרְדֹּף:

²³ ¿Cuántas son mis iniquidades y pecados? Dame a entender mi transgresión y mi pecado.
²⁴ ¿Por qué escondes tu rostro y me tienes como tu enemigo?
²⁵ ¿Quebrantarás a una hoja que arrebata el viento y perseguirás una paja seca?

Cuando עון y פשע, חטאת y חטאת se utilizan en estrecha conexión, el último término, que describe el pecado como fracaso y error, se refiere a los *pecados de debilidad* (un tipo de enfermedades, *Schwachheitssünde*). Por su parte עון (que propiamente significa distorsión o inclinación) evoca un tipo de mala acción, y פשע (propiamente hablando ruptura, destrucción, como en árabe *fsq*) indica maldad, algo que separa al hombre de Dios y le aparta de su favor, como era en el caso anterior עון (*Bosheitssünde*)⁶⁴.

La osada confianza que Job expresa en esta pregunta y desafío (13, 23-24) expresa el doloroso asombro anterior, cuando decía a Dios que no se le apareciera, y que no continuara persiguiéndole como a un enemigo, sin investigar la razón de su causa. ¿Tiene el Todopoderoso el placer de arrojarle por ahí, como a una hoja traída y llevada por el viento? Cf. העלה, con la *he* (ה) interrogativa, como en החכם, Job 15, 2, cf. Gesenius 100, 4.

Por su parte, ערץ se utiliza aquí en transitivo, como el Sal 10, 18, en el sentido de aterrorizar, destruir, y hacerlo sin derecho alguno. ¿Encuentra Dios su satisfacción en perseguir al hombre como a paja seca? Para indicar el sentido de את (antes de un nombre indeterminado, cf. Gesenius 117, 2), los LXX traducen δεικτικῶς, de un modo intenso: Job, el impotente, completamente privado de fuerza por enfermedad y dolor, es una paja seca, y sin embargo Dios le persigue, como si fuera su más poderoso enemigo, empleando toda su fuerza en contra de él.

Job 13, 26-28

²⁶ כִּי־תִכְתֹּב עָלַי מְרֹרוֹת וְתוֹרִישֵׁנִי עֲוֺנוֹת נְעוּרָי:
²⁷ וְתָשֵׂם בַּסַּד רַגְלַי וְתִשְׁמוֹר כָּל־אָרְחוֹתָי עַל־שָׁרְשֵׁי רַגְלַי תִּתְחַקֶּה:
²⁸ וְהוּא כְּרָקָב יִבְלֶה כְּבֶגֶד אֲכָלוֹ עָשׁ:

---

64. Para el desarrollo de la idea de los sinónimos de pecado cf. von Hofmann, *Schriftbeweis*, i. 483 ss., al comienzo del cuarto *Lehrstück*.

²⁶¿Por qué decretas contra mí amarguras y me cargas con los pecados de mi juventud?
²⁷Pones además mis pies en el cepo, vigilas todos mis caminos y trazas un círculo en torno a las plantas de mis pies.
²⁸Y mi cuerpo se va gastando como carcoma, como un vestido que roe la polilla.

Como israelita, Job es consciente de haber orado con frecuencia en el sentido del salmo que dice: "No recuerdes los pecados de mi juventud ni mis transgresiones; recuérdame conforme a tu misericordia" (Sal 25, 7). Y sin embargo ahora solo puede mirar a su aflicción, como si fuera su única herencia, impuesta sobre él, por pecados de los que no se habría arrepentido, por pecados de su juventud, pues él, en su madurez, no ha cometido pecados de los que tendría que arrepentirse (que se le puedan reprochar).

Job no sabe cómo puede reconciliarse con la justicia de Dios el hecho de que ese Dios recuerde en contra de él (de Job) unos pecados cuyo perdón ha implorado ya desde el momento en que los ha cometido. Job no entiende el hecho de que ese Dios decrete (כתב, כִּי־תִכְתֹּב, cf. Sal 149, 9) en contra de él un castigo tan amargo (מררות, *amara*, calamidad fuerte, cf. Dt 32, 32, uvas amargas).

Ciertamente, debemos confesar que ambas cosas no se pueden armonizar, si es que ellas fueran realmente así. Como sabemos por el NT, mientras el hombre siga siendo objeto de la misericordia divina, sus pecados, que han sido ya perdonados, no son ya objeto de juicio divino. Pero Job solo puede entender su aflicción como un castigo sinsentido (no como purificación que brota del amor de Dios).

El conflicto de la tentación a través de la cual está pasando ha oscurecido su visión de la bondad amante de Dios, de forma que se siente como un prisionero cuyos pies están sujetos en los agujeros de un סד (cf. בַּסַּד), es decir, de un *cepo*, que es un tronco donde se sujetaban los pies de los criminales, un tronco que él debe arrastrar cuando camina.

Esa palabra está quizá vinculada con el árabe *sadda, occludere, opplere* (en referencia a los agujeros de un cepo, al que se sujetan los pies). En este contexto ha de entenderse la palabra מהפכת (en el sentido de rodear, apresar), caldeo סדיא o סדנא, siríaco *sado*, para lo cual Hech 16, 24 emplea ξύλον con el significado de ποδοκάκη; en latín *cippus* (cf. Ralbag), *codex* (en Plauto un instrumento de castigo para esclavos) o también *nervus*.

El verbo תשם que se utiliza aquí, y que se encuentra también en Job 33, 11 en el mismo contexto, está en forma de yusivo u optativo, pero no por su significado, pues se trata de un futuro con vocal abreviada (p. ej. Job 27, 22; 40, 19) o apocopada (Job 18, 12; 23, 9. 11) y se utiliza en muchos lugares, especialmente en poesía, en forma *pregnante* y corta.

Job aparece así como un criminal cuyos pies han de ser atentamente vigilados (שמר, cf. Job 10, 14), a fin de que no pueda gozar de libertad ni por un momento, de manera que no pueda escaparse y eludir la ejecución para la que está destinado. En lugar de אֶרְחוֹתָי, que es la lectura adoptada por Ben-Asher, Ben-Neftalí escribe ארחתי, con *holem* en la primera sílaba.

Ambos modos de puntuación cambian sin una ley fija, lo mismo que cambian otros rasgos de la inflexión de ארח, como de ארחה, *caravana*, cuyo constructo en ambos casos es ארחות, Job 6, 19. No hará falta indicar que los verbos en 13, 27 están dirigidos a Dios, y no se refieren, como si estuvieran en forma femenina a los cepos en los que están sujetos los pies de Job (Ralbag).

Las raíces de los pies evocan sin duda las partes inferiores, es decir, las plantas de esos mismos pies. Pero ¿qué sentido tiene תִּתְחַקֶּה? La Vulgata, la traducción siríaca y Parchon traducen: *Tú has fijado tu atención en...* pero lo hacen simplemente a modo de conjetura. Ewald, con la ayuda del árabe *tahhakkaka* traduce: *Tú te aseguras a ti mismo de...* Pero no hay la más mínima necesidad de separarse del uso ordinario de la palabra, como hacen aquellos que la interpretan así: *Tú has marcado una ley o frontera* (Aben-Ezra, Gesenius, Hahn y Schlottmann).

El verbo חקה es la palabra normal (ciertamente relacionada e intercambiable con חקק) para un utensilio de madera labrada (tallada, cf. italiano *intaglio*) y quizá pintada, o reforzada con un metal (cf. Job 19, 23; Ez 23, 14). Esa palabra significa poner una cerca, escavar una trinchera. Stickel tiene en cierto sentido razón cuando explica: Tú presionas, oprimes (produciendo sangre). Sin embargo, esa traducción no hace justicia al *hitpael*.

Raschi traduce mejor, *tú me pegas* (en el sentido latino de afiche), conforme a lo cual dice Mercerus (Mercier): *velut affixus vestigiis pedum meorum adhaeres, ne quâ elabi possim aut effugere* (como poniendo un cepo a mis pies, a fin de que no pueda moverme con libertad ni huir). Ese significado no parece de todo exacto, pero no es posible encontrar un significado mejor, conforme al uso ordinario de la palabra.

En esa línea, Rosenmüller, Umbreit y otros traducen: *Tú marcas una línea en torno a mis pies* (trazas un círculo alrededor); Hirzel, sin embargo, retomando el sentido más estricto del *hitpael*, traduce: *Tú has perforado (has cavado para ti) una línea circular en torno a mis pies*. Pero el *hitpael* no significa *se insculpere*, sino, como התפשט *sibi exuere*, התפתח *sibi solvere*, התחנן *sibi propitium facere*, y puede significar también *sibi insculpere* (ha trazado para sí), lo que no ofrece quizá un sentido demasiado extraño al texto: *Tú pones para ti mismo unos surcos (o también unas líneas), en torno a las plantas de mis pies*, de manera que ellos nos puedan moverse más allá de los límites estrechos que tú mismo has marcado.

Con והוא, comienza la cláusula circunstancial de **Job 13, 28**: *Mientras que aquel a quien tú has sujetado como a un criminal...* Obsérvese la acentuación rítmica de כְּבֶגֶד אֲכָלוֹ עָשׁ. Dado que Dios, a quien Job ha llamado, no viene, el desafío de Job se vuelve timidez. Este tono de elegía, en el que se ha cambiado el discurso desafiante anterior, continuará en el siguiente capítulo, Job 14.

Job 14
Job 14, 1-3

¹אָדָם יְלוּד אִשָּׁה קְצַר יָמִים וּשְׂבַע־רֹגֶז׃
²כְּצִיץ יָצָא וַיִּמָּל וַיִּבְרַח כַּצֵּל וְלֹא יַעֲמוֹד׃
³אַף־עַל־זֶה פָּקַחְתָּ עֵינֶךָ וְאֹתִי תָבִיא בְמִשְׁפָּט עִמָּךְ׃

¹El hombre, nacido de mujer, corto de días y cargado de desgracias,
²brota como una flor y es cortado, huye como una sombra y no permanece.
³¿Y sin embargo tú abres tus ojos contra él y le arrastras ante tu tribunal?

A pesar de que *padece* bajo la carga que el sufrimiento le impone, llevándole a concebirse como un pecador sufriendo una condena, Job no puede quedar satisfecho ni persuadirse a sí mismo del sentido de la conducta de Dios hacia él. ¿Cómo puede Dios imponer un juicio tan severo sobre un hombre cuya vida es tan corta y llena de tristezas y que no puede mantenerse totalmente libre de pecados?

La palabra אדם viene seguida por tres cláusulas en aposición, o más bien por dos, porque יְלוּד אִשָּׁה (LXX γεννητὸς γυναικός, como en Mt 11, 11; cf. γέννημα γυναικός, Sir 10, 18) pertenece al sujeto, como una cláusula de adjetivo: "El hombre, nacido de mujer, corto de días y hastiado de desgracias, brota como una flor y es cortado...". La mujer es débil, da a luz a los hijos con dolor; es impura durante el tiempo de su menstruación, y su debilidad, sufrimiento e impureza constituye un principio y una parte de la vida del hombre desde su nacimiento (Job 15, 14; 25. 4). Como קְצַר es el constructo de קצר, así שְׂבַע lo es de שבע, que aquí, como en Job 10,15, tiene un significado fuerte: hastiado de (rico de, harto de) adversidad. No es claro si וַיִּמָּל, **Job 14,2**, significa *et marcescit* o *et succiditur*. Hemos optado, aquí como en otros lugares (cf. *Comentario a Sal* 37, 2; 90, 6) por el último significado, y de esa forma, como en el Talmud (אתמולל), hemos traducido: es cortado, es segado.

Ese significado (propiamente hablando: cortar por arriba o por delante, quitar), cuyo verbo מלל (נמל מול) se ha convertido en término técnico para περιτομή, parece aquí el más probable (y lo prueba su aplicación en Job 24, 24, donde Jerónimo traduce: *sicut summitates spicarum conterentur*, como se cortan las partas superiores de las espigas). En esa línea, Jerónimo hace derivar ימלו de מלל con un significado que no se encuentra en la Biblia (aunque quizá está en el fondo de מלילה Dt 23, 25), *fricare* (en árabe: *mll, frigere*, hacer pedazos).

Ciertamente, el sentido de *marcescere* no resulta imposible. De todas formas, ese sentido, que es más adecuado para una flor (cf. נבל ציץ, Is 40, 7), va en la línea del paralelismo de Sal 37, 2, y debe ser considerado etimológicamente posible, no está apoyado por ninguna lengua semita, ni por las traducciones, ni tiene evidencia alguna a su favor. Por su parte ימולל, Sal 90, 6, que ha de entenderse en sentido impersonal más que intransitivo no lo favorece, y lo mismo sucede en los pasajes donde aparece ימל, menos aún en Job 24, 24, donde es preferible el sentido de *praeciduntur* y en Job 18, 16, donde *praeciditur* es tan adecuado como *marcescit*.

Por esa razón, nosotros tomamos aquí יִמַּל no como futuro *kal* de מלל, que es secarse (como piensa Hahn), sino como futuro *nifal* de מלל, cortarse (ser cortado). Pero, al mismo tiempo, no negamos la posibilidad de que secarse puede estar conectado con ימל, tanto si ese es su sentido original e independiente de la raíz מל, como si ha sido "injertado en él" (si le ha sido atribuido) partiendo de la noción radical de romperse en piezas, pues LXX pone aquí ἐξέπεσεν, y de un modo semejante lo hacen Job 18, 16; 24, 24 (cf. מלחים, rasgaduras).

Por su parte, נמלח, significa romperse en piezas, quedar destruido, perder su fuerza (este es el significado que la palabra tiene en algunas lenguas semitas, en la línea de moler, dividirse en pedazos). En ese sentido, la frase se puede traducir: como una flor que se seca tan pronto como se abre, así es el hombre que muere poco después de nacer.

14, 9: אַף־עַל־זֶה, con אף, *accedit quod, insuper* (y además...). Esta partícula, relacionada con ἐπί, añade un vinculación cumulativa con lo anterior: *y además de eso* Dios mantiene sus ojos abiertos o, mejor dicho, su ojo, no sus ojos, como ha anotado cuidadosamente la Masora en עֵינֶךָ. Por su parte עַל־זֶה tiene el sentido de *super hoc, super tali*: sobre este pobre hijo de hombre, que no es ya una luz andante, sino una sombra fugitiva (Gregorio el Grande), vigila Dios para castigar sus pecados, Dios lleva a Job al tribunal de su juicio, donde rechaza todo tipo de justificaciones. La palabra בְּמִשְׁפָּט (cf. Job 9, 32; 22, 4) está puntuada así porque su idea de fondo se encuentra determinada por la adición de עִמָּךְ

Job 14, 4-6

⁴ מִי־יִתֵּן טָהוֹר מִטָּמֵא לֹא אֶחָד׃
⁵ אִם חֲרוּצִים ׀ יָמָיו מִסְפַּר־חֳדָשָׁיו אִתָּךְ (חֻקּוֹ) [חֻקָּיו] עָשִׂיתָ וְלֹא יַעֲבוֹר׃
⁶ שְׁעֵה מֵעָלָיו וְיֶחְדָּל עַד־יִרְצֶה כְּשָׂכִיר יוֹמוֹ׃

⁴¿Cómo se podrá hacer que de lo impuro provenga un hombre puro? ¡Ni uno podrá!
⁵Ciertamente sus días están determinados y el número de sus meses lo conoces: has dispuesto para él unos límites, que no traspasará.
⁶Deja de fijarte en él, para que descanse; hasta que complete como jornalero su jornada.

Sería bueno que el hombre pudiera vivir totalmente sin pecado; pero (para utilizar una expresión del NT) lo que ha nacido de la carne es carne, y no hay ningún hombre que sea sin más puro. El optativo מִי־יִתֵּן parece utilizarse aquí con un acusativo de objeto, conforme a su sentido literal, *quis det s. afferat*, como en Job 31, 31; Dt 28, 67 y Sal 14, 7.

Primer curso de la controversia

Ewald (*Grammatik* 358, b) insiste en que לֹא, Job 14, 4, tiene el sentido de לוּ; pero aunque en 1 Sam 20, 14; 2 Sam 13, 26; 2 Rey 5, 17, לֹא pueda tener el sentido del optativo לוּ (cosa que es muy cuestionable) aquí לֹא אֶחָד ha de entenderse como un eco de אֵין גַּם־אֶחָד, Sal 14, 3 (¡ni uno!). Esta es la respuesta de Job a su deseo, indicando que no puede cumplirse: ninguno, es decir, nadie, es puro ante Dios.

Ciertamente, igual que sus amigos, Job reconoce su tendencia hereditaria al pecado; pero esa tendencia no es para él una explicación satisfactoria de la presencia inmisericorde de un castigo, que a su juicio se ensaña con él. Conforme a su experiencia y deseo, el hombre debería ser objeto de misericordia y compasión, ya que la absoluta pureza resulta en ese contexto imposible.

Si, como realmente es el caso, los días del hombre están חֲרוּצִים, es decir, ἀποτόμως, *determinados* (a diferencia de un חרוצים con *kametz*, que significaría afilados, es decir, rápidos, ansiosos, diligentes), si el número de sus meses está medido en Dios, es decir, es conocido por él, hallándose determinado de antemano, si Dios le ha fijado fronteras (*kere* חֻקָּיו), de manera que no puede traspasarlas, el mismo Dios debería cuidarse de él, es decir, dejar de vigilarle como hace, con שְׁעֵה מִן, como en Job 7, 19 (cf. שִׁית מִן, Job 10, 20), a fin de que pudiera descasar (יֶחְדַּל, *cessaret*), para reposar así, al menos como un jornalero.

De esa manera interpretan וְיִרְצֶה la mayoría de los expositores modernos, considerando que el objeto o razón del regocijo de Job debería ser como el que se cumple en el descanso propio del jornalero, que puede reposar acabada la obra del día (cosa que Job no puede hacer). En esa línea Hahn afirma de un modo adecuado: "Job desea que Dios conceda al hombre el descanso comparativo del jornalero, que debe trabajar penosamente y comer su pan con el sudor de su frente, pero que está libre de sufrimientos especiales, añadidos a las enfermedades por las que sufre, de manera que puede descansar al final de cada día... Así debería descansar el hombre, pero Dios no se lo concede".

Pues bien, en esa línea, dado que el contexto trata de la libertad respecto de los sufrimientos especiales en la vida, no de la esperanza de ser liberado de ella (cf. Job 13, 25-27; 14, 3), aquí debe aceptarse básicamente la explicación de Umbreit, Ewald, Hirzel y otros, según la cual Dios debería permitir para el hombre al menos el descanso del jornalero, quien, a pesar de estar oprimido con una dura carga cada día, tiene la satisfacción de obtener cada noche el descanso, llegada la tarde. Job no espera por tanto la satisfacción de un descanso total, sino el descanso del jornalero a la caída de la tarde, con la esperanza de no tener que asumir y sufrir un trabajo más duro todavía, después que han acabado los trabajos de la jornada. Este es el verdadero sentido de la frase[65].

---

65. Digo estas palabras en honor de un amigo fallecido, cuyo *Comentario a Job* está lleno de observaciones que muestran una gran delicadeza en relación con el propósito y pensamiento de Job; por eso he citado sus propias palabras.

La vida del hombre, esta vida que es solo un breve aliento (Sal 39, 6; cf. Job 7, 1), se compara aquí con un día de la vida de un jornalero, que es suficientemente dura, y que no debe ser más sobrecargada con un sufrimiento extraordinario. De todas formas, hay que preguntar si ריה (cf. עַד־יִרְצֶה) con acusativo significa aquí εὐδοκεῖν (τὸν βίον, LXX) es decir "gozar", o quizá mejor cumplir (culminar la jornada de trabajo).

Es indudable que ריה tiene ese segundo sentido en Lev 25, 34 (a pesar de lo que dice Keil, *Comentario al Pentateuco*) y en otros lugares, pero propiamente hablando esa palabra significa satisfacer, completar o cumplir lo que se debe. El *hifil* se utiliza en ese sentido en el hebreo postbíblico, de forma que muchos comentaristas judíos explican ירצה por ישלים.

Si significara gozar, עד debería interpretarse así: a fin de que él pudiera disfrutar al menos de su día como disfruta al fin del día un jornalero. Pero este significado de עד (como *ut*, en sentido final) resulta extraño, y el significado *dum* (Job 1, 18; 8, 21) o *adeo ut* (Is 47, 7) no es tampoco adecuado, en el caso de que ירצה se explique en el sentido de *persolvere*, y se traduzca por tanto *donec persolvat (persolverit)*, mientras cumpla o cumpliere.

Por todo eso, hemos traducido "hasta que cumpla", de modo que cumplir se entienda en el sentido de completar, como en Col 1, 24: ἀνταναπληροῦν (Lutero: *vollzählig machen*). Deja de fijarte en el hombre, de hacerle sufrir más, de manera que al fin descanse, y así pueda cumplir como jornalero su jornada.

Job 14, 7-9

⁷ כִּי יֵשׁ לָעֵץ תִּקְוָה אִם־יִכָּרֵת וְעוֹד יַחֲלִיף וְיֹנַקְתּוֹ לֹא תֶחְדָּל׃
⁸ אִם־יַזְקִין בָּאָרֶץ שָׁרְשׁוֹ וּבֶעָפָר יָמוּת גִּזְעוֹ׃
⁹ מֵרֵיחַ מַיִם יַפְרִחַ וְעָשָׂה קָצִיר כְּמוֹ־נָטַע׃

⁷Porque hay esperanza para el árbol, aunque lo corten;
pues aún tiene la esperanza de retoñar, que no falten sus renuevos.
⁸Aunque en la tierra envejezca su raíz y muera su tronco en el polvo,
⁹al percibir el agua reverdecerá y echara ramas como una planta nueva.

Allí donde cae, allí yace el árbol, como dice un duro proverbio. Pues bien, como hijo de su tiempo, Job tiene un concepto aún más duro de la triste condición del hombre en la muerte. Y el conflicto por el que está pasando hace que esta dura experiencia resulte más dura todavía. En esa línea, el destino de árbol es mucho menos desesperado que el del hombre por dos razones principales:

1. Si se corta un árbol (y queda el tocón en el suelo) ese tocón puede dar y da nuevos retoños (sobre החליף, cf. *Comentario* al Sal 90, 6) y nuevas ramas que no cesan (יונקת, es la savia tierna μόσχος). Este es un hecho que ha sido utilizado por Is 6,1-13 como signo de una ley fundamental que actúa en la historia de Israel: el terebinto y la encina son símbolos de Israel; el tocón/tronco (מצבת) es el resto que sobrevive al juicio de destrucción de Israel; pues bien este resto viene a convertirse en semilla de un Israel santificado que brotará a partir del viejo pueblo destruido.

Carey no está equivocado cuando afirma que Job está pensando especialmente en la palmera datilera, que se propaga a través de los troncos cortados. De esa forma, la expresión de Shaw corresponde exactamente a las palabras לֹא תֶחְדָּל: "cuando muere un árbol viejo no faltará nunca un retoño que vuelve a nacer de sus raíces".

2. *Cuando la raíz de un árbol envejece en la tierra* (con חזקין que es *hifil* incoativo: *senescere*, Ewald 122, c), de manera que su tronco (גזע se emplea también de un árbol no caído, Is 40, 24) muere en el polvo, ese árbol puede, sin embargo, recobrar *su vitalidad*, a pesar de que parecía haberse secado del todo por la debilidad de su vejez, de manera que revive por el aliento/poder del agua (ריח, cf. מֵרֵיחַ, que se aplica al aliento de vitalidad que exhala el agua); y de esa forma, el tronco produce renuevos, con hojas y flores, con nuevas ramas (קציר, propiamente retoños), hasta que crece del antiguo un árbol nuevo.

Así se entiende כמו נטע, como una planta nueva, una planta joven (con la forma נטע en pausa), es decir, como si se hubiera plantado un árbol nuevo: LXX ὥσπερ νεόφυτον. Uno recuerda aquí, una y otra vez, a la palmera, que es básicamente un φίλυδρον φυτόν[66], un árbol de vitalidad maravillosa, que brota siempre de nuevo de la humedad del suelo, pudiendo aparece así como signo de vigor juvenil.

Palmera y ave fénix tienen un mismo nombre, y no sin razón. El árbol que renace de la muerte, ante el aliento del agua, tal como lo describe aquí Job, es como el ave maravillosa (*ave fénix*) que renace de sus propias cenizas (cf. comentario a Job 29, 18). Más aún, aunque una palmera haya muerto hace siglos (como dice Masius en su hermoso y culto libro sobre la naturaleza) miles de fibras inextricables de parásitos naturales cuelgan de su tronco, de manera que engañan al viajero con su apariencia de vida.

Job 14, 10-12

10 וְגֶבֶר יָמוּת וַיֶּחֱלָשׁ וַיִּגְוַע אָדָם וְאַיּוֹ:
11 אָזְלוּ־מַיִם מִנִּי־יָם וְנָהָר יֶחֱרַב וְיָבֵשׁ:
12 וְאִישׁ שָׁכַב וְלֹא־יָקוּם עַד־בִּלְתִּי שָׁמַיִם לֹא יָקִיצוּ
וְלֹא־יֵעֹרוּ מִשְּׁנָתָם:

---

66. Cuando la armada inglesa desembarcó en Egipto el año 1801, sir Sydney Smith dio a su tropa este signo: donde hubiera datileras debía hallarse también agua; a eso responde el hecho de que la gente cave alrededor de la palmera, es decir, del lugar donde las raíces del árbol pueden obtener humedad. Cf. R. Wilson, *History of the Expedition to Egypt*, 18.

¹⁰Pero el más fuerte (geber) muere y pasa. El hombre ('Adam) entrega su aliento
¿dónde está?
¹¹Como las aguas del mar se evaporan, y el río se agota y se seca,
¹²así los hombres yacen y no vuelven a levantarse;
hasta que los cielos pasen no despertarán, ni se levantarán de su sueño.

14, 10. El final del hombre es mucho menos favorable que el de los árboles. El hombre muere, y acaba completamente, caído y disuelto. La palabra חלֹש (cf. וַיֶּחֱלָשׁ) se utiliza aquí en su significado neutro de *confectum esse*, que el targum traduce por אתבר y אתמקמק. El futuro consecutivo sigue describiendo la despiadada condición del hombre que muere, como aquel que, a diferencia de los árboles, cayendo de una vez, se va (termina), sin dejar traza de vida, quedando allí donde cae.

14, 11. Esta desaparición, sin esperanza, sin capacidad de recuperación, se compara con el signo del agua que fluye, del agua que se evapora y nunca retorna de nuevo a su corriente. En vez de אזלו Is 19, 5 utiliza נשתו, en el oráculo contra Egipto, una profecía en la que se entrelazan muchos pasajes citados de Job. La primera expresión (אָזְלוּ) significa evaporarse (relacionada con la raíz נזל); la segunda (וְיָבֵשׁ) significa secarse (con transposición de נתש, Jer 18, 14). Pero Job utiliza también יֶחֱרָב, en el sentido de secarse, con ויבש, aludiendo a la sequedad completa que lleva a la muerte sin posible retorno (cf. *Comentario* a Génesis, 264).

14, 12. Todo esto se introduce figurativamente con el *waw adaequationis* (cf. וְאִישׁ שָׁכַב), que es propia de los proverbios emblemáticos, cf. comentario a Job 5, 7; 11, 12. De esa forma, después de la muerte, no hay para el hombre posibilidad de levantarse (קום), ni de caminar (הקיץ), ni de alzarse ἐγείρεσθαι (נעור), y esto para siempre, pues aquello que no suceda en este mundo no sucederá ya nunca (cf. Sal 72, 7, hasta que no exista ya luna); pues Dios ha llamado a la existencia, con sus leyes, a los cielos y a las estrellas para siempre, לעד לעולם (Sal 148, 6), de forma que ellas nunca cesan (Jer 31, 35), pues los días de los cielos son eternos (Sal 89, 30), pero los hombres mueren y terminan.

Esto no se opone a declaraciones como las de Sal 102, 27, pues, según la enseñanza de la Escritura, la historia del mundo culmina con un cambio en estos elementos, pero no con su eliminación. Lo que Job 14, 10-12 dice de la humanidad en general, lo afirma en especial 14, 12 a cada individuo. Su sueño de muerte es שנת עזלם (Jer 51, 39. 57), pues aquello que el *Sheol* toma de este mundo ya nunca lo devuelve, de forma que el mundo no vuelve a verlo. ¡Ah si las cosas pudieran ser de otra forma! ¡Cómo hubiera confortado a Job la esperanza de un futuro brillante para los muertos, en medio del triste presente y de la noche negra de la tumba!

Job 14, 13-16

¹³ מִי יִתֵּן ׀ בִּשְׁאוֹל תַּצְפִּנֵנִי תַּסְתִּירֵנִי עַד־שׁוּב אַפֶּךָ תָּשִׁית לִי חֹק וְתִזְכְּרֵנִי׃
¹⁴ אִם־יָמוּת גֶּבֶר הֲיִחְיֶה כָּל־יְמֵי צְבָאִי אֲיַחֵל עַד־בּוֹא חֲלִיפָתִי׃
¹⁵ תִּקְרָא וְאָנֹכִי אֶעֱנֶךָּ לְמַעֲשֵׂה יָדֶיךָ תִכְסֹף׃
¹⁶ כִּי־עַתָּה צְעָדַי תִּסְפּוֹר לֹא־תִשְׁמוֹר עַל־חַטָּאתִי׃

¹³¡Ojalá me escondieras en el Sheol, me ocultaras hasta apaciguarse tu ira!
¡Ojalá me pusieras un plazo para acordarte luego de mí!
¹⁴Si el hombre muere ¿volverá a vivir?
Todos los días de mi vida esperaría, hasta que llegara mi cambio.
¹⁵Entonces tú llamarías y yo te respondería; tendrías afecto por la obra de tus manos.
¹⁶Pero ahora estás contando mis pasos y no te das tregua sobre mis pecados.

14, 13. El optativo מִי יִתֵּן introduce un deseo, con referencia al futuro, y por lo tanto viene como en Job 6, 8, seguido por un futuro. Compárese en otra línea con Job 23, 3: *utinam noverim*, ojalá conociera… Este lenguaje de deseo recuerda algunos pasajes de los salmos, como Sal 32, 21; 27, 5 (cf. Is 36, 20): "Que en el día del peligro me esconda en su Tabernáculo; que me oculte en lo reservado de su morada; que sobre una roca me ponga en alto".

En esa línea desea Job que el Hades en el que Dios le precipita para siempre sea un lugar de salvación temporal, hasta que la ira de Dios quede superada (con שׁוּב, cf. causativo Job 9, 13). Job desea que Dios prepare para él, cuando esté allí (en el Hades), un חק, es decir, un *terminus ad quem* (cf. Job 14, 5), y que cuando llegue a ese límite le recuerde de nuevo (a Job en concreto) con misericordia.

14, 14-15. Este es un deseo que Job formula para sí mismo, pero la realidad es, sin embargo, diferente: "Si (ἐὰν) muere ¿vivirá el hombre de nuevo?". La única respuesta externa que Job, ignorante de algo mejor, puede dar es: *No, no hay para el hombre, nada tras la muerte*. Sin embargo, un impulso del corazón le lleva a formular un deseo más favorable, una posibilidad más deseable que, si fuera realidad, le confortaría a pesar del sufrimiento presente: todos los días de mi vida esperaría, hasta que llegue mi cambio (liberación).

צבא (cf. צְבָאִי) es el nombre que Job da a este intervalo trabajoso y triste entre el tiempo presente y la meta deseada: toda la vida en la tierra que Job ha comparado al servicio de un soldado (Job 7,1), una vida sometida a un destino inevitable (Job 5, 7), está llena de múltiples sufrimientos, en medio de la noche del Hades, donde la vida termina y el hombre se sigue manteniendo solo como sombra de muerte, en el lugar más sombrío y triste.

Por su parte חליפה (cf. חֲלִיפָתִי) no significa aquí destrucción en el sentido de muerte, como suelen explicar los comentaristas judíos, comparando este pasaje con Is 2, 19 y Cant 2, 11, con referencia a צבאי, cf. Job 10, 17), sino *cambio* para lo que viene después (cf. árabe. *chlî ft*, sucesión, es decir sucesor, califa de Mahoma), un tipo de descanso (sinónimo de תמורה, permuta), es decir, cambio de condición, cf. Sal 56, 20, o cambio de mente: Aquila, Teodoción, ἄλλαγμα.

Job espera en ese cambio. Qué glorioso futuro llegaría si ese cambio pudiera realizarse. Entonces Dios podría llamarle desde la profundidad del *Sheol*, de manera que él, aprisionado hasta el tiempo de la liberación, podría responderle desde aquella oscuridad.

Después que hubiera vencido así a la angustia, Dios se ocuparía de nuevo de la obra de sus manos (cf. Job 10, 3), de manera que se podría restablecer la relación natural de amor entre el Creador y la creatura, de forma que Job descubriría que la ira había sido solo pasajera (cf. Is 54, 8), mientras que el amor constituye el atributo verdadero y esencial de Dios. Schlottman dice bien: "Job debía tener una aguda percepción de la profunda relación que existía entre la creatura y su hacedor en el pasado, para ser así capaz de expresar una esperanza imaginativa como la que aquí aparece para el tiempo futuro".

En 14, 16 Job compara ese deseo de futuro con su situación presente. עתה כי se utiliza aquí como en 6, 21; כי no es como en otros lugares, donde עתה כי introduce la conclusión confirmatoria (es decir, ahora como entonces…), sino que asigna una razón (para ahora, en este tiempo).

En este momento, Dios está contando sus pasos (Job 13, 27), le está vigilando como a un criminal, y no pasa por alto ninguno de sus pecados. La mayoría de los expositores modernos (Ewald, Heiligstedt, Hahn, Schlottmann) traducen: *Tú no observas mis pecados*, para ver si ellos han de ser tan severamente castigados… Pero esta traducción es muy pobre.

Raschi traduce: No esperas sobre mis pecados, para castigarlos. Por su parte Ralbag traduce directamente: Tú no esperas (vigilas) mis pecados, sea para arrepentirte o para condenar; pero שמר no tiene ese sentido. Sobre vigilar cf. Gen 37, 11 Aben-Ezra: *Tú solo miras mis pecados*, supliendo la רק, como en Ecl 2, 24 (donde, sin embargo, debe leerse מִשֶׁיֹאכַל, con מ tras אדם, como en Job 33, 7, donde ha caído la *mem*). La traducción más dudosa es la de Hirzel, que toma la sentencia como interrogativa, en oposición al paralelismo: ¿No vigilas tú sobre mis pecados?

Pues bien, a mí me parece que el sentido ha de buscarse en la línea de אף שמר (cf. לֹא־תִשְׁמוֹר עַל־חַטָּאתִי), que significa *mantener la ira*, retrasar su manifestación (Am 1, 11). Desde ese fondo recibe sentido la frase: Tú no mantienes tu ira para ti mismo, sino que las derramas enteramente (sobre mí). Mercerus ha traducido de un modo correcto: *non reservas nec differs peccati mei punitionem* (no reservas ni difieres el castigo de mi pecado), de manera que no se puede hablar de una vida futura para los hombres.

Job 14, 17-19

¹⁷ חָתֻ֣ם בִּצְר֣וֹר פִּשְׁעִ֑י וַ֝תִּטְפֹּ֗ל עַל־עֲוֺנִֽי׃
¹⁸ וְֽאוּלָ֗ם הַר־נוֹפֵ֥ל יִבּ֑וֹל וְ֝צ֗וּר יֶעְתַּ֥ק מִמְּקֹמֽוֹ׃
¹⁹ אֲבָנִ֤ים ׀ שָׁ֥חֲקוּ מַ֗יִם תִּשְׁטֹֽף־סְפִיחֶ֥יהָ עֲפַר־אָ֑רֶץ וְתִקְוַ֖ת אֱנ֣וֹשׁ הֶאֱבַֽדְתָּ׃

¹⁷tienes sellada en un saco mi transgresión, y has buscado aumentos a mi iniquidad.
¹⁸Una montaña se inclina y derrumba, y una roca se mueve de su lugar
¹⁹y el agua agujerea las piedras y sus inundaciones arrastran el barro de la tierra, pero la esperanza del hombre eres tú quien la destruye.

14, 17. Su sentido no es que el juicio que le declara culpable yace en un saco sellado por el juez, de manera que solo haría falta abrirlo para que pueda proclamarse la sentencia (Hirzel, Ewald, Renan), porque aunque la sentencia esté sellada (con פשע que no significara exactamente el castigo por el pecado, sentido que no tiene ni siquiera en Dan 9, 24), el sentido de esa sentencia no está tomado aquí en la línea de preservar un simple documento jurídico importante, sino en la línea de preservar artículos o realidades de valor, reunidos y sellados, en un saco.

Este pasaje ha de explicarse como otros de Os 13, 12; Dt 32, 34; Rom 2, 5, cf. Jer 17, 1: el mal que Job ha cometido previamente (cf. Job 13, 26) Dios mismo lo ha reunido, conforme a su sentencia, como en un saco de monedas, para conservarlo cuidadosamente, para presentar al fin esos pecados como testimonio de condena en contra de Job.

Y no solo esto. Dios ha ideado aún más cosas contra Job. Así traduce Ewald: *Tú has cosido mi castigo*. Pero טפל (cf. comentario a Job 13, 4) no significa coser sino *pegar a*, y con genitivo "añadir" (טפל, según los rabinos es algo que se añade), de forma que los LXX traducen ἐπεσημήνω (en adición), y que Gecatilia vincula con el árabe *ḥfṣt* (algo añadido a un grupo). Se utiliza aquí como en la frase aramea טפל שקרא (pegar o añadir una falsedad, inventar un escándalo).

4, 18-19. La idea de las figuras que siguen resulta cuestionable. Hahn supone que ellas no indican destrucción, sino cambio, de manera que la relación de 14, 19 con lo que precede no es de semejanza, sino de contraste: las piedras no son tan duras que no puedan al fin agujerearse, y la tierra no es tan firme que no pueda ser llevada al fin por la tormenta; pero la condición del hombre es con mucho la más dura, y para él no existe ni siquiera la esperanza de un cambio, pues con la muerte todo acaba.

Yo mismo pensaba anteriormente que el texto debía explicarse en la línea anterior, tomando la *waw* de 14, 19 (וְתִקְוַת) como signo de contraste no de comparación. Pero la perspectiva según la cual el punto de comparación es el cambio, no la destrucción, no puede mantenerse. Las imágenes anteriores representan la destrucción lenta pero inevitable que acontece en los elementos, en los mayores montes, en las rocas y en la tierra firme. Y si el poeta hubiera querido poner de relieve el contraste entre el lento pero cierto cambio de la naturaleza con la suerte desesperada del hombre hubiera podido encontrar otras ilustraciones más adecuadas. Según eso, Job habla aquí de la destrucción del hombre, con imágenes tomadas de la naturaleza.

Raschi, que piensa también que la relación entre las frases es antitética, está guiado por su aguda percepción cuando interpreta: Incluso una montaña cuando se derrumba conserva un valor, y una roca removida de su lugar lo mismo, no carece de un tipo de vitalidad, con יִבּוֹל, se mueve. En esa línea, la mayor parte de los comentaristas tienen razón cuando toman la *waw* de 14, 19 en la línea de la de 5, 7; 11, 12; 12, 11, como *waw adaequationis*. De esa manera se explica mejor la conexión de la frase con aquello que precede, a través de la palabra וְאוּלָם (que se utiliza de la misma forma en Job 1, 11; 11, 5; 12, 7, donde significa *verum enim vero o attamen*).

El curso del pensamiento es como sigue: con severidad radical, incluso más allá de mi pecado, tú me has hecho sufrir un castigo por mis pecados, mientras que (sin embargo) tú tendrías que haber sido gentil y paciente conmigo, cuando incluso aquello que es más firme, más duro y más duradero no puede liberarse de la destrucción final; pues bien, de acuerdo con esa misma ley, a mí que soy un hombre (אנוש) débil y sufriente me pones ante un fin rápido y cierto y, al mismo tiempo, me quitas todo fundamento de esperanza y de continuación de vida.

Consecuentemente, la *waw* de 14, 29, significa, según el sentido, *quanto magis* y no simplemente *sic* (así pues), situando de esa forma, una contra otra, las cosas que han de ponerse en contraste. En esa línea הַר־נוֹפֵל es una montaña que se derrumba, no una montaña derrumbada (Ralbag); una montaña que, habiendo recibido ya el ímpetu de la caída, sigue gradualmente moviéndose hacia la ruina. Renan traduce: *s'effondre peu peu*. Carey, con mayor precisión: *seguirá cayendo*, porque נוֹפֵל (raíz נבל) significa ir bajando, por causas externas y se aplica especialmente a la caída de los hojas Is 34, 4.

La segunda figura (la de la roca, וְצוּר, como la de Job 18, 4) ha de explicarse como la de Job 9, 5: una roca se muere, no como traduce Jerónimo, *transfertur*, que debería haber sido יעתק, y tampoco por hacerse vieja como los LXX παλαιωθήσεται, o como Schlottmann, se muere y se va desmoronando, aunque de hecho ambas imágenes son admisibles, tanto en sentido lingüístico como fáctico, (cf. Job 21, 7), pues lo que el texto dice es que una roca se mueve de su lugar, que no está absolutamente inmutable (y que en ese sentido va muriéndose).

En la tercera figura, אֲבָנִים aparece como objeto importante, como lo indica la acentuación con *mehupach* (o de otra forma). שחק (cf. שְׁחָקוּ) significa exactamente lo mismo que en árabe *shq, attere, conterere*.

En la cuarta figura, ספיח (cf. סְפִיחֶיהָ) no ha de entenderse como si significara algo que crece espontáneamente, sin necesidad de resembrar (sin sembrar de nuevo), aunque el targum lo traduce en esa línea: ella (el agua) arrastra, barre, (es decir, lleva consigo) polvo/barro de la tierra, tras el crecimiento de la semilla (כתהא), como indica Símaco (τὰ παραλελειμνένα). Esta es una traducción imposible según el texto, porque tendría que haber dicho עפר הארץ.

Jerónimo tiene básicamente razón cuando traduce *et alluvione paullatim terra consumitur* (y la tierra se consume poco a poco por el aluvión). Es cierto que ספח en hebreo no significa *effundere* en ningún otro pasaje (sobre esto cf. Hab 2, 15), pero aquí se puede y debe suponer con seguridad el sentido de *effusio* o *alluvio*. Además, en un libro cuyo lenguaje está muy conectado con el árabe podemos vincular ספח con el árabe *sfḥ* (emparentado con *sfk*, שפך), aunque la palabra (como sugiera Ralbag) puede compararse también con סחף מטר, Prov 28, 3, y con el árabe *shî qt,* que es una tormenta de lluvia (con transposición de חיפה), de la raíz סחף, en árabe arrancar, barrer, targum arrojar (como רחף), traducción siríaca. y Talmud derrocar, *subvertere* (de aquí viene *s'chifto*, un cáncer o úlcera cancerosa).

El sufijo se refiere a מים, y a תשטף delante de un sujeto en plural (siguiendo la norma, cf. Gesenius 146, 3). Por su parte, סְפִיחֶיהָ suele acentuarse con *mercha*, pero conforme a nuestra interpretación, sería más correcto un signo *dech*, que se encuentra también en algunos códices.

El motivo central de las cuatro figuras no es que una cosa sea restaurada para volver a su condición anterior (Oetinger, Hirzel), sino más bien que, a pesar de su estabilidad, esas cosas están destinadas a la destrucción y que son irrecuperables, pues incluso las más duraderas no pueden desafiar (ir en contra de) del decaimiento. Todas las cosas se van destruyendo; en esa línea se destruye el hombre, pero con más rapidez.

Pues bien, en este contexto se añade: "Y la esperanza del hombre eres tú quien la destruye"; tú has hecho de su esperanza "nada" (הֶאֱבַדְתָּ), con *patach* en pausa, como de ordinario, cf. *Psalter* ii, 468). El perfecto es *praegnans*: en un momento, de repente, llega la muerte, cuyo germen él (Job) lleva desde su nacimiento, de manera que termina así su obra, sin dejar ningún resquicio a la esperanza. Así se expresa la muerte de la esperanza del hombre.

Job 14, 20-22

[20] תִּתְקְפֵהוּ לָנֶצַח וַיַּהֲלֹךְ מְשַׁנֶּה פָנָיו וַתְּשַׁלְּחֵהוּ׃
[21] יִכְבְּדוּ בָנָיו וְלֹא יֵדָע וְיִצְעֲרוּ וְלֹא־יָבִין לָמוֹ׃
[22] אַךְ־בְּשָׂרוֹ עָלָיו יִכְאָב וְנַפְשׁוֹ עָלָיו תֶּאֱבָל׃ פ

[20]Tú te apoderas de él para siempre, y se irá; desfiguras su rostro y le expulsas fuera
[21]Si sus hijos reciben honores, él no lo sabrá; si son humillados, no se enterará.
[22]Solo por (sobre) su carne sufre pena, y por su alma (sufrimiento) se aflige.

14, 20. Los antiguos expositores pensaban que תִּתְקְפֵהוּ ha de explicarse por נמנו תתקף (has probado que eres más fuerte que yo, cf. Gesenius 121, 4), porque תקף

es intransitivo; pero esa palabra es también transitiva, en el sentido de tomar con fuerza o agarrar (apoderarse de uno), como en Job 15, 24; Ecl 4, 12, como en el Talmud תקף (en otros casos comúnmente אתקף como החזיק), y como en árabe *taqifa, comprehendere*. Aquí no se evocan los muchos sufrimientos particulares que Dios le ha infligido en el curso de su vida, sino la misma condición total de su vida. לָנֶצַח no significa aquí continuamente, sin intermisión, como muchos expositores indican, sino *para siempre*, como en Job 4, 20; 20, 7, y a lo largo de todo el libro: *para siempre* (Rosenmüller, Hahn, Welte). Dios le da el golpe de muerte, que pone fin a su vida para siempre, de manera que él pasa βαίνει, οἴχεται (cf. Job 10, 21).

Así aparece Job, desfigurado su rostro, por el decaimiento gradual de su figura, distorsionándose y haciéndose diferente de lo que era, expulsado así de su vida, en la agonía de la muerte y en la muerte (שׁלח como Gen 3, 23). La *waw* consecutiva se utiliza aquí como, por ejemplo, en Sal 118, 27. Cuando él desciende al Hades ya no conoce nada de la fortuna de sus hijos, porque, como dice Ecl 9, 6, los muertos ya no tienen parte alguna en aquello que sucede bajo el sol.

En 14, 21 Job no piensa ya en sus propios hijos que han muerto, ni en sus nietos (Ewald), sino que habla de la humanidad en general. כבד y צער no se colocan aquí en contraste, en el sentido de *mucho o poco*, sino como en Jer 30, 19, en el amplio sentido de algo que es importante o que carece de importancia. כבד (cf. יִכְבְּדוּ) es ser honrado, alcanzar un honor, como en Is 33, 5. בִּין (observar algo) se vincula con la ל de objeto, como en Sal 73, 17 (por otra parte, לֹה, Job 13, 1, aparecía como *dat. ethicus*).

El muerto ya no conoce, ni se preocupa para nada sobre el bienestar de aquellos que sobreviven. "Solo dolor y tristeza es la existencia de los muertos, ocupados únicamente en el dolor de su cuerpo y en la tristeza de su alma. Ellos no tienen por tanto posibilidad de regocijo, ni les afecta en lo más mínimo la alegría o tristeza de los otros, ni de los más cercanos" (Hofmann, *Schriftbeweis*, i. 495).

Este es, ciertamente, como dice Ewald y como digo yo en *Psychologie* 444, el significado de Job 14, 22. Pero עליו (en la frase וְנַפְשׁוֹ עָלָיו תֶּאֱבָל) no puede traducirse como quiere Hofmann "en él", dándole así una fuerza intensiva al sufijo en línea subjetiva (como ἴδιος). Resulta improbable en esta conexión (en la que se contrasta la indiferencia de los muertos respecto de los otros seres humanos, y la absoluta y única referencia de esos muertos a ellos mismos y a su propio sufrimiento) que la palabra עָלָיו, Job 14, 22, pueda entenderse en la línea de Job 30, 16 (*Psychol.* 152), sino que ella ha de entenderse en sentido objetivo (sobre él).

Por otra parte, Job 14, 22 no puede traducirse "sobre sí mismo, solo sobre su carne sufre pena" (Schlottmann, Hirzel y otros). Ciertamente, utilizando un zeugma, el alma, como inanimada, puede, por así decirlo aparecer como consciente de su pena, pero no como refiriendo su pena a otro, y consecuentemente como autoconsciente. En esa línea, el עָלָיו de 14, 22a ha de entenderse con el significado de "sobre él" o "para él", o como en el paralelo de 14, 22b en el sentido de "sobre él" (=más allá de él), lo que es dudoso. Resulta preferible traducir en ambos casos (14, 22a y 14, 22b) *propter eum*, a causa de él.

Solo por causa de sí misma sufre su carne, solo en relación consigo misma, solo sobre (por) su condición "sufre" (se destruye) el muerto. No tiene conocimiento ni interés que se extienda más allá de sí mismo, de forma que pueda ocuparse de otros. Solo él mismo es el objeto de aquello que sucede a su carne en la tumba; y solo de sí se ocupa el alma en el Hades.

Conforme a este interpretación, אך se vincula con עליו (אַךְ־בְּשָׂרוֹ עָלָיו) tras el hipérbaton, como en Job 2, 10, cf. 13, 15; Is 24, 15. En esa línea se entiende este עליו, Job 14, 22, con la idea (claramente expresada en Is 66, 24, y de un modo más preciso en Jud 16, 17: δοῦναι πῦρ καὶ σκώληκας εἰς σάρκας αὐτῶν καὶ κλαύσονται ἐν αἰσθήσει ἕως αἰῶνος), en el sentido de que el hombre que ha muerto no se ocupa ya de los demás, sino solo de sí mismo.

Esto implica que el proceso de descomposición del cuerpo es una fuente de pena y tristeza para el espíritu del muerto, una concepción que procede de la suposición de que, en sí misma, existe una conexión entre cuerpo y alma, una conexión que continúa de algún modo en la tumba, y que será ratificada por la resurrección, de la que Job no sabe nada, lo que hace que para él el futuro resulte más penoso.

Interpretación de Job 12-14 (discurso de Job). Ese discurso, que acaba aquí, se divide en tres partes, que corresponden a la división en capítulos. El discurso anterior y apasionado de Sofar (Job 11), que trataba a Job como un charlatán vacío, seguía manteniendo el punto de vista dogmático y arrogante (seguro de sí) de los amigos, lo que hizo que Job se viera obligado a mostrar todo su poder mental en defensa propia.

La primera parte (Job 12) va en contra de la arrogancia y pretensión de supremacía de sus amigos. Job les contesta diciendo que la sabiduría, de la que ellos se consideran los únicos poseedores, no es nada sobresaliente, y que el desprecio con el que le tratan es la forma normal de tratar a los inocentes, mientras que la prosperidad de los impíos sigue elevándose indisputada. Pues bien, en esa línea, quiere probarles que aquello que dicen de la majestad de Dios, ante la que él debería humillarse como penitente, no le puede impresionar ni ayudar.

Por eso les habla de la creación que, en sus variadas obras, da testimonio de esta majestad, de este poder creador de Dios, y de la absoluta dependencia que ante él tiene todo ser viviente, mostrándoles así que él no carece de la verdad transmitida en los dichos de los antiguos, cuando hablan de la absoluta majestad de Dios, tal como se manifiesta en las obras de la naturaleza y especialmente en la historia de los hombres, situándose así por encima de aquello que han dicho los tres "amigos".

Esta descripción de Job ofrece, sin embargo, en su conjunto, una visión de los desastres que Dios hace venir sobre el mundo, conforme a la penosa situación de mente en la que Job se encuentra, y conforme a la desgracia que ha de venir sobre él mismo. Los amigos han sido incapaces de consolar a Job con su descripción de Dios; así también la descripción del mismo está totalmente vacía de consuelo.

Porque la sabiduría de Dios de la que él habla no es la sabiduría que ordena el mundo, en la que uno podría confiar, y en la que uno tiene la seguridad de ver resueltos, antes o después, todos los misterios de la vida. Pues bien, esa sabiduría (tal como la exponen los amigos de Job), tomada como una exaltación abstracta de la creación, es algo puramente negativo y repulsivo, más que atractivo, de forma que vemos que ella pone en vergüenza toda la sabiduría de los sabios.

De la justicia de Dios él no habla nada, porque, conforme a la estrecha idea de los amigos, él no puede reconocer el sentido que ella tiene. Y del amor de Dios no habla tampoco como sus amigos, porque la visión del amor de Dios está alejada de ellos por la unilateralidad de su dogma. Por otra parte, esa visión del amor está alejada también de los discursos de Job, porque él habla fundándose en la ira de Dios, que en el momento actual ha tomado posesión de todo su ser. Hegel ha presentado la religión del AT como *religión de la sublimidad* (*die Religion der Erhabenheit*); y eso es cierto en la medida en que la manifestación del amor, es decir, la encarnación de la divinidad, no se había realizado todavía, de forma que Dios tenía que mantenerse como trascendente sobre toda conciencia religiosa. Pues bien, partiendo del libro de Job, esta visión de Dios puede ser conducida hasta sus verdaderos límites, porque, conforme a la tendencia del libro, ni la visión de los amigos, ni la de Job representan de un modo claro la concepción total de Dios que tiene el AT.

Los amigos conciben a Dios como el Absoluto, que actúa solo conforme a su justicia. Job lo concibe también como el Absoluto, pero conforme a la arbitrariedad de su absoluto poder. La visión de los amigos de Job es una visión dogmática unilateral; la de Job es la de alguien que está pasando por una tentación, y es también unilateral. Pues bien, el Dios del AT no actúa solo conforme a la justicia, ni tampoco conforme a un capricho sublime (como piensa Job).

Tras haber probado su superioridad sobre los amigos, por su percepción de la majestad de Dios, Job les manifiesta su decisión de fondo de apartarse de ellos, pues la represión que le han dirigido no tiene sentido ninguno, y produce un efecto que se opone a lo que ellos pretendían. De esa forma, haciéndole malo a Dios, ese discurso de los amigos es una injuria para ellos, porque su forma de defenderle les incrimina a ellos mismos, a los ojos de Dios a quien presentan como pura justicia impositiva, sin amor alguno. Su mismo intento es un fracaso, porque su forma de entender la absoluta majestad de Dios no tiene capacidad de ofrecer consuelo a nadie que sufre, ni el pensamiento de su absoluta justicia ofrece algún solaz a los que sufren siendo conscientes de su inocencia.

Pensando cómo piensan los amigos, al decir que la aflicción de Job es un decreto de la justicia de Dios, ciertamente ellos defienden el honor de Dios, pero ese pensamiento se vuelve contra ellos tan pronto como queda claro que no existe razón para imponer sobre él (es decir, sobre Job) un castigo de este tipo. Y, sin embargo, esa autoconciencia de los amigos de Job, que no se puede destruir con razones, resulta en el fondo una injusticia.

El testimonio de los amigos es injusto con Job y aparece como un intento miserable de hacer un servicio a Dios, que no podrá escapar del castigo de la verdadera justicia de Dios, como indica 13, 6-12, donde Job les advierte seriamente diciendo que Dios les castigará por su parcialismo, porque han querido defender a Dios a expensas de la verdad.

Vemos así cómo la idea que Job tiene de Dios es muy saludable, pues no está afectada por el cambio que significa su dolor, pues él sigue sabiendo que no se puede defender a Dios mintiendo sobre el hombre. Mientras que en cap. 9 él no reconocía un tipo de derecho objetivo, y de alguna forma dejaba a un lado el pensamiento de que Dios le trataba injustamente, afirmando que él realiza siempre lo justo sin más, aquí reconoce una verdad objetiva, que no puede ser negada en modo alguno, ni a favor de Dios, una verdad cuya negación sería una *pientissima fraus* (un engaño piadosísimo), es decir, que Dios tiene que castigar. Esto que Job quiere defender es que Dios es el Dios de la verdad, de forma que él no puede ser defendido ni honrado en modo alguno pervirtiendo la verdad.

Por sus mentiras "piadosas", los amigos de Job se vuelven culpables, porque, en oposición a su buen conocimiento, para defender a Dios, ellos condenan a Job como injusto, y se vuelven ciegos, negando la verdadera justicia de Dios. Job no tiene ya, según eso, ninguna razón para seguir hablando con ellos, pues no le aportan nada. Y ¿a quién podrá ahora dirigirse? Rechazado por los hombres, se siente más fuertemente atraído por Dios. Por eso, quiere plantear ante él su causa. Ciertamente, Job considera que Dios es su enemigo, pero como David, está convencido de que es mejor caer en manos de Dios que en manos de los hombres (2 Sam 24, 14). Él quiere plantear su causa a Dios y probarle su inocencia, y así decide hacerlo, aunque se vea obligado a expiar con su vida su audacia, pues sabe bien que no será capaz de sobrevivir en esta lucha. Esto es lo que pide, pero con dos condiciones: que Dios le garantice un alivio temporal de su pena; y que no le aterrorice con el despliegue de su majestad.

La disputa de Job con Dios es terrible y penosa. Es *terrible* porque él tiene que alzarse como un titán (como si fuera un adversario) y colocarse frente a Dios. Es *penosa* porque el Dios contra el que lucha no es un Dios a quien él ha conocido, sino un Dios que es incapaz de reconocer, aquel fantasma que ha imaginado en la tentación y no el verdadero Dios. Este fantasma aparece todavía ante él como una figura real, aunque en otro plano viene a mostrarse como el destino dominante inexorable en la tragedia griega.

Así como en la tragedia griega el héroe del drama quiere mantener su libertad personal contra el poder misterioso que le está aplastando con su mano de hierro, así también Job, situado ante el riesgo de la súbita destrucción, mantiene con fuerza el convencimiento de su inocencia, en contra de un Dios que le está tratando como a malhechor, condenándole a muerte lenta pero inexorable. La batalla de la libertad contra la necesidad es aquí la misma que en la tragedia griega. Por eso es un error la opinión de aquellos que, por simple ignorancia, critican a Job como fruto de una ilimitada imaginación oriental, diciendo que esa fantasía sin base es algo muy distinto a lo que sucede en la tragedia griega, donde la poesía representa con gran arte el poder del espíritu humano que quiere mantener su dignidad en contra de los poderes hostiles, porque una tarea de ese tipo (la de la tragedia griega) solo puede realizarse en el caso de que vaya acompañada por una reflexión que conoce la importancia de los fenómenos cósmicos[67].

Pues bien, al ocuparse de este tema del que trata la tragedia de los griegos, este libro de Job no solo alcanza la altura de la tragedia griega, sino que se eleva muy por encima de ella. Por un lado, Job presenta ante nosotros este conflicto con la seriedad terrible de un combate a muerte; por otra parte él no nos abandona ante el engaño descarnado de que un capricho absoluto moldea nuestro destino. Este trágico conflicto de Job con la necesidad divina es solo el nudo, no es el principio ni el fin del libro, porque el Dios del destino no es el Dios verdadero, sino una ilusión de la tentación de Job.

En el libro de Job, la voluntad humana no sucumbe, sino que sale triunfante de la batalla, que es como un fuego purificador, del que él emerge victorioso. El dualismo que la tragedia griega deja sin explicar aparece aquí resuelto y aclarado. Ciertamente, el libro ofrece muchos rasgos que, por su carácter trágico, evocan un tipo de destino, pero esa no es la idea final de Job, pues su libro va mucho más allá. *El libro no termina en la destrucción del héroe por el destino, sino que la idea final es la destrucción del mismo destino.*

Hemos visto en este discurso (cf. Job 13, 23. 26; 14, 16), como habíamos destacado ya anteriormente, que Job, igual que sus amigos, es incapaz de separar el sufrimiento de un tipo de castigo por el pecado. Si los amigos de Job le hubieran convencido de que no era inocente y de que tenía que "pagar" por sus pecados, esta obra no habría tenido material para un drama, porque no se podría hablar de un desarrollo interior del argumento. Pero es precisamente la firme convicción que Job tiene de su inocencia, y el mantenimiento de esa convicción a pesar del poder del falso juicio de sus amigos (el dolor como castigo de un pecado...), lo que hace que la historia de su aflicción sea la historia del desarrollo de una nueva y gran idea, la que le hace superar un tipo de conciencia en la que él aparecería simplemente como tipo de héroe trágico al estilo griego.

---

67. Cf. Arnold Ruge, *Die Academie*, I, 29.)

Primer curso de la controversia

En conformidad con los presupuestos de su tiempo, Job se encuentra situado bajo la aflicción, como si fuera un gran pecador; y partiendo de falsas premisas sus amigos afirman que lo es, que solo un pecador puede sufrir como él sufre. Pero él mantiene el testimonio de su conciencia, afirmando que es inocente; y como esto va en contra de las premisas de las que parten todos, tiene que afirmar que Dios actúa de un modo injusto e inmisericorde.

Y de esa forma, Job lucha en contra de ese Dios a quien la tentación ha distorsionado y transformado en la imagen miserable de un tirano, guiado solo por su capricho absoluto, que lucha contra él (contra Job), y que se opone a la verdad y libertad de su autoconciencia moral, proclamando contra él una sentencia condenatoria, que parece que ha sido ya dictada de antemano, sin escucharle, tal como se muestra en el sufrimiento que tiene que soportar.

Job 13-14. Esta es la batalla contra Dios que nosotros hemos podido descubrir en la segunda parte del discurso (Job 13): dispuesto a probar su inocencia, Job reta a Dios para que se presente ante él en juicio. Pero, dado que Dios no aparece, su confianza viene a convertirse en un tipo de desaliento, y su tono desafiante aparece como un tipo de lamentación, que se expande en la tercera parte del discurso (Job 14).

Mientras que antes ha elevado su cabeza hacia los cielos con el orgullo consciente de ser un צדיק תמים, *justo perfecto*, primero en oposición a sus amigos y después en oposición a Dios, Job comienza ahora a lamentarse, como alguien que ha sido arrojado y entregado en manos de la presión de su aflicción, de manera que comienza a tomarse como un pecador. Pero él es todavía incapaz de estar satisfecho de su juicio en relación con la forma que Dios tiene de tratarle, a través de una persuasión tan forzada.

Porque ¿cómo puede Dios mantener y dictar un juicio tan duro contra un hombre cuya vida es tan corta y está tan llena de dolores, contra un hombre que, por el hecho de pertenecer a una raza pecadora, no puede estar libre de algún tipo de pecado, sin concederle ni siquiera el descanso que se ofrece comparativamente incluso a un jornalero? ¿Cómo puede Dios visitar al hombre de un modo tan duro, a un hombre a quien él mismo ha obligado a vivir en una vida llena de apreturas y que luego, una vez que muere, no puede ya nunca volver a la vida.

Los comentaristas antiguos no pueden comprender esta negación absoluta de una nueva vida tras la muerte. Así Brentius observa erróneamente que las palabras *donec coelum transierit* (mientras el cielo pase) están implicando un tipo de resurrección. Y Mercier (=Mercerus), cuya exposición está libre de todo prejuicio, no puede persuadirse de que el *electus et sanctus Dei vir* (el hombre elegido y santo de Dios) haya podido negar no solamente una segunda vida temporal, sino también la vida imperecedera y eterna tras la muerte. Y sin embargo es así: Job no afirma que, cuando muere, el hombre viene a ser aniquilado sin más, pero él no conoce tras la muerte otra vida que la sombría no existencia en el *Sheol*, que no es en modo alguno verdadera vida humana. Sus lamentos están realmente en armonía con los de Moschos (gramático y poeta bucólico griego del II a. C.) en iii, 106 ss.

> Αἴ αἴ, ταὶ μαλάχαι μὲν ἐπὰν κατὰ κᾶπον ὄλωνται,
> Ἢ τὰ χλωρὰ σέλινα, τό τ' εὐθαλὲς οὖλον ἄνηθον,
> Ὕστερον αὖ ζώοντι καὶ εἰς ἔτος ἄλλο φύοντι·
> Ἄμμες δ' οἱ μεγάλοι καὶ καρτεροὶ ἢ σοφοὶ ἄνδρες,
> Ὁππότε πρῶτα θάνωμες, ἀνάκοοι ἐν χθονὶ κοίλᾳ
> Εὕδομες εὖ μάλα μακρὸν ἀτέρμονα νήγρετον ὕπνον.

> Ay, ay, cuando las malvas se secan en el jardín,
> y lo mismo el verde perejil o el eneldo rizado,
> ellos reviven otra vez y brotan en los años siguientes.
> Pero nosotros, los hombres, los bravos y valientes o los sabios,
> una vez que morimos, quedamos sin vida en el vientre de la tierra.
> Así dormimos un largo, infinito y eterno sueño.

Lo mismo dice Horacio, *Od.* iv. 7, 1: "Nosotros cuando morimos, lo mismo Eneas que el divino Tulio o Anco, somos polvo y sombra". Lo mismo proclama el Yajurveda: "Mientras que el árbol que ha caído brota de nuevo de sus raíces, más fresco que antes: ¿de qué raíz podrá brotar el hombre que ha caído en manos de la muerte?".

Estos lamentos se escuchan en el mundo antiguo, de un extremo al otro, y en este campo Job no goza de ningún conocimiento superior respecto a la vida futura. Él no niega expresamente la resurrección y la vida eterna como alguien que tuviera conocimiento de ellas, y que por consiguiente las rechazara, sino que las niega como alguien que realmente no sabe nada de ellas. A él le parece que nuestra vida desemboca en la oscuridad del *Sheol*, y en este mundo, después del *Sheol*, el hombre no tiene ningún tipo de existencia posterior.

En este contexto debemos preguntar: ¿puede afirmarse en verdad que el poeta no sabía nada de una resurrección y de un juicio tras la muerte? Si miramos a los salmos del tiempo de David y Salomón tenemos que afirmarlo. Pero, así como los misterios griegos propusieron y buscaron de algún modo unas esperanzas más dulces, ἡδυστέρας ἐλπίδας, también la *hokma* israelita, en lucha constante hacia arriba y hacia adelantre, anticipó la visión de un mundo futuro, más allá del presente (*Psychol* S. 410).

En esa línea, se puede asumir e inferir, al menos de un modo indirecto, que el poeta del libro Job tenía una percepción inicial de lo que podía ser el mundo futuro, por encima de la oscura percepción del pueblo que no había sido iluminado aún por ese tipo de revelación.

- Por un lado, el autor del libro de Job nos ha ofrecido una historia del período patriarcal, no simplemente en su visión externa, sino también desde una elaboración interna, con un gran sentido de fidelidad histórica y de tacto sicológico.
- Por otro, ese autor ha descrito con mano maestra lo que en aquel contexto solo se podía evocar desde una perspectiva avanzada del conocimiento, mostrándonos cómo se puede expresar la esperanza de una vida que va más allá de la vida presente allí donde no existe una palabra expresa de promesa que nos guíe por encima de esta vida.

Job nos ha mostrado esa esperanza en forma de lucha del corazón del hombre, como deseo y anhelo indefinido de vida futura, de manera que la voz de la promesa cuando venga pueda presentarse como cumplimiento y sello de ese deseo y anhelo del hombre por el futuro. Job expresa el deseo de que Dios le esconda en el *Sheol*, hasta que su ira cese (quede superada) de manera que, en un momento determinado, volviéndose hacia él, que es obra de sus manos, le libere del *Sheol* (Job 14, 13-17).

Según eso, Job desea que el *Sheol* sea un lugar temporal donde el hombre quede resguardado de la ira de Dios, de manera que no sea una morada eterna. Job desea mantenerse en el *Sheol*, pero solo hasta que sea superada la ira de Dios, a fin de que en el tiempo fijado, tras una etapa de ocultamiento, pueda convertirse de nuevo en objeto del favor divino.

Job se mantiene con este gozoso pensamiento: "Todos los días de mi lucha yo esperaré, hasta que llegue mi cambio, etc.". De esa forma, podrá mantenerse en ese mundo de batalla y sufrimiento, porque espera la llegada del tiempo del favor divino, como liberación del sufrimiento y de la muerte, algo que ha de llegar ya pronto.

No podemos decir aquí que Job confiese la existencia de una vida tras la muerte. Ciertamente, carece de esa esperanza, pues le falta el conocimiento de las razones que pueden fundarla. Por eso, su esperanza existe solo en su imaginación, sin convertirse en una certeza, porque se trata solo de un ideal como ha observado rectamente Ewald. ¡Qué gloriosas serían las cosas en el caso de que ese ideal se cumpliera, de forma que al fin se levantara Dios y levantara del *Sheol* a Job, manifestando en él su justicia!

De esa forma, el poeta (el autor del libro) nos muestra la emocionada afirmación de Job, diciendo que su vida sería totalmente distinta si él supiera que existía una liberación del Hades. Avanzando en esa línea, el libro nos muestra, a través del deseo de Job, lo que implica el crecimiento de la esperanza, porque aquello que una mente devota desea tiene un poder espiritual que lleva del deseo subjetivo a la realidad objetiva.

Como dice algunos antiguos comentaristas de Job, la esperanza de la vida eterna es una flor que crece al borde del abismo. El escritor del libro de Job sostiene esta esperanza. En medio de este abismo, desde el sentimiento de la ira divina en la que está sumido, brota esta flor de primavera para animarle. Pero ese crecimiento no es sin embargo una verdadera esperanza, sino solo un anhelo. Y este anhelo no puede convertirse en esperanza porque la luz de la promesa no brilla todavía en su noche que se impone sobre el sentimiento de Job, de manera que su conflicto se vuelve siempre más fuerte.

Job se ha alegrado simplemente por el corto espacio de tiempo en el que ha brillado esa esperanza de vida futura, pero inmediatamente después vuelve a dominarle la dura realidad en la que está sumido, en medio de un dolor sin más salida que la muerte, sin respuesta de Dios. De esa forma, viene a presentarse de nuevo como un malhechor que está aguardando la ejecución de la sentencia.

La naturaleza externa no puede mantenerse incólume ante la fuerza de los elementos; tampoco el hombre puede mantener su esperanza ante el poder del Dios que la destruye de inmediato. Ese poder de Dios le arranca con dolor de esta vida, de forma que cuando haya descendido al Hades ya no conocerá nada sobre la suerte de su familia en este mundo. De la vida y conocimiento de los hombres solo le quedará la pena sorda (insensible) de su cuerpo muerto, que se va descomponiendo, y la tristeza opaca del alma que solo poseerá una vida de sombre en el *Sheol*.

Así lo muestra el poeta en la tercera parte del discurso (**Job 14**), en el que viene a expresarse una gran idea de salvación futura, que intenta abrirse camino, pero no lo logra. En la segunda parte, Job había deseado mantener la convicción de su inocencia ante Dios; pero su deseo quedaba rechazado por la idea de un Dios que se le aparece como un gobernante caprichoso y un enemigo, ante quien se desespera.

Ciertamente, en la tercera parte Job sigue manteniendo un tipo de esperanza tras la muerte; pero sigue estando sobrecogido por la oscuridad inevitable y eterna del *Sheol*, hasta que de nuevo aparezca en el cap. 19 una palabra de fe abierta a la vida futura, con una cierta confianza sobre la muerte y la tumba. Este será el conocimiento o γνῶσις que surgirá a través del conflicto de la πίστις anticipando así la mejor esperanza del Nuevo Testamento, que será establecida y ratificada por el acto de la redención de Cristo, el vencedor sobre el Hades.

Job 15-21
SEGUNDO CURSO DE LA CONTROVERSIA

Job 15. Segundo discurso de Elifaz
Esquema: 16. 8. 6. 6. 6. 10.14.10

Job 15, 1-6

¹ וַיַּעַן אֱלִיפַז הַתֵּימָנִי וַיֹּאמַר׃
² הֶחָכָם יַעֲנֶה דַעַת־רוּחַ וִימַלֵּא קָדִים בִּטְנוֹ׃
³ הוֹכֵחַ בְּדָבָר לֹא יִסְכּוֹן וּמִלִּים לֹא־יוֹעִיל בָּם׃
⁴ אַף־אַתָּה תָּפֵר יִרְאָה וְתִגְרַע שִׂיחָה לִפְנֵי־אֵל׃
⁵ כִּי יְאַלֵּף עֲוֹנְךָ פִיךָ וְתִבְחַר לְשׁוֹן עֲרוּמִים׃
⁶ יַרְשִׁיעֲךָ פִיךָ וְלֹא־אָנִי וּשְׂפָתֶיךָ יַעֲנוּ־בָךְ׃

¹Respondió Elifaz, el temanita, y dijo:
²¿Responderá el sabio con vana sabiduría y llenará su pecho con viento este?
³¿Disputará con palabras que no valen y con razones que no sirven para nada?
⁴Además, tú destruyes el temor a Dios, y menoscabas la devoción ante él.
⁵Porque tu boca ha expuesto tus malas obras, y has escogido hablar con astucia,
⁶tu propia boca te condenará, no yo; y tus labios testificarán contra ti.

El segundo curso de la controversia se abre de nuevo con Elifaz, el más respetable, influyente y, quizá, el más anciano de los amigos. Las respuestas detalladas y amargas de Job le parecen vacías diatribas, impropias de un hombre sabio, como él quiera ser, con afirmaciones como las de 12, 3; 13, 2, y por eso le sigue respondiendo y criticando.

15, 2-4. הֶחָכָם con *he* (ה) interrogativa, como en העלה, Job 13, 25. Por su parte, la palabra רוּחַ, viento, se opone aquí a lo que es sólido y seguro. En esa línea קדים (viento este) significa aquí, por su paralelo, como en Os 12, 2, aquello que carece de valor, con la noción adicional de aquello que es vehemente.

Si traducimos בטן por vientre creamos un malentendido, pues esa palabra no indica aquí lo opuesto a לב que es corazón (Ewald), sino que significa, especialmente en el libro de Job, no solo lo que uno siente, sino lo que desea y quiere, la naturaleza receptiva y activa del hombre (*Psychol.* S. 266); así también en árabe, *elbattin* significa aquello que está dentro, en el sentido místico más hondo de la palabra.

Hirzel y Renan traducen el infinitivo absoluto הוכח, de 15, 3 como verbo final: *se defend-il par des vaines paroles*; pero aunque el infinitivo absoluto se utilice aquí en forma de frase histórica (Job 15, 35), no es un interrogativo. Ewald lo toma como sujeto: "reprobar con palabras y discursos no aprovecha... mientras uno no haga buenas obras". Por otra parte, aunque דבר y מלים puedan utilizarse sin más precisión, como λογομαχεῖν (2 Tim 2, 14) o λογομαχία (1 Tim 6, 4), la forma de presentación del tema en Job 15, 3 se opone a esa explicación.

El infinitivo absoluto está conectado como un gerundio (*redarguendo seu disputando*) con las palabras en interrogación. Por su parte, la frase relativa לֹא יִסְכֹּן debe referirse a cosas, no a palabras, conforme a Job 35, 3: *sermone* (בְּדָבָר, de דבר, como *sermo* de *serere*) tiene aquí el sentido de algo que no aprovecha. Al mismo tiempo se refiere también a personas (לֹא־יוֹעִיל בָּם): con palabras que no aprovechan de nada, *verbis quibus nil utilitatis affert*.

Elifaz no critica a Job por argumentar, sino por defenderse a sí mismo con palabras sin valor ni finalidad alguna. Pero hay todavía más: según Elifaz, los discursos de Job no solo son insatisfactorios e inadecuados, sino que, con אַף, en el sentido de *accedit quod* (con valor cumulativo, como Job 14, 3), son además irreligiosos ya que, dudando de la justicia de Dios, ellos privan a la religión de su base fundamental, y niegan la referencia que se debe a Dios.

La palabra יראה en un sentido objetivo, como en Sal 19, 10 corresponde prácticamente a religión. Por su parte שִׂיחָה לִפְנֵי־אֵל ha de entenderse como en Sal 102, 1; 142, 3 (cf. Sal 64, 2; 104, 34): *Ante Dios*, es decir, en el contexto de una meditación devota. Aquí se está evocando la disposición de la mente que resulta indispensable para la oración. Por esa palabra se evoca también la devoción y de un modo especial el temor reverencial que, según Elifaz, está despreciando Job (גרע, *detrahere*), de forma que él puede presentarse como un hombre no religioso (sin temor de Dios).

En esa línea, a diferencia de Job, podemos decir que Elifaz es un hombre religioso en el plano convencional del término, ya que sus discursos están dirigidos básicamente hacia Dios. Pero, en un sentido más profundo, esos discursos de Elifaz son violentos y reprochables, es decir, irreverentes, en su forma y en sustancia, de manera que es él (Elifaz y no Job) el verdaderamente antirreligioso (contrario al verdadero Dios).

15, 5. La partícula כִּי no tiene aquí un sentido afirmativo (¡es así!, como piensa Hirzel), sino confirmativo y explicativo. Esta opinión respecto a Job, que Elifaz expresa de una forma tan aguda y precisa a través de אַתָּה, le parece a él suficiente, es decir, irrebatible, de manera que no es necesario investigar más la vida de Job, porque ella se expresa muy bien por sus palabras: *Tu misma boca te condena, ella muestra tu culpa*.

La palabra אַלֻּף (cf. יְאַלֵּף) aparece solo en el libro de Job y en Prov 22, 25, y viene de אלף, enseñar... Elifaz está diciendo a Job que su misma palabra muestra (=enseña) la culpa que tiene. Ciertamente, esa palabra, אַלֻּף (cf. יְאַלֵּף) no es un equivalente directo de הגיד, Is 3, 9, sino que tiene el sentido de enseñar, explicar. A partir de aquí se entiende la condena que dirige contra Job su "amigo" censor (es decir, Elifaz).

Lo que sigue no debe traducirse "mientras tú has escogido..." (Hirzel); ותבחר no es una frase circunstancial, sino que añade una segunda razón confirmativa a la anterior. Elifaz dice de esa forma que Job escoge el lenguaje de los prepotentes, porque pretende probar su inocencia ante Dios, y estando convencido de que tiene razón quiere demostrarlo ante el mismo Dios, oponiéndose así a los que le piden que se humille a sí mismo.

15, 6. De esa manera, por sus palabras poco precisas o malas, Elifaz dice que Job se está convirtiendo en su propio juez (ירשיעך) y acusador (יענו בך tras femenino). שפתיך, como en Pro 5, 2; 26, 23). De esa manera, el nudo de la controversia se enreda con más fuerza, pues Job hace que sus amigos entiendan cada vez de manera más falsa sus discursos, que ciertamente, en un sentido, son muy certeros (cf. Job 9, 22).

Job 15, 7-10

⁷ הֲרִאישׁוֹן אָדָם תִּוָּלֵד וְלִפְנֵי גְבָעוֹת חוֹלָלְתָּ׃
⁸ הַבְסוֹד אֱלוֹהַּ תִּשְׁמָע וְתִגְרַע אֵלֶיךָ חָכְמָה׃
⁹ מַה־יָּדַעְתָּ וְלֹא נֵדָע תָּבִין וְלֹא־עִמָּנוּ הוּא׃
¹⁰ גַּם־שָׂב גַּם־יָשִׁישׁ בָּנוּ כַּבִּיר מֵאָבִיךָ יָמִים׃

⁷¿Acaso naciste antes de Adán? ¿Fuiste formado antes que los collados?
⁸¿Acaso has sido del consejo de Eloah? ¿O se reduce a ti la sabiduría?
⁹¿Qué sabes tú que no sepamos? ¿O entiendes tú algo que nosotros no entendamos?
¹⁰Cabezas canas y ancianos hay entre nosotros, más llenos de días que tu padre.

15, 7. La pregunta de Elifaz supone que Job se siente vinculado con Adán, el primer hombre creado, que por haber venido directamente de la mano de Dios tenía un conocimiento más directo y profundo de los misterios del mundo, pues nació al mismo tiempo que Adán. En este contexto, Schlottman recuerda una expresión irónica proverbial de los hindúes: "Ciertamente, es el primer hombre, no es maravilla que sea tan sabio" (Roberts, *Orient. Illustr.* 276).

Pero no se puede traducir: ¿naciste tú como el primer hombre? Tampoco es admisible le traducción de מעט אחת, Ag 2, 6, por "un poco" (cf. Köhler *in loc.*). Por el contrario, la palabra הראישון (i.e., ראישון, como en Js 21, 10, formada de ראש, como en árabe *raî s*, de *ras*, a no ser que la tomemos como una mera amalgama incorrecta de las formas ראשון y רשון, Job 8, 8), está en aposición con el sujeto, mientras que אדם ha de tomarse como predicado, conforme a Gesenius 139, 2.

También es imposible la traducción de Raschi, ¿naciste tú antes que Adán?, porque esta forma de expresión griega, πρῶτος μου, Jn 1, 15. 30; 15, 18 (cf. Odisea xi. 481f., σεῖο μακάρτατος), resulta extraña en hebreo. En la pregunta paralela de 16, 7, varios autores, como Umbreit, Schlottmann y Renan (siguiendo a Ewald), ven un juego de palabras respecto a Prov 8, 24: ¿Serás tú el mismo demiurgo sabio? Pero las sentencias introductorias de Prov 1-9 son más recientes que el libro de Job, como he mostrado en la introducción de este libro de Job y en *Comentario a Proverbios,* diciendo que ellos pertenecen al tiempo de Josafat.

En consecuencia, probablemente podemos afirmar que ha sido el libro de los Proverbios el que ha adoptado las palabras del libro de Job al describir la preexistencia de la *hokma*. ¿Podía ser Job un espíritu de naturaleza superior como para haber existido en un mundo más alto (חוֹלָלְתָּ, *pulal* de חִיל חוּל), antes de que fueran creadas las colinas? Evidentemente, Elifaz lo niega. Según la Escritura, los ángeles fueron creados antes del hombre e incluso antes del universo visible (cf. Job 38, 4).

Hirzel, Ewald, Schlottmann y otros traducen erróneamente el futuro de las preguntas de **Job 15, 8,** como presente. Todos los verbos de Job 15, 7-8 están bajo el control del carácter retrospectivo que viene dado a estos versos por רִאישׁוֹן. Cf. Job 10, 10., donde זְכָר־נָא tiene el mismo influjo en el contexto, y también Job 3, 3, donde el sentido histórico de אוּלַד no depende de la sintaxis del texto, sino de la visión de conjunto, es decir, de la necesidad lógica del texto.

¿Acaso has formado parte del consejo de *Eloah*? (סוֹד, como en Jer 23, 18, cf. Sal 89, 8). Este es el sentido del texto en diversos códices y en Kimchi, *Michlol* 54a. Por su parte, הַבְּסוֹד ha de entenderse en la línea de Job 15, 11, como הַמְעַט en Job 22, 13; cf. הַבְעַד, con *beth* con *rafe* y sin *gaya*[1]: ¿Y has adquirido por ti mismo la sabiduría (גרע, aquí *attrahere, sorbere,* chupar)? Este tema nos sitúa así cerca del motivo griego de Prometeo que robó fuego del cielo.

Ciertamente, Job no puede gloriarse de tener una sabiduría extraordinaria (ni es como Prometeo). Sus mismos amigos que han venido a discutir con él, como dice Elifaz en nombre de ellos, son sus contemporáneos; y si él desea apelar a la enseñanza de su padre y a la de sus antepasados en general, ha de recordar que hay hombres sabios entre ellos mismos, hombres cuyo discernimiento es más profundo por razón de su avanzada edad.

La partícula גַּם tiene un sentido de inversión, como en Job 2, 10 (véase allí); y, al mismo tiempo, dado que se repite dos veces, ha de entenderse en forma de correlación: *etiam inter nos et cani et senes* (así también entre nosotros hay hombres canosos y ancianos). La mayoría de los expositores modernos piensan que Elifaz, con un lenguaje revestido de modestia, se está refiriendo a sí mismo (cf. Ewald). Pero esa referencia debería ser quizá más clara para que la podamos defender.

Por otra parte, ¿cómo concuerda este ocultamiento modesto con el carácter de Elifaz? Y además, en el fondo, la afirmación de Job 15, 10 no parece

---

1. Como de costumbre, la *he* interrogativa, cuando se escribe con *patach*, tiene *gaya* antes del *patach*, como en 2 Sam 7, 5. Esto sin embargo no se cumple cuando (además de en otros casos) la sílaba inmediata que sigue a la *he* es la que lleva el tono, como en los dos ejemplos arriba citados, cf. también הָאֵל en Job 8, 3 o הַלְאֵל Job 13, 7) o el uso de *gaya (metheg)* que se pone en la antepenúltima (S. Baer, *Metheg-Setzung,* 23).

estar refiriéndose a alguien en singular. Por otra parte, en ningún lugar del libro se supone que Job es más joven que él. Por eso, siguiendo a Umbreit pensamos que בָּנוּ se refiere a "nuestra generación", en la que se incluyen tanto Elifaz como Job y los otros dos "amigos".

Según eso, siguiendo la tradición árabe (donde *kebî r* significa usualmente *grandaevus*), y por su propio argumento, Elifaz no se está refiriéndose a sí mismo, sino que está citando una tradición venerable, y así dice que ellos, los amigos de Job, tienen también entre las gentes su pueblo hombres ancianos (Job 1, 12), para mostrar así que hay también sabiduría entre los ancianos de su pueblo (y no solo en lo que dice Job).

Job 15, 11-13

¹¹ הַמְעַט מִמְּךָ תַּנְחֻמוֹת אֵל וְדָבָר לָאַט עִמָּךְ׃
¹² מַה־יִּקָּחֲךָ לִבֶּךָ וּמַה־יִּרְזְמוּן עֵינֶיךָ׃
¹³ כִּי־תָשִׁיב אֶל־אֵל רוּחֶךָ וְהֹצֵאתָ מִפִּיךָ מִלִּין׃

¹¹¿Son tan pequeños los consuelos de Dios y las palabras amables que escuchas?
¹²¿Por qué tu corazón te arrebata y por qué guiñan tus ojos,
¹³para que vuelva tu espíritu contra Dios, y lances tales palabras por tu boca?

15, 11-12. Al hablar de los consuelos de Dios, Elifaz está evocando las promesas que, en la línea de la majestad y deseo de Dios, él y sus amigos han querido ofrecerle, con el deseo de ayudarle, suponiendo, en esa línea, que él se humillaría y resignaría ante la justa mano de Dios. Al evocar las palabras amables que le dicen, Elifaz está aludiendo al tono amistoso que han mantenido los amigos, a diferencia del tono apasionado con el que Job les ha respondido.

La palabra לָאַט (que en otro lugar se puntúa como לְאַט, cf. Is 8, 6, donde se alude al agua mansa y generosa que brota de la fuente de *Siloah* de Jerusalén), viene de אט (declinado: אטי), con la partícula adverbial ל (como en לבטה), con el significado con un paso suave, elegante. No tiene relación con לאט, לוט, cubrir, y no es la tercera persona del pretérito (como pensaba Raschi, siguiendo a Chajug). El sentido es: ¿por qué no haces caso de aquello que gentilmente te han dicho?, es decir, de aquello que te ha sucedido gentilmente, palabra que como ha mostrado Fürst (*Handwrterbuch*) se vincula a nociones de secreto (cf. Jc 4, 21, targum ברז) y suavidad, relacionadas por una misma raíz.

¿Son estas consolaciones divinas y estos discursos tan gentiles (que, según Elifaz, están dirigiendo a Job sus amigos) algo tan pequeño para él? (cf. מעט ממך, en sentido opuesto en 1 Rey 19, 7). *¿Son algo para ti indignos y sin valor, algo que no merece que te fijes en ello?* ¿Por qué apartas de esos discursos (לקה, *auferre, abripere*, como frecuentemente) tu corazón (herido aquí de orgullo), y por qué brillan tus ojos, de forma que diriges (השיב, no *revertere*, sino *vertere*, como de ordinario) tu mal humor hacia Dios y pronuncias מלין (así aquí, en vez de מלים) palabras vacías que, por carecer de sentido e inteligencia, no son más que palabrerías?

רזם, ἅπ. γεγρ. (que aparece solo una vez en la Biblia) proviene de רמז, guiñar, es decir, expresarse con gestos y muecas, una palabra que no se encuentra en el hebreo bíblico, pero que es muy común en el postbíblico (p. ej., חרש רומז ונרמז, una persona sorda y muda, que se expresa y responde utilizando un lenguaje de signos). Muchos traductores modernos piensan que se trata de un girar de ojos, aunque es más natural pensar en una vibración de las cejas y pupilas.

15, 13. רוח, como en 8, 3 e Is 25, 4 (cf. Job 13, 11), se utiliza con frecuencia para indicar una excitación apasionada, que se indica así porque se manifiesta en πνέειν (Hch 9, 2), palabra que proviene de πνεῦμα (Ecl 7, 9). Job debería controlar su enfado, θυμός (*Psychol,* 198). Pero él deja que se exprese, de forma que el mismo Dios viene a ser para él como un objeto en el que Job descarga su ira con lenguaje impetuoso. Según Elifaz, hubiera sido mucho mejor que Job hubiera buscado dentro de sí mismo (Lam 3, 39) la razón de estos sufrimientos, que le han hecho perder su autocontrol.

Job 15, 14-16

¹⁴ מָה־אֱנוֹשׁ כִּי־יִזְכֶּה וְכִי־יִצְדַּק יְלוּד אִשָּׁה׃
¹⁵ הֵן (בִּקְדֹשׁוֹ) [בִּקְדֹשָׁיו] לֹא יַאֲמִין וְשָׁמַיִם לֹא־זַכּוּ בְעֵינָיו׃
¹⁶ אַף כִּי־נִתְעָב וְנֶאֱלָח אִישׁ־שֹׁתֶה כַמַּיִם עַוְלָה׃

¹⁴¿Qué es el hombre para ser puro, el nacido de mujer para que se justifique?
¹⁵Dios en sus santos no confía, y ni aun los cielos son puros delante de sus ojos;
¹⁶¿cuánto menos este abominable y vil hombre, que bebe iniquidad como agua?

La exclamación de Job 15, 14 tiene este sentido: *El hombre mortal, que es carne nacida de mujer, no puede ser totalmente sin pecado.* No están libres de pecado ni siquiera los santos (=ángeles), ni los mismos cielos, entendidos de un modo personal. Según Job 4, 18, los santos son los ángeles, seres de luz. En esa línea, la palabra קדש puede significar ser luminoso desde el principio, sin mancha y puro o, en la línea que he puesto de relieve en *Psalter,* i. 588s, ser separado, distinto y, por lo tanto, exaltado, superior.

Ese segundo sentido no ha de tomarse con el significado de אנגלי מרומא (targum), *ángeles de las alturas,* pues para las esferas superiores se utiliza la palabra שמים, en las que ellos, los ángeles, habitan (cf. Job 25, 5); porque los ángeles son ciertamente seres incorpóreos, pero como todos los seres creados, tienen un espacio, de manera que las Escrituras hablan por doquier en un mismo contexto de los ángeles y de los cielos estrellados.

Por eso, a los ángeles se les llama estrellas de la mañana en Job 38, 7, de manera que tanto *estrellas* como *ángeles* reciben el nombre de צבא השמים y se vinculan con el Dios excelso, צבאות (cf. *Comentario a Génesis,* 128). Tanto los ángeles como los cielos son finitos y, por lo tanto, no son de una naturaleza absolutamente elevada, por encima de la posibilidad del pecado y la contaminación. Elifaz repite aquí lo que ha dicho en Job 4, 18, pero lo hace de un modo intencionado, porque así quiere describir ante Job de un modo más terrible la impureza del hombre (Oetinger).

En Job 4, 18, אף era simplemente el signo de un anticlímax; en nuestro caso, אף כי significa *quanto minus*. Elifaz vincula así la enfermedad hereditaria del pecado de la naturaleza humana (cf. 15, 14.16) con la elección libre del hombre, que puede escoger aquello que le conduce a la destrucción. De esa forma, utiliza las palabras que son de hecho más fuertes para referirse a un ser que está *actualiter y originalita* corrompido.

נתעב está indicando a alguien que se ha convertido en una abominación, vinculando así lo abominado con lo abominable (Gesenius 134, 1). נאלח, alguien que está totalmente corrompido (árabe *alacha*, en la conjugación VIII media: volverse manchado, palabra que recuerda la ζύμη del rabinismo). De esa forma, שאר שבבעסה aparece como imagen del mal, y especialmente del mal deseo).

Se dice también del malvado que bebe el mal como agua (una expresión adoptada por Elihu: Job 34, 7). Esa figura se parece a la de Prov 26, 6, cf. *Comentario al Sal 73, 10,* e implica que el malvado tiene deseo (lascivia) de pecado, de forma que el pecado se ha convertido en una especie de necesidad de su naturaleza, de manera que es para el pecador lo mismo que el agua para el sediento.

Ciertamente, Job no niega esta corrupción del hombre (cf. 14, 4), pero no puede admitir las inferencias que los amigos han deducido de ello. La continuación del discurso de Elifaz muestra la forma en que los amigos de Job impiden que él reconozca (que acepte) lo que dicen ellos sobre su pecado (sobre su sufrimiento como castigo).

Job 15, 17-19

¹⁷ אֲחַוְךָ שְׁמַע־לִי וְזֶה־חָזִיתִי וַאֲסַפֵּרָה׃
¹⁸ אֲשֶׁר־חֲכָמִים יַגִּידוּ וְלֹא כִחֲדוּ מֵאֲבוֹתָם׃
¹⁹ לָהֶם לְבַדָּם נִתְּנָה הָאָרֶץ וְלֹא־עָבַר זָר בְּתוֹכָם׃

¹⁷Yo te voy a informar, escúchame y te declararé lo que yo mismo he visto,
¹⁸las cosas que los sabios declaran, sin ocultar lo que han recibido de sus padres,
¹⁹a quienes fue dada directamente la tierra, y ningún extraño pasó por ella.

15, 17. Como en el primer discurso, Elifaz introduce aquí, con un largo prefacio, el dogma ante el que va colocar a Job. En el discurso anterior decía que él había tenido una revelación; aquí funda su argumento en su propia experiencia y en una tradición en la que puede confiar, pues la palabra חזיתי no tiene aquí el significado de una visión extática (Schlottmann).

El poeta utiliza חזה para evocar también una visión sensitiva (cf. 8, 17), y para indicar el conocimiento que proviene de la observación y de los medios sensibles, no solo el conocimiento más exaltado como en Job 19, 26, sino todo tipo de conocimiento (Job 23, 9; 24, 1; 27, 12, cf. Job 36, 25; 24, 32) en el sentido más amplio de la palabra.

זה se utiliza aquí como neutro, Gen 6, 15; Ex 13, 8; 30, 13; Lev 11, 4 etc.[2] (cf. neutro הוא, en Job 13, 16, y en otros lugares). זה־חזיתי es una cláusula relativa (Gesenius 122, 2): *quod conspexi*, lo que vi, como en Job 19, 19 *quos amo*, y en Sal 74, 2 *in quo habitas*, cf. Sal 104, 8. 26 y Prov. 23, 22, donde la puntuación responde a un correcto conocimiento de la sintaxis.

La *waw* de וַאֲסַפְּרָה es *waw de apodosis*, cosa que es normal (cf. Nägelsbach, 111, 1, b) después de cláusulas de relativo (cf. Num 23, 3), o lo que es lo mismo, de cláusulas participio (cf. Prov 23, 24). Aquí ha de entenderse como *et narrabo* que tiene el sentido de *ea narrabo*.

En **Job 15, 18,** las palabras ולא כחדו están, por lo menos lógicamente, subordinadas a יגידו, como en Is 3, 9[3], como ha traducido rectamente la Políglota Regia de Amberes: "Lo que lo sabios declaran, sin ocultarlo (ולא מכדבין), de la tradición de sus padres…". Pues bien, este es un texto en el que todas las traducciones antiguas se equivocaban, incluyendo la de Lutero.

Esos padres a quienes se refiere esta doctrina sobre el destino de los malvados, vivieron, como dice Elifaz en Job 15, 19, en la tierra de su origen (en la que ellos habían surgido), y no se mezclaron con extranjeros, por lo que su manera de ver las cosas y sus opiniones tenían la ventaja de la pureza. Esos antepasados ofrecen el testimonio de su propia experiencia, que se manifiesta en un desarrollo del conocimiento que es saludable y no turbado por influencias extrañas, de manera que su doctrina puede tomarse como pura y limpia.

Elifaz supone así que el tiempo actual no está libre de influencias extrañas y, desde ese fondo, un comentarista como Ewald añade que aquí se está evocando un estado de cosas que comenzó en Israel tras la caída de Samaría, en el reinado de Manasés. También Hirzel deduce de las palabras de Elifaz la suposición de que en el tiempo en el que se escribió el libro de Job la tierra de Israel no había sido manchada por algún dominio extranjero, de manera que, desde ese fondo, se puede fijar el tiempo en que el libro fue compuesto.

Pero esta opinión carece de fundamento y no puede aplicarse a Israel. La forma en la que Elifaz plantea su alegato responde a la sabiduría tradicional de Arabia, de manera que no hay la más mínima indicación de que el poeta esté aquí evocando

---

2. Así también Sal 56, 10; donde yo ahora prefiero traducir "esto es lo que conozco", con זה como neutro, como en Prov 24, 12, en el sentido ya indicado en Job 15, 17.

3. Heidenheim alude a Os 8, 2 por la posición de las palabras, pero allí Israel puede estar también en aposición: nosotros te conocemos, nosotros, Israel.

su propia historia israelita al tratar de un personaje extranjero, como Elifaz. Desde los tiempos más antiguos, la pureza de raza estaba considerada por los orientales como un signo de la más alta nobleza, y en esa línea Elifaz puede envanecerse diciendo que su raza era más pura, por no estar mezclada por ninguna otra.

Por su parte, Schlottmann prefiere suponer que el texto de 15, 19 se está refiriendo a la noble raza primitiva de los hombres (de manera que no tiene que leerse en la línea de Job 8, 8), pero הארץ no significa aquí la tierra entera, sino el país, como en Job 30, 8; 22, 8, y en otros lugares, mientras que Job 15, 19 parece referirse a las naciones: זר tiene el sentido de *barbarus* (una palabra quizá semítica, ברבר, es decir, el de fuera, ό ἔξω).

A pesar de ello no hace falta suponer que Elifaz vivió en un tiempo de dominación extranjera, como en los años de sometimiento de los asirios-caldeos sobre Israel. Basta suponer que se trata de un tiempo en el que las tribus del desierto estaban comenzando a mezclarse entre sí, por migración, comercio o por un tipo de feudalismo. A partir de aquí se expone la doctrina del hombre sabio nacida de la tradición de una venerable edad primitiva, una edad que aún no había sido turbada por ningún modo extraño de pensamiento (iluminismo y libre pensamiento, como diríamos nosotros), edad a la que quiere y puede referirse la experiencia de Elifaz.

Job 15, 20-24

²⁰ כָּל־יְמֵי רָשָׁע הוּא מִתְחוֹלֵל וּמִסְפַּר שָׁנִים נִצְפְּנוּ לֶעָרִיץ׃
²¹ קוֹל־פְּחָדִים בְּאָזְנָיו בַּשָּׁלוֹם שׁוֹדֵד יְבוֹאֶנּוּ׃
²² לֹא־יַאֲמִין שׁוּב מִנִּי־חֹשֶׁךְ (וְצָפוּ) [וְצָפוּי] הוּא אֱלֵי־חָרֶב׃
²³ נֹדֵד הוּא לַלֶּחֶם אַיֵּה יָדַע כִּי־נָכוֹן בְּיָדוֹ יוֹם־חֹשֶׁךְ׃
²⁴ יְבַעֲתֻהוּ צַר וּמְצוּקָה תִּתְקְפֵהוּ כְּמֶלֶךְ׀ עָתִיד לַכִּידוֹר׃

²⁰Todos sus días, el impío es atormentado, y el violento no conoce el número de sus años.
²¹Voces de espanto resuenan en sus oídos, y a su tiempo vendrá sobre él destructor.
²²No cree que hay retorno desde las tinieblas, y está destinado a la espada.
²³Vaga errante diciendo: ¿Dónde está? Sabe que está preparado, cerca, el día de tiniebla.
²⁴Tribulación y angustia le turban, y se lanzan contra él como un rey a la batalla.

15, 20. Este es el texto clave: todos los días de su vida, el impío está sometido al dolor. La palabra רָשָׁע viene marcada, como *Elohim* en Gen 9, 6, por una calificación más precisa; sin embargo, en nuestro caso, esa calificación actúa como una premisa ratificada por הוּא que viene después, a modo de conclusión. מִתְחוֹלֵל, es atormentado, es decir, sufre internamente por ansiedad y desasosiego, en medio de su apariencia externa de felicidad.

La mayoría de los comentadores traducen la siguiente línea: "y (sufre) todos los años de vida que le están reservados al tirano". (1) Pero esta definición paralela del tiempo, añadida con *waw*, no responde al sentido del texto. (2) El cambio de עריץ (opresor, tirano) en vez de רשע (malvado) hace que uno espere una nueva afirmación, de manera que los LXX traducen: ἔτη δὲ ἀριθμητὰ δεδομένα δυνάστῃ. El predicado se encuentra, por tanto (como en Job 32, 7, cf. Job 29, 10; 2, 4, Gesenius 148) en forma plural, *per attractionem*, en vez de en singular, y especialmente con מספר seguida por un genitivo plural. Este tipo de atracción esta atestiguada en otros lugares, como Job 21, 21; 38, 21.

El significado no es que los días sean numerados (es decir, que al tirano se le conceden, secretamente, pocos días), lo que se debería haberse escrito con *sh'nôth mispâr*, es decir, en posición invertida a la que aparece aquí (מִסְפַּר שָׁנִים): cf. Job 16, 22; Num 9, 20 (cf. Gesenius, *Thesaurus*). El sentido es que al tirano le está reservado un número de años (un número limitado, determinado, con צפן como en Job 24, 1. 19, cf. טמן, Job 20, 26; Mercerus: *occulto decreto definiti*, definidos por un decreto oculto), de manera que cuando esos días se cumplen empieza el castigo. El sentido del targum, la traducción siríaca y Jerónimo podría ser el apropiado: *Y el número de días (es decir, los que ha de vivir sin ser castigado) está escondido al tirano*; pero en el caso de que el poeta hubiera querido decir esto habría escrito שניו, y debería haber añadido מן־הערי ץ.

15, 21–24. Por lo que se refiere a lo que sigue, no está claro si aquí se describe solo la ansiedad de espíritu del malvado, como amplificación de הוא מתחולל, o si esas imágenes interiores de su conciencia se cumplen o realizan externamente, indicando así la forma en que el impío sucumbe bajo la destrucción que él había comenzado imaginando.

Resulta difícil responder de un modo satisfactorio a este tema. Pero, considerando que la crisis real será expuesta por Elifaz más tarde, quedando allí plenamente descrita, parece más probable que el tono objetivo de 15, 21–24 se encuentre vinculado más bien a la conciencia del impío, no a su suerte externa.

La descripción de esas terribles pruebas (peligros anunciados) sacude sus oídos: el devastador viene (בוא con acusativo, como en Job 20, 22; Prov 28, 22; cf. Is 28, 15) sobre él en medio de su prosperidad. El malvado anticipa con miedo ese peligro, antes de que se cumpla. Desde la oscuridad en la que se encuentra amenazado, no cree (האמין con infinit. como Sal 27, 13, con לראות, ver con esperanza) que podrá retornar a la vida anterior.

En otras palabras, agobiado por la conciencia de su pecado, el malvado no puede elevarse a la esperanza de liberación, en medio de la oscuridad que le domina; de esa manera, él se encuentra realmente צפו, amenazado; así se lo dice su conciencia, con צפו (como עשו, Job 41, 25; cf. Gesenius 75, 5). El *kere* (צָפוּי) suele omitirse en muchos textos editados, pues va en contra del testimonio de la Masora y de la autoridad de los manuscritos correctos. El malvado está *espiado por*, en el sentido de *"está destinado"* para la espada de Dios (Job 19, 29; Is 31, 8), es decir, para la muerte decretada por Dios.

En medio de la abundancia, él se encuentra atormentado por el pensamiento de volverse pobre y así se imagina mendigando por ahí comida, mirando ansiosamente y preguntando ¿dónde hay...? (de un modo abrupto con הנה, Job 9, 19): ¿Dónde habrá alguien al que yo pueda encontrar, que me pueda dar para comer?

Los LXX traducen, en contra de ese sentido, entendiendo extrañamente mal este pasaje: κατατέτακται δὲ δὶς σῖτα γυψίν (איה לחם, como buscando comida para el buitre, para que el buitre le coma a él). De esa manera, el malvado se descubre ante el espejo del futuro como si fuera un pobre mendigo, sabiendo/sintiendo que el día de la oscuridad vendrá con rapidez (נכון, como en Job 18, 12), que ese día está a la mano, muy cerca (בידו, en muchos lugares con el sentido de ליד, Sal 140, 6; 1 Sam 19, 3, y על־ידי, Job 1, 14, es decir, cerca, a la mano).

De acuerdo con esta exposición, debemos interpretar ahora וּמְצוּקָה צָר, Job 15, 24, que no se refiere a una necesidad material, sino al miedo y a la opresión interior, que vienen sobre él, de repente, de un modo irresistible. Miedo y opresión se apoderan del malvado (תִּתְקְפֵהוּ, con sujeto neutro, referido a algo desconocido, a un poder que destruye por dentro), como si fueran su dueño.

כְּמֶלֶךְ עָתִיד לַכִּידוֹר (como rey preparado para el tumulto de la batalla). Desde lo anterior han de entenderse estas palabras, que han sido muy discutidas en la tradición. Los LXX traducen ὥσπερ στρατηγὸς πρωτοστάτης πίπτων, como un general (=un rey) cayendo en la primera fila de la batalla. En esa línea sigue el targum: *sicut regem qui paratus est ad scabellum* (como rey preparado para el "escabel", es decir, para ser colocado como escabel bajo los pies del conquistador, sin más explicación). Otra traducción del targum (en Nachman y en otros testimonios) dice: *sicut rex qui paratus est circumdare se legionibus* (como rey que está preparado para ser rodeado por legiones).

Según eso, la palabra כידור vendría de כדר, en el sentido de rodear, estar rodeado (cf. כתר, de donde provendría כתר, en asirio *cudar*, κίδαρις, quizá también הזר, en sirio חדר, de donde viene *chedor*, un círculo alrededor). En otra línea, suele suponerse que כדור significa un bola/balón (no solo en hebreo talmúdico, sino también en Is 22, 18, que se traduce: enrollándote te hará descender como una bola sobre un país espacioso); de ahí viene כידור, que es un campamento en círculo, un ejército acampado alrededor, como מעגל.

Conforme al primer significado, esa palabra no puede vincularse de un modo que tenga sentido con עתיד; pero se podría suponer con Kimchi, que כידור, como el italiano *torniamento*, indique el círculo, pero también el hecho de "circular", es decir, de andar en círculo, de rodear alrededor del conflicto; o también el hecho de moverse en modo circular (en remolinos) para lanzarse de esa forma a la batalla, es decir, de entrar en un conflicto que se mueve todo alrededor, lo que podría dar aquí un sentido apropiado.

El mismo sentido se alcanza, sin embargo, si la raíz se toma del árabe *kdr*, en la línea de *turbidum esse* (cf. קדר, Job 6, 16), hallarse turbado, un significado que evoca las desgracias y las experiencias turbias de la vida (en esa línea traduce Schultens: *destinatus est ad turbulentissimas fortunas* (está destinado a fortunas muy turbulentas), de manera que se inicie luego un nuevo pensamiento con עתיד, cosa que, sin embargo, no es posible, dado que a partir de כמלך no se puede trazar un pensamiento autónomo, distinto.

En la línea anterior resulta preferible referir el tema al tumulto de la batalla, *tumultus bellici conturbatio* (a la turbación vinculada al tumulto de la fuerza militar, Rosenmüller). Se puede traducir el texto también en la línea de Fleischer, desde una perspectiva algo distinta, suponiendo que la raíz de la palabra significa sólido, denso, en el sentido de una multitud que se adensa, que se enfrenta y golpea[4].

---

4. El verbo árabe *kdr* pertenece a la raíz *kd*, que significa herir, arrojar, golpear, percutir, tundir..., una raíz que tiene varias líneas de significado. Tiene un sentido transitivo, como *cadara* (futuro *jacduru*, inf. *cadr*). Por no haber partido de ese significado original de la raíz, nuestros lexicógrafos han privado de base a todo el desarrollo etimológico de esa palabra, con el significado de derramar, desparramarse, arrojar, como en *cadara-l-ma*, *él ha derramado*, arrojado al suelo el agua. A partir de aquí, en la forma media VII, *incadara* tiene un sentido intransitivo de caer, derramarse, que se aplica especialmente al agua y a otros fluidos, como la lluvia que cae de los cielos, o como una cascada.

En esa línea, aunque de un modo impropio, se puede hablar de un ave rapaz que se arroja desde la altura del aire sobre su presa (como en la poesía de Beidhwi sobre la Sura 81, 2): *El halcón vio algunas avutardas en el llano y se abalanzó (f'ancadara) sobre ellas*. En esa línea se podría hablar de un ejército hostil, que se lanza contra el enemigo, pues esta es la primera significación posible para כידור en nuestro texto.

Se puede hablar también de un hombre, de un caballo, etc. que corren con toda velocidad (=que se abalanzan), como indica en el dicho latino *effuse currit, effuso curru ruit*. Se puede hablar también de las estrellas que caerán (se abalanzarán) del cielo en el último día (Sura 81, 2). En esa línea podría evocarse también el sentido intransitivo (acepción II), de *cadara* (fut. *jacdiru*) con la forma secundaria de *cadira* (fut. *jacdaru*) y *cadura* (fut. *jacduru*), con el significado de sacudir, revolver, como se habla de los fluidos que se mezclan y combinan, que se vuelven turbios, es decir, impuros, por el movimiento, por las mezclas, de manera que se revuelven las heces (que se dicen *cudre* o *cudde*); en ese sentido, esa palabra puede significar *turbidum, non limpidum* (turbio, no limpio, como en árabe *sf*), con un sentido que puede tomarse simbólicamente en la línea de *turbare* (cf. *deturbare*), turbarse, en alemán.

El sentido primario de la raíz puede tomar también otra acepción (III), de la que derivan adjetivos como *cudur, cudurr, cundur, cundir*, en el sentido de *comprimido, sólido, espeso*. En esa línea, desde *cadir, cadr*, podemos decir que algo está pastoso, "gordo", como cuando hablamos de una cerveza espesa, *dickes Bier, cerevisia spissa, bire paisse*. Desde aquí, en el final de 15, 24 se puede hablar de כידור, es decir, del tumulto de la batalla, κλόνος ἀνδρῶν, esto es, de una densa multitud tumultuosa en la que unos chocan con los otros. También se puede hablar de מלחמה, נלחם, que no significa sin más destrucción, matanza, sino presión firme y estrecha, de unos contra otros, en una densa multitud (nota del profesor Fleischer).

Dado que se puede obtener un sentido apropiado de dos formas, la conjetura más natural, recomendada por la comparación con Prov 6, 11, es la de suponer que עתיד לפידון tiene el sentido de *paratus ad hastam*, o *peritus hastae* (Hupfeld), estar preparado para el tumulto de la batalla (tener preparada la lanza). En esa línea, con Saadia y Parchon se puede hablar también de estar preparado para el "círculo", para el tumulto de una batalla en que rodea por todas partes al impío. Por su parte, la traducción de Jerónimo (*qui praeparatur ad praelium*, que se prepara para el combate) ha sido posiblemente fundada en el sentido que hemos dado a las palabra: כְּמֶלֶךְ ׀ עָתִיד לַכִּידוֹר, como rey preparado para el tumulto o círculo de la batalla.

Job 15, 25-30

²⁵ כִּי־נָטָה אֶל־אֵל יָדוֹ וְאֶל־שַׁדַּי יִתְגַּבָּר׃
²⁶ יָרוּץ אֵלָיו בְּצַוָּאר בַּעֲבִי גַּבֵּי מָגִנָּיו׃
²⁷ כִּי־כִסָּה פָנָיו בְּחֶלְבּוֹ וַיַּעַשׂ פִּימָה עֲלֵי־כָסֶל׃
²⁸ וַיִּשְׁכּוֹן ׀ עָרִים נִכְחָדוֹת בָּתִּים לֹא־יֵשְׁבוּ לָמוֹ אֲשֶׁר הִתְעַתְּדוּ לְגַלִּים׃
²⁹ לֹא־יֶעְשַׁר וְלֹא־יָקוּם חֵילוֹ וְלֹא־יִטֶּה לָאָרֶץ מִנְלָם׃
³⁰ לֹא־יָסוּר ׀ מִנִּי־חֹשֶׁךְ יֹנַקְתּוֹ תְּיַבֵּשׁ שַׁלְהָבֶת וְיָסוּר בְּרוּחַ פִּיו׃

²⁵porque extendió su mano contra Dios y fue insolente contra Shadai;
²⁶corrió contra él con el cuello erguido, tras las gruesas cabeceras de sus escudos,
²⁷cubrió con grasa su rostro y se untó con grasa los costados,
²⁸y habitó en ciudades asoladas, casas para no ser habitadas, pues estaban destinadas a ser ruinas,
²⁹no llegará a ser rico, ni durarán sus riquezas, y su sustancia no durará en la tierra,
³⁰no escapará de las tinieblas, la llama secará sus ramas y con el aliento de su boca (de Dios) perecerá.

Esta estrofa tiene varios miembros relacionados entre sí. En un sentido general, *Job 15, 25-28* es una cláusula antecedente, con un doble comienzo: נָטָה אֶל־אֵל, *porque él ha extendido...*; כִּי־כִסָּה פָנָיו, *porque cubrió...* Por su parte, ירוץ puede tomarse de manera más independiente, pero ha de entenderse bajo el influjo de כי que está al comienzo de la sentencia. En esa línea, *Job 15, 29-*30 es la conclusión. Dos pecados fundamentales aparecen aquí como causa del destino final que recaerá sobre el malvado: (1) su oposición arrogante contra Dios, (2) su alegría por la ruina en que ha caído la prosperidad de otros.

El primero de esos pecados está descrito en **Job 15, 25-27**. Aquí se utiliza una vez el futuro consecutivo en lugar del perfecto, y el futuro simple se utiliza por dos veces con el significado de imperfecto (como en Job 4, 3 y en otros muchos lugares). El *hitpael* התגבר significa mantener o presentar una actitud heroica, como jugar a ser héroe; התעשר es hacerse uno rico, jugar el papel de hombre rico, cf. Pro 13, 7.

La palabra בְּצַוָּאר indica la especial altivez del cuello elevado en la lucha contra Dios (יָרוּץ אֵלָיו, como en Dan 8, 6, con עַל, Job 16, 14). Equivale a *erecto collo* (con el cuello elevado, Vulgata); y su sentido es equivalente al de ὕβρει (LXX). También en Sal 75, 6, la palabra בְּצַוָּאר (con *munach*, que aquí es una indicación diacrítica, cf. Dachselt, *Biblia Accentuata*, 816) está en absoluto, y tiene el sentido de cuello orgulloso y duro de cerviz; los paralelos de Sal 31, 19 y 94, 4, y especialmente un pasaje fundamental de 1 Sam 2, 3, muestran que עָתָק ha de tomarse como acusativo de objeto.

La altiva desconfianza con la que el orgulloso se enfrenta con Dios y se vuelve insensible a los favores de Dios, que le podrían llevar a un recto modo de pensar, está simbolizada por adiciones, como la que alude a la grosura (עֲבִי forma vinculada a עֳבִי) de la parte central o cabecera de los escudos. La palabra גַּב (plural גַּבֵּי) es la parte central del escudo, en la zona trasera (en árabe *dhr*) o zona fuerte (*umbo*); el hecho de citar una pluralidad de escudos alude a los diversos medios por los que los impíos se endurecen ellos mismos.

Job 15, 27, que se asemeja a Sal 73, 4-7, pone de relieve esta seguridad carnal contagiosa en contra de toda intranquilidad y dolor, frente a lo cual se insensibiliza el pecador, por su propia pecaminosidad. El pecador aparece así como alguien que ha cubierto su rostro con grasa, de tal forma que por la acumulación de grosura, viene a convertirse en un tipo de materia rolliza, llena de carne, desprovista de mente y alma, pura gordura vacía, un hombre que no es más que pura grasa, como la que él va acumulando en sus costados, con כֶּסֶל en vez de כִּסְלָיו.

Por su parte, עָשָׂה (que no se relaciona con el árabe *gšâ*, cubrir) se utiliza en Job 14, 9 y en la frase *corpus facere* (en Justino), en el sentido de producir hacia fuera algo que viene de dentro. La palabra פִּימָה recuerda a alguien que es πιμελή (como Aquila y Símaco traducen), *opimus*, en la línea del sánscrito *piai*, ser gordo (de aquí el adj. *pîvan, pîvara*, πιαρός, en parto *pîna*, vinculado según Roth con *pîvas*). El árabe toma esa palabra como si fuera una contracción de פָּאִימָה (Olshausen 171, b). En general, los expositores judíos interpretan mal la palabra a partir de פִּים, 1 Sam 13, 21, como si se refiriera a las gorduras que se producen en la carne flácida, sobre todo en la zona de la cintura.

Job 15, 28 describe el segundo pecado capital del malhechor. Las ciudades desoladas en la que él habita no son ciudades que él mismo ha devastado, sino que el texto se refiere de un modo muy preciso a un castigo divinamente determinado, porque הִתְעַתְּדוּ no se refiere a ciudad que "ellos mismos (los malhechores) han convertido en ruinas" (Hahn), sino a ciudades que ellos mismos han encontrado ya en ruinas, y que no pueden ser reedificadas, pues ello iría en contra del decreto de Dios.

Hirzel alude en este contexto a la ley de Dt 13, 13-18 (cf. 1 Rey 16, 34), que prohíbe que ese tipo de ciudades, que han caído bajo la maldición de Dios, puedan reedificarse, y explica así el tema de un modo más correcto. De todas formas, esa referencia a una formulación de la ley de Moisés no es probable en el libro de Job, y en este caso, como Löwenthal dice muy bien, resulta muy poco apropiada, pues lo que se prohíbe en esa ley no es habitar en ese tipo de ciudades, sino solo reedificarlas, pues han sido destruidas por la ira de Dios, y en nuestro caso no se alude a reedificar, sino a habitar.

De todas formas, parece que este pasaje ha de entenderse de un modo más general, para indicar que los hombres poderosos y perversos no se ocupan de cosas como esas, sino que actúan de un modo indolente, sin obedecer a los juicios de Dios ni respetar las manifestaciones de su autoridad judicial en lugares donde aún son visibles las señales de una justa retribución divina (que se expresa en las ruinas de ciudades destruidas), lugares apropiados para aparecer como monumentos perpetuos de la ejecución de los juicios divinos[5].

Solo de esta manera se puede explicar el sentido de la frase elíptica לָמוֹ לֹא־יֵשְׁבוּ (no debían ser habitadas). Hirzel vincula לָמוֹ con בָּתִּים: en las que ellos no habitan; pero יָשַׁב ל no significa tampoco habitar en sentido estricto, sino establecerse en un lugar. Schlottmann vincula לָמוֹ con los habitantes. Según eso, la frase no dice que ellos habitan en lugares donde nadie habita, pues en ese caso no se podría haber omitido la partícula אֲשֶׁר que actúa como indicador local, sino que lo hacen (es decir, que habitan) en lugares que no debían estar habitados, pues han sido maldecidos por Dios Ciertamente, se podría pensar que se trata de que hay gentes que habitan en ruinas que no les pertenecen, como sigue diciendo Hahn; pero ese sentido resulta lingüísticamente imposible. La explicación más natural y también la más admisible es que *yshbw* (יֵשְׁבוּ) se refiera a las casas y no a לָמוֹ, es decir, a ellos. No se trata pues de que haya personas que no deberían habitar en esas ruinas, sino que hay ruinas maldecidas por Dios que no deberían ser habitadas por personas. Según eso, el significado no es "que esas casas están deshabitadas" (cosa que no se expresa bien como futuro, diciendo אֵין בָּהֶם יוֹשֵׁב o de un modo semejante, como en Is 13, 10; Jer 50, 13. 39 etc.), sino que ellas (esas casas) "deberían estar deshabitadas" (no deberían tener habitantes), conforme al juicio de Dios.

En Job 15, 29 comienza la conclusión: "(Porque él ha actuado así) no será rico (con sujeto personal, como Os 12, 9, y con יַעֲשַׁר, cf. Job 12, 15), y su sustancia

---

5. Esas poblaciones y ciudades que, conforme a la tradición han perecido y han sido con frecuencia destruidas (*maqlbe, muqlbe, munqualibe*) por la visita del juicio de Dios no son infrecuentes en los bordes del desierto. Son ciudades de las que se dice que han violado los mandamientos originarios de la religión de Abraham (*din Ibrahim*). Por eso, la ciudad de Babilonia no ha sido reconstruida por una tribu semítica, porque los semitas creen que ella fue destruida porque Nimrod apostató de Dios. Esa tradición ha pervivido entre las tribus de Arabia Petrea convertidas al islam, en relación con la ciudad de Higr (o de Madáin Salih) a causa de que fue desobediente contra Dios; por eso los musulmanes no habitan en esa ciudad de ruinas, con miles de casas excavadas en la roca, e incluso los peregrinos de la Meca pasan de largo ante ella, para no incurrir en castigo. Según la Biblia, la ciudad de Sodoma fue destruida por violar el derecho a la hospitalidad (Gen 19, 5, cf. Job 31, 32); su destrucción está vinculada con el 'Din Ibrahim', no con la ley de Moisés.

no permanecerá (קוּם, con el sentido de ocupar un lugar, cf. Is 7, 7, aunque puede significar también *durar*, 1 Sam 13, 14 y *agarrar con fuerza*, Job 41, 18), ni se inclinará a la tierra, ni durará en ella (con מנלם).

Los comentaristas antiguos traducen (*non extendet se in terra*) en un sentido que no se puede aceptar, pues para eso no debería poner לָאָרֶץ, sino בארץ, que en *kal* se utiliza comúnmente en sentido intransitivo, como *agacharse, doblarse* hacia abajo o inclinarse (Gesenius 53, 2).

Pero ¿cuál es el sentido del sujeto מְנֻלָּם? No podemos tratar aquí de aquellas interpretaciones que carecen en sí mismas de significado, como si מן לם tuviera el sentido de *ex iis* (targum), de lo que pertenece a ellos (Saadía), ni que pudiera comarse como מלם, su palabra (traducción siríaca y Gecatilia); ni podemos buscar sustituciones, como hacen los LXX que ponen σκιάν (palabra que debería responder a un original como צלם o צללם) o como la de Jerónimo que pone *radicem* (aunque esa palabra parece ser solo una simple propuesta).

Ciertamente, lo que arroja más luz sobre el significado de מְנֻלָּם es la palabra כנלתך (en lugar de כהנלתך con *dagesh dirimens*, como en Job 17, 2), que aparece en Is 33, 1. Los antiguos lexicógrafos judíos toman esa palabra, en su forma הנלה (en paralelo con התם) como sinónimo de כלה con el significado de llevar a su fin, es decir, de *culminar*. En una línea distinta, Gesenius, Knobel y otros consideran que la lectura original es ככלתך, porque el significado de *perficere* (realizar) de נלה no está presente en el árabe *nâl*, y porque נל, tal como se emplea en nuestro pasaje constituye en árabe una combinación incompatible de raíces (Olshausen 9, 4).

Esta unión de consonantes no aparece ciertamente en ninguna raíz semítica, pero el árabe *nâla* (con una "a" larga que puede intercambiarse por inflexión con una "a" corta) nos ofrece suficiente apoyo para darle a la palabra un buen sentido, en la línea de *consequi*, lograr, que pertenece al árabe *nâla*, fut. *janîlu*, un significado que está perfectamente documentado en Is 33, 1: "Si tú has logrado plenamente *saquear*... (con *hifil*, como intensivo del transitivo *kal*, como en הזעיק,הקנה).

De todas formas, si se establece como válido el verbo נלה, no hay necesidad de hacer para nuestro pasaje ninguna hipótesis distinta, especialmente desde el momento en que la formulación más adaptada al texto, con מכלם (cf. *hifil* מגלה), produce una sentencia que no puede ser más perfecta ni inteligente (su sustancia, su riqueza, no durará en la tierra, como en la frase latina: no *figet in terra caulam*).

En contra de eso, el sentido que se logra a partir de la conjetura propuesta por Olshausen, la traducción מגלם *(su hoz) no desciende hasta la tierra*, es decir, no logra llegar hasta el suelo por la riqueza del producto de la tierra, no responde en modo alguno al sentido de conjunto del pasaje[6].

---

6. Carey propone tomar מנלם en el sentido de נמלם, su corte, un trozo de tallo o raíz que se utiliza para plantar. Pero el grupo verbal מלל, מול, נמל va en contra de que exista un sustantivo נמל con ese significado, en la línea del desarrollo usual del lenguaje.

Juda b. Karisch (Kureisch) ha explicado correctamente la palabra a partir del árabe *mnâlhm*: esa palabra significa su propiedad, su riqueza, aquello que unos hombres han ofrecido (de *nâla, janûlu*) o alcanzado (*nâla, janî lu*), es decir, su posesión[7], pero no su perfección, como suelen explicar los expositores judíos, suponiendo que נלה es lo mismo que כלה.

Cuando el poeta dice: "su prosperidad no se inclina hasta el suelo", él le está negando al malvado la riqueza que ofrece un campo de trigo, que por el peso de las espigas se inclina hacia la tierra, o la riqueza de un árbol, cuyas ramas, ricamente cargadas, se inclinan también hacia el suelo. Tenemos que quedar satisfechos con esta explicación (Hirzel, Ewald, Stickel y muchos otros), diciendo que מנלם puede compararse con מכרם (Num 20, 19), que no deriva sin embargo de מכרה, sino de מכר, que es semejante por su significado a la palabra postbíblica ממון, μαμωνᾶς; con el sufijo que corresponde al cambio de número, como en Job 15, 35; Job 20, 23, y que se vincula frecuentemente con los רשעים, que son los malvados.

De esa forma, **15, 30** vincula una figura tomada de una planta con aquello que se dice de los impíos: la llama de fuego marchita o quema la tierna rama del árbol y no deja que ella produzca fruto; de un modo semejante, los impíos no logran escaparse de la oscuridad, sino que perecen por el aliento de su boca (es decir, de la boca de Dios, cf. Job 4,9, no por su propia, en la línea de Is 33,11). La repetición de יסור (él no escapa, como en Prov 13, 14; "él no debe ceder", como en 1 Rey 15, 14, etc.) constituye un impresionante juego de palabras.

Job 15, 31-35

³¹ אַל־יַאֲמֵן (בַּשָּׁו) [בַּשָּׁיו] נִתְעָה כִּי־שָׁוְא תִּהְיֶה תְמוּרָתוֹ׃
³² בְּלֹא־יוֹמוֹ תִּמָּלֵא וְכִפָּתוֹ לֹא רַעֲנָנָה׃
³³ יַחְמֹס כַּגֶּפֶן בִּסְרוֹ וְיַשְׁלֵךְ כַּזַּיִת נִצָּתוֹ׃
³⁴ כִּי־עֲדַת חָנֵף גַּלְמוּד וְאֵשׁ אָכְלָה אָהֳלֵי־שֹׁחַד׃
³⁵ הָרֹה עָמָל וְיָלֹד אָוֶן וּבִטְנָם תָּכִין מִרְמָה׃ ס

---

7. Freytag ha colocado erróneamente los infinitivos *nail* y *manl* en árabe, citando como apoyo un pasaje de *Fkihat al-chulaf*, donde *'azz al-manl* (una figura tomada en préstamo de lugares de difícil acceso, que se han vuelto fuertes y significativos por naturaleza o arte) significa "uno que llegó a ser difícil de alcanzar" (es decir, uno a quien su posición de poder le concede seguridad). El verdadero sentido puede lograrse a partir del árabe *nl* que en su forma media, significa originalmente extender, alcanzar, extender o dar algo a alguien con el brazo o la mano extendida. Según eso, *manl* (del árabe *nl* medio) significa ante todo, en un primer sentido, "alcance" (algo que se puede lograr). En un segundo momento, lo mismo que *em nail* y en general en los infinitivos, puede pasarse a un significado concreto: aquello que uno alcanza, o que uno ha alcanzado o logrado, aunque no se pueden ofrecer ejemplos especiales en esa línea (nota de Fleischer).

³¹Que no confíe en el mal, será engañado, porque el mal será su posesión.
³²No ha llegado aún su día, y estará ya cumplido, y su renuevo no florecerá.
³³Como la vid, perderá sus uvas sin madurar, y será derribado como flor del olivo.
³⁴Porque la asamblea de impíos perecerá y el fuego quemará las casas inicuas.
³⁵Concibieron dolor, dieron a luz iniquidad y en sus entrañas traman engaño.

15, 31. La partícula de negación del principio, אל, no introduce meramente una declaración respecto al futuro (Lutero traduce: "él no continuará"; pero esa idea debería haber sido expresada por el *nifal*), sino que ella es de tipo admonitorio: que no confíe solo en la maldad. Aquí (en אל־יַאֲמֵן) tenemos un *munach* en lugar de un *dech*, según la regla de transformación de acentos, cf. *Comentario a Salmos* II 504, 4.

El sentido es que el hombre que confía en el mal (con יַאֲמֵן) cae en el error, o crea un error (נִתְעָה es pretérito, no participio, con *nifal*, como en Is 19, 14, donde significa buscar en vano seguridad o ir hacia adelante o hacia atrás sin lograr nada). Esta es una frase de advertencia (Olshausen piensa que נתעב está evocando algo detestable).

Pues bien, esta esperanza puesta en el mal es autoilusión, porque la paga del mal es siempre un nuevo mal (תְּמוּרָה no es *compensatio*, sino *permutatio, acquisitio*). Hemos traducido שׁוְ por mal (en el sentido del alemán *Unheil*), una palabra que hemos empleado casi siempre para traducir אוֶן, y lo hemos hecho para que esa misma idea aparezca en los dos miembros del verso.

En este caso (15, 31), שָׁוְא (en *qetiv* שׁוְ, con el *aleph* oculto, como en el árabe *sû'*, maldad, y *s-'a* equivalente a *sawu'a*) es una mente desierta y vacía (cf. Os 12, 12), sin fortuna alguna. Partiendo de su sentido original, esa raíz significa en el primer caso fortuna aparente, y en el segundo prosperidad aparente o ilusión, como mal engañoso, en el sentido de maldad y de calamidad.

15, 32. La palabra תִּמָּלֵא, que sigue, se refiere al carácter vacío del mal, y puede tener un doble sentido: por un lado, ella puede significar *(el mal) está realizado* (pasivo de מלא, 1 Rey 8, 15); por otro, *está completado*, lo que significa que la medida del castigo de su inmoralidad ha culminado, antes de que acabe el día natural, es decir, antes de que se cumpla la muerte (cf. para esta expresión Job 22, 16; Ecl 7, 17). La traducción "ya ha pasado con él" (Gesenius, Schlottmann y otros) va en contra del uso del lenguaje; y la que ofrecen los traductores judíos, con תִּמָּלֵא en el sentido de תִּמָּלֵל (*abscinditur* o *conteritur*), es una sugerencia innecesaria y extraña. Por su parte, רַעֲנָנָה es *milel*, y por consiguiente pretérito, no como en Cant 1, 16, donde aparece en *milra*, donde es por consiguiente adjetivo. כפה (cf. וְכִפָּתוֹ) no se refiere a las ramas en general (Luzzatto, con Raschi: el ramaje), sino que se utiliza como expresión adverbial, para lo alto y lo bajo, como en Is 9, 13; 19, 15 (cf. Dietrich, *Abhandlung zur hebr. Gramm.*, pág. 209), evocando las ramas de la palmera que se inclinan hacia el suelo (cf. targum Ester 1, 5, donde כפין significa asientos y caminos cubiertos de ramaje).

El hecho de que la rama de la palmera no se vuelva verde o no permanezca verde (que Símaco traduce bien: οὐκ εὐθαλήσει) significa que ella misma (la palmera y sus ramas, es decir, su familia), se seca y muere. En **Job 15, 33** el tema está evocado por בסר (cf. בְּסְרוֹ), que son las viñas silvestres o también los racimos no maduros de la viña, y por נצה, las flores de un olivo[8].

En 15, 32b el mismo hombre impío es el que puede actuar como sujeto, como olivo que produce sus flores. Pero en 15, 32a resulta imposible. Si interpretamos el texto diciendo que él "expulsa" (targum יתר, *excutiet*) como una viña sus racimos jóvenes (agrios) esto no es solo algo que está mal expresado gramaticalmente, sino que es también falso porque los racimos agrios y verdes son los que más firmes permanecen en la viña.

Y si se toma el primer significado de חמס, diciendo que "la viña actúa injustamente, sea porque no deja madurar sus racimos o porque no les permite compartir el dulce zumo, esa expresión resulta no solo poco precisa, sino también muy extraña, como si Dios ordenara a los impíos que realizaran un tipo de operación que carece de sentido.

Según eso, el sujeto de los verbos no es ni la viña ni el olivo, sino solo "alguien" (alguno), que aquí aparece de un modo impersonal. ¿Por qué? En 15, 30, רוח פיו se refería a Dios, a quien se mencionaba expresamente. Pues bien, también aquí el sujeto impersonal de la frase es el mismo Dios, y el verbo יחמס, que significa actuar con violencia hacia uno mismo, queda modificado en el sentido de "romper, arrancar", como en Lam 2, 6 (que Aben-Ezra ha comparado con nuestro texto). De esa forma, cuando se dice כזית, כגפן, *como viña y como olivo*, el texto está refiriéndose a Dios, que destruye o seca la viña y el olivo (es decir, en el fondo, a los impíos).

Job 15, 34 declara la suerte de la familia de los impíos, que ha sido descrita así, de un modo figurado. La congregación (aquí el círculo familiar) del impío (חנף) conforme al sentido de su etimología: *inclinans, propensus ad malum*, inclinado, propenso al mal, cf. Job 13. 16) es (como se indica desde el punto de vista del juicio que se está ejecutando) una masa dura, sin vida, petrificada, en el sentido sustantivado de גלמוד, que equivale al árabe *galmûd* que se distingue del adjetivo גלמודה, Is 49, 21), es decir, una congregación ya muerta (LXX θάνατος; Aquila,

---

8. Para comprender mejor la clave de la comparación, debemos recordar que los olivos de Siria dan mucho fruto el año 1, 3 y 5, pero que dan muy poco el año 2, 4 y 6. Ciertamente, florecen también durante esos años, pero las flores se secan y caen sin producir casi olivas, de manera que la cosecha es muy escasa (cf. Franz Schnederman, *Symbolik der Oelb*aum, Luth. Zeitschr. 1974). De todas formas, cuando las olivas crecen y alcanzan buen tamaño, aunque no maduren del todo, se utilizan en las casas para preparar todo tipo de comidas, pues se extrae de ellas un tipo de líquido amargo que sirve como condimento. Durante los meses de Junio, Julio y Agosto se llevan al mercado de Damasco cientos de caballos y asnos cargados con ese líquido amargo de olivas no maduras, de manera que en ese tiempo no se utiliza vinagre de vino, sino de oliva. Por eso, la palabra בסרא significa en siríaco el ácido o condimento amargo κατ᾽ ἐξοχήν. En árabe los racimos no maduros se llaman exclusivamente *hhossrum* o, con una forma dialectal *hissrim* (nota de Wetzstein).

Sí-maco; Teodoción, ἄκαρπος), de manera que el fuego ha devorado las tiendas o casas de los que engañan y sobornan (según Ralbag: las tiendas o casas de aquellos que edifican sobre el engaño; según los LXX: οἴκους δωροδεκτῶν).

La conclusión aforística de **Job 15, 35** ofrece una expresión condensada de lo que ya se ha dicho. En lenguaje figurado, 15, 35 es como Sal 7, 15 e Is 59, 4, en la línea de lo que he venido diciendo. Los malvados se alegran del peso del dolor y la tristeza de los demás, y de esa manera suscitan el mal para sí mismos.

En esa línea, la palabra בטן o vientre está evocando la parte interior del hombre, con la mezcla de sentimientos, pensamientos y luchas internas mezcladas entre sí. Así dice Olympiodorus: κοιλίαν ὅλον τὸ ἐντὸς χωρίον φησὶ καὶ αὐτὴν τῆν ψυχήν, indicando que el "vientre" significa aquí todo el interior del hombre, con su misma "alma" en el sentido de *psyche*. Según eso, el mal engendra (hace que surja) más mal (יכין con sentido semejante en Job 27, 17; 38, 41) en aquel que lo realiza. מרמה, el engaño que los malvados realizan en los demás, y que de esa forma recae sobre ellos mismos (NT: ἀπάτη).

Interpretación de Job 15. Con este discurso de Elifaz, el mayor de los amigos, que marca la línea por la que avanzarán los dos siguientes, la controversia inicia una segunda etapa. En su último discurso, Job se había vuelto hacia sus amigos y les había pedido que se mantuvieran alejados de él, y de esa manera él se volvía hacia Dios, con una gran confianza, pero también con un tono fuerte y desafiante, pidiéndole que viniera a responderle.

Pero Dios no entra en la controversia que Job le pide, y la consecuencia de ello es que el tono de desconfianza se convierte en desesperación y llanto. En vez de escuchar la voz de Dios, Job tiene que contentarse con la voz de los amigos, pues ellos piensan que deben seguir participando en el conflicto planteado, lo mismo que Job.

Esos amigos no pueden considerarse a sí mismos vencidos, pues su dogma se encuentra inseparablemente vinculado a su idea de Dios, y a la contradicción de su vida humana que solo un hecho divino podría superar. Por otra parte, ellos se encuentran muy vinculados a Job por amistad, de manera que no pueden condenarle sin más como hereje, sino que le tratan como a un hombre que tiene buena intención y por eso se esfuerzan por "convertirle", pero acusándole de ser un pecador que debe arrepentirse.

Sin embargo, Elifaz aparece cada vez más claramente como alguien que es incapaz de producir en Job una impresión saludable. Por un lado, en este segundo momento de la controversia, él y sus amigos vuelven siempre de nuevo al círculo de su propio silogismo antiguo: el sufrimiento es el castigo por el pecado; de manera que si Job sufre es porque es un pecador, que tiene que hacer penitencia y expiar por su pecado. Pues bien, en vez de mostrarse desconcertados por tener que recurrir a la aceptación incondicional de esta máxima, los amigos de Job se encuentran fortalecidos por ella.

En un momento anterior, la conclusión de sus amigos se fundaba solo en premisas que ellos habían establecido sin ninguna prueba, de manera que suponían que Job había cometido un tipo de pecado que desconocían. Pero ahora, según ellos, el mismo Job les ha ofrecido con sus palabras anteriores la prueba de que es un pecador, que merece castigos severos, porque cualquiera que habla de un modo tan necio y apasionado, tan opresor e irreverente (tan insolente) frente a Dios, como está haciendo Job, viene a convertirse, según ellos, en su propio acusador y juez.

Esos amigos no son capaces de percibir que Job ha perdido el equilibrio de su mente a causa de la dureza de su tentación, de manera que en su vida la naturaleza y la gracia han caído en un conflicto salvaje y confuso. Ellos piensan que la fuerza del pecado que habita en Job ha venido ahora a mostrarse con claridad a través de sus palabras audazmente dolorosas, de forma que él aparece así ante ellos como un impío, por el solo hecho de proclamar de un modo tan solemne su inocencia, y retar al mismo Dios, indicando así que él actúa de una forma hipócrita, intentando desconcertar a sus acusadores y evitar así sus reproches, que deberían haberle conducido ya al arrepentimiento.

Según eso, para ellos, la actitud de Job es solo לשון ערומים, una mera estratagema, como la de alguien que, siendo culpable y queriendo acallar a sus acusadores les acusa de un modo más fuerte. En esa línea, Seb. Schmid ha insistido en las *quinque vitia,* o falsedades de Job con las que Elifaz ha introducido su discurso (Job 15, 1-13): palabras impías e injuriosas, fuerte perversión del tema, ciega pretensión de sabiduría, desprecio de la palabra divina y desconfianza contra Dios. De las falsedades que aquí se han citado, la primera y última están bien fundadas. (a) Job ha pecado por su lenguaje y actitud hacia Dios. (b) Él ha pecado también por su excesiva pretensión de sabiduría. Con respecto al reproche de pretensión de sabiduría, Elifaz paga a Job con la misma moneda (pues también él, Elifaz, presume de sabio). En esa línea, cuando los amigos le acusan de despreciar las consolaciones de Dios y sus advertencias amables no debemos empezar acusando a esos amigos, porque ellos han podido haber comenzado sus discursos con buena intención.

Sin embargo, cuando Elifaz acusa a Job diciendo que él utiliza cálculos ocultos, y después le acusa de ellos, debemos responder que esta acusación es injusta, pues separa y divide a Job y a sus amigos, enfrentándolos entre sí. Es ya duro que Elifaz afirme que el testimonio de la conciencia de Job es un autoengaño; pero él (Elifaz) va todavía más allá, y actúa de forma mentirosa, negando no solo la verdad objetiva de muchas afirmaciones de Job, sino su misma verdad subjetiva. De esa forma, amplía la brecha entre los amigos y Job, de manera que el sentido de la misma controversia se complica y oscurece aunque, a través de ella, el poeta está buscando la forma en que el enigma de la discusión madure, a través de su carácter enigmático y lleno de enredos.

Segundo curso de la controversia

En esta segunda "ronda" de los discursos de los amigos no encontraremos pensamientos nuevos (distintos de los anteriores), pero iremos descubriendo que la disputa se vuelve cada vez más intensa, más feroz (Oetinger). La única novedad es la dureza y el tono más decidido con el que los amigos mantienen su doctrina del castigo, que ellos presentan de nuevo ante Job.

Ellos no pueden transcender los estrechos límites de su dogma de la retribución, cerrándose todavía más en la estrechez de sus pensamientos; de esa manera no hacen más que repetir la oscura y penosa ley de su dogma injusto, según el cual todo sufrimiento es castigo de Dios por el pecado de los hombres.

Después que Elifaz ha insistido en la pecaminosidad universal de los hombres, que Job no niega en modo alguno, se limita a presentar una vez más su propia experiencia y la tradición de los antepasados, una tradición que ha de ser respetada, porque (según él) está libre de toda influencia extraña; en esa línea sigue ofreciendo una visión extrema y brillante de la forma en que los malhechores son torturados por su mala conciencia, oprimidos por la ira de Dios, en medio de su prosperidad, llenos de ricas posesiones…, pero viendo en su interior cómo todas sus posesiones se destruye.

Esta visión está descrita de tal forma que en ella puede mirarse Job como ante un espejo, viendo así no solo lo que ha sufrido, sino lo que le espera. מרמה aparece en esa línea como la palabra final del discurso de Elifaz, afirmando que los argumentos de Job no son más que un engaño. Pero, en contra de eso, lo que Job afirma de sí mismo como justo no es מרמה o simple engaño.

Job reconoce sus defectos, sabe que su palabra no es simple טמא מטמא (Job 14, 4), pero sabe también y dice que él es צדיק תמים (Job 12, 4), es decir, un justo en el sentido profundo de la palabra. Él es consciente de la justicia de su actitud, que se expresa en una mente dirigida hacia el Dios de la salvación, una mente creyente, propia de un justo, a quien Dios acepta. Los amigos no saben nada de lo que significa esta justicia que es aceptable ante Dios.

Así dice Calvino en sus *Institutiones*, iii. 12: *Fateor quidem in libro Iob mentionem fieri justitiae, quae excelsior est observatione legis; et hanc distinctionem tenere operae pretium est, quia etiamsi quis legi satisfaceret, ne sic quidem staret ad examen illius justitiae, quae sensus omnes exsuperat* (Confieso que en el libro de Job se hace mención de una justicia que es más alta que el cumplimiento de la ley; y resulta necesario mantener esta afirmación, pues solo así podemos situarnos ante el examen de lo que significa una justicia que va más allá de todos los sentidos humanos).

En este contexto, Mercier (Mercerus) observa justamente: *Eliphas perstringit hominis naturam, quae tamen per fidem pura redditur* (Elifaz insiste en la naturaleza humana, cerrándose en ella, pero no advierte que por la fe esa naturaleza se vuelve pura). Elifaz solo ve en el hombre la vida de la naturaleza, no la de la gracia, que por ser palabra de Dios hace que el hombre sea irreprochable.

Elifaz ve en el hombre Job la dura cascara de su disputa con Dios, pero no la pepita de oro que se esconde en ella; solo ve la concha, no la perla. En contra de eso, como he dicho ya en el prólogo, Yahvé reconoce a Job como su siervo, cuando decreta probarle por el sufrimiento; y este sufriente, a quien los amigos miran como alguien expulsado y condenado por Dios, es y sigue siendo siervo de Dios, como nos seguirá indicando este libro verdaderamente evangélico.

Job 16–17. Primera respuesta de Job

Job 16
Job 16, 1-5

¹ וַיַּעַן אִיּוֹב וַיֹּאמַר׃
² שָׁמַעְתִּי כְאֵלֶּה רַבּוֹת מְנַחֲמֵי עָמָל כֻּלְּכֶם׃
³ הֲקֵץ לְדִבְרֵי־רוּחַ אוֹ מַה־יַּמְרִיצְךָ כִּי תַעֲנֶה׃
⁴ גַּם ׀ אָנֹכִי כָּכֶם אֲדַבֵּרָה לוּ־יֵשׁ נַפְשְׁכֶם תַּחַת נַפְשִׁי אַחְבִּירָה עֲלֵיכֶם בְּמִלִּים וְאָנִיעָה עֲלֵיכֶם בְּמוֹ רֹאשִׁי׃
⁵ אֲאַמִּצְכֶם בְּמוֹ־פִי וְנִיד שְׂפָתַי יַחְשֹׂךְ׃

¹Entonces comenzó Job y dijo:
²Cosas como estas he oído en abundancia. ¡Consoladores molestos sois todos!
³¿Tendrán ya fin las palabras vacías? ¿Qué es lo que te (os) anima a responder?
⁴También yo podría hablar como vosotros, si vuestra alma estuviera en mi lugar. Podría hilvanar palabras contra vosotros, y sobre vosotros mover la cabeza.
⁵Os alentaría con mis palabras, y el consuelo de mis labios calmaría vuestro dolor.

16, 2. Se debería supone que el discurso de Elifaz, como el de los otros dos, tendría que haber sido consolador. Sin embargo ha sido ante todo acusador, ha servido para herir a Job más que para sanarle. Por eso dice Job que de este tipo de discursos ha escuchado *muchos*, רבות, es decir, ampliamente suficientes (en sentido *pregnante*), aunque esa palabra podría significar elípticamente (cf. (Sal 106, 43; cf. Neh 9, 28) *muchas veces* (Jerónimo: *frequenter*).

De todas formas, *multa* (en abundancia, como en 23, 14) resulta una traducción igualmente adecuada, y aquí ha de preferirse por ser más natural. Job 16, 2 muestra el sentido en que se entiende כְאֵלֶּה, palabras como estas. מְנַחֲמֵי עָמָל son *consolatores onerosi* (Jerónimo), es decir, de aquellos que, en lugar de aliviar solo causan molestias (עָמָל, cf. Job 13, 4).

Job contesta en **16, 3** al reproche de aquellos que le acusan de ser una persona que cambia como el viento, sin dirección fija ni contenido firme (cf. 15, 2): ¿Terminarán estas palabras que son como el viento, ni substancia? לוֹ equivale a אִם en una pregunta disyuntiva: Gesenius 155, 2, b). Esos reproches carecen de base y, sin embargo, hay en ellos algo que le lleva a Job a replicar, como seguiré indicando.

Sobre מרץ hemos tratado ya en Job 6, 25. El targum entiende esa palabra en el sentido de מלץ: *¿Qué es lo que hace que sea dulce para ti…?* Los intérpretes judíos le dan el significado de *ser fuerte*. Los LXX traducen παρενοχλήσει, pero esa palabra no resulta clara. Hirzel, Ewald, Schlottmann y otros buscan ayuda en el árabe *marida* (arameo מרע), estar enfermo, que en la acepción IV significa *hacer enfermar* (no injuriar)[9].

Aquí aceptamos el sentido primario de agujerear, penetrar. En *hifil* aguijonear, sacar, *lacessere*: ¿qué es lo que te incita (con כי como en Job 6, 11, *quod not quum*) para que tú respondas de nuevo? El pensamiento colectivo que sigue no es que también él (Job), si ellos hubieran estado en su lugar, habría hecho lo que ellos han hecho, sino lo contrario: *Job está indicando en el fondo que él no hubiera actuado así*, pero esa idea no se puede expresar como supone Blumenfeld: ¡Yo habría utilizado muchas razones para consolaros y hubiera movido con simpatía mi cabeza a favor de vosotros…!

Tomada así, esta traducción es imposible, porque el gesto de mover la cabeza no se utiliza nunca como signo de pura compasión, sino que tiene siempre un sentido de alegría maligna, como en Sir 12, 18 o de burla por la caída de otros, como en Is 37, 22; o de desgracia, como en Sal 22, 8; Jer 18, 16; Mt 27, 39. El sentido de la respuesta de Job es *minime id facerem, quin potius vos confirmarem ore meo*; es decir, que él (Job) podría mostrar el mismo tipo de consuelo miserable que ellos muestran, pero que no lo quiere hacer.

De esa forma, Job les sitúa ante un tipo de espejo, a fin de que ellos puedan reconocer el carácter mezquino de su conducta (poniéndose en su lugar). La cláusula antecedente negativa *si essem* (con לו, según Gesenius 155, 2, f) está rodeada de cohortativos, que (dado que es imposible interpretar el texto en forma interrogativa) no significan simplemente *loquerer*, sino *loqui possem*, o mejor dicho *loqui vellem* (cf. por ejemplo Sal 51, 18: *dare vellem*).

Cuando dice "yo podría hilvanar…" (Carey: yo podría combinar), Job les está dando a entender que sus discursos son más artificiales que naturales, más declamaciones oratorias que expresiones de su corazón. En vez de מלים, tenemos במלים, porque el objeto de la acción se toma como si fuera el medio para actuar, como en 16, 4, ראשי במו, *capite meo* (en vez de *caput meum*, Sal 22, 8), y en בפיהם, Job 16, 10, por פיהם, cf. Jer 18, 16; Lam 1, 17, Gesenius 138; Ewald entiende החביר por comparación con el árabe *chbr*, conocer (cuya acepción 4, *achbara*,

---

9. El primer sentido del árabe *marida* (raíz *mr*, apretar) es *maceratum esse*, macerar, a través de la presión de los golpes, etc. En ese ámbito, cf. *maratsa*, y después *maraza, marasa, maraa*, en la línea de lo que está enfermo, del *morbus* y de la μαλακία, que originalmente tiene un sentido corporal, y que solo en un segundo momento se aplica a las enfermedades espirituales, como la envidia, el odio, la malicia, etc. (nota de Fleischer).

significa, sin embargo, *dar a conocer*, anunciar), en un sentido que no pertenece ni al hebreo ni al árabe: *ofrecer sabiduría*.

En **Job 16, 5** el acento principal se pone sobre "con mi boca", sin que el corazón se incluya en ello, de forma que la palabra podría traducirse como "el solaz de mis labios" (ניד, ἅπ λεγ., que se puede vincular con Is 57,19, ניב שפתים, fruto o despliegue de tus labios) en el sentido de que esa palabra provendría solo de los labios (sería fingida, no vendría del corazón).

אֲאַמִּצְכֶם (*piel*, no *hifil*), con *sere* abreviado a *chirek* (Gesenius 60, 4). En Job **16, 6**, hay que suplir כאבכם añadido a יחשך. También él, Job, podría ofrecer una condolencia superficial de ese tipo, sin la simpatía que proviene de colocarse en la condición y en la forma de ser de aquel que sufre, deseando así ofrecerle consuelo (como el que tenían que haberle ofrecido a él). De esa forma, Job muestra que desea y necesita consuelo, como dirá la estrofa que sigue. Su pena no se calma ni con palabras ni por medio de silencio.

Job 16, 6-9

⁶ אִם־אֲדַבְּרָה לֹא־יֵחָשֵׂךְ כְּאֵבִי וְאַחְדְּלָה מַה־מִנִּי יַהֲלֹךְ׃
⁷ אַךְ־עַתָּה הֶלְאָנִי הֲשִׁמּוֹתָ כָּל־עֲדָתִי׃
⁸ וַתִּקְמְטֵנִי לְעֵד הָיָה וַיָּקָם בִּי כַחֲשִׁי בְּפָנַי יַעֲנֶה׃
⁹ אַפּוֹ טָרַף וַיִּשְׂטְמֵנִי חָרַק עָלַי בְּשִׁנָּיו צָרִי יִלְטוֹשׁ עֵינָיו לִי׃

⁶Aunque hable, mi dolor no cesa; si callo ¿qué alivio puedo experimentar?
⁷Pero ahora me ha dejado exhausto; has asolado todo lo que tengo.
⁸Y me has llenado de arrugas: me acusa mi delgadez, para testificar contra mi rostro.
⁹Su furor me ha destrozado, ha luchado contra de mí; crujen sus dientes contra mí: como enemigo mío ha afilado sus ojos en contra de mí.

16, 6. La partícula אם de 16, 6a (אִם־אֲדַבְּרָה) se vincula con el cohortativo de la frase hipotética antecedente. En cambio, en **Job 16, 6b** (וְאַחְדְּלָה), el cohortativo está solo, sin אם, como en Job 11, 17; Sal 73, 16; 139, 8, lo que es más usual y está más de acuerdo con el significado que tiene en sí esa forma verbal (cf. Nägelsbach, 89, 3). El interrogativo ¿qué alivio…? es equivalente a ¿qué alivio puede encontrar? (ninguno),

16, 7. El sujeto de la frase que sigue no es *el dolor* (como piensa Aben-Ezra especialmente al referirse a 7b), ni menos aún Elifaz, *lo que algunos piensan*, sobre todo a causa de las duras expresiones que siguen, sino que ese sujeto es *Dios*, a quien Job toma como causa de su sufrimiento, es decir, como el causante más intolerable de su dolor.

Se obtiene una conexión extraña si tomamos אך en sentido afirmativo (Ewald, *seguramente*), como en Job 18, 21, o en un sentido restrictivo: *solamente* (o también seguramente). Él me ha agotado (Hirzel, Hahn, también Schlottmann: yo me siento ante todo oprimido, aunque puedo expresarlo). Conforme a esa interpretación, el עתה, que está entre el אך y el verbo, debería entenderse desde ese contexto. Por eso, entendemos esa palabra en un sentido adversativo: sin embargo (*verum tamen*) él no quiere ya actuar de forma controladora ni hablando para aliviar su pena, ni en silencio, ni para controlarse a sí mismo. Dios ha puesto a Job en una condición en la que él se siente absolutamente incapaz de ofrecer ningún tipo de resistencia a su pena, y además (Dios mismo) ha hecho todo lo posible para que no pueda llegarle desde ningún lugar una palabra de ánimo.

Las palabras *tú has desolado toda mi sociedad* (Carey: todo mi clan) con עדה cf. עֲדָתִי) se refiere a su propio hogar, como en Job 15, 34. Jerónimo: *in nihilum redacti sunt omnes artus mei* (כל אברי, como explican los expositores judíos, como Ralbag), como si el organismo social humano pudiera llamarse עדה.

Hahn traduce: Tú has destruido todo mi testimonio, pero en ese caso עדתי tendría que provenir de עוד, mientras que עדה, que proviene de ועד, debería tener un *sere* cambiante, que aquí no aparece. Sea como fuere, Job quiere decir que él se encuentra enteramente solo, de manera que no recibe (no ve, no escucha) ninguna palabra de consuelo, pues no puede contar ni con el apoyo de su mujer.

Él se encuentra, según eso, totalmente cerrado en sí mismo. Dios le ha marchitado, y esta "forma sufriente" a la que Dios le ha reducido se ha vuelto una evidencia, para él mismo y para los otros, como hacen sus tres amigos, al acusarle de hecho y al considerarle un pecador, aunque su conciencia atestigüe lo contrario.

16, 8. El verbo קמט (cf. תִּקְמְטֵנִי, en arameo קמט), que solo aparece una vez más en la Biblia (cf. Job 22, 16) tiene, como el árabe *qmṭ* (conforme a la traducción de Gecatilia), el sentido original de atar y agarrar firmemente (LXX ἐπελάβου, Símaco κατέδησας, targum תמך לכד y en árabe *qmṭr*, alargado en forma de cuatrilítera (en vez de trilítera), palabra emparentada con קמץ[10], *constringere*, de la cual provienen los significados *comprehendere* y *corrugare*.

El significado más común de la palabra es arrugarse (estar arrugado), marchitarse, y la referencia que sigue a su emancipación (con las línea siguientes, en las que se evoca a un enfermo de elefantiosis) muestran que el poeta tiene en mente ese sentido.

La conjetura de Ewald, que cambia el sentido de היה (cf. Job 6, 2; 30, 13), igualándole con el de הוה, como sujeto de ותקמטני (la calamidad me ofrece su testimonio), va en contra del pensamiento contenido en לעד, según el cual la cláusula inferencial de לעד היה queda destacada, quitándole gran parte de su fuerza y de su énfasis al texto.

Ese pensamiento sigue estando en el fondo de **Job 16, 8b:** כחש significa aquí, conforme a Sal 109, 24, devastar, desperdiciar. El grupo verbal כחש, כחד,

---

10. Por otra parte, קטם, árabe *qṭm*, *abscindere*, *praemo*rdere, no tiene conexión con קמט, a pesar de que Kimchi y Reiske confunden las palabras. Esto puede verse muy pronto por la oposición primaria que existe entre las dos raíces, קם y קט, la primera de las cuales implica unión, la segunda separación.

en árabe *jḥd, kḥt, qḥt*, etc., tiene el sentido primario de quitar, decrecer: Job se vuelve delgado porque empieza a perder grasa (carne); esta forma de deshacerse equivale a quedar sin reconocimiento y valor; la metáfora de fondo es la del agua que pierde volumen por evaporación.

Job 16, 9. Job queda devastado, pierde su apariencia, pues el mismo Dios le está marchitando, porque ha venido a luchar en contra de él, hablándole a la cara, es decir, acusándole no solo por la espalda, sino de un modo duro y directo, como a un criminal convicto. Dios mismo ha cambiado en relación con él, volviéndose enemigo rabioso suyo. Schlottmann ha traducido de forma equivocada: *Uno me rasga y tortura con fiereza*. Raschi identifica erróneamente a צרי con Satán. De un modo general, Job sigue pensando que su sufrimiento proviene de la ira de Dios.

La ira de Dios le ha convertido en un enemigo (cf. Os 6, 1 y Am 1, 11), y le ha perseguido de un modo hostil (como se dice, con la misma palabra, en Job 30, 21). Dios ha hecho chocar sus dientes contra él; Dios ha afilado en contra de él (cf. Aquila, Símaco, Teodoción, con לטש, ὤξυνεν, como en Sal 7, 13) sus ojos o miradas como espadas (targum: Como un cuchillo afilado, אזמל, σμίλη), y lo ha hecho para romperle en pedazos.

Obsérvese cómo se intercambia el aoristo con el perfecto y el imperfecto. De esa forma se expresa la calamidad final que ha convertido a Job en una forma de ser miserable, con los signos de un criminal. Su sufrimiento presente es solo la continuación del decreto de ira que se ha venido expresando a lo largo de su vida.

Job 16, 10-11

¹⁰ פָּעֲרוּ עָלַי בְּפִיהֶם בְּחֶרְפָּה הִכּוּ לְחָיָי יַחַד עָלַי יִתְמַלָּאוּן׃
¹¹ יַסְגִּירֵנִי אֵל אֶל עֲוִיל וְעַל־יְדֵי רְשָׁעִים יִרְטֵנִי׃

¹⁰Abren contra mí sus bocas, afrentan mis mejillas: contra de mí conspiran todos.
¹¹Dios me entrega a merced de los impíos, y me ha arrojado en manos de malhechores.

Al hablar así, Job no se refiere a los que se mofan de él y a los que le ofenden con palabras de desprecio, sino a los hombres que están en su entorno y que envidian su prosperidad y que ahora se regocijan por su infortunio. Se refiere más bien a aquellos para quienes su elevación (la de Job) constituía un agravio, de manera que ahora se ven aliviados por la caída de su señor anterior, que era recto, hombre de Dios, y que les censuraba. En este caso los tiempos en perfecto no han de entenderse en sentido presente, pues Job está describiendo su sufrimiento conforme al cambio que ese sufrimiento le ha producido una vez que ha venido sobre él.

El verbo פער se utiliza aquí con una *beth instrumental*, en lugar del acusativo, como en Job 29, 23 (cf. comentario a במלים, Job 16, 4). Ellos hacen gestos, abriendo sus bocas (en el sentido de Sal 22, 8; ellos hacen muecas, moviendo sus labios: *diducunt labia*). El gesto de golpear las mejillas es en sí mismo un insulto (cf. Lam 3, 30). Por eso, la palabra adicional בחרפה tiene que referirse a las palabras insultantes que acompañan a los gestos.

El *hitpael* התמלא, que aparece únicamente aquí, significa no solo reunir a una מלא, en general, Is 31, 4, sino (como en árabe *tamâla'a 'ala*) conspirar en contra de alguien[11], para así "completarse" uno a sí mismo, es decir, para fortalecerse (con un propósito hostil, en contra de otros). Así traduce Reiske de un modo correcto: *sibi invicem mutuam et auxiliatricem operam contra me simul omnes ferunt* (todos a uno, se ayudan mutuamente, realizando una obra en contra de mí)[12].

El significado de עויל queda claro en Job 21, 11; de עול, mamar, alimentarse (árabe *'âl* en forma media, de donde provienen *'aul, 'uwûl*, y *'ijâle*), y significa *niños, muchachos*. No es necesario suponer dos formas, como *puer* y *pravus*, dado que el lenguaje, y de un modo particular el libro de Job ha acuñado עול para el último significado. Nuestra palabra alude en los tres pasajes (aquí, en Job 19, 18 y en 21, 11) a niños sin más (no niños malos), y por ampliación a algo que es infantil (en alemán *knavish*).

La palabra árabe *warratta* no deja duda del origen y sentido de ירטני, pues ella significa entregar a la destrucción (cf. *warttah*, un precipicio, una ruina, un peligro). Aquí tenemos el futuro *kal* ירטני en vez de רטני (Gesenius 69, 3), en el sentido de *praecipitem me dabat* (LXX ἔρριψε, Símaco ἐνέβαλε), como el pretérito *kal*, Num 22, 32: *praeceps*, principal (en el sentido de *exitiosa est via*, vía ancha...). La *yod performativa* tiene *metegh* en los textos más correctos, de manera que no tenemos que suponer con *Ralbag* (Gersonides), que ha de introducirse un רטה, con un sentido semejante al de ירט (cf. יִרְטֵנִי).

Job 16, 12-14

12 שָׁלֵו הָיִיתִי וַיְפַרְפְּרֵנִי וְאָחַז בְּעָרְפִּי וַיְפַצְפְּצֵנִי וַיְקִימֵנִי לוֹ לְמַטָּרָה:
13 יָסֹבּוּ עָלַי רַבָּיו יְפַלַּח כִּלְיוֹתַי וְלֹא יַחְמוֹל יִשְׁפֹּךְ לָאָרֶץ מְרֵרָתִי:
14 יִפְרְצֵנִי פֶרֶץ עַל־פְּנֵי־פָרֶץ יָרֻץ עָלַי כְּגִבּוֹר:

11. Wetzstein piensa que el significado de *conspirar* resulta débil en relación a יתמלאון, y prefiere traducir: *Todos juntos me devoran* (que es más que "conspiran", con התמלא como reflexivo de מלא (como en Job 38, 39, donde es sinónimo de נשבע). En esa línea se puede aludir a *Los amantes de Amsi*, donde Ferhhât, tras la muerte de su amada grita: ¡Nosotros no estamos separados! Mañana (es decir, pronto) el Todopoderoso nos vinculará en el paraíso, y podremos unirnos (estar satisfechos) el uno con el otro. En árabe: *w-ntmll' mn b-'dn 'l-b'd*. De todas formas, uno podría esperar ממני en lugar de עלי. Pero quizá podamos ver aquí un intercambio entre על התענג, Job 22, 26; 27, 10, y מן התענג, Is 66,11.

12. El significado de ayudar, que pertenece a la primera acepción del árabe *mala'a*, procede de *malâ'un*, que significa tener abundancia, encontrarse bien, propiamente, ser capaz de ofrecer a alguien los medios (*opes, copias*) para realizar algo, poniéndole en situación de poder cumplirlo. Comparar el latín *ops, opem ferre, opitulari, opes, opulentus* (en arabe *mal'un*) (nota de Fleischer).

¹²Era próspero, y me hizo pedazos; apretó mi cuello y me despedazó, y me hizo blanco de sus ataques.
¹³Me rodearon sus arqueros, y él partió mis riñones sin compasión y derramó mi hiel por tierra.
¹⁴Me quebrantó de quebranto en quebranto; me persiguió como guerrero.

16, 12. Job vivía en prosperidad y feliz, cuando de pronto Dios comenzó a descargar su ira en contra de él. La forma intensiva פרפר (cf. וַיְפַרְפְּרֵנִי, en árabe. *farfara*) tiene el sentido de romper enteramente, aplastar (*hitpoel* volverse frágil, Is 24, 19). Por su parte, la forma intensiva correspondiente de פצץ–פץ, árabe *fḍḍ*) significa romper en piezas (*polel* en relación con un martillo, Jer 23, 29), destruir una cosa haciéndola pedazos.

16, 13. Tomándole por el cuello, Dios le levantó para aplastarle con todo su poder. La palabra מטרה (de נטר, τηρεῖν, como σκοπός de σκέπτισθαι) es el blanco al que se dispara, como aparece en un pasaje semejante de Lam 3, 12, donde encontramos una forma distinta de מפגע, que aquí aparece como objeto y punto de ataque: Dios me hizo un blanco para sus flechas, a fin de probar lo que él y sus flechas podían hacer.

Según eso, רביו (de רבב igual a רבה, רמה, yacer) no significa sus arqueros (aunque este sentido podría ser admisible, según Job 10, 17; 19, 12), sino que, en analogía con רב, רע, etc., se toma como un adjetivo sustantivado, en relación con Dios que aparece en especial como el actor. Aquí se está aludiendo a *sus flechas* (cf. 16, 13, como הציו, en Job 6, 4), de רב, palabra formada por analogía con מס, בז, etc., y así lo han traducido LXX, targum y Jerónimo, mientras que la mayoría de los expositores judíos, refiriéndose a Jer 50, 29 (donde con Brecht no necesitamos puntuar como רבים ni aquí רביו), interpretan esa palabra a partir de מורי החצים.

Por todas partes, donde quiera que Job se vuelva, las flechas de Dios vuelan para herirle, horadando sin piedad sus riñones, de tal manera que la glándula de la hiel quede vacía (cf. Lam 2, 11, y mi *Psychol.* 268). De todas formas, no es fácil precisar mejor el sentido de lo que aquí se dice[13], dado que ese dato no ha de entenderse en el sentido externo. Las flechas de Dios, que son únicamente una imagen para un sufrimiento divinamente decretado, oprimen las partes internas del hombre, hiriendo los órganos más nobles de su naturaleza.

En **16, 14** aparece otra figura. Job viene a mostrarse como una muralla que ha sido agujereada una y otra vez por los proyectiles disparados por los ejércitos de

---

13. La hiel se vacía cuando la vesícula biliar o uno de sus conductos quedan agujereados; pero la forma en que la hiel puede salir de un hombre herido (sin matarle al hacerlo) es difícil de precisar, pero este es un tema del que solo pueden preocuparse aquellos que no tienen en cuenta el carácter imaginario y poético del texto. Sobre la hiel y el derramamiento de la hiel entre los árabes, con ocasión de emociones violentas y dolorosas, cf. *Zeitschr. der deutschen morgenlnd. Gesellsch.* xvi. 586, Z. 16 ss. (nota de Fleischer).

Dios, que actúan a modo de sitiadores de la ciudad. Por su parte, פרץ es el nombre propio de las brechas y agujeros que se hacen en la muralla. Aquí esa palabra está conectada como objeto con su propio verbo (cf. Gesenius 138, 1).

El segundo פרץ (cf. פָּרֶץ) con *kametz* tiene un *sade minusculum*, por alguna razón que desconocemos. La estrofa siguiente dirá que la nueva condición de Job tuvo lugar por un cambio incomprensible en la disposición airada de Dios, que se ha encarnizado contra él.

Job 16, 15-17

¹⁵ שַׂק תָּפַרְתִּי עֲלֵי גִלְדִּי וְעֹלַלְתִּי בֶעָפָר קַרְנִי׃
¹⁶ פָּנַי (חֳמַרְמְרָה) [חֳמַרְמְרוּ] מִנִּי־בֶכִי וְעַל עַפְעַפַּי צַלְמָוֶת׃
¹⁷ עַל לֹא־חָמָס בְּכַפָּי וּתְפִלָּתִי זַכָּה׃

¹⁵Entonces puse saco sobre mi piel y manché de penitencia mi cabeza con polvo.
¹⁶Mi rostro está hinchado por el llanto y mis párpados llevan sombras de muerte,
¹⁷aunque no hay iniquidad en mis manos y que mi oración es pura.

16, 15. El vestido de saco (pelo duro), signo distintivo de una profunda tristeza, es un ἱμάτιον στενοχωρίας καὶ πένθους, como ponen de relieve los comentaristas griegos. Job no dice si lo puso encima o alrededor de su cuerpo, sino sobre su cuerpo desnudo, y esto debe atribuirse a la terrible deformación de su cuerpo a causa de la elefantiosis, que no le permitía ponerse un tipo de vestidos ordinarios.

Por la misma razón al hablar de su piel no dice עורי, sino גלדי, lo que puede significar que su piel está llena de heridas con escamas en la superficie (como גלד הגליד, palabra que se utiliza en el hebreo talmúdico para hablar de la costra de una herida que se está curando, pero también de los bordes de un vestido que se está deshilachando) o para indicar que esa misma piel está ya casi muerta. La piel viva se llama עזר. Por otra parte, esa misma piel toma el nombre de גלד, βύρσα (LXX) cuando está separada del cuerpo, como en el hebreo talmúdico, para referirse por ejemplo a la piel que se utiliza para hacer el calzado.

Aquí preferimos la primera interpretación (adoptada por Raschi y otros): hablando de su piel, Job se refiere a la costra terrible con la que la lepra ha revestido la piel (cf. Job 7, 5; 30, 18-19-30). Diversos autores, como Rosenmüller, Hirzel, Gesenius y otros (entre ellos Saadia y Gecatilia, que traducen: "yo cavé...") relacionan la palabra עללתי en **Job 16, 15** a עלל (árabe *gll*), entrar, penetrar: "Yo coloqué, introduje, mi frente en el polvo".

Pero el significado de עלל resulta desconocido; puede significar infligir pena o desprecio (cf. Lam 3, 51, mi ojo causaba pena a mi alma), empleado generalmente con ל, aquí con acusativo: Yo he impurificado, manchado o injuriado mi frente (קַרְנִי) con polvo (como traducen los comentaristas judíos). Esa palabra no es equivalente a *mi cabeza* (como en la versión siríaca), sino que se refiere a algo que constituía antes su poder y su orgullo (la frente…), los "cuernos" (los dos lados de la frente, קַרְנֵי, cf. LXX, targum). Él se ha manchado, se ha deshonrado, de tal manera que todo lo que antes constituía una señal de su orgullo lo ha convertido en signo de destrucción, de tal forma que ha tenido que cubrirse con polvo y ceniza.

Job 16, 16. La construcción de *qetiv* (חֲמַרְמְרָה) es como en 1 Sal 4, 15; por otra parte, el *kere* חֳמַרְמְרוּ es como en Lam 1, 20; 2, 11 (donde se dice lo mismo de מֵעַי, *viscera mea*); חמרמר es una forma pasiva intensiva (Gesenius 55, 3), no con el significado de *ellos* (mis párpados, mis ojos…) *están completamente encendidos* (LXX συγκέκαυνται, Jerónimo *intumuit*, de חמר, árabe *chmr*, que significa fermentar). El texto indica más bien que "mis ojos" *están completamente rojos*, enrojecidos (hinchados de llorar), del חמר, árabe *ḥmr*, de donde viene la palabra *Alhambra* (que significa edificio rojo).

Sus ojos aparecen así como totalmente debilitados, como se muestra en la expresión "sombra de muerte" (cf. Job 10, 21) que se aplica a los párpados, que aparecen así tristes, en gesto de profunda depresión. De esa forma extremadamente miserable se muestra el estado de Job, de manera que él no es un hipócrita fingido, que necesita hacer penitencia en saco y ceniza para aparentar.

Hirzel explica על como una preposición: *por la ausencia de mal en mis manos*. Pero **Job 16, 17a y Job 16, 17b** son frases sustantivadas, de manera que על es justamente una conjunción, como en Is 53, 9 (como על־אֲשֶׁר). Sus manos están limpias de toda acción mala, libres de violencia y opresión; su oración es pura, como observa Mercier: *ex puritate cordis et fidei* (con pureza que brota del corazón y de la fe).

Partiendo del sentimiento de fuerte contraste entre su piedad y su forma de estar estigmatizado como malhechor, por ese sufrimiento tan terrible, desde ese extremo contraste que ha llegado ahora a su mayor altura, la conciencia de sufrimiento tortura mortalmente a Job. Desde aquí brotan y se entienden los fuertes sentimientos de la nueva estrofa.

Job 16, 18-22

18 אֶרֶץ אַל־תְּכַסִּי דָמִי וְאַל־יְהִי מָקוֹם לְזַעֲקָתִי׃
19 גַּם־עַתָּה הִנֵּה־בַשָּׁמַיִם עֵדִי וְשָׂהֲדִי בַּמְּרוֹמִים׃
20 מְלִיצַי רֵעָי אֶל־אֱלוֹהַּ דָּלְפָה עֵינִי׃
21 וְיוֹכַח לְגֶבֶר עִם־אֱלוֹהַּ וּבֶן־אָדָם לְרֵעֵהוּ׃
22 כִּי־שְׁנוֹת מִסְפָּר יֶאֱתָיוּ וְאֹרַח לֹא־אָשׁוּב אֶהֱלֹךְ׃

[18]¡Tierra, no cubras mi sangre, que no encuentre lugar de descanso mi grito!
[19]Pues está ya en los cielos mi Testigo y en las alturas mi Defensor.
[20]Aunque mis amigos se burlen de mí, mis ojos derramarán lágrimas ante Eloah.
[21]¡Aquel que defenderá al hombre ante Eloah, al Hijo de hombre ante su adversario!
[22]Pero vienen los años, ya contados, y yo me iré por un camino sin regreso.

La sangre no cubierta grita venganza (Ez 24, 7); y por eso, la sangre no vengada se deja sin cubrir, hasta que encuentre vengador (Is 26, 21). Conforme a esta idea, desde su alta conciencia de inocencia, Job pide a la tierra que no chupe y no cubra su sangre, como si ella hubiera sido derramada de un modo inocente, sino que la deje al descubierto mostrando así que debe ser vengada, antes de que la tierra la cubra[14].

De esa manera, por este grito, es decir por el grito, pues זעקתי se ha de explicar en la línea de Gen 4, 10 (según eso, el grito proviene de su sangre, esto es, de su alma derramada), Job quiere que su llamada de justicia pueda encontrar un camino expedito, no impedido, hasta el cielo de Dios, sin encontrar un lugar donde pararse (Símaco: στάσις).

Por tanto, ante (en) el Dios verdadero que se le muestra como un enemigo sediento de sangre, Job espera sin embargo encontrar un testigo de su inocencia, de forma que Dios reconozca su sangre, como la de Abel, la sangre de un hombre inocente. Esta es una petición interior irresistible, elevada desde su fe, que aquí vincula dos principios opuestos, que su entendimiento no puede unir, con una franqueza que estremece. (a) Job cree que Dios vengará finalmente su sangre, haciéndole justicia; (b) de esa forma vengará una sangre que ha sido derramada por su ira, reconociendo así que ella (esa sangre) ha sido inocentemente derramada (reconociendo así el mal que él mismo, es decir, Dios, ha realizado).

Esta sangre, que lleva hasta más allá de la muerte su palabra de mandato absoluto, contenida en Job **15, 18-19,** alumbra y suscita una confianza que viene desde el futuro hasta el presente, trayendo el reconocimiento que ha de realizar Dios, diciendo que él (Job) es inocente. Así se muestra en el fondo el pensamiento del carácter inmerecido del decreto de la ira de Dios que le ha entregado en manos de la muerte.

Por eso, frente al Dios que ha combatido contra él, Job pone aquí de relieve el pensamiento de una exaltación más honda del Dios verdadero, que está en el cielo, por encima de la cortedad de miras de los hombres, el pensamiento de que él (Dios y solo Dios) es el refugio final de los hombres que han sido (habían sido) oprimidos por él.

Desde ese fondo se entiende la palabra de Job que, superando la visión del Dios que le persigue y condena, es decir, desde este lado de la muerte[15], apela al Dios verdadero, afirmando que se encuentra en el cielo mi (su) testigo. Todo este pasaje es por tanto un *actus directus fidei*, un gesto inmediato de fe, una palabra

---

14. En esa línea, conforme a la tradición, se dice que había sido imposible borrar la mancha de la sangre de Zacarías, hijo de Yoyada, que fue asesinado en el patio del templo, hasta que no fuera vengada y limpiada con la destrucción del mismo templo.

15. Cf. 1 Rey 14, 14, desde donde debe explicarse quizá este pasaje. Yahvé hará que se eleve sobre Israel un rey que destruirá un día la casa de Jeroboam. Pero ¿cuándo, cómo? Evidentemente ahora (גם עתה), pues es ahora cuando Dios le eleva.

dirigida a aquel que será mi defensor, aquel que me reconoce, pues שֹׂהֵר (es un arameísmo poético (cf. וְשָׂהֲדִי, con un sentido semejante al de עֵד, como muestran los LXX: ὁ μάρτυς μου ὁ δὲ συνίστωρ μου ἐν ὑψίστοις, es decir, mi testigo, el que cree en mí y me defiende está en las alturas).

16, 20. ¿A quién podría él huir, en quién podría refugiarse de sus pretendidos tres amigos que piensan que su apelación a la limpieza de su conciencia es la estratagema de un hipócrita? En esa línea alude a מְלִיצַי, de הֵלִיץ, Sal 119, 51, mis burladores, aquellos que se burlan de mí, *lascivientes in me* (cf. *Gesch. der jd. Poesie*, 200).

Esta pequeña frase de Job 16, 20 es, al menos lógicamente, de tipo disyuntivo, respecto a כִּי o גַּם־כִּי, cf. Ewald, 362, b. Por eso, si sus amigos se burlan de él, Job tiene que apelar a *Eloah*, a quien irá descubriendo al fin como su mejor amigo, y lo hace con lágrimas en los ojos (דָּלְפָה, *stillat*, cf. דָּלַף languideciendo, como en Is 38, 14), a fin de que él (=Dios) pueda decidir (וְיוֹכַח es voluntativo con un significado de finalidad, como en Job 9, 33) a favor de un hombre, es decir, de Job (la ל tiene aquí, como en Is 11, 4; 2, 4, el sentido de ponerse a favor de un cliente) en contra (עִם, como en Sal 55, 19; 94, 16) de un oponente, es decir, a favor del hijo del hombre (aquí ha de suplirse una ל, en un sentido semejante al de Job 16, 21, cf. Job 15, 3) en relación a (la ל como se utiliza en בֵּין ... ל, cf. Ez 34, 22) su amigo, es decir, a Job. Job desea y anhela, según eso, dos cosas de Dios:

- Que Dios decida finalmente a favor de גֶּבֶר, que es el hombre, es decir, a favor del justo sufriente que es él mismo (Job), en oposición al Dios que ahora le atormenta, de forma que el Dios verdadero, defensor de Job, reconozca que él no es un criminal, que no es alguien que ha merecido este sufrimiento por sus pecados.
- Que Dios decida a favor del hijo de hombre, es decir, de בֶּן־אָדָם, de él mismo, que así aparece como *este hombre*, en relación con su oponente humano (רֵעֵהוּ, en sentido no colectivo, sino individual o distributivo), como amigo/enemigo que le mira como a un pecador que ha de sufrir castigo, alguien a quien le conmina, para que haga penitencia, como a persona que ha caído.

16, 21. וְיוֹכַח aparece a propósito, solo una vez, y la expresión de Job 16, 21b se encuentra de forma contraída, en comparación con 21a: una decisión incluye la otra. (a) Por un lado, el verdadero Dios ha de negar la idea de que Job esté purgando por un castigo merecido. (b) Por otro lado, en la línea anterior, Job opone a la acusación de aquellos que quieren defenderle (a Dios), de un modo celoso, y que lo hacen para condenarle a él, diciendo que el Dios que le "castiga" es un justo juez.

Olshausen aprueba la traducción de Ewald: "Dios (el Dios verdadero) permite que el hombre tenga razón (en contra de una visión falsa de Dios) y juzga al hombre en contra de su amigo". Pero, aún concediendo que הוֹכִיחַ, como שָׁפַט seguido por un acusativo, pueda utilizarse con el significado *de conceder que uno tenga razón* (aunque en ese contexto, וְיוֹכַח significa siempre ἐλέγχειν), esta traducción no puede aceptarse a causa de la gravedad específica de la esperanza por la que se está discutiendo, a través de la oscuridad del conflicto.

Job está apelando desde Dios a Dios (desde un rostro de Dios a otro rostro de Dios): está esperando que la verdad y el amor triunfarán al fin sobre la ira. El significado de וְיוֹכַח hace referencia al deber del *arbitrator o goel* (el defensor), como en Job 9, 33. Schlottmann remite al dicho de algunos filósofos, que se aplica en ellos en un sentido algo distinto al de este pasaje, *nemo contra Deum, nisi Deus ipse* (nadie contra Dios, sino Dios mismo).

En **16, 22** Job establece un hecho básico: su testigo/defensor divino no podrá aceptar que él sufra una muerte que los otros (sus "amigos") hubieran interpretado como muerte por castigo de un pecador, por dos razones: (a) Por la pequeñez del camino de vida que se le ha concedido. (b) Por la falta de esperanza real y concreta que se le ofrece a un hombre una vez que ha muerto.

La frase discutida, שְׁנוֹת מִסְפָּר, significa número de años y equivale a poco tiempo, años contados (LXX ἔτη ἀριθμητά); téngase en cuenta la posición de las palabras, pues ellas han sido entendidas de formas diferentes (cf. Job 15, 20). Sobre la inflexión יֶאֱתָיוּ cf. lo dicho en Job 12, 6.

Jerónimo traduce *transeunt*, pasan, pero אתה no puede significar eso en ninguna de las lenguas semíticas. En esa línea, aunque a pesar de la elefantiasis Job pensara que le queda poco tiempo de vida, este pasaje podría suponer que le quedan algunos años (Hirzel y otros piensan que el texto alude "a los pocos años con los que yo puedo contar todavía") y, según eso, no responde a la pintura trágica del conjunto del texto.

La referencia a los años que aún pueden contarse está indicando más bien la aproximación a su fin; y los pocos años no son los que aún le quedan a Job, sino en general se refieren a los pocos años que se le han concedido en toda su vida (Hahn; y que se conceden a los hombres como tales).

La distribución de las palabras en Job **16, 22** concuerda también con eso, pero no en sentido de conclusión de la frase (entonces, yo debo marchar…), sino en forma de cláusula coordenada independiente: y por un camino del cual ya no se puede volver (una cláusula atributiva de relativo, conforme a Gesenius 123, 3, b) yo he de ir (con אהלך en sentido poético, a fin de conseguir un final rítmico: וְאֹרַח לֹא־אָשׁוּב אֶהֱלֹךְ). En la siguiente estrofa encontraremos una serie de frases que son como jaculatorias. Como afirma Oetinger, Job está cantando su propio *requiem* mientras sigue viviendo.

Job 17
Job 17, 1-2

¹רוּחִ֣י חֻ֭בָּלָה יָמַ֣י נִזְעָ֑כוּ קְבָרִ֥ים לִֽי׃
²אִם־לֹ֣א הֲ֭תֻלִים עִמָּדִ֑י וּ֝בְהַמְּרוֹתָ֗ם תָּלַ֥ן עֵינִֽי׃

¹Me falta el aliento, se extinguen mis días, las tumbas están ahí para mí.
²Verdaderamente me rodea la burla; y a sus provocaciones han de resistir mis ojos.

Autores como Hirzel, Heiligstedt y otros piensan, de forma equivocada, que la división de este capítulo (Job 17) resulta incorrecta. Realmente, el pensamiento anterior termina en 16, 22, lo mismo que en Job 10, 20 y 7, 21. A partir de aquí, y hasta 17, 21 comienza un nuevo argumento, pero así como Job 16, 22 está vinculado a modo de confirmación con 16,19-21, así también Job 17, 1-2 se relaciona con lo que se dirá en 17, 3. En esa línea, de todas formas, la conexión con la conclusión de Job 6 no está en modo alguno cerrada, pues los pensamientos del libro se mueven en forma circular (quiástica): vuelven y retoman en otro plano lo ya dicho.

17, 1. No traducimos con Ewald "mi espíritu está destruido", porque חבל (tanto aquí como en Is 10, 27) no significa estar *destruido*, sino *corrompido*, turbado. Aquí no se alude directamente al espíritu (árabe *chbl*, relacionado a la turbación del espíritu), sino más bien al aliento, que se ha vuelto corto (Job 7, 15) y fatigado (Job 19, 17), indicando sofoco y decaimiento fuerte.

El ἅπ. γεγρ. נִזְעָ֑כוּ equivale a la palabra נדעכו, que aparece en otros lugares. Por su parte קְבָרִ֥ים se emplea aquí como si se estuviera refiriendo a los muertos, cf. en árabe *ssâchib el-kubûr*, compañeros de tumba. Job es ciertamente uno que se está muriendo, alguien cuya tumba está ya preparada a un paso de distancia, mientras que los amigos le prometen aún larga vida en el caso de que se arrepienta. Este es el engaño que le rodea, como afirman las frases de 17, 1.

17, 2. El verbo secundario התל, cf. הֲתֻלִים, está en *hifil* (del que tenemos la forma no sincopada de futuro en Job 13, 9); su forma en *piel* aparece en 1 Rey 18, 27 allí donde Elías se burla de los sacerdotes de Baal, y de esa forma se pone en plural התלים , o, según otra lectura, התלים, con redoblamiento de la ל como en מהתלות, *cosas engañosas* (cf. Is 30, 10; cf. Job 33, 7). Por su parte אראלם son los leones de Dios que equivale a los héroes); esa palabra tiene el sentido de burla (un sentido que Hirzel ha rechazado sin razón), vinculando de esa forma las ideas de engaño y burla.

Gecatilia y Ralbag toman esa palabra como participio: *burladores*. Por su parte Stickel, Wolfson y Hahn traducen: *engañados*. Pero la analogía entre שעשעים y תעלולים (con otras palabras de ese tipo) nos inclinan a tomar ese término como un sustantivo, en el sentido de *burla*.

Segundo curso de la controversia

אִם־לֹא tiene sentido afirmativo: *Verdaderamente...* (Gesenius 155, 2, f). Ewald traduce el término en forma de deseo: si sucediera que... (Heiligstedt: *dummodo ne*); pero este significado (Ewald 329, b) no puede defenderse. De todas formas, esa expresión se podría entender en forma interrogativa (como en Job 30, 25): *annon illusiones mecum* (Rosenmüller).

Pero este אִם־לֹא, que corresponde al segundo miembro de la pregunta disyuntiva, no se conecta bien con lo que precede. Por eso preferimos dar al término un sentido afirmativo y lo explicamos como en Job 22, 20; 31, 36, cf. Job 2, 5. Ciertamente, aquello que él escucha sin cesar, por parte de sus amigos, es solamente falsedad, afirmaciones engañosas, que le suenan, de un modo consecuente, como burla dolorosa.

El sufijo de Job 17, 2 (בְּהַמְּרוֹתָם) se refiere a ellos (a esos amigos). Esa palabra (con *dag. dirimens,* que convierte en más patético el sentido de la frase, como en Job 9, 18; Joel 1, 17), se refiere generalmente (a no ser en Js 1, 18) a la rebelión en contra de Dios, y evoca aquí el carácter contradictorio, pronto a la disputa, de sus amigos, e insiste en el sentido de controversia del conjunto del tema, no en la disputa en sí misma (cf. árabe *mry,* acepción III atacar; acepción VI. luchar unos contra otros). Solo desde ese fondo se entienden las palabras תָּלַן עֵינִי.

תָּלַן no ha de entenderse aquí en la línea de הלין. La traducción de Ewald: "que mis ojos no se opongan a su irritación" resulta forzada, pues el verbo significa siempre *murmurar*, γογγύζειν. La traducción de Ewald no responde a este contexto. Por el contrario, la forma voluntativa תלן (que no tiene aquí sentido pausal, como en Jc 19, 20, cf. 2 Sam 17, 16) responde bien al sentido del texto: mis ojos han de resistir a sus provocaciones.

Job no aceptará las provocaciones de sus amigos, sino que resistirá a ellas, lo que le servirá para aumentar su sufrimiento corporal y su pena interna. Pues bien, apartándose de esos provocadores, falsos amigos, Job se volverá a Dios en forma de súplica.

Job 17, 3-5

³ שִׂימָה־נָּא עָרְבֵנִי עִמָּךְ מִי הוּא לְיָדִי יִתָּקֵעַ׃
⁴ כִּי־לִבָּם צָפַנְתָּ מִשָּׂכֶל עַל־כֵּן לֹא תְרֹמֵם׃
⁵ לְחֵלֶק יַגִּיד רֵעִים וְעֵינֵי בָנָיו תִּכְלֶנָה׃

³Actúa ya, sé tú mi fiador pues ¿qué otro me dará la mano?
⁴Pues has cerrado su corazón, no entienden y, por tanto, no los exaltarás.
⁵De quien ha dado a sus amigos por despojo... desfallecerán los ojos de sus hijos.

17, 3. No hace falta interpretar עָרְבֵנִי como hace Reiske y Olshausen: *pone quaeso arrhabonem meum pro me* (en el sentido de "dame un defensor o fiador igual que yo"), a fin de que שִׂימָה no carezca de objeto. El sentido de שִׂימָה está incluido en la misma palabra, y el termino עֲרָבֵנִי que sigue muestra que no es necesario suplir el sentido con לְבָך (como hace Ralbag) ni con יָדְך (como hace Carey). En este contexto debemos recordar que la palabra שִׂים, como el árabe wḍʿ (wâḍʿ), y en las lenguas clásica, tanto τιθέναι como *ponere*, significa poner algo como prenda. Tratado por los amigos como un criminal sometido a castigo, Job quiere refugiarse en Dios que ha puesto en él la señal de una enfermedad terrible, contraria a sus merecimientos, como si él fuera culpable, y por eso le pide que confirme la realidad de su inocencia en un modo u otro, poniendo por él una "prenda" (una señal de inocencia), una "hipoteca", ὑποθήκη.

La siguiente palabra empleada en este contexto es ערבני, una palabra de súplica que solo aparece en el salmo de Ezequías, Is 37, 14 y en Sal 119, 122. Esa palabra, ערב con acusativo, significa (como he mostrado ya) ofrecer la garantía o seguridad a alguien; y en genitivo significa ocupar el lugar de un mediador (cf. también Hebr 7, 22, donde ἔγγυος es un sinónimo de μεσίτης).

Aquí, sin embargo, se le añade el significado de עמך: ofrecer seguridad para mí, y hacerlo contigo mismo. En otros lugares, se utiliza la forma ערב ל, ofrecer seguridad por o para algo (Prov 6, 1) o לפני que es ante uno, aquí con עם que alude a la persona por la cual se acepta la seguridad. De esa manera, el pensamiento ya expresado en Job 16, 21 queda aquí ratificado de un modo más fuerte.

En este contexto se concibe a Dios como si tuviera (si fuera) "dos personas": *por un lado* aparece como juez que trata a Job como si mereciera castigo; *por otro lado* aparece como aliado (redentor, *goel*) que se ofrece a sí mismo como prenda a favor del que sufre, ante el juez airado, apareciendo así para Job como fuente de seguridad respecto a su futuro.

En la pregunta de Job 17, 3, la representación se muestra algo cambiada. Job aparece aquí como aquel en favor del cual se da la seguridad. Por su parte, יִתָּקֵעַ, que muchos traductores entienden en sentido recíproco, ha de tomarse en sentido reflexivo: dar la propia mano (este es el único caso en el que se emplea la forma media de כַּף תקע) tiene el sentido de dar seguridad estrechándose las manos, en la línea del latín *dextera data sponsionem in se recipere,* dar la mano derecha como signo de dar y recibir seguridad (Heiligstedt).

En esa línea, לְיָדִי no ha de explicarse conforme a la analogía de la voz pasiva, como en el caso usual de la ל de los agentes: ¿Quién sería capaz de estrechar mi mano? ¿Quién aceptaría la seguridad que yo puedo ofrecerle? (Wolfson). Esa voz pasiva es aquí antinatural, tanto por la imagen de fondo como por su forma de expresarla. Pues bien, conforme a Prov 6, 1 (cf. Bertheau), aquí se está evocando el gesto de aquel que ofrece como garantía (como prenda) su propia mano (lo mismo que aquel que la recibe).

Este es por tanto el sentido de la pregunta: ¿qué otro (מִי הוּא), a no ser que sea Dios mismo, podrá estrechar su mano con la mía, podrá ofrecerme una garantía (una prenda de mi inocencia) estrechándome la mano? No hay ningún otro, sino solo Dios que podrá interceder por mí, como garante de mi inocencia, ante sí mismo y ante los otros.

17, 4. Este verso ratifica el sentido del anterior. Dios ha cerrado el corazón de los amigos para que no comprendan el misterio del sufrimiento de Job: de esa forma ha puesto una cortina ante los ojos de esos amigos, que han quedado marcados con la ceguera; pero él no permitirá que ellos (los "amigos" de Job) sean exaltados, es decir, que venzan sobre Job y que le humillen.

Como dice rectamente Hirzel, "la exaltación de los amigos hubiera implicado que Job es culpable". Löwenthal traduce: *(En caso de que ellos triunfaran)... tú no serías honrado*. Pero dada la puntuación de תְּרֹמֵם, habría que suplir אתם o y admitir que esa palabra es equivalente a תרממם con doble *mem* (sobre ese tema cf. Ewald 62a).

17, 5. Job establece esa esperanza con un principio tomado de la experiencia general, según la cual aquel que entrega a los amigos para que sean castigados será castigado muy severamente por ello, recayendo ese castigo en sus mismos hijos. Quien entrega a los amigos (como hacen con Job sus amigos) no escapará de la sanción divina, que le visitará a él y a sus familiares, por el daño que han hecho a un amigo inocente (que es en este caso Job).

Casi todos los traductores modernos concuerdan traduciendo así la palabra לְחֵלֶק, en lo que se refiere a Job 17, 5; pero la raíz חלק no tiene el sentido de "lote" (Ewald), sino el de "compartir la porción correspondiente de un botín", como en Num 31, 36 (Jerónimo: *praedam*), o también un sentido verbal, como saquear (de חלק, 2 Cron 28, 21). Esa palabra puede entenderse incluso en forma de antítesis en el sentido de darse en rehén por un amigo, con todas las posesiones propias (así Stickel, Schlottmann), o el de dividir la propiedad de uno en partes iguales, como resultado de tener que ponerse en manos del acreedor, conforme al uso del verbo הגיד, lo que hubiera implicado una denuncia ante la corte de justicia, como supone Jer 20, 10.

Yo he traducido esa palabra en el sentido de "despojo" (o quizá mejor, se podría traducir en forma de "precio"), pues ella admite todos esos matices, sin excluir ninguno. El sentido general es que los amigos de Job le han entregado, como en el caso de alguien que entrega a un amigo en manos del juez o del enemigo, en vez de defenderle, intercediendo por él. יגיד se utiliza aquí con un sujeto general, como en Job 4, 2 (si uno intenta…), Job 15, 3; 27, 23.

Por lo que se refiere a la segunda parte del verso, es decir, a Job 17, 5a, hay que rechazar la lectura en optativo: ¡que ellos languidezcan…! (Vahinger), en contra de lo que han pensado muchos traductores antiguos fundándose en Sal 109, 9, pues esa traducción va en contra del sentido general del libro de Job (cf. 31, 30). Concordamos en esto con Mercier: *Nequaquam hoc per imprecationem, sed ut consequentis justissimae poenae denunciationem ab Iobo dictum putamus* ("pensamos que Job no ha dicho esto a modo de imprecación, sino como expresión de una denuncia justísima…".).

En esa línea, 17, 5b no ha de tomarse como una frase circunstancial: incluso si los ojos de sus hijos languidecen... Muchos piensan que Job está aludiendo aquí a sus propios hijos, y en esa línea Ewald supone que el mismo Job aparece como padre de hijos pequeños, lo que sin embargo, teniendo en cuenta lo que se ha dicho en el prólogo, resulta una invención que no puede apoyarse en datos históricos. Según Michel, la *waw* de וְעֵינֵי tiene un sentido *consecutivo*, pero esa opinión no puede sostenerse pues esa *waw* combina cosas que no son simplemente consecuencia unas de otras.

Lo que aquí se dice, a modo de proverbio es que aquellos que entregan a sus amigos a modo de despojo (cf. Job 6, 27), *recibirán como castigo el hecho de que los ojos de sus hijos languidecerán* (cf. Job 11, 20). En otras palabras, aquel que deshonra los lazos del afecto resulta castigado en aquello que más quiere (en sus hijos). Sea como fuere, este castigo que los amigos de Job han de recibir, por su falta de amor, es también una visita de Dios. En la siguiente estrofa Job se refiere a todos aquellos con los que él se pone en relación, desde los hombres hasta el ser Supremo que es la causa final de todo (Dios), evocando ya de alguna forma el propósito de Dios que está en el fondo del libro.

Job 17, 6-9

⁶ וְהִצִּגַנִי לִמְשֹׁל עַמִּים וְתֹפֶת לְפָנִים אֶהְיֶה׃
⁷ וַתֵּכַהּ מִכַּעַשׂ עֵינִי וִיצֻרַי כַּצֵּל כֻּלָּם׃
⁸ יָשֹׁמּוּ יְשָׁרִים עַל־זֹאת וְנָקִי עַל־חָנֵף יִתְעֹרָר׃
⁹ וְיֹאחֵז צַדִּיק דַּרְכּוֹ וּטְהָר־יָדַיִם יֹסִיף אֹמֶץ׃

⁶Y me ha puesto como proverbio de los pueblos, alguien a cuyo rostro escupen.
⁷Mis ojos se volvieron negros de dolor, todos mis miembros como sombra.
⁸Los rectos se asombrarán de esto y el inocente se levantará contra el impío.
⁹Y se mantendrá el justo en su camino y el puro de manos se volverá más fuerte.

17, 6. Sin duda, el sujeto de Job 17, 6 es Dios. Da lo mismo que מְשֹׁל sea un infinitivo seguido por el sujeto en nominativo (Gesenius 133, 2), o un sustantivo (LXX θρύλλημα; Aquila, Símaco y Teodoción, παραβολήν), como שְׂחוֹק, en Job 12, 4, seguido por el genitivo subjetivo.

מְשֹׁל es la palabra usual para indicar circunstancias de tipo ridículo, expresadas en parábolas de tipo satírico, como en Joel 2, 17. En esa línea, si מְשֹׁל se tomara como infinitivo en la frase לִמְשֹׁל עַמִּים, tendría que haberse esperado la partícula בִּי. Por su parte, עַמִּים significa aquí tanto naciones como razas, y tribus o pueblos, es decir, miembros de esta o de aquella nación, o en genitivo miembros de la humanidad (Job 12, 2).

Para traducir עַמִּים (pueblos) puede escogerse una palabra general, *mundo*, porque lo que Job dice puede aplicarse a un abanico amplio de gentes (cf.

comentario sobre Job 2, 11 *ad finem*), aplicándose más en concreto a los vecinos inmediatos de Israel. Los mismos amigos son representantes de diversas tribus; y aquí se describe después a una frágil raza de trogloditas que son como gitanos, para quienes Job ha venido a convertirse en objeto de burla, tal como seguiremos viendo (Job 24, 30).

Con תֹפֶת (que Jerónimo traduce como *exemplum*, lo que implica que ha confundido la palabra con מופת) los traductores antiguos recuerdan el nombre del lugar donde venían a ser ofrecidos los sacrificios a Moloc, en el valle de los hijos de Hinnom (de donde viene גיהנם, γέεννα, infierno), de forma que aquí se alude al fuego del infierno, pero sin insistir en el sentido más hondo de ese término.

La expresión לְפָנִים, que está al lado de "tofet", no significa nunca *palam*, y no puede entenderse aquí en modo alguno como *a multo tempore*, desde hace mucho tiempo (pues sigue a אהיה, aunque con el significado de ἐγενόμην). Esa expresión muestra que el término תֹפֶת ha de tomarse aquí como un derivado de תּוּף, escupir (como נפת, goma, es un derivado de נוּף).

Ciertamente, este verbo no aparece en hebreo ni en arameo (pues la palabra más común en ese sentido es רקק), y solo se utiliza en dos pasajes del Talmud (en *Nidda 42a*, cf. *Sabbath 99b*, y en *Chethuboth 61b*). Pero su uso está confirmado por el etíope y el copto, y tiene un origen onomatopéyico, como muestran las palabras πτύειν, ψύειν, *spuere*, en alemán *speien*, etc[16].

Ese término pertenece a la misma familia semántica del árabe *taffafa*, tratar con desprecio, y de la interjección *tuffan, tener desprecio de alguien*[17], como en el proverbio (citado por Umbreit): *'aini fihi watuffan 'aleihi*, mi ojo descansa en ello con deseo, y sin embargo me produce disgusto.

Según eso, לפנים (escupir a tu cara) es equivalente a בפנים, Num 12, 14; Dt 25, 9 (a tu cara). A consecuencia de ese profundo abajamiento del objeto de desprecio (al que se escupe), la claridad y visión de su ojos (sentido de la vista, **Job 17, 7**) se está volviendo oscura (cf. Sal 6, 8; 31, 10).

מִכַּעַשׂ se escribe siempre con שׂ, en el libro de Job, en sentido de duelo. Y sus "miembros" (וִיצֻרַי), son el entorno corporal de Job, por tanto sus partes corporales (Jerónimo: *membra*; el targum traduce de modo incorrecto: *rasgos*), que se están volviendo todos como una sombra, sin carne, sin fuerza, como apariencia sin sustancia.

17, 8. Su sufrimiento es tan grande, sus formas (זאת) son tan miserables que los rectos (los elevados) quedarán asombrados (שמם, desolados, en silencio), y los inocentes (como el mismo Job y otros que sufren) quedarán sobrecogidos (aquí

---

16. תוּף se relaciona con la raíz sánscrita *shttiv̄*, como τέγη, τρύχους, τρύζω, y otras semejantes: στέγη, στρύχνος, στρύζω. Cf. Kuhn, *Zeitschrift*, iv, I.

17. Casi todos los comentaristas modernos repiten aquí la observación de que *tuffan* tiene un sentido semejante al de ῥακά, Mt 5, 22, pero Lightfoot ha mostrado que esa palabra no tiene ninguna relación con רק, escupir, sino que es equivalente a ריקא, κενέ.

por el desprecio y la humillación, como en Sal 37, 1, no por la alegría como en Job 31, 29), mientras que los impíos se mostrarán, sin embargo, prósperos. Pues bien, en esa situación el justo se mantiene firme (sin quedar desconcertado por la condición anómala de las cosas, que son impenetrablemente misteriosas). En esa línea se mantiene el camino de Job (en la línea del bien, al que se ha entregado), el camino de un hombre que es puro de manos, (וּטְהָר־יָדַיִם), como en Prov 22, 11, con otro tipo de grafía, con וּטְהָר con *cateph-kametz bajo la teth y gaia bajo la waw;* cf. Is 54, 9, donde la forma de escribir וּמִגְּעֹר, *umiggoor*, está bien representada, y sirve para dar fuerza a la expresión. אֹמֶץ, Al final, aparece solo aquí en el libro de Job. Este es el sentido de la frase de **Job 17, 9**: en vez de dejar que el sufrimiento le aleje de Dios, Job se fortalece, toma fuerzas para perseverar de un modo más intenso en la justicia de vida y en la pureza de conducta, pues el sufrimiento, especialmente en conexión con la experiencia que va teniendo con sus amigos, le permite mantener su conexión con Dios, de un modo más intenso y firme.

Estas palabras de Job (si se nos permite esta figura) son como un proyectil luminoso que nos eleva por encima de la oscuridad trágica del libro, iluminando su sentido, aunque solo sea por un breve momento. La confesión que se expresa en forma lírica en Sal 73, encuentra aquí una expresión más breve, de tipo sentencioso.

El argumento central del reproche de Elifaz (Job 15, 4), quien acusa a Job de falta de temor de Dios, queda destruido por esta confesión, y de esa manera la seguridad de Satán (Job 2, 5) queda negada por un hecho de experiencia, pues la actitud de Job muestra claramente la maldad de Satán y la falta de base de su pretensión diabólica (de que no es posible la fe en Dios entre los hombres).

Job 17, 10-12

10 וְאוּלָם כֻּלָּם תָּשֻׁבוּ וּבֹאוּ נָא וְלֹא־אֶמְצָא בָכֶם חָכָם׃
11 יָמַי עָבְרוּ זִמֹּתַי נִתְּקוּ מוֹרָשֵׁי לְבָבִי׃
12 לַיְלָה לְיוֹם יָשִׂימוּ אוֹר קָרוֹב מִפְּנֵי־חֹשֶׁךְ׃

¹⁰¡Volved todos vosotros! ¡Venid ya, que no hallaré entre vosotros un solo sabio!
¹¹Perecen mis días, han sido arrancados mis pensamientos, riqueza de mi corazón.
¹²Ellos toman la noche como día; dicen que hay luz cuando dominan las tinieblas.

El hombre verdaderamente justo, incluso cuando está muy afligido, aunque esté viniendo contra él la destrucción, no olvidará sin embargo a Dios. En esa línea, él (Job), que es un hombre justo se opone a sus amigos, que le prometen una vida larga y próspera, si se humilla como pecador recibiendo por ello el castigo, repitiendo siempre sus mismas palabras de penitencia. De un modo consecuente, él, Job, responde a sus amigos diciendo que ellos no son capaces de ponerse en su situación, pues no son de verdad justos. Y así les hace ver que se engañan a sí mismos sobre el estado real de su caso.

17, 10. Job sigue diciendo a sus amigos que en realidad él está enfrentándose con la muerte sin dejarse engañar, sin ser engañado por su situación. De esa forma se dirige a ellos, de un modo semejante a lo que había hecho antes (6, 29). Carey traduce correctamente: Atacadme de nuevo con otra ronda de argumentos etc.

En vez de ואולם o אולם, como se escribe en otros lugares (generalmente cuando el discurso está concluyendo), algunos manuscritos ponen aquí ואלם (forma vinculada al sustantivo אולם), quizá para armonizar con כֻּלָּם, que aparece aquí de un modo normal, en vez de כֻּלְּכֶם, que responde mejor a nuestra manera de construir cláusulas de vocativo, como en 1 Rey 22, 28; Miq 1, 2 (Ewald, 327, a)[18].

En תָּשֻׁבוּ וּבֹאוּ se unen el yusivo y el imperfecto (el *qetiv* יבאי, que aparece en algunos códices y ediciones, carece de importancia). La primera forma está ocasionada por la disposición de las palabras que resulta desfavorable para el imperfecto (cf. Ewald 229). De todas formas, el primer verbo da al segundo el sentido adverbial de *iterum, denuo*, como dice Gesenius 142, 3, a.

17, 11. Lo que sigue en 17, 11 es confirmación del hecho de que no existe entre los hombres ningún sabio que sea capaz de darle a Job una satisfacción eficiente para valorar rectamente la magnitud y la inutilidad de su sufrimiento. Su vida está terminando, y las ideas y esperanzas más queridas que han animado e iluminado su corazón para el futuro las ha ido abandonado totalmente hace tiempo. La palabra זמה, que solo aquí aparece en plural (cf. זִמֹּתַי), se utiliza también *sensu malo* (en sentido peyorativo) y significa proyectos, como מזמות, Job 21, 27; 42, 2, de זמם, vincular. Aben-Ezra relaciona esa palabra con el árabe *zamâm* (una cuerda, una banda, especialmente una rienda).

Esos *planes*, que se han vuelto ahora inútiles, estos pensamientos queridos, han venido a convertirse para él en su מוֹרָשֵׁי, *peculia*, las posesiones que tiene (de ירש, tomar posesión de su corazón). De esa forma explica el término Gecatilia (en Aben-Ezra), a partir de Abd 1,17, mientras que, según Ewald, *Beiträge*, 98, aquí se está aludiendo a las cuerdas del corazón (es decir, a las arterias principales, tema que puede vincularse al árabe *n't*).

En esa línea, de un modo consecuente, los mismos Ewald y Farisol, de manera muy improbable, combinan מורש con מותר (יתר). De un modo semejante, los LXX ponen τὰ ἄρθρα τῆς καρδίας, como si evocaran las articulaciones (en lugar de las válvulas) del corazón. Middeldorpf piensa que, según la Hexapla Siríaca, debería leerse ἄκρα en vez de ἄρθρα; esta lectura se apoya sin embargo en una equivocación entre מורשי y ראשי.

17, 12. Mientras él está ahora casi muerto, y sus planes de futuro han quedado truncados (נתקו), los amigos de turno quieren "convertir la noche en día" (שׂים, como en Is 5, 20). Según ellos, la luz está más cerca que el rostro de la

---

18. Cf. mi trabajo *Anekdota zur Gesch. der mittelalterlichen Scholastik unter Juden und Moslemen* (1841), 380.

oscuridad, es decir, que la falta de luz, que en realidad es la que se ha vuelto hacia él (hacia Job). En esa línea explica el tema Nolde, de un modo comparativo, pero lo hace conectando Job 17, 12 con ישׂימו, y considerando פני (cf. מפני) como palabra sin sentido en la línea de: *lucem magis propinquam quam tenebras* (luz más próxima que las tinieblas). Pero es posible que מפני se utilice aquí en el mismo sentido que en Job 23, 17. Según la opinión de los amigos, la luz está más cerca de los hombres que las tinieblas (que dominaría sobre Job). Pero, según el texto, tenemos que interpretar el sentido de Job 23, 17 desde la perspectiva de Job, y no desde la de sus amigos. En esa línea קָרוֹב מִפְּנֵי ha de entenderse a partir del árabe *qrî b mn, prope abest ab*, y es así como traducen también los LXX: φῶς ἐγγὺς ἀπὸ προσώπου σκότους, que Olympiodoro interpreta como οὐ᾽ μακρὰν σκότους.

En esa línea, esta forma de entender el sentido (o falta de sentido) de פני hace que la interpretación de este versículo resulte aún más problemática. Por su parte, otras lecturas, como la de Renán (*Ah! vôtre lumière ressemble aux ténèbress*) carecen de toda base crítica. Por eso, a modo de final, tenemos que confesar que la interpretación según la cual todo Job 17, 12 se encuentra bajo el gobierno de ישׂימו, sigue siendo la más natural.

Este es el pensamiento de fondo: *que la oscuridad está ante él, en el camino que tiene que seguir, mientras que lo que dicen sus amigos* (que le piden que haga penitencia para descubrir así la luz) *carece de todo fundamento*. Este es el pensamiento que veremos desarrollado en la siguiente estrofa.

Job 17, 13-16

¹³ אִם־אֲקַוֶּה שְׁאוֹל בֵּיתִי בַּחֹשֶׁךְ רִפַּדְתִּי יְצוּעָי׃
¹⁴ לַשַּׁחַת קָרָאתִי אָבִי אָתָּה אִמִּי וַאֲחֹתִי לָרִמָּה׃
¹⁵ וְאַיֵּה אֵפוֹ תִקְוָתִי וְתִקְוָתִי מִי יְשׁוּרֶנָּה׃
¹⁶ בַּדֵּי שְׁאֹל תֵּרַדְנָה אִם־יַחַד עַל־עָפָר נָחַת׃ ס

¹³Si algo espero, es que el Sheol sea mi casa, que en la tiniebla yo ponga mi cama.
¹⁴A la corrupción le grito: Eres mi padre; y al gusano: Eres mi madre y hermana.
¹⁵¿Dónde, pues, estará ya mi esperanza? Y mi esperanza ¿quién la verá?
¹⁶A la puerta del Sheol descenderá, cuando haya a la vez descanso en el polvo.

17, 13-15. Casi todos los comentaristas modernos traducen: *Mi esperanza es que el Sheol sea mi casa...*, pues entienden Job 17, 13 como cláusula hipotética antecedente de 17, 15, que consta de cuatro miembros, donde la conclusión debería comenzar con ואיה, y estar indicada por una *waw* como apódosis. Por lo que toca a la sintaxis, no hay nada que objetar a esta explicación, pero el conjunto del texto ofrece una serie de pensamientos poderosos que se formulan en forma de nuevas ideas, que parecen expresarse mejor con frases independientes, gobernadas por el אם inicial de 17, 13 como presupuestos de conjunto del tema.

La transición de la estrofa precedente a esta resulta así más fácil, si es que tomamos 17, 13 como una cláusula independiente, de la que se deduce en 17, 15 un tipo de inferencia, con *waw,* indicativa del despliegue de conjunto del pensamiento (Ewald 348). De acuerdo con eso, nosotros miramos las primeras palabras (אִם־אֲקַוֶּה) como introducción, y así entendemos שְׁאוֹל בֵּיתִי como conclusión. En este contexto debemos poner de relieve la falta de *waw* en la apódosis, como por ejemplo en Job 9, 27, recordando que la estructura de la sentencia es semejante a la de Job 9, 19.

Así dice Job, *si yo espero... Sheol es mi casa*": esta es la sustancia de su esperanza, que *Sheol* es su casa. Job ha insistido en la oscuridad de su casa, su lugar de descanso (su conciencia anticipa aquello que se sitúa ante él de un modo inevitable), y lo ha hecho de forma poética, como en Sal 132, 3. Grita así a la corrupción y al gusano, llamándoles padre, madre y hermana.

Esta es la misma figura de fondo que aparece en el Sal 88, 19, texto muy cercano a Job: *Mis parientes son el reino de la oscuridad...* Esta imagen aparece aquí de forma más desarrollada (cf. Job 30, 19), como un pensamiento que hallamos también aplicado (o expresado como un eco) de un modo diferente en Prov 7, 4.

Dado que el femenino רמה (cf. לְרִמָּה) se utiliza como objeto al que se dirigen las palabras אחותי y אמי, que (a diferencia de תילעת) responden bien a este doble apóstrofe (mi madre, mi hermano...), podemos suponer que el poeta puede haber utilizado un objeto masculino al referirse a אבי. Y ciertamente ese objeto masculino está indicado por שׁ, término que, como suponen Ramban, Rosenmüller, Schlottmann y Bötticher (*De inferis,* 179), no deriva de שׁוה (como נחת, Job 17, 16, que deriva de נוח), sino de שחת (como נחת, Is 30, 30 deriva de נחת), especialmente sabiendo que las versiones antiguas traducen שחת siempre como διαφθορά (*putredo*), mostrando así que las dos derivaciones responden a la estructura del lenguaje.

Pues bien, siendo ya consciente de que él pertenece al reino de la corrupción, lo mismo que los gusanos, con quienes mantiene los más fuertes lazos de relación, Job pregunta: *Itaque ubi tandem spes mea?* (¿dónde está pues mi esperanza?). La acentuación conecta אפו con la palabra siguiente, en vez de hacerlo con איה, lo mismo que en Is 19, 12. Luzzatto (en *Comentario* a Is 19, 12) considera que esta es una equivocación de los códices, y ciertamente la acentuación de Jc 9, 38 (אֵפוֹ con *kadma,* וְאַיֵּה con *mercha*) no está de acuerdo con nuestro modelo, e incluso en este pasaje puede subyacer otro tipo de acentuación, como indica por ejemplo la edición de Brescia[19].

Sea como fuere, no queda por tanto para Job ninguna otra esperanza, sino la llegada cercana de la muerte. Ningún ser humano es capaz de ver (es decir, de

---

19. Esta edición acentúa ואיה con *munach,* lo mismo que אפו, pero en contra de eso, según Luzzato, dado que la palabra con *athnach* (que es תקותי) consta de tres sílabas, hubiera sido mejor acentuar ואיה con *munach* y אפו con *dech.*

descubrir) humanamente hablando más esperanza que esta (como dice también Hahn). De un modo algo distinto traducen Hirzel y otros: y mi esperanza (de recuperación) ¿quién la verá en proceso de cumplirse?

Ciertamente, en ambos casos, תקותי es equivalente a una esperanza que se atreve a mantener. Pues bien, el significado del texto es que, más allá de una esperanza que Job puede tener, y que solo es tal por *antiphrasin* (afirmando lo contrario de lo que se quiere decir), no hay para él otra salida ni futuro que el sepulcro.

El sujeto de **Job 17, 16** no es la recuperación de una vida como la anterior que los amigos le presentan (así piensa Ewald), pues la única esperanza de Job consiste en evitar el gran dolor humano que le angustia y descender al mundo inferior, es decir, la esperanza de la muerte y consiguientemente la muerte de toda esperanza.

בדי significa en sentido figurado "honduras" (profundidad); pero más en concreto está evocando las barras o cerrojos del sepulcro del que no se puede salir, algo así como las vigas que cierran y sostienen una casa (en este caso, la casa inferior o morada de los muertos). Esta palabra ofrece la evocación de unas puertas/cerrojos del Hades, del mundo inferior del que nadie puede salir[20].

Otros significados de la palabra בַּדֵּי son solo suposiciones, sea que se hable de devastaciones (Schnurrer y otros), ataduras (Hahn), llaves (Bötticher), etc. Sobre el sentido de תֵּרַדְנָה, en lugar de תרד, cf. Caspari en su *Comentario a Abdías* 1, 13 y Gesenius 47, 3. Esa palabra está en singular, no en plural (Bötticher), pues Job 17, 15 no habla de dos esperanzas, ni aunque (como piensan algunos comentaristas antiguos) en el fondo del texto hubiera habido otra palabra de sentido semejante en lugar del segundo תקותי.

Desde aquí se entiende el sentido de la expresión אִם־יַחַד (juntos, al mismo tiempo). La esperanza de Job solo se centra en las regiones de la muerte, donde podrá descansar en el polvo. Hahn piensa que la palabras "juntos" (אִם־יַחַד) ha de entenderse en el sentido de *para mí y para él*. Pero esto es imposible, va más allá de lo que dicen las palabras y tendría que haberse expresado de otra forma, en el sentido de יחד לנו (al mismo tiempo para nosotros).

Otros (p. ej., Hirzel y Ewald) explican la expresión diciendo: "A la vez, con ese fracaso de mi esperanza habrá descanso para mí en el polvo". Pero, considerando el uso de יחד en sí mismo, el sentido de la frase puede explicarse así: si existe, al mismo tiempo, un descanso en el polvo... El sentido de esa traducción es bueno, pero habría que precisarlo en relación con un sujeto o con un objeto al que debería referirse, como en Job 10, 8; Sal 33, 15; y en esa línea podría traducirse en los lugares correspondientes en el sentido de "todos juntos", como en Job 3, 18; Job 21. 26; Job 40, 13, en vez de totalmente, enteramente.

---

20. En ese sentido podemos explicar Os 11, 6, en la línea de Lam 2, 9, donde se habla de la espada que se mueve por las ciudades de Efraim y que destruye las barras o trancas de sus ciudades, con todo lo que existe en su entorno.

De todas formas, dado que el significado de "al mismo tiempo" puede deducirse con toda probabilidad de Sal 141, 10, y dado que אם, que se utiliza ciertamente de un modo temporal, para así vincular cosas que son contemporáneas, preferimos la traducción siguiente: "cuando, al mismo tiempo, exista descanso en el polvo".

Esta es la única esperanza que le queda a Job: el descenso de su esperanza a las moradas de polvo del Hades, esa es su única esperanza, es decir, la muerte de su esperanza. Cuando esa muerte de su esperanza se haga realidad, entonces, al mismo tiempo, el torbellino de sus sufrimientos cesará sobre los restos de la tumba.

Interpretación de Job 16-17, la primera respuesta de Job. Como hemos podido ver en el discurso anterior de Elifaz, así también ahora, con este primer discurso de Job, en la segunda ronda del libro, descubrimos que la controversia toma rasgos nuevos cuando nos acercamos a la decisión final o desenlace del drama. Por el tono del discurso de Elifaz, Job ha podido advertir que ningún alegato de inocencia podrá convencer a los amigos, de manera que, cuanto con más fuerza mantiene Job su inocencia ante Dios, más se confirman sus amigos en el dogma que vienen manteniendo: que su sufrimiento es un castigo por su impiedad, que ahora viene a descubrirse, como pecado que antes parecía oculto. Job percibe así que es incapaz de convencer a los amigos, porque, cualquier cosa que pueda decir tiende a conformarles en el falso juicio que ellos deducen ante todo de las falsas premisas de su argumento, pero que ahora quieren confirmarlo con las palabras y conducta de Job, que les parece pecadora. Ellos le perciben así como un hombre que ha sido castigado por Dios, y se dirigen a él como predicadores de arrepentimiento. Pues bien, ahora le rebaten de un modo nuevo; ya no le prometen brillantes premios si es que se arrepiente, sino que le anuncian castigos temerosos, que han de venirle, porque es un pecador impenitente. La celosa solicitud de los amigos por la conversión y bienestar de Job ha parecido hasta ahora inteligente; pero en el fondo ha sido solo un modo injurioso de enfrentarse con su dolor. Superficialmente, esos discursos de los amigos han podido estar modelados con deseos de conversión y redención; pero no han tenido en modo alguno en cuenta la experiencia espiritual y las condiciones personales del hombre concreto con el que tratan, que es Job. Su *prudentia pastoralis* ha sido solo carnal y legal; ellos no saben nada de la justicia que importa ante Dios, ignoran el sentido del estado de gracia que libera a los hombres de la venganza divina; ellos no conocen la manera de tratar con un hombre que está atravesado por un duro conflicto de tentación, no entienden nada del misterio de la cruz.

¿Podemos pues maravillarnos de que Job se muestre impulsado a mirar sus discursos como puras palabras de viento, דברי רוח? Ellos piensan que las palabras de Job van en contra del único dogma en el que creen, el dogma que ellos toman como piedra filosofal, según el cual todos los sufrimientos de la vida (haciendo la adecuada penitencia) pueden transformarse en prosperidad dentro del mundo.

En contra de eso, Job no encuentra en las palabras de sus amigos nada que le pueda ayudar a conocer la razón de su situación presente, o que le enseñe algo respecto a ella. Por eso, él se siente impulsado a mirar las palabras de sus amigos como עמל מנחמי, pues hacen más duro el peso de su sufrimiento en vez de aligerarlo. El consuelo que ellos quieren ofrecerle se apoya en un juicio falso sobre su conducta, un juicio contra el que se rebela su conciencia moral, una noción muy unilateral de Dios que va en contra de la experiencia de Job.

Los discursos de sus amigos muestran cierta simpatía externa, pero les falta amistad de corazón. En vez de explorar con Job en el misterio de la providencia de Dios, intentando comprender el duro lote de vida que ha de soportar el justo, ellos aplauden con sus manos y piensan: ¡qué gran pecador tiene que ser Job para que Dios le haya visitado de esa forma, infligiéndole un castigo tan fuerte!

Este es el mismo movimiento injurioso de cabeza que encontramos en textos como Sal 22, 8 y 109, 25, gestos como los que el Justo Jesús tuvo que experimentar en la cruz, al sentir la burla de los que pasaban por delante: cf. Mt 27, 9; Mc 15, 29. Estas comparaciones nos ofrecen la oportunidad de poner de relieve las notables coincidencias que hay entre Job y Jesús (y también entre Job y los Salmos), tanto en su trasfondo como en su expresión: cf. convergencia de Job 16, 8 y Sal 109, 24; de Sal 109, 24 (cf. Sal 109, 23) con Job 17, 7). Esas comparaciones muestran, sin lugar a dudas, que hay una relación mutua entre Job 16, 4 y Sal 109, 25, una relación que no puede ser meramente accidental.

Por ese tratamiento injusto y poco caritativo de sus amigos, los sufrimientos de Job se elevan ante él con una magnitud siempre mayor. Por su parte, como respondiendo a sus amigo, Job se excede al presentar esos sufrimientos con las figuras más terribles, a fin de insistir en el súbito cambio que ha causado en él la dispensación divina del sufrimiento.

Las figuras del texto resultan así muy terribles porque en el fondo de su sufrimiento Job descubre un Dios de odio, que actúa como si fuera enemigo suyo. Esos sufrimientos aparecen ante él, de esa manera, como expresión de la ira de Dios, de sus miradas destructoras, de sus dardos vengadores, de sus proyectiles hirientes.

Sus sufrimientos aparecen de esa forma como un testimonio fáctico en contra de Job, como hombre sufriente concreto. Ellos vienen a presentarse así no solo ante sus ojos, sino ante los ojos del pueblo, de la gente que le rodea (en especial de sus amigos). De esa forma, a los sufrimientos del alma y del cuerpo que debe padecer se añade, como dolor aún más penoso, el despreció y la falta de comprensión con la que él debe enfrentarse. Tiene que experimentar no solo la ira de Dios, en contra del testimonio de justicia que le garantiza su conciencia, sino también el desprecio y crítica de los impíos que ahora se burlan de él como triunfadores.

Por eso, él se reviste de tristeza, yaciendo en el polvo, como si hubiera perdido su majestad antigua. Su rostro se encuentra enrojecido por el llanto, sus ojos se han vuelto como ciegos, aunque no haya nada que sea pecado en sus manos, y aunque su oración esté libre de hipocresía. ¿Quién no pensará aquí en el Siervo de Yahvé, de quien Isaías 53, 9 (con palabras semejantes a las que Job emplea para sí mismo en 16, 16) dice que está siendo enterrado entre los impíos: עַל לֹא־חָמָס עָשָׂה וְלֹא מִרְמָה בְּפִיו.

Todo lo que Job dice aquí se refiere al desprecio que tiene que sufrir por ser considerado como un hombre a quien Dios ha castigado y atormentado. Estas expresiones concuerdan casi exactamente con la descripción de los sufrimientos del Siervo de Yahvé que aparecen en los Salmos y en la segunda parte del libro de Isaías.

Así dice Job: ellos me muerden con sus bocas. Sal 22, 8 (cf. Sal 35, 21) añade que "todos los que me miran se burlan de mi dolor; abren sus labios y hacen muecas contra mí, golpean sus manos para despreciarme". Por su parte, Job dice: ellos golpean mis mejillas con desprecio. En una línea semejante, el Siervo de Yahvé de Is 50, 6 se siente obligado a confesar: ofrecí mi espalda a los que me golpeaban, y mis mejillas a los que mesaban mi barba y me arrancaban los pelos; no escondí mi rostro a la vergüenza y a los salivazos.

Lo mismo que Job, el Siervo de Yahvé, tanto en los salmos como en Isaías II, aparece entregado en las manos de los impíos, y contado entre los malhechores, aunque él sea el Siervo de Yahvé y lo sepa, pues así lo reconoce. Esta misma experiencia y esperanza se expresa en Is 50, 8, en las palabras: está cerca de mí aquel que me justificará ¿quién me condenará? Esa misma es la confesión que expresa y declara Job en la noche del conflicto, en la que el sufrimiento le ha encerrado de un modo directo e indirecto.

Precisamente en el momento en el que Job es consciente de la doble aflicción que sufre en toda su crudeza (de parte de Dios y de parte de sus "amigos"), rechazado por Dios y por los hombres, viene a surgir y mostrarse su más honda esperanza. Para un hombre que piensa que Dios se ha vuelto su enemigo y que no tiene ya amigos entre los hombres, solo existen dos posibilidades: o hundirse en el abismo de la desesperación; o abrirse paso, desde el rechazo de Dios y de los hombres, hacia un amor más hondo, que está presente en la profundidad del corazón de Dios, que, a pesar de su hostil manifestación externa, no puede abandonarle.

¿Desde dónde podrá elevarse Job al Dios que parece su enemigo y de qué forma (a pesar de todo) lo hará sin renunciar a Dios? Él solo puede hacerlo volviéndose desde el Dios hostil al Dios que se le manifiesta dispuesto de un modo distinto. Esto significa que él tiene que pasar del Dios imaginario que le persigue al Dios real, en el que se sostiene su fe, a pesar de toda manifestación externa de ira, a pesar de todo sentimiento de furor vinculado al otro semblante de Dios[21].

Pero, dado que los dos son un Dios, que parece ser distinto de sí mismo, este arriesgado despliegue de fe nos lleva del Dios fantasma, propio del conflicto de la tentación, al Dios verdadero de la fe. La fe, que es la esencia de un tipo de percepción más alta, nos permite captar la existencia real de Dios detrás de la apariencia, nos capacita para alcanzar el mismo corazón de Dios, más allá del rostro externo, el valor de aquello que permanece detrás de lo que es simple apariencia, desafiando nuestras contradicciones con una santa afirmación: "a pesar de…". A pesar de todo, Dios no se niega a sí mismo.

Job reta a la tierra diciéndole que no oculte su sangre, y lo hace de un modo incesante, sin detenerse nunca: su sangre debe permanecer planteando la pregunta por la justicia. Lo que dice en 16, 18 no ha de tomarse simplemente como expresión de un deseo, sino como petición estricta, o mejor aún como un mandato.

Fuera cual fuere el desenlace externo de su vida, aún en el caso de que él sucumbiera en medio de sus sufrimientos, de manera que a los ojos de los hombres su muerte viniera a presentarse como castigo de pecador, su clara conciencia de inocencia no le permite renunciar a su derecho de presentar una declaración pública de su justicia, diciendo que él es inocente.

Pero ¿a quién debe clamar su sangre de víctima? ¿A qué otro sino a Dios, es decir, al mismo Dios que le ha matado? Vemos así que la idea de Dios que tiene Job está iluminada por la esperanza de un juicio, a favor de su causa. Descubrimos así claramente que la idea que Job tiene de Dios está iluminada por la prospectiva de que ha de haber un juicio decisivo de su causa. La idea de Dios que abandona a Job, "condenándole" a la muerte por culpable y la del Dios que no puede dejarle sin juicio (sin vindicación), aunque sea después de la muerte, aparecen distintas y separadas, como la oscuridad está separada de la luz que supera el caos y que vence el conflicto de la tentación.

Job no conoce la idea de una vindicación tras la muerte, pues solo reconoce tras la muerte la apariencia de una vida que no es vida, conforme a la noción que entonces regía, y que no ha sido superada por él todavía; por eso, lo único que puede pedir y exigir a través de su conciencia moral es una vindicación (justificación) en este mundo. Y así expresa su fe a través de estas palabras de 16, 19: "Pero, mira, yo sé que está en la altura mi testigo, aquel que me reconocerá desde lo alto".

De esa forma derrama sus lágrimas ante ese Dios, a fin de que se manifieste la diferencia entre el Dios que le está oprimiendo (según sus amigos) y el Dios

---

21. Cf. oración de Juda ha-Levi, אברח ממך אליך (árabe *mn-k "ud l-k*, me refugiaré de ti en ti), en Kmpf, *Nichtandalusische Poesien andalusischer Dichter*, 1858, ii. 206.

verdadero que ha de proclamar su inocencia, entre su apelación (la de Job) y la condena de sus amigos. Desea una decisión (una declaración favorable de juicio), y que ella se proclame ahora mismo, pues irá pronto al país del no retorno.

De esa manera, Job aparece aquí como el profeta que busca la solución de su problema personal. Y de esa forma, por encima de la relación con *Eloah* y sus amigos, por encima del Dios que le abandona y que le condena a la muerte de los pecadores, y por encima de los amigos que le declaran culpable, apela al Dios del futuro, para que rompa la oscuridad actual; Job implora y llama a ese Dios del futuro, en gesto creyente, a fin de que le libere del Dios de su sufrimiento y condena presente[22].

Esto es lo que Job dice en 16, 20, movido por la mayor confianza: ¡Mira, mi testigo está en el cielo! De esa manera culmina y se expresa su deseo: que Dios le reivindique ante sí mismo (ante Dios), ante sus amigos y ante el mundo. Ese deseo le impulsa a vivir, le impulsa hacia adelante, cuando reflexiona sobre su doble aflicción, estando él enfermo de muerte y siendo juzgado y burlado por sus amigos. Ese deseo le lleva a pedir a Dios: dame una prenda (un aval, una señal), dame seguridad ante ti mismo, porque ¿qué otro podría darme la mano, actuando así ante mí como garantía de justicia, mostrándome así que no soy una persona injusta?

Los amigos son incapaces de ofrecerle a Job una garantía de ese tipo; en contra de eso, ellos tienen el deseo de convencerle de que es culpable, llevándole a pensar que él es injusto, y que Dios así le considera. Por eso, Job confía desde aquí que Dios no podrá concederles a ellos (a sus amigos) la victoria. En esa línea, Job declara que unos falsos amigos como ellos, que abandonan sin compasión a su amigo (Job), deberían experimentar un sufrimiento semejante en sus hijos, pues en vez de ayudarle y aliviar su sufrimiento lo han aumentado.

Esos tres amigos no han tenido capacidad de introducirse en la aflicción del justo Job, mirándola por dentro, sino que le han tratado sin compasión, como si fuera un despojo en manos de los acreedores. Por eso, él no puede esperar que en el camino de ellos se le ofrezca justicia, a no ser que el mismo Dios venga a convertirse en fuente de seguridad (aval de la justicia de Job) ante sí mismo (es decir, ante Dios). Este es un pensamiento tan extraordinario y audaz que uno puede admirarse de que los comentaristas antiguos no hayan sido capaces de comprenderlo.

En la correcta línea, para resolver el problema de Job, se encuentra 2 Cor 5, 19: Dios estaba en Cristo reconciliando el mundo consigo mismo. El Dios del

---

22. Así dice Ewald con mucha razón: Este es el momento clave de la controversia humana de Job, que está planteado desde el conjunto de su vida, de forma que, aunque en este mundo desespere de todo, incluso de Dios, él (Job) puede mantenerse a la espera del eterno Dios escondido en el futuro, y con esta esperanza se eleva de un modo maravilloso, cuando parece que todas las esperanzas humanas le llevan a sucumbir.

puro amor ha reconciliado el mundo consigo mismo, ese Dios verdadero logra mostrar el sentido de la ira justa. Eso es lo que Job pide: que el Dios de la verdad pueda ofrecerle seguridad (verdadera justicia) ante (sobre) el Dios de la absoluta soberanía (del poder ciego, sin justicia).

Cuando se lamente de la destrucción de su vida (de su situación de condena), entendiéndola como algo que viene de Dios, Job afirma: Él me ha hecho למשל עמים, objeto de mofa del pueblo (del mundo). En este contexto, el lector recuerda, en conexión con esta fuerte idea, otros lamentos que aparecen en la boca del auténtico pueblo de Israel, como en Sal 44, 15 y en el salmo del justo sufriente (Sal 69, 12). Cuando seguimos leyendo que, conforme a la afirmación de Job, los piadosos sufren fuerte aflicción, no podemos dejar de pensar en Is 52, 14, donde en relación con el Siervo de Yahvé se dice: "Muchos se asombraron de ti".

En esa línea, cuando Job dice, en referencia a sí mismo, que el sufrimiento del justo ha de mostrarse a la larga como ganancia para él, pues tiene las manos limpias ¿cómo no pensar en el glorioso final del sufrimiento del siervo de Yahvé quien, habiendo sido presa de la opresión y de la burla reparte al fin los despojos entre los triunfadores, de forma que puede presentarse como signo de nueva vida, de fortalecimiento y de exaltación de Israel?

Todos estos paralelos no son ni pueden tomarse como prueba de que el libro de Job es un poema alegórico, pero prueban que este libro se encuentra en conexión muy profunda (retrospectiva y prospectiva) con la literatura de Israel. En esa línea podemos afirmar que (desde su referencia a los salmos de la pasión del justo) el poeta autor del libro de Job ha interpretado su figura, de un modo consciente o inconsciente, como la de un modelo o tipo de Israel. De esa manera, probablemente de un modo que no ha sido intencionado, proyectando sobre Job muchos rasgos de la nación israelita, el poeta ha contribuido a que su figura de justo sufriente se interprete de modo natural como un "mashal", es decir, como un símbolo de Israel.

Por su parte, el mismo Isaías, tomando prestados algunos rasgos y expresiones del libro de Job, y concretándolos en la figura del עבד יהוה, que es una personificación del verdadero Israel, ha hecho que la figura de Job se interprete también en esa línea. De esa manera, el libro de Job ha podido entenderse como un espejo de consolación para el pueblo fiel de Dios, que se siente identificado con él (como muestra el Sal 44) y como un espejo o motivo de advertencia para los burladores y perseguidores, que no tienen ninguna simpatía por el pueblo de Dios, ni comprenden la manera en que la acción de Dios se manifiesta en el mundo.

Por otra parte, al mismo tiempo, Job aparece en su verdadera luz en la historia del Nuevo Testamento, a través del cumplimiento de las profecías de sufrimiento de los salmos, cuyo tema aparece también en Isaías y en el mismo Zacarías. De esa manera, viene a presentarse como tipo de aquel Jesús que sufre de un modo semejante, a fin de que Satán sea expulsado al desierto, siendo allí confundido.

Jesús aparece así como verdadero Job, pues ha tenido que soportar en sí mismo la aflicción, una aflicción cuyo motivo y meta es el amor de Dios. Jesús se mostrará justo, juzgado falsamente y burlado por los hombres que le desprecian y rechazan. Ciertamente, sin negar lo anterior, no podemos olvidar que existe una infinita distancia entre el tipo y el antitipo, entre Job y Jesús; pero eso pertenece a la naturaleza de los tipos, de manera que no anula la relación entre ellos, una relación que solo existe *exceptis excipiendis* (exceptuando lo que debe exceptuarse). En esa línea, los tres amigos de Job podrían compararse con los penitentes de Is 53, 1-12, que pensaban que el Siervo de Yahvé había sido herido por el mismo Dios, para verle al final como aquel que ha sido avalado por Dios para salvarles.

Job considera al final a sus amigos como privados de sabiduría, porque ellos intentan consolarle diciendo que si se arrepiente verá pronto la luz, mientras que se extiende (y ellos extienden) ante él la oscuridad. Esos amigos se equivocan, porque quieren darle la esperanza de una restauración corporal, mientras que él, Job, no puede esperar en otra cosa que en la muerte, de forma que desea ardientemente que le llegue su descanso.

Resulta sorprendente el hecho de que el discurso de Job se sumerja nuevamente, de un modo completo, en una falta completa de esperanza, tras haberse levantado con la esperanza de que podrá ser vindicado por Dios en esta misma vida. Ciertamente, él no evoca de nuevo esa prospectiva de pura muerte, pero tampoco puede aventurarse a esperar que pueda darse para él una bendición en esta vida, después de la maldición que le ha sobrevenido. Pero ¿no es acaso obra de fe y de fidelidad a Dios el hecho de que, sin pedirle que le restablezca en este mundo, Job se declare satisfecho con una única cosa?: ¡que Dios reconozca su justicia!

Las promesas de los amigos deberían haberse basado en un fundamento diferente, a fin de que él (Job) hubiera podido apoyarse de alguna forma en ellas. Pues bien, en contra de eso, se siente inevitablemente entregado como presa a la muerte, de manera que, como si hablara ya desde la profundidad del Hades, en el que se está hundiendo, eleva sus manos a Dios, no para que le mantenga en vida, sino para que le reconozca como suyo (justo) ante el mundo.

Si ha de morir, no quiere que su muerte sea la de un criminal. ¿Se trata, según eso, de que él quiera y pueda recuperar su honor personal? Ciertamente. Pero se trata también, y principalmente, del honor de Dios, que no puede destruir sin más (como si fuera un malhechor) a un hombre que le ha sido siempre fiel. En esa línea, cuando al final de la historia, Dios reconozca a Job como su siervo, de manera que le concede una riqueza nueva y una vida próspera, Job recibirá más que aquello que ha pedido.

Job tendrá así más de lo que había imaginado. Él ha comprendido por su propia experiencia que Dios lleva al Hades y libera de nuevo del Hades. De esa forma ha superado todo miedo a la muerte, y en esa línea recibe ya en sí los gérmenes de una esperanza abierta a la vida futura, que se ha desplegado en su conciencia y que puede expresarse gozosamente en ella (y en la realidad externa de su vida). De esa forma, él aparece ante sí mismo como uno que ha resucitado de la muerte, de manera que su misma vida se muestra como prenda, anuncio y garantía de la resurrección de entre los muertos.

Job 18. Segundo discurso de Bildad
Esquema: 4.9.8.8.8.4

Job 18, 1-3

¹וַיַּעַן בִּלְדַּד הַשֻּׁחִי וַיֹּאמַר׃
²עַד־אָנָה ׀ תְּשִׂימוּן קִנְצֵי לְמִלִּין תָּבִינוּ וְאַחַר נְדַבֵּר׃
³מַדּוּעַ נֶחְשַׁבְנוּ כַבְּהֵמָה נִטְמִינוּ בְּעֵינֵיכֶם׃

¹Entonces respondió Bildad, el suhita, y dijo:
²¿Hasta cuándo pondréis trampas en vez de palabras? Pensemos y después hablemos.
³¿Por qué somos tenidos por bestias y como estrechos de mente ante vuestros ojos?

18, 1. Los discursos de Job son largos, y ciertamente constituyen una prueba de paciencia para sus tres amigos, y en especial para Bildad, cuyo turno viene ahora, aunque él intenta ser breve. Desde ese fondo se entiende su reproche a las "trampas en vez de palabras" (del alegato de Job), con las que comienza aquí su discurso, lo mismo que había hecho en Job 8, 2.

De todas formas, en conexión con esto no podemos olvidar que el mismo Job ha criticado satíricamente a sus amigos (16, 3) diciéndoles también que cesen de hablar (presentando así sus discursos como falsos). En cualquier caso, Job aparece más culpable que sus amigos en esto de pronunciar largos discursos.

18, 2. La pregunta de Bildad, en el caso de que קִנְצֵי derive de קֵץ, carece de sentido, a no ser que la expliquemos como Ralbag: ¿Hasta cuándo estarás terminando de verdad, pues cuando parece que has terminado ya comienzas otra vez de nuevo? Pero, para que tuviera el sentido de "¿hasta cuándo estarás hablando sin terminar?" el texto tendría que haberse formulado de otra manera, con עד־אנה לא, como hacen los LXX (μέχρι τίνος οὐ΄ παύσῃ). Pero debemos preguntarnos: ¿qué sentido tendría el final conforme a esta traducción?

La forma קנצי que es igual a קצי no debería causarnos problemas, pues aunque la palabra קצים (cf. קִנְצֵי) no aparece en ningún otro lugar del AT, está bien atestiguada en arameo (קצין), y porque otro tipo de plural (cf. קצי קצוות, קצי) hubiera ido en contra del uso del lenguaje hebreo. De todas formas, el plural no parece aquí apropiado, a pesar de la explicación de Ralbag.

Dado que el libro de Job tiene bastantes arameísmos y en árabe *qanaṣa* (que es sinónimo de *ṣâd*) significa *venari* (cazar), *venando capere*, y por su parte *qanṣun (maqnaṣun)* significa *cassis*, es decir, *rete venatorium* (red para cazar); y dado

Segundo curso de la controversia

que שִׂים קנצים (cf. שִׂים ארב, Jer 9,7) es una lectura incontrovertible, y dado que todas las dificultades están relacionadas con la referencia a קץ (concretadas en la formulación de עד־אנה en lugar de עד־אנה לא y en el uso del plural desapareen con ellos), traducimos esas palabras con Castell, Schultens, J. D. Mich y la mayoría de los comentaristas modernos, de esta forma: *¿Por cuánto tiempo* (aquí como en Job 8, 2; 19, 2) *irás poniendo trampas* (esa construcción se puede utilizar también en otros casos como Job 24, 5; 36, 16, según Gesenius 116, 1) *en vez de palabras?* El sentido de la frase (referida a Job) no es cazar con palabras, para contradecir las palabras de los otros, sino hablar sin fin para no decir nada[23].

Job es la persona aludida, y en esto Bildad concuerda con sus otros dos amigos. Resulta sin embargo notable que él se dirija a Job con un "vos, vosotros". Algunos afirman que Bildad está pensando en Job como uno de un número más grande de personas. Ewald supone que la controversia se ha vuelto más amplia y general. Por su parte, Schlottmann afirma que Bildad está fijando su vista en varios de sus oyentes, en cuyo rostro cree ver un cierta inclinación hacia Job.

Esta conjetura podemos dejarla sin más de lado; pero también la observación que hace Schlottmann, suponiendo que Bildad tome a Job como tipo de toda una clase de personas. Eso es cierto, pero debemos precisar que el hecho de dirigirse a Job en plural no es más que una réplica al sarcasmo de Job, cuando hablaba en plural.

18, 3. Job ha criticado a sus amigos diciéndoles que ellos actúan como si fueran la humanidad en general, y como si toda la sabiduría estuviera concentrada en sí mismos, sin pensar en la sabiduría de otros. De la misma manera, Bildad está suponiendo que Job aparece aquí como representante de los hombres que deberían ser verdaderamente elevados, justos y puros. Por eso se dirige a él en plural porque él, Job, se ha venido a presentar como signo de todos, en sentido colectivo.

Pues bien, a pesar de todo, Bildad quiere decir que Job, siendo un charlatán, con su forma de presentarse, no puede conseguir nada: ¡Oh si tú pudieras comprender…! Con הבין, como en Job 42, 3, pero no en sentido causativo, como en Job 6, 24), es decir, si pudieras volver a tu recto juicio, de tal forma que después pudiéramos hablar, pues solo en ese caso podríamos seguir un camino de entendimiento. Bildad piensa que eso no es ahora posible, porque él (Job), que está haciendo el papel de muchos (como si fuera representante de la verdad), les amenaza a ellos, a los tres, que se han opuesto a él, presentándoles como personas totalmente vacías de entendimiento y faltas de sabiduría, como lo ha dicho en Job 17, 4–10.

Mirando al Sal 49, 13. 21, uno puede estar tentado de tomar נִטְמִינוּ (sobre la utilización de la vocal î en lugar de ê, cf. Gesenius 75, 7) como נדמינו con un

---

23. En hebreo postbíblico, קנצים se ha vuelto común con el sentido de pruebas, argumentos, como en un poeta karaíta que dice: ויחוד שמך בקנצים הקימותי, "el carácter único de tu nombre yo lo he confirmado con pruebas", cf. Pinsker, *Likute Kadmoniot. Zur Gesch. des Karaismus und der karaitischen Literatur*, 1860, קסו.

intercambio de consonantes, con el sentido de *estate callado, termina por fin*, tu/vosotros sois *profligati* (libertino/s). Pero esta suposición de un intercambio de consonantes es puramente arbitraria.

Por otra parte, la traducción "¿por qué nos tomas como manchados?" (Vulgata *sorduimus*), que vendría de טמה en el sentido de טמא, Lev 11, 43 (Gesenius 75, vi.), no responde al texto, ni siquiera al contexto, sino que podría vincularse solo ligeramente con Job 17, 9. Es preferible suponer que en el fondo del texto hay un verbo טמה con el significado de henchir, obturar, que responde a esta combinación de consonantes, que aparece en todos los idiomas semitas; cf. א־טם, árabe *ṭm, obstruere*, arameo טמטם (טמם, árabe *ṭmm*, p. ej., Talmud: transgresión superada, מטמטמת, corazón humano).

En esa línea han explicado nuestro texto los comentaristas judíos (Raschi: נחשבנו טמומים), y dándole el sentido de סתם (Parchon: נסתמה דעתנו), y de esa forma logramos un sentido que corresponde tanto a los reproches anteriores de Job como al paralelismo. Por eso nos decidimos a favor de esta lectura, con la mayoría de los comentaristas modernos. Con el interrogativo *por qué* (מַדּוּעַ), Bildad apela a la conciencia de Job. Esas inventivas proceden de una apasionada desilusión de los amigos, respecto a la verdad de la que Job se aleja, sin que ellos puedan alterar su forma de pensar y de hablar.

Job 18, 4-7

⁴ טֹרֵף נַפְשׁוֹ בְּאַפּוֹ הַלְמַעַנְךָ תֵּעָזַב אָרֶץ וְיֶעְתַּק־צוּר מִמְּקֹמוֹ׃
⁵ גַּם אוֹר רְשָׁעִים יִדְעָךְ וְלֹא־יִגַּהּ שְׁבִיב אִשּׁוֹ׃
⁶ אוֹר חָשַׁךְ בְּאָהֳלוֹ וְנֵרוֹ עָלָיו יִדְעָךְ׃
⁷ יֵצְרוּ צַעֲדֵי אוֹנוֹ וְתַשְׁלִיכֵהוּ עֲצָתוֹ׃

⁴Tú que te destruyes en tu furor: ¿quedará desolada por ti la tierra, removida de su lugar una roca?
⁵Ciertamente la luz del impío será apagada y la llama de su fuego no resplandecerá.
⁶La luz se volverá oscura en su tienda y la lámpara de encima se apagará.
⁷Sus pasos vigorosos se acortan y sus propios planes le hacen tropezar.

18, 4. El sentido de las palabras de Bildad es el siguiente: ¿puedes tú imaginar que por la vehemencia con la que te has comportado, y por haberte mostrado enfadado contigo mismo, podrás efectuar algún cambio en el orden divinamente establecido en el mundo? Existe una ley superior, según la cual los sufrimientos son castigos del pecado. Y tú, Job, no puedes alterarla, ni hacer que por tu mandado o por tu causa la tierra que está destinada a ser habitación de los hombres (Is 45, 18) quede desolada (con תֵּעָזַב, *tê'âzab*, con el tono puesto en la parte posterior, cf. Gesenius 29, 3, b, en *árabe* con un sentido semejante, en intransitivo: *t'azibu*), o que una gran roca se mueva de su lugar (sobre יעתק, cf. Job 14, 18).

Segundo curso de la controversia

Bildad funda aquí su acusación contra Job en aquello que Job mismo ha dicho en 16, 9 refiriéndose a la ira de Dios que le interpela: es él mismo el que se destruye con su propia ira, por la suerte inevitable ante la cual debería inclinarse de un modo penitente.

Este discurso (que empieza en 18, 4a), formulado como suele hacerse entre los árabes (*apud Arabes ubique fere*, Schultens), está presentado de manera objetiva (no en la forma ¡oh tú que…!). Cf. lo dicho al ocuparme de כלם, Job 17, 10, que está influido por la misma norma sintáctica. Los LXX traducen: ¿Cómo? ¿Quedará el Hades sin habitantes (inquilinos) en el caso de que tú mueras (ἐὰν σὺ ἀποθάνῃς)? En esa línea explica el tema Rosenmüller: *te cadente…* Pero en este caso deberíamos tener הבמותך.

La distribución de la tierra es simplemente un ejemplo de esta organización de la omnipotencia y sabiduría divina, la continuidad de la cual queda por encima del poder y deseo de los hombres y no responde a la voluntad o fuerza que ellos tengan. En esa línea aparece el ejemplo de la roca, como emblema de aquello que Dios ha fijado y ha hecho que sea inmutable. Pues bien, en esa misma línea se sitúa la ley de la retribución. Por mucho que Job se enoje, esa ley rige como un poder inevitable, que domina sobre los malvados.

18, 5-7. La partícula גם es aquí equivalente a "sin embargo" o mejor aún a ὅμως, como en Sal 129, 2 (Ewald 354, a). La luz de los malvados se apaga, lo mismo que el resplandor confortable y el calor que despide una llama. Solo aquí aparece שְׁבִיב como una palabra hebrea. Según Raschi y otros significa una chispa; pero según los LXX, Teodoción, traducción siríaca, Jerónimo, es una llama, y conforme al targum es el brillo de la luz que el fuego despide en su entorno.

Como indica el pretérito חשך, la luz de la tienda se ha vuelto oscuridad, pues su lámpara de arriba, es decir, la que cuelga de la parte superior de la tienda (Job 29, 3, cf. Job 21, 17) se apaga. Cuando el infortunio irrumpe sobre alguien, los árabes dicen *ed-dahru attfaa es-sirâgi*, el destino ha apagado mi lámpara.

Ese pensamiento, que indica el final de la prosperidad, se puede expresar y se expresa aquí de varias formas: (a) Con la figura del estrechamiento de un camino, que se aplica tanto entre los árabes como en la Biblia. (b) Con los pasos vigorosos y largos que se acortan (יֵצְרוּ צַעֲדֵי אוֹנוֹ), cf. Prov 4, 12 (árabe *takâssarat*). (c) Finalmente, con el hecho de que quedan destruidos (וְתַשְׁלִיכֵהוּ עֲצָתוֹ) los propósitos formados de un modo egoísta y sin el apoyo de Dios.

Job 18, 8-11

⁸ כִּי־שֻׁלַּח בְּרֶשֶׁת בְּרַגְלָיו וְעַל־שְׂבָכָה יִתְהַלָּךְ׃
⁹ יֹאחֵז בְּעָקֵב פָּח יַחֲזֵק עָלָיו צַמִּים׃
¹⁰ טָמוּן בָּאָרֶץ חַבְלוֹ וּמַלְכֻּדְתּוֹ עֲלֵי נָתִיב׃
¹¹ סָבִיב בִּעֲתֻהוּ בַלָּהוֹת וֶהֱפִיצֻהוּ לְרַגְלָיו׃

⁸Porque es llevado a la red por sus propios pies y camina sobre una trampa;
⁹un cepo atrapa su talón y un lazo le sujeta.
¹⁰Su trampa está escondida en la tierra y una red le aguarda en la senda.
¹¹De todas partes lo asaltan temores y le asustan a cada paso (en sus pies).

18, 8–9. El *pual* שֻׁלַּח no significa simplemente ser traicionado, sino ser introducido o llevado por uno mismo (en este caso a la red en la que uno queda atrapado), con *piel*, como en Job 30, 12, y así ha de ser traducido también en el canto de Débora (Jc 5, 25): "Y como Isacar, también Barak fue impulsado (introducido) tras él, para luchar en el valle (el lugar de reunión, que era bajo el monte Tabor, en la llanura de Jezrael)".

La palabra ברגליו, que en Jc 4, 10 y 8, 5 significa sobre sus pies (es decir, cerca de él), aquí aparece en forma de causa mediadora: "Por sus propios pies él (Job), se está apresurando a caer dentro de la red". Por un lado no quiere, y por otro lado son sus propios pies los que le arrastran con toda velocidad hacia la destrucción.

Lo mismo se dice en Job **18, 8**: el camino por el que se mueve de un lado al otro, como si fuera en un laberinto (con שׂבכה, que evoca un tipo de enrejado) es aquí una trampa (árabe *schabacah*, una red, de שׂבך, en el sentido de *schabaca*, entrelazar, tejer), pero de tal forma que no solo le atrapará, sino que se romperá rápidamente y le llevará a la ruina. Este hecho de ponerse a sí mismo en manos de la destrucción se expresa con un futuro apocopado (Job 18, 9), usado como presente, pero sin tener un sentido voluntario, en línea poética: una trampa atrapa su talón, un lazo le sujeta, con עליו (en el sentido de apoderarse de él, como indica la traducción: un lazo le ata).

Este es el sentido de צַמִּים que no es plural, sino singular (en árabe *ḍmm*, unir), que vincula los significados de trampa y lazo (Job 5, 5); la primera forma (como אדיר,אביר) parece más adecuada, pero no excluye la última, como muestran לפיד y תנין (λαμπάς).

La continuación, en **18, 10**, de la figura del cazador de aves (con trampas y lazos) indica que el despliegue de la vida ha sido preparado con mucha anticipación. Pues bien, desde el principio, la prosperidad de los malhechores tiende a la ruina. En el caso de חבלו tenemos la puntuación חֶבְלוֹ, como si la lengua de fondo del texto fuera el árabe en un sentido semejante al de *hhabluhu* (de *hhabl*, una cuerda, una red).

En esa línea, la destrucción se le acerca ahora a ese hombre fuerte, aterrorizado por presentimientos de caída y muerte, como indica **18, 11**; de esa forma le dominan terribles pensamientos (בלהות) y apariciones, como si le estuvieran cazando, agarrándole por los talones. לרגליו, muy cerca, tras él, como en Gen 30, 30; 1 Sam 25, 42; Is 41, 2; Hab 3, 5. La puntuación más autorizada de la palabra es וֶהֱפִיצֻהוּ, con *segol* (Gesenius 104, 2, c), *chateph-segol y kibbutz*.

Excepto en Hab 3, 14, donde el profeta se incluye a sí mismo con el pueblo, la palabra הפיץ, *diffundere, dissipare* (cf. Job 37, 11; 40, 11), nunca tiene como objeto a una persona. Esa palabra se utiliza en nuestro caso para poner de relieve que los espectros de terror persiguen a Job a cada paso, apareciendo ahora aquí, ahora allí, como si se multiplicaran las sombras y los miedos ante él, por todas partes.

Job 18, 12-15

יְהִי־רָעֵב אֹנוֹ וְאֵיד נָכוֹן לְצַלְעוֹ: ¹²
יֹאכַל בַּדֵּי עוֹרוֹ יֹאכַל בַּדָּיו בְּכוֹר מָוֶת: ¹³
יִנָּתֵק מֵאָהֳלוֹ מִבְטַחוֹ וְתַצְעִדֵהוּ לְמֶלֶךְ בַּלָּהוֹת: ¹⁴
תִּשְׁכּוֹן בְּאָהֳלוֹ מִבְּלִי־לוֹ יְזֹרֶה עַל־נָוֵהוּ גָפְרִית: ¹⁵

¹²Su calamidad es como hambre (que muerde); y el infortunio está pronto para su caída.

¹³La enfermedad roe su piel y el Primogénito de la Muerte devora sus miembros.

¹⁴Es arrancado de su tienda aquello en lo que confiaba y conducido al Rey de los Terrores.

¹⁵En su hogar moran extraños; piedra de azufre es esparcida sobre su morada.

18, 12. La descripción de la destrucción actual y total de los malhechores comienza con יְהִי (como en Job 24, 14, en la línea de las formas verbales voluntativas utilizadas en Job 24, 9). Paso a paso la destrucción va trazando su camino hasta su culminación total, llevando marcas evidentes del cumplimiento de la maldición que se ha pronunciado sobre él.

En contra de esta explicación, el targum, Raschi y otros explican אנו según Gen 49, 3: *el hijo de la humanidad más fuerte se vuelve hambriento*, una frase que suena más cómica que trágica. Otra edición del targum traduce: *él se vuelve hambriento de dolor*, lo que es inadmisible, porque el significado de *planctus*, *luctu*s, pertenece a los derivados de אנן, אנה, pero no a los de און. Por su parte, la traducción reciente aceptada por Ewald, Stickel y Schlottmann, "su fuerza se convierte en hambre", resulta insatisfactoria, porque en sí el estar hambriento no es un infortunio, y por su parte רעב no significa "estar exhausto de hambre".

Por otro lado la metáfora "el fuerte se vuelve hambriento" resulta extraña. Por eso, en vez de רעב אנו, debemos leer רעב באנו, *famelicus in media potentia sua*. Pero así como און significa fuerza (Job 18, 7), así אן (raíz א, respirar) significa también maldad y mal (en el sentido de calamidad, como *anhelitus, tristeza*, árabe *ain*); en esa línea, el pensamiento de que su calamidad (como la del malhechor) es como hambre que le devora (traducción siríaca, Hirzel, Hahn y otros) concuerda bien con el paralelismo, en el sentido de "y el infortunio está preparado para su caída"²⁴.

---

24. Ciertamente, רעב corresponde en otros textos al árabe *rugb*, tener mucha hambre. Pero aquí debemos referirnos al árabe *ra'b*, estar paralizado de miedo, significado que puede ayudarnos a entender este pasaje: "por todas partes le alarman espectros (בעתהו de בעת como en árabe *bgt*, caer

Propiamente hablando איד significa un peso, una carga, y por añadidura un gran sufrimiento, y en genitivo una calamidad (raíz אד, árabe *âda*, p. ej., *Sura* 2, 256: *la jaâduhu*, no es difícil para él, como *adda*, cf. *Comentario* a Sal 31, 1). Por su parte, לצלעו no es *a su* lado (Gesenius, Ewald, Schlottmann y Hahn) sino, conforme al Sal 35, 15; 38, 18, *para su caída* (LXX traduce de un modo libre pero correcto: ἐξ αἰό ιον, cf. **Job 18, 12** πτωμ α δὲ αυτ ῷ ητ οιμ ασται ἐξ αἰό ιον). En lugar de a su lado (árabe *ila ganbi*), los hebreos dicen "a sus costillas".

Job 18, 13 describe de un modo figurado cómo la calamidad toma posesión de él. Los miembros, que reciben el nombre de יצרים en Job 17, 7, como partes de la forma del cuerpo, se llaman aquí בדים, como partes en las que se divide el cuerpo, pues la palabra significa originalmente una parte, como aquella a la que aquí se alude (cf. comentario a Job 17, 16, donde esa palabra יצרים tiene el significado de barras, trancas de una casa).

Pues bien, según la forma en la que alguien se levanta, y conforme al primer sentido normal en que se aplica al cuerpo humano y a las plantas, esa palabra evoca los miembros (no meramente las venas, como interpreta Farisol), es decir, las partes de las que consta el cuerpo. עור (cf. עוֹרְו, distinto de גלד, Job 16, 15, semejante por su sentido al árabe *baschar*, que es la epidermis, y también a *gild*, que es la piel, en sentido extenso) se aplica a la superficie exterior del cuerpo desnudo de los animales. בְּכוֹר מָוֶת es el Primogénito de la Muerte, lo que devora de un modo gradual pero completo. En esa línea, los primogénitos de la muerte (Is 14, 13) son aquellos que no pertenecen simplemente a la raza (בני) de los pobres, sino los pobres en el sentido original de la palabra.

De esa manera, los enfermos aparecen aquí como hijos de la muerte, como en árabe las fiebres malignas se llaman *benât el-menî jeh*, hijas del destino de la muerte. La enfermedad que Bildad tiene en su mente, como la más terrible y peligrosa de todas, recibe aquí el nombre de "primogénita de la muerte", apareciendo

---

de repente sobre uno; o mejor dicho: igual a *b't*, cazarle a uno, excitarle, hacer que se ponga de pie, llenarle de miedo) y le urgen a correr, como si estuvieran pisándoles los talones". De esa manera, su fuerza termina convirtiéndose en terror paralizante (רעב), de manera que la destrucción está ya preparada para caer sobre él.

La palabra *ro'b* (רעב, como se dice en árabe de Damasco) o *ra'b* (como se dice en Haurán o entre los beduinos) es un estado de mente que entre nosotros (los occidentales) solo ocurre raras veces, pero que entre los árabes resulta frecuente como un hecho psicológico. En este contexto se emplea en árabe la palabra *wahm* (*'l-whm*) para indicar un peligro grande o inevitable; un infortunio que se apodera de las personas, que les quita todo su miedo, tanto de mente como de cuerpo, de manera que de repente se olvidan de todo, cayendo así en un estado de impotencia y de falta de defensa. De esa manera, el 8 de julio de 1860, en unas pocas horas fueron asesinados en Damasco unos 8000 cristianos, sin que ninguna levantara la mano o diera un grito pidiendo misericordia. Tanto los médicos europeos como los nativos me han asegurado que el *ro'b* mata en Arabia a muchas personas, y yo mismo he sido testigo de algunos casos. Dado que produce a menudo un tipo de incapacidad de mover las piernas, con parálisis crónica, todos los tipos de parálisis se llaman *ro'b* y los paralíticos *mar'ûb* (nota de Wetzstein).

Segundo curso de la controversia

así como aquella en la que se contiene todo el poder destructor de la muerte, como en el caso del primogénito que recibe todo el vigor de la fuerza de su padre.

El targum interpreta la figura de un modo semejante, pues traduce מלאך מותא (el ángel de la muerte); otro targum pone en vez de eso שרוי מותא, la muerte primogénita, lo que puede entenderse en el sentido de *primogénita* (es decir, *praematura*) *mors*, según la traducción de Jerónimo. Según Ewald, esas expresiones son una forma intensiva de בן־מות, 1 Sam 20, 31, que se aplica al malhechor como merecedor de la muerte.

En nuestro caso se dice que la enfermedad, en su forma más temerosa, consume el cuerpo de malhechor, de manera que ese cuerpo (en este caso, el de Job) expulsado מִבְטֵחוּ, es decir, de su tienda (con *dagesh* fuerte implícito, como en Job 8, 14; 31, 24, Olshausen 198, b), o mejor, de la morada en la que confiaba (en sentido colectivo, con el significado de todo aquello en lo que uno apoyaba su vida). Así suponen Rosenmüller, Ewald y Umbreit.

Por otra parte, Hirzel, Heiligstedt, Schlottmann y Hahn piensan que מבטחו está en aposición con אהלו, pero en contra de eso tenemos que decir que Job 8, 14b ofrece un paralelo poco apropiado para entender así la palabra, que se aplica a todo aquello que puede hacer feliz al impío, como cabeza de familia (de la casa), dándole las esperanzas más brillantes de futuro. De todo esto se le priva (*evellitur*) al malhechor, que queda así sin los bienes de su casa, de forma que él está muriendo y no hace más que sobrevivir.

Según eso, en esa línea, **Job 18, 14** describe al fin la forma en que muere el malhechor. Varios traductores modernos, especialmente Stickel, siguiendo el ejemplo de Jerónimo (*et calcet super eum quasi rex interitus*) y traducción siríaca (*praecipitem eum reddent terrores regis*), toman בלהות como sujeto, lo que sintácticamente es posible (cf. Job 27, 20; 30, 15): y la destrucción hace que él marche (se apresure, se fugue) hacia aquello que es la muerte (Gesenius: *fugant eum*) como un jefe militar.

Pero dado que הצעיד significa hacer que se aproxime, y dado que no hay a su lado ningún אליו (hacia sí mismo), hay que tomar la palabra למלך como indicando el fin o la meta, especialmente porque ל no significa nunca directamente *instar* (en lugar de). En el pasaje que se suele citar a favor de esa traducción, הצעיד significa aquello en lo que alguien se convierte, aquello en lo que uno convierte una cosa a fuerza de utilizarla (Job 39, 16) o la corrupción que se extiende.

En esa línea se sitúa la interpretación de Schultens sobre Job 13, 12, en el sentido de aproximarse a las garras del animal (*li-machlbi*) entendido como bestia salvaje. Pero uno solamente puede caer en esas interpretaciones falsas y extrañas si se aparta de la acentuación que une entre sí לְמֶלֶךְ בַּלָּהוֹת de un modo correcto, a través de *munach*. Por eso, hay que mantener la traducción que he ofrecido: *y es conducido al Rey de los Terrores*.

A la muerte misma se le llama Rey de los terrores, distinguiéndola de la enfermedad que se llama su primogénita. La muerte aparece personificada en otros lugares, como Is 28, 15 y especialmente Sal 49, 15, donde aparece en la figura de רעה, pastor y gobernante del Hades, como en la mitología de la India donde ella recibe el nombre de Rey del Infierno, *hamas*, que significa el tirano o domador.

La representación bíblica no reconoce un rey del Hades, como *Hamas* o *Plutón*, pues el poder judicial de la muerte se confía a los ángeles o a alguno de ellos, al *ángel del abismo*, que se llama *Abaddon* (אבדון), Ap 9, 11; y su jefe, el que posee el poder judicial sobre la muerte, según Hbr 2, 14, es τὸ κράτος ἔχων τοῦ θανάτου, el ángel príncipe. Pues bien, según el prólogo del mismo libro de Job, ese ángel perverso es el que ha producido la fatal enfermedad de Job, pero sin poder llevarle más allá de las puertas del abismo.

Según eso, conforme al espíritu de este libro de Job, podríamos entender a Satán como el rey de los terrores, aquel que, conforme a otros apelativos de la teología judía, se llama שׂר על־התהו, Señor del Abismo, porque tiene su existencia en el *Tohu*. Pero, dado que el prólogo pone un velo sobre lo que permanece desconocido en este libro, en medio de los trágicos dolores de Job, y dado que la referencia a Satán no aparece en ningún otro lugar del libro, el mismo Job y sus amigos atribuyen directamente a Dios aquella misteriosa aflicción que forma el nudo dramático de la obra; por eso identificamos al *rey de los terrores* (y eso es suficiente) *con la misma muerte*. Por eso, con Hirzel, Ewald y la mayor parte de los traductores, hemos traducido: "Y es conducido al rey de los terrores".

Ese Rey de los Terrores viene a presentarse así como un poder secreto, que suele aparecer en general en femenino, pero que aquí se utiliza en forma neutra, para evocar el "poder oscuro" (Ewald, 294, b) de los acontecimientos naturales o sobrenaturales, aunque a veces (cf. Job 4, 16; Is 14, 9) aparece también en forma masculina.

Después que ha sido atormentado por un tiempo por בלהות, y así ablandado y madurado para la muerte por medio del primogénito de la muerte, el malhechor cae bajo posesión directa del mismo *rey de los terrores* (מלך בלהות); de un modo lento y solemne, pero firme e inevitable (como indica la palabra תצעיד, con la que se combina la idea de la marcha de un criminal al lugar de la ejecución) el malhechor es conducido a este rey por medio de un ejército invisible.

En **Job 18, 15** esta descripción avanza y da un paso más profundo hacia la calamidad expresada en el lugar de habitación de los malvados, que ahora aparece de un modo totalmente desolado. En esa línea, 18, 5 afirma que sobre los malhechores se derrama una lluvia de azufre (desde el cielo: Gen 19, 24; Sal 11, 6) a fin de mostrar que este es un lugar que, habiendo sido "visitado" una vez como territorio de cumplimiento de una maldición, no podrá ya nunca más ser reedificado y habitado (cf. Dt 29, 22, y también arriba en Job 15, 38). Según eso, 18, 15 no puede decir que vendrán un grupo de hombres distintos para tomar posesión de su morada (de su tienda).

De todas formas, no podemos tomar בלהות como sujeto de תשכון. La única traducción natural del texto es: *Lo que no le pertenece habita en su tienda* (Ewald 294, b.). Por su parte, מִבְּלִי, que en todos los restantes lugares es una preposición (Job 4, 20; 24, 7), actúa aquí como un adverbio de negación, que se utiliza a menudo como una forma intensiva de אֵין, p. ej., cf. Ex 14, 11. No es necesario entender la *mem* de esa palabra (מִבְּלִי) como un partitivo, (Hirzel), aunque puede tomar un significado especial, como en Dt 28, 55 (dado que no…) apareciendo separada de בְּלִי.

La forma neutral de תִּשְׁכּוֹן se refiere a ese tipo de habitantes, tal como están presentados en Is 13, 20; Job 27, 10; 34, 11; Sof 2, 9, y en otras descripciones de la desolación. Creaturas y cosas que son ajenas al hombre rico que ha muerto, como chacales y ortigas, habitan despues en sus dominios, que aparecen así destinados a permanecer eternamente baldíos; ni hijos ni posesiones sobrevivirán para mantener su nombre. Lo que quede en el lugar de su tienda o de su casa servirá solo para mantener el recuerdo de la maldición que ha padecido[25].

Job 18, 16-19

¹⁶ מִתַּחַת שָׁרָשָׁיו יִבָשׁוּ וּמִמַּעַל יִמַּל קְצִירוֹ׃
¹⁷ זִכְרוֹ־אָבַד מִנִּי־אָרֶץ וְלֹא־שֵׁם לוֹ עַל־פְּנֵי־חוּץ׃
¹⁸ יֶהְדְּפֻהוּ מֵאוֹר אֶל־חֹשֶׁךְ וּמִתֵּבֵל יְנִדֻּהוּ׃
¹⁹ לֹא נִין לוֹ וְלֹא־נֶכֶד בְּעַמּוֹ וְאֵין שָׂרִיד בִּמְגוּרָיו׃

¹⁶Por abajo se secan sus raíces y por arriba son cortadas sus ramas.
¹⁷Su recuerdo se borra de la tierra y no tiene nombre ni cerca ni lejos en la llanura.
¹⁸Le lanzan de la luz a las tinieblas y le arrojan fuera del mundo.
¹⁹No tiene hijo ni descendiente en su pueblo, ni uno que haya quedado en sus moradas.

El malvado queda así representado bajo la figura de una planta (**18, 16**), conforme a lo que hemos visto ya en Job 8, 16; 15, 30. 32[26]. Su completa extirpación de la raíz y de las ramas es como la muerte del árbol entero, cf. Am 3, 9; Is 5, 25. En esa línea se dice en el sarcófago de *Eschmunaza*r: que no tenga una raíz abajo, ni una rama por arriba.

25. La desolación de su casa es la más terrible calamidad para un semita, y se produce allí donde mueren todos los miembros de la familia, o son reducidos a la pobreza, cuando su casa queda desolada y su ruinas vienen a presentarse como signo de maldición para las próximas generaciones. De un modo especial se cumple esa desgracia entre los beduinos, aunque las casas–tiendas no dejan señal al levantarse para que el grupo acampe en otro sitio. Casa es aquí familia y para ellos, la desolación de la familia, la extinción de la hospitalidad familiar, es el mayor de los males (nota de Wetzstein).

26. De esta figura bíblica de una planta con raíces y ramas, que se aplican a los antepasados y descendientes (cf. Sir 23, 25; 40, 15; Sab 4, 3–5; Rom 11, 16) se ha podido trazar el *arbor consanguineitatis*, que no pertenece en sí al derecho romano, pero que se ha hecho común en la reelaboración cristiana de ese derecho. El primer rasgo de este tipo de derecho puede encontrarse en Isidoro de Sevilla. En esa línea, el árbol cabalista (אילן), que representa la genealogía de los *sefirot*, tiene también su origen en España.

Aquí encontramos otra vez la palabra יִמַּל, cuyo significado propio es disputado. El Talmud la traduce como nosotros, como si fuera *nifal* de יִתְמוֹלֵל, pero no le da el significado "secarse", que es el que mejor le cuadra, como hemos dicho en Job 14, 2. Ese significado se puede obtener a partir del sentido original de "romperse en piezas" (así los LXX dicen: ἐπιπεσεῖται), pero también a partir del sentido de "secarse". Por su parte אָמַל (cf. יִמַּל, de donde viene אָמְלַל, que en árabe, en su acepción IX, tiene el sentido de fracasar; cf. Caspari, 59) ofrece una tercera explicación posible. Significa originalmente ser largo, algo que puede estirarse, de forma que pueda servir como lugar del que se cuelgan cosas; en esa línea se entiende la palabra árabe (*amala*) que es esperar, mirar hacia algo que está distante. No solamente queda así desarraigada la familia del malhechor, sino también su memoria.

18, 19. Con la palabra חוּץ, cuyo sentido se vincula al contexto, se puede evocar la calle de fuera, frente a la casa (Job 31, 32), pero también los pastos que están en la parte de atrás de ella (cf. Job 5, 10). En este caso, esa palabra ha de explicarse según Prov 8, 26 (ארץ וחוצות), a lo que Hitzmann se refiere diciendo: "Los LXX traducen correctamente ἀοικήτους, como los distritos que están tras el campo de una persona, que no son de ningún otro; pero esa palabra puede referirse también al desierto por el que uno camina, que no es de nadie".

De esa manera, la palabra ארץ parece referirse aquí (cf. Job 30, 8) a la tierra que permanece regularmente deshabitada. Job mismo ha aparecido como un gran propietario, cuya hacienda se puede comparar a la de una ciudad (Job 29, 7). De un modo más concreto, חוּץ es la estepa atravesada por las tribus nómadas, fuera de las ciudades.

En esa línea, la versión siríaca traduce: *'al apai barito*, sobre el llano del desierto, y en esa línea la versión árabe dice *el-barrîje* (sinónimo de *bedw, bâdije*, de donde proviene el nombre de beduino)[27]. Lo que se ha dicho de forma directa en **Job 18, 17** se repite en forma figurativa en **Job 18, 18**. De igual manera, lo que ha dicho de forma figurada en Job 18, 16 se repite de forma no figurada en Job 18, 19.

El subjuntivo de los verbos de Job 18, 18 sigue estando en el trasfondo, como en Job 4, 19; Sal 63, 11; Lc 12, 20. Ellos (sus enemigos) le arrojan fuera de la luz (de la vida, de la prosperidad y de la fama) a la oscuridad (infortunio, muerte y olvido). De esa forma, el que era *illustris* se convierte no solamente en *ignobilis*, sino también en *ignotus*, de forma que todos quieren expulsarle (יַנִּדֻּהוּ, del *hifil*, הִנַּד del verbo נדד, en lugar del cual se podía haber puesto también יַנְדֻּהוּ de נדה, ellos le expulsan) fuera del mundo habitado (este es el significado de תֵּבֵל, la tierra sobre la que se puede edificar, habitable). Nada queda de su raza, ni raíz ni rama.

---

27. La ciudad con los pastos del entorno es *el-beled wa 'l-berr*. La tierra arable, que se distingue de la estepa es *el-ardd el-âmira*, y la estepa es *el-berrî je*. En el caso de que se quieran evocar los dos tipos de tierra se puede decir *ardd*. En un sentido especial *el-berrî je* es el nombre propio del gran desierto sirio, del que se dice *el-hhurrî je fi 'l-berri je*, indicando que hay libertad en la estepa, pero no en las ciudades y villas (nota de Wetzstein).

Segundo curso de la controversia

Así lo muestra la aliteración rítmica de נין y נכד (según Luzzatto en *Comentario* a Is 14, 22, se utiliza solo de los descendientes de personas de alto rango; esta es una expresión más noble que la que ofrecen los pares rítmicos normales, como suponen las palabras alemanas *Stumpf und Stiel, Mann und Maus, Kind und Kegel*). Y no es posible encontrar ninguna escapatoria en sus casas, en sus moradas (cf. Dt 2, 34; cf. también expresión árabe *shârid*, uno que huye; *sharûd*, un fugitivo). מגור aparece solo aquí, además de en Sal 55, 16.

En esa línea, morir sin descendientes, sin dejar herederos ni recuerdos, es aún entre los árabes que profesan la *Dîn Ibrâhîm* (la religión de Abraham) la mayor desgracia. En esa línea, en tiempos de Job no existía ninguna forma de entender y de afirmar la vida personal futura (como inmortalidad o resurrección), después de la muerte. Y ¿cómo podría haber sido de otra manera si no se había descorrido aún la cortina que nos separa del mundo futuro y no se concebía una vida distinta de la vida en este mundo. Y con esto puede venir la ya conclusión declamatoria del discurso.

Job 18, 20-21

²⁰ עַל־יוֹמוֹ נָשַׁמּוּ אַחֲרֹנִים וְקַדְמֹנִים אָחֲזוּ שָׂעַר:
²¹ אַךְ־אֵלֶּה מִשְׁכְּנוֹת עַוָּל וְזֶה מְקוֹם לֹא־יָדַע־אֵל:

²⁰Los de occidente se espantan aquel día y sobre los de oriente recae el pavor.
²¹Tales son ciertamente las moradas del impío, y ese es el lugar del que no conoce a Dios.

18, 20. Responde al uso de la Biblia, lo mismo que al idioma árabe, llamar "su día" al día de la destrucción (muerte) de un hombre, y de igual forma poner a la batalla que se dio en un lugar el nombre del día en que se produjo, no del sitio donde tuvo lugar. ¿Quiénes son los אַחֲרֹנִים que quedarán asombrados aquel día y los וְקַדְמֹנִים a quienes les dominará el espanto (con שָׂעַר, que solo aparece otras dos veces con este sentido, en el libro de Ezequiel), sin poder hacer otra cosa que dejarse dominar por la emoción (como en Job 21, 6; Is 13, 8, aunque no en Ex 15, 14)?

Hirzel, Schlottmann y Hahn piensan que los אחרנים son descendientes (la posteridad) mientras que קדמנים son sus antepasados, es decir, los contemporáneos de Job. Pero el paso de la posteridad a los que están ahora vivos es muy extraño, opuesto al uso normal del lenguaje. Por otra parte, en todos los restantes casos, los קדמנים son aquellos que pertenecen a la generación anterior respecto a aquel que está hablando (cf. 1 Sam 24, 14, en comparación con Ecl 4, 16).

Dado que קדמני se utiliza en el sentido de la zona del *este* de la tierra, es decir, del *oriente* (así el הים הקדמוני, es el mar del Este o mar Muerto), y por su parte אחרון se utiliza con el significado de oeste (cf. הים האחרון, es el mar occidental, es decir, el Mediterráneo), resulta mucho más normal entender esas palabras, como

como hacen Schultens, Oetinger, Umbreit, y Ewald: la primera se refiere a los que habitan en el oeste, y la última a los que habitan en el este.

En la frase siguiente, de tipo de sumario, **Job 18, 21,** los pronombres respectivos tienen también un sentido pregnante, como en Job 8, 19; 20, 29, cf. Job 26, 14 : esto les sucede conforme a su destino. Por su parte, אַךְ mantiene aquí su sentido original afirmativo (como en el verso conclusivo del Sal 58, 1-11). La palabra זֶה tiene un *rebia mugrasch* en vez de un gran *schalscheleth*[28]: por su parte, en los textos correctos, מְקוֹם lleva un *legarme*, al que debe seguir לֹא־יָדַע con *illuj* en la penúltima sílaba.

Sobre la frase relativa לֹא־יָדַע־אֵל sin אֲשֶׁר, cf. por ejemplo Job 29, 16; y sobre su uso en sentido constructo cf. Gesenius 116, 3. Este último verso parece como si estuviera apuntando con el dedo hacia el ejemplo de castigo de las casas desoladas que han sido visitadas por una maldición (de manera que no se construyen más).

Interpretación de Job 18, segundo discurso de Bildad. Este discurso comienza, igual que el primero (8, 2) con el reproche del interminable lenguaje de Job. Pero no termina como el primero (6, 22), que acababa con las palabras: *Tus enemigos se cubrirán de vergüenza, y las tiendas de los impíos no existirán ya más.* El segundo es solo una amplificación de la segunda parte de esta conclusión, pero sin tomar en modo alguno el tono de promesa que estaba en el fondo de la amenaza.

Sigue siendo claro que, conforme a sus discursos, los "amigos" de Job no conocían nada del evangelio, sino que se fundaban solo en el sufrimiento que brota de la ley; no conocían tampoco nada de la justicia del evangelio, sino solo un tipo de justicia legal.

La justicia sobre la que se funda Job no es una simple justicia de la ley, sino una disposición dirigida a Dios, que brota de una conducta que proviene de la fe, o (como dice en general el Antiguo Testamento) de una justicia que proviene de la misericordia de Dios, la debilidad de la cual queda perdonada por Dios por un tipo de disposición fiel del hombre y por la intención fundamental de sus acciones.

Por el contrario, Bildad insiste solo en un tipo de justicia legal, destacando aún más que en el discurso anterior el principio según el cual el sufrimiento es consecuencia de la injusticia humana, un principio que estaría fundado en la ley inviolable del orden moral de mundo, conectado con el fundamento de la justicia humana. El hombre solo puede juzgar de esa manera cuando mira la justicia humana y el destino del hombre desde una perspectiva puramente legal. Pero tan pronto como un hombre vive en un plano de fe, y por consiguiente en un nivel de gracia, no se encuentra ya sometido de un modo exclusivo bajo ese tipo de juicio legal, como si fuera propio y exclusivo de Dios.

---

28. Cf. *Psalter* ii. 503, y compárese con Davidson, *Outlines of Hebrew Accentuation* (1861), 92, nota).

Brentius tiene básicamente razón cuando observa que la sentencia de la ley ha sido ciertamente modificada por razón de los hombres piadosos que han acogido la palabra de la promesa. Bildad, el "amigo" de Job, no sabe nada de la dignidad y del poder que un hombre alcanza a través de un corazón justo. Por medio de la fe, el hombre justo supera el plano legal de la justicia, por el que Dios recompensaría a los hombres conforme a la ley de las obras. Y ante el poder de la fe incluso las rocas se mueven de lugar.

Desde su presupuesto, Bildad ofrece una descripción detallada de la destrucción total en la que cae el malvado tras haber sido oprimido durante un tiempo por los terrores de su conciencia, como alguien que camina entre lazos de muerte, para morir al fin bajo una penosa enfermedad. Su descripción es terriblemente brillante, solemne, patética, como corresponde a un predicador estrella, que proclama el valor del arrepentimiento con orgullo y autoconciencia farisaica. En esa línea, este discurso es hermoso y, considerado en sí mismo, puede tomarse como una obra maestra de su capacidad poética de idealización, y de su manera de expresar su propia verdad de un modo dramático.

Ese discurso solo se vuelve falso cuando pasa a la aplicación de las verdades que ha proclamado, de manera que, en su relación con Job, se vuelve carente de verdad, aunque pueda estar presentado en formas delicadas. En esa línea, con el fin de aterrorizar a Job, Bildad mezcla en su descripción algunas referencias a lo que Job ha dicho, pero solo con la finalidad de ocultar su sentido bajo un ropaje lleno de figuras retóricas: el primogénito de la muerte que entrega a los impíos en manos de la destrucción; el rey de los terrores, que acecha y devora las piernas de los impíos, es la lepra árabe, que solo destruye los cuerpos.

El azufre está indicando el fuego de Dios que cae desde los cielos y que ha destruido a los rebaños y a los siervos de Job. Por su parte, las ramas que se secan son un signo de la muerte de los hijos de Job, a quienes él mismo ha sobrevivido como tronco seco por un tiempo, para morir ya pronto. Job aparece así como el hombre impío que tenía salud, hijos y nombre, pero todo lo que él poseía ha sido destruido, como ejemplo de castigo para la posteridad, tanto cercana como lejana. Pero, en realidad, Job no es un ejemplo de castigo, sino un ejemplo de consuelo para la posterioridad; y lo que la posteridad tendrá que relatar no es su ruina, sino su maravillosa liberación (Sal 22, 31.). Él no es un עוּל, un malvado, sino un hombre recto. No es uno que לא ידע־אל, uno que no conoce a Dios, sino alguien que le conoce mejor que sus amigos, aunque dispute con Dios, mientras sus amigos dicen defenderle, pero no lo hacen.

Job quiere disputar con un Dios a quien considera injusto, como hace el Sal 69, 21: "El desprecio ha roto mi corazón, y yo me he vuelto enfermo; busqué quien me consolado, pero ha sido en vano; busqué consoladores, pero no he encontrado ninguno". Así dice también el Sal 38, 12 (cf. 21, 12; 55, 13, 15; 88, 9. 19: "Mis amigos combaten en contra de mí; y mis familiares se mantienen lejos".

No carece de sentido el hecho de que Bildad se dirija a Job en plural. En un primer plano, el discurso se aplica solo a Job. Pero está construido de tal forma que lo que Bildad dice a Job se dirige también a otros, es decir, a los que piensan lo mismo que él. ¿Quiénes son esos que piensan como Job? Hirzel se refiere rectamente a los pasajes donde Job aparece como representante de los justos que sufren y son condenados. En otras palabras, Bildad se refiere a la congregación cuya bendición se encuentra escondida bajo una forma exterior de sufrimiento.

En este contexto uno recuerda que en la segunda parte del libro de Isaías, el siervo de Yahvé (עבד יהוה) aparece también como alguien al que se le presenta unas veces en singular y otras en plural, de manera que su figura de signo, por una notable contracción y expansión de las expresiones (como en sístole y diástole), describe unas veces al Siervo de Yahvé como individuo, y por otra parte como signo de toda la congregación de los siervos de Yahvé, que confían en él.

De esta forma, descubrimos que el poeta, autor del libro de Job, está contando una historia que tiene significado y valor universal. En esa línea, aunque Job no es una mera personificación, él ha vinculado en sí mismo los rasgos de una humanidad en la que se realiza la historia de la redención. Los antiguos intérpretes se movían en la línea de esta idea cuando decían, a su manera, que ellos contemplaban en Job la imagen de Dios y la figura de su Iglesia.

Así dice Beda, de un modo figurado: *Christi personam figuraliter gessit*, Job fue figura de Cristo. Por su parte, tras haber afirmado que en el Antiguo Testamento no hay ningún justo que no sea imagen de Cristo, Gregorio afirma: *Beatus Iob venturi cum suo corpore typum redemtoris insinuat* (el beato Job está indicando con su mismo cuerpo la figura del Redentor futuro).

Job 19. Segunda respuesta de Job

Job 19, 1-6

¹וַיַּעַן אִיּוֹב וַיֹּאמַר׃
²עַד־אָנָה תּוֹגְיוּן נַפְשִׁי וּתְדַכְּאוּנַנִי בְמִלִּים׃
³זֶה עֶשֶׂר פְּעָמִים תַּכְלִימוּנִי לֹא־תֵבֹשׁוּ תַּהְכְּרוּ־לִי׃
⁴וְאַף־אָמְנָם שָׁגִיתִי אִתִּי תָּלִין מְשׁוּגָתִי׃
⁵אִם־אָמְנָם עָלַי תַּגְדִּילוּ וְתוֹכִיחוּ עָלַי חֶרְפָּתִי׃
⁶דְּעוּ־אֵפוֹ כִּי־אֱלוֹהַּ עִוְּתָנִי וּמְצוּדוֹ עָלַי הִקִּיף׃

¹Respondió entonces Job y dijo:
²¿Hasta cuándo angustiaréis mi alma y me machacaréis con vuestras palabras?
³Estas diez veces me habéis insultado, sin avergonzaros me habéis injuriado.
⁴Aunque en verdad yo hubiera errado, sobre mí recaería mi error.
⁵Pero si realmente os jactáis contra mí, y pensáis haber probado el reproche contra mí,
⁶sabed que Dios me ha derribado, y me ha atrapado en su red.

Segundo curso de la controversia

19, 1. Esta controversia es una tortura para el espíritu de Job, que padece en sí mismo una agonía insoportable, tanto en el cuerpo como en el espíritu, y que además está siendo mentalmente atormentado por tres amigos reunidos en su contra; pues bien, él comienza su respuesta con un bien justificado *quousque tandem* ¿hasta cuándo..?

תּוֹגְיוּן (Norzi: תוגיון) es un futuro enérgico de יגה (הוּגה), con retención de la tercera radical, Gesenius 75, 16. Y en ותדכאוּני (Norzi: ותדכוּני con *alef* quiescente) se añade el sufijo a la *nun* del *fut. energicum*, Gesenius 60, 3. La vocal de conexión es una a, y el sufijo es *ani*, sin epéntesis, no *anni* o *aneni*, Gesenius 58, 5.

Job 19, 2-3 desarrolla el sentido de su pregunta (עַד־אָנָה ¿hasta cuándo?). La afirmación "me habéis insultado diez veces" no se ha de tomar de un modo estricto (Saadía), sino que es un número redondo que, evocando los dedos de las manos, indica el número de las posibilidades humanas; al mismo tiempo, por estar al final de la serie (en el sistema decimal) es el número de aquello que es perfecto (cf. *Comentario* a Génesis, 640 s.).

No solo el sánscrito *daan* puede tomarse como elemento de la raíz de la palabra תַּהְכְּרוּ, "angustiaréis, injuriaréis", con el sentido de "atar", apretar (encerrar), sino que también el semítico עשר puede vincularse con esa noción radical de "atar, reunir" (en vinculación con קשר). Ellos, los enemigos de Job, han agotado ya todos los posibles reproches, han hecho todo lo que podían para angustiarle, encerrarle, oprimirle. Renan, de acuerdo con la expresión hebrea, traduce: *Voilà* (זה, como en Gen 27, 36) *deuxième fois que vous m'insultez*.

El ἅπ. γεγρ. תַּהְכְּרוּ está conectado por el targum con הכיר (sobre el respeto entre las personas, en línea de imparcialidad), y por la traducción siríaca con כרא (tener dolor), por Raschi y Parchon con נכר (equivocarse) o con התנכר (alienarse uno de sí mismo), y finalmente por Saadia (cf. Ewald, *Beitrage* 99) con עכר (llorar, afligirse)[29]. De todas formas, Saadía, compara esta palabra con el árabe *hkr*, *stupere*, extrañarse, palabra que él cree que se distingue solo por un cambio de sonido respecto del árabe *qhr*, imponer, oprimir. Por su parte Abulwalid (cf. Rödiger en *Thes.* 84 suppl.) apela al árabe *thkrûn mn-nî*, miráis hacia mí, mientras que, a l mismo tiempo, menciona como posible que הכר pueda ser equivalente al árabe *khr*, tratar de un modo indigno, insultante (que solo se diferencia en sonido del árabe *hkr* por una *sade*.

En la Sura 93, 9 (no oprimáis al huérfano), la lectura *tkhr* aparece como alternativa de *tqhr*), y en este contexto la interpreta David Kimchi según Abulwalid, תתמהו לו, recordando, sin embargo, que su padre Josef Kimchi la interpretaba palabra a partir del árabe הכר, que significa "falta de vergüenza": תעיזו פניכם לי. En esa línea se podría hablar de una "oscura mirada salvaje", propia de los amigos, que angustian a Job.

---

29. Reiske interpreta la palabra según el árabe '*kr*: *turbia y dura lucha con ímpetu realizáis contra mí* (*agmine cum impetu ruitis in me*).

Esa palabra que significa "mirada" está conectada con el árabe *hkr*, y Kimchi tiene sin duda este verbo en su mente, a diferencia de Ewald ("estás desprovisto de sentimientos hacia mi"), quien supone que aquí se está evocando una mirada deshonrada, propia de malos comerciantes que se engañan y oprimen unos a otros (un término que podría estar en el de fondo de la traducción de los LXX ἐπίκεισθέ μοι y de la de Jerónimo *opprimentes*). También Gesenius, *Thes*. p. 84, sugiere que ese es el sentido más aproximado de תַּחְכְּרוּ.

En esa línea, la comparación de esta palabra (תַּהְכְּרוּ) con el árabe *hkr* resulta ciertamente la mejor y ofrece un sentido perfectamente satisfactorio a la frase, a condición de que תַּהְכְּרוּ no se tome a modo de futuro *kal* (como יהלם, Sal 74, 6, según el *textus receptus*), sino como futuro *hifil*, como lo ha destacado Gesenius 53, 4, 5, y como ha supuesto Schultens en su traducción: *quod me ad stuporem redigatis*. La conexión de los dos verbos en **Job 19, 3** ha de ser mirada en la línea de Gesenius 142, 3a: *vosotros, sin avergonzaros, me habéis injuriado y asombrado* (por la forma tan segura con la que me acusáis). Sin duda, el texto original es תַּהְכְּרוּ־לִי y no תהכרוני. Esta forma de indicar el objeto por medio de la lamed, ל, se ha vuelto normal en árabe con el infinitivo y el participio (de manera que, por ejemplo, en nuestro caso se habría dicho *muhkerina li*), y ella se ha extendido todavía más en arameo, siendo también frecuente en hebreo, como puede verse en Is 53, 11; Sal 116, 16; 129, 3 y en 2 Cron 32, 17.

En esa línea, Olshausen propone otra lectura (תַּהְכְּרוּ־לִי) תחרפו־לי en vez de que implica un cambio de consonantes. La solución del caso dependerá de la correcta percepción de la estructura de la frase en **Job 19, 4**. Esa propuesta mejora el texto, pero solo en el caso de que los dos esticos del verso se tomen como frases independientes: "Ciertamente, me he equivocado; yo soy totalmente consciente de mi error". Pero esa confesión que Olshausen pone en boca de Job no es posible en el contexto del libro, ni tiene validez ninguna.

Hirzel, Hahn y Schlottmann toman más bien Job 19, 4 como una frase hipotética antecedente (cf. Job 7, 20; 11, 18): *Y si yo realmente me he equivocado* (אַף־אָמְנָם, como en Job 34, 12, en el sentido de *verdaderamente*; Gen 18, 13, *y si yo realmente...*), mi error permanecería en mí, es decir, sería yo quien debería expiarlo, sin que vosotros tuvierais aquí ningún derecho de asumir el oficio de Dios para tratarme sin respeto ni caridad.

La traducción resulta aún mejor si la vinculamos con תלין אתי: *mi transgresión permanece en mí*, sin haberse expandido o haber contagiado a ningún otro, es decir, sin que ninguno de vosotros podáis portaros de esa manera o implicaros en la participación de mi culpa (y en el modo de corregirla).

Job 19, 6 se sitúa en una relación semejante a Job 19, 5. En esa línea, Hirzel, Ewald y Hahn toman Job 19, 5 como una pregunta doble: ¿Os envaneceréis en contra de mí y daréis pruebas en contra de mi falta? Por el contrario, Schlottmann toma אם de un modo condicional, y comienza con la conclusión de **Job 19, 5**: "Y si realmente me miráis de un modo orgulloso, tendréis al menos que probar con razones válidas el fundamento del desprecio con el que me tratáis". Pero estas dos interpretaciones, especialmente la última, hacen que el texto de **Job 19, 6** pierda abruptamente su sentido.

La misma partícula אֵפוֹ (que aparece así en otros tres pasajes bíblicos, además de este) supone que la frase condicional antecedente ha de ser la de 19, 5 (cf. Job 9, 24. 25), con el sentido expresivo que tiene el griego γνῶστε οὖν (δή): "Si realmente alardeáis en contra de mí (cf. Sal 55, 13; 35, 26; 38, 17) y probáis en contra de mí, en línea de castigo, que tenéis que avergonzarme, y lo hacéis mostrando que mis pecados me ponen en vergüenza..."; es decir, si continuáis realmente obrando así (lo que está implicado por el futuro del verbo), entonces... (sabed que ha sido Dios quien me ha derribado, no mis pecados)...

Si sus amigos declaran que Job sufre a causa de sus flagrantes pecados, él les responde y refuta diciendo que ha sido Dios quien le castiga, y ese mismo Dios se está portando con él de una forma equivocada (עִוְּתָנִי forma abreviada מִשְׁפָּטִי עִוֵּת, Job 8, 3; 34.12 y Lam 3, 36). En esa línea, Job añade que ha sido Dios quien ha echado sobre él su red (con מְצוּדוֹ, que viene de מָצוֹד, es decir, de צוּד, buscar, cazar), quitándole así su derecho y su libertad, de tal forma que él está obligado a soportar y sufrir el castigo.

En otras palabras, en el caso de que su sufrimiento no pueda verse de otra forma que como castigo por el pecado (como ellos quieren obligarle a pensar de un modo poco caritativo y poco justo), él, Job, deberá rebelarse, protestando no solo en contra de Dios, sino en contra de estos falsos amigos que, al provocarle a él (a Job) están provocando en realidad al mismo Dios.

Job 19, 7-11

⁷ הֵן אֶצְעַק חָמָס וְלֹא אֵעָנֶה אֲשַׁוַּע וְאֵין מִשְׁפָּט׃
⁸ אָרְחִי גָדַר וְלֹא אֶעֱבוֹר וְעַל נְתִיבוֹתַי חֹשֶׁךְ יָשִׂים׃
⁹ כְּבוֹדִי מֵעָלַי הִפְשִׁיט וַיָּסַר עֲטֶרֶת רֹאשִׁי׃
¹⁰ יִתְּצֵנִי סָבִיב וָאֵלַךְ וַיַּסַּע כָּעֵץ תִּקְוָתִי׃
¹¹ וַיַּחַר עָלַי אַפּוֹ וַיַּחְשְׁבֵנִי לוֹ כְצָרָיו׃

⁷Grito ¡violencia! pero no soy oído, doy voces, pero no se me hace justicia.
⁸Ha cercado mi camino y no puedo pasar; y sobre mis pasos ha tendido tinieblas.
⁹Me ha despojado de mi honor y ha quitado la corona de mi cabeza.
¹⁰Por todas partes me arruina, y yo perezco; y ha talado mi esperanza como un árbol.
¹¹Hace arder contra mí su furor y me tiene por uno de sus enemigos.

19, 7. Job grita en alto diciendo *hamás*, חָמָס (palabra que se puede tomar como acusativo o como interjección, cf. Hab 1, 2), indicando la fuerza/violencia ilegal que están ejerciendo en su contra. Según eso, él, Job, no encuentra ninguna respuesta de simpatía y ayuda, ni de parte de Dios ni de parte los hombres. Grita pidiendo ayuda o salvación (con יָשַׁע, אֲשַׁוֵּעַ, árabe *s't,* de *ws'*), pero no le hacen justicia, ni le conceden el derecho de un juicio imparcial y de un veredicto justo, que son para él algo inalcanzable.

19, 8. Job es como un prisionero que se encuentra confinado en un espacio estrecho (cf. Job 3, 23; 13, 27) que no tiene salida, pues la oscuridad se abalanza sobre él, por cualquier camino por el que pueda seguir. Uno recuerda aquí el texto de Lam 3, 7-8, y es lógico que sea así, pues Job 19 tiene una relación temática, no meramente accidental, con las Lamentaciones de Jeremías. La expresión "la corona de mi cabeza" (עֲטֶרֶת רֹאשִׁי) tiene también su paralelo en Lam 5, 16. Esa corona es para Job el mayor de sus adornos simbólicos, la joya más preciosa de su vida, pero se la han arrancado de la cabeza.

19, 9. Según Job 19, 14, צדק y משפט deberían ser su vestido y diadema. Pues bien, Dios le ha despojado de estas vestimentas, le ha quitado el adorno real de su cabeza (su diadema); ha destruido sus signos de honor, le ha tratado como a un transgresor, le ha abandonado y puesto en manos de los insultos de aquellos que le rodean. Dios ha destruido (*destruxit*) todo aquello que formaba su dignidad por todos lados, y ha cortado como un árbol su esperanza.

19, 10. La palabra הסיע no significa en sí misma *arrancar de raíz*, sino solo elevar (Job 4, 21, quitar la cuerda que vincula la tienda, con las clavijas que la amarran a la tierra), sacar algo de su lugar, para plantarlo en otro, como en Sal 80, 9, o para tirarlo en cualquier sitio, como en nuestro caso. Dios le ha privado de la raíz de su esperanza, de forma que su frescura ha desaparecido, como la de un árbol al que se le corta de raíz.

19, 11. El futuro consecutivo (וָאֵלֵךְ) ha de traducirse así: *de forma que yo perezco* (a diferencia de 14, 20, y a consecuencia de ello me voy de este sitio). Job aparece de esa forma como alguien cuya vida ya ha pasado, de manera que su existencia es solo como una sombra de vida. Dios ha hecho, en futuro *hitpael* apocopado, que su ira divina arda en contra de él (ויחר), y le ha tomado como uno de sus oponentes.

La expresión queda aquí, quizá, intencionalmente intensificada, en contraste con 13, 14: Job, aparece de esa forma no solo como individuo, sino como representante de los enemigos de Dios. Dios le trata como si se concentrara en él toda su hostilidad.

Job 19, 12-15

¹² יַחַד׀ יָבֹאוּ גְדוּדָיו וַיָּסֹלּוּ עָלַי דַּרְכָּם וַיַּחֲנוּ סָבִיב לְאָהֳלִי׃
¹³ אַחַי מֵעָלַי הִרְחִיק וְיֹדְעַי אַךְ־זָרוּ מִמֶּנִּי׃
¹⁴ חָדְלוּ קְרוֹבָי וּמְיֻדָּעַי שְׁכֵחוּנִי׃
¹⁵ גָּרֵי בֵיתִי וְאַמְהֹתַי לְזָר תַּחְשְׁבֻנִי נָכְרִי הָיִיתִי בְעֵינֵיהֶם׃

Segundo curso de la controversia

¹²A una vienen sus ejércitos, se atrincheran contra mí, y acampan en torno a mi tienda.
¹³Aleja de mí a mis hermanos, que mis conocidos se aparten de mí como extraños.
¹⁴Mis parientes me fallan; y mis conocidos me abandonan.
¹⁵Los de mi casa y mis criadas me tienen como extraño; soy un forastero para ellos.

Resulta normal que conectemos Job 19, 12 con la estrofa anterior o con alguno de sus versos, aunque entre Job 19, 7 y Job 19, 21 haya treinta στίχοι, lo que, en conexión con el resto de este discurso en decaesticos (algo que coincide accidentalmente pero de modo memorable con la importancia que se da al número diez en Job 19, 3), hace que todo el pasaje se pueda dividir en tres decaesticos, sin romper con violencia la conexión con lo anterior.

Job 19, 12 se vincula con 19, 11 y empieza describiendo el curso de la ira de Dios, a quien Job presenta como si fuera un enemigo suyo. Por su parte, **Job 19, 13** se refiere de un modo retrospectivo a la situación de degradación de la que Job se ha lamentado en 19, 9.

En 19, 12, Job se compara con un hombre sitiado, es decir, con una ciudad cercada por enemigos (quizá evocando un tipo de rebelión). Los גדודים de Dios (גְּדוּדָיו) no son bandas de merodeadores, como interpreta Dietrich, sino tropas, es decir, ejércitos regulares, en la línea de צבא, Job 10, 17, cf. 25, 3; 29, 25. Esa palabra, גדודים, viene de la raíz גד, que significa unir, juntar, y de esa forma se aplica a un grupo de hombres reunidos, una tropa, cf. Fürst, *Handwörterbuch*. Según eso, Job se está refiriendo aquí a una "banda de sufrimientos" exteriores e interiores, enviados en contra de él, a modo de ataque combinado de enemigos (יחד).

Esos enemigos se atrincheran, acampan, llenando los terraplenes con el propósito de atacar a la ciudad con un tipo de baluartes (máquinas de ataque, con arietes, arcos jabalinas y otras armas), para después irrumpir en la ciudad de un modo más efectivo, construyendo rampantes o muros ofensivos, que aparecen en otros lugares con el nombre de שׁפך סללה (cf. Keil, *Archeologie*, 159). A modo de resultado de esta situación de asedio, a la que la ira de Dios le ha castigado, Job aparece como un hombre al que todos evitan y desprecian, como un herido de Dios, a quien niegan todo amor y fidelidad, toda obediencia y dependencia, aislándole por todas partes.

19, 14. Lo que Job había dicho en 17, 6, donde se presentaba a sí mismo como objeto de burla y de abominación (alguien sobre el que se escupe) se describe aquí con más detalle. No hay razón para entender אחי en el sentido extenso de "familia ampliada", sino que se refiere solo a sus hermanos en concreto, como en Sal 69, 9. A sus familiares en sentido amplio les llama קרובי, como en Sal 38, 12.

Por su parte (de acuerdo con el sentido bíblico pregnante de la palabra, con el significado latino de *nosse cum affectu et effectu,* conocer con afecto y cuidado) ידעי

son aquellos a los que Job ha conocido de un modo íntimo (con sufijo objetivo, como en Sal 87, 4). Y en esa línea, como en Sal 31, 12 y en otros muchos casos, los מידעי son aquellos a quienes Job conoce de manera más intensa, de forma que el texto les puede presentar como el corazón o pecho de amigos.

19, 15. Los גָּרֵי בֵיתִי, moradores de mi casa, han sido traducidos por Jerónimo *inquilinin domus meae*; a diferencia de aquellos que pertenecen por nacimiento al círculo más íntimo de su familia. Estos son aquellos que forman parte del círculo de siervos y vasallos, cf. Ex 3, 22, árabe *jâr*, en el sentido de asociado, alguien que habita en un país extraño bajo la protección de su gobierno, como *ger-gerim*; pero en este caso de Job se aplica en especial a los siervos de la gran casa familiar.

El verbo תַּחְשְׁבֻנִי (Gesenius, 60) está construido a partir del sujeto femenino más cercano. Las mismas personas que deberían darle gracias por haber sido aceptadas en su casa, le toman como alguien que no pertenece a ella, es decir como un זָר; un perfecto extranjero, un נָכְרִי, como un intruso que viene de otro país, que no tiene derecho alguno en su país y casa.

Job 19, 16-20

16 לְעַבְדִּי קָרָאתִי וְלֹא יַעֲנֶה בְּמוֹ־פִי אֶתְחַנֶּן־לוֹ׃
17 רוּחִי זָרָה לְאִשְׁתִּי וְחַנֹּתִי לִבְנֵי בִטְנִי׃
18 גַּם־עֲוִילִים מָאֲסוּ בִי אָקוּמָה וַיְדַבְּרוּ־בִי׃
19 תִּעֲבוּנִי כָּל־מְתֵי סוֹדִי וְזֶה־אָהַבְתִּי נֶהְפְּכוּ־בִי׃
20 בְּעוֹרִי וּבִבְשָׂרִי דָּבְקָה עַצְמִי וָאֶתְמַלְּטָה בְּעוֹר שִׁנָּי׃

¹⁶Llamo a mi siervo y no responde, y con mi propia boca debo suplicarle.
¹⁷Mi aliento es ofensivo para mi mujer, y mi hedor para los hijos de mi vientre.
¹⁸Incluso los muchachos me desprecian, y al levantarme hablan contra mí.
¹⁹Todos mis íntimos me aborrecen; y aquellos a lo que yo amaba se vuelven contra mí.
²⁰Mis huesos se han pegado a mi piel y mi carne, y me queda solo la piel de mis dientes.

19, 16. El mismo siervo, que antes estaba atento a cada movimiento de los ojos de Job para obedecerle, ahora no atiende a su llamada, de manera que ni le responde. El texto alude a los "nacidos" en su casa, es decir, a sus siervos o esclavos de nacimiento (cf. *Comentario* a Génesis 14, 14)[30], que aparecen íntimamente vinculados a Job, como estaba vinculado Eliecer con Abraham.

Estos son los גָּרֵי בֵיתִי a los que se refería el verso anterior (19, 15). Si él, Job, su dueño, quiere que esos siervos le ofrezcan un servicio se lo tiene que rogar

---

30. Todavía hoy, los esclavos (negros) de las tribus árabes, nacidos en las tribus, son contados por su servicio y valentía, como miembros de las tribus y reciben el nombre de *fadwje*, siendo capaces de sacrificar su vida por los intereses de las tribus. En ese sentido han de entenderse los יליד בית, los nacidos en la casa, siervos de la casa de Job.

con su propia boca, como humillándose ante ellos (Job 15, 30; 17, 2), como si él fuera el siervo y el siervo fuera el amo.

התחנן (cf. אֶתְחַנֶּן־לוֹ) significa pedir un servicio de gracia (חן) a favor de uno mismo, en sentido de dependencia, es decir, implorar, suplicar, con בְּמוֹ־פִּי, con el sentido de "aquí" (como en Sal 89, 2; 109, 30), una expresión significativa de algo que es intenso e intencional (no como en Job 16, 5, en contraste con aquello que procede del corazón).

19, 17. רוּחִי no significa *mi vejación* (Hirzel), ni *mi espíritu* (Umbreit y Hahn), como se podría suponer partiendo de la traducción siríaca. En otra línea, esa palabra, רוח, no puede tener aquí el sentido de mal humor (como en Job 15, 13), ni entenderse tampoco apelando al árabe *rûḥy* con el significado de *ipse*, pues aunque en árabe (quizá por influjo del uso filosófico del lenguaje) *rûḥ* significa espíritu/vida animal (*Psychol.*, 154), no es así en hebreo, donde la forma estereotipada para indicar esa idea es נפשי. En sentido más concreto, esa palabra significa *mi aliento*, vinculado al olor que produce su enfermedad.

Insistiendo así en el olor, debemos tener en cuenta el hecho de la elefantiasis (aunque empieza siendo una hipertrofia celular enorme, con resultados distintos en cada parte básica del cuerpo) suele manifestarse pronto en la disfunción de los bronquios o en una putrefacción de la sangre (lo que es natural), con perturbaciones ulcerosas de tipo escorbútico en la boca, de manera que el enfermo tiene dificultades de respiración (cf. 7, 15) y mal aliento. Todo eso se suele expresar en un mal olor general, con un tipo de emanaciones fétidas de las piernas (conforme al testimonio de un médico árabe, cf. Stickel, 169f.).

De un modo consecuente, resulta buena la traducción de Jerónimo: *halitum meum exhorruit uxor mea* (mi aliento se ha vuelto aborrecible para mi mujer, cf. רוּחִי זָרָה לְאִשְׁתִּי). רוחי tiene el mismo sentido que en Job 17, 1, y no es necesario suponer que זרה deriva de un verbo especial זיר, aunque en árabe los sentidos que están unidos al hebreo זור que son *deflectere* y *abhorrere* (alejarse de algo que causa disgusto o que es horrible), se dividen entre *zâr* con *wau* media y *ḍâr* con *he* media (cf. Früst, *Handwörterbuch*).

En **Job 19, 17** el significado de וְחַנֹּתִי resulta muy cuestionable. En Sal 77, 10, חנות ha de entenderse en la línea שמות, Ez 36, 3, como infinitivo de חנן, formado al estilo de los verbos *lamed-he*. Ciertamente, Gesenius y Olshausen prefieren mirar esas formas como plurales de substantivos (חנה, שמה), pero los pasajes respectivos, mirados de un modo sintáctico y lógico, requieren infinitivos.

Por lo que toca a la acentuación, conforme a la cual וְחַנֹּתִי va con *rebia mugrasch* en la última sílaba, eso no significa necesariamente que esa palabra sea un infinitivo, porque el pretérito בְּטְנִי, que, según la regla, suele tener el tono en la penúltima, puede acentuarse también a veces en la última sílaba (sobre esto, cf. *Comentario* al Sal 17, 3, cf. también Ewald 197, a); de esa manera, también , סבו קומי,קומה, admiten ambas acentuaciones.

En el caso de que וְחַנֹּתִי sea infinitivo, la frase es de tipo nominal, y en ese sentido la idea tiene que ser suplementada por la palabra anterior זָרָה; si ella es primera persona del pretérito podemos hablar de una frase verbal. El tema tiene que ser determinado por el sentido general de la frase y por la forma de entender cuál de las dos explicaciones resulta mejor, siendo las dos sintácticamente posibles.

La traducción "yo causé gemido a los hijos de mi cuerpo" no responde al contexto. Sería mejor una traducción partiendo del infinitivo: "mi forma de suplicar (de gemir) a los hijos de mi cuerpo…". En esa línea se podría comparar el sentido de la palabra וְחַנֹּתִי a partir de נחנת, Jer 22, 23, que parece ser un *nifal*, como נחם, de חנן, pero esa palabra podría derivarse también de ננחת como נאנחת por medio de una transposición de letras (cf. Hitzmann).

Ciertamente, esa palabra (וְחַנֹּתִי) podría compararse con el árabe *ḥnn*, que se emplea para expresar una emoción de deseo y simpatía, o también con el significado de llorar, en sus diversas acepciones: mi forma de llorar (de implorar, de gemir…) es ofensiva, etc. Pero, dado que hay una forma árabe en la que *chann* (*istachanna*) significa emanar un olor ofensivo (como el hedor de una comida podrida) es preferible mantener ese sentido.

Por otra parte, el significado de *foetere* (hedor, mal olor) aparece también muy bien documentado en la raíz חן (cf. צחן) de la palabra siríaca *chanino* (como en *meshcho chanî no*, aceite rancio), podemos y debemos traducir: "Mi hedor es ofensivo", o: "Yo doy mal olor a los hijos de mi cuerpo" (Rosenmüller, Ewald, Hahn y Schlottmann).

Esta traducción no es extraña ni insegura (como dicen algunos), sino todo lo contrario, ella es muy adecuada en un libro en el que hay muchas conexiones con las lenguas del entorno, y ofrece el mejor sentido posible a Job 19, 17 dentro del conjunto del libro[31]. De aquí surge una nueva cuestión: ¿quienes son esos בִּמְנֵי בְּנִי? ¿Son quizá los hijos de Job? Pero, según el prólogo, ellos han muerto.

¿Podríamos quizá suponer que el poeta, en el corazón de la polémica ha olvidado lo que ha sucedido en el prólogo (la muerte de los hijos de Job)? Así piensan autores como Eichhorn y Olshausen? Pero cuando tenemos en cuenta que este poeta, dentro del contexto de su obra (una obra que él ha compuesto con grandísima atención) no se ha permitido ningún anacronismo ni tampoco

---

31. En vez de *istachanna* (mal olor de un pozo, quizá un verbo denominativo, del árabe *chann*, que se aplica al hedor de un gallinero), en el fondo de nuestro texto podría estar el verbo *hhannana* en el sentido de *'affana*, corromperse, tener un olor rancio (mohoso), verbo que, según Wetzstein, puede compararse mejor con חנותי. De aquí proviene *zêt mohhannin* en el sentido de *mo'affin*, aceite rancio, corrompido, que corresponde al siríaco חנינא. De esa forma ambigua, los vendedores de nueces gritan en Damasco su mercancía con las palabras: *el-mohhannin maugûd*, "el Misericordioso vive", es decir, yo no garantizo la cualidad de mi mercancía. De un modo semejante, no solo puede compararse con זרה el árabe *dâr* inf. *dheir* (*dhêr*), en el sentido de "ser ofensivo", sino que, como dice Wetzstein, entre los habitantes de la estepa, para decir que uno *está enfermo* se emplea el mismo nombre común, *zrâ*, que significa falto de valor con el adjetivo *zarî* (con nunación: *zarîjun*).

ninguna referencia israelita contraria a su carácter no israelita, es muy improbable que haya podido olvidar que los hijos de Job han muerto.

Teniendo eso en cuenta, Scherring ha propuesto la siguiente explicación: "Mi alma (y así piensa también Hahn) se ha vuelto extraña para mi mujer; mi súplica no llega a los hijos de mi cuerpo, no puede llegar hasta su oído, pues ellos están hace la tiempo en el *Sheol*". Pero el mismo Scherring piensa que esta interpretación es muy aventurada e insegura. En esa línea, teniendo en cuenta todos los datos con los que contamos, sería mejor seguir la versión árabe y traducir: "Mi deseo se dirige a mis hijos" (o yo estoy añorando a mis hijos, o, quizá mejor, a los hijos de mis hijos, es decir, a mis nietos (cf. Hirzel, Ewald, Heiligsted, Hahn).

Esta traducción podría seguirse, pero tampoco es buena, porque, después de haber introducido la ruina de todos sus hijos no es probable que el poeta esté pensando que los hijos de esos hijos viven, pues en el prólogo se debería haber hecho mención de ellos (y también en el epílogo). Otros, por su parte (Rosenmüller, Justi y Gleiss), siguiendo el precedente de los LXX (υἱοὶ παλλακίδων μου), están pensando en *los hijos de las concubinas* (de las esclavas). Pero no hay señal alguna de que Job pueda tomarse como polígamo, dado que en todo el libro aparece como modelo de castidad y continencia (Job 31, 1).

Pero ¿estos בְּנֵי בִטְנִי no podrían ser sin más hijos o nietos, o personas con otro tipo de parentesco? Ciertamente, en relación con sus padres, los hijos suelen llamarse בְּנֵי בִטְנִי (p. ej., Dt 7, 13), y el mismo padre les llama בטני פרי (Mq 6, 7); pero en este caso בטן no es el cuerpo del padre, sino el vientre de la madre, de donde ellos brotan, aunque han sido engendrados por el padre, conforme a la visión antigua. En esa línea, la Biblia solo habla una vez del "hijo de mi cuerpo" (Prov 31, 2) pero poniendo esas palabras en boca de la madre.

Según eso, puesta en la boca de Job, la palabra בטני no significa el cuerpo de Job, sino el vientre que le ha concebido, es decir, el de su madre (cf. Job 3, 10). Por eso, no es solo posible, sino muy natural, como dicen Stuhlmann, Gesenius, Umbreit y Schlottmann, que Job hable aquí de los hijos del vientre de su madre, es decir, de aquella que le concibió. Por eso, de un modo consecuente, los אמי בני, Sal 69, 9, son los hermanos naturales (hermanos y hermanas, *sorores uteri- nae*). Pues bien, en esa línea, tomando וחנותי conforme a su sentido más natural podemos traducir: "y mi olor (se suple זרה) es ofensivo para los hijos del vientre de mi madre" (esto es, para mis hermanos).

También es posible que las palabras de esta frase puedan tomarse en el sentido más amplio que ha propuesto Símaco (υἱοὺς παιδῶν μου, hijos de mis esclavos), tal como han sido tomadas por Kosegarten, vinculadas con el árabe *btn* en sentido de raza, o como subdivisión de una tribu más grande. En ese sentido, los hijos de mi vientre serían los que han nacido de una madre o antepasado común, es decir, los del mismo clan.

De todas formas, la expresión בְּנֵי בִטְנִי en conexión estrecha con אִשְׁתִּי no es favorable a la extensión de esa idea, de forma que el texto debe referirse a los hermanos de Job por parte de su madre. El círculo de observación se extiende ciertamente en **19, 18** donde los עֲוִילִים no serían los nietos de Job (Hahn), sino los hijos de las familias y tribus del entorno.

עֲוִיל (cf. Job 16, 11) significa un muchacho y especialmente (quizá por referencia de semejanza de sonido entre עוּל y מָעוּל) un muchacho rudo, juguetón, que, ante la dificultad, y bajo el influjo de la pena que desfigura su rostro, intenta elevarse (אָקוּמָה, LXX ὅταν ἀναστῶ, cohortativo hipotético, como en Job 11, 17; 16, 6), a pesar de que ellos le hagan el blanco de sus comentarios jocosos (דִּבֶּר בְּ, como en Sal 50, 20).

19, 19-20. La expresión מְתֵי סוֹדִי es el nombre que se da a aquellos a quienes se confían los temas más secretos; סוֹדִי (cf. *Comentario* al Sal 25, 14) significa, en forma verbal, un modo secreto de hablar (árabe *sâwada*, III: ponerse muy cerca de otro para hablarle, como *sârra*, hablar en secreto con alguien); pero también significa aquello que es firme, es decir, lo que es impenetrable, un secreto (de *sâda*, ser o hacer algo cerrado en sí mismo, firme, compacto; de la raíz יסד, *wasada*, vinculada por su significado a *sirr*, un secreto, de *sarra*, שׂרר, que de un modo semejante significa hacer que algo sea firme).

Aquellos a quienes uno ha confiado sus planes más íntimos (cf. Sal 55, 13- 15) pueden aborrecerle. Pues bien, sus mismos amigos a los que se ha vinculado (זֶה, como Job 15, 17), de forma que se han vuelto cercanos a él, como sus allegados, a los que él ha mostrado su afecto, se han hecho enemigos suyos. Job dice esto refiriéndose a los tres "amigos", que se han vuelto contrarios a él. Ellos le ofrecían signos de amor y de honor cuando él estaba en lo más alto de su felicidad y de su prosperidad, pero en su estado actual ellos no muestran por él ni la más mínima simpatía, en su forma actual de enfermedad[32].

Sus huesos se clavan (דבקה, Aquila ἐκολλήθη, LXX erróneamente ἐσάπησαν, es decir, רקבה) a su piel, de manera que pueden hasta verse tras ella, pues la poca carne que le quedaba iba desapareciendo, de manera que él venía a parecer casi un esqueleto (cf. Job 7, 15). Esto no va en contra del primer síntoma

---

[32]. Esta enfermedad que devora las piernas del enfermo, *dâ'u el-gudhâm*, en la que generalmente se incluye la lepra, el cáncer y la sífilis, suele recibir el nombre de primogénita de la muerte (Job 18, 13). Esta es todavía en Arabia la enfermedad más temida, y ante ella cesan todas las formas de solidaridad humana. En la estepa, cuando alguien cae abatido por esa enfermedad, incluso el personaje más importante, se le separa y se le saca hasta una o dos millas del campamento o de la ciudad, y allí se le construye un *charbûsh*, es decir, una pequeña tienda negra, donde le atiende una anciana con la que no tiene relaciones, hasta que muere. Nadie le visita, ni sus parientes más próximos, y así queda expulsado de la *muqâtal ollah* (nota de Wetzstein). Según este prejuicio, combatido por el libro de Job, el leproso era (y sigue siendo hasta hoy, en Arabia) un hombre sobre el que ha descargado la ira de Dios.

característico de la lepra especial de Job, porque la devastación de una parte del cuerpo podía ser muy fuerte, y estar vinculada con la hipertrofia de otras.

En esa línea, Job ha podido decir de sí mismo que ha "escapado" (*se soit échappé*) hasta ahora de la muerte llevando solo consigo la piel y los dientes. Por la piel de los dientes suelen entenderse solo las encías. Pero (1) las encías no son la piel en ningún idioma; (2) Job se lamenta en 19, 17 de su aliento, que no parece poderse vincular con unas encías sanas, y especialmente si ese mal aliento es el resultado de una ulceración de la boca por escorbuto. Por eso, debe rechazarse esa traducción bastante corriente, según la cual Job se habría "escapado" con unas encías sanas. En ese contexto, el pasaje solo se puede referir a la piel de la boca, con algunos dientes.

El texto supone que las encías de la boca de Job están llenas de heridas, como muestra su aliento maloliente (19, 17), que brota de las úlceras de la boca dañada por un tipo de escorbuto, del que brota un terrible hedor. En esa línea podemos obtener la siguiente pintura de la enfermedad de Job: su carne ha crecido por un lado de forma hipertrófica, y sin embargo en otros lugares del cuerpo ha sido totalmente devastada; también las encías han sido devastadas, de manera que se pueden casi ver las raíces de los dientes, pues solo ha quedado libre el *periosteum*, la piel del entorno a los dientes, con algunos restos de los dientes que le quedan.

De esa manera interpretamos las palabras בְּעוֹר שִׁנָּי en su primera acepción, de manera que no tenemos necesidad de suponer que 19, 20 es una frase adverbial, y así podemos traducir: "He logrado con gran dolor y dificultad escapar del fin" (de la muerte). Esta declaración corresponde perfectamente a la descripción de la enfermedad, de forma que es totalmente innecesario leer con Hupfeld, tras Job 13, 14, בשני עור, *vitam solam et nudam vix reportavi*, lo que es más bien inapropiado, pues Job se mira a sí mismo como alguien que está muriendo.

Símaco altera la posición de la ב de un modo semejante, traduciendo el texto en la línea de Hexapla siríaca: καὶ ἐξέτιλλον (ותלשת) τὸ δέρμα τοῖς ὀδοῦσιν μου, con מלט en el sentido de מרט, en árabe *mllṭ, nudare pilis*, palabras que ha tomado como base J. D. Michaelis, aunque sin lograr de esa forma un sentido aceptable para el texto. Visto todo eso mantenemos el sentido original de la frase: y he escapado con solo la piel de mis dientes.

Sobre el aoristo וָאֶתְמַלְּטָה שׂצ cf. Job 1, 15. Stickel ofrece en su *Comentario* a Job un excurso sobre la *ah* final (cf. דִּבְקָה), afirmando que debe entenderse en línea de movimiento, con la idea de avanzar hacia la meta: "Yo me despierto, yo escapo…". Sin duda, esa partícula ofrece viveza al sentido de la frase, aunque ella no hubiera tenido el sentido de dirigirse (en movimiento) hacia algún tipo de meta.

De todas formas, con una carne tan completamente destruida, pues en ella no queda ningún trozo de piel sana, excepto la de los dientes, con un cuerpo convertido en esqueleto, como objeto repugnante ante la vista y el olfato… ¡Este es el sufriente que los amigos tienen ante sí! Un hombre que además se siente torturado por un duro conflicto interior que los amigos aumentan con sus críticas... un hombre así ha de sentirse impulsado hacia adelante, hacia una esperanza que lleva más allá de la tumba, como seguiremos viendo.

Job 19, 21-25

²¹ חָנֻּנִי חָנֻּנִי אַתֶּם רֵעָי כִּי יַד־אֱלוֹהַּ נָגְעָה בִּי׃
²² לָמָּה תִּרְדְּפֻנִי כְמוֹ־אֵל וּמִבְּשָׂרִי לֹא תִשְׂבָּעוּ׃
²³ מִי־יִתֵּן אֵפוֹ וְיִכָּתְבוּן מִלָּי מִי־יִתֵּן בַּסֵּפֶר וְיֻחָקוּ׃
²⁴ בְּעֵט־בַּרְזֶל וְעֹפָרֶת לָעַד בַּצּוּר יֵחָצְבוּן׃
²⁵ וַאֲנִי יָדַעְתִּי גֹּאֲלִי חָי וְאַחֲרוֹן עַל־עָפָר יָקוּם׃

²¹Piedad de mí, piedad de mí, vosotros, mis amigos, pues la mano de Eloah me ha tocado!
²²¿Por qué me perseguís como Dios, y ni aun de mi carne os saciáis?
²³¡Oh si mis palabras se escribieran, si fueran recordadas en un libro,
²⁴que con cincel de hierro y plomo fueran grabadas en roca para siempre!
²⁵Pero yo sé que mi Redentor vive, y que al fin me levantaré del polvo,

Job 19, 21 presenta un tema que no habíamos oído previamente. Las fuerzas naturales de Job se vuelven cada vez más débiles, y su voz cada vez más apagada. En su descripción anterior del sufrimiento solo quedaba firme un sentimiento de tristeza. Pues bien, ahora él se dirige a sus amigos con una súplica importuna, queriendo afectar y mover, si fuera posible, su mismo corazón.

Ellos son sin duda sus amigos, como indica אַתֶּם רֵעָי; movidos por simpatía hacia él, han venido, y al menos se mantienen a su lado, mientras otros han huido de su compañía. Ellos han de hacerle según eso un favor (con חנן, cf. חָנֻּנִי חָנֻּנִי, que significa inclinarse de un modo gratuito hacia él) más allá de la pura justicia. Ya es suficiente que la mano de *Eloah* le haya tocado (en este contexto podemos recordar que la lepra se llama נגע, y que aparece ante todo como plaga divina). Por eso, el Mesías sufriente recibe también el nombre significativo de רבי דבי חורא, el leproso (así aparece en escuela de los rabinos, en el Talmud, en la línea de Is 53, 4. 8). En esa situación, Job pide a sus amigos que no hagan que el decreto divino sea aún más duro para él, tratándole sin caridad.

Así les pregunta, en **19, 22**: ¿Por qué me perseguís como Dios (כְמוֹ־אֵל)?. Según Saadia y Ralbag ese "como Dios" es כמו־אלה, una idea muy oportuna. De esa manera indica que ellos no solo añaden su persecución a la de Dios, sino que toman como propia la obra de Dios, usurpándole su autoridad judicial divina, actuando sobre él como si fueran sobrehumanos (cf. Is 31, 3) y por lo tanto inhumanos, dado que, siendo simplemente como él (como Job), unos simples humanos se han elevado sobre y contra él de un modo falso.

La otra mitad de la pregunta del verso 22 (¿por qué no estáis saciados de mi carne: *de ma chair*, con מִן, וּמִבְּשָׂרִי como en 31, 31, sino que seguís devorándola?) se funda en una expresión semítica figurativa, que puede compararse con otras de nuestros idiomas: "*mit dem Zahne der Verleumdung benagen*" (roer o arrancar con los dientes la calumnia).

En caldeo: אכל קרצוהי די (comer a alguien a piezas) es una frase equivalente a calumniar. En la traducción siríaca, *ochelqarsso* es el nombre de Satán, como διάβολος. También aquí, como en casi todos los demás lugares del libro de Job, el árabe presenta paralelos muy estrechos; *'kl lḥm* significa comer la carne de uno, de forma que (en línea diferente a la de אכל בשר, Sal 27, 2) significa calumniar[33].

En esa línea, una forma mala de hablar de los otros puede compararse con el gesto de las bestias salvajes que se deleitan rompiendo en piezas a la víctima que han cazado, como hacen los amigos de Job, pues al decirle que su sufrimiento ha de entenderse como castigo retributivo por sus horrendos pecados, ellos le acusan como si fuera autor de pecados de los que él no es consciente y que nunca ha cometido.

En contra de esas acusaciones, carentes de caridad y de fundamentos reales, Job desea exponer el testimonio de su inocencia (**19, 23**) que ellos no han escuchado ni aceptado; y por eso quiere grabarlo en una roca para que lo pueda leer la posteridad, porque un libro podría fácilmente perderse o perecer. Job quiere que su testimonio se escriba en una gran piedra, no en hojas de cuero, que se grabe en la dura montaña de roca con un punzón de hierro, al que se añade plomo para enmarcar las letras grabadas, y hacer que el texto resulte indestructible.

En conexión con la gran fidelidad con la que el poeta nos sitúa en el tiempo preisraelita de los patriarcas, es muy significativa la forma en que él aparece aquí no solo como conocedor de la escritura monumental antigua (grabada en grandes rocas), sino también como experto en la escritura de libros y de documentos (cf. Job 31, 35).

El verbo en futuro, lo mismo aquí que en otros casos (Job 6, 8; 13, 5; 14, 13, aunque alguna vez puede aparecer en forma de pretérito cf. Job 23, 3, *noverim*) sigue al מִי־יִתֵּן, *quis dabat*, quién me diera, en el sentido de *utinam*, y está seguido por una *waw* consecutiva וְיִכָּתְבוּן (como en Dt 5, 26). La disposición de las palabras resulta extremadamente elegante, con בַּסֵּפֶר con hipérbaton, resaltando el énfasis del tema. Las palabras כתב y חקק (en futuro *hofal* y con *dagesh* implícito en la *nun*, aparecen en Job 4, 20, cf. Gesenius 67, 8) se intercambian y relacionan también en otros casos, cf. Job 30, 8.

---

33. Cf. Schultens, *Ad Prov. Meidanii*, 7, donde "comer su propia carne", es decir, comerse a sí mismo, significa censurar a los propios miembros de su grupo, no que lo hagan otros, y en ese sentido puede compararse con la frase árabe *aclu-l-a'râdhi*, con el significado de *arrodere existimationem hominum*. Cf. Makkari, i. 541, 13.

19, 24. Conforme a su etimología סֵפֶר es un libro escrito en la piel de un animal (como en árabe *sufre*), extendida en forma plana, sobre una mesa o tabla. No es necesario cambiar la forma לָעַד (cf. Job 16, 8, LXX, εἰς μαρτύριον), como se muestra en Is 30, 8.

Job desea que su declaración (en contra de sus acusadores) pueda inscribirse en un monumento, a fin de que quede así inmortalizada[34], para que la posteridad pueda leer su protesta y su llamada, de manera que las generaciones futuras puedan juzgarle mejor que sus contemporáneos. Ese testimonio de su inocencia no podrá ser presentado ante (y defendido por) la posteridad a no ser que lo defienda el mismo Dios.

19, 25. De esa forma, וַאֲנִי está conectado con lo que le precede y יָדַעְתִּי está seguido como en Job 30, 23 y Sal 9, 21 por una *oratio* directa. La palabra monosilábica חי tiene tono propio, a causa de lo cual גֹּאֲלִי (*go'aliy*) tiene el acento en la penúltima sílaba, con sentido de pretérito: *Yo conozco que mi redentor vive*. En conexión con esto podemos recordar la invocación del nombre de Dios העולם חי (¡vive el Eterno!), Dan 12, 7, conforme al cual podemos entender el juramento judío por *Anchialum* (un posible nombre de Dios, referido quizá al templo) como aparece en el poeta latino Marcial.

La palabra גאל (cf. גֹּאֲלִי, mi redentor, mi testigo) puede entenderse (con Umbreit y otros), en comparación con Job 16, 18, como en Num 35, 12, como equivalente de גאל הדם: aquel que ha de redimir (vengarse) del derramamiento de sangre, de manera que mantendrá su honor, mostrando que la sangre ha sido vertida de un modo inocente.

De todas formas, en general, גאל significa buscar y lograr la compensación por los oprimidos y por los que han sido inocentemente explotados, cf. Prov 23, 11, Lam 3, 58; Sal 119, 154. *Este redentor o rescatador del honor de Job vive y se levantará al final, diciendo la palabra definitiva.*

A la palabra וְאַחֲרוֹן se le ha dado el significado de *hombre final*, como vengador (Hirzel, Ewald), o como "escolta" defensora (hombre de atrás) en el sentido de "segundo" (el que defiende en un duelo, cf. Hahn). Pero ese sentido es contrario al uso del lenguaje. La palabra en sí significa *postremus, novissimus*, y ha de entenderse con el significado que tiene en Is 44, 6; 48, 12, cf. Job 41, 4.

Y de aquí pasamos al sentido de עַל־עָפָר ¿Se trata del polvo de la tierra a la que ha descendido el vengador/*goel* desde el cielo? Conforme a Job 41, 25 (que corresponde en algunas traducciones 41, 27), estas palabras pueden entenderse en ese sentido (pero sin la noción vinculada, que antes había propuesto Umbreit, de *pulvis* o arena de la palestra, pues esa noción pertenece al mundo romano, no al hebreo). Pero mirando al proceso de destrucción que se ha ido expresando en

---

34. Jerónimo interpreta לָעַד de un modo diferente, aunque sigue refiriéndose a esculpir en la roca: *vel certe sculpantur in sílice*, con la variante de *celte* (que es un nombre que daban al cincel o punzón en zonas del norte) en vez de *certe*.

versos anteriores, es más probable que עַל־עָפָר deba interpretarse conforme a Job 17, 16; 20, 11; 21, 26; 30, 10 en el sentido del polvo o cenizas de la tumba. En este caso, un árabe pensaría sin más en el polvo de la tumba; cf. en este fondo *'alâ turâbin*[35].

Por otra parte, es innecesario entender עַל קוּם (en עַל־עָפָר יָקוּם) en el sentido que esa expresión tiene quizá en 2 Cron 21, 4 en el árabe *qâm 'alâ* (asistir, ayudar), pues עַל־עָפָר es en principio solo una definición de lugar (el polvo/ceniza de la tumba). Carece de fundamento decir que para referirse a Job esa expresión tenía que incluir la palabra עֲפָרִי. Esta frase al polvo sobre el que ha descansar o tenderse Job ya muy pronto, donde estará cuando venga el *goel*, el redentor de su honor, para elevarle, con קוּם, cf. Dt 19, 15; Sal 27, 12; 35, 11.

Sobre *el testigo que ha de levantarse a favor de Job*, cf. textos como Sal 12, 6, cf. 94, 16; Is 33, 10 (que tratan del gesto del *goel* que se levanta y ayuda al necesitado). En ese momento el redentor pondrá su sello divino sobre el testimonio de Job, tal como aparecerá de forma permanente en la inscripción de piedra del monumento evocado (en el que se han de escribir las palabras de apelación de Job). La interpretación de Oetinger resulta sustancialmente la misma: "Yo sé que él vendrá al final, y se colocará sobre el polvo del cual yo he sido moldeado, pronunciando y declarando que mi causa ha sido justa, y colocando sobre mí la corona de victoria".

Se obtiene un sentido algo distinto en el caso de que וַאֲנִי no se tome de un modo progresivo, sino adversativo: *Pero yo sé...* Eso significaría que su testimonio de inocencia no tendría necesidad de ser escrito en la roca, pues sería el mismo Dios viviente quien lo ratificaría. Es difícil decidir entre ambas posibilidades, pero a mí me parece preferible la de tipo progresivo (y yo sé...), más que la de tipo adversativo (pero yo sé...), sabiendo además que la vindicación tras la muerte no se distingue de un modo esencial de la vindicación divina que se espera aquí en Job 19, 25, que no debe tomarse como antítesis, sino más bien como síntesis y cumplimiento de la justificación en la posteridad.

De todas formas, Job 19, 25 representa una esperanza superior, para la que el deseo expresado por Job en 19, 23 ss. formaba solo un primer paso. Dios mismo vengará la sangre de Job, y lo hará en contra de sus acusadores, quienes dicen que se trata de la sangre de un culpable, no de un inocente. El vengador se levantará sobre la sangre de aquel que ha partido ya (que ha muerto), y por su testimonio mayestático (ese vengador o *goel*) impondrá el silencio sobre aquellos

---

35. En árabe *'fr* pertenece solo al lenguaje antiguo (de aquí *'afarahu*, él le ha arrojado al polvo, le ha colocado sobra la arena, con infinitivo *'afr*). El árabe *gbâr* (de aquí viene *Ghobar*, un peculiar escrito secreto) significa el polvo seco, llevado por el viento; el árabe *trâb* es, sin embargo, el polvo en general y de un modo particular el polvo de la tumba, como en el proverbio que dice: Solo el *turâb* llena los ojos del hombre. Tan común es este significado que una tumba se llama simplemente *turbe*.

que toman el polvo de su postración como polvo de un pecador, que ha recibido la recompensa (el castigo) por sus pecados.

Schlottmann y Hahn están pensando en esa misma esperanza de la venganza (rehabilitación) de Dios que está expresada en 19, 25, aunque ofrecen interpretaciones muy distintas del pasaje[36]. Afirman que, a través de su deseo de escribir su testamento o apelación en la roca, Job quiere dejar en el mundo el testimonio de su enfrentamiento con el Dios que parece que le ha condenado a muerte como a un impío y pecador. Quiere que se sepa que muere protestando, esperando que el mismo Dios le rehabilite en el futuro. De esa forma, se entiende el tono fuerte del *introitus* de Job 19, 23 como testimonio de la importante inscripción a la que se refiere después. Pero:

– Es muy improbable que la inscripción comenzara con ואני (19, 25) y consiguientemente con una *waw*, una dificultad que no se resuelve (sino que se aumenta) con la traducción: "sí, yo conozco...". En ese contexto resulta inadmisible apelar a Sal 2, 6 y a Is 3, 14, dado que la palabra de Dios que comienza con la *waw* viene después de una cláusula suprimida por aposiopesis. En esa línea hubiera sido mejor comenzar por כי אני, pero lo que viene después no comienza con כי ni en Hab 2, 3 ni en Jer 30, 3, textos que podrían tomarse como paralelos.

– Conforme a toda la conducta anterior de Job y a su habitual estado de mente, hay que suponer que los contenidos de la inscripción habrían de expresar del modo más fuerte la conciencia de su inocencia, no la esperanza de una venganza, tema que solo aparece de un modo fugaz, aquí y allí, a través de la oscuridad del conflicto y de la tentación a la que se encuentra sometido. Lo que a Job le importa en este momento no es su inmortalidad como tal, sino la certeza de su justicia. El tema de fondo es la tensión entre dos convencimientos opuestos: por un lado está la conciencia que Job tiene de su inocencia; y por otro está el postulado dogmático de sus amigos que afirman que él tiene que ser pecador, para haber sido castigado de esa forma. Este es el conflicto que ha ido creciendo en todo lo anterior, hasta llegar ahora a su máxima tensión.

Este es el lugar en el que aparece con más fuerza la experiencia radical de Job. (a) Por un lado la confesión de su inocencia, una confesión que no abandona en modo alguno, sino que quiere que sea recordada de un modo permanente para la

---

36. Hahn, tras haber publicado un librito *De spe immortalitatis sub V.T. gradatim exculta*, 1845, en el que entendía la confesión de Job como algo referido al futuro, pensó más tarde que esta confesión carece de todo sentido de esperanza, de forma que debe aplicarse solo al presente, cosa que nosotros no aceptamos.

posteridad. (b) Y, al mismo tiempo, en conexión con esta confianza en su inocencia, la certeza de que él será vindicado (rehabilitado) por Dios, aunque esta rehabilitación tarde mucho, de tal forma que aunque él muera ella vendrá sin duda a realizarse.

Según eso, sus palabras, מִלַּי (19, 23), no han de aplicarse a lo que sigue inmediatamente, sino a las protestas defendiendo su inocencia, que él ha venido ofreciendo en pasajes anteriores, y que siguen siendo siempre las mismas a lo largo del libro. De esa forma podemos ya cerrar nuestro estudio de la estrofa que ha concluido en 19, 25, para ocuparnos de la nueva, que comienza en 19, 26, con el uso de una serie de decaesticos; esta forma exterior de la estrofa no influye en su sentido de conjunto, pero forma un elemento importante para nuestra exposición. Esta estrofa que ahora sigue pone de relieve la razón fundamental de la esperanza creyente de Job, tal como ha sido expresada en el último verso de 19, 25. Recordemos que el hexástico de 12, 11-13 aparece expandido en 12, 14. Pues bien, aquí pasa algo semejante, de manera que 19, 26 aparece como despliegue de todo lo anterior.

Job 19, 26-29

²⁶ וְאַחַר עוֹרִי נִקְּפוּ־זֹאת וּמִבְּשָׂרִי אֶחֱזֶה אֱלוֹהַּ׃
²⁷ אֲשֶׁר אֲנִי ׀ אֶחֱזֶה־לִּי וְעֵינַי רָאוּ וְלֹא־זָר כָּלוּ כִלְיֹתַי בְּחֵקִי׃
²⁸ כִּי תֹאמְרוּ מַה־נִּרְדָּף־לוֹ וְשֹׁרֶשׁ דָּבָר נִמְצָא־בִי׃
²⁹ גּוּרוּ לָכֶם ׀ מִפְּנֵי־חֶרֶב כִּי־חֵמָה עֲוֹנוֹת חָרֶב לְמַעַן תֵּדְעוּן (שַׁדִּין) [שַׁדּוּן]׃

²⁶y después que mi piel caiga a pedazos, y sin tener mi carne yo he de ver a Eloah, ²⁷a quien yo contemplaré para mi bien, y mis ojos lo verán, no los de otro. Mis venas se consumen en mi seno.
²⁸Así pensaré: ¿Por qué lo perseguimos? Pues la raíz del problema está en mí mismo.
²⁹¡Por lo tanto, temed a la espada, porque la ira castiga las transgresiones de la espada a fin de que sepáis que hay un juicio!

Si hemos entendido rectamente el sentido de עַל־עָפָר (en el verso anterior, Job 19, 25), aquí no podemos estar esperando que se aluda a una resurrección (curación) corporal. En conexión con ese tema, cuyo representante más antiguo es Crisóstomo, la palabra וּמִבְּשָׂרִי puede ser traducida de dos formas:

— *Libre de mi carne,* es decir, tras haberme convertido en un esqueleto (Umbreit, Hirzel y Stickel, en *Com. en Iobi loc. de Goële,* 1832, con la traducción de Gleiss, Heiligstedt y Renan); pero, si el מן de מבשרי se toma como privativo, esta palabra solo puede significar "sin carne", es decir, sin cuerpo.

— *O también "desde mi carne",* recuperada de nuevo (cf. Eichhorn, en su *Einsatz,* que ha ejercido un gran influjo y que ha sido publicado en

Allg. Bibl. d. bibl. Lit. i. 3, 1787, editado por von Cölln, Knapp, von Hofmann y otros)[37]; pero en ese caso la relación de 19, 26b con 19, 16a, debería entenderse en forma de oposición o contraste, y no hay nada que favorezca esa opción[38].

Pues bien, a pesar de lo anterior, consciente de su inocencia y de la falta de caridad de sus amigos, Job se siente impulsado a pasar del Dios de la ira y capricho al Dios del amor, evocando la llegada de un redentor futuro, que reivindique su justicia. Pues bien, entonces, cuando al final del curso de su sufrimiento la prueba real del amor de Dios irrumpa más allá de la aparente manifestación de su ira, entonces, incluso aquello que Job no se había atrevido a esperar habrá venido a realizarse: a Job se le ha ofrecido de nuevo una prosperidad temporal, más allá de lo que ha comprendido antes y de lo que ha pedido.

Por otra parte, la forma de interpretación de las traducciones y de los comentarios citados, que encuentran al final de la estrofa anterior una expresión de la esperanza de la resurrección, o el comienzo de una rehabilitación como la que aparece al final del libro (Job 42: curación de Job, nueva riqueza y familia), no puede aceptarse. Los LXX, leyendo יקים en vez de יקום, y vinculando las palabras עורי נקפו זאת יקים, traducen: ἀναστήσει δὲ (*Cod. Vaticanus* solo ἀναστῆσαι) μου τὸ σῶμα (*Cod. Vaticanus* τὸ δέρμα μου) τὸ ἀναντλοῦν μοι (*Cod. Vaticanus* omite μοι) ταῦτα... Pero ¿cómo se puede afirmar que la piel de uno resucita? (la Ítala traduce: *super terram resurget cutis mea*)[39]. ¿Y de dónde puede recibir el verbo נקף el significado de *exhaurire* o *exantlare*?

La traducción de Jerónimo no es menos arriesgada: *Scio enim quod redemptor meus vivit et in novissimo die de terra surrecturus sum* (sé que mi redentor vive y que el último día resucitaré...), como si el texto dijera אקום, y יקום, y como si אחרון pudiera significar *in novissimo die* (a favor de lo cual solo se puede citar aparentemente a Is 9, 1.

El targum traduce: "Yo sé que mi redentor vive y por tanto su redención se elevará (se hará realidad) sobre el polvo (en el cual yo seré disuelto), de manera

---

37. Von Hofmann (*Schriftbeweis*, ii. 2, 503) traduce: "Yo sé, sin embargo, que mi redentor está vivo, de manera que él se elevará (pero en este caso debería haber puesto יעמד en vez de יקום] sobre la tierra, y hará que me rodee de nuevo la piel (con נקפו, que es un caldeísmo, en vez de נקפות según la forma עקשות), y con mi carne yo veré a Dios, y yo le contemplaré por mí mismo, y mis ojos le verán, y él no será ya más un extraño.

38. Pero esta segunda traducción (sea cual fuere la forma en que se explique וּמִבְּשָׂרִי) va en contra del espíritu y la letra del libro de Job. Porque todo su argumento está suponiendo que Job espera sin duda la muerte, pero no habla en modo alguno del consuelo que puede ofrecer una resurrección o vida tras la muerte (Job 17, 10-16), que no tiene sentido para él.

39. En esa línea, Stickel piensa que la ἀνιστάναι de los LXX no ha de entenderse en el sentido de *ser elevado (resucitado) de la muerte, sino de recuperar la salud*. Cf. por el contrario, Umbreit, *Stud. und Krit.* 1840, i., y Ewald, *D. Theol. Jahrbuch.*, 1843, iv.

que después mi piel será restablecida"[40]. En esa línea, el texto parece decir que desde mi propia carne yo veré a Dios.

Es evidente que así se supone que habrá una restauración de la naturaleza corpórea que se había convertido en polvo, pero la idea que se atribuya así a נקפו carece de todo fundamento. De un modo consecuente, Lutero rompe el nudo traduciendo: *(Pero yo sé que mi redentor vive), y él por tanto me levantará al final del polvo.* Pero este es un sentido imposible, que Lutero impone palabra a palabra al texto.

No hay pues razón para traducir el texto de 19, 26 con Jerónimo: *et rursum circumdabor pelle mea* (y después seré rodeado por la piel, en una línea que ha sido retomada por Lutero: y entonces seré rodeado con esta piel...). Esta traducción es imposible porque נקפו no puede significar en *nifal* "*circumdabor*", y en *piel* no se puede traducir tampoco *cutis mea circumdabit* (mi piel me rodeará), pues el plural נקפו no puede ser predicado del singular עורי.

En general, נקפו no puede interpretarse como *nifal*, sino solo como *piel*. Pues bien, el *piel niqap* no significa *rodear*, sino "recoger" (tirar abajo y recoger, como las aceitunas de un árbol, Is 17, 6) o derribar un árbol, haciendo así que caiga al suelo, cf. Is 10, 34, cf. árabe *nqf*, golpear en la cabeza o herir en el cráneo, esto es, golpear con fuerza en la cabeza (con genitivo), en la parte superior, o también dar un golpe con una lanza o con un palo[41].

Según eso, el verso **19, 26,** conforme al uso de los lenguajes semitas, solo puede referirse a la destrucción completa de la piel, que se ha vuelto seca y que se rompe por la enfermedad, tema del que ha tratado ya antes el libro de Job en 19, 20, cf. Job 30, 19. Por este momento, dejamos sin decidir si Job está confesando aquí la esperanza en la resurrección, y solo rechazamos aquellas falsas lecturas del texto, que introducen arbitrariamente esa esperanza en este pasaje.

La siguiente traducción que yo ofrezco "*y después que esta piel mía sea destruida, es decir, después que haya perdido este cuerpo, desde mi carne (restaurada y transfigurada) yo veré a Dios*" no hace violencia al texto. Así entienden la palabra מבשרי (desde mi carne) Rosenmüller, Kosegarten (*Diss. in Iob*, xix. 1815), Umbreit (*Stud. u. Krit.* 1840, i.), Welte, Carey y otros, en una línea de resurrección. Pero esa traducción (interpretación) es también insostenible, por varias razones:

1. En esta interpretación, el verso es tomado como un antecedente. Pero, como ha observado rectamente Hirzel, una preposición como עד o אחר, utilizada como conjunción, lleva al verbo inmediatamente

---

[40]. En el sentido de recuperarse (recuperarse uno a sí mismo) se utiliza אתפח en el Talmud. Cf. Buxtorf, פוח y תפח. Los comentaristas rabínicos ignoran este targum y en general ofrecen poca ayuda en este campo.

[41]. Así, según el turco *Kamus:* cortar o quitar el cerebro (árabe *'n*) del cráneo, o quizá la pulpa de las calabazas, que así quedan vacías, quitar cascara de los huesos y dejarnos sin la médula, etc.

después, como en Job 42, 7; Lev 14, 43. Por su parte, la única posible excepción a esta ley, que sería la de 1 Sam 20, 41, resulta críticamente dudosa.

2. No es probable que el poeta, al utilizar עורי, esté pensando en el cuerpo, que será rápidamente conducido por la enfermedad a la muerte, y que, por otra parte, al hablar de בשרי, esté refiriéndose al cuerpo elevado de la muerte y glorificado.

3. Resulta aún más improbable que בשר se utilice aquí en el sentido que le ha dado la terminología eclesiástica, al hablar de la *resurrectio carnis*, que es ciertamente una expresión que se puede utilizar, pero que va más allá del significado que esas palabras tienen en la Escritura. Las palabras בשר, σάρξ, en un sentido general, y especialmente en el Antiguo Testamento, van vinculadas con signos de fragilidad y de pecaminosidad.

4. La esperanza de la resurrección constituye sin duda un principio establecido del credo de Israel, pero es ciertamente posterior al período salomónico. Por eso, la gran mayoría de los comentaristas modernos piensan que Job no ha querido confesar aquí la esperanza de la resurrección, sino la esperanza de una contemplación espiritual de Dios, y por tanto un tipo de vida futura. Y de esa forma, la idea popular del Hades, que en otro sentido ha ejercido una influencia (un lugar o estado desde donde no se puede salir, ni ver nada), ha empezado a quebrarse.

En esa línea de contemplación espiritual de Dios han entendido esas palabras algunos autores como Ewald, Umbreit (que al principio pensaba de un modo diferente), Vaihinger, Von Gerlach, Schlottmann, Hölemann (*Schs. Kirchen- u. Schulbl.* 1853, Num. 48, 50, 62), König (*Die Unsterblichkeitsidee im B. Iob*, 1855), y otros, con diversos comentaristas judíos, como Arnheim y Löwenthal. Esta tradición, que ha sido aceptada también por Herzog, *Real-Encyclopdie*, Art. *Hiob*, no implica ninguna falsa construcción del lenguaje pero, como seguiremos indicando, no agota el significado de la confesión de Job. Ante todo, tenemos que seguir analizando el sentido de cada palabra.

אחר (וְאַחַר) es una preposición y está empleada de la misma forma que el árabe *ba'da* en algunas ocasiones: *tras mi piel*, es decir, después de haberla perdido (cf. Job 21, 21, אחריו, después de la muerte). נקפו ha de entenderse de un modo relativo: que han destruido en piezas, que está destruido en piezas (cf. el mismo uso de la tercera persona en Job 4, 19; 18, 18).

Por su parte, según el targum, Kosegarten, Stickel (en su libro *De Goële*) y Gesenius, *Thesaurus*, la partícula זאת podría tomarse de un modo inferencial, equivalente a *hoc erit*; pero eso no puede aceptarse, porque el texto debería ser וזאת אחר וגו, en árabe *w-dlk b'd 'n*, *idque postquam*, y además habría sido necesario que las palabras siguieran este orden אחר נקפו עורי.

Pues bien, uniendo esa palabra, זאת, con עורי (que está sin embargo en masculino) ella ha de entenderse como referida a este cuerpo decaído. Por eso, resulta preferible tomarla en un sentido adverbial. En esa línea (como piensan Arnheim, Stickel, von Gerlach y Hahn), זאת ha de ser un acusativo de referencia, como en Job 33, 12 (cf. הֲכִי־זֹאת).

El מן de מבשרי tiene un sentido negativo: *libre de mi carne* (propiamente "fuera", lejos de... Num 15, 25; Prov 20, 3). Esta es una forma frecuente de utilizar esa preposición (cf. Job 11, 15; 21, 9; Gen 27, 39; 2 Sam 1, 22; Jer 48, 45). Según eso, traducimos: "Y después de mi piel, que ellos rompen así en pedazos (libre de mi carne) yo contemplaré a *Eloah*".

Aquí se supone que a Job se le permitirá contemplar a Dios en ese tipo de existencia, de forma que recibirá en esa vida, fuera de la carne, el testimonio de su justificación. Esta contemplación constituye la recompensa de su fe, pues, incluso ante la certeza de su próxima muerte, no ha desesperado de Dios, de forma que no caerá en manos de la muerte injusta, pues Dios seguirá siendo condescendiente para él en amor.

Y esto es lo que Job mantiene con firmeza, incluso más allá de la muerte, con la esperanza de ver a Dios en el futuro como un testigo de su inocencia; y esa esperanza no vendrá de un modo inesperado, sino que está totalmente de acuerdo con el progreso interior del drama, con el pensamiento de la redención del Hades, expresada en el pasaje anterior, con el rescate del honor de su sangre, que aún ahora queda garantizada para él por su testigo en el cielo; esa esperanza queda aquí incluida en la certeza confiada de que su sangre y su polvo serán declarados inocentes por Dios, de forma que será de algún modo consciente de ello, aunque lo sea solo cuando vaya siendo liberado de este cuerpo que se va corrompiendo.

En **19, 27** Job declara la forma en que contemplará a Dios: a quien yo contemplaré para mí (para mi bien: אֶחֱזֶה־לִּי) con לִי, como Sal 62, 2; 118, 6. Y mis ojos le verán a él, no a un extraño (*neque alius*), como traducen LXX, targum, Jerónimo y la mayoría. Por otra parte, Gesenius *Thes.*, Umbreit, Vahinger, Stickel, Hahn y von Hofmann traducen: *Mis ojos le verán*, y ciertamente no como a un enemigo.

Pero זר significa *alienus y alius*, pero no *adversarius*, un sentido que esta palabra recibe solo en un contexto nacional. Aquí, esta palabra (utilizada como en Prov 27, 2) excluye esos tres sentidos (*alienus, alius* y *adversariu*s): así se alude solo a Job, y a ningún otro, para excluir de esa manera a sus oponentes. Él verá a Dios levantándose a su favor, tomando como propia su causa.

ראו es pretérito de futuro, es decir, *propheticum* o de *confidentiae* (como con frecuencia en salmos). Sus mismos riñones se alegran y esperan la visión de Dios. Hahn, refiriéndose a Job 16, 13, traduce de un modo incorrecto: "Incluso si mis riñones perecieran dentro de mí", lo que es imposible conforme a la sintaxis.

Por su parte, el Sal 73, 26 utiliza כלה en el sentido de *licet defecerit* como antecedente hipotético.

La versión siríaca está aquí equivocada: mis riñones (*culjot*) se desvanecen completamente, por razón de mi lote (בחקי). Ello se habría expresado en árabe exactamente como está aquí: *culâja* (en dual *culatâja*) *tadhûbu*, mis riñones se derriten. También en árabe como en otros idiomas semitas en general, los riñones aparecen como sede de los afectos más tiernos y profundos (*Psychol.* 268, f), especialmente del amor, el deseo y la añoranza, como aquí, donde כלה, igual que en Sal 119, 121 y en otros lugares aparece lleno de intensos deseos de salvación.

Habiendo terminado la exposición de las opiniones particulares sobre el texto, preguntamos si ellas hacen justicia al texto que hablaría de una contemplación absolutamente incorporal de Dios en el futuro. Nosotros dudamos de que sea así. Job no dice meramente que sea él, sino que serán sus ojos los que contemplarán a Dios. Sin embargo, imagina a su espíritu como revestido de un nuevo cuerpo espiritual, en lugar del cuerpo anterior ya decaído, destruido. Pero en el sentido de que ese cuerpo espiritual y esos ojos que verán en el mundo futuro han de ponerse en combinación con este cuerpo de carne que se destruye.

Ese tema no está desarrollado, pero se encuentra ya en el camino que conduce a la esperanza de la resurrección, tal como aparecerá en el cristianismo; vemos así que esa idea de la resurrección se muestra aquí germinando, esforzándose por salir a la luz. Estas son las tres *perlas* (manifestaciones más altas del pensamiento de Job) que se vuelven visibles en su libro, por encima de las olas del conflicto (tal como aparecen en su obra: Job 14, 13-15; Job 16, 18-21; Job 19, 25-27). Pues bien, no hay ninguna que sea más preciosa que la tercera, es decir, que la que aquí estamos exponiendo.

Así como en la segunda parte de Isaías sobresale el capítulo 53, y aparece como centro y expresión máxima de las proclamaciones profética del libro, así el poeta de Job ha adornado la parte central de su obra con esta confesión de su héroe, plantando así la bandera de la victoria (victoria de Dios, victoria suya) sobre su propia tumba.

Ahora, en **19, 28**, Job se vuelve a sus amigos. Él, que había esperado que ellos fueran sus abogados, viene a presentarse así como su juez, en el caso de que ellos le sigan persiguiendo, de forma que él, Job, aparece aquí como siervo sufriente de Dios (cf. Job 13, 10–12). No hay que traducir esas palabras: *Según eso, vosotros diréis...*, ni tampoco, *en verdad yo os diré*. Eso tendría que haberse dicho con כי אז תאמרו, e implicaría ciertamente que sus oponentes experimentarían su misma teofanía, y que por lo tanto ella se realizaría en la tierra.

Oehler (en su *Veteris Test. sententia de rebus post mortem futuris*, 1846) mantiene esa visión (que sus oponentes experimentarían su misma teofanía), en contra de la que aquí sostenemos, pensando que esta confesión de Job es algo que se refiere a la contemplación futura, pero no puede deducirse del texto. Por eso, justamente Oehler no se atreve a ofrecer ninguna conclusión a partir de su hipótesis[42].

En esa línea, como ha interpretado rectamente C. W. G. Köstlin (en su ensayo *De immortalitatis spe, quae in l. Iobi apparere dicitur*, 1846), en contra de Oehler, y como ha explicado también Oetinger, el texto de Job 19, 28 ha de verse como antecedente de **Job 19, 29**: Si vosotros decís *bajo qué pretexto podemos juzgarle* (נִרְדָּף־לוֹ, propiamente hablando "perseguirle", cf. Jc 7, 25), y si buscáis la raíz del tema (de mi pecado…); en otras palabras, si seguís buscando la causa de mi sufrimiento, diciendo que es mi culpa o mi pecado, *tened cuidado ante la espada de la venganza de Dios* que os ha de llegar.

Sobre esa espada de la venganza de Dios, cf. Job 15, 22 y quizá Is 31, 8, podemos decir lo siguiente: se trata de una espada sin artículo definido, expresando por ella la idea de algo que no tiene fronteras, que es terrorífico e indefinido, una indeterminación que se describe (o, al menos, se supone, de modo amplificado, en Sal 2, 12).

La cláusula sustantivada confirmatoria que viene después ha sido interpretada de diversas formas. No se puede entender חֵמָה como referido a la rabia/ira de los amigos en contra de Job (Umbreit, Schlottmann y otros), ni se pueden aplicar las palabras חרב עונות a los pecados de los amigos contra Job. Esas dos expresiones resultan muy duras para aplicarlas a los amigos y así las debemos entender de otra forma.

El resplandor (חֵמָה) de la ira de Dios podría aplicarse a las expiaciones que debe realizar la comunidad (Hirzel, Ewald y otros); pero hay que tener en cuenta que עון (עֲוֹנוֹת) no significa directamente el castigo del pecado y que el ardor o resplandor de la ira de Dios se identifica con los crímenes de la espada, es decir, con aquellos que llevan en sí la sanción de la misma ira destructora, es decir, de la condena a muerte.

En ese sentido, *crímenes de espada* (crímenes que merecen muerte) no son aquellos que han sido cometidos por la espada, pues en todo este texto no se trata de eso, sino que la espada se refiere a la hostilidad que se expresa en las palabras de desprecio y de juicio, de calumnia y de blasfemia de los amigos en contra de Job. Estos pecados de la espada de la lengua (de la calumnia y blasfemia) pueden ser castigados también por un tribunal (cf. Job 31, 11; 31, 28).

En esa línea, Job advierte a sus amigos que por su forma de acusarle y de juzgarle, con la espada de su lengua, están corriendo el riesgo de caer bajo el poder más alto de una espada de Dios, de la cual no podrán escapar: a fin de que

---

42. Oehler se mantiene indeciso entre una contemplación espiritual de futuro o de presente: *harum interpretationum utra rectior sit, vix erit dijudicandum, nam in utramque partem facile potest disputari* (no es fácil decidir cuál de esta interpretaciones es la mejor, pues tanto una como otra tienen sus valores).

vosotros podáis conocer..., con שַׁדִין (con el *kere* שְׁדִין). Una antigua variante de lectura, que aparece en Pinkster es ידעון (en lugar de תדעון).

Los LXX nos ayudan a interpretar el texto: θυμὸς γὰρ ἐπ᾽ ἀνόμους (*Cod. Alex.* -οις) ἐπελεύσεται, καὶ τότε γνώσονται... Conforme al *Cod. Vat.*, la traducción sigue así: ποῦ ἔστιν αὐτῶν ἡ ὕλη (שדין, cf. Job 29,5, donde שדי se traduce por ὑλώδης). Según el *Cod. Alex.* ὅτι οὐδαμοῦ αὐτῶν ἡ ἰσχυς ἐστίν (שדין de שדד).

Ewald en su primera edición, seguida por Hahn, piensa, como había hecho ya Eichhorn, que שדין es una forma secundaria de שדי: por su parte, Heiligstedt quiere leer sin más שדי. Quizá se podría explicar mejor el texto con Raschi: *A fin de que podáis conocer los poderes de la justicia, es decir, el gran poder de destrucción que el Juez tiene a su disposición*.

Pero todas estas explicaciones carecen de base, no se pueden fundar en el uso del lenguaje, y por su parte la conjetura de Ewald en su segunda edición (אי שדכם ¿dónde está vuestra violencia?) no tiene nada a su favor. Ella se separa demasiado del *texto recibido*, presenta el error de los amigos con un nombre inadecuado, y no ofrece una verdadera conclusión del discurso.

Por otra parte, este largo discurso de Job 19 no podría haber terminado de un modo más adecuado que el que ofrece mi interpretación del texto, según la cual Job aparece recordando a sus amigos que hay un juicio. En esa línea han traducido el pasaje algunos autores antiguos: Aquila: ὅτι κρίσις; Símaco y Teodoción: ὅτι ἔστι κρίσις. Conforme a esa traducción, la ש de שַׁדִין (que hay juicio) tiene el mismo sentido que אשר, partícula que aparece otra vez en el libro de Job, y probablemente una vez más en el Pentateuco (Gen 6, 3).

דין o דון son formas infinitivas. La última viene del *kal*, que aparece solo una vez en Gen 6, 3, con *holem*, en forma de sustantivo (como p. ej., בוז), y ella significa juzgar (juicio). La razón por la que el *kere* sustituye a דון que no aparece en ningún otro lugar con el sentido de juicio y pone en su lugar una palabra más común, como es דִין, resulta difícil de explicar. דִין tiene en todos los demás lugares el significado de juicio, como por ejemplo en boca de Elihu, Job 36, 17, y con frecuencia en el libro de los Proverbios, por ejemplo en Prov 20, 8 (cf. el suplemento arabizante de Prov 31, 8).

El juicio final se dice en arameo דינא רבא, el último día (día grande), que en hebreo y árabe es יום הדין, *jaum ed-dî n*, día del juicio. Dar a שדין este significado definitivamente judicial resulta inadmisible desde una perspectiva histórica del plan de la redención. De todas formas, no hay nada en contra de entender la conclusión de este discurso de Job en la línea de la conclusión del libro del Eclesiastés, que pertenece al mismo tipo de literatura. Job avisa a sus amigos que hay una espada más alta y un poder superior, del que no podrán escapar, como si les dijera: "esto es para que sepáis que hay un juicio".

Interpretación de Job 19. Nos muestra la forma en que la aflicción de Job, entendida por sus amigos como retribución divina, aparece para él como crisol de una nueva interpretación de la vida. Vemos así también por el discurso de Job que él solo puede mirar su aflicción como un despliegue de la ira divina, con Dios tratándole como a un enemigo (19, 11).

Pero cuando más decididamente le critican los amigos y describen la situación de Job como algo que deriva de sus propias transgresiones, y cuanto menos caritativos se muestran, como hemos visto en el último discurso de Bildad, ellos terminan representando de un modo más sombrío el destino de los impíos, refiriéndose de forma muy clara a Job. En esa línea se va viendo cada vez más claramente que esta falsa interpretación de los amigos le sirve a Job como un medio para purificar su visión del sufrimiento, y para interpretar su destino en una línea de relación verdadera con Dios.

En la medida en que el esperado consuelo de los amigos se convierte en acusación más cortante, a Job no le va a quedar más consuelo que la palabra de consuelo de Dios. Y cuando más insisten los amigos en decirle y demostrarle que él está sufriendo por ser un odioso pecador, él va viendo cada vez más claramente que el decreto divino por el que sufre es un injusto decreto de Dios (19, 5). Pero no se atreve a llegar hasta el final en esa línea, y eso produce un resultado doble o triple:

- *Por un lado está la angustia del alma que los amigos le infligen*, al decirle que su sufrimiento es castigo de Dios, y que debe hacer penitencia por sus pecados, hace que Job ruegue a los mismos amigos y les pida: "Tened piedad de mí, tened piedad de mí, vosotros, mis amigos" (Job 19, 21). Esos amigos no deben perseguirle, pues Dios ya le ha tocado, y ellos no son un segundo poder divino, con autoridad sobre él, de manera que no pueden (no deben) amenazarle de un modo cruento. Por eso deben dejar de ofenderle con su envidia. Job trata a sus amigos de un modo justo, de forma que ellos (si no estuvieran dominados por un dogma falso) tendrían que cambiar de opinión, sin condenarlo de antemano como malhechor. De esa forma va emergiendo en Job un estado superior de mente.
- *Pero la dura crítica de sus amigos tiene no solo un influjo beneficioso* para establecer su relación con ellos, sino también para su relación con Dios. Job no puede someterse sin más al Dios airado, ante quien ellos quieren hacer que se incline. En esa línea, él no puede hacerles caso en modo alguno a esos amigos, sino que se siente llamado del modo más intenso a pedirle justicia a Dios, a decirle, que le rehabilite, en contra de la condena de sus acusadores. Por eso, él desea que su testimonio (que no ha sido creído por sus amigos) pueda grabarse como memorial en una roca, como palabra elevada ante Dios y ante los hombres del futuro, pues él se siente despreciado por los del presente.

— *En esa línea, Job se eleva y pide al mismo Dios que le ofrezca el testimonio de su justicia,* superando el nivel del escrito grabado en la piedra. Él sabe que hay Uno (el Dios verdadero) que reconocerá su causa, por encima del juicio de aquellos que le condenan, dándole la razón, un Dios que no vendrá solo en el futuro, en la última generación, sino que está vivo, que no está viniendo a ser, o que solo será en el futuro, sino que ya "es". Es evidente que por las palabras גֹּאֲלִי חַי, mi *Goel* o Redentor está vivo, él está refiriéndose a la misma persona de la que decía en 16, 19: "Mirad, ahora está ya en el cielo mi Testigo, aquel que me reconoce (me apoya) está en las alturas". De esa forma, Job apela al Dios verdadero, por encima del falso Dios en nombre del cual le condenan precisamente sus "amigos".

La palabra חַי (vida, mi *goel* vive) de este pasaje corresponde al גַם עַתָּה del pasaje anterior, y a partir de eso (por el hecho de que en las alturas del cielo habita aquel que es su testigo) ha de explicarse la manera en la que Job (cf. 19, 25) expresa su fe, confiando en la realización de aquello que en el pasaje anterior (16, 20) se limitaba a implorar, como importunando a Dios, viéndole como el Último y definitivo, como aquel cuya palabra ha de cumplirse en las edades de la eternidad, cuando haya cesado hace ya tiempo el griterío de las voces de la historia humana. De esa forma, él (Dios) ha de elevarse como testigo decisivo sobre el polvo, en el que Job se había convertido, como objeto del castigo divino (según los hombres). Y entonces, a través de su misma piel, y liberado de su carne, que se ha deshecho, de tal forma que a través de ella pueden verse sus huesos (19, 20), Job podrá contemplar a *Eloah*; y de esa manera, aquel mismo que, según el juicio humano había muerto, compartiendo la muerte de los impíos, contemplará a *Eloah* a su mismo lado; sus mismos ojos lo verán, no lo verá un extraño, porque el mismo Dios se le revelará de un modo total a fin de que él mismo pueda transformarse a la luz de su mirada (de la de Dios), pues el mismo Dios se le revelará.

Esta es la visión del futuro, cuya realización Job ha esperado de un modo tan grande que sus mismos riñones se consumen por el deseo. Vemos así que Job no expresa aquí un sentimiento emocional pasajero, un "vuelo" de fe, meramente momentáneo, sino que expresa su fe más profunda, que durante toda la controversia permanecía en el fondo de su alma; esa fe, que iba venciendo a las olas de su desesperación es la que ahora se manifiesta. Conoce y muestra así que aunque su hombre exterior pueda decaer, Dios no dejará de reconocer la verdad y justicia de su hombre interior.

Pero ¿esta confianza de fe de Job se extiende realmente a la vida futura? En contra de eso, se ha observado que si la esperanza expresada con esa confianza fuera una esperanza abierta a un tipo de vida futura, el abatimiento de Job sería en el fondo fingido, y tendría que ser rechazado. Además, esta esperanza de una vida futura parece estar en contradicción con la propia afirmación de Job 14,14: "Si el hombre muere ¿podrá vivir de nuevo? Todos los días de mi dura vida yo seguirá esperando, hasta que llegue el cambio".

Por otra parte, si Job esperara así una vida futura, sus pensamientos estarían expresados de un modo totalmente equivocado, de forma que serían como una caricatura psicológica, como podrá verse en el caso de que las afirmaciones de Job 19, 25-27 tuvieran que entenderse en la línea de una visión futura de Dios.

Finalmente, la solución del puzle que continuamente ha ido creciendo a lo largo de la controversia con sus amigos se expresa en la conclusión del drama del libro en forma de teofanía, pero de una teofanía a favor de un hombre que está aún vivo. Según eso, el final del libro no aparece en forma de escena celestial, que se despliega sobre o ante la tumba vacía de Job (como al final de los evangelios); una conclusión de ese tipo resultaría imposible en un libro del Antiguo Testamento. Hasta este momento, el Antiguo Testamento no sabe nada de un cielo habitado por felices espíritus humanos, vestidos con estolas blancas (*stola prima*). En esa línea, en el tiempo en que se compuso el libro de Job, no existía todavía una revelación positiva ni una confesión dogmática de la resurrección de los muertos, que vendría a presentarse así como límite y plenificación del curso de la vida de los justos en este mundo.

Lo que el libro de Job nos muestra, a partir del conflicto vinculado a la vida presente, es la lucha de la fe en busca de una solución futura. La esperanza que el libro de Job expresa no es la dominante en su tiempo, ni es una esperanza que le ha llegado a través de la tradición, ni una que está abierta al conjunto de la humanidad, ni siquiera para los justos en general.

Todas las objeciones arriba señaladas serían realmente aplicables si Job conociera la doctrina de una contemplación de Dios tras la muerte, una solución que pudiera presentarse como recompensa para los piadosos por el sufrimiento de la vida presente. Pero este no es el caso. La esperanza expresada en el libro de Job no es una esperanza culminada y aceptada de un modo creyente, sino una esperanza concebida y formulada precisamente en ese libro, por vez primera, bajo la presión de unos sufrimientos divinamente decretados, que le presentan como culpable, y bajo las acusaciones de aquellos que le condenan como a transgresor. En ese contexto, resulta imposible para él la suposición de que Dios siga permaneciendo siempre como alguien contrario y hostil, que se esfuerza por condenarle. Eso significa que al fin debe aparecer una solución más alta, más allá de las falsas apariencias de este mundo, de manera que la ira quede superada y pueda revelarse el amor. El hecho de que eso puede realizarse tras su muerte es lo único que la fe puede ofrecerle en ese momento.

Si nos colocamos en el punto de mira del poeta, descubrimos que él expresa aquí una confesión que aparece también en el libro de los Proverbios, una confesión a la que está llegando la Sabiduría de Salomón, abriéndose hacia un el pensamiento creyente. Pero, desde la perspectiva de la Sabiduría (teología de la *hokma*) esta confesión empezó siendo un *theologoumenon*, y solo a los largo de los siglos se fue abriendo bajo la presión combinada de la revelación y de los hechos vinculados con la redención. Esa confesión solo logró desarrollarse plenamente en el Nuevo Testamento, a través del descenso al Hades y de la ascensión al cielo de Jesucristo, el Príncipe de la vida, algo que fue plenamente definido en el Credo de la Iglesia.

Pues bien, si nos situamos en el punto de vista del héroe del drama, esto es, de Job, esa esperanza de justificación y vindicación futura, que aparece como un destello en medio de la fiereza del conflicto de su vida, no puede interpretarse como una simple caricatura, sino que ella expresa el sentido más hondo de la fe que no olvida a Dios, sino que se abre hacia su manifestación definitiva[43].

En esa línea es normal que el poeta se permita poner en boca de Job esta petición de fe diciendo que, aunque Dios le permita morir según la muerte de los pecadores, sin embargo, él no puede abandonarle al final en la muerte, sin venganza, sin justificación. Por eso es lógico que, en medio del drama de su vida, Job muestre el pensamiento de que el grito de su sangre no ascenderá en vano, afirmando que, siendo inocente, no puede desaparecer del todo, sino que contemplará con sus propios ojos (aunque no pueda decir cómo) al Dios que ahora le está avasallando con su ira judicial, descubriendo que él (ese mismo Dios) es su redentor.

Esta esperanza, mirada a la luz de la percepción posterior del plan de la redención, no es otra cosa que la esperanza de la resurrección. Pero ella aparece aquí solo en forma de germen, presentándose de un modo puramente personal. Job se elevará del polvo, y después que pase la tormenta de la ira, verá a *Eloah*, descubriéndole como aquel que le reconoce en amor, cuando los oponentes que sobrevivan caigan ante el tribunal de este verdadero Dios.

Según eso, Job no se consuela con la visión general de la resurrección de los justos (como en Is 26, donde el tema aparece de forma profética, pero también racional), ni tampoco en la resurrección de los muertos como tales (tema que aparece por primera vez en Dan 12, 2); Job no habla de lo que ha de suceder al fin de los días, sino de aquello que ha de pasarle a él, de una manera personal, tras su muerte.

Considerándose como alguien que ha de morir, y viéndose a sí mismo como aquel que de hecho está ya como muerto, y apareciendo en sentido externo como pecador que está siendo castigado por sus delitos, Job debería desesperar de Dios; pero en contra de eso está convencido de que Dios no permitirá que

---

43. Si Job hubiera podido decir como Tobías, Tob 2, 1-3 Vulg.: *Filii sanctorum sumus et vitam illam exspectamus, quam Deus daturus est his qui fidem suam nunquam mutant ab eo* (somos hijos de los santos y esperamos aquella vida que Dios ha de conceder a los que no pierden nunca su fe en él) su conducta hubiera sido ciertamente diferente; pero la esperanza que muestra Job en 19, 25-27 está muy alejada de esta confesión de fe de Tobías.

la acusación de los falsos amigos quede para siempre ratificada con su sangre no vengada y con el polvo en que se convertirá su cadáver.

No era posible todavía que la conclusión del libro (es decir, del drama) se formulara de acuerdo con esta esperanza futura porque el poeta (además de presentarse como alguien que habla en nombre de su héroe patriarcal) no compartía todavía y no aceptaba aún como dogma universal esta esperanza que Job expresa como aspiración de fe. Esta esperanza de Job se manifiesta aquí por primer vez, como en algunos salmos (cf. *Comentario* al Sal 17, 15; 49, 15; 73, 26) como una aspiración de fe, no como fe dogmática[44].

No es necesario que el poeta presente y desarrolle al final del libro esta esperanza en una vida futura, después de la muerte, para ajustar así (y resolver) las injusticias del presente. De todas formas, él ha querido mostrar aquí que el sufrimiento de los justos es una manifestación de un tipo de "ira" de Dios, pero que, en el fondo, puede y debe presentarse (interpretarse) como dispensación de amor. Esta es pues una esperanza que está germinando, una esperanza que se manifiesta en este discurso de Job, como impulso de fe. Por eso, sin confundir de un modo anacrónico los diversos períodos del desarrollo del conocimiento de la redención, podemos tomarla como una anticipación fuerte (aunque aún no desarrollada) de la fe posterior en la resurrección[45].

En esa línea, cuando Job afirma que él contemplará a *Eloah* con sus propios ojos, es muy posible que esté pensando en los ojos de su espíritu; pero es igualmente posible pensar que él se está refiriendo a los ojos de su cuerpo renovado/resucitado, conforme a la visión de algunos teólogos antiguos que hablan de una *stola secunda* (segunda vestidura), para distinguirla de la *stola prima,* es decir, de la vestidura y visión de la gloria en el estado intermedio entre la muerte y la resurrección final.

Y cuando Job se piensa a sí mismo (cf. 19, 25) como un cadáver que se está descomponiendo ¿no podrá él pensar que sus ojos, que han de ver a *Eloah*, son aquellos que han sido apagados por la muerte y que entonces vendrán a ser capaces de ver (de contemplar y de vivir) de un modo distinto? De todas formas, si queremos exponer el tema de un modo histórico/gramatical, no de praxis pastoral ni de homilética, no podemos introducir en el texto y en la afirmación de Job el carácter definitivo del dogma posterior.

---

44. La visión de Bötticher, *De inferis*, 149, según la cual el poeta, al final del libro, rechazaría como *dementis somnium*, esa esperanza aquí expresada en forma de deseo, es falsa.

45. El deseo de Job 19, 23 se ha cumplido por ejemplo cuando Sant 5, 11 afirma que ha visto a Cristo, su Redentor entrar en el Hades, siendo dirigido por él para contemplar a Dios en el cielo. Nosotros defendemos la existencia histórica de Job y la coherencia de su historia con el resto de la Escritura, como hemos puesto de relieve en *Biblische Psychol.* cap. 6 3, al tratar de la vida futura y de la redención. Según eso, en contra de la mayoría de los comentaristas modernos, no podemos limitar la esperanza de Job a la contemplación de Dios en el estado intermedio, sino que, como seguiré diciendo, esa limitación no puede fundarse en el texto.

Este es un texto que ha de verse en relación con la escatología, lo mismo que el protoevangelio se relaciona con la soteriología. Este es un texto que ofrece solo los primeros rasgos de una visión que se desarrollará con más detalle en tiempos posteriores, es como un esbozo en el que se seguirán introduciendo después nuevos elementos.

Según eso, *Schlottmann* tiene toda la razón cuando considera que es justificable aplicar estas grandes y poderosas palabras (que aparecen en himnos, en textos litúrgicos y en inscripciones) al Dios–Hombre Jesús, y entenderlas en un sentido mucho más desarrollado, desde la visión creyente de las últimas cosas. Por otra parte, no es falso lo que dice Sanctius: *ab hoc loco ad finem usque libri aliter se habet Iobus quam prius* (desde este lugar hasta el fin del libro Job se comporta de un modo distinto).

En esa línea, desde aquí, en el centro de su libro, Job se eleva triunfalmente sobre sus oponentes, teniendo conciencia de su victoria sobre ellos, pero sin tener que afirmar que la contemplación de Dios que él anuncia se dará en este mundo o en el mundo que viene. Tendrá que aprender todavía a comportarse de un modo sumiso ante Dios, siendo más gentil en relación con sus amigos. A partir de aquí, iluminado por la riqueza inextinguible de su pensamiento (con sus diversas variaciones), el poeta irá mostrándose cada vez más implicado en su pensamiento, de manera que el fuego en el que Job está siendo probado podrá seguirle probando, para purificarle aún más.

Job 20. Segundo discurso de Sofar

Job 20, 1-5

וַיַּעַן צֹפַר הַנַּעֲמָתִי וַיֹּאמַר:¹
לָכֵן שְׂעִפַּי יְשִׁיבוּנִי וּבַעֲבוּר חוּשִׁי בִי:²
מוּסַר כְּלִמָּתִי אֶשְׁמָע וְרוּחַ מִבִּינָתִי יַעֲנֵנִי:³
הֲזֹאת יָדַעְתָּ מִנִּי־עַד מִנִּי שִׂים אָדָם עֲלֵי־אָרֶץ:⁴
כִּי רִנְנַת רְשָׁעִים מִקָּרוֹב וְשִׂמְחַת חָנֵף עֲדֵי־רָגַע:⁵

¹Respondió Sofar, el naamatita, y dijo:
²Por cierto, mis pensamientos me responden, según los sentimientos que hay en mí.
³Debo escuchar la corrección a mi reproche, así mi espíritu me inspira la respuesta.
⁴¿Conoces aquello que es de siempre, desde que el hombre fue puesto sobre la tierra:
⁵que el tiempo de los malvados es breve y el gozo del impío solo dura un momento?

Todos los comentaristas modernos piensan que **20, 2** es una apología de la exposición que sigue, y la mayoría suponen que וּבַעֲבוּר es una expresión elíptica en vez de בעבור זאת, como han hecho Tremellius, J. Piscator y otros, en parte (aunque erróneamente) apelando a su acento (esa palabra tiene un *rebia mugrasch*). Ewald observa que בעבור aparece aquí sin añadido, porque la frase se entiende bien teniendo en cuenta la כן de לכן.

Segundo curso de la controversia

Pero aunque esa elipse no sea inadmisible (cf. לכן en el sentido de לכן אשר, Job 34, 25; כעל, Is 59, 18), debemos afirmar que Job 20, 2 no ofrece en esa línea un significado aceptable. La mayor parte de los comentaristas traducen: "y por eso la tormenta está dentro de mí" (así por ejemplo Ewald); pero el significado de *perturbatio animi*, que Schultens propone para חושי, según el árabe *ḥâš*, está muy alejado del uso del hebreo. Por otra parte, esa palabra árabe *ḥâš* significa propiamente asustar o cazar (en un juego); pero no significa estar agitado por la tormenta, un significado que tampoco posee el correspondiente hebreo חוש, que significa acercarse.

Solo unos pocos expositores (como Umbreit, que traduce: *a causa de mi tormenta dentro de mí*) toman la palabra בעבור (que solo aparece esta vez en el libro de Job) como *praepositio,* significado que puede tener, conforme al infinitivo que sigue (cf. Ex 9, 16; 20, 20; 1 Sam 1, 6; 2 Sam 10, 3). Por otra parte, לכן (que solo Umbreit traduce por "sin embargo" según el árabe *lâkin, lâkinna,* significado que no tiene en hebreo) ha de referirse, conforme a la mayoría de los expositores, al discurso anterior de Job. Así, por ejemplo, Hahn: "bajo tales circunstancias...". De esa forma razona también entre otros Ewald: "Por esa razón, Sofar se siente impulsado por sus propios pensamientos a responder a Job, pues su impulso interior no le da descanso, tras haber escuchado el reproche tan hiriente que Job le ha dirigido".

Según eso, Sofar se ha sentido llamado a responder a Job, porque los reproches que a este le ha dirigido Job no le han dejado descansar. En otras palabras, a consecuencia del reproche de Job, especialmente al amenazarle con el juicio, los sentimientos de Sofar y su pensamiento han entrado en un estado de excitación, y le han impulsado a responder, de la manera en que lo hace ahora en su segundo discurso.

Este sentido prospectivo de לכן debe retenerse sin más, aunque בעבור deba tomarse como una preposición, en el sentido de *por lo tanto...* (ciertamente, a causa de mi conmoción interna...). De todas formas, parece mucho más natural conectar también el comienzo del discurso de Sofar con las últimas palabras anteriores de Job. Según eso, el argumento de Sofar en Job 20, 2 puede y debe conectarse con las acusaciones anteriores de Job, que han suscitado en él (en Sofar) un fuerte sentimiento, en la línea de lo que dice Ecl 2, 25, cuando habla de los sentimientos que brotan del interior del hombre, conforme a un tipo de inspiración de Dios.

De esa forma, como supone la partícula לכן (cf. también Job 42, 3), Sofar saca una inferencia de la conducta de Job, partiendo especialmente del último discurso (cf. 20, 2: שְׂעִפַּי יְשִׁיבוּנִי)[46]. Sus pensamientos le han impulsado de

---

[46]. Así ha de leerse conforme a la nota masorética: לית ומלא (i.e., *plene,* plenamente, como en ningún otro lugar), que aparece en algunos códices, y como lo atestigua Kimchi en su *Gramática,*

manera involuntaria e irresistible, como indica la *waw* explicativa. Él responde así a causa del poder del sentimiento que habita en su interior, un sentimiento que se identifica con su visión de la verdad y de la justicia moral del hombre (y de Dios), es decir, con su capacidad de percepción interna, de sentido anímico, de un modo general, no puramente racional, como algo que debería alcanzarse tras una larga reflexión.

Sobre שעיפי, es decir, sobre los pensamientos tal como se desarrollan en la mente, cf. *Comentario* a Job 4, 13 y *Psychologie*, 181. Por su parte השיב significa, como en todos los otros lugares, *responder*, pero no en sentido causativo, como "obligar a responder", sino en sentido puramente afirmativo. Por su parte, חושי es un *nomen actionis* en el sentido de רגישתי (targum), o הרגישי (Ralbag), palabras que significan también *mis sentimientos* (αἴσθησις). Por su parte, la combinación בי חושי tiene el mismo sentido que en Job 4, 21; 6, 13, de forma que podemos vincular este pasaje con el de Job 20, 4.

Job 20, 3 expresa la razón de la conclusión que Sofar ha querido vincular con לכן, respondiendo a la crítica que le ha dirigido Job, acusándole de falta de honestidad. Sofar se refiere sin duda a las palabras de corrección o castigo que le ha dirigido Job en su discurso, de manera que se siente internamente movido a responder a ellas. En ese sentido, su mismo espíritu, es decir, su vida interna, como luz profunda le impulsa a refutar y rechazar los insultos que ha recibido de parte de Job.

El espíritu es aquí la luz interior (cf. Job 32, 8; cf. mi *Psychol*. 154 s). Desde esa luz más honda responde Sofar, tras haber pensado en aquello que le ha dicho Job con sus ataques insultantes. De esa manera, en su respuesta, quiere poner de relieve el hecho de que en la conducta de Job y en sus palabras solo ha venido a expresarse su impiedad. Por eso, Sofar, tiene que responderle. Esta es la razón por la que se dirige en contra de él (**Job 20, 4**) en forma amenazadora, empezando a decir: ¿conoces tú aquello que es desde el principio…?

En esa línea, Sofar pregunta a Job de forma sarcástica o con admiración quizá fingida: ¿sabes tú que…? Le pregunta si conoce todo lo que ha existido desde el principio, la ley que rige desde tiempo inmemorial la vida de los hombres (cf. Ewald: *hoccine scis aeternum ese*: ¿te crees eterno? Según eso, מני-עד no es adjetivo virtual, sino predicado virtual con acusativo).

20, 5. Así, dice Sofar que desde que el hombre ha sido colocado (con שים infinit.) sobre la tierra (cf. con el pasaje de referencia, Dt 4, 32) no se ha visto que el gozo esté cerca de los malvados (מקרוב), o que sea duradero en ellos. De esa forma, sigue acusando a Job, diciéndole en el fondo que su desgracia o sufrimiento depende sin duda de su maldad, de su impiedad, pues el gozo de los malvados (עדי-רגע) dura siempre poco tiempo.

Moznajim, 8; y Aben-Ezra en su *Gramática*, *Zachoth* 1, b; y también Jekuthiël, *Darche ha-Nikkud* (capítulo sobre las letras יהוא).

Job 20, 6-11

⁶ אִם־יַעֲלֶה לַשָּׁמַיִם שִׂיאוֹ וְרֹאשׁוֹ לָעָב יַגִּיעַ׃
⁷ כְּגֶלֲלוֹ לָנֶצַח יֹאבֵד רֹאָיו יֹאמְרוּ אַיּוֹ׃
⁸ כַּחֲלוֹם יָעוּף וְלֹא יִמְצָאוּהוּ וְיֻדַּד כְּחֶזְיוֹן לָיְלָה׃
⁹ עַיִן שְׁזָפַתּוּ וְלֹא תוֹסִיף וְלֹא־עוֹד תְּשׁוּרֶנּוּ מְקוֹמוֹ׃
¹⁰ בָּנָיו יְרַצּוּ דַלִּים וְיָדָיו תָּשֵׁבְנָה אוֹנוֹ׃
¹¹ עַצְמוֹתָיו מָלְאוּ (עֲלוּמוֹ) [עֲלוּמָיו] וְעִמּוֹ עַל־עָפָר תִּשְׁכָּב׃

⁶Aunque su aspiración suba hasta el cielo y su cabeza toque las nubes,
⁷como su estiércol, perecerá para siempre; y los que le vieron dirán: ¿Dónde está?
⁸Como sueño volará y no será hallado; se disipará como visión nocturna.
⁹El ojo que lo veía no lo verá más, ni conocerá ya su lugar.
¹⁰Sus hijos deberán aplacar a los pobres y sus manos devolverán lo que él robó.
¹¹Sus huesos, llenos aún de juventud, yacerán con él en el polvo.

Job 20, 6. Aunque su exaltación alcance hasta el cielo, de manera que su cabeza suba hasta las nubes, es decir, toque las nubes, perecerá sin embargo como basura. Aquí recordamos aquello que Abdías 4 dice de Edom y lo que Is 14, 13–15 dice del rey de Babilonia. שִׂיאוֹ es equivalente a נשׂיא, como שׂוֹא, Sal 89, 10, es equivalente a נשׂוא. En este caso se pierde la primera radical débil, como en כִּילִי que equivale a נכילי, *fraudulentus, machinator*, cf. Is 32, 5. Conforme a Olshausen שׂיבה equivale a ישׂיבה, 2 Sam 19, 33. El verbo הגיע ha de entenderse como causativo (al menos este es su sentido más natural) lo mismo que en Is 25, 12 y en otros casos. En contra de lo que piensan Ewald, Hirzel, y Heiligstedt, siguiendo a Schultens, resulta innecesario traducir כְּגֶלֲלוֹ, Job 20, 7, de acuerdo con el árabe *jlâl* (de donde viene el nombre *Gell-ed-dn*, con el sentido de *secundum majestatem suam*). Tampoco es necesario leer con Reiske בגללו, *in magnificentia sua*, y además esa traducción no sería acertada, pues el hebreo גלל no tiene el sentido de *jll, illustrem esse*.

El mismo Schultens rechazó en su *Comentario a Job* la explicación que había dado en sus *Animadversiones*, y mantuvo el valor de la traducción *sicut stercus suum* (Jerónimo *sicut sterquilinium*), sentido que está favorecido en las palabras figurativas semejantes de 1 Rey 14, 10: *como uno que quema estiércol* (הגלל), probablemente estiércol de vaca como combustible, hasta que se ha consumido totalmente.

La palabra גללו (cf. כְּגֶלֲלוֹ) puede derivarse de גלל, pero la analogía de צלל está a favor de la forma גל (Ewald 255, b), en ningún modo a favor de גלל. Esta palabra, aunque sea repugnante, es muy expresiva; y la manera en que se puede indicar su cumplimiento puede deducirse de un ejemplo tomado de 2 Rey 9, 37, según el cual, "ella será como basura sobre la faz de un campo, de manera que no podrán decir esta es Jezabel"[47].

---

47. En árabe, *gille/gelle* (גלה) es la forma usual y preferida para referirse al combustible (y en ese sentido se entiende como equivalente a *hhattab*). Es el combustible formado del estiércol de

El verso siguiente (**Job 20, 7**) sigue desarrollando la misma idea: aquellos que antes le han visto (con רֹאָיו, participio pasado, Gesenius 134, 1) dicen ¿dónde está? (¡son como el abono que ha desaparecido o que se ha consumido, convertido en combustible!).

20, 8. Igual que un sueño desaparece el malvado y no se le encuentra más (ידד en *ofil*, no en *kal*), como una visión en la noche (con חזיון, que aparece aquí por única vez en todo el libro de Job, en vez de con חזון, palabra de la que se diferencia quizá como *visum* de *visio*), como alguien que se desvanece al andar, o como engaño de la fantasía (cf. Sal 73, 20; Is 29, 7).

20, 9. Los ojos le miran (solo en el libro de Job tiene שׁזף este significado, como mirada fija y abrasadora, tema que puede compararse con un tipo de contemplación abrasadora, que aparece en Cant 1, 6, con שׁדף, *adurere*). Esta es una mirada momentánea, que desaparece después, *de manera que su mismo lugar* (מְקוֹמוֹ, construido con femenino, como en Gen 18, 24; 2 Sam 18, 24; 17, 12, *qetiv*) *no le verá ya más* (con שׁוּר, verbo frecuente en el libro de Job, en el sentido de ir por ahí mirando, relacionado con el verbo תוּר, mirar hacia uno).

El futuro se utiliza aquí para describir aquello que le ha de acontecer al malvado. En esa línea, Ewald traduce "sus puños derriban a los débiles"; pero esa traducción no puede ser aceptada. Por otra parte, la palabra חפניו, que debería leerse en este caso en lugar de בניו, no aparece nunca en el libro de Job con ese sentido violento.

Además, resulta totalmente innecesario derivar ירצּוּ de רצה con el sentido de רצץ (derribar, echar al suelo) o cambiar esa palabra por ירצּוּ (Schnurrer) o por ירצצוּ (Olshausen). Ciertamente, el sentido *filios ejus vexabunt egeni* (que responde de algún modo a los LXX que ponen θλάσειαν, y al targum que supone una lectura como ירעעוּן), no resulta imposible en **Job 20, 10**. Pero se consigue un sentido más natural, en conexión con el lugar que ocupa בָּנָיו (20, 10), si entendemos רצה en el significado usual de conciliar, aplacar, como en el targum, conforme a la lectura ירעוּן (palabra de la peshita para ἀποκαταλλάσσειν), y también conforme a Gesenius, Vahinger, Schlottmann y otros, en la línea de Aben-Ezra, Ralbag, Mercerus (=Mercier): *filii ejus placabunt tenues, quos scilicet eorum pater diripuerat, vel eo inopiae adigentur, ut pauperibus sese adjungere et ab illis inire gratiam cognantur* (sus hijos aplacarán a los pobres, a los que su padre había robado, a fin de que los pobres se unan con ellos, pudiendo así recibir la ayuda que ellos pueden prestarles).

---

las vacas especialmente de las que pastan a campo abierto (*baqar bat.tle*), que son casi en su totalidad vacas de leche. Ese estiércol lo recogen mujeres y niños. Todos saben que este tipo de abono/combustible es perfectamente inodoro. Lo que se recoge se lleva en cestas a una plaza especial, donde se prensa, hasta formar un tipo de "ladrillos", mezclados con paja, que se dejan secar y se apilan formando una especie de "bóvedas" (*qubbe*, קבה, *qubeb*). La parte exterior de esas bóvedas se recubre e impermeabiliza con una capa de abono, para que el combustible de dentro permanezca seco todo el tiempo de las lluvias. Este será el combustible que se utilizará durante el invierno, de manera que al llegar de nuevo el verano esos "cubos" o almacenes de basura suelen haberse ya gastado.

De esa manera, con esta traducción, se retiene la relación retributiva que aparece también en el fondo de Job 20, 19. Los hijos del duro opresor de los pobres estarán obligados, cuando el tirano muera, a conciliar (resarcir) a los que han sido privados de sus bienes por el opresor; y esos mismos hijos tendrán que devolver la propiedad robada a aquellos a quienes el padre (que en este caso sería Job, según Carey), de un modo avaricioso, les ha convertido en mendigos (con און, que es mal, Job 18, 7, y con *hown*, y su sinónimo חיל, riqueza, que proviene probablemente de un radical que significa respirar, aplicado de un modo diferente en árabe, lengua en la que se vincula con *aun* que es descansar y *haun* que es ligereza).

Carey piensa que esta descripción es retrospectiva, de manera que trataría de Job, durante su vida, lo que no parece apropiado, pues aquí se habla probablemente de personas que ya han muerto. Así como antes en 20, 9, también aquí, en **20, 11** el perfecto y el futuro se intercambian; uno trata del pasado, el otro del futuro. Jerónimo, uniendo los dos significados radicales, traduce*: ossa eius implebuntur* (se debía haber dicho *impleta erant*) *vitiis adolescentiae ejus* (sus huesos se llenarán con los vicios de su adolescencia), lo que ha de rechazarse, porque עלום, Sal 90, 8, se aplica ciertamente a un pecado secreto, pero tiene también el sentido de todo aquello que está en secreto (velado). Por su parte, עלומים, Job 33, 25, significa ciertamente *adolescentia* (árabe *gulûmat*), y ha de traducirse, según los LXX, targum y traducción siríaca: sus huesos estaban llenos de vigor juvenil. Tanto en Job 20, 11 como en Job 14, 19, תשכב podría referirse a un plural (עצמותיו), pero en ese caso el predicado correspondiente debería estar en 20, 11a en plural y en 20, 11b en singular. Por eso resulta preferible que esa palabra se vincule con el singular עלומו, como suponen Hirzel, Schlottmann: *su vigor juvenil, en el que confiaba, yace con él en el polvo* (de la tumba).

Job 20, 12-16

¹² אִם־תַּמְתִּיק בְּפִיו רָעָה יַכְחִידֶנָּה תַּחַת לְשׁוֹנוֹ׃
¹³ יַחְמֹל עָלֶיהָ וְלֹא יַעַזְבֶנָּה וְיִמְנָעֶנָּה בְּתוֹךְ חִכּוֹ׃
¹⁴ לַחְמוֹ בְּמֵעָיו נֶהְפָּךְ מְרוֹרַת פְּתָנִים בְּקִרְבּוֹ׃
¹⁵ חַיִל בָּלַע וַיְקִאֶנּוּ מִבִּטְנוֹ יוֹרִשֶׁנּוּ אֵל׃
¹⁶ רֹאשׁ־פְּתָנִים יִינָק תַּהַרְגֵהוּ לְשׁוֹן אֶפְעֶה׃

¹²Si el mal tenía un gusto dulce en su boca, si lo ocultaba debajo de su lengua,
¹³si lo saboreaba cuidadosamente y no lo dejaba, sino que lo retenía y paladeaba,
¹⁴su comida se corromperá en sus entrañas y será veneno de áspides dentro de él.
¹⁵Devoró riquezas, pero ahora las vomitará; Dios las sacará de su vientre.
¹⁶Veneno de áspides chupará; lo matará la lengua de la víbora.

20, 12–13. El malvado se compara en Job 20, 12 con un tipo de epicúreo, que mantiene la maldad dentro de sí tanto tiempo como es posible, como un mordisco de dulce comida que se retiene en la boca por mucho tiempo (Renan: *comme un bonbon qu'on laisse fondre dans la bouche*, como un bombón que va dejándose fundir en la boca). המתיק, endulzar, tiene aquí el sentido intransitivo de *dulcescere*, Ewald 122, c. Por su parte הכחיד, apartar de la vista, significa en general destruir y aquí ocultar (como el *piel* de Job 6, 10; 15, 18). חמל, reservar, se construye con על, como es usual con los verbos de cubrir y proteger.

10, 14. La conclusión de la cláusula hipotética antecedente comienza con Job 20, 14. El perfecto נֶהְפַּךְ (con *kametz* y *athnach*) describe la rapidez del cambio. La palabra que sigue, מְרוֹרַת, no es equivalente a למרורת (Lutero: Esta comida ha de volverse veneno de víbora en su cuerpo), sino que Job 20, 14 expresa el resultado del cambio en la cláusula substantiva. En los idiomas antiguos las palabras que significan lo amargo y lo venenoso suelen ser sinónimas. En ese sentido encontramos las palabras veneno y hiel (Job 20, 25) como מררה y ראש indicando una planta venenosa que es conocida por su amargura y el veneno de plantas como si fuera veneno de serpientes (Job 20, 16; Dt 32, 33).

La palabra חיל (**Job 20, 15**) significa propiedad, lo que se tiene, pero sin evocar un tipo de adquisición violenta (Hirzel), que viene indicada por la palabra בלע. El futuro consecutivo siguiente no tiene aquí sentido de aoristo, sino que expresa el resultado inevitable que un acto lleva consigo: el que toma veneno debe vomitar veneno, debe expulsar aquello que ha tragado. Pues bien, en este caso se supone que Dios hará que lo expulse de su vientre de un modo violento (lo que está implicado en בלע, expulsar), a través de los dolores de un cólico.

Los LXX, para quienes la mención de Dios parece aquí contraria al decoro que le es de debido, traducen ἐξ οἰκίας (léase κοιλίας, según el *Cod. Alex.*) αὐτοῦ ἐξελκύσει αὐτὸν ἄγγελος (*Theodetp* δυνάστης). Es pues un ángel, no Dios, el que expulsa del vientre del malvado ese veneno. El perfecto de **Job 20, 15** se cambia en **Job 20:16** en un futuro imperfecto.

En **20, 16** se utiliza יִינָק, que representa de un modo intenso la acción en pasado, como algo que se ha realizado ya antes de lo que ahora se describe. El ἀσυνδέτως futuro que sigue presenta la consecuencia que está implicada en ello de un modo necesario y directo. Con esto se puede comparar el Sal 140, 4 y lo mismo Prov 23, 32. Aquel que chupa el veneno del áspid encontrará su castigo en la muerte que le viene de ese mismo veneno: morirá por la picadura mortal venenosa de la serpiente, pues el castigo del pecado no es fundamentalmente otra cosa que aquello que se deriva del mismo pecado.

Job 20, 17-20

¹⁷ אַל־יֵרֶא בִפְלַגּוֹת נַהֲרֵי נַחֲלֵי דְּבַשׁ וְחֶמְאָה׃
¹⁸ מֵשִׁיב יָגָע וְלֹא יִבְלָע כְּחֵיל תְּמוּרָתוֹ וְלֹא יַעֲלֹס׃

¹⁹ כִּי־רִצַּץ עָזַב דַּלִּים בַּיִת גָּזַל וְלֹא יִבְנֵהוּ׃
²⁰ כִּי לֹא־יָדַע שָׁלֵו בְּבִטְנוֹ בַּחֲמוּדוֹ לֹא יְמַלֵּט׃

¹⁷No se deleitará más en arroyos, ni en ríos y torrentes de miel y de leche.
¹⁸Perderá las ganancias por las que trabajó; no disfrutará las riquezas conseguidas.
¹⁹Porque oprimió y abandonó a los desamparados, si construye una casa no la terminará
²⁰porque no dejó de desear cosas, no podrá conservar nada de lo que codiciaba

20, 17. Los poetas cantaban la *aurea aetas* de la era primigenia, que era como un paraíso: *Flumina jam lactis, jam flumina nectaris ibant* (Ovidio, *Metamorfosis*. i. 112: Corrientes ya de leche, ya corrientes de néctar pasaban...)[48]. En esa línea, el mismo Yahvé describe la tierra prometida como "una tierra que mana leche y miel". De un modo consecuente la prosperidad injusta que el malvado ha conseguido por su maldad viene a compararse con arroyos de leche y miel de los que él no podrá gozar.

Esa prosperidad se compara con arroyos (פְּלַגּוֹת, que son como corrientes que dividen la tierra en distritos iguales, cf. Jc 5, 15) o con torrentes... Arroyos y torrentes son dos genitivos coordinados, en aposición (בְּפַלְגוֹת נַהֲרֵי), y Hupfeld piensa que uno de ellos debe ser eliminado. Pues bien, en contra de eso hay que decir que la unión de los dos términos tiene un sentido poético, lo mismo que en Sal 78, 9, donde se rompe así el flujo de las palabras (cf. Ewald 289 c). Aquí se trata de arroyos, torrentes/ríos, de miel y de leche (cf. Job 29, 6: leche y aceite).

De todas formas, de acuerdo con la puntuación, נַהֲרֵי נַחֲלֵי han de entenderse como un permutativo de בְּפַלְגוֹת. Sea como fuere el sentido de la frase es claro: el injusto no podrá disfrutar de las corrientes y/o ríos de leche y miel (Dachselt). Por medio de אל־ירא (con *beth* posterior, בְּפַלְגוֹת, poniendo de relieve el hecho de que "no verá"), se está indicando que el injusto no podrá gozar de la prosperidad vinculada a la tierra de leche y miel.

Sea como fuere, el texto pone de relieve que la prosperidad de la tierra y de la vida está vinculada a la justicia de los hombres de manera que a los injustos se les niega por principio la esperanza de disfrutar de la tierra (con אל, como en Job 5, 22; Sal 41, 3; Prov 3, 3. 25). Pues bien, a partir de aquí el texto resulta difícil de traducir, precisando su sentido. Por eso, aquí me limito a ofrecer una visión general de su sentido.

El sentido general de **Job 20, 18** no es que el injusto o sus descendientes tendrán que devolver lo que han robado, sino que no podrán disfrutar lo poseído injustamente (sin traducirse "él devolverá lo que ha ganado sin haberlo tragado/consumido", pues en este caso tendría que haberse dicho יָשִׁיב en vez de יִבְלַע, lo

---

48. Cf. Virgilio, *Égloga* iv. 30: *Et durae quercus sudabant roscida mella*: y las duras encinas destilarán miel como rocío. Cf. también Horacio: *Epod*. xvi. 47: *Mella cava manant ex ilice, montibus altis Levis crepante lympha desilit pede*: Allí mana la miel del hueco de la encina, y se desprenden de los altos montes con grato rumor los cristalinos arroyos).

que implicaría una relación sintáctica distinta). La *waw* de ולא no se utiliza aquí para detallar más las cosas. No se trata, por tanto, al menos en su primer sentido, de tener que devolver la riqueza injusta, sino de no poder disfrutarla.

En esa línea, la visión general del texto (20, 18) parece clara, pero no son claros ni seguros sus elementos concretos, como seguiré mostrando. Todos los intentos de interpretación que conectan כחיל תמורתו con משיב, no pueden ser aceptados, ni puede tomarse como buena una traducción donde se supone que "él tiene que entregar de nuevo la propiedad falsamente adquirida", como propiedad de devolución (que tiene que ser repuesta, cf. Schlottmann), o como propiedad de otro (Hahn).

El sentido general de la frase no va, por tanto, en la línea de un "cambio de propiedad", entendida en sentido material. No se trata de que el injusto o sus descendientes tendrán que devolver lo que han robado, sino de la certeza de que no podrán disfrutarlo: "Por grande que sea ese valor (esa riqueza), él no podrá regocijarse en ello" (Ewald).

El malvado no goza de la propiedad que ha ganado injustamente; no podrá regocijarse por la multitud de riqueza que ha amasado, porque ella se evadirá de sus manos. El sentido de תמורה se puede precisar a través de la traducción siríaca מור, comprar, relacionado con מהר, מחר y quizá también con מכר, que es cambiar, adquirir, tener. Cf. Job 15, 31 y 28, 17.

Jerónimo no es el único expositor que, dado que los tiempos hebreos no siguen una regla fija, y pueden tener diversos sentidos, traduce **Job 20, 19**, diciendo: *domum rapuit et non aedificavit eam* (equivalente a robó una casa que no había edificado). Esa es una traducción inicialmente buena, pero que debe precisarse, en una línea que he puesto de relieve en Lit. *Centralblatt*, 1853, Nr. 24[49], con el sentido de *porque quebrantó (dejó sin ayuda) al desamparado... no pudo construir la casa*". En esa línea ha de traducirse 20, 19b: *ha saqueado una casa y no la podrá construir* (es decir, no podrá *terminarla, poseerla como propia, disfrutarla*).

Por su parte, conforme a los acentos, que son en este caso correctos, בֵּית גָּזַל no puede traducirse en forma puramente afirmativa: *domus, quam rapuit*, sino que ha de entenderse de un modo hipotético *si (ἐὰν) domum rapuit* (en el caso de que haya construido), con lo que debe conectarse ולא יבנהו, con *waw* de apódosis, (cf. Job 7,21), de forma que בנה no significa aquí, como frecuentemente ocurre, "construir", sino "construir en torno", disfrutarlo como algo propio y seguir construyendo (cf. 2 Cron 11, 5-6; Sal 89, 3. 5). En esa línea, el texto quiere decir que el injusto, el impío, podrá tomar una casa (apoderarse de ella), pero no la podrá disfrutar.

En Job 20, 20 encontramos una división semejante: dado que él no encontró שלו (en neutro, igual que שלוה, Pro 17, 1; Ewald 293, c), es decir sosiego,

---

49. El targum traduce: Dado que él llevó a la ruina el negocio del pobre (עזב después de עזבון como en Ezequiel). Por su parte Parchon traduce: Dado que llevó a la ruina los asuntos de los pobres... (conforme a la palabra de la Misná: מעזיבה, *el suelo pavimentado de la casa de los pobres...*). Pero, conforme a la Masora de Is 58, 2 (comp. Kimchi, *Michlol*, p. 35), hay que tomar עזב como verbo.

no tendrá descanso y abundancia (cf. Is 59, 8, לא ידע שלום). El texto evoca así la suerte del avaricioso, que lo devora todo, y que no será capaz de liberarse a sí mismo de su avidez (מלט como פלט, Job 23, 7, intensivo de *kal*), es decir, no será capaz de guardar su alma (מלט נפשו, en la línea de Am 2, 15, con ב como en Job 19, 20), es decir, su tesoro más preciado (así traduce, por ejemplo Ewald). También se puede traducir: *él no fue capaz de rescatar, de poseer su objeto más querido*, como en Job 16, 4. 10; 31, 12 (cf. por ejemplo a Schlottmann).

La primera traducción es más natural y simple. חמוד (cf. בַּחֲמוּדוֹ) es aquello que se desea muchísimo (Sal 39, 12), en línea de salud, de gozo; cf. Is 44, 9, donde se aplica a los ídolos como objetos queridos de los adoradores. Esa es la cosa más querida y deseada en la que el pecador apoya y centra su alma (en esa línea Bötticher piensa que se trata de la misma alma).

Hupfeld interpreta: *non fruitur securus ventre suo h. e. cibo quo venter potitus erat et deliciis quas non salvas retinebit*, es decir, no goza con seguridad de su vientre y sus delicias, esto es, no goza del alimento que ha comido el vientre, pues le parece que esas delicias no ofrecen seguridad (cf. también **Job 20, 20** como frase que se entiende por sí misma, en el sentido de que el malvado no logrará salvarse con sus delicias de comida: *cum deliciis suis non evadet*). Hupfeld sigue pensando, sin ninguna prueba, que ב ידע puede significar *frui*, y que בטן puede significar metonímicamente comida; por otra parte, su afirmación según la cual שלו no se puede entender en el sentido de *descanso* en relación al *deseo* carece de fundamento.

En hebreo, el adjetivo neutro puede utilizarse como sustantivo, lo mismo que en griego, como por ejemplo, τὸ ἀσφαλές, seguridad, τὸ εὐτυχές, éxito (compárese en esa línea la combinación בתמים ואמת); por su parte, שלו significa descanso y facilidad sin precisar aquello que puede perturbar ese descanso, sea el peligro, el dolor u otra emoción fuerte.

Job 20, 21-25

²¹ אֵין־שָׂרִיד לְאָכְלוֹ עַל־כֵּן לֹא־יָחִיל טוּבוֹ׃
²² בִּמְלֹאות שִׂפְקוֹ יֵצֶר לוֹ כָּל־יַד עָמֵל תְּבוֹאֶנּוּ׃
²³ יְהִי לְמַלֵּא בִטְנוֹ יְשַׁלַּח־בּוֹ חֲרוֹן אַפּוֹ וְיַמְטֵר עָלֵימוֹ בִּלְחוּמוֹ׃
²⁴ יִבְרַח מִנֵּשֶׁק בַּרְזֶל תַּחְלְפֵהוּ קֶשֶׁת נְחוּשָׁה׃
²⁵ שָׁלַף וַיֵּצֵא מִגֵּוָה וּבָרָק מִמְּרֹרָתוֹ יַהֲלֹךְ עָלָיו אֵמִים׃

²¹Nada dejó sin devorar, y por eso no durará su bienestar.

²²En su abundancia padecerá estrechez; caerá sobre él toda mano necesitada.

²³Y cuando quiera llenar su vientre, enviará sobre él su ira y lloverá sobre él, sobre su carne.

²⁴Huirá de las armas de hierro pero la flecha de bronce le herirá,

²⁵le traspasará y saldrá de su cuerpo, la punta de hierro saldrá por su hiel.

¡Sobre él vendrán terrores de muerte!

Las palabras de **Job 20, 21** significan "nada quedó que él no devorara, es decir, que escapara (שָׂרִיד, como en Job 18, 19, de שׂרד, árabe *šarada, aufugere*) de su avidez), esto es, de su avaricia (de אכל, cf. לְאָכְלוֹ), de forma que cuanto más devoraba o comía más vacío se encontraba. Eso significa que devoraba todo lo que encontraba, sin dejar resto ninguno; por lo tanto, su טוּבוֹ, su prosperidad, su abundante riqueza no continuará, no podrá retener su יָחִיל, cf. Sal 10, 5, lo que es sólido, poderoso, duradero, de donde viene el árabe *ḥîlat, ḥawl*).

Hupfeld traduce de un modo distinto: *nihil ei superstes ad vescendum, itaque non durant ejus bona*, no le queda nada para comer, pues no duran sus bienes; pero שָׂרִיד (cf. אֵין־שָׂרִיד) significa ante todo *elapsum* (lo que queda), y עַל־כֵּן (en לֹא־יָחִיל עַל־כֵּן) significa *propterea*; y así podemos retener el sentido de pasado (nada dejó sin devorar), especialmente porque Job 20, 21a no es futuro, a diferencia de Job 20, 21b.

20, 22. El tono de predicción de 20, 21 continúa en lo que sigue. El infinitivo constructo מְלֹאות (con *holem* sobre el *alef*, pues la *waw* se toma aquí como silenciosa), que está formado en la línea de los verbos *lamed–he* (Ewald 238, c), se escribe como קְרֹאות, Jc 8, 1 (cf. por otra parte con la *scriptio defectiva*, Lev 8, 33; 12, 4). Por su parte, Norzi, en la línea de Kimchi y Farisol, piensa que שׂפקו (con *shin*, no con *samech*) es una derivada de שׂפק (ספק), *sufficientia* (cf. el verbo de 1 Rey 20, 10): y traduce: *en el caso de que tenga una gran abun*dancia (suficiencia)... A su juicio, שׂפק equivale al árabe *ṣafqat, complosio*, y en esa línea Schultens traduce el texto así: *Si el gozoso sonar las manos (aplaudir) ha llegado a su punto más alto* (Elizabeth Smith: "mientras sus aplausos llegan a su mayor alegría"). Pero el texto en sí, con מלאות no responde a ese significado, pues a lo menos tendría que incluir las palabras שׂפק כפיו..

Sea como fuere el sentido más preciso de las palabras, la visión de conjunto del pasaje resulta clara: en la plenitud de su abundancia, el injusto padecerá necesidad (con יֵצֶר que lleva el tono atrás, a causa del monosílabo siguiente, aunque siga después un futuro apocopado, en su significado estricto, según el uso poético); cuanto más haya robado menor podrá disfrutar de lo que tiene, pues el avaricioso perderá todo lo que tiene.

Según eso, con esa palabra el texto no ofrece meramente un anuncio temeroso de futuro, ni se está limitando a extender su amenaza en el momento de máxima prosperidad, de un modo inminente, sino que declara la llegada de una calamidad real, en la que se transforma de repente (se arruina) la más alta prosperidad de los avariciosos, como muestra Job 20, 22: todas las manos de los pobres, de los destituidos se abalanzan sobre él (בוא con acusativo, *invadere*) y le asaltan para vengarse de la injusticia que ha realizado con los necesitados.

No hay que entender esto de un modo puramente especial y espiritual (en el caso de Job), como referido solo a su situación, sino que (como muestra כָּל־יַד) el texto está formulando una ley general, de carácter incluso social, no solo religioso, en sentido intimista: el rico sin compasión vendrá a convertirse en presa indefensa de los proletarios (*Beute der Proletarier*).

20, 23. El וִיהִי que abre este verso (y que aparece en otros muchos lugares, como en Job 18, 12, en un sentido básico de futuro), sirve aquí, como en 2 Sam 5, 24 (ויהי, cf. Ewald 333, b), para introducir el siguiente יְשַׁלַּח (ha de suceder: Él enviará). En esa línea, ויהי (cf. Gen 40, 1) es frecuente en el estilo histórico. Por su parte, והיה con un sentido semejante se utiliza más en el lenguaje profético.

Para llenar el vientre, que es insaciable, Dios mandará contra él su ira inflamada (cf. Lam. 1, 13: *Desde lo alto él ha enviado fuego a mis huesos*), y su ira lloverá contra su carne o contra sus gorduras (árabe *fi lachmihi*). En esa línea, pensamos que בלחומו debe entenderse desde la perspectiva de Sof 1, 17, donde, quizá en referencia a este discurso de Sofar, la palabra כגללים, que sirve para explicar Job 20, 7, nos permite entender mejor el sentido de בלחומו, que sigue estando en el fondo de los LXX, que traducen καὶ τὰς σάρκας αὐτῶν ὡς βόλβιτα; esto significa que cuanto más devora el avaricioso menos tiene[50].

El pensamiento resulta más claro si לחום (cf. בִּלְחוּמוֹ) se toma en el sentido de alimento: lloverá como el agua su comida, es decir, como aquello que le aprovecha (con *beth* de instrumento). En otras palabras: lloverá sobre él (la ira de Dios), como su alimento (con *beth* de esencia). En esa línea, Evald traduce: *Lloverá sobre él aquello que le satisface*; Bridel: *pour son aliment*; Renan: *en guise de pain*. Lloverá en abundancia la comida, pero el avaricioso no podrá disfrutar de verdad de nada.

Desde esa perspectiva, aquí damos preferencia a otra interpretación, porque es la más natural en este libro de Job, donde abundan los arabismos; y, según eso, pensamos que לחום tiene el significado del árabe *lahm*, que aparece en hebreo en Sof 1, 17. Esta es la traducción que se halla fondo del targum, que pone בשלדיה, y de muchos expositores como Aben-Ezra y Ralbag, que interpretan esa palabra en el sentido de בבשרו.

Esa traducción nos sitúa finalmente en la línea de Lam 1, 13, donde encontramos un paralelo adecuado, lo mismo que en Sant 5, 3 e incluso en el Corán, *Sura* 2, 169: "Aquellos que esconden algo que Dios les ha enviado en la Escritura obtienen un pequeño provecho de ella, reciben y comen solo fuego en su vientre". Resulta muy claro que עָלֵימוֹ puede utilizarse patéticamente en lugar de עליו como indica Job 22, 2, cf. Job 27, 23, lo mismo que Sal 11, 7.

Este discurso moralmente indignante de Sofar, que amenaza a Job con castigos, utiliza de un modo intencionado palabras raras y solemnes, con tonos oscuros. Según eso, conforme a la amenaza de Sofar, sobre esta carne que ha sido alimentada con envidia antipática (la de Job) Dios hará llover lluvia y fuego, que la quemarán totalmente por dentro. Este es el trasfondo escondido del lote de

---

50. Este pasaje se traduce: y su sangre es derramada como polvo, es decir, como basura que no sirve para nada (árabe *el-ghabra*, cf. אלעברה), y su carne como inmundicia. La forma לחמם se vincula a לחם conforme a לאם.

castigo que vendrá sobre Job, un castigo que, aunque pueda ejercerse por medios humanos, proviene del poder punitivo del fuego de la ira divina.

Job 20, 24 describe, con una ilustración, la forma en que se realizará ese castigo. Los malhechores que escapen de un poder hostil superior, serán heridos desde la retaguardia por las flechas de los enemigos. Según eso, el avaricioso que quiere escapar del castigo de Dios por sus pecados cae en manos de mayores castigos. Y de esa forma evoca Job la suerte de aquellos que son derribados por los enemigos precisamente mientras buscan la manera de liberarse de ellos, cayendo así presa de los terrores de la muerte inevitable que se aproxima.

Los dos futuros (יִבְרַח y תַּחְלְפֵהוּ) pueden ser entendidos como si formaran parte de una frase condicional, como en Sal 91, 7, cf. Amos 9, 2-4; y esta es según parece la relación mutua de las dos expresiones del texto (como en Is 24, 18): si escapa de las armas de hierro será destruido por el arco de bronce (קֶשֶׁת נְחוּשָׁה); es decir, si quiere liberarse de un tipo de riesgos y enemigos caerá en manos de otros que serán para él peores.

נחושה es una forma poética en vez de נחֹשת, como en Sal 18, 35, aunque puede ser también un adjetivo, dado que *eth* como el árabe *qaws* es una terminación femenina. Sea como fuere, la flecha del arco le atravesará (con תַּחְלְפֵהוּ, futuro *kal* de חלף, árabe *chlf*, oprimir más y más, atravesar, como en Jc 5, 26). La huida de los que han perdido el ánimo aparece así como un castigo que se completa con el disparo de las flechas de los arqueros que les persiguen y atraviesan con ellas.

En **Job 20, 25** el targum lee מִגֵּוָה con *he* y *mapik*, y traduce: *él, el enemigo o Dios le atravesará, y ella (la fecha, la espada...) saldrá de su vaina* (vagina, cf. מִגְוָה). Pero de esa forma y de otras se complica el sentido del texto, que ha de entenderse de una manera más sencilla. Los avariciosos no podrán escapar de las flechas de la ira de Dios, que les atravesarán, hiriéndoles precisamente en su misma hiel.

En ese sentido de emplea aquí el verbo שלף que se utiliza también en Jc 3, 22, donde se refiere a uno que ha sido herido y que quiere extraer la fecha, que sale de su cuerpo, en el que ha penetrado profundamente, de manera que la cabeza de metal de la flecha, que sale del fondo del vientre, viene empapada de hiel (מררה equivale a מררה, Job 16, 13, llamada así por la amargura de la hiel, como χολή, χόλος, cf. χλόος, χλωρός, a causa del su color verde amarillento)[51].

---

51. La palabra יהלך, como paralelo de ויצא;ha de conectarse con ממררתו, o con aquello que sigue? Para responder a la pregunta debemos fijarnos en la acentuación. La puntuación ordinaria es וּבָרָק con *dech*, y מִמְּרֹרָתוֹ con *mercha*, o, de un modo más corriente, con *mercha-zinnorith*, y יַהֲלֹךְ con *rebia mugrasch*, y así lo han visto, Ewald, Umbreit, Vahinger, Welte, Hahn, Schlottmann y Olshausen. Pero מִמְּרֹרָתוֹ puede encontrarse también con *athnach*. Aunque ese último modo de acentuación se encuentra poco representado, pienso que es el más correcto, conforme a la mente del poeta, ya que עָלָיו אֵמִים difícilmente podía tomarse como línea independiente de un verso. Abulwalid (en Kimchi) se refiere en este contexto a la vesícula biliar, que es la מרורה, según el árabe *marâre*. En el caso de que se atraviese la vesícula, y su contenido se derrame en la parte inferior del cuerpo, el que ha sido así herido ha de morirse necesariamente.

En esa línea ha de entenderse las palabras centrales del pasado, הָלַךְ עָלָיו אֵמִים י que pueden traducirse de dos formas: a) él (el avaricioso herido) ha de pasar (ha de terminar, ha de morir) porque sobre él vendrán terrores de muerte (Schultems, Rosenmüller, Hirzel, Von Gerlach y Carey); (b) o serán los terrores de muerte los que pasarán, vendrán sobre él (LXX, targum, traducción siríaca, Jerónimo y Ramban).

La primera posibilidad resulta más natural conforme a la sintaxis (cf. Gesenius 147, a) y responde al tema de los terrores (vinculados a la muerte cercana), que se apoderará del avaricioso. Pero quizá es mejor la segunda interpretación, porque en el caso de que יהלך debiera entenderse en la línea de Job 14, 20 o 16, 22, las cosas deberían haberse explicado de otra forma, pues resulta tan natural tomar אמים como sujeto de יהלך, como tomar אמים עליו como cláusula adverbial.

Job 20, 26-29

²⁶ כָּל־חֹשֶׁךְ טָמוּן לִצְפּוּנָיו תְּאָכְלֵהוּ אֵשׁ לֹא־נֻפָּח יֵרַע שָׂרִיד בְּאָהֳלוֹ׃
²⁷ יְגַלּוּ שָׁמַיִם עֲוֹנוֹ וְאֶרֶץ מִתְקוֹמָמָה לוֹ׃
²⁸ יִגֶל יְבוּל בֵּיתוֹ נִגָּרוֹת בְּיוֹם אַפּוֹ׃
²⁹ זֶה׀ חֵלֶק־אָדָם רָשָׁע מֵאֱלֹהִים וְנַחֲלַת אִמְרוֹ מֵאֵל׃

²⁶Una tiniebla total está reservada para sus tesoros; un fuego no atizado los consumirá y devorará lo que quede en su morada.

²⁷Los cielos descubrirán su iniquidad, y la tierra se levantará contra él.

²⁸Los renuevos de su casa se desvanecerán, esparcidos en el día de su furor.

²⁹Esta es la suerte que Elohim prepara al impío, la herencia de Dios para él.

20, 26. En Sal 17, 14, los bienes que Dios almacena para los hijos de los hombres se llaman צפון (צפין) y aquí los bienes que los hombres almacenan para sí mismos se llaman צפוניו. Dios decreta así una total oscuridad que finalmente destruirá a los hombres impíos, que aparecen aquí unidos, no porque vengan de esa forma de la mano de Dios, sino porque provienen de la avaricia y ambición de los hombres, sin tener en cuenta a Dios.

En vez de טָמוּן se podría haber puesto צפון (Job 15, 20; 21, 19; 24, 1), y en vez de לִצְפּוּנָיו se podría haber puesto también לטמוניו (Dt 33, 19); pero, como se verá en Job 40, 13, טמון parece reflejar mejor la oscuridad (y en esa línea ha de entenderse la ט, esta consonante tónica muda con la que comienza la palabra). Por su parte, כל־חשך significa oscuridad intensa, como en Sal 39, 6. Por su parte, הבלכל־ es una especie que dura nada. Así en Sal 45, 14: כל־כבודה, duro o fuerte resplandor; y quizá en Is 4, 5, כל־כבוד, dura o fuerte gloria.

El pensamiento de fondo expresado a través de una especie de juego de palabras es que el θησαυρίζειν de los impíos responde (y se opone) al θησαυρίζειν de Dios, que es el juez (Rom 2, 5; Sant 5, 3). Dios reúne tesoros, el impío solo oscuridades, a las que al final, en un determinado momento, tendrá que entregarse.

La palabra que viene después (תְּאָכְלֵהוּ) ha sido interpretada por Gesenius como un *piel* en vez de תְּאַכְלֵהוּ, pero esa forma de interpretar la última sílaba del *piel* resulta inaceptable. Por su parte, Hirzel y Olshausen 250, b, piensan que se trata de un *pual*, en vez de תְאֻכְּלֵהוּ, pero אכל significa ser comido, y no (lo que debería tomarse como acusativo de objeto) ir a comer. Ewald y Hupfeld la toman palabra como *kal*, lo que es posible, tanto desde la terminología como desde el tema (cf. *Comentario* al Sal 94, 20). Pero resulta más correcto interpretar el término como un *poel*, que suele utilizarse en palabras de raíces fuertes, como שֹׁפֵט (cf. sobre Job 9, 15), de manera que el *holem* de esas formas puede ser abreviado en un *kametz-chatuph*, como puede verse en וְדָרְשׁוּ, Sal 109, 10 (cf. *Com. Salmos, in loc.*)[52].

En este pasaje, el *poel* es una forma intensiva de *kal*: un fuego no atizado (desde fuera) les consumirá. Conforme a esta traducción, נֻפַּח es equivalente a נִפְחָה, dado que el verbo inmediatamente conectado con esa palabra pone la atención en el género de אֵשׁ, cosa que no se hace en los verbos נפח y ירע que están más lejos, lo que Olshausen piensa que es dudoso. Pero apenas hay ejemplos que se puedan aducir en favor de ello (cf. 1 Rey 19, 11; Is 33, 9; cf. Gesenius 147, 1).

Ciertamente, la cláusula de relativo לֹא־נֻפָּח puede explicarse también supliendo בּוֹ: fuego sobre el que uno no ha soplado, o que no ha sido atizado (Símaco y Teodoción, ἄνευ φυσήματος). Ambas traducciones son posibles según Ez 22, 20. 22. Pero dado que sigue el masculino ירע, teniendo sin duda como sujeto a אֵשׁ, podemos suponer sin duda que hay una *synalage* de genitivo, empezando con נפח.

Este es un fuego que no necesita intervención humana, ni para encenderse ni para mantenerse (cf. comentario a לֹא ביד, Job 34, 20). Se trata, por tanto, del fuego de Dios, Job 1, 16. Este fuego arde sobre todo aquello que ha escapado, es decir, se ha liberado (שָׂרִיד, como en Job 20, 21; 18, 19) de todas las demás fatalidades o destrucciones.

La palabra יֵרַע, *yera* (*milel*) es futuro apocopado *kal*; la forma de escribir esta palabra como futuro apocopado *nifal* que propone Olshausen, a causa del cambio de género, en el sentido de *es devorada* (la tienda) ha de ser rechazada por la razón que hemos asignado al hablar antes de נפח (cf. לֹא־נֻפָּח). La interpretación correcta de esa palabra ha sido ofrecida por Schultens.

20, 27. En este verso, Sofar continúa ofreciendo una referencia a 16, 18-19 donde Job invocaba al cielo y a la tierra como testigos, diciendo: *los cielos descubrirán su iniquidad, y la tierra se levantará contra él*. Cielos y tierra ofrecerán así el testimonio de que Job es un ser aborrecible, indigno de ser sostenido por la tierra e iluminado por la luz del cielo. Cielos y tierra ofrecen este testimonio, pues sus poderes de arriba y de abajo se vinculan entre sí para liberarse de él (de Job).

---

52. Una contracción de ese tipo aparece también en otras palabras como תִּרְצְחוּ, Sal 62, 4; מַלְשְׁנִי, Sal 101, 5 y וַיַּחְלְקֵם, 1 Cron 23, 6; 24, 3. Todas esas formas no se presentan como *piel* (Gesenius, Olshausen 248, a), sino que son formas contractas de *poel* con *kametz-chatuph* en vez de *holem*. Por su parte, תְּהִתַּלּוּ, Job 13, 9, no es una forma abreviada de *piel*, sino un *hifil* no sincopado.

Segundo curso de la controversia

La palabra מִתְקוֹמְמָה está estrechamente conectada con לוֹ que tiene un *lamed raphatum*, con *mercha-zinnorith*, bajo el influjo de la ley según la cual antes de una palabra monosilábica acentuada el tono se retrae de la última sílaba de la palabra anterior a la sílaba penúltima (Ewald 73, 3)[53].

Job 20, 28. Gesenius, Olshausen y otros traducen: *el producto de su casa, aquel que ha sido reunido, deberá desvanecerse en el día de su ira*. La palabra נְגָרוֹת, en el sentido de *corrasae (opes)*, es *nifal* de גרר. Pero, en primer lugar, נגרות no tiene sufijo. Y en segundo lugar בְּיוֹם אַפּוֹ no tiene conexión natural con lo que le precede. El *nifal* נְגָרוֹת, con el sentido de *diffluentia*, derivado de נגר, fluir lejos (desaparecer...; cf. árabe *jry*, fluir), responde mucho mejor al pasaje (cf. 2 Sam 14, 14, donde Lutero traduce: *como agua que se pierde en la tierra*). El final de la descripción es semejante al de Is 17, 11 : "En el día en que tú lo plantaste ha crecido, y con la mañana estaba ya en flor...", como un montón de cosecha para el día de la herida grande y de la tristeza de muerte. De esa manera, todo lo que el malvado escucha será desvanecido (desaparecerá) en el día de la ira de Dios.

20, 29. En este último verso, el discurso de Sofar retoma los motivos finales del discurso de Bildad en 18, 21: "Esta es la porción o herencia, es decir, el lote que es asignado o que recaerá en los malvados (רשע אדם, una rara interpretación de אדם, cf. Prov 6, 12, donde parece más adecuada la palabra איש) de parte de *Elohim*; esta es la herencia decretada para él (respecto a él) de parte de Dios.

אִמְרוֹ con un sufijo de objeto, que se suele aplicar cuando se refiere a la palabra omnipotente del mandamiento de Dios (cf. *Comentario* a Hab 3, 9), significa aquí la *disposición u ordenamiento judicial de Dios*; y en ese sentido se utiliza tanto en árabe como en hebreo, pues también en árabe *amr* (plur. *awâmir*) significa mandamiento, ordenación.

Interpretación de Job 20, segundo discurso de Sofar. Este discurso forma su ultimátum, pues él no tomará ya parte en la tercera parte de la controversia del libro. Hemos visto ya por su primer discurso, Job 11, que él es el más apasionado de los amigos. Su vehemencia aparece ahora menos excusable, dado que Job, en su discurso anterior, ha utilizado un lenguaje verdaderamente espiritual, en forma de ruego intenso y de advertencia al responder a los amigos.

En este momento, hubiera sido mejor que los amigos que han venido a consolarse hubieran permanecido en silencio, y aún mejor que hubieran reconocido al hombre sufriente y probado como un siervo de Dios, retirando sus cargos contra él. Pero Sofar no ha estado dispuesto a recibir un reproche y una corrección, como la que Job les ha dirigido a los tres amigos.

---

53. Este tipo de acentuación, que se encuentra en muchos códices y que está atestiguado por los gramáticos (cf. Norzi), resulta más inteligible que la acentuación de las ediciones modernas, que siguen poniendo la *mercha* en la sílaba final.

Descubrimos así que un hombre (como Job) nunca es más elocuente que cuando defiende su honor injuriado. Pero también descubrimos que un hombre nunca está en mayor peligro que cuando identifica su excitación natural con una inspiración superior de Dios, o cuando piensa que esa excitación le llega a través de una percepción superior, como sucede en el caso de Sofar.

Se ha indicado justamente que el poeta, autor del libro, describe a Sofar como uno de aquellos "cabezas calientes" que quieren defender la religión, pensando que ella está en peligro, pero que en realidad no hacen más que exponer un tipo de celo que proviene de su vanidad herida. En lugar de sentirse amonestado por la amenaza de juicio que Job le ha dirigido, Sofar vuelve a su intento anterior, de humillar a Job (de producir en él un tipo de abatimiento).

Sofar no ha tenido aquí nada nuevo que presentar como réplica a Job, sino que se contenta con repetir temas anteriores. Pues bien, al presentar este discurso de Sofar, el poeta ha tenido la inteligencia suficiente para que los lectores vayan perdiendo su simpatía por los amigos, mientras que vayan sintiendo cada vez más simpatía por Job.

El poeta va mostrando cómo los amigos de Job se van gastando en su único dogma, mientras que Job expresa una cantidad inmensa de pensamientos y sentimientos que surgen, uno tras otros. Pues bien, a diferencia de Job, sus amigos se encuentran herméticamente cerrados frente a toda nueva percepción y emoción.

Lo único nuevo en el discurso de Sofar y en el de sus amigos en conjunto, en este segundo *round* o curso de la controversia, es que ellos no intentan ya convencer a Job de que haga penitencia ofreciéndole la promesa del perdón y la rehabilitación de Dios, sino que se esfuerzan por suscitar en él un tipo distinto de estado mental, queriendo debilitar su argumento en contra de ellos amenazándole con las más terribles imágenes del castigo que Dios tiene preparado para los malvados (como es él).

Resulta imposible describir de manera más plástica y gráfica que la de Sofar en este discurso la forma en que un rico poco compasivo (como él cree que es Job) será castigado por Dios, privándole de su prosperidad. Esta es la descripción terrible de los males que acechan a los ricos pecadores (entre los que estaría Job). En otro contexto, esta descripción podría ser verdadera y apropiada, pero en relación con Job resulta totalmente privada de caridad de manera que lo que podría ser una verdad temible se convierte en una terrible mentira.

A los ojos de Sofar, Job es un hombre sin Dios, un individuo cuya felicidad y prepotencia durará muy poco tiempo, un hombre que se ha elevado a sí mismo hasta el cielo, pero que ha caído y seguirá cayendo en la basura, pues el pecado de sus ganancias injustas se está convirtiendo para él en veneno de víboras que destruyen y corroen su vientre.

Según Sofar, la flecha de la ira de Dios ha penetrado ya en el cuerpo de Job, y aunque logre sacarla ella ha envenenado su cuerpo con su veneno mortal. De esa forma, el fuego de Dios que ha comenzado a consumir sus posesiones no cesará hasta consumir su tienda, su casa. Los cielos, en los que conforme a su ilusión, él buscaba al defensor de su inocencia, revelan que él (Job) es culpable y la tierra donde esperaba encontrar a su defensor (al defensor de su inocencia) revela su culpa y se eleva como acusadora en contra de él.

De esa manera, sin piedad alguna, intenta destruir Sofar la nueva confianza que Job iba poniendo en Dios, para que se extinga la fe que empezaba a elevarse desde las cenizas de su gran conflicto. La forma de tratar a Job que tiene Sofar resulta destructora; en vez de fortalecer aquella vida que estaba germinando en él (Job) desde el sentimiento de la muerte, Sofar intenta destruirla. Sin embargo, no logra que se cumpla su objetivo. Porque, mientras Job no empiece a dudar de su inocencia, la falta de caridad de sus amigos vendrá a convertirse para él en el hilo a través del cual podrá encontrar el camino que le vaya llevando desde el laberinto de su sufrimiento al gozo del Dios que le ama, a pesar de que parece que Él (Dios) está airado contra él.

Job 21. Tercera respuesta de Job

Job 21, 1-6

וַיַּעַן אִיּוֹב וַיֹּאמַר׃ ¹
שִׁמְעוּ שָׁמוֹעַ מִלָּתִי וּתְהִי־זֹאת תַּנְחוּמֹתֵיכֶם׃ ²
שָׂאוּנִי וְאָנֹכִי אֲדַבֵּר וְאַחַר דַּבְּרִי תַלְעִיג׃ ³
הֶאָנֹכִי לְאָדָם שִׂיחִי וְאִם־מַדּוּעַ לֹא־תִקְצַר רוּחִי׃ ⁴
פְּנוּ־אֵלַי וְהָשַׁמּוּ וְשִׂימוּ יָד עַל־פֶּה׃ ⁵
וְאִם־זָכַרְתִּי וְנִבְהָלְתִּי וְאָחַז בְּשָׂרִי פַּלָּצוּת׃ ⁶

¹Entonces respondió Job y dijo:
²Oíd, oíd bien mi palabra y que esta ocupe el lugar de vuestro consuelo.
³Toleradme, y hablaré; y después que haya hablado podréis burlaros.
⁴¿Me quejo yo de algún hombre, o es que por eso mi espíritu no ha de impacientarse?
⁵Volveos a mí y espantaos y tapaos la boca con la mano.
⁶Incluso yo, si pienso en ello me horrorizo y el temblor estremece mi cuerpo.

Job 21, 1–3. En vez de ser capaces de resolver el enigma de la aflicción de Job, los amigos no pueden solucionar ni siquiera el tema de fondo del libro, sino que se limitan a cortar (romper) el nudo del problema hiriendo más profundamente a Job, con acusaciones cada vez más frívolas. Por eso, les pide que al menos estén dispuestos a escuchar (שמעו con gerundio) su palabra (מלה) sobre este enigma insoluble: de esa forma, al escucharle (*waw* con apódosis de imperfecto), su atención suplirá al menos su falta de consuelo, es decir, el hecho de no haberle ofrecido el consuelo que se suponía necesario, en una situación como la suya.

Ellos deben estar a su lado, permitiéndole responder por sí mismo, sin interrumpirlo (שָׂאוּנִי con *kametz* antes del tono, como en Jon 1, 12, cf. קחהו, 1

Rey 20, 33, no como piensa Hirzel bajo el influjo de un tipo distinto de acento diferencial, sino conforme a la regla establecida, Gesenius 60, 1). Entonces Job hablará (אנכי en contraste con "vosotros", con שאוני sin tono ulterior), de manera que en ese momento, cuando él haya hablado, en caso de que le hayan entendido, ellos podrían burlarse.

Pero aquí no pone תלעיגו (como Olshausen ha corregido), sino תלעיג (con un voluntativo, en el sentido de תלעג), pues Job se refiere en este momento de un modo especial a Sofar, cuyo último discurso le ha debido dejar una impresión de amargo sarcasmo (sarcasmo, *sarka'zein* en el sentido que tiene en Job 19, 22), pues le ha tratado con el más duro desprecio.

En **Job 21, 4,** la palabra שיחת ha de entenderse en el sentido que tiene en Job 7, 13; 9, 27; 10, 1; 23, 2, y traducirse como "queja". En ese contexto, אנכי aparece de un modo prominente y ha de ser tomado, según Ez 33, 17, Gesenius 121, 3, como una forma intensiva de enfatizar el "mí": Job coloca su queja en contraste con la palabra del otro, de Sofar.

Este énfasis no se entiende bien si uno lo traduce como H. Hupfeld (1896-1866): *nonne hominis est querela mea* (¿no es con hombres mi disputa?), de manera que la partícula interrogativa ה sea equivalente a הלא (cosa que resulta aquí dudosa, en el contexto de la doble interrogación), y la ל tenga un sentido causal. Schultens que traduce לאדם *more humano*, lo explica de un modo semejante, pero interpretando la ל de manera comparativa[54].

La ל junto שיחי (cf. לְאָדָם שִׂיחִי, que quizá no se puede comparar con la de Job 12, 8) puede esperarse que esté relacionada con aquellos a quienes se dirige el lamento. Así traducimos: *y por lo que me toca ¿me quejo yo de algún hombre?* El אנכי que está colocado al comienzo de la sentencia ha de mirarse también desde esta perspectiva, Gesenius 145, 2 y 121, 3.

En general, los que sufren quieren aliviar su sufrimiento implorando con palabras y gemidos la simpatía de los hombres. Pues bien, la petición que los tres amigos escuchan de parte de Job es de carácter muy diferente, porque hace tiempo que él ha renunciado a un tipo de simpatía humana. Su lamento no se dirige ya a los hombres (para que le atiendan y defiendan), sino más bien a Dios para que le escuche y quiera responderle tras la muerte (cf. Job 16, 20)[55].

Job les recuerda esto preguntándoles: ¿por qué no ha de volverse mi espíritu impaciente? (cf. וְאִם־מַדּוּעַ לֹא־תִקְצַר רוּחִי). Con ואם, como en Job 8, 3; 34, 17; 40, 9, el texto no se traduce *y si fuera así*, como lo explican algunos, pues ello va en

---

54. En el pasaje de Ibn-Kissa ya citado, Schultens, igual que Fleischer, suponen que Ibn-Kissa ha leído mal *lmchâlîb* en lugar de *kmchâlîb*, y que ha sido engañado por el hecho de que el acento superior de la k árabe suele omitirse y que en árabe la ל no tiene nunca el sentido de כ, como se ha pensado desde Schultens.

55. Un proverbio árabe dice: *El perfecto paciente no se permite elevar quejas en contra de las creaturas*, es decir, en contra de otros hombres.

contra del uso del lenguaje, sino ¿por qué no ha de volverse mi espíritu (disposición de mente, θυμός) impaciente (con interrogativo dentro del interrogativo, como en el caso de *quare,* como en Sal 94, 9), con אִם הֲלֹא, *an none* cf. Jc 10, 16; 11, 8, con Prov 13, 29?

Dürrerus, en *Commentatio super voce* רוח, 1776 explica esta expresión *habito simul halitus, qui iratis brevis esse solet...* (diciendo que la emoción se expresa en la forma de respirar que suele ser más intensa y breve en los airados). En este contexto רוח significa excitación emocional (cf. Job 15, 13), que se expresa por un largo tiempo (con ארך), no permitiendo aspirar y emitir bien el aire, de manera que la respiración sea entrecortada y breve (קצר).

21, 5. Aquello que causa la excitación de Job, y que le lleva luego a explotar emocionalmente, es de tal fuerza que también sus tres amigos, si le miraran con atención, viendo cómo se expresa, quedarían admirados y pondrían su mano en la boca para no hablar (cf. Job 29, 9; 40, 4). Eso significa que deberían quedar mudos reconociendo el problema de fondo, un problema insoluble, pero que ellos no podrían negar en modo alguno.

21, 6. La palabra וְהָשַׁמּוּ aparece en algunos códices y en algunos gramáticos, tanto en *hifil,* con הֵשַׁמּוּ *hashammu* (Kimchi) como en *hofal* הֻשַׁמּוּ, *hoshshammu* (Abulwalid) con acortamiento de la primera radical, como sucede también en otros lugares con el *hofal* de este verbo (Lev 26, 34) y el de otros (Olshausen 259, b, 260). La puntuación הָשַׁמּוּ con el significado de *obstupescite* (espantaos) es la mejor atestiguada.

El mismo Job se pone a pensar en este misterio del dolor y queda perplejo, y su carne permanece yerta de terror. La expresión es como la de Job 18, 20, donde la emoción se concibe como un deseo fuerte, que brota de lo más profundo de su ser, un deseo que necesita ser satisfecho. En la siguiente estrofa comienza a expresarse aquello que excita su terror, cuando afirma que el gobierno divino del mundo no se armoniza, sino que va en contra del tipo de ley que defienden sus amigos.

Job 21, 7-11

⁷ מַדּוּעַ רְשָׁעִים יִחְיוּ עָתְקוּ גַּם־גָּבְרוּ חָיִל׃
⁸ זַרְעָם נָכוֹן לִפְנֵיהֶם עִמָּם וְצֶאֱצָאֵיהֶם לְעֵינֵיהֶם׃
⁹ בָּתֵּיהֶם שָׁלוֹם מִפָּחַד וְלֹא שֵׁבֶט אֱלוֹהַּ עֲלֵיהֶם׃
¹⁰ שׁוֹרוֹ עִבַּר וְלֹא יַגְעִל תְּפַלֵּט פָּרָתוֹ וְלֹא תְשַׁכֵּל׃
¹¹ יְשַׁלְּחוּ כַצֹּאן עֲוִילֵיהֶם וְיַלְדֵיהֶם יְרַקֵּדוּן׃

⁷¿Por qué viven los impíos y envejecen, y aun crecen sus riquezas?
⁸Su posteridad crece ante su vista con ellos, y sus descendientes están ante sus ojos.
⁹Sus casas tienen paz, sin temor, ningún azote de Eloah viene sobre ellos.
¹⁰Sus toros engendran y no fallan y sus vacas paren sin que sus crías se malogren.
¹¹Dejan que sus niños corran en torno, como una manada, y sus hijos andan saltando.

21, 7. Esta pregunta que aparece también en Jer 12, 1-3, es la antítesis de la tesis de Sofar, en Job 20, y quiere buscar la razón de un hecho bien establecido por la experiencia, un tema que ocupó mucho a Asaf (cf. Sal 73, en comparación con Mal 3, 13-15), y que se formula así: ¿por qué los impíos, en vez de ser castigados por su impiedad, siguen gozando la vida, de forma que alcanzan una edad madura y de esa forma aumenta proporcionalmente su poder y su riqueza?

El verbo עתק (cf. עָתְקוּ) que en Job 14, 18; 18, 4 (cf. el *hifil* de Job 9, 5; 32, 15) aparece con el significado de *promoveri*, tiene aquí como el árabe *'ataqa*, *'atuqa*, el significado de llegar a ser anciano, *aetate provehi*; por su parte, גָּבְרוּ חָיִל significa volverse grande en propiedades, como sinónimo de חיל השׂגה, adquirir constantemente y aumentar las posesiones, como puede verse igualmente en Sal 73, 12.

21, 8. El primer rasgo de la prosperidad de los malvados está planteado con más fuerza por el hecho de que Job ha perdido a sus propios hijos, mientras que los malvados los conservan sanos; la prosperidad de los malvados se mantiene así (נכון, *constitutus*: estar bien establecido, Job 12, 5; 15, 23; 18, 12, como algo bien firme, Sal 93, 2). Los hijos crecen a la vista de los malvados, sin que ellos (los malvados) tengan que lamentar su pérdida ni por muerte, ni por separación de su hogar.

Los impíos tienen ante sus ojos, en su presencia, a sus descendientes (צֶאֱצָאֵיהֶם), una palabra que aparece de modo constante en Isaías, no solo en los capítulos que son indudablemente suyos, sino en sus profecías disputadas, Is 41-66, lo mismo que en el libro de Job). נכון puede tomarse como predicado: ellos (los hijos) están sin pérdida alguna ante sus ojos.

21, 9. La descripción pasa de los hijos, que son las piedras angulares de la casa/familia (cf. Gesenius, *Thes.*, voz בנה), a las mismas casas. Resulta dudoso saber, no solo aquí, sino en Job 5, 24; Is 41, 3 y en otros lugares, si שׁלום es un sustantivo (en el sentido de בשׁלום) o es más bien un adjetivo. La traducción como sustantivo es al menos tan admisible en sí misma como la otra, en un lenguaje poéticamente tan elevado como este; más aún, el hecho de que tengamos el sujeto plural בָּתֵּיהֶם (sus casas) nos lleva a pensar que se trata de un adjetivo y que tiene aquí el sentido de שׁלומים, casas pacíficas (que tienen paz).

Sobre מִפַּחַד, sin (lejos de) cualquier infortunio terrible, como en Is 22, 3, como מקשׁת, sin arco, cf. Job 19, 26. Lo que se expresa en 19, 26 desde la perspectiva de una apariencia externa, se refiere en Job 21, 9 a una causa final. Así se habla de la שֵׁבֶט אֱלוֹהַּ, de la vara de Dios, con la que él castiga (cf. Job 9, 34; 37, 13, cf. Is 10, 24-26, donde esa palabra, vara, aparece vinculada a שׁוט). Pues bien, esa vara de castigo de Dios no sirve aquí para amenazar a los malvados, de manera que no les amenaza ni destruye.

Job 21, 10 trata especialmente de la situación de la ganadería, después de haber hablado de la economía como tal. Dado que שׁורו y פרתו son intercambiables y están construidos conforme a su género, la primera palabra es sin duda masculina, no *epikoinoos*, epicena, (LXX ἡ βοῦς, Jerónimo y Saadia), como piensa Rosenmüller, siguiendo a Bochart, pues la otra palabra, ʽbr (cf. עָבַר), no se aplica nunca del macho que cubre a la hembra, sino siempre *de femina quae concipit*.

Sin embargo, esa palabra (שׁוֹרוֹ) viene unida a עבר no a עדה, cuyo *pael* y *afel* significan sin duda *concipere* (prop. *transmittere*, recibir y transmitir el *semen*, de un modo pasivo). Por otra parte, עבר, incluso en *kal* significa ser fecundada (de aquí viene עובר, el embrión, como אבור, lo mismo que el extrabíblico עבור, que alude a la producción de la tierra). En esa línea, el *pael* significa impregnar/fecundar, de donde viene מעברא (del participio pasado מעבר) impregnada (pregnante), mientras el *itpael* es ser fecundada, como sabe la literatura rabínica, lo mismo que el *pual* מעברת, pregnante, fecundada.

Según eso, el targum traduce עבר por מבטין (*impraegnans*) y Gecatilia traduce también שורו por el árabe *fhlhm* (*admissarius eorum*), y así lo explican casi todos los expositores judíos. Esta explicación corresponde también a וְלֹא יְגַעֵל, que los LXX traducen οὐκ ὠομοτόκησε (Jerónimo *non abortivit*), Símaco de un modo semejante οὐκ ἐξέτρωσε, Aquila οὐκ εξέβαλε, Saadía *la julziq*. La pretensión de que שורו se refiere siempre a un animal hembra es incorrecta, pues el toro macho utilizado para fecundar, puede aparecer también como sujeto. Pero, a partir de ese sentido, lo que aquí se afirma se refiere sin duda a las hembras animales.

Por su parte געל (cf. יְגַעֵל) significa expulsar, abortar. El *hifil* tiene el sentido de *hacer abortar*. En esa línea utiliza esa palabra el rabinismo, con un significado específico, al referirse al calor que ha aspirado aquello que era impuro, pues lo expulsa o lo deja ir (לפלוט הבלוע). De un modo correspondiente, explica Raschi: "Él introduce en ella una semilla muy útil, que viene de nuevo y que será separada (נפלט) de su parte interior".

Según eso, lo que עבר dice positivamente lo dice ולא יגעיל negativamente: *neque efficit ut ejiciat* (en el sentido de no dejar que se malogren, sin expulsarlos)[56]. Todo esto se aplica a la hembra del animal que ha sido fecundada y que no permite que el semen se pierda hasta que al fin nazca, es decir, hasta que salga el nuevo viviente sin sufrimiento (פלט como המליט,מלט).

Al final de la estrofa, en **Job 21, 11**, con tacto delicado, el poeta hace que el sufriente (Job) que ha quedado sin hijos vuelva a mostrar la alegría del malvado por la abundancia de sus hijos. שלח (יְשַׁלְּחוּ) significa aquí, como en Is 32, 20, ofrecer libertad para el movimiento y el ejercicio. Sobre עויל (עֲוִילֵיהֶם) cf. lo dicho en Job 16, 11; 19, 18. Hay una raíz semejante (cf. árabe *'âl, alere*), que es la del árabe *'ajjil* (colectivo: *'ijâl*), siervos, aunque el significado no es el mismo.

Pasando ya a Job 21, 12 el sujeto no serán ya los niños, sino los mismos malvados, los padres felices de los grupos de niños que viven en libertad.

---

56. El *aruch* que está bajo יְגַעֵל evoca un pasaje de la *Tosefta*: תאכלם גיעולי ביצים מותרים באכילה מוזרות נפש היפה, refiriéndose al hecho de que las gallinas ponen huevos (*Würflinge*), pero añadiendo que los huevos no son aún animales formados, de manera que se pueden comer.

Job 21, 12-16

¹² יִשְׂאוּ כְּתֹף וְכִנּוֹר וְיִשְׂמְחוּ לְקוֹל עוּגָב:
¹³ (יְבַלּוּ) [וַיְכַלּוּ] בַטּוֹב יְמֵיהֶם וּבְרֶגַע שְׁאוֹל יֵחָתּוּ:
¹⁴ וַיֹּאמְרוּ לָאֵל סוּר מִמֶּנּוּ וְדַעַת דְּרָכֶיךָ לֹא חָפָצְנוּ:
¹⁵ מַה־שַּׁדַּי כִּי־נַעַבְדֶנּוּ וּמַה־נּוֹעִיל כִּי נִפְגַּע־בּוֹ:
¹⁶ הֵן לֹא בְיָדָם טוּבָם עֲצַת רְשָׁעִים רָחֲקָה מֶנִּי:

¹²Elevan su voz con el tambor y la cítara, se regocijan al son de la flauta.
¹³Gozan sus días en prosperidad y en un momento descienden al *Sheol*,
¹⁴aunque dicen a Dios: Apártate de nosotros, no queremos conocer tus caminos.
¹⁵¿Quién es Shadai para que le sirvamos? ¿De qué sirve que le importunemos?
¹⁶Pero no hay prosperidad en sus propias casas. ¡Lejos de mí el consejo de los malvados!

21, 12. קוֹלָם debe añadirse a יִשְׂאוּ, como en Is 42, 11, y en vez de בְתֹף con la בְ del acompañamiento musical (como en Sal 4, 1; Sal 49, 5), hay que leer כְּתֹף según la Masora con Kimchi, Ramban, Ralbag y Farisol⁵⁷, pero no ha de explicarse como hace Rosenmüller (*personant ut velut tympano et cythera*), sino "ellos elevan su voz al sonido del tamboril y de la cítara" (de manera que voces e instrumentos suenan al mismo tiempo).

La partícula כְ (cf. כְּתֹף) como en Is 18, 4 ha de traducirse: *mientras* (mientras alumbra la claridad del sol...). Por su parte, תֹף como en árabe *duff* y en la palabra española, tomada del árabe, *adufe*) es el τύμπανον (τύπανον), כִּנּוֹר, (árabe *canare*). Por su parte, κινύρα o κιθάρα es la cítara (cf. Dan 3, 5) y עוּגָב o עגב, cf. Job 30, 31 (de עגב, soplar; cf. Gen 4, 21), es un instrumento de tubo, un tipo de gaita (el targum ofrece una raíz semejante, אבּוּבָא, de donde viene el nombre de la *ambubajae*).

Job 21, 13. El *kere* יְבַלּוּ (cf. Job 36, 11) recoge el término más usual, en lugar del *qetib* יִבְלוּ, aunque esta forma יבלו aparece en Is 65, 22 (sin *kere*). יְבַלּוּ significa *consument* y יבלו utilizan, emplean: *ellos emplean, consumen, su vida hasta consumir su última gota*. En este contexto puede pensarse en un vestido que se gasta del todo, hasta que queda totalmente inservible. No se trata, pues, como dicen los amigos, que los impíos son consumidos antes de tiempo (15, 32), pues no los consume una enfermedad prematura (Job 18, 13), sino que ellos בְרֶגַע, en un momento dado descienden al abismo, al Hades, pero no como se dice en 34, 20, sino "en paz, libres de penas".

---

57. La Masora insiste en que esta palabra, כְּתֹף, es un *hapax*: לית כותיה (no aparece así en ningún otro lugar): eso significa que el כתף de este verso hay que distinguirlo del masorético בְתֹף, que aparece en otros lugares (cf. ברישיה כף נסבין חד חד מן אב, lista de palabras que toman alguna vez el prefijo כְ y otras veces el prefijo בְ). El targum ha leído בְטֹף, en contra de la lectura de Raschi y Aben-Ezra, que resulta cuestionable.

El tema no permite aquí que יֵחַתּוּ sea un futuro (cf. Job 39, 22; 31, 34), derivado de un verbo חתת, *terrore percelli*; sino que ha de vincularse a נחת o נחת (arameo, en lugar de ירד), que es el único caso seguro de un verbo hebreo de tipo *pe-nun* terminado en ת, cuyo futuro sea ינחת, Sal 38, 3, y también a יחת (Prov 17, 10, Jer 21, 13), en lugar de יחת, con inflexión de la ת (en analogía con יצתו, Is 33, 12). A modo de excepción (cf. *Cf. Salmos* ii. 468), aquí no tenemos el alargamiento de la vocal corta (יחתו, Olshausen 83 b) por *silluk*, como por medio de un *athnach*, Job 34, 5.

21, 14. El futuro consecutivo וַיֹּאמְרוּ no indica aquí posterioridad temporal de lo que sigue respecto a alguna otra cosa, ni que lo que sigue está conectado con algo distinto, incluso con algo que puede ser contradictorio, sino que está ocurriendo al mismo tiempo, exactamente como en Gen 19, 9; 2 Sam 3, 8, cf. Ewald 231, b: ellos (esos impíos) descienden al *Sheol* después que han consumido totalmente su vida, sin un conflicto de muerte, sin violencia alguna; ellos bajan así tranquilos y con la vida ya cumplida a pesar de que han negado a Dios, sin que se haya tenido en cuenta (=que hayan sido castigados por) lo que han hecho (que hayan negado a Dios) y que, además, han considerado el servicio a Dios y la plegaria (פגע ב, *precibus adire*) como algo que no tiene provecho alguno.

Las palabras de los impíos se extienden en **Job 21, 15**, y así lo han puesto de relieve Hirzel, Heiligstedt, Welte y Hahn. Por su parte, **Job 21, 16** resume la descripción anterior: mira *¿No ha estado la prosperidad en sus manos? ¿No ha estado a su disposición? ¿No han llevado siempre la prosperidad con ellos?* Pero, de todas formas, el texto no parece favorable a esta interpretación interrogativa de לא (que equivaldría a הלא).

Schlottmann explica más correctamente el texto (mira, su prosperidad no está en su poder), pero lo hace tomando como base no solo Job 21, 16a (como hace Schnurrer), sino todo el verso 21, 16 como proclamación de un oponente, lo que es ciertamente imposible, pues el hecho de negar toda vinculación entre el castigo y la conducta de los impíos carecería totalmente de sentido en boca de los oponentes, porque han sido los enemigos de Job los que han pintado el castigo de los impíos con la mayor dureza posible. Al contrario, en contra de sus enemigos, Job ha pintado con colores brillantes la prosperidad de los impíos.

De todas formas, por otra parte, unos y otros vinculan la prosperidad y el infortunio a Dios como causa final. Y por esa razón Job piensa que Dios hace con los impíos algo que es ברך את־האלהים, bendecido por/para Dios, de forma que los mismos impíos expresan con sus propias palabras (cf. 21, 14-15) algo que va en contra de la providencia de Dios, al decir que los que rechazan a Dios tienen una vida de felicidad (no son castigados por lo que hacen).

Según eso, las palabras de 21, 16 han de tomarse como juicio proclamado por Job, de forma que הן introduce la verdadera relación de las cosas. טובם significa prosperidad, como en 20, 21; y por su parte las palabras לֹא בְיָדָם indican que esa prosperidad no depende de sus propias manos, y así lo supone la posición enfática de esas palabras: לא בידם.

De esa manera, Job quiere decir que la felicidad de los impíos no es resultado de una arbitrariedad, ni es algo que ellos han conseguido solo por su propias manos, sino que es un don que viene de arriba, es decir, del mismo Dios a quien ellos niegan de forma tan desvergonzada. El hecho de que sea Dios quien concede a los impíos una prosperidad tan grande y duradera es lo que Job no logra comprender; ciertamente, él admite este dato tan extraño, pues no puede negar en modo alguno que en esa felicidad de los impíos intervenga también la mano de Dios, pero de hecho le resulta incomprensible.

Job añade que los impíos no poseen esa felicidad por sus propios méritos, sino porque Dios se la concede y, sin embargo, no quiere vincularse en modo alguno con la felicidad de esos malvados. La palabra עצת que aparece en Job 5, 13; 10, 3; 18, 7 significa designio, principio, disposición general, una manera de pensar. De esa forma, Job declara con toda solemnidad que no se quiere vincular con esa felicidad de los malvados (que no quiere vincularse con ellos): ¡lejos de mí que yo puede pensar y hablar como los malvados!

La relación entre las frases es la misma que encontraremos en Job 22, 18, donde se repite esta fórmula de rechazo de Job. Según su significado, la palabra רחקה (¡lejos de mí!) tiene un sentido optativo o precativo (Ewald 223, b, y Gesenius 126, 4*), que Hahn y Schlottmann rechazan como imposible, aunque sin dar razón ninguna de ello. Esta palabra está en un tiempo que podemos llamar *perfecto de certeza*, que expresa aquello que uno sabe que se cumple de hecho, con un rasgo de exclamación emocional.

En árabe antiguo se utiliza en general el perfecto como optativo, y todavía ahora en árabe moderno (que emplea a menudo el futuro en lugar del perfecto); se dice por ejemplo "*la cân*", i.e., ¡él no tenía que haber vivido! Cuando más detestable aparezca la conducta de los impíos hacia aquel Dios, de quien depende su prosperidad, más cercana tendrá que venir a manifestarse la justicia de Dios, que les recompensará según sus acciones.

Job 21, 17-21

¹⁷ כַּמָּה ׀ נֵר־רְשָׁעִים יִדְעָךְ וְיָבֹא עָלֵימוֹ אֵידָם חֲבָלִים יְחַלֵּק בְּאַפּוֹ׃
¹⁸ יִהְיוּ כְּתֶבֶן לִפְנֵי־רוּחַ וּכְמֹץ גְּנָבַתּוּ סוּפָה׃
¹⁹ אֱלוֹהַּ יִצְפֹּן־לְבָנָיו אוֹנוֹ יְשַׁלֵּם אֵלָיו וְיֵדָע׃
²⁰ יִרְאוּ (עֵינוֹ) [עֵינָיו] כִּידוֹ וּמֵחֲמַת שַׁדַּי יִשְׁתֶּה׃
²¹ כִּי מַה־חֶפְצוֹ בְּבֵיתוֹ אַחֲרָיו וּמִסְפַּר חֳדָשָׁיו חֻצָּצוּ׃

¹⁷¡Qué raramente se apaga la lámpara de los impíos y viene sobre ellos su calamidad, de forma que (Dios) les ponga trampas en su ira!

¹⁸Que sean como paja ante el viento, como tamo que arrebata el torbellino.

¹⁹¡Dios guarde para sus hijos su iniquidad! ¡Que les dé su merecido, que así aprendan!
²⁰Que sus ojos vean quebranto y que beban la ira de Shadai.
²¹¿Pues qué le importa al impío su casa cuando muera, cuando haya cumplido sus meses?

21, 17. El interrogativo כמה tiene aquí el mismo significado que en Sal 78, 40: ¡Qué a menudo...! (cf. Job 7, 19, en el sentido de ¿por cuánto tiempo?, y Job 13, 23 ¿con qué frecuencia?). Pero aquí tiene el sentido de ¡cuán raramente! ¡Qué pocas veces sucede lo que dicen sus amigos que pasa, que la lámpara de los impíos se apague (así Bildad, Job 13, 5) y que su infortunio les aplaste...! (יבא, *ingruit*; así Bildad, Job 18, 12 : infortunio, איד, propiamente presión de sufrimiento).

Job recuerda de esa forma que la predicación (el dogma) de sus amigos no se cumple con frecuencia; no se cumple lo que decía Sofar al afirmar que la destrucción era el lote de los malvados (cf. Job 20, 29). No se puede afirmar que las "trampas" de la ira de Dios recaen sin más en este mundo sobre los perversos.

Podemos recordar aquí todas las veces que Bildad en 18, 8-10 ha presentado el fin de los malvados como un castigo divinamente decretado por el Omnipotente. Ciertamente, es natural que con Stickel y Hahn, traduzcamos חֲבָלִים (en la línea del árabe *ḥabâ'ilin*) en el sentido de *trampas que Dios pone a los impíos para cazarles*. No se trata pues de rayos con los que Dios mataría a los impíos, sino con un tipo de destinos entendidos como trampas (e.g., חבלי עני, Job 36, 8).

Tanto Job 21, 17 con sus tres miembros, como **Job 21, 18** que tiene dos miembros han de entenderse desde la pregunta inicial כמה. La figura de la paja (תֶּבֶן) o más precisamente de la paja cortada (árabe *tibn, tabn*) aparece solo aquí. Más frecuente es la figura del tamo (מץ, paja; cf. Sal 1, 4: כִּי אִם־כַּמֹּץ). En esa línea, Job pone aquí en forma de pregunta lo que el Sal 1, 1-6 afirma de manera positiva, respondiendo así a la falsa aplicación y a la comprensión superficial que muestra Sofar al interpretar el comienzo del salterio.

Lo que sigue inmediatamente en **Job 21, 19** recoge una objeción de los amigos que querían defender su tesis; pues bien, Job recoge esa objeción para responder a ella. Quizá esta frase debería estar escrita y ser pronunciada con un acento interrogativo: ¿reservará *Eloah* el mal para los hijos de los malvados? (¡Dios guarde para los hijos de ellos su iniquidad!).

אוֹנוֹ no viene de אוֹן, fuerza, riqueza, como en Job 18, 7. 12; 20, 10; 40, 16, sino de אָוֶן, maldad (Job 11, 11) pecado (Job 15, 35), con el sentido (que no se explica ya más) de que la maldad se castiga por medio de la calamidad, como si la calamidad (desgracia) siguiera necesariamente a la comisión de un pecado, como siguiendo una necesidad moral (cf. Job 15, 31). Esta es sin duda la opinión de los amigos de Job: ellos piensan que Dios condena el pecado de los malvados, y que no lo hace solo en ellos, sino que lo hará en sus hijos, como aparece en Job 20, 10; 5, 4.

El libro de Job, lo mismo que Ez 18, no va en contra de la doctrina de la retribución en cuanto tal, sino en contra de una visión imperfecta de la retribución, según la cual hace falta que la justicia divina reciba una satisfacción para aplacarse. Ese tipo de "trasferencia" de la culpa/pecado (por la que Dios necesita una satisfacción para aplacarse) tiene que ser superada pues se opone a la naturaleza de la persona humana y de su libertad, ya que Dios puede recompensar libremente a los hombres, por gracia, y porque los hombres se pueden arrepentir (lo que en árabe se dice de un modo semejante, con *faja'lamu*, con ידע, como en Is 9, 8; Os 9, 7; Ez 25, 14).

Job 21, 20 sigue con las mismas formas yusivas. El ἅπ. γεγρ. כיד significa destrucción (propiamente un golpe), un sentido que se conserva también en la palabra árabe *caid* (comúnmente: astucia). El primer significado de la raíz árabe *kd*, es luchar, empujar. A partir de aquí, desde las raíces árabes *kâd, kdd, kdkd*, se han desarrollado los diversos tonos y aplicaciones del término. De aquí deriva el significa de כידוד, Job 41, 11, כידון, Job 39, 23, y según la visión de Fleischer también el de כידור.

Job 21, 20, como Sal 60, 5 y Abdías 1, 16 se refieren a la imagen de la copa de la ira de Dios, que ha sido desarrollada por Asaf, Sal 75, 9, y después por los profetas y por el vidente del Apocalipsis de Juan en el NT. El énfasis se pone en los signos de la persona, que son עינו עיניו y ישתה: ¡que sus ojos vean su ruina, que él mismo beba la copa de la ira de Dios! Que sea él, el malhechor el que beba la copa de la ira de Dios, porque ¿qué interés podrá tener el malhechor por su casa después de su muerte?

כי מה plantea una pregunta con un sentido y respuesta que será negativa (por eso en árabe *mâ* se utiliza directamente como *non*); חפץ (cf. הִצְצוּ), propiamente hablando significa inclinación y corresponde exactamente a la palabra interés (*quid ejus interest*), como en Job 22, 3, cf. Is 58, 3. 13 (siguiendo su propio interés), en un sentido intenso como "asunto", πραγμα, un significado que no aparece en Job o en Isaías.

21, 21 añade una frase circunstancial a la pregunta anterior, en relación al número de los propios meses... En esa línea, Hirzel, Umbreit y otros traducen: *si el número de sus meses se calcula por lote, es decir, se ha cumplido*... Pero חִצְצוּ, como verbo denominativo (cf. חצץ), con el significado de meter flechas (o mejor palos) en el yelmo o en otro recipiente, para calcular los lotes (árabe *sahm*, flecha y lote, lo mismo que en persa *tîr*). Pero esa costumbre es ajena al uso de la lengua hebrea (pues מחצצים, Jc 5, 11 no significa lotes que se consiguen tirando las flechas, sino los mismos arqueros).

Además de eso, חצץ significaría trazar lotes, no "disponer de una cosa por lotes"; por otra parte, ordenar una cosa por lotes resulta una expresión poco apropiada para el cumplimiento de los meses (que corren). Por eso, Cocceius opta por volver a otro sentido de חצץ, ψῆφος, que puede conectarse con este sentido derivado de la palabra: *calculati sive ad calculum, i.e., pleno numero egressi* (meses calculados o para calcular, cumplido ya su número).

Mejor es la propuesta de Gesenius, Ewald, y otros: el número de sus meses está distribuido de tal forma que él (el malhechor, como supone Ewald) pueda gozar de su prosperidad sin ser molestado hasta el límite del tiempo que se le ha concedido... Pero según esta interpretación se echa en falta la presencia de la partícula לו, de manera que resulta preferible una interpretación según la cual no se necesita andar supliendo esa partícula.

Todos los significados del verbo חצץ (dividir, de donde viene en Prov 30, 27 la palabra חֵצָץ, que significa "formando divisiones", por rango o por fila, según los disparos de la flecha) o también del verbo חצה (que es dividir: Job 40, 20: dividir en dos partes iguales), o del árabe *ḥṣṣ* (dividir, de donde viene *ḥṣṣah, portio*), y *chṣṣ* (que es separar, distribuir) pueden vincularse al sentido originario de la raíz, que es *scindere*, cortar, dividir (como una flecha, LXX 1 Sam 20, 20, σχίζα, que divide).

Desde ese fondo ha de traducirse y entenderse este pasaje: cuando se acabe (se corte) el número de los meses (Heiligstedt y Hahn), cuando se le ponga un fin al curso de la vida, cuando ella termine... (cf. בצע, cortar el hilo de la vida, Job 6, 9; 27, 8, o el árabe *ṣrm*; cf. Job 14, 21, Ecl 3, 22, que son paralelos a Job 21, 21). La muerte es el final de todo claro pensamiento y percepción. Por eso, si el impío recibe la recompensa por sus hechos, la debe recibir en sí mismo y no en sus hijos, sino en su propio cuerpo durante su vida. Este es el pensamiento de fondo, que no podía faltar aquí.

Job 21, 22-26

²²הַלְאֵל יְלַמֶּד־דָּעַת וְהוּא רָמִים יִשְׁפּוֹט:
²³זֶה יָמוּת בְּעֶצֶם תֻּמּוֹ כֻּלּוֹ שַׁלְאֲנַן וְשָׁלֵיו:
²⁴עֲטִינָיו מָלְאוּ חָלָב וּמֹחַ עַצְמוֹתָיו יְשֻׁקֶּה:
²⁵וְזֶה יָמוּת בְּנֶפֶשׁ מָרָה וְלֹא־אָכַל בַּטּוֹבָה:
²⁶יַחַד עַל־עָפָר יִשְׁכָּבוּ וְרִמָּה תְּכַסֶּה עֲלֵיהֶם:

²²¿Alguien podrá enseñar sabiduría a Dios, siendo él quien juzga a los del cielo?
²³Uno muere en la plenitud de su vigor, estando aún alegre y en paz;
²⁴con sus huesos llenos de jugo, y las médulas de sus huesos de tuétano.
²⁵Otro, en cambio, muere con ánimo amargado, sin haber disfrutado de salud.
²⁶Pero ambos por igual yacerán en el polvo, y los gusanos les cubrirán a los dos.

21, 22. Esta pregunta de Job va dirigida a sus tres amigos, que han mantenido y mantienen que la virtud recibe de forma necesaria y constante la recompensa de la prosperidad, mientras que el pecador recibe el castigo como desgracia. Ellos han formulado esa ley, y se la aplican a Job, pero no pueden demostrarla por la experiencia. Por eso, si quieren ser maestros de la ley divina, tienen que aprender la forma de conducirse de Dios como gobernante y juez de los hombres, siendo él también el Absoluto, bajo cuyo orden judicial se sitúan no solo los hombres, sino también los espíritus celestes, mostrándose así como el Dios ante el que esos amigos de Job tienen que responder e inclinarse.

El verbo (cf. יְלַמֶּד־דָּעַת) en vez de estar construido con dos acusativos, como en otros pasajes dependientes de este (cf. Is 40, 14), se construye aquí con dativo de persona, que no ha de ser entendido conforme a Job 5, 2; 19, 3, sino conforme al sentido de διδάσκειν τινί τι, es decir, de enseñar algo a alguien conforme a la construcción más usual.

Con וְהוּא comienza regularmente una cláusula circunstancial: mientras que él sin embargo... Arnheim y Löwenthal traducen: *Sin embargo, mientras él está exaltado juzga*, y lo hace conforme a una ley que transciende infinitamente al hombre. Pero esto ha de entenderse a partir de מרום (e incluso así pueden darse malentendidos). Hahn (a quien Olshausen tiende a seguir) traduce así: pero él juzgará al orgulloso, tema con el que se vinculan las frases circunstanciales y en segundo lugar los paralelos (Job 35, 2; 15, 15; 4, 18, cf. Is 24, 21), por los cuales resulta evidente que רמים significa los seres celestes (como en Sal 78, 69, las alturas del cielo).

Este es un elemento fundamental del pensamiento de este libro de Job, en el que abunda la presencia de ángeles, mostrando que ellos, aunque exaltados por encima de los hombres, son, sin embargo, muy imperfectos en relación con Dios; por lo que pueden caer en la posibilidad de pecar y tienen necesidad de someterse a un gobierno superior que les mantenga en unidad, y que ejerza autoridad judicial sobre ellos. La forma de revelarse el supremo Juez es para Job diferente de la forma que piensan sus tres "amigos".

21, 23. Uno (es decir, un malhechor) muere בעצם תמו, *in ipsa sua integritate*, como בעצם היום, *ipso illo die*. En árabe sería *fī 'yn*, indicando que tanto el ojo como el hueso denotan corporalidad (cf. Uhlemann, *Syr Gramm*. 58), duración, existencia y por tanto identidad. תם (cf. תֻּמּוֹ) se aplica a una salud externa perfecta, como supone siempre מתם; cf. תמימים, Prov 1, 12.

En este verso (21, 23) la puntuación de וּשְׁלֵיו (adjetivo) y de שַׁלְאֲנַן (verbo en pretérito) se intercambian en los códices. La forma verbal de adjetivo que está al fin tiende a ponerse con *kametz*. Sin embargo, según su propia forma (que Roeder y Olshausen consideran un error de escritura):

— Puede tratarse de una forma mixta de שאנן y שלו con el significado mezclado de ambas palabras (Ewald 106, c), para las que la comparación con שליו (igual a שלו) no resulta del todo apropiada.
— O puede tratarse de una palabra formada a partir de שאנן por medio de una epéntesis (como זלעף de זעף, *aestuare*, y בלסם, βάλσαμον, de בשם), con un significado semejante aunque acentuado. Preferimos la segunda posibilidad, sin negar sin embargo la existencia real de formas mixtas (cf. comentario a Job 26, 9; Job 33, 25).

En **21, 24** se expresa la plenitud de salud y de prosperidad. Los traductores antiguos pensaban que, dado que los huesos se mencionan en el paralelo, עטיניו ha de referirse también a una parte del cuerpo: LXX ἔγκατα, Jerónimo *viscera*; targum ביזוי, sus pechos, βυζία (cf. *Handschriftliche Funde*, 2); en hebreo שׁד, שׁדים; en la traducción siríaca *gabauh* (igual a *ganbauh*), sus lados, en relación a עטמא. El texto siríaco *'attmo* equivale a אטמא, *lado*, cadera; Saadía *audâguhu*, significa *vena yugular*, en conexión con lo cual (pero no por esta última traducción) se pone חלב: sus intestinos están llenos de grasa[58].

Pero la suposición de que עֲטִינָיו ha de ser necesariamente una parte del cuerpo carece de fundamento (cf. en contra de ella, por ejemplo, Job 20, 17, aunque a favor Job 20, 11). En esa línea, Schlottmann observa correctamente que, en conexión con la representación de los huesos llenos de tuétano, uno puede esperar una referencia relacionada con una bebida nutritiva. A esta expectativa corresponde la traducción: "sus lugares de descanso (es decir, sus rebaños) están llenos de leche", como en árabe *'aṭan* o *ma'ṭin*, como han propuesto no solo Schultens y Reiske (*epaulia*), sino también, antiguamente Abulwalid, Aben-Ezra y otros.

Al referirse al rebaño y a los bebederos, que son lugares de agua abundante, el idioma hebreo ofrecía al poeta una abundancia de palabras para pastos y praderas, como los עטיני que son largos canales o conductos (como en el Talmud מעטן: un tipo de acequias donde se ponen los olivos más verdes para que puedan madurar y dar aceite, de manera que las aceitunas puedan llevarse a la almazara, que es בד).

Por su parte, עטן significa ese lugar donde se ponen las olivas…, aunque puede significar también tubos/recipientes o cubos (לתוכן שׁחולבין). En esa línea, según Kimchi (que interpreta todo este pasaje de acuerdo con la próspera condición del lugar y del tipo de vida que se quiere aquí describir), esta palabra puede significar los utensilios en los que se almacena la leche; y este sentido concuerda mejor con el verbo עטן, árabe *'aṭana*, que significa depositar, almacenar.

El verbo *'tn* (cf. עֲטִינָיו), que puede compararse con el árabe *wtn*, con el que está relacionado por sentido y significado, tiene el sentido primario de *yacer con seguridad*, como el árabe *'atan*, un lugar de descanso para camellos, ovejas y cabras, cerca de pastos con agua, que está emparentado con el árabe *watan*, establo de vacas. El sentido genérico común es siempre un "lugar de descanso", por lo que Kamus interpreta *'attan* como *wattan wa-mebrek*, alrededor de los bebederos.

---

58. Gesenius en su *Thesaurus* corrige la palabra אודאגה que se encontró en la traducción manuscrita de Saadia por אודאעה, árabe *awdâ'uhu*, que puede traducirse por *repositoria ejus*, pero esa palabra no es realmente árabe, mientras que אודאגה es el plural correcto del árabe *wadaj*: sus venas yugulares, que aparecen no solamente en los caballos, sino también en otros animales y en los hombres. Saadia, refiriéndose a las palabras siguientes (מָלְאוּ חָלָב) ha pensado en la frase metafórica árabe *ḥalaba awdâjahu*: *Ha bebido la leche de su vena yugular*, es decir, ha derramado la sangre de esa vena, en el sentido de *eum jugulavit*, cf. *Bibliotheca Arabo-Sicula*, 563. Las venas yugulares están llenas (hinchadas) de sangre fresca, con la plenitud de la sangre (nota de Fleischer),

Por su parte, el árabe *ma'tin* como nombre de lugar, que ha sido escrito como *m'atn* por Barth en sus *Wanderungen durch die Küstenländer des Mittelmeeres*, vol i. (cf. *Deutsch. Morgenländ. Zeitschrift*, iv. 275) págs. 500, 517, tiene un sentido semejante. El verbo intransitivo árabe *'atana*, imperfecto *j'attunu*, y también *j'attina*, *'uttn*, se aplica a los camellos que se tumban alrededor de los canales de agua, después, e incluso antes de beber. Por otra parte, el árabe *'atana*, imperf. *j'attinu*, también *j'attunu*, es utilizado por el curtidor, para colocar las pieles en el lugar donde se curten (en bajo latín *tanare*, *tannare*).

De la abundancia de alimento en Job 21, 24a, la descripción pasa en Job 21, 24b a la misma condición del hombre rico, bien nutrido a consecuencia de su abundancia. Por su parte, וּמֻחַ (árabe *muchch*, o incluso *nuchch*, como נף que equivale a מף y *naurag* a מורג) es la médula de los huesos, es decir, la médula de la columna vertebral y también la del cerebro, entendido como médula de la cabeza (*Psychol.* pág. 233). Los huesos (Prov 3, 8) o como aquí se dice más exactamente su médula, están "húmedos" (con líquido) cuando el cuerpo está internamente lleno de vigor, de fuerza y de salud. Is 58, 11 precisa esa imagen (como un jardín bien regado) y la desarrolla más en Is 66, 14 (tus huesos han de germinar como hierba verde).

21, 25 sigue ahora con וְזֶה (como en Job 1, 16). El otro, es decir, el justo, muere con alma triste (cf. lamento de Job en 7, 11; 10, 1). Ese otro (como un tipo o símbolo para referirse a Job) es alguien que ha sido llamado a experimentar la amargura de una vida de sufrimiento; alguien que muere y no ha gozado בטובה, nada de riqueza (con *beth* partitivo, como en Sal 141, 4, cf. Job 7, 13), sin haber tenido ninguna participación en el gozo de la riqueza (cf. lamento de Job 9, 25).

21, 26. Pues bien, en la muerte, tanto el justo como el injusto son iguales, como dice el *Predicador* (Eclesiastés): una misma suerte, מקרה אחד, viene sobre el sabio y sobre el necio (Ecl 2, 15; cf. Job 9, 2). Ambos yacen de igual forma en el polvo, es decir, en la tierra de la tumba (cf. Job 19, 25) de manera que a los dos les cubren los gusanos. ¿Cómo puede mantenerse según eso la ley de la retribución en el mundo presente, una ley que los amigos de Job sostienen con una pertinacia tan rígida, sin tener en cuenta el hondo sufrimiento que infligían a Job?

Job 21, 27-31

²⁷ הֵן יָדַעְתִּי מַחְשְׁבוֹתֵיכֶם וּמְזִמּוֹת עָלַי תַּחְמֹסוּ׃
²⁸ כִּי תֹאמְרוּ אַיֵּה בֵית־נָדִיב וְאַיֵּה אֹהֶל מִשְׁכְּנוֹת רְשָׁעִים׃
²⁹ הֲלֹא שְׁאֶלְתֶּם עוֹבְרֵי דָרֶךְ וְאֹתֹתָם לֹא תְנַכֵּרוּ׃
³⁰ כִּי לְיוֹם אֵיד יֵחָשֶׂךְ רָע לְיוֹם עֲבָרוֹת יוּבָלוּ׃
³¹ מִי־יַגִּיד עַל־פָּנָיו דַּרְכּוֹ וְהוּא־עָשָׂה מִי יְשַׁלֶּם־לוֹ׃

²⁷Conozco vuestros pensamientos y las astucias con las que queréis dominarme.
²⁸Yo decía: ¿Dónde está la casa del tirano y la magnífica tienda de los malvados?

²⁹¿No habéis preguntado a los caminantes? Sus maravillas no desconoceréis.
³⁰Cuentan que hay malvados preservados de la destrucción, a salvo de la ira de Dios.
³¹¿Quién les denunciará por lo que hacen? ¿Quién les dará su merecido a los malvados?

21, 27. Los pensamientos de los amigos que Job está descubriendo son sus pensamientos secretos, y según ellos Job es un malhechor, recibiendo la recompensa que merecen sus malas obras. מְזִמּוֹת puede referirse a los designios sabios y buenos (cf. Prov 5, 2; 8, 12), pero también a los engaños bien tramados y a las intrigas maliciosas (Prov 12, 2; 14, 17, cf. la definición de בעל מזמות, Prov 24, 8).

Esa palabra, מְזִמּוֹת, es el nombre que se da a los razonamientos delicadamente desarrollados con los que sus amigos le han atacado. La palabra חמס (cf. תַחְמֹסוּ, árabe *taḥammasa*, significa actuar duramente, con violencia y oprimiendo a los demás), que se construye con על con la idea de forzar, de imponerse sobre los demás.

En **Job 21, 28,** que es el antecedente de Job 21, 29, comenzando con תֹּאמְרוּ כִּי (cuando decís, como en Job 19, 28), Job se refiere a las palabras de sus amigos, como en Job 8, 22; 15, 34; 18, 15. 21. נדיב es propiamente el hombre a quien su corazón impele (נדב, árabe *nadaba*) a hacer aquello que es bueno, aquel que está dispuesto espontáneamente a hacer el bien (árabe *naduba*), cf. *Psychol.* 165.

Sin embargo, en un segundo momento, dado que esa idea troncal toma un sentido inverso al del hombre generoso, que es noble (príncipe) por nacimiento y por vida, el sentido de la palabra נָדִיב se puede invertir, de manera que ese nombre puede aplicarse también a un déspota o tirano, como los רְשָׁעִים que son los malvados (cf. עשיר, Is 53, 9, con la misma palabra en paralelo).

La doble pregunta, sobre la casa del tirano (בֵית־נָדִיב) y las moradas (מִשְׁכְּנוֹת) de los malvados se plantea aquí en plural para insistir en su magnificencia. Quizá el poeta entiende por בֵית (casa de los malvados) un palacio en la ciudad y por אֹהֶל מִשְׁכְּנוֹת las tiendas o moradas de las ricas tribus nómadas, que destacan por su amplitud y por el esplendor del establecimiento[59].

21, 29. Job piensa que sus amigos están razonando *a priori*, sin tener en cuenta la realidad de lo que pasa, pues la experiencia real es muy distinta, como puede aprenderse escuchando a los עֹבְרֵי דָרֶךְ, es decir, a los caminantes, hombres que han viajado mucho y que por lo tanto conocen bien las historias de los destinos humanos, lo que sucede de verdad entre las tribus y naciones del oriente, donde se sitúa la historia.

---

59. Las tiendas suelen tener dos habitaciones, una de los hombres y otra de las mujeres; pero la traducción "magnífica morada", que ha sido puesta en duda por Hirzel, resulta perfectamente correcta, porque incluso ahora, cuando alguien se aproxima a la tienda del *sheikh* (jefe) la distingue perfectamente no solo por su tamaño, sino por las lanzas clavadas a la entrada de la puerta, y también por el rico dispositivo de cojines y de alfombras. Cf. Layard, *New Discoveries*, pág. 261 y 171.

El *piel* נִכֵּר (תְּנַכֵּרוּ) que significa por su raíz mirar con todo cuidado, es una expresión de sentido doble, porque significa al mismo tiempo dos cosas: *mirar fijamente* (Job 34, 19) y *poner en duda o negar algo* (Dt 32, 27). Aquí se debe traducir: no podéis negar en modo alguno su אתת (וְאֹתֹתָם), no podéis negar, ignorar, lo que han visto esos viajeros o caminantes (como en árabe *nakira* y *ankara*). אתת son aquí signos, novedades, las historias memorables que ellos relatan, en árabe *âyatun* (plural colectivo de *âyun*), con un sentido semejante al del árabe *'ibrat*, que es un ejemplo, una enseñanza histórica.

Algunos piensan que **21, 30** introduce con כִּי, lo mismo que 21, 28, la visión de los amigos y actúa así como cláusula antecedente de 21, 31: *quod (si) vos dicitis, in tempora cladis per iram divinam immissae servari...* ("porque si vosotros decís que en el tiempo de la destrucción fueron salvados de la ira"; cf. Bötticher, *De fine* 76). En apoyo de eso se puede citar la doble ל (con לְיוֹם), lo que no puede negarse, especialmente si se tiene en cuenta lo que se dirá en Job 38, 23. Pero el hecho de que así se omita una palabra que es indispensable (תֹּאמְרוּ) muestra que esta explicación va en contra del sentido del texto.

Por el contrario, debemos afirmar que la partícula כי del comienzo de 21, 30 está introduciendo el relato concreto de lo que dicen los viajeros: *que los malvados fueron preservados de la destrucción de la ira*. Por otra parte, la ל de לִיוֹם no está indicando aquí el *terminus ad quem*, sino *el terminus quo*, vinculado con la preservación: que fueron liberados de la ira (עֲבָרוֹת).

Y el verbo חשׂך (יֵחָשֵׂךְ) *cohibere*, significa aquí *quedar libre*, como en 33, 18, es decir, ser preservado de la destrucción. Ewald traduce Job 21, 30 erróneamente: "En el día en que vinieron las olas de la ira". Esa traducción no responde a יוּבָלוּ, "ser conducidos cerca". Ese *hofil* significa siempre ser conducido y llevado, y así aparece en 21, 32 lo mismo que en Is 55, 12 y en todos los demás lugares. Aquí, de acuerdo con el contexto, significa ser liberado del peligro, como en el caso de Lot y su familia, ser liberados por una escolta de ángeles.

En el tiempo en que los torrentes de la ira (עברה, las fuerzas de la destrucción, en el sentido de "estallido de ira", como en árabe *'abrt*, el desbordamiento del ojo, que son las lágrimas...), se desbordan, esos impíos permanecen ilesos, y de esa forma escapan de la ira, como si estuvieran bajo una protección especial, más alta, de Dios, en contra de las afirmaciones repetidas de los amigos de Job[60].

Job 21, 31 suele tomarse normalmente como una reflexión sobre el hecho de que los malvados no son castigados: el modo de actuar de Dios se sitúa por

---

60. De todas formas, esta interpretación no es satisfactoria, porque no hace justicia a la doble ל, que, conforme a Job 38, 22, parece que está indicando el *terminus ad quem*. Quizá los versos 21, 29 y 21, 30 deban ser intercambiados. Si 21, 30 siguiera a 21, 18 podría conservar su sentido natural, como palabra de los amigos de Job (y no de los viajeros): "Porque a los malvados les está reservado el día de la calamidad, de manera que son conducidos al día de la ira" (con יובלו como en Is 53, 7; Jer 11, 19).

encima de toda forma de comprensión humana, y en ese sentido resulta irreconciliable con la idea de justicia, como han mostrado Job 9, 12; 23, 13. Pero la frase final: מִי יְשַׁלֶּם־לוֹ (¿Quién le recompensará?) no tiene sentido si se aplica a la relación del hombre con Dios, y por eso tiene que significar: *¿Quién, sino Dios, puede dejar sin castigo al malhechor?* Pero a esa traducción se opone también la expresión וְהוּא־עָשָׂה.

Por eso, en contra de la opinión de Ewald, Hirzel y Heiligstedt, siguiendo el dictamen de muchos traductores, se debe suponer que Job 21, 31 no se refiere a Dios, sino a los malhechores: *tan poderosa es generalmente la maldad de los perversos que nadie puede oponerse a sus acciones perniciosas*, de manera que no hay quien pueda tomar cuentas a los malvados y juzgarles por el mal que han hecho. En esa línea, en la estrofa que sigue continúa la visión que ofrecen los viajeros, con una declaración que la condensa.

Job 21, 32-34

³²וְהוּא לִקְבָרוֹת יוּבָל וְעַל־גָּדִישׁ יִשְׁקוֹד׃
³³מָתְקוּ־לוֹ רִגְבֵי נָחַל וְאַחֲרָיו כָּל־אָדָם יִמְשׁוֹךְ וּלְפָנָיו אֵין מִסְפָּר׃
³⁴וְאֵיךְ תְּנַחֲמוּנִי הָבֶל וּתְשׁוּבֹתֵיכֶם נִשְׁאַר־מָעַל׃

³²¡Y él (el injusto) será llevado al sepulcro, y sobre la tumba será aún venerado.

³³Los terrones del valle le serán dulces; en pos de él desfilan todos los hombres, y ante él, una muchedumbre incontable.

³⁴¡Como queréis consolarme en vano! Vuestras respuestas son perfidia.

21, 32. Habiendo sido resguardado por Dios durante el tiempo de su vida, este malhechor condenable es llevado con todo honor a la tumba (יוּבָל, cf. Job 10, 19), y más todavía, a una tumba espléndida, porque, como la palabra anterior (משכנות o moradas), también la palabra que se aplica a la tumba (קְבָרוֹת) es un plural amplificativo. En este contexto, las dos palabras clave יוּבָל y יִשְׁקוֹד (será llevado, será velado) se refieren al entierro del malvado muerto.

La explicación de "y sobre la tumba él será aún velado" (וְעַל־גָּדִישׁ יִשְׁקוֹד) resulta sin duda admisible (Bötticher, Hahn, Rederer y Olshausen), pues en muchos casos el sujeto de la frase no tiene por qué ser citado expresamente (Gen 48, 2; 2 Rey 9, 21; Is 53, 9; cf. lo dicho ya sobre Job 18, 18). Ciertamente, conforme al uso más normal del lenguaje, יִשְׁקוֹד debería referirse solo a una guardia de honor durante la noche, no durante el día. Pero, según todo el contexto, la palabra יִשְׁקוֹד puede significar y aplicarse a la *maqâm* (la tumba) de un hombre muy honrado, para la que, según la costumbre musulmana, hay siervos especiales (*châdimîn*) a quienes se encargaba el cumplimiento de este deber.

En esa línea la traducción de Raschi no parece totalmente exacta por sí misma: "Enterrado en su propia tumba, incluso desde la muerte (el malvado) contempla los montones de gavillas" (de su hacienda). Los LXX recrean este pasaje de un modo semejante, empezando por ἐπὶ σωρῶν, que Jerónimo traduce impropiamente, pero siguiendo una buena idea *in congerie mortuorum* (con el sentido de *en unión con otros muertos*). Tras la mención de la pompa de la tumba, la palabra גָּדִישׁ, que ciertamente significa en Job 5, 26 una gavilla, puede significar de modo más lógico un conjunto de tumbas.

Haji Gaon ha puesto de relieve que la קבה (cf. לְקִבְרוֹת), en árabe *qbbt*, está indicando un sepulcro con una bóveda superior, conforme a una costumbre que se sigue manteniendo entre los musulmanes (cf. Lane, *Manners and Customs of the Modern Egyptians*). Pero Aben-Ezra no dice exactamente esto, sino que indica, de un modo general que, con esa palabra, el texto se está refiriendo a las tumbas de tierra, elevadas en forma de montículos semicirculares.

En realidad, גָּדִישׁ (del verbo גָּדַשׁ, *cumulare*, se utiliza normalmente en el Talmud y en arameo) con el sentido de *cumulus*, en las conexiones más diversas, que en árabe se expresan con los verbos *jds, kds, jdš*, con el sentido especial de *tumulus*, árabe *jadatun* (que corresponde a *jadafun*). En este caso se esté aludiendo a un tipo de montículo elevado sobre la tumba, y de esa forma, este pasaje responde bellamente a la preferencia que los beduinos siguen teniendo a ser enterrados sobre un altozano, de manera que puedan ser rodeados por sus parientes como si ellos, los muertos, fueran capaces de verles acampados en su entorno.

Aquel que ha obtenido un buen lote en su heredad podrá ser enterrado en el mejor lugar de su tierra, elevado sobre la parte baja del terreno. Por su parte, el hombre rico podrá ser llevado a una eminencia, en la que se construye una tumba, pudiendo mirar desde allí, incluso después de la muerte, para contemplar las tierras y bienes en las que se había deleitado mientras vivía, como desde una torre de vigilancia[61].

Pero el significado de *collis*, colinas, no puede mantenerse aquí en sentido estricto, porque גָּדִישׁ no significa una colina natural, sino la misma elevación de tierra o de las piedras de la tumba. Por otra parte, Job 21, 33 tiende a mostrar que el lugar de la tumba es un *wady*, una tierra baja, no una colina. En esa línea, dado que גָּדִישׁ es el montículo de la tumba aquí no se puede pensar, como hace Schlottmann, en pinturas de las paredes o en imágenes de los muertos, como se encuentran en las tumbas de Egipto (aunque en Job 3, 14 hayamos encontrado una alusión a las pirámides), porque en ese caso no se podría pensar en un גָּדִישׁ en el sentido estricto de la palabra.

Según eso, como en el árabe *jdt*, palabra utilizada por la traducción árabe del Nuevo Testamento en la Políglota de Londres (Walton) para referirse al μνημεῖον

61. Toma mis huesos, dice un poema árabe, y llévalos contigo, dondequiera que tú vayas; y si los entierras, entiérralos frente a vuestro campamento. No me entierres bajo una viña, pues me haría daño, sino sobre una colina, a fin de que mis ojos puedan veros (cf. *Ausland*, 1863, Nr. 15: *Ein Ritt nach Transjordanien*) (nota de Fleischer).

de Jesús, podemos suponer que el hebreo גָדִישׁ, se emplea aquí en el sentido general de *sepulcrum*. De todas formas, aunque la referencia es posible, no se debe suponer sin más que las palabras de Job constituyen una antítesis literal de la afirmación de Bildad en, Job 18, 17, donde se dice que el impío muere y desaparece, sin dejar rastro ni memorial (ni sepulcro). Estas palabras de Job no son una respuesta a Bildad, sino que responde a la experiencia general de los habitantes del entorno de Job, como si el muerto siguiera despierto y vigilando desde su tumba, siempre presente en la memoria del monumento elevado sobre su cadáver.

21, 33. Aquí no se habla de aproximarse a la tumba sin respeto (Ewald). Por otra parte, שָׁקַד ofrece una especie de negación del sueño de la muerte, pues los muertos, en cierto sentido, continúan viviendo, en los monumentos elevados a su memoria, concebidos como mausoleos de los que penden armas con otras ofrendas votivas en las paredes. En conexión con ese honor, que se les sigue ofreciendo a los muertos después de la muerte, los terrones del valle y toda la tierra (*sit ei terra levis,* que le sea leve la tierra) son dulces para él (מָתְקוּ se acentúa con *mercha* y לוֹ sin *makkeph* y con *rebia* pequeña).

De todas maneras, por otra parte, si la muerte en sí misma ha de ser interpretada como un mal, este muerto ha compartido el destino común de todos los hombres, los que le han precedido y los que le seguirán. Este es el fin común de todos, un destino duro de muerte, aunque para este malhechor enterrado con pompa ese destino haya sido dulce.

La mayor parte de los comentaristas modernos (Ewald, Hirzel, Umbreit, Heiligstedt y Welte) entienden que la palabra יִמְשׁוֹךְ, no se utiliza aquí en sentido transitivo de desfilar, ir en pos de uno, sino con el significado de tender hacia (LXX ἀπελεύσεται), cf. Jc 4, 5 (Gesenius, *Thes.*), como imitando el mismo camino. Pero en ese contexto la palabra כָּל־אָדָם vendría a ser una falsa hipérbole, de la que podrían acusar a Job, pues la muerte no es para todos los hombres tan "dulce" y honorable, como ha podido ser para estos malvados.

El discurso de Job termina con **21, 34.** La *waw* de וְאֵיךְ es como un *ergo*, es decir, una partícula inferencial, siguiendo la idea anterior (como la de וַאֲנִי, Is 43, 12). En contra de lo que piensan los tres "amigos", Job responde así diciendo que el consuelo (el triunfo final) que se logra por medio de penitencias es inútil, pues este malhechor enterrado con pompa es una prueba en contra de los argumentos de los amigos de Job. Por eso, las respuestas de esos amigos que quieren convencerle de que él es un malhechor, en contra del testimonio de su conciencia, siguen siendo una perfidia, es decir un מַעַל.

Este predicado final (מַעַל) está *per attractionem* en singular: las respuestas y ataques de los amigos, reducidas a su auténtico valor, no son en sí más que מְעַל־נִשְׁאָר, pura perfidia. Son מעל, es decir, באלהים, Js 22, 22, pérfido pecado contra Dios a causa de la injusticia falsamente piadosa y por la falta de caridad con la que ellos le han mirado y tratado.

Interpretación del discurso de Job 21. Hasta ahora, Job ha contestado a las acusaciones de los tres amigos, que se han empeñado en ofrecerle representaciones crecientes y terribles del fin de los impíos, exponiendo solo la parte más dura del dogma de la justicia de Dios, con una terca refutación de la inocencia de Job (esos amigos piensan que él es un pecador culpable), y apelando de esa forma sin cesar a la venganza de Dios en contra de él. Las respuestas de Job han mostrado que la fe, siendo confianza hacia los hombres se funda en Dios y se expresa en fuertes suspiros y deseos de que la ira de Dios venga a cambiarse y aparezca como expresión de fidelidad y misericordia. En contra de eso, sus amigos, en vez de aprender a distinguir con él, desde su condición espiritual, la diferencia que hay entre apariencia y realidad, solo descubren en Job un endurecimiento salvaje contra Dios, con una oposición fuerte contra sus exhortaciones a la penitencia.

Las palabras de Job no les hacen ver que la espada de la venganza de Dios sigue pendiendo sobre ellos, sino que les confirman con más fuerza en su convencimiento de que ellos son portadores de la verdad de Dios y de que Job es un pecador justamente castigado por Dios, sin descubrir que ellos están muy engañados por la forma en que se comportan con Job.

Sofar ha vuelto a presentar el final de los malvados con los colores más horribles, a fin de que Job pueda mirarse a sí mismo en este espejo, para así asombrarse de sí mismo y cambiar de conducta. Pues bien, en este contexto, por la respuesta de Job al sermón de Sofar, descubrimos que el primer apasionamiento con el que Job se oponía antes a las palabras de sus amigos ha ido dando lugar a un tono más pausado. Job ha superado su primer deseo (ya no insiste en que sus amigos le consuelen), y en esta situación, ha empezado a confiar cada vez más en la respuesta de la justicia de Dios, elevando de esa forma el nivel y la finalidad de sus pensamientos y sus peticiones.

Job ya no espera más consuelo de sus amigos. Por eso su alivio se irá expresando cada vez más en las palabras que siga proclamando, al situarse ante Dios y pedirle ayuda. Él no se quejará ya en contra de los hombres, porque hace tiempo que ha dejado de esperar la ayuda que ellos pueden ofrecerle. Su queja se irá elevando cada vez con más fuerza, rechazando y superando aquello que sus oponentes presentan como la ley original del gobierno divino del mundo, en línea de pura justicia distributiva, sin gratuidad de fondo. Sabe que la máxima o ley según la cual la impiedad desemboca siempre en su propio castigo (que los impíos son castigados por Dios en este mundo) no aparece en modo alguno avalada por la experiencia, pues hay muchos injustos que no son "castigados" en este mundo, y muchos justos que sufren a pesar de su justicia.

Job descubre y afirma que hay impíos que están decididos a no conocer nada de Dios (a no temerle y cumplir sus mandatos) y que, sin embargo, se encuentran llenos de prosperidad. Por otra parte, no tiene sentido el decir que Dios reserva su castigo para los hijos de los impíos, porque los impíos deberían recibir ellos mismos el castigo, pues el destino de sus hijos ya no les concierne más después que ellos hayan gozado lo más posible en esta vida (incluso con un buen sepulcro).

Esa ley del castigo divino de los malvados es un precepto que los hombres de poca sabiduría han atribuido a Dios, pero Dios no actúa en esa línea, ni avala la forma de pensar de los amigos de Job. Los impíos que han vivido con prosperidad todos sus días, y los justos que han experimentado siempre dolores y desgracias comparten un mismo destino de muerte.

Para saber si eso es cierto, basta con preguntar a personas que han tenido una larga experiencia de este mundo, como los viajeros, que conocen otras tierras y gentes. Ellos pueden contar muchos ejemplos de notorios pecadores que han mantenido su alta posición hasta la muerte, sin haber sido sorprendidos por el juicio divino, sin haber recibido ninguna oposición en este mundo, siendo enterrados con honor en la tumba, de manera que su memoria ha quedado inmortalizada en monumentos erigidos sobre sus tumbas. De esto deduce Job que la acusación de sus amigos, que le dicen que él sufre por sus pecados, es una acusación falsa, y en esa línea todas las respuestas de esos amigos no son más que un juicio injusto y falto de caridad, por el que ellos ofenden y atacan (מעל) a Dios.

Más de una vez ha expresado Job su convencimiento de que en este mundo no existe una distribución justa de prosperidad y desgracia, cf. Job 9, 22-24; Job 12, 6. Pero solo ahora, por vez primera, expresa ese convencimiento de forma tan clara, replicando así a sus amigos, después que ha visto que ellos no aceptan ninguna palabra en la que él pone de relieve su inocencia, sino que le responden cada vez con más inconsideración y dureza con el mismo dogma en el que basan su condena a Job, repetida sin rigor alguno. Según ellos, todo se resume en esto: Dios castiga a los malvados (de forma que si él sufre es porque han pecado). Ciertamente, Job ha pecado también con sus palabras, no ha sido mesurado con Dios, pero a fin de obtener una visión correcta de su juicio hay que observar bien dos cosas:

— *Job no insiste solo en la contradicción que descubre entre los datos de la experiencia (su sufrimiento) y la retribución divina* (que debería expresarse en forma de bienaventuranza para los justos), sino que insiste más en su ignorancia, pero poniendo siempre de relieve su inocencia.
— *En esa línea se sitúa ante un misterio que le deja perplejo*: al insistir en la prosperidad de los (muchos) pecadores, sigue expresando su horror ante los pecados de esos hombres prósperos, rechazando sus culpas: ¡Lejos de mí el consejo de los malvados! (Job 21, 16), indicando así que él no tiene el deseo de gozar de los placeres de prosperidad que ellos gozan.

Si comparamos uno a uno los discursos de Sofar con los de Job, estamos obligados a confesar que la mayor verdad y derecho se encuentra del lado de Job. Ciertamente, las Escrituras confirman lo que dice Sofar cuando habla en innumerables pasajes de la destrucción de los malvados. Pero toda la historia de Job, con su gran protesta, indica que ese principio de la bienaventuranza de los justos en este mundo (y de la maldición de los malvados) no se cumple en todos los casos. De esta forma, él se sitúa en la línea de muchos salmos y textos proféticos del Antiguo Testamento (cf. Sal 37, 73; Jer 12, 1-3; Hab 1, 13-2, 1).

Pues bien, en ese sentido, el libro de Job nos muestra que en este mundo (tal como ahora existe) no se cumple la norma del juicio de Dios, que premia a los justos y condena a los pecadores, de manera que solo podremos encontrar una solución satisfactoria cuando en un libro como el de Eclesiastés, respondiendo a una duda semejante a la que expresa Job (cf. Ecl 7, 15; 8, 14), tengamos que apelar y apelemos a un juicio final en el que se resolverán todas las contradicciones. Este es un juicio final que ni Job ni Sofar han podido tener en cuenta, porque uno y otro piensan que la muerte es el fin al que tiende todo destino humano (toda retribución) sin ser capaces de apelar a una retribución posterior.

Sin duda, Job tiene más razón cuando sostiene que la vida y muerte próspera de los impíos se funda en hechos incontrovertibles de la experiencia, en contra de la ley universal (sin excepciones) del terrible final de los impíos en este mundo, tal como la defienden sus tres "amigos". En esa línea, los discursos de Sofar y de Job son a la vez verdaderos y falsos, siendo ambos unilaterales y por consiguiente mutuamente suplementarios. Sin duda, el fin real de los malvados será aquel que describe Sofar, al fin de los tiempos; pero es también frecuente en este mundo la prosperidad temporal de los malvados, que siguen triunfando hasta su muerte (entendida como muerte honrada y gloriosa).

Es evidente que Job no puede negar que se dan también ejemplos como los que cita Sofar, según los cuales los impíos son castigados en este mundo. Ni Job puede negar que hay casos en los que se cumple la terrible ley del castigo de los impíos en este mundo (como dicen sus amigos). Pero los amigos de Job tampoco pueden negar que hay muchos casos en los que esa ley no se cumple, sino que los impíos viven con prosperidad y los justos sufren.

Sin duda, ambos tienen parte de razón, pero es claro que Job se encuentra más cerca de la verdad que Sofar. El tema de fondo es el de la manifestación de la justicia retributiva de Dios. Pues bien, según todo esto ¿dónde se encuentra el pecado en el discurso de Job? En esto: en que él ignora totalmente que existe, y se manifiesta en el mundo con cierta frecuencia, la justa distribución de los pecados de los hombres.

En este campo, Job acaba siendo en algún sentido injusto respecto a sus oponentes, mostrándose incapaz de convencerles, pues, ciertamente, a su juicio, se podría decir que la forma de gobierno de Dios en el mundo tiene un elemento misterioso, pero queriendo precisar mejor ese misterio, Job tiende a sostener que el gobierno de Dios en este mundo es siempre injusto.

El reproche con el que Job acusa a sus oponentes (¿puede un hombre enseñar a Dios la forma en que debe conducirse...?) se le puede aplicar también a él mismo. En esa línea cuando Job le dice a Dios que si él castiga debe hacerlo solo a los que son culpables, y castigarles de esa forma a ellos y no a sus hijos, él está dictando y diciendo a Dios lo que Él (Dios) debe hacer.

No podemos afirmar que Job 21, 19-21 está descubriendo y condenando una contradicción oculta en la ley mosaica de la retribución, pues en ningún lugar del AT, ni siquiera en la ley de Moisés, se dice que Dios visita los pecados de los padres en los hijos, pues Dios ratifica la libertad de esos hijos, cf. Ex 20, 5; Dt 24, 16; Ez 18, 1; Jer 31, 29.

Lo que afirma Job, que el pecador debe recibir él mismo el castigo por sus pecados, y no sus hijos en vez de él, es en sí mismo verdadero. Pero el pensamiento que está en el fondo de lo que dice Job (Dios nos castiga cuando no debería castigarnos) es falso y pecaminoso, pues él (Job) no conoce el orden y finalidad de la justicia de Dios.

Job cae con esto de nuevo en un error, que él debe reconocer y confesar de un modo penitencial, una y otra vez, por hablar de un modo inconveniente sobre Dios. De esa forma, Job no es capaz de entender la acción de Dios en el futuro; el sentido de esa acción se le pierde (se le escapa) tras las nubes de la tentación, de manera que él es incapaz de entender y amar a Dios en el presente.

Dios es para él un misterio, y su incomprensibilidad le causa dolor.

El gozoso pensamiento del futuro, con el que se debatía hace un momento se desvanece de nuevo, porque el presente en cuyo abismo él ha sido arrojado de nuevo, ha permanecido y permanece para él totalmente oscuro, durante todo el tiempo de su discurso, de manera que hasta el final del libro (hasta la revelación conclusiva de Dios), él no ha encontrado ningún puente que le permita cruzar de esta parte del tiempo al otro lado, en el futuro de Dios (en la resurrección de Jesús).

JOB 22-26
TERCER CURSO DE LA CONTROVERSIA

Job 22. Tercer discurso de Elifaz

Esquema: 8. 8. 4. 6. 8. 4. 10. 10

Job 22, 1-5

וַיַּעַן אֱלִיפַז הַתֵּימָנִי וַיֹּאמַר׃
² הַלְאֵל יִסְכָּן־גָּבֶר כִּי־יִסְכֹּן עָלֵימוֹ מַשְׂכִּיל׃
³ הַחֵפֶץ לְשַׁדַּי כִּי תִצְדָּק וְאִם־בֶּצַע כִּי־תַתֵּם דְּרָכֶיךָ׃
⁴ הֲמִיִּרְאָתְךָ יֹכִיחֶךָ יָבוֹא עִמְּךָ בַּמִּשְׁפָּט׃
⁵ הֲלֹא רָעָתְךָ רַבָּה וְאֵין־קֵץ לַעֲוֹנֹתֶיךָ׃

¹Respondió Elifaz, el temanita, y dijo:
²¿Será el hombre de provecho para Dios? No, el sabio solo se aprovecha a sí mismo.
³¿Le sirve a Shadai que tú seas justo? ¿Le aprovecha algo que camines en justicia?
⁴¿Te reprobará porque tú temas a Dios, irá contigo a juicio?
⁵¿No es grande tu maldad y tus iniquidades infinitas?

22, 2. Esta forma del verbo סכן (cf. יִסְכָּן con el sentido de ser aprovechable) es peculiar del libro de Job, aunque hay otras formas atestiguadas en el AT. Pues bien, conforme a su primer significado, ese verbo סכן no difiere de מוֹעִיל, מוֹעִילָה, como ha mostrado Kimchi. El correcto desarrollo de la noción de este verbo ha de percibirse desde el *hifil*, que aparecerá en Job 21, 21, dentro de este mismo discurso de Elifaz (cf. Gesenius, *Thes.*), y que significa originalmente lo mismo que שׁכן, árabe *skn*, descansar, habitar, especialmente habitar uno junto a otro, de forma que ambos se adapten y acostumbren entre sí.

En esa línea שׁכן implica la idea de alguien que es vecino, en árabe *sakanun*, un amigo, un confidente), un hombre que asiste a otro hombre, en línea de servicio, para hacerle algo que es aprovechable. Así lo podemos decir de dos maneras: (a) סכנתי, *yo saco provecho de*, Job 34, 9; (b) y סכן, *esto es aprovechable*, como en Job 15, 3; Job 35, 3, con un sujeto personal, seguido por ל, y después con על, de una forma que se puede utilizar tanto en prosa (e.g., טוב על, 1 Cron 13, 2, cf, Job 10, 3, ser agradable) como en poesía, donde se aceptan con frecuencias arameísmos, como aquí y en Sal 16, 6, שׁפר על, con על en vez de ל, como en nuestro caso עָלֵימוֹ (22, 2) y como en Job 20, 23, en vez de עָלָיו, insistiendo en el aspecto de pasión vinculado al tema.

Tercer curso de la controversia

La pregunta, que se expresa en nuestro caso de forma negativa, viene seguida por una respuesta también negativa (que establece el sentido del conjunto) con כי. Por su parte, un מַשְׂכִּיל es, como en Sal 14, 2, *el hombre inteligente o sabio*, aquel que hace lo que es bueno, comprendiendo los valores de la moralidad, como en Prov 1, 3, una moralidad que no se apoya simplemente en ciegas costumbres, como en el caso de מוסר השכל, sino que está bien fundamentada. Por su parte, חפץ ל היה se refiere a lo que le interesa a alguno (a diferencia de lo que se dice en 1 Sam 15, 22, cf. Job 21, 21). Finalmente היה בצע ל indica lo que es ganancia para alguno (lo que se mantiene aparte...), que aparece así también como sinónimo de זכן.

22, 3. Sobre la extraña forma de doblar la primera radical del תתם (en כִּי־תַתֵּם, en vez de תתם), cf. Gesenius 67, 8 y 3. La traducción latina del texto es: *an lucrum (ei) si integras facias vias tuas?* (¿Le aprovecha de algo a Dios que tú te esfuerces en caminar con justicia?). Este significado de toda la estrofa está determinado partiendo de la traducción de הֲמִיִּרְאָתְךָ de **22, 4** (como המבינתך, Job 39, 26, con *dech*, y como excepción con *munach* ; cf. *Com. Salmos*, ii. 491, nota 1). Si el sufijo se toma de un modo objetivo (*por temor de ti*), como lo hace por ejemplo Hirzel, obtenemos este pensamiento: Dios no se beneficia por las virtudes de los hombres, ni queda injuriado por sus pecados. Por eso, no recompensa al piadoso porque reciba el beneficio de su piedad, ni castiga al pecador porque los pecadores sean para él objeto de injuria. Por tanto, si Dios castiga a un hombre, la razón de ello no puede buscarse en algún tipo de propósito egoísta de Dios, sino más bien en el mismo hecho de que el pecador es digno de castigo.

Pero la relación lógica en la que **Job 22, 5** está con **Job 22, 4** no responde a esto: Dios no actúa de esta forma porque tiene miedo de ti, sino más bien *a causa de tus muchos y grandes pecados*. Hahn explica de un modo más justo esta relación cuando explica: "Dios no actúa esperando algún provecho personal del hombre, ni tampoco porque tiene miedo, como para impedir que el hombre le injurie maldiciéndole por ser atormentado por sufrimientos injustos". Eso significa que, conforme a todo lo que va exponiendo el texto, la razón del castigo de Dios (del sufrimiento del hombre) no puede ser en principio el pecado..., sino que tiene que estar en algo muy opuesto al pecado, tal como suponen en conjunto las afirmaciones de Job, en las que él dice que el hombre, aunque no tenga culpa, sigue sufriendo bajo la ira de Dios.

Según eso, el sufijo de הֲמִיִּרְאָתְךָ ha de tomarse de un modo subjetivo: *en razón de tu forma de temer a Dios*, como Elifaz ha indicado ya dos veces por medio de la palabra יראתך: Job 4, 6; 15, 4. Por medio de esta traducción Job 22, 4 y 22, 5 forman una verdadera antítesis: ¿acaso te castiga Dios a causa de que le temes? ¿Actuará Dios de esta forma contigo (por esta razón) para entrar en juicio contigo? No, pues suponer algo así sería un absurdo.

Pues bien, en este contexto, Elifaz supone que la maldad de Job tiene que ser grande (en proporción con la grandeza de su sufrimiento). En esa línea, Elifaz sigue pensando que la aflicción (el "castigo") de Job responde en el fondo a la grandeza de sus pecados.

Si miramos ahora a lo que precede, tendremos que dejar a un lado el pensamiento que se expresa en Job 22, 2 y 3, tal como lo formulan Ewald y Hahn: debemos pensar que quizá Dios, con el fin de ganar más ventaja de la piedad, intenta acrecentarla decretando sobre los hombres un sufrimiento injusto (para así probarles mejor). Pero este pensamiento no tiene fundamento alguno, y resulta ciertamente falso, aunque en su fondo pueda haber un principio de verdad: hay un sufrimiento que viene por decreto de Dios, para que los piadosos crezcan en su piedad (aunque ese pensamiento nos siga dejando perplejos).

En primer lugar tenemos que preguntar la razón por la que Elifaz comienza de esta forma su discurso. Todas las razones por las que los tres amigos de Job se han esforzado en lograr que él haga penitencia por sus pecados han rebotado en él sin afectarle. Incluso Elifaz, el más anciano de todos, lleno de grandeza, con un tipo de conciencia profética, ha intentado con gran solicitud impresionarle y aterrarle, pero ha sido en vano; Job no ha querido presentarse en modo alguno como culpable, no puede entender su aflicción como castigo de Dios por sus pecados. Pues bien, en este contexto, Elifaz apela a la causa de Dios (a la forma de ser de Dios) para formular de esa manera un argumento en contra del mismo Job, aunque no logre impresionarle al hacerlo. En esa línea, él (Elifaz) ha querido recordarle a Job que Dios en sí mismo es el totalmente autosuficiente; que Él no quiere sacar ninguna ventaja propia (suya) por medio de la rectitud de los hombres, porque su naturaleza, existiendo antes y por encima de todos los seres creados, no puede sufrir disminución ni aumento por las creaturas, por el mal o por el bien que ellas puedan ofrecerle.

En esa línea, dado que Job permanece inaccesible a este llamamiento a la humillación, rehusando el beneficio de un tipo de piedad de Dios hacia los penitentes, Elifaz tiene que precisar mejor su argumento, diciendo que Dios no gana nada castigando a Job, más aún, que él no necesita que Job ofrezca nada. Por eso, si Dios no quiere aprovecharse en modo alguno de Job ¿en qué razón puede fundarse su sufrimiento? ¿Qué motivo puede tener Dios para hacer que Job sufra así, si no es en un tipo de pecado que él puede haber cometido?

Sigue siendo un hecho contradictorio para Elifaz el que Dios pueda castigar a un hombre que le teme (que tiene temor de Dios). Eso significa que, a juicio de Elifaz, en el fondo de la vida de Job ha de haber algún tipo de pecado en contra de Dios (a no ser que hagamos pecador al mismo Dios, lo que es contradictorio). Y dado que la naturaleza y grandeza del pecado se mide por el tipo de sufrimiento que origina, el pecado de Job tiene que haber sido ser muy grande para suscitar un castigo tan grande de Dios.

Pues bien, en esta línea, Elifaz considera que esta "necesidad lógica" constituye una realidad, y desde esa base seguirá exponiendo en la siguiente estrofa el conjunto de pecados de Job, reprochándoselos así directamente y atribuyéndole toda la serie de pecados que Sofar (cf. Job 20, 19–21) habría atribuido en general a un רשע, es decir, a un pecador, sin citar a Job. Pues bien, ahora es Elifaz el que acusa directamente a Job de ser un pecador. Así lo seguirá exponiendo la siguiente estrofa, que comienza con un כי explicativo.

Job 22, 6-9

⁶ כִּי־תַחְבֹּל אַחֶיךָ חִנָּם וּבִגְדֵי עֲרוּמִים תַּפְשִׁיט׃
⁷ לֹא־מַיִם עָיֵף תַּשְׁקֶה וּמֵרָעֵב תִּמְנַע־לָחֶם׃
⁸ וְאִישׁ זְרוֹעַ לוֹ הָאָרֶץ וּנְשׂוּא פָנִים יֵשֶׁב בָּהּ׃
⁹ אַלְמָנוֹת שִׁלַּחְתָּ רֵיקָם וּזְרֹעוֹת יְתֹמִים יְדֻכָּא׃

⁶(Porque) sin razón tomabas prenda de tus hermanos y quitabas sus ropas a los desnudos.

⁷No dabas de beber agua al cansado y negaste el pan al hambriento.

⁸¡Tú, el hombre fuerte que poseía la tierra, el distinguido que habitaba en ella,

⁹a las viudas enviabas vacías y quebrabas los brazos de los huérfanos!

La razón del sufrimiento de Job tiene que ser, por tanto, el hecho de sus grandes pecados. Elifaz afirma así directamente que Job tiene que ser un pecador, y de esa manera, en el fondo, le condena como hipócrita. Esta estrofa no contiene ninguna referencia directa a la ley de Moisés. Ciertamente, por la mente de Elifaz podrían haber pasado las leyes de compasión respecto a las viudas y los huérfanos, y a los pobres que necesitan los bienes indispensables para vivir; pero eso no se puede inferir de este pasaje. Esos deberes respecto del prójimo son hasta hoy los mandamientos básicos de la religión original de las tribus árabes nómadas o errantes. Por eso, no es necesario remitir aquí a las leyes positivas de la tradición mosaica del Sinaí. Eso resulta claro para el autor del libro; y en esa línea, los mandamientos más antiguos (que después se han llamado mandamientos primitivos de la piedad, de *el-felâhh*) son suficientes para entender esta estrofa con la importancia que ella concede a esos pecados. A partir de aquí se entiende el futuro de los verbos, que siguen al כי inicial que les concede un sentido retrospectivo.

22, 6. La palabra חבל (cf. תַחְבֹּל) está conectada *sea con un acusativo de cosa* (tomar algo en prenda), como en la ley, que exige una respuesta del corazón (Ex 22, 25), *o con un acusativo de persona*, vinculado con אחיך o con עֲרוּמִים (*de* ערום), que son los γυμνοί, Sant 2, 15, los *nudi* (cf. Séneca, *De beneficiis*, v. 13: *si quis male vestitum et pannosum videt, nudum se vidisse dicitur*, si alguien ve a un hombre mal vestido o con paños viejos se dice que va desnudo). Conforme a nuestro modo de expresarnos, esos desnudos son los semidesnudos, es decir, los mal vestidos (cf. Is 20, 2). **22, 8.** El hombre de brazo fuerte (אִישׁ זְרוֹעַ) es, según la mente de Elifaz, el mismo Job, que ha logrado poseer en estadios sucesivos el territorio largo y ancho del entorno de su casa como posesión para sí mismo, oponiéndose y oprimiendo a los ricos posesores antiguos por la fuerza de la violencia (Job 20, 19), o quizá por engaño y con prácticas poco leales, sin miedo a ninguna maldición que pudieran dirigirle los así oprimidos por él (Job 15, 28).

En esa línea, Elifaz dice que él (Job) miraba a la tierra como si fuera suya (לוֹ הָאָרֶץ), y de esa forma vino a tomarla, ocupándola para sí mismo, como si él fuera sin más dueño de las haciendas, manera en la que se iba apoderando de todas. De esa manera creció con sus tierras su autoridad, y él se implantó firmemente en ella.

Umbreit, Hahn y otros piensan que 22, 8 describe la prepotencia con la que (a juicio de Elifaz) Job se había apoderado del poder y se había elevado en su rango. Pero el texto no está insistiendo en concreto en esos rasgos de prepotencia, no evoca ninguno de esos matices, limitándose a describir a Job como aquello que era, es decir, como un rico propietario.

Pero, al hacer eso, al presentar a Job como un rico propietario, Elifaz le describe de hecho como alguien centrado en el amor a sí mismo, lleno de un fuerte egoísmo que regula y define todas sus acciones. Siendo aquel que poseía el mayor poder y que estaba situado en la mayor altura entre las gentes de su entorno, Job aparece aquí como un hombre al que no era fácil acercarse, como alguien que en el fondo se había apoderado de las tierras de su entorno con un tipo de violencia.

22, 9. En este contexto se alude a los huérfanos y viudas que, a fin de sobrevivir, estaban obligados a dirigirse a él de un modo suplicante. Pues bien, en ese contexto Elifaz dice que Job expulsaba a las viudas con las manos vacías, y rompía los brazos de los huérfanos (es decir, que se haría rico oprimiendo a los necesitados). Esos brazos de los huérfanos no se entienden aquí como si estuvieran extendidos pidiendo ayuda (para lo cual hubiera sido mejor poner יְדֵי), ni exigiendo el cumplimiento de un derecho pervertido por los poderosos. Aquí se habla más bien de romper los brazos de esos huérfanos, como en Sal 37, 17 y en Ex 30, 22, en el sentido de romper o negar el poder y riqueza de las personas, toda forma de sostenimiento y ayuda, como en la frase árabe citada por Gesenius, *Thesaurus*. pp. 268b, 433b.

El brazo, זְרוֹעַ (árabe *ḏirâ'* y más frecuentemente *'aḍud* o *sâ'id*), significa poder, Job 40, 9; Sal 57, 16; fuerza y violencia, Job 22, 8; Job 35, 9; ayuda propia y ayuda recibida de fuera, Sal 83, 9 (cf. Sal 44, 4). Pues bien, Elifaz afirma que Job rompía (destruía a pedazos) cualquier tipo de bienes, de honor o ayuda que pudieran tener o buscar los huérfanos (quitándoles así toda autoridad), para convertirse de esa forma en el único poderoso de la tierra.

Job 22, 10-11

¹⁰ עַל־כֵּן סְבִיבוֹתֶיךָ פַחִים וִיבַהֶלְךָ פַּחַד פִּתְאֹם׃
¹¹ אוֹ־חֹשֶׁךְ לֹא־תִרְאֶה וְשִׁפְעַת־מַיִם תְּכַסֶּךָּ׃

¹⁰Por eso estás rodeado de trampas y te turba un espanto repentino.
¹¹¿No estás en tinieblas, de modo que no ves, y así te cubre una avalancha de agua?

A causa de este tipo de acción inhumana (injusta y prepotente), por la que le amenaza el castigo de la justicia, le rodean en torno los lazos de muerte (cf. la visión que Bildad ofrecía del destino de los malvados, en Job 18, 8-10), y le amenaza por doquier la destrucción, de manera que no tiene ningún camino de salida, debiendo sucumbir sin escapatoria alguna, porque él ha sido injusto con los pobres.

En esa línea, la próxima ruina se le presenta de tiempo en tiempo en forma de terrores que le asaltan de repente y que le desconciertan. De esa manera, en medio de circunstancias exteriores amenazadoras y con su mente descompuesta, Job ha empezado a sufrir de antemano, como castigo, aquello que le espera a causa de su pecado de prepotencia, a causa de su manera de enriquecerse a costa de los débiles (huérfanos y viudas).

En **Job 22, 11,** לֹא־תִרְאֶה no ha de tomarse en modo alguno como una frase circunstancial secundaria, ya se traduzca de un modo afirmativo: *te cubre la oscuridad, de manera que no puedes ver*, o de modo interrogativo: *¿te rodea la oscuridad de tal forma que no puedes ver?* En ambos casos falta el verbo en la cláusula fundamental. Dejando de lado el nuevo matiz y momento introducido por la partícula inicial (אוֹ), el texto podría explicarse con Löwenthal: *¿O el hábito de pecar ha embotado de tal forma tus sentimientos y ha oscurecido tanto tus ojos que ya no puedes percibir la enormidad de tus transgresiones?*

Pero esa traducción fuerza el sentido de las palabras de un modo innecesario, en contra de su sentido. El texto tendría que haber dicho al menos: בעדך או חֹשֶׁךְ, o algo semejante. Desde el momento en que אוֹ־חֹשֶׁךְ (acentuado sin *makkeph* con *mûnach, dechî*) no puede formar una cláusula principal por sí misma, el verbo תִרְאֶה tiene que formar parte de ella, de manera que podemos traducir el texto (con אוֹ como en Job 16, 3): *¿O no ves tu oscuridad?*

Dado que, según los discursos anteriores, Job no ha puesto en cuestión la magnitud de sus sufrimientos, sino que los reconoce con toda su fuerza, Elifaz piensa que ellos tienen que explicarse así: ¿no deberías estar deseoso de ver los pecados, que te rodean como gruesas nubes negras, que te cubren como avalanchas de agua?

Esas figuras solo pueden entenderse si se aplican a la destrucción que introduce enteramente a Job en la oscuridad, y que le amenazan con ahogarle. En esa línea, la destrucción por la que Elifaz preguntaba a Job, diciéndole si no la veía (si no la descubría), ha de entenderse sin duda de un modo distinto al que pensaba Job en sus lamentos.

Job se lamentaba afirmando que su aflicción era inmerecida y, por lo tanto, misteriosa. Elifaz en cambio desea que él abra sus ojos y así pueda descubrir, en medio de su oscuridad y su tristeza, el sentido de su sufrimiento y su castigo, que proviene de sus horrendos pecados. Solo así, reconociendo que su sufrimiento actual proviene de sus pecados, Job podrá hacer penitencia (aceptando el justo castigo de Dios), para evitar así males mayores.

La frase לֹא תְכַסֶּךָ es una cláusula de relativo y depende también lógicamente de חֹשֶׁךְ, cf. Is 60, 2, pues שׁפעת (de שׁפע, *abundare*; cf. árabe *šf'*, ספק, Job 20, 22) se encuentra también en Job 22, 6. Elifaz insinúa ahora que Job niega la providencia especial de Dios, porque duda de la justicia de su gobierno, siendo así que él (Dios) es justo sin excepciones. En la segunda estrofa (que acabamos de comentar), Elifaz ha explicado esta aflicción de Job como resultado de su falta de caridad con viudas y huérfanos; ahora la explica como consecuencia de su incredulidad, algo que a su juicio (a juicio de Elifaz) resulta evidente.

Job 22, 12-14

¹² הֲלֹא־אֱלוֹהַּ גֹּבַהּ שָׁמָיִם וּרְאֵה רֹאשׁ כּוֹכָבִים כִּי־רָמּוּ׃
¹³ וְאָמַרְתָּ מַה־יָּדַע אֵל הַבְעַד עֲרָפֶל יִשְׁפּוֹט׃
¹⁴ עָבִים סֵתֶר־לוֹ וְלֹא יִרְאֶה וְחוּג שָׁמַיִם יִתְהַלָּךְ׃

¹²¿No está Eloah alto en los cielos? ¡Pues mira la altura de las estrellas, qué elevadas!
¹³Y has dicho: ¿Qué sabe Dios? ¿Podrá él juzgar a través de esta espesa nube?
¹⁴Las nubes le velan y no puede ver mientras pasea por el cielo a su placer.

Job 22, 12. Dado que Job ha negado la justa distribución de la fortuna del mundo, de la prosperidad y adversidad de los hombres, de acuerdo con la ley de la justicia que recompensa lo igual por lo igual, Elifaz le acusa de una falta de fe que se menciona a menudo en los Salmos (cf. 73, 11; 94, 7 con Is 29, 15; Ez 8, 12), y especialmente en la persona de aquellos que niegan la existencia de Dios en el cielo, como Epicuro negaba la existencia de los dioses, que dirigen la vida de los bienaventurados en los espacios intermedios de los mundos, con el conocimiento de las cosas de la tierra, y por lo tanto con aquello que supone una recta comprensión de esas cosas. El modo de expresión que aquí se emplea es muy particular. גֹּבַהּ שָׁמָיִם no es *acc. loci*, como pueden tomarse los acusativos en combinación con שׁכן, Is 57, 15. La frase de sustantivo presenta a Dios como בגבה, o mejor בגבהי, como aquel que está en el cielo, es decir, en la altura (Job 11, 8). Aquí encontramos más bien (a semejanza de Job 11, 8) un *nomen praedicati*, por el que *Eloah* se identifica en el fondo con la misma altura de los cielos, con el cielo excelso, tan alto como los cielos, y por lo tanto ciertamente elevado y excelso, sobre la bóveda de la tierra.

En ese sentido, la frase está continuada con un *waw* explic.: וּרְאֵה רֹאשׁ, y contempla (=por tanto) la cabeza de las estrellas, que son (¡cómo son!) muy elevadas (con כי como en Gen 49, 15; 1 Sam 14, 29, traducidas con *quod* en el sentido de *quam*). En los textos bien editados, וּרְאֵה va con *asla* (*kadma*) y רמו se escribe רַמּוּ (*râmmu*, cf. כִּי־רָמּוּ) con un *dagesh affectuosum* (Olshausen 83, b). En ese sentido se afirma que Dios mismo es la altura del cielo.

Pero se puede discutir si el genitivo que sigue a רֹאשׁ es partitivo, en el sentido de "el más alto entre las estrellas" (Ewald, Hirzel, Schlottmann), o más bien *epexegético*: en relación con el resto del universo, Dios es la cabeza, la altura sobre las estrellas o incluso la que ellas ocupan, la altura por excelencia (Gesenius: *coelum stellatum*). Parece que es preferible el sentido partitivo, pues conforme a la percepción semítica, el plural שמים supone que existen estrellas más cercanas y más distantes en las esferas celestes.

La expresión "cabeza de las estrellas" tiene de algún modo el sentido de *fastigium coeli* (la altura más alta del cielo, es decir, la cumbre de la bóveda de los cielos), el *culmen aereum* (entendido como estrato del éter, más allá de los estratos del aíre superior): Dios es la cumbre de las estrellas, elevándose sobre (en) las esferas más alejadas.

Nosotros podríamos evocar las "estrellas fijas" o, para utilizar un lenguaje aún más moderno, la Vía Láctea, como cuando la palabra רמו se refiere naturalmente a ראש כוכבים (cabeza de las estrellas, en sentido de *summitas astrorum* que tiene el mismo sentido que *summa astra*, los astros más altos).

La conexión de lo que sigue, por medio de una *waw* (וְאָמַרְתָּ, 22, 13), no ha de tomarse como adversativa (Hirzel, Ewald y otros: *y, sin embargo, tú dices*), sino que tiene un sentido consecutivo (Hahn: *y dado que tú dijiste*; o, mejor aún, *a consecuencia de lo que dijiste*; o *así dijiste, así piensas por tanto…*). Elifaz piensa en esa línea que Job ha negado la verdad indudable de que Dios está exaltado, la verdad de que él es absoluto en su exaltación, llegando así a plantear la pregunta: ¿cómo podrá Dios conocer, es decir, cómo podrá tomar conocimiento de aquello que sucede sobre la tierra?

Job 22, 13b utiliza el potencial en lugar del perfecto modal. De esta forma presenta Elifaz la acusación que, a su juicio, Job ha dirigido a Dios: ¿podrá él regir judicialmente lo que pasa en la tierra, podrá conocer y juzgar desde detrás de las nubes oscuras lo que sucede en este mundo de abajo, del cual él se encuentra separado? La palabra בְּעַד (del mismo origen que el árabe *b'da*, *post*, propiamente hablando en el sentido de distancia, separación, lo que está más allá…) significa aquí, como en Job 1, 10; 9, 7, *lo que está más allá de algo*, con la noción secundaria de estar rodeado o cubierto por cosas que le cierran y aíslan.

22, 14. Elifaz afirma así que, conforme a la acusación de Job, Dios no podría tener una visión ilimitada de cada cosa que sucede en la tierra desde su absoluta altura, pues las cosas del mundo quedan separadas de su vista por las nubes, de forma que no puede ver lo que acontece aquí abajo, y además esas cosas no le importan, dado que camina (se mueve) en torno al círculo superior del mundo (en torno a la bóveda del cielo), pues desde esa altura los habitantes de la tierra le tienen que parecer como saltamontes, según la expresión de Is 40, 42.

Por su parte, יִתְהַלָּךְ, en analogía con el *kal*, rigiendo acusativo, se aplica aquí a la forma en la que Dios camina a su placer sobre la alturas: *orbem coelum obambulat* (sobre el borde de los cielos él camina). De esa forma, según Elifaz, Job acusa y condena a Dios, presentándole como alguien que está de hecho separado del mundo, de manera que no puede conocer lo que sucede en la vida de los hombres.

Pues bien, según Elifaz, con estas formas indignas de concebir la divinidad, Job se pone a sí mismo *en el nivel de la raza impía que fue arrastrada por el diluvio en los días antiguos* (cf. Gen 8), pero sin haber aprendido la lección que le ofrece aquel castigo. Según eso, Job se habría elevado contra Dios, como hicieron los hombres de la generación del diluvio.

Job 22, 15-18

¹⁵ הַאֹרַח עוֹלָם תִּשְׁמֹר אֲשֶׁר דָּרְכוּ מְתֵי־אָוֶן׃
¹⁶ אֲשֶׁר־קֻמְּטוּ וְלֹא־עֵת נָהָר יוּצַק יְסוֹדָם׃
¹⁷ הָאֹמְרִים לָאֵל סוּר מִמֶּנּוּ וּמַה־יִּפְעַל שַׁדַּי לָמוֹ׃
¹⁸ וְהוּא מִלֵּא בָתֵּיהֶם טוֹב וַעֲצַת רְשָׁעִים רָחֲקָה מֶנִּי׃

¹⁵¿Quieres tú acaso seguir la senda antigua, que siguieron los hombres perversos
¹⁶cortados antes de tiempo, cuyos cimientos se derramaron como un río?
¹⁷Ellos decían a Dios: ¡Apártate de nosotros! y ¿qué podrá hacernos Shadai?
¹⁸aunque él había colmado de bienes sus casas. ¡Lejos de mí el consejo de los malvados!

22, 15. Mientras que en Sal 139, 24, דרך עולם significa prospectivamente un camino de duración eterna (cf. Ez 26, 20, עם עולם, referido al pueblo que duerme el interminable largo sueño de la tumba), אֹרַח עוֹלָם significa aquí retrospectivamente *el camino del mundo antiguo (la senda de los hombres perversos del tiempo del diluvio)*, pero no como en Jer 6, 16; 18, 15, el camino del pensar y del obrar de los antepasados piadosos (de los que se avergonzó su posterioridad impía), sino el de una raza impía del mundo antiguo que fue ejemplo terrible para la posteridad, y que fue destruida en el diluvio.

Elifaz pregunta si Job mira, es decir, si mantiene ante su consideración (שמר como en Sal 18, 22) ese camino recorrido por un pueblo de maldad (מתי, cf. con אנשי, Job 34, 36), hombres impíos que fueron destruidos, es decir, aplastados por la fuerza ולא־עת, cuando aún no era el tiempo (con ולא a modo de cláusula circunstancial: *quum nondum*, como en Sal 139,16), i.e., cuando el orden de la creación de Dios no había llegado aún su tiempo.

22, 16. Sobre קמטו (cf. אֲשֶׁר־קֻמְּטוּ, que fueron cortados, *palabra que conforme a la Masora, constituye el centro del libro de Job:* חצי הספר), cf. lo dicho Job 16, 8; LXX correctamente, συνελήφθησαν ἄωροι. De todas formas, συλλαμβάνειν es una traducción demasiado débil para קמט; el árabe *qbṣ* significa "tomar por la punta más fina", mientras que el árabe *qbḍ* significa tomar con toda la palma de la mano; en esa línea קמט, en conformidad con el duro final en consonante, significa *"atar firmemente alrededor" (ser cortados del todo)*.

Tercer curso de la controversia

En 22, 16, יוּצַּק no es un *perf. pual* de יצק (Ewald 83, b), pues este cambio va en contra de la ley de las vocales, y no hay un ejemplo de este tipo de paso de una forma corta a una alargada (en las vocales). Para ello tendría que haberse escrito al menos יוּצָּק (cf. Jc 18,29). Se trata más bien de un futuro *hofal*, que en la línea de Job 11,15, debería ser יֻצַּק. En nuestro caso, el futuro recibe el significado de un imperfecto por su conexión histórica.

Según eso, no debe traducirse *su lugar vino a ser una corriente que ha desaparecido* (Hirzel), pues en ese caso no se podría haber omitido el היה que era necesario para este tipo de interpretación. Tampoco se puede traducir como *flumen effusum est in fundamentum eorum* (se ha extendido un río en su fundamento, con Rosenmüller, Hahn y otros), pues en ese caso tendría que haberse puesto ליסודם, en vez de יְסֹדָם, y aún así esa terminología podría ser malentendida. Tampoco se puede traducir "cuyo fundamento fue una corriente arrastrada..." (Umbreit y Olshausen), pues en ese caso nos hallaríamos ante una frase atributiva insertada en otra del mismo tipo. El sentido es más bien este: *"sus cimientos se derramaron (se volvieron líquidos) como un río"* (Ewald, Heiligstedt y Schlottmann), de tal forma que נהר, conforme a la analogía de los verbos con doble acusativo (cf. Gesenius 139, 2), ha de tomarse como un segundo acc. de objeto, que está en forma pasiva, con sentido normativo (cf. Job 28, 2). De todas formas, se podría pensar que esa palabra está en aposición con el sujeto siguiente, colocado al principio: *(como una) corriente cuyo fundamento sólido vino a convertirse en un río,* de manera que ellos (los habitantes de ese lugar) vinieron a encontrarse bajo el agua y flotaron y fueron arrastrados (destruidos).

Sin duda, *el texto está aludiendo al diluvio universal,* una referencia que responde perfectamente a la perspectiva pre y extraisraelita del libro de Job. Por otra parte, *esa generación del tiempo del diluvio* (דור המבול) ha sido presentada en las Escrituras del Antiguo y del Nuevo Testamento como ejemplo de impiedad, de forma que *los contemporáneos de Noé* vienen a interpretarse como los ἀπειθοῦντες, סוררים, los impíos por excelencia, κατ᾽ ἐξοχήν (cf. 1 Ped 3, 20 con Sal 68, 19).

22, 17-18. En esa línea, ellos aparecen descritos aquí y más adelante (Job 22,17) como aquellos que dijeron a Dios: *apártate de nosotros*. Y ¿qué podía hacer el Omnipotente con ellos? (con למו en vez de לנו, que es lo que se podría haber esperado, dado que aquí, lo mismo que en Job 19, 28, hay un cambio de la *oratio directa* a la oblicua).

Olshausen explica todo el tema de forma que Job (en la línea de lo que ha venido diciendo) podría responder de esta manera: "con respeto a lo que dices: ¿qué hace el Omnipotente con ellos (por ello)? te puedo responder que *él no llena sus casas con prosperidad...*". La visión de Elifaz se distingue así de la de Job, que en 21, 16 acaba de presentar a los impíos como llenos de prosperidad, rechazando su comunión con ellos: ¡lejos de mí el consejo de los impíos! Job no quiere tener nada que ver con ellos, pero tampoco con aquellos que niegan el justo gobierno de Dios sobre el mundo.

En esa línea, Elifaz se opone con toda fuerza a la visión de Job que, a su juicio, es una interpretación despreciable y falsa de Dios, a quien en el fondo le daría lo mismo la bondad o la maldad de los hombres en el mundo. Pues bien, en contra de lo que dice Job de los impíos, *Elifaz afirma que Dios se muestra como un juez muy justo, premiando a los justos y castigando a los pecadores en el mundo.*

Por tanto, según Elifaz, los auténticos piadosos no están aterrorizados, como dice Job 17, 8, por el hecho de que no pueden ver la justicia distributiva de Dios en el gobierno del mundo. Por el contrario, los verdaderos justos ven la justicia de Dios, y se alegran de su manifestación en el mundo, una manifestación que les hacer ser dichosos y por tanto muy felices.

Job 22, 19-20

¹⁹ יִרְאוּ צַדִּיקִים וְיִשְׂמָחוּ וְנָקִי יִלְעַג־לָמוֹ׃
²⁰ אִם־לֹא נִכְחַד קִימָנוּ וְיִתְרָם אָכְלָה אֵשׁ׃

¹⁹Lo verán los justos y se gozarán,
y el inocente se burlará de ellos diciendo:
²⁰Verdaderamente, nuestro adversario ha sido destruido
y el fuego ha consumido su riqueza.

Job 22, 19–20. Este pensamiento corresponde al que se ha expresado al final de muchos salmos en forma de deseo, esperanza o anticipación, pidiendo que se despliegue la justicia retributiva de Dios que, aunque tengamos que esperar mucho tiempo por ella, vendrá a manifestarse al fin de un modo muy glorioso para bien de aquellos que han sido perseguidos siendo inocentes, como en Sal 68, 11.

El sentido profundo de יראו, aquí como en Sal 107, 42, es que Dios se está manifestando en la forma de vida de este mundo. לָמוֹ no es un dativo ético, como en Sal 80, 7, sino que se refiere como en Sal 2, 4 a los impíos cuyo orgullo y cuyas burlas terminarán en este mismo mundo con un final ignominioso. Lo que sigue en 22, 20 son las palabras de los piadosos, aunque falte la palabra introductoria לאמר como en Sal 2, 3.

La expresión אִם־לֹא no puede significar *si non*, como en Job 9, 24; 24, 25; 31, 31, ni *annon*, como si fuera una pregunta disyuntiva (cf. Job 17, 2; 30, 25).

Esta es más bien una palabra afirmativa, como en Job 1, 11; 2, 5; 31, 36, es un *Amén* con el que se responde al juicio de Dios. Por su parte, קִימָנוּ (forma que ha sido aceptada por el texto, relacionándola con קמץ קטן, y con צירי) es de tipo pausal, lo mismo que en Job 20, 27 donde aparece מתקוממה de מתקוממה y en Ruth 3, 2, donde tenemos לרמותנו y en Is 47, 10, donde aparece ראני (cf. 1 Cron 12, 17, לרמותני).

La forma קים es especial; puede tomarse como part. pasivo (en la línea de שִׂים, *positus*) más que como infinitivo nominal (el acto de levantarse para aquellos que se levantan a sí mismos); en esa línea, el texto original decía quizá (קמינו) קמינוּ. En esa línea, וְיִתְרָם no se puede traducir ya como "su resto" (Hirzel) ni aquí ni en Sal 17,14, al menos en el sentido que la palabra tiene en Ex 23, 11. Esa palabra evoca aquello que va más allá de lo que se necesita en sentido estricto para vivir, un tipo de riqueza o abundancia extraordinaria.

Así se dice de Job en *b. Megilla*, 28a: איוב ותרן בממוניה הוה, que *él fue extravagante (prodigus) con su propiedad*. El fuego que devora la riqueza del impío es para Elifaz una alusión a la desgracia que ha sobrevenido a Job, pues Dios mismo le ha castigado, lo mismo que castiga a los impíos (que castigó a los impíos del tiempo del diluvio). Pues bien, tras esta visión terrible (y quizá a pesar de ella), Elifaz vuelve a exhortar a Job diciéndole que ya es tiempo de que venga a estar maduro para el arrepentimiento.

Job 22, 21-25

²¹ הַסְכֶּן־נָא עִמּוֹ וּשְׁלָם בָּהֶם תְּבוֹאַתְךָ טוֹבָה:
²² קַח־נָא מִפִּיו תּוֹרָה וְשִׂים אֲמָרָיו בִּלְבָבֶךָ:
²³ אִם־תָּשׁוּב עַד־שַׁדַּי תִּבָּנֶה תַּרְחִיק עַוְלָה מֵאָהֳלֶךָ:
²⁴ וְשִׁית־עַל־עָפָר בָּצֶר וּבְצוּר נְחָלִים אוֹפִיר:
²⁵ וְהָיָה שַׁדַּי בְּצָרֶיךָ וְכֶסֶף תּוֹעָפוֹת לָךְ:

²¹Hazte ahora amigo de él y tendrás paz; y la prosperidad vendrá a ti.
²²Toma ahora la Ley de su boca y pon sus palabras en tu corazón.
²³Si retornas a Shadai serás reedificado y alejarás de tu morada la aflicción.
²⁴Y encontrarás en el polvo el oro, y bajo las piedras del arroyo, el oro de Ofir.
²⁵¡Shadai será tu oro y tendrás plata de la mayor perfección!

22, 21. He tratado de la relación de los verbos סכן (שכן) y el árabe *sakana*, al ocuparme de Job 22, 2. En este caso el *hifil* הַסְכֶּן־נָא se traduce como *hazte amigo de*, habita cerca de, estáte en relación íntima con él (cf. Sal 139, 3). En un segundo momento (como el griego φιλεῖν), esa palabra significa *acostumbrarse a*, estar habituado con (Num 22, 30). El segundo imperativo (וּשְׁלָם) es consecutivo, como en Prov 3, 4: *Y como resultado de ello tendrás paz* (árabe *fa'āslam*) en el sentido de "y de esa forma tendrás paz", Gesenius 130, 2.

Para entender el contenido de Job 22, 21 lo primero que se debe hacer es aclarar el significado de תְּבוֹאַתְךָ (con variantes de lectura de menos importancia). Olshausen (en la obra de Hirzel y en su *Grammatik*) lo mismo que Rödiger (en *Thes.* 11, supp.) explican esta forma de la misma manera que otras que se relacionan con ella, como תבואתה (*veniat*), Dt 33, 16, y ותבאתי, *keri* ותבאת (y *venisses*, palabra dirigida a Abigail), en 1 Sam 25, 34, como si fuesen errores de escritura. Por su parte, Ewald, 191, c, piensa que תבואתך es la forma errónea de תבואה (igual a תבוא) con una terminación femenina superflua.

Limitándonos aquí a la forma que aparece en este caso (תְּבוּאָתְךָ), podemos volver a lo que hemos dicho ya arriba: תבואתך no es una forma mixta de תבואך y באתך, sino una forma equívoca de doble femenino, תבואה, con el sufijo, pues aunque tenga su tono en la penúltima, su final no es una "h" voluntativa, como la de Is 5, 19, sino una femenina. La excepción de ese doble femenino aparece ciertamente en hebreo en la forma regular נגלתה (que equivale en femenino a נגלת), en ejemplos como Prov 1, 20; Ez 23, 20; Js 6, 17; 2 Sam 1, 26; Am 4, 3 (cf. Olshausen en su *Grammatik* 449), con su doble plural.

Según eso, resulta innecesario, con Olshausen y Rödiger, siguiendo el precedente de las versiones antiguas, leer תבואתך (que aparece en 19 códices, según Rossi): *proventus tuus bonus erit* (tu provecho, tu ganancia, será buena). El sufijo de בהם, como el de Is 64, 4; Ez 23, 18, cf. עליהם, Is 38, 16, se toma como neutro, aunque en otros lugares aparece como femenino (cf. Is 38, 16, בהן): "por ello", es decir, por ese conducto te vendrá lo bueno, es decir, el bien (la prosperidad); y como implica el verbo בוא construido con el acusativo, te vendrá de pronto, con un cambio súbito, sin que tengas que hacer un esfuerzo por tu parte.

De esa manera presenta Elifaz ante Job la palabra de Dios, con la misma certeza que él la expresa en otros lugares de sus discursos, como en Job 15, 11, y de esa manera le sigue amonestando (**Job 22, 22**) para que reciba la instrucción que viene de la boca de Dios (מפיו como en Prov 2, 6), dejando así que sus palabras (las de Dios) ocupen un lugar en su corazón, de forma que no las deje morir sin efecto, sino que ellas queden impresas de manera fuerte en su mente

22, 23. *Si Job se vuelve al Omnipotente* (עַד־שַׁדַּי, cf. por ejemplo Is, 19, 22; 45, 24), en el sentido de volverse o convertirse a Yahvé (וְשָׁבוּ עַד־יְהוָה o, en general, de convertirse a Dios, es decir, a Él), realizando así una conversión completa, Job *será de nuevo construido*, y podrá recuperar su prosperidad anterior sobre la ruinas presentes.

בנה, edificar, con matices que cambian conforme al contexto; significa por un lado construir en torno, o seguir construyendo, o terminar de construir (cf. comentario a Job 20, 19); pero puede significar también construir de nuevo (Job 12, 14; Is 58, 12), refiriéndose a personas, con la idea de aumentar la prosperidad (Mal 3, 15) o de restaurar la propiedad arruinada (Jer 24, 6; 22, 7), como sucede en nuestro caso.

La promesa expresada en תִּבָּנֶה está rodeada por frases condicionales, porque 22, 23b (cf. Job 11, 14) es una segunda cláusula condicional, gobernada todavía por אם, que se añade para embellecer el sentido del argumento. Ella se abre con la afirmación sobre aquello en lo que debe manifestarse la penitencia, si quiere ser completa.

Los LXX traducen ἐὰν δὲ ἐπιστραφῇς καὶ ταπεινώσῃς, i.e., תענה, que Ewald considera que es la frase original. La omisión de la partícula אם (que en otras ocasiones el poeta ha introducido, cf. Job 8, 5; 11, 13) y que algunos suprimen aquí no resulta convincente. Por otra parte, en ese contexto, nosotros no deberíamos perder de vista la imagen que está en el fondo de תבנה, que es muy hermosa y que responde a la forma de escribir de nuestro poeta.

En esa línea, el pensamiento contenido en 22, 23, continua desplegándose en **Job 22, 24** en una cláusula independiente de imperativo, que las antiguas versiones toman como promesa y no como exhortación, de manera que en general la interpretan mal. El targum la traduce así: Y coloca en el polvo una ciudad fuerte, es decir, tienes que construir en lo que ahora es solo polvo una ciudad nueva, como si בצר pudiera ser equivalente a בצרון o מבצר, una traducción a la que Saadia ofrece al menos un giro que responde al contexto: "Mira el fuerte/ciudad (árabe *'l-ḥṣn*) y harás que las piedras del valle se conviertan en oro de Ofir"; esta es una traducción mejor que la de Eichhorn: "Destruye tu fuerte de violencia y echa abajo (הפיר) los castillos de tu valle".

En este contexto, Gecatilia, que entiende la palabra בֶּצֶר de un modo parcialmente correcto como referida en general a "tesoros", traduce la frase como una promesa: De esa forma heredarás tesoros (árabe *dchâyr*) más numerosos que polvo y que el metal de oro (árabe *tbr*'), más que piedras del valle. En una línea algo distinta, Rosenmüller (*repones prae pulvere argentum*, en el sentido de tendrás más plata que polvo) y Welte interpretan este verso (Job 22, 24) como una promesa, mientras que otros expositores que respetan el imperativo שית, lo explican como *aestimare*, y על־עפר como *pulveris instar*, es decir, a modo de polvo (Grotius, Cocceius, Schultens, Dathe y Umbreit), pensando falsamente que על tiene aquí el mismo sentido que tiene en otros lugares la ל, un sentido que esa partícula nunca ha tenido. Esa es, por otra parte, una traducción falsa, porque las palabras del texto, en su primer significado, *pone super pulverem*, ofrecen un sentido muy bueno, que está estrechamente conectado con la advertencia de deshacerse uno mismo de las posesiones injustas.

22, 25. בצר, como el árabe *tibr* (en la línea de la expliación de Abulwalid), es mineral de oro y plata, tal como se saca de la mina, sabiendo que el mineral de la plata es parcialmente puro y el del oro casi puro (aunque contiene siempre una parte más o menos mayor de plata), de forma que los metales más preciosos se extraen en un estado natural casi puro, antes de ser trabajados, estando así casi perfectos desde el principio (cf. árabe *nḍîr* y *nuḍâr*, que de un modo parecido significan *aurum argentumve nativum*, oro o plata nativa), con su propio brillo. Desde ese fondo se pueden entender las palabras "encontrarás en el polvo el metal de oro…".

El sentido es por tanto dejar lo que era tierra, abandonar con desprecio el ídolo del metal anterior (esto es, *abandonar el polvo de la tierra), para así encontrar el metal de oro*, algo que se dice de formas algo distintas en diversos paralelos: encontrar el oro de Ofir bajo el cuarzo (וּבְצוּר en el sentido de בצר) de los arroyos (tal como se encuentra en el lecho de *wadis* secos). Se le llama *oro de Ofir* porque viene de la costa de Abhra (en la antigua India), al este de la desembocadura del río Indo[1].

Esta es la idea de fondo de Elifaz: cuando Job se libere del apego excesivo por las cosas temporales, que le han hecho pecar en el tiempo anterior, Dios mismo será su mayor tesoro, su deleite más alto y duradero. Él se liberará de esa manera del בצר temporal, de manera que el mismo Todopoderoso, es decir, la personalidad absoluta de Dios, será su tesoro, en vez de בצרים, que es oro que viene de la mina en rica abundancia. Así lo implica el contraste entre el plural y el singular de בצרך: los LXX, la traducción siríaca, Jerónimo y la versión árabe se equivocan aquí, pues toman la *beth* de בצריך como una preposición.

Las versiones antiguas y los lexicógrafos no ofrecen ninguna explicación de תּוֹעָפוֹת. El targum lo traduce como תקוף רומא, y lo explica de un modo consecuente por חסן (fuerza) y גבה (altura), sin dar ninguna razón para esas versiones. Por su parte, los LXX traducen ἀργύριον πεπυρωμένον de עף, con el significado targúmico de soplar, forjar. Las versiones siríacas ponen *argentum computationum*, en el sentido de algo computado como plata (חושבנין), de עף con el sentido targúmico-talmúdico de doblar (como en hebreo כפל).

Conforme al uso del lenguaje en cuestión, יעף, del *hifil* del que se forma תועפות, significa volverse débil, estar preocupado. Pero, incluso si partiendo de la noción primaria del término puede encontrarse un significado para la palabras de las que aquí tratamos (en el sentido de fatigas, excitaciones dolorosas, como sinónimo de יגיע) y de las que aparecen en Sal 95, 4 (con el significado de alturas, ascender), el uso y sentido de esta palabra en los textos más antiguos que podemos encontrar (Num 23, 22; 24, 8; cf. כתועפת ראם לו) no ha podido ser explicado todavía.

Aquí necesitaríamos una palabra en cuyo fondo estuviera la noción de superación de toda fatiga, de invencibilidad, pero no tenemos ninguna posibilidad de derivar ese sentido de la raíz יעף, que significa hacerse débil, y el significado de *anhelare* propuesto por Gesenius (como און de la raíz אן) no puede atestiguarse.

Según eso, tenemos que volver a la raíz יף, וף, discutida en *Comentario* al Sal 95, 4, que significa *elevarse, ser alto*, de donde viene יפע, con una transposición de las consonantes יעף (cf. עיף y יפע, יעף), elevarse, mantenerse radiante, brillar a lo lejos, sabiendo al mismo tiempo que יעף, cansarse, se relaciona con el árabe *wgf* y que por otro lado יעף se relaciona con el árabe *yf'*, *ascendere, adolescere* y con *wf'*, *elatum, adultum esse*, y con *wfâ, eminere*, de manera que toma finalmente el sentido de *completum, perfectum esse*.

---

1. La palabra אופיר la ha explicado así Lassen en su librito *Indische Alterthumskunde* (i. 539; cf. *Commentatio geographica historica* de Pentapotamia *Indica*, Bonn, 1827). Los LXX (*Cod. Vat.*) y Theodoreto ponen Σωφείρ, por lo que Gesenius conecta *Ophir* con lo que Arriano llama Οὔππαρα y Edrisi, *Sufra* in Guzerat. En esa línea, el nombre copto de la India es *Sofir*. Este es un tema que no ha sido aún bien establecido.

De esa manera obtenemos para תועפות el significado de "eminencia" (algo que sobresale). En Sal 95, 4, esa palabra, como plural numérico significa las partes superiores (cumbres) de las montañas, y aquí, como en los pasajes citados de Números, תּוֹעָפוֹת tiene el significado de algo que es eminente, sobresaliente, de manera que, de acuerdo con Ewald, podemos traducir la expresión como "plata de la mayor perfección" (cf. יפעה, *eminentia, splendor*, Ez 28, 7).

Job 22, 26-30

²⁶ כִּי־אָז עַל־שַׁדַּי תִּתְעַנָּג וְתִשָּׂא אֶל־אֱלוֹהַּ פָּנֶיךָ׃
²⁷ תַּעְתִּיר אֵלָיו וְיִשְׁמָעֶךָ וּנְדָרֶיךָ תְשַׁלֵּם׃
²⁸ וְתִגְזַר־אוֹמֶר וְיָקָם לָךְ וְעַל־דְּרָכֶיךָ נָגַהּ אוֹר׃
²⁹ כִּי־הִשְׁפִּילוּ וַתֹּאמֶר גֵּוָה וְשַׁח עֵינַיִם יוֹשִׁעַ׃
³⁰ יְמַלֵּט אִי־נָקִי וְנִמְלַט בְּבֹר כַּפֶּיךָ׃ פ

²⁶Entonces te deleitarás en el Omnipotente y alzarás a Eloah tu rostro.
²⁷Orarás a él y él te oirá; y tú cumplirás tus votos.
²⁸Así lo que tú determines se realizará, y sobre tus caminos resplandecerá la luz.
²⁹Cuando estén abatidos, dirás: ¡Sean enaltecidos! Y Dios salvará al de mirada humilde.
³⁰Él rescatará incluso al culpable; por la pureza de tus manos será liberado.

22, 26. כִּי־אָז puede traducirse "entonces, ciertamente" (cf. Job 11, 15), como una reasunción enfática de la promesa והיה (*tum erit*), de 22, 25; pero lo que sigue es realmente la confirmación de la promesa según la cual Dios será para él una rica recompensa por los tesoros de la tierra a los que él renuncia, de manera que puede traducirse: *por lo tanto, entonces podrás deleitarte en el Omnipotente* (cf. el pasaje originario de Sal 37, 4, y el pasaje dependiente de Is 58, 14; cf. también 27, 10).

Según eso, Dios vendrá a convertirse para ti en una fuente del gozo más alto, más cordial. De esa manera, entonces, Job podrá alzar su rostro, que antes tenía deprimido (נפלו, cf. Gen 4, 6), por la conciencia de su culpa; podrá elevarse de manera libre y abierta, llena de confianza y de gozo ante Dios.

22, 27. En aquel momento, cuando él ruegue a Dios (con תעתיר que puede así verse como antecedente de una cláusula condicional, como la que está vinculada a יברח, Job 20, 24), el mismo Dios le oirá, de manera que, tras haber recibido aquello por lo que había rogado, él podrá cumplir con agradecimiento sus votos.

El *hifil*, העתיר (etimológicamente: ofrecer el incienso de la plegaria) aparece solo aquí y en Ex 8-10, mientras que גזר (cortar en piezas, cortar) aparece aquí por vez primera con el significado de decidir, resolver, sentido que esta palabra tendrá en el uso posterior del hebreo.

22, 28. Sobre תגזר (con *pathach*, y conforme a otra lectura con *kametz-chatuph*), cf. Gesenius 47, 2. Por otra parte, las cláusulas paratácticas de 22, 28, han de ser distribuidas conforme a la traducción. קוּם significa suceder, como con frecuencia en otros casos (p. ej., Is 7, 7, en conexión con היה, venir a suceder, a realizarse). Lo que aquí se dice (אמר) sucederá y se realizará y la luz brillará sobre sus caminos, de manera que él no podrá fracasar, ni dejarán de cumplirse sus deseos, como la luz de la luna y la luz del día. Así lo dice el autor de la parte introductoria de Proverbios, libro al que nos hemos referido con frecuencia por haber tomado parte de sus formulaciones del libro de Job (cf. Job 21, 24 con Prov 3, 8). Así dice, por ejemplo, de un modo ingenioso, Prov 4, 18: "El camino del justo es como la luz de la mañana (כאור נגה, cf. Dan 6, 20), cuando brilla cada vez con más fuerza tras la claridad del mediodía".

22, 29. השפילו remiten a דרכיך. por eso no se puede traducir "en el caso de que ellos se abajen..." (Schlottmann, Renan y otros), porque falta el sufijo y el pensamiento resulta confuso. Dado que השפיל significa abajar puede significar también descender (Rosenmüller, Ewald y Hahn). Los antiguos expositores se equivocaron respecto a 22, 29, porque no supieron captar la idea de exclamación presente en el fondo de גוה.

El nombre גֵּוָה (que está formado a partir del verbo גוה que es semejante a גאה, lo mismo גאה) significa arrogancia, Prov 8, 13. Por su parte, גהה es curación, Prov 17, 22; y כהה es mitigación, Nah 3, 19 (que se distingue de גוה, cuerpo, que es femenino de גו) sin necesidad de tomarlo como sincopado de גאוה (como שלה, 1 Sam 1, 17, de שאלה Olshausen 154, b) no significa aquí orgullo o vanagloria, como en Job 33, 17; Jer 13, 17, sino que significa adverbialmente *sursum*.

Según eso, גֵּוָה es sinónimo de סלה (que, habiéndose formado de סל, *elevatio*, con *he* de dirección y *dag. forte* implícito, como הרה, פדנה, *paddannah, harrah*), que debe leerse quizá directamente סלה, con la *he* femenina (de forma que es según eso un sustantivo convertido directamente en adverbio, como גוה). Este es el sentido: *supuesto que* (כי igual a ἐάν, como אם igual a εἰ) *tus caminos dirigen hacia abajo, tú tienes que decir ¡arriba! En caso de que así lo hagas, siendo tú poderoso en Dios, poniendo tu confianza en manos del Altísimo, él mismo te concederá una misión más y más favorable*; Dios te colocará de nuevo en una condición de prosperidad y de felicidad. Esto es lo que significa יושע (escrito defectivamente; LXX: σώσει). Jerónimo y el texto siríaco han leído יוּשַׁע: *salvabitur*, Dios le salvará.

22, 30. Puede parecer a primera vista que al hablar de אי־נקי, es decir, de alguien que está libre de culpa (con אי como abreviación negativa en el sentido de אין, e. g., Is 40, 29; 2 Cron 14, 10, cf. Gesenius 152, 1), Elifaz se estaría refiriendo al mismo Job en su condición presente; pero en ese caso, esa expresión (no sin culpa) aparecería como una palabra perifrástica muy suave, pues él ha sido ya tratado como culpable.

El texto sigue diciendo: "Si tú retornas en esa línea a Dios, él te librará de tu sufrimiento, y de esa manera podrás ser rescatado por la pureza de tus manos, es decir, porque las habrás librado por tu penitencia de la culpa anterior en que habías caído". Según eso, por la penitencia, Dios liberaría a Job de sus pecados, de forma que el mismo Job podrá liberar a otros: *Liberabit Deus et propter puritatem manuum tuarum alios, qui propia inocentia ipsos deficiens non essen liberaturi*, como ha dicho J. J. Michaelis. Por medio de la penitencia de Job, Dios podrá liberar también a otros, que por sí mismos no serían capaces de hacerlo.

Job alcanzará de esa forma esa pureza cuando arroje fuera de sí mismo aquello que le mancha (cf. Job 9, 30 con 17, 9). En este contexto, Hirzel se ha referido a Mt 6, 33; uno puede recordar aquí también las palabras del Señor a Pedro en Lc 22, 32: *Y tú, una vez que te conviertas, fortalece a tus hermanos* (καὶ σύ ποτε ἐπιστρέψας στήρισον τοὺς ἀδελφούς σου). De esa forma, de un modo inconsciente, Elifaz ha indicado proféticamente cómo se cumpliría por Jesús la salvación pendiente en la historia de Job.

Interpretación de Job 22, el discurso de Elifaz. El discurso de Elifaz abre la tercera ronda de la controversia. En la primera ronda, los discursos de los amigos, aunque interesándose por la cuestión del castigo, estaban embellecidos con atrayentes promesas, pero ellas fueron incapaces de confortar a Job porque se fundaban en el presupuesto de que él estaba padeciendo como un pecador que merecía el castigo y que solo podía liberarse de ese castigo convirtiéndose a Dios.

En la segunda ronda de los discursos, dado que Job no aceptó las exhortaciones a la penitencia, los amigos dejaron de insistir en sus promesas y comenzaron de un modo más intenso a castigarle con palabras y amenazas, presentándole de la manera más aterradora ante la amenaza de su propia destrucción. El falso trato que Job recibe de sus amigos tiene el efecto saludable de enraizarle de manera cada vez más profunda en la esperanza de que Dios no le dejaría sin ofrecerle un testimonio de su inocencia. Pero, a pesar de ello, el misterio del presente no quedaba esclarecido para Job con este destello de fe en el futuro.

Por el contrario, este segundo curso de las discusiones terminaba de tal forma que los amigos de Job rechazaban el misterio de la suerte individual de Job, en vez de resolverla, y lo hacían de un modo injusto y sin caridad alguna. Pues bien, en ese momento, Job pone de relieve aquello que es más misterioso en la distribución humana de la fortuna en general, insistiendo en la total irreconciliabilidad entre la experiencia humana y la idea de la justa retribución divina mantenida por sus amigos.

Pues bien, en el discurso de Job 21, que forma la transición al tercer curso de la controversia, Job ha utilizado el lenguaje de la duda, aunque no sin pecar en contra de Dios. Pero, dado que la suerte externa de los hombres no responde en modo alguno a su condición moral, y no garantiza ninguna conclusión infalible sobre esa condición moral, Job asesta un golpe de muerte al dogma de sus amigos.

Posiblemente, el poeta, autor del libro de Job, no puede permitir que los amigos permanezcan en silencio ante lo que Job les contesta. En esa línea ha intervenido Elifaz, el más discreto e inteligente de ellos, comenzando la tercera ronda de las intervenciones. Considerado en sí mismo, su discurso es pura verdad. Pero, tomado como respuesta a las contestaciones de Job, el dogma de los amigos, este discurso de Elifaz se destruye en sí mismo, aunque haya sido pronunciado de la manera más apropiada y hermosa, por la falsa conclusión por la que se ven obligados a justificarse a sí mismos.

La grandeza del poeta se manifiesta en esto: los discursos de los amigos, considerados en sí mismos, fuera del contexto del drama, expresan unas verdades muy gloriosas; pero ellos se muestran inadecuados y perversos tan pronto como aparecen destinados a resolver el misterio concreto de la vida de Job. Conforme a su sustancia general, esos discursos son genuinos y verdaderos, pero en lo que se refiere a su aplicación concreta ellos son falsos.

Ciertamente, es verdad lo que dice Elifaz, que Dios no bendice a los piadosos porque ello sea provechoso para sí mismos, ni castiga a los malvados porque ellos le hacen daño. Elifaz sigue teniendo razón al decir que ser piadoso no aprovecha a Dios, sino al mismo piadoso; por su parte, el malvado no hace daño a Dios, sino que se hace daño a sí mismo. Por eso, la conducta de Dios en relación con ellos no es arbitraria ni tampoco egoísta.

Pero si consideramos la meta a la que tienden esos pensamientos descubrimos que ellos son solo las premisas de una conclusión falsa, porque Elifaz infiere de ellos que Dios recompensa la virtud en cuanto tal, y condena el vicio en sí, sin fijarse en las personas concretas. Por eso, a su juicio, allí donde un hombre sufre, la razón de su sufrimiento ha de buscarse no en una finalidad particular de la obra de Dios, sino solo y absolutamente en el propósito central de Dios, que consiste en castigar los pecados de los hombres.

La falacia de la conclusión es esta: en el fondo, Elifaz excluye la posibilidad de que haya algún otro propósito distinto en conexión con el propósito de Dios, allí donde él condena los pecados de los hombres, pensando que el propósito de Dios en el sufrimiento humano consiste solo en castigar pecados de los hombres. Queda así clara la cercanía en que están el error teórico (todo sufrimiento es condena por unos pecados previos de los hombres) y la falsedad práctica (relacionada en concreto con Job), de tal forma que el error dogmático aparece así realmente de hecho como injusticia, ἀδικία (en relación con Job, a quien se condena sin más).

Este es el tema: con el fin de defender la justicia de la retribución divina en contra de Job, Elifaz ha conectado indisolublemente el sufrimiento y el castigo con el pecado, sin reconocer que puede haber alguna otra norma diferente, algún otro propósito para decretar el sufrimiento que la realización del castigo; de esa forma niega que pueda haber para Job otra solución de su problema que el castigo; en esa línea, en contra de un posible conocimiento más hondo y verdadero de las cosas, Elifaz se ve obligado a actuar como un hipócrita, persuadiéndose a sí mismo de la existencia de pecados en Job (a pesar de que no logra confirmar ese presupuesto);

de esa forma, Elifaz termina siendo falso e injusto con Job (un hombre concreto, no pecador), y ello para defender así un dogma falso sobre Dios.

Este es el fondo del tema: el dogma de Elifaz y sus amigos exige que se responda a un pecado con un tipo correspondiente de castigo, pues los grandes castigos implican grandes pecados. *Por eso, la riqueza anterior de Job debe ser considerada como fuente de pecado, como fundamento de las más fuertes acusaciones*, que Elifaz eleva ahora de un modo directo e incondicional en contra de él, considerándole así como pecador sin más. De esa forma, el mismo Job, a quien la conciencia no le acusa de ser un adorador de *Mammón* (31, 24), a juicio de Elifaz tiene que estar sufriendo el castigo que merece un hombre avaricioso y sin compasión. De esa forma, el dogma de la justicia de Dios se utiliza aquí para condenar injustamente a Job.

Según la misma Biblia, el juicio divino de la destrucción total vino sobre la generación antigua que se había alzado de esa forma, de un modo insolente, contra Dios y contra la vida de los justos (en el tiempo del diluvio, Gen 6-7). Pues bien, ese mismo juicio se seguiría ejecutando ahora en contra de los malvados, y en especial en contra de Job.

En el fondo, ese principio que vincula pecado y castigo puede ser cierto en teoría, pero no puede aplicarse a Job, como quiere aquí Elifaz, pues Job ha negado la universalidad de una justa retribución divina, pero no la providencia especial de Dios. Elifaz ha puesto aquí de nuevo la justicia de Dios y su providencia especial en una correlación que es falsa. Él piensa que tan pronto como alguien percibe un castigo o sufrimiento debe atribuirlo a un pecado anterior, poniendo así en marcha un absurdo razonamiento práctico desde su principio de unilateralidad dogmática.

En contra de Elifaz, Job mantiene firmemente el gobierno de Dios en la tierra, aunque en muchas ocasiones él solo puede explicarlo partiendo del poder absoluto y arbitrario del mismo Dios. De esa manera, realmente, él no conoce en Dios ningún motivo superior para entender su aflicción. Y, sin embargo, sabe que Dios se interesa por él, que Dios es ahora su testigo y defensor en el cielo, y que aparecerá pronto sobre el polvo de la tierra para ayudarle. Pues bien, Elifaz es incapaz de escuchar y entender esas expresiones de la fe de Elifaz. Él no conoce una fe más allá de su dogma.

Ciertamente, las exhortaciones y promesas por las que Elifaz busca entonces la manera en que Job (22, 21-30) pueda volver de nuevo a Dios son en sí mismas verdaderas y gloriosas, y ellas quieren dirigirle a la paz interior, a la alegría de Dios, que él ha perdido enteramente de vista cuando habla del infortunio de los justos en contra de la prosperidad de los malvados[2].

---

2. Así dice Brentius: *Prudentia carnis existimat benedictionem extrinsecus in hoc seculo piis contingere, impiis vero maledictionem, sed veritas docet, benedictionem piis in hoc seculo sub maledictione, vitam sub morte, salutem sub damnatione, e contra impiis sub benedictoine maledictionem, sub vita mortem, sub salute damnationem contingere* (La prudencia de la carne piensa que en este siglo se

Pero, en un sentido más hondo, esas mismas palabras piadosas de promesa son falsas, porque es falso el presupuesto del que proceden. La promesa de que el Omnipotente vendrá a ser metal precioso (bendición) para Job se apoya en el presupuesto de que él está ahora sufriendo el castigo de su avaricia y tiene como elemento central la exigencia de que no busque el metal precioso en el polvo de la tierra, ni el oro de Ofir en las piedras del torrente (es decir, en la exigencia de que supere su avaricia).

En ese contexto, incluso las palabras más santas y verdaderas pierden su valor cuando se dicen fuera de lugar y tiempo, y el más hermoso y brillante sermón que exhorta a la penitencia permanece sin efecto cuando se proclama de un modo fariseo, sin caridad. El poeta, autor del libro de Job, que ha definido a Elifaz como un profeta (cf. Job 4, 12), le presenta aquí, en la conclusión de su discurso, quizá en contra de lo que habría deseado en principio, como un gran pecador, insistiendo de nuevo en el problema que está en el fondo de la controversia, como un hombre que va en contra de la caridad (y de la verdad) en relación con Job, a quien acusa sin razón.

Este Elifaz, que se considera a sí mismo como un נקי (alguien que está libre de culpa) predicando penitencia a Job, aparecerá al final del libro (42, 7-9) como como un אי נקי, es decir, como alguien por el que tendrá que interceder el mismo Job, como se pone de relieve al final de su discurso, allí donde el mismo Elifaz, sin pretenderlo, ha dicho a Job en 22, 30: יְמַלֵּט אִי־נָקִי וְנִמְלַט בְּבֹר כַּפֶּיךָ (anunciándole que el mismo culpable "será purificado y será mediador de purificación para otros, por la pureza de sus manos").

Job 23-24. Primera respuesta de Job

Job 23

Job 23, 1-5

¹וַיַּעַן אִיּוֹב וַיֹּאמַר׃
²גַּם־הַיּוֹם מְרִי שִׂחִי יָדִי כָּבְדָה עַל־אַנְחָתִי׃
³מִי־יִתֵּן יָדַעְתִּי וְאֶמְצָאֵהוּ אָבוֹא עַד־תְּכוּנָתוֹ׃
⁴אֶעֶרְכָה לְפָנָיו מִשְׁפָּט וּפִי אֲמַלֵּא תוֹכָחוֹת׃
⁵אֵדְעָה מִלִּים יַעֲנֵנִי וְאָבִינָה מַה־יֹּאמַר לִי׃

¹Respondió Job y dijo:
²Hoy también mi lamento causará amargura, pues mi mano yace pesada bajo mi queja.
³¡Quién me diera saber dónde está, para llegar al lugar donde habita!
⁴Expondría mi causa delante de él y llenaría mi boca de argumentos.
⁵Me gustaría conocer sus palabras de respuesta, y escuchar lo que él me dijera.

---

debe expresar la bendición de Dios para los piadosos y la maldición para los impíos. Pero la verdad enseña que en este siglo a los justos se les ofrece la bendición bajo formas de maldición, la vida por la muerte, la salud a través de la condena; en contra de eso, a los impíos se le ofrece la maldición bajo formas de bendición, la vida en formas de muerte y la salud a modo de castigo).

23, 2. Dado que מרי (que los LXX traducen como ἐκ τοῦ χειρός μου, como si fuera מידי, lo mismo que Ewald: *de su mano*) significa usualmente *obstinacies*, parece que Job 23, 2 debería explicarse así: mi lamento se toma normalmente como rebelión (contra Dios).

Pero esa forma de traducir requiere algún tipo de añadido eufónico o de pensamiento para que la idea se vuelva comprensible, como por ejemplo: aunque la mano que pesa sobre mí produce en mí lamentos (Hirzel); o, según otra traducción de על: *et pourtant mes gémissements n'égalent pas mes souffrances* (y sin embargo mis gemidos no son tan grandes como mis sufrimientos, Renan y Schlottmann).

Pues bien, esas interpretaciones no pueden sostenerse porque restauran e interpretan de un modo artificial la relación entre los dos miembros del verso, haciéndonos suponer que וידי es una palabra circunstancial: LXX, *Cod. Vaticanus* καὶ ἡ χεὶρ αὐτοῦ). Tal como están la palabras, resulta mejor suponer que la definición del tiempo (גם־היום, hoy también, como en Zac 9, 12) se vincula a las dos divisiones del texto.

Si comparamos el texto con Job 7, 11 y Job 10, 1, donde מר, que se combina con שיח, significa *amarum* (amargo, amargura) es normal que también en nuestro caso tomemos מרי con el significado de amargura (cf. targum, traducción siríaca, Jerónimo). Esto resulta posible porque en Ex 23, 21 (cf. Zac 12, 10) las formas verbales מרר y מרה se vinculan como si fueran de algún modo equivalentes[3].

De todas formas, resulta preferible (conforme a la relación entre las dos partes del verso), y más de acuerdo con la relación entre esas partes, si tomamos el sentido más usual de la palabra מרי. Según eso, en esa línea, no entendemos el sentido de esa palabra en sentido de *rebelión* (de ruptura entre amigos), sino en la de *moreh* (cf. 2 Rey 14, 26) con el significado de obstinación, de desconfianza, de un tipo de oposición, y así explicamos el texto como hacía Raschi: *mi lamento se mantiene todavía en oposición (contra Dios), es decir, sin someterse a él* (cf. Hahn, Olshausen: sin humillarse ante él).

Eso significa que Job no admite las exhortaciones a la penitencia que acaba de dirigirle Elifaz. Oponiéndose a ellas, considera que su queja contra Dios sigue estando justificada, incluso en este momento, tras las críticas de sus amigos.

En 23, 2b Job sigue exponiendo el mismo pensamiento, aunque con una forma de expresión distinta: *mi mano yace pesada bajo mi lamento*. Es decir, mi mano se mantiene firme (como propone Fleischer), manteniendo lo que había defendido ya. Job se siente inclinado a mantener su misma actitud[4].

---

3. Las palabras מרר y מרה derivan de la raíz מר, con el significado principal de *stringere*, golpear, frotar, apretar. En esa línea, en árabe, *mârrâ* tiene el sentido de tocar, pasar cerca… pero también de apretar el paladar ante algo que tiene un gusto fuerte, amargo… De ese significado, de apretar, viene en árabe *amarra*, apretar algo, mantenerlo firme, etc. (nota de Fleischer).

4. La idea de fondo podría ser también: mi mano me hace detener el lamento (porque no tiene ningún sentido que yo me lamente). Pero el conjunto del pasaje va en contra de ese sentido.

Conforme a esta interpretación, *ydy* (יָדִי) conserva su significado más natural, *manus mea*, y así muestra mejor la conexión de los dos miembros del verso, sin necesidad de introducir ninguna partícula. Por otra parte, todos los expositores modernos que no se empeñan, como Olshausen en corregir ידי poniendo en su lugar ידו, explican el sufijo como objetivo: la mano, es decir, el destino al que tengo que someterme, se impone sobre mi lamento, forzándole a salir de mí, a buscar la razón de mi sufrimiento.

Según eso, Job 23, 2b ha de entenderse como una continuación y confirmación de 23a, de manera que, si hay que suplir alguna partícula, ella tiene que ser כי (Olshausen) y ninguna otra. También el targum traduce en esa línea, interpretado *mi mano* por *machatiy, plaga mea*. Cf. Job 19, 21, y compararlo con 1, 11; 2, 5; 13, 21. Sobre el sufijo utilizado de un modo objetivo (pasivo) podemos comparar este pasaje con Job 23, 14, חקי; y con 20, 29, אמרו; y especialmente con 34, 6, חצי. La interpretación: *la mano sobre mí es más pesada que mi lamento* (cf. Ramban, Rosenmüller, Gesenius, Schlottmann y Renan), concuerda también con nuestra visión. La partícula עַל podría utilizarse sin duda con sentido comparativo, y así aparece en Ex 16, 5 y Ecl 1, 16. Pero יָדִי כָבְדָה עַל es una frase bien conocida, y se emplea comúnmente para indicar el peso o presión de la mano (del poder) de alguien sobre otro, como en Sal 32, 4 (cf. Job 33, 7, conforme a la división según la cual se introduce aquí un texto de Elihu; cf. conexión con אל, 1 Sam 5, 6, y con שם, 1 Sam 5,11). Esto y el modo de utilizar el lenguaje hacen difícil que se puedan aceptar otros sentidos de la frase: *la mano sobre mí...*

Según eso, es improbable traducir *mi mano es la mano que está sobre mí*, porque es muy difícil que *mano* pueda tomarse en el sentido de *plaga*; esa interpretación resulta imposible incluso en árabe, pues no se puede identificar "mi mano" con la plaga que padezco, en un sentido pasivo (*plaga quam patior*). Conforme a todo el argumento del libro, Job se opone a las exhortaciones de sus amigos, de tal forma que la mano de Job (todo su poder interno) le lleva a lamentarse y a protestar, a pesar de que los hombres (sus amigos) no reconozcan su justificación.

23, 3-4. Este pensamiento le urge y le lleva a desear que su lamento se dirija directamente en contra de (frente a) Dios. En esa línea, מִי־יִתֵּן viene seguido *en un caso por acusativo* (cf. Job 14, 4; 29, 2; 31, 31. 35; y en esa línea se sitúa la construcción con infinitivo: Job 11, 5), y *en otro caso con futuro*, con o sin *waw*, como en 23, 3 (cf. 6, 8; 14, 13; 19); y *en otro finalmente con perfecto*, con o sin *waw* (como aquí: **Job 23, 3**: *utinam noverim*, y en Dt. 5, 26). Por su parte, ידעתי aparece, como en Job 32, 22, unido con el futuro, *scirem (noverim) et invenirem* en vez de *possim invenire eum* (למצאו), Gesenius 142, 3, c.

Por otra parte, el árabe *kamada* tiene el significado de reprimir el dolor o la ira por la fuerza (como en *mât kemed*, él murió reprimiendo la ira o la ansiedad...), sin conexión etimológica con כבד.

Tercer curso de la controversia

Si él conociera la forma de alcanzarle (a Dios), podría llegar hasta su תכונה (de כון, no de תכן), hasta su fundamento de firmeza (Ez 43, 11; cf. Nah 2, 10), es decir, hasta su verdadera morada, aquello o aquel que sitúa o establece su "lugar", refiriéndose en este caso al lugar en el que Dios ha fundado su trono.

En el caso de poder alcanzar ese lugar, Job podría exponerle allí a Dios su causa (*instruere causam*, como Job 13, 18, cf. Job 33, 5), cara a cara con él, argumentándole con todas las palabras de su boca, probándole que él (Job) tenía de su parte la razón (תוכחות, como en Sal 38, 15, significa fundamentar su defensa, mostrando que él tenía razón, y que su oponente no la tenía, es decir, estaba equivocado).

En **Job 23, 5** podemos traducir: *yo podría, me gustaría...* (como en *cognoscerem*): yo conocería, sabría la manera de encontrar y exponer las palabras con las que podría hablarle (a Dios), al encontrarme con él. Yo sería capaz de decirle aquello que debo decirle... Pero ¿aceptaría él mi propuesta? ¿Tendría él algo que decirme en este caso?[5]

Job 23, 6-9

⁶ הַבְּרָב־כֹּחַ יָרִיב עִמָּדִי לֹא אַךְ־הוּא יָשִׂם בִּי׃
⁷ שָׁם יָשָׁר נוֹכָח עִמּוֹ וַאֲפַלְּטָה לָנֶצַח מִשֹּׁפְטִי׃
⁸ הֵן קֶדֶם אֶהֱלֹךְ וְאֵינֶנּוּ וְאָחוֹר וְלֹא־אָבִין לוֹ׃
⁹ שְׂמֹאול בַּעֲשֹׂתוֹ וְלֹא־אָחַז יַעְטֹף יָמִין וְלֹא אֶרְאֶה׃

⁶¿Con su gran poder, litigaría conmigo? Ciertamente, no; él se limitaría a mirarme.
⁷Pero entonces, como justo, disputaría con él y escaparía para siempre de mi juez.
⁸Pero si me dirijo al oriente, no lo encuentro; si al occidente, no lo descubro.
⁹Si me dirijo al norte, donde muestra su poder, yo no lo veo; si me vuelvo hacia el sur tampoco le veo.

23, 6. La pregunta que Job propone en 23, 6a (¿disputaría él conmigo con su gran fuerza? cf. Job 30, 18) la responde él mismo en 23, 6b, como esperando que se hubiera cumplido lo contrario: ¡No, ciertamente! El no actuará de esa forma[6].

---

5. La palabra אדעה se acentúa generalmente con *dech*, מלים con *munach*, y en esa línea se traduce: *scirem, quae eloquia responderet mihi Deus* (sabría con qué palabras me respondería Dios). Pero esta traducción no es adecuada. Las traducciones antiguas han puesto correctamente אדעה con *munach*, y también מלים con *munach*, y no con *dech*, porque la palabra con *athnach* que sigue no tiene dos sílabas antes de la tonádica. Cf. *Psalter*, ii. 104, 4.

6. Con esta interpretación, לא debería tener *rebia mugrasch*; su acentuación con *mercha* proviene de otra interpretación del texto, probablemente en la línea de *non itaque ponet in me (manum suam)*, conforme a la traducción del targum. Otros, siguiendo esta acentuación, entienden לא en el sentido de הלא (cf. Dachselt), pues de otra manera encuentran muchas dificultades para indicar el sentido del texto.

A לֹא no le sigue aquí una כִּי, como sucede en general, tras una negación, con el significado de אַךְ, que nunca significa *sed* (pero), aunque a veces puede tener el sentido de *verum tamen* (a pesar de Sal 49, 16; cf. supra, Job 13, 15), sino que aquí tiene el sentido frecuente de *tantummodo* (ciertamente) y, de acuerdo con el hipérbaton, que hemos mencionado con frecuencia, se coloca al comienzo, y no pertenece solo a la sentencia que sigue inmediatamente, sino a lo que viene después (como en árabe, donde la fuerza restrictiva de *innamâ* no recae nunca sobre lo que viene inmediatamente): él no hará otra cosa sino mirarme (יָשִׂים, con עַל referido al objeto de su mirada o reflexión, cf. Job 34, 23; 37, 15; Jc 19, 30, y sin elipsis, cf. Job 1, 8; también con אֶל, Job 2, 3, o solo con לְ, 1 Sam 9, 20). Aquí se utiliza expresamente con בְּ, que reúne los significados árabes de la *b* y de la *fi*, en el sentido de fijarse o de abajarse a mirar algo.

Muchos comentaristas (Hirzel, Ewald y otros) interpretan Job 23, 6 como si fuera un deseo, en la línea de: *"¿Debería él disputar conmigo con su poder desbordante? ¡No! Yo no deseo esto. Solo deseo que él sea un juez atento a mi causa, no un gobernante que despliega su poder omnipotente"*. Pero si lo entendemos así, este pasaje tendría un sentido puramente retórico, pues Job no podría responder seriamente de esa forma. En contra de eso, debemos afirmar que Job 23, 6 no ha de tomarse como deseo, sino como expresión de una esperanza.

Ciertamente, en 23, 6, Job sigue deseando lo mismo que en 9, 34 y en 13, 21. Pero en el curso de la discusión ha ido adquiriendo gradualmente más confianza en Dios, de forma que ahora puede expresar de esa forma su esperanza. Él tiene la certeza de que, en el caso de que pudiera encontrarle, Dios estaría dispuesto a escuchar su defensa, de manera que le permitiría hablar, sin sobrecogerle con su majestad.

23, 7. Aquí se plantea la pregunta de si la partícula שָׁם ha de entenderse en sentido local (como en árabe *ṯamma*) o temporal (árabe *ṯumma*). Como muestran muchos textos (Job 35, 12; Sal 14, 5; 66, 6; Os 2, 17; Sof 1, 14), esa partícula puede utilizarse en sentido temporal. Pero hay muchos pasajes (como Sal 36, 13) en los que ella tiene los dos significados, de forma que no pueden distinguirse bien los sentidos.

En este contexto nos inclinamos a favor del sentido temporal, en contra de Rosenmüller, Schlottmann y Hahn, porque en el caso de que שָׁם se entienda de un modo local, hay que suplir un "entonces". Por eso, como digo, es preferible tomar שָׁם en sentido temporal. Por otra parte, debemos añadir que נוכח está bien puntuado como participio, con *kametz* (נוֹכָח). Según eso, debe entenderse como sigue: *en ese caso, si él me prestara atención, vería que está contendiendo con un hombre justo*, de manera que podría probarse que un justo puede disputar con él (con Dios).

En este verso, la palabra פלט (cf. וַאֲפַלְּטָה) como מלט en Job 20, 20 (cf. פתח, abrir, estar abierto), es intensivo de *kal*: yo me liberaría para siempre de mi juez, es decir, saldría totalmente libre de un castigo inmerecido. Esto sucedería si Dios pudiera ser encontrado, pero él no puede ser encontrado.

23, 8. La הן, que conforme al sentido puede traducirse "sin embargo" (cf. 21, 16), introduce la antítesis: sin embargo, si voy hacia el este (הן con *mahpach*, קדם con *munach*), él no está allí; y si voy hacia el oeste (אחור, cf. אחרנים, occidentales, Job 18, 20), no le descubro (pensamiento expresado como en Job 9, 11, con בין ל en el sentido de aguardar por algo, cf. Job 14, 21; Dt 32, 29; Sal 73, 17). En un caso y en el otro se trata de "percibir algo" (de manera que לו es equivalente a אתו), sabiendo que a Dios no se le puede encontrar ni en oriente ni en occidente.

23, 9. La izquierda, שמאול, en árabe *shemâl*, incluso si la terminación es sustantiva (cf. Delitzsch, *Jesurun; sive, Prolegomenon in Concordantias Veteris Testamenti*, 1838 pp. 222-227, *sham, shâm*) tiene sin duda el significado del norte, y la derecha (ימין, árabe *jemn*) es un apelativo del sur. Esas dos palabras son locativas, con sentido indefinido. En esa línea, manteniendo el sentido ordinario de עשה y el de עטף el significado se indica así: si él se encuentra actuando en o hacia el norte yo no lo percibo; y él se vela a sí mismo (es decir, se esconde) hacia el sur o en el sur yo no le veo.

Esta explicación resulta satisfactoria por lo que se refiere a Job 23, 9 de manera que no es necesario entender בעשתו en un sentido distinto al que tiene en Job 28, 26, y según eso no hace falta traducir la frase, como Blumenfeld, en la línea de עשה דרכו, Jc 17, 8: "si él hace su camino hacia el norte", ni tampoco como hace Umbreit, apelando al árabe *gšâ* (cubrir), cosa que no es admisible ni aquí ni en Job 9, 9; 15, 27, dado que ni en ese caso שמאול בעשתו puede tener el sentido de "si él se ha escondido en la mano izquierda", es decir, en el norte. La combinación que Ewald establece entre עשה y עטה, con el significado de "inclinar hacia un lado" no puede mantenerse.

Pues bien, desde otra perspectiva, hay mucho a favor de la traducción que Ewald hace de Job 23, 9: "si él se vuelve hacia la mano derecha, yo no le veo", por varias razones. (1) El árabe *gtf*, en virtud de su noción radical, significa volverse, como en el caso de un vestido que se pone al revés[7]. (2) Saadia traduce "y si él se vuelve hacia el sur..." (*'atafa gunûban*). Por estas y otras razones, pensamos que el texto debe entenderse en esa línea, como he traducido: ¡Si me dirijo al oriente, no lo encuentro; si al occidente, no lo descubro...".

El texto no está evocando el norte como lugar de misterio, donde habita la divinidad; ni toma el sur como lugar donde habita lo demoníaco. Ciertamente, entre los arios el norte se suele tomar como morada de lo divino, mientras que el sur suele entenderse como lugar de lo demoníaco, *Jama*, habitación de la muerte. Pero la Biblia no ha entendido las cosas de esa manera. Para ella, el norte no es el lugar de la divinidad, ni en Job 37, 22 o en Ez 1, 4, ni mucho menos en Sal 48, 3.

---

7. En esa línea tiene el sentido de desviarse de una dirección dada, *deflectere, declinare*, invertir totalmente la dirección anterior y volver atrás (nota de Fleischer).

El fut. apoc. אחֶז, como אט, en Job 23, 11, sin significado "voluntativo" (en aoristo), tiene un sentido poético. Hacia cualquiera de los cuatro extremos de la tierra puede el hombre dirigir su mirada, con el deseo de buscar y encontrar a Dios. Pero él no puede ser hallado de esa forma, pues no se revela en esa línea, no se encuentra cerrado en ningún lugar del mundo.

La כי que sigue no explica la razón por la que Job esté buscando a Dios de una forma tan profunda y seria, sino, al contrario, esa partícula indica la razón por la que Dios no puede ser encontrado por Job. Dios no permite que nadie pueda encontrarle en un lugar, como si él estuviera encerrado allí, de forma que tuviera un sitio especial donde residir. Dios se esconde siempre, aunque Job tiende a destacar su presencia en los que sufren, para apartar de ellos (de él) su mano castigadora (es decir, para no castigarles).

Job 23, 10-13

¹⁰ כִּי־יָדַע דֶּרֶךְ עִמָּדִי בְּחָנַנִי כַּזָּהָב אֵצֵא׃
¹¹ בַּאֲשֻׁרוֹ אָחֲזָה רַגְלִי דַּרְכּוֹ שָׁמַרְתִּי וְלֹא־אָט׃
¹² מִצְוַת שְׂפָתָיו וְלֹא אָמִישׁ מֵחֻקִּי צָפַנְתִּי אִמְרֵי־פִיו׃
¹³ וְהוּא בְאֶחָד וּמִי יְשִׁיבֶנּוּ וְנַפְשׁוֹ אִוְּתָה וַיָּעַשׂ׃

¹⁰Pero él conoce mi camino: si él me probara, yo saldría como el oro.
¹¹Mis pies han seguido sus pisadas; guardé su camino, sin apartarme de él.
¹²El mandato de sus labios, nunca lo negué, más que mi voluntad cumplí sus palabras.
¹³Pero si decide una cosa ¿quién le cambiará? Y lo que desea su alma él lo cumple.

23, 10. Dios conoce no solamente lo que está fuera, sino lo que está dentro de (con עִמָּדִי); conoce según eso la conciencia, cf. Job 9, 35; 15, 9, es decir, el deseo y la acción de cada uno (Job 10, 13; 27, 11). Él es consciente de ello, y aquí se dice que quiere hacerlo así, con עִמָּדִי, Dios conoce mi conciencia; en 23, 14 con עִמּוֹ, conoce el sentido de la acción de cada uno.

El camino que está en mí (דֶּרֶךְ עִמָּדִי) evoca aquello que aprueba la conciencia (συνείδησις συμμαρτυρεῖ); cf. *Psychol.* pág. 134. Dios conoce lo interior de tal manera que aquel que ahora aparece como un criminal vendrá a mostrarse ante él como oro puro, si es que Dios permite que aparezca ante él y lo somete a un juicio estricto. בְּחָנַנִי es el *praet. hypotheticum* tantas veces mencionado, que se funda en el carácter paratáctico del estilo hebreo, como en Gen 44, 22; Rut 2, 9; Zac 13, 6. Cf. Gesenius 155, 4, a.

23, 11. Mis pies se han mantenido firmes siguiendo las pisadas de Dios[8] (אשׁוּר, como en Job 31, 7: de אשׁר en piel, seguir). Job se ha mantenido siempre

---

8. Al tratar de אחז, Carey ha observado y explicado bien la forma de expresión. Conforme a la visión oriental los pies tienen el poder de aferrarse con tenacidad, porque no están moldeados

cerca de Dios, caminando tras él, pues Dios le ha precedido (con אחז, sinónimo de תמך, cf. Sal 17, 5; Prov 5, 5). Job se iba fijando, es decir, iba observando los pasos de Dios y no se volvía a un lado o a otro, con וְלֹא־אָט, donde אָט es futuro apocopado *hifil*, con el sentido intransitivo de *deflectere*, como en Sal 125, 6.

23, 12. La expresión מִצְוַת שְׂפָתָיו se pone al principio de la frase, como caso absoluto (en lo que se refiere a los mandamientos de sus labios); y lo que sigue va con *waw* apocopado (וְלֹא, como en árabe), sin el pronombre מִמֶּנּוּ (que se omite por brevedad poética).

El *hifil* הֵמִישׁ (cf. אָמִישׁ) como הטה en Job 23, 11 y como הליז, Prov 4, 21, no es causativo, sino simplemente activo. Aquí (23, 12), surge la pregunta de si (צָפַנְתִּי פִיו) צפן מן es como en Job 17, 4, y tiene el sentido de esconderse de otro, o si es comparativo (por el מן). En la primera línea lo explica Hirzel: yo separé la voluntad de Dios (la puse por encima de mis deseos). Pero, dado que צפן tiene el sentido poético de conservar o mantener (צפונים son los tesoros escondidos: Job 20, 26), es más natural explicar el texto en la línea de Sal 119, 11: yo he mantenido las palabras (mandamientos) de tu boca, y los he estimado como elevados y preciosos, más que mis "estatutos", es decir, más que aquello que mi propio deseo me prescribía[9].

La traducción de los LXX, ἐν δὲ κόλπῳ μου (בחקי), que Olshausen considera "quizá correcta", destruye el significado de la confesión de Job. Hirzel alude con razón a "la ley que siento en los miembros..." (Rom 7, 23). חקי (cf. מֶחְקִי) es la expresión que Job utiliza para referirse a la naturaleza del pecado que se alza en contra de la ley de Dios, el impulso pecador del egoísmo y de la mala pasión, la ley que Pablo describe como ἕτερος νόμος, para distinguirla de νόμος τοῦ Θεοῦ (cf. mi *Psychologie*, pág. 379).

23, 13. La conciencia de Job puede dar este testimonio, pero Él, el Dios que de un modo tan consecuente le evita, sigue manteniendo su conducta, frente a la forma de ser de Job, a quien trata como a un criminal. Pues bien: ¿quién podrá separar a Dios de este propósito? (la misma pregunta aparece en Job 9, 12 y en 11, 10). El mismo Dios lo quiere y así lo cumple, en contra de Job, de forma que

---

desde la niñez con zapatos, de un modo que para nosotros los occidentales modernos no es ya lo común, por el uso de zapatos desde niños.

9. Wetzstein organiza el significado de צפן como sigue: 1. *En sentido beduino* es intransitivo futuro: guardar silencio (en esa línea puede entenderse en hebreo como mantenerse esperando...), estar internamente raptado en la hondura del pensamiento, quedar pensativo, irresoluto. 2. *En hebreo es transitivo*: mantener algo en uno mismo, estar centrado en la propia verdad, para tomar una decisión autónoma, desde dentro. Según eso, por un lado, צפן aparece por ejemplo en Job 20, 26 (Arab. *itmaanna*, estar callado); y por otro lado puede intercambiarse con צפה en el sentido de "designar" algo (cf. Job 15, 22 con Job 15, 20; 21, 19) y en el más estricto de esperar (cf. Sal 10, 8; 56, 7; Prov 1, 11. 18 con Sal 37, 32).

se puede afirmar *stat pro ratione voluntas,* este es el deseo de la voluntad, que va en contra de la razón (es decir, de la verdad de Dios).

La mayoría de los comentaristas explican el texto de esa forma. La *beth* de בְּאֶחָד es la ב usual, con verbos que indican *tomar una decisión* y permanecer en ella. Otros, sin embargo, piensan que se trata de una *beth essentiae*: Dios permanece siempre idéntico a sí mismo, y así lo muestra en su conducta respecto a Job (Umbreit y Vahinger); el texto se puede entender también como *Dios es Uno* (אֶחָד), es el único, en el sentido de la Majestad Absoluta (targum, Jerónimo, Schultens, Ewald, Heiligstedt y Schlottmann).

Esta última visión es admisible, dado que esta *beth* aparece no solo en los complementos de una sentencia (Sal 39, 7, como una sombra; Is 48, 10, como la plata; Sal 55, 19, en gran número; Sal 35, 2, como mi ayuda), sino también con el predicado de una sentencia simple, sea de tipo verbal (Job 24, 13; Prov 3, 26) o de sustantivo (Ex 18, 4; Sal 118, 7). La misma construcción aparece en árabe, donde, sin embargo, es más frecuente en cláusulas negativas que en afirmativas (cf. *Psalter,* i. 272).

Esta afirmación: *Él es Uno* (אֶחָד), en el sentido de la confesión monoteísta originaria (cf. Dt 6, 4-6), se aplica, sin embargo, al carácter absoluto de Dios, y no resulta adecuada en este contexto. Por otra parte, si וְהוּא בְאֶחָד se aplica aquí al carácter inmutable del propósito de Dios respecto a Job, la explicación que proponemos (*versatur, perstat in uno,* en árabe *hua fî wâhidin*), persiste en la misma cosa), resulta más natural y por eso es preferible mantenerla. No se trata pues de que Dios sea "Uno" en sentido general, sino de que actúa siempre de la misma manera respecto a Job.

Dios aparece así de nuevo ante Job como su enemigo. La confianza de Job ante Dios aparece desbordada por todo tipo de pensamientos de mal y de sospecha (de que Dios le persigue). De esa forma, Dios se eleva ante él como el Dios del capricho absoluto, aquel que le persigue aunque no tenga razón para ello, ni para castigarle. Aquí se manifiesta el hecho constante de que Job se sitúa ante un Dios que es superior a él y que no cesa de perseguirle. Y es esto lo que Job le dice a Dios y lo que, a su juicio, Dios no quiere escuchar.

En este torbellino de pensamientos, que son para él terribles (aunque en otro aspecto nos puedan parecer pueriles), Job se siente herido por la persuasión de que su aflicción es un decreto de la justicia divina, de manera que él sufre porque Dios le persigue. Los amigos le han confirmado en esta persuasión, de manera que se encuentra entre dos extremos: la conciencia de su propia inocencia, y la idea de que Dios le persigue. En ese contexto resulta difícil mantener la fe en la justicia de Dios. No es su propia aflicción (dolor) la que aflige a Job, sino la persuasión de hallarse hundido en esta contradicción lo que le precipita en un conflicto tan hondo, como muestran las estrofas que siguen.

Tercer curso de la controversia

Job 23, 14-17

¹⁴ כִּי יַשְׁלִים חֻקִּי וְכָהֵנָּה רַבּוֹת עִמּוֹ׃
¹⁵ עַל־כֵּן מִפָּנָיו אֶבָּהֵל אֶתְבּוֹנֵן וְאֶפְחַד מִמֶּנּוּ׃
¹⁶ וְאֵל הֵרַךְ לִבִּי וְשַׁדַּי הִבְהִילָנִי׃
¹⁷ כִּי־לֹא נִצְמַתִּי מִפְּנֵי־חֹשֶׁךְ וּמִפָּנַי כִּסָּה־אֹפֶל׃

¹⁴Él realizará lo decidido sobre mí, y muchas cosas semejantes que él ha decidido.
¹⁵Por eso, me espanto ante él, lo considero y tiemblo por él.
¹⁶Dios ha abatido mi corazón y Shadai me ha puesto en confusión.
¹⁷Pues no he sido aniquilado antes que la tiniebla, que la oscuridad cubriera mi rostro.

23, 14-16. Según lo anterior, ha sido la voluntad de Dios, el Absoluto, la que se ha vuelto en contra de él, que es inocente (23, 13); de esa manera, Dios hará que se cumpla lo que ha decretado en contra de Job (su חֻקִּי) y lo hará totalmente (con יַשְׁלִים, como por ejemplo en Is 44, 26). Dios hará no solo que se cumplan las maldiciones ya indicadas, sino que ha decretado aún mayores, a fin de torturarle de un modo gradual, pero inflexible, hasta la muerte.

Job se aplica, por tanto, a sí mismo lo que dice en 23, 14, aunque no lo presenta como un modo general de actuar de Dios, válido sin más para todos los hombres, pues las decisiones de Dios son distintas en relación con unos hombres y con otros. La objeción de Hahn, según la cual, conforme a las afirmaciones previas de Job, su sufrimiento había alcanzado ya la máxima intensidad, no va en contra de esto, pues Job ha de enfrentarse todavía ante el fin de su vida, con una muerte próxima en la que podrán ponerse en marcha las invenciones más duras de la hostilidad de Dios en contra de él (cf. Job 10, 16). Por otra parte, estas expresiones no pueden entenderse en el sentido de que Dios se deleita en torturar a Job, sino que indican básicamente que Dios está decidido a (tiene un propósito con él, עִמּוֹ) de realizar esto.

Job deduce esta conclusión partiendo del presente, en relación con el futuro, mientras él sigue pensando en la misteriosa distribución de las fortunas de los hombres, que no son siempre las mismas. Según eso, dado que él es como un "blanco" contra el que se dirige la enemistad de Dios, sin haberlo merecido, Job se encuentra confuso ante el rostro de Dios, que se ha tornado de forma tan dura en contra de él. En el caso de pensarlo (cf. פָּנִים, cf. מִפָּנָיו, como en 23, 9), Job tiembla ante ese Dios que recompensa una actitud de fidelidad como la suya (la de Job), con un dolor tan fuerte.

23, 17. El sufrimiento va conduciendo a Job a la ruina, tal como él lo percibe. Pero en sí mismo no es el causante de su destrucción interior, ni lo es la forma misteriosa de sus dolores, pues aquello que le desconcierta es la conducta hostil de Dios hacia él, el rostro airado de Dios que le parece estar persiguiendo, y que, sin embargo, él es incapaz de explicar. Así interpretan este pasaje Ewald, Hirzel, Vahinger, Heiligstedt y Schlottmann

Hay solo otra explicación que sería digna de mencionarse, y es aquella de Job 23, 17, donde reaparece la idea ya expresada en 3, 10: *No me destruyó Dios al nacer, como debería haber hecho, porque ha querido torturarme más, y se ha portado así para que yo pudiera experimentar estos misteriosos sufrimientos (mucho mayores de lo que hubiera sido el sufrimiento de haber muerto al nacer).*

Esta es la interpretación con la que se contentan la mayoría de los expositores antiguos, y que ha sido actualizada por Rosenmüller, Stickel y Hahn: "Pues no he sido aniquilado antes que llegaran estas tinieblas (es decir, antes de que ellas vinieran a aniquilarme) y antes que mi rostro fuera cubierto por una densa oscuridad". Estas palabras podrían traducirse también como exclamación: ¡Cómo no he muerto antes de haber nacido...!

Por otra parte, la oscuridad de 23, 27 no aparece, al menos en el sentido usual de *caliginem*, como una oscuridad que cubre, sino como una oscuridad a la que Dios debería haber cubierto (para que no dañara a Job); por eso, lógicamente, Blumenfeld ha traducido: *Y la oscuridad no ha escondido de mi faz este dolor que yo debo sufrir*. Por otro lado, resulta innecesario tomar נִצְמַתִּי en un sentido distinto al que tiene en Job 6, 17. En vez de matarle (o dejarle morir) para que no sufriera, Dios ha dejado a Job sufrir en manos de esta oscuridad, que le nubla.

En esa línea, la partícula מִן de וּמִפָּנַי solo puede tomarse como preposición, no como conjunción que se aplicaría a toda la frase. De esa forma, la traducción ha de ser: *et a facie mea quam obtegit caligo*, antes de que mi faz fuera cubierta por una densa oscuridad. Es como si Dios hubiera querido abandonar a Job en manos de la oscuridad (introducirle en ella, para que así sufriera con más fuerza).

La palabra פנים (cf. מִפְּנֵי) de 23, 17, tal como aparece en 9, 27, significa la aparición del rostro apenado, de manera que Job está refiriéndose aquí a su aspecto distorsionado por el dolor, deformado por el sufrimiento (cf. 30, 30). Pues bien, en esa línea aquí no se habla de la oscuridad que se abalanza sobre su faz, amenazando con tragarle o sumirle en el vacío (cf. מפני־חשך, en Job 17, 12); tampoco se alude a su forma miserable, cubierta por la oscuridad más honda (sobre אפל, cf. Job 10, 2), destruyendo su propia realidad profunda. *Lo que aquí aparece y se muestra es el mismo Dios, revelando su oscuridad en contra de él,* haciendo que su aflicción sea más terrorífica e intensa, porque es la aparición del Dios del terror vinculada a su conciencia más radical de inocencia.

El texto nos lleva así del castigo en cuanto tal, un castigo incomprensible, que se va imponiendo sin razón alguna sobre Job, a la todavía más incomprensible vinculación de ese castigo con la voluntad de Dios que permite (que quiere) que la impiedad e injusticia del mundo se extienda de esa forma y se imponga sobre él, sin ser castigada, como si Dios mismo fuera no solo la causa del terror, sino el terror como tal, extendido sobre Job.

Job 24

24, 1-4

¹מַדּוּעַ מִשַּׁדַּי לֹא־נִצְפְּנוּ עִתִּים (וְיֹדְעוֹ) [וְיֹדְעָיו] לֹא־חָזוּ יָמָיו׃
² גְּבֻלוֹת יַשִּׂיגוּ עֵדֶר גָּזְלוּ וַיִּרְעוּ׃
³ חֲמוֹר יְתוֹמִים יִנְהָגוּ יַחְבְּלוּ שׁוֹר אַלְמָנָה׃
⁴ יַטּוּ אֶבְיוֹנִים מִדָּרֶךְ יַחַד חֻבְּאוּ עֲנִיֵּי־אָרֶץ׃

¹¿Por qué no hay tiempos reservados por Shadai y los que le honran no saben sus días?
²Ellos mueven los linderos, roban los ganados y los apacientan.
³Se llevan el asno de los huérfanos y toman en prenda el buey de la viuda.
⁴Expulsan del camino a los necesitados, todos los pobres han de esconderse a una.

24, 1. Resulta natural la suposición de aquellos que piensan que el texto original decía מדוע לרשעים משדי; pero debemos rechazarla, porque en ese caso el verso se vuelve demasiado largo, y no puede dividirse en dos esticos de contenido en ambos casos valioso e independiente. Por otra parte, la inclusión de לרשעים no es absolutamente necesaria.

El uso del lenguaje supone que la partícula עת (cf. עִתִּים) a la que sigue un genitivo indica el punto de tiempo en el que se decide el destino de una persona, cf. Is 13, 22; Jer 27, 7; Ez 22, 3; 30. 3, o el período al que se está aludiendo, o incluso el *terminus ad quem*, Ecl 9, 12. Por su parte, *ywm* (cf. יָמָיו), seguido por un genitivo indica el día de su muerte, cf. Job 15, 32; 18, 20; Ez 21, 30. Esa misma partícula, con יהוה, muestra el día en el que se revela el juicio de Dios, como en Joel 1, 15, y en otros muchos casos.

Por su parte, el estilo poético va más allá de esa utilización del lenguaje, empleando, como en nuestro caso, עִתִּים de un modo directo, para indicar el castigo, como se reconoce de un modo casi unánime desde los tiempos de Schultens, en la línea de יָמָיו para indicar los días del juicio o de la venganza de Dios; esto resulta menos ambiguo por el hecho de que צפן, en el sentido de predeterminación de algo futuro, Job 15, 20, especialmente de un castigo merecido, Job 21, 19, constituye una palabra muy utilizada por nuestro poeta[10].

---

10. En relación con עתים en el sentido de tiempos de retribución, Wetzstein evoca el árabe *'idât* que significa algo que está predestinado para la recompensa o el castigo. Por otra parte, עת es una palabra derivada de עדת (de ועד), y עתים es equivalente a עדתים, conforme a la misma ley de asimilación, por lo que en este tiempo los árabes dicen לתי en lugar de לדתי (alguien que ha nacido en el mismo día que yo, del árabe. *lidat, lida*), y dicen también רתי en lugar de רדתי (mi tiempo de bebida), dado que se produce una asimilación de la ד siempre que se pronuncie la ת. La ת de la terminación femenina de עתים, como en שקתות y en otros casos semejantes (quizá incluso en בתים, *bâttim*), está amalgamada con la raíz de la palabra.

Sobre el מִן con pasivo, cf. Ewald 295, c (donde, sin embargo, se cita a favor erróneamente el texto de Job 28, 4). Esa partícula es simplemente un equivalente de ἀπό, porque el uso de מִן directamente en el sentido de ὑπό en pasiva no es admisible ni en hebreo, ni en árabe.

Los hombres implicados en ידעו (*kere* ידעיו, para lo que el targum lee de forma equivocada ידעי) son, como en Sal 36, 11; 87, 4, cf. 18, 21, aquellos que conocen a Dios, pero no de un modo superficial, sino por experiencia, es decir, aquellos que están en relación íntima con él. Por su parte, לא־חזו ha de escribirse con *zinnorith* sobre la לא, y con *mercha* en la primera sílaba de חזו. El *zinnorith* necesita que el tono de חזו no vaya en la primera sílaba, lo mismo que en כי־חרה, Sal 18, 8. En el caso de que חזו mantuviera el *milra*, לא debería conectarse con esa palabra, llevando un *makkiph*, permaneciendo por tanto sin tono (cf. *Psalter*, ii, 507).

24, 2-4. A continuación sigue la descripción de la falta de moralidad con la que los amigos (cf. Job 22, 19) hablan constantemente del castigo que debe recaer sobre Job, sin tener en cuenta en modo alguno la ausencia de una determinación clara (un castigo divino) para aquellos que actúan de un modo muy inmoral, y lo hacen realmente, como ha dicho Job (afirmando que este mundo no está regido por la verdadera justicia). En esa línea, Job vuelve a mostrar el hecho de que los malvados siguen cometiendo sus crímenes sin que se exprese en contra de ellos la ira o castigo de Dios.

Los malvados remueven (cambian) los linderos de los campos, en contra de la ley de Dt 27, 17: "Maldito aquel que remueve los mojones de la tierra de su prójimo". Los malvados roban ganado (con וַיִּרְעוּ) y tienen tan poca vergüenza que después de haberlos robado los introducen en sus propios pastos. Ellos toman y se llevan el asno de los huérfanos, que es la única posesión que ellos tienen, y su único animal de trabajo y lo llevan en prenda (נהג, como en Is 20, 4).

Los malvados llevan también en prenda aquello que los pobres necesitan para vivir (sobre חבל, tomar en prenda, *obstringere*, cf. lo ya dicho en comentario a Job 22, 6, y en el *Comentario* de Köhler sobre Zac 11, 7). El buey de la viuda al que se alude aquí es el buey de yugo (este es el significado exacto de שׁור, como en árabe *thôr*). Ellos expulsan del camino a los necesitados, de manera que estos (los necesitados) tienen que andar de aquí para allí, sin derechos ni hogar, y los pobres de la tierra se ven obligados a esconderse en todas partes.

El *hifil* הטה, con אביונים como objeto (cf. 24, 4), se utiliza como en Am 5, 12, para indicar la negación de un derecho que pertenece a los pobres, aquí el hecho de expulsarles del camino, de manera que deben vagar por regiones inhóspitas. *La palabra* אביון *(cf. comentario a Job 29, 16) se utiliza (aquí como en otros casos), en paralelo con la palabra* ענו*, del humilde, el que sufre con paciencia*. Por su parte, עני (en el paralelo) tiene el sentido de humilde, el que está inclinado bajo el sufrimiento (cf. *Comentario* al Sal 9, 13). El término עֲנִיֵּי־אָרֶץ, que aparece sin *kere* en Sal 76, 10 y en Sof 2, 3, no se emplea aquí para referirse a un tipo de atributo moral de las personas, sino para indicar una condición externa de su vida; el *pual* חֻבָּאוּ describe lo que ellas están forzadas a realizar.

Así continúa la descripción de esos infortunados; y por comparación con 30, 1–8 *se puede pensar que Job se está refiriendo a los aborígenes de la tierra a los que se ha privado de sus posesiones y de sus casas* (cf. Job 15, 19). En esta línea se puede suponer que el poeta, autor del libro de Job, está escribiendo en un tiempo en que las relaciones entre las diversas razas de la tierra se han quebrado por las calamidades de la guerra y las incursiones de pueblos extranjeros. Si el lugar al que se refieren estos versos se sitúa en el Haurán, y más exactamente en Nukra, parece natural que pensemos con Wetzstein en aquellos a quienes los árabes llamaban *'hl 'l-wukr ('rb 'l-ḥujr)*, es decir, quizá los *itureos*, a quienes se ha conocido como "raza de las cuevas" en Traconítide.

Job 24, 5–8

⁵ הֵן פְּרָאִים׀ בַּמִּדְבָּר יָצְאוּ בְּפָעֳלָם מְשַׁחֲרֵי לַטָּרֶף עֲרָבָה לוֹ לֶחֶם לַנְּעָרִים׃
⁶ בַּשָּׂדֶה בְּלִילוֹ (יִקְצִירוּ) [יִקְצוֹרוּ] וְכֶרֶם רָשָׁע יְלַקֵּשׁוּ׃
⁷ עָרוֹם יָלִינוּ מִבְּלִי לְבוּשׁ וְאֵין כְּסוּת בַּקָּרָה׃
⁸ מִזֶּרֶם הָרִים יִרְטָבוּ וּמִבְּלִי מַחְסֶה חִבְּקוּ־צוּר׃

⁵Como onagros en el desierto, salen al trabajo, madrugando en busca de presa. ¡El desierto les da el sustento de sus hijos!
⁶En el campo recogen comida para el ganado, y rebuscan la viña de los malvados.
⁷Ellos pasan la noche en desnudez, sin ropa, sin cobertura contra el frío.
⁸En los montes se empapan de lluvia y se abrazan a las peñas, faltos de refugio.

El poeta solo ha podido trazar una visión como esta después de haber visto el hogar de su héroe, y el destino calamitoso de aquellos que fueron expulsados de sus moradas habituales, teniendo que vivir como vagabundos, llevando una vida de pobres (se podría decir de gitanos).

A partir de **Job 24, 5,** uno puede recordar el tema de Sal 104, 21–23, dado que Job 24, 11 habla aquí, lo mismo que ese salmo, de los פְּרָאִים, que son los onagros o asnos salvajes, animales muy hermosos[11] que cuando son jóvenes, son difícilmente domesticables, y cuando son mayores solo pueden cazarse con mucha dificultad. Por su amor a la libertad, los onagros son imagen de los beduinos (cf. Gen 16, 12); su carácter indómito es una señal o signo de aquello que no puede ser atado (cf. Job 11, 12), y así caminan en manadas, por vastas regiones,

---

11. Layard, *New Discoveries*, p. 270, describe las crías de esos asnos salvajes. Su nombre árabe es como el hebreo, *el-ferâ*, o también *himâr el-wahsh*, en el sentido de asnos salvajes (no domesticados), cuyo lugar de habitación es la estepa. Para más referencias al tema, cf. Wetzstein, en su comentario a Job 39, 5.

de manera que pueden aparecen como imagen de un tipo de vida nómada, propia de seres creados para la libertad.

Los antiguos comentaristas, y en su línea Rosenmüller, Umbreit, Arnheim y Vahinger están equivocados al pensar que aquí, en Job 24, 5, se está describiendo *aliud hominum sceleratorum genus*, un tipo nuevo de hombres malvados. Ewald y Hirzel fueron los primeros en percibir que Job 24, 5 es un desarrollo ulterior de Job 24, 4, de manera que aquí, lo mismo que en Job 30, 1, el poeta está refiriéndose a hombres (grupos humanos) pobres, que están siendo expulsados, de manera que tienen que vivir en desiertos y cuevas, evocando también al resto de los aborígenes expulsados y oprimidos, condenados a vivir una existencia miserable.

La acentuación conecta rectamente con פְּרָאִים ׀ בַּמִּדְבָּר. Por la omisión del *kaph similitudines* (de semejanza), como por ejemplo en Is 51, 12, la comparación (*a modo de* un asno salvaje) se convierte en un tipo de identificación (*como* un asno salvaje). El perfecto יָצְאוּ es una expresión un poco descolorida de aquello que se hace usualmente: ellos van בפעלם, es decir, en su trabajo (a su trabajo), con ב y no ל (no para su trabajo, como en Sal 104, 23).

Las palabras מְשַׁחֲרֵי לַטֶּרֶף significan *buscando su presa*, con el fin de satisfacer el hambre que tienen (cf. Sal 104, 21), con טרף en su primer significado de cazar, encontrar (cf. Hupfeld sobre Sal 7, 3); esta expresión indica de un modo general la ocupación principal de esos habitantes, que vagan buscando comida. El tema se expone aquí sin genitivo de relación, de un modo directo, como ha indicado Gesenius 116, 1. Este pasaje está evocando la forma de vida de aquellos que están en riesgo de perecer, en situación de carencia y miseria, no la de personas que son culpables, por haber cometido malas acciones, sino *la de personas que han caído en la pobreza por la mala acción de otros*.

Como indica מְשַׁחֲרֵי (cf. Sal 63, 2, salmo de la mañana, con Is 26, 9), Job describe aquí la salida de casa (para encontrar comida) de aquellos que se ponen ya temprano en camino, por la mañana. Los niños (נְעָרִים, como en Job 1, 19; 29, 5) son los que primero padecen el dolor del hambre. La partícula לוֹ se refiere individualmente al padre del grupo; la estepa, con su escasa provisión de raíces y yerbas, ha de suministrar la comida para él (y para sus niños). De todas formas, la idea no es solo "para comida del padre y de su familia" (como piensan Hirzel, Hahn y otros), pues 24, 5 describe directamente la forma en que todos, unos y otros, especialmente los adultos, obtienen lo necesario para su subsistencia.

24, 6. El texto recogido por los manuscritos no nos permite poner בְּלִי־לוֹ en lugar de בלילו. Por eso debe rechazarse la traducción "lo que no es para él" (LXX, targum y en parte también la versión siríaca). Raschi interpreta correctamente יבולו como una explicación general. Por su parte, Ralbag interpreta תבואתו, tal como aparece en Job 6, 5 en el sentido de *pienso mezclado* (comida o forraje) para el ganado, es decir, como *farrago*, una comida mezclada de avena o cebada, con arvejas y guisantes.

De todas formas, el significado de la frase no es (como muchos comentaristas piensan) que, para satisfacer el hambre, muchos pobres van a recoger comida de animales que crecen en los campos de los malvados, pues קצר(וְיַקְצִירוּ) no significa coger a la fuerza, sino recoger de un modo ordenado. Por otra parte, si ellos quisieran robar ¿por qué no habrían de tomar las mejores porciones de comida? Resulta correcto tomar el sufijo de בְּלִילוֹ como referido a רָשָׁע que se menciona en la frase siguiente. Pero el conjunto de la frase no ha de entenderse como si ellos saquearan los campos *per nefas*, es decir, por nada; al contrario, ellos pagan un precio por cortar el forraje para su ganado, pero los dueños no les permiten recoger las mejores porciones de la cosecha para ellos. No se puede insistir en el *hifil* יקצירו (*qetiv*) en favor de esta traducción. Por el contrario, הקציר tiene con קצר la misma relación de significado (no causativo) que הנחה con נחה (cf. comentario a Job 31, 18).

En esa línea, el trabajo en Job 24, 6 ha de entenderse en el sentido de labor hecha por alquiler. Prudentemente, el hombre rico no quiere emplear esta pobre gente como vendimiadores principales, pero utiliza su servicio (mientras sus propios empleados realizan la vendimia) para reunir los restos de los racimos que maduran más tarde, de forma que fueron excluidos en el comienzo de la vendimia.

Los comentaristas antiguos han recordado que לקש significa el heno tardío (la última siega de hierba), y así explican ילקשו como un denominativo para לקשו יכרתו (Aben-Ezra, Immanuel y otros) o para לקשו יאכלו (Parchon). Pero resulta muy poco natural aplicar este pasaje a la segunda siega, o referirlo a la comida del segundo corte de hierba, mientras que todo se aplica de un modo natural a los trabajos de la viña. De todas formas, לקש significa *serotinare*, es decir, recoger los frutos tardíos (Rosenmüller); este es el trabajo que el hombre rico asigna a estos pobres, pues recibe por ello alguna ganancia y, en el peor de los casos, no es mucho lo que pierde[12].

24, 7 habla de la forma miserable de vida de esos pobres durante el tiempo de trabajo de otoño, y también en otros momentos. La palabra "desnudos" (עֲרוֹם) puede utilizarse de forma adverbial y en acusativo: en una condición desnuda, miserable (como en árabe *'urjânan*), ellos pasan la noche, sin poder cubrirse con nada sobre el cuerpo, con לבוש, cf. *Comentario* al Sal 22, 19. Estos pobres no tienen nada (אין ha de suplirse con להם) para cubrirse o resguardarse (con בגד) en tiempo de frío[13].

---

12. En el idioma del Haurán, לקש, en futuro, significa ir o venir tarde. En *piel* significa retrasarse; en *hitpael*, *telaqqas,* es llegar demasiado tarde. En esa línea, *laqîs* לקיש, y *loqsî,* לקשי, significa retraso en sentido general, como en לקשי y זרע לקשי significa semilla tardía (como לקש, Am 7, 1, en conexión con la lluvia tardía de abril, que a menudo suele fallar). Por su parte ולד לקשי es un niño nacido tarde (cuando sus padres son mayores). *Bakîr* בכיר y *bekrî* בכרי significa los opuestos, en sus diversas acepciones (nota de Wetzstein).

13. Los beduinos duermen desnudos de noche. Yo les pregunté una vez por qué lo hacen así, dado que muchas veces tienen que responder de noche a los ataques de otros beduinos, y me

24, 8. Con frecuencia quedan empapados por las tormentas que sacuden las montañas del entorno, pues carecen de otros refugios, y en esa condición se ven obligados a refugiarse bajo los huecos de las rocas de la vecindad, a veces subiendo encima de ellas, una idea que se expresa aquí con חִבְּקוּ, como en Lam 4, 5, donde se dice que aquellos que solían andar antes lujosamente vestidos con cojines de púrpura, tienen ahora que yacer sobre (abrazase con) "colinas" de excrementos.

Tanto en Palestina como en Siria no se permite entrar en las habitaciones privadas a personas que han sido afligidas por alguna enfermedad de la piel. Por eso, los enfermos se retiran a las "colinas de estiércol", pidiendo de día limosnas a los que pasan por aquel lugar, y refugiándose de noche entre las cenizas o el estiércol seco que el sol del día ha calentado[14].

La acentuación usual, מזרם con *dech,* הרים con *munach,* conforme a la cual debería traducirse *ab inundatione montes humectantur* (los montes se humedecen por las inundaciones) es falsa. En los códices correctos זרם lleva también *munach*

---

respondieron diciendo que era una costumbre muy antigua. Su vestido *(kiswe,* כסוה), tanto para los nómadas de la estepa *(bedû)* como para los de las cuevas *(wa'r)* es el mismo, en verano y en invierno. Muchos de ellos mueren en los pastizales cuando sobrevienen tormentas de nieve, o también por frío y necesidad, cuando los enemigos les toman y quitan las tiendas o enseres en el invierno (nota de Wetzstein).

14. Como Wetzstein observa al referirse a este pasaje, מִחְסֶה o refugio es la casa hecha de piedra, de la que con frecuencia toman el nombre las poblaciones, como *El-hasa,* al este del mar Muerto; o como la bien conocida ciudad comercial, *El-has,* al este de la península arábiga, a la que se le llama normalmente *Lahs.* Hay también dos *El-hasja* (אלחסיה), al nordeste de Damasco. Según eso, חִבְּקוּ־צוּר constituye la antítesis de las confortables poblaciones del entorno árabe, firmemente establecidas.

Las raíces חבק y חבך no son más que distinciones dialécticas, y como la raíz עבק significan *estar cerca* (unas casas de otras). Según eso חבקה (que se pronuncia *hibtsha*) tiene el sentido de una corona en la que todo va reunido, como *asâbi' mahbû*ke (מחבוכה), los dedos que se unen unos con otros. Por su parte, la localidad *hibikke* (pronunciación beduina para *habka,* חבכה con el *dag* beduino eufónico) describe, conforme a mi relato de viajes *(Reisebericht)* el hecho de que unas casas están unidas unas a las otras (pegadas entre sí) y ajustadas a las rocas.

Según eso, en este pasaje, חבק significa apretarse a las fisuras de la roca, buscando un hueco o ángulo para defenderse de los vientos fríos y de los torrentes de agua (que caen con más frecuencia en las montañas que en el llano). *Dherw*e (del árabe *dgrâ,* conceder protección, ser un refugio) es una palabra que se utiliza mucho en el desierto y tiene una función muy importante entre los nómadas. En esa línea, en el mes de marzo, en el que se dice proverbialmente que el *dherwe* o refugio es mejor que el *ferwe* (la piel), los beduinos buscan un lugar para colocar las tiendas, bien protegidas bajo las rocas en las montañas que rodean a los uadis, a causa de los fuertes vientos fríos, para proteger mejor a los niños y a los rebaños, en los momentos en los cuales las frías tormentas son muy peligrosas.

Cuando vienen las tormentas repentinas, resulta esencial que pastores y rebaños se apresuren a tomar refugio bajo las grandes rocas y en las cavernas (*mughr,* en árabe *mugr*) que pertenecen a la edad de los trogloditas, y que siguen siendo comunes en el territorio de Haurán. Esas cuevas se utilizan por tanto para refugiarse solo por un tiempo (del agua y de la tormenta), y se encuentran en las hendiduras de las rocas, como en el tiempo de los trogloditas, que habitaban constantemente en cavernas, en lugares que ahora solo sirven de refugio temporal para los beduinos.

(como sustituto del *dech*, cf. Job 23, 5. 9; 24, 6 etc.). Habiendo insistido en este caso especial de oprimidos y de aquellos que se encuentran abandonados a las circunstancias más duras de la vida, Job sigue presentando ahora diversas formas de mal (de opresión) que siguen estando sin castigo sobre la tierra.

Job 24, 9-12

⁹ יִגְזְלוּ מִשֹּׁד יָתוֹם וְעַל־עָנִי יַחְבֹּלוּ׃
¹⁰ עָרוֹם הִלְּכוּ בְּלִי לְבוּשׁ וּרְעֵבִים נָשְׂאוּ עֹמֶר׃
¹¹ בֵּין־שׁוּרֹתָם יַצְהִירוּ יְקָבִים דָּרְכוּ וַיִּצְמָאוּ׃
¹² מֵעִיר מְתִים יִנְאָקוּ וְנֶפֶשׁ־חֲלָלִים תְּשַׁוֵּעַ וֶאֱלוֹהַּ לֹא־יָשִׂים תִּפְלָה׃

⁹Quitan del pecho a los huérfanos, y llevan destrucción sobre los pobres.
¹⁰Al desnudo hacen caminar sin ropas y a los hambrientos quitan las gavillas.
¹¹Dentro de sus muros exprimen aceite; pisan lagares de vino, pero mueren de sed.
¹²En la ciudad gimen los mortales (=condenados a muerte) y clama el alma de los oprimidos, pero Eloah no atiende su oración.

24, 9. La acentuación de Job 24, 9 (יגזלו con *dech*, משד con *munach*) hace que la relación de יָתוֹם y מִשֹּׁד sea de genitivo. Según eso, la traducción de Heidenheim (en una anotación manuscrita a Kimchi, *Lex.*) es inexacta: Ellos saquean los expolios de los huérfanos. Ramban traduce mejor: (Toman) de la ruina, es decir, del patrimonio destrozado. Ambos apelan al targum que traduce מביזת יתום, como la versión siríaca: *men bezto de-jatme* (cf. Jerónimo: *vim fecerunt depraedantes pupillos*). Sin embargo, la versión original es quizá (cf. Buxtorf, *Lex*. col. 295) מביזא, ἀπὸ βυζίου, es decir, arrancan del pecho de la madre, como traducen también los LXX (ἀπὸ μαστοῦ), aunque esa traducción va en contra de los acentos. Según eso, los acreedores inhumanos separan (secuestran) a los niños huérfanos, o todavía muy niños, sacándolos de la protección de sus madres, a fin de convertirlos en esclavos, para obtener así dinero.

Si el significado del pasaje es ese, resulta natural entender יחבלו en el sentido de "distraer", quitar, pero en ese caso: (1) El poeta se repetiría a sí mismo, de un modo tautológico, pues esa misma idea aparece de un manera igual en 24, 3. (2) חבל, secuestrar, debería construirse con על, cosa que es contraria a la lógica de la palabra.

Ciertamente, la frase חבל על (cf. וְעַל־עָנִי יַחְבֹּלוּ) podría explicarse de algún modo en esa línea: "imponer una acción" (Ewald y Hahn), secuestrar con un fin (Hirzel y Welte), oprimir con una finalidad (Schlottmann). Pero de esa forma se va en contra del uso del lenguaje (en la línea de otros comentaristas modernos como Gesenius, Arnheim, Vahinger, Stickel y Heiligstedt): "Y ellos toman lo que poseen los infortunados". Pero es imposible entender la partícula על en el sentido de אשר על de un modo directo como objeto. Por su parte, el pasaje de Dt 7, 25, citado por Schultens a su favor tiene un sentido totalmente distinto.

Pues bien, en todos los dialectos semitas, el verbo חבל significa también "destruir", tratar de un modo injurioso (como en árabe *el-châbil*, un apodo de Satán). Así aparece con ese significado en Job 34, 31, y conforme a su analogía con הרע על, 1 Rey 17, 20, puede construirse con על lo mismo que con ל. En esa línea, el poeta, por medio de esta construcción, habría querido distinguir un חבל del otro: cf. Job 22, 6; 24, 3. Por todo eso, hay que traducir el texto como hace Umbreit: *Ellos llevan destrucción sobre los pobres*; o, mejor aún, "ellos toman ventaja injusta sobre aquellos que se encuentra en circunstancias de opresión".

24, 10-11. Los sujetos son los עניים (עָנִי) del verso anterior, a los que los prepotentes convierten en siervos, haciéndoles objeto de una dura opresión; de esa forma, el poeta repite aquí, casi letra a letra, lo que ha dicho en 24, 7 (cf. Job 31,19). Pero en aquel caso la desnudez era una calamidad general de una raza o clase oprimida por un tipo de calamidad u opresión de conjunto, aquí es consecuencia del pecado de *la merces retenta laborum*, de la retención de la paga por los trabajos realizados; este es un pecado cometido en contra de personas de la misma raza, un pecado que clama al cielo.

Ellos, los prepotentes, hacen caminar (הלך, como en Job 30, 28) desnudos (עָרוֹם) a los pobres, sin (בלי en el sentido de מבלי, *absque*) ropa, y les mantienen con hambre mientras acarrean las gavillas. Ellos trabajan y sufren así porque sus dueños, en contra del precepto de Dt 25, 4, no les conceden ni siquiera aquello que se ha de dar a las bestias de labor.

Dentro de sus muros (con שׁוּרֹתָם, cf. שׂרות, Jer 5, 10, en caldeo שׁוּרַיָּא), es decir, dentro de unas murallas que sus dueños han construido para hacerles esclavos y tenerlos así bajo vigilancia estricta, sufriendo una gran sed (en futuro consecutivo, según Ewald 342, a), sin que les permitan apagar esa misma sed con el mosto que corre por las prensas (נתות, *torcularia*, de donde se toma aquí la palabra דרך que se aplica aquí a los tórculos para el vino).

Bötticher traduce "entre los troncos de los árboles", pero sin dar razón de ello, ofreciendo así una de las peores traducciones posibles del texto. Carey expone correctamente el texto hablando de las "fábricas de vino de estos jardines cerrados para la más dura esclavitud". Esta referencia al muro de las bodegas resulta más adecuada que una referencia a las paredes de la misma prensa del vino. De esa forma, de la opresión tiránica en conjunto del país[15] el texto pasa aquí a la abominación de las discordias en las ciudades del país.

---

15. En este contexto, comenta Brentius: "Qué juicio ha de venir sobre aquellos que cometen estas opresiones sobre personas de su misma carne, de su misma patria, de su misma fe en Cristo, unas opresiones que no cometen ni siquiera los animales. Este es un mal frecuentísimo en Germania. Ay por tanto de Germania": *Quantum igitur judicium in eos futurum est, qui in homines ejusdem carnis, ejusdem patriae, ejusdem fidei, ejusdem Christi committunt quod nec in bruta animalia committendum est, quod malum in Germania frequentissimum est. Vae igitur Germaniae!*).

Tercer curso de la controversia

24, 12. De un modo natural, Umbreit, Ewald, Hirzel y otros leen מתים como hace la *Peschita*. Pues bien, tanto *mîte* en siríaco como מתים *eb* hebreo, significa siempre *los muertos* (árabe: *mauta*), no los que mueren, sino los mortales (árabe: *matna*). Por eso, Efrén cambia el presente (*ellos gimen*) en perfecto (han gemido). Ciertamente, la puntuación de מתים (מְתִים) es correcta, pero la acentuación por la que se pone un *mehupach zinnorith* sobre מֵעִיר, con un *asla legarmeh* sobre מתם, hace que esas dos palabras estén en una relación de genitivo, con este sentido: en la ciudad de los hombres, es decir, en la ciudad muy poblada, llena de una gran cantidad de mortales, ellos gimen. No se traduce por tanto, como hace Rosenmüller, según Gen 9, 6 y Prov 11, 6, "los hombres gimen" (según esa traducción los "mortales" serían simplemente "los hombres", mientras que Job quiere poner de relieve la nota de "mortales").

Esa traducción parece la preferible, pues de lo contrario la palabra מתים sería muy poco expresiva como sujeto. Es posible que עיר, *ciudad*, pueda tener el sentido de *lugar de ira fuerte* o *de angustia* (cf. Os 11, 9; como קנאה), esto es, lugar de opresión. Pero no hay indicios que nos puedan llevar a interpretar la palabra de esa forma[16].

Con Jerónimo, Símaco y Teodoción, tomamos מתם como aquellos que se lamentan. Pues bien, en esa línea, la poca claridad del pasaje desaparece si lo explicamos en referencia a otros textos como Dt 2, 34; 3, 6 y Jc 20, 48, donde se alude a los habitantes varones, a los que todo conquistador quiere pasar por la espada. Por eso traducimos "hombres" (hombres de guerra), aunque se podría haber traducido también "pueblo" (Job 11, 3), conforme al uso antiguo de la palabra.

נאק se aplica al gemido de los que mueren, igual que en Jer 51, 52; Ez 30, 24, como muestra también Job 24, 12. Las almas de aquellos que están mortalmente

---

16. Para la interpretación de מתים, los muertos, es muy importante la reflexión siguiente de Wetzstein, cuando traduce Os 11, 9: "yo no vendré como un enemigo destructor", con ב de atribución, como en árabe *b-ṣifat 'l-'ayyûr*. En esa línea se sitúa la observación de Wetzstein: "La forma קים pertenece a la clase numerosa de las formas segoladas en פעל, las cuales, perteneciendo al primer período de la formación de los idiomas semitas, no toman terminaciones de plural ni de femenino; ellas suelen tener, además, un significado femenino, y no son originalmente abstractas, sino que tienen el sentido concreto del participio activo árabe en *mufâ'l*.

Esta formación primitiva, sin flexión, se encuentra con abundancia en el idioma árabe de la estepa, lo que muestra que el hebreo conserva elementos que son de gran antigüedad (*Uralt*). De esa forma, los beduinos dicen *hû qitlî* (הוא קטלי), él es mi oponente, en un combate mano a mano. En esa línea, *nithî* (נטחי) es "mi oponente" en un torneo con lanzas. *Chîlfi* (חלפי) y *diddî* (צדי) son *mi adversario*. De esa forma, una madrastra se llama *dîr* (ציר), como opresora de los niños que no son suyos, y una concubina es también *dirr* (צרר), como opresora de su rival. Los *Kamus* conservan todavía varias palabras que se sitúan en la misma línea, como *tilb* (טלב), a perseguidor. Según eso, קים deriva de קום, como עיר, una ciudad, deriva de עור (por lo cual, conforme a la ley de cambio de letras, tenemos ante todo la forma עיר con su plural עירים (Jc 10, 4), con el sentido de los rebeldes, es decir, de los enemigos (que todavía hoy, en el idioma de la estepa, se llaman los *qômâni*, de *qôm*, un "estado" de guerra, en conflicto), como עיר, algo que contiene otra cosa, y ציר, un mensajero.

heridos gritan y se lamentan. חללים no significa meramente los heridos y casi muertos, sino conforme a la etimología de la palabra, aquellos que están atravesados, es decir, que han recibido heridas de muerte por espada, aquellos cuya alma grita, cuando abandona el cuerpo en medio de una gran lucha.

Pues bien, esas cosas suceden sin que Dios las prevenga. לא־ישים תפלה, "Dios no observa la abominación"; cf. Job 22, 22, con לא ישים בלבו (no toma eso en su corazón), un pensamiento que en forma no elíptica se dice לא ישים לבו על (cf. Job 1, 8; 34, 23): *Dios no dirige hacia ello su corazón*, no presta atención (en nuestro caso en forma velada, lo mismo que en Job 4, 20; Is 41, 20). Ciertamente, la última frase no se construye nunca con acusativo de objeto. Por eso la traducimos en la línea de ב שים, Job 4, 18: Dios no reconoce tal תפלה, es decir, no la castiga, *non imputat*.

La palabra תפלה (cf. לא־ישים תפלה) es propiamente algo insípido (cf. árabe *tafila*, oler), algo sin sabor, una absurdidad, una autocontradicción. Pues bien, según Job, esa forma de actuar de Dios constituye una inmoralidad que va en contra del orden moral del mundo, y que permanece, sin embargo, sin castigo. La traducción siríaca lee תפלה (no תפלה) y en esa línea traduce, como Louis Bridel (1818): *et Dieu ne fait aucune attention a leur prière*. (Esta es la injusticia de fondo, que se manifiesta en el hecho de que Dios no atiende a la oración de los que son injustamente oprimidos).

Job 24, 13-15

¹³ הֵמָּה ׀ הָיוּ בְּמֹרְדֵי־אוֹר לֹא־הִכִּירוּ דְרָכָיו וְלֹא יָשְׁבוּ בִּנְתִיבֹתָיו
¹⁴ לָאוֹר יָקוּם רוֹצֵחַ יִקְטָל־עָנִי וְאֶבְיוֹן וּבַלַּיְלָה יְהִי כַגַּנָּב׃
¹⁵ וְעֵין נֹאֵף ׀ שָׁמְרָה נֶשֶׁף לֵאמֹר לֹא־תְשׁוּרֵנִי עָיִן וְסֵתֶר פָּנִים יָשִׂים׃

¹³Hay otros que se han rebelado contra la luz, no conocen sus caminos,
ni permanecen en sus sendas.
¹⁴Al amanecer se levanta el asesino, que mata al sufriente y al pobre,
aquel que en la noche actúa como un ladrón.
¹⁵Y el ojo del adúltero vigila entre dos luces, diciendo
ningún ojo me reconocerá y pone un velo ante su rostro.

24, 13-14. Con המה comienza un nuevo giro en la descripción de la confusión moral, que ha escapado de la observación de Dios (y su justicia). Este pasaje no debe traducirse de forma retrospectiva (en el sentido de *dado que ellos*, Ewald), ni en línea de separación (*incluso ellos*, Bötticher), distinguiendo así a los oprimidos de los poderosos, sino que aparece como "otros" (pues המה corresponde conforme en el uso del lenguaje a *otros*, en la línea de אלה).

En este momento, Job pasa a otro tipo de malhechores, de hombres de mala disposición, de malvados. Su característica general es que ellos se rebelan en contra de la luz, y así aparecen descritos conforme a su distintivo de oscuridad. No se dice que formen parte de un grupo más grande de enemigos de la luz, sino que ellos mismos, por su naturaleza, son los enemigos de la luz. La *beth* (cf. בְּמֹרְדֵי־אוֹר) es una *beth essentiae*. Con la היוּ (cf. Prov 3, 26) se está afirmando lo que ellos han llegado a ser por su propia inclinación, mostrando así la forma en que están conformados, como alejados de la luz; cf. ἀποστάται φωτός (Símaco).

La palabra מרד (de la raíz מר, cf. comentario a Job 23,2) significa propiamente oponerse en contra de algo, empujar, rebelarse; ella se refiere, por tanto, a alguien que se opone a otro, de un modo obstinado (como en árabe *mârid, merîd*, cf. *mumâ*ri, alguien que no acepta la voluntad de otro). La forma בְּמֹרְדֵי־אוֹר (no con *makkeph*, sino con *mahpach*, de *mercha mahpach*, colocado delante de las dos palabras, cf. M. Braendl, *Psalterium*, p. x.) asume la posibilidad de una construcción con acusativo, como aparece al menos una vez en la Biblia, en Js 22, 19.

Ellos son hostiles a la luz, no tienen familiaridad con sus caminos, con הכּיר; como en Js 22, 17; Sal 142, 5; Rut 2, 19, ellos no toman conocimiento de algo que es muy importante, de forma que no habitan en los caminos de la luz (cf. ישׁבוּ, que Jerónimo traduce *reversi sunt*, siguiendo una mala lectura del texto). Eso significa que no se sienten a gusto en la luz, pues no tienen paz interna.

Ciertamente, la luz es aquí la luz del día, pero ella aparece en relación estrecha con una luz más alta, porque el hombre vicioso odia τὸ φῶς, Jn 3, 20, en todos sus sentidos. En esa línea, las obras que están escondidas en la oscuridad de la noche son también ἔργα τοῦ σκότους, Rom 13, 12 (cf. Is 29, 15), indicando así que la luz y la oscuridad son dos principios opuestos de la vida espiritual.

Resulta normal que la descripción más precisa de la conducta de esos enemigos de la luz comience ahora con לאור (cf. לָאוֹר יָקוּם, 24, 14). Esta frase no puede traducirse "todavía en la oscuridad de la noche" (Stickel), es decir, cuando todavía no hay luz. Por otra parte, en el hebreo bíblico, אור no significa madrugada, en el sentido del hebreo talmúdico *(Pesachim 1a, Seder olam rabba*, c. 5, אור שׁביעי, *vespera septima)*, como אורתא (igual a נשׁף) en arameo talmúdico.

Al contrario, esa palabra (אור) significa *cuando empieza a romper el día* (cf. הבקר אור Gen 44, 3), es decir, en la madrugada. En ese momento se levanta el asesino para comenzar su "trabajo", velándose aún en la oscuridad (Sal 10, 8-10), con el fin de matar entonces (sobre יקטל...יקום, cf. Gesenius 142, 3, c) a los infortunados y a los pobres (supliendo la idea de emboscada, en la que el asesino espera a sus víctimas).

La antítesis que comienza en וּבַלַּיְלָה, **Job 24, 14**, muestra que לָאוֹר está indicando *primo mane*, el comienzo del día, fijándose en aquel que cuando está rompiendo el día sale para matar y saquear, cometiendo así en la madrugada sus robos, pues no hay entonces nadie que pase a su lado por los caminos. Stickel traduce *para matar de día al pobre y al herido y para actuar en la noche como ladrón*. Pero en ese caso el subjuntivo ויהי debería estar al comienzo (cf. p. ej., Job 13, 5), y, además, de un modo general no podría probarse lo así dicho sin forzar el sentido del texto, pues la forma voluntativa del futuro tiene siempre un significado modal.

Por un lado, la partícula יהי no tiene un sentido diferente del que tiene en Job 18, 12; 20, 23, sino que es solo una forma acortada de יהיה: En la noche él es como un ladrón, es decir, realiza la función de un ladrón. Por otro lado, el ojo del adúltero (**24, 15**) observa en la oscuridad de la tarde (cf. Prov 7, 9), vigilando de un modo muy atento la hora en que puede salir (con שׁמר, en el sentido usual de observar, estar en vela, mirar ansiosamente), a fin de que no le vean en la oscuridad del anochecer, como si pudiera hacerse invisible. Además, con el fin de que no pueda ser reconocido, ni en el caso de que le vean, se pone una máscara, es decir, un velo ante el rostro.

En sentido estricto, סתר פנים es algo que cubre el rostro, a fin de que la persona así ataviada no pueda ser reconocida (LXX ἀποκρυβὴ προσώπου), como en árabe *sitr, sitâreh*, una cortina, un velo ante el rostro; en esa línea se suele decir, utilizando una palabra tomada del árabe *mascharat, enmascararse* (aunque ese no sea el sentido estricto del término)[17].

Job 24, 16-17

¹⁶ חָתַר בַּחֹשֶׁךְ בָּתִּים יוֹמָם חִתְּמוּ־לָמוֹ לֹא־יָדְעוּ אוֹר׃
¹⁷ כִּי יַחְדָּו בֹּקֶר לָמוֹ צַלְמָוֶת כִּי־יַכִּיר בַּלְהוֹת צַלְמָוֶת׃

¹⁶En la oscuridad excavan por las casas, por el día se encierran, desconocen la luz.
¹⁷Les da lo mismo el amanecer y la pura noche, conocen los terrores de la noche.

Aquí se describen de un modo más preciso las formas de actuar de los ladrones, que aparecían referidas de un modo más rápido en Job 24, 14. El sujeto indefinido de חתר, como queda claro por todo lo que sigue, es la banda de ladrones de la que está hablando Job. La ב, que en los demás casos se vincula con *chtr* (romper algo), está seguida aquí por el acusativo בָּתִּים (pronunciado como *bâtti*m, no *botti*m)[18], como en el Talmud, חתר שׁנו, agujerear los propios dientes, en *b. Kidduschin*, 24 b.

---

17. Quizá la máscara propiamente dicha no se conocía en Palestina y Siria. En esa línea, la palabra el סתר פנים se refiere quizá a un tipo *mendîl (mandilion)*, es decir, al velo de las mujeres, que en el momento actual recibe en Haurán hasta el día de hoy el nombre de *sitr,* un tipo de tela que ellas se ponen sobre el rostro en las ciudades, mientras que en las aldeas y pueblos del campo lo llevan a la espalda, y solo se lo ponen sobre el rostro en presencia de extranjeros. Si esta explicación es correcta, el texto de Job está indicando que, para permanecer en el anonimato, los adúlteros se ponen un velo de mujer (cf. Dt 22, 5). De hecho, en las ciudades de Siria, los hombres se ponen vestidos de mujeres para realizar comportamientos nocturnos prohibidos; es decir, ellos se tapan el rostro una *izâr*, que les cubre desde la cabeza hasta los pies, en forma de *mendîl,* y van por la calle con una linterna (pues sin ella toda persona en la noche suele ser detenida por los policías), para así entrar sin oposición en una casa extraña (nota de Wetzstein).

18. Cf. Aben-Ezra sobre Ex 12, 7. La mejor prueba de que ha de pronunciarse *bâttim* es el hecho de que debe escribirse como בָּתִּים, de forma que el *metheg* se transforma en acento,

Tercer curso de la controversia

Según el Talmud, con la interpretación de Ralbag y en general de los comentaristas judíos antiguos, el tema de **Job 24, 16** se encuentra estrechamente relacionado con el de la casas (בָּתִּים), donde los ladrones han entrado de día, escondiéndose en ellas. Pero חתם (cf. חִתְּמוּ־לָמוֹ) no significa esconderse en sentido general, sino poner bajo llave y cerrar, Job 14, 17; 9, 7; 37, 7.

En esa línea, el *piel*, que se utiliza solamente aquí, ha de explicarse de esta forma: de día ellos sellan las puertas, es decir, se encierran en las casas (con *rebia mugrasch*). No conocen la luz, como explica bien Schlottmann: No tienen relación con ella, porque la palabra bíblica "conocer" (ידע, γινώσκειν) significa en la mayor parte de los casos un conocimiento que penetra en el mismo sujeto, un conocimiento que se vincula íntimamente con la persona.

Job 24, 17 sirve para confirmar lo anterior. Umbreit y Hirzel exponen así el tema: Por la mañana les llega, al mismo tiempo, la sombra de la muerte... Pero יחדו no puede tomar el significado de "al mismo tiempo", con simultaneidad temporal, como hemos visto en el comentario a Job 17, 16. Al contrario, יחדו significa juntos, cf. Job 2, 11; 9, 32. Por otra parte, el orden de las palabras, יחדו...לָמוֹ (para ellos, juntamente) es el de Is 9, 20; 31, 3; Jer 46, 12. Así hemos traducido: "Porque la noche es para ellos lo mismo que el amanecer en la mañana".

Por otra parte, además de la versión errónea de יחדו, que se puede corregir con facilidad, la traducción que Hirzel ofrece de 24, 17 resulta forzada: la mañana, es decir, el principio del día, es para todos ellos como la sombra de muerte, porque todos y cada uno conocen los terrores de la luz del día, que se les presenta como una sombra de muerte (porque corren el riesgo de ser descubiertos y condenados).

Mucho más natural es la interpretación de Olshausen: La profundidad de la noche es para ellos como el despertar de la mañana (sobre la procedencia de los predicados, cf. Am 4, 13 y 5, 8: caminando en la oscuridad de la mañana), porque ellos están acostumbrados a los terrores de la noche profunda, es decir, esos terrores no son para ellos una sorpresa, pues saben la forma de superarlos.

Sobre este tema, cf. también Job 38, 15, donde se dice que la noche, cuando ella se va desvaneciendo antes de la salida del sol, recibe el nombre de "luz de los malvados", favoreciendo así nuestra interpretación (no la anterior, como piensa Olshausen). También los acentos están a favor de esa interpretación, porque si בקר fuera el sujeto (y la frase tuviera que traducirse "la mañana es para ellos la sombra de la muerte") habría que haber puesto en las palabras בֹּקֶר לָמוֹ צַלְמָוֶת los siguientes acentos: *dech, mercha* y *athnach*. Sin embargo, los acentos son *munach, athnach* y un segundo *munach*. Eso significa que בֹּקֶר לָמוֹ es el predicado: la sombra de la muerte es para ellos como la mañana. A partir de aquí, la descripción que está en plural pasa con כִּי־יַכִּיר al singular, individualizando así el tema.

---

como en Ex 8, 7; 12, 7; Jer 18, 22; Ez 45, 4, lo que solo puede suceder con *kametz*. Cf. Köhler sobre Zac 14, 2.

בַּלְהוֹת está en constructo, sin *dagesh* en la segunda consonante. Mercier traduce aquí de un modo admirable: *sunt ei familiares et noti nocturni terrores, neque eos timet aut curat, quasi sibi cum illis necessitudo et familiaritas intercederet et cum illis ne noceant foedus aut pactum inierit* (Le son familiares y conocidos los terrores nocturnos, no los teme, ni se preocupa de ellos, como si la necesidad y la familiaridad intercediera a favor de ellos). De esa manera, por su talento y su decisión los malvados superan los peligros, y la justicia divina permite que ellos no sean descubiertos ni castigados, algo que para Job resulta inconcebible.

Job 24, 18-25. Introducción. Este es el momento de detenernos y ofrecer una visión de lo que este conjunto de imágenes y afirmaciones de Job quieren probar, pues lo que sigue después, a partir de 24, 18 parece que no expresa ya la opinión de Job, sino la de sus oponentes. Ewald, Hirzel y Heiligstedt piensan que Job 24,18-21 y 24, 22-25 son como tesis y antítesis, suponiendo así que, sobre la cuestión de ¿cuál es el lote o recompensa que cae sobre estos malvados? Job habría dado dos respuestas: (1) *En 24, 18–21 habría dado una respuesta irónica*, en el sentido del pensamiento de sus amigos, diciendo que esos hombres malvados han recibido el castigo que ellos merecían. (2) *En 24, 22–25, habría dado su propia opinión*, ya en serio, en oposición directa a la anterior. Pero, en contra de eso, debemos indicar: (1) En Job 24, 18–21 no encontramos el menor indicio de que Job no esté expresando su propia forma de entender el tema, de manera que debemos rechazar la visión de Schlottman, quien afirma que Job está desarrollando la opinión de uno de sus oponentes. (2) No se puede hablar de oposición entre 24, 18–21 y 24, 22–25, pues ambos textos expresan sustancialmente lo mismo, en relación con el fin de los malvados.

Según eso, no se puede suponer con Stickel, Löwenthal, Böttoch, Welte y Hahn, que en 24, 18-21 Job está presentando la visión de los amigos que le atacan (que los malvados sufrirán un terrible castigo), mientras que en 24, 22-25 él afirma, por sí mismo, lo contrario (que los malvados no son siempre castigados), tal como lo enseña con frecuencia la misma experiencia. Si se expresara de esa forma, ser opondría así a la opinión sostenida por sus amigos.

Pero, en contra de eso, debemos afirmar que 24, 24 no tiene nada que indique una oposición a lo dicho en 24, 19. En esa misma línea, Job 24, 22 ss. no dice nada que se oponga de un modo antitético a lo dicho en los versos anteriores. Más que una antítesis a lo anterior, 24, 22 marca una transición, dentro del mismo pensamiento. Según eso, debemos afirmar que el texto de Job 24, 18 (en la línea de Eichhorn, Schnurrer, Dathe, Umbreit y Vahinger, y también de los LXX, y de la traducción siríaca y Jerónimo) ha de entenderse en sentido optativo, más que afirmativo.

En esa línea, la interpretación más fiel al texto es aquella que entiende los dos pasajes (Job 24, 18-21 y 24, 22-25) como expresión de un mismo pensamiento

Tercer curso de la controversia

de Job, añadiendo que no hay entre ellos contradicción interna, sino complementariedad. Así lo ha visto por ejemplo Rosenmüller, quien, sin embargo, lo mismo que Renan se equivoca al conectar 24, 18 con la descripción de los ladrones, añadiendo que 24, 18a trata de la huida de los ladrones, mientras que 24, 18b se ocupa de su estancia en lugares horribles, mientras que 24, 18c pone de relieve el hecho de que ellos evitan la cercanía de las ciudades.

Job 24, 18-21

¹⁸ קַל־הוּא ׀ עַל־פְּנֵי־מַיִם תְּקֻלַּל חֶלְקָתָם בָּאָרֶץ לֹא־יִפְנֶה דֶּרֶךְ כְּרָמִים׃
¹⁹ צִיָּה גַם־חֹם יִגְזְלוּ מֵימֵי־שֶׁלֶג שְׁאוֹל חָטָאוּ׃
²⁰ יִשְׁכָּחֵהוּ רֶחֶם ׀ מְתָקוֹ רִמָּה עוֹד לֹא־יִזָּכֵר וַתִּשָּׁבֵר כָּעֵץ עַוְלָה׃
²¹ רֹעֶה עֲקָרָה לֹא תֵלֵד וְאַלְמָנָה לֹא יְיֵטִיב׃

¹⁸Él es ligero sobre la superficie de las aguas; su herencia es maldita en la tierra; no volverá más por el camino de las viñas.
¹⁹Sequía y también calor secan las aguas de la nieve; así el sheol a los que han pecado.
²⁰El vientre le olvida; le comerán los gusanos, no será más recordado; perece como árbol truncado el deseo del malvado
²¹que afligió a la estéril, que no había concebido, y no hizo bien a la viuda.

El punto de comparación de **24, 18** es la rapidez de la desaparición del malvado; pasa y se esfuma pronto, como una sustancia ligera arrastrada por la rapidez de la corriente, de forma que pronto no puede ser vista, cf. Job 9, 26: "Mis días pasan rápidos como barcos de cañas, como águila que se abalanza sobre la presa". Cf. en la misma línea Os 10, 7: "El rey de Samaría es destruido y desaparece, como ramas de arbusto (LXX, Teodoción, φρύγανον) de la superficie del agua, arrastradas por la corriente o hundidas por una ola"¹⁹.

La idea no es la de ser tragado por las aguas, como en el pasaje de Oseas, sino, por el contrario, la de algo que desaparece de la vista, siendo arrastrado rápidamente por la corriente de las aguas. Según eso, si el malhechor recibe una muerte rápida, su herencia (חלקה, de חלק, dividir) será maldecida por los hombres, pues nadie vivirá en su casa, ni la utilizará, pues Dios la ha destinado a la desolación, a causa del pecado vinculado a ella (cf. comentario a Job 15, 2).

Por su parte, además, el malhechor, *no volverá a tomar el camino de la viña* (פנה, con דרך, pero no en el sentido de acusativo de objeto, sino indicando la dirección, como en el caso de אל־דרך; cf. 1 Sam 13, 18 y 13, 17). Eso significa que el malhechor no podrá ir a la viña, para inspeccionar de un modo orgulloso

---

19. La traducción "como espuma" (*spuma* o *bulla*) resulta aquí también muy apropiada, cf. targum, Símaco, Jerónimo y otros. Pero el significado de espuma no se puede probar etimológicamente, de manera que no puede introducirse en el texto.

su vasto dominio, y vigilar a sus trabajadores. El sentido de la frase no es que el malvado ha sido objeto de una maldición especial, sino simplemente que ha muerto, de tal forma que los hombres no podrán vengarse, descargando sobre él la rabia que provocó su conducta. Ese malhechor se encuentra ya lejos, no puede ser alcanzado, está en el *Sheol*.

Lo que Job expresa figurativamente en 24, 18 (repitiendo lo dicho en 21, 13, aunque allí sin figuras: "en un momento ellos bajan al Sheol") lo presenta en 24, 19 con una nueva figura, utilizando para ello un proverbio emblemático (cf. Herzog, *Real-Encyklopädie*, xiv. 696), sin necesidad de introducir la partícula כן (así), ni siquiera una *waw* copulativa (cf. Prov 25, 25), sino directamente, para culminar su descripción con חָטָאוּ, los que han pecado: "Sequía y calor secan (=arrebatan) las aguas de la nieve; así arrebata el sheol a los que han pecado".

Job 24, 19 constituye un modelo de brevedad en la expresión, cf. Gesenius 155, 4, b. Suelo arenoso (צִיָּה, tierra árida, sin humedad natural), y añadido a eso (con גַם, que significa *también*, no *de igual manera*) el calor del sol. Estas dos realidades, actuando simultáneamente, una por debajo (tierra seca) y otra por arriba (calor del sol y arena) arrebatan (secan) el agua de la nieve fundida, que decrece y desaparece sin dejar rastro alguno (sin desembocar en ninguna fuente o río). De igual manera, el *Sheol* arrebata a aquellos que han pecado (en el sentido de גזלה את־אשר חטאו).

Los dos casos son semejantes: *el agua, que desaparece* sin más en el calor y sequía de la arena, y *la muerte* de aquellos cuya vida ha sido vida de pecado; una muerte que se produce de un modo natural, sin dolor, de un modo fácil, sin estruendos, sin una agonía penosa y larga.

- *El pecador desaparece de repente,* de forma que el mismo רֶחֶם, vientre, que es aquí la madre que le dio a luz le olvida. רֶחֶם es la matrix/matriz, la madre, y según Ralbag, significa la amistad, los que le han amado tiernamente. Otros piensan que se trata en general de los conocidos, que olvidan sin más al muerto. Sea como fuere, el malvado muere y desaparece, como desaparecen todos, sin castigo especial.
- Al *pecador le comen los gusanos,* chupan de él (מתקו en vez de מתקתו), maman de él según Gesenius 147, a (*sugit eum*), en un sentido normal, de alimentarse suavemente del muerto (Job 21, 33)[20]. La idea de fondo es que los pecadores mueren sin que pase con ellos nada especial. Ciertamente, han sido injustos, pero mueren, y de esa forma acaba todo, sin recibir castigo alguno por su pecado.

---

20. En siríaco, *metkat ennun remto*; en árabe *imtasahum*, del sinónimo árabe *maṣṣa*, igual que מזה, מצה, מצץ. Nadie piensa ya en el malhechor, y en ese sentido él es algo que está roto, destruido, como un árbol (no como una vara, pues עץ no significa nunca *vara*, ni en Os 4, 12, sino árbol, como en árabe *'asa, 'asât*).

Tercer curso de la controversia

24, 21. Los malvados mueren, sin ser castigados más que otros. Su falta de compasión (como puede observarse todavía en la actualidad en relación con la conducta tiránica de los funcionarios en Siria y Palestina, especialmente de aquellos que se dedican a recolectar los impuestos) ha llegado al extremo de "comer", es decir, de "devorar", oprimir y aprovecharse de las mujeres estériles (cf. Gen 11, 30; Is 54, 1), esto es, a las mujeres indefensas sin hijos que les protejan y defiendan, y lo han hecho sin mostrar nunca favor hacia las viudas, sino al contrario, arrojándolas lejos sin ser por eso especialmente castigados.

No hay ningún necesidad de entender aquí el verbo רעה, con Rosenmüller, siguiendo al targum, en el sentido de *confringere*, como verbo emparentado con רצץ, רעע y de entender תרעם, cf. Sal 2, 9, en el sentido de *depascere*, como en Job 20, 26, dándole el sentido de *depopulari* (despoblar). Sobre la forma ייטיב en vez de יימיב, cf. Gesenius 70, 2. Por otra parte, sobre la traducción del participio, convirtiéndolo en verbo finito, cf. Gesenius 134, 2.

Ciertamente, en principio, parece que nadie quiere que se conserve la memoria de los hombres malvados, pero ellos han pasado sin ser castigados en la tierra, tras haber disfrutado de su maldad. Pues bien, y este es un pensamiento que él ha mantenido y ratificado (agrandado) en 21, 32, Job afirma que (a pesar de que mueren y terminan) la memoria de los malhechores queda a veces inmortalizada en monumentos (funerarios), para mantener así su recuerdo. Eso significa que algunos malhechores, además de vivir bien en el mundo, aparecen como triunfadores e importantes tras su muerte, en el mismo "más allá", como muestra su sepulcro[21].

En la siguiente estrofa Job avanza algo más. Y de esa forma, después de haber dicho, en 24, 22-23 que la vida de los impíos pasa como si ellos hubieran sido favorecidos por Dios, él (Job) puede afirmar que, en contra de lo afirmaban sus amigos al criticarle, muchos malvados no solo mueren en paz, sino que incluso son honrados en grandes monumentos.

De esa forma, tras haber muerto sin grandes dolores (como han dicho sus amigos), Job afirma que a la muerte de los malhechores le puede seguir un tipo de honores que le tributan en la misma tumba, mostrando así que esa muerte puede llegar y realizarse no solo sin sufrimiento, sino que puede ser principio de un tipo de nueva veneración de esos muertos en su sepulcro.

---

21. Este es el pensamiento fundamental de la estrofa: que ni en vida ni en muerte el malhechor como tal sufre castigo por el mal que ha realizado. La figura del árbol roto (en su pleno vigor) corresponde también a este pensamiento. Cf. por otra parte lo que Bildad dice en Job 18, 16: "Sus raíces se secan por abajo, y por arriba sus ramas quedan truncadas" (o se secan). La severidad de su opresión no se manifiesta hasta después de su muerte.

Job 24, 22-25

²² וּמָשַׁ֣ךְ אַבִּירִ֣ים בְּכֹח֑וֹ יָ֝ק֗וּם וְֽלֹא־יַאֲמִ֥ין בַּֽחַיִּֽין׃
²³ יִתֶּן־ל֣וֹ לָ֭בֶטַח וְיִשָּׁעֵ֑ן וְ֝עֵינֵ֗יהוּ עַל־דַּרְכֵיהֶֽם׃
²⁴ ר֤וֹמּוּ מְּעַ֨ט ׀ וְֽאֵינֶ֗נּוּ וְֽהֻמְּכ֗וּ כַּכֹּ֥ל יִקָּפְצ֑וּן וּכְרֹ֖אשׁ שִׁבֹּ֣לֶת יִמָּֽלוּ׃
²⁵ וְאִם־לֹ֣א אֵ֭פוֹ מִ֣י יַכְזִיבֵ֑נִי וְיָשֵׂ֥ם לְ֝אַ֗ל מִלָּתִֽי׃ ס

²²Preservó a los poderosos con su poder; los elevó, aunque desesperaran de vivir.
²³Le concedió descanso, y fue sostenido: y sus ojos están sobre sus caminos.
²⁴Fueron ensalzados por un poco, pero después no eran, siendo de nuevo abatidos, destruidos como todos los otros, cortados como cabezas de espigas.
²⁵Y si no es así ¿quién me desmentirá, y dirá que mis afirmaciones carecen de sentido?

24, 22. Aunque tras la muerte se vea cómo los impíos han sido temidos (aunque no queridos por los hombres), la muerte por sí misma no sirve para revelar la justicia retributiva de Dios. ¿Se manifiesta de algún modo esa justicia durante el tiempo de su vida? Conforme a nuestra traducción, la *waw* con la que empieza esta estrofa (וּמָשַׁךְ) no es adversativa, sino progresiva. El sujeto es Dios. מָשַׁךְ, extenderse en longitud, se aplica de ordinario al amor, Sal 36, 11; 109, 12, y a la ira, Sal 85, 6; pero aquí se aplica a las personas: prolongar su vida, preservarla largo tiempo. אבירים son los fuertes, los que son capaces de enfrentarse a grandes dificultades (Sal 76, 6), oponiéndose también a todo influjo divino y a todo noble impulso humano (Is 46, 12), sin contar con Dios, ni realizar lo justo. Pues bien, a esos que solo confían en su poder, a esos que deberían ser destruidos por la furia del Todopoderoso, Dios les preserva vivos, incluso en momentos críticos.

Así se dice que "este (es decir, el poderoso contrario a Dios, el אביר) se eleva (de nuevo)", incluso en momentos en los que no tenía asegurada su vida, en momentos en los que temía sucumbir bajo la muerte, restableciéndose así para seguir realizando la maldad (האמין como en Sal 27, 13; חיין, forma aramea, como מלין, Job 4, 2; 12, 11; la frase entera es una cláusula circunstancial, en vez de לא וגו והוא).

24, 23. Dios concede a ese poderoso לבטח, vivir en seguridad, o incluso mantener una existencia pacífica segura, pues לבטח es virtualmente un objeto, y la ל es una lamed de condición (cf. לרב, Job 26, 3). En esa línea, Hahn, a quien seguimos solo en este caso, traduce bien: *y él (el malvado) puede mantenerse, preservarse (con la ayuda de Dios...)*.

Por lo tanto: el injusto es soportado (sostenido) o puede sostenerse (ser confortado), aunque no se pueda defender el sentido absoluto de נשען (cf. וְיִשָּׁעֵן). En este caso debería aparecer una palabra como על־טובו, o alguna otra expresión de ese tipo (Job 8, 15). Dios le sostiene, y le eleva de nuevo: sus ojos (עיניהו igual que עיניו) están sobre (descansan) en los caminos de esos hombres malvados, de manera que ellos se elevan, como si Dios les ofreciera una protección espacial,

Tercer curso de la controversia

como se dice en Job 10, 3: Dios hace que la luz brille desde arriba sobre los lechos (sobre las acciones) de los malvados.

24, 24. Pero el texto sigue: "Fueron ensalzados por un poco (siendo conscientes de su prosperidad), pero un poco después y ya no eran". La acentuación de רֹומּו con *mahpach*, y la de מְעַט con *asla legarmeh*, que supone que el texto debería traducirse *ellos estuvieron elevados solo poco tiempo* es errónea.

El verbo רוּם significa no solo estar elevado, sino también elevarse, alzarse uno por sí mismo, como en Prov 11, 11, insistiendo en el hecho de que ellos se exaltaron a sí mismos, *extulerunt se in altum* o *exaltati sunt*. Según eso, la forma de escribir רום (רֹומּו) indica que el verbo aparece tratado como un *ayin waw* en forma media (cf. Gesenius 67, 1).

La palabra מעט, seguida con una *waw* conclusiva (וְאֵינֶנּוּ) forma por sí misma una frase, como es frecuente, como en עוד מעט (solo un poco tiempo, y entonces), como en el caso exactamente semejante de Sal 37, 10. Pero aquí no está indicando la muerte súbita del impío, como si fuera un castigo, sino su muerte tranquila, sin lucha agónica (como una muerte buena, una εὐθανασία): un poco... y ya no es (de nuevo con una transición del plural al singular, con un sentido distributivo, individualizador).

Y así, como sigue diciendo Job 24, 24, ellos, los poderosos, "fueron de nuevo abatidos, destruidos como todos los demás". וְהֻמְּכוּ es una forma arameizante, en la línea de los verbos fuertes, con *hofal*. En ese sentido, וְהֻמְּכוּ (Gesenius 67, 8), de מכך, significa inclinarse (Sal 106, 43), ser abajado (Ecl 10, 18), cf. árabe *mkk*, desvanecerse, se anulado. Por su parte, יִקָּפְצוּן significa, conforme al sentido primario de קפץ, *comprehendere, constringere, contrahere* (en la línea de קמץ, קמט, קבץ): ellos son destruidos todos juntos, anulados, es decir, privados de vida, como en árabe *qbḍh allâh* (קפצו אלהים) y en pasivo *qubiḍa*, en el sentido de él ha muerto. No hay en esta frase referencia a *componere artus* (componer o unir las extremidades, cf. Gen 49, 33). Aquí se trata más bien de la figura de reunir, como se reúne el trigo en el granero. En ese sentido se entiende muy bien la figura que sigue (cf. קמץ, árabe *qabḍat, manipulus*, manojo) conectada con la anterior: ellos son cortados (y reunidos) como las cabezas de los tallos del cereal (las espigas), siendo llevadas al granero.

En el fondo está la imagen de la recolección del cereal, cuando se cortan las espigas, para ser reunidas, mientras que el tallo se deja en el campo, siendo después quemado, para producir así abono (cf. Gesenius *Thes.* cf. קש)[22]. Sobre יִמָּלוּ (futuro *nifal*, igual que ימלו), cf. lo dicho en comentario a Job 14, 2; 18, 16. Los

---

22. Hay otra figura aquí presente. Es común entre los árabes (beduinos) ir a los campos sembrados de cereal, especialmente de cebada, durante el tiempo de la cosecha, porque lo granos son indispensables para su comida y para la de sus caballos. Van en gran número, especialmente a oscuras, y llegan a cargar cientos de camellos en una noche. Como no tienen hoces utilizan sus *'aqfe* (que es una especie de espada pequeña o cuchillo, como la *sica* romana (nota de Wetzstein).

malvados han vivido en el mundo oprimiendo a los otros, y mueren como todos, sin un castigo especial (en contra de lo que decían los amigos de Job).

24, 25. Seguro de la verdad de lo que dice, en conformidad con la experiencia, Job apela finalmente a sus amigos: si las cosas no son así (sobre אפו igual que אפוא en cláusulas condicionales, cf. Job 9:24): ¿quién será capaz de probar lo opuesto? ¡Quien sea capaz que me acuse de mentir y que refute mi afirmación! (לאל es igual a לאין, Ewald 321, b, aunque quizá אל pueda concebirse originalmente como un infinitivo de אלל (cf. אליל), en el sentido de no existencia, árabe 'l-'Adán). Eso significa que ni en la muerte puede hablarse de un castigo de Dios para los malvados.

Interpretación de Job 23-24. Tras evocar las duras acusaciones del discurso de Elifaz, con las que llega a su cumbre el carácter poco caritativo de sus amigos, debemos penetrar con más profundidad en la clave del tema. Job no refuta a sus amigos en su misma línea. Incluso en este discurso, en oposición a sus amigos, él mantiene su tono tranquilo, sin apasionarse en contra de ellos, de un modo directo. Aunque Elifaz ha llegado al tono más duro y mentiroso en su acusación, la respuesta de Job no contiene ninguna palabra personal de amargura. En general, él no se dirige de forma directa a sus amigos, no porque quiera faltarles al respeto e ignorarles, sino porque no tiene nada más que decir sobre su conducta equivocada, y porque ha perdido toda esperanza de que su respuesta pueda surtir algún efecto en ellos, porque cree que ellos no harán esfuerzo algunos por entenderle.

En la primera parte de su discurso (Job 23), Job ha presentado de nuevo el misterio de su sufrimiento; en la segunda (Job 24), a modo de reverso de ese misterio, Job ha tratado de la prosperidad de los malvados, insistiendo en que ellos no sufren ningún castigo distinto (solo para ellos) en la tierra. ¿Cómo podrá probar Job su mensaje ante Elifaz, si es que Elifaz y sus amigos no quieren escuchar en modo alguno su lamento sobre la dureza de sus sufrimientos, que son inmerecidos, y le desafían de un modo cada vez más intenso con su obstinación (cf. מרי), introduciéndole cada vez más en su dolor?

El testimonio sobre su sufrimiento no tiene sentido alguno para sus amigos, pues ellos no lo aceptan; y de esa forma, él (Job) aparece ante ellos, cada vez más, como una persona engañada, hipócrita y pecadora. Por eso, de un modo consecuente, él piensa que solo el juicio de Dios puede decidir entre él y sus acusadores. En esa línea, mientras que sus amigos le acusan con sus palabras, parece que Dios mismo está pronunciando de hecho su sentencia condenatoria, pues el dolor de Job aparece en concreto (ante sus amigos) como acusación de Dios en contra de él. Por eso, antes de que el juicio de Dios pueda revelarse como defensa suya, en contra de sus amigos, Job quiere defenderse a sí mismo y probar su inocencia en oposición al autor de su aflicción. Por eso, la acusación de sus amigos, que se ha mostrado en el discurso de Elifaz de un modo más directo y cortante, hace que Job vuelva a elevarse con todo el poder de su deseo, para presentar su causa ante Dios (y no ante los hombres).

Al comienzo, Job aparece confiado en su victoria, porque su conciencia no le engaña, y porque Dios, aunque es al mismo tiempo parte y juez en su causa, está movido por la fuerza irresistible de la verdad. En este momento se muestra de nuevo la falta de armonía, esto es, de capacidad de respuesta en la concepción que Job tiene de la forma de actuar Dios en la tierra; todo el drama de su dolor le lleva a buscar la verdad de Dios en un plano más alto, por encima del nivel de sus amigos, para resolver su problema.

Por un lado, en este momento, Job no es capaz de ver al Dios que le persigue con el sufrimiento como un Dios que es inocente y justo. Pero, al mismo tiempo, por otro lado, está absolutamente seguro de que Dios tiene que ser justo, de manera que (acercándose a él) ha de atenderle y responderle. En este momento, en medio de su dolor, Job se encuentra en manos del poder arbitrario del Dios de sus amigos, aunque en un momento dado (al final de su historia), podrá elevarse (resucitar) en virtud de la justicia y de la verdad del Dios verdadero, en un plano más alto.

Por eso, su deseo es que el Dios que ahora le aflije pueda atenderle y escucharle desde un plano superior de verdad y vida: esta le parece la única manera de probar su inocencia ante Dios y de convencer al mismo tiempo a sus amigos, convenciéndose él mismo (Job) de la justicia del verdadero Dios. El principio de su anhelo es el deseo de liberarse de esta penosa concepción de Dios, que él debe superar.

El sufrimiento mayor de Job no viene de la aflicción y enfermedad que le causa un intenso sufrimiento, sino de la oscuridad en la que Dios le ha encerrado, de la visión de un Dios airado, que se complace en afligirle. Pues bien, por grande y arriesgada que sea esta visión, por la que Job presenta a Dios como autor de su aflicción, más grande es aún el deseo que él tiene de elevarse hasta su trono, para presentarle su problema y escuchar su justa sentencia.

Job piensa que Dios le está evitando, porque él (el verdadero Dios) tendría que ser consciente de su inocencia; por eso, en este momento, él solo piensa en mantenerse hasta el final de la aflicción que el mismo Dios ha decretado en contra suya. Esta sospecha de Job contra Dios resulta tan terrible como infantil. Se trata de una situación trágica, que no ha de entenderse como un sarcasmo de desconfianza, pues en ella se vinculan unos pensamientos infantiles sobre Dios (pensamientos que elevan, desde perspectivas distintas, Job y sus amigos) con una melancolía más alta que sitúa a Job en el borde de la locura.

Desde la altura luminosa de la fe a la que Job se alzaba en 19, 25, se ha hundido de nuevo, cayendo en la hondura más terrible del conflicto en el que, como un ciego, busca a tientas a Dios y, dado que no puede encontrarle, piensa que Dios huye, a fin de que él no le alcance.

Job toma al Dios del presente como un enemigo; y de esa forma desea encontrar al Dios del futuro, al que busca con su fe, el Dios que deberá defenderle tan pronto como se deje encontrar… Pero ese Dios no puede ser encontrado de la forma que Job quiere, y por eso, en esa línea, Job no puede liberarse de su sufrimiento y de su ignominia. El futuro se encuentra velado para él en una doble oscuridad.

Más que la respuesta que puede ofrecerle Elifaz, Job está buscando su propia respuesta, en relación con las duras acusaciones que él mismo ha lanzado contra Dios. No puede liberarse de ellas, pues su conciencia no le ayuda, y el Dios a cuyo juicio apela (el Dios más alto) parece que le abandona en medio de su dificultad. Pues bien, el misterio de su destino de aflicción, que aparece cada vez más torturante, se vuelve todavía más misterioso partiendo de una consideración que viene del lado opuesto, pues él tiene que responder a las acusaciones de Elifaz, por más terribles que ellas puedan parecerle.

Job, el inocente, aparece como torturado a muerte por un Dios airado, mientras que los impíos no son castigados, pues no hay para ellos ninguna venganza de parte de Dios: los impíos se elevan como codiciosos, conquistadores, gobernantes sin misericordia, opresores de los pobres, a los que chupan la última gota de sangre, obligándoles a servirles, en contra de toda justicia. Estos impíos son asesinos, que se esconde de la luz, son ladrones y adúlteros, que pecan sin ser castigados; de esa forma se esconden y escapan, sin que el castigo les alcance, sin ser capaces de superarlo.

Ciertamente, el *Sheol* les acoge (es decir, les deja que se destruyan) como a todos los restantes seres humanos, como a la nieve derretida por el calor. Pues bien, en ese contexto, el mismo Dios preserva a los opresores, en medio del extremo peligro, y tras una larga vida, les permite morir de muerte natural, libres de cuidados y cargas, como espigas maduras de trigo que se inclinan y cortan en verano. Confiando en la verdad de estas afirmaciones, Job se enfrenta a sus tres amigos: si las cosas no son de esta manera, ¿quién podrá acusarme de ser mentiroso? ¿Qué respuesta podrán ellos darme? Ellos no pueden rechazar este misterio, porque la experiencia les contradice. ¿Podrán resolverlo? Quizá podrían, pero ¿tienen ellos las llaves del futuro para hacerlo? Nadie, ni Job ni ellos están en posesión del futuro, y nadie sin el conocimiento del futuro puede resolver este misterio. Sin embargo, aunque la solución fuere imposible, las dudas que ese futuro plantea pueden ser transformadas por la fe, y así superadas.

Job 25. Tercer discurso de Bildad

25, 1-6

¹ וַיַּעַן בִּלְדַּד הַשֻּׁחִי וַיֹּאמַר׃
² הַמְשֵׁל וָפַחַד עִמּוֹ עֹשֶׂה שָׁלוֹם בִּמְרוֹמָיו׃
³ הֲיֵשׁ מִסְפָּר לִגְדוּדָיו וְעַל־מִי לֹא־יָקוּם אוֹרֵהוּ׃
⁴ וּמַה־יִּצְדַּק אֱנוֹשׁ עִם־אֵל וּמַה־יִּזְכֶּה יְלוּד אִשָּׁה׃
⁵ הֵן עַד־יָרֵחַ וְלֹא יַאֲהִיל וְכוֹכָבִים לֹא־זַכּוּ בְעֵינָיו׃
⁶ אַף כִּי־אֱנוֹשׁ רִמָּה וּבֶן־אָדָם תּוֹלֵעָה׃ פ

Tercer curso de la controversia

¹Respondió Bildad, el suhita, y dijo:
²El señorío y el temor están con él, que hace la paz en sus alturas.
³¿Existe un número para sus ejércitos? ¿Y a quién no sobrepasa su luz?
⁴¿Cómo se justificará el hombre ante Dios? ¿Cómo será puro el nacido de mujer?
⁵Pues ni la luna es resplandeciente ni las estrellas puras ante sus ojos,
⁶¿cuánto menos el hombre, ese gusano, el hijo de hombre, una oruga?

25, 2. Así dice Schultens: *Ultimum hocce classicum quod a parte trium virorum sonuit, magis receptui canentis videtur, quam praelium renovantis*, recordando que esta voz final de los tres amigos parece más un eco de lo que ya se ha contado que una renovación de la batalla. Bildad se limita a repetir dos lugares comunes: (a) Que el hombre no puede mantener su derecho, supuestamente pervertido, ante Dios, que es totalmente justo, y que todo lo controla, incluso las cosas de arriba, pues todas las cosas le están sometidas. (b) Que el hombre no puede tomarse como alguien que está totalmente libre de mancha ante Aquel que es todo Santo, Aquel ante quien ni las estrellas son totalmente puras.

La palabra הַמְשֵׁל es un infinitivo absoluto convertido en sustantivo, como הַשְׁקֵט; está en *hifil* (hacer que gobierne), siendo en sí mismo causativo, y puede significar también, como el *kal*, gobernar o más bien (sin perder su significado de fondo como *hifil*) ejercer autoridad (cf. comentario a Job 31, 18). En esa línea, המשל significa, por tanto, soberanía, dominio.

עֹשֶׂה, con הוא que ha de suplirse. Esa omisión de הוא es frecuente, tanto en cláusulas principales de participio (cf. Job 12, 17; Sal 22, 29; Is 26, 3; 29, 8; 40, 19, cf. Zac 9, 12, donde ha de suplirse אני) como en cláusulas subordinadas (Sal 7, 10; 55, 20; Hab 2, 10). En nuestro caso עֹשֶׂה es un simple presente, utilizado de un modo absoluto (incluyendo un pronombre personal) como sustantivo verbal (Ewald 168, c, 306, d).

Schlottmann vincula עשה con מִשֵׁל וָפַחַד; pero la analogía de esas descripciones atributivas de Dios va en contra de esa vinculación. Umbreit y Hahn conectan במרומיו con el sujeto y traducen el texto diciendo: *Él está en las alturas*, es decir, bajando de su trono en los cielos. Pero la mayoría de los autores toman rectamente estas palabras como expresión descriptiva de lugar y objeto de la acción expresada: Él (Dios) establece la paz en sus alturas, es decir, entre los seres celestes que le rodean.

Solo asumiendo la posibilidad abstracta de una discordia en los cielos, esto puede significar: *Facit maiestate sua ut in summa pace et promptissima obedientia ipsi ministrent angeli ipsius in excelsis*; (él) hace con su majestad que sus mismos ángeles le sirvan con suma paz y grandísima obediencia en los cielos (Schmid).

Ciertamente, partiendo de Job 4, 18 y 15, 15 solo se puede inferir que incluso los santos del cielo tienen la posibilidad de pecar y que es necesario que exista una autoridad judicial por encima de ellos; sin embargo, en otro sentido, desde 3, 8 y 9, 13 (cf. 26, 12.), resulta claro que, conforme al poema, el autor del libro de Job (en cuya visión, lo mismo que en la Escritura en general, los ángeles y astros se encuentran en relación muy estrecha) conoce instancias actuales, no meramente pasadas, de disensiones hostiles y rebeliones titánicas recurrentes entre los poderes celestiales.

En esa línea, la expresión עֹשֶׂה שָׁלוֹם בִּמְרוֹמָיו, hacedor de paz en sus alturas, no evoca simplemente una reconciliación armonizadora entre criaturas, que han combatido unas en contra de las otras, sino una restauración fáctica del equilibrio que había sido destruido por el egoísmo de los seres celestes, a través de un acto de mediación y ejercicio de autoridad judicial de parte de Dios.

25, 3. El verso anterior, con la palabra מרומיו, que recuerda un término semejante de Is 24, 21, evocaba un acto pacificador de juicio de parte de Dios, imponiéndose sobre la hueste de espíritus de las alturas, que habían estado actuando de forma seductora (destructora) entre las naciones de la tierra. En este verso destaca la palabra גְדוּדָיו, que tiene un sentido semejante al de צבאיו, que aparece con mucha frecuencia en el Antiguo Testamento.

Conforme a una representación bíblica, las estrellas son como un ejército preparado para la batalla, pero no en la línea de la representación persa, como ejército dividido en tropas enfrentadas, dirigidas por Ahuramaza/Ormuz y por Aingramainyu/Ahriman, sino como un ejército de hijos de la luz, vestidos con armaduras de luz, bajo la guía del único Dios creador (Is 40, 26, cf. la aserción antidualista de Is 45, 7), frente a todas las fuerzas del mal.

El Dios único es el Señor sobre todas esas legiones sin número, imponiendo reverencia sobre ellas y manteniendo su unidad. Por eso se dice: ¿sobre cuál no se eleva (no se impone militarmente) su luz? Umbreit explica así el texto: el que hace que no se eleve en contra de él la luz que Él mismo comunica a los ejércitos del cielo (קוּם עַל se tomaría en el sentido militar más común de "elevarse" en contra de alguien). Pero aquí no se puede aplicar esa idea, pues אוֹרֵהוּ, con el sufijo enfático en *hû*, הו (como en Job 24, 23, עֵינֵיהוּ), se refiere directamente a Dios: es la luz de Dios, a diferencia de la luz derivada de los ejércitos de los cielos.

Esta distinción resulta aún más clara, si (con Mercier, Hirzel, Hahn, Schlottmann y otros) interpretamos el texto así: ¿sobre quién no se eleva (no debe elevarse) su luz, para iluminarle? Eso significa que todos reciben la luz de Dios, y no hacen más que reflejarla. En otra línea, el sentido de יקום igual a יזרח no puede justificarse a partir de Job 11, 17. Por eso, con Ewald y Heiligstedt interpretamos el texto así: ¿a quién no sobrepasa su luz? O, en sentido literal: ¿sobre quién (es decir, sobre cuál de esos seres de luz) no se eleva Dios, excediendo a todos con su brillo? (יקוּם es sinónimo de ירום).

25, 4-6. Por eso ¿cómo podrá justificarse un mortal ante Dios, es decir, cómo pondrá mantenerse a su lado o alzarse ante él? ¿Cómo podrá mantenerse sin mancha un hombre nacido de mujer? Así se dice aquí, de un modo indirecto:

Tercer curso de la controversia

¿Cómo podrá un hombre mortal entrar en controversia con el Dios que está infinitamente exaltado por encima, manteniéndose sin falta y estando absolutamente libre de condena? En la altura de los cielos se guarda reverencia ante la decisión de Dios. Por eso ¿cómo podrá el hombre que es débil, nacido de mujer (cf. Job 14, 1) atreverse a discutir con Dios?

הֵן עַד־יָרֵחַ, con עַד, como es normal cuando está precediendo a una negación se traduce: *adeo, ne ... quidem*, pues ni, ciertamente, p. ej. Ex 14, 28 (cf. Nah 1, 10, lugar que J. H. Michaelis traduce correctamente: *adeo, de manera que...*, con אל utilizado en el mismo sentido, Job 5, 5, Ewald 219, c), *de manera que ni la luna* (ולא con *waw* de apódosis: Gesenius 145, 2, aunque aquí tenemos un לא sin *waw*) *brilla, es resplandeciente (ante Dios)*, con יאחיל igual a יהל, de אהל igual a הלל.[23]

Así traducen los LXX, targum Jerónimo y Gecatilia. Por el contrario, Saadia traduce: *Ella no vuelve* (árabe *lâ ydchl*), estrictamente *no fija su tienda*, no pone su morada. Pero "poner su tienda" es אהל, mientras que יהל, Is 13, 20, es igual a יאהל; y lo que es aún más decisivo, en este contexto, en relación con este pensamiento, se esperaría más bien שם יאהיל. Por eso preferimos traducir אהל como una forma distinta de expresar el pensamiento de הלל, como en Is 28, 28, donde אדש aparece una vez en lugar de דוש.

Interpretación de Job 25. En este discurso habla solo Bildad, mientras su compañero Sofar permanece en silencio. Pero Bildad no ofrece ni siquiera una palabra que afecte al tema de fondo. Este hecho, es decir, esta omisión, no es casual, sino que muestra la incapacidad que los amigos tienen para resolver la cuestión, mostrando al mismo tiempo su tenacidad al mantener con toda firmeza su dogma del sufrimiento como castigo por los pecados. Esta omisión se debe al hecho de que ellos no quieren percibir o reconocer el tema de fondo, pues piensan que de hacerlo se aproximarían demasiado al honor de Dios (para así negarlo).

En este contexto debe ponerse de relieve la forma delicada (dentro del conjunto de la estructura del libro) con la que Bildad cierra la serie de intervenciones de los amigos de Job. Dos cosas quedan claras en este último y breve discurso: (a) que los amigos no tienen nada nuevo que decir en contra de Job, y tampoco nada a su favor; (b) que todos los dardos que esos amigos disparan contra Job se vuelven en contra de ellos, de manera que en realidad (aunque no en el juicio externo del discurso) han quedado vencidos.

Esto resulta evidente por el hecho de que Bildad es incapaz de responder a ninguna de las preguntas de Job, sino que se limita a tomar una única idea del discurso de Job y criticarle por creerse capaz de aproximarse al trono del juicio de Dios, repitiendo con ligeras variaciones lo que Elifaz había dicho ya dos veces sobre la infinita distancia entre el hombre y Dios, cf. Job 4, 17–21; 15, 14-16, algo

---

23. Podemos observar que *hilâl* significa en árabe *luna nueva* (cf. *Comentario* a Génesis, pág. 307); y el *hifil ahalla*, como el *kal halla*, se utiliza al aparecer y brillar la luna nueva.

que Job no ha negado: 9, 2; 14, 4. Según eso, Bildad no ha logrado responder a los argumentos de Job, sino que se ha limitado a criticarle, repitiendo siempre la misma idea: ¡que Dios esta infinitamente separado de los hombres, y que los hombres no pueden en modo alguno enfrentarse con él!

De todas formas, el poeta no ha querido hacer que nos separemos de los amigos de Job con una gran repugnancia, pues, a pesar de todo, ellos han sido sus amigos, y al final del libro veremos que son obedientes al mandato de Dios, de forma que acuden a Job, para que ore a su favor ante Dios y ofrezca sacrificios por ellos. Por eso, el autor del libro no ha querido que Bildad repita al fin aquellas incriminaciones que habían dominado en el discurso de Elifaz (Job 22, 5-11).

En esa línea, Bildad se ha limitado a recordar a Job la pecaminosidad universal del ser humano, sin más acusaciones directas, a fin de que Job pueda pasar de sus críticas previas a una actitud de humildad, algo que Job realmente necesita, porque en varios aspectos, sus discursos han sido contrarios a aquella humildad que sigue siendo el deber del hombre pecador, incluso en el caso de que su conciencia sea recta y esté llena de justos pensamientos y acciones en relación con Dios.

Job 26. Segunda respuesta de Job
Esquema: 6.6.6.6.3

Job 26, 1-4

¹וַיַּעַן אִיּוֹב וַיֹּאמַר׃
²מֶה־עָזַרְתָּ לְלֹא־כֹחַ הוֹשַׁעְתָּ זְרוֹעַ לֹא־עֹז׃
³מַה־יָּעַצְתָּ לְלֹא חָכְמָה וְתוּשִׁיָּה לָרֹב הוֹדָעְתָּ׃
הִגַּדְתָּ מִלִּין וְנִשְׁמַת־מִי יָצְאָה מִמֶּךָּ׃

¹Respondió Job y dijo:
²¿En qué has ayudado al impotente? ¿Cómo has protegido al brazo débil?
³¿Cómo has aconsejado al falto de sabiduría y declarado plenamente el tema?
⁴¿A quién has dirigido tus palabras? ¿De quién es el espíritu que procede de ti?

26, 2. La persona a la que Job dirige estas palabras es Bildad, y las exclamaciones de Job 26, 2. 3 son de tipo irónico: ¡tu discurso no tiene nada que pueda ayudarme, a mí, supuestamente débil, para superar mi aflicción y tentación, a mí, que soy para vosotros ignorante y no comprendo la suerte misteriosa de los hombres, y tampoco la mía!

Conforme a esta idea, לְלֹא־כֹחַ es aquel que no tiene fuerza, aquel cuyo brazo es incapaz de defenderle. En este contexto se podría haber puesto "aquel cuyo brazo no tiene fuerza" (זרוע בלא־עז), es decir, aquel que es impotente (Gesenius 152, 1). Este impotente es el mismo Job, no Dios (Mercier y Schlottmann), como muestra incluso la elección de las palabras (Job 26, 2. 3).

26, 3. Con respecto a la palabra וְתוּשִׁיָּה, que hemos traducido como duración, plenitud, conforme a lo ya dicho en el comentario a Job 5, 12, está formada a partir de יֵשׁ (cf. Prov 8, 21), pero no de un modo directo, sino a través del verbo (ושה) וֹשִׁי, con el significado de *subsistere* (cf. árabe *kân* y la traducción siríaca קוּם; cf. también Spiegel, *Grammatik der Huzvâresch-Spra*che, S. 103.). Esa palabra es una formación *hofal* (como תּוּגָה), y significa en sentido estricto durabilidad, *subsistentia, substantia,* ὑπόστασις, de tal manera que la comparación de וֹשִׁי de אֲשִׁישׁ con el árabe *'ss* (de donde viene אֲשִׁישׁ, árabe *asî s, asâs, fundamentum*) resulta forzada, y la relación con el sánscrito *as* (*asmi* igual a εἰμὶ) puede quedar sin decidir[24].

Cf. la observación contraria de J. D. Michaelis, *Supplem.* p. 1167, según la cual *non placent in linguis ejusmodi etyma metaphysica nimis a vulgari sensu remota; philosophi in scholis ejusmodi vocabula condunt, non plebs* (no resultan apropiadas en este campo las etimologías metafísicas demasiado alejadas del lenguaje del pueblo; son los filósofos los que crean estas palabras en las escuelas, no el pueblo). Esa observación queda refutada por el hecho de que la palabra תּוּשִׁיָה, que fuera de Proverbios y Job solo aparece en Is 28, 29 y Miq 6, 9, es una palabra empleada en la *hokma*, y tiene aquí y en otros lugares el significado de *realis sapientia,* real sabiduría (J. H. Michaelis).

26, 4. El discurso de Bildad ha sido una prueba de pobreza de pensamiento, de la cual él mismo ofrece buena evidencia. Sus palabras, son (como muestra Job 26, 4) muy inapropiadas, en el sentido de que ellas no ofrecen ninguna respuesta al tema central del discurso de Job; por otra parte, esas palabras no son propias de Bildad, sino que provienen de la sugerencia de otro, que no es Dios, sino Elifaz, de quien Bildad ha tomado la sustancia de su breve declamación.

Dado que es este el significado de 26, 4, podría parecer que אֶת־מִי se refiere a aquellos de quienes Bildad ha tomado sus palabras (Arnheim y Hahn); pero dado que el mismo poeta en Job 31, 37 (cf. Ez 43, 10) utiliza הִגִּיד seguido de acusativo en el sentido de explicar algo a otro (instruyéndole sobre alguna cosa) resulta preferible entender así esta frase: "¿A quién has dirigido tus palabras" (LXX, τίνι ἀνήγγειλας ῥήματα), pensando así que podrías influirle o afectarle?

A partir de aquí, Job sigue describiendo el alto gobierno de Dios en las cosas (un tema que Bildad había presentado en general), deteniéndose en cada espacio o momento de la creación; de esa manera muestra que él no carece de conocimiento ni de reverencia a Dios, entendido como gobernante todopoderoso del mundo (aunque sigue planteando ante Dios, en otro plano, sus problemas personales).

---

24. En contra de la comparación del árabe *wâsâ, solari*, establecida por Michaelis, *Gesenius* y otros (que aceptan el significado primario de *solatium, auxilium*), Lagarde (*Anmerkungen zur griech. Uebersetzung der Proverbien*, 1863, pág. 57 ss.) indica correctamente que *wâsâ* constituye solo un cambio de letras del lenguaje árabe común empleado para *âsâ*; pero el árabe *wâsâ*, en el sentido de terminar una pintura (en esa línea, cf. árabe *twŝyt*, decoración), o el hebreo וֹשִׁה como transposición de שׁוה, ser plano o simple (Hitzig sobre Prov 3, 21), no ofrece ningún sentido que sea apropiado.

Job 26, 5-7

⁵ הָרְפָאִים יְחוֹלָלוּ מִתַּחַת מַיִם וְשֹׁכְנֵיהֶם:
⁶ עָרוֹם שְׁאוֹל נֶגְדּוֹ וְאֵין כְּסוּת לָאֲבַדּוֹן:
⁷ נֹטֶה צָפוֹן עַל־תֹּהוּ תֹּלֶה אֶרֶץ עַל־בְּלִי־מָה:

⁵Las sombras tiemblan, en lo profundo, bajo las aguas y cuantos las habitan.
⁶El *Sheol* está desnudo ante él y Abbadón no tiene nada que le cubra.
⁷Él extiende el norte sobre el vacío, establece la tierra sobre la nada.

26, 5. Bildad ha exaltado el gobierno majestuoso de Dios, fuente de terror, en la altura de los cielos que son su entorno inmediato. En esa línea sigue Job y pone de relieve la extensión del reino de Dios, incluso en las profundidades del mundo inferior (del abismo). La acción de la majestad del gobernante celeste se extiende incluso al mundo de las sombras; de esa forma, ni el mar, ni la multitud de sus habitantes pueden formar una barrera entre Dios y el mundo de las sombras. Los mismos fantasmas de los mundos inferiores, sin médula ni sangre, tiemblan como mujer de parto tan pronto como sienten la presencia divina, que se expresa quizá por el tumulto de las olas del mar o por los terremotos de la tierra, con todo su poder.

Sobre los *refaim*, רפאים, que aparecen también en inscripciones fenicias, véase mi *Psychol*. pág. 409. El libro de Job comparte con Sal 88, 11 el uso de este apelativo. El singular no es רפאי (en esa línea רפאים es el nombre de un pueblo), sino רפא (רפה), que significa por un lado gigantes o héroes de estatura colosal (de רפה en el sentido del árabe *rafu'a,* ser alto), y por otro un tipo de "espíritus", en el sentido de seres incorporales (de רפה en el sentido de estar suelto, sin cuerpo, como el árabe *rafa'a*, lo que no tiene consistencia), es decir, aquellos seres que carecen de cuerpo después de la muerte (cf. חלה, Is 14, 10, estar debilitado, es decir, colocado en situación de *rapha*).

No es claro si יחוללו es *pilel* (Gesenius) o *pulal* (Olshausen). Ciertamente, el *pulal* significa en general que algo ha sido expresado a través de la escritura (cf. Job 15, 7); pero también puede significar algo que está en situación de sufrimiento. A causa de la más alta referencia, al comienzo del discurso, podemos suponer que el *pulal* es más adecuado en este caso que el *pilel*.

26, 6. שְׁאוֹל parece utilizarse en femenino, como en Is 14, 9, pero en realidad el adjetivo anterior se utiliza en su forma primitiva, sin cambio de género. De esa forma, שְׁאוֹל alterna con אֲבַדּוֹן, lo mismo que con קבר en Sal 88, 12. Así como el Sal 139, 8 testifica de la presencia de Dios en el *Sheol*, en nuestro caso (cf. Job 38, 17, y especialmente Prov 15, 11) se añade que el *Sheol* está presente ante Dios, pues él (Dios) tiene un conocimiento que se extiende a las profundidades del reino de los muertos, de forma que ante él todas las cosas están γυμνὰ καὶ τετραχηλισμένα (Hbr 4, 13).

26, 7. Las partes siguientes de Job 26, 7, dependen lógicamente del tema anterior, y están determinadas en la línea de lo ya visto en Job 25, 2: todas las cosas se conciben como presentes, desde el acto primordial de la creación, aunque se refieran a los actos que continúan, en virtud del poder creador de Dios.

Muchos comentaristas modernos piensan que צָפוֹן se refiere a la parte norte de la tierra, donde se elevan las montañas más altas y las rocas inmensas (según eso, en Is 14, 13, ירכתי צפון se menciona en paralelo con las altas montañas), y por consiguiente las más pesadas de la tierra (Hirzel, Ewald, Heiligstedt, Welte, Schlottmann y otros). Pero, en contra de eso:

- No es probable que el poeta haya nombrado al principio, en 26, 7a, la parte norte de la tierra, para evocar después la tierra entera (en 27, 7b), es decir, primero una parte y después la tierra entera.
- נטה no se aplica nunca a la tierra, sino solo a los cielos, aludiendo en especial a la expansión de los cielos (cf. נטה en Job 9, 8; Is 40, 22; 44, 24; 51, 13; Jer 10, 12; 51, 15; Zac 14, 1; Sal 104, 2; נוטיהם, en Is 42, 5; ידי נטו, Is 45, 12).
- Además, en este contexto, uno espera alguna mención del cielo, en conexión con la tierra, y esto es lo que se está indicando con la palabra [25]צפון, como han puesto de relieve Rosenmüller, Gesenius, Umbreit, Vahinger, Hahn y Olshausen.

Esta palabra (צָפוֹן) se refiere, por tanto, al cuadrante norte del cielo, que se menciona de un modo especial, porque es la parte de la bóveda superior que viene marcada por la estrella polar, y porque allí se encuentra la constelación de la Osa Mayor (עש, Job 9, 9), formada por las siete estrellas brillantes. Allí, a la espalda de *taurus*, que es una de las constelaciones del norte) se sitúa el grupo de las Pléyades (כימה), y también allí, bajo el toro y los gemelos, está Orión (כסיל).

Sobre la derivación, noción y sinónimos de תֹהוּ, cf. *Comentario* a Génesis, pág. 93. En nuestro caso (que puede compararse con el árabe *theîj-un,* vacío, y con *tîh,* desierto), תֹהוּ significa un vacío inconmensurable de espacio, en paralelo con בלימה, *no algo,* que es lo mismo que *nada* (cf. árabe moderno *lâsh,* o incluso *mâsh,* que se compone del árabe *lâ* o *mâ* y *šâ,* una cosa, como *bilâs,* en el sentido de *nada,* y *ragul mâsh,* en el sentido de hombres inútiles).

El cielo forma la bóveda de la tierra, desde el polo ártico, y en esa línea se supone que la misma tierra cuelga libre, sin soporte alguno, en el espacio. Lo que

---

25. El nombre צפון significa la parte norte del cielo, tal como aparece durante el día, por el lado más oscuro o nublado del cielo, en contra del sur, que aparece más brillante, y con menos lluvias. Cf. el antiguo persa *apâkhtara,* una palabra que indica realmente las región "sin estrellas", en griego ζόφος, el noroeste, de la raíz *skap,* σκεπᾶν, σκεπανός (Curtius, *Griech. Etymologie,* ii. 274); cf. también *aquilo,* que es el viento norte, que viene con nubes oscuras de lluvia.

se dice en diversos lugares sobre los pilares (cf. Job 9, 6) se dice de los fundamentos de la tierra, y se aplica a los soportes interiores de su cuerpo, que está, como podría decirse, fijado y sujetado por las montañas, cuyas raíces se extienden hasta las partes más interiores de la misma tierra; por eso, no se puede decir que la tierra se funda y descansa sobre las bases de las montañas, como ha destacado Löwenthal.

Por otro lado, a partir de lo que dice Job no podemos deducir en modo alguno las leyes que guían el mecanismo de los cielos, unas leyes que los antiguos desconocían, pues ignoraban de un modo especial la ley de la gravedad. De todas formas, el conocimiento de la naturaleza que se expresa en la *hokma* israelita (aquí, en Job 26, 7) sigue siendo digno de todo respeto.

Sobre la base de un pasaje semejante del libro de Job, Keppler decía, refiriéndose a los problemas aún no resueltos de la astronomía: *Haec et cetera hujusmodi latent in Pandectis aevi sequentis, non antea discenda, quam librum hunc Deus arbiter seculorum recluserit mortalibus*. En esa línea se puede afirmar que "estas y otras cosas de este tipo están latentes en las *pandectas* o *enciclopedias* de los tiempos posteriores, pero no podían aprenderse en sentido más científico o preciso antes que Dios, árbitro de los siglos, revelase a los hombres este libro de la naturaleza". De los altos cielos y de la tierra, Job se vuelve ahora a las aguas celestes y subcelestes.

Job 26, 8-10

⁸ צֹרֵר־מַיִם בְּעָבָיו וְלֹא־נִבְקַע עָנָן תַּחְתָּם׃
⁹ מְאַחֵז פְּנֵי־כִסֵּה פַּרְשֵׁז עָלָיו עֲנָנוֹ׃
¹⁰ חֹק־חָג עַל־פְּנֵי־מָיִם עַד־תַּכְלִית אוֹר עִם־חֹשֶׁךְ׃

⁸Encierra las aguas en sus nubes, y las nubes no se rompen bajo ellas.
⁹Encubre la faz de su trono y sobre él extiende su nube.
¹⁰Pone límite a la superficie de las aguas, hasta la frontera entre luz y tinieblas.

26, 8. Las nubes están formadas por masas de agua enrolladas, que, si fueran dejadas en libertad, en un instante, vendrían a convertirse en un diluvio; pero la omnipotencia de Dios mantiene a las aguas encerradas en el hueco de las nubes (con צֹרֵר en *milel*, conforme a una ley bien conocida, aunque en algunos manuscritos se acentúa con *milra*, en contra de la Masora), de manera que esas nubes no se rompen bajo el peso de las aguas tersas (תַּחְתָּם). De esa forma se indica que las leyes físicas y meteorológicas han sido establecidas por Dios.

Job 26, 9 describe la oscuridad de las nubes bien cargadas de agua, que producen la lluvia en los tiempos determinados de la estación lluviosa. אחז significa mantener algo unido, y en arquitectura se aplica a la forma de unir o vincular un edificio por medio de vigas (cf. *Thenius* sobre 1 Rey 6, 10, cf. 2 Cron 9, 18, מאחזים, *coagmentata*); esa palabra puede significar, además, como es normal en caldeo y en la traducción siríaca, encerrar (por medio de barras entrecruzadas, cf. Neh 7, 3), aquí encerrar el agua, rodeándola de nubes.

Dios cierra פְּנֵי־כִסֵּה la parte central de su trono, aquella que está vuelta hacia la tierra, de forma que él queda escondido en el centro de las nubes, cf. Job 36, 29; Sal 18, 12. Tanto aquí como en 1 Rey 10, 19, el trono de Dios se escribe con כסה en vez de con כסא (cf. árabe *cursi*, que se aplica al trono de Dios como juez, distinguiéndose del árabe *'l-'arš*, que es el trono de Dios en cuanto gobierna sobre el mundo)[26].

Ese cielo es en otros aspectos invisible, pero su color azul sin nubes es el esplendor reflejado de su gloria (Ex 24, 10) que se expande hacia la tierra. Dios vela, según eso, su irradiación que resplandece sobre la tierra, פַּרְשֵׁז עָלָיו עֲנָנוֹ, haciendo que se extiendan en su entorno las nubes, que son dirigidas por él mismo. La palabra פַּרְשֵׁז se toma normalmente como un arameísmo en lugar de פרשׂ (Gesenius 56 y Olshausen 276), pero sin que haya ningún ejemplo a favor de su vocalización en la tercera persona del *piel* (o *pilel*).

Aunque רענן y שאנן, Job 15, 32; 3, 18, hayan suprimido la "i" del *pilel*, ello ha sido por influjo del gutural posterior; y aunque a veces la "i" antes de la *resh* se convierta a veces en "a", como en וירא, parece más seguro tomar פרשז como infinitivo absoluto (Ewald 141, c), en el sentido de *expandendo*. Gesenius y otros miran este פרשז como una forma mixta, compuesta por פרשׂ y פרז; pero el verbo פרשׂ (con *sin*) no tiene el significado de *expandir*, que ha de asumirse en conexión con esta derivación, sino que significa *separar* (cf. también Ez 34, 12, cf. Hitzig sobre ese pasaje), mientras que פרשׁ significa ciertamente expandir (Job 36, 29-30). Conforme a lo anterior, la lectura פרשׁז (con *shin*), que ofrecen algunos códices ha sido aceptada por S. Baer, y de acuerdo con él Luzzatto (cf. S. Baer, *Leket zebi*, p. 244), y en esa línea se sitúa la interpretación según la cual פרשז עליו se ha traducido como פרש (פרשׂ) עליו: Él expande sobre… (p. ej., en Aben-Ezra, Kimchi, Ralbag).

El Talmud, *b. Sabbath*, 88 b (פירש שדי מזיו שכינתו וענט עליו) afirma que el Todopoderoso separó parte del esplendor de su *Shekinah* y de su nube, y lo aplicó sobre el Legislador del Sinaí, sobre Moisés, tal como se interpreta ese pasaje en la *Haggada*, donde se utiliza la lectura פרשׁ (con *shin*). Esa palabra ha de tomarse como una forma intensiva de פרשׁ que ha surgido uniendo la *prosthesis* y un cambio de tipo árabe de la *sin* a la *shin*, como en el árabe *fršḥ, fršd, fršt,* que, partiendo del árabe *fš* igual a פרש (פרשׂ) se amplía después y significa extender (por ejemplo, las piernas).

---

26. Conforme a las interpretaciones más modernas, influidas por Aristóteles, el árabe *'l-'rš* evoca la esfera más externa de los cielos, que Dios ha establecido como el πρῶτον κινοῦν, que una vez puesto en movimiento, comunica luz, calor, vida y movimiento a todas las restantes esferas. De esa forma, *las causae mediae* descienden gradualmente de Dios, el autor del ser *(muhejji)* desde el cielo más alto hasta el mundo sublunar.

Job 26, 10 pasa de las aguas superiores a las inferiores. תַּכְלִית significa como en Job 11, 7; 28, 3; Neh 3, 21, la extremidad, la frontera final. Por su parte, la conexión con אוֹר תַּכְלִית es de genitivo, como lo indica correctamente la *tarcha* de la primera palabra, mientras que el *munach* de אוֹר, que en este caso sustituye a la *rebia mugrasch* es una equivocación (como he mostrado en *Psalter*, ii. 503, 2). Dios ha trazado (חָג, LXX ἐγύρωσεν), según eso, una ley, es decir, ha establecido, ha *fijado una frontera* (cf. Prov 8, 29 con Sal 104, 9), sobre la superficie de la aguas (describiendo sobre ellas un tipo de círculo que define sus procesos y movimientos) hasta el punto final donde se vinculan y separan la luz y la oscuridad, es decir, en el lugar donde la luz se encuentra con la oscuridad.

Muchos comentaristas (Rosenmüller, Hirzel, Hahn, Schlottmann y otros) toman עַד־תַּכְלִית de un modo adverbial (de forma muy precisa) y vinculan חָג con אוֹר como segundo objeto, lo que va en contra del uso del lenguaje hebreo, con resultando dudoso e innecesario. Pareau ha interpretado correctamente el tema: *ad lucis usque tenebrarumque confinia*, hasta los confines de la luz y las tinieblas. La partícula עִם se ha de tomar en sentido local, no como *aeque ac*, aunque también podría tomar ese significado, como por ejemplo en Ecl 2, 16.

La idea es que Dios ha trazado un límite fijo a las aguas, hasta el punto en que ellas se unen con la *terra firma* del extremo del horizonte, hasta el lugar donde se traza la línea de frontera entre el reino de la luz y de la oscuridad. Como ha mostrado Bouillier, refiriéndose a Virgilio, *Georg*. i. 240s., la base de esa expresión se encuentra en la concepción de los antiguos, según los cuales la tierra está rodeada por el océano, al otro lado del cual, más allá de los mares, comienza la región de la oscuridad.

Job 26, 11-13

¹¹ עַמּוּדֵי שָׁמַיִם יְרוֹפָפוּ וְיִתְמְהוּ מִגַּעֲרָתוֹ׃
¹² בְּכֹחוֹ רָגַע הַיָּם (וּבִתְבוּנָתוֹ) [וּבִתְבוּנָתוֹ] מָחַץ רָהַב׃
¹³ בְּרוּחוֹ שָׁמַיִם שִׁפְרָה חֹלֲלָה יָדוֹ נָחָשׁ בָּרִיחַ׃

¹¹Los pilares del cielo tiemblan, y se espantan de su amenaza.
¹²Por su poder despierta al mar, y con su entendimiento rompe a Rahab en piezas
¹³Por su aliento hermoseó los cielos por su mano ha formado a Nahas fugitiva.

26, 11. Las montañas se elevan hasta el cielo, y parece que sostienen su bóveda, de forma que ellas reciben el nombre poético de "pilares del cielo". El verbo está en יְרוֹפָפוּ *pulal*, como יְחוֹלָלוּ, Job 26, 5. Esa palabra significa un movimiento rápido y violento, hacia adelante y hacia atrás, como ratifica el verbo רוּף en el targum.

Sobre el sentido de ese temblor de los pilares del cielo, con אתרופף que tiene el significado de התפלץ, Job 9, 6, como en el Talmud donde רפרף se aplica a la leche batida, a los ojos ciegos que parpadean (cf. הרף עין, el brillo del ojo, con el árabe *rff, nictare* parpadear), a las alas que baten (cf. árabe *rff* y *rfrf, movere, motitare,* las alas), a un pensamiento que vacila.

גערה (cf. מִגַּעֲרָתוֹ) es el pensamiento divino que ata o suelta los poderes de la naturaleza. El asombro de los pilares del cielo ha de concebirse, conforme al significado radical de תמה (relacionado con שׁמם) como el estado de asombro y sopor que sigue al impulso divino, sin poder ofrecer ningún tipo de resistencia.

26, 12. En esa línea, רגע ha de entenderse de un modo transitivo (a diferencia del intransitivo que aparece en Job 7, 5). Así lo prueban otros pasajes dependientes como Is 51, 15; Jer 31, 35, por los cuales resulta también evidente que רגע no puede traducirse como hacen los LXX: κατέπαυσεν.

Este verbo combina en sí mismo los significados opuestos de "despertarse", es decir, de entrar en un estado de excitación, y también de quedar sin movimiento, de donde pueden derivarse los significados de estar en quietud (*nifal, hifil*) y de apartarse, retirarse (árabe *rj'*). La conjetura גער propia de la traducción siria (que pone, *go'ar bejamo*) resulta superflua.

He discutido ya en Job 9, 13 el sentido de רהב, *Rahab*, que los LXX traducen también aquí como τὸ κῆτος, el cetáceo o gran pez. No se trata de la turbulencia del mar, significado que no concuerda con מחץ, sino del monstruo del mar, que como el cocodrilo y el dragón se han convertido en un emblema del faraón y de su poder, como ha mostrado Is 51, 9. El autor del libro de Job se ha abstenido a propósito de estas referencias a la historia de Israel. Sin duda, רָהַב se refiere a un monstruo demoníaco, en la línea de los demonios que serán destruidos al fin del mundo, uno de los cuales recibe entre los persas el nombre de *akomano*, el mal pensamiento, mientras que otro se llama *taromaiti*, el orgullo.

26, 13. Esa visión queda reforzada en este verso, donde no se puede determinar el sentido del texto a partir de Is 51, 9, ni se puede entender ברח נחשׁ, en el sentido de תנין que en aquel texto se refiere a Egipto. Pero este pasaje secundario o dependiente ofrece una indicación importante para la recta traducción de חללה. Una cosa es cierta desde el principio, que שׁפרה no es un *piel* perfecto, en el sentido de שׁפרה, y por esa razón el *dagesh* que caracteriza al *piel* no puede omitirse en ninguno de los casos en que aparece la palabra. La traducción de Jerónimo (*spiritus ejus ornavit coelos*, su espíritu adornó los cielos), con otras semejantes, son por lo tanto falsas. Pero se puede traducir: "por (a causa de) su Espíritu (que es creador) son hermosos los cielos, y su mano ha formado al dragón volador".

De esa manera, Rosenmüller, Arnheim, Vahinger, Welte, Renan y otros traducen חללה con el significado de hacer/producir (cf. Prov 25, 23; 8, 24; cf. חֲלָלָה) aunque Vahinger y Renan no aplican Job 26, 13 a la creación de los cielos, sino a su iluminación; pero de esta forma se separan Job 26, 13a y Job 26, 13b como si no tuvieran conexión; sin embargo, en general, dentro del curso del pensamiento, la descripción que hace el texto no está a favor de referir todo 26, 13 o una de las partes del texto al conjunto de la creación.

En esa línea, הֹלֲלָה no ha de tomarse como *piel* en חוֹל o לִיל, sino igual que en Is 57, 9, como *poel* de חלל, y en ese sentido ha de entenderse la idea de Job 26, 13 cuyas dos partes se encuentran internamente conectadas (ברח) ברִיח נחשׁ es la Constelación de Dragon[27], una de las más extensas que ocupa con la Osa Mayor y la Osa Menor casi la mitad del círculo polar, como dice Virgilio: *Maximus hic plexu sinuoso elabitur Anguis circum perque duas in morem fluminis Arctos* (Geórgicas, i.244s. "vemos aquí a la sierpe, inmenso río, deslizarse abrazando las dos osas", traducción A. Espinosa, Ed. Jus., México 1961).

Arato, en Cicerón, *De nat. Deorum*, ii. 42, describe esta constelación de un modo más gráfico, tanto en general, como en relación con las muchas estrellas de diferentes magnitudes que forman su cuerpo, de cabeza a cola. Entre los árabes se llama *el-hajje*, la serpiente. Así, Firuzabdi dice que "*hajje* es una constelación entre la Osa Menor (*farqadân*, las dos calaveras) y la Osa Mayor (*benât en-na'sch*, las hijas de la serpiente)".

Esta constelación se llama *or et-tanîn*, es decir, la serpiente–dragón. Así lo dice uno de los autores citados por Hyde, en su estudio sobre Ulugh Beigh, *Los mapas de las estrellas*, p. 18: "El Dragón se extiende hacia el polo norte, en forma de larga serpiente, con muchas patas y alas". Estas y otras referencias a los expositores antiguos se encuentran en el comentario de Rosenmüller. El hombre hebreo תלי (el arco) hay que distinguirlo quizá de טלי y דלי, que son las constelaciones *Aries* y *Aquarius* del zodíaco (cf. *Wissenschaft, Kunst, Judenthum*, año 1838, pág. 220s.)

Resulta problemático precisar el sentido de ברח (cf. בְּרִיחַ). Los LXX traducen este pasaje δράκοντα ἀποστάτην lo cual es sin duda incorrecto, dado que בריח al lado de נחש debe significar una palabra atributiva, relacionada con la forma de la serpiente. Por otro lado, en relación con Is 27, 1, es más correcto traducir ὄφιν φεύγοντα o *serpiente fugitiva*, sinuosa, mientras que la versión siríaca חויא חרמנא, *serpiente fiera* no tiene apoyo en el uso del lenguaje.

En este caso, se puede evocar otra traducción siríaca, חויא דערק en el sentido de serpiente voladora, pero esta traducción no responde al sentido más neutro del adjetivo. En su versión de Isaías, Aquila traduce ὄφιν μόχλον, como hace en el mismo lugar Jerónimo, en el sentido de serpiente *vectem*, en forma de "palanca", mientras que en nuestro pasaje traduce *tortuosa*, como si el texto original fuera ברִיח.

Resulta preferible la traducción de Símaco, en el sentido de ὄφιν συγκλείοντα, serpiente que se cierra como un tornillo, lo que responde a la explicación tradicional judía de dragón, tanto en Aben-Ezra como en Kimchi (cf. *Lexikon*), en la línea del maestro babilonio de astronomía, Mar-Samuel (muerto el

---

27. Ralbag, sin ninguna razón para ello, identifica esta constelación con la Vía Láctea (העגול החלבי), que según muestra Rapoport, *Prefacio* a Slonimski, *Toledoth ha-schamajim* (1838), era ya conocida por el Talmud *b. Berachoth*, 58 b, con el nombre de נהר דנור.

Tercer curso de la controversia

257 d. C.), quien decía que conocía los caminos del cielo tan bien como las calles de su ciudad de Nehardea[28]. Este Mar–Samuel dice que la serpiente se llama נחש עקלתון, porque es como si estuviera *herida*, y בריח, porque ella forma como una gran barra o línea (מבריח) de un extremo del cielo al otro.

En esa línea, Sabbatai Donolo, astrónomo italiano (en torno al 940 d. C)[29], lo expresa como sigue: "Cuando Dios creó las dos luminarias (el sol y la luna) y las cinco estrellas (planetas) y las doce מזלות (constelaciones del zodíaco), él creó también el תלי (*dragón*), para unir los cuerpos celestes como una lanzadera de tejedor, e hizo que ella se extendiera de una parte del firmamento a la otra como una gran barra (כבריח), como una serpiente herida, con cabeza y cola".

Conforme a este explicación, בריח puede tomarse como una gran "barra", pero ese significado no aparece en otros lugares, ni con el significado de *transversus* (*transversarius*), en forma de línea transversal, en el sentido de *barrî ah*), un significado que puede encontrarse en la raíz árabe *brḥ* que puede traducirse por *ir a través* o, mejor dicho, por ir inclinándose, balanceándose. De todas formas, en el sentido en que esa palabra ha llegado hasta nosotros, בריח significa "fugitivo", y ese es el sentido que le damos aquí.

Pero ¿en qué sentido se dice que Dios ha herido o atravesado a la serpiente? Resulta claro que tanto en Is 51, 9, donde תנין es el signo de Egipto (el faraón), como en Is 27, 1, donde נחש בריח es el emblema de Asiria, es decir, del imperio del Tigris, esa palabra se aplica al poder de Dios que destruye los imperios de Egipto o Asiria. Nuestro pasaje ha de entenderse en la línea de Job 3, 8, donde לויתן o Leviatán es otra forma de hablar de la נחש בריח (cf. Is 27, 1).

Este es el dragón o serpiente de los cielos que produce el eclipse del sol, cuando lo rodea como un círculo, de forma que Dios tiene que herirle siempre de nuevo, para liberar al sol de su anillo destructor. Este es el Dios que dispersa a las nubes del cielo por el aliento de su espíritu, representado en la tierra por los vientos, a fin de que de nuevo se vuelva visible el azul de lo alto. De esa forma, Dios hace que cese el oscurecimiento del cielo, de manera que la tierra pueda gozar nuevamente de la claridad completa de la gran luz del sol.

El poeta de Job expresa de esa forma los dos grandes signos de la obra de Dios en la naturaleza, valiéndose para ello de los elementos mitológicos de la visión popular del cielo y de sus constelaciones. En las palabras finales que ahora siguen, Job ratifica y concluye esta visión ilustrativa, sabiendo, sin embargo, que lo que él afirma se queda siempre corto respecto a la realidad infinita de Dios.

---

28. Cf. Goertz, *Geschichte der Juden*, iv. 324. En Is 27, 1 Kimchi interpreta מבריח de un modo diferente: ella, la serpiente, se asusta (se escapa).

29. Cf. extractos de su obra ספר המזלות en J. Kara, *Comentario sobre Job*, conforme a la versión de S. D. Luzzatto, *Kerem Chemed*, año 7º, pág. 57 ss.

Job 26, 14

¹⁴ הֶן־אֵ֤לֶּה ׀ קְצ֬וֹת (דַּרְכּוֹ) [דְּרָכָ֗יו] וּמַה־שֵּׁ֣מֶץ דָּ֭בָר נִשְׁמַע־בּ֑וֹ
וְרַ֥עַם (גְּבוּרָתוֹ) [גְּבוּרוֹתָ֗יו] מִ֣י יִתְבּוֹנָֽן׃

¹⁴Aquí están esos extremos de sus caminos ¡y de ellos solo escuchamos un murmullo! porque el estruendo de su poder ¿quién podrá entenderlo?

Estos אֵלֶּה retrospectivos, como en Job 18, 21, son solo los elementos o puntos finales (extremos) de los caminos de Dios, tal como Job los ha descrito. Pues bien, la maravillosa plenitud de su poder, que se extiende por toda la creación, transciende toda capacidad humana. Por eso, para los hombres, solo resulta audible una דבר שמץ (cf. דָּבָר נִשְׁמַע־בּוֹ), es decir, un simple murmullo de la obra inmensa de Dios, como traduce Símaco en este caso ψιθύρισμα, y en Job 4, 12, ψιτηυρισμός. El árabe *šamiṣa* (hablar rápidamente, como murmurando) confirma esta idea de la palabra.

La traducción de Jerónimo (*parvam stillam sermonis ejus*, una pequeña partecita de su palabra, cf. Job 4, 12, como *venas pequeñas*, en el sentido de partes), resulta doblemente errónea. Esta versión de שמץ tiene en contra de ella la antítesis de רעם, y por su parte la palabra דבר ha de entenderse aquí en el sentido de דבר ערות (Dt 23, 15; 24, 1), que es *vergüenza*, algo que excita el sentimiento de vergüenza, un murmullo de algo.

El sentido de ese "algo", que los comentaristas antiguos atribuyen a שמץ, está en el fondo de מה y tiene un sentido de exclamación, lo mismo que en Sal 89, 48: ¡Cómo es que solo podamos oír (נשמע) como un bisbiseo o murmullo de ello! בו partitivo, como en Is 10, 22). ¡Qué poco sabemos de las obras de Dios, solo una especie de murmullo, no una palabra alta y distinta!

Interpretación de Job 26. Como en el discurso dirigido a Bildad, donde el poeta del libro de Job se oponía a sus amigos, diciendo que ellos debían desaparecer y dejar de argumentar, pues eran incapaces de seguir aconsejándole, es decir, declarándose vencidos, también aquí, en este discurso conclusivo, que consta de tres partes (Job 25, Job 27-28 y Job 29), el poeta presenta a Job como vencedor en todos los sentidos, manteniendo su verdad en contra de sus amigos.

Los amigos han sido incapaces de soltar el nudo de sufrimiento de Job, y tampoco han podido explicar la distribución universal de prosperidad e infortunio de los hombres. En vez de resolver el tema del sufrimiento de Job, ellos lo han agrandado, añadiendo a su aflicción ya pesada la carga aún mayor de su pecado y culpa, exigiéndole que se arrepienta. Ellos no han logrado resolver el nudo de las contradicciones de la vida humana en general, y han querido hacerlo apelando a una falsa concepción de la justicia, por no querer abandonar su dogma, según el cual el sufrimiento presupone necesariamente el pecado, y el pecado desemboca necesariamente en el sufrimiento.

Ciertamente, en este momento, Job es también incapaz de resolver y explicar el sentido de esos misterios; pero mientras que el tratamiento de los amigos es infiel a esos misterios, Job sigue siendo fiel a la verdad, y así percibe agudamente y respeta aquello que es misterioso. Más aún, Job prueba su testimonio, mostrando con su referencia a los hechos, que el misterio se puede reconocer, sin tener que abandonar el temor de Dios.

Job mantiene firmemente la realidad objetiva y el testimonio de su conciencia. Custodiando así el temor de Dios se coloca por encima de todas aquellas contradicciones que son insolubles desde un plano puramente racional, y que así causan perplejidad; de esa forma, su fe triunfa sobre el racionalismo de sus amigos, que está desprovisto de verdad, de justicia y de amor.

En su primera respuesta a Bildad (Job 26) Job indica con claridad que su propuesta era no solo inútil, sino que no resulta pertinente, pues no llega a situarse de verdad ante los temas: esa propuesta de Bildad no le afecta a Job, y además ella es solo una repetición de cosas ya antes dichas, porque él también es consciente de la majestad elevada de Dios, y puede cantarla con bellas palabras.

Así lo ha mostrado ya dos veces (Job 9, 4-10; 12, 13-25), y así lo muestra aquí por tercera vez: la obra de Dios no está confinada meramente a las creaturas que rodean de un modo directo al Dios de los cielos, sino que se extiende por doquier, sin que se le oponga el mar, descendiendo hasta el mundo inferior; esa obra de Dios hace que los ángeles más altos tiemblen, y también que las sombras queden consternadas.

Desde el mundo inferior, la contemplación de Job se eleva hasta la tierra, como cuerpo suspendido en el espacio, sin soporte alguno, con las nubes de arriba que contienen las aguas superiores sin romperse, velando el rostro divino de Dios que se refleja en el zafiro azul de los cielos claros. Job habla después del mar que yace entre el *Sheol* y los cielos, un mar que está confinado, rodeado de fronteras fijas, cuyos límites extremos se hunden en la oscuridad. En esa línea, celebra todo esto como prueba del poder creador de Dios.

Job describe después el poder soberano de Dios en el reino de su creación, mostrando cómo el mismo Dios sacude los pilares de la tierra, cómo divide en piezas al monstruo del mar, cómo ilumina los cielos barriendo las nubes con su poder y atravesando a la serpiente, de forma que el sol pueda brillar en libertad. Pero todas estas cosas (así dice y concluye su discurso) no son más que pequeños destellos del gobierno divino, como un bisbiseo que se escucha viniendo de la gran distancia. ¿Quién tiene la comprensión necesaria para entender y presentar de un modo exhaustivo las maravillas de la infinita naturaleza de Dios que se extiende por toda la creación?

A través de un reconocimiento tan profundo y de una descripción tan gloriosa de su grandeza, se prueba del modo más claro la infinita distancia que existe entre Dios y el hombre. De esa forma ha mostrado Job que su espíritu está lleno de todo aquello que Bildad ha querido enseñarle. El alma de Job solo necesita un ligero impulso para que brote de su hondura una alabanza desbordada de Dios, mostrando que no está carente de la visión universal de Dios, ni está dominada por un cúmulo de engaños (como los de sus amigos).

Ciertamente, cuando Bildad mantiene en contra de Job que ningún hombre es justo ante un Dios tan exaltado, Job debería haber tomado esa palabras como un aviso en contra de sus posibles declaraciones exaltadas sobre Dios; pero él sabe bien que la pecaminosidad universal del hombre no es razón suficiente para explicar sus sufrimientos, porque hay una justicia más alta que se eleva y despliega ante Dios. Pues bien, en ese contexto Job, siervo sufriente de Dios, tiene una conciencia inconmovible de la justicia de Dios, y no hay nada ni nadie que pueda conmoverla o destruirla.

TERCERA PARTE:
JOB 27–31
TRANSICIÓN AL DESENLACE

Job 27-28
DISCURSO FINAL DE JOB A SUS AMIGOS

Esquema: 12.10.12.10 / 10.8.8.8.8.8.10

Job 27

Job 27, 1-7

¹ וַיֹּסֶף אִיּוֹב שְׂאֵת מְשָׁלוֹ וַיֹּאמַר׃
² חַי־אֵל הֵסִיר מִשְׁפָּטִי וְשַׁדַּי הֵמַר נַפְשִׁי׃
³ כִּי־כָל־עוֹד נִשְׁמָתִי בִי וְרוּחַ אֱלוֹהַּ בְּאַפִּי׃
⁴ אִם־תְּדַבֵּרְנָה שְׂפָתַי עַוְלָה וּלְשׁוֹנִי אִם־יֶהְגֶּה רְמִיָּה׃
⁵ חָלִילָה לִּי אִם־אַצְדִּיק אֶתְכֶם עַד־אֶגְוָע לֹא־אָסִיר תֻּמָּתִי מִמֶּנִּי׃
⁶ בְּצִדְקָתִי הֶחֱזַקְתִּי וְלֹא אַרְפֶּהָ לֹא־יֶחֱרַף לְבָבִי מִיָּמָי׃
⁷ יְהִי כְרָשָׁע אֹיְבִי וּמִתְקוֹמְמִי כְעַוָּל׃

¹Continuó Job tomando su discurso y dijo:
²¡Vive Dios, negador de mi derecho, y Shadai, que ha amargado mi alma:
³Mientras mi aliento esté en mí y el espíritu de Eloah en mis narices,
⁴mis labios no hablarán lo falso y mi lengua no pronunciará mentira!
⁵¡Ay de mí si os doy la razón!¡Hasta la muerte mantendré mi inocencia!
⁶Me aferro a mi justicia, y no cederé; mientras viva, no me reprochará mi corazón.
⁷¡Que mi enemigo aparezca como malvado, y el que se eleva contra mí como inicuo!

27, 1. Los amigos quedan en silencio y Job permanece como dueño (árbitro) del debate, de manera que el discurso que continúa aparece como continuación de lo anterior, con שְׂאֵת מְשָׁלוֹ (en analogía con la frase קוֹל נשׂא de Num 23, 7 y con los oráculos de Balaam). משׁל es un discurso en tono más elevado, de tipo figurativo, apareciendo como en otros casos, como expresión de un debate de tono elevado.

La introducción del ultimátum con משׁל, se sitúa en la línea de la costumbre árabe, según la cual se cierra una discusión con un proverbio (*el-methel*), como sucede también en la vida ordinaria, donde se usa una frase proverbial como prueba o conclusión de un discurso.

Discurso final de Job a sus amigos

27, 2. Job comienza con una aseveración del valor de su palabra (es decir, del acuerdo entre su confesión y su conciencia) apelando a la vida de Dios. Partiendo de este juramento, que en su *bi-hajât allâh* se ha convertido más tarde en fórmula común para asegurar la firmeza de algo, R. Joshua infiere en su tratado *Sota* que Job sirve a Dios por amor, pues solo se jura por la vida de aquello (de aquel) a quien honramos y servimos. De aquí se puede inferir, de un modo natural, que, según Job, aquel mismo Dios que le trata de una forma tan injusta aparece al mismo tiempo ante él como la más alta manifestación de la verdad.

La frase con interjección (¡vive Dios!) es equivalente a ¡tan verdad como que Dios vive! Lo que aquí se afirma no es aquello que sigue inmediatamente (¡aquel que me ha quitado mi derecho, el Omnipotente que ha amargado duramente mi alma!), como dice Raschi. Al contrario, הֵסִיר מִשְׁפָּטִי y הֵמַר נַפְשִׁי son frases atributivas por las cuales lo que se niega en forma de juramento introducido por אִם (cf. Gen 42, 15; 1 Sa 14, 45; 2 Sam 11, 11, Gesenius 155, 2, f) viene ratificado en Job 27, 4.

Su especial referencia al falso semblante del malvado está evocando de algún modo aquella fisionomía de sufrimiento que el dolor impone sobre él, pero que él supera de un modo constante al afirmar, con seguridad, diciendo que no miente, que Dios está vivo. Entre los modernos, como muchos comentaristas antiguos, Schlottmann (cf. Gesenius 150, 3) traduce: "Mientras perdure en mí el aliento, mis labios no dirán nada que sea mentiroso", de forma que las palabras de Job 27, 3-4, unidas entre sí, contienen aquello que el texto quiere decir y dice. Job ratifca así la verdad de su discurso.

Job 27, 3 es un paréntesis confirmatorio, con *ciertamente*, כִּי (cf. כִּי־כָל־עוֹד), que introduce a veces aquello que ha de suceder, conforme al juramento, como en Jer 22, 5; 49, 13. Pero aquí se afirma jurando aquello que no ha de suceder, como muestra la frase que sigue de 27, 4, que comienza con אִם־תְּדַבֵּרְנָה. En esa línea, conforme a la visión de Ewald, Hirzel, Hahn y de la mayor parte de los expositores modernos, tomamos 27, 3 como un paréntesis confirmatorio, por el que Job ofrece el fundamento y sentido de su afirmación solemne, según la cual se encuentra en posesión de su plena conciencia, por la que no puede dejar de expresar la contradicción que existe entre su condición extrema de sufriente (según la cual aparece como un malhechor) y su integridad moral.

La palabra נִשְׁמָתִי que precede y está en paralelo con רוּחַ significa, conforme al uso normal del lenguaje, el "alma" intelectual y por tanto autoconsciente del hombre (cf. mi *Psychol.* pág. 76f.). Mirada así, la *neshema* se vincula con las narices del hombre y con su aliento, que entra y sale por ellas (las narices), apareciendo así como forma externa y visible de su ser, que aparece en todos sus aspectos como condición de su vida (*ibíd.*, pág. 82s).

El sufijo de נִשְׁמָתִי no está acentuado, pues dado que la palabra que sigue es un monosílabo, el tono se ha retraído (es decir, נסוג אחור, para utilizar una expresión gramatical de tipo técnico), como por ejemplo también en Job 19, 25; 20, 2; Sal 22,

20. Dado que él vive, y que viviendo no puede negar su propio existencia, Job eleva su juramente afirmando de un modo solemne que aquello que sus amigos toman como sospechoso (acusándole por ello de falsedad) es perfectamente verdadero.

Job 27, 4 no ha de traducirse "mis labios nunca dirán (en futuro) lo que es falso", porque lo que Job jura aquí con fuerza no es una resolución nueva, sino el sentido de la confesión que él ha venido proclamando en todo lo anterior, y que así sigue siendo inalterable, como un hecho que él ratifica.

De esa forma continúa en **27, 5-6:** ¡Lejos de mí el confesar que vosotros tenéis razón (חָלִילָה לִּי), con una *ah*, לָה, no acentuada, que no es de femenino, cf. Job 34, 10, sino de dirección (lejos de mí, sea para mí una profanación.., cf. Ewald 329, a, en árabe *hâshâ li*, en el mismo sentido). Así sigue hablando Job: hasta que yo expire (propiamente hablando, hasta que me hunda...), yo no pondré en juego (=no negaré) mi inocencia (con תֻּמָּתִי, תֻּמָּה); es decir, mi perfección, en el sentido de "mi pureza de carácter", no dejará de afirmar lo que afirmo.

Yo mantengo mi inocencia, mi justicia, y no la abandonaré, es decir, no la dejará caer, no dejaré que me abandone. Mi corazón (cf. לְבָבִי) no me reprocha por ninguno de mis días, con מִמֶּנִּי como objeto en una línea partitiva, en el sentido de que mi corazón no podrá reprocharme ninguno de mis días: *mon coeur ne me reproche pas un seul de mes jours* (Renan).

El (mí) corazón (לְבָבִי) se utiliza aquí como sede de la conciencia, que se entiende como conocimiento poseído por el corazón, que de esa forma excusa y acusa a un hombre (*Psychol.* pág. 134). La palabra חרף es la estación en la que se recogen los frutos de la vida, de forma que aquí (cf. יֶחֱרַף) significa *carpere*, en el sentido de acatar, investir contra.

Jos. Kimchi y Ralbag explican לֹא־יֶחֱרַף diciendo: Mi corazón no se vuelve atrás (es decir, no niega la confesión de inocencia), de forma que estoy seguro a lo largo de toda mi vida (en esa línea interpreta Maimónides la palabra נחרפת, Lev 19, 20, aplicada a la mujer esclava, que esta inclinada ante o detrás de la que es libre). En esa misma línea se puede traducir el árabe *inharafa*, *deflectere*. De todas formas, aquí no se debe evocar el árabe *ḥrf*, sino *chrf*, *decerpere*, reprochar. Job está convencido de que su corazón no le podrá reprochar nada por esta conducta de fidelidad a su conciencia, que él mantiene a lo largo de todos sus días.

En **27, 7** no hay razón para tomar יהי, con Hahn como una afirmativa en sentido fuerte (en la línea de Job 18, 12), y no como expresión de un deseo. Pero el significado no es "aunque sean mis oponentes malhechores, yo no lo seré..." (Hirzel). El verbo se utiliza aquí en sentido *voluntativo*, expresando una mayor emoción, de forma que la relación de los términos ha de ser invertida: aquel que me acusa de ser un malhechor ha de acusarse por ello a sí mismo. El sentido de fondo es que aquel que acusa de מרשיע o malvado a un צדיק muestra con ello que él mismo es un רשע, uno que juzga duramente a un justo está haciendo que recaiga sobre él mismo el juicio que merece el injusto.

Según eso, la *kafh* de בְּרָשָׁע ha de entenderse como *kaph veritatis*, dado que la כ, en el sentido de *instar, en lugar de*, significa no solo semejanza, sino también cualidad. En lugar de קימי, es la forma menos manejable y primitiva que el poeta ha utilizado en Job 22, 20, que no aparece vinculada en el libro de Job con קום (2 Rey 16, 7), aquí tenemos la forma más usual de מתקוממי (cf. Job 20, 27)[1].

La descripción del infortunio de los impíos, que ahora sigue, comenzando con כי no necesita un pensamiento especial de conexión, como por ejemplo: *Mi enemigo ha de ser considerado como impío a causa de su hostilidad; yo aborrezco la impiedad porque...* El pensamiento de fondo es más bien que *aquel que acusa a otro de malvado es él mismo un malvado*, y que no podrá tener esperanza de salvación, pues no puede morir con la esperanza de que Dios vindicará su inocencia.

Job 27, 8-12

⁸ כִּי מַה־תִּקְוַת חָנֵף כִּי יִבְצָע כִּי יֵשֶׁל אֱלוֹהַּ נַפְשׁוֹ:
⁹ הַצַעֲקָתוֹ יִשְׁמַע ׀ אֵל כִּי־תָבוֹא עָלָיו צָרָה:
¹⁰ אִם־עַל־שַׁדַּי יִתְעַנָּג יִקְרָא אֱלוֹהַּ בְּכָל־עֵת:
¹¹ אוֹרֶה אֶתְכֶם בְּיַד־אֵל אֲשֶׁר עִם־שַׁדַּי לֹא אֲכַחֵד:
¹² הֵן־אַתֶּם כֻּלְּכֶם חֲזִיתֶם וְלָמָּה־זֶּה הֶבֶל תֶּהְבָּלוּ:

⁸Porque ¿qué esperará el malvado, cuando muera, cuando Eloah le quite la vida?
⁹¿Escuchará Dios su clamor cuando la tribulación venga sobre él?
¹⁰¿Acaso se deleita en Shadai? ¿Podrá invocar a Eloah en todo tiempo?
¹¹Yo os instruiré sobre el poder de Dios; no esconderé lo que se refiere a Shadai.
¹²Todos vosotros lo habéis visto ¿por qué, pues, os envanecéis en vano?

27, 8. Al compararse así con un רשע, Job es consciente de que el Dios en quien él se deleita y al que siempre puede acercarse no ha dejado de escucharle. Pues bien, dado que la cercanía de Job respecto a Dios se funda en la libertad, y se expresa en forma de confianza íntima, Job sabe que esa confianza no puede romperse nunca. Él no forma parte de los impíos, porque ¿qué confianza puede tener ante Dios un hombre que muere hallándose alejado de él? El impío no tiene un Dios en el que pueda fundar su esperanza, un Dios en el que apoyarse.

Los comentaristas antiguos suelen equivocarse de ordinario cuando toman בצע (cf. יִבְצָע) *abscindere* (raíz בץ), en el sentido de *corradere*, raer (en esa línea más recientemente Rosenmüller). Siguiendo el targum, el texto sirio y Jerónimo toman

---

1. Entre los beduinos, la enemistad se llama *qômâni* (cf. comentario a Job 24, 12), un denominativo de *qôm*, árabe *qawm*, que significa guerra. Pero *qm* tiene también el significado colectivo de *qômâni*, de forma que uno puede decir también: *entum wa-iĵânâ qôm*, vosotros y nosotros somos enemigos, y también *bênâtna qôm*, hay guerra entre nosotros (nota de Wetzstein).

יִשָּׁל de שָׁלָה con el sentido de *tranquillum esse, estar tranquilo* (como Blumenfeld, siguiendo a Ralbag y a otros).

La palabra נַפְשׁוֹ es el objeto de ambos verbos (de יְבַצֵּעַ y יְשַׁל), con נפש en בצע נפש en el sentido de *abscindere animam*, cortar el hijo de la vida. Esa palabra (נַפְשׁוֹ) ha de tomarse en la línea de Job 6, 9; Is 38, 12. La expresión שׁלה נפש ha de entenderse en el sentido de *extrahere animam* (de שָׁלָה, de aquí שָׁלִיַח árabe *salan*, lo que viene tras el nacimiento, como con שָׁלַל). En esa línea, el árabe *sll, con* נשל en árabe *nsl, ntl, nšl)*, tiene un significado semejante, según el cual el cuerpo se concibe como envoltura (נדנה, Dan 7, 15) del alma[2] (cf. árabe *sll* con su sentido universal de introducir la espada en la vaina).

El fut. apoc. *kal* יִשַּׁל tiene en esa línea el significado equivalente del intransitivo יִשַּׁל, Dt 28, 40 (que según Ewald 235, c, se obtiene con reduplicación de la שׁ), *decidere*. Por su parte, la suposición de que יִשַּׁל, como el árabe *ysl*, es equivalente a יִשְׁאַל resulta innecesaria[3].

27, 9–10. Job sigue diciendo que el impío no tiene un Dios que pueda oír su grito cuando le domine la tristeza; el impío no puede deleitarse a sí mismo (con יִתְעַנָּג, forma pausal de יתענג,) en el Todopoderoso; él no puede llamar a *Eloah* en todo tiempo (en las diversas circunstancias de la vida (i.e., en aquellas en las que estamos llamados a sentir nuestra dependencia respecto a Dios). Separado de Dios, el impío no puede ser escuchado, pues no puede rogar ni encontrar ningún consuelo en Dios.

Resulta claro en este fondo que Job compara su condición sufriente con la de un חָנֵף, malvado, pero poniendo de relieve una gran diferencia: él puede seguir confiando en Dios, pero ¿qué poder de resistencia, qué gozo espiritual en medio del sufrimiento (cf. התענג, en Job 22, 26; Sal 37, 4. 11; Is 52, 2; 58, 13) le puede quedar al malvado más allá de su dolor, pues él carece de conocimiento (de vinculación) con Dios? Desde ese fondo, al situarse ante la distinción entre el hombre que teme a Dios y el que no le conoce, Job podrá cambiar toda la forma de entender el sufrimiento.

De esa forma, tras haber sido traído y llevado por los argumentos de sus amigos, cuando el calor de la controversia inmediata se modera, de forma que Job viene a situarse ante sus amigos como su maestro, él puede conocer y expresar por experiencia lo que implica relacionarse con Dios desde el fondo del sufrimiento, cosa que los impíos no pueden. En él se cumple la verdad de aquella palabra que

---

2. Para una idea semejante del cuerpo como envoltorio, es decir, como la *kosha* del alma entre los hindúes, cf. mi *Psychol*. pág. 227.

3. Cf. *Anm. zur griech. Uebers. der Proverbien* (1863), pág. VI ss., donde la primera razón que se da para la mejora del texto es que יִשַּׁל y יבצע tienen el mismo sujeto y objeto, situados tras el verbo, va en contra del uso normal de los idiomas semitas. Pero esta afirmación carece de fundamento, como podría haberse supuesto desde el principio. Así, por ejemplo, el mismo objeto se encuentra después de dos verbos en Job 20, 19, y el mismo sujeto y objeto en Neh 3, 20.

dice *docendo discimus*, aprendemos enseñando. Job ha podido saber lo que significa aprender enseñando, aprender a sufrir con Dios.

27, 11. "Yo voy a instruiros, dice, en la mano de Dios (בְּיַד־אֵל)", es decir, os enseñaré la forma de obrar de Dios (con la *beth*, ב, como en Sal 25, 8. 12; 32, 8; Prov 4, 11; 32, 8), es decir, la forma y tema de la instrucción de Dios. Yo no ocultaré aquello que se refiere a la acción y presencia del Todopoderoso (עִם־שַׁדַּי אֲשֶׁר), es decir, sobre los principios de acción de Dios, tanto en el plano del conocimiento como de la voluntad (amor), cf. Job 23, 1.

Job 27, 12 es un verso de la mayor importancia para la interpretación de todo lo que sigue, desde 27, 13 en adelante. La instrucción que Job desea impartir a los amigos se refiere al lote de los malvados, y así lo dice con claridad: "Mirad, vosotros mismos lo habéis visto ¿por qué, pues, habéis venido acariciando pensamiento vanos?". En este contexto, אַתֶּם כֻּלְּכֶם no se refiere a todos vosotros, sino a *vosmetipsi omnes*, a vosotros mismos en el sentido de todos.

Con estas palabras él no niega lo que ha venido diciendo sobre el lote de los malvados. Es cierto lo que ha dicho (muchos malvados gozan externamente de salud y prosperidad), pero en el fondo de toda su vida hay algo muy importante que les falta a los malvados, que se encuentran precisamente dominados por su maldad: ellos no pueden confiar en Dios.

En esa línea se puede y debe decir que ellos actúan y existen vanamente, careciendo así de fundamento y apoyo en Dios (con הֶבֶל, que significa pensar y actuar vanamente, sin apoyo, sin verdadero sentido, cf. 2 Rey 17, 15, como afirma la carta a los Romanos: ἐματαιώθησαν, Rom 1, 21). Desde ese fondo ha de entenderse la combinación הֶבֶל תֶּהְבָּלוּ, os habéis envanecido vanamente, una frase que no ha de entenderse en la línea de Gesenius 138, 1, (cf. también Ewald 281, a), sino en una perspectiva de gerundio, como עריה, Hab 3, 9 (envaneciéndoos vanamente).

En la siguiente estrofa (a partir de 27, 13) Job comenzará como Sofar había concluido (Job 20, 29), devolviendo a sus amigos la doctrina que ellos le habían impartido. Ellos habían colocado ante él, como en un espejo, el lote de los malvados, para que él pudiera mirarse bien, para así asombrarse. Pues bien, Job les responde ahora que su tipo de sufrimiento (de vivir el sufrimiento) es totalmente distinto.

Job 27, 13-18

¹³ זֶה ׀ חֵלֶק־אָדָם רָשָׁע ׀ עִם־אֵל וְנַחֲלַת עָרִיצִים מִשַּׁדַּי יִקָּחוּ׃
¹⁴ אִם־יִרְבּוּ בָנָיו לְמוֹ־חָרֶב וְצֶאֱצָאָיו לֹא יִשְׂבְּעוּ־לָחֶם׃
¹⁵ (שְׂרִידוֹ) [שְׂרִידָיו] בַּמָּוֶת יִקָּבֵרוּ וְאַלְמְנֹתָיו לֹא תִבְכֶּינָה׃
¹⁶ אִם־יִצְבֹּר כֶּעָפָר כָּסֶף וְכַחֹמֶר יָכִין מַלְבּוּשׁ׃
¹⁷ יָכִין וְצַדִּיק יִלְבָּשׁ וְכֶסֶף נָקִי יַחֲלֹק׃
¹⁸ בָּנָה כָעָשׁ בֵּיתוֹ וּכְסֻכָּה עָשָׂה נֹצֵר׃

¹³Esta es la suerte del impío con Dios, y la herencia de los violentos con el Omnipotente.
¹⁴Si sus hijos se multiplicarán, serán para el cuchillo; y sus pequeños no se hartarán de pan;
¹⁵los restantes, serán sepultados por la peste; y no llorarán sus viudas.
¹⁶Si amontona plata como polvo, si preparare ropa como barro,
¹⁷Él la preparará, pero la vestirá el justo y el inocente repartirá la plata.
¹⁸Edificó como la polilla su casa y como cabaña de pastor.

27, 13. Hemos visto ya la combinación רשע אדם en lugar de איש רשע en Job 20, 29. Esta es una expresión de Proverbios, y recuerda la de ἄνθρωπος ὁδίτης en Homero y la de ἄνθρωπος σπείρων, ἐχθρός, ἔμπορος, en las parábolas de Mt 13. Se suele poner un *psik (pasek)* encima de רָשָׁע para separar a los malvados y a Dios, como en Prov 15, 29 (Norzi).

27, 14. לְמוֹ es una palabra exclusiva de Job en el AT (aquí y en 29, 21; 38, 40; 40, 4). La *lamed*, ל, puede tener un significado independiente, al vincularse con מו que tiene el sentido de מה, árabe *mâ*. *Espada, hambre y peste* son los tres poderes por los cuales será castigada la posteridad de los malvados, por muy numerosa que pueda ser. Esos tres males, רעב, חרב, מות, aparecen igualmente unidos en Jer 15, 2. מות, en lugar de ממותי, *diris mortibus*, viene a ser (igual que en Jer 18, 21) un equivalente de דבר en el mismo trío, Jer 14, 12.

En este contexto, la peste aparece personificada (como cuando un poeta árabe la llama *umm el-farit*, la madre de la muerte), y Vavassor observa correctamente en este contexto: *Mors illos sua sepeliet, nihil praeterea honoris supremi consecuturos* (en el sentido de "la muerte sepulta a los suyos, sin que puedan conseguir ningún honor futuro).

Bötticher (*De inferis*, 72) asegura que במות solo puede significar *en el tiempo de la peste*, o mejor aún "en el mismo momento de la muerte". Pero, dado que la ב (cf. בָּמָוֶת) se emplea por doquier en pasiva, en el sentido de *ab* o *per*, p. ej., Num 36, 2; Os 14, 4, ella puede utilizarse con נקבר para indicar la causa eficiente de la misma muerte. La corrección de Olshausen que pone במות לא יקברו, *ellos no serán enterrados cuando mueran* (cf. Jer 16, 4), no parece en modo alguno necesaria. "Ser enterrado por la pestilencia" significa que no serán enterrados con la solemnidad usual, sino del modo más rápido posible.

27, 15-18 es un texto común a este libro de Job y al Sal 78, 64, de Asaf, que pertenece también a la era salomónica, de manera que debe ser interpretado teniendo en cuenta ambas versiones. Las mujeres que el impío deja tras él por muerte de peste no celebrarán los ritos funerarios (cf. Gen 23, 2), por el castigo que les va golpeando, golpe a golpe, privándoles de familiares e hijos, impidiéndoles observar los ritos de lamentación, a causa de que el golpe de la muerte de sus seres queridos les embota el sentido de piedad.

Los tesoros de oro que el difunto había amontonado de un modo avaricioso, y los vestidos que su amor a la apariencia había reunido, caerán en manos de los justos e inocentes, que quedarán vivos cuando los tres poderes del juicio (peste, hambre y guerra) hayan destruido a los malhechores con sus familiares.

Polvo y suciedad (por ejemplo, en las calles, חוצות) son un signo de la gran abundancia pasada, como en Zac 9, 3, una abundancia que ahora pierde su sentido. La casa de los impíos, aunque sea un palacio, viene a mostrarse frágil y perecedera, de manera que puede destruirse fácilmente, como la fina tela de araña. El mayor y más fuerte palacio se derrumba y destruye como la ligera choza (cf. Is 1, 8) del viñador, construida solamente para que el guarda vigile por un tiempo la viña, hasta que maduren las uvas.

La choza del vigilante, para proteger las viñas, los melonares y los huertos contra los ladrones, los diversos tipos de ganado o las bestias salvajes, se llaman ahora *arîshe* y *mantara* (מנטרה). Esa palabra alude al hecho de que están construidos solamente con ramas de árboles o con simples maderas, como cabañas elevadas, para que puedan alzarse sobre el suelo, a fin de que el vigilante pueda ver a más distancia[4].

Job 27, 19-23

עָשִׁיר יִשְׁכַּב וְלֹא יֵאָסֵף עֵינָיו פָּקַח וְאֵינֶנּוּ: [19]
תַּשִּׂיגֵהוּ כַמַּיִם בַּלָּהוֹת לַיְלָה גְּנָבַתּוּ סוּפָה: [20]
יִשָּׂאֵהוּ קָדִים וְיֵלַךְ וִישָׂעֲרֵהוּ מִמְּקֹמוֹ: [21]
וְיַשְׁלֵךְ עָלָיו וְלֹא יַחְמֹל מִיָּדוֹ בָּרוֹחַ יִבְרָח: [22]
יִשְׂפֹּק עָלֵימוֹ כַפֵּימוֹ וְיִשְׁרֹק עָלָיו מִמְּקֹמוֹ: [23]

---

4. Estas cabañas elevadas son las más frecuentes y suelen colocarse en el centro de los campos de cultivo (*bejadir*) y se construyen de la siguiente manera. (1) Se plantan en el suelo cuatro postes (*'awamid*) en los ángulos de un cuadrado, cuyos lados suelen tener ocho pies de anchura. (2) A unos ocho pies de altura sobre el suelo se sujetan cuatro piezas de madera (*'awrid*), atadas con cuerdas entrelazas a los postes, de manera que encima de esas cuerdas se pueden colocar unas placas o tablas, sobre las que se extiende la cama del vigilante, con hojas o ramas. (3) Unos seis o siete pies más arriba se colocan entrelazadas unas ramas de juncos (*qasab*) o un tipo de alfombra (*hasira*, חצירה) formando un tejado (*sath*, שטח).

Entre el techo superior y el "piso" de la cama se suelen colocar un tipo de alfombras o colgantes, atados entre sí, para protegerse del viento frío de la noche, y también para impedir que los ladrones puedan ver lo que hay dentro, con el número de vigilantes. Con frecuencia, entre el suelo y el piso de la cama suele colocarse una pequeña escala o escalera, llamada *sullem* (סלם). El espacio entre el suelo y esa cámara se cubre solo hacia el oeste, para impedir que entre el calor de la tarde, y durante el día el vigilante suele permanecer en el suelo, acompañado por su perro.

Esta pequeña torre de vigilancia sirve también para recibir las visitas porque, lo mismo que el pastor de la aldea, el vigilante de los campos tiene el derecho y la tarea de ofrecer una sencilla hospitalidad a los que pasan o a los vecinos de la aldea. Cuando se recogen los frutos del campo, se desmonta la choza de vigilancia. El vigilante del campo se llama ahora en árabe *nâṭûr*, del verbo *natar*, נטר, vigilar; de esa misma raíz se ha formado la cuatri-lítera *nôtar*, נוטר (de donde viene en árabe *nwâṭî r*, los vigilantes). En una parte de Siria todas esas palabras se escriben con צ (d) en vez de con ט, siendo pronunciadas en consecuencia. La palabra נצר (נֹצֵר) de este pasaje aparece de forma equivalente en Cant 1, 6; 8, 11-12 (nota de Wetzstein).

¹⁹Rico se acuesta, pero no lo será más: cuando abra los ojos, nada tendrá.
²⁰Se apoderan de él terrores como inundación, y de noche lo arrebata un torbellino.
²¹El viento del este le levanta y lleva, y la tempestad lo arrastra de su lugar.
²²Descarga contra él sin compasión, ante sus manos huye amedrentado.
²³Muchos baten contra él las manos y le silban para que huya de su lugar.

27, 19-20. La vocalización del texto, וְלֹא יֵאָסֵף, ha sido interpretada así por Schnurrer, Umbreit y Stickel: "Va al lecho, y nada le falta todavía; abre los ojos y ya no queda nada". Pero si este fuera el sentido del texto tendría que haber escrito más bien ואין נאסף, pues el לא actual del texto significa "no", nada. Por otra parte, la traducción de Stickel, "mientras nada es llevado", supone que el texto tendría que estar en futuro en vez de presente, cosa que no es cierta. Por su parte, יֵאָסֵף puede significar reunir rápidamente todo, llevarlo fuera (cf. Is 33, 4), cuando el contexto lo favorece, pero no aquí, donde la primera impresión es que רשע es el sujeto, tanto de ולא יאסף como de ואיננו.

La traducción de Bötticher, "él descansa rico y no puede ser desplazado", concede a las palabras un significado que no puede aceptarse, pues es contrario al uso del lenguaje. Por otra parte, וְלֹא יֵאָסֵף puede significar "y él no es transportado lejos" (cf. por ejemplo Jer 8, 2; Ez 29, 5, pero no Is 57, 1, donde significa ser "barrido", expulsado, y tampoco Num 20, 26, donde significa reunirse con los padres), probablemente con la vocalización que tenemos, como lo explican Rosenmüller e incluso Ralbag: "Él es transportado lejos; uno abre sus ojos y no está"; en esa línea cf. Schlottmann: "Él es transportado lejos; en un momento él se ocupa de sí mismo; en el próximo no está ya…".

Pero la relación entre las dos partes del verso resulta poco satisfactoria, y la estrofa anterior ya se ha referido al hecho de que él no será enterrado. Pues bien, dado que con esta lectura solo se logra un pensamiento poco apropiado y además mal expresado, quizá debamos entender la expresión, como hace Hahn, de una forma interrogativa: ¿no habrá sido llevado fuera? Esto es, sin embargo, una solución inventada *ad hoc*, y por eso debemos seguir buscando el sentido del texto, y quizá puntuándolo de un modo distinto.

Jerónimo traduce: "Aunque duerma siendo rico, no llevará consigo nada". El pensamiento no es malo, pero en el texto no pone מאומה, y לא sin más no significa *nihil*, nada. Traducen mejor los LXX (con la Itala y la traducción siríaca): πλούσιος κοιμηθήσεται καὶ οὐ ᾽προσθήσει. Esta traducción, que sigue la forma de lectura de יאסף en el sentido de יוסיף, da un sentido adecuado al texto.

Por eso, en la línea del estilo del poeta (cf. Job 20, 9; 40, 5) y de acuerdo con Ewald, Hirzel y Heiligstedt, nos inclinamos a favor de esta lectura: "él se acuesta para dormir rico, y no lo es ya más, dado que en la noche le privan de la vida y también de la riqueza, a través de una muerte repentina".

También se puede traducir: él abre sus ojos sin imaginar que es la última vez que lo hará, siendo sobrecogido por una muerte repentina, de manera que los cierra para siempre. De esa manera 27a y 27b están vinculados en forma cruzada (como en quiasmo), evocando de esa forma una destrucción repentina, igual de noche que de día: los terrores de la muerte se apoderan de él (en singular femenino, con un sujeto plural posterior, en la línea marcada por Gesenius 146, 3), como una inundación (cf. las olas de Belial, Sal 18, 5), como en un tornado o remolino en la noche (סופה גנבתו, como en Job 21, 18) que le lleva a la muerte. Las versiones siríaca y árabe añaden, a modo de interpolación: como una polilla de noche que aletea…, un añadido que no puede considerarse hermoso.

Job 27, 21-23 amplía la figura del viento huracanado. En hebreo, incluso cuando la narración hace referencia a temas de Egipto (Gen 41, 23), el viento del este, que se llama קדים y que viene del desierto arábigo aparece como viento destructor y devastador, como huracán κατ' ἐξοχὴν[5]. Por su parte, וְיֵלַךְ significa *peribit (ut pereat,* que perezca), como en Job 14, 20; 19, 10. שֹׂעֵר (cf. סערה, como una tormenta que persigue a alguien) está conectado con el acusativo de la persona perseguida, como en Sal 58, 10. El sujeto de וְיַשְׁלֵךְ, en 27, 22, es Dios, y el verbo queda sin objeto, como en "disparar" (contra alguno), cf. Num 35, 22 (sobre esta

---

5. En Siria y Arabia el viento del este ya no se llama *qadîm,* sino exclusivamente *sharqîja,* es decir, el viento que proviene de la salida del sol (*sharq*). Este viento apenas sopla en verano, pues en esa estación solo se extiende a lo largo de dos o tres días al mes. Es más frecuente en invierno y al comienzo de la primavera, cuando dura mucho más, secando la tierna vegetación, de tal forma que sigue un año de hambre. Por eso, en Líbano se le llama *simún–semûm* (שמום), y actualmente también "viento envenenado" (es decir, *nesme musimme*), pero originalmente, lo mismo que en hebreo se le llama שמם, es decir, "viento devastador".

El viento del este es seco, excita la sangre, contrae los pulmones, causa inquietud y ansiedad, produce falta de sueño, malos sueños. Tanto los hombres como los animales se encuentran a disgusto, débiles, enfermizos. Por eso, una vida excitada y violenta se compara con el viento del este. En esa línea, una muchacha de Haurán, al verme en compañía de viajeros de Damasco, cuyo carácter duro y lleno de excesos le chocaba, empezó a gritar: *Billâh, nahâr el-jôm aqshar* (árabe *'qšr*), *wagahetni* (árabe *w-jhîni) sharqîja* (¡por Dios! es un día insalubre para mí; me está azotando un viento del este").

En un canto festivo del distrito de Merg, se decían estas palabras: *"wa rudd lî homet hodenik seb' lejâlî bi-'ol ja wa berd wa sherd wa sharqîja..."* ("Concededme de nuevo que duerma en mi seno, siete noches en la cámara de arriba; y de esa forma podré soportar frío, nieve fuerte y tormentas de viento del este"). Durante la cosecha, cuando el viento del este sopla por un tiempo, no se puede acarrear y llevar al granero el grano ya trillado y amontonado en las eras. Para ello se requiere un tiempo moderadamente seco, lo que solo se consigue con un viento del sur o del oeste.

El viento del norte es mucho más fuerte, y el viento del este está caracterizado por ráfagas constantes que, como dicen los hauranitas, *jôchotû tibn wa-habb* (destruyen la parva y el grano). Cuando el viento sopla del oeste al este se produce con frecuencia un remolino (*zôba'a,* זובעה) que suele producir mucho daño en las eras y en el trigo cortado que yace en montones, a no ser que esté bien sujeto con piedras. Las tormentas son raras durante el tiempo del viento del este; ellas vienen sobre todo con un viento del oeste (nunca con viento del norte o del sur). Pero si un viento del este trae una tormenta, ella resulta en general muy destructiva, con ráfagas muy fuertes, de manera que derrumba incluso los árboles más altos (nota de Wetzstein).

figura cf. Job 16, 13). Los LXX traducen de un modo correcto: ἐπιρρίψει (mientras que en Job 18, 7 σφάλαι equivale a ותכשילהו).

El gerundio con יברח pone el acento sobre la idea de la imposibilidad de huir: quienquiera que intente huir de Dios ha de saber que su intento es vano. El sufijo *êmo* (cf. כפימו), Job 27, 23, tanto por sintaxis como por tema, puede tomarse como sufijo de plural. El hecho de que כַּפֵּימוֹ pueda ser equivalente a כפיו (cf. Sal 11, 7), עלימו a עליו (cf. Job 20, 23; 22, 2), como למו es equivalente a לו (cf. Is 44, 15; 53, 8), es algo bien conocido, de manera que no hay razón para seguir discutiendo aquí el tema.

La acumulación de terminaciones en *emo* y *ômo* da un tono de trueno, y una impresión opresora a la conclusión de la descripción del juicio; terminaciones de ese tipo aparecen con frecuencia en el libro de los salmos, donde se habla de la amenaza del juicio de Dios que se abalanza sobre la depravación moral de los hombres (p. ej. Salmos 17; 19; 49; 58; 59; 73).

El golpear de manos, aplaudir (שׂפק כפים en el sentido de ספק, Lam 2, 15; cf. תקע, Nah 3, 19) es un signo de alegría maliciosa y de burla (שׁרק, Sof 2, 15; Jer 49, 17), con un rasgo de escarnio. La expresión de Job 27, 23 es de tipo pregnante. El golpear de manos y los silbidos de burla acompañan a los malvados cuando les sobrevienen los castigos merecidos, siendo expulsados de los lugares que antes ocupaban (cf. Job 8, 18).

Interpretación de Job 27. Los expositores antiguos pensaban que es muy notable el hecho de que en 27, 13-23 hubiera afirmaciones que concordaban con las aserciones de los tres amigos en relación con el destino de los impíos y de sus descendientes, mientras que previamente Job se había opuesto a ello (cf. Job 12, 6; 12, 21; 12, 24).

- *Kennicott* piensa que la confusión se aclara tomando Job 26, 2-27, 12 como una respuesta de Job al tercer discurso de Bildad, mientras que Job 27, 13-23 constituiría el tercer discurso de Sofar, al que replica Job en Job 28 (con la *superscriptio* de Job 27, 1). Pero esa réplica (que comienza con כִּי, 28, 1) se entiende muy bien como contestación de Job al discurso anterior de Sofar.
- *Stuhlmann* en su libro de 1804 afirma que este tercer discurso de Sofar comienza en Job 27, 11, añadiendo que el texto tiene un hueco entre Job 27, 10 y Job 27, 11. Pero, en ese caso ¿quiénes son las personas a las que Sofar se refiere con un vosotros? Ese "vosotros" alude en todos los casos a los tres "amigos" a los que Job se dirige, mientras que aquí, en contra de su costumbre, Sofar no se dirigiría a él (a Job), sino que, conforme a la teoría de Stuhlmann, se dirige a los otros dos (a los que podría añadirse Job). En esa línea, Stuhlmann coloca Job 28 después de Job 25, 1-6, como continuación del discurso de Bildad. Si las cosas

fueran así, el discurso de Sofar quedaría sin respuesta. En ese caso, Sofar recibiría el honor de pronunciar el último discurso de los tres amigos, teniendo así la última palabra.
- *Bernstein*, por su parte (cf. G. Keil y H. G. Tzschirner, *Analekten*, 1, 3), quiere resolver la contradicción en la que Job parece caer de una manera más sistemática, interpretando el conjunto de Job 27, 7-28, 28, que está sin duda conectado como un todo indisoluble, como una interpolación posterior. Pero, en contra de eso, debemos afirmar que no hay aquí ninguna diferencia de lenguaje ni de estilo poético, como para afirmar que estamos ante una interpolación. Más aún, incluso en el caso de que fuera una interpolación, ella resultaría adecuada en la boca de Job, como expresión de su pensamiento, lo que nos lleva a interpretarla desde su contexto general.
- *Hosse* (1849) va todavía más allá uniendo Job 27, 10, con Job 31, 35-37 y Job 38, 1, dejando así fuera del texto todo lo que viene entre esos pasajes. Según eso, no habría ninguna transición entre el planteamiento del tema y su solución final. La réplica final de Job 27-28, con el monólogo de Job 29-31, donde cualquier lector puede reconocer uno de los momentos más centrales y hermosos del conjunto dramático del libro de Job, formaría parte de esa transición que quedaría así fuera del texto original.
- *Eichhorn* (en su traducción de Job, 1824), que en un momento anterior (*Allgem. Bibliothek der bibl. Lit*, vol. 2) se inclinaba hacia la visión de Kennicott y Böckel (2ª ed. 1804), busca otra explicación de la dificultad, suponiendo que Job 27, 13-23 reproduce la visión de los amigos. Pero en 27, 11 Job anuncia la presentación de su propia visión del tema, y la suposición de que con זֶה חֵלֶק־אָדָם רָשָׁע (27, 13) no comienza la exposición de Job, sino la de sus oponentes queda refutada por el simple hecho de que no hay en el texto nada que puede confirmar esta postura; el autor del libro de Job no entraría de un modo consciente y preciso en el tema si lo que sigue no reprodujera la visión del mismo Job.
- *De Wette* (*Einleitung*, 288), sabiendo la falta de fundamento de estos intentos de solución del tema, con su criticismo acostumbrado, despreciando la coherencia de los escritores sagrados, se vuelve en contra del mismo poeta. Ciertamente, él dice que la división de Job 27,11-2, 28 es inapropiada y contradictoria, si se pone en la boca de Job; pero esta falta de claridad (por no decir, esta inconsistencia) ha de atribuirse al mismo poeta que, a pesar de su intento general, no ha logrado liberarse plenamente y siempre de la influencia de la doctrina común de la retribución. Este juicio es erróneo e injusto.

A diferencia de los autores anteriores, *Umbreit* (2.ª edición, pág. 261), responde correctamente que, sin esta contradicción aparente, en los discursos de Job, el intercambio de ideas hubiera sido infinito. En otras palabras: si el punto de vista de Job hubiera sido absolutamente inamovible a lo largo de todo el libro, la controversia no podría haber desembocado en una decisión bien ajustada, que el mismo poeta ha debido ir planeando en el despliegue de la controversia, y que realmente va desarrollando, haciendo que su héroe mantenga sin embargo una conciencia imperturbable de su inocencia, pero procurando atenuar su irritación primera, y moderar su dureza extrema. Esta "moderación" aparece ya en Job 24, pero se muestra de un modo todavía más claro en Job 27 y puede expresarse así:

> Ciertamente, por la vida de Dios que me aflige, siendo inocente, yo no incurriré en la culpa de mentir, no dejaré que me persuadan, en contra de mi conciencia, a tomarme a mí mismo como un malhechor. Yo no soy un malhechor, pero mi enemigo, que me mira y me trata como tal, ha de ser tomado como un malvado. Mi esperanza y mi decisión, en medio de la más grave aflicción que estoy sufriendo, es muy distinta de la falta de esperanza y del alejamiento de Dios en que mueren los impíos. Sin duda, el destino de los malhechores es diferente del mío, y así os lo mostraré. Ciertamente, todos vosotros lo habéis observado por vosotros mismos y, sin embargo, mostráis estos vanos pensamientos en contra de mí.

En ese sentido quiere avanzar mi propuesta, mostrando que las palabras de Job que ahora siguen (cap. Job 28-29) concuerdan en el fondo y a veces en la forma con la descripción de sus tres amigos, para indicar así ante sus amigos el sentido del final de los malvados, de forma que ellos puedan inferir que él no es un malvado. De esa forma, Job se opone a sus falsos amigos, que afirmaban que él (Job) era un malvado y que solo haciendo penitencia y arrepintiéndose podría escapar del castigo que habían merecido sus pecados. Según eso, Job ratifica de algún modo la tesis de sus amigos, pero con el fin de sacar unas consecuencias distintas de las suyas, al mostrar ante ellos que él no es un pecador.

Pero, al obrar de esta manera ¿no está Job entrando en contradicción consigo mismo? En un sentido sí, en otro no. El Job que ahora empieza a presentar su visión con más calma entra en contradicción con el Job apasionado que, sin mayores precisiones, había expuesto algunos casos excepcionales en contra de la visión exclusivista de sus amigos, cuando decían que todos los malvados sufren un final horrible.

En contra de esa visión extrema de sus amigos, Job afirmaba, también de un modo extremo, que los malvados gozan de una prosperidad ininterrumpida hasta el mismo final de sus días. Pero él no puede mantener sin más esa visión general de la prosperidad de los malvados. ¿Cómo podría negar, de un modo general, que la justicia retributiva de Dios se manifiesta en el castigo de los malvados?

Ahora podemos percibir ese cambio o matización de Job cuando comparamos sus visiones nuevas expresadas en cap. 27 con las que él había expresado en los capítulos anteriores, que eran de tipo extremo. En el calor de la controversia, Job se había opuesto a la visión unilateral de sus amigos (quienes afirmaban que Dios castiga siempre a los malvados y premia a los justos) con una visión también unilateral (según la cual podía parecer que Dios castiga a los buenos y premia en el mundo a los malos).

Solo ahora, con más calma, puede tomar una vía mejor de pensamiento, según la cual el destino de los malvados viene a presentarse ante él desde otra perspectiva, superando las equivocaciones y extremismos de los momentos anteriores. Este cambio, que podía advertirse ya de alguna forma en Job 24, hace que pueda reconocer ahora, aunque quizá de un modo involuntario, la verdad de fondo que había en las afirmaciones de sus oponentes.

De todas formas, la intención de Job no es la de corregirse, diciendo a sus amigos que ellos tenían una parte de razón (cosa que él antes había rechazado), sino la de expresar mejor su experiencia y pensamiento. Así lo indica Hirzel, pero quizá de manera demasiado unilateral (como diciendo que Job ahora rechaza lo que había antes defendido).

En ese contexto, aceptamos algunos elementos de la visión de Umbreit y en especial de la de Ewald, cuando observaba (*Comentario* a Job, año 1854, pág. 252s.) que Job sigue manteniendo aquí, a favor suyo y en contra de sus amigos, aquello que sus amigos habían afirmado en contra de él (que Dios acoge a los justos...), pero en un sentido distinto al de sus amigos. "Job se sitúa ya en el recto camino, anticipando de esa forma, con un gesto de mayor confianza, su verdadera perspectiva, es decir, descubriendo y diciendo que un justo no puede morir de la misma forma que mueren los malvados".

En esa línea resulta muy apropiada la descripción que el poeta pone en boca de Job en 17, 23. *Sus adversarios* interpretaban la suerte y futuro de Job a la luz de su visión del destino fatal que ha de recaer sobre todos los malvados, presentándole a él, así sin más, como un malvado. En contra de eso, *Job* no evoca en la descripción de la suerte de los malvados nada que coincida con su propia suerte, ni con aquello que ha experimentado antes, ni con aquello que su fe le hace ver como futuro. De esa forma indica que su destino de dolor no es el destino de un malvado, pues hay un sufrimiento que no viene del pecado.

De esa manera, aunque el pesado destino que ha caído sobre él puede parecer un castigo punitivo (como puede suceder en los malvados), él no puede reconocerlo así, y por eso lo niega con todas sus fuerzas, pues en medio de la aflicción se sigue apoyando en Dios y espera con confianza su vindicación (su absolución). Si leemos desde esta perspectiva el texto de Job 27, 13, desaparecen todas las dudas que podamos tener sobre su autenticidad (autenticidad que por otra parte admiten todos los comentaristas modernos). Por eso, no podemos cargar al poeta de inconsistencia, sino que, al contrario, tenemos que admirar la inteligencia con la que él va llevando a su meta, por caminos ocultos, la idea de fondo del drama de su libro[6].

El tema ha de explicarse de un modo distinto. A partir de 27, 13 ss., Job describe la revelación de la justicia divina, tal como se muestra en la suerte de los malvados, para mostrar que sus amigos le juzgan (y que juzgan su suerte) de un modo que es falso. Con esta descripción del castigo, que Job ha querido presentar así y no de otra manera, debe conectarse el texto posterior de Job 28, 1, con la partícula כי que tiene un carácter de confirmación.

Si eso no fuera factible, uno debería estar dispuesto a alterar, como hace Pareau, la posición de cap. 28, suponiendo que estaba mal colocado, para ponerlo después de cap. 26. Pero, en contra de ese cambio violento de ordenación del texto, debemos señalar que no resulta nada evidente que el cap. 28 (que comienza con el כי) pueda entenderse como una continuación de cap. 26.

En este contexto debemos recordar que cap. 27 dice que los impíos amontonan montones o pilas de plata, כסף, como polvo, mientras que los inocentes, que viven para descubrir el final y sentido de su destino, dividen esta plata, כסף, entre ellos mismos; de esa forma, cuando Job 28, 1 continúa diciendo לכסף

---

6. Pero, en este contexto, se sigue planteando la pregunta de si la palabra inicial de 28, 1, que empieza con כי (cf. כִּי יֵשׁ לַכֶּסֶף) no va en contra de esta autenticidad de Job 27, 11. En esa línea, Hirzel y otros sostienen que el כי sirve para confirmar la afirmación de Job 27, 12: "Todos vosotros lo habéis visto ¿por qué, pues, os habéis hecho tan completamente vanos? La sagacidad y perseverancia humana puede lograr mucho, pero las profundidades de la sabiduría divina son impenetrables para el hombre". Pero ¿cómo es posible que el כי de Job 28, 1 sirva para confirmar lo dicho en 27, 12, pasando por alto lo que dice Job 27, 13?

Según eso, se podría decir que el texto de Job 27, 13 debería ser rechazado como no auténtico. Sin duda, la dificultad subsiste aunque queramos suplir aquí algún pensamiento que habría sido suprimido por el editor posterior, como suponen varios autores, como Ewald (en lo referente a Dios puede haber muchas cosas que son oscuras…) y Hahn (aunque muchos malvados perecen de acuerdo a sus obras, no todos los que perecen son malvados…). Pero este tipo de explicación, que supone que entre el final de Job 27 y el comienzo de Job 28 debió haber algún texto que luego desapareció, resulta sin duda arbitrario y forzado. En ese contexto, es preferible traducir (como hace Stickel) la כי como *porque* y tomar Job 28, 1-2 como antecedente de Job 28, 3.

Conforme a la visión Schlottmann, tras el cap. 27, se debería introducir un tipo de guion para indicar un espacio en blanco, es decir, para indicar que la explicación anterior termina y que empieza una nueva. Esta visión de Schlottmann es en principio más satisfactoria. Él piensa que Job 27, 13 ss. constituye un aviso dirigido a los amigos, a fin de que ellos vuelvan a pensar y retractarse de su injusta forma de pensar, cuando han hablado del castigo de los malvados.

Si esta interpretación fuera correcta, la descripción del destino de los malvados habría estado influenciada por un pensamiento subyacente, con el que debería conectarse la afirmación siguiente de la naturaleza exaltada de la sabiduría divina, entendida así como confirmación de lo anterior. De todas formas, no podemos tomar esta traducción como correcta. Todo el despliegue del pensamiento debería haber sido distinto, en el caso de que quisiera servir como aviso para los amigos.

מוצא כי יש (porque la plata tiene su mina...) descubrimos que este pensamiento ha sido previamente preparado.

Si tomamos en consideración que Job 28 es solo una ampliación de un pensamiento conclusivo anterior (que el temor de Dios es la verdadera sabiduría), entonces podremos comprender que Job 28 (en referencia a esta idea especial) se encuentra bien vinculado a la descripción del destino de los malvados, tal como se había expuesto en Job 27, 13 ss.

El fin miserable de los impíos se encuentra así confirmado por esto: que la sabiduría verdadera de los hombres (que ellos, los impíos, han despreciado), consiste en el temor de Dios, anunciado en 27, 11 por las palabras אוֹרֶה אֶתְכֶם בְּיַד־אֵל; esto significa que aquel que mantiene el temor de Dios en medio de sus sufrimientos no puede ser un רשע, aunque esos sufrimientos constituyen un misterio insoluble. Esa certeza, y esta conexión de pensamientos, que deberá tenerse en cuenta, prueba que Job 28 se encuentra en su posición original. Y si ponderamos el hecho de que Job ha descrito a los impíos como ricos avariciosos que han sido privados de sus inmensas posesiones de plata y de otros costosos tesoros, podremos ver que Job 28 confirma la visión anterior del juicio punitivo de la forma siguiente: la plata y otros metales preciosos provienen de la tierra, pero la sabiduría, que excede en mucho a esos tesoros del mundo no puede encontrarse en ninguna de las "provincias" o lugares de la tierra, pues solo Dios la posee, y solo de Dios proviene; y de esa manera un hombre puede alcanzarla con temor de Dios y con superación del mal. Se muestra así la conexión estrecha de Job 28 con lo que inmediatamente precede, algo que la mayoría de los expositores han olvidado, desde Schultens, cambiando de lugar el punto central donde se habla del carácter escondido e inalcanzable de la sabiduría divina que gobierna el mundo. En esa línea, Bouiller ha observado correctamente que el conjunto de Job 28 no trata tanto de la sabiduría de Dios, sino de la sabiduría de los hombres, a quienes Dios (el único poseedor de la sabiduría) se la imparte: *omnibus divitiis, fluxis et evanidis illis possessio praeponderat sapientiae, quae in pio Dei cultu et fuga mali est posita* (la posesión de la sabiduría que consiste en el culto piadoso a Dios y en la fuga del mal, está por encima de todas las riquezas, posesiones y demás realidades pasajeras).

Con esto concuerda la visión de von Hofmann (*Schriftbeweis,* i. 96): "Debemos unir Job 28, 1, donde hallamos una כי confirmativa o explicativa, en forma de transición, con 28, 12, donde comienza una segunda parte del discurso, introducida con *waw,* y finalmente como 28, 28, donde todo esto queda redondeado, formando una unidad de pensamiento". Job prueba de esta forma que el hombre impío puede obtener todas las prosperidades del mundo, todos los tesoros escondidos, por su propio trabajo y esfuerzo, pero es incapaz de conseguir la sabiduría de Dios, que no se puede alcanzar con medio de este mundo, sino que proviene solamente de Dios; esa sabiduría es el temor del Señor, y el verdadero entendimiento del hombre consiste en separarse del mal.

Job 28. Introducción. El tema de las minas (de Wetzstein). Antes de que pasemos a ofrecer una exposición detallada de Job 28, sin anticipar lo que sigue, podemos quizá plantear una pregunta: ¿de dónde ha recibido el poeta el conocimiento de los diversos tipos de minería que presenta en este capítulo, un conocimiento que tiene toda la apariencia de provenir de su observación personal? Dado que, como hemos observado con frecuencia, está familiarizado con Egipto es natural pensar que este conocimiento deriva de su familiaridad con esa tierra y con la península del Sinaí, pues las ruinas de las minas allí encontradas muestran que el Sinaí ha sido un distrito minero desde los tiempos más antiguos. La primera de esas minas se encuentra en *Wadi Nasb,* donde Lepsius (*Briefe*, pág. 338) encontró restos de antiguos lugares de fundición de metales, y donde también Graul y sus compañeros, habiendo seguido las indicaciones de la obra de Wilkinson, buscaron los restos de una mina y encontraron al menos los residuos de mineral de cobre, aunque no pudieron encontrar nada más (*Reise*, ii. 202). Por su parte, E. Rüppell exploró el lugar por indicación del virrey Mehemed Ali y de Russegger, aunque con menos resultados (cf. Ritter, *Erdkunde*, xiv. 784-788)[7].

Un segundo distrito minero viene caracterizado por las ruinas de *un templo de Hathor,* sobre las terrazas escarpadas de *Sarbut (Serbt) el-chdim*, que se abren formando un espacioso valle. Este campo de ruinas, con sus numerosas columnas elevadas dentro del área aún reconocible del templo, y en su entorno, dan la impresión de formar un gran campo de enterramientos, y así lo describe y presenta Carsten Niebuhr (*Reise*, 235, Tabla xliv.).

En Febrero de 1854, Graul (*Reise*, ii. 203) y Tischendorf pasaron un corto tiempo sobre la eminencia de ese desierto, que es difícil de escalar, y que está lleno de monumentos. Ese lugar nos produjo (dice Tischendorf *Aus dem heiligen Lande*, S. 35) una fuerte impresión, "mientras permanecimos en el centro de las formas grotescas de esos monumentos, cuando el sol poniente brillaba sobre las figuras salvajes y terroríficas de esas rocas de cobre, que fueron exploradas y trabajadas en tiempos antiguos, y que ahora se extienden con sus varias formas y colores, a veces oscuros, a veces claros.

El hecho de que esas rocas de cobre fueran trabajadas en tiempos antiguos lo prueban los grandes montones de escoria, que Lepsius (*Briefe*, pág. 338) descubrió al este y oeste del templo. Por otra parte, según las inscripciones, Hathor

---

7. El valle no se llama *Wadi Nahas* (valle del Cobre), lo que es solo una suposición de Rüppell, sino *Wadi nasb,* árabe *nq̣sb*, que según Reinaud significa el valle de las Estatuas o Columnas. A treinta horas de camino de Suez, dice un buen conocedor del tema, en *Historisch-politische Blätter,* 1863, pág. 802s., está el *Wadi Nesb,* donde se encuentra mineral en abundancia, pues hay bloques que contienen cobre, del tamaño de 200 pies de diámetro, y con mineral que se encuentra casi en estado puro. Ese mineral (tierra negra que contiene cobre) produce metal abundante. Además de eso, en el Sinaí se han descubierto minerales de hierro, manganeso, carbonato de plomo y también de precioso cinabrio.

lleva el nombre de "Reina de Mafkat", es decir, de reina del País del Cobre (*mafka*, cobre, con el artículo femenino final en "t"). Esa diosa lleva recibe ese nombre en los monumentos de *Wadi Maghra*, uno de los valles estrechos de *Wadi Mucatteb* (valle Escrito, es decir, lleno de inscripciones).

Estos signos de otra antigua colonia minera pertenecen a la historia más antigua de Egipto, mientras que los de *Sarbut el-chdim* llegan solo al tiempo de *Amenemhat III*, es decir, a la última dinastía del Antiguo Reino. Incluso el segundo rey de la quinta dinastía, Snefru, y ciertamente su predecesor (que según Lepsius fue su sucesor) *Chufu* (que se identifica con *Cheops*, aquel que edificó la mayor de las pirámides) aparecen aquí como conquistadores de pueblos extranjeros, entre los que se encuentra este distrito montañoso, dedicado a Hathor, a quien se llama también *Mafkat*.

Los restos de una mina, descubierta por J. Wilson, en la parte final del oeste, en la zona norte del *Wady Mucatteb*, pertenecen también a los restos de este país rico en cobre; se encuentran cerca del camino, pero en gargantas estrechas. Allí se extiende un muro alto de roca de granito y de pórfido, penetrado por oscuras vetas de metal, que han sido trabajadas desde arriba hacia abajo, formando así cavernas artificiales, con pozos y hendiduras. Se puede observar que aquí había abundancia de metal, y por la forma de trabajar se nota que las minas poseen una gran antigüedad. Este tipo de minería, que ha sido así descubierto allí[8], ofrece como se dice la más importante explicación (y base) de la notable forma de presentar los trabajos del arte de la minería que ha sido desarrollada por este capítulo el libro de Job.

En el mismo Egipto había menos lugares en los que se obtuviera el mineral de hierro, y además no era muy abundante y, de un modo consecuente, en las tumbas encontramos mucho menos hierro que bronce. Pero, en otra línea, Wilkinson ha observado que hay importantes minas de cobre, parecidas a las del Sinaí. De todas formas, solo tenemos una información más exacta sobre las minas de oro de la zona del Alto Egipto. Agatárquides las menciona en su *Periplo*; y Diodoro (iii. 11 ss.) ofrece una descripción más minuciosa de ellas, por la que vemos que la minería se realizaba en aquellos tiempos casi de la misma forma que se ha realizado hasta hace un siglo (hasta el XVIII d. C.). Así reconocemos en aquellas minas, con los modos de transporte del mineral, los medios y utensilios para triturar y limpiar el mineral, con los lugares de fundición, etc. (Cf. Klemm, *Allgem. Cultur-Geschichte*, pág. 304.)

Existe también la zona minera de Nubia, cuyo nombre significa país de oro, porque NOYB es el antiguo nombre egipcio para oro. Desde el tiempo de

---

8. Para todo esto, cf. *Ensayo sobre la Península del Sinaí* publicado por Piper, *Ev. Jahrbuch*, 1852. El distrito minero descrito por J. Wilson (1843-44) no es uno que fuera desconocido hasta su tiempo, sino que era uno de los lugares del *Wadi Maghra* más conocidos, dentro del sistema de excavaciones del antiguo Egipto.

Sethis I, el padre de Sesostris, poseemos el mapa o plano de una mina de oro, que Birch (en su trabajo sobre una tabla de Ramsés II de la XIX dinastía, de las minas de oro de Etiopía) ha descifrado y comentado de un modo correcto.

Por otra parte, en los monumentos de otras edades se hace mención de Egipto con más metales (plata, hierro, plomo) y también de las piedras preciosas con las que se adornaban, por ejemplo, las arpas. También se encuentran diamantes, extraídos de minas. En el papiro *Prisse*, que Chabas ha estudiado con el nombre de *Le plus ancien livre du monde*, Phtha-Hotep, autor de este tratado moral, dice en iv. 14: "Valora mi buen trabajo más que la esmeralda verde, que los esclavos encuentran bajo los guijarros" (conforme a una contribución personal del Prof. Lauth de Munich). Este tipo de esmeralda se halla en las "Colinas de Esmeraldas", cerca de Berenice.

De todas formas, la escena minera del libro de Job ha de buscarse en Idumea propiamente dicha (Gebal) o en Haurán, donde había sin duda minas más cercanas que las de Egipto. Así, en Phunon (Phinon), entre Petra y Zoar, había minas de cobre (χαλκοῦ μέταλλα, *aeris metalla*) que se excavaban ya en el tiempo de Moisés, como se puede inferir por el hecho de que Moisés hizo que se fundiera allí la serpiente de bronce (Num 21, 9, cf. 33, 42 s.).

Más tarde, durante la persecución de los cristianos, en tiempo de los emperadores romanos, muchos testigos de la fe fueron desterrados en esos lugares, de manera que cayeron víctimas del trabajo destructivo de las minas subterráneas (Atanasio dice de un modo quizá exagerado, que los malvados que eran allí condenados solo podrían vivir unos pocos días: ἔνθα καὶ φονεῦς καταδικαζόμενος ὀλίγας ἡμέρας μόγις δύναται ζῆσαι)[9]. También Edrisi conoció minas de oro y de plata en las montañas de Edom, en el 'Gebel esh-Sher (árabe *'l-šrât*), es decir, en el חֹר שֵׂעִיר.

Según el *Onomasticon*, las palabras דִּי זָהָב, en referencia a Dt, 1, 1 indican la existencia de ese tipo de minas en *Arabia Petraea* (cf., LXX καταχρύσεα). Por su parte, Jerónimo[10] (en su nota *Kata ta chrysea*) observa, al referirse a ese pasaje del *Onomasticon*: *sed et metallo aeris Phaeno, quod nostro tempore corruit, montes venarum auri plenos olim fuisse vicinos existimant* (en el sentido de que "se supone que los montes que en nuestro tiempo solo producen plomo estuvieron en otro tiempo llenos de vetas de oro").

El relato en el que Eupolemo (en Eusebio, *Praep*. ix. 30) habla de una isla llamada Aurfee, rica en oro, que se hallaba en el mar Rojo, no pertenece a este

---

9. Cf. *Comentario a Génesis*, pág. 512; Ritter, *Erdkunde*, xiv. 125-127 y también mi *Kirchliches Chronikon des petrischen Arabiens*, en *Luth. Zeitschr*. 1840, pág. 133.

10. *Oppera*, ed. Vallarsi, iii. 183. El texto de Eusebio ha de corregirse conforme al de Jerónimo; cf. Ugolini, *Thes.* vol. v. Columna 119. Lo que dice Ritter, *Erdkunde*, xiv. 127, está lleno de equivocaciones.

contexto, porque el mar Rojo, ἐρυθρὰ θάλασσα[11], al que aquí se alude, no es el del golfo Arábigo. Por otra parte, la referencia a la serie de colinas de *Tell ed-dhahab* y su informe sobre las minas de oro de la antigua Galaad es algo que sigue siendo una simple conjetura, hasta nuestro tiempo.

Resulta más digno de mención el hecho de que se encuentren restos de antiguas minas de cobre en Líbano. Por su parte, Edrisi (*Syria*, ed. Rosenmüller p. 12) conocía la existencia de una rica mina de hierro cerca de Beirut. Finalmente, hasta el día de hoy, los judíos que viven en la zona de *Deir el-kamar*, en Líbano, trabajan el hierro, conforme a un sistema de arrendamiento de minas, y producen espuelas de hierro, que venden por toda Palestina[12].

Según eso, el poeta del libro de Job podía haber conocido directamente la minería en lo que se refiere a sus diversas formas de producción tanto en el reino de Egipto, que él sin duda había visitado, como en los distritos de Arabia Pétrea y del Líbano, pudiendo así colocar una descripción del tema en boca de su héroe. No es necesario por tanto, como hace Stickel, que nos inclinemos sin más por la minería de Arabia, donde el hierro y el oro se producen todavía con métodos antiguos y donde, conforme a los viejos testimonios, se producía en otro tiempo el oro.

Dado que el poeta coloca a su héroe al este del Jordán, en Job 28, 2, puede haber pensado de un modo preferente en las minas de la montaña de hierro (τὸ σιδηροῦν καλούμενον ὄρος, Josefo, Bell. iv. 8, 2), que suele llamarse también la montaña cruzada (*'el-mi'ra*) porque corre de oeste a este, mientras que el *Gebel 'Agln* se extiende de norte a sur. Esas minas se encuentran entre las gargantas de *Wady Zerk* y *Wady 'Arabûn*; ellas comienzan en los montes de los dos *wadis* en el Gohr, y terminan al este, en un descenso abrupto, hacia la ciudad de Gerash, que por su altura (y por el hecho de que puede verse de lejos) suela llamarse Negde (נגדה).

Las minas trabajadas por los antiguos se hallaban en el declive de la montaña hacia el suroeste de la población de Burmâ, a unas seis millas del lecho del *Wady Zerk*. El material de la mina lo forma un tipo de piedra frágil, roja, marrón y violeta, que contiene una gran cantidad de hierro. En ella se encuentran también, aquí y allí, gran número de pequeñas conchas, y en ese caso resulta más duras. Algunas de esas minas, que se conocían en Siria con el nombre de "minas rosas" (de color rosa*)*, *'ma'adin el-ward*, fueron trabajadas en el tiempo de Ibrahim Pasha de 1835 a 1839. Pero cuando esas tierras volvieron a ser dominio turco (en 1840), esas minas que habían producido mucho metal, por la abundancia de madera para los hornos de función, dejaron de funcionar.

---

11. Sobre el significado de ese epíteto, cf. *Comentario a Génesis*, pág. 630.

12. Cf. Schwarz, *Das h. Land* (1852), pág. 323. Los monumentos egipcios mencionan un distrito llamado *Asj*, que pagaba sus tributos con hierro producido allí. Cf. Brugsch, *Geogr. der Nachbarländer Aegyptens*, pág. 52.

Una gran masa forestal, sin dueño conocido, cubre la parte trasera y toda la parte del norte de esas montañas, hasta el lecho del *Wady 'Arabun*, y dado que los árboles no se han cortado durante siglos, la espesura, con los troncos y ramas caídas, ofrece la idea de un bosque virgen. Nosotros pasamos a través del bosque, de Kefrengi hasta Burm en junio de 1860. A excepción de esa parte norte de Galaad, en la que se encuentra esta "montaña de hierro", no hay en la provincia de Basán más minas. Las montañas de esa tierra son exclusivamente volcánicas, compuestas de un tipo de lava y basalto. La tierra ha recibido probablemente su nombre Basán del basalto, del que proviene *Basa'ltis* y por derivación *Basa'ntis* (es decir, Basán)" (texto elaborado por Wetzstein).

Job 28

Job 28, 1-4

1 כִּי יֵשׁ לַכֶּסֶף מוֹצָא וּמָקוֹם לַזָּהָב יָזֹקּוּ׃
2 בַּרְזֶל מֵעָפָר יֻקָּח וְאֶבֶן יָצוּק נְחוּשָׁה׃
3 קֵץ שָׂם לַחֹשֶׁךְ וּלְכָל־תַּכְלִית הוּא חוֹקֵר אֶבֶן אֹפֶל וְצַלְמָוֶת׃
4 פָּרַץ נַחַל מֵעִם־גָּר הַנִּשְׁכָּחִים מִנִּי־רָגֶל דַּלּוּ מֵאֱנוֹשׁ נָעוּ׃

¹Hay para la plata veneros, y un lugar para refinar el oro.
²El hierro se saca del polvo, y de la piedra es fundido cobre.
³A las tinieblas puso término, y examina todas las extremidades, las piedras que hay en la oscuridad y en la sombra de muerte.
⁴Excava una mina, separada de los que caminan arriba; olvidados de todos los pies cuelgan y se balancean lejos de todo hombre[13].

28, 1. Conforme a la conexión más natural que hemos presentado, Job desea mostrar que la suerte final del hombre rico se encuentra merecida, porque los tesoros que él ha tomado como objeto de avaricia y orgullo, aunque hayan sido muy costosos, siguen siendo, por su naturaleza y origen, tesoros de la tierra. Por eso, comienza presentando aquí los metales más preciosos, a partir de la plata, que aparece como precedente, en referencia a Job 27, 16, y con el oro.

La palabra מוֹצָא, sin el sentido secundario de plenitud (Schultens), significa el lugar de origen, es decir el lugar de donde algo naturalmente surge (Job 38,

---

13. Entre los que comentan esta y las dos siguientes estrofas hay dos expertos: (a) El director de minas, von Veltheim, cuyas observaciones ha presentado J. D. Michaelis en *Orient. u. exeg. Bibliothek*, xxiii. 7-17. (b) El inspector de minas, Rudolf Nasse, cf. *Studien und Krit.* 1863, 105-111. Por su parte, el comentario de Umbreit contiene algunas observaciones de von Leonhard. Pero él piensa que Job 28, 4 se refiere al descenso a la mina sobre unos maderos cruzados, sostenidos por una soga, mientras que Job 28, 5 está evocando la iluminación con un tipo de antorchas; a su juicio, Job 28, 6 se refiere al lapislázuli y Job 28, 10 a las formas antiguas de vaciar el agua.

27), o de donde se obtiene (1 Rey 10, 28); aquí ha de entenderse en el segundo sentido, como refiriéndose al lugar donde se encuentra un mineral, es decir, una mina como en el paralelo מקום, como lugar de donde proviene el oro, es decir, una mina de oro. Conforme a la acentuación (con *rebia mugrasch, mercha, silluk*), no ha de traducirse: "y un lugar para el oro donde ellos lo refinan", sino un lugar para el oro que ellos refinan. זקק, extraer, es la expresión técnica para purificar los metales preciosos, sacándolos por lavado de la roca donde se encuentran mezclados (Mal 3, 3). El oro o la plata pura que así se obtiene se llama מזקק (Sal 12, 7; 1 Cron 28, 18; 29, 4). Diodoro, en su presentación de la minería en el Alto Egipto (cf. Job 3, 11), tras haber descrito la operación de romper la piedra en pequeños fragmentos[14], sigue diciendo:

> Los oficiales mineros toman la piedra machacada y la colocan en una ancha mesa que está ligeramente inclinada y echan agua sobre ella, para así lavar las partes de tierra, de forma que el oro permanece sobre la madera. Esta operación se repite varias veces, frotando la masa suavemente con la mano; después secan la masa con esponjas, de forma que sacan toda el agua, con las partes ligeras de tierra que puedan quedar, de forma que al fin permanece solo el polvo de oro. Finalmente, otros oficiales toman la masa, la sacuden sobre un crisol de cerámica y añaden una cantidad proporcional de plomo, con granos de sal, y una pequeña cantidad de salvado. Entonces colocan una cubierta bien sujeta sobre el crisol y la cierran con arcilla, dejando que hierva durante cinco días y cinco noches en el horno. Después dejan que todo se enfríe, de manera que cuando ya no quede nada líquido en el crisol ellos sacan el oro puro, que ha disminuido ligeramente de tamaño.

La palabra que se emplea para indicar la primera de esas operaciones (separación del oro y del cuarzo a través del lavado y cernido del mineral) es זקק; y la palabra para indicar las otras operaciones de fundido del oro es צרף.

Job 28, 2. De la mención del oro y la plata el texto pasa al hierro y al cobre (*cuprum* es el metal que da nombre a Chipre). El hierro se llama בַּרְזֶל, no como nombre que termina en *lamed*, ל, como כרמל (así Gesenius, Olshausen y otros), sino probablemente como expansión de בזל (así Fürst), como שרביט de שבט, שביט de ספיר, βάλσαμον de בשם, porque, como testifica Plinio[15], el nombre

---

14. Texto sabiamente traducido y presentado en G. F. Klemm, *Allgem. Cultur-Geschichte*, pág. 503 ss.

15. *Hist. nat.* xxxvi. 7, 11: *Invenit eadem Aegyptus in Aethiopia quem vocant basalten (basaniten) ferrei coloris atque duritiae, unde et nomen ei dedit*: "Egipto encontró en Etiopía lo que llaman basalto (basanita) que tiene el color y dureza del hierro, y por eso le dio ese nombre" (cf. von Raumer, *Palästina*, pág. 96, 4.ª ed.). Ni Seetzen ni Wetzstein han encontrado en Basán mineral de hierro propiamente dicho. Pero el basalto es allí muy abundante, y de ese nombre (Basalto) proviene Basán. Dado que no hay ningún nombre semítico especial para basalto, Botchor lo llama, con la ayuda del árabe, *nw' ruchâm 'swd*, un tipo de mármol oscuro. Pero, como Wetzstein me ha informado,

del basalto (hierro–mármol) y del hierro están relacionados. Por su parte el cobre lleva el nombre de נחשת (cf. נְחוּשָׁה), por lo que el libro de Job (cf. Job 20, 24; Job 28, 2; Job 40, 18; Job 41, 19; cf. también Lev 26, 19) pone siempre נחושה (*aereum* igual a *aes, broncíneum*, vinculado a bronce, cf. árabe *nuhâs*).

Del hierro se dice que proviene de עפ, nombre con el que se indica aquí los intestinos, en el sentido de partes superficiales de la tierra (cf. Job 41, 25). Del cobre se añade que los hombres lo extraen de un tipo de piedra (cf. Gesenius 139, 2). Los hombres sacan (destilan, funden) el cobre de esa piedra. יָצוּק, como en Job 29, 6, *fundit*, aquí con un sujeto, en el sentido de fundir, de un modo general. Así se dice que se funde el cobre de la piedra (de un modo distinto en Job 41, 15, con un participio de יצק).

Job 28, 3 muestra claramente que los metales se extraen de las entrañas (intestinos) de la tierra. El hombre pone así fin a la oscuridad de la tierra, pues se introduce en ella y la ilumina con sus luces, llegando así hasta sus extremos (תַּכְלִית־וּלְכָל), es decir, hasta sus más remotas profundidades, buscando las piedras en las más honda oscuridad, es decir, en el lugar de las sombras de muerte, esto es, de debajo de la misma superficie de la tierra (cf. comentario a Job 10, 22; comparando ese texto con Plinio, *Historia Naturalis* xxxiii, *proemio* a "minería": *imus in viscera ejus [terrae] et in sede Manium opes quaerimus* (buscamos las riquezas incluso en las vísceras más hondas de la tierra, en la sede de los dioses Manes).

Muchos comentaristas (Hirzel, Ewald, Hahn, Schlottmann y otros) toman וּלְכָל־תַּכְלִית en sentido adverbial, "hasta el extremo" (hasta lo más cercano a...), pero véase también lo dicho sobre Job 26, 10; לתכלית podría utilizarse de un modo adverbial, pero לכל־תכלית hay que explicarlo en la línea de Ez 5, 10: לכל־רוח (a todos los vientos).

En **28, 4.** Job describe de un modo más preciso la operación de la minería. Resulta significativo el hecho de que el último metal mencionado, con el que la

---

esta es solo la traducción de la frase de un diccionario francés, pues el nombre general para basalto, al menos en Siria, es *hagar aswad* (piedra negra). El hierro se llama en árabe *hadîd* (literalmente un instrumento puntiagudo, pues se aplica al hierro el nombre de un instrumento hecho de ese metal.

La palabra בַּרְזֶל se conoce en árabe solo en la forma *firzil*, como nombre para cadenas de hierro, y para grandes tijeras que se emplean para cortar el hierro. Pero es notable el hecho de que en el idioma bereber, relacionado con el egipcio, el hierro se llama hasta el día de hoy *wazzal;* cf. Juynboll, *Lex. Geographicum*, tomo iv. p. 64, l. 16, y Marcel, *Vocabulaire Français–Arabe de dialectes vulgaires africains*, p. 249. El nombre copto de mineral, conectado con *ba*, es el nombre jeroglífico que se emplea para un mineral muy duro. Un obelisco de basalto negro del *British Museum* se llama, según la inscripción, *bechenen*. Si las cosas fueran así en general, el hierro y el basalto serían sinónimos en la lengua original semita. La razón para ello podría estar exclusivamente en el color oscuro del basalto, semejante al del hierro, y también en su dureza y quizá incluso en el peso (a pesar de que el basalto pesa aproximadamente la mitad que el hierro puro). Esto no se aplica al hierro magnético, que se ha descubierto en los tiempos modernos, y que tiene un componente de basalto, cuyos granos no pueden verse a simple vista, y que solo pueden detectarse con una aguja magnética o por análisis químico.

descripción se encuentra estrechamente conectada, es el cobre. Por su parte, la palabra נַחַל se aplica en general a un valle, al lecho de un río o al río mismo, como en arabe *wâdin*. Esa palabra (נַחַל) no viene de נהל, fluir, como piensan Gesenius, *Thes.* y Früst, sino de la raíz חל (hacer un hoyo), de donde viene נחילה igual a חליל, una flauta, un instrumento musical agujereado.

Pero en este caso esa palabra no significa río o valle, sino excavación ejecutada en la tierra, y de hecho, como muestra lo que sigue, una excavación realizada en línea perpendicular, en el sentido de una galería. Nasse intenta mantener el sentido de "valle", como si la minería se realizara a ras de tierra. Según eso, el trabajo de la minería se trazaría siguiendo una vena o veta de tierra, en línea perpendicular, desde dos planos de la misma veta.

Según eso, a poca distancia de la veta o vena anterior se abriría otra, y se trabajaría de la misma manera, de forma que, mientras la obra avanza lentamente, se iría trazando en la montaña un tipo de brecha, como un valle profundo, del que se extraerían las piedras con el mineral, en una línea perpendicular, de manera que el trozo excavado permanecería abierto, al aire libre (sin que se llenara con los escombros).

Aunque נחל significa en los restantes casos un valle con su curso de agua, esa palabra no tiene en la minería el mismo significado. A pesar de que mantenga cierta relación con su sentido original, ella significa aquí los hoyos (agujeros o minas) que se abren desde arriba y que quedan rodeados por un tipo de muros de roca, distinguiéndose así de las galerías o trincheras horizontales.

Este pasaje de Job nos sitúa pues ante un tipo de galerías no solo horizontales (en un terreno inclinado), sino también verticales, como las que se excavaban en las minas de oro del Alto Egipto, que eran a menudo tan torcidas que, como indica Diodoro, los mineros, provistos de luces en sus frentes, tenían que variar constantemente la posición de sus cuerpos, conforme a las bifurcaciones de las galería. La expresión מֵעִם־גָּר significa "separados de los que permanecen arriba"; de manera que debemos pensar que los mineros de las galerías trabajaban a cierta profundidad, "bajo los pies de los de arriba". En esa línea, lo que sigue indica aún de forma más clara eso mismo, mostrando que las galerías se encuentran a una profundidad considerable. Los que trabajan abajo se encuentran como "olvidados" (הַנִּשְׁכָּחִים, con artículo demostrativo, como en Job 26, 5; Sal 18, 31; 19, 11, Gesenius 109 *ad initum*), es decir, alejados de los pies de los que caminan por arriba, de manera que ellos cuelgan y se balancean en la profundidad[16].

De esa forma, los hombres de la mina "cuelgan" (con דַּלּוּ, un término que puede compararse con la palabra rabínica מְדַלְדֵּל, *pendulus*), lejos de los hombres

---

16. Cf. Luzzatto sobre Is 18, 5, donde se emplea זלזלים, aplicándose a las ramas que se balancean. Por otra parte, cf. Is 14, 19, אבני־בור que Luzzato traduce de un modo equivocado como *fundo della fossa*, en lo hondo de la fosa, en comparación con Job 28, 3. אבן no significa pozo, y menos el pozo más profundo, sino simplemente piedra (roca).

de arriba, colgados, balanceándose; cf. Plinio, *Historia Naturalis* xxxiii. 4, 21, conforme al texto de Sillig, que habla de los que descienden con cuerdas, abriendo así caminos en la parte inferior de las galerías.

דלל (cf. דְּלִי) tiene aquí el significado, propio también del árabe *dll, deorsum pendere*; נוע (cf. נָעוּ) se relaciona con נוד, como *nuere,* νεύειν, con el sentido de agitarse. Estrictamente hablando la partícula מני de מִנִּי־רָגֶל, no corresponde al griego ὑπό, ni forma una definición adverbial secundaria, con valor en sí misma: lejos de los pies…, sino que ha de entenderse como מִן siempre que se utiliza después de נשכח, como en Dt 31, 21; Sal 31, 13: olvidado de la boca o del corazón; aquí olvidado de los pies, es decir, olvidándose de que hay hombres arriba de la mina, sin tener conciencia alguna de lo que pasa arriba.

En esa línea, מאנוש no ha de conectarse con נעו (Hahn, Schlottmann), sino con דלו, porque *munash* está aquí en lugar de *rebia mugrasch,* como he puesto de relieve en *Psalter,* ii. 503, 2; mientras que דלו es regularmente *milel,* y en Is 38, 14 es *milra* sin razón evidente para ello. La acentuación no sigue aquí ninguna ley fija, sino que tiene muchas excepciones que podrían fijarse también (cf. Olshausen 233, c). Más aún, la percepción de que Job 28, 4 habla del pozo de una mina y del descenso de los mineros con la ayuda de una soga se debe a la exégesis moderna; incluso Schultens, que exclama aquí *cimmeriae tenebrae, quas me exsuperaturum vix sperare ausim* (con el sentido de "las tinieblas cimerias del infierno que yo apenas podía imaginar que sería capaz de superar…") percibió de alguna forma el verdadero tema, pero de un modo imperfecto.

Por נחל él entiende el curso o veta del metal, donde el metal está embebido, y dado que entiende גר (cf. 28, 4: מֵעִם־גָּר) en la línea del árabe *'garr*, como referido al pie de la montaña, él traduce: *rumpit (homo) alveum de pede montis* (el hombre rompe el canal del pie de la montaña).

Por otra parte, Rosenmüller traduce correctamente: *canalem deorsum actum ex loco quo versatur homo* (el canal abierto hacia abajo por el que caminan los hombres). Schlottmann entiende por *gr* al minero mismo, habitando como un extranjero en su soledad. Y si imaginamos los distritos de minas de la península del Sinaí, podemos visualizar sin mucho trabajo a esos mineros que habitan cerca de los pozos de la mina desde la perspectiva de מעם־גר. Pero en sí misma, la palabra גר alude solo a los instalados (encima), sin que tenga que añadirse la idea ulterior de extranjeros.

Job 28, 5-8

⁵ אֶרֶץ מִמֶּנָּה יֵצֵא־לָחֶם וְתַחְתֶּיהָ נֶהְפַּךְ כְּמוֹ־אֵשׁ׃
⁶ מְקוֹם־סַפִּיר אֲבָנֶיהָ וְעַפְרֹת זָהָב לוֹ׃
⁷ נָתִיב לֹא־יְדָעוֹ עָיִט וְלֹא שְׁזָפַתּוּ עֵין אַיָּה׃
⁸ לֹא־הִדְרִיכֻהוּ בְנֵי־שָׁחַץ לֹא־עָדָה עָלָיו שָׁחַל׃

⁵La tierra: de ella viene el pan, y por debajo de ella se vuelve como fuego.
⁶Lugar de zafiro son sus piedras y ellas contiene minerales de oro.
⁷Senda que nunca conoció ave de presa ni contempló el ojo del buitre:
⁸Nunca la pisaron animales de presa y no pasó sobre ella el león.

Job 28, 5 no ha de traducirse como quiere Rosenmüller: *ad terram quod attinet, ex qua egreditur panis, quod subtus est subvertitur quasi igne* (por lo que respecta a la tierra, de la que viene el pan, lo que está debajo de ella se transforma como en fuego). Ni tampoco como Schlottm: (ellos se balancean) en la tierra de la que viene el pan, que por abajo se convierte en fuego.

Job 28, 5 no está formado de manera que la *waw* de וְתַחְתֶּיהָ pudiera ser una *waw* de apódosis, y por su parte ארץ no puede significar "en el interior de la tierra", como si fuera un locativo; por el contrario, está en oposición a תַחְתֶּיהָ, lo que está debajo de la tierra, y se opone a lo que se encuentra en la superficie de la tierra (cuyo nombre propio es אדמה, de la raíz דם, con el significado original de cubierta llana).

La tierra recibe dos predicados que son gramaticalmente independientes, de forma que el primero se opone al segundo. (a) La tierra superior, de la que viene el pan (לחם como en Sal 104, 14). (b) Y debajo de la superficie (con וְתַחְתֶּיהָ, que tiene un sentido virtualmente subjuntivo, en la línea de ותחתיותיה, pues תחתי actúa solo como preposición), ella se vuelve como fuego, *instar ignis*, es decir, ella invierte su sentido.

La tierra superior ofrece alimento a los hombres, pero eso no les satisface, de forma que ellos cavan sus partes interiores (cf. Plinio, h. n. xxxiii. proemio: *in sede Manium opes quaerimus, tanquam parum benigna fertilique quaqua calcatur*, en la sede de los Manes buscamos riquezas, como si fuera poca la fertilidad de la tierra…). Es como si se invirtiera el sentido de la tierra, a través del trabajo de las minas (compárese נֶהְפַּךְ con מהפכה, la palabra que se utiliza para describir la destrucción de Sodoma por fuego), como cuando el incendio destruye una casa, o como cuando un fuego volcánico hace que estalle una montaña (Castalio: *agunt per magna spatia cuniculos et terram subeunt non secus ac ignis facet ut in Aetna et Vesuvio*: construyen minas en muchos lugares y someten a la tierra, de una forma que puede parecerse a la de los volcanes, el Etna y el Vesubio).

La expresión כְּמוֹ־אֵשׁ, como el fuego, es natural, pues el fuego se utiliza realmente para hacer que exploten las rocas, y para separar el metal de la piedra. Pero, con la excepción de Jerónimo, que ha alterado arbitrariamente el texto (*terra, de qua oriebatur panis, in loco suo, igni subversa est*: la tierra de la que nacía el pan, en su lugar, ha sido subvertida por el fuego), todos los traductores antiguos mantienen כמו, lo que hace incluso Nasse, en oposición a Veltheim: la búsqueda incansable del hombre en las minas, que hurga en todo, se compara con el fuego entendido como destructor insaciable.

Job 28, 6 consta de dos afirmaciones gramaticalmente independientes: el lugar (cama, asiento) del zafiro es la roca. ¿Debemos vincular לוֹ con סְפִיר, y traducir "y contiene fino polvo de oro" (Hirzel, Umbreit, Stickel, Nasse)? Eso es posible porque Teofrasto (p. 692, ed. Schneider) dice que el zafiro es ὥσπερ χρυσόπαστος, como si estuviera cubierto con polvo de oro o con granos de oro. Y por su parte Plinio, h. n. xxxvii. 9, 38 s. dice: *Inest... aliquando et aureus pulvis qualis in sapphiris, in iis enim aurum punctis conlucet* (hay a veces, como en los zafiros, un polvo de oro, pues en ellos, en los zafiros, destella en algunos puntos el oro).

Pero esto no se aplica propiamente a los zafiros, sino a un tipo de piedras azules de lapislázuli, que suelen confundirse con los zafiros, y que son muy valoradas porque tienen pequeñas partículas de oro o, mejor dicho, de piritas de hierro, que brillan como el oro (cf. Quenstedt, *Handbuch der Mineralogie*, 1863, pág. 302 y 355).

Pero Schultens observa rectamente: *illum auratilem pulvisculum sapphiri peculiari mentione dignum* (en el sentido de apenas puedo creer que aquel polvito de zafiro, que podría tener alguna semejanza con el oro sea digno de mención). Por su parte, Schlottmüller añade: Esta definición colateral de סְפִיר, expresada en una cláusula especial, que no es de relativo, tiene algo extraño y torpe. Por otra parte, עֲפָרֹת זָהָב constituye una apelación muy apropiada para el mineral del oro. "La tierra, que en sí misma es negra (dice Diodoro en el pasaje antes citado), contiene a veces vetas de mármol, de tal blancura que su brillo sobrepasa el de todo aquello que destella, y a partir de esas vetas los inspectores de las minas extraen el oro con un gran número de trabajadores". Y más adelante, cuando habla de la fundición de este mineral de oro, añade: "Ellos funden con fuego la más dura tierra aurífera; de esa forma la ablandan, de manera que pueda ser trabajada con las manos".

Los וְעַפְרֹת זָהָב לוֹ (polvos de oro), referidos a esa tierra aurífera, constituyen, una expresión todavía más adecuada que las pepitas del ἄπυρος χρυσός (es decir, del oro no fundido) del tamaño de una nuez que, según Diodoro ii. 50, se obtienen en las minas de Arabia (μεταλλεύεται). Pero resulta inadmisible referir el לוֹ final al hombre, pues en ese caso la frase tendría que traducirse así: *y el polvo de oro es para él igual a lo que él tiene*, mientras que lo que el texto quiere decir es que *el interior de la tierra tiene polvo o mineral de oro*. Según eso, como piensan Hahn y Schlottmann, ese לוֹ tiene que referirse a מָקוֹם: y este lugar del zafiro es el que contiene oro. El poeta podría haber escrito לָהּ pero לוֹ muestra mejor que allí donde hay zafiro se encuentra también oro.

28, 7-8. El siguiente נָתִיב (con *dech*), con la frase de relativo que sigue, está conectado con אֲבָנֶיהָ, o incluso con מָקוֹם, que, a partir de Job 28, 6 ha venido a convertirse en sujeto principal: el lugar del zafiro y del oro es la roca de las entrañas (intestinos) de la tierra, una senda (es decir, un camino interior de la tierra) que no está accesible a ningún ser vivo de la superficie, sino solo al hombres.

La vista de las aves de presa, es decir, del עַיִט, ἀετός, que es el águila, y del יָה אַ, que es el buitre, alcanza desde arriba y se extiende de manera muy extensa en la tierra[17]. Por su parte, los hijos del orgullo (בְּנֵי־שָׁחַץ), con שחץ (que en el Talmud significa arrogancia y ferocidad, como en árabe *achaṣa*, elevarse uno a sí mismo), son las bestias de presa, especialmente el león, שחל (cf. comentario a Job 4, 10). Pues bien, aves de rapiña y animales de presa buscan los lugares más ocultos para esconderse, dominando a su manera el mundo. Pero son incapaces de penetrar como los hombres en los lugares del fondo de la tierra, buscando allí sus tesoros. Esos lugares, las minas de las que trata Job 28, son inaccesibles para ellos, y forman un tesoro para los hombres, que las exploran con su sabiduría (que es grande, pero no es la de Dios).

Job 28, 9-12

⁹ בַּחַלָּמִישׁ שָׁלַח יָדוֹ הָפַךְ מִשֹּׁרֶשׁ הָרִים׃
¹⁰ בַּצּוּרוֹת יְאֹרִים בִּקֵּעַ וְכָל־יְקָר רָאֲתָה עֵינוֹ׃
¹¹ מִבְּכִי נְהָרוֹת חִבֵּשׁ וְתַעֲלֻמָהּ יֹצִא אוֹר׃ פ
¹² וְהַחָכְמָה מֵאַיִן תִּמָּצֵא וְאֵי זֶה מְקוֹם בִּינָה׃

⁹Pone su mano en el pedernal y traslada de raíz los montes.
¹⁰En los peñascos abre corrientes, y sus ojos ven todo tipo de cosas preciosas.
¹¹Detiene los ríos en su nacimiento y saca a la luz aquello que está escondido.
¹²Pero la sabiduría ¿de dónde viene? ¿Dónde se encuentra el lugar de la inteligencia?

28, 9. En la parte de abajo, allí donde no penetra ninguna cosa o luz del mundo superior, el hombre pone sus manos sobre el cuarzo o la roca. La palabra בַּחַלָּמִישׁ (quizá de חלם, ser fuerte, ser firme: en árabe, sin reduplicación, *chalnubuŝ*, como עכביש, árabe *'ancabûth*, cf. *Jesurun*, p. 229) significa aquí cuarzo y en general las piedras duras.

La expresión שלח ב יד (cf. שָׁלַח יָדוֹ) tiene el sentido de "tomar en la mano", para realizar una obra que necesita mucha determinación y coraje, aquí en el sentido de romper y apartar la roca que no contiene mineral. En esa línea describe el proceso Plinio, *h. n.* xxxiii. 4, 2, cuando dice que en las galerías los mineros rompen a menudo grandes piedras que contienen más de cincuenta libras de hierro, y las sacan por túneles a la luz del día; dice también que los mineros escavan y destruyen (cambian de lugar, *subvertunt*, en el sentido de הפך, árabe *fk*, *ft*, invierten, trasladan) montañas desde sus raíces.

La acentuación de הָפַךְ (*trasladan*) con *rebia mugrasch*, y de מִשֹּׁרֶשׁ con *mercha*, es falsa. Conforme a los códices y a los antiguos editores hay que acentuar הָפַךְ con *tarcha* y שֹׁרֶשׁ con *munach*, traduciendo de un modo correspondiente: trasladan de

---

17. Así dice el Talmud *b. Chullin, 63*, que la איה está en Babilonia y es capaz de ver una res muerta en la tierra de Israel.

raíz los montes (porque *munach* es la transformación de una *rebia mugrasch*). En este pasaje se está evocando un tipo de voladura propia de las minas, que deja a la vista las raíces denudas de los montes (sus partes bajas), de donde se extraen los minerales.

La continuación de la cita anterior de Plinio muestra claramente el sentido de la escena, evocando la huida de los mineros cuando se abren y trasladan o caen las montañas. Cuando se han realizado ya las obras para la destrucción y para la caída de la montaña se da desde la cumbre la voz de alarma, de manera que todos los mineros escapan, y la montaña destruida por dentro cae con gran fragor, de un modo que parecía imposible, de forma que todos los que lo contemplan aclaman con grandes voces la ruina de la naturaleza.

28, 10. El significado de este verso depende de la palabra יְאֹרִים. Ciertamente, lo más natural es que signifique "canales". La palabra es egipcia: *aur*, que, en el lenguaje de los jeroglíficos significa río, y especialmente el Nilo. En esa línea, al final del texto de Eratóstenes, *Laterculus* se explica el nombre del rey Φρουρῶ (Φουρῶ), diciendo ἤτοι Νεῖλος, es decir, refiriéndolo al Nilo.

Si el texto se refiere a canales de agua, ellos pueden interpretarse en el sentido de ir hacia o de salir de. En el primer caso, esa palabra puede significar caer como una catarata sobre las ruinas de las rocas auríferas que han sido destruidas por una voladura, como supone el texto de Plinio que estamos comentando: "Se hacen caer como ríos cataratas de agua desde lo alto de los montes, lavando así y purificando cientos de piedras".

A esto le llaman *corrugos*, una palabra que, según Plinio, viene de *corrivatione* (obra de juntar arroyos para crear mayores corrientes de agua). Pero בָּקַע no es una palabra adecuada para evocar una corriente o canal tan poderoso de agua con la finalidad de extraer y lavar el mineral de oro. Parece preferible interpretar esa palabra como expresión de las galerías o vías (canales) que se cortan horizontalmente en la roca para sacar el agua. Así lo explica von Veltheim:

> El minero traza caminos o canales a través de la dura roca allí donde el corte perpendicular termina, guiando por esos canales el agua que se encuentra en abundancia en aquella profundidad, es decir, el agua que se amontona en lo más hondo del pozo de la mina, impidiendo el trabajo posterior. De esa forma (en la línea de lo que indica Job 28, 10), el minero es capaz de extraer el mineral y los fragmentos que están en el fondo de las galerías, sacándolos a luz. Esta forma de trabajar en las minas, excavando una galería bajo otra, para que el agua siga descendiendo, de manera que se abre un tipo de pasaje bajo el otro, para que se libere el agua, es la más antigua de todas las que conocemos en la historia de la minería, en tiempos en que había poco conocimiento de la hidráulica, es decir, de la forma de vaciar o achicar el agua del fondo de las minas.

Esta forma de trabajar en las minas resulta más convincente que la que ofrece H. S. Reimarus, en sus *Wolfenbütteler Fragmente* (conforme a la nueva edición de John Ad. Hoffmann: *Neue Erkl. des B. Hiob*, 1734, iv. pág. 772): "*Él rompe y traza canales en las rocas*. Lo que los mineros llaman *ruptura de aguas* se produce cuando las aguas abren una hendidura por la que grandes corrientes de agua salen de la mina y caen fuera de ella. El minero no solo conoce la forma de expulsar el agua de la mina, sino que, cuando encuentra esas fisuras por las que sale el agua, reconoce que hay cerca vetas de oro. Y el texto sigue: *Y luego su ojo ve todo tipo de cosas preciosas"*.

Pero, en contra de Reimarus, podemos recordar que el hecho de que se encuentre agua y que haya fisuras por las que puede salir el agua no está indicando la proximidad de ricas vetas de oro. Además, la palabra בקע es mucho más indicada para describir la formación de cursos o canales por los que desemboca y sale el agua que para indicar el descubrimiento casual de corrientes de agua en la obra de la mina. Por otra parte, la palabra יארים o "ríos" (nilos), es mucho más apropiada para apoyar la primera interpretación, no la de Reimarus, porque esa palabra se aplica siempre a los brazos o canales del Nilo, en los que el gran río se ha dividido artificialmente desde antiguo. Por eso, es normal que esa palabra (יארים) se aplique a los canales horizontales de la mina, abiertos en la dura roca (o en la parte superior de la tierra de la mina).

De todas formas, aunque el agua juega un papel importante en los trabajos de la minería, ella produce también grandes dificultades, como sucede con frecuencia cuando un pozo se inunda y debe ser abandonado, porque nadie puede descender hasta su fondo. Pero es improbable que Job 28, 10-11 se refiera a eso. Así nosotros preferimos interpretar los יארים como cursos, canales horizontales, con galería o derivaciones por las que se extrae el mineral. Esta traducción resulta muy posible porque, por un lado, en copto, la palabra *jaro* (sahídico *jero*) significa el Nilo de Egipto (*phiaro ente chêmi*); y por otro porque *ior* (*eioor*) significa un tipo de túnel, διώρυξ (cf. Is 33, 21, יארים, LXX διώρυχες), cf. Gesenius, *Thes*.

28, 11. De esa forma, el tema de Job 28, 10-11 aparece claramente vinculado a lo anterior, porque, a través de la apertura de esos *cuniculi* o túneles, los cursos o vetas de mineral y de piedras preciosas, cubiertas de agua, vienen a quedar secos, de manera que pueda extraerse ese mineral o esas piedras.

En 28, 11a, en contra de la correcta indicación de los acentos, Hahn traduce 28, 11: Él detiene el curso de las inundaciones (de agua). Pero מִבְּכִי tiene un *dech*, y según eso no puede conectarse con lo que sigue. En esa línea, la traducción de Reimarus (con los pequeños cursos de agua que se conectan las corrientes) resulta inadmisible.

Reimarus añade que el agua que cae de las paredes y del techo se recoge en canales para uso de los mineros, que la juntan en depósitos. Esto seria, a su juicio, lo que Plinio llama *corrugus, corrivatio* (unión de pequeños ríos). Pero, en contra de eso, Schlottmann indica que la palabra חבש (חִבֵּשׁ) no puede significar ese tipo de conexión, es decir, esa forma de juntar corrientes más pequeñas de aguas, sino que significa solo la unión, la forma de cubrir las hendiduras o heridas de la roca.

Sin embargo, aunque חבש no puede significar directamente *reunir*, la significación *coercere* (cf. Job 34, 17), ese sentido, no está lejos de la realidad (como es evidente por el árabe *ḥibs* o *ḥabs*), y puede referirse a una especie de dique o exclusa para reunir aguas, como el árabe *maḥbas 'l-ma'*, un depósito o cisterna, que se puede aplicar fácilmente al agua, en el sentido de atarla o, mejor dicho, de reunirla. A pesar de eso, debemos añadir que la forma de utilizar aquí מבכי, con este uso de חבש, debería indicar la *materia ex qua*, de manera que נהרות o canales debería referirse a las zanjas en las que se lava el mineral de fondo, con la finalidad de separar lo aprovechable de aquello que no puede aprovecharse.

Según eso, por la forma de expresión, מִבְּכִי נְהָרוֹת חִבֵּשׁ debe traducirse *fletu* (no *e fletu*) *flumina obligat*, tanto en el caso de que *a fletu* sea equivalente a *surgir, brotar* (Simeón Durán, שלא יזלו) como en el caso de que sea equivalente a *obligat* (חִבֵּשׁ) en el sentido de *cohibet*, obliga o impide (cf. Ralbag, מהזלה). En esa línea explica von Veltheim el pasaje, dado que aquí, lo mismo que en 28, 10, piensa que los canales sirven para achicar y sacar fuera el agua:

> El minero cubre el agua del fondo y abre las grietas de tal forma que el canal se rompe, y el agua salga, y no siga llenando el fondo de la mina. De esa forma, el agua sale de la mina, sin inundar las galerías inferiores en las que trabajan los mineros, de manera que ellos, los mineros, pueden descender a un plano inferior, para encontrar allí más material, de forma que el agua quede liberada, dejando de inundar el plano inferior de la galeria, y los mineros puedan extraer el material depositado debajo del canal.

Pero esta explicación de von Veltheim pasa por alto el hecho de que en 28, 10 se emplea la palabra יארים mientras que Job 28, 11 pone נהרות. Es muy poco probable que esas palabras sean intercambiables y que signifiquen, al mismo tiempo, *canales* para que se extraiga el agua de la mina y *ríos o corrientes de agua*. Ciertamente, יארים es una expresión adecuada para ello, pero no נהרות, que se refiere más bien a una confluencia o corriente de aguas en la misma mina.

El significado de **Job 28, 11a** es que el minero detiene o para los cursos de agua que él ha cerrado o estropeado con su trabajo en la mina, de manera que las aguas no se fuguen y se extiendan por doquier, esto es, de forma que ellas no rezumen por todas partes, construyendo para ello un dique o recogiendo el agua en unos depósitos (árabe: *mahbas,* cf. חִבֵּשׁ) o en canales por los que la llevan fuera de la mina. Todas esas formas de drenar, reunir o expulsar el agua pueden hallarse incluidas en Job 28, 11, pero ellas no incluyen la creación de canales de agua dentro de la mina, como quiere von Veltheim, partiendo de un falso sentido de la palabra נְהָרוֹת.

El texto habla más bien de las diversas formas de reunir o de expulsar el agua, a fin de que ella no pueda impedir el trabajo de la mina, de manera que, como dice 28, 11b, el minero pueda encontrar y sacar a luz (אור igual a לאור) todas las cosas preciosas que se encuentran escondidas en las entrañas de la tierra. Según Kimchi y otros, תַּעֲלֻמָהּ va con un *mappik* eufónico, lo mismo que según la Masora van כבכורה, en Is 28, 4, גשמה en Ez 22, 24, y también גלה en Zac 4, 2. De todas formas, esas palabras llevan *mappik* solo por eufonía (הקריאה ולא לכינוי לתפארת) y no para indicar la presencia de un sufijo.

28, 12. Con la pregunta de 28, 12 llega a su fin y alcanza su sentido la descripción anterior del trabajo de la mina: ciertamente, el hombre puede buscar y extraer oro y plata, y otros metales y piedras preciosas, abriendo para ello, con minas, las profundidades de la tierra; pero el tema principal sigue abierto: ¿cómo se puede encontrar la Sabiduría, de dónde se puede obtener... y cuál es el lugar (con וְאֵי זֶה, o con otra lectura: ואיזה) *del entendimiento*? Muy por encima del valor de las minas está para el hombre el descubrimiento, el conocimiento de la "sabiduría".

La palabra וְהַחָכְמָה va con artículo, para poner de relieve la preeminencia o transcendencia de la Sabiduría sobre las otras cosas que pueden alcanzarse en el mundo. חכמה es el nombre principal, y puede intercambiarse con בינה, y también con תבונה, Prov 8, 1, y con otros sinónimos que son abundantes en la literatura sapiencial, tal como muestra Prov 1-9. En este contexto בִּינָה es propiamente la facultad de ver a través de aquello que se manifiesta. Esa facultad consiste en la posesión de un recto criterio de conocimiento. Por el contrario, הַחָכְמָה es la recta percepción de las cosas, partiendo de su naturaleza y de sus causas finales.

Job 28, 13-16

לֹא־יָדַע אֱנוֹשׁ עֶרְכָּהּ וְלֹא תִמָּצֵא בְּאֶרֶץ הַחַיִּים: ¹³
תְּהוֹם אָמַר לֹא בִי־הִיא וְיָם אָמַר אֵין עִמָּדִי: ¹⁴
לֹא־יֻתַּן סְגוֹר תַּחְתֶּיהָ וְלֹא יִשָּׁקֵל כֶּסֶף מְחִירָהּ: ¹⁵
לֹא־תְסֻלֶּה בְּכֶתֶם אוֹפִיר בְּשֹׁהַם יָקָר וְסַפִּיר: ¹⁶

¹³No conoce su valor el hombre, ni se halla en la tierra de los seres vivientes.
¹⁴El abismo dice: "No está en mí", y dice el mar: "Tampoco está conmigo".
¹⁵No se dará a cambio de oro puro ni su precio será a peso de plata.
¹⁶No puede ser pagada con oro de Ofir, con ónice precioso ni con zafiro.

Job 28, 13. Es evidente que la sabiduría no se encuentra de un modo directo en ningún lugar, en ningún espacio limitado, como puede ser la profundidad del mar, ni puede comprarse con ningún tipo de dinero, con ningún tipo de bienes de la tierra. Sin negar directamente eso, el significado del texto es más bien este: aunque el hombre busque la sabiduría en todas las posibles direcciones de la tierra de los vivos (cf. Sal 52, 7) en el mundo no podrá encontrarla.

28, 14. La sabiduría no se encuentra en el fondo del תהום, es decir, en las aguas subterráneas, de las que provienen las aguas visibles del mundo (cf. Gen 39, 25); ella no se encuentra tampoco en el mar, que es el espacio más extenso de agua, que brota las fuentes inferiores de la tierra; más aún, aunque los hombres posean todas las riquezas y bienes del mundo, y utilicen todos los medios posibles para buscarla, ellos no conseguirán su objetivo, pues la verdadera sabiduría, es decir, la percepción más honda de la naturaleza de las cosas, seguirá estando más allá de aquello que el hombre puede alcanzar por sí mismo o comprar con sus bienes.

Esa sabiduría radical de la vida sigue siendo inalcanzable de esa forma para el hombre. ערך, Job 28, 13 (cf. עֶרְכָּהּ), tiene el sentido de algo que está más allá, y puede intercambiarse con מחיר (de מחר, palabra relacionada con מהר, מכר, *mercari, comprar*). **28, 15.** סגור es זהב סגור, cf. 1 Rey 6, 20 (y otros muchos lugares) no significa oro encerrado, es decir, bien preservado, sino oro puro, no mezclado con otros metales, targum דהב סנין, *aurum colatum* (*purgatum*).

Ewald compara esa palabra, עֶרְכָּהּ, con el árabe *sajara*, calentar, en el sentido de purificar y fundir el oro con calor. Por otra parte, כתם, árabe *ktm*, *occulere*, mirar bien, parece significar originalmente aquello que es precioso, y en especial *el oro puro*, LXX χρυσίῳ Ωφείρ (oro de Ofir), *Cod. Vat.* y *Cod. Sinaiticus*, Σωφίρ (nombre egiptizado, que se logra poniendo delante de Ofir la partícula egipcia *sa*, en el sentido de parte, zona; según eso, oro Σωφίρ significa oro puro de Ofir).

28, 16. La palabra שהם (cf. בְּשֹׁהַם, 28, 10) ha sido traducida por los LXX como ὄνυξ (en otros lugares: σαρδόνυξ o σάρδιος), del cual dice Plinio, h. n. xxxvii. 6, 24, refiriéndose a las piedras preciosas del Sudán: "Esta gema (el sardonio) tiene un color pálido semejante a las uñas de los hombres". Por eso, Knobel, Rödiger y otros comparan esa palabra con el árabe *sahim* que, sin embargo, no significa pálido, sino delgado y tostado por el calor, en una línea más cercana al color gris que al blanco. Desde ese fondo, la palabra שהם podría compararse más bien con el árabe *musahham*, que significa "rayado", dado que el ónice viene marcado por vetas blancas. Pero este denominativo viene de *sahm*, dardo, tema que aquí no puede haber sido utilizado. Sobre la etimología de ספיר, cf. mi libro *Jesurun*, p. 61.

De todas formas, tanto שהם como ספיר parecen términos extranjeros (no hebreos), como el nombre que se utiliza en hebreo para las esmeraldas (cf. *Jesurum*. p. 108), que viene de la India (sánscrito: *marakata*, o incluso *marakta*); por otra parte, en un jeroglífico, ese nombre שהם esta simbolizado por una piedra, como *uot*, la piedra verde (en copto *auannēse*, de color verdoso, como dice Lauth). En la línea anterior el autor del libro de Job irá desarrollando con más detalle el tema de la superioridad de la sabiduría sobre todos los tesoros del mundo, tema que presenta brevemente la introducción al libro de los Proverbios, (3, 14 ss.) y que aquí aparece desarrollado con más detalle.

Job 28, 17-20

17 לֹא־יַעַרְכֶנָּה זָהָב וּזְכוֹכִית וּתְמוּרָתָהּ כְּלִי־פָז׃
18 רָאמוֹת וְגָבִישׁ לֹא יִזָּכֵר וּמֶשֶׁךְ חָכְמָה מִפְּנִינִים׃
19 לֹא־יַעַרְכֶנָּה פִּטְדַת־כּוּשׁ בְּכֶתֶם טָהוֹר לֹא תְסֻלֶּה׃ פ
20 וְהַחָכְמָה מֵאַיִן תָּבוֹא וְאֵי זֶה מְקוֹם בִּינָה׃

¹⁷No se igualará con oro ni diamante; ni se trocará por joyas de oro.

¹⁸Sin mencionar perlas y cristal; la adquisición de la sabiduría es mejor que los corales.

¹⁹No se igualará con ella el topacio de Etiopía; no se podrá comparar con oro fino.

²⁰¿De dónde pues vendrá la sabiduría? ¿Y dónde está el lugar de la inteligencia?

28, 17. Entre las piedras o cosas preciosas (cf. חפצים, Prov 3, 15) que aquí se detallan, además de זהב (oro) aparece sobre todo el cristal, con el nombre significativo de זְכוֹכִית, que en antiguos códices, en viejas ediciones y en el texto de Kimchi aparece como זכוכית (y en los dialectos con ג en vez de con כ). Ciertamente, Símaco traduce esa palabra por cristal, y de hecho en los idiomas antiguos se utiliza un mismo nombre para vidrio y cristal. Pero al cristal se le llama aquí גָּבִישׁ (**28, 18**), palabra que, como en árabe *'gibs,* significa propiamente hielo. Según eso, κρύσταλλος es también aquí hielo, igual que en Homero, pues cristal, lo mismo que su palabra emparentada קרח, vincula esas dos significaciones (hielo y cristal).

La razón para esta homonimia es más profunda que una semejanza externa, pues los antiguos pensaban que el cristal era un producto del frío, como dice el mismo Plinio xxxvii. 2, 9: *non alibi certe reperitur quam ubi maxume hibernae nives rigent, glaciemque esse certum est, unde nomen Graeci dedere* (no se encuentra en otro lugar, sino allí donde abundan al máximo las nieves en invierno, con el hielo, de donde los griegos le dieron ese nombre).

El targum traduce גָּבִישׁ por פנינים, sin duda en el sentido del árabe–persa *bullûr* (bulûr), que significa cristal o incluso vidrio. Esta es, por otra parte, la palabra primaria para βήρυλλος, aunque la palabra correspondiente del sánscrito, conforme a las leyes del sonido, *vaidurja* (pali, *velurij*a), significa, según los léxicos, *lapislázuli* (persa, *lagurd*). De los otros dos nombres, ראמות y פנינים, un nombre parece significar perlas y el otro corales. Los nombres de estas piedras preciosas que provienen del mar se encuentran mezclados entre sí: el persa *mergan* (sánscrito *mangara*) une el significa de perla y de coral.

La raíz פן, árabe *fn*, que tiene el significado original de crecer, se aplica de un modo especial a la vegetación (de donde proviene en árabe *fann*, una rama, un tallo, en el sentido de crecimiento, en francés, *jet*). Cf. también Lam 4, 7 donde la nieve y la leche, como signos de la blancura (pureza) se colocan en contraste con פנינים que evoca un tipo de color rojizo, y por eso los corales se llaman פנינים.

Por su parte, el copto *be-nôni,* que significa gema, nos lleva a pensar (en la medida en que las palabras y su significado puedan compararse) que פנינים significa corales más que perlas. En otra línea, el hecho de que ראמות, Ez 27, 16, aparezca en arameo como un artículo de comercio en el mercado de Tiro, nos hace suponer que se trata de perlas más que de corales, pues los babilonios navegaban por el océano Índico, trayendo perlas marinas de los mercados de Baréin, y quizá incluso de Ceylán, para venderlas en los mercados locales (cf.

Layard, *New Discoveries*, 536)[18]. Ese término de fondo (גָבִישׁ) proviene quizá de un nombre aplicado a las perlas en la zona del oeste asiático, y que ha sido mutilado y adaptado en hebreo[19].

28, 19. La palabra פִּטְדַת־כּוּשׁ, topacio de Etiopía, parece utilizarse por una simple transposición, pero Plinio habla de ella, entre otros lugares, en xxxvii. 8, 32; *Juba Topazum insulam in rubro mari a continenti stadiis CCC abesse dicit, nebulosam et ideo quaesitam saepius navigantibus; ex ea causa nomen accepisse: topazin enim Troglodytarum lingua significationem habere quaerendi* (Juba, la isla del topacio, se encuentra en el mar Rojo, a unos 300 estadios de la costa; es una isla llena de nieblas, pero buscada por los navegantes; conforme a la lengua de los trogloditas, su nombre significa topacio).

Sin embargo, este topacio, del que se dice que recibe esa denominación por la isla del mismo nombre (que según Agathárchides y Diodoro era la isla de las serpientes), tiene según Plinio un color verde amarillento, y por lo tanto se distingue bien del así llamado "topacio" auténtico. De todas formas, en este contexto debemos hacer una declaración de humildad, diciendo que no sabemos distinguir bien las diversas piedras y minerales preciosos a los que alude el texto, debiendo añadir que los comentaristas antiguos no nos ayudan mucho a resolver el tema[20]. El poeta utiliza así todas sus dotes para ilustrar su pensamiento, es decir,

18. Cf. *Zeitschr. fr d. Kunde des Morgenlandes*, iv. 40f. El intento reciente de explicar κοράλλιον desde גורל (de donde proviene κλῆρος), en el sentido primario de *lapillus* (árabe 'garal) carece de base.

19. Hay dos razones por las que פנינים pueda entenderse en el sentido de "perlas" y las dos han sido sostenidas por Carey. (1) A su juicio, פנינים *no puede significar corales*, porque, según Lam 4, 7, el color rojizo de los corales no puede ser una marca de belleza corporal. Así sigue diciendo Carey: "pero cuando encuentro perlas muy bellas de color rojizo puedo apreciar bien la comparación de las perlas con el color rojizo del rostro humano". (2) Por otra parte, el hecho de que ראמות signifique *corales* lo muestra el mismo origen de la palabra, que propiamente hablando significa *reêm* (cuernos de toros salvajes), lo que viene favorecido por una mención de Plinio: h. n. xiii. 51, donde compara los corales (plantas petrificadas) con el color rojizo de los cuernos de los toros. Aunque Plinio habla aquí de plantas marinas petrificadas del océano Índico (y en ese sentido no de corales), esta indicación de la posible derivación de ראמות es ciertamente sorprendente.

Por lo que toca a Lam 4, 7, este pasaje ha de entenderse conforme a Cant 5, 10: mi amigo es blanco y colorado, צח ואדום). El blanco y el rojo aparecen así como colores mezclados, que se mezclan y sobreponen uno al otro, como en los cantos populares donde se dice que las mejillas de los muchachos son de sangre y leche; en esa línea, Homero, *Ilíada* iv. 141-146, afirma que las bien formadas y hermosas piernas de Menelao tienen el color con el que una *mujer tiñe en púrpura el marfil que ha de adornar el freno de un caballo*, ὡς δ᾽ ὅτε τίς τ᾽ ἐλέφαντα γυνὴ φοίνικι μιήν̣ (marfil con púrpura).

20. El targum traduce שהם por פנינים, βήρυλλος; ספיר por שבזיזא (árabe *sbz*, cf. Pott, *Zeitschr.f. K. d. M.* iv. 275); פז por אוברידין, ὄβρυζον, ראמות por סנדלכין, σανδαράχη, de color oro pigmentado (cf. Rödiger-Pott, pág. 267); גביש de nuevo por בירוגלין en el sentido arábico-persa de *bullûr*, en kurdo *bellûr*, cristal; פנינים por מרגלין, μαργαρῖται; פטדה por מרגלא ירקא (perla verde); כתם por פטלון (quizá פטלון, πέταλον, en el sentido de *lamina auri*).

indicando con toda claridad que el valor de la sabiduría excede el valor de las cosas más valiosas de la tierra. De esa forma dice que מֶשֶׁךְ חָכְמָה מִפְּנִינִים, "la adquisición o posesión (de משׁך, árabe *msk*, tomar para sí, poseer) de la sabiduría es más importante que la adquisición de todos los corales del mundo". En esa línea añade que la sabiduría no se puede adquirir "con ningún tipo de riquezas de la tierra".

28, 20. De todas formas, el autor del libro añade que la sabiduría puede ser poseída, pero de un modo muy distinto, como muestra la pregunta final (¿de dónde pues vendrá la sabiduría?), pregunta que ha quedado de algún modo respondida por todo lo anterior. La sabiduría no se consigue (compra) con dinero, pero hay alguna forma de alcanzarla.

Este es pues el sentido del texto: si la sabiduría no se encuentra, ni se alcanza en ninguno de los lugares citados, ni por los medios mencionados: ¿de qué forma puede el hombre alcanzarla, con qué medios? ¿Por qué debe el hombre dirigirse a ellas para encontrarla? Porque es cierta su existencia (¡existe la sabiduría de Dios!) y el hombre tiene la necesidad indudable de alcanzarla (de participar de ella).

Job 28, 21-24

²¹ וְנֶעֶלְמָה מֵעֵינֵי כָל־חָי וּמֵעוֹף הַשָּׁמַיִם נִסְתָּרָה׃
²² אֲבַדּוֹן וָמָוֶת אָמְרוּ בְּאָזְנֵינוּ שָׁמַעְנוּ שִׁמְעָהּ׃
²³ אֱלֹהִים הֵבִין דַּרְכָּהּ וְהוּא יָדַע אֶת־מְקוֹמָהּ׃
²⁴ כִּי־הוּא לִקְצוֹת־הָאָרֶץ יַבִּיט תַּחַת כָּל־הַשָּׁמַיִם יִרְאֶה׃

²¹¡Encubierta está a los ojos de todo viviente, y oculta a las aves del cielo!
²²El Abadón y la Muerte dicen: Con nuestros oídos hemos oído su noticia.
²³Dios es quien conoce el camino de ella y conoce dónde está su lugar,
²⁴porque él observa hasta los confines de la tierra y ve cuanto hay bajo los cielos.

28, 21–24. Ningún viviente creado (כל־חי, como en Job 12, 10; 30, 23) es capaz de responder a la pregunta. Ni siquiera las aves que vuelan en la altura, y tienen una vista más aguda y penetrante que la de los hombres pueden darnos ninguna información sobre el lugar dónde se encuentra. El mundo al menos proclama su existencia, en una rica variedad de operaciones, pero en el reino de Abadón y de la Muerte, por debajo de la tierra (cf. la combinación ואבדון שאול, Prov 15, 11, ᾅδου καὶ τοῦ θανάτου, Ap 1, 18), la sabiduría se conoce solo por un tipo de rumor confuso, por medio de oscuras impresiones. Eso significa que ninguna criatura, ni en el reino de los vivos ni en el de los muertos, puede ayudarnos a conseguir sabiduría.

Solo hay Uno que posee un perfecto conocimiento de la Sabiduría, y ese es Dios, *Elohim*, aquel cuyos dones se extienden hasta los confines de la tierra, aquel que ve (contempla) todo lo que hay bajo los cielos (תחת como definición de lugar, con sentido distinto a אשר תחת; cf. lo dicho sobre Job 24, 9), es decir, aquel que está presente en todo, de forma que él es el único que permanece y conoce en su plenitud las cosas, después que se retira o deja de existir todo lo que existe sobre el mundo. Es imposible que Dios, cuyo conocimiento abraza todo lo que existe, no conozca el lugar de la Sabiduría, pues ella es ciertamente el ideal (la medida, el sentido) conforme al cual Dios ha creado todo lo que existe sobre el mundo.

Job 28, 25-28

²⁵ לַעֲשׂוֹת לָרוּחַ מִשְׁקָל וּמַיִם תִּכֵּן בְּמִדָּה׃
²⁶ בַּעֲשֹׂתוֹ לַמָּטָר חֹק וְדֶרֶךְ לַחֲזִיז קֹלוֹת׃
²⁷ אָז רָאָהּ וַיְסַפְּרָהּ הֱכִינָהּ וְגַם־חֲקָרָהּ׃
²⁸ וַיֹּאמֶר לָאָדָם הֵן יִרְאַת אֲדֹנָי הִיא חָכְמָה וְסוּר מֵרָע בִּינָה׃

²⁵Cuando fijó un peso al viento y fijó medida para el agua;
²⁶cuando estableció una ley para la lluvia y fijó un curso a los relámpagos del trueno,
²⁷entonces la vio y la numeró, la preparó y también la escudriñó.
²⁸Y dijo al hombre: El temor de Adonaí es sabiduría, y apartarse del mal, inteligencia.

No se puede vincular לַעֲשׂוֹת (**28, 25**) al verso anterior (28, 24), para indicar así la finalidad de lo que se ha ido diciendo, porque eso va en contra del significado del texto; pero tampoco puede vincularse con **Job 28, 27** como una finalidad formulada de antemano; ni se puede entender en el sentido de *perfecturus* (lo que ha de realizarse), porque en ambos casos se tendría que haber puesto יתכן en lugar de תִּכֵּן, o al menos ותכן con el verbo colocado primero (cf. Job 37, 15).

Pero tampoco se puede entender la ל de לַעֲשׂוֹת en un sentido temporal, para distinguir turnos o acciones (de mañana y tarde, como en Gen 24, 63), pues לעשות significa *perficiendo,* palabra que tiene el mismo sentido de *quum perficeret* (como en 2 Sam 18, 29, con *mittendo* en el sentido de *quum mitteret*), a modo de infinitivo gerundivo (cf. Nägelsbach, 197f., 2.ª edición); y dado que el tema se refiere al pasado, el infinitivo de tipo moral puede estar continuado por un perfecto, Gesenius 132, 2.

28, 26. El pensamiento de que Dios, cuando creó el mundo, determinó leyes fijas de duración equilibrada y salvadora queda explicitado a través de unos ejemplos: Él determinó su peso al viento (es decir, marcó la medida de su fuerza o de su debilidad); fijó por la cantidad de agua, determinando su ley para la lluvia y regulando así las condiciones de su principio y de su desarrollo; él trazó el camino, es decir, el origen y curso del relámpago (חזיז de חזז, árabe *ḥzz*, secare).

28, 28. Cuando Dios creó de esa manera el mundo, regulando por leyes lo creado, entonces la percibió (ראה con *mappic*, conforme el testimonio de la Masora), es decir, trazó la Sabiduría como ideal de todas las cosas. Entonces la declaró (*enarravit*), creando el mundo que es el despliegue y realización de su substancia y la estableció, es decir un lugar הכינה (para lo que J. C. Döderlein y Ewald leen הבינה sin necesidad).

Eso significa que Dios creó el mundo conforme al modelo de su sabiduría, y se comprometió a dirigir el mundo como un todo, bajo su suprema protección y guía. Entonces la buscó y la probó con sus poderes demiúrgicos, poniéndolos en movimiento para que el mundo existiera.

Si comparamos Prov 8, 22–31 con este pasaje, podemos afirmar que la חכמה constituye el mundo ideal divino, la divina imaginación de todas las cosas antes de su creación, la compleja unidad de todas las ideas, que son la esencia de las cosas creadas y la meta de su despliegue. Como dice uno de los teólogos antiguos: "La sabiduría es la imaginación divina, en la que fueron vistas desde toda la eternidad las ideas de los ángeles y de las almas, y de todas las cosas, no como criaturas ya existentes, sino en la forma en que un hombre se mira a sí mismo en un espejo" (Jul. Hamberger, *Lehre Jakobus Bhöme's*, pág. 55).

Al mirarse a sí mismo en un "espejo" Dios vio todas las cosas. Así, el mundo no es directamente uno con el *Logos*, pero el *Logos* es el demiurgo por el cual Dios ha llamado al mundo a la existencia, conforme al ideal que existía en su divina mente. La Sabiduría es el modelo impersonal, el *Logos* es el demiurgo, el "constructor", el que todo lo crea, conforme a ese modelo.

De todas formas, las nociones que aparecen aquí y en otros lugares semejantes del Antiguo Testamento (cf. Prov 8, 22–31) no son tan precisas como las que ha hecho posible por vez primera la revelación del Nuevo Testamento. En aquellos días, cuando Dios desplegaba la sustancia de su *Hokma*, חכמה, entendida como espejo eterno de la realidad, para la creación del mundo, él reveló a los hombres la Ley, de forma que respondiendo a esa Ley, los hombres se vinculan a la Sabiduría de Dios, participan de ella.

La sabiduría consiste en temer al supremo Señor, que es *Adonai*, אֲדֹנָי (cf. יִרְאַת אֲדֹנָי). Este es en el libro de Job el único lugar en el que (entre los 134 lugares de la Biblia) אֲדֹנָי aparece como texto original[21], y no como sustitución de יהוה). En esa línea, de un modo consecuente, la sabiduría consiste en temer a Yahvé–*Adonai* y renunciar al mal (וְסוּר מֵרָע).

De esa forma se traza y precisa la participación del hombre en la Sabiduría, la Sabiduría revelada y relativa, por la que el hombre permanece en conexión con el Absoluto. Esta es la verdadera Φιλοσοφία humana, en contraste con todas las especulaciones profundas de altos vuelos, cf. Prov 3, 7, donde, en forma semejante se habla también de temer a Yahvé y de apartarse del mal; esto se dice también en Prov 16, 6, donde, según la traducción, se puede afirmar que la Sabiduría consiste en מרע סור, que es escaparse del mal (del pecado) y del castigo, a través del temor de Dios.

Interpretación de Job 27–28, mensaje y función. La afirmación de que *el temor de Dios es el principio de la sabiduría* (cf. Prov 1, 7; Sal 111, 10) es el lema

---

21. Vid. Buxtorf, *Tiberias*, p. 245; cf. Baer, *Psalterium*, p. 133.

y principio superior de aquella *hokma* israelita, cuya expresión más honda es el libro de Job. Todo este capítulo (Job 28) constituye un detallado panegírico de este principio, elaborado con materiales que vienen de un lejano pasado.

Desde una perspectiva de conjunto, conforme a la estructura del libro, este capítulo (Job 28) es la bisagra que une sus dos partes, la primera mitad de la δέσις o exposición y la segunda mitad de la λύσις, o desenlace. En ese centro, el autor del libro ha colocado la sentencia: *El temor de Dios es el principio de la Sabiduría*. De todas formas este discurso conclusivo de Job, que termina con la alabanza de la חכמה, tiene una importante función, que ahora debemos determinar desde la estructura de conjunto del libro.

Después que Job ha refutado a Bildad y, continuando su descripción, ha celebrado con acentos tan elevados la majestad de Dios, apenas se puede esperar que el poeta, autor del libro, vuelva a conceder nuevamente la palabra a Sofar, para que hable por tercera vez. Bildad ha sido incapaz de añadir alguna idea a lo ya dicho, y Sofar, en su segunda intervención, solo ha querido aterrorizar a Job. Además, el discurso de Job no contiene material para una réplica (cosa que a veces no se ha tenido en cuenta), a no ser que la controversia desemboque en un puro enfrentamiento entre sus protagonistas.

Según eso, el poeta ha permitido que Job se dirija una vez más a sus amigos, pero no ya en el tono excitado y duro de los discursos anteriores, sino de un modo pacífico, sin controversias ni condenas (dado que el silencio de los amigos ha producido una impresión pacificadora en Job).

Eso significa que Job ha debido templar su carácter para dirigirse a sus amigos de un modo gentil, en un tono de confesión, consciente de su victoria, pero sin producir la impresión de un triunfo orgulloso, una confesión en la que solo una vez se le ha escapado una palabra de reproche (Job 27, 12b). Job 27-28 contiene el texto de esa confesión de Job, el texto final del discurso que él ha querido dirigir a sus amigos.

Job ha condesado de nuevo su inocencia ante sus amigos, y lo ha hecho del modo más solemne. Todos los intentos que los amigos han hecho para obligarle a que confiese su pecado, en contra de su conciencia, han sido vanos: gozoso y victorioso, Job eleva su rostro, invencible, incluso ante la muerte, con el convencimiento de que nada puede llevarle a negar su conciencia, a rechazar el valor de la sabiduría de Dios.

Job sabe que él no es un malvado, por eso debe afirmar que quienes le tratan de tal son ellos malhechores. Por ello, a pesar de hallarse cerca de la muerte, duramente vejado, no puede presentarse como un hombre sin esperanza, un abandonado de Dios, como pueden ser los malhechores.

Ciertamente, Job se ha manifestado de forma dura, se ha quejado de la ira de Dios; pero su verdadera relación con Dios ha seguido siendo de esperanza, como lo muestran estos pasajes: Job 16, 19-21; 17, 9; 19, 25-27. Si sus amigos no hubieran estado ciegos antes estas brillantes aspiraciones de relación con Dios no podrían haberle mirado como a un hombre impío, no podrían haber interpretado su aflicción como castigo de un impío.

Sin duda, Job sabe que su aflicción no es una expresión o consecuencia del terrible final de los malhechores, no es un castigo de Dios. De esa forma, aparece delante de sus amigos con la verdadera doctrina que ellos han expresado con frecuencia, aunque lo han hecho, infatuados, como están, con la loca idea de que su aflicción es un castigo de Dios por sus pecados. Pues bien, en contra de eso, Job les responde diciendo que su aflicción no es un castigo de Dios por las culpas que él ha cometido, sino expresión de un misterio más alto, que pertenece al mismo Dios. En esa línea, Job no niega que, en general, los malhechores sufren un fin terrible, aunque ha negado ya que eso suceda siempre, como han repetido de un modo exclusivista sus amigos, condenándole a él por malhechor. En esa línea, Job recoge su afirmación anterior, donde ponía de relieve el éxito y buena fortuna de los malhechores, modificando su carácter unilateral: ciertamente, hay malhechores que reciben premio (buena fortuna) en este mundo, pero no todos.

Job no niega la afirmación de sus amigos, cuando declaran que la espada, el hambre y la peste amenazan a los descendientes de los malhechores, e incluso a ellos mismos; no niega el hecho de que, a la larga, las posesiones de los malhechores vienen a recaer en las manos de los justos, pues la maldad lleva en sí misma un germen de destrucción, de forma que la maldición de Dios persigue y termina destruyendo a los impíos.

Sobre ese fondo sigue exponiendo su argumento: el oro, la plata y las piedras preciosas vienen de la profundidad de la tierra; pero la sabiduría trasciende todos esos tesoros, y no se encuentra en ninguna de las cosas de la tierra, sino que pertenece a Dios. Ese argumento culmina en la afirmación de que la sabiduría forma parte del misterio de Dios y se expresa en el temor de Dios, que se expresa en la superación del mal, conforme al decreto primigenio de Dios, cuando ha ordenado este mundo.

Según eso, el objetivo fundamental de Job 28 consiste en confirmar la certeza de que el juicio y sentencia de Dios recae sobre los malhechores, como lo había proclamado ya Job 27, 13-23. Conforme a la visión del poeta, Job confirma esa sentencia de un modo delicado, a través de una especie de confesión general, por la que concluye el diálogo con sus amigos.

Este panegírico de la Sabiduría elevado por Job 28, es semejante al panegírico de la caridad de Pablo en 1 Cor 13, y puede entenderse como canto de triunfo con el que, sin vanagloria alguna, Job cierra su discurso de la manera más apropiada. Si la vida de Dios tiene ese sentido y fundamento es imposible que el sufrimiento de Job pueda entenderse como un castigo.

Por eso, si el temor de Dios es la Sabiduría que ha sido concedida a los hombres, ese temor le dice a Job que, aunque sea incapaz de entender la presencia de Dios en el misterio de su sufrimiento, debe mantenerse en su camino, temiendo a Dios, enseñando a sus amigos a que hagan lo mismo, dejando de tratarle de un modo injusto, como hacen cuando le reprochan diciendo, sin caridad alguna, que su sufrimiento es un castigo de Dios por su pecado.

Esta conclusión de Job contiene dos afirmaciones básicas: (a) Por un lado, aquellos que no temen a Dios sufren por su propia culpa, cayendo así bajo el destino de los que se rebelan contra el gobierno moral de Dios en el mundo. (b) En otro sentido la suerte o destino de aflicción de aquellos que temen a Dios ha de entenderse de una forma esencialmente distinta, no como castigo, sino como expresión de un misterio de Dios que sobrepasa a los hombres.

Podemos imaginar la impresión que esta últimas palabra de Job han causado en sus amigos. Dado que ellos se han mantenido en silencio (aunque sin admitir externamente las razones de Job), da la impresión de que ellos no reconocen su derrota, aunque su silencio parece probarlo de algún modo. Pero ¿se podrá afirmar que Dios les ha tratado de un modo opresor? ¿Guardan ellos silencio por la impresión que han causado en ellos los severos discursos de Job? ¿Les ha tratado Job con prepotencia, como a unos derrotados?

Ciertamente no, pero él ha afirmado su inocencia de un modo solemne, aunque sin envanecerse y elevarse sobre sus acusadores. De un modo honrado, pero sin prepotencia, Job les ha amonestado, y lo ha hecho al final de un modo templado, modificando y moderando lo que había de extremo y apasionado en sus primeros discursos. Job se somete así humildemente ante Dios, poniéndose en manos de la sabiduría divina, al afirmar que el principio de la sabiduría es el temor de Dios, compartiendo así la intención más honda del juicio de sus amigos. De esa forma, ha presentado sus más altas palabras, y esto ha debido sorprender a sus amigos, pues esas palabras no expresan un tipo de superioridad de Job, sino que son expresión de una calma y modestia maravillosa, que solo ahora, por primera vez, aparece como signo de verdadera victoria, en un tipo de controversia en la que Job está manifestando su más clara y elevada percepción del misterio del sufrimiento.

JOB 29–31
MONÓLOGO DE JOB

Job 29. Primera parte

Job 29, 1-6

1וַיֹּסֶף אִיּוֹב שְׂאֵת מְשָׁלוֹ וַיֹּאמַר׃
2 מִי־יִתְּנֵנִי כְיַרְחֵי־קֶדֶם כִּימֵי אֱלוֹהַּ יִשְׁמְרֵנִי׃
3 בְּהִלּוֹ נֵרוֹ עֲלֵי רֹאשִׁי לְאוֹרוֹ אֵלֶךְ חֹשֶׁךְ׃
4 כַּאֲשֶׁר הָיִיתִי בִּימֵי חָרְפִּי בְּסוֹד אֱלוֹהַּ עֲלֵי אָהֳלִי׃
5 בְּעוֹד שַׁדַּי עִמָּדִי סְבִיבוֹתַי נְעָרָי׃
6 בִּרְחֹץ הֲלִיכַי בְּחֵמָה וְצוּר יָצוּק עִמָּדִי פַּלְגֵי־שָׁמֶן׃

¹Volvió Job a reanudar su proverbio y dijo:
²¡Quién me diera meses como en el pasado, como los días en los que Eloah me guardaba,
³cuando resplandecía su lámpara sobre mi cabeza y a su luz caminaba yo en la oscuridad!
⁴¡Como en los días de mi juventud, cuando el favor de Eloah protegía mi morada;
⁵cuando aún estaba conmigo Shadai y mis hijos alrededor de mí;
⁶con mis pasos bañados con leche y la piedra derramando para mí ríos de aceite.

29, 2. Dado que el optativo מִי־יִתְּנֵנִי (cf. Job 23, 3) está conectado con el acusativo del objeto deseado (cf. Job 14, 4; Job 31, 31) o con aquel respecto al cual se desea algo (Job 11, 5), resulta posible en sí mismo explicar el texto así: *quién me diera tener (quien me hiciera ser) como en los meses de antaño...* Pero, dado que cuando מִי־יִתְּנֵנִי aparece otras veces, en Is 27, 4; Jer 9, 1 con el sufijo actuando como dativo (como en מִי־יִתֵּן לִי, Job 31, 35), el texto puede explicarse también de esta forma: *¡Quién me diera (¡si alguien me diera! ¡si yo tuviera!) meses como los de antaño, como aquellos ya lejanos en el pasado")*. Y en esa línea, יַרְחֵי־קֶדֶם significa más que עברו (אשר) ירחים.

De esa forma, comienza Job a describir los tiempos antiguos, que él desea que vuelvan, y lo hace con una fórmula que es casi de genitivo de relación, en este sentido: "cuando *Eloah* me protegía" (Gesenius 116, 3). El verbo בהלו no puede tomarse como *hifil*: "Cuando él hacía que brillara..." (targum באנהרותיה); pues en ese caso debería leerse בההלו (Olshausen) o incluso בהלו (Ewald en su *Comentario*).

Sea cual fuere el sentido más concreto del texto, es evidente que Job está evocando la dicha y la gloria de su tiempo pasado, cuando Dios (es decir, su lámpara) brillaba sobre su cabeza. En ese contexto, en conexión con **29, 3** podemos recordar el texto de Is 60, pues así como en Isaías בהלו corresponde a יזרח, así, en Job 29, 3, לאורו corresponde a לאורך, en el sentido de: *por tu (su) luz yo caminaba en la oscuridad* (חשך en locativo es igual a בחשך), es decir, "a pesar de las tinieblas, caminando en la oscuridad, la luz de Dios me preservaba de los peligros" (de extraviarme o caer).

En **Job 29, 4**, la palabra כאשר no es una partícula de tiempo, sino de comparación. Job quisiera que su situación actual fuera como la que tenía en los tiempos antiguos, cuando en su juventud estaba seguro de la presencia de Dios, como traducen Símaco ἐν ἡμέραις νεότητός μου, Jerónimo *diebus adolescentiae meae*, y el targum ביומי חריפותי, tanto si חריפות significa aquí el punto central de la maduración de Job, la ἀκμή (de חרף, árabe *ḥrf, acuere*), o el primer tiempo (la primavera, de חרף, árabe *chrf, carpere*).

Ciertamente, en relación a la agricultura, חרף puede significar la primera mitad del año (sobre esto, cf. *Comentario* a Génesis, 270), pues el tiempo de sembrar en Palestina y Siria es noviembre y diciembre. En esa línea, el árabe *chrîf* significa la lluvia temprana del otoño. Por su parte, en el Talmud, חרף es lo prematuro (algo que ha madurado muy pronto), en el sentido opuesto de אפל, tardío, aunque solo los derivados de חרף reciben este significado connotativo porque, conforme a su sentido original, חרף (árabe *chrîf* con otras formas) es el tiempo de recolectar, es decir, el tiempo en que maduran los frutos de la cosecha (cf. sinónimo: אסיף), mientras que el hebreo אביב (אב) corresponde en nuestro sentido a la primavera.

Si Job se estuviera refiriendo a su juventud, él tendría que haber dicho אבי בימי, o algo semejante; pero, como muestra **Job 29, 5**, está evocando al tiempo de su madurez, y por eso habla de la estación de la plenitud o, mejor dicho, de la abundancia de frutos (Schultens: *aetatem virilem suis fructibus faetum et exuberantum*). Según eso, Job habla aquí de su edad viril, llena de frutos y de exuberancia[22]; conforme a lo que dice Olympiodoro, esto es también lo que

---

22. Ciertamente, en lugares cálidos (p. ej., en los valles del Jordán o del Éufrates) la vegetación verde comienza con la llegada de las lluvias del otoño, pero la primavera real (cf.. Cant 2,b11-13) solo comienza con el equinoccio de verano, e incluso más tarde. Por su parte, el final del verano, קיץ, que desemboca en el otoño, חרף, es la estación para recoger el fruto. El producto de los campos, los frutos de los huertos y las viñas maduran antes del comienzo del otoño propiamente dicho. De todas formas, cuando las tierras empiezan a estar regadas, algunos frutos de verano, como la *dhura* (maíz) y los melones, y también las aceitunas y los dátiles maduran en otoño.

En esa línea, la traducción *en los días de mi otoño* (de mi cosecha) es aquí la única correcta. Si חרפי se empleara aquí en un sentido que no aparece en ningún otro lugar, podría significar, conforme al término árabe, con "h" "(en los días) de mi prosperidad, o de mi poder..." o incluso con

quieren indicar los LXX: ὅτε ἤμην ἐπιβρίθων ὁδούς (quizá καρπούς), es decir, "cuando estábamos cargados de camino" (o de frutos).

Según 29, 4, la bendita cercanía (סוד, familiaridad, confianza, en una relación ininterrumpida, Sal 55, 15; Prov 3, 32, cf. Sal 25, 14) de *Eloah* protegía su tienda. El Todopoderoso, estaba aún con él, protegiéndole y bendiciéndole, y sus hijos, נערים, se hallaban a su alrededor. Ciertamente, esa palabra (נערים) no significa siervos (Raschi: משרתי), sino hijos (como en Job 1, 19; 24, 5), pues en este caso el oyente o lector espera que Job evoque ante todo la bendición de los hijos (Sal 127, 3, 128, 3).

29, 6. Sus pies (הליך, ἅπ. λεγ.) se bañaban en leche, בחמה igual a בחמאה, Job 20, 17 (pues שלה equivale a שאלה, 1 Sam 1, 17, y posiblemente גוה equivale a גאוה), y las rocas (las piedras de la almazara) rezumaban a su lado y producían arroyos de aceite (una figura que recuerda la de Dt 32, 13). Una rica bendición le rodeaba, en cualquier cosa que hiciera, y le llenaba de riquezas, más allá de su deseo y comprensión.

Job 29, 7-10

⁷ בְּצֵאתִי שַׁעַר עֲלֵי־קָרֶת בָּרְחוֹב אָכִין מוֹשָׁבִי׃
⁸ רָאוּנִי נְעָרִים וְנֶחְבָּאוּ וִישִׁישִׁים קָמוּ עָמָדוּ׃
⁹ שָׂרִים עָצְרוּ בְמִלִּים וְכַף יָשִׂימוּ לְפִיהֶם׃
¹⁰ קוֹל־נְגִידִים נֶחְבָּאוּ וּלְשׁוֹנָם לְחִכָּם דָּבֵקָה׃

⁷Cuando yo venía a la puerta de la ciudad y en la plaza hacía preparar mi asiento,
⁸al verme, los jóvenes se escondían y los ancianos se alzaban estando en pie,
⁹los príncipes dejaban de hablar y se tapaban la boca con la mano,
¹⁰y la voz de los principales se apagaba y se les pegaba la lengua al paladar.

29, 7. Cuando él dejaba los límites de su hacienda y venía a la ciudad, era recibido en todas partes con el mayor de los respetos. Por la construcción de conjunto, שַׁעַר בְּצֵאתִי no se puede traducir *quum egrederer portam* según Gen 34, 24, cf. *infra*, Job 31, 34, pues el libro supone que el distrito en el que Job habitaba se hallaba fuera de la puerta de la ciudad. Ciertamente, él no vivía con su familia en tiendas; no era un nómada (pastor itinerante de rebaños), ni un beduino, pues en ese caso sus hijos no habrían sido asesinados en una casa de piedras (Job 1, 19), pero tampoco vivía dentro de los muros de la ciudad, sino que tenía que ir a ella, acercándose hasta sus puertas.

"ch" "(en los días) de mi vigor juvenil". Desde ese fondo, *charâfât* significa palabras y obras fuertes, y por su parte, *charfân* es alguien que dice o hace algo impensado, por debilidad de la vejez, etc. (Según Wetzstein estas son palabras muy comunes en Siria). חרף o חרף evoca por tanto el carácter irreflexivo de la juventud, en árabe *jahl*, que evoca el deseo fuerte de hacer algo grande, como en חרף הנפש למות (Jc 5, 18). Pero es más seguro retomar el sentido de חרף, en árabe *chrf, carpere*, recoger, por ejemplo, los frutos.

Como dice un proverbio árabe, "la hija de un pato es nadadora y el hijo de una beduina no vive en casas de piedra". Pero ese proverbio no se puede aplicar sin más en nuestro caso, pues Job, sin ser un habitante de ciudad, tampoco era un puro beduino (un nómada sin más), sino un *hadarî* (חצרי), es decir, un residente fijo de los campos, en el entorno de la ciudad, y vinculado a ella, un agricultor, pero con autoridad y palabra decisiva en la ciudad, y por eso viene a su puerta, שער, para tomar parte en los juicios que en ella se celebran.

En la línea de los LXX, Ewald traduce: "cuando yo iba temprano en la mañana a la ciudad", con sentido locativo, como שערה (cf. צא השדה, salir al campo, Gen 27, 3): cuando él iba a la puerta de la ciudad o, quizá mejor, porque es natural que imaginemos la ciudad sobre una altura, "cuando él subía a la ciudad" (pues צאת incluye por implicación el sentido de עלות). No "cuando subía a la puerta que estaba cerca de la ciudad" (Stickel, Hahn), sino a la misma ciudad, pues la puerta no estaba cerca de la ciudad, sino que formaba parte de ella.

En Asia occidental, las puertas de las ciudades y de la grandes mansiones tienen entradas abovedadas con grandes recesos o espacios a cada lado, donde la gente se reunía para hacer las compras y las negociaciones (cf. Layard, *New Discoveries*, p. 57). El espacio abierto de la puerta, tanto aquí como en Neh 8, 1. 16, se llama רחוב, es decir, plaza, lugar abierto dentro o al lado de la puerta, y cumplía así la función de foro (Job 5, 4).

29, 8–10. Cuando Job venía para el consejo del tribunal o para la reunión de los ancianos de la ciudad, donde él tenía asiento y voz, los jóvenes se escondían, conscientes de su presencia autorizada, colocándose en el fondo pues tenían miedo (una gran reverencia) ante su mirada o saludo[23]; por su parte, cuando él venía, los hombres mayores (con las cabezas descubiertas) se ponían de pie, y así permanecían sin sentarse (ἀσυνδέτως, como en Job 20, 19; 28, 4), hasta que él lo hiciera. La palabra קום significa estar de pie, עמד es avanzar hacia alguien y permanecer de pie. De esa forma, ellos, los dignatarios de la ciudad, se levantaban y permanecían de pie hasta que él se sentaba, reconociendo de esa forma su autoridad. Los שרים son magnates (próceres) de la ciudad. Ellos עצרו במלים, *cohibebant verba* (עצר con *beth* de objeto, como en Job 4, 2; 12, 15), y guardando un silencio respetuoso, ponían sus manos en la boca (cf. Job 21, 5), cediéndole a él la palabra, dejándole que hablara primero. Todos quedaban en la parte de atrás y desistían de hablar delante de él: el discurso de los hombres ilustres (נגידים de נגד, árabe *njd*, ser visible,

---

23. Cf. *j.Schekalim* ii. 5 (en Pinner, *Compendium des Thalmud*, 58): "R. Jochanan iba caminando hacia R. Chija bar-Abba; R. Eliezer le percibió y se escondió de él (ומטמר לח מקמי). Entonces R. Jochanan dijo: Este babilonio le ha insultado (a R. Eliecer) por dos cosas. Primero porque no le saludó; y segundo porque se escondió. Pero R. Jakob bar-Idi le contestó: Es entre ellos costumbre no saludar a los mayores, una costumbre que él confirmó con las palabras de Job, los jóvenes me veían y se escondían.

agradable a la vista) se escucha en silencio, de forma que todos se callan tras haber escuchado las palabras de Job.

La construcción de **29, 10** resulta compleja pues se han dado diversas interpretaciones de קוֹל־נְגִידִים (la voz de los principales, de los hombres importantes) y algunos han tomado esa expresión como un acusativo para precisar mejor su sentido (Schultens, Hahn: *quod ad vocem eminentium, comprimebantur*, en cuanto a la voz de los principales, ellos la acallaban). Esta construcción se puede comparar con la de Is 2, 11; y en esa línea ha traducido el texto Ewald: "la voz de los nobles se esconde u oculta a sí misma". Sea como fuere, la estrofa siguiente pone de relieve la forma en que aquellos que tenían autoridad entre los ciudadanos se sometían a Job, mientras que, por todas partes, los habitantes de la ciudad se esforzaban por ofrecerle signos de respeto, en razón de su autoridad.

Job 29, 11-14

¹¹ כִּי אֹזֶן שָׁמְעָה וַתְּאַשְּׁרֵנִי וְעַיִן רָאֲתָה וַתְּעִידֵנִי׃
¹² כִּי־אֲמַלֵּט עָנִי מְשַׁוֵּעַ וְיָתוֹם וְלֹא־עֹזֵר לוֹ׃
¹³ בִּרְכַּת אֹבֵד עָלַי תָּבֹא וְלֵב אַלְמָנָה אַרְנִן׃
¹⁴ צֶדֶק לָבַשְׁתִּי וַיִּלְבָּשֵׁנִי כִּמְעִיל וְצָנִיף מִשְׁפָּטִי׃

¹¹Porque al oírme me llamaban bienaventurado, y al verme testimoniaban a mi favor,
¹²porque yo libraba al pobre que clamaba y al huérfano que carecía de ayudador.
¹³La bendición del moribundo venía sobre mí, y yo alegraba el corazón de la viuda.
¹⁴Yo me vestía de justicia, y ella me vestía; como manto y diadema era mi rectitud.

29, 11. Así de imponente era la impresión que su apariencia producía en todas partes, dondequiera que él apareciera; porque (כִּי explicativo) la plenitud de bendiciones que le garantizaban su poder y su prosperidad era tan grande que uno solo tenía que escuchar su nombre *para llamarle bienaventurado* (וַתְּאַשְּׁרֵנִי) y todos los que le veían con sus propios ojos se sentían obligados a rendirle un testimonio de alabanza.

Los futuros consecutivos (וַתְּאַשְּׁרֵנִי וַתְּעִידֵנִי) muestran la consecuencia inevitable de haber oído hablar de él y de haberle visto. הֵעִיד, seguido de acusativo, se utiliza como הִזְכִּיר en el sentido de reconocimiento laudatorio. La expresión no es una braquiología (una elipsis) pues incluye la afirmación expresa en וְתָעֵד לִי (cf. comentario a Job 31, 18). En esa línea sabemos, por 1 Rey 21, 10. 13, que הֵעִיד con acusativo de persona significa hacer que alguien sea sujeto de la aserción correspondiente, tanto si es de rango más alto o más bajo (cf. en el NT, especialmente en Lucas, la palabra μαρτυρεῖσθαι, que significa dar testimonio; en esa línea era básico el testimonio de Job en las asambleas de la ciudad).

29, 12. Sin embargo, no era solo la manifestación externa de su inusual prosperidad la que causaba tal tipo de admiración, sino su benevolencia activa, unida a los abundantes recursos que él poseía. Porque allí donde había algún sufriente que gritaba por ayuda, allí estaba él para asistirle, especialmente a los huérfanos y a aquellos que no tenían quien les ayudara. וְלֹא־עֹזֵר לוֹ indica quizá un tercer grupo de personas a las que Job ayudaba, o una definición más precisa del grupo anterior ya citado, es decir de los huérfanos que, en su situación de carencia, se hallaban sin defensa ni ayuda. Este segundo sentido es el más probable, tanto aquí como en el pasaje salomónico primario de Sal 72, 12. En otro caso (si evocara de un tercer grupo de personas) se esperaría una frase comocomo ואשר אין־עזר לח.

29, 13-14. De esa forma recaía sobre Job la bendición (בִּרְכַּת, con la primera vocal cerrada) de aquellos que estaban en riesgo de destrucción (אובד, *interiturus*, como en Job 31, 19; Prov 31, 6) y que le debían el hecho de haber sido rescatados (el hecho de que Job les ofreciera posibilidades de vida). En esa línea se añade que el corazón de las viudas, a las que él asistía, compensándoles por la falta de marido, le llenaba de alegría (con הרנין causativo, como en Sal 65, 9).

Por todo eso, por la forma básica de pensar y de obrar, Job era un צדק, un hombre muy identificado con la voluntad de Dios, que busca y pide ante todo un amor de simparía de parte de los demás, a los que ayuda de forma gratuita, desinteresada. La raíz צדק, árabe *ṣdq*, significa ser fuerte, firme. En esa línea, *rumh-un sadq-un*, conforme dice Kamus, es una espada dura, firme, recta. Por su parte משפט es juicio y decisión en favor de lo que es recto y equitativo, en contra de lo falso y de lo injusto

La justicia aparece aquí como vestido que Job se pone (como en Sal 132, 9; cf. Is 11, 5; 59, 17), y de esa forma se llama justo al vestido y al turbante con el que Job se adorna a sí mismo (cf. Is 61, 10). Como en los poetas árabes, los atributos nobles de una persona se llaman su ropa o defensa, como vestidos con los que Dios cubre a una persona, y con los que una persona se cubre a sí misma (*albasa*) en gesto de dignidad[24].

La rectitud se compara así con לבוש (que corresponde al *thob*, i.e., el vestido interior, *indusium*, de los nómadas) que se pone sobre el cuerpo desnudo. Y por su parte la justicia está representada con צניף, un magnífico *turbante* (que corresponde al *kefije*, que está hecho de una fina tela de algodón, que se sujeta con una cuerda de pelo de camello) y con la magnífica túnica (que es la segunda prenda importante de la vestidura, el *'abâ* de la persona).

Los LXX, Jerónimo, el texto siríaco y la traducción árabe identifican erróneamente וילבשני con la palabra משפטי de la segunda mitad del verso; en contra de eso, al referirse a צדק se dice por antanaclasis (una palabra que toma y despliega dos matices) que Job la vistió (a la justicia) y que, por otra parte, ella vistió a Job.

---

24. Si no me equivoco, Beidhwi utiliza una vez esta expresión árabe: *'l-tdrr' blbls 'l-tqwy*, i.e., "vestirse uno a sí mismo con la armadura del temor de Dios".

Monólogo de Job

En esa línea, como muestra el uso del lenguaje en todos los restantes casos, וילבשני no significa que ella (la justicia) me vistió bien (Umbreit) o me adornó (Ewald, Vahinger) ni tampoco me cubrió (Schlottmann), sino solo que ella fue para mí como un vestido, de tal manera que toda mi apariencia fue una representación y presencia de ella (de la justicia). En esa línea se dice en Jc 6, 34, y dos veces en Crónicas, que el Espíritu de Yahvé se posa sobre algún hombre de tal forma y le "viste" con tal intensidad que le convierte en órgano de su propia manifestación.

Job 29, 15-17

¹⁵ עֵינַיִם הָיִיתִי לַעִוֵּר וְרַגְלַיִם לַפִּסֵחַ אָנִי׃
¹⁶ אָב אָנֹכִי לָאֶבְיוֹנִים וְרִב לֹא־יָדַעְתִּי אֶחְקְרֵהוּ׃
¹⁷ וָאֲשַׁבְּרָה מְתַלְּעוֹת עַוָּל וּמִשִּׁנָּיו אַשְׁלִיךְ טָרֶף׃

¹⁵Yo era ojos para el ciego, pies para el cojo.
¹⁶Era padre para los necesitados y de la causa de los desconocidos yo me ocupaba;
¹⁷y quebrantaba los colmillos del inicuo; de sus dientes le hacía soltar la presa.

29, 15. Job no desea aquí justificarse a sí mismo sin más ante las acusaciones de los amigos; lo que él quiere ante todo es refutar las acusaciones que ha lanzado en contra de él el más duro de corazón, el menos caritativo de los tres, que es Elifaz, tal como hemos visto en Job 22. Por eso, en contra de los que le acusan de haber oprimido a los pobres, él insiste en que ha auxiliado las necesidades corporales y espirituales de los otros: se ha ocupado de los ojos de los ciegos (לעור con *pathach*), de los pies de los cojos, etc. (ha sido para ellos pies y ojos). De esa forma, se ha comportado como un padre de los necesitados, como ha expresado con un bello juego de palabras (אָב לָאֶבְיוֹנִים)²⁵, vinculando así padre y pobre, dos términos de sonido semejante, אב y אביון: el protector o padre y aquel que necesita protección.

25. Hay en árabe un antiguo verbo defectivo, *bayya*, que significa buscar asilo para sí mismo, como en *anâ baj*: yo vengo como alguien que busca protección… Procediendo quizá de un primitivo verbo אבה (que significa recoger a un fugitivo, *qabila–l-bîja*), אב significaría originalmente un guardián, un protector. Por lo que se refiere a פעל, este verbo evoca propiamente el poder de proteger a los demás, como אבות, árabe *abawât',* en dual *abawain* (los dos guardianes), que se refiere al padre y a la madre. Desde aquí podría entenderse el raro fenómeno de que la misma palabra אבה significa en hebreo "querer, desear" y en árabe "rehusar".

El término hebreo habría destacado la idea de acoger al fugitivo, una idea traducida en sentido positivo, conforme a la noción de querer bien, es decir, de aceptar (אבל, *qabila*, p. ej., 1 Rey 20, 8, לא תעבה que equivale a *la taqbal*). Por el contrario, en árabe, esa palabra se ha utilizado más en sentido negativo de rehusar la acogida a los fugitivos, optando a favor de aquellos que les persiguen. En esa línea se dice en árabe *abahu 'aleihi*, le protegió en contra de otro. Por eso אביון significa en hebreo alguien que busca y necesita protección, un pobre. Por el contrario, en árabe, *'abâ* evoca más bien el gesto de rehusar la protección, porque uno está obligado a ofrecer protección a unos, porque el que podría hacerlo está obligado a ofrecer protección a la otra parte. Más sobre el tema en comentario a Job 34, 36 (nota de Wetzstein).

29, 16. Job no se presenta solo como padre de los necesitados de su entorno, sino incluso como protector de aquellos a quienes no conocía. De esa forma aparece como protector imparcial de todos, ocupándose (אֶחְקְרֵהוּ) incluso de aquellos que no eran nada para él, defendiendo de manera no egoísta e imparcial la causa de todos. En esa línea, la expresión לֹא־יָדַעְתִּי es de tipo atributivo, como en Job 18, 21; Is 55, 5; 41, 3 y tiene aquí un objeto personal (*eorum*) *quos non noveram* a aquellos a quienes no conocía, cuya "causa" ignoraba (*causam quam nesciebam*, Jerónimo).

Más aún, en esa línea, Job se presenta además como defensor justiciero de los pobres, pues no solo les ayuda, sino que no deja sin castigo a los malvados, de manera que les arrebata aquello que han tomado injustamente de los otros (lo que han robado). La forma cohortativa del futuro consecutivo (וָאֲשַׁבְּרָה) ha sido ya discutida en el comentario a Job 1, 15; 19, 20.

29, 17. La palabra מְתַלְּעוֹת es una transposición de מלתעות, para facilitar la pronunciación, en una línea más cercana al árabe *ṭl'*, *efferre se*, de donde proviene una forma secundaria de *tl'*, que se utiliza para el nacimiento de los dientes. Hay otra forma árabe *ltg*, que puede estar vinculada con el etiópico *maltâht* y que se refiere a los huesos de las mandíbulas. Todo esto nos hace pensar que la forma primitiva es מלתעה con el significado de "colmillos". Job aparece así como protector de los débiles y como vengador de los prepotentes, a quienes rompe las mandíbulas, sacando de sus dientes (de sus colmillos) las presas que han robado, de forma que no solo acoge y ayuda a los indefensos, sino que les protege con la fuerza de su justicia.

Job 29, 18-20

¹⁸ וָאֹמַר עִם־קִנִּי אֶגְוָע וְכַחוֹל אַרְבֶּה יָמִים׃
¹⁹ שָׁרְשִׁי פָתוּחַ אֱלֵי־מָיִם וְטַל יָלִין בִּקְצִירִי׃
²⁰ כְּבוֹדִי חָדָשׁ עִמָּדִי וְקַשְׁתִּי בְּיָדִי תַחֲלִיף׃

¹⁸Decía yo: En mi nido moriré. Como el ave fénix multiplicaré mis días.
¹⁹Mi raíz estará abierta junto a las aguas, en mis ramas permanecerá el rocío,
²⁰mi honor permanecerá activo en mí; mi arco se mantendrá joven en mi mano.

29, 18. En sí mismo, este verso podría traducirse "y como la arena yo viviré muchos días" (targum, traducción siríaca y arabe, Saadia, Gecatilia, Lutero y entre los modernos: Umbreit, Stickel, Vahinger, Hahn y otros), de manera que la abundancia de días se compara con la multitud de los granos de arena. El cálculo de la gran cantidad de granos de arena (átomos) fue como se sabe un problema favorito de la antigüedad; y en el mismo AT el amplio conocimiento de Salomón se compara a la arena de las orillas del mar (1 Rey 5, 9).

Nosotros aceptaríamos gustosos esa traducción (y como la arena yo viviré muchos días), que en sí misma resulta admisible, incluso aunque en nuestro pasaje falte una ulterior precisión del sentido de חוֹל, que podría venir dado por un término como הים (de manera que podríamos hablar sin más de arena del mar). Pero, en contra de eso, para precisar el sentido de חוֹל existe en hebreo una extensa tradición que vincula esa palabra con el *fénix*, un ave que es inmortal, o que, mejor dicho, se eleva y resucita siempre de nuevo de la muerte. A favor de esa lectura del texto, los testimonios con los que contamos son los siguientes:

- Uno es el de *b. Sanhedrin 108*b, según el cual חול no es más que otro nombre del ave fénix, que se llama orix, אורשינא (que podría leerse con *orshina* o *simurg*)[26] de la que se recuerda la fábula según la cual, cuando Noé alimentaba a las bestias en el arca, ella se sentaba totalmente quieta en su compartimiento, a fin de no dar más ocupación y trabajo al patriarca que tenía mucho que hacer. Pues bien, a fin de premiarle por su comportamiento Noé le concedió el don de la inmortalidad (יהא רעוא דלא תמות).
- Los *Midrashim* (recogidos en *Jalkut* sobre Job, 5, 17) afirman sin lugar a dudas que este pájaro חוֹל no es otro que el ave fénix. Se dice que Eva invitó a todas las aves para que comieran el fruto del árbol prohibido, pero que hubo una, que se llamaba חול que no quiso tomarlo ni lo probó pues había sido prohibido por Dios. Por eso "vive mil años, al fin de los cuales brota fuego de su nido, un fuego quema al ave, que queda reducida a la forma de un huevo" del que proviene una nueva ave fénix". Otro texto afirma que las cenizas del fénix muerto, tras mil años, crecen de nuevo, y renace el ave, para vivir otros mil años como (חוזר ומתגדל איברים וחיה).
- La *Masora* observa que כָּחוֹל tiene dos significados distintos (בתרי לישני), y que en este pasaje puede significar el ave fénix que dura un tiempo sin fin". En esa línea, *Kimchi*, dice su *Lex*: "En un manuscrito correcto de Jerusalén yo encontré una observación sobre ובחלם למערבאי בשורק

---

26. El nombre es una especie de rompecabezas, y no aparece entre los animales míticos mencionados en el Zend-Avesta (cf. Windischmann, *Zoroastrische Studien*, 1863, pág. 93). Por su parte, lo que dice Lewysohn, *Zoologie des Talmuds*, pág. 353, partiendo de los griegos, en forma de explicación, resulta insostenible. El nombre del pájaro *Vresha*, que aparece en un oscuro pasaje del Bundehesch (cf. Windischmann, *ibid*. pág. 80), tiene un sonido semejante. Sin embargo, probablemente, אורשינא es el mismo nombre que *Simurg*, palabra que se compone de *si/sin* y de *murg*, un ave que en *pehlvi* y en *parsi* se llama *mru*. Este nombre (*si, sin*) corresponde al védico *jena*, halcón, y en su forma zend corresponde a *ana (na)*, que es el nombre de un pájara milagroso. En esa línea, de un modo consecuente, *Simurg* es igual que *Sinmurg*, en parsi *Cnamru*, que significa *Si-* o *Cna-ave* (cf. Kuhn, *Herabkunft des Feuers*, 1859, pág. 125). En אורשינא parece que las dos partes de la palabra han sido invertidas, y que אור es una corrupción de מור. En otro sentido, *Simurg* es como el ave fénix, pero solo por la longitud de su vida. Hay otro pájaro mitológico que se llama *Kuknus* (cf. art. *Phönix* en *Ersch u. Gruber*), y que se parece al ave fénix porque resucita de sus propias cenizas.

לנהרדעי, donde ponía: ha de leerse וכחול según la tradición y lectura de Nehardea (Babilonia), y ha de leerse וכחול según la tradición occidental (de Palestina). Eso significa que los masoretas de la escuela de Babilonia distinguían וכחול en el pasaje de Job y וכחול, en Gen 22, 17, incluso en la pronunciación. Una conclusión sobre la gran antigüedad de la tradición de fondo de esta palabra puede deducirse de la traducción de los LXX, que ponen ὥσπερ στέλεχος φοίνικος, de donde proviene la traducción ítala (*arbor palmae*) y la de Jerónimo (*sicut palma*).

Si no conociéramos por los testimonios arriba citados que חול es el nombre del *ave fénix* uno podría suponer que los LXX han explicado bien el sentido de וכחול conforme al árabe *nachl*, que significa palma, como hace Schultens; pero, a partir de los testimonios arriba citados, es más probable que la traducción ὥσπερ φοῖνιξ sea la original, de manea que ὥσπερ στέλεχος φοίνικος ha de tomarse como interpolación, pues φοῖνιξ significa ambas cosas: el ave milagrosa inmortal y la juventud inextinguible de la palmera que renace de sí misma[27]. Encontramos el caso inverso en Tertuliano, *De resurrectione carnis,* c. xiii, que explica así el pasaje del *Salmo* 92, 13: δίκαιος ὡς φοῖνιξ ἀντιήσει, conforme a la traducción *justus velut phoenix florebit* (el justo florecerá como el fénix), aplicándolo al *ales orientis* es decir al *avis Arabiae*, que significa la inmortalidad del hombre[28].

---

27. Según Ovid, *Metam.* xv. 396, el ave fénix hace su nido en la palma, y según Pliny, h. n. xiii. 42, su nombre viene de palma: *Phoenix putatur ex hujus palmae argumento nomen accepisse, iterum mori ac renasci ex se ipsa* (se piensa que el nombre de fénix viene según eso de palma, pues ella muere y renace de sí misma); cf. A. Hahmann, *Die Dattelpalme, ihre Namen und ihre Verehrung in der alten Welt*, Bonplandia, 1859, Nr. 15, 16. Por su parte, Masius, en sus estudios de la naturaleza, ha descrito de manera hermosa la forma en que "los inteligentes griegos dieron un mismo nombre a esa ave inmortal que brota de nuevo de sus propias cenizas y a la palmera que siempre renueva su juventud". Cf. también Heimsdrfer, *Christliche Kunstsymbolik*, pag 26, y J. Ch. Augusti, *Beiträge zur christl. Kunst-Geschichte und Liturgik*, vol i., pp. 106-108, y espelcialmente Piper, *Mythologie der christl. Kunst* (1847), I, 446s.

28. Aquí debemos referirnos también a Clemente Romano, en 1 Corintios 25, donde dice que el fénix es un ave de Arabia que vive quinientos años, y que entonces muere en un nido que ha hecho de incienso y de mirra, con especias, dejando tras él la larva de un ave joven que cuando crece lleva el nido con los huesos de su padre y lo coloca sobre el altar del sol, en la ciudad egipcia de Heliópolis.

La fuente de este relato está en Heródoto ii. 73, quien, sin embargo, habla de un huevo de mirra en vez de un altar de mirra, y en Tácito, *Ann.* vi. 28, quien transmite una narración semejante. Lactancio ofrece una versión distinta en su poema sobre el fénix, y según ella el fénix es la única ave de su especie (no había más que un fénix), y que "edificó su nido en un país que quedó libre del diluvio". Ezequiel, un escritor trágico judío (no el profeta), concuerda de un modo más preciso con la afirmación de que el lugar de origen del fénix es Arabia. En su drama Ἐξαγωγή, relata la historia de un espía enviado como peregrino antes del exilio de Israel, diciendo que él vio, entre otras cosas, el ave fénix. Cf. también mi *Gesch. der jüd. Poesie*, pág. 219.

Monólogo de Job

Ambas figuras, la del ave fénix y la de la palmera resultan igualmente apropiadas y dignas en boca de Job. Pero, aparte del hecho de que en todos los lugares donde aparece la palmera ella se llama תמר, este hubiera sido el único lugar en que ella aparece en el libro de Job, a pesar de la riqueza de figuras de plantas que se encuentran en el libro, nunca se menciona la palmera, un hecho que quizá no es accidental[29].

Por el contrario, aquí podemos ofrecer inmediatamente una referencia al mito egipcio y arábico del fénix, que se puede probar por medio de un libro que también en otro plano mezcla y vincula temas de Egipto y Arabia, evocando especialmente el hecho de que el mismo idioma egipcio da al ave fénix el nombre חול o חוּל. Así la palabra ΑΛΛΩΗ ΑΛΛΟΗ se explica en los glosarios copto-arábigos con el nombre *es-semendel* (el nombre arábigo del fénix o, al menos, de un ave que es como el fénix, un ave que, igual que la salamandra, *semendar*, no puede quemarse). En esa línea, Kircher identifica el *Avis Indica* con una especie de fénix[30].

El término חול es una forma hebraizada de ese nombre egipcio de fénix (es decir, de *Allo*), una palabra que significa "rotación" (cf. árabe *haul*, el año; *haula*, alrededor), y es una denominación apropiada para un ave que renueva periódicamente su juventud, tras muchos siglos de vida: es el ave que se repara (que renace) y se resiembra a sí misma (Ovidio), no meramente empezando una nueva vida, sino trayendo un nuevo "gran año" (un nuevo ciclo de vida, es decir, *conversionem anni magni*, Plinio), pues en las representaciones jeroglíficas el círculo del sol tiene una corona, que simboliza un círculo de años.

En el gozo pleno del favor y de la bendición divina, y con la conciencia recta de haber hecho buen uso de su prosperidad, Job espera φοίνικος ἔτη βιοῦν (Lucian, *Hermot*. 53), vivir los años del ave fénix, para morir y renacer, עִם־קִנִּי, en/con mi nido como indica la primera mitad del verso (29, 18), un verso que ahora se entiende mejor.

En este contexto recordamos el mito, que según el verso de Ovidio dice así: *Quassa cum fulv substravit cinnama myrrh, Se super imponit finitque in odoribus aevum* (en el sentido de "el ave fénix hace su nido sobre cinamomo y mirra; así se tiende encima llena de olor...". Conforme a ese verso de Ovidio, el texto de Job se podría traducir "junto con mi nido" (en mi nido) (Umbreit, Hirzel, Heiligstedt).

---

29. Sin querer explicar aquí ese fenómeno, pensamos que se trata de algo que es digno de indicar, pues, en general, la palmera no es un árbol común ni en Siria ni en Palestina. "En la actualidad no hay en todo Siria más de quinientas palmeras; y, por otra parte, no había tampoco en Palestina gran cantidad de palmeras, a no ser en el valle del Jordán y en la costa del mar (nota de Wetzstein).

30. Cf. G. Seyffarth, *Die Phoenix-Periode*, Deutsche Morgenländ. Zeitschr. iii.(1849) 63 ss., conforme al cual el *alloê* es el nombre del falso fénix, que no tiene plumas en la cabeza; por otra parte *bêne* o *bêni* (jeroglífico *bnno*) es el nombre del verdadero ave fénix con plumas en la cabeza, y también el nombre de la palmera. En esa línea, *Allo*, cuyo nombre concuerda con el de חול, es casi con seguridad el nombre del fénix.

Pero con el deseo de que él (Job) no vea morir antes que él a sus seres queridos se conecta el deseo de que ninguno de ellos pueda sobrevivirle, lo que es antinatural y diametralmente opuesto al deseo de los árabes, que ante la presencia de la muerte expresan dos deseos: dejar tras ellos un hijo noble, y morir en medio de sus familiares. De un modo más concreto, este deseo (עִם־קִנִּי) significa "con iguales en mi nido", es decir, en el seno de mi familia, no sin referencia a la nueva ave fénix que, conforme al sentido del mito en Herodoto, Plinio, Clemente y otros, lleva los restos de su padre en un nido o en un huevo de mirra a Heliópolis, a los sagrados lugares del templo del sol, pagándole así el último y mayor de sus tributos de respeto.

Una versión distinta pero semejante, aparece en Horapolo (escritor egipcio del IV d. C.) ii. 57, según el cual el joven fénix nace de la sangre de su padre: σὺν τῷ πατρὶ πορεύεται εἰς τὴν Ἡλίου πόλιν τὴν ἐν Αἰγύπτῳ, ὃς καὶ παραγενόμενος ἐκεῖ ἅμα τῇ ἡλίου ἀνατολῇ τελευτᾷ. Según esta versión, el hijo nace de la sangre del padre, y ofrece al Padre Sol esa sangre, en gesto del más hondo y filial respeto. Esto es por tanto lo que Job expresa cuando dice que tenía del deseo de morir con (en) su nido, dando su vida (sangre) a sus descendientes.

29, 19-20. La siguiente frase sustantivada, 29,19a, ha de entenderse como futuro, en la línea de 29, 16 que estaba en perfecto: mi raíz, así yo espero, permanecerá abierta (no cerrada) hacia las aguas; eso significa que nunca le faltará agua en su cercanía (como sucede a las palmeras, que renacen de su mismas raíces y de su tronco muerto, si es que hay agua en la tierra); nunca faltará el rocío para alimentar de vida a sus ramas (el rocío que descenderá de noche y empapará las ramas para darles vida).

El término אֱלֵי (que corresponde al árabe *ila*, originalmente *ilai*) aparece solo en el libro de Job, y aquí por cuarta y última vez (cf. Job 3, 22; 5, 26; 15, 22). Por su parte קָצִיר (cf. בִּקְצִירִי) no significa aquí cosecha, como suelen traducir los comentaristas antiguos, sino como en Job 14, 9; 18, 16, una rama o el conjunto del ramaje interconectado. Esta figura de la raíz y de las ramas, con el flujo de vitalidad que va hacia arriba y hacia abajo, ofrece la contrapartida y complemento de Job 18, 16.

En **Job 29, 20**, lo mismo que en 29, 19 y 9, 16, viene primero una cláusula de sustantivo, como en 19, 16 (pues la buena lectura es חָדָשׁ) y después sigue una cláusula verbal: como él espera, su honor debe permanecer vivo y fresco en él, esto es, ha de habitar en él con todo su valor y esplendor. Aquí se entiende su honor ante Dios y ante los hombres, no su alma en sentido de realidad distinta (Hahn). כבוד (cf. כְּבוֹדִי), δόξα, es ciertamente un apelativo de נפש (cf. mi *Psychol*. pág. 98), pero חדש no es aquí el término adecuado para aparecer como su predicado.

En la línea del honor se encuentra la virilidad, es decir, la capacidad de autodefensa, simbolizada por el arco de guerra: "Y mi arco permanecerá (se volverá) joven de nuevo en mi mano, ganando así nueva fuerza y elasticidad". En ese sentido es innecesario suplir aquí una palabra como כח (Hirzel, Schlottmann, y otros).

El verbo חלף (cf. תַּחֲלִיף), como muestra el árabe *chlf*, no significa propiamente hablando "no volver la espalda", perderse, sino al contrario, en *hifil*, hacer que venga algo nuevo en lugar de lo antiguo, rejuvenecerse. Estas esperanzas, introducidas con ואמר (29, 18) eran en sí mismas un elemento de su felicidad anterior. Por eso, su descripción puede continuarse en ואמר sin necesidad de una indicación distinta.

Job 29, 21-25

²¹ לִי־שָׁמְעוּ וְיִחֵלּוּ וְיִדְּמוּ לְמוֹ עֲצָתִי׃
²² אַחֲרֵי דְבָרִי לֹא יִשְׁנוּ וְעָלֵימוֹ תִּטֹּף מִלָּתִי׃
²³ וְיִחֲלוּ כַמָּטָר לִי וּפִיהֶם פָּעֲרוּ לְמַלְקוֹשׁ׃
²⁴ אֶשְׂחַק אֲלֵהֶם לֹא יַאֲמִינוּ וְאוֹר פָּנַי לֹא יַפִּילוּן׃
²⁵ אֶבְחַר דַּרְכָּם וְאֵשֵׁב רֹאשׁ וְאֶשְׁכּוֹן כְּמֶלֶךְ בַּגְּדוּד כַּאֲשֶׁר אֲבֵלִים יְנַחֵם׃

²¹Ellos me escuchaban y esperaban y permanecían en silencio ante mi decisión.
²²Tras mi palabra no replicaban, pues mi palabra era decisiva para ellos.
²³Me esperaban como a lluvia (temprana); y abrían su boca como a lluvia tardía.
²⁴Yo les alegraba si no tenían esperanzas, y ello no dejaban que se apagara la luz de mi rostro.
²⁵Yo les indicaba su camino y me sentaba entre ellos como jefe,
y habitaba como un rey en medio de su ejército, como quien consuela a los que lloran.

29, 21-22. Atentos, pacientes y dispuestos a ser instruidos, ellos le escuchaban (este es el sentido de לִי־שָׁמְעוּ), y esperaban sin interrumpirle, para cumplir lo que él dijera. וְיִחֵלּוּ, ha de pronunciarse de un modo pausal, con una reduplicación en la última letra radical, como חָדְלוּ en Jc 5, 7 (conforme a los buenos manuscritos); cf. *Gesenius* 20, 2, c; siguiendo a Kimchi. Esta es la lectura de Ben-Ascher (cf. Norzi); por su parte, ויחלו es la lectura de Ben-Naphtali.

Si él daba consejo ellos esperaban en silencio estricto. Este es el sentido de ידמו (futuro *kal* de דמם y למו) que es una forma poética de ל y pone de relieve el silencio que se guarda en una causa judicial (cf. *Comentario* sobre Hab 3, 16). Tras sus palabras, los otros *non iterabant*, no replicaban, como indica Jerónimo, con su traducción de tipo explicativo: *addere nihil audebant* (no se atrevían a añadir nada), de manera que su discurso descendía sobre ellos ofreciéndoles aliento, alegría y fuerza vital.

La figura evocada por תִּטֹּף se expande en **Job 29, 23** en la línea de Dt 32, 2: ellos esperaban su palabra, que penetraba profundamente en sus corazones, como la lluvia, מטר, que aquí se refiere a la primera lluvia, la del otoño, que humedece la semilla para que pueda germinar. Después se añade que ellos abrían su boca para recibir la lluvia tardía, מלקוש (cf. comentario a Job 24, 6).

Eso significa que ellos tenían sed de sus palabras, que en este segundo caso son como las lluvias de marzo y abril, que permiten que madure la mies que dentro de poco ha de ser cosechada. Esta segunda lluvia falla con cierta frecuencia, y por eso es más esperada entre los agricultores de Siria y Palestina.

פִּיהֶם פָּעֲרוּ ha de entenderse en la línea de Sal 119, 131, cf. 81, 11. En ese contexto han de tenerse en cuenta los raptos o expresiones de alegría que suscita por todas partes el comienzo de estas segundas lluvias; así, por ejemplo, en Jerusalén, el pueblo que debía haberse contentado por un tiempo con el agua de las cisternas que estaban casi secas, salía a la calle, de forma que viejos y jóvenes danzaban a la llegada de la lluvia.

En **Job 29, 24** se logra un pensamiento que se adapta a la sintaxis del texto y a los hechos de la vida de Job, si traducimos: "yo les sonreía – y ellos no se lo creían"; es decir, ellos consideraban que una benevolencia de ese tipo que yo les ofrecía era casi inconcebible, sonriendo de alegría por ello (Saadia, Raschi, Rosenmüller, De Wette, Schlottmann y otros). Según eso, אֶשְׂחַק ha de tomarse como un futuro hipotético, lo mismo que en Job 10, 16; 20, 24; 22, 27, cf. Ewald 357, b.

Pero esta interpretación de Job 29, 24 no está en una relación adecuada con el pensamiento del pasaje. En esa línea, la explicación que ofrece Aben-Ezra no es correcta. Él explica así el texto: "Aunque ellos no estimaran mi favor, mi respeto (mi honor) no sufría nada a causa de ello". Esta lectura resulta imposible si es que tenemos en cuenta el sentido de אוֹר פָּנַי, la luz de mi rostro... Por otro lado, la explicación de Schlottmann "ellos no aceptaban la luz de mi rostro" (es decir, el signo de mi favor) es imposible, pues va en contra del uso del lenguaje, según el cual הפיל פנים (cf. פָּנַי לֹא יַפִּילוּן) significa hacer que el rostro decaiga (pierda su brillo: cf. Gen 4, 5, entristecerse, aplicado al propio rostro, Jer 3, 12, o al del otro.

En vez de פני aquí tenemos una expresión más pictórica y poética, como implica וְאוֹר פָּנַי, la luz de mi rostro, mi alegría, mi amabilidad (cf. Prov 16, 15). En esa línea, אֶשְׂחַק אֲלֵהֶם ofrece el pensamiento de que Job se alegraba (reía) y no permitía que nadie quedara desprovisto de su amabilidad, de su buena disposición. Según eso, aquellos a los que Job sonreía han de tomarse como aquellos a los que Job podía entristecer con su conducta, pero que no lo hacía.

De esa forma, su condición queda descrita por las palabras לֹא יַאֲמִינוּ (una variante en algunos códices y ediciones pone ולא), una frase que ha aparecido ya con el significado de no tener fe o esperanza (cf. האמין, lograr fe, Sal 116, 10), una frase que no ha de tomarse como atributiva, sino como subordinada neutral o condicional (Ewald 341, a). Por lo tanto, yo traduzco: *yo les sonreía, incluso si ellos no lo creían*, es decir, si estaban desesperados, de forma que por muy angustiosa que fuera su situación la amabilidad de mi semblante no les podía pasar inadvertida. Por muy sombríos que estuvieran no podían ensombrecerme o evitar que yo fuera favorable hacia ellos.

Monólogo de Job

En esa línea, **Job 29, 25** responde ahora también al texto anterior: yo intentaba allanar su camino, es decir, hacerlo plano, de forma que ellos pudieran superar su situación de desesperanza y su estado miserable, y me sentaba entre ellos como jefe, como un rey que se rodea de su ejército, de forma que todos estaban atentos al movimiento de sus ojos. No actuaba, sin embargo, como un soberano que se impone, sino como alguien que se porta de un modo condescendiente con los que lloran, y que así les conforta (נחם en *piel*, propiamente hablando, hacer que respiren libremente). Esta figura pacífica de rey se opone a la visión del rey guerrero de Job 15, 24.

כאשר no es aquí una conjunción, sino que equivale a כאיש אשר, *ut (quis)*, alguien que. Por tanto, no como uno que conforta, sino como "aquel que conforta". Así traducen los LXX correctamente: ὃν τρόπον παθεινοὺς παρακαλῶν. La acentuación (כַּאֲשֶׁר con *tarcha*, אֲבֵלִים con *munach*, יְנַחֵם con *silluk*) no es correcta. כאשר debía llevar *rebia mugrasch*, y אבלים *mercha-zinnorith*. Y a continuación Job pasa dese el próspero y feliz pasado, absolutamente pasado, a su presente, con un fuerte y duro contraste.

Job 30. Segunda parte

Job 30, 1-4

1 וְעַתָּה שָׂחֲקוּ עָלַי צְעִירִים מִמֶּנִּי לְיָמִים
אֲשֶׁר־מָאַסְתִּי אֲבוֹתָם לָשִׁית עִם־כַּלְבֵי צֹאנִי׃
2 גַּם־כֹּחַ יְדֵיהֶם לָמָּה לִּי עָלֵימוֹ אָבַד כָּלַח׃
3 בְּחֶסֶר וּבְכָפָן גַּלְמוּד הַעֹרְקִים צִיָּה אֶמֶשׁ שׁוֹאָה וּמְשֹׁאָה׃
4 הַקֹּטְפִים מַלּוּחַ עֲלֵי־שִׂיחַ וְשֹׁרֶשׁ רְתָמִים לַחְמָם׃

¹Y ahora se ríen de mí más jóvenes que yo, a cuyos padres no quería poner ni con los perros de mi ganado,
²pues la fuerza de sus manos ¿de qué me serviría? Habían perdido vigor y fuerza.
³Por pobreza y hambre estaban entumecidos, royendo la estepa la oscuridad del desierto y la tierra vacía.
⁴Recogían malvas en la espesura y las raíces de arbusto eran su comida.

30, 1. Con ועתה, que indica también de ordinario, entre otras cosas, el paso de las premisas a la conclusión, de la acusación al castigo, Job empieza a lamentarse aquí del triste paso de su prosperidad anterior a su situación actual.

La primera línea del verso, marcada por un *mercha-mahpach*, resulta intencionadamente larga, para indicar así el profundo y largo comienzo de la lamentación que ahora empieza. En el tiempo anterior, como él ha indicado ya en la primera parte del monólogo, Job era fuente de temor para la juventud respetuosa de la ciudad (Job 29, 8); pero él se ha vuelto ahora un objeto de risa para una juventud que ya no sirve de nada, compuesta por una clase de vagabundos y miserables (con שׂחק על, reírse de, que se distingue de אל שׂחק, Job 29, 24, reírse sobre, por algo).

Estos son los mismos עניי ארץ cuya triste condición él interpretaba como uno de los misterios de la divina providencia, tan difíciles de solucionar (24, 4-8). Ciertamente, él no pertenece a la clase inmisericorde de aquellos que se aprovechan de las calamidades de los pobres, para satisfacer así su egoísmo, en vez de ayudarles en su pobreza; pero ahora resulta injustificable el rudo tratamiento que él les dirige, pensando que ellos le odiaban porque era rico, alegrándose después de la destrucción de su prosperidad.

Esos que son más jóvenes que él por sus años (לימים como en Job 32, 4, con ל para definir mejor la situación, pues aquí no puede utilizarse un simple acusativo, cf. Job 11, 9) se burlan de él; son los hijos de unos padres que eran inútiles y abandonados, de forma que él no les ofrecía ni siquiera un trabajo tan miserable como el de sus perros (מאס ל, cf. מאס מן, 1 Sam 15,26).

Schultens, Rosenmüller y Schlottmann toman שית עם en el sentido de על שית, *praeficere*, preferir, pero la construcción con על tendría otro sentido, el de "colocar al lado", es decir, el de asociar esas personas inútiles con los perros, para realizar con ellos un trabajo de cuidado de las ovejas. Pues bien, el cuidado que los perros ejercen sobre el rebaño no es de tipo bajo ni subordinado, sino muy importante. Pues bien, lo que Job quiere decir es que esas personas no eran para él capaces ni de realizar un servicio tan bajo, al lado del pastor, como el de perros de su rebaño (עִם־כַּלְבֵי צֹאנִי), para ayudar de esa manera a los pastores.

30, 2. Esa personas que se burlan ahora de Job no poseen ningún tipo de fuerza. ¿Qué valor podría tener ellos para mí? (לָמָּה לִּי), con למה no en el sentido de *cur*, sino *ad quid, quorsum*, como en Gen 25, 32; 27, 46)? Ellos son individuos que no valen para nada. Han perdido todo כלח, de forma que no tienen valor alguno (con עלימו en sentido enfático, para destacar su importancia, con על como sufijo de tipo patético en vez de ל, 1 Sam 9, 3).

No se trata de que esas personas que se mofan de Job sean ancianos, sino que, siendo jóvenes o de edad madura, no tienen valor para nada. El texto no habla de que sean viejos y como tales impotentes, sino más bien de que no sirven para nada, sea cual fuere la edad que tengan. El texto parece decir que no tienen ni *médula ósea ni fuerza* (*Saft und Kraft*), son seres a los que falta toda fuerza o madurez[31].

---

31. En esa línea ha de entenderse la palabra כֶּלַח de la raíz árabe *kl* (sobre el sentido original de ese término, cf. mi recensión a la edición que hace Bernstein de Kirsch, *Syr. Chrestomathie*, Ergrnzungsblatt de A.L.Z. 1843, número 16 y 17). Otros derivados de la palabra, como en árabe *kl', klb, klt, klṭ, klj, kld, klz*, etc., desarrollan el sentido de llevar, tomar, unir etc. Cf. en particular el sentido de *lkh* como mantener unidos los músculos del rostro. En esa línea puede ponerse de relieve el cuarto sentido de *kâlaḥa*, mostrarse duro y firme (en contra de cualquiera), permanecer en un lugar, como la luna, que a pesar de moverse durante 28 días se mantiene siempre en su mismo lugar.

Cf. en esa línea el árabe *dahrun kâliḥun*, una estación dura, *zma šdı* y *kulâḥun, kalâḥi*, un año duro, por la pérdida de las cosechas, por la escasez de alimentos, por otro tipo de necesidades o carencias. Si se pudiera aplicar este sentido a la palabra כלח de nuestro texto (sin tener que apelar a

Con **Job 30, 3** comienza una nueva frase, en la que se pone de relieve la condición más honda de esos que ahora se burlan de Job, entumecidos, hambrientos, royendo en la estepa… Así lo muestra la palabra גַּלְמוּד (no גלמודים, porque el libro de Job no declina esta palabra hebreo-arábiga, que le es particular, pues fuera de Job solo aparece en Is 49, 21, גלמודה).

En árabe, esa palabra es substantivo (piedra, una masa) más que adjetivo (duro como piedra, masivo, p. ej., Schultens, *Hist. Tamerlani* en árabe *'l-ṣchr 'l-jlmud*, la roca más dura), en una línea semejante a la del griego χέρσος (cf. Passow). Hemos traducido esa palabra por "entumecidos", indicando así una condición o atributo de rigidez, es decir, de esterilidad, Job 3, 7; de entumecimiento como de muerte, Job 15, 34; o como en este caso, de extrema debilidad e incapacidad de trabajar.

Aquí falta el sujeto (que podría ser "ellos"). El tema aparece expuesto como un simple bosquejo, de forma que vienen después los participios con artículo demostrativo, partiendo del participio הָעֹרְקִים que podría significar *fugitivos*, como han visto las traducciones antiguas, a partir de los LXX, targum, Saadía (árabe *fârrîn*), y la mayoría de los comentaristas antiguos, empezando por de la palabra ערק, árabe *'araqa,* fut. *ya'riq, fugere, abire*. Pero esa palabra "fugitivos" no ofrece buen sentido, porque el texto supone que el lugar propio de estas gentes es el desierto, no porque esas gentes estén allí como fugitivos, sino como personas que pertenecen al desierto, sea el de Seir donde habita el resto de los desplazados horitas o el del Haurán, donde habita la "raza de las cuevas".

Pues bien, en contra de ese sentido de "fugitivos", en árabe, la raíz *'rq* (con el *pael 'arreq* en siríaco) significa roer; y este significado de la palabra que es exclusivamente peculiar del libro de Job (aquí y en Job 30, 17) resulta perfectamente adecuado. No se trata pues de "fugitivos", sino de personas que "roen" la soledad (o roen en soledad la pequeña comida que puedan conseguir). En esa línea, podemos decir, como lo hace Jerónimo (pero cambiando un poco su traducción), que *rode- bant solitudinem,* que roían la soledad de la dura estepa quemada y seca, viviendo así más como bestias que como hombres (sentido que Gecatilia toma del árabe *lâzmû, adhaerent*), deduciendo de ello la escasa comida.

Aquí se añade אֶמֶשׁ שׁוֹאָה וּמְשֹׁאָה (en la oscuridad de la estepa y del desierto), como fórmula explicativa, o quizá mejor descriptiva, precisando el sentido de צִיָּה. Esta misma unión aliterativa de sustantivos de la misma raíz aparece en Job 38, 27; Sof 1, 15, y de modo semejante en Neh 2, 11 (בוקה ומבוקה), Ez 6, 14; 33, 29

---

la comparación muy dudosa con él árabe *qḥl, qlḥm*), su significado básico podría ser el de dureza, fuerza que no se rompe, como en Job 5, 26: "Irás a la tumba con tu fuerza intacta", es decir, lleno de días, pero sin haber perdido tu vigor, sin haber sufrido las enfermedades y las miserias de la *aetas decrepita*, en plena sazón, en el momento más alto de tu madurez (ese sería así sentido de Job 30, 2: ¿De qué me podría servir el vigor de sus manos? En cuanto a ellos su fuerza se había ya perdido (nota de Fleischer).

(שמה ומשמה). Sobre esta forma de expresar el superlativo, amontonando palabras semejantes, cf. comentario de Ewald 313, c.

El verbo שאה (שׁוֹאָה) tiene el sentido primario de *confusión salvaje del derecho y la cultura* (del *din*), como en Is 17, 12, que no tiene sin más el sentido de desolación y destrucción (a través de la noción intermedia de ruinas a causa de un derrumbamiento), sino que indica una serie de impresiones confusas de todo tipo, expresadas por el mismo juego de sonidos de las palabras. En esa línea el desierto se llama también תֹהוּ, Dt 32, 10, de תהה igual a שאה (cf. *Comentario a Génesis*).

El nombre אמש tiene en todos los demás lugares un sentido adverbial, *en noche*, crecer como noche, y en general (en la línea de nuestra traducción) evoca algo que está devastado, la devastación. En este sentido, se puede hablar del desierto y la desolación como algo pasado. En esa línea, dado que אמש significa en principio ayer tarde o ayer noche, es decir, algo pasado, que queda como en la niebla en la que todo se confunde, esta palabra tiene que haber tenido el sentido primario de oscuridad, un sentido que se aplica en árabe a *ams* que significa la caída del sol en el horizonte[32].

De esta forma, esas tres palabras (אֶמֶשׁ שׁוֹאָה וּמְשֹׁאָה) han de ser traducidas (comp. צלמות, Jer 2, 6) así: "la oscuridad vespertina (la negrura) de la estepa y del desierto" (אמש como *nomen regens*, Ewald 286, a). El targum traduce también de esa manera, pero toma אמש como un atributo especial: חשוכא היך רומשא, "oscuridad como en la tarde ya cerrada, al llegar la noche." La conjetura de Olshausen, que pone ארץ en vez אֶמֶשׁ, facilita la traducción, hace las cosas más simples, pero pone una palabra que no añade ningún matiz al texto, en vez de la palabra original, que es totalmente expresiva.

Job 30, 4 destaca el escaso alimento que aquel duro, desolado y terrible desierto, con sus estepas y quebradas, podía ofrecer a sus habitantes. Por su parte, מַלּוּחַ (que aparece también en hebreo talmúdico, siríaco y árabe) es el armuelle o *purslain*, un arbusto de tallo alto, de tipo herbáceo, que crece en zonas semidesérticas, cuyo tronco y hojas verdes sirven de comida para los mas pobres de los pobres, como estos que ahora se burlan de Job. Es una planta que suele crecer en las zonas costeras, pero también en los desiertos, como indica *b. Kidduschin*, 66a:

> El rey Jannai (Alejandro Janeo) tomó כוחלית y conquistó sesenta ciudades. (Gesenius traduce de forma equivocada, diciendo, *captis LX talentis*, tomando sesenta

---

32. El árabe *ams* se vincula sin duda con *ms'*, *msy*, que ha venido a significar oscuridad, el final de la tarde, hasta la caída del sol, el tiempo en que el sol va descendiendo hasta tocar el horizonte; ese es el sentido de árabe *tamsû* o *tamsî*, hundirse en el horizonte (de la raíz *ms* con el sentido primario de *stringere, terere, tergere, trahere, prehendere, capere*). En esa línea, los árabes dicen *'l-šmsu tadluk*, que propiamente significa: "el sol frota el horizonte". De esa forma, desde su sentido original, un árabe solo podría traducir estas palabras (אֶמֶשׁ שׁוֹאָה וּמְשֹׁאָה) con el significado de "en la víspera de la destrucción y de la ruina", es decir, en el momento que (como en la caída del sol) llega sobre una persona la destrucción y la ruina (nota de Fleischer).

talentos), y a su vuelta, con gran alegría, llamó a los huérfanos de Israel y les dijo: vuestros padres comían מלוחים en el tiempo en que estaban ocupados construyendo el templo (según Raschi, el segundo templo; según el Aruch, era el tabernáculo en el desierto); nosotros hemos de comer también מלוחים en recuerdo de nuestros padres! Y los מלוחים se servían en platos de oro.

Los LXX traducen מַלּוּחַ por ἅλιμα y en esa línea Athenaeus afirma que los pitagóricos pobres se llamaban en otro tiempo ἅλιμα τρώγοντες καὶ κακὰ τοιαῦτα συλλέγοντες[33]. El lugar en el que ellos buscaban y encontraban este tipo de plantas comestibles está indicado por שִׂיחַ (cf. עֲלֵי־שִׂיחַ) que es un tipo de espesura o manto donde abunda una planta que en árabe se llama *ŝîḥ*, de hoja perenne, con ramas y tallo ramoso que se da en suelos que no están cultivados, que alcanza dos o tres metros de altura y cuyas ramas tienen el mismo diámetro.

Esta planta es una de las mayores bendiciones para Siria y la estepa de su entorno, pues aparte del excremento de las vacas y camellos es el único combustible para los agricultores y los nómadas. Esta sigue siendo aún la única vegetación de la estepa, de manera que a su vera y bajo su sombra se eleva todavía una escasa vegetación (cf. Wetzstein, *Reise in den beiden Trachonon und um das Haurangebirge*).

Los pobres en busca de alimento rodean este arbusto (en árabe *šîḥ, shi*), un tipo de *purslain* (*purslane, portulaca*...), y como sigue diciendo **Job 30, 4,** buscan su raíz bulbosa que es su comida. Gesenius entiende לחמם en la línea de Is 47, 14, donde esa palabra (לַחְמָם) aparece en forma pausal, quizá para indicar que la raíz de este arbusto no es comestible, sino que ella debía servir para quemarse como combustible. Pero ¿por qué razón debería citarse aquí la raíz y no las ramas de este arbusto como combustible?

La raíz de los árboles de la estepa que sirve como combustible, junto a la del *shîḥ*, es la del llamado *gizl* (de גזל, arrancar), que no es la retama sino un tipo de arbusto de escoba (muy abundante en el Belka). Los árabes llaman así no solo a la *Genista monosperma*, sino también al *Chamaerops humilis*, una especie que en una de sus variedades produce un tipo de raíz en forma de flecha que utilizan los indios de Florida[34]. Toda esta descripción pone de relieve la extre-

---

33. H. Zwinglio, en el texto griego de *Aldine* del año 1518 (editado por Andrea de Asola), que él ha anotado cuidadosamente en el margen y que se conserva como uno de sus tesoros más importantes en la biblioteca municipal de Zürich, traduce y explica ἅλιμα por θαλάσσια, como es natural, a partir de la palabra anterior: περικυκλοῦντες. Mencionaremos con cierta frecuencia estas notas marginales de Zwinglio

34. La descripción de estas plantas comestibles de la estepa corresponde exactamente a la realidad, especialmente si recordamos que el tipo de alimentación de los nómadas es muy inferior en relación al alimento de los labradores, teniendo siempre en cuenta la tendencia que los árabes tienen de utilizar un lenguaje *mubalagat* (que es una descripción colorida y exagerada de los hechos, que de lo contrario carecería de brillo y realismo a los ojos de los orientales).

Los agricultores son más altos y más fuertes, con larga barba y rostro expresivo, mientras que los beduinos de la Traconítide, en especial la raza de los *W'ar*, יער, tanto hombres como mujeres

ma pobreza de aquellos más pobres de los bordes de la estepa o del desierto, a los que antes Job había ayudado mucho, pero que ahora, al verle caído y lleno dolores, desprecian.

En este contexto, la palabra לחמם con el significado de *cibus eorum* resulta por tanto comprensible. Por su parte, los LXX introducen una gran confusión en el texto de Job 30, 4 al traducir: οἳ καὶ ῥίζας ξύλων ἐμασσῶντο (los que comen las raíces de los árboles...). Zwinglio introduce aquí una nota marginal, diciendo que la palabra ἐμασσῶντο debe llevar solo una sigma, y así la ponen del Códice Alejandrino y el Sinaítico. Todas las versiones antiguas traducen de la misma forma. En este contexto puede recordarse lo que dice Agatharchides en Estrabón, cuando afirma que los etíopes–egipcios se alimentan con raíces y yerbas (cf. Meyer, *Botanische Erleuterungen zu Strabons Geographie*, pág. 108 ss.).

Job 30, 5-8

⁵ מִן־גֵּו יְגֹרָשׁוּ יָרִיעוּ עָלֵימוֹ כַּגַּנָּב׃
⁶ בַּעֲרוּץ נְחָלִים לִשְׁכֹּן חֹרֵי עָפָר וְכֵפִים׃
⁷ בֵּין־שִׂיחִים יִנְהָקוּ תַּחַת חָרוּל יְסֻפָּחוּ׃
⁸ בְּנֵי־נָבָל גַּם־בְּנֵי בְלִי־שֵׁם נִכְּאוּ מִן־הָאָרֶץ׃

⁵Son expulsados de en medio de la gente y todos les gritaban como a ladrones.
⁶Tenían que vivir en tristes barrancos, en cavernas de la tierra y entre rocas.
⁷Bramaban entre las matas y se reunían debajo de los espinos.
⁸Hijos de gente vil, de hombres sin nombre, expulsados de la misma tierra.

30, 5. En el caso de que salieran de sus miserables lugares, y se atrevieran a ser vistos en las poblaciones del valle o en las ciudades, ellos eran expulsados de la

---

siguen siendo hasta el día de hoy pequeños, poco agraciados, débiles. Es evidente que la perfección del cuerpo solo puede "producirse" si se vive en casas confortables, cubiertas las necesidades de comida y vestido, mientras que los beduinos de la Traconítide, aunque trabajen duramente para los campesinos de las ciudades, raramente pueden alcanzar esos beneficios. Por eso, las raíces de las plantas les sirven a menudo de comida. Dos de esas plantas, la *gahh* (גח) y la *rubbe halîle* (חלילה רבה), han sido descritas en mi *Reisebericht*. Una vez, un beduino me dijo que esa planta se debía llamar propiamente *rubh lêle* (רבח לילה), "la ganancia de una comida", pues a menudo se utiliza incluso para la comida principal del día.

A este género de *rubbe* pertenece también la *holêwâ* (חליוא). De igual forma, los beduinos utilizan una planta bulbosa llamada *qoten* (קטין). De otra planta, la *mesha'* (משע), ellos comen el tallo y la raíz. Yo mismo he visto a menudo a los pobres habitantes de los pueblos (no a los beduinos) comer las anchas y carnosas hojas de un tipo de espino (llamado en árabe *šûk*, *shôk*), que también se llama *'aqqub* (עקוב); estas hojas tiene una logitud de más de 20 cm con una anchura de unos diez, y deben recogerse y comerse antes que las puntas de las hojas, en forma de sierra, se conviertan en duras espinas. Se hierven con agua salada y se comen con mantequilla. Tribus enteras del pueblo de Ruwala viven también *de unas semillas de color marrón (parecidas a los granos de mostaza de una planta llamada semh* (שמח)*, que se hierven hasta formar una especie de pulpa* (Wetzstein).

compañía de los hombres (*e medio pelluntur*, para utilizar una frase ciceroniana). גּוּ (cf. מִן־גֵּו), en sirio *gau*, árabe *gaww, guww*, significa lo que es interno, aquí el círculo de la vida social, la vida humana organizada de forma comunitaria.

Esta es también una expresión hebreo-arábica; en esa línea, si uno quiere oponer una casa del distrito ciudadano con algo que está fuera de la ciudad dice en árabe: *jûwâ wa-barrâ, guwwâ wa-berrâ*, dentro o fuera, o *'l-jûwâ-nî wa-'l-brrâ-nî, el-guwwâni wa'l-berrâni*, lo que está dentro y lo que está fuera. Según eso, כַּגַּנָּב, *como el ladrón*, resulta equivalente a *al ladrón*; así se dice en francés: *après eux comme après le voleur*. Esos pobres de la estepa eran expulsados de las buenas tierras, teniendo que vivir en lugares apartados, expulsados y perseguidos por los habitantes de las zonas más ricas.

En **Job 30, 6**, según Ges. 132, 1 (cf. *Comentario* a Hab 1, 17), la palabra לִשְׁכֹּן es equivalente a היו לשכן, "ellos han de habitar". Esa palabra puede significar también, conforme al uso más frecuente del lenguaje, *habitaturi sunt*. Aquí significa sin embargo que ellos debían vivir en los más duros barrancos: *habitandum est eis*, como לבלום, Sal 32, 9, *obturanda sunt*. Según los diversos códices, la palabra עֲרוּץ puede encontrarse con *shurek* o también con *cholem* (según la forma de סוּס, Os 13, 8), y tiene el sentido de lugar infame, en el que tienen que habitar los expulsados del grupo social.

עֲרוּץ puede ser un sustantivo, según la forma de גְּבוּל (Ges., siguiendo a Kimchi), o un constructo creado a partir de נערץ, con el sentido de temido o temible, en línea de superlativo: *in horridissima vallium*, en el más terrible o tenebroso de los valles, como en Job 41, 22, *acutissimae testarum* (Ew., párrafo 313, c), en una zona de quebradas inhabitables.

La descripción posterior de la morada de esta raza de hombres, que viven en oquedades (חרי igual que בחרי) de la tierra (עפר, palabra aquí referida a las diversas partes de la tierra) y en cuevas de las rocas (LXX τρῶγλαι πετρῶν), parece estar indicando a los aborígenes de las montañas del distrito de Seir, a quienes la Biblia llama horitas, החרים, τρωγλοδύται (cf. *Génesis*, 507), personas y familias que no tienen ni tiendas ni casas fijas donde habitar.

Pero esa palabra puede referirse también a los horonitas, חורן, Ez 47, 16; Ez 47, 18, habitantes del distrito de las cavernas, el ancho país en torno Bosra, con las dos "Traconítides" (τράχωνες), la más pequeña de las cuales está al este, en la zona de Leg, y se identifica con la antigua Traconítide e Iturea (¿las montañas de los drusos)? Sea como fuere, son familias o tribus de expulsados de la sociedad civil de las tribus nómadas y de los habitantes de las ciudades[35].

---

35. Yo me inclino a identificar esta tierra con la de los itureos quienes, según Apuleio, eran *frugum pauperes* (pobres en cosechas), y según otros eran un tipo de "bandidos", y que quizá deben distinguirse de los traconitas árabes (aunque pueden ser también los mismos), pues estos trogloditas estaban de algún modo vinculados con los árabes que vivían en tiendas. (Sobre los trogloditas del este de Haurán, vid., mi *Reisebericht*, pp. 44, 126).

30, 7. En la línea de lo que hemos visto en Job 6, 5, este versículo compara a este pueblo de trogloditas con asnos salvajes, que aparecen como animales que no tienen una forma de vida organizada según ley. Allí hemos destacado que esto פרא, *fer*, caminaban en un tipo de hordas, bajo la guía de un pretendido líder o dirigente (cf. comentario a Job 39, 5), y el poeta de Job 24, 5 les comparaba a las bandas que merodean en busca de comida. En nuestro caso, como en Job 6, 5, el punto de comparación es su fuerte necesidad (hambre) que les lleva a gritar de dolor, viviendo como viven al margen de una sociedad económicamente regulada.

En este contexto, la palabra יִנְהָקוּ, aunque no es demasiado fuerte, puede evocar el *sermo barbarus* (del que habla Pineda), en favor de lo que Schlottmann afirma aduciendo a Herodoto (iv. 183) cuando habla del lenguaje de los trogloditas de Etiopía, diciendo que se parecería al chillido de las lechuzas (τετρίγασι κατάπερ αι' νυκτερίδες). Entre los arbustos, especialmente entre los *shih*, que les conceden algún alimento y sombra, con un lugar de descanso verde, uno les oye, y oye sus palabras, aunque no pueda entenderlas bien, con su descontento y su gemido, lamentándose siempre de la condición desesperada de su vida. Así viven entre o bajo las ortigas (חרול, raíz árabe *ḥrr*, *urtica* de *urere*, quemar), es decir, bajo los arbustos y matorrales inútiles del desierto (o en cuevas) y de allí salen y se extienden en torno, en desorden.

En esa línea, muchos autores modernos, toman ספח, cf. יְסֻפָּחוּ en el sentido de שׁפך, árabe *sfḥ*, cf. סרוח, *profusus*, Am 6, 4. 7, aunque se podría aceptar también el significado hebreo del verbo ספח (forma endurecida de ספה), *adjungere, associare* (cf. *Comentario* a *Habacuc*, pág. 88), explicando así el texto como hace Hahn: bajo los arbustos se unen, es decir, se agrupan formando una horda. Pero ni el futuro, ni el *pual* (en vez del cual uno podría esperar el *nifal* o *hitpael*) está a favor de esta última interpretación. Por eso nos inclinamos a favor de la primera, tomando la palabra hebreo-arábiga de ספח con el significado de *effundere*, de reunirse bajo los arbustos y de salir de allí, como puede deducirse comparando nuestro texto con Job 14, 19.

Desarrollando el sentido del sujeto antes latente (es decir, de las personas que vivían en esa condiciones tan duras), **Job 30, 8** nos describe el pueblo que ellos formaban: hijos de locos, hombres profanos (sin verdadera religión), personas

---

"Los trogloditas eran capaces de viajar a menudo sin comida de repuesto, y sin las cosas necesarias para la vida. Sus moradas se encuentran con frecuencia en lugares donde no es posible la agricultura, como en Safa. Ellos aparecían de ordinario como ladrones de ganado y merodeadores. En el caso de que tuvieran ganado, dado que no pueden caminar como los nómadas con tiendas, de un lugar de pastos a otro, estos trogloditas perdían a menudo sus rebaños por falta de pastos o por intensa nevadas (que producen a veces grandes devastaciones en la tierra de Haurán), y también por epidemias. Por su parte, los merodeadores o bandidos, que eran objeto de la enemistad de todo el mundo, no eran capaces de crear una raza próspera de hombres, lo mismo que los trogloditas que, al estar instalados en un lugar concreto (a diferencia de los nómadas) no podían escapar de la venganza de aquellos a quienes habían causado daños (nota de Wetzstein).

Monólogo de Job

insanas, expulsadas de la sociedad... (cf. *Comentario* sobre Sal 14, 1). Más aún, y en esa misma línea (con גַם, no con אַף), estos eran hijos de los que no tienen nombre, descendientes de innobles, infames, *ignobilium* o *infamium*, dado que la expresión בְּלִי־שֵׁם es aquí un adjetivo dependiente, no *filii infamiae* que sería infames sin más (Hirz. y otros), pues en ese caso el segundo בני tendría un sentido distinto del primero.

Esta afirmación de Job 30, 8 puede tomarse como una cláusula atributiva: los que son expulsados. Pero la brevedad de la línea y la importancia del verbo nos hace pensar que se trata de una cláusula de exclamación, con un sentido abrupto. נִכְאוּ מִן־הָאָרֶץ, expulsados de la misma tierra cultivable. En esa línea, נכאו es *nifal* de נכא igual a נכה, raíz נך, herir, golpear (golpeados, expulsados...)[36]. Sobre הארץ, en el sentido de tierra cultivable, en oposición a la estepa cf. comentario a Job 18, 17. Estos "desgraciados", últimos de los últimos, son los hombres sin tierra.

Job 30, 9-12

⁹ וְעַתָּה נְגִינָתָם הָיִיתִי וָאֱהִי לָהֶם לְמִלָּה׃
¹⁰ תִּעֲבוּנִי רָחֲקוּ מֶנִּי וּמִפָּנַי לֹא־חָשְׂכוּ רֹק׃
¹¹ כִּי־(יִתְרוֹ) [יִתְרִי] פִּתַּח וַיְעַנֵּנִי וְרֶסֶן מִפָּנַי שִׁלֵּחוּ׃
¹² עַל־יָמִין פִּרְחַח יָקוּמוּ רַגְלַי שִׁלֵּחוּ וַיָּסֹלּוּ עָלַי אָרְחוֹת אֵידָם׃

⁹¡Y ahora yo soy objeto de su burla y les sirvo de refrán!
¹⁰Ellos me evitan, se alejan de mí pero no dejan de escupirme en el rostro. 11Porque (Dios) ha desatado la cuerda y me ha afligido, han soltado contra mí el látigo.
¹²A mi derecha se levanta el populacho,
   empujan mis pies y arrojan contra mí proyectiles o dardos destructivos.

30, 9-10. Los hombres de quienes Job se lamenta en esta estrofa son los mismos que aparecían en la anterior, descritos ahora desde la perspectiva de su conducta grosera y degenerada, los mismos que aparecen en Job 24, 4-8, partiendo del daño que le han causado. Esta chusma, degradada en sentido social y moral, viene acercándose a Job, para mofarse de su sufrimiento, tomando los consejos anteriores que Job les dirigía como insultos, de los cuales ellos quieren vengarse.

De esa forma, Job ha venido a convertirse en objeto de escarnio de sus burlas (con נְגִינָתָם, que ha de entenderse conforme al pasaje posterior de Lam 3, 14 y de Sal 69, 13). De esa forma Job aparece para ellos como לְמִלָּה, como su θρύλλημα

---

36. La raíz árabe *nk* se ha desarrollado en hebreo dando lugar a נכה, הכה, en árabe *naka'a* y *naka,ˆ* la primera en el sentido de injuria externa (golpear, herir); pero de ese sentido externo se puede pasar a otro tipo de injurias y ofensas de tipo social o mental. Esa raíz puede aplicar a diversos tipos de injurias, de heridas, de desprecios. También se puede hablar de penetrar en o herir a otro, en sentido obsceno, con *nâka*, o en sentido decente, con *nakaḥa* (nota de Fleischer).

(LXX), objeto y blando de su conversaciones crítica (con מִלָּה, árabe *mille*, que no es igual a *melle*, como quiere Schultens), de forma que dice *sum iis fastidio*, soy para ellos objeto de hastío. Por un lado, ellos le evitan y, situándose a distancia, le hacen objeto de sus críticas; pero, por otro lado, y en el caso de que se acerquen a él lo harán solo para mostrarle mayor desprecio: *a facie ejus non cohibent sputam*, ante su rostro no evitan ni siquiera los esputos.

Los comentaristas que explican así el texto, diciendo que, en contra de toda conducta decente, estos enemigos escupen en presencia de Job (Eichhorn, Justi, Hirzel, Vaihnger, Heiligstedt), o incluso delante de él (Umbreit, Hahn, Schlottmann), pasan por alto el hecho de que esto sucede וּמִפָּנַי, en el sentido de לְפָנַי. Pues bien, esa expresión, tal como la presenta el texto, solo puede afirmar que ellos escupen contra el mismo rostro de Job (Jerónimo ha traducido correctamente: *conspuere non verentur*), de manera que, de forma consecuente, como se ha lamentado en 17, 6, Job se ha convertido en תפת, objeto de los esputos de sus enemigos (cf. en este contexto la declaración del Siervo de Yahvé, Is 50, 6, que está en estrecha conexión con este pasaje, como he venido indicando desde el prólogo de este comentario).

30, 11. El problema es ahora ¿quién es el sujeto de 30, 31? El *ketiv* יִתְרוֹ indica que debemos mantener el sujeto anterior. En esa línea, la mayoría de los modernos explican el texto asi: *solvit unusquisque eorum funem suum, i.e., frenum suum, quo continebatur antea a me* (suelta cada uno de ellos su vara, es decir, el freno por el que se contenía ante mí: Rosenmüller, Umbreit, Stickel, Vaihnger, Heiligstedt y otros), pero es muy dudoso que יתר signifique *frenum*; esa palabra significa más bien una cuerda, la cuerda de un arco o de un harpa. Desde ese fondo, partiendo de Job 22, 20 (donde se habla de cuerda), tenemos que pensar en un tipo de látigo que se estira o se lanza con fuerza a lo largo, hacia adelante (en este caso para golpear a Job)[37].

---

[37]. La palabra árabe יתר significa ante todo *cuerda*, en el sentido de cuerda de arco o de harpa, que se puede extender de manera que se alarga. De aquí deriva el árabe *watrun, witrun*, en el sentido de estirarse... En esa línea encontramos también la palabra *watara* que pone de relieve el sentido transitivo de יתר, como en el italiano *soperchiare, soverchiare*, palabras que viene de *supra* (sobre) y que reciben el significado de ofender, insultar, como en *oltraggiare, outrager* (de la raíz *ultra*), como también ὑβρίζειν que viene de ὑπέρ, airarse, actuar con *hybris*. De un modo semejante se entiende el árabe *ṭṭâwl 'lîh* y *'sṭṭâl 'lı* que significa actuar con hostilidad y arrogancia en contra de alguien, hacerle sentir la propia superioridad, extender, imponer el propio *selbst*, la propia fuerza en contra o sobre otros.

En otra línea, el significado de extenderse desemboca en "sobrepasar", imponerse, excederse, como el griego περιττὸν εἶναι, exceder en número, *supercar* (como en italiano *soperchiare* en sentido intransitivo), περιεῖναι, ὑπερεῖναι; imponerse, ser más, ganar, περιεῖναι, etc. Resulta semejante el desarrollo del árabe *faḍala*, ganar, igual que de *ṭâl*, estar extendido. En esa línea se entiende el alemán *reich, reichlich*, ser rico, abundante, que viene de la raíz *reichen, recken*, alcanzar, extenderse (nota de Fleischer).

En esa línea, Hirzel evoca el hecho de que estas personas sueltan la cuerda o cinturón que rodea su cuerpo, para golpear o azotar con él a Job. Pero tanto si se acepta el *qetiv* יִתְרוֹ o el *kere* יִתְרִי, esos verbos no pueden referirse a las personas que insultan a Job. En ambos casos el verbo está en singular, mientras que el populacho aparece siempre en plural. Por otra parte, la partícula inicial כִּי con la que comienza todo este verso, y que Job toma como razón para el hecho de estar abandonado sin posible defensa, no puede referirse al populacho que le insulta, de manera que en ese contexto el sujeto activo de las ofensas contra Job en 30, 11 tiene que ser el mismo Dios (como he puesto en la traducción).

Si aceptamos la lectura יִתְרוֹ, ella no puede interpretarse diciendo: él ha abierto (ha liberado) la cubierta de su "cuerda" (es decir, de su arco; así leen Hahn y de un modo semejante los LXX y Jerónimo), porque יתר no significa el arco, sino la cuerda (árabe *muwattar'*, la cuerda estirada del arco); en esa línea פתח, abrir, cf. Ez 21, 33 (usualmente con שלף o הריק), puede aplicarse sin duda a sacar la espada de la vaina (ערה es la palabra que se emplea de ordinario para desnudar el arco y el escudo, cf. *Comentario a Habacuc* pág. 164).

Utilizando esa palabra para la cuerda del arco de guerra, פתח significa liberarla (desatarla), para que la flecha salga con toda velocidad. Según eso, Elizabeth Smith traduce el texto: *Porque él (Dios) ha soltado la cuerda de su arco y me ha afligido.* De todas formas, uno no puede evitar la sensación de que וַיְעַנֵּנִי no está refiriéndose a disparar flechas con el arco, pues partiendo del *kere* וְיִתְרִי] podemos interpretar mucho mejor el texto en una línea distinta, en el sentido de *Él ha liberado mi cuerda,* la brida por la que yo les tenía hasta entonces dominados, atados (de manera que esas mismas personas que yo, es decir, Job, tenía bajo mi sujeción se han alzado contra mi). Pero, como he venido observando, en este caso no puede aplicarse el significado de freno o brida.

Es más apropiada la observación de Capellus: *metaphora ducta est ab exarmato milite, cujus arcus solvitur nervus sicque inermis redditur* (la metáfora está evocando la situación del soldado desarmado a quien se le corta la cuerda del arco, para que no pueda disparar). Esa imagen resulta aún más apropiada en relación a la palabra siguiente, וַיְעַנֵּנִי, cuando ella se interpreta desde Job 4, 21: Él (Dios) ha desatado (aflojado) la cuerda de mi vida, es decir, la cuerda que ataba y aseguraba mi tienda, es decir, mi cuerpo.

En esa línea traduce el targum: Él ha soltado mi cadena y los hilos de mi cuerda, es decir, la seguridad interna y externa de mi vida, de tal forma que yo me he inclinado hasta el suelo, desprovisto de mi fuerza (cf. Sal 102, 24), es decir, he sido humillado. Pues bien, incluso en ese estado de debilidad, Job aparece como el blanco de la arrogancia ilimitada (libre) de sus adversarios, de forma que ellos *sueltan su látigo en contra de mí* (no con לִפְנֵי, en mi presencia, sino como con מִפְּנֵי, ante mí, es decir, ante una persona a quien ellos antes habían respetado). מפני se utiliza aquí como en Lev 19, 32), en el sentido de que sueltan o lanzan en contra de mi sus dardos (שׁלח como en Job 39, 3, sinónimo de הִשְׁלִיךְ; cf. 1 Rey 9, 7 con 2 Cron 7, 20). **30, 12**. ¿Es ahora posible que en ese contexto פִּרְחַח pueda significar algo más que la chusma de esos inútiles? Ewald supone que esa palabra significa el sufrimiento de Job, sufrimiento que se eleva del suelo para atacarle como un enjambre de malvados. Hahn sigue a Ewald e interpreta esos sufrimientos como sujeto, lo mismo que en Job 30, 11. Pero si tenemos en cuenta la traducción de Ewald (ellos cuelgan una cuerda de mi cabeza) y la de Hahn (ellos han echado algo ante mi rostro) terminamos cansados con este tipo de interpretaciones alegóricas de los hechos. Todas ellas fracasan ante las afirmaciones de 30, 13c, pues no logran explicar el sentido de לֹא עֹזֵר לָמוֹ en el contexto de esa interpretación alegórica.

Las cosas han de verse de otra forma. פִּרְחַח (en cuyo lugar se podría esperar פרחח) son la chusma (populacho, plebe) formada por los descendientes de aquellos padres, desprovistos de toda moral y todo honor, es decir, de los צעירים de Job 30, 1, de aquellos cuyo objeto de risa y burla se ha vuelto ahora Job, como los hijos de los sacerdotes a quienes en el Talmud se les llama פרחי כהנה; esa palabra, empleada para los caballos, indica en árabe no solo los caballos jóvenes, sino también una chusma de vagabundos.

Esta chusma de jóvenes inútiles se eleva עַל־יָמִין, a la mano derecha de Job, es decir, en el lugar donde suelen colocarse los acusadores (Sal 109, 6), en el lugar donde generalmente se colocan los que siguen a alguien y le oprimen, y esos jóvenes se enfrentan continuamente con Job, unos tras otros, siguiéndole con el aliento a su cuello, con el paso apretado, tras él (con שׁלח como en Job 14, 20).

Esta presión de los enemigos aparece así como el asedio en contra de una ciudad, como si el mismo Job fuera esa ciudad a la que quieren sitiar y conquistar. El futuro consecutivo de 30, 12c. וַיְסַלּוּ no se toma aquí en sentido retrospectivo como ויעננו, sino en sentido de presente, como en una conexión de causa y efecto (cf. Ewald 343, a). Esa palabra, ויסלו, no se refiere a los sufrimientos que vienen sobre Job, sino a la banda de jóvenes enemigos que arrojan en contra de él las máquinas de guerra y los proyectiles (אֵידָם) que le hacen sufrir.

La tradición, recogida por los LXX, según la cual Job se encuentra fuera de la ciudad, en el lugar del basurero ἐπὶ τῆς κοπρίας, i.e., en el estercolero, responde muy bien a estas figuras. Delante de cada población, en el Haurán, hay un lugar donde los habitantes de las casas amontonan el estiércol de sus cuadras hasta alcanzar una gran circunferencia, con una altura que llega a ser superior a la de las mayores casas de la población[38].

---

38. Uno debe tener clara esa representación de los *mezbele* o basureros del Haurán. La basura allí amontonada no se mezcla con paja, porque en aquellos lugares secos y cálidos no hace falta poner una "cama" o base de paja sobre la que duermen los animales en las cuadras, y por otra parte los animales más pequeños y las vacas duermen a menudo sobre los pastizales. Los excrementos de los animales se llevan en cestos al lugar que está delante de la población, donde generalmente se

Monólogo de Job

De todas formas, el texto puede entenderse sin apelar a esta representación de las poblaciones, conforme al modelo del Haurán, con los estercoleros fuera de las ciudades. Sea como fuere, falto de la protección de sus hijos y servidores, Job se ha convertido en un objeto de disgusto para su mujer y de aborrecimiento para sus hermanos, abandonado por todos, sin ninguna muestra de cariño (cf. Job 19, 13-19). De esa forma se encuentra ahora Job, fuera de las puertas de su casa o de su ciudad, y en esa condición, sin refugio ni defensa, él ha venido a convertirse en objeto de las burlas maliciosas y odiosas de las bandas sin ley ni control de los jóvenes que van de aquí para allí, haciéndole sufrir.

Job 30, 13-15

¹³ נָתְס֣וּ נְתִיבָתִ֑י לְהַוָּתִ֣י יֹעִ֑ילוּ לֹ֖א עֹזֵ֣ר לָֽמוֹ׃
¹⁴ כְּפֶ֣רֶץ רָחָ֣ב יֶאֱתָ֑יוּ תַּ֥חַת שֹׁ֝אָ֗ה הִתְגַּלְגָּֽלוּ׃
¹⁵ הָהְפַּ֥ךְ עָלַ֗י בַּלָּ֫ה֥וֹת תִּרְדֹּ֣ף כָּ֭רוּחַ נְדִבָתִ֑י וּ֝כְעָ֗ב עָבְרָ֥ה יְשֻׁעָתִֽי׃

¹³Desbaratan mi senda, aprovechan mi quebranto, quienes no tienen auxilio.
¹⁴Como por un ancho portillo se aproximan, bajo la ruina van rodando.
¹⁵Terrores se han vuelto contra mí;
persiguen mi dignidad como el viento, y mi prosperidad se desvanece como nube.

30, 13. Ellos le impiden toda libertad de movimiento, empujándole hacia abajo, *diruunt*, desbaratan, la senda por la que puede ir. Así debe traducirse נָתְסוּ (forma

---

queman una vez al mes. Para ello escogen días en los que el viento sea favorable, es decir, cuando no sople hacia la población. Las cenizas permanecen en el mismo lugar.

El fértil suelo volcánico no necesita abono, porque ello haría que en años lluviosos creciera mucho el tallo de los cereales, a costa de las espigas y del grano, de manera que cuando llueve se pudre todo. Si una población ha sido habitada durante muchos años o siglos, la *mezbele* o basurero de estiércol quemado alcanza incluso más altura que las mismas casas. Las lluvias de invierno convierten los montones de cenizas del estiércol en una masa compacta, con la que se construyen los graneros (*biaʔ el-ghalle*) donde el trigo puede conservarse protegido del calor y de los ratones durante muchos años.

De esa forma, el *mezbele* puede ser utilizado por los habitantes del distrito como torre de vigilancia y también como lugar de reunión o asamblea agradable, porque en su altura corre mejor el aire. Allí juegan los niños durante el día. En aquel entorno yacen también los expulsados y abandonados, los que tienen alguna fuerte enfermedad, y no pueden entrar en las casas habitadas; allí quedan apartados, como Job, pidiendo limosna a los que pasan, y escondiéndose o refugiándose de noche, al calor de las cenizas que han recibido durante el día mayor temperatura por el sol.

Por allí merodean los perros de la población, comiendo a veces los huesos que con frecuencia les arrojan. Muchas poblaciones del Haurán, que han perdido su nombre original, se llaman *Umm el-mezabil* por la abundancia de esos *mezbele* o montículos de basura, que indican siempre que en el lugar han existido poblaciones numerosas de agricultores. Por otra parte, muchas de las ciudades modernas están edificadas sobre antiguos *mezbele*, porque son lugares donde corre con más libertad el aire, de forma que son más saludables para la gente. Las palabras derivadas de la raíz árabe זבל parece seguir teniendo el mismo sentido que en hebreo, y así cuando los beduinos ancianos dicen *seken* (שכן), es decir, cenizas, los hebreos y árabes modernos dicen משכן, una vivienda (nota de Wetzstein).

emparentada con נתש, נתע, נתץ), en el sentido de "desbaratan" (no "rompen", *proscindunt*, que va en contra del significado y del uso fundamental del lenguaje). Ellos, que no tienen quien les ayude, ellos que son tan miserables y despreciables, careciendo de sentimientos y llenos de soberbia, contribuyen a su ruina.

הועיל (יעילו) ofrecer auxilio, hacer algo bueno, hacerse de algún modo eficaces (p. ej., Is 47, 12), se une aquí con una ל de utilidad o finalidad (cf. לְהוֹעִֽתִי). Cf. עזר ל, ayudar a alguien, Zac 1, 15. היה (el *kere* sustituye a la forma primaria הוה), como hemos visto ya en Job 6, 2, y significa propiamente *hiatus*, y en esa línea recibe el significado de *barathrum, pernicies*, como הוה con el significado de *cupiditas*, propiamente *inhiatio* (en sentido amplio "quebrantamiento").

El verbo הוה, árabe *hwy*, significa también *delabi*, y en esa línea puede tomar otros matices (cf. sobre Job 37, 6), como el de abismo (caída rápida). Hay un sentido intermedio entre los dos significados de fondo, *pasión fuerte* (árabe *hawa*) y abismo (árabe *hâwije, huwwe, mahwa*), y así lo muestra el significado de la raíz soplar (de donde viene *hawâ*, aire).

Las palabras לֹא עֹזֵר לָמוֹ ofrecen una buena descripción de esos parias idumeos o del Haurán. Schultens compara estas palabras con un pasaje de Hamsa: "Nosotros os contemplamos a vosotros, innobles y pobres (*laisa lakum min sâir-in-nâsi nasirun*), es decir, los que estáis sin ayuda del resto de los hombres". La interpretación de aquellos que identifican למו con לו, y esta partícula con לי (Eichhorn, Justi) se destruye por sí misma. Podría entenderse mejor el texto como hace Stickel: sin nadie que les ayude con su mano fuerte. Pero el pensamiento que así se logra carece de sentido, y termina siendo falso (cf. Job 19, 13).

30, 14. La figura del asedio que empezaba en 30, 12 y seguía en 30, 13, vuelve a aparecer aquí sin duda alguna, tanto en כְּפֶרֶץ רָחָב como en שֹׁאָה. El targum traduce *como la fuerza de las anchas olas de mar*, y no por el hecho de que פרץ pueda significar en sí una corriente de agua, sino por el hecho de que se identifica con פרץ מים, 2 Sam 5, 20 (*diffusio aquarum*). La traducción de Hitzig[39] (vienen como un ancho torrente de montaña, como una rápida cascada ruedan) ofrece un sentido imposible para estas dudosas palabras.

En Job 16, 14 oíamos el lamento de Job, diciendo que Dios (*Eloah*) le había traspasado על־פני־פרץ פרץ, *brecha tras brecha*. Los decretos de Dios se han expresado de esa forma en este tipo de duros tratamientos que Job recibe a través de esos enemigos que no sirven para nada, ante los que él aparece así como una muralla agrietada por la que entran los enemigos, para ponerle totalmente bajo su poder, convirtiéndole en objeto de todas sus pasiones destructivas. En este contexto שאה es la rotura de la muralla con sus amplias brechas, y תחת שאה significa *sub fragore* en un sentido local: a través de la muralla que se encuentra rota por todas partes y que cae ante el impulso de los asaltantes.

---

39. Cf. *Deutsche Morgenland. Zeitschr.* ix. (1855), S. 741, y *Comentario a Prov.* pág. 11.

30, 15. No hay razón para traducir como hace Umbreit: él se ha vuelto en contra de mí; yo ahuyentaba terrores, etc., aunque esta traducción no sea imposible según la sintaxis (cf. Gen 49, 22, בנות צעדה). El texto ha de traducirse más bien: *terrores se han vuelto en contra de mí*, de forma que el predicado va primero, de la manera más natural, de forma personal, aunque indefinida, cf. Gesenius 147, a; de todas formas, בלהות puede tomarse también como acusativo de objeto después de un pasivo, Gesenius 143, 1.

El sujeto sigue siendo el mismo: esos terrores derriban mi dignidad como el viento. La construcción es como la de Job 27, 20; 14, 19. Sobre el tema de fondo, cf. Job 18, 11. Hirzel piensa que כרוח es el sujeto: *quasi ventus aufert nobilitatem meam* (como viento lleva mi nobleza...); pero en ese caso, el sujeto no debería ser *ventus* sino *similitudo venti*, como se dice en árabe: *'gani kazeidin, vino a mi uno de Zeid*, porque en los idiomas semitas כ hace que un nombre sea indeclinable, con el significado de *instar*.

Pero el significado de בלהות es más natural. Y el comentario de Hahn, según el cual la calamidad no es lo que primero viene, llevando consigo la prosperidad, sino que ella misma (la calamidad) ocupa el lugar de lo que ha sido expulsado o destruido por ella, resulta sofisticado e inadecuado, dado que aquello que el viento lleva no es la prosperidad de Job, sino su נדיבה, su apariencia y dignidad, por la que él ha venido pidiendo el respeto de los otros (targum: רבנותי).

Las tormentas de sufrimiento que pasan sobre él le quitan su dignidad o nobleza, hasta el último fragmento, dejándole sin salvación, y así le quitan su condición de prosperidad (dado que fuera de Israel la salvación se entiende como prosperidad y no como vida eterna), una condición que en árabe se dice *wasi'a, amplum esse*, y que es como una nube que pasa con toda rapidez y sin dejar ni huella (Job 7,9; Is 44, 22). Obsérvese la musicalidad de la expresión כְּעָב עָבְרָה (se desvanece como nube), que no puede reproducirse en castellano.

Job 30, 16-19

¹⁶ וְעַתָּה עָלַי תִּשְׁתַּפֵּךְ נַפְשִׁי יֹאחֲזוּנִי יְמֵי־עֹנִי׃

¹⁷ לַיְלָה עֲצָמַי נִקַּר מֵעָלָי וְעֹרְקַי לֹא יִשְׁכָּבוּן׃

¹⁸ בְּרָב־כֹּחַ יִתְחַפֵּשׂ לְבוּשִׁי כְּפִי כֻתָּנְתִּי יַאַזְרֵנִי׃

¹⁹ הֹרָנִי לַחֹמֶר וָאֶתְמַשֵּׁל כֶּעָפָר וָאֵפֶר׃

¹⁶Ahora mi alma está derramada en mí, se apoderan de mí días de aflicción.

¹⁷La noche taladra mis huesos, y los dolores que me roen no reposan.

¹⁸Con fuerza mi vestido se deforma: me oprime como el cuello de mi túnica.

¹⁹Me ha derribado en el lodo y ahora soy semejante al polvo y a la ceniza.

30, 16. Con este nuevo ועתה (cf. Job 30, 1. 9) comienza por tercera vez este lamento o elegía entre el presente y el pasado, y de esa forma acaba una de las partes de la elegía, para comenzar luego de nuevo.

Aquí se dice en esa línea que el alma está como atravesada dentro de Job (עלי como en Job 10, 1, cf. mi *Psychologie*, pág. 152), cuando "queda como disuelta interiormente en medio de tristeza, arrojada hasta el fondo, de manera que todas sus defensas y estructuras se rompen, y el alma queda como disuelta en su angustia". Esta forma figurada de expresar la tristeza no proviene de la visión del agua como símbolo del alma (como piensa Hitzig en su comentario al Sal 42, 5), sino más bien de la representación de un "torrente" de lágrimas (cf. Lam 2, 19). La vida del alma fluye y se derrama en la sangre, de manera que la angustia del alma se expresa en llanto y en lamentaciones.

El hombre exterior queda así como disuelto en las lágrimas que fluyen gentilmente de sus ojos (Is 15, 3); el alma misma fluye así y se derrama por fuera, como resultado de una acción interna. La expresión יְמֵי־עֹנִי puede traducirse como "días de sufrimiento", porque עִנִי, tanto el verbo como sus derivados, es la palabra adecuada para indicar el sufrimiento y especialmente la pasión del siervo de Yahvé. De esta forma se lamenta Job: los días de sufrimiento le agarran con fuerza. Por su parte, la palabra עחז (cf. יֹאחֲזוּנִי) vincula en sí misma, como החזיק, los significados de *prehendere* y *prehensum tenere*.

30, 17. No podemos traducir, con Arnheim y con otros: la aflicción me taladra de noche, pues la palabra עני del verso anterior no está suficientemente en el centro como para ser el sujeto de lo que sigue. El texto puede traducirse mejor: *De noche ella es taladrada...* (targum, Rosenmüller, Hahn). Pero ¿por qué no ha de ser לילה el sujeto de manera que נקר esté en consecuencia en *piel*, no en *nifal*?

La noche ha aparecido ya antes personificada, cf. Job 3, 2, y, en general, como dijo una vez Herder, *Job es hermano de Ossian* (poeta clásico de Irlanda) por sus personificaciones: noche (la noche sin descanso, Job 7, 3), en la que toda enfermedad o, al menos, todo sentimiento penoso se agranda, y taladra sus huesos, es decir, descoyunta de un modo interior y completo las piernas del afligido (sinónimo de בדים, Job 18, 13).

La lepra arábica (*l-brṣ, el-baras*) termina consumiendo las extremidades, en la línea de la sífilis, como royendo brazos y piernas; de aquí viene el nombre árabe *juḏâm* de *jḏm*, truncara, mutilara: se alimenta de los huesos y destruye el cuerpo de tal manera que a veces unas extremidades enteras quedan desgajadas del mismo cuerpo. En Job 30, 17, Parchon, Kimchi y otros traducen ערקי según el targum, como ערקין (igual a גידים), en el sentido del árabe '*rûq*, que son las venas (cf. LXX νεῦρα). Pues bien, conforme a eso, Moshe Blumenfeld interpreta el texto así: mis venas están en constante movimiento. Pero ערקי ha de entenderse en el sentido de Job 30, 3, como *los que me roen* (Jerónimo: *qui me comedunt*, targum יתי דמעסן, *qui me conculcant, conterunt*).

Este sentido está mucho más de acuerdo con el predicado y con el paralelismo de los esticos del verso. En esa línea el texto puede hablar de las penas que corroen al hombre, que le separan de sí mismo, como si fueran bestias feroces; pero, si lo preferimos, el texto puede aludir a los gusanos (רמה, Job 7, 5) que se formaban en las úlceras de Job (cf. Aruch: ערקא ערקתא, gusanos que se forman en el hígado).

Este segundo sentido es el que ha dominado en la tradición extrabíblica de la enfermedad de Job, de tal forma que los peregrinos que van al monasterio de Job, incluso en nuestro tiempo, traen de allí como reliquias unas piedras que se supone que son los gusanos petrificados de la enfermedad de Job[40].

Job 30, 18-19. Estos versos estarían conectados con lo anterior de un modo natural y estrecho, en el caso de que לבושי pudiera traducirse como piel, y explicarse en este sentido: por la omnipotencia (divina, como en Job 23, 6, Ew. 270a) la cobertura de mi cuerpo (como dice incluso Raschi: משתנה גלד אחר גלד) ha cambiado, porque la piel o costra de mi cuerpo va cambiando, una tras otra.

Schultens piensa rectamente que לבוש, Job 30, 18, no significa la vestimenta exterior, sino aquella interior, que cubre el cuerpo, sobre la piel, cf. כֻּתָּנְתִּי, Job 30, 18, que es la ropa interior en el sentido estricto de la palabra. La extrañeza del texto aumenta por el hecho de que התחפש (cf. יִתְחַפֵּשׂ) significa disfrazarse uno a sí mismo, y por lo tanto volverse incognoscible, lo que nos lleva a la idea de que לבוש es un vestido que aparece como disfraz.

No se puede citar a favor de esta interpretación el hecho de que לבוש se aplica en Job 41, 5 a la piel hecha de escamas del cocodrilo, un animal que no tiene otro vestido que su piel. Teniendo eso en cuenta, con Ewald, Hirzel y Heiligstedt tomamos לבוש en sentido estricto: por la providencia (divina) mi vestido está distorsionado (de *qorma*: aparece como distinto de sí mismo; aparece como el cuello de mi camisa, tan cercano a mí).

No es necesario tomar כפי como una preposición compuesta, en el sentido de "conforme a" (cf. Zac 2, 4; Mal 2, 9), en la línea de כמו, como en Job 33, 6, dado que, según la naturaleza del objeto mencionado, פי כתנת es una designación de la apertura superior de la túnica o camisa, por la que uno puede vestirse,

---

40. En la larga historia de *Mugir ed-dn* sobre Jerusalem y Hebron (*kitâb el-ins el-gelîl*), en un apartado sobre Job, podemos leer: Dios le visitó en cuerpo, de tal forma que tuvo una enfermedad que devoraba sus piernas (*tegedhdhem*), y en sus heridas se producían *dawwad*, gusanos, cuando él habitaba en un montón de basura (*mezbele*), y a no ser por su mujer que le atendía, nadie se arriesgaba a venir cerca de él. En una hermosa balada curda, "sobre el vendedor de canastos" (*zembilfrosh*), que hemos oído entre los curdos de Salihje, se encuentran estas palabras: *Veki Gergis beshara beri Jusuf veki abdan keri Bikesr' Ejub kurman deri toh anin ser sultaneti to men chalaski 'j zahmeti*, "cuando ellos dividieron a Gergs con una sierra y vendieron a José como esclavo, cuando los gusanos se alimentaron del cuerpo de Job, entonces tú les guiaste por un camino seguro. De igual manera tú me librarás de mi necesidad" (nota de Wetzstein).

introduciendo por ella su cabeza, pues el vestido no tiene otra entrada que ese "agujero" para la cabeza y los orificios de los brazos (a diferencia de la camisa de los beduinos (*thôb,* que tiene mangas anchas y grandes).

Según eso, en Sal 133, 2, פי מדותיו no significa la parte final de abajo, sino la apertura para la cabeza, como en Ex 28, 32 o el cuello de la vestimenta del sumo sacerdote. Así traducen incluso los LXX ὥσπερ τὸ περιστόμιον τοῦ χιτῶνός μου, y Jerónimo: *velut capitio tunicae* meae (como la cabecera de mi túnica). Ciertamente, Schlottmann observa en contra de esta lectura de Job 30, 18, que ella resulta antinatural, conforme a los hechos, pues en un cuerpo devastado no es el vestido exterior el que toma la apariencia del vestido interior más estrecho, sino que es el vestido interior el que toma la apariencia del más ancho. Pero esta objeción no responde a los hechos.

Si el cuerpo queda devastado, como un esqueleto, pierden su sentido las hermosas apariencias de la túnica que se ensancha en torno a las piernas redondeadas y llenas de vida, de forma que ella cae en perpendicular, sin relieve, sobre el cuerpo devastado; de esa forma, la misma vestidura contribuye a la apariencia negativa de una persona que antes vestía de forma hermosa, y que ahora se vuelve irreconocible por su misma vestimenta.

יאזרני, *cingit me,* no está indicando meramente la devastación del vestido exterior que antes le ceñía conforme a los miembros del cuerpo, sino que su noble apariencia, antes llena y ennoblecida con formas hermosas del cuerpo, viene a presentarse como apariencia miserable del cuerpo enfermo, rodeado por esos vestidos. Según ello, esa túnica queda pegada al cuerpo, como un cuello de camisa, rodeando la figura marchita del cuerpo, como túnica interior pegada a los miembros deformes por la enfermedad. Sobre la devastación del cuerpo de Job, combinada con las formaciones hipertróficas de la elefantíasis, cf. comentario Job 7, 15 y especialmente a Job 19, 20.

El sujeto de 30, 19 es Dios, a quien Job describía ya como causa eficiente de su enfermedad: "Él me ha arrojado y puesto en esta situación, él me ha convertido en una especie de cuerpo de barro y yo me he convertido (con כ en vez de dativo, Ew. 221, a) en escoria y ceniza". Estas palabras han de entenderse también en un sentido patológico: la piel del enfermo de elefantíasis se vuelve al principio intensamente roja, y después toma un color oscuro, con escamas como las de los peces, de manera que toda la superficie del cuerpo aparece como una combinación de color rojo oscuro, como un trozo o montón de tierra.

Job 30, 20-23

20 אֲשַׁוַּע אֵלֶיךָ וְלֹא תַעֲנֵנִי עָמַדְתִּי וַתִּתְבֹּנֶן בִּי׃
21 תֵּהָפֵךְ לְאַכְזָר לִי בְּעֹצֶם יָדְךָ תִשְׂטְמֵנִי׃
22 תִּשָּׂאֵנִי אֶל־רוּחַ תַּרְכִּיבֵנִי וּתְמֹגְגֵנִי (תְּשֻׁוָּה) [תּוּשִׁיָּה]׃
23 כִּי־יָדַעְתִּי מָוֶת תְּשִׁיבֵנִי וּבֵית מוֹעֵד לְכָל־חָי׃

²⁰¡Clamo a ti por ayuda y no me escuchas! ¡Me pongo en pie, y me miras (sin atenderme)!

²¹Te has vuelto cruel conmigo; con el poder de tu mano haces guerra contra mí.

²²Me elevas sobre el viento de tormenta, me haces cabalgar en ellas y me destruyes.

²³Sé que me llevas de nuevo a la muerte, a la casa de reunión de todos los vivientes.

30, 20-21. Si grita por ayuda, su grito queda sin respuesta; si se mantiene en pie, mirando de un modo reverente a Dios (quizá עמד ha de completarse con מִשּׁוּע, en el sentido de resistirse, no hacer caso, como en Gen 29, 35; 30, 9), Dios le responde solo con una mirada fija y hostil, sin ningún gesto de ayuda (cf. Job 7, 20; 1, 9), observándolo fijamente.

התבנן (cf. וַתִּתְבֹּנֶן), mirar fijamente sobre alguien, se suele completar con אל על, עד, incluso con acusativo, como en este caso. Aquí se está evocando esa mirada fija de Dios (con בְּ, como en árabe *fi*). No se puede aplicar la negación (וְלֹא) de 30, 20 a ותתבנן (Jerónimo, Saadía, Umbreit, Welte y otros), tanto a causa de la *waw* consecutiva (Ew. 351a), como de la separación que se establece por el nuevo antecedente עמדתי.

Sobre la lectura de unos códices que ponen ותתכנן (te elevaste tú mismo en contra de mí), que Houbigant y Ewiger prefieren como lectura correcta, Rosenmüller ha determinado de forma acertada: *est potius pro mendo habenda* (esa lectura ha de tomarse más bien como una enmienda, no es originaria). En vez de responder consolando a Job en su oración, y en vez de mostrarse así dispuesto a ayudarle, el mismo Dios que antes era tan cariñoso con él, se vuelve su contrario (se opone a Job), mostrándose de esa manera como un ser cruel, *saevum* (אכזר, una palabra que aparece en el libro de Job, solo aquí y en 41, 2, donde significa "temerario, desafiante").

Dios aparece así en forma de enemigo, לְאוֹיֵב, como se puede deducir de un pasaje dependiente de Job (cf. Is 63, 10). Dios actúa así como alguien que hace guerra en contra de Job, haciéndole sentir la fuerza de su mano omnipotente (עצם יד como en Dt 8, 17, sinónimo de חזק).

30, 22. No es necesario prescindir de los acentos y traducir: me has elevado, me has hecho cabalgar en el viento (Ewald, Hirzel y otros). Ciertamente, el acento de רוּחַ no es un *dech* disyuntivo, sino un *tarcha* conjuntivo, aunque precedido por *munach*, que conforme a la norma de mi *Psalter* ii. 500, 5, en este caso, donde se vinculan dos conjuntos, tiene un valor conjuntivo menor.

Según eso: *elevas me in ventum*, me haces "cabalgar" sobre el viento (Dachselt). Aquí no se dice הרכיב con על, 1 Cron 13, 7, o con ל, Sal 66, 12, sino que esa palabra va con אל, cf. 2 Sam 6, 3. Según eso תִּשָּׂאֵנִי אֶל־רוּחַ no se debe traducir *tú me arrebataste en el viento o la tormenta* (Hahn, Schlottmann), sino más bien: *tú me elevaste sobre el viento o la tormenta*, como si fuera un animal sobre el que debiera cabalgar (Umbreit, Olshausen).

Conforme a la tradición oriental, Salomón cabalgó sobre el viento del este, y en árabe cuando alguien corre con rapidez se dice *racab al-genâhai er-rih*, es decir, que *cabalga sobre las alas del viento*. En el texto presente, el punto de comparación está en el hecho de que Job ha sido arrebatado de un modo repentino, de forma que se ha visto privado del gozo de una vida saludable y feliz; ha sido como arrastrado por una fuerte marea, llevado por un repentino oleaje, que le arranca en contra de su voluntad del lugar en que antes se hallaba (cf. Sal 102, 11: *Tú me has arrebatado y removido*).

En 30, 22b, Job describe y expresa la suerte que le amenaza con estas enigmáticas palabras: וּתְמֹגְגֵנִי תּוּשִׁיָּה. Así formula el *kere*, según el cual los LXX traducen (a no ser que hayan leído מִישׁוּעָה), καὶ ἀπέρριψάς με ἀπὸ σωτηρίας (en el sentido de "me has arrancado de la salvación). Los comentaristas modernos que piensan que es original el *kere*, tomando תְּמֹגְגֵנִי como ותמגג לי (según Ges. 121, 4), traducen: tú has hecho que el consejo y el entendimiento (Welte), la felicidad (Blumenfeld) u otras cosas semejantes, me abandonen.

El pensamiento es apropiado, pero la expresión es vacilante, equívoca. Jerónimo, que traduce *valide*, apunta en la buena dirección, mientras Buxtorf (*Lex*. col. 23-42 s.) cuando interpreta la enigmática traducción del targum *in fundamento* en el sentido de *funditus* o *in essentia* que es igual a *essentialiter*, ha expresado, sin quererlo, la idea base del *kere*. En esa línea, תשיה (cf. תּוּשִׁיָּה) ha de tomarse como una definición más precisa de lo anterior, como un acusativo adverbial: tú has hecho que mi existencia se desvanezca, *ita ut tota essentia pereat*, de forma que toda mi esencia perezca, *totaliter et omnino*.

Este fue quizá el pensamiento del poeta, en el sentido de *completamente, hasta el fondo, de raíz*, como en árabe *ḥaqqan*. Pero en contra de este *kere* está el hecho de que תושיה (del verbo ושי), como podría esperarse, se escribe siempre *plene*[41], de forma que la versión תשוה resulta violenta. La forma plena, desarrollada, de la palabra ofrece un sentido más consistente, que responde a la figura de fondo de 30, 22.

Gesenius, Umbreit y Carey leen sin razón תּשוּה, *terres me* (me aterras). Pero este verbo, que es desconocido en hebreo y caldeo se utiliza solo en *ithpeal*, אשתוי (que es igual al hebreo חרד). Por la misma razón, la propuesta de Bötticher, תּשוה (que él quiere que se traduzca: en desesperación) tampoco es válida. El mismo Stuhlmann ha percibido que תשוה es equivalente a תשואה y, con Ewald y Olshausen, piensa que debe leerse תּשֻׁוה (en contra de Pareau y Hirzel, quienes insisten en mantener תשוה sin *daggesh*). Esta forma, como תשואה, Job 36, 29, de שוא igual a שאה, de la que deriva por cambio de consonantes, está indicando el estallido

---

41. Quizá como en la edición *moderna*, WTT, de las Sociedades Bíblicas, que ponen: יָּה תּוּשׁ (nota del traductor).

del trueno, el retumbar o rugido de una tormenta, el fragor de una catarata o derrumbamiento (*procellae sive ruinae*).

El significado no puede ser que quien cabalga sobre el viento tormentoso se derrita y va desprendiendo como gotas de agua, en medio del estallido de la tormenta, cuando se despliegan los truenos precedidos por un viento impetuoso. El significado es más bien que el mismo que cabalga se disuelve o diluye en la tormenta, que aumenta su furia. תשוה por בתשוה, comp. Sal 107, 26 : sus almas de derretían o disolvían, con ברעה.

30, 23. Pero este viaje o vuelo que se impone sobre Job en el aire, se convierte en nada o casi nada, como él sigue diciendo en este verso: "Porque conozco que me llevarás de nuevo a la muerte" (מָוֶת, con acusativo de finalidad o *locative*, sin indicación alguna).

Si תְּשִׁיבֵנִי se toma en el sentido más natural de la palabra, la muerte queda aquí identificada con el polvo de la muerte (cf. Job 1, 21 con Gen 3, 19), o incluso con la no existencia, de la cual el hombre ha brotado para ser. Sin embargo, הֵשִׁיב puede tener también (dejando a un lado el matiz de retorno) el sentido de mutación de destino, es decir, el sentido de un cambio de condición. La afirmación de que שׁוּב incluye siempre un "de nuevo", en el sentido de algo que es inexorable (cf. Köhler sobre Zac 13, 7, pág. 239), resulta insostenible.

De todas formas, en el hebreo postbíblico es cierto que שׁוּב significa no solo retornar, sino volverse (convertirse en), como el árabe *'âd* en cuanto sinónimo de *ja'in*, devenir (como he puesto de relieve en *Anekdota der mittelalterlichen Scholastik unter Juden und Moslemen*, pág. 347). Con מות, el sentido de "condición de vida" se vincula con el de lugar tras la muerte: el Hades (en cuya noción se incluye el sepulcro) es el lugar donde se juntan sin haberlo querido todos los que viven en este mundo.

Job 30, 24-27

²⁴ אַךְ לֹא־בְעִי יִשְׁלַח־יָד אִם־בְּפִידוֹ לָהֶן שׁוּעַ׃
²⁵ אִם־לֹא בָכִיתִי לִקְשֵׁה־יוֹם עָגְמָה נַפְשִׁי לָאֶבְיוֹן׃
²⁶ כִּי טוֹב קִוִּיתִי וַיָּבֹא רָע וַאֲיַחֲלָה לְאוֹר וַיָּבֹא אֹפֶל׃
²⁷ מֵעַי רֻתְּחוּ וְלֹא־דָמּוּ קִדְּמֻנִי יְמֵי־עֹנִי׃

²⁴Pero ¿no extiende su mano el que cae? ¿No grita pidiendo ayuda en la ruina de ellos?

²⁵Y yo ¿no he llorado por quien sufre? ¿No se ha entristecido mi alma por el necesitado?

²⁶Pero cuando esperaba el bien vino el mal; cuando esperaba la luz, vino la oscuridad.

²⁷Mis entrañas se agitan (arden) sin reposo, me han sobrevenido días de aflicción.

30, 24. *Este es un verso de difícil traducción*. La mayoría de las versiones antiguas se dejan llevar por fantasías queriendo interpretar este pasaje, o encuentran fantasías en el mismo texto. La traducción del targum sigue las fantasías del *Midrash*, y se sitúa más allá de toda posible crítica científica. Los LXX leen בי en lugar de בעי y encuentran en este verso un tipo de añoranza por el suicidio, o por la muerte a manos de otros.

De un modo semejante, el siríaco lee también בי, aunque abandona este deseo absurdo del suicidio. Jerónimo quiere volver al pensamiento primitivo, y, sin embargo, moldea el texto bajo la influencia del *Midrash*. Por su parte, Aquila, Símaco, Teodoción se esfuerzan por lograr una traducción mejor que la de los LXX, pero a juzgar por los fragmentos conservados de la Hexapla, no han logrado hacerlo. Saadia y Gecatilia consiguen que el texto tenga sentido, pero lo hacen a expensas de la sintaxis, como si estuvieran arrastrando el texto, en contra del tenor de las palabras. En esa línea, los expositores antiguos no lograron ningún avance que sea aceptable. La mayoría suponen que el texto no dice לָהֶן (ruina de ellas), sino להם (ruina de ellos), de forma que la lectura en femenino habría entrado de manera forzada en los textos del *Midrash* y en algunos códices, en vez del original. Por su parte, Rosenmüller piensa que להן puede tener el sentido del árabe להון, siendo así equivalente a להם; pero Carey explica este tipo de *enálage*, o cambio de género como expresión de miedo al género femenino, como en 2 Sam 4, 6, donde se pone "ellas" (הנה) en vez de המה al referirse a dos asesinos a los que se les describe como cobardes (la cobardía se atribuye a las mujeres más que a los hombres).

Pero el hebreo להן es femenino, y el *enálage* de masculino en vez del femenino se da ciertas veces, pero nunca al revés (el paso del masculino al femenino). Por su parte, הנה, 2 Sam 4, 6, es un adverbio de lugar (cf. Thenius, *Comentario 2 Sam, in loc.*). En esa línea, por lo que se refiere a la palabra שׁוּעַ resulta absolutamente inadmisible repetir lo que hacen los comentaristas antiguos cuando combinan שׁוּעַ con ושע, o como hace Raschi, con שעשע, en el sentido de bienestar, gozo. Aquí sería más apropiado el sentido de "riqueza", de forma que, como pretende Aben-Ezra, שׁוּעַ sería el sustantivo de שׁוּעַ, cf. Job 34, 19; pero, como veremos en Job 36, 19 שׁוּעַ (como שׁוּעַ en Is 22, 5) significa un grito de tristeza, y en esa línea, en este texto (30, 24), tenemos que empezar destacando ese sentido, antes que ningún otro.

Por otra parte, se plantea la cuestión de si la palabra בעי no ha de referirse quizá al verbo בעה, lo mismo si es un sustantivo en la forma de מרי (así piensa Ralbag siguiendo al targum) como si es participio pasivo (como dice Saad., en la línea del árabe *gîr 'nnh lîs 'l-mbtgan*, "solo que esto no es deseado"). El verbo no aparece en ningún otro lugar en el libro de Job, pero está muy en la línea de su estilo, lleno de arameismos y muy cercano al árabe, de tal forma que podríamos decir que está escrito en estilo del lenguaje del Haurán[42].

---

42. El verbo árabe *bg'* se utiliza todavía mucho en Siria, y eso en dos formas: *bg' ybgy* y *bg' ybg'*. En Damasco se utiliza solo el futuro con "I", pero en Haurán y en la estepa yo solo he encontrado el futuro en "a". En esa línea, por ejemplo, el poeta hauranita Ksim el-Chinn dice: "Que el Dios

En esa línea, tomando בעי como una sola palabra (y no como unión de ב y de עי), Ralbag traduce "oración extendida" (no "ante la mano"), lo que significaría "no es capaz de hacer nada", no es capaz de hacer que la voluntad de Dios fracase. Pero este sentido solo se puede lograr violentando al texto. Y de esa forma lo violentan Renan, Böckel y Carey cuando, siguiendo a Rosenmüller y Renan, traducen: *Vaines prières!. Il tend sa main; quoi bon protester contre ses coups?* (vanas oraciones; el tiende su mano ¿Qué sentido tiene protestar contra sus golpes? ¿Qué sentido tiene que el hombre sufriente, como Job extienda la mano al caer? Como veremos, extender la mano significa quedarse, protestar, querer defenderse en la caída, como hace Job cuando protesta ante Dios y le acusa, por el hecho mismo de estar cayendo y querer defenderse[43].

En esa línea Hirzel traduce: "Estando solo sobre las ruinas (más correctamente 'sobre ruinas') uno no quiere extender su mano". Por su parte Ewald: "Solamente ¿no extiende uno su mano cuando es arrojado?". Pero la palabra "solamente" no tiene aquí sentido. Hahn piensa que las primeras palabras (אַךְ לֹא) pueden tomarse en el sentido de "no una vez", de manera que él traduce: "que uno no eleve ni por una vez su manos en su caída".

Pero tampoco esa traducción es adecuada, porque en esa caso se destruye toda relación con lo anterior. Y además אַךְ לֹא no significa *ne quidem*. La partícula

---

benévolo te llene de su favor, y te conceda todo lo que tu alma desea (*wa-l-nefsu ma tebghâ*); que él pueda cumplir tus deseos" (*tanûlu munâhû*). En este contexto ha de indicarse que el árabe *bal*, en futuro, se utiliza aquí con el significado de *adipisci*, cf. Fleischer sobre Job 15, 29 (nota de Wetzstein).

43. El tema es *por qué extiende la mano el afligido como Job, por qué protesta*. En el caso de que בעי derivara de בעה, esa frase podría traducirse de dos formas: (a) él, sin embargo, sin haber orado (*sine imploratione*), extiende la mano; (b) ¿podrá él, sin embargo, sin haber implorado/orado (*non imploratus*), extender sus manos? El pensamiento sigue siendo el mismo, ya se traduzca בעי de una forma o de la otra. De todas formas, בעה, en el sentido específico de *implorare, deprecari*, aparece ciertamente en el targum, pero es una palabra totalmente extraña al hebreo bíblico, tan rico en sinónimos. En el primer caso, la partícula לא en el sentido de בלא resulta dura; en el otro caso, בעי como participio pasivo resulta un arameísmo demasiado duro.

Debemos por tanto pensar si בעי (como palabra compuesta de עי con la preposición ב) podría darnos un sentido apropiado. Dado que שלח יד ב (cf. בְּעִי יְשַׁלַּח־יָד), por ejemplo en Job 28, 9 y en otros lugares, significa por lo común "poner la mano sobre algo, extender la mano a alguien", resulta natural tomar בעי como dependiente de ישלח ידו, de manera que, en esa línea, conseguiríamos una buena lectura del texto, traduciendo: "solo que él no extienda su mano (para seguir realizando su obra de destrucción) hacia un montón de basura (como lo que ahora yo soy)".

Pero por medio de esta traducción el texto formado por Job 30, 23a y Job 30, 24b sigue siendo un rompecabezas insoluble no solo en sí mismo, sino con respecto al curso posterior del pensamiento del libro, porque la interpretación de Schlottmann, que resulta enigmática en sí misma, no ofrece ninguna solución. El reproche en contra de los amigos, que según algunos está en el fondo de 30, 24, es contrario al carácter de este monólogo de Job, que ha sido rechazado por sus oponentes humanos. En este pasaje שוע no significa salvación. Pues bien, partiendo de ese principio, dado que puede entenderse en la línea de על־עי, el texto puede significar dos cosas: una caída o una superación (*bouleversement*) como un acontecimiento, de forma que ruinas o basura son su resultado.

originalmente afirmativa אך tiene en la mayor parte de los casos un significado restrictivo que, como hemos observado en Job 18, 21, incluye también un sentido afirmativo, pero como sucede con frecuencia con אכן, se utiliza en sentido adversativo, p. ej., en Job 16, 7, y en la combinación אך לא este significado adversativo coincide con el restrictivo, de modo que esta doble partícula significa en todos los restantes casos: *solamente no, sin embargo no* (cf. Gen 20, 12; 1 Rey 11, 39; 2 Rey 12, 14; 13, 6; 23, 9. 26[44].

Job sabe que está dirigiéndose de forma apresurada hacia la muerte. Él lo conoce, y se ha vuelto tan familiar con este pensamiento, que cuanto antes pueda llegar el fin de su vida mejor para él. En ese contexto, sin embargo, añade: *¿uno no extiende su mano cuando está cayendo?* Pues bien, esta reacción involuntaria (casi mecánica) como queriendo evitar la destrucción es el resultado inevitable del instinto de autoconservación del hombre.

No hace falta ninguna prueba más para afirmar que שלח יד puede tener el significado de "extiende la mano de alguien en busca de ayuda". El verbo ישלח se utiliza aquí con un sujeto general: "uno extiende la mano…", como en Job 17, 5; 21, 22. Con esta determinación de la idea de Job 20, 24a y 24b, el texto queda conectado de un modo natural con lo que precede. Pero no debe traducirse como hacen Ewald y Hirzel: "Si uno está en necesidad ¿no ha de escucharse un grito pidiendo ayuda?"

En contra de eso, la traducción que hemos propuesto es: *pero ¿no extenderá uno su mano al caer? ¿O no elevará un grito pidiendo ayuda en su ruina?* De esa forma define Job su situación. En medio de la caída que está sufriendo: ¿no extenderá su mano como para protegerse? ¿No pedirá ayuda? Eso significa que la partícula אם (cf. אִם־בְּפִידוֹ) no se toma en sentido hipotético, sino condicional, *en el caso de…* Así lo han visto Hahn y Loch-Reischl, tomando rectamente la partícula אם en el sentido que hemos indicado en la traducción: ¿no extenderá uno su mano al caer… o en su caída no dará un grito (pidiendo ayuda)? La conjetura de Döderlein, indicando que לחן significa "pidiendo ayuda" ha de citarse con respeto (y así la he tomado), pero no es totalmente necesaria.

La palabra להן significa de un modo neutral y natural *en (bajo) tales circunstancias* (compárese con בהם, Job 22, 21; Is 64, 5), o puede entenderse directamente como en Rut 1, 13 en el sentido de *propterea*, un significado que sigue teniendo no solo en caldeo, sino también en hebreo (aunque también puede significar *sed, nisi* (cf. Dan 2, 6. 9; 4, 24). Finalmente, פיד significa muerte y destrucción, como he señalado ya (y como hace el Talmud), a modo de sinónimo de איד, palabra que he comentado en Job 12, 5. En conclusión, en medio de la caída y riesgo de muerte

---

44. Sería más natural traducir, como hemos indicado antes: "solamente, puede ser que no…", pero lo impide el texto de Job 30, 24b. Si como suponen Hirzel, Ewald y Hahn לא, en Job 30, 24a, es equivalente a הלא, de manera que la sentencia ha de entenderse de un modo interrogativo, deberíamos traducir אך como ha hecho Jerónimo, en el sentido de *verumtamen*.

en el que se encuentra, Job extiende la mano, de un modo natural, protestando y pidiendo ayuda.

30, 25-27. El despliegue posterior del pensamiento sigue en la línea de nuestra traducción de 30, 24. La manifestación de los sentimientos de Job (lo que él mismo ha pensado y dice sobre sus tribulaciones) quiere suscitar una respuesta de simpatía en aquellos que le escuchan, como indicaban sus palabras de defensa de su conducta: ¿no me he entristecido por la causa de los necesitados?

De esa manera, la partícula inicial, לֹא, de Job 30, 25a sigue influyendo en los versos siguientes (cf.. Job 3, 10; 28, 17); la palabra עגם es ἅπ. γεγρ., pero tiene un sentido semejante al de otras palabras de la misma raíz, así Is 19, 10, con אגמה (tristeza), que aparece en *b. Moëd katan 14b*, y en esa línea en árabe *agima*, sentir disgusto. Según eso, la relación entre 30, 25 y 30, 24 actúa a modo de confirmación, pues Job 30, 26 y todo lo que sigue se refiere directamente a 30, 24. Job aparece así como un hombre que ha sentido simpatía por el sufrimiento de los otros; y de esa forma se atreve, desde su propia aflicción, a extender la mano para implorar la ayuda de los otros ante la amenaza de la ruina cercana que se le acerca, y así expresa su pena en forma de lamentación[45].

Job 30, 28-31

²⁸ קֹדֵר הִלַּכְתִּי בְּלֹא חַמָּה קַמְתִּי בַקָּהָל אֲשַׁוֵּעַ׃
²⁹ אָח הָיִיתִי לְתַנִּים וְרֵעַ לִבְנוֹת יַעֲנָה׃
³⁰ עוֹרִי שָׁחַר מֵעָלָי וְעַצְמִי־חָרָה מִנִּי־חֹרֶב׃
³¹ וַיְהִי לְאֵבֶל כִּנֹּרִי וְעֻגָבִי לְקוֹל בֹּכִים׃

²⁸A oscuras y sin sol he vagado; me he levantado en la congregación, y me lamento.
²⁹He venido a ser hermano de chacales y compañero de avestruces.
³⁰Mi piel ha ennegrecido (se me cae), mis se queman de sequedad.
³¹Mi arpa se ha cambiado por luto, y mi flauta por voz de lamentadores.

Varios comentaristas (Umbreit, Vaihnger, Heiligstedt) identifican la primera palabra (קֹדֵר) con la piel gris negruzca de la lepra, pero eso va en contra del uso del lenguaje que se aplica en circunstancias semejantes (Sal 35, 14; 38, 7; 42, 10; 43, 2, cf. supra, Job 5, 11), refiriéndose a la vestimenta negra y sucia de los

---

45. Cf. LXX, en la edición *Aldina*: ἐγὼ δὲ ἀπέχων ἀγαθοῖς, que Zwinglio rectamente corrige, poniendo ἐπέχων (Códices Vaticano, Alejandrino y Sinaítico). Job esperaba bienes, pero le han llegado males; esperaba luz, pero le ha llegado una intensa oscuridad. A causa del calor interior de su fiebre y su ansiedad, sus intestinos estaban ardiendo (רתח como en Job 41, 23, cf. Talmud רתחן, una persona con cabeza calurosa de fiebre) y no descansaba (no le abandonaba el ardor interior). La acentuación, aquí con *tarcha, mercha* y *athnach* es incorrecta. En contra del *athnach*, aquí se requiere *rebia mugrasch*. Días de aflicción cayeron sobre él (קדם como en Sal 18, 6), como si un poder hostil le cortara los caminos anteriores de prosperidad. Por eso él se queja, pidiendo ayuda.

plañideros, de aquellos que se lamentan (cf. árabe *qddr, conspurcare vestem*). Resulta inadmisible aplicar esa palabra a la piel negruzca *quasi sordida veste* (Welte), pues ese deterioro de la piel, del que Job se lamenta en 30, 30 no se podría repetir aquí de un modo tautológico[46].

El sentido del texto es claro: privado de todas sus posesiones, y finalmente también de hijos, Job anda vagando por la mañana (con הלך como en Job 24, 10; Sal 38, 7), e incluso el sol le ha revestido de color oscuro (eso es lo que קדר השמש significa también, Joel 2, 10 y en muchos otros casos). De esa manera, la luz celeste que había brillado en su mirada y en su conducta, Job 29, 3, se ha vuelto invisible. No podemos olvidar que Job está aquí pasando revista a toda la cadena de aflicciones que han caído sobre él, de forma que en Job 30, 28 no podemos pensar de un modo exclusivo ni dominante de la lepra, dado que la palabra הלכתי le presenta todavía como alguien que es capaz de moverse con cierta libertad.

En **Job 30, 28** la acentuación varía entre *dech, munach* y *silluk*, conforme a lo cual בקהל אשוע son palabras que están vinculadas, lo que está favorecido por el *dages*h en la *beth*, y *con tarcha, munach, silluk,* por lo cual (dado que *munach*, conforme a Psalter ii. 503, 2, es una transformación de *rebia mugrasch*) קמתי בקהל forman una unidad. El último modo de acentuación, conforme al cual בקהל ha de ponerse sin el *daggesh* (en contra de בקהל, cf. Norzi), es el único correcto (porque *dech* no puede ir en el último miembro de la sentencia, antes del *silluk*), y conforme a eso, la frase ha de traducirse: *me he levantado en la congregación, y me he lamentado.*

Job 30, 29. La asamblea a la que aquí se alude no ha de verse como un congreso del pueblo, ni como un tribunal (Ewald: "ante el tribunal buscando un juez, con lamentaciones"), sino como un grupo de gente sin más, porque el pensamiento de que Job andaba buscando ayuda en un tribunal humano, en contra del sufrimiento inmerecido que padece, no tiene sentido. Por otra parte, también es absurdo el pensamiento según el cual andaría pidiendo a gritos la ayuda de una asamblea del pueblo, para que pronuncie una decisión al respecto.

Según eso, la interpretación de Welte, que introduce en el texto un *quasi* del cual no existe ni rastro en el original ("yo me vi *casi* como uno que pide ayuda

---

46. La palabra קדר se aplica por tanto, en otros casos, al color negro (שק) del vestido de los que se lamentan, Job 16, 15, por lo que se excluye el sentido de בלא חמה como "sin color moreno de sol" (Ewald, Hirzel), que se venía aplicando desde Rashi (לא ששזפתני השמש). Ciertamente, uno puede afirmar que el color oscuro de la piel proviene del sol, pero eso no se puede aplicar al color oscuro del vestido de los plañideros (Hahn). Esa interpretación de קדר va también en contra de la lectura de בלא חמה en LXX, la Políglota Complutense (ἄνευ θυμοῦ), la traducción siríaca, Jerónimo (*sine furore*), que debería aplicarse al influjo del pigmento biliar, con su color amarillento, que en los climas tropicales no es solo amarillento, sino que se vuelve de color marrón oscuro. Hahn y algunos otros traducen בלא חמה correctamente, en el sentido de בחשך, "sin que el sol haya brillado sobre él". Cf en esa línea se sitúan los códices Sinaítico, Vaticano y Alejandrino, ἄνευ φιμοῦ, novedad que Zwinglio ha aplicado al referirse a la palabra κημοῦ en la Biblia de Aldine, pero que no tiene sentido.

ante el tribunal reunido...""), carece de sentido. Por eso, בקהל debe tomarse, en sentido natural como *publice*, es decir, delante de todo el mundo (Hirz.: cf. בקהל, ἐν φανερῷ, Pro 26, 26). Por otra parte אשוע inicia una frase circunstancial declarando la finalidad del hecho (Ew. 337, b; cf. De Sacy, *Gramm. Arabe* ii. 357), como sucede con frecuencia tras קום, Job 16, 8; Sal 88, 11; 102, 14: *surrexi in publico ut lamentarer*, o *lamentaturus*, o *lamentando*.

Por este lamento, que brota de la más intensa pena, que él no puede soportar, han sido muchos los que le rodean, de forma que se ha convertido en un hermano de los תנים, chacales (*canes aurei*), cuyo aullido doloroso produce miedo y estremecimiento en todos los que lo escuchan, habitando así en compañía de las בנות יענה, de las hijas de los avestruces, cuyo canto, en tono de aullidos, produce una intensa melancolía[47]. El punto de comparación no es la insensibilidad de los oyentes (Sforno), sino la compañía de los que se lamentan y gritan con él (con Job), con una idea que nos sitúa en un contexto de desierto, donde se escuchan sus gritos (vinculados a la visión del mismo desierto; cf. Miq 1, 8).

30, 30-31. No es la primera vez en la que Job alude a la lepra que ha desfigurado, especialmente su piel (עורי, masculino, como en 19, 26, donde la palabra está aparentemente en femenino), que se ha vuelto negruzca, que se ha pelado, dejando a la vista los huesos (עצמי, con femenino, como Job 19, 20; Sal 102, 6) que están consumidos, que arden (חרה, *milel*, de חרר, cf. Ez 24, 11) a causa del calor que todo lo quema. Entonces, el harpa de Job se vuelve melancólica, y su flauta (ועגבי con ג *raphatum*) entona el grito de los plañideros. La música alegre (cf. Job 21,12) se ha convertido en llanto taciturno, lleno de sollozos (cf. Lam 5, 15).

Así termina la segunda parte del monólogo. Ha sido algo más lenta, alargada y tediosa; es el último lamento triste de Job antes de la catástrofe. Ha sido un delicado toque de poeta el que ha hecho que este triste lamento termine así, de un modo melodioso. Uno escucha la vibración continuada de los tonos elegíacos. La música festiva y alegre ha terminado; al final solo quedan tonos de tristeza y lamento, *mesto, flebile*.

---

47. Se puede citar aquí un pasaje de Shaw, *Viajes en tierra bárbara*, que dice: "Cuando las avestruces corren y luchan, hacen a menudo un tipo de ruido salvaje, odioso, penetrante, con sus gargantas extendidas y sus picos abiertos. En otras ocasiones, si se encuentran con una ligera oposición, tienen un tipo de voz que se parece al cacareo de las aves domésticas, y da la impresión de que se alegran y ríen del terror de los adversarios. Sin embargo, durante la soledad de la noche, como si su voz fuera totalmente distinta, producen un tipo de gemido que a veces se parece al rugido del león y otras al relincho o mugido del toro o caballo. Yo les he oído gruñir como si estuvieran padeciendo la mayor de las agonías. En el libro del general Dumas sobre *Los caballos del Sahara* (=avestruces), he leído que, cuando las matan, especialmente cuando están rodeadas de sus polluelos, el avestruz macho (*delîm*) produce una especie de canto dolorido, mientras que la hembra (*remda*) no produce sonido alguno. Por otra parte, cuando el avestruz cava su nido, uno escucha a lo largo del día un tono largo y doloroso, y también se escucha su grito cuando pone sus huevos, en torno a las tres del mediodía."

Job 31. Tercera parte
Esquema: 8.9.8.6.6.10.10.4.4.5.7.6

Job 31, 1-4

¹ בְּרִית כָּרַתִּי לְעֵינָי וּמָה אֶתְבּוֹנֵן עַל־בְּתוּלָה׃
² וּמֶה׀ חֵלֶק אֱלוֹהַּ מִמָּעַל וְנַחֲלַת שַׁדַּי מִמְּרֹמִים׃
³ הֲלֹא־אֵיד לְעַוָּל וְנֵכֶר לְפֹעֲלֵי אָוֶן׃
⁴ הֲלֹא־הוּא יִרְאֶה דְרָכָי וְכָל־צְעָדַי יִסְפּוֹר׃

¹Hice pacto con mis ojos ¿cómo había de mirar (=desear) a una doncella?
²Porque ¿qué don me daría Eloah de arriba? ¿Qué heredad Shadai desde la altura?
³Pues ¿no hay desgracia para el malvado, y castigo para los inicuos?
⁴¿Acaso él no ve mis caminos y cuenta todos mis pasos?

31, 1. Después que Job ha descrito y lamentado el duro contraste entre los días antiguos y el tiempo actual, añade que su aflicción presente no puede ser objeto de un castigo decretado por Dios, de forma que el súbito final de su prosperidad, que se ha convertido en una gran aflicción, se vuelve para él un objeto del más penoso misterio.

Job no es un israelita, no tiene la ayuda de la revelación del Sinaí; su religión es la antigua observancia patriarcal, que incluso en los días actuales se llama *dîn Ibrâhîm* (la religión Abraham), o *dîn el-bedu* (la religión de la estepa), que sigue siendo la religión de aquellos árabes que no son musulmanes, o que han sido muy poco penetrada por el islamismo, una religión que se conoce con el nombre de *Mejânîshî el-hanîfije* y se toma como religión patriarcal ortodoxa[48]. Hasta el día de hoy esa religión no depende de los mandamientos musulmanes de Mahoma; de un modo semejante, la religión de Job tampoco dependía de los mandamientos específicamente israelitas. Por el contrario, la confesión de Job, tal como él la despliega en este tercer monólogo, coincide de un modo notable con los diez mandamientos de la piedad (*el-felâh*) que es propia del *dîn*

---

48. Incluso en el distrito de Merg, al este de Damasco, una región poblada por una raza antigua, no mezclada con otras, porque las fiebres del lugar son mortales para los extranjeros, a pesar de la penetración del islam, se han conservado restos del *dîn Ibrâhîm*. Allí, el *mulaqqin* (Recitador), que proclama el credo ante la tumba, como un adiós para el difunto, añade estas palabras: "el musulmán es mi hermano, la musulmana es mi hermana. Abraham es mi padre *(abî)*, su religión *(dınuh)* es la mía, y su confesión *(medhebuh)* es la mía".

Es indudable que las palabras *muslim* (uno que se somete a Dios) e *islm* (sumisión a Dios) han pertenecido originalmente a la *dîn Ibrâhîm*. Es notable también que el saludo musulmán *selam* aparece solo como un signo de paz entre las tribus nómadas; por su parte, cuando el huésped se despide de aquel que le ha recibido proclama estas palabras: *dâimâ besa el-Chalîl lâ maqtû' wala memnû'*, i.e., "que tú puedas compartir siempre la mesa del (*Chalîl*) Abraham, y tengas muchas provisiones y huéspedes" (nota de Wetzstein).

Ibrâhîm, aunque se diferencia de ella porque no pone de relieve la importancia de la sumisión a las dispensaciones de Dios, una piedad preisraelita y preislámica que, como enseña todo este poema didáctico, forma el deber de un hombre totalmente piadoso.

Ese *dın Ibrahım* defiende también la valentía en defensa de la santa propiedadde los derechos de las personas, que entre las tribus nómadas se toma como un elemento esencial *del hebbet er-rîh* (esto es, de la inspiración del ser divino), con la piedad activa, a la que se vincula la noción vinculante del honor, que será acuñada después por la caballería occidental de la Edad Media.

Job comienza con el deber de la castidad. De un modo que responde al prólogo del libro, que el drama posterior nunca niega, Job vive como un monógamo, como en la actualidad defienden los árabes ortodoxos que no han aceptado totalmente el islamismo. La confesión de Job comienza así con la afirmación de que él se ha mantenido fiel al matrimonio (aunque por el prólogo sabemos que ese matrimonio no fue para él muy feliz), de forma que evitó no solo todo tipo de actos de adulterio, sino también los deseos adúlteros.

Aquí, en el centro del Antiguo Testamento, sin la oscuridad de la ley o νόμος de tipo mosaico, encontramos la radicalidad y hondura de la doctrina de Jesús en el Sermón de la Montaña (Mt 5, 27), oponiéndose al sentido literal del séptimo mandamiento.

El texto dice לְעֵינָי y no עִם־עֵינִי, de un modo muy claro. La frase בְּרִית כָּרַתִּי suele ir con את en los casos en los que el pacto sea entre iguales. Por el contrario, la fórmula כרת ברית ל se aplica en los casos en los que el superior (Yahvé, un rey o un conquistador) se vincula con otras personas bajo ciertas condiciones prescritas, o cuando el pacto no se hace para provecho de ambas partes, sino que es una parte la que toma la iniciativa y la que se aprovecha del pacto. En ese contexto se pone aquí de relieve el hecho de que el pacto es en realidad una promesa ofrecida por una sola parte (p. ej., Is 55, 3), o incluso una ley impuesta por aquel que tiene autoridad para ello, con כרת ברית. Ese es el significado que aparece en nuestro texto: "Siendo señor de mis sentidos, yo prescribo esta ley a mis ojos" (Ewald).

Como dice un proverbio talmúdico, los ojos son los que promueven el pecado (סרסורי דחטאה נינהו). "Cerrad sus ojos, para que él no se complazca en el pecado", así aparece en Is 33, 15 el tema y problema de un hombre que no puede tener bajo control las constantes quemaduras de su deseo (y que por eso tiene que cerrar sus ojos). La exclamación de Job 31, 1b (¿cómo podría yo...?) expresa una indignación muy consciente: esta exclamación puede compararse con la José en Gen 39, 9. Schultens lo expresa correctamente: *est indignatio repellens vehementissime et negans tale quicquam committi par esse* (esta es la indignación de aquel que rechaza y niega con fuerza que él pueda cometer algo semejante). La transición de מה, árabe *mâ*, a la negación estricta, que aparecerá en árabe posterior está aquí en un estado incipiente, cf. Ewald 325, b.

Job 31, 5-8

Las palabras אֶתְבּוֹנֵן עַל quieren expresar una mirada fija y de deseo (cf. אֶל, Rey 3, 21) sobre un objeto o persona, una mirada vinculada con una imaginación lasciva (cf. Sir 9, 5, παρθένον μὴ καταμάνθανε, y 9, 8, ἀπόστρεψον ὀφθαλμὸν ἀπὸ γυναικὸς εὐμόρφου καὶ μὴ καταμάνθανε κάλλος ἀλλότριον). Este es un tipo de mirada, de βλέπειν, que desemboca en el mirar deseando, con el ἐπιθυμῆσαι αὐτήν de Mt 5, 28.

31, 2. Solo en este contexto se supone la existencia de un adulterio real, no solo mental (sin relación con la otra parte). El objeto del que se trata no es una muchacha cualquiera, sino una בתולה, en el sentido de virgen, porque una virgen debe ser siempre reverenciada, como persona sagrada; y así afirma Job que él ha guardado el valor de la virginidad de las doncellas de toda profanación, de toda mirada lasciva, manteniendo siempre una estricta vigilancia en sus ojos. La *waw* de ומה es copulativa, lo mismo que en Job 31, 14: ¿si lo hubiera hecho qué castigo hubiera merecido?

Esta pregunta de Job 31, 2 se propone así con el fin de que pueda ser respondida en **Job 31, 3,** nuevamente en forma de interrogación. Teniendo en cuenta el justo castigo que amenaza al que injuria a una mujer inocente, Job evita todo tipo de mirada lujuriosa. Sobre חלק y נחלה que se emplea sobre el castigo que ha de recaer en los culpables, cf. Job 20, 29; Job 27, 13. Sobre נכר, que alterna con איד (destino de sufrimiento, desgracia), cf. Abd 1, 12, donde aparece נכר, como en árabe *nukr,* en el sentido de *id quod patienti paradoxum, insuetum, intolerabile videtur, omne ingratum* (aquello que al paciente le parece paradójico, desacostumbrado, intolerable, siempre ingrato: Reiske).

Según eso, sabiendo la aflicción que ha de recaer sobre aquel que no es casto y, como añade en **31, 4,** conociendo la omnisciencia del juez divino, Job mantiene el dominio sobre el pecado, incluso en sus primeros pasos y movimientos. La partícula הוא, que pone de relieve la importancia del sujeto, insiste en la exigencia del Dios que castiga al injusto. Teniendo en cuenta al Dios que observa sus pasos por todas partes y los cuenta minuciosamente (יספור, plenamente, como en Job 39, 2; Job 18, 15), Job se ha mantenido alejado del pecado, de manera que él puede apelar a Dios como su testigo.

Job 31, 5-8

⁵ אִם־הָלַ֥כְתִּי עִם־שָׁ֑וְא וַתַּ֖חַשׁ עַל־מִרְמָ֣ה רַגְלִֽי׃
⁶ יִשְׁקְלֵ֥נִי בְמֹאזְנֵי־צֶ֑דֶק וְיֵדַ֥ע אֱ֝ל֗וֹהַּ תֻּמָּתִֽי׃
⁷ אִ֥ם תִּטֶּ֣ה אַשֻּׁרִי֮ מִנִּ֪י הַ֫דָּ֥רֶךְ וְאַחַ֣ר עֵ֭ינַי הָלַ֣ךְ לִבִּ֑י וּ֝בְכַפַּ֗י דָּ֣בַק מְאֽוּם׃
⁸ אֶ֭זְרְעָה וְאַחֵ֣ר יֹאכֵ֑ל וְֽצֶאֱצָאַ֥י יְשֹׁרָֽשׁוּ׃

⁵¿Es que yo anduve en la mentira, o corrieron mis pies al engaño?
⁶¡Que me pese en la balanza de justicia y que Eloah conozca mi integridad!
⁷Si mis pasos se apartaron del camino, si mi corazón se fue tras mis ojos, si alguna cosa se pegó a mis manos.
⁸¡Siembre yo y otro coma! ¡Sea arrancada mi siembra!

31, 5. Hemos traducido שָׁוְא como falsedad (sobre la forma, cf. comentario a Job 15, 31, y sobre la idea de fondo a Job 11, 11), insistiendo en la palabra *desolación y vacío*, como aquello que se encuentra tras un máscara que oculta su verdadero rostro, indicando así la contradicción que existe entre lo de fuera y lo de dentro, en el sentido de mentira o engaño, en paralelo a מִרְמָה, que significa engaño, ilusión, imposición.

La frase הלך עם־שוא (cf. הָלַכְתִּי עִם־שָׁוְא ¿es que anduve en la mentira?) está fundada en la personificación del engaño o del mal pensamiento, como en la conexión מתי־שוא (Job 11, 11). La forma וַתַּחַשׁ no puede derivarse de חוּשׁ, pues en ese caso debería escribirse con *kametz* en vez de con *pathach*, como ויסר en Jc 4, 18 y en otros casos, y también como וישׁר (*serravit*) 1 Cron 20, 3, ויעט (*increpavit*) 1 Sam 25, 14.

Muchos gramáticos (Gesenius 72, 9; Olshausen 257, g) explican el *pathach* en vez del *kametz* como si brotara de una reduplicación del gutural (con *dagesh forte implicitum*); pero aquí no existe ningún fundamento para esa suposición. Ewald (232, b) explica el caso como "una acentuación del tono hacia el comienzo de la palabra". Nosotros nos contentamos aquí con decir que ותחש se forma a partir de חשה con un sentido semejante al de חוּשׁ, como sucede también en ויעט, 1 Sam 15, 19, cf. 1 Sam 14, 32, que viene de עטה con un significado semejante al de עיט.

El antecedente hipotético de Job 31, 5 está seguido por la conclusión de **31, 6:** si Job hubiera hecho aquello que Dios no perdona... Pero él no lo ha hecho; y si Dios le somete a un juicio imparcial tendrá que reconocer su תמה, *integritas*, su pureza de carácter. La balanza de la justicia es la balanza del juicio final, que los árabes llaman *Mîzân 'l-a'mâl*, la balanza de las acciones (obras)[49].

Job 31, 7 comienza también hipotéticamente: si mis pasos (אשורי de אשור, que se utiliza alternativamente con אשור sin distinción, en contra de Ewald 260, b) se desvían (תטה, predicado para el plural que sigue, designando una cosa, conforme a Gesenius 146, 3) del camino (i.e., del camino recto), y mi corazón se ha ido tras mis ojos, i.e., siguiendo la inclinación desviada de mis ojos, para engañar a otros (para apoderarse de su propiedad), *y si una mancha* (מאום, mácula, como en Dan 1, 4, en el mismo sentido que מום, Job 11, 15; conforme a Ewald es equivalente a מחום, es decir, aquello que mancha, y conforme a Olshausen, en el sentido de מאומה...לא...) *se ha pegado a mis manos...*: que yo siembre y que otro coma lo sembrado, que mi siembra sea arrancada.

En otros casos, el poeta pone צאצאים en el sentido de semilla de futuro humano, es decir, de posteridad que ha de venir, cf. Job 5, 25; Job 21, 8; Job 27, Aquí, sin embargo, lo mismo que en Isaías, con el que Job tiene en común esta palabras (cf. Job 34, 2; Job 42, 5), no está evocando el futuro de los hombres, sino

---

49. El manual de ética de Ghazzâli se titula en el original *Mizan el-a'mal* y en la traducción de Bar-Chisdai מאזני צדק; cf. Gosche, en su libro sobre la vida y obra de Ghazzâli, en la colección de *Berliner Akademie d. Wissenschaften*, 1858.

de las plantas, y en esa línea habla de su semilla. Tomada así, la afirmación de **Job 31, 8,** en la línea de Jn 4, 37, es un λόγος, es decir, un *proverbio*. En la medida en que él, Job, hubiera podido actuar así, de un modo perverso, invoca sobre sí mismo la maldición de Dt 38, 20 ss.: que lo que él siembre lo recojan y lo coman otros; y en el caso de que su cosecha no caiga en manos de extraños, Job pide que ella quede destruida, que se pudra.

Job 31, 9-12

⁹ אִם־נִפְתָּה לִבִּי עַל־אִשָּׁה וְעַל־פֶּתַח רֵעִי אָרָבְתִּי׃
¹⁰ תִּטְחַן לְאַחֵר אִשְׁתִּי וְעָלֶיהָ יִכְרְעוּן אֲחֵרִין׃
¹¹ כִּי־(הוּא) [הִיא] זִמָּה (וְהִיא) [וְהוּא] עָוֹן פְּלִילִים׃
¹² כִּי אֵשׁ הִיא עַד־אֲבַדּוֹן תֹּאכֵל וּבְכָל־תְּבוּאָתִי תְשָׁרֵשׁ׃

⁹Si se engañó mi corazón por alguna mujer, si aceché a la puerta de mi prójimo,
¹⁰¡muela para otro mi mujer y que sobre ella otros se encorven!
¹¹Porque eso es infamia, un crimen que ha de ser llevado ante los jueces,
¹²porque es fuego que ha de consumir Abadón y destruir toda mi hacienda.

31, 9. Job se ha mantenido firme en su fidelidad, y no ha pervertido a ninguna mujer inocente empezando con miradas lascivas, y en esa misma línea no se ha dejado llevar por ninguna inclinación sexual dirigida a destruir la fidelidad matrimonial de sus vecinos o prójimos (con רע, cf. רֵעִי, como en el Decálogo, Ex 20, 17): su corazón no se ha dejado persuadir o desviar (נפתה como πείθεσθαι), i.e., engañar, en relación con ninguna mujer (אשה en el sentido de אשת איש, tal como aparece en lenguaje postbíblico: la mujer de otros). En esa línea, él no se sitúa esperando junto a la puerta del prójimo, a la manera del amante adúltero de Job 24, 15.

Como ha destacado Wetzstein, podemos comparar este pasaje con un poema árabe de Muhdi ibn-Muhammel: *mâ nabb klb 'l-jâr mnâ wlâ 'awâ*, i.e., "el perro del vecino nunca ladró por mi causa..." (נב, en lenguaje beduino, equivalente a נבח que se emplea en ciudades y poblaciones sedentarias de Siria). El perro del vecino no ha podido ladrar porque no hemos ido nunca con malas intenciones de noche a la tienda del prójimo, ni ha podido aullar (por haber sido golpeado por nosotros, para que cesara de ladrar y así no nos traicionara).

En **Job 31, 10-11** sigue el castigo que Job pide que recaiga sobre él en el caso de que haya actuado de forma pervertida: "Que mi mujer muela para otro" (es decir, que ella se vuelva sierva o esclava teniendo que trabajar en el molino de otro, cf. Ex 11, 5, comparar con Is 47, 2: es decir, que ella pueda ser utilizada por otros para cualquier tipo de trabajo).

Ἀλετρίς es una mujer de baja condición social, con el sentido de sierva (cf. Plutarco, *non posse suaviter vivi*, en *Viv.* c. 21, καὶ παχυσκελὴς ἀλετρὶς πρὸς μύλην κινουμένη). Por otra parte, muy diversos textos, como el targum (*coeat cum alio*), LXX (de un modo eufemístico: ἀρέσαι ἑτέρῳ, no como traduce la Hexapla Siria, con ἀλέσαι) y Jerónimo (*scortum sit alterius*) y de igual manera Saadía, Gecatilia, interpretan תטחן de un modo directo como un "servicio sexual" (en línea de prostitución).

En esa línea, véase la opinión tradicional, expresada en *b. Sota 10a*: אין טחינה אלא לשון עבירה. La palabra טחן se interpreta en la Escritura en todos los lugares como un "servicio" vinculado al pecado carnal. Por otra parte, en referencia a Jc 16, 21 y Lam 5, 13 (donde טחון, como el árabe *ṭaḥûn*, significa la piedra superior del molino o, en general, todo el molino), esta escena, mirada desde Dt 28, 30, está a favor de una interpretación obscena de la palabra μύλλειν, molino, en este pasaje, entendido también desde el sinónimo árabe de moler, *dahaka (trudere)*.

Lógicamente, el texto puede y debe interpretarse en el sentido de "que ella, la mujer, sirva para que otro muela en o por ella, es decir, para que ella sea como la piedra inferior de un molino, al servicio de la piedra superior, que aparece así como signo del varón "violador".

El verbo טחן, que se aplica en general en otros casos (como en el Talmud) al hombre en cuanto tal, se puede aplicar aquí a la mujer, como si fuera ella misma la que muele. Esta interpretación puede y debe sostenerse, aunque el verbo aquí sea תטחן y no תִּטָּחֵן, cosa que no es impropia del poeta, que pone en boca de Job las expresiones más fuertes y plásticas. Entre los modernos son muchos los que aplican de esa forma esta palabra, como hacen Ewald, Umbreit, Hahn y algunos más. Muchos prefieren entender esa palabra en sentido directo traduciendo Job 31, 9 en el sentido de *fiat pellex*, hágase (se convertida en prostituta).

En esa línea, el texto puede interpretarse diciendo *et super ea incurvent se alii* (la tomen como prostituta), con כרע aplicado al hombre, o aplicado también a la mujer, como en la frase árabe *kr't 'l-mrât 'lâ 'l-rjl* (*curvat se mulier ad virum*: la mujer se "curva" se deja poseer por el varón), indicando así que ella acepta su condición de concubina-prostituta, dejándose poseer por el varón, con אחרין como arameísmo poético, Ewald 177, a.

El pecado de adulterio, en el caso de que Job lo hubiera cometido, debería ser castigado por el hecho de que otro hubiera tomado posesión de su propia mujer, porque esto, el adulterio (הוא en masculino neutro, *kere* היא de acuerdo con el femenino del predicado siguiente, cf. Lev 18, 17) es un acto infame, siendo también (היא referido nuevamente a זמה, *kere* הוא de acuerdo con el masculino del predicado siguiente) un crimen que ha de ser juzgado por los jueces.

Sobre esta alternancia entre הוא y היא cf. Gesenius, *Handwrterbuch*, 1863, entrada הוא, pág. 225. Por su parte, זמה es la palabra normal que utiliza la Torá para referirse al dominio sutil y desvergonzado de los deseos sexuales (cf. Saalschütz, *Mosaisches Recht*, pág. 791 s.), y por su parte עון פלילים (que equivale a la correspondencia judicial entre delito y castigo, *crimen et crimen quidem judicum*, Gesenius 116), significa un crimen que cae bajo la jurisdicción del código penal.

En esa línea, עון פלילי evoca de forma menos dura un crimen que cae bajo juicio, es decir una ofensa judicial. Por su parte, פלילים no es el plural de פלילי (Kimchi), sino de פליל, un árbitro o intermediario, de la raíz פל, arbitrar, dirimir.

La cláusula confirmativa, **Job 31, 12** está en coordinación con la anterior: porque esto (esa acción criminal de adulterio) es un fuego que consume al que permite que se alce y triunfe dentro de él este deseo criminal (Prov 6, 27; Sir. 9, 8), que lo devora todo, hasta el fondo del abismo, es decir, de *Abadón*, un deseo que le arrastra hasta la ruina más honda, como si se identificara con él, destruyendo al mismo tiempo todas sus obras, todo lo que él ha podido producir[50].

Resulta cuestionable la función de la *beth*, ב, en וּבְכָל־תְּבוּאָתִי. Ewiger 217 la explica en sentido local: en toda mi hacienda, es decir, a través de todos mis dominios. Pero puede ser también una *beth objecti*, tanto si el objeto se concibe como medio de acción (cf. en Job 16, 4-5; 16, 10; 20, 20), como si corresponde al genitivo griego; pero no expresa una coincidencia total, sino que se refiere a una acción relacionada con el objeto (Ewald 217, S. 557).

En esa línea, pensamos que se trata de una *beth de objeto,* en el sentido de la "b" pleonástica árabe, (p. ej., *qaraa bi-suwari*: él ha realizado el *acto de leer,* insistiendo en que se trata de una sura del Corán, cosa ya presupuesta en el acto de leer). Aquí se está refiriendo por tanto al acto de consumir, es decir, a la destrucción de todas las propiedades de aquel que ha cometido el adulterio[51].

Job 31, 13-15

אִם־אֶמְאַס מִשְׁפַּט עַבְדִּי וַאֲמָתִי בְּרִבָם עִמָּדִי: [13]
וּמָה אֶעֱשֶׂה כִּי־יָקוּם אֵל וְכִי־יִפְקֹד מָה אֲשִׁיבֶנּוּ: [14]
הֲלֹא־בַבֶּטֶן עֹשֵׂנִי עָשָׂהוּ וַיְכֻנֶנּוּ בָּרֶחֶם אֶחָד: [15]

[13]Si hubiera negado el derecho de mi siervo y sierva cuando pleiteaban conmigo,
[14]¿qué haría cuando Dios se eleve? ¿Qué respondería cuando me pregunte?
[15]¿No le hizo a él quién me hizo en el vientre? Uno nos formó en el seno.

---

50. De forma característica, la destrucción se expresa con la figura del fuego que quema, y de esa forma se utiliza hasta el día de hoy como una forma constante de pensamiento, aplicado a todo tipo de maldiciones e imprecaciones, sin distinguir entre los diversos tipos de objetos que han de ser destruidos. Así, por ejemplo, se puede decir *juhrik* (que Dios destruya) o *juhrak* (que sea quemado-destruído) *bilâduh,* su país natal, *bedenuh,* su cuerpo, *'énuh,* su ojo, *shawaribuh,* su barba (esto es, su honor), *nefesuh,* su aliento, *'omruh,* su vida, etc. (nota de Wetzstein)

51. Sobre esta *beth obj.* de tipo pleonástico (*el-Bâ el-mezîde*) cf. Samachschari, *Mufassal,* ed. Broch, pp. 125, 132 (según el cual ella sirve para "dar intensidad" a la expresión), con las observaciones de Beidhwi sobre la sura. ii. 191. El ejemplo más utilizado de esta expresión es *alqa bi-jedeihi ila et-tahlike,* él ha hundido sus manos, es decir, se ha hundido a sí mismo en la ruina. Resulta semejante la *bâ el-megâz* (la *beth obj.* de tipo metafórico); ella se emplea cuando el verbo no se utiliza con el significado más normal, sino con otro de tipo metafórico, como por ejemplo en *ashada bidhikrihi:* él ha intensificado su memoria, cf. De Sacy, *Chrestomathie Arabe*, i. 397.)

Monólogo de Job

Como implica **Job 31, 13** se puede pensar que este siervo o sierva (אמה, árabe *amatun*, es una sierva que no es necesariamente esclava; lo mismo sucede con *'abde*, cf. עַבְדִּי, como en Job 19, 15; la palabra שפחה no aparece en Job) discuten con Job, y que han sido ellos mismos los que han comenzado la disputa (de esa forma ha precisado el texto el Talmud, no con בריבי עמם, sino con בריבם עמדי). A pesar de ello, Job no les ha tratado como déspota, pues ellos no son para él una "cosa" (res), sino personas, y por eso han conservado frente a Job sus derechos personales.

En este contexto, Christopher Scultetus observa: *Gentiles quidem non concedebant jus servo contra dominum, cui etiam vitae necisque potestas in ipsum erat; sed Iob amore justitiae libere se demisit, ut vel per alios judices aut arbitros litem talem curaret decidi vel sibi ipsi sit moderatus, ut juste pronunciaret* (los gentiles no concedían al siervo ningún derecho frente al señor, que tenía el poder sobre la vida y muerte de esos siervos; pero Job renunció libremente a ese derecho por amor a la justicia, dejando en manos de otros jueces o árbitros la decisión de la sentencia, o haciéndolo él mismo, para tomar una decisión que fuera justa).

31, 14. Si hubiera rechazado o negado (מאסתי no אמאס) la causa de sus siervos ¿cómo podría elevarse ante Dios y pedirle justicia? ¿Cómo podría responder a Dios, si Dios le examinara (así lo muestra Hahn correctamente pues פקד es aquí sinónimo de בחן de Sal 17, 3 y de חקר de Sal 44, 22, árabe *fqd*, Corán, V, VIII, *accurate inspi*cere) y él no hubiera sido justo con su prójimo?

31, 15. Tanto Job como su siervo tienen un mismo origen, ambos han sido formados por el mismo creador (Dios) y proceden de un mismo nacimiento humano, de manera que ambos (amo y siervo) son sustancialmente hermanos, con iguales derechos. "Aquel que me hizo nacer del vientre de mi madre ¿no hizo nacer de igual manera a mi siervo o a mi sierva? ¿No hemos surgido todos de un mismo vientre de madre? ¿No nos ha formado el mismo Uno en el vientre de la madre?

Este אֶחָד, es decir Dios, es el sujeto, como en Mal 2, 10, donde se habla de Dios (Padre) que es Uno: אחד (אב) אל (cf. tema base en Ef 6, 9). Así traducen también el targum, Jeremías, Saadia y Gecastilia. Por el contrario, los LXX (ἐν τῇ αὐτῇ κοιλίᾳ), traducción siríaca, Símaco (como indica su texto: ἐν ὁμοίῳ τρόπῳ) piensan que אחד es el adjetivo de ברחם, y así lo muestran también los acentos (*rebia mugrasch, mercha, silluk*). En esa línea, algunos han observado (cf. Norzi) que para que Dios Uno fuera el sujeto debería poner האחד con artículo (no simplemente אֶחָד); pero eso no es absolutamente necesario, como muestra Gesenius 111, 2, b.

En este contexto la palabra אחד sin artículo ofrece un buen sentido al aplicarse a Dios como origen, como en חלום אחד, que no implica identidad de número, sino de carácter. Pues bien, la palabra Uno (אֶחָד) es la más significativa, y recibe todo su sentido cuando se refiere a Dios.

La forma וַיְכֻנֶנּוּ ha de entenderse como en Is 54, 6; ambas son transitivas, como שׁוּב, Sal 85, 5, y como en la frase muy repetida שׁוב (שׁבות) con el verbo en *kal* (cf. p. ej., Parchon y Kimchi). Otros piensan que son formas sincopadas de ויכננּוּ,ותמגגנוּ, por combinación de letras, como en ויכננּוּ (Ewald 81, a, y en otros muchos casos); pero esta combinación no aparece en otros casos en los que se podría esperar (p. ej., Sal 50, 23; Prov 1, 28). Por esas y otras razones preferimos tomar estas formas como *kal*, y no como error de escritura, como piensa Olshausen, sino por su propio sentido. El sufijo de יְכֻנֶנּוּ ha sido bien entendido por LXX, targum, Abulwalid y casi todos los comentaristas[52], no como singular (*ennu* en el sentido de *êhu*), sino como plural (*ennu* igual a *ênu*).

La escuela de Babilonia puntualiza la palabra como ויכוננּוּ, en la línea de ממנוּ donde significa *a nobis*, como ממנוּ (*Psalter* ii. 459, con información posterior en las obras de Pinsker, *Zur Geschichte des Karaismus*, y en *Ueber das sogen. assyrische Punktationssystem*). Según eso, la traducción es: "Uno, es decir, el Uno y Mismo Dios nos ha creado en el vientre sin nuestra cooperación, a través de una misma forma vital (animal), lo que destruye todo tipo de orgullo y deseo de superioridad por parte de algunos".

Job 31, 16-18

¹⁶ אִם־אֶמְנַע מֵחֵפֶץ דַּלִּים וְעֵינֵי אַלְמָנָה אֲכַלֶּה׃
¹⁷ וְאֹכַל פִּתִּי לְבַדִּי וְלֹא־אָכַל יָתוֹם מִמֶּנָּה׃
¹⁸ כִּי מִנְּעוּרַי גְּדֵלַנִי כְאָב וּמִבֶּטֶן אִמִּי אַנְחֶנָּה׃

¹⁶Si he impedido su deseo a los pobres, si he dado dolor a los ojos de la viuda,

¹⁷si he comido solo mi porción y no comió de ella el huérfano…

¹⁸Al contrario, el huérfano me ha honrado como a padre desde su juventud, y desde el vientre de mi madre le he guiado (a la viuda).

31, 16-17, Toda esta estrofa es un antecedente hipotético de la conclusión imprecativa de 31, 22, con la que finaliza la estrofa siguiente. Dado que מנע דבר ממנוּ (cf. אִם־אֶמְנַע מֵחֵפֶץ דַּלִּים), *cohibere aliquid ab aliquo,* impedir algo a alguien (Job 22, 7), tiene un sentido semejante al מנעו מדבר, *cohibere aliquem ab aliquo* (Num 24, 11; Ecl 2, 10), en la línea de *alicui aliquid* (negar algo a alguien), no hay razón para tomar מחפץ דלים como una frase de genitivo (*a voto tenuium*), como lo requiere la acentuación.

---

52. En el Talmud de Jerusalem, R. Johanan refiere estas palabras a Job, por las que él diría que no come nada sin hacerlo con su esclavo o siervo. Esta temática pude compararse con la historia del *Midrash* citada por Guiseppe Levi, *Parabeln, Legenden und Gedanken aus Thalmud und Midrasch* (edición alemana 1863, pág. 141): La mujer de R. Jose comenzó a discutir con su sierva. Llegó su marido y preguntó por la causa de la discusión, y cuando vio que su esposa estaba equivocada se lo dijo en presencia de su sierva. Entonces su mujer le dijo con rabia: ¿Por qué me dices que estoy equivocada en presencia de mi sierva? El Rabino le respondió: Yo hago lo que hizo Job.

חפץ (cf. comentario a Job 21, 21) significa un gran deseo (lo que uno anhela ardientemente) y también negocio. Aquí se utiliza en el primer sentido: el deseo e interés del pobre, es decir, del impedido, de aquellos que no tienen medios. Pues bien, Job no ha rehusado esas cosas a los pobres, ni les ha expulsado. No ha hecho que sufran y languidezcan los ojos de los menesterosos, cf. Lev 26, 16; 1 Sam 2, 33; no ha permitido que el deseo de asistencia de los pobres quedara sin cumplirse, ni que la fuente de sus lágrimas se secara, sin lograr lo que querían.

31, 18. Job no ha comido a solas su pan (פת) en el sentido de (פת לחם), ni ha impedido que los pobres coman con él. No hecho eso, sino al contrario (כי como en Sal 130, 4 y en otros muchos casos), de forma que ellos, los huérfanos, han crecido con él (גדלני en el sentido de גדל לי, Gesenius 121, 4, como indica Ewald 315, b; esta expresión puede entenderse en sentido dialectal antiguo; o quizá se trata de una forma poética, marcada por la brevedad). Job se ha portado como padre (en el sentido de לאב כמו) de los huérfanos; desde el principio de su vida ha guiado a las viudas, a las mujeres sin ayuda y sin defensa, como si él mismo fuera un niño/hijo que actúa, sin embargo, paradójicamente, como una madre de las mujeres enfermas o ancianas.

La expresión hiperbólica מבטן אמי (desde el vientre de mi madre) insiste en el hecho de que Job ha comenzado a actuar con caridad, marcada por una profunda simpatía activa, desde el primer momento de su vida, desde que ha sido capaz de actuar por sí mismo. La extrañeza de la forma גְּדֵלַנִי (cf. כִּי מִנְּעוּרַי גְּדֵלַנִי) se puede entender mejor interpretando esa palabra en este sentido: el huérfano "me ha honrado" (me ha engrandecido) como a un padre.

Esa palabra, גְּדֵלַנִי, se entiende en sí misma en el sentido de "engrandecer" y se utiliza en el lugar כבדני que significa venerar, dar gloria. De esa forma pone de relieve el contraste de la vida y obra de Job, que siendo aún muy joven ha sido tratado por los huérfanos como si fuera ya mayor, pues realiza con ellos una acción propia de los mismos padres. La raíz גדל significa "hacer crecer" en el sentido de elevar (paralelo רומם, engrandecer); por eso, los LXX traducen ἐξέτρεφον (גדלתי).

Hay otros que han buscado interpretaciones diferentes de esa expresión, pero casi no merece la pena mencionarlas. La versión siríaca lee כאב (en el sentido de *pena, dolor*) y אנחות en el lugar de אַנְחֶנָה (le he guiado a ella). Raschi interpreta Job 31, 18a desde la perspectiva de la benevolencia, entendida como sujeto, y Job 31, 18b (*as* מדה, en el sentido de atributo) como objeto. Schlottmann piensa que la forma femenina de אַנְחֶנָה se refiere a mujeres huérfanas; pero Job se refiere en la estrofa siguiente a los huérfanos, de manera que es mucho más natural pensar que aquí está aludiendo a las viudas (completando así el tema anterior de los huérfanos). La misma elección del verbo (cf. Job 38, אַנְחֶנָה 32) va en la línea de esa referencia a las viudas, pues el *hifil* tiene aquí el sentido de un *kal* intensificado[53].

---

53. זכר y הזכיר significan *recordar*; זרע y הזריע son *sembrar, cuidar o fecundar con semilla*; חרש y החריש tienen el sentido de *fabricar*; לעג y הלעיג tienen el sentido de *burlarse*, cf. Job 21, 3.

Desde su misma juventud, desde el primer momento de su vida que él recuerda, Job se ha comportado como padre para los huérfanos, y como hijo bueno para las viudas.

Job 31, 19-23

¹⁹ אִם־אֶרְאֶה אוֹבֵד מִבְּלִי לְבוּשׁ וְאֵין כְּסוּת לָאֶבְיוֹן׃
²⁰ אִם־לֹא בֵרֲכוּנִי (חֲלָצוֹ) [חֲלָצָיו] וּמִגֵּז כְּבָשַׂי יִתְחַמָּם׃
²¹ אִם־הֲנִיפוֹתִי עַל־יָתוֹם יָדִי כִּי־אֶרְאֶה בַשַּׁעַר עֶזְרָתִי׃
²² כְּתֵפִי מִשִּׁכְמָה תִפּוֹל וְאֶזְרֹעִי מִקָּנָה תִשָּׁבֵר׃
²³ כִּי פַחַד אֵלַי אֵיד אֵל וּמִשְּׂאֵתוֹ לֹא אוּכָל׃

¹⁹Si he visto perecer a alguno por falta de vestido, y sin ropa al necesitado,
²⁰si no me bendijeron sus lomos y no se calentaron con mi lana;
²¹si alcé contra el huérfano mi mano, viendo que en la puerta me amparaban,
²²¡que mi espalda se separe de mi hombro y que se quiebre el hueso de mi brazo!
²³Que el terror me domine, la destrucción de Dios, y ante su majestad no me mantenga.

31, 19-21. La palabra אובד (cf. Job 4, 11; 29, 13) se refiere a alguien que está cayendo de su altura y está pereciendo (de la raíz בד, separar, claramente visible aún en el árabe *bâda, ba'ida*, perecer), o también aquel que ha muerto ya, *periens* y *perditus*. La frase de Job 31, 19b, forma el segundo objeto de אראה, que en otros casos significa *si video*, pero que aquí, en razón de su contexto, significa *si videbam*. La bendición del agradecido (cf. Job 29, 13) se transfiere aquí de la persona entera a las piernas, a los lomos (cf. **Job 31, 20**), que necesitan y reciben el beneficio del calor que les ofrece Job.

אם־לא (31, 20) no es aquí una afirmación positiva, sino un momento de nueva negación en el despliegue de las frases hipotéticas anteriores. El gesto de alzar la mano de 31, 21 (cf. הניף, de אם־הניפותי) ha de entenderse aquí, como en Is 11, 15; 19, 16 (cf. *pilel* de Is 10, 32) y en Zac 2, 13, como preparación para lo que sigue.

31, 22-23. Job ha renunciado a toda violencia contra los huérfanos que no tenían defensa, incluso sabiendo que tendrían a su favor la ayuda de la puerta (es decir, del tribunal reunido a la puerta de la ciudad (cf. 29, 7), si él hubiera actuado de otra forma (cf. 31, 22). En caso de que no hubiera actuado así, su כתף, i.e., la parte superior de su brazo con su espalda se le debería romper y caer de

---

המשיל y משל significan *dominar*, Job 25, 2; הטה y נטה son *extender*, como el arco que lanza lejos la flecha; הקנה y קנה significan *comprar, obten*er (de esa raíz viene "cananeo", comerciante); הקציר y קצר significan *cosechar*, cf. Job 24, 6. En árabe, el *kal nahaituhu* significa dejar fuera, poniendo a un lado (cf. *nahw* o *nâhije*). Por su parte, el *hifil anhaituhu* tiene el sentido de excluir a alguien, dejándole a un lado (cf. ינחם, Job 12, 23).

su שכם, i.e., debería caérsele en pedazos su espalda con las costillas de la espalda y con sus brazos.

De esa manera, él debería perder sus extremidades superiores, la carne y los huesos que rodean su קנה, es decir, los huesos que sustentan su cuerpo; en particular, debería perder sus brazos y sus manos pecadores, si es que no tuvieron compasión con los desnudos, y si trataron sin misericordia a los carentes de defensa y de ayuda. La *pi rafada* (ת *raphatum*) que sigue en algunos casos (cf. Job 31, 27-28) y el testimonio expreso de la Masora muestran que משכמה y מקנה no tienen *mappik*. De todas formas, la *he quiescens* queda en ambos casos suavizada por la *he mappic* del sufijo, cf. Ewald 21, f.

La mayor parte de los expositores toman la palabra פחד de 31, 23 como predicado: "Pues hacer el mal ha sido para mí una causa de terror ante Dios, el juez justo". Pero אלי (cf. כִּי פַחַד אֵלַי) no se entiende bien en esta línea, sino que marca la sentencia particular que Job está imprecando en contra de sí mismo, aquello que, según su propio juicio, debía sucederle (recaer sobre él) a causa de su pecado, como el peso de aflicción divinamente decretada en contra de él (en el caso de que no hubiera sido justo con los necesitados).

La expresión איד אל tiene el mismo sentido que פחד que se identifica con פחד אלהים (terror de *Elohim*); por su parte אלי con *dech* (cf. אֵיד אֵל) es equivalente a יהיה אלי (יבא), cf. Jer 2, 19. Por tanto, el pasaje no debe interpretarse como antes he citado (pues hacer el mal ha sido para mí una causa de terror ante Dios...), sino como petición dirigida a Dios: "y no permitas que tu terror venga sobre mí"). De esa forma, Job 31, 23 viene a conectarse de un modo adecuado a lo anterior: que yo no sea sobrecogido (destruido) por su Majestad (que no sucumba de terror bajo ella). El מן de וּמִשְּׂאֵתוֹ corresponde al *prae* en *praevale*. La palabra שאת (que los LXX traducen falsamente como λῆμμα, *juicio*, decisión, que equivale a משא, Jerónimo: *pondus*) ha de entenderse de la misma manera que en Job 13, 11 (en paralelo con פחד como allí).

Job 31, 24-28

²⁴ אִם־שַׂמְתִּי זָהָב כִּסְלִי וְלַכֶּתֶם אָמַרְתִּי מִבְטַחִי׃
²⁵ אִם־אֶשְׂמַח כִּי־רַב חֵילִי וְכִי־כַבִּיר מָצְאָה יָדִי׃
²⁶ אִם־אֶרְאֶה אוֹר כִּי יָהֵל וְיָרֵחַ יָקָר הֹלֵךְ׃
²⁷ וַיִּפְתְּ בַּסֵּתֶר לִבִּי וַתִּשַּׁק יָדִי לְפִי׃
²⁸ גַּם־הוּא עָוֹן פְּלִילִי כִּי־כִחַשְׁתִּי לָאֵל מִמָּעַל׃

²⁴Si puse en el oro mi esperanza, y al oro fino le llamé "mi confianza",

²⁵si me alegré de mi gran riqueza, de tener mucho en mi mano;

²⁶si miré (=veneré) al sol cuando resplandecía o a la luna en su esplendor,

²⁷y mi corazón fue engañado en secreto, y les mandé un beso con mi mano,

²⁸eso también sería un crimen de castigo, y sería hipócrita ante el Dios de lo alto.

31, 24-26. Job es consciente de su pureza, pues él no solo ha rechazado toda adoración de otros dioses, sino también de toda excesiva sujeción y gozo ante las posesiones de la tierra. Él no ha convertido al oro en su כסל, su fuente de confianza (cf. sobre כסלתך, Job 4, 6); él no ha invocado al כתם, oro fino (oro puro, Job 28, 19, de Ofir, Job 28, 16), llamándole מבטחי (con *dag. forte implicitum*, como en Job 8, 14; 18, 14): ¡objeto y fundamento de mi confianza! (mi confianza está en ti, de modo que el mismo Dios es principio de esperanza para Job).

Él no se ha alegrado de que su riqueza fuera grande (רב, adjetivo) y de que su mano hubiera conseguido algo כביר, es decir, muy grande o importante (neutro masculino: Ewald 172, b). Su alegría estuvo en el temor de Dios, que es lo que ennoblece al hombre, y no en las cosas de la tierra, que no son dignas de tomarse como el bien mayor del hombre.

Ciertamente, el evitó la πλεονεξία entendida como εἰδωλολατρεία (Col 3,5), y mucho más la divinización pagana de los astros. אור es aquí, lo mismo que en Job 37, 21 y en el φάος en Homero, el sol como la luminaria mayor de la tierra. ירח es la luna como vagabunda o peregrina (de רח que es igual a ארח), i.e., la peregrina de la noche (*noctivaga*), como en árabe *tarik*, en un sentido semejante, es el nombre de la Estrella de la Mañana.

Las dos palabras, וְיָרֵחַ יָקָר, describen con gran belleza la solemne y majestuosa peregrinación de la luna por el firmamento. יקר es un acusativo de definición más preciso, como תמים, Sal 15, 2, y su despliegue brillante corresponde de algún modo al del sol (אִם־אֶרְאֶה אוֹר), con אראה, vinculado a כי יהל, es decir, al sol que resplandece, que emite sus rayos (*hifil* de הלל, distinto de יחל en Is 23, 20).

Job 31, 27 está escrito en futuro consecutivo, como para indicar el imponente espectáculo que las luminarias del día y de la noche deberían haber producido en Job, haciendo así que las adorara, pero él no lo ha hecho. El *kal* ויפת ha de entenderse como en Dt 11, 16 (cf. 4, 19, נדח). Job debería hallarse seducido por esas luminarias, pero no lo está, no se ha dejado dirigir por ellas, no ha querido adorarlas. El beso se expresa con נשק indicando la unión de labio con labio, o del labio con el objeto deseado. De un modo correspondiente, el gesto de besar con la mano puede estar descrito con נשקה יד לפה. El beso que la mano da a la boca es, al mismo tiempo, el beso que la boca da a la mano, dado que boca y mano se vinculan. Según eso, el hecho de besar la mano en dirección al objeto venerado y, al mismo tiempo, el dirigir la mano besada hacia el lugar o realidad (persona) a la que se dirige el beso (cf. 1 Rey 19, 18; Os 13, 2) constituye el gesto propio de la προσκύνησις o de la *adoratio* a la que estamos aludiendo. Cf. Plinio, h. n. xxviii. 2, 5; *Inter adorandum dexteram ad osculum referimus et totum corpus circumagimus...*

En ese sentido, el beso a la mano dirigida hacia el objeto que se quiere venerar es un signo de adoración. En esa línea, Tácito, *Hist*. iii. 24, afirma que en Siria adoran de esa forma al sol naciente, de un modo especial, besando la mano (τῆν χεῖρα κύσαντες). Conforme al testimonio de Luciano, Περὶ ὀρχήσεως, c. xvii eso es algo que se hacía en la parte occidental de Asia y en Grecia[54].

En el pasaje que estamos estudiando, Ewald encuentra una señal de la extensión de la doctrina del zoroastrismo en el comienzo del siglo VII a. C., un tiempo en el que a su juicio debió componerse el libro de Job (aunque no ofrezca ninguna prueba a favor de ello). Pero, el culto antiguo de Persia no conoce el gesto de adoración a través de un beso. Por su parte, el Avesta piensa que el sol y la luna son genios elevados, pero siguen siendo creaturas de Ahuramazda, y ciertamente por eso no puede tomarse como objeto de adoración.

De todas formas, la adoración de las estrellas forma parte del paganismo más antiguo y más puro. En esa línea, los antiguos árabes, especialmente los *Himjaritas*, adoraban al sol, שׁמשׁ, y a la luna. Entre ellos había también montañas sagradas, dedicadas al culto de la luna, llamada שׂין o סין, de donde viene סיני (el monte Sinaí), montaña sagrada dedicada a la luna, que se consideraba divina, como muestran muchos testimonios antiguos, y también muchas inscripciones que confirman y complementan la existencia y sentido de ese culto[55].

Es importante en esa línea la gran obra de Chwolsohn, *Ueber die Ssabier und den Ssabismus*, 2 vols. Petersburg, 1856, que ofrece unos resultados intachables. Entre los así llamados sabeos (árabe *ṣâbîwn* con o sin *hamza* en la *jê*) había un grupo que llevaba el nombre de adoradores del sol, *shemsîje*, que formaban parte del resto del antiguo paganismo de Asia occidental, que duró hasta la Edad Media.

Ese tipo de paganismo que, conforme a esta investigación, se fundaba en la adoración de los astros, se extendía también sobre Siria, y su nombre, ordinariamente combinado con צבא השמים (Dt 4, 19), se relaciona quizá con el de un distrito de Siria, llamado ארם צובה. Ciertamente, nuestro poeta conoció la adoración del sol y de la luna allí donde escuchó la tradición sobre Job, y así presenta a nuestro patriarca como un fiel verdadero de la religión patriarcal, que se había conservado libre de la influencia de los adoradores de las estrellas, que en ese momento estaba extendiéndose entre las tribus.

Es dudoso si **Job 31, 28** ha de tomarse a modo de conclusión, como piensan Umbreit y otros, o como un paréntesis, como suponen Ewald, Hahn, Schlottmann y otros. Nosotros lo tomamos como una conclusión, y nada se puede objetar en contra de eso conforme a la sintaxis. Estrictamente hablando, este verso ofrece solo la confirmación (cf. Job 31, 11. 23) de una conclusión implícita de tipo imprecatorio. En esa línea puede tomarse también como expresión de un juicio condenatorio contra alguien que debe ser rigurosamente condenado por haber

---

54. Cf. Freund, *Lat. Wörterbuch*, bajo la entrada *adorare*, y K. Fr. Hermann, *Gottesdienstliche Alterth. der Grie*chen, c. xxi. 16, y especialmente, J. Dougtaeus, *Analecta*, Excursus 123.

55. Cf. colección de testimonios en Lud. Krehl, *Religion der vorislamischen Araber*, 1863, y trabajo de Osiander en *Deutsche Morgenl. Zeitschr*, xvii. (1863) 795.

actuado de un modo hipócrita ante el Dios supremo, Dios de arriba (לָאֵל מִמַּעַל, título que retoma la expresión universal árabe *Allah ta'âla*, Dios, el Exaltado), haciendo ídolos de oro y plata y adorando como ídolos al sol y a la luna.

La palabra פְּלִילִי presenta ambos pecados (hacer ídolos y adorar a los astros) desde la perspectiva del juicio de Dios, como en el caso de Mt 5, 22, donde se habla de personas que son ἔνοχος τῷ συνεδρίῳ, culpables ante el Sanedrín. Pero aquí no se alude a un tribunal humano, sino que esos pecados se describen κατ᾽ ἄνθρωπον como transgresiones que han de ser castigadas en el grado más alto, conforme a un principio de humanidad.

La expresión כחש ל significa actuar como hipócrita ante alguien, mientras que כחש ב significa deshonrar a alguien. En el caso de haber cometido esos pecados, la religión de Job habría sido una hipocresía, por haber deshonrado en secreto al Dios a quien él reconocía y reverenciaba de un modo abierto y público.

A partir de aquí (desde 31, 29) comienzan unas estrofas que carecen de conclusión, y la única que podría establecerse (Job 31, 40) no está formulada de manera que pueda tomarse como resultado de todas las frases hipotéticas anteriores. Las estrofas que siguen no son conclusiones de versos o frases anteriores, sino que nos sitúan ante la emoción interior de un creyente cuyo fervor aumenta sin cesar, en la medida en que el se cree superior a sus acusadores por la ejemplaridad de su vida. De todas formas, estas estrofas que no están bien redondeadas desde una perspectiva literaria. En este contexto, que por aposiopesis carece de conclusiones, se pueden suplir bien unas expresiones confirmatorias como "así también…".

Job 31, 29-30

²⁹ אִם־אֶשְׂמַח בְּפִיד מְשַׂנְאִי וְהִתְעֹרַרְתִּי כִּי־מְצָאוֹ רָע׃
³⁰ וְלֹא־נָתַתִּי לַחֲטֹא חִכִּי לִשְׁאֹל בְּאָלָה נַפְשׁוֹ׃

²⁹Si me alegré en la destrucción de quien me odiaba y gocé cuando le vino el mal…
³⁰¡Pero no permití que mi "paladar" pecara pidiendo maldición para su vida!

La aposiopesis resulta aquí clara, porque **Job 31, 29** supone un solemne rechazo al que se añade después el verso siguiente (31, 30) como simple negación. Job no se ha alegrado por la destrucción (פִּיד, árabe *fêd*[56], como en Job 12, 5; 30, 24) de su enemigo, que estaba lleno de odio en contra de él (con מְשַׂנְאִי, que en otros lugares aparece como שֹׂנְאִי).

---

56. Gesenius deriva el nombre פִּיד de un verbo árabe, *fâda*, que en forma media tiene el sentido de morir; este verbo, en conexión con *elfeid (fêd)*, recibe la forma sustantivada de *el-fîd* (que equivale a *el-môt*), con el sentido de muerte. Cf. Neshawn, *Lexicon* (vol. ii. fol. 119), que solo conoce el verbo *fâda*, en forma media, con el significado de morir (cf. lo que diremos en el comentario a Job 39, 18, nota).

31, 30. Job tampoco se ha alegrado (התערר, excitarse uno a sí mismo, con una emoción de alegría, que puede ser de tristeza como en Job 17, 8, pero que aquí sería de intenso gozo) en el caso de que la calamidad se abalanzara sobre su enemigo. Job no ha permitido tampoco que su paladar (es decir, su lengua, sus labios, sus palabras, con חך como instrumento del lenguaje, como en Job 6, 30) sea medio de pecado, pidiéndole a Dios que su enemigo muera como un maldito.

El amor al enemigo aparece de algún modo en la *Torá* o Ley de Israel: Ex 23, 4, pero normalmente con una limitación nacional, cf. Lev 19, 18, porque la Torá es la Ley de un pueblo separado del resto de los pueblos y en situación de guerra con el resto del mundo (en una línea evocada en Mt 5, 43). Sin embargo, los libros de la *hokma* o sapienciales (cf. Prov 24, 17; 25, 21), superan todo límite en el amor a los enemigos, y no reconocen diferencia entre amigos y enemigos y así hablan del amor a los hombres como humanos.

Job 31, 31-32

³¹ אִם־לֹא אָמְרוּ מְתֵי אָהֳלִי מִי־יִתֵּן מִבְּשָׂרוֹ לֹא נִשְׂבָּע׃
³² בַּחוּץ לֹא־יָלִין גֵּר דְּלָתַי לָאֹרַח אֶפְתָּח׃

³¹Si los de mi tienda no pudieran decir: ¿Quién hay que no se haya saciado con su carne?

³²¡Ningún forastero pasaba la noche fuera, sin que yo abriera mi puerta al de la calle!

La estrofa anterior se cerraba en Job 31, 30. Entre los comentaristas, solo Arnheim incluye Job 31, 31 en esa estrofa anterior, en el sentido de que Job y las gentes de su tienda no "comían" la carne de sus enemigos. Evidentemente, la palabra "comer" no se entiende aquí en sentido físico (propio de los caníbales), sino en sentido figurativo, como en Job 19, 22.

En un contexto semítico, "comer la propia carne" significa *lacerare, vellicare, obtrectare* (cf. comentario a Job 19, 22 y también sura xlix. 12 del Corán, y compararlo con lo que dicen A. Schultens y Th. Erpenius, en *Grammatica Arabica* pp. 592 ss.). Pues bien, conforme a la sintaxis y al sentido de conjunto del texto, con 31, 31 empieza una nueva estrofa; y en ella Job reconoce que ha practicado la beneficencia a favor de los necesitados (en vez de devorar su carne).

La palabra, **31, 31**, אמרו puede traducirse como *dicebant* (debían decir, decían). El perfecto no está indicando algo que sucede una vez, ni lo que sucede en general, sino aquello que debe suceder. La "gente de su tienda" (מְתֵי אָהֳלִי) son aquellos que forman parte de la casa/tienda, como en árabe *ahl* (tienda, metonímicamente: los que habitan en ella), son ante todo los siervos de la casa, pero sin excluir esposa, hijos y parientes.

El optativo מִי־יִתֵּן, que ha aparecido ya con frecuencia, está seguido aquí, como en Job 31, 35; 14, 4; 29, 2, por un *acc. objecti*, porque נִשְׂבָּע es participio, con una "a" larga acentuada (¿quién hay que no se haya mostrado o se muestre saciado...?), y מבשרו no se refiere a la carne de hombres (como incluso los LXX han traducido, aunque con mal gusto: "que sus servidoras hubieran comido a su dueño, por amor hacia él", sino que se refiere a la carne de la ganadería de Job, siempre al servicio de los necesitados.

31, 32. Nuestra traducción sigue la línea de los acentos, aunque quizá ellos proceden de una interpretación como la de Arnheim arriba citada. El texto pone así de relieve la hospitalidad de Job, que se muestra en el cuidado que ha tenido por la gente de su casa. La palabra ארח, tal como viene acentuada en לָאֹרַח, significa *hacia la calle*, por la que se espera que vengan los viajeros. Cf. *Pirke Aboth* i, 5: "Que tu casa pueda abrirse a la ancha calle (לרוחה) y que el pobre pueda ser tu huésped".

Los árabes se enorgullecen de su hospitalidad. Tener una habitación para los huéspedes significa establecer con justicia la propia casa. Las historias populares árabes hablan de castigos que sobrevienen a los que niegan la hospitalidad a los necesitados. Pues bien, Job ha ofrecido siempre su casa y su mesa a los hambrientos y a los caminantes[57].

Job 31, 33-34

³³ אִם־כִּסִּיתִי כְאָדָם פְּשָׁעָי לִטְמוֹן בְּחֻבִּי עֲוֹנִי׃
³⁴ כִּי אֶעֱרוֹץ ׀ הָמוֹן רַבָּה וּבוּז־מִשְׁפָּחוֹת יְחִתֵּנִי וָאֶדֹּם לֹא־אֵצֵא פָתַח׃

³³Si he ocultado mi maldad como Adán, si he tapado en mi seno mi iniquidad,
³⁴pues temía a la gran multitud, y el menosprecio de las estirpes me atemorizaba, de manera que actuaba en secreto y no salía de mi puerta...

31, 33, Muchos traducen כְאָדָם "al modo de los hombres"; pero aunque esta expresión sea adecuada en Sal 82, 7, en este lugar del libro de Job, de acuerdo con

---

57. Wetzstein afirma que en la primavera del 1860, cuando salía de la selva de Glan, pudo ver las aguas de un lago volcánico sin peces, del que más abajo se dice que nace el río Jordán. "En ese momento, yo le comenté al médico Regeb la forma inusual del cráter; y el beduino que nos guiaba me preguntó lleno de asombro: ¿Qué es lo que vosotros, los francos, habéis oído sobre el origen de este lago? Pues bien, preguntándole por ello, me respondió que muchos siglos atrás había existido allí una llanura fértil, con una población floreciente. Pero una tarde llegó un viajero pobre, mientras los hombres de la ciudad estaban sentados en la plaza del centro de ella, y que el pobre les pidió un plano de comida y un lugar de descanso para la noche, pero ellos se lo negaron. Cuando él les dijo que no había comido nada desde el día anterior, entre la risa de todos, un anciano le ofreció una *gelle* (una especie de "pastel" hecho de excrementos, que se utiliza para combustible) y le expulsó de la población. Por eso, el pobre se marchó desde allí hasta la población llamada Nimra (que existe todavía al sur del lago), donde contó su desgracia y fue recibido por la gente. A la mañana siguiente, cuando los habitantes de Nimra despertaron, vieron que la población de aquellos que le habían negado hospitalidad al pobre había desaparecido y que su tierra se había convertido en un lago sin peces.

la antítesis y el paralelismo (desde una perspectiva semejante a la de Os 6, 7; cf. Pusey, *The Minor Prophets with Commentary*, 1861, que pone "como los hombres" en vez de "como Adán"), ella carece aquí de fuerza y de sentido.

Por eso, aquí mantenemos la referencia a Adán. En esa línea nos sitúa, desde una perspectiva profética, la palabra de Os 6, 7 (han roto la alianza, lo mismo que Adán, כאדם). El profeta Oseas indica de esa forma que "la transgresión de Israel solo puede compararse con la de Adán, el primer hombre creado".

Pues bien, Job dice eso mismo, desde una perspectiva universal, situándonos ante la misma transgresión de Adán, que se alzó contra de la voluntad de Dios (von Hofmann, *Schriftbeweis*, i. 412 s.). En esa línea, según Rom 5, 14, dentro del despliegue histórico de la redención, la transgresión de Israel (y de la humanidad) se vincula a la de Adán, tal como se evoca en este pasaje de Job.

No puede sorprendernos la mención de Adán en el libro de Oseas, dado que él aparece familiarizado también en otros textos con el contenido del Génesis, al que alude varias veces (cf. *Comentario a Génesis*, pág. 11-13). Pues bien, una mención de este tipo resulta mucho menos sorprendente en un libro de la literatura de la *hokma* (en este de Job), como he puesto de relieve en la introducción de este comentario. La descendencia de la raza humana de una pareja única, y la caída de los primeros seres humanos son un elemento de todas las tradiciones antiguas, y resulta dudoso si la designación de los hombres como *beni Adana* (hijos de Adán) entre los musulmanes nació primero del contacto con el judaísmo y el cristianismo o si ella no fue más bien, desde el principio, una expresión arábica, respondiendo a la experiencia originaria de su pueblo. Según eso, traducimos con el targum, Schultens, Boullier, Rosenmüller, Hitzmann, Kurtz y von Hofmann: "Si yo he ocultado (encubierto) como Adán mi transgresión…".

El punto de comparación es solamente el pavor que el transgresor tiene ante la luz, pavor que aparece ya en Adán como prototipo de los hombres que quieren esconder su pecado. La palabra siguiente, לִטְמוֹן, tiene el sentido de querer ocultar la transgresión (*abscondendo*); sobre este uso del infinitivo constructo con ל, cf. Ewald 280, d. Por su parte חב (cf. בְּחֻבִּי), seno, es ἀπ. γεγρ.; Gesenius vincula esta palabra con el árabe *habba*, amar. Pero ella deriva, más bien, de חב, ocultar (como en una cueva), de donde viene *chabîbe*, aquello que es profundo, como un valle (cf. חבא, *chabaa*, con sus derivados); en arameo esa es la palabra común que responde al hebreo חיק.

31, 34. Aquí sigue con כי el motivo que Job podía haber tenido para esconderse con (de) su pecado. Pero él no ha sido un pecador público, ni se ha escondido por temor a los hombres, ni por un sentimiento de falta de honor, como un pecador secreto. Él no ha guardado dentro de sí ningún secreto maldito, ni ha tenido necesidad de actuar como un hipócrita, por temor, con ערץ (cf. אֶעֱרוֹץ) frente a la gran multitud del pueblo (רבה no es adverbio sino adjetivo; הָמוֹן con *mercha-zinnorith*, por consiguiente es femenino, como a veces עם, Ewald 174, b).

Eso significa que Job, temiendo el juicio moral del pueblo, sufriendo ante el estigma de las familias y la pérdida de honor en los círculos elevados de la sociedad, tendría que haberse escondido y retirado, sin salir ni a la puerta de su casa; pero no lo ha hecho, porque no se ha considerado (ni ha sido) un pecador.

En este contexto se puede pensar en el horror que experimentan algunos hombres viciosos, que se sienten condenados y se esconden en una profunda oscuridad. En la línea del verso anterior, aquí se podría pensar en hechos de diverso tipo por los que Job tendría que haberse escondido cuidadosamente, porque si fueran conocidos aparecería como un hombre despreciable.

Pues bien, en contra de eso, Job se presenta como un hombre que podía mantener francamente la mirada de otros hombres, sin miedo de su juicio, porque tenía la conciencia libre de pecado: no había hecho nada que pudiera justificar su ocultamiento. Ciertamente, según la acusación de los "amigos", la aflicción de Job aparece externamente como un castigo por los pecados ocultos que podía haber cometido; pero él sabe que no los ha cometido, de forma que no es culpable, ni se esconde, sino que sigue presentando su causa ante Dios y ante sus amigos.

Job 31, 35-37

³⁵ מִי יִתֶּן־לִי שֹׁמֵעַ לִי הֶן־תָּוִי שַׁדַּי יַעֲנֵנִי וְסֵפֶר כָּתַב אִישׁ רִיבִי׃
³⁶ אִם־לֹא עַל־שִׁכְמִי אֶשָּׂאֶנּוּ אֶעֶנְדֶנּוּ עֲטָרוֹת לִי׃
³⁷ מִסְפַּר צְעָדַי אַגִּידֶנּוּ כְּמוֹ־נָגִיד אֲקָרֳבֶנּוּ׃

³⁵¡Quién me diera que me escuchara! Esta es mi firma, que Shadai me responda. Y este es el documento escrito por mi adversario.
³⁶Yo la llevaría sobre mi hombro, y la ceñiría como una corona.
³⁷Le contaría mis pasos; como príncipe me presentaría ante él.

31, 35. El deseo de que Job pueda encontrar alguien que esté dispuesto a escucharle aparece aquí expuesto de un modo general, ante todos, pero solo puede responderle de verdad Aquel (Dios) que resuelve la contradicción que existe entre la apariencia externa de Job y el hecho real, aunque velado para muchos, de su vida (de su justicia). Este es un juicio que solo puede resolver Dios, que es quien investiga los corazones de los hombres.

El texto no puede traducirse: *et libellum* (que el "libelo", es decir, la acusación o, quizá también, la réplica a la autodefensa de Job) *scribat meus adversarius* (la escriba mi adversario: Dachselt, Rosenmüller, Welte). Los acentos parecen responder a esta traducción, pero en ese caso el texto debería ser ספר וכתב. En esa línea, si כתב estuviera gobernada por יענני y se tomara como referida a יכתב, con Dios como autor, el deseo, tal como vendría expresado, sería indigno y de carácter extraño.

Tampoco se puede traducir: "Si yo tuviera alguien que me escuchara… y tuviera también la acusación que mi adversario ha escrito" (cf. Ewald, Hirzel, Schlottmann). Por otra parte, el deseo tal como está expresado no puede referirse a Dios, sino solo a los oponentes humanos, dado que Job no puede tener el deseo de escuchar de nuevo las acusaciones de sus "amigos", pues las ha escuchado con todo detalle en la parte anterior del libro.

Por tanto, la partícula הֵן (cf. הֶן־תָּוִי) no puede referirse simplemente a תָּוִי, sino al *liber quem scripsit adversarius meus* (al libro de acusación que ahora yace ante ellos). En esa línea, la frase en forma de paréntesis (שַׁדַּי יַעֲנֵנִי) expresa el deseo de que Dios intervenga y resuelva el juicio en discusión. Por medio de תָּוִי, mi signo, mi firma (cf. Ez 9, 4, árabe *tiwa*, un signo en forma de cruz), Job quiere evocar las últimas palabras de la defensa que él acaba de proclamar (desde Job 31,1, en las que él presenta su vida).

De esa forma, Job evoca y ratifica todo lo que ha venido diciendo, con un signo de confirmación. Esta es su última palabra, es el *ultimatum*, la carta o documento y el signo con el que ratifica su inocencia, frente a la condena de sus amigos. De esa forma, se mantiene firme ante la condena (libro de acusación) de sus tres acusadores. Las acusaciones que ellos le han dirigido permanecen así fijadas (por así decirlo) en un libro, pero también la defensa de Job, escrita y firmada por él mismo.

Ambas documentos (las acusaciones de los "amigos" que le condenan y la propia defensa de Job) yacen así, como textos legales, situados ante Dios. Conforme a la sintaxis, pero pensando que תָּוִי está aludiendo al testimonio de Job, Hahn supone que ספר וגו se refiere al testimonio de la inocencia de Job, que Dios mismo ha escrito en su conciencia; pero eso es inadmisible pues, como he puesto ya de relieve, אִישׁ רִיבִי (cf. Job 16, 21) no puede referirse a Dios.

Job 31, 36. El mismo Job evoca ahora la forma en la que se presentará ante Dios con el documento acusatorio de sus oponentes y con su propio alegato, si es que Dios quiere decir ya su palabra definitiva. Quiere llevarlo sobre su espalda como señal de su dignidad (cf. Is 22, 22; 9, 5), y ponerlo alrededor de su cabeza como espléndida corona de diademas entretejidas y vinculadas unas con las otras (Ap 19, 12, cf. Köhler, *Comentario* a Zac 6, 11), confiando desde el principio en su victoria.

31, 37. De esa manera, Job presentará ante Dios, que es quien todo lo explora, un escrito presentando todas sus actuaciones y, de esa forma, convencido de su inocencia, llegará hasta Dios como un príncipe (con אֲקָרְבֶנּוּ, de קרב en intensivo de *kal*). Él actuará así de un modo muy distinto al de Adán, a quien Dios le obligó a salir de su escondite, en medio de un gran temblor, por su conciencia de culpa, para sufrir un examen de ella. Job no muestra ningún signo de cobardía, ni de pecados ocultos; no lleva en su corazón nada que le acuse, en la intimidad de su corazón y en su casa.

Job 31, 38-40

³⁸ אִם־עָלַי אַדְמָתִי תִזְעָק וְיַחַד תְּלָמֶיהָ יִבְכָּיוּן׃
³⁹ אִם־כֹּחָהּ אָכַלְתִּי בְלִי־כָסֶף וְנֶפֶשׁ בְּעָלֶיהָ הִפָּחְתִּי׃
⁴⁰ תַּחַת חִטָּה ׀ יֵצֵא חוֹחַ וְתַחַת־שְׂעֹרָה בָאְשָׁה תַּמּוּ דִּבְרֵי אִיּוֹב׃ פ

³⁸Si mi tierra clama contra mí y todos sus surcos juntos lloran;
³⁹si he comido su riqueza (fuerza) sin pagar o he afligido el alma de su dueño,
⁴⁰¡que en lugar de trigo me nazcan abrojos, y espinos en lugar de cebada! Aquí terminan las palabras de Job.

31, 38. El campo (=tierra) que Job cultiva no tiene razón para gritar a causa del trato violento que recibe, ni sus surcos pueden lamentarse por la injusticia por la que han sido castigados⁵⁸. Conforme a su sentido radical אדמה es la capa que cubre la tierra, como una especie de piel, y especialmente la tierra cultivable o תלם (cf. תְּלָמֶיהָ, árabe *telem*).

Esa palabra no está en relación directa con una raíz árabe pero, como sucede con otras palabras usadas en agricultura, ella ha sido prestada por el idioma semítico del norte o noroeste, ante todo por el arameo o nabateo. Conforme a la explicación del turco Kamus, תלם es la zanja o surco que el arado del agricultor traza en la tierra, no el seto que se pone como separación entre dos parcelas de campo (cf. Sal 65, 11).

31, 39-40. Job no ha utilizado de un modo ilegal (lo que habría sido causa del llanto y dolor del pueblo) el cultivo de la tierra (כח, cf. אִם־כֹּחָהּ, es un metonímico, lo mismo que en Gen 4, 12, para indicar el producto de la tierra, en relación con su capacidad de producción), sin haber pagado su valor; no ha hecho que la tierra deje de pertenecer a su legítimo dueño, sea lentamente o de repente (Jer 15, 9).

El deseo que está al fondo de Job 31, 40 es incluso más fuerte que el de Job 31, 8. 12. Allí se deseaba la pérdida y destrucción del producto del campo; aquí se pone en juego la misma realidad del campo. La maldición ha de recaer así sobre el mismo campo, para establecer si su posesor actual (Job) ha sido culpable de un pecado de avaricia inmisericorde, como se mostraba en la acusación de Elifaz en contra de Job, en 22, 69.

Conforme a la visión del capuchino Bolducius (1637), esta última estrofa (Job 38-40) habría estado originalmente tras Job 31, 8. Kennicott y Eichhorn piensan que estuvo tras Job 31, 25, y Stuhlmann que estuvo tras Job 31, 34. Pero los comentaristas actuales piensan que ella se encuentra en su lugar original. En esa línea presenta Hirzel los siguientes argumentos: (1) ninguno de los textos o manuscritos conservados está a favor de un cambio de posición; (2) conforme

---

58. En un contexto semejante, un proverbio rabínico dice (refiriéndose a Mal 2, 13) que el altar de Dios llora sobre aquellos que se separan de la mujer de su juventud.

a su plan, el poeta no ha querido que los discursos de Job acaben de un modo redondeado y lógico, como sucedería en el caso de que la estrofa conclusiva fuera la de 31, 35-37; al contrario, ha querido que los discursos de Job terminen de repente, sin una conclusión retórica, indicando así que los discursos de Elihu (Job 32-36) han sido introducidos más tarde, pues aquí en 31, 40, aparecen las últimas palabras de Job a quien el mismo Dios interrumpirá de un modo directo en Job 38, de forma que tiene que terminar sus discursos sin haber podido llegar hasta el final de lo que quería decir.

Pero estos contraargumentos de Hirzel (y de los que habían preparado su postura) ofrecen una defensa insuficiente de su tesis. (1) Hay en el Antiguo Testamento una serie de desplazamientos textuales que son anteriores a la Masora (p. ej., 1 Sam 13, 1; Jer 27, 1) y también a los LXX (p. ej., 1 Sam 17, 12, באנשים, LXX ἐν ἀνδράσιν, en vez de שנים; (2) el discurso de Job habría logrado una conclusión retórica más adecuada en Job 31, 38, en el caso de que, en contradicción con lo que supone el mismo Hirzel, Job 31, 35-37 fuera un paréntesis y Job 31, 40 fuera una conclusión gramatical de la frases hipotéticas que vienen a partir de Job 31, 24.

Pero en el caso de que no se acepte esa hipótesis (desplazamiento de Job), debemos suponer que en el conjunto de 31, 37-30, Job debería comenzar de nuevo su argumentación en 31, 38, para ofrecer otra prueba de su inocencia, para ser interrumpido por el mismo Yahvé, que viene a cortar el curso de su nueva argumentación. Pero esto resulta improbable en la mente y discurso de un poeta tan cuidadoso como es Job.

Por eso, las primeras palabras de la intervención de Yahvé (¿quién es ese que oscurece el consejo o argumento con palabras sin conocimiento?, Job 38, 2) se entienden mucho mejor si siguen directamente a 31, 37 que a 31, 40, porque el nuevo curso de pensamiento que la aparición de Yahvé interrumpe, comienza en Job 31, 35; y por su parte la dura palabra de 31, 37 es realmente un oscurecimiento del decreto divino.

Cuando Job declara en 31, 37 que él quiere mostrar ante el mismo Dios juez un relato (es decir, una justificación) de todas sus acciones, presentándose ante él como un príncipe, Job no solamente pone de relieve la injusticia de sus oponentes humanos, sino que acusa de injusticia al mismo decreto divino, elevando así su acusación en contra del mismo Dios. De todas maneras, los argumentos de Hirzel (que plantean el tema de si los discursos de Elihu han de ser tomados como un cuerpo extraño en el libro de Job) se sigue manteniendo, tanto si el final de los discursos de Job ha de verse en 31, 35-37 o en 31, 38-40.

Ciertamente, las afirmaciones de Job 31, 38-40 no pueden tomarse sin más como una audacia a la que Dios tendrá que responder en 38, 2. Pero resulta claro que 31, 35-37 presenta con mayor nitidez la naturaleza profunda de la conducta de Job: su deseo de que Dios destruya (refute) la predicción de Satán; su forma de pedirle a Dios que ratifique su conducta (la de Job), que le defienda ante todos los que le acusan de impío y pecador.

Sin duda, no podemos negar la impresión de que las preguntas de fondo de Job, y su deseo de que Dios le responda, se encuentran también al fondo de 31, 38–40, pero esas preguntas aparecen con más claridad en el texto anterior, tal como culmina en 31, 37[59].

De todas formas, no es fácil optar por un cambio en la posición de 31, 38–40ab, diciendo que este pasaje habría pasado a ocupar este lugar en un momento posterior, habiéndose hallado antes en otro lugar del texto. Pues bien, si ese cambio de posición del que estamos discutiendo resulta muy arriesgado, la solución estaría en poner e interpretar los versos anteriores (Job 31, 35-37) en una relación especial y muy estrecha con la estrofa anterior (como hemos hecho en este comentario), de manera que Job 31, 38-40 puede presentarse como un tipo de conclusión que redondea la temática anterior (no como principio de un nuevo curso de pensamiento).

En esa línea, a pesar de la aposiopesis (que consiste en dejar sin culminar el sentido de su argumento), la estrofa conclusiva termina de un modo natural, y con ella toda la confesión de Job, de una forma especialmente vigorosa en 31, 37, como una imprecación, de manera que los versos posteriores, 31, 38-40ab, podrían tomarse como una especie de anticlímax, antes de que comiencen las nuevas partes del libro.

Interpretación de Job 29–31. A partir de las reflexiones anteriores podemos ofrecer una mirada de conjunto sobre los tres capítulos precedentes, que aparecen bien definidos, en forma de monólogos. Después que Job ha concluido en cap. 26-28 la controversia con sus amigos, ha empezado esta nueva trilogía de Job 29–31.

En su primera parte (**Job 29**), Job ha querido evocar los tiempos pasados, describiendo el sentido de su prosperidad y de su forma de actuar, para bien de los demás (de sus paisanos), con el respeto que entonces gozaba, y con la forma en que se alegraba, cuando Dios estaba con él. Hay que poner aquí de relieve la forma en que (entre los restantes dones) Job daba preeminencia a la presencia y bendición de Dios como el mayor de todos los bienes, como manantial y fuente de todos los demás.

---

59. En este contexto no podemos evitar la impresión de que nos hallamos ante un tema que es semejante al que aparece en Is 38, 21-22. Ciertamente, los LXX encontraron estos dos versos en el lugar en que ahora se encuentran; pero ellos han de ponerse tras Is 38, 6, como es claro por el tema y como queda demostrado por 2 Rey 20, 7 ss. donde ellos omiten, para ser añadidos como un suplemento al final de la narración. También nuestros tres versos (Job 31, 38-40ab) podrían haber estado en un lugar anterior al cap. 31, pero han sido introducidos después en este lugar, a través de un cambio que no podemos precisar mejor. De todas formas, como seguiré indicando en el comentario, esos versos pueden entenderse y comentarse bien desde el lugar en que ahora se encuentran.

Monólogo de Job

Job puntualiza así por cinco veces, desde el comienzo de cap. 29, con diversas expresiones, la forma de vida que desarrollaba en los días antiguos, cuando Dios estaba con él. En ese contexto debemos poner de relieve, desde el principio al final, el sentido de las palabras más expresivas, כאשר אבלים ינחם, en las que se pone de relieve la misericordia de Dios: la manera en la que Job supo ganar los corazones de la gente, tal como él mismo lo confiesa mirando con nostalgia hacia el pasado, mostrando su justicia en sus obras de caridad, llorando con los que lloraban, y rechazando toda injusticia, como aparece en 29, 12-17.

La justicia de la vida de la que Job estaba muy satifecho, y que se manifestaba en su conducta, se expresaba en forma de caridad que brotaba de la fe (como *Liebe aus Glauben*). Él sabía y sentía que estaba en comunión con Dios, y fundándose en esa certeza, en el hecho de hallarse fundado en Dios, practicaba la caridad. Aparecía así como un bienaventurado, reconociendo su condición de amado de Dios, amando en retorno a su prójimo, especialmente a los pobres y necesitados, con el amor con que él mismo era amado por Dios. Lógicamente, Job desea volver a ese pasado, porque ahora cree que Dios se ha separado de él, y ha perdido el poder que antes tenía y aquella importante posición que le permitía ejercer su caridad al servicio de lo demás.

Job 30 pone de relieve el contraste entre la situación pasada y la presente, y así empieza diciendo ועתה, *pero ahora*… En este momento presenta a grupos de hombres que se han vuelto como animales, hombres con los que él había simpatizado, pero sin poder ayudarles como hubiera deseado, a causa de su degeneración. Esos mismos a quienes había querido ayudar se mofan ahora de él con sus palabras y sus obras.

Ciertamente, el desprecio y la persecución por causa de Dios es el mayor de los honores que se le pueden ofrecer a un hombre, pero dejando a un lado la circunstancia de que esta idea del valor del sufrimiento en medio de la persecución no se había revelado todavía plenamente en el Antiguo Testamento, debemos tener en cuenta el hecho de que, en medio de sus sufrimientos por causa de Dios, Job se mira ahora a sí mismo como alguien que ha sido rechazado por el mismo Dios.

En este momento, Job está convencido de que este desprecio que sufre, con la dolorosa y repugnante enfermedad que le amenaza de muerte, son decretos de la ira divina que le persigue. Conforme a esta visión, Dios se ha vuelto para él un tirano, alguien que no escucha su grito pidiéndole ayuda. En ese contexto, Job puede decir que su bienestar anterior fue como una nube que ha pasado. Es consciente de haber tenido piedad de aquellos que necesitaban su ayuda, pero no encuentra ahora ninguna respuesta de Dios, cuando implora piedad, sentado sobre un montón de estiércol, extendiendo su mano para pedir una ayuda que no se le concede.

En esta tenebrosa visión de su realidad actual no aparece para él ni un rayo de luz; por otra parte, la conducta de sus amigos no le ha ofrecido ni siquiera una mínima ayuda en medio de esta oscuridad. Por otra parte, igual que sus amigos,

Job mismo aparece incapaz de separar sufrimiento y pecado, de forma que su aflicción se le presenta como efecto de la ira divina que él no puede considerar en modo alguno como expresión de justicia.

Sin embargo, por medio de la petición que brota de su fe, y que aparece aquí y allí en la trama de sus discursos, Job confiesa que Dios no puede permitir que él muera como pecador, sin testificar su inocencia, cosa que él hará, aunque sea después de la muerte de Job. De todas formas, no puede sacar la conclusión consciente de que el motivo de su aflicción es el amor y no la ira.

En la tercera parte de su discurso (**Job 31**), que comienza con las palabras "yo he hecho un pacto…", sin llegar en ningún momento al sentido radical de su argumento, Job pone de relieve el gran esfuerzo que ha realizado por alcanzar la santificación, poniéndose a sí mismo en manos del castigo de Dios en el caso de que su conducta hubiera sido perversa. De esa forma, el poeta nos permite penetrar en el corazón del héroe, y también de su casa (de su forma de tratar al prójimo), poniendo de relieve que era un hombre agradable a Dios.

Job no se limitó a rechazar el adulterio, sino incluso la mirada adúltera; no solamente se opuso a la adquisición injusta de propiedades y bienes, sino que no puso la confianza del corazón en esos bienes; no solamente se opuso a la adoración de los ídolos, sino que rechazó toda inclinación del corazón hacia ellos. No solamente se guardó de maldecir a sus enemigos, sino que tampoco se regocijó cuando les llegaba el infortunio.

En relación con sus siervos, Job fue misericordioso y justo, reconociendo que siervo y amo, sin distinción de nacimiento, son creaturas del mismo Dios. Por lo que se refiere a los huérfanos, practicó, desde su primera juventud, un amor tierno, como si fuera un padre. En relación con las viudas, se portó como si fuera hijo de ellas, para protegerlas.

En esa línea, compartió el pan con los hambrientos, y los vestidos con los desnudos; y sus subordinados no tuvieron ocasión de quejarse, pues Job fue justo y caritativo con ellos, y su casa estuvo siempre abierta a la hospitalidad con los extranjeros. En las dos estrofas finales de su discurso Job afirma que no ha ocultado ningún pecado, de un modo hipócrita, ni ha permitido que otros derramen lágrimas hasta el suelo y se quejen de su avaricia e injusticia.

Todas estas palabras presentan a un hombre que es justo por su vida y por sus obras, un hombre cuya ocupación principal es mantenerse puro de corazón, mostrando en su vida el amor que es el verdadero cumplimiento de la ley. Esta justicia de la que Job habla (cf. 29, 14) y de la que él se cubre como vestido, es esencialmente la misma que ha sido proclamada por Jesús en el Sermón de la Montaña, en el Nuevo Testamento. Como obra de un poeta judío, Job 31 ofrece el mejor testimonio de que una vida agradable a Dios no se limita en el Antiguo Testamento a la nación israelita, sino que se abre como amor universal entre unos hombres y otros, sin distinción de naciones.

Pues bien, tras declarar este triunfante testimonio de la verdadera justicia de la vida, en oposición a las falsas construcciones de los hombres, aparece por primera vez con toda su fuera el contraste misterioso entre el pasado y el presente de la vida de Job. En este momento el libro de Job nos sitúa ante aquella extrema frontera en la que debe desatarse el nudo que había sido antes atado.

La injusticia que los amigos de Job defienden contra él, ha de ser superada destruyendo o superando de raíz la acusación según la cual el mismo Dios ha causado esa aflicción y dolor en Job. Con la confianza más alta en el triunfo de su causa, incluso antes de que se celebre el juicio, en las palabras conclusivas de 31, 35–37, Job apela a la decisión judicial de Dios. Así quiere ponerse ante Dios como un príncipe y colocar su sentencia como una costosa diadema sobre su frente, porque está seguro de que no ha merecido la aflicción que sufre, sabiendo que ninguna acusación divina ni humana podrá triunfar e imponerse, de forma que saldrá triunfador del juicio, tanto ante los hombres como ante el mismo Dios.

De esa manera, a través de este triple monólogo de Job (Job 29–31), el poeta ha preparado el camino para la "catástrofe", entendida como desenlace y solución del nudo del drama. Pero ¿entrará Dios en controversia con Job, respecto a su "causa"? Esto parece contrario al honor de Dios; esto que Job desea va en contra de su propia bajeza y de su pequeñez ante Dios.

Por esa razón, Dios no reconocerá de inmediato y sin más que Job es su siervo; ante de eso, Job deberá ser liberado de la presunción pecadora que él ha elevado frente a Dios, una presunción con la que ha planteado y desarrollado el tema de su sufrimiento. De todas formas, él ha probado que es siervo de Dios, a pesar de la "locura" en que ha podido caer, y de esa forma ha quedado totalmente frustrado el plan de Satán, cuando quería enfrentarse con Dios, diciéndole que nadie le servía de modo desinteresado.

De esa manera, después de purificarse del pecado por el que ha podido ser arrastrado en medio del conflicto de la tentación, Job ha tenido que ser ratificado como siervo de Dios, en oposición a sus amigos. Pero antes de que aparezca Dios mismo, para resolver el nudo de la trama, han de seguir cuatro discursos (Job 32–37) para cuya aparición no nos había preparado la parte anterior del drama. Resulta notable el hecho de que esos capítulos (con su autor Elihu) hayan sido excluidos del gran juicio y revelación final de las palabras de Job, tal como ha mostrado el colofón del cap. 31, 40c: בְּאָשֶׁה תַּמּוּ דִבְרֵי אִיּוֹב, y con esto terminan las palabras de Job.

Carey piensa que estas tres palabras pueden ser la conclusión del mismo discurso de Job, en forma de "dixi" (he dicho…). Hahn sostiene que ellas muestran que Job ha dicho todo lo que tenía que decir, de forma que ahora viene el turno de sus amigos.

De todas formas, estas palabras implican una perplejidad como la de aquellos que piensan que Sal 72, 20 ha de tomarse como una parte constitutiva del salmo. Pues bien, en el lugar que ahora ocupan en el libro de los salmos, las palabras "aquí terminan los salmos de David, hijo de Isaí" (כָּלוּ תְפִלּוֹת דָּוִד בֶּן־יִשָׁי) son como una piedra miliar o memorial que separa la colección original y las extensiones posteriores.

En esa línea, las palabras de Job 31, 40c (בָּאֱשָׁה תַּמּוּ דִבְרֵי אִיּוֹב), que han sido traducidas por los LXX como καὶ ἐπαύσατο Ἰὼβ ῥήμασιν... o que pueden tomarse como introducción histórica a la sección de Elihu), ofrecen una información importante sobre el origen del libro de Job en su forma actual. Sea como fuere, dado que Job ha terminado sus discursos, él puede quedar en silencio ante las cuatro intervenciones del nuevo orador Elihu, aunque ellas pudieran haberle provocado a responder.

CUARTA PARTE:
JOB 32-42
DESENLACE

Job 32–37
DISCURSOS DE ELIHU

Conforme a la idea del poeta, la aparición de Elihu (Job 32–37) ha de ser mirada como un elemento de la misma catástrofe (esto es, del final del libro de Job). Una breve mirada a los discursos posteriores de Yahvé (Job 38–40) nos muestra que ellos no dicen nada sobre el motivo y objeto de la aflicción de Job, como si no importara nada todo lo anterior (Job 1–31). En ese contexto, estos discursos de Elihu, en la medida en que ellos parecen una parte integrante del conjunto del libro, pueden ofrecer cierta luz sobre este oscuro tema; de esa manera, situados en el centro del drama, pueden ayudarnos a entender que la aflicción de Job no proviene sin más de la ira de Dios ni es un castigo por su impiedad.

Dado que los cuatro discursos de Elihu están situados aquí (tras la palabra final de Job en 31, 40c), es difícil saber si ellos formaban una parte original del libro. Es posible que hayan sido añadidos por un segundo poeta, en armonía con el pensamiento del poeta anterior. Lo que, sin embargo, debemos esperar es que estos discursos lleven el sello del mismo alto genio poético de los discursos anteriores.

Por ahora, en el comentario que sigue, podemos suponer que ellos tienen el mismo origen que todo el libro, de manera que forman parte del conjunto en que están incluidos. Solo después que acabe nuestra conclusión podremos tener un juicio de conjunto sobre su forma, sobre el modo de su composición, ofreciendo entonces una visión unitaria y crítica de ellos, de la impresión que producen y de su sentido en el conjunto del libro.

Job 32–33. Primer discurso

Estos versos forman una pequeña introducción en prosa, que sirve para presentar al nuevo personaje, justificando su aparición. No emplean un sistema de acentuación en prosa, como el prólogo y el epílogo, sino que, como las introducciones a los discursos anteriores y la conclusión de Job 31, 40 (final) utilizan el modo poético de acentuación, dado que sería poco apropiado un cambio en medio del libro, y especialmente en una pieza tan pequeña. La oposición de los tres "amigos" ha concluido, de forma que Job parece haber salido de la controversia como triunfador.

Job 32

Job 32, 1-3

¹ וַיִּשְׁבְּתוּ שְׁלֹשֶׁת הָאֲנָשִׁים הָאֵלֶּה מֵעֲנוֹת אֶת־אִיּוֹב כִּי הוּא צַדִּיק בְּעֵינָיו:
² וַיִּחַר אַף ׀ אֱלִיהוּא בֶן־בַּרַכְאֵל הַבּוּזִי מִמִּשְׁפַּחַת רָם בְּאִיּוֹב חָרָה אַפּוֹ עַל־צַדְּקוֹ נַפְשׁוֹ מֵאֱלֹהִים:
³ וּבִשְׁלֹשֶׁת רֵעָיו חָרָה אַפּוֹ עַל אֲשֶׁר לֹא־מָצְאוּ מַעֲנֶה וַיַּרְשִׁיעוּ אֶת־אִיּוֹב:

¹Cesaron estos tres varones de responder a Job, por cuanto él era justo a sus propios ojos.
²Entonces se encendió la ira de Elihu hijo de Baraquel, el buzita, de la familia de Ram; su ira ardió contra Job porque él se hacía justo a sí mismo a expensas de Dios.
³Y se encendió su ira contra sus tres amigos, porque ellos no habían encontrado respuesta y no condenaron a Job.

El nombre del nuevo orador es Elihu, אֱלִיהוּא (con *mahpach*), hijo de Baraquel, בַּרַכְאֵל (con *munach*), el buzita (הַבּוּזִי, con *zarka*). El nombre Elihu significa "mi Dios es él" (=él es mi Dios), y tanto Él (Dios) como Elihu (nombre del "cuarto" critico de Job) se utilizan también en Israel, aunque Elihu no es un nombre específicamente israelita, lo mismo que Eliyah/Elías (mi Dios es Yahvé). Baraquel significa "que Dios bendiga" (Olshausen 277, pág. 618).

Como observan los gramáticos árabes, los nombres propios se pueden formar tanto con frases afirmativas/asertivas (*ichbâr*), como con formas modales (*inshâ*). Este nombre del padre de Elihu, llamado ברכאל (Dios bendiga), puede distinguirse del nombre específicamente israelita ברכיה (Yahvé bendiga).

32, 1. Esos nombres enmarcan la escena en clave nacional. Por un lado, בּוּז y עוּץ, cf. Gen 22, 21, son hijos de Nahor, hermano de Abraham, que peregrinó (viajó) con él (aunque no al mismo tiempo) desde Ur Kasdim a Harán, y según eso forman parte de la familia de los arameos; por otro lado, בּוּז, Jer 25, 23, aparece como alguien de raza árabe, perteneciente al קצוצי פאה (beduinos de cabeza rapada, cf. Jer 9, 25; 49, 32), formado por personas que cortaban el pelo de la cabeza en todo su entorno (περιτρόχαλα, Herodoto iii. 8), porque se pensaba que llevar el pelo largo era signo de desgracia (cf. Hamsa, *Tebrzi* 459, l. 10 ss.).

32, 2. Siendo buzita de raza, Elihu formaba parte de la familia de רם, Ram. Dado que ese es un nombre de familia, no de raza, no puede ser equivalente de ארם (como רמים, 2 Cron 22, 5, igual a ארמים), y según eso no tienen sentido pensar que el colorido arábigo de los discursos de Elihu es algo buscado a propósito por el poeta. De todas formas, al hacerle un buzita, el poeta quiere presentarle como un árabe arameo, como le llama Aristeas en Eusebio, *Praep.* ix. 25: Ἐλιοῦν τὸν Βαραξηὴλ τὸν Ζωβίτην (de ארם צובה).

Resulta significativo que aquí se presente el origen de Elihu de un modo tan minucioso, mientras que los tres "amigos" anteriores aparecen descritos solo por su país, sin decir nada sobre su padre o familia. Ciertamente, como dicen Lightfoot y Rosenmüller se podría suponer que el poeta autor del libro se identifica en el fondo con Elihu, o se relaciona con él de un modo especial. Pero en la literatura del Antiguo Testamento no aparece nunca una referencia a esa costumbre posterior de los poetas orientales (que se identifican con uno de los personajes de sus libros).

32, 3. Los tres amigos quedan silenciados, porque todos sus intentos de cambiar a Job, haciendo que confesara que la aflicción que padecía es un castigo por sus pecados, han sido inútiles, pues él se ha presentado siempre ante sus propios ojos como un hombre justo, y porque ellos ahora (como indica la palabra שבת, cf. וַיִּשְׁבְּתוּ, 32, 1, referida a personas) permanecen en silencio, cesan de hablar, pues no tienen nada más que decir (a diferencia de la palabra חדל, que tiene un sentido añadido de involuntariedad). Los tres amigos callan, según eso, de un modo involuntario. Pues bien, en este momento y circunstancia estalla la indignación de Elihu y lo hace en dos direcciones:

- *En primer lugar,* Elihu quiere referirse directamente a Job, porque él se ha justificado a sí mismo ante מאלהים, es decir, no *a De*o (como si Dios le obligara a presentarse como justo, cf. Job 4, 17), sino *prae Deo*, ante o frente a Dios. Ciertamente, Elihu no censura a Job porque, como la mayor parte de los hombres que se justifican a sí mismos, no se considera pecador, en contra de lo que han insinuado sus tres amigos anteriores (Job 15, 14; 25, 4), sino porque al declararse justo, *acusa en el fondo de injusto al mismo Dios* o, como el mismo Yahvé dirá más tarde, porque él ha condenado a Dios a fin de mantener su propia justicia.
- *En segundo lugar,* refiriéndose a los tres "amigos" de Job, Elihu les condena porque no han sido capaces de presentar un argumento que les haya permitidoa desarmar a Job, cuando mantiene su propia justicia a expensas de la justicia de Dios, de manera que en el fondo ellos también han condenado a Dios. Hahn formula así el tema: dado que no han logrado presentar a Job como culpable, como un רשע, ellos han suscitado la ira de Elihu. Ewald lo interpreta así: ciertamente, ellos han condenado a Job (345, a), pero este no era el tema en discusión. El futuro consecutivo (cf. וַיַּרְשִׁיעוּ אֶת־אִיּוֹב) describe la condena como resultado de su inhabilidad para encontrar la auténtica respuesta, una condena miserable derivada de su incapacidad de defender verdaderamente a Dios.

Conforme a la visión judía, la palabra final "y condenaron a Job" (וַיַּרְשִׁיעוּ אֶת־אִיּוֹב) es una de las dieciocho תקוני סופרים (*tiqqûne soferim, correctiones scribarum*), pues el texto tenía que haber dicho lógicamente וַיַּרְשִׁיעוּ אֶת־הָאֱלֹהִים, y condenaron a *Elohim*. Pero los que pecaron (הִרְשִׁיעַ) en contra de Dios, conforme a la religión tradicional del judaísmo de aquel tiempo, no fueron los amigos, sino Job (cf. 40, 8), y frente a él formula Elihu de esta manera su sentencia: אֵל לֹא־יַרְשִׁיעַ, Job 34, 12 (Dios no es culpable). Nuestro juicio sobre la otra corrección o *tiqqûn*, Job 7, 20, fue más favorable. El hecho de que Elihu, a pesar de su actitud en los momentos anteriores de la controversia, no haya intervenido, sino que hable ahora por vez primera, se explica por lo que sigue.

Job 32, 4-6a

⁴ וֶאֱלִיהוּ חִכָּה אֶת־אִיּוֹב בִּדְבָרִים כִּי זְקֵנִים־הֵמָּה מִמֶּנּוּ לְיָמִים׃
⁵ וַיַּרְא אֱלִיהוּא כִּי אֵין מַעֲנֶה בְּפִי שְׁלֹשֶׁת הָאֲנָשִׁים וַיִּחַר אַפּוֹ׃ פ
⁶ᵃ וַיַּעַן ׀ אֱלִיהוּא בֶן־בַּרַכְאֵל הַבּוּזִי וַיֹּאמַר

⁴ Elihu había esperado a Job en la disputa, porque los otros eran más viejos que él; ⁵ pero viendo Elihu que no había respuesta en la boca de aquellos tres varones, se encendió en ira. ⁶ᵃ Y respondió Elihu hijo de Baraquel, el buzita, y dijo:

32, 4-6a. Él había esperado (חִכָּה, perf. en el sentido de pluscuamperfecto, Ewald 135, a) mientras hablaba Job (בִּדְבָרִים en el sentido de בְּמִלִּין, בְּמִלִּים), i.e., hasta que él hubiera dicho su última palabra en esta controversia. Durante ese tiempo se mantuvo apartado, porque los amigos de Job (הֵמָּה, *illi*, y no אֵלֶּה que, conforme al uso del lenguaje, son *hi*) eran de más edad (*seniores*), es decir, de más "días" que él, es decir, que Elihu (לְיָמִים como en Job 32, 6, pero en sentido menos hiriente). Pues bien, dado que ahora los amigos no tenían ya respuesta frente a Job, ni sabían encontrar la verdadera solución del problema, y dado que Job tampoco parecía tener ya más cosas que decir, Elihu pensó que podía aventurarse a presentar su discurso, sin necesidad de mostrar ningún signo de cortesía, para así dar rienda suelta a su indignación. De esa forma comenzó אֱלִיהוּ (con *mahpach*), el hijo de Baraquel (בַּרַכְאֵל, con *mercha*), el buzita (הַבּוּזִי, con *rebia parvum*) el discurso, y habló, וַיֹּאמַר (no con *silluk*, sino con *mercha mahpach*).

Job 32, 6b-7

⁶ᵇ צָעִיר אֲנִי לְיָמִים וְאַתֶּם יְשִׁישִׁים עַל־כֵּן זָחַלְתִּי וָאִירָא ׀ מֵחַוֹּת דֵּעִי אֶתְכֶם׃
⁷ אָמַרְתִּי יָמִים יְדַבֵּרוּ וְרֹב שָׁנִים יֹדִיעוּ חָכְמָה׃

⁶ᵇ Yo soy joven y vosotros ancianos: por eso he quedado atrás, y tenía miedo. He temido declararos mi opinión.
⁷ Yo pensaba: que hable la edad, y que los muchos años declararán sabiduría.

32, 6b-7. Queda así claro ya desde el principio que esta sección de Elihu ofrece en parte un uso peculiar del lenguaje, partiendo de la palabra זָחַל (cf. זָחַלְתִּי), que se utiliza aquí con el significado árabe de *zhl*, emparentado con *dhl*, דחל, tener miedo, echarse atrás[60]. דע por דעת (aquí y en Job 32, 10; 32, 17; 36, 3; 37,m16) no aparece en ningún otro lugar del Antiguo Testamento. על־כן (cf. לכן, Job 42, 3) es una palabra que solo Elihu utiliza en el libro de Job. ימים, días, equivale a abundancia de días, y evoca una edad avanzada, una edad madura con su rica experiencia. La partícula רב con genitivo plural (lo mismo que כל) viene seguida por el predicado en plural, conforme a la atracción ya descrita מספר, Job 15, 10; 21, 21, Gesenius 148, 1.

Job 32, 8-10

⁸ אָכֵן רוּחַ־הִיא בֶאֱנוֹשׁ וְנִשְׁמַת שַׁדַּי תְּבִינֵם:
⁹ לֹא־רַבִּים יֶחְכָּמוּ וּזְקֵנִים יָבִינוּ מִשְׁפָּט:
¹⁰ לָכֵן אָמַרְתִּי שִׁמְעָה־לִּי אֲחַוֶּה דֵּעִי אַף־אָנִי:

⁸Ciertamente, hay espíritu en el hombre, y aliento de Shadai que les da entendimiento.
⁹Pero no son sabios los muchos años, y los ancianos no entienden lo que es justo.
¹⁰Por tanto, yo dije: Escuchadme, declararé mi sabiduría yo también.

La partícula אָכֵן, que es originalmente afirmativa y después (como אוּלָם) adversativa no aparece en ningún otro lugar en Job. En contra de la psicología bíblica, Rosenmüller toma **Job 32, 8** como frase antitética: *Ciertamente hay espíritu en el hombre, pero...* Pues bien, en contra de eso, las dos mitades del verso son

---

60. Los lexicógrafos explican el árabe *zhl* por *zâla* (זול), retirarse atrás, apartarse, o por *tanahha*, colocarse a un lado, en *piel* e *hifil* es empujar a alguien para que se ponga al lado, colocarle atrás; en *hithpael* significa ponerse uno mismo al lado; los adjetivos זחל, זחיל, זחול, etc., indican el gesto de quedarse atrás. En esa línea, la ciudad de Zahla en la llanura del Líbano toma ese nombre del hecho de que no se encuentra en la misma llanura, sino que está edificada cerca de la base de una montaña, en un ángulo, estando por tanto retirada.

Por su parte, *zuhale* (como indica Kamus) es un animal que se arrastra hacia atrás a su madriguera, como el escorpión. En esa línea, de un modo impropio, se evoca con ese nombre una persona que nunca sale de su madriguera, sino que se mantiene siempre en el agujero. Por eso, de un modo general, *zuhal* es un hombre que se retira y que se mantiene lejos de la vida activa. Desde esa perspectiva, el planeta *Saturno* se llama también *Zuhal*, aquel que se retira, por su gran distancia respecto a los demás planetas. Así se dice que un suelo es resbaladizo, es decir, זחלול, porque hace que los pies se retiren o resbalen hacia atrás (*muzhil*), a causa de su suavidad. Otra forma de la misma raíz es זחלק, ser resbaladizo, patinar en un lugar que hace resbalar. Junto a esas formas sigue estando זלק, una palabra de sentido semejante, que ya no se emplea en Siria. Conforme a este sentido primario de *zhl*, en árabe, podemos hablar de זחלי ארץ, Miq 7, 17, una expresión que se emplea para referirse a las serpientes que no reptan sobre la tierra, sino que se introducen en ella (en esa línea recordamos a la serpiente *achbi'* unida a *el-ard*, una expresión que se utiliza para aludir a los que se esconden en la tierra). Pues bien, tanto en el Talmud como en arameo, la palabra זחל cuando se aplica a los animales, tiene el significado general de deslizarse, tanto sobre la tierra como en el agua (nota de Wetzstein y Fleischer).

sinonímicas (hay espíritu en el hombre, es decir, él es y actúa) o forman un paralelismo progresivo, conforme a los acentos: el Espíritu que es en el hombre, y el Aliento del Omnipotente...

El hombre debe al Espíritu de Dios su propia vida, como ser viviente, conforme a Job 33, 4: el espíritu del hombre es el principio de su existencia, creativamente forjado y alentado en sí mismo por el Espíritu de Dios. En esa línea, en referencia a su autor, el espíritu es la רוח o נשמה de Dios (cf. Job 34, 14); y en referencia a aquel que lo posee, es la רוח o נשמה del hombre.

Como realidad más profunda de los hombres, tanto su pensamiento como su existencia corporal se encuentran "efectuados" por este principio de vida que ellos portan dentro de sí, de forma que todo verdadero entendimiento, que no está confinado a ninguna edad especial de su desarrollo, proviene siempre y solamente de este espíritu, divinamente originado y divinamente viviente, en la medida en que actúa conforme al origen y fundamento divino de vida.

32, 9-10. רבים son aquí (en oposición a צעירים, Gen 25, 23) los *grandes* (los hombres grandes) en el sentido de *grandaevi* (LXX πολυχρόνιοι), los de mucha edad. לא determina ambos miembros del verso, como en Job 3, 10; 28, 17; 30, 24. La comprensión o habilidad para formar un juicio no se limita a la edad anciana, sino que se funda en la capacidad que los hombres tienen de permitir que el πνεῦμα regule su vida en conexión con el *pneuma* divino. Elihu da mucha importante a aquello de lo que él es consciente. עד, y la partícula hebreo-aramea הוה, que forma parte de las palabras favoritas de Elihu, aparece también aquí.

Job 32, 11-14

¹¹ הֵן הוֹחַלְתִּי לְדִבְרֵיכֶם אָזִין עַד־תְּבוּנֹתֵיכֶם עַד־תַּחְקְרוּן מִלִּין׃
¹² וְעָדֵיכֶם אֶתְבּוֹנָן וְהִנֵּה אֵין לְאִיּוֹב מוֹכִיחַ עוֹנֶה אֲמָרָיו מִכֶּם׃
¹³ פֶּן־תֹּאמְרוּ מָצָאנוּ חָכְמָה אֵל יִדְּפֶנּוּ לֹא־אִישׁ׃
¹⁴ וְלֹא־עָרַךְ אֵלַי מִלִּין וּבְאִמְרֵיכֶם לֹא אֲשִׁיבֶנּוּ׃

¹¹He aguardado vuestras razones, he oído vuestros argumentos, mientras buscabais palabras.

¹²Os he prestado atención, pero ninguno ha refutado a Job y respondido a sus sentencias.

¹³Para que no digáis "hemos hallado sabiduría", Dios le vencerá, no el hombre.

¹⁴Pero él no dirigió contra mí sus palabras, y no le responderé con vuestras razones.

32, 11. Elihu ha esperado las palabras de los "amigos", pensando que ellos podrían decir aquellas que fueran capaces de refutar y silenciar a Job. En lo que ahora sigue, עַד, de un modo aún más enfático que ל, pone de relieve ese intento que él (Elihu) ha seguido con una gran atención: he escuchado vuestros argumentos, es decir, vuestras explicaciones sobre el tema, estos o aquellos, de dónde provienen, para ver si habéis buscado o encontrado palabras, es decir, razones adecuadas para refutar a Job.

Formas abreviadas como estas, אזן en vez de אאזין (cf. מזין igual a מיזין en el sentido de מעזין, Prov 17, 4; cf. Gesenius 68, 1) las encontraremos con frecuencia en esta sección de Elihu. En **Job 32, 12,** la primera parte (Job 32, 12a) se relaciona como antecedente para lo que sigue. ¡Y yo os he prestado atención! (עדיכם en lugar de עליכם, con un matiz de acompañamiento, cf. עֲדֵיכֶם אֶתְבּוֹנָן).

Como indica Aben-Duran: "Os he escuchado de un modo muy preciso, sin dejar que se me escape ninguna palabra. Pues bien, con toda la atención que os he prestado, he descubierto que nadie ha logrado refutar a Job. No hay entre vosotros ninguno que haya respondido o rebatido de un modo victorioso sus afirmaciones".

32, 13-14. Todo lector, aun el menos preparado, podrá descubrir aquí unas expresiones y construcción notables, semejantes a las que uno descubre pasando del libro de los Reyes a las secciones más características del libro de Crónicas. Elihu acusa a los tres diciéndoles que no han sido capaces de descubrir y refutar en Job un tipo de sabiduría falsa, que solo Dios y no un hombre puede desentrañar y vencer (אֵל יִדְּפֶנּוּ לֹא־אִישׁ, con נדף, árabe *ndf, discutere*, expulsar, como el viento que ahuyenta la paja o las hojas secas, dejando el grano bueno de trigo).

Pues bien, dado que en sus discursos anteriores Job no ha dirigido sus palabras en contra de Elihu, en sentido forense, ni militar, Elihu no intentará responderle en la línea de los discursos anteriores de sus amigos. Por eso, no refutará a Job con razones como las que han esgrimido ellos, sino que tomará un camino totalmente distinto para rebatirle.

Job 32, 15-17

¹⁵ חַתּוּ לֹא־עָנוּ עוֹד הֶעְתִּיקוּ מֵהֶם מִלִּים׃
¹⁶ וְהוֹחַלְתִּי כִּי־לֹא יְדַבֵּרוּ כִּי עָמְדוּ לֹא־עָנוּ עוֹד׃
¹⁷ אַעֲנֶה אַף־אֲנִי חֶלְקִי אֲחַוֶּה דֵעִי אַף־אָנִי׃

¹⁵Se espantaron, ya no respondieron; las razones les han abandonado.
¹⁶Yo esperaba, pero no hablaron, sino que callaron y no volvieron a responder.
¹⁷Por eso yo también responderé por mi parte; también yo declararé mi juicio.

A fin de dar un movimiento más rápido, y una mayor fuerza emocional al discurso, en **32, 15** se introduce un asíndeton quizá como en Jer 15, 7 (cf. Ewald 349 a). La mayor parte de los comentaristas traducen הֶעְתִּיקוּ de un modo pasivo, conforme al sentido: han sido separados de ellos, i.e., se han separado de ellos. Pero ¿qué impide que העתיק signifique como en Gen 12, 8; 26, 22, mover (la tienda), marcharse de... (Schlottmann)?

En esa línea se puede decir que han sido las razones las que se han ido (=han fracasado), se han marchado de los amigos de Job (como cuando se deja un campamento...). De esa forma dice Elihu a esos amigos que les han abandonado (a ellos) las razones, un tema que resulta claro en el contexto. No es necesario tomar והוחלתי, **Job 32, 16,** con Ewald (342, c) y Hirzel, como perfecto consecutivo e interrogativo: ¿debería yo esperar porque ellos ya no hablan? Ciertamente, la parte interrogativa desaparece a veces después del *waw* consecutivo, como en Ez 18, 13. 24 (¿y vivirá él?). Pero ¿por qué ha de tomarse aquí והוחלתי como perfecto consecutivo? La interpretación de Hahn: "yo he esperado mientras ellos no han respondido..." no puede sostenerse pues, en ese caso, Elihu debería haberse expresado diciendo עד לא ידברו. Y, por otra parte, dada la predilección del poeta por las repeticiones, las dos כי del texto (כִּי־לֹא יְדַבֵּרוּ כִּי עָמְדוּ) parece que han de tomarse como coordinadas. Elihu quiere decir que él ha esperado un largo tiempo, sorprendido de que los tres amigos de Job no hayan seguido hablando, y de que se mantengan en silencio sin decir nada más. Por eso, él piensa que ha llegado el momento de intervenir, respondiendo a Job.

32, 17. El verbo אֶעֱנֶה no puede ser un futuro *kal*, dado que el futuro *kal* e *hifil* no pueden distinguirse aquí por la vocal interior como en los verbos *ayin awa* y en los de doble *ayin*. Esa palabra ha de ser un *hifil*, pero no como en Ecl 5, 19 con el significado de realizar un trabajo por algo (LXX περισπᾶν), sino con el significado de un *kal* intensivo (como en הזעיק en vez de זעק, Job 35, 9, cf. Job 31, 18): responder, dar una respuesta a alguien que la pide.

No tiene sentido interpretar estas palabras en la línea de un supuesto proverbio, como hace Ewald: "Yo también aro mi campo", חֶלְקִי (192, c, nota 2), pues va en contra del uso del lenguaje, de forma que aquí no puede entenderse הענה en el sentido de arar la tierra. La forma de expresión de Elihu responde al hecho de que חלקי al lado de אני se utiliza como fórmula conmutativa: "Yo...por mi parte".

De todas maneras, esa palabra (חלקי) podría ser un acusativo que ofrece un definición más perfecta del tema (*pro parte mea*, por mi parte), o incluso ella podría ser (aunque esto es menos probable) un acusativo (mi parte). Vemos ya desde aquí que Elihu habla en sentido más escolástico, más de controversia, que los tres amigos de Job.

Job 32, 18-22

18 כִּי מָלֵתִי מִלִּים הֱצִיקַתְנִי רוּחַ בִּטְנִי׃
19 הִנֵּה־בִטְנִי כְּיַיִן לֹא־יִפָּתֵחַ כְּאֹבוֹת חֲדָשִׁים יִבָּקֵעַ׃
20 אֲדַבְּרָה וְיִרְוַח־לִי אֶפְתַּח שְׂפָתַי וְאֶעֱנֶה׃
21 אַל־נָא אֶשָּׂא פְנֵי־אִישׁ וְאֶל־אָדָם לֹא אֲכַנֶּה׃
22 כִּי לֹא יָדַעְתִּי אֲכַנֶּה כִּמְעַט יִשָּׂאֵנִי עֹשֵׂנִי׃

[18]Porque estoy repleto de palabras y por dentro me apremia el espíritu.

[19]Mira, mi interior es como el vino sin respiradero, que revienta los odres nuevos.

[20]Hablaré, pues, y ganaré aliento; abriré mis labios y responderé.

²¹Y no haré distinción de personas ni lisonjearé a ningún hombre.
²²Porque no sé decir lisonjas, mi Hacedor me consumiría pronto.

32, 18. El joven orador continúa su declaración, prometiendo demasiado. Ciertamente, tiene un rico almacén de מלים, es decir, de palabras para responder. מלתי es defectivo en vez de מלאתי, como יצתי en vez de יצאתי. Cf. Job 1, 21; por su parte מלו, Ez 28, 6, no solo se escribe de un modo defectivo, sino que se conjuga también como los verbos en *lamed he* (cf. Gesenius, *Thesaurus* 23, 3, 74 etc.).

El espíritu es un tipo de naturaleza interna, y a causa de ella y de la plenitud de su interior se esfuerza por romper y salir como de un espacio demasiado estrecho donde está encerrado. בטן, como en Job 15, 2. 35 no alude a la apariencia exterior curvada del vientre, sino al interior del cuerpo con sus órganos, que están al servicio de la vida del espíritu, como las cuerdas de un arpa. Cf. árabe *batn*, el medio o interior; en hebreo *bâtin* es lo de dentro (en oposición a *zâhir*, que es lo de fuera).

32, 19. Su interior es como el vino לא יפתח, que no tiene salida o estalla cuando no encuentra aberturas. Es el vino cerrado, de manera que el gas que se acumula por la fermentación no puede salir, liberarse, como indican los LXX δεδεμένος (está atado) y Jerónimo *absque spiraculo*, de forma que estallará como las botellas nuevas. La palabra יבקע no está indicando una cláusula de relativo, refiriéndose de manera distributiva a cada una de las vasijas (como piensan Hirzel y otros), ni una cláusula adverbial subordinada (Hahn: cuando ella explote), sino que es predicado de בטני: su interior está en riesgo de estallar, como los odres de vino nuevo (אבות masc. como נאדות, Js 9, 13).

No se trata aquí de odres nuevos (ἀσκοὶ καινοί, Mt 9, 17, porque estos en cuanto tales no estallan fácilmente), sino de *odres con vino nuevo*, que ha de pasar todavía el proceso de fermentación (pues lo que hace estallar a los odres es el vino); LXX ὥσπερ φυσητὴρ (Códice Sinaítico φυσητής) χαλκέως, i.e., חרשים por lo que es evidente que un odre y también un par de odres recibían el nombre de אוב.

32, 20. Dado que él no puede refrenar su impulso irresistible, a fin de obtener aire o espacio libre, superando la presión, un aire que le permita respirar (וירוח לי), Elihu decide no hacer acepción de personas, no mostrarse parcial con alguno (cf. comentario a Job 13, 8), no adular a nadie. En esa línea, כנה significa en las diversas lenguas semitas, llamar a cada uno con su nombre de honor, darle un apelativo honorable, es decir, adularle. Pues bien, Elihu está decidido a no actuar de esa manera, porque לא ידעתי אכנה, "yo no sé cómo adular" (como en francés, *je ne sais point flatter*).

Para precisar el sentido de כנות o לכנות, cf. otras construcciones semejantes, Job 23, 3 (como Est 8, 6); Job 10, 16; 1 Sam 2, 3; Is 42, 21; 51, 1, Gesenius 142, 3, c. Según eso (**32, 21–22**) Elihu quiere hablar sin ningún parcialismo, sin ningún tipo de adulación porque, según dice, ese no es su estilo. Si por adulación tuviera que negar la verdad, su Hacedor le apartaría rápidamente de su lado. כמעט seguido de futuro, está en subjuntivo: dentro de poco (con acento disyuntivo porque

Discursos de Elihu

equivale a *haud multum abest quin*), i.e., ciertamente muy pronto (fácilmente) podría consumirme. יְשַׂנִּי (como en Job 27,21) parece tener aquí la finalidad de armonizar con עֲשָׂנִי.

Job 33
Job 33, 1-3

1 וְאוּלָם שְׁמַע־נָא אִיּוֹב מִלָּי וְכָל־דְּבָרַי הַאֲזִינָה׃
2 הִנֵּה־נָא פָּתַחְתִּי פִי דִּבְּרָה לְשׁוֹנִי בְחִכִּי׃
3 יֹשֶׁר־לִבִּי אֲמָרָי וְדַעַת שְׂפָתַי בָּרוּר מִלֵּלוּ׃

¹Por tanto, oye Job ahora mis razones, escucha todas mis palabras.
²Yo abriré ahora mi boca y mi lengua hablará en mi garganta.
³Mis razones serán rectas de corazón, y mis labios dirán con sinceridad lo que saben.

33, 1–3. El despliegue de la discusión imparcial que Elihu promete realizar está sujeto a una condición: que Job escuche y observe, no simplemente esto o aquello, sino la totalidad de las cosas que Elihu quiere decirle. Este es el sentido de וְאוּלָם, que se utiliza aquí justamente como en Job 1, 11; 11, 5; 12, 7; 13, 4; 14, 18; 17, 10, con el significado de *verumtamen, por tanto*, con lo que comienza este nuevo momento del discurso. Elihu se dirige a Job como ninguno de los oradores previos lo ha hecho, llamándole por su nombre: "Escucha, Job…". En esa línea, con הִנֵּה־נָא (cf. 33, 2; 13, 18), Elihu dirige la atención de Job hacia aquello que va a decirle.

Él acaba de abrir su boca, su lengua se encuentra ya en movimiento. Esta observación circunstancial inaugura de un modo solemne lo que sigue, con una conciencia clara de su importancia. Job ha sentido la ausencia de אִמְרֵי־יֹשֶׁר, Job 6, 25, en los discursos de los tres amigos; en contra de eso, Elihu puede asegurar desde el principio la "sinceridad de su discurso", que brota de su propio corazón, insistiendo así (conforme a la puntuación) en "el conocimiento de mis labios" (cf. דַעַת שְׂפָתַי), que se expresarán de una forma totalmente pura.

En contra de lo que indican los acentos, דַעַת ha de tomarse como acusativo de objeto, mientras בָּרוּר ha de ser acusativo de predicado (en masculino, como en Prov 2, 10; 14, 6): *mis labios proclaman un conocimiento puro*; o si uno quiere conservar el sentido de los acentos, se puede traducir con Seb. Schmid: *scientiam labiorum meorum quod attinet* (por lo que se refiere a la ciencia de mis labios), *puram loquentur* (mis labios proclamarán una ciencia pura).

Las nociones de pureza y elección coinciden en בָּרוּר (cf. árabe *ibtarra*, separarse de uno mismo; *asfa*, probar que uno mismo es puro). Los tiempos en perfecto de 32, 2-3 describen lo que ha comenzado, de forma que perteneciendo relativamente al pasado, se extienden hasta el presente.

Job 33, 4-7

4 רוּחַ־אֵל עָשָׂתְנִי וְנִשְׁמַת שַׁדַּי תְּחַיֵּנִי׃

⁵ אִם־תּוּכַל הֲשִׁיבֵנִי עֶרְכָה לְפָנַי הִתְיַצָּבָה:
⁶ הֵן־אֲנִי כְפִיךָ לָאֵל מֵחֹמֶר קֹרַצְתִּי גַם־אָנִי:
⁷ הִנֵּה אֵמָתִי לֹא תְבַעֲתֶךָּ וְאַכְפִּי עָלֶיךָ לֹא־יִכְבָּד:

⁴El espíritu de Dios me hizo y el aliento de Shadai me dio vida.
⁵Respóndeme, si puedes; prepárate en mi presencia, toma tu lugar.
⁶Heme aquí, soy de Dios, lo mismo que tú; del barro fui formado también yo.
⁷Por eso, mi terror no te espantará y mi peso no será fuerte para ti.

Elihu tiene dos cosas en común con Job: la espiritualidad y el carácter mundano de su naturaleza (es aliento de Dios en el barro de la tierra). Pero, en virtud de la primera de ellas, no se siente exaltado sobre la persona de Job, sino sobre el estado actual de las cosas (sobre la visión de la realidad) que Job ha tomado como suyo. Teniendo eso en cuenta, Job no ha de tener miedo a plantear bien las cosas, como supone 9, 34 y 13, 21, ni tiene que defenderse ante Dios, exigiéndole que no le aterrorice.

Según eso, tanto en **Job 33, 4** como en 33, 6, Elihu apela a la doble naturaleza del hombre, es decir, a su doble origen, conforme a Gen 2, 7, insistiendo en el hecho de que el hombre se encuentra exaltado sobre todos los restantes seres, porque él aparece como individualización del aliento del Espíritu de Dios, que ya actuaba en la materia. El Espíritu de Dios se manifiesta en la totalidad del mundo, en su conjunto; pero el espíritu del hombre (para el que la Biblia ha reservado el nombre נשמה) es una inspiración que viene directamente de Dios, el Ser Personal, una inspiración que se transfiere (se encarna) en un marco corporal, esto es, en una persona, haciéndola persona[61].

Con la elevada conciencia de haber sido originado por el Espíritu de Dios, y estando dotado de la vida que proviene de su aliento inspirado por el Todopoderoso, Elihu se eleva como invencible ante **Job 33, 5:** si tú puedes refútame (השיב con acusativo de persona, como en 3, 32); prepárate (con ערכה, conforme a Gesenius 63, 1) ante mí, עֶרְכָה לְפָנַי, (aquí con el pensamiento adicional de מלחמה, como en Job 23, 4, I en un sentido forense, con משפט), colócate en posición o tomar mi puesto (imperativo *hithpael*). En esa línea, él también, como Job, pertenece a Dios, i.e., de él depende, está condicionado por él.

הֶן־אֲנִי ha de escribirse con *segol* (no con *sere*); לאל en el sentido de לו, como en Job 12, 16. Por su parte, כפיך significa, propiamente, *de acuerdo a tu declaración*, i.e., en la línea que tú has tomado, como tú eres; en esa línea se utiliza incluso en el Pentateuco (cf. Ex 16, 21). En ese sentido significa, *lo mismo que tú* (aunque en Job 30, 18 hemos interpretado esa expresión, כפי, de un modo algo distinto).

---

61. Dios tomó una pequeña parte de su propia vida –como dice una tradición de los Kareos, una tribu expandida por la India oriental– y la insufló en las narices de su Hijo y de su Hija, y de esa forma ellos fueron seres vivientes, haciéndose realmente humanos.

33, 6. También él, Elihu, ha sido formado de arcilla, como cuando el alfarero prepara y modela un conjunto de barro (cf. arameo קרץ, una pieza, árabe *qurs,* un pastel de pan, una pasta hecha de excrementos, de *qarasa,* tomar algo, modelarlo, cortar un trozo de una pasta). Teniendo eso en cuenta, la aparición de Dios no podrá ser desconcertante para Job, y su presión (el impulso del Espíritu) no podrá ser para él una carga, un peso.

33, 7. Por comparación con Job 13, 21, podría suponerse que אכפי es equivalente a כפי (LXX ἡ χείρ μου), pero la palabra כבד está siempre vinculada con יד, nunca con כף; y el ἄπ. γεγρ. (אכפי) se explica en la línea de Prov 16, 26, donde אכף significa oprimir, manejar (Jerónimo: *compulit*), y se aplica de formas distintas en las lenguas semitas, porque en la traducción siríaca *ecaf* significa algo pesado, inquietante (cf. *ecaf li,* ello me causa ansiedad, *curae mihi est*), y en árabe *accafa, ucâf, es ensillar,* poner un peso.

De un modo consecuente, el targum traduce אכפי por טוני, mi peso, y el texto siríaco traduce אוכפני, aquello que me impulse hacia adelante (en la versión árabe *iqbâli,* mi toque, aquello que me toca e impulsa). En esa línea אכף significa presión, peso fuerte, carga. De un modo consecuente, Saadía traduce esa palabra por "*aquello que me constriñe*" y Gecatilia por "mi poder".

Según eso, al presentarse ante Job como אָכְפִּי, desde la perspectiva de Dios, Elihu no aparece como oponente de Dios, como alguien que no está vinculado a él por naturaleza, sino como alguien de su misma naturaleza. Por eso, si Job no le responde deberá tomarse como un hombre que ha sido derrotado, pues no responde a la naturaleza de Dios en su vida.

Job 33, 8-12

⁸ אַךְ אָמַרְתָּ בְאָזְנָי וְקוֹל מִלִּין אֶשְׁמָע׃
⁹ זַךְ אֲנִי בְּלִי פָשַׁע חַף אָנֹכִי וְלֹא עָוֺן לִי׃
¹⁰ הֵן תְּנוּאוֹת עָלַי יִמְצָא יַחְשְׁבֵנִי לְאוֹיֵב לוֹ׃
¹¹ יָשֵׂם בַּסַּד רַגְלָי יִשְׁמֹר כָּל־אָרְחֹתָי׃
¹² הֶן־זֹאת לֹא־צָדַקְתָּ אֶעֱנֶךָּ כִּי־יִרְבֶּה אֱלוֹהַּ מֵאֱנוֹשׁ׃

⁸De cierto tú dijiste a mis oídos, y oí la voz de tus palabras que decían:
⁹"Soy limpio y sin transgresión; sin mancha, y no hay maldad en mí.
¹⁰Pero Él buscó cosas maliciosas contra mí, Y me tiene por su enemigo;
¹¹Puso mis pies en el cepo, y vigiló todas mis sendas".
¹²Pero eso no es justo, y te responderé; porque Eloah es muy exaltado sobre el hombre.

33, 8. Con אַךְ אָמַרְתָּ, Elihu establece un hecho innegable, diciendo a Job: *eres tú el que lo has dicho, no ha sido ningún otro...* Job ha dicho esas cosas (que veremos), y las ha dicho ante los oídos de Elihu, de forma que estas palabras presentan de un modo innegable su pensamiento. Decir algo בְּאָזְנָי de otro equivale en hebreo a no decirlo en secreto, de manera que pueda ser mal entendido, sino a decirlo en alto, de un modo preciso y distinto.

En 33, 9. Elihu vuelve a los enunciados anteriores, como en Job 9, 21, תם אני; en 16, 17, תפלתי זכה; en 12, 4, donde él se llama a sí mismo צדיק תמים, cf. Job 10, 7; 13, 18. 23; 23, 10; 27, 5; 29, 1; Job 31, 1. La expresión חף, *tersus*, no aparece en boca de Job; Geiger vincula esa expresión con el árabe *hanîf* (cf. comentario a Job 13, 15); pero se trata más bien de un adjetivo del verbo semítico חף, árabe *hff*, frotar, hacer que la piel quede lisa frotando el pelo; targum, Talmud, traducción siríaca, hacer que algo quede liso, como lavado (de esa raíz deriva שׁזיג, *lotus*; cf. Nöldecke, *Genfey's Zeitschrift*, 1863, pág. 383). La palabra אָנֹכִי ha conservado aquí, como excepción, el acento en la última sílaba, en pausa.

En **33, 10** Elihu utiliza también una palabra que no aparecía en la boca de Job, es decir תנואות, una palabra que según Num 14, 34 significa *alienación*, de נוא (הניא), impedir, reprimir, volverse a un lado, *abalienare*, Num 32, 7, que equivale en árabe a *na'a* (elevarse pesadamente)[62], inclinarse sobre, oponerse a, ser hostil en contra de; pero conforme al hebreo significa tener razones u ocasiones para mostrar aversión, hostilidad a alguien.

Conforme a estas citas de Elihu, Job ha presentado a Dios como su enemigo, y así recapitula Elihu su pensamiento, es decir, aquello que Job ha dicho con cierta frecuencia, en 10, 13-17 y en 33, 10 con sus propias palabra; en Job 13, 24, ותחשבני לאויב לך; en 19, 11, ויחשבני לו כצריו; en Job 30, 21, תהפך לאכזר לי. En esa línea, **Job 33, 11** es una cita *verbatim* de 13, 27. ישם es un futuro poético contracto de ישים. De esa manera, Elihu pone de relieve un rasgo principal de los discursos de Job: el hecho de que él defiende su propia justicia a expensas de la justicia divina.

En **Job 33, 12** Elihu empieza refutando la afirmación de Job cuando se presenta como alguien que es צדק נפשו מאלהים, es decir, *alguien que tiene más razón que Dios*, en general. El verbo צדק no significa aquí ser justo, sino tener razón, más razón que Dios (como en Job 11, 2; 13, 18); este es el significado básico de la palabra (*sadaqa*, decir la verdad, ser fiable).

Por su parte, זאת (con *munach*, no con *dech*) es adverbio: en esto, en este caso, cf. comentario a Job 19, 26. רבה מן es como en Dt 14, 24 (más largo que, o exceder a alguien en fuerza), pero aquí se aplica al poder sobrehumano de Dios. La versión árabe tiene aquí la preposición *'an* en lugar de מן. Según Elihu, Dios

---

62. Zamachschari no deriva esa palabra del árabe *nawâ*, tratar con enemistad, ni del árabe *n'*, sino de *nwy*, de forma que *nâwa fulanan* significa "tener malos designios en contra de alguien, meditar el mal en contra de alguien". Las frases *iluh 'aleji nijât*, él tiene malas intenciones (designios malvados) en contra de mí, y *nijetuh zerije aleik*, él tiene malas intenciones en contra de ti, con otras semejantes, son muy comunes en la lengua árabe de los nómadas (nota de Wetzstein).

Discursos de Elihu

es demasiado exaltado para tener que defenderse a sí mismo, en contra de las acusaciones que Job le ha dirigido.

Job 33, 13-18

¹³ מַדּוּעַ אֵלָיו רִיבוֹתָ כִּי כָל־דְּבָרָיו לֹא־יַעֲנֶה:
¹⁴ כִּי־בְאַחַת יְדַבֶּר־אֵל וּבִשְׁתַּיִם לֹא יְשׁוּרֶנָּה:
¹⁵ בַּחֲלוֹם ׀ חֶזְיוֹן לַיְלָה בִּנְפֹל תַּרְדֵּמָה עַל־אֲנָשִׁים בִּתְנוּמוֹת עֲלֵי מִשְׁכָּב:
¹⁶ אָז יִגְלֶה אֹזֶן אֲנָשִׁים וּבְמֹסָרָם יַחְתֹּם:
¹⁷ לְהָסִיר אָדָם מַעֲשֶׂה וְגֵוָה מִגֶּבֶר יְכַסֶּה:
¹⁸ יַחְשֹׂךְ נַפְשׁוֹ מִנִּי־שָׁחַת וְחַיָּתוֹ מֵעֲבֹר בַּשָּׁלַח:

¹³¿Por qué disputas contra él, si no da cuenta de ninguno de sus hechos?
¹⁴Porque de una forma habla Dios, pero uno (el hombre) no entiende.
¹⁵Por sueños, en visión nocturna, cuando el sueño fuerte cae sobre los hombres, cuando se adormecen sobre el lecho,
¹⁶entonces Dios abre el oído de los hombres, y traza admoniciones para ellos.
¹⁷Para apartar al hombre de su obra mala, y apartar al varón de la soberbia,
¹⁸para que su alma no caiga en la fosa, y su vida no perezca a espada.

33, 13-14. Considerándose a sí mismo como justo, y viéndose tratado por Dios como su adversario, Job ha preguntado a Dios con frecuencia: ¿por qué me tratas así como enemigo, Job 7, 20, y por qué me has convertido en blanco de sus ataques, Job 10, 18? A Job le hubiera gustado que Dios respondiera a estas preguntas, pero dado que Dios se ha velado en su silencio, Job ha elevado en contra de él sus quejas, acusándolo duramente y diciéndole que es un tirano que gobierna conforme a su visión arbitraria de las cosas.

Esto es lo que Elihu tiene en su mente en **33, 13**. La palabra ריב (que en los demás lugares del libro de Job aparece con עם o con acusativo de persona, relacionado con aquel con quien uno disputa) aparece aquí, como en Jer 12, 1, y con frecuencia en otros lugares, referido a אל (cf. אֵלָיו) y conjugado como un *hifil* contracto.

ריבות está en lugar de רבת, Gesenius 73, 1. Por su parte, ענה (cf. לֹא־יַעֲנֶה) con acusativo significa responder algo (cf. Job 32, 12; 40, 2, y especialmente Job 9, 3). No se refiere a אנוש que aparecía en la estrofa anterior (Hirzel, Hahn), sino a Dios. דבריו son las cosas, es decir, los hechos y circunstancias de su reinado (de Dios); todas aquellas cosas que son misteriosas en sus respuestas. Pues bien, Dios no responde en este plano a nada (cf. כל לא, Job 34, 27), él no da cuenta de ninguna de esas cosas (Schnurrer, Gesenius y otros).

La partícula כי, Job 33, 14, tiene aquí el sentido de *imo*, y se relaciona con este pensamiento negativo (con el hecho de que Dios no responde), cosa que ha sido una razón de la controversia de Job. Pues bien, a pesar de eso, según Elihu,

Dios habla realmente con los hombres, pero no en la forma en que Job lo desea, cuando disputa con Dios en su propia defensa.

Muchos comentaristas toman באחת y בשתים según LXX, traducción siríaca, y Jerónimo, en el sentido de *semel, secundo* (una vez, dos veces...así también Hahn, Schlottmann); pero *semel* se dice אחת, mientras que באחת nunca equivale a בפעם אחת, porque en Num 10, 4 significa "con una" (es decir, con una trompeta); en Prov 28, 18, "en uno" (es decir, en uno de los muchos caminos); en Jer 10, 8, "en una", i.e., en la misma locura (no tiene el sentido de *en total, de una vez*, como כאחד, traducción siríaca *bachdo*).

Por su parte, בשתים no es dos veces, sino de dos modos, de dos formas. Dios se expresa de dos formas, es decir, por sueños y por enfermedad. Según eso, la palabra באחת está bien traducida por el targum, *una loquela*, y por Pagran, *uno modo*, y por F. Vatable y Mercier, *una via*.

La forma de expresión, *por una y por dos...* forma parte de los proverbios numerales, como en Job 5, 19. De diversas formas, por varios caminos, habla Dios a los mortales. Si alguien no cree en ello es por su propia falta. La expresión רְנָה לֹא יְשׁוּר, que según el *rebia mugrasch* constituye como una frase distinta, no ha de entenderse con Schlottmann como una frase circunstancial (sin que uno...), ni como piensan Vatablus y Hahn como una frase condicional (si uno no atiende a esa revelación...), ni como Arias Montano y J. Piscator como una frase de relativo (para aquel que no la acoge), sino que ha de verse con Tremellius como una segunda frase predicativa, coordenada a la anterior, sin una nueva partícula (uno podría esperar אך): él (un hombre mortal) o alguien no lo observa (שׁוּר con sufijo neutro, como en Job 35, 13). **33, 15–16.** *Dios habla a los hombres por sueños, en visión nocturna.* Elihu describe ahora la primera forma en la que Dios habla al hombre, apareciendo *como testigo* (=revelador) *en el sueño* del hombre. Dios se vale de los sueños o de un tipo visiones parecidas a las del sueño, que sobrevienen en el contexto de un "pensamiento nocturno", como he puesto de relieve en *Psychol.* pág. 282 s. Esta forma de revelación abunda sobre todo en el mundo pagano, donde no existe una revelación positiva de Dios.

La lectura חֶזְיוֹן (en códices de los LXX, traducción siríaca, Símaco, Jerónimo), como la acentuación de בַּחֲלוֹם con *mehupach legarme*, procede del supuesto correcto de que la visión de la noche y el sueño no son nociones idénticas; sin embargo, las concreciones de 33, 15 están formadas en la línea de Job 4, 13. En su condición de sueño profundo o semisueño, Dios *revelat aurem hominum* (se revela al oído de los hombres), frase que se utiliza en la preparación del oído con el propósito de escuchar la voz interna, sin impedimentos, como una comunicación confidencial. En esa línea, Dios abre el oído de los hombres, y ratifica su amonestación, es decir, su palabra saludable y necesaria para ellos.

Elihu utiliza ב חתם (cf. וּבְמֹסָרָם יַחְתֹּם) aquí y en Job 37, 7, en la línea de חתם בעד de Job 9, 7: para sellar algo (para ratificarlo), cf. árabe *ḥîm*, σφραγίζειν, en la línea de una afirmación y atestación infalible, como un sello (Jn 6, 27), refiriéndose a la revelación o inspiración, que se distingue del árabe *chtm*, σφραγίζειν, en el sentido específico del término. Elihu quiere decir de esa manera que ese tipo de sueños y visiones son hechos sobrecogedores y raros, que no deben olvidarse.

Dios sella de esa forma las advertencias que dirige a los hombres de un modo distinto, sin que les hayan causado una impresión de ese tipo. La mayoría de las versiones antiguas (incluso la de Lutero) traducen esa palabra, יֵחָתֵּם, como expresión de una experiencia aterradora (LXX ἐξεφόβησεν αὐτούς). מסר es una forma secundaria de מוסר, Job 36, 10, que aparece solo aquí. A continuación viene el despliegue más extenso de la advertencia o admonición que Dios ofrece de esa manera tan fuerte a los hombres.

33, 17-18. Conforme al texto, *Dios ofrece a los hombres esas visiones* a fin de que ellos puedan apartar de su vida la maldad (Gesenius 133, 3); pero debe evitarse un cambio de sujeto, añadiendo una *mem* a אָדָם מַעֲשֶׂה y poniendo אדם ממעשה, como traducen los LXX ἀποστρέψαι ἄνθρωπον ἀπὸ ἀδικίας αὐτοῦ (aunque esa lectura de los LXX no presupone sin más que en el fondo haya un texto hebreo distinto de ממעשהו); el targum traduce *ab opere malo*; y Jerónimo de una forma no tan adecuada: *ab his quae fecit*.

מעשה significa *obra mala* (*facinus*), como en 1 Sam 20, 19, y por su parte פעל, Job 36, 9, *obrar mal*. El infinitivo constructo pasa así al final del verbo, cosa que nos podría llevar a confundir los sujetos: "Y de forma que Dios pueda remover la arrogancia del hombre", es decir, "destruir" su arrogancia, haciéndole consciente de su pecado de orgullo (גוה de גוה igual a גאה, como en Job 22, 29, conforme a Gesenius, Ewald y Olshausen, porque גאוה es igual a גאוה).

Todo es aquí peculiar, tanto en pensamiento como en expresión. Por su parte, la palabra חיה, Job 33, 18 (cf. וְחַיָּתוֹ, en la línea de Job 33, 22. 28), en vez de חיים (Job 33, 30) no aparece en ningún otro lugar del libro de Job, y la frase בשלח עבר se encuentra solo aquí y en Job 36, 12 (cf. עבר בשחת, Job 33, 28) y en ningún otro lugar del Antiguo Testamento.

שֶׁלַח (árabe *silâh*) es un arma ofensiva, en oposición a *metâ'*, un arma de defensa; es un instrumento para disparar, de שלח, *emmittere*, disparar; y עבר בשלח es equivalente a נפל בעד השלח, Joel 2, 8, ser traspasado por el arma lanzada en contra.

Dios utiliza este medio de los sueños para liberar a los hombres del pecado, es decir, de la seguridad carnal y de la autoelevación imaginaria; y al mismo tiempo lo hace para liberarles de la muerte, tanto de la muerte temprana (en la juventud), como de la muerte violenta. Esta es la finalidad que Dios vincula a este primer modo de revelación. Pero hay también un segundo modo.

Job 33, 19-22

19 וְהוּכַח בְּמַכְאוֹב עַל־מִשְׁכָּבוֹ (וְרִיב) [וְרוֹב] עֲצָמָיו אֵתָן׃
20 וְזִהֲמַתּוּ חַיָּתוֹ לָחֶם וְנַפְשׁוֹ מַאֲכַל תַּאֲוָה׃

²¹ יְכַל בְּשָׂרוֹ מֵרֳאִי (וְשֻׁפִּי) [וְשֻׁפּוּ] עַצְמוֹתָיו לֹא רֻאּוּ:
²² וַתִּקְרַב לַשַּׁחַת נַפְשׁוֹ וְחַיָּתוֹ לַמְמִתִים:

¹⁹Y en su lecho es castigado el hombre con fuerte dolor en sus huesos.
²⁰Entonces su vida aborrece el pan y su alma la comida suave.
²¹Su carne se consume y desaparece a la vista, y sus piernas consumidas no aparecen.
²²Su alma se acerca al sepulcro y su vida a los destructores.

33, 19-20. *En segundo lugar, Dios habla a los hombres por la enfermedad.* Otra de las lecciones más severas que Dios enseña al hombre es la penosa enfermedad: Job es castigado con dolor (con ב de mediación, en, sobre su cama בְּמַכְאוֹב), con fuerte sufrimiento de huesos, con dolor hasta en los huesos, antes vigorosos (Raschi), o "mientras la multitud de sus huesos es todavía vigorosa" (Ewald). Así debe interpretarse el *kere*, וְרֹב, pues la interpretación "él y la multitud de sus huesos" con pena incesante (cf. Arnheim siguiendo a Aben-Ezra), resulta antinatural. De todas formas, la interpretación del *qetib* (רִיב) es mucho más recomendable: *y con un constante tumulto de sus huesos* (Hirzel con otros).

En la línea anterior, Job 33, 19b puede tomarse también como una frase de sustantivo: "y el tumulto de sus huesos es incesante" (Umbreit, Welte); pero es preferible la interpretación anterior de la ב de בְּמַכְאוֹב. Por su parte רִיב (que es lo opuesto a שָׁלוֹם, p. ej., Sal 38, 4) ofrece una excelente descripción de la enfermedad, que consiste en la destrucción del equilibrio de los poderes de la vida del hombre, de la disolución de su armonía, que se expresa como lucha de unos contra otros, como he destacado en *Psychologie* pág. 287. Por su parte אתן en vez de איתן se encuentra entre las muchas formas defectivas de escritura que aparecen en esta sección.

En **Job 33, 20** encontramos de nuevo un *hápax–legomenon* hebreo-arameo: זהם (cf. וְזִהֲמַתּוּ), en árabe *zahuma* que significa "aborrecer", como en arameo. Por su parte, זהם (de donde viene זוהם, sucio y podrido), entendido como *zahama*, es echarse atrás, *apartarse de*, como indica Abu S. Dad Alfsi en su *Lexicon* árabe del hebreo: su alma aborrece (תזהם נפסה) la comida y todos los medios de vida (cf. Pinsker, *Likkute Kadmoniot*, pág. קמג).

Según eso, el sufijo de זִהֲמַתּוּ ha de tomarse como una anticipación del objeto que sigue, cf. Job 29, 3: su vida siente disgusto por la comida y su alma por el alimento suave. En esa línea, el *piel* tiene solo el significado de un *kal* intensivo (sinónimo de תעב, Salm 107, 18), y de un modo consecuente Hahn y otros muchos traducen ese sufijo en el sentido de "ante él". Pero si hubiera querido que sus palabras se interpretaran de esa forma, el poeta las hubiera organizado de una forma menos ambigua, en la línea de וזהמתו לחם חיתו.

Nosotros tomamos זהם como hace Ewald 122, b, como un causativo de *kal*, aunque el *piel* tiene pocas veces ese sentido, pero a veces lo tiene, apareciendo en vez del *hifil*, aunque no debe traducirse como quiere Hirzel: חיה como *hambre* y נפש como *apetito*, lo que hace que el sentido de toda la frase sea confuso. De un modo preciso, Schlottmann arguye: "La palabra נפש aparece aquí claramente en su sentido propio de poder vital, como ψυχή; se trata del mismo poder vital que se va consumiendo por la enfermedad, de manera que la respiración, necesaria para la vida, resulta muy apagada".

Este es el fondo del tema: la salud produce apetito, la enfermedad nausea; el alma que está sana desea comida como tal; la que está muy enferma parece querer solo comidas muy especiales, pero con debilidad y aversión.

33, 21-22. La forma contracta de futuro (יְכַל, con ישם, Job 33, 11), es poética en lugar de la forma plena en prosa; su carne se desvanece de la vista, con מראי, de manera que ella se vuelve casi invisible (cf. 1 Sam 16, 12 con Is 53, 2, ולא־מראה). En Job 33, 21 el *kere* corrige el texto, poniendo וְשֻׁפּוּ, mientras que el *qetib*, וּשְׁפִי, ha de traducirse *et contritio* (y la contrición).

La palabra שׁפה, que ha de entenderse como hace Saadia[63] desde el hebreo talmúdico, significa romper, *conterere, comminuere*; Abulwald (en Gesenius, *Thesaurus*) traduce *suhifet wa-baradet*, ellos han consumido y devastado, y lo explica desde כתתו. La noción de fondo es que el desfallecimiento, la pérdida, la destrucción, no ha de entenderse desde el árabe *sf'*, ספה, que, partiendo de la noción radical de desvanecerse, significa *desaparecer*, sino que ha tomado el significado general de destruirse.

Esa palabra se relaciona, en esa línea, con el árabe *shf*, de donde viene *suhâf*, aquello que se consume, propiamente hablando, la desaparición de las gorduras del cuerpo. Conforme al *kere*, Job 33, 21 ha de entenderse así: y sus huesos (piernas) se destruyen, desaparecen, no pueden verse, pues han perdido sus formas y no tienen la agradable apariencia que antes tenían.

Otros comentaristas, tomando los huesos en su sentido estricto, y שׁפה en su significado de raspar, equivalente a dejar desnudo, toman לֹא ראו como una frase de relativo, como ha hecho Jerónimo: *ossa quae tecta fuerant nudabuntur* (o mejor *nudata sunt*), pero esto exigiría un cambio de modo verbal, de forma que habría que poner לֹא ראו...וישפו.

En contra de eso, hay que aceptar la forma רֻאּוּ, una de las cuatro palabras del Antiguo Testamento (con Gen 43, 26; Esd 8, 18 y Lev 23, 17) que van con *dagesh* en el *aleph*, una anotación que los masoretas han hecho para indicar que el *aleph* ha de pronunciarse cuidadosamente de un modo gutural (como en árabe con *hamza*), de manera que en este pasaje ha de sonar como *ru-'ú*[64].

---

63. Saadía remite a *b. Aboda zara* 42a: si un pagano ha roto en piezas un ídolo (שׁפה) para así aprovecharse de las piezas, las dos cosas, tanto el resto del ídolo roto como los fragmentos (שׁפויין) son permitidos, pues ambos han perdido su carácter impuro de ídolo.

64. Cf. Luzzatto, *Grammatica della Lingua Ebraica* (1853), 54. La visión de Ewald (pág. 21) según la cual en estos casos el *aleph* ha de leerse como una "j" (entendiendo así la palabra en el sentido de *ruju*) carece de fundamento. Más aún, el punto sobre el *aleph* solo se puede llamar *dagesh* de un modo impropio; debería llamarse más bien *mappik*.

Según eso, el alma, es decir, el portador de la vida del cuerpo de un hombre enfermo, aparece aquí cerca de sucumbir en el proceso de su decaimiento, de forma que se está acercando a la fosa, y su vida queda ya en manos de los ממתים, que son los ángeles destructores (cf. Sal 78, 49; 2 Sam 24, 16), es decir, los ángeles a los que Dios ha comisionado para que destruyan a los hombres, a no ser que ellos (los hombres) se anticipen al decreto de la muerte haciendo penitencia.

Pero no tiene sentido interpretar así estos poderes de la muerte, de un modo general, como hace Rosenmüller, ni entenderlos en la línea de las penas de la muerte, como hacen Schlottmann y otros, porque esta sección de Elihu tiene un fuerte colorido angelológico más que "demoníaco", como puede verse también en otras partes del libro. En esa línea, la siguiente estrofa, en contraste con esos ממיתים, habla del ángel que realiza la liberación de la muerte.

Job 33, 23-24

²³ אִם־יֵשׁ עָלָיו ׀ מַלְאָךְ מֵלִיץ אֶחָד מִנִּי־אָלֶף לְהַגִּיד לְאָדָם יָשְׁרוֹ׃
²⁴ וַיְחֻנֶּנּוּ וַיֹּאמֶר פְּדָעֵהוּ מֵרֶדֶת שָׁחַת מָצָאתִי כֹפֶר׃

²³Pero si hay para él un ángel mediador, uno entre un millar,
para declarar lo que es provechoso para el hombre;
²⁴y es gracia para él, y Dios le dice: líbrale para que no descienda al sepulcro,
ha encontrado redención.

El ángel mediador de Dios actúa en la enfermedad del hombre. El tipo de revelación anterior, en Job 33, 15, era más fácil, pues se identificaba con el fortalecimiento del testimonio de la conciencia del hombre que recibe una advertencia divina, que le viene dada en circunstancias admirables. Este segundo tipo (33, 23–24), que los LXX distinguen correctamente del primero (así traducen 33, 19: πάλιν δὲ ἤλεγξεν αὐτὸν ἐν μαλακίᾳ ἐπὶ κοίτης), es más difícil, pues no ofrece solamente advertencia contra el pecado y sus consecuencias de muerte, sino la liberación de la misma muerte, en manos de la cual el hombre se hallaba casi totalmente abandonado a consecuencia del pecado.

Como dice Elihu, esta liberación requiere un mediador. Este despliegue del pensamiento no exige que el מלאך sea un mensajero humano concreto de Dios, como podría ser en nuestro caso el mismo Elihu (así Schultens, Schnurrer, Boullier, Eichhorn, Rosenmüller, Welte). Según Hofmann (*Schriftbew.* i. 335 s.) ese מלאך (מַלְאָךְ מֵלִיץ), ángel mediador de Dios puede ser "*cualquier intérprete de la voluntad divina*, un hombre entre mil, alguien que ha sido comisionado para hablar en nombre de Dios, es decir, un profeta".

Pero esa interpretación de Hofmann va en contra del texto. Ese מלאך (o מלך) no es meramente alguien que describe (que anuncia, que proclama, fuera de sí) la liberación de Dios, sino el mediador de la misma liberación (es decir, aquel que realiza esa mediación). Y si los ממתים de 33, 22 son los ángeles por los que al hombre se le transmite la ejecución de la muerte, este מלאך que aparece aquí ante el hombre que se encuentra ya en el límite de la muerte, no puede ser simplemente un hombre, sino un ser superior, de tipo divino. Según eso, aquí no debemos entender מלאך como en Job 1, 14, sino como en 4, 18; y con más fuerza aún, si es que nos hallamos (como de hecho estamos) en un contexto extraisraelita, en el círculo de la historia patriarcal. En ese mundo extraisraelita encontramos una doctrina mucho más desarrollada que en Israel sobre los ángeles y demonios, una doctrina que ha de entenderse no solo de un modo subjetivo, sino también objetivo. En esa línea, dentro de la historia patriarcal, tal como aparece en Gen 16, el מלאך יהוה (אלהים) es un instrumento o medio (mediador) en la historia de la redención, de forma que se identifica con el mismo Dios que se revela a los hombres, de tal forma que se le puede llamar y se le llama Dios.

Este מלאך es aquel a quien Jacob evoca en Gen 48, 15, cuando bendice a José, cuando alude al Dios Invisible, al Dios Pastor, es decir, el Dios Líder/Dirigente y Gobernante, para presentarle como "el ángel que me liberó (הגאל) de todo peligro"; este es el Ángel que, según Sal 34, 8, acampa en torno a los que temen a Dios y les libera, el Ángel de la Presencia, a quien Isaías evoca en la *Thephilla* u Oración sobre Is lxiii. 7 ss. al lado de Yahvé y de su Espíritu Santo como tercera hipóstasis divina.

Retomando esta percepción, Elihu pide a Dios que libere a los hombres de la muerte en que ellos han incurrido por sus pecados, pidiendo la presencia activa de un mediador angélico sobrehumano. Este "Ángel de Yahvé" de la historia primitiva constituye la prefiguración más antigua de la encarnación futura de Dios en la historia de la redención; sin esta promesa, toda la historia del Antiguo Testamento no sería mas que una mezcla confusa de premisas y líneas abiertas, pero sin una conclusión, sin un centro. Esta figura angélica constituye la forma más antigua de esperanza de un liberador, a la que se recurre siempre, en conformidad con la ley circular de la conexión entre el principio y el fin, en Mal 3, 1.

33, 23. La estrofa comienza con una indicación de la conexión que existe con lo precedente. En esa línea, podemos tomar מַלְאָךְ מֵלִיץ en unidad como sustantivo y epíteto. Sin embargo, la acentuación, que pone a las dos palabra מלאך y מליץ con *rebia magnum* (lo que significa, según Baer, *Psalterium*, p. xiv., que la segunda palabra tiene menor valor que la primera) supone que מַלְאָךְ es sujeto y מֵלִיץ es predicado: si hay por tanto para él (עליו, *pro eo*, Ewald 217, 9) un ángel como מליץ, como mediator/mediador... Esa palabra, מליץ, significa siempre un intérprete, Gen 42, 23; un negociador, 2 Cron 32, 31; alguien que hable en nombre de Dios, es decir, un profeta, Is 43, 27.

En todos los casos, a no ser que se utilice como en Job 16, 20, en sentido negativo, esa palabra מליץ evoca siempre el sentido de un *internuncius*, es decir, de un *mediator* (en esa línea se sitúa la palabra judía del ángel מטטרון, *Metatron*, que equivale probablemente al ángel mediador, no μετάθρονος, *meta–trono*, *Metraton*, que es una palabra que no se utiliza en griego). El targum traduce esta palabra por פרקליטא, forma hebraizada de παράκλητος (en oposición a קטיגור, forma también hebraizada de κατήγορος, κατήγωρ).

Según eso, aquí se supone que un ángel toma y realiza el oficio de mediador para el hombre, y así lo hace *uno entre mil,* es decir, no uno cualquiera de los miles y miles de ángeles (cf. Dt. 33, 2; Sal 68, 18; Dan 7, 10, en relación con Tob 12, 15: εἷς ἐκ τῶν ἑπτά), sino un ángel que se eleva sobre los miles de ángeles de Dios, uno que no tiene equivalente entre ellos (cf. Ecl 7, 28).

Hirzel y Hahn combinan de un modo equivocado estas ideas, diciendo "uno de los miles cuya función es anunciar…". Ciertamente, la acentuación de las palabras puede tomarse así, pero en nuestro caso la misma función del מלאך es la de ser מליץ, como indica la finalidad de la frase: "Si aparece un ángel, para bien de los hombres, como mediador, *para declararle* ישרו, *su elevación,* su nobleza", de un modo directo (cf. Prov 14, 2), en una palabra, para declararle el camino de la salvación que él ha de tomar, para que los hombres se liberen del pecado y de la muerte, es decir, para abrirles el camino del arrepentimiento y de la fe (de la confianza en Dios). Eso significa que Dios tiene piedad de los hombres.

Y a partir de aquí comienza la conclusión. Rosenmüller y otros retoman en este momento la idea antecedente, interpretando lo que sigue como intercesión del ángel; pero el ángel mismo aparece en este momento como mediador de Dios, como aquel que trae consigo el favor de Dios sin que él como tal (separado, en sí mismo) sea el חנן, es decir, la Gracia divina (cf. וַיְחֻנֶּנּוּ, pues la Gracia como tal es el mismo Dios).

El ángel es aquel que hace posible el perdón, de manera que el hombre sea capaz de recibirlo. Según eso, es Dios el que actúa en el fondo, el que perdona y dice a su ángel "libérale para que no descienda en la fosa… yo he encontrado una redención".

פדע es una palabra que está emparentada con la raíz פד (como יפה, יפע, árabe *wf', wfy,* que vienen de un origen común: וף, יף). Wetzstein se inclina a tomar פדע como metátesis de דפע, árabe *df'*: arráncalo, sácalo de la tumba. El verbo מצא (cf. מְצָאתִי, he encontrado) significa llegar a, encontrar, alcanzar, como en Job 11,7, *lograr algo.*

Este es el primer significado que aquí tiene la palabra, por la que se supone que el "buscador" (el hombre) ha encontrado lo que buscaba, que es la presencia y realidad de Dios (o que lo ha encontrado incluso sin buscarlo). En este contexto se puede recordar las palabras de Hbr 9, 12: αἰωνίαν λύτρωσιν εὑράμενος (en el sentido de encontrar la salvación eterna).

Conforme a su primer significado, כפר (**33, 24**: כֹּפֶר, cf. *Hebräerbrief,* pp. 385, 740), no es "cubrir" (el pecado), haciendo que alguien/algo sea bueno, en el sentido de *cubrir para cancelar* (como en el Talmud donde significa quitar), sino más bien (como indica la combinación con על) *cubrir el pecado y la culpa en* *concreto, para así superar el castigo,* en el sentido de redimir, liberar, como λύτρον, que es una forma de hacer que uno quede libre, por gracia, por encima de la pura ley de la retribución, recibiendo así un tipo de moneda de redención.

La exigencia de redención queda satisfecha por el arrepentimiento de aquel que ha sido castigado (así lo ve también von Hofmann); la redención queda vinculada de esa forma a la aflicción del culpable, en la medida en que ella le conduce al arrepentimiento (pero un arrepentimiento fundado en y ratificado por la gracia de Dios). Pues bien, insistiendo en esa línea se excluye la mediación del ángel en la línea de una simple visión, para insistir en el sentido de כפר, como expiación, en la línea del sacrificio del *Yom Kippur*. Pero esa mediación ha de ser ratificada, porque es el mismo ángel el que restablece a aquel (es decir, al hombre pecador) a quien los pecados le han llevado a la muerte, situándole en una condición en la que ya no pueda haber impedimentos para el perdón de Dios (de forma que sea perdonado por gracia y no por méritos del mismo ser humano).

Si conectamos o identificamos a este ángel mediador con el Ángel de Yahvé de la historia primigenia, es decir, con el mismo Dios, podemos afirmar que el *logos* del ángel mediador de los hombres puede ser el mismo *logos* de Dios comunicándose por sí mismo, de forma que ese *logos* de Dios es el mismo מליץ, el Dios que habla (mirando estas palabras de Elihu desde la perspectiva del Nuevo Testamento). De esa manera *el ángel se identifica con el mismo Logos de Dios,* de forma que podemos reconocer en él un anuncio del Dios que se revela en el Nuevo Testamento, allí donde se dice que "Dios estaba en Cristo, reconciliando al mundo consigo mismo", según 2 Cor 5, 19-20.

Este ángel es un presagio de la revelación total del Misterio de Dios, cf. Job 16, 21, pero sin olvidar que puede ser completado desde una perspectiva complementaria por Job 9, 33. Este anuncio aparece así como un complemento de lo que leemos en Sal 107, un salmo que tiene muchos puntos de coincidencia con el libro de Job, donde se dice en 33, 20: "Él envió su palabra y les sanó"[65].

De todas formas, Elihu presenta este pensamiento como un postulado, mostrando que la liberación del hombre solo puede lograrse por medio de la intervención de un ser *sobrehumano,* como sucedió en realidad a través de aquel hombre que es al mismo tiempo Dios, porque es desde toda la eternidad el Señor de los ángeles de la luz, el Cristo de Dios que es Jesús. La siguiente estrofa (Job

---

65. Schlottmann, en su *Introducción* pág. 76, dice: "Las concepciones de la Sabiduría y del Ángel revelador de Dios se hallaban unidas en la visión de la Palabra Eterna en la teología judía anterior al cristianismo. En esa línea, la revelación de Dios en Cristo encontró las formas en las que pudo acomodarse a la comprensión posterior del misterio, estimulado desde su perspectiva judía". Este es el contenido del tema: entre la *hokma* de los libros canónicos del AT y el desarrollo postbíblico de la filosofía (dogmática) de la religión que culmina en Filón hay una conexión histórica, que está vinculada al despliegue de la redención. Cf. *Luth. Zeitschrift,* 1863, pp. 219 ss.

33, 25-28) pone de relieve los resultados de la acción salvadora de Dios a favor del hombre, realizada por el מלאך מליץ.

Job 33, 25-28

²⁵ רֻטֲפַשׁ בְּשָׂרוֹ מִנֹּעַר יָשׁוּב לִימֵי עֲלוּמָיו׃
²⁶ יֶעְתַּר אֶל־אֱלוֹהַּ׀ וַיִּרְצֵהוּ וַיַּרְא פָּנָיו בִּתְרוּעָה וַיָּשֶׁב לֶאֱנוֹשׁ צִדְקָתוֹ׃
²⁷ יָשֹׁר׀ עַל־אֲנָשִׁים וַיֹּאמֶר חָטָאתִי וְיָשָׁר הֶעֱוֵיתִי וְלֹא־שָׁוָה לִי׃
²⁸ פָּדָה (נַפְשִׁי) [נַפְשׁוֹ] מֵעֲבֹר בַּשָּׁחַת (וְחַיָּתִי) [וְחַיָּתוֹ] בָּאוֹר תִּרְאֶה׃

²⁵Su carne será más tierna que la de un niño y volverá a los días de su juventud.
²⁶Orará a Eloah y él le mostrará su favor, y verá su faz (la de Dios) con júbilo y él (Dios) restaurará al hombre su justicia.
²⁷Él canta a los hombres, y dice he pecado, he pervertido lo recto, y (Dios) no me ha dado lo merecido,
²⁸ha redimido mi alma para no caer en la fosa y mi vida se regocija en la luz.

33, 25. *Dios restaura, perdona al hombre enfermo.* Equivocado por el cambio entre perfecto y futuro, Jerónimo traduce: *consumta est caro ejus a suppliciis*. El targum por su parte traduce: su vida se ha debilitado (אתחליש), o se ha hecho débil (אתקליש), más que la carne de un niño; Raschi: su vida parece que ha estallado por los temblores de la enfermedad.

Pero todas estas interpretaciones carecen de sentido. נער, una palabra que solo aparece en la sección de Elihu (aquí y en 36, 14), no significa temblores, sino que es equivalente a נערים (Job 13, 26; 31, 18) y a רטפש porque la raíz cuadrilítera no se ajusta bien a la inflexión de los tiempos, por lo que todas las interpretaciones anteriores, que suponen que el verbo está en perfecto, pierden su fundamento.

El *chateph* (de רֻטֲפַשׁ) en lugar de la simple *sheva* se pone solo para destacar la función de la pasiva. Por lo que toca al origen de las cuatriliteras (palabras con más de tres radicales, cf. *Jesurun*, pp. 160-166), no hay razón para tomarlas como formas mezcladas, que derivan de dos verbos distintos, sino que se forman precisamente como פרשז (del verbo פרש) por un proceso de arabización, con una terminación sibilante, como en רטף de רטב, y que por lo tanto significa haber sido hecho de mosto o de zumo. Existe, sin embargo, una explicación aún mejor: en árabe *trfš* significa recuperarse, propiamente hablando mantenerse "verde", es decir, fresco (quizá de *tarufa*, en el significado de parpadear, de *tarafa*).

Si es que procede del árabe *tarfasha*, o quizá de טרפש en hebreo⁶⁶, que significa *pinguefacere*, engordar, tomar grasa (una palabra que, según Fürst puede

---

66. Conforme al Talmud, טרפשא דליבא (*Chullin*, 49b), en su sentido normal, significa el *pericardium*, y טרפשא דכבדא (ib. 46a) el *diafragma*, o quizá mejor el "epiplón" menor o peritoneo (*omentum minus*). Sin embargo, originalmente, la primera palabra significaba el revestimiento de grasa bajo el pericardio, sobre el que descansa el corazón; la segunda, la acumulación de grasa sobre

venir de טפש, estar lleno de carne, como כרבל, esa palabra significa "curación". Tanto si tomamos וטפש como una forma derivada de רטב o una forma extendida de טפש, en el fondo sigue estando la misma idea: el ángel de Dios ofrece al hombre una superabundancia de salud, de abundancia vital.

El מן de מנער suele tomarse como comparativo: más que joven, es decir, dejando atrás la juventud o trascendiéndola (cf. Ewald, 221). Pues bien, el hecho de que en Job 33, 25 se supone que el enfermo, que había estado al borde de la muerte tiene ahora una juventud renovada, hace más probable que aquí ese מן de מנער tenga un sentido causal: toda su vida desborda ahora juventud, y más que juventud: una gran salud. Esto hace que debamos pensar que el antiguo enfermo ha tomado el recto camino que el ángel le ha pedido.

Según eso, **Job 33, 26** no se refiere a una oración que ha de ser escuchada una vez y que desemboca en el perdón, sino a una oración que ha de realizarse de un modo continuo pues deriva del perdón: si Job suplica a *Eloah* (fut. *hypotheticum* como en Job 22, 27, cf. comentario a Job 29, 24), el mismo *Eloah* Dios le escuchará de un modo favorable (רצה, árabe *radiya*, gozarse en alguno, con acusativo, en el sentido de *eum gratum vel acceptum habere*), y él (el enfermo curado, cuya situación de favor ha sido nuevamente restablecida, es decir, Job) contemplará con gran regocijo el rostro de Dios (que hasta ahora había estado velado para él: Job 34, 29, cf. Sal 33, 3 y *passim*).

De esa manera, Dios recompensará a ese hombre su justicia (a lo largo de una prolongada vida) o, propiamente hablando, dado que no se dice וישלם, sino וישב, Dios retomará con ese hombre (Job) su relación salvadora, de acuerdo con el orden de la redención, que se expresa con la idea de la צדקה o justicia de Dios impartida por él. Esa palabra tiene un sentido legal o, quizá mejor, evangélico, en la línea de un lenguaje que el Antiguo Testamento seguirá utilizando, especialmente en Isaías II, para desembocar en el Nuevo Testamento.

Según **Job 33, 27**, el sujeto es de nuevo aquel que ha sido favorecido. Este cambio de persona, sin ninguna indicación externa de ello, pertenece a la peculiaridades del hebreo, y en general del estilo de escritura de los orientales, tal como lo he descrito en mi *Geschichte der jd. Poesie*, pág. 189. La referencia de וירא, como *hifil*, con Dios (verá a Dios), que es la preferida de muchos investigadores, resulta por tanto innecesaria. Por otra parte, la interpretación de los que dicen: él (Dios) hace que su rostro (el del perdonado) se vuelva brillante (Umbreit, Ewald), resulta improbable como indica la frase (נראה), además de ser sintácticamente defectuosa.

Esa interpretación de los que traducen el pasaje diciendo "Él (Dios) hace que su favorecido, perdonado, contemple (וַיַּרְא) con gozo el rostro divino (Hirzel, Hahn, Schlottmann y otros), resulta también defectuosa porque debería formularse de otra manera, con ויראהו o con ויראנו. En referencia a la oración sálmica que sigue

---

las "puertas" (πύλη) del corazón y ente las láminas del epiplón. En ese sentido, טרפש se explica bien a partir שומן, grasa, y no tiene ninguna relación con τράπεζα (un nombre antiguo para una parte del hígado), con el que Gesenius y Buxtorf lo conectan.

en Job 33, 27 (cf. Job 36, 24), resulta natural que entendamos e interpretamos Job 33, 26 en la línea de diversos pasajes de los salmos, entre los que podemos citar Sal 90, 2; 67, 2; 17, 15.

El verbo יָשֹׁר es un futuro poéticamente contracto, en forma de yusivo, en lugar de יָשׁוּר; quizá es una forma dialectal, porque el *kal* שׁוּר igual a שִׁיר aparece solo en 1 Sam 18, 6 como *qetib*. Vinculada a עַל (cf. Prov 25, 20) esa palabra significa dedicar un canto a alguien para cantarlo. A ese salmo pertenece también **Job 33, 28**, donde el *kere* נַפְשׁוֹ (targum, Jerónimo), deja de formularse sin razón aparente en 1.ª persona (LXX, traducción siríaca).

El perdonado que mira hacia atrás confiesa "yo he pecado", y lo hace con vergüenza y agradecimiento, diciendo que él había pervertido lo recto (cf. la confesión del penitente en Sal 106, 6), diciendo וְלֹא־שָׁוָה לִי, y *no he seguido siendo igual*, no ha sido igual para mí, *et non aequale factum s. non aequatum est mihi*[67], es decir, he cambiado, y mi cambio no ha sido efecto de una recompensa consecuente por lo que yo he realizado (se ha tratado de una gracia, no de algo que el pecador hubiera merecido). שׁוה (árabe *sawâ*) se emplea de un modo neutral, sin necesidad de que Dios sea el sujeto (LXX: καὶ οὐκ ἄξια ἤτασέ με ὧν ἥμαρτον).

En Job 33, 28 sigue la expresión positiva del favor experimentado. La frase עבר בשחת, en la línea de עבר בשלח que está arriba, y también el cambio de חיה por חיים, son rasgos característicos de esta sección de Elihu. Resulta hermosa la conclusión de este salmo *in nuce* (en ciernes) de Job: "y mi vida se regocija en la luz" (ראה ב como en Job 20, 17 y con frecuencia), es decir, en la luz de la contemplación divina, que he logrado conseguir de nuevo, en la presencia gratuita de Dios, de la que me he vuelto otra vez consciente.

Job 33, 29-33

²⁹ הֶן־כָּל־אֵלֶּה יִפְעַל־אֵל פַּעֲמַיִם שָׁלוֹשׁ עִם־גָּבֶר׃
³⁰ לְהָשִׁיב נַפְשׁוֹ מִנִּי־שָׁחַת לֵאוֹר בְּאוֹר הַחַיִּים׃
³¹ הַקְשֵׁב אִיּוֹב שְׁמַע־לִי הַחֲרֵשׁ וְאָנֹכִי אֲדַבֵּר׃
³² אִם־יֵשׁ־מִלִּין הֲשִׁיבֵנִי דַּבֵּר כִּי־חָפַצְתִּי צַדְּקֶךָּ׃
³³ אִם־אַיִן אַתָּה שְׁמַע־לִי הַחֲרֵשׁ וַאֲאַלֶּפְךָ חָכְמָה׃ ס

²⁹Mira, Dios hace todas estas cosas, dos y tres veces, con el hombre,
³⁰para apartar su alma del sepulcro y para iluminarlo con la luz de los vivientes.
³¹Escucha, Job, óyeme; calla, y déjame hablar.
³²Si tienes razones, respóndeme; habla, porque quiero tu justificación.
³³Y si no, escúchame tú a mí; calla, y te enseñaré sabiduría.

---

67. En árabe *swy (sawa)* es la expresión más general para "valer, costar", de ordinario con acusativo de precio, pero también con לִי, para mí, como en el proverbio *hal ka'ke mâ tiswe li-hal da'ke*, esta maldita petición de pan (de comida) no merece una presión tan grande. Según eso, ולא שוה לי debería significar: aquello que he sufrido no ha merecido la pena.

Discursos de Elihu

Tras haber descrito dos modos importantes de revelación de Dios para la restauración moral y para el bienestar de los hombres, el poeta añade en 33, 29 ss. una tercera: que Dios hace (obsérvese la falta de paralelismo en el dístico 33, 29) todo lo posible con el hombre, y que lo realiza dos o tres veces (con asíndeton, como en Is 17, 6, en el sentido de *bis terve*) a fin de liberar al hombre de la fosa (con שׁחת, que aparece aquí ya por quinta vez, sin que pueda intercambiarse el paralelismo con שׁאול u otro sinónimo, lo que es digno de anotarse). Todo esto lo hace Dios a fin de que el hombre, amenazado hasta ahora por la oscuridad de la muerte, pueda estar iluminado o convertirse en luz (לאור, infinitivo *nifal* sincopado de להאור, Ewald 244, b), es decir, "convertirse en la luz de la vida" (a fin de que él pueda disfrutar de la nueva luz de la vida).

Esto no sucede siempre, pues estas experiencias interrumpen el curso ordinario de la vida, no son de tipo ordinario. Ellas no se repiten siempre de nuevo, de un modo constante. Pero si no tienen efecto la primera vez ellas pueden repetirse dos o tres veces, aunque no se pueden mantener y realizar de un modo indefinido allí donde los hombres rechazan la disciplina de la gracia de Dios.

En este momento, Elihu llama a Job pidiéndole calma, para que pondere esto, para seguir su camino. Sin embargo, si tiene palabras, es decir, si se siente capaz de responder de un modo apropiado, Job puede hacerlo a continuación (השׁיב con acusativo de persona, como en Job 33, 5), porque él (Elihu) le justificaría con gusto, es decir, estaría contento de terminar dándole la razón, pasando al fin por alto su acusación en contra de él.

Hirzel y otros traducen de un modo equivocado: "yo quiero tu justificación", es decir, que puedas justificarte a ti mismo. En ese caso habría que introducir נפשׁך, lo que resulta innecesario: חפץ, sin cambio de sujeto, está en infinitivo constructo, aquí sin ל, como en el infinitivo constructo de Job 13, 3, y צדק significa vindicar, justificar (como en Job 32, 2), o reconocer que alguien tiene razón (como en el *piel* de צדק, Job 33, 12).

Los LXX, que traducen θέλω γὰρ δικαιωθῆναί σε, quiero que te justifiques, han leído probablemente צדקך (Sal 35, 27). Lo que Elihu quiere decir es esto: si Job no quiere hacerlo (אם־אין como en Gen 30, 1), es decir, si no intenta defenderse acusando a Dios a causa de la aflicción que Dios ha decretado contra él, deberá por lo menos escuchar, mantenerse en silencio, para aprender el sentido de la sabiduría.

Interpretación de Job 32-33, el discurso de Elihu. En la línea anterior, tras una completa exposición de este discurso, Beda exclama: *Quasi hac ratione Heliu sanctum Iob convicerit!* (Con estas razones, Elihu debería casi haber convencido al santo Job). Pero Beda mira a Elihu como tipo de la falsa sabiduría de los paganos, que no son capaces de reconocer la verdad de Job y que por eso le persiguen:

Sunt alii extra ecclesiam, qui Christo ejusque ecclesiae similiter adversantur, quorum imaginem praetulit Balaam ille ariolus, qui et Elieu sicut patrum traditio habet, qui contra ipsum sanctum Iob multa improbe et injuriose locutus est... (Hay fuera de la iglesia otros que persiguen a Cristo y a la iglesia de un modo semejante, entre los que sobresale Balaam, aquel adivino que, según la tradición, tenía como padre a Elihu y que se opuso a Job en forma injusta e injuriosa)[68].

Gregorio el Grande, en sus *Moralia* (*Opera*, I, Paris, col. 777) se expresa de un modo no menos desfavorable, a la conclusión de su discurso: *Magna Eliu ac valde fortia protulit, sed hoc unusquisque arrogans habere proprium solet, quod dum vera ac mystica loquitur subito per tumorem cordis quaedam inania et superba permiscet.* "Elihu proclamó cosas grandes y fuertes, pero como es normal en todos los arrogantes, incluso cuando hablan de cosas verdaderas y místicas, de pronto, por un tipo de tumor de corazón, terminan diciendo algo que es insustancial y soberbio".

También Gregorio toma a Elihu como signo de una arrogancia autosuficiente, aunque no como un filósofo pagano, sino como un maestro que es creyente, pero vano y arrogante. Esta forma de juzgar a Elihu comenzó con Jerónimo, y se extendió mucho en la iglesia occidental.

En esa línea se sitúa por ejemplo Victorin Strigel en el contexto de la Reforma. Él toma a Elihu como *exemplum ambitiosi oratoris qui plenus sit ostentatione et audacia inusitate sine mente* (como ejemplo de un orador ambicioso, que actúa con ostentación y audacia inusitada). También en la iglesia greco-oriental abundan visiones de este tipo, en las que se dice que Elihu proclamaba muchas cosas que son justas, y sobresalía entre los amigos de Job, pues no le condena directamente, pero se añade: πλὴν οὐκ ἐνόησε τοῦ δικαίου τὴν διάνοιαν (pero él no ha entendido el pensamiento del justo)[69].

En los tiempos modernos, Herder mantiene el mismo juicio, y así dice que en lugar del corto, majestuoso y solemne lenguaje del creador, Elihu desarrolla un lenguaje débil, como de niño. En un trabajo posterior, en su *Vom Geist der ebräischen Poesie*, Herder presenta a Elihu como un joven profeta, añadiendo en su exposición del libro de Job que "Elihu era arrogante, osado, un sabio para sí mismo, con visiones sin fin, sin sentido, de forma que nadie quiso responderle, y así aparece en el libro como una mera sombra" (edición 1805, pp. 101, 142.)

Entre los últimos comentaristas (en su edición de 1832), Umbreit considera la aparición de Elihu como la de un "filósofo joven, que no ha sido llamado, y que entra de un modo renqueante en un conflicto que propiamente hablando

---

68. Cf. Beda, *Opera*, ed. Basil. iii. col. 602 s., 786. En esta tradición, Elihu aparece así como padre de Balaam, como repetirán el Talmud y muchos *Midrashim*.

69. Cf. *Catena in Job,* London. p. 484, donde se sigue diciendo: Ὅθεν λογιζόμεθα καὶ τόν θεὸν μήτε ἐπαινέσαι τὸν Ελιοὺς, ἐπειδὴ μὴ νενόηκε τοῦ Ἰὼβ τοὺς λόγους... (Por lo que pensamos que Dios no alabó a Elihu, pues no entendió las palabras de Job...).

Discursos de Elihu

ha terminado ya. El silencioso desprecio con el que se le deja hablar es la recompensa que merece un hombre balbuciente como él". Años más tarde, en una obra posterior, Umbreit matizó o dejó a un lado este juicio despreciativo anterior sobre el discurso de Elihu (cf. Riehm, *Blätter der Erinnerung an F. W. C. Umbreit*, 1862, pág. 58).

A pesar de eso, en su *Comm. zu Iob* (1850), Hahn ha querido probar nuevamente que los discursos de Elihu han sido pensados para ofrecer una solución al tema de fondo del libro de Job, aunque no han logrado hacerlo. Por el contrario, a juicio de Hahn, el poeta autor del libro presenta intencionadamente el carácter de Elihu como el de un joven muy engreído y arrogante, fanfarrón y creído, distinguido por su carencia de conocimiento.

Estos juicios desfavorables han aumentado aún más, incluso se ha presentado a Elihu como si fuera una especie de portavoz de Satán en el despliegue del drama del libro. Así lo ha hecho el autor de un tratado en tres volúmenes, publicado por Keil y Tzschirner, *Analekten für das Studium der Theologie*, 1827, con el título *Der Satan als Irrgeist und Engel des Lichts,* 1827, (Satán como espíritu de mentira y ángel de la luz), pero resulta más beneficioso abandonar este tema desagradable y no seguir en esa línea, condenando sin más a Elihu.

De hecho, esta crítica dogmática del carácter de Elihu y de sus discursos produce una impresión penosa. Pero, suponiendo incluso que las cosas se pudieran pensar de otra manera, y que el poeta hubiera querido ofrecer por contraste, a través de estos discursos de Elihu, una apología incontrovertible de la conducta de Job, dotado de un amor que actúa incluso a través de sus "dispensaciones de aflicción"... ¡qué gran ofensa sería la de degradar a Elihu, convirtiéndole en un carácter absurdo, en un charlatán que mucho promete y realiza poco! (una actitud que va en contra de la profundidad de esta parte de la Biblia).

Como he señalado, en el comentario precedente de Job 33, 13-30 ha quedado claro que el poeta ha tenido un gran cuidado en todo lo que pone en boca de Elihu, en estos versos que forman el núcleo de sus discursos. Esta descripción de las varias formas de comunicación de Dios al hombre, con lo que ella (la descripción comentada) afirma sobre las maneras con las que Dios quiere rescatar al pecador de la destrucción, forma parte de los pasajes más hondos del Antiguo Testamento. Y yo mismo conozco casos del poderoso efecto que esos versículos han producido para rescatar a los hombres de su falsa seguridad y para despertar en ellos la necesidad de arrepentirse, haciendo penitencia.

Por otra parte, si alguien lanza una mirada a la introducción histórica de Elihu, Job 32, 1-5, el poeta no ofrece ninguna indicación de que él quiere poner en escena ante nosotros el extraño carácter de un joven provocador como Elihu. El motivo y la finalidad de poner en escena a Elihu, tal como le presenta el poeta, autor del libro, son totalmente respetables, en la línea del argumento básico de la obra en su conjunto.

Además, si uno tiene en cuenta el hecho de que Job guarda silencio ante los discursos de Elihu, se puede pensar que el poeta ha puesto en la boca de Elihu unas palabras por las que el mismo Job se siente impactado (y hasta derrotado). Unas verdades como las de 32, 13-22, que brotan de las profundidades de una honda experiencia moral, no podrían haber sido incluidas en el libro si es que el silencio de Job debiera pensarse como un castigo de desprecio, dirigido en contra de Elihu.

Estas reflexiones pueden vincularse con otra aprensión más suave del joven orador en la medida en que, con von Hofmann, situamos el centro de gravedad del libro de Job en el hecho de que solo la teofanía es la única solución práctica y satisfactoria del misterio de la aflicción y del dolor de los hombres. Dios mismo soluciona el problema viniendo y reconociendo a Job como su siervo.

Conforme a la visión de conjunto del libro, Elihu no era uno de aquellos tres amigos de Job, que tenían el deber de consolarle. No tiene el deber de consolarse, pero Elihu proclama de un modo magistral el juicio moral sobre Job, en quien sus palabras producen un profundo silencio. Había un deber moral ante Job, y Elihu no lo ha violado, porque él no tiene el deber de comportarse como amigo de Job, pues no lo es.

Ciertamente, el mayor arte de una disputa correcta consiste en conseguir el silencio del oponente, y alguien puede pensar que el mayor castigo para un orador como Elihu consiste en no contestarle. Pero esta respuesta tampoco resulta satisfactoria, porque los discursos de Elihu no tienen solo una finalidad negativa, sino también la finalidad positiva de preparar la aparición de Yahvé. Conforme a la idea del poeta, Job se mantiene en silencio tras los discursos de Elihu porque no sabe cómo responderle, y por lo tanto él se siente internamente derrotado (es decir, convencido por Elihu, cuyo discurso de fondo admite)[70].

Elihu ha querido criticar un tipo de autojustificación de Job, que parecía dejar en la sombra la justicia de Dios, pero no lo hace en modo alguno siguiendo la forma condenatoria de sus amigos. Él quiere criticar una visión según la cual la aflicción de Job proviene de un propósito hostil por parte de Dios, y en esa línea, intenta corregir la visión de Job de un modo adecuado, invitándole a mirar su aflicción no como un castigo que viene de un Dios airado, sino como experiencia de la acción de un Dios soberano que desea su bien más alto,

---

70. Este sentido de preparación que tienen los discursos de Elihu para la revelación final de Dios en Job 38-41, es negativo en el sentido en que ellos (esos discursos) hacen que Job quede en silencio y deje de murmurar sobre Dios, de manera que el mismo Dios haga que Job confiese su culpa por haber murmurado en contra de él. Esta relación positiva de la aparición de Yahvé con los discursos de Elihu que han preparado el camino para la aparición, ha sido rectamente puesta de relieve por Schlottmann, según J. F. Räbiger (*De l. Iobi sententia primaria*, 1860, 4), y por otros que ponen de relieve la autenticidad y aportación de esta parte del libro.

pidiéndole que vea su dolor como un ejercicio de purificación, a través de una humillación salvadora.

En esa línea, Elihu desea promover el bien de Job, a quien invita a descubrir mejor las formas de revelación de Dios. Desde ese fondo debemos leer atentamente el texto para descubrir la diferencia de tono entre los discursos de Elihu y la forma en que Elifaz comenzó su primer discurso (al principio del libro, en cap. 4).

En ese contexto hay una gran diferencia. Tanto Elifaz como Eliu entienden la aflicción de Job como un castigo (מוסר) que debe terminar de un modo glorioso, si es que Job lo recibe sin murmurar. Pero Elifaz comienza pidiendo a Job que se humille bajo la mano poderosa de Dios. Por el contrario, Elihu hace que esta humillación sea más ligera para él, situando, por encima del deseo que Job tiene de una respuesta de Dios, la gozosa enseñanza de que *su misma aflicción es ya una forma de palabra que Dios le está dirigiendo*: una palabra dolorosa, pero que está pensada para educarle, y para conducirle a su bienestar espiritual.

Job había pensado que su aflicción provenía de un decreto hostil de Dios; pero ahora Elihu le dice que esa aflicción no es castigo, sino medicina, que proviene del amor de Dios. ¿Qué objeción puede elevar ahora Job en contra de eso? No le dice que su aflicción es el castigo de un Dios que le persigue, sino que puede ser una expresión del mismo amor de Dios. Eso significa que el poeta no quiere oponer los discursos de Elihu (como si fueran algo débil y vacío) frente al poder de la revelación final de Dios, sino al contrario: presenta sus discursos como una introducción a la revelación del mismo Dios, lo que significa que Elihu no ha hablado en vano, sino que sus discursos pueden y deben entenderse en el contexto (como preparación) de la respuesta final de Dios.

Si las cosas son así ¿cómo ha sido posible que desde los tiempos más antiguos se haya podido elevar un juicio condenatorio en contra de los discursos de Elihu, sin que hubiera una base para ello? El tema se plantea por las mismas opiniones de dos autores "iluminados" (y de gran influjo), como han sido en tiempo antiguo Agustín y Jerónimo. *Agustín* pudo decir *ut primas partes modestiae habuit, ita et sapientiae*, defendiendo así en el fondo las palabras de Elihu (indicando que ellas son como un primer momento de la intervención divina, en clave de modestia y de sabiduría). Por el contrario, *Jerónimo* (en la línea de lo que dirá más tarde Beda, al que ya he citado), pudo considerar a Elihu como un tipo de filósofo pagano, hostil a la fe, o como ejemplo de un espíritu de profecía egoísta y pervertido. Esto supone que debe haber en Elihu dos aspectos o líneas que van en direcciones opuestas, y es esto lo que sucede en realidad.

- *Por un lado*, los discursos de Elihu expresan una serie de verdades grandes y serias, pero también humillantes, según la cuales incluso el más santo debe sufrir para ser enseñado, especialmente si ha caído en un tipo de vanagloria y de murmuración contra Dios como las de Job.

- *Por otro lado,* esos discursos no quieren presentar a Job simplemente como un pecador, un רשע, aunque, al mismo tiempo, esos discursos no pueden distinguirse plenamente de los que han proclamado los amigos de Job, de manera que, en ese sentido, no podemos trazar una línea divisoria estricta entre unos y otros, y en esa línea se ha podido pensar que Elihu no añade nada a las razones de los amigos de Job.

A través del prólogo del libro (Job 1-2) sabemos que la aflicción de Job tiene la finalidad de mostrar que hay un hombre (Job) cuya piedad se mantiene fiel a Dios en medio de la pérdida de todos los bienes terrenos, e incluso ante la faz de la muerte, en medio de la noche más oscura de la aflicción. Ese prólogo muestra que el libro de Job quiere justificar la elección de Dios en contra de la de Satán (mostrando la fidelidad de Dios) para así llevar a este (a Satán) a la ruina.

Este es un momento del gran conflicto de la humanidad con la serpiente, que aparece ya en Gen 2-3, un conflicto según el cual no se puede aplastar la cabeza de la serpiente y matarla sin que su veneno (su picadura) se sienta (se clave de algún modo) en el calcañar del vencedor (del mismo Job). En este contexto nos sitúa el Nuevo Testamento, desde la perspectiva de la cruz (σταυρός) de Jesús, pues él no sufre por ser pecador, sino por formar parte de la humanidad pecadora, dentro del conflicto entre el bien y el mal que se está desarrollando en el mundo. En esa línea se sitúa el designio del poeta, autor del libro de Job, situando la aflicción de Job en el contexto del prólogo.

Elihu no ha desarrollado solo esa línea del principio del prólogo, sino que sus discursos tienen momentos en los que su postura se parece a la de los amigos de Job, y en ese sentido tiene razón, pues ha querido poner de relieve la imperfección de los hombres, incluso de los más justos, como Job. De todas formas, Elihu no fue capaz de poder valorar todos los elementos de la problemática de Job uno al lado del otro, de forma que sus discursos, situados en esta parte intermedia de la obra, forman el corazón "latiente" y vivo del libro, pero sin resolver todos sus problemas de fondo. En ese sentido, el aspecto de castigo del sufrimiento de Job ha sido tan dominante, que ha dejado en la sombra el otro aspecto, es decir, el del sufrimiento como prueba de la vida.

Un escritor antiguo (Jacob Hoffmann de St. Gallen, *Gedult Iobs*, Basel 1663) afirma que "Elihu prueba que un hombre puede temer y honrar a Dios de todo corazón, y consiguientemente estar bajo el poder de Dios, e incluso ser visitado por él, en medio de una prueba de fe, esperanza y paciencia, a través de una revelación del mismo Dios que le purifica de sus manchas más ocultas, a través de esa prueba". Esos dos rasgos (*la purificación y la prueba de Job*) aparecen unidos en este discurso de Elihu, aunque no hayan sido igualmente desarrollados.

Hay un poeta posterior de gran hondura que ha querido no solo moderar lo que resulta extremo en los discursos de Job, sino también poner de relieve lo que hay de verdadero en los discursos de sus amigos (como he destacado en mi artículo *Hiob*, en Herzog, *Real-Encyklopädie*, vi. 116-119). Conforme a esa visión, el libro de Job anuncia, en el camino del Antiguo Testamento, la gran verdad que Pablo ha proclamado en Rom 8, 1: οὐδέν κατάκριμα τοῖς ἐν Χριστῷ Ἰησοῦ, no hay condena alguna para los que "están" en Cristo Jesús. Pablo sigue desplegando, en otro lenguaje, la verdad de fondo del libro de Job, al decir en 1 Cor 11, 32: κρινόμενοι ὑπὸ τοῦ κυρίου παιδευόμεθα, ἵνα μὴ σὺν τῷ κόσμῳ κατακριθῶμεν (en el sentido de "somos probados bajo el Señor, a fin de no seamos condenados con el mundo").

Hay, como he dicho, otro poeta que ha puesto de manifiesto esta verdad, a través de su don poético, que puede ser inferior al del autor del libro de Job, pero que va en su línea. Ese nuevo poeta bíblico situado en la línea de Job es Malaquías. Ciertamente, no se puede evitar la impresión de que entre ambos existe una gran diferencia. Pero no podemos decir que las profecías de Malaquías sean inferiores por el hecho de que en ellas no aparezca la gloria poética que encontramos, por ejemplo, en Isaías.

Esas profecías de Malaquías ocupan un lugar de altísimo valor en el despliegue histórico de la revelación y de la redención. Por su origen, ellas no son muy posteriores al libro de Job. En esa línea, yo me aventuro a decir que las profecías de Malaquías provienen de un miembro de la corriente sapiencial (de la *Hokma-Genossenschaft*) de la que ha brotado también en libro de Job.

Esas profecías se encuentran en íntima relación con el resto del libro de Job, en la línea de los dos salmos ezrahitas (Sal 88–89). Todos estos textos tienen en su base doctrinal el mensaje central de la *hokma* israelita. Esos textos se expresan en un mismo tipo de lenguaje, con rasgos arameizantes y arabizantes, como dice Jerónimo en su *Praef. in l. Iobi*: *hebraicum arabicumque sermonem et interdum syrum*. Según eso, la sabiduría del libro de Job, que se expresa de un modo especial en los discursos de Elihu, se encuentra vinculada a la sabiduría del libro de Malaquías y de los salmos ezrahitas.

Job 34. Segundo discurso

Job 34, 1-4

וַיַּעַן אֱלִיהוּא וַיֹּאמַר׃
שִׁמְעוּ חֲכָמִים מִלָּי וְיֹדְעִים הַאֲזִינוּ לִי׃
כִּי־אֹזֶן מִלִּין תִּבְחָן וְחֵךְ יִטְעַם לֶאֱכֹל׃
מִשְׁפָּט נִבְחֲרָה־לָּנוּ נֵדְעָה בֵינֵינוּ מַה־טּוֹב׃

[1] Entonces tomó Elihu la palabra y dijo:
[2] Escuchad, sabios, mis palabras; y vosotros, conocedores, prestadme atención.
[3] Porque el oído prueba las palabras, como el paladar saborea lo que uno come.
[4] Escojamos para nosotros lo justo; conozcamos entre nosotros lo bueno,

34, 1-2. Tras su primer discurso, Elihu ha hecho una breve pausa. Ahora, dado que Job está callado, empieza de nuevo. Al comienzo del texto, donde se dice וַיֹּאמַר וַיַּעַן, los LXX traducen correctamente como en los demás lugares donde aparece la frase: ὑπολαβὼν λέγει, tomando la palabra él dijo.

Los וְיֹדְעִים y חֲכָמִים, sabios y conocedores (árabe *'ulamâ*), a quienes Elihu pide atención, no son Job y sus tres amigos (Umbreit, Hahn), que sin duda forman parte de la audiencia, ni son tampoco todos los capaces de formar un juicio sobre el caso (Hirzel), sino aquellos que se encuentran en el círculo de los espectadores y oyentes que, como el texto supone, se han reunido en torno a los que disputan (Schlottmann).

En **Job 34, 3** Elihu no alude expresamente a su oído, sino al de las personas a quienes se dirige. Establece así sus principios para probar aquello que dice, partiendo del pensamiento general que había destacado ya el autor del libro de Job en 12, 11, expresándolo como allí (y en 5, 7; 11, 12), en forma de proverbio emblemático: así como hay un órgano corporal para oír, así hay también un sentido mental para recibir las percepciones.

34, 4. La palabra לֶאֱכֹל no quiere expresar una finalidad (para el conocimiento), sino que es un gerundio (conociendo). La frase בחר משפט, que aparece solo aquí, no significa establecer una búsqueda para tomar una decisión (Schultens y otros), pues בחר no significa decidir sobre algo, ni investigar una causa (Hahn), pues en ese caso debería decirse נבחנה, sino probar y escoger lo que es recto, δοκιμάζειν καὶ τὸ καλὸν κατέχειν, 1 Tes 5, 21, y en esa línea ha de entenderse el paralelo: *cognoscamus inter nos* (i.e., conozcamos en común) *quid bonum*, lo que es bueno.

Job 34, 5-9

⁵ כִּי־אָמַר אִיּוֹב צָדַקְתִּי וְאֵל הֵסִיר מִשְׁפָּטִי׃
⁶ עַל־מִשְׁפָּטִי אֲכַזֵּב אָנוּשׁ חִצִּי בְלִי־פָשַׁע׃
⁷ מִי־גֶבֶר כְּאִיּוֹב יִשְׁתֶּה־לַּעַג כַּמָּיִם׃
⁸ וְאָרַח לְחֶבְרָה עִם־פֹּעֲלֵי אָוֶן וְלָלֶכֶת עִם־אַנְשֵׁי־רֶשַׁע׃
⁹ כִּי־אָמַר לֹא יִסְכָּן־גָּבֶר בִּרְצֹתוֹ עִם־אֱלֹהִים׃

⁵porque Job ha dicho: "Soy justo, pero Dios me ha quitado mi derecho.
⁶¿Mentir a pesar de tener razón? ¡Dolorosa es mi herida, sin ser transgresor!".
⁷Pero ¿qué hombre hay como Job, que bebe el desprecio como agua,
⁸que busca la compañía de obradores de iniquidad y anda con los hombres malvados?
⁹Porque ha dicho: "De nada sirve al hombre entrar en comunión con Dios".

34, 5-6. Job ha dicho varias veces que, en su relación con Dios, al presentarle como un juez que castiga, que él es justo o está en la justicia (צָדַקְתִּי) va con *pathach* en pausa, como dice Ewald 93, c, de צדק, cf. Prov 24, 30 y Sal 102, 26, porque el *athnach* tiene aquí el valor de un *zakeph*), sin haber pecado contra el Dios que le condena. Así lo ha dicho, al pie de la letra en 12, 18, y conforme al sentido general en 23, 10 y 27, 7 y en otros lugares. Job ha dicho que Dios ha puesto a un lado, es decir, no ha cumplido el derecho (el derecho de los que no tienen culpa, de forma que no deberían ser juzgados, así en Job 27, 2).

De esa forma, עַל־מִשְׁפָּטִי ha de interpretarse, conforme a la visión de Schultens, como en Job 10, 7 (cf. 16, 17), *a pesar de mi derecho*, es decir, a pesar de que la justicia esté de mi lado. Job dice que le han tomado como a un mentiroso aquellos que niegan y rechazan su testimonio. Elihu ratifica así lo que Job ha dicho ya varias veces, cuando afirma que le han acusado de falsedad, como si la mentira estuviera inalienablemente unida a él. Esa queja de Job aparece en 9, 20 y en otros muchos lugares.

Elihu hace que Job llame a su aflicción con el nombre de חִצִּי, como si fuera una flecha lanzada por Dios, que le está penetrando, haciéndole una herida. Esta es la flecha de la ira de Dios, con un sufijo que puede referirse a la flecha o a la herida que ella produce: esta es la flecha que le hiere, o la herida que ella causa en él, produciéndole un mal incurable, desesperadamente maligno, sin que haya habido pecado (בְּלִי־פֶשַׁע como Job 8, 11). Este ha sido el argumento constante de Job en contra de Dios (cf. 23, 23): Dios le castiga sin que existan razones para ellos.

34, 7–9. Hay otra razón que ha suscitado la indignación de Elihu cuando acusa a Job diciendo: ¿quién es como Job, quién puede haber en todo el mundo que sea como él... (con מִי como en 2 Sam 7, 23)?" La frase atributiva que sigue se refiere a Job, de quien se dice "que bebe el desprecio (en el sentido de blasfemia) como agua". Conforme a Job 15, 16, "beber el desprecio..." (blasfemar) es burlarse de Dios con satisfacción, encontrando placer en ello.

Por su parte, אָרַח לְחֶבְרָה significa ir de un lado a otro buscando compañía (en este caso, de los malvados). Según eso, Job camina con los malvados, pero no en el sentido de que "él va solo en un momento", sino como en el de Jer 17, 10; 44, 19; 2 Cron 7, 17 y de muchos otros textos, según los cuales se supone que "él está yendo", que va con frecuencia, como en Job 36, 20 y Hab 1, 17.

Según esas palabras de Job, el hecho de tener contacto familiar con Dios (de ser fiel a su designio) no tiene ninguna consecuencia buena, no produce ningún bien, de forma que la compañía de Dios no es provechosa para el hombre. Ciertamente, Job no ha dicho nunca con claridad algo así, pero sin duda, la declaración de 9, 22, vinculada a las quejas continuadas por las que él acusa a Dios, diciéndole que reparte de un modo anómalo e injusto los destinos de los hombres (cf. Job 9, 11, con 21, 7 y 24, 1), ofrece un fundamento para esta acusación de 34, 7 en la que Elihu critica a Job de un modo más duro que sus mismos amigos (cf. por ejemplo el bien medido reproche de Elifaz en Job 15, 4).

Ciertamente, Elihu ha puesto en boca de Job unas palabras que no aparecen nunca *verbatim* en sus discursos, como han reconocido los Padres

Latinos (Jerónimo, el presbítero Felipe[71], Beda, Gregorio), que fundan aquí en parte su juicio desfavorable sobre Elihu. Sin embargo, los Padres Griegos no han podido entender de esa forma ese pasaje, pues la palabra que ponen los LXX, μυκτηρισμόν, significa el desprecio o escarnio de otros que Job debe tragar (sufrir, cf. Prov 26, 6).

Según eso, el texto hebreo presenta a Job despreciando a Dios (al decirle que es injusto); los LXX, en cambio, han supuesto que Job tiene que beber (padecer) el escarnio de otros; no es él el que desprecia a Dios, son otros los que le desprecian por su enfermedad, como también se ha visto a través de varios discursos anteriores.

Job 34, 10-11

¹⁰ לָכֵן ׀ אַנְשֵׁי לֵבָב שִׁמְעוּ לִי חָלִלָה לָאֵל מֵרֶשַׁע וְשַׁדַּי מֵעָוֶל׃
¹¹ כִּי פֹעַל אָדָם יְשַׁלֶּם־לוֹ וּכְאֹרַח אִישׁ יַמְצִאֶנּוּ׃

¹⁰Así pues, hombres entendidos, oídme: ¡Lejos de Dios ser malo, de Shadai obrar el mal!
¹¹Dios compensará al hombre, y según su camino estará con él.

34, 10. Según mi *Psychologie*, pp. 249 y 254, los אַנְשֵׁי לֵבָב, *hombres entendidos,* son los hombres de corazón (pues el hombre conoce con el corazón), es decir, los que conocen de verdad (LXX συνετοὶ καρδίας). Las frases centrales de esta respuesta de Elihu retoman el axioma que habían repetido con toda razón los amigos de Job, pero que ellos lo habían aplicado mal (en contra de Job): es imposible atribuir a Dios el mal, la injusticia.

En vez de לָאֵל, en el verso **34, 11** tenemos solo וְשַׁדַּי, pues se omite la preposición, lo que constituye un tipo de elipsis que es frecuente en poesía, especialmente en Isaías (Is 15, 8; 28, 6; 48, 14; 61, 7, cf. Ez 25, 15). Lejos de obrar de un modo malvado y equivocado, Dios recompensa a los hombres de forma proporcional a sus obras, y siempre de acuerdo con su camino (ארח como דרך o דרכי, p. ej., Jer 32, 19, en un sentido ético). Según haya actuado cada uno, así será el juicio de Dios para con él (יַמְצִאֶנּוּ solo aquí y en Job 37, 13). De esa manera formula Elihu su afirmación general sobre Job.

Job 34, 12-15

¹² אַף־אָמְנָם אֵל לֹא־יַרְשִׁיעַ וְשַׁדַּי לֹא־יְעַוֵּת מִשְׁפָּט׃
¹³ מִי־פָקַד עָלָיו אָרְצָה וּמִי שָׂם תֵּבֵל כֻּלָּהּ׃

---

71. Este Felipe fue un discípulo de Jerónimo. Su *Comm. in Iobum* se conserva en varias formas, como texto en parte condensado y en parte aumentado con interpolaciones posteriores (cf. *Hieronymi Opera*, ed. Vallarsi, iii. 895 s.). El comentario de Beda, dedicado a un tal Nectarius (Vecterius), es fundamentalmente el de este *Philippus* o Felipe.

¹⁴ אִם־יָשִׂים אֵלָיו לִבּוֹ רוּחוֹ וְנִשְׁמָתוֹ אֵלָיו יֶאֱסֹף׃
¹⁵ יִגְוַע כָּל־בָּשָׂר יָחַד וְאָדָם עַל־עָפָר יָשׁוּב׃

¹²Sí, eso es cierto: ¡Dios no hace injusticia y Shadai no pervierte el derecho!
¹³¿Quién ha encargado a Dios la tierra? ¿Quién ha ordenado el mundo entero?
¹⁴Si él cerrara sobre sí su corazón y tomara de nuevo su espíritu y aliento,
¹⁵todo ser humano perecería a la vez y el hombre volvería al polvo.

34, 12. Con אף אמנם (*sí verdaderamente*, como en Job 19, 4: si realmente…) se retoma la contra aserción de 34, 12, pero expresada de un modo negativo (cf. Job 8, 3). La palabra הרשיע (cf. לא־יַרְשִׁיעַ) significa a veces actuar como un רשע, y otras ser rechazado y condenado como un רשע, aquí en el primer sentido, como lo requiere el contexto.

Job 34, 13 comienza con preguntas. Las interpretaciones de Ewald (¿quién busca…?) y las de Hahn (¿quién se preocupa de la tierra, sino es él…?), son aventuradas e innecesarias. פקד con על de persona y con acusativo de cosa significa imponer algo como un deber sobre alguno, confiarle algo para que lo haga, cf. Job 36, 23; Num 4, 27; 2 Cron 36, 23. En esa línea, Elihu sigue preguntando: ¿quién ha hecho la tierra, quién tiene el cuidado por ella, a no ser Dios? ¿Quién puede imponerle a Dios el deber de cuidarla?

La palabra אַרְצָה, que está en *milel*, no puede entenderse con el significado de "a la tierra" (como piensan Schultens y unos pocos más, en la línea de Is 9, 1, según la traducción de Luzzatto: él ha arrojado o, mejor, ha deshonrado la tierra, con un ligero toque), sino que *es un equivalente poético de* ארץ, *la tierra como tal*, como לילה (cf. griego moderno: ἡ νύχθα) es equivalente a ליל en prosa).

Según eso, Job 34, 13 no puede traducirse en modo alguno como hacen Ewald y Hahn: el que observa (el que considera o mira) todo el globo, con שׂים como en Job 34, 23; 4, 20; 24, 12. En esa línea, la expresión significaría que solo Dios dirige una atención providencial sobre la tierra… Quizá puede entenderse mejor el texto si en 35b añadimos עליו tomándolo de Job 34, 13a: ¿quién le ha dado el encargo de cuidar todo el círculo de la tierra, como piensan Saadia, Gecatilia, Hirzel y Schlottmann? Pero esta introducción o alargamiento de עליו en la segunda parte de 34, 13 resulta improbable, porque viene después del interrogativo מי.

Según eso, traducimos ¿quién ha puesto en orden, quién ha establecido el mundo (globo) entero? con שׂ como en Job 38, 5 y en Is 44, 7. Este pensamiento resulta más adecuado, porque el único que puede dar al hombre un encargo sobre el mundo es Dios, que es el Creador del mundo.

Este encargo solo puede darlo Dios, aquel por cuyo רוח y נשמה recibe vida todo el mundo animal y en especial el mundo de los hombres (cf. Job 32, 8; 33, 4), como sigue añadiendo **Job 34, 14**. Según eso, en el caso de que Dios dirigiera su atención, es decir, su corazón hacia sí mismo y de esa forma lo cerrara en sí (שׂים לב אל, como en Job 2, 3, enfáticamente solo hacia sí mismo)…

34, 15. En otras palabras, si ese Dios clausurara en sí mismo su inspiración y atención (cf. רוּחוֹ וְנִשְׁמָתוֹ), es decir, la vida que brota de su interior (sin regalar o dar nada hacia fuera), toda carne se hundiría inmediatamente en la muerte, es decir, moriría de repente; cesaría así la vida de los animales, entendida como רוח, y por su parte el hombre, entendido como espíritu/aliento נשמה, volvería al polvo (con על en vez de אל, quizá en referencia al uso ordinario de על־עפר, Job 17, 16; 20, 11; 21, 26).

Solo unas pocos versiones como las del targum, Jerónimo y la traducción siríaca, refieren אליו (cf. וְנִשְׁמָתוֹ אֵלָיו יֶאֱסֹף) al hombre, en vez de referirlo de un modo reflexivo a Dios. La mayoría se inclinan a pensar rectamente que se trata de un reflexivo referido a Dios. Así lo percibió especialmente Grocio: si Dios solo quisiera ser bueno para sí mismo, *sibi ipsi tantum bonus esse (sui unius curam habere)*, ocuparse solo de sí mismo, abandonando así el cuidado de los hombres (y del mundo), todo el mundo volvería a la nada.

Por su parte, אם, seguido por el futuro (אִם־יָשִׂים אֵלָיו לִבּוֹ) puede significar *si velit* (LXX ει' βούλοιτο), como aquí, o como es más frecuente, *si vellet*, Sal 50, 12; 139, 8; Abd 1, 4; Is 10, 22; Am 9, 2-4. Debemos señalar que, según la afirmación de Norzi, algunos manuscritos ponen ישיב, 34, 14, como *qetib* y ישים como *kere* (como nuestro texto palestino de Dan 11, 18), como lo confirma un manuscrito de De Rossi con una traducción persa.

La idea que así se logra resulta muy apropiada: el corazón de Dios está vuelto hacia el mundo, no está cerrado en sí mismo. En esa línea, la condición o identidad ética de la vida sería una especie de fundamento e identidad de su propia vida física. El hombre existe en la medida en que Dios habita en él. Por eso, si Dios separa su corazón de los hombres (es decir, si no estuvieran fundados en el amor y en la vida de Dios) los hombres morirían.

Eso mismo es lo que implica la palabra ישים, pues si Dios solo pensara en sí mismo (es decir, si solo se quisiera a sí mismo), con exclusión del mundo, si separara al mundo y a los hombres de su amor, ellos no existirían. Esta es la prueba de Elihu: Dios no actúa de forma equivocada, pues el gobierno del mundo no es un deber que se le impone desde fuera, sino una relación que Dios mismo establece libremente con el mundo y con los hombres, porque él quiere.

El mundo no es propiedad de otro, sino de la decisión y compromiso creador de Dios, que lo gobierna según eso de un modo gratuito (no egoísta), como lo muestra el hecho de que él es quien lo hace todo, impartiendo en el mundo y en los hombres su aliento creador vivo, y así lo mantiene, sin dejar que caiga en la nada (como él podría hacer, retirándole su aliento). Existe, según eso, un amor divino que ha llamado al mundo a la existencia, y que lo mantiene en ella. Y ese amor, que se opone de un modo total a todo tipo de capricho e injusticia, es una prenda y garantía de la absoluta justicia del reinado de Dios.

Job 34, 16-20

¹⁶ וְאִם־בִּינָה שִׁמְעָה־זֹּאת הַאֲזִינָה לְקוֹל מִלָּי׃
¹⁷ הַאַף שׂוֹנֵא מִשְׁפָּט יַחֲבוֹשׁ וְאִם־צַדִּיק כַּבִּיר תַּרְשִׁיעַ׃
¹⁸ הַאֲמֹר לְמֶלֶךְ בְּלִיָּעַל רָשָׁע אֶל־נְדִיבִים׃
¹⁹ אֲשֶׁר לֹא־נָשָׂא פְּנֵי שָׂרִים וְלֹא נִכַּר־שׁוֹעַ לִפְנֵי־דָל כִּי־מַעֲשֵׂה יָדָיו כֻּלָּם׃
²⁰ רֶגַע יָמֻתוּ וַחֲצוֹת לָיְלָה יְגֹעֲשׁוּ עָם וְיַעֲבֹרוּ וְיָסִירוּ אַבִּיר לֹא בְיָד׃

¹⁶Y ahora entiende, escucha esto; oye la voz de mis palabras.
¹⁷¿Gobernará acaso el que aborrece el juicio? ¿Odiarás al que es Todo-Justo?
¹⁸¿Llamarás *belial* (sin valor) al rey y perversos a los príncipes?
¹⁹¿(Condenarás...) a quien no tiene acepción de personas a favor de los príncipes, ni respeta más al rico que al pobre, porque todos son obra de sus manos?
²⁰¡En un momento mueren, a medianoche! Los pueblos son derrocados y perecen, y quedan arrojados a un lado los poderosos, no por mano humana.

Esta estrofa contiene varias rarezas gramaticales. A primera vista parece que **Job 34, 16** debería traducirse así: "y si hay entendimiento (es decir, en ti, en el sentido de "si tú tienes entendimiento..."), entonces escucha esto. Pero בִּינָה se acentúa con *milel* y *mercha*, y según eso no puede ser un sustantivo (cf. Hirzel, Hahn y otros); si se quitan los acentos la frase resulta incomprensible, y en lugar de una partícula conjuntiva debería esperarse una disyuntiva, como *dechî*.

Según eso, diversos comentaristas antiguos interpretan como Nolde: *quod quum ita sit, intellige*, en el sentido de "sea lo que fuere entiende"; pero la partícula elíptica ואם, aunque tuviera ese sentido en Job 21, 4, no se puede entender de esa manera, como lo muestra el *makkeph* entre las dos palabras (וְאִם־בִּינָה), que se utiliza aquí suponiendo que בינה es imperativo y que אם actúa a modo de excepción, como en Gen 23, 13, como partícula optativa, unida al imperativo, más que al futuro: "y si tú quisieras observar..." (en el sentido de ואם־תבין).

No tiene sentido traducir **Job 34, 17** como hace Schultens: *num iram osor judicii frenabit* (¿acaso el miedo al juicio frenará la ira?) pues va en contra del orden de las palabras, y además ese pensamiento resulta en este caso inapropiado. Por su parte, אף es una partícula y el futuro es potencial (הַאַף שׂוֹנֵא מִשְׁפָּט יַחֲבוֹשׁ): ¿será posible según eso que un enemigo del derecho pueda gobernar? (חבש, *imperio coercere*, imponer el domino, como אצר, 1 Sam 9, 17 y אסר, Sal 105, 22). El derecho y el gobierno están mutuamente condicionados, de manera que sin derecho (justicia) todo caería en anarquía y confusión.

Job 34, 17b aplica este pensamiento al gobernante del mundo: ¿o (con ואם, como en Job 8, 3; 21, 4; 40, 9) *condenarás tú al Uno que es Poderoso-Justo, es decir, al Totalmente Justo*? En 37, 23, Elihu llama a Dios שׂגיא כח, el Todopoderoso, el Omnisciente (cf. תמים דעים, Job 37, 16), aquí le llama el Totalmente Justo, צדיק

כַּבִּיר. Los dos adjetivos se ponen uno al lado del otro, en ἀσυνδέτως, como es frecuente en árabe, para expresar una idea compuesta, Ewald 270, d.

34, 18. La ה interrogativa se une con el infinitivo, pero no como en Job 40, 2 (*num litigare cum Deo castigator vult*, ¿acaso quieres litigar con el Dios castigador?), que no va con infinitivo absoluto, sino con infinitivo constructo. Por su parte, en el sentido que aquí tiene, la forma אֱמֹר aparece solo en Prov 25, 7, pero ella no es rara en otros contextos, especialmente en combinación con partículas como en בֶּאֱכֹל, Num 26, 10, cf. Olshausen 160, b[72]. No es necesario suponer que el infinitivo constructo, que aparece en esa línea a veces, aunque raramente (Gesenius 131, 2), se utiliza aquí en vez del infinitivo absoluto. Sería un *crimen laesae maiestatis*, de suma gravedad, acusar al rey de ser injusto, negándole así el requisito primario de un gobernante, que es la justicia.

34, 19. En contra de lo que ha podido decir Job, este discurso de Elihu sitúa a Dios en la línea de los reyes o gobernantes buenos, que establecen la justicia. Según eso, Dios, que es Rey de los Reyes, no es parcial frente a nadie, pues tanto el rey como el mendigo son obra de sus manos; uno y otro se encuentran igualmente cerca de él porque son sus creaturas, y porque Él se eleva, exaltado, por encima de ambos, siendo su Creador.

Esta doctrina de Elihu va en contra de un tipo de *decretum absolutum*, propio de algunos partidarios de la predestinación entendida en sentido radical, que presenta a Dios como alguien que dirige el mundo de un modo parcial, convirtiendo su amor, que por su naturaleza es perfecto, abierto a todos los hombres, en algo caprichoso.

En **Job 34, 20** Elihu apela a la historia humana, a favor de la imparcialidad del Gobernante del mundo, diciendo así que puede parecer, mirando las cosas en un sentido externo, que Dios es parcial, pues mantiene en su poder a gobernantes y pueblos poderosos, de forma que ellos pueden hacer lo que desean, imponiéndose sobre otros; pero, de repente, ellos mueren, y lo hacen incluso en medio de la noche (רֶגַע ׀ יָמֻתוּ וַחֲצוֹת לָיְלָה). De esa forma, los habitantes de un gran pueblo tiemblan y perecen (יְגֹעֲשׁוּ עָם וְיַעֲבֹרוּ וְיָסִירוּ).

En esa línea, siendo poderosos, esos gobernantes son removidos (וְיָסִירוּ en vez del pasivo, como en Job 4, 20 y con frecuencia), sin ser juzgados por la mano de otros hombres (לֹא־בְיָד), porque hay una Mano superior que les juzga, un Poder invisible, que de un modo antropomórfico puede llamarse a veces יד, *yd*, es decir, Mano de Dios. Cf. Dan 2, 34, לא בידין; 8,25, באפס יד; y también Job 20, 26. En ese contexto es significativo el uso de οὐ χειροποίητος (no por mano humana), que aparecerá en el Nuevo Testamento.

---

72. Ez 25, 8 ha de leerse también de esa manera (אֱמֹר), conforme a la Masora y a las ediciones antiguas, como אבד en Dt 7, 20, אכל en Dt 12, 23, אחז en 1 Rey 6, 6, para así distinguirse de los imperativos con *chateph-segol*.

El sujeto de Job 34, 20a son los antes mencionados príncipes. La división del texto según los acentos puede tomarse con cierto recelo, pues la simetría de los esticos que los acentos intentan restaurar falta con cierta frecuencia en esta sección de Elihu. **Job 34, 20c** se refiere de nuevo a los posesores de poder, y en el intervalo **Job 34, 20b** describe la suerte de aquellos que, perteneciendo al pueblo, se han convertido en víctimas de los deseos de conquista de los poderosos, pues en este caso el pueblo, עם (cf. יִגְעֲשׁוּ עָם וְיַעֲבֹרוּ), no puede traducirse *en multitud* (Ewald, Hahn), sino que significa (como en otros casos, cuando se menciona entre príncipes y gobernantes) el pueblo en cuanto tal, a diferencia de *goy,* palabra que se aplica al pueblo organizado, formando un Estado.

Job 34, 21-23

²¹ כִּי־עֵינָיו עַל־דַּרְכֵי־אִישׁ וְכָל־צְעָדָיו יִרְאֶה׃
²² אֵין־חֹשֶׁךְ וְאֵין צַלְמָוֶת לְהִסָּתֶר שָׁם פֹּעֲלֵי אָוֶן׃
²³ כִּי לֹא עַל־אִישׁ יָשִׂים עוֹד לַהֲלֹךְ אֶל־אֵל בַּמִּשְׁפָּט׃

²¹Porque sus ojos están sobre los caminos de cada uno, y él ve todos sus pasos.
²²No hay tinieblas ni sombra de muerte donde se puedan esconder los que hacen el mal.
²³No necesita mirar mucho a un hombre, para que comparezca en juicio con Dios.

34, 21–23. La estrofa anterior mostraba que el poder creador de Dios excluye todo parcialismo judicial; esta señala que la Omnisciencia de Dios le permite ser juez imparcial. Dios lo ve todo, nada puede escapar de su mirada; conoce al hombre sin necesidad de esperar el resultado de una investigación judicial. שִׂים con עַל (cf. 34, 23: כִּי לֹא עַל־אִישׁ יָשִׂים עוֹד) no significa aquí *descansar sobre*, mirar atentamente algo (Saadia, Gecatilia), sino como en Job 37, 15, lo mismo con אֶל (Job 34, 14) que con בּ (Job 23, 6), *dirigir la atención de uno* (suplir לִבּוֹ, como en Job 1, 8) *hacia algo*.

El futuro tiene aquí un significado modal. עוֹד se utiliza como en Gen 46, 29: una y otra vez, continuamente. Y en la cláusula expresiva de finalidad tenemos (אֶל־אֵל בַּמִּשְׁפָּט) אלאל־ en vez אליו, una combinación favorita que aparece a lo largo de todo el libro (cf. Job 5, 8; 8, 5; 13, 3, etc.): aquel Dios uno que lo ve todo, no necesita observar largo tiempo a un hombre para ejercer sobre él su juicio, pues le conoce de manera completa antes de realizar ninguna investigación sobre él. Estas palabras parecen una alusión velada al vehemente deseo de Job, que ha venido diciendo que desea estar (presentarse) ante el tribunal de Dios.

Job 34, 24-28

²⁴ יָרֹעַ כַּבִּירִים לֹא־חֵקֶר וַיַּעֲמֵד אֲחֵרִים תַּחְתָּם׃
²⁵ לָכֵן יַכִּיר מַעְבָּדֵיהֶם וְהָפַךְ לַיְלָה וְיִדַּכָּאוּ׃
²⁶ תַּחַת־רְשָׁעִים סְפָקָם בִּמְקוֹם רֹאִים׃

²⁷ אֲשֶׁר עַל־כֵּן סָרוּ מֵאַחֲרָיו וְכָל־דְּרָכָיו לֹא הִשְׂכִּילוּ׃
²⁸ לְהָבִיא עָלָיו צַעֲקַת־דָּל וְצַעֲקַת עֲנִיִּים יִשְׁמָע׃

²⁴Quebranta a los fuertes sin necesidad de investigación y pone en su lugar a otros.
²⁵Así conoce sus obras; los trastorna en la noche y son quebrantados.
²⁶Como a malhechores que son, los hiere en lugar donde sean vistos,
²⁷porque se han apartado de él y no toman en cuenta ninguno de sus caminos,
²⁸haciendo que llegue hasta él el clamor del pobre y que oiga el llanto de los necesitados.

34, 24. Dios realiza pronto su obra (לא־חקר en vez de בלא ־חקר, como en Job 12, 24; 38, 26, *sin necesidad de investigar* más, es decir, sin entrar en su conducta, pues ella es manifiesta para él (no *de un modo incomprensible…*). El texto se limita a decir que Dios quebranta a los poderosos (כבירים, *kábiros*, fuertes, árabe *kibâr, kubarâ*), y a consecuencia de ello (futuro consecutivo) establece (*constituit*) a otros, es decir, pone en lugar de los malvados a unos gobernantes mejores y más dignos (cf. אהר, Job 8, 19; Is 55, 1-13).

34, 25. לכן no es equivalente a אשר לכן, para lo que no existe ningún ejemplo. Por el contrario, tanto aquí como en otros lugares, לכן no introduce una sentencia real consecutiva (Job 20, 2), sino una inferencia lógica, algo que sigue directamente de lo que precede (correspondiendo al griego ἄρα, *según eso, por consecuente*; cf. Job 42, 3; Is 26, 14; 61, 7; Jer 2, 33; 5, 2; Zac 11, 7; cf. Köhler *in loc.*). En esa línea, como prueba de lo anterior, aquí se dice que Dios conoce todas las acciones de los fuertes (מעבד, palabra que aparece solo en el libro de Job, es una expresión arameizante en vez de מעשה).

Este hecho permanente de la divina omnisciencia, que se infiere de los datos antes mencionados, se establece nuevamente en Job 34, 25, como la fuente de los hechos a los que aquí se alude. לילה no es en modo alguno "objeto". Los traductores que ponen *et inducit noctem* (Jerónimo), él camina en la noche en la que se ha velado a sí mismo (Umbreit), lo mismo que *convertit eos in noctem* (traducción siríaca y árabe), y otras expresiones de este tipo, ven en esas dos palabras (הָפַךְ לַיְלָה) algo que ellas no dicen.

Esas palabras han de ser traducidas más bien: él los arroja por la noche (לילה como en Job 27, 20; con הפך como en Prov 12, 7), dado que el verbo no tiene sufijo objetivo: él hace que se produzca una reforma o derrocamiento durante la noche; es decir, crea durante esa noche un nuevo orden de cosas, y aquellos que se hallaban a la cabeza del orden antiguo quedan aplastados por la catástrofe.

34, 26-27. La expresión siguiente, תחת רשעים, no puede significar "en el lugar de los malhechores", es decir, en el lugar en el que ellos han sido castigados (cf. Hirzel, Hahn y otros), porque תחת (תחתי) solo tiene este significado con sufijo (cf. *Comentario a Habacuc* 3, 16), pero no en los restantes casos. Por eso aquí no ha de traducirse *en lugar de los malhechores*, sino *como malhechores que son*, tomándoles y tratándoles como tales, como Jerónimo ha traducido correctamente: *quasi impios* (cf. Is 10, 4, lugar donde el mismo Jerónimo pone: *cum interfectis*).

34, 28. El primer lugar que aquí se menciona (בִּמְקוֹם רֹאִים) no es exactamente aquel en el que se celebra de ordinario el juicio, sino cualquiera donde se pueda ver a los malhechores. Allí destruye Dios a los que hasta ahora han mantenido posiciones de honor o eminencia, pero de un honor perverso, de manera que ellos pueden ser castigados como criminales comunes. La palabra ספק (cf. סְפָקָם), árabe *sfq, complodere*, y después *ictu resonante percutere* (golpear con un golpe que resuena), ha de entenderse en la línea anterior, como en el caso de la palabra emparentada árabe *sf'* que significa en primer lugar golpear la oreja (como en árabe *sfq* o *ṣfq*), con bofetadas contra ella.

Vimos ya que לכן, Job 34, 25, no era igual que לכן אשר, ni es tampoco igual que 27, 34, על־כן אשר, sino que tiene el mismo sentido que על־כן אשר (cf. en otra línea, *Comentario a Génesis 18, 5* en relación a כי־על־כן). Elihu quiere decir que ellos, los malvados, tendrán un destino semejante de castigo, porque para ello (como razón de ello) han dejado de seguir a Dios, y no han guardado sus caminos, es decir, los preceptos por los que él se les manifiesta. En esa línea, ellos han hecho que se eleve hasta Dios el grito de los pobres (cf. Jerónimo de un modo adecuado: *ut pervenire facerent ad eum*) ante él (con עליו, que nos invita a poner de relieve la la igualdad entre לפניו o באזניו, es decir, ante su rostro y ante sus oídos.

Ellos, los malvados, han obrado de tal manera que han hecho llegar hasta Dios el grito de los humillados y de los pequeños (construcción como la de Job 33, 17); eso significa que ellos, los malvados, han excitado la justicia vengadora de Dios, a través de su injusticia, pues han hecho que los pobres griten y eleven su voz hacia el cielo.

Job 34, 29-32

²⁹ וְהוּא יַשְׁקִט וּמִי יַרְשִׁעַ וְיַסְתֵּר פָּנִים וּמִי יְשׁוּרֶנּוּ וְעַל־גּוֹי וְעַל־אָדָם יָחַד׃

³⁰ מִמְּלֹךְ אָדָם חָנֵף מִמֹּקְשֵׁי עָם׃

³¹ כִּי־אֶל־אֵל הֶאָמַר נָשָׂאתִי לֹא אֶחְבֹּל׃

³² בִּלְעֲדֵי אֶחֱזֶה אַתָּה הֹרֵנִי אִם־עָוֶל פָּעַלְתִּי לֹא אֹסִיף׃

²⁹Y si él hace la paz ¿quién condenará? Si esconde el rostro ¿quién lo mirará? tanto si son pueblos enteros como si son individuos,
³⁰para que no reinen hombres impíos para que no pongan redes para el pueblo.
³¹Pero hay algunos que dicen a Dios: he sido orgulloso; no volveré a ofender,
³²enséñame tú lo que yo no veo; y si hice mal, no lo haré más.

34, 29-30. Si Dios hace la paz (ישקיט como en Sal 94, 13, cf. Is 14, 7), tras el derrocamiento del tirano, en conexión con el grito de opresión de los pobres ¿quién podrá condenarle sin haber reconocido más bien su justicia fundante? La conjetura ירעש (cf. Grätz, en Frankel, *Monatsschrift*, 1861, i.) no es necesaria, ni aquí ni en 1 Sam 14, 47 (donde הרשיע significa castigar al culpable). ירשׁע no ha de traducirse tampoco *turbabit* (Rosenmüller), dado que רשׁע (árabe *rs', rsg*) conforme a su sentido primitivo no significa estar sin descanso, actuar de un modo rabioso, sino estar relajado, tranquilo, en oposición a צדק, árabe *ṣdq*, ser duro, firme, estar apretado.

Siguiendo en esa línea, si Dios esconde su rostro, es decir, si está airado y castiga ¿quién podrá contemplarle, esto es, quién podrá hacer que el Dios velado se vuelva visible, para pedirle de nuevo que sea favorable? Las dos *waw*, la de יַרְשִׁעַ וּמִי y la de וּמִי יְשׁוּרֶנּוּ (dejando a un lado los períodos de expresión paratáctica) son en ambos casos una *waw* de conclusión tras unos antecedentes hipotéticos. En esa línea, tanto aquí como en 29b, Elifaz se refiere al hecho de que Job se enfrenta con Dios y le reta de un modo impetuoso.

De esa manera, manteniéndose por encima de toda controversia y desconfianza humana, Dios gobierna al mismo tiempo sobre multitudes e individuos. La palabra יחד pone de relieve la igualdad expresada de esa forma, de un modo correlativo (como en latín *et-et*, cf. targum, traducción siríaca). Esa palabra יַחַד no se puede referir de un modo generalizante a אדם como hacen LXX y Jerónimo (*et super omnes homines*, y sobre todos los hombres), a causa de la antítesis que se establece entre pueblos e individuos.

Con el pensamiento de que Dios concede descanso a los oprimidos y esconde su rostro a los opresores y en general a los que actúan de un modo equivocado, se vinculan dos frases coordinadas negativas de tipo final: (1) A fin de que los impíos no puedan gobernar (con ממלך, como en 2 Rey 23, 33, *kere*). (2) A fin de que ellos no existan ya más, con la *mim*, מ, en el sentido de מהיות, bajo la influencia de la noción "poner fuera" (excluir), contenida en la frase final anterior, en el mismo sentido en que aparece en Is 7, 8, מעם, Is 24, 2, מעיר, Jer 48 2, מגוי, etc. La idea de fondo es, por tanto, la de que Dios excluye, destruye, a los que ponen lazos al pueblo, es decir, a aquellos que por su mal ejemplo y mal gobierno se vuelven la ruina de la comunidad.

34, 31-32. No puede seguirse la opinión de aquellos que, cambiando el sentido de la palabra הֵאָמֹר, la interpretan como imperativo *nifal*, en la línea de להאמר, *dicendum est, hay que decir* (Rosenmüller, Schlottmann y otros, siguiendo a Raschi), o incluso de un modo reflexivo: *exprésate a ti mismo* (Stickel, Hahn). La forma sincopada de infinitivo בהרג, Ez 26, 15, no sirve como prueba de que el verbo está en imperativo. Por eso, el texto no ha de verse como una exhortación de Elihu a Job, sino como una reflexión del mismo Elihu sobre la conducta de los soberbios.

Según eso, Elihu no está aquí dirigiéndose directamente a Job, sino hablando de la conducta de algunos impíos, que actúan con falsedad ante Dios. La כי es confirmativa: Dios actúa de esa forma (como se ha dicho antes) en contra de los hombres faltos de escrúpulos que abusan de su poder para destruir a los que les están sometidos, aunque esos hombres, algunos de ellos, hayan dicho, desde el punto de vista de la ejecución del castigo: "yo he sido orgulloso; no volveré a ofender; enséñame tú lo que no veo…". Ciertamente, el impío puede decir "he sido orgulloso…", pero si él sigue diciendo esa palabra desde su actitud orgullosa, no podrá alcanzar el perdón.

Esta reflexión de Elihu comienza con una partícula כי por la que se establece la ejecución del castigo. Eso significa que en la mente del impío no ha podido entrar la idea real de humillarse a sí mismo delante de Dios, y en esa línea, en este caso, נשאתי no puede significar "yo me he arrepentido realmente…". La verdadera confesión comienza en 34, 31b, con la afirmación: נָשָׂאתִי, *me he exaltado a mí mismo* (נשא, *se efferre*, cf. Os 13,1; Sal 89, 10), una confesión a la que sigue el voto de futuro: לֹא אֶחְבֹּל, *no haré mal* (en adelante), *enséñame*. Esa manifestación y ese voto no pueden cambiar sin más la actitud y la respuesta de Dios, pues si lo hicieran el hombre pecador seguiría imponiendo su criterio humano (su propósito) por encima del mismo Dios.

Ese voto solo tiene sentido si el pecador reconoce los pecados diciendo *si he hecho mal no lo haré ya más*, y poniendo así su vida en manos de Dios. Elihu está indicando de esa forma que los soberbios podrían haber anticipado el castigo del Dios que es absolutamente justo, pero sabiendo y confesando que el perdón que supera la ira del castigo no se puede lograr por extorsión (a la fuerza), sino por un camino de humilde penitencia, que no se impone sobre Dios, sino que le permite actuar, para que sea él el que cambie de verdad a los hombres altivos, de forma que ellos no opriman ya a los otros.

Job 34, 33-37

³³ הַמֵעִמְּךָ יְשַׁלְמֶנָּה כִּי־מָאַסְתָּ כִּי־אַתָּה תִבְחַר וְלֹא־אָנִי וּמַה־יָדַעְתָּ דַבֵּר׃
³⁴ אַנְשֵׁי לֵבָב יֹאמְרוּ לִי וְגֶבֶר חָכָם שֹׁמֵעַ לִי׃
³⁵ אִיּוֹב לֹא־בְדַעַת יְדַבֵּר וּדְבָרָיו לֹא בְהַשְׂכֵּיל׃
³⁶ אָבִי יִבָּחֵן אִיּוֹב עַד־נֶצַח עַל־תְּשֻׁבֹת בְּאַנְשֵׁי־אָוֶן׃
³⁷ כִּי יֹסִיף עַל־חַטָּאתוֹ פֶשַׁע בֵּינֵינוּ יִסְפּוֹק וְיֶרֶב אֲמָרָיו לָאֵל׃ ס

³³¿Deberá Dios recompensar como tú quieres? Pues tú has sido encontrado culpable, de manera que eres tú quien debe determinar la razón, no yo, y lo que tú sepas dilo.
³⁴Los hombres inteligentes dirán conmigo, y también todo hombre sabio que me oiga:
³⁵Job no habla con sabiduría; sus palabras no tienen inteligencia.
³⁶¡Yo deseo que Job sea bien examinado, por sus respuestas de hombre inicuo!
³⁷Porque a su pecado añade rebeldía, y aplaude contra nosotros, y contra Dios multiplica sus palabras.

34, 33- 35. La pregunta que Elihu ha puesto a Job es la siguiente: ¿debe Dios sancionar a los hombres, debe recompensarles según sus acciones? Elihu está satisfecho por la forma en que Dios sanciona las obras de los hombres; por el contrario, Job no está satisfecho con la forma en que Dios lo hace, pensando que no es justa su manera de actuar con él. Este es el centro del problema, el argumento de todo el libro.

Elihu piensa que él no es el único que va en contra de Job y en contra de su forma de criticar el gobierno de Dios sobre el mundo, añadiendo que no es él único que quiere refutarle, pues los hombres de corazón (de entendimiento: לֵבָב אֲנָשֵׁי) y los varios sabios (וְגֶבֶר חָכָם) que le escuchen coincidirán con él (con Elihu), reconociendo que los discursos de Job están faltos de conocimiento y sus palabras carecen de inteligencia (וּדְבָרָיו לֹא בְהַשְׂכֵּיל). Sobre la forma de escribir הַשְׂכֵּיל cf. *Comentario* a Jer 3, 15, cf. Gesenius 53, 2).

34, 36-37. Dejamos para más tarde el estudio del sentido de la palabra אבי en **34, 36** y comenzamos diciendo que יבחן ha de entenderse como optativo: que Job sea ampliamente examinado, que lo sea hasta el extremo, es decir, que continúe el juicio sobre su sufrimiento, hasta que el tema quede decidido (cf. Hab. 1, 4), a causa de la oposición entre los hombres de iniquidad, es decir, según la forma de actuar que ellos tienen (sobre esta *beth* de asociación, en בְּאַנְשֵׁי־אָוֶן, cf. בקֹשְׁשִׁים, Job 36, 14), esto es, desde su חַטָּאתוֹ, pues desde ese fondo ha de precisarse el sentido de la aflicción de Job.

Elihu afirma que, a sus pecados anteriores, Job añade el pecado, פֶּשַׁע, de la maldad de sus discursos blasfemos, proclamados "ante nosotros" (de un modo público, ante todos los que escuchan, es decir, sin miedo). Además de eso, Job se atreve a criticar a sus jueces con un tipo de aplausos críticos y burlones, es decir, con golpes de mano, como signo de desprecio[73]. De esa forma, Job multiplica (ירב, fut. apoc. *hifil*, como en 10, 17) sus discursos y sus gestos, lo que implica una forma irreverente de hablar en contra de Dios y de retarle, de enfrentarse con él.

Pues bien, en este contexto debemos ya preguntarnos sobre el significado de la palabra אבי en **34, 36**, conforme al texto que dice: אָבִי יִבָּחֵן אִיּוֹב (que significa, según veremos: *yo pienso que Job...*). Algunos han pensado que la palabra אָבִי se refiere aquí a Dios como "mi Padre", cosa que a mi juicio es posible, pero que estrictamente hablando ha de entenderse de otra forma.

La acentuación con *rebia* parece indicar que אָבִי significa *pater mi* (Jerónimo), y en esa línea traducen Saadía (*jâ rabbî*) y Gecatilia (*munchiî*, mi *Creador*). Significativamente, este sería el único pasaje en el que el Antiguo Testamento llama a Dios אבי, mi Padre, pues en todos los restantes casos se le llama Padre de

---

73. La palabra יספוק aparece solo aquí, en absoluto, en vez de ישפק כפיו (cf. Job 27, 23; véase también בשפק en Job 36, 18 (con ספקו en Job 20, 22). El uso de ס en lugar del שׁ está limitado al libro de Job, conforme a la Masora a Job 34,26. 37.

Israel. En esa línea plural, Israel como pueblo, o sus miembros interpretados como nación, llaman a Dios אבינו (pero no אבי).

Ciertamente, este sentido de אָבִי, *pater mi*, no sería inadecuado en boca de Elihu, por lo que el autor de Hebreos (Hbr 12, 7) dice a los creyentes, sobre la base de Prov 3, 11: εἰς παιδείαν ὑπομένετε, porque el hecho de sufrir a causa de la "disciplina" o educación paterna (de Dios como Padre) es un pensamiento fundamental de Elihu, que se dirige a Dios en Job 32, 22 y 36, 3, con una alusión semejante a sí mismo, עשני y פעלי.

Por eso, este tipo de jaculatoria (mi padre), especialmente en conjunción con el deseo que sigue, no puede rechazarse sin más, y así sigue siendo una buena interpretación del texto, a no ser que se encuentre una más apropiada (en el sentido de *quiero, quiero*), como es el caso, según iremos viendo. De todas formas, en un sentido u otro, la palabra אבי ha de tomarse como interjección, y en ese contexto es muy difícil que se deba referir a Dios. No se le puede comparar con אבוי, Pro 23, 29, porque אוי ואבוי (árabe *âh wa-âwâ*h) ha de entenderse en el sentido de "a, pero". El arameo, la expresión בייא בייא, *vae vae* (Buxtorf, col. 294), que Gesenius compara con בי, significa justamente lo mismo.

En esa línea, debemos recordar que el targum traduce אבינא como "yo deseo"; y desde ese fondo Kimchi, y entre los modernos, Umbreit, Schlottmann y Carey, con otros, derivan אבי de אבה, en el sentido de deseo, aunque después no han logrado precisar bien el origen y significado de ese término. Por su parte, Ewald, 358, a, piensa que אבי es la forma completa de בי, añadiendo que es una forma dialectal de לבי con el sentido de לוי igual a לו, pero esta etimología tampoco puede sostenerse.

Los dos Schultens (que murieron en 1750 y 1793) abren un buen camino, cuando vinculan אבי con בוא, pero su interpretación tampoco ha logrado convencer. Ellos piensan que אבי es equivalente de אביא, algo que puede darse en la Biblia, cf. 1 Rey 21, 29, suponiendo que la raíz בי está vinculada a la raíz בא). Pero en nuestro caso esta interpretaciòn resulta artificial, y sin fundamento en el uso del lenguaje y en la sintaxis.

Körber y Simonis se situaron en la buena línea, pero sin medios adecuados para seguirla hasta el final, interpretando esa palabra como una fórmula de respeto o deseo (cf. Gesenius *Thes.*, בי) en la línea de *bawwâk allah*, que aparece también como *bajjak*. Por su parte, Kamus interpreta *bajjâk*, aunque de un modo vacilante, por medio de *bawwâk*, cuyo sentido (*pueda él darte un lugar de descanso*) resulta más claro y convincente, y en esa línea se puede llegar a la conclusión de que אָבִי no significa "mi padre", sino "yo deseo", ojalá.

En el *Codex Zamachschari*, la expresión *hajjâk allah wa-bajja* se explica así: "Dios preserve tu vida, y haga que puedas llegar a un lugar de descanso", *bawwaaka* (en árabe *bawâ* igual a *bawa'a*). En esa línea podemos afirmar que אבי (como igualmente בי) es una palabra que está conectado con *bajja*k, una palabra que viene de la forma *piel* de un antiguo verbo *bajja*, que con las formas árabes *bâ'a* (de donde viene *bî'at*, casa de refugio) y *bw'* (*bwâ*) tiene una raíz con un significado semejante al de בוא, como indicarán las aportaciones de la nota que sigue, compuestas con la ayuda del Dr. Wetzstein[74].

    74. En la aclaración de este pasaje, *Wetzstein* observa que expresiones como *abî tebî, jebî; nebî, tebû, jebû*, son tan frecuentes en Damasco que "ellas me chocaron muy pronto, recibiendo siempre la misma respuesta a mis preguntas: esas fórmulas son una contracción del árabe *'bgy, abghi*, yo deseo, etc. Pero un día llegó al consulado (alemán) un fugitivo y con esas palabra, *abî walidek*, me mostró la parte del cuerpo donde los árabes llevan la faja (*zunnâr*), una acción simbólica por la que alguien pide protección.

    Dado que esa palabra no puede ser equivalente de *abghi* (yo deseo a tus parientes), yo me volví a la persona que mejor conocía la lengua del país, al escriba Abderrahmn el-Mdni, cuyo padre había sido una especie de juglar ambulante por los campos de Siria durante veinte años. Él me explicó que *abghi* solo significa *yo deseo*, mientras que por el contrario, *abî* significa yo imploro de forma muy intensa, yo ruego por Dios. Además me dijo que *abî* proviene de un verbo defectivo, árabe *bayya*, del cual, aparte de esa forma *abî* solo se conserva en *anâ bâj*, yo vengo como un suplicante y su plural *nahn bâjin*, nosotros venimos como suplicantes.

    El poeta *Musa Rr* de Krje, al sur de Haurán, que vivió conmigo durante seis meses en Damasco, con el fin de instruirme en el dialecto de su distrito, me aseguró que entre los beduinos se utiliza también la forma *bît, bînâ* (yo he, nosotros hemos suplicado...), y las formas futuras *tabîn* (tú, mujer...), *jaben* (ellas, mujeres...), y *taben* (vosotras, mujeres...). En el año 1858 yo vine a Damasco, a donde habían llegado dos extraños beduinos, a quienes habían robado sus caballos en aquel desierto (*Sahra Dms*), uno de los cuales había recibido una herida de bala.

    Cuando me acerqué a esos hombres, que habían sido totalmente olvidados, el herido comenzó a pedirme con gran fuerza la presencia de un médico, con las palabras *jâ shêch nebî 'arabak*, "Señor, nosotros pedimos la protección de tus árabes", es decir, nosotros te lo suplicamos (te conjuramos) por tu familia. De un modo natural, *abî* se utiliza así de manera muy frecuente.

    En general, esa palabra tiene su objeto en acusativo, a veces también con la preposición árabe *'ly*, exactamente como el árabe *dchl* (entrar, huir a un lugar y esconderse), que es su mejor sinónimo y sustituto en la vida normal. Se utiliza a menudo sin objeto, y de un modo bastante variado. En relación con mujeres, esa palabra *abî* se emplea para introducir una pregunta suscitada por la curiosidad, como en *abî (ah, dime...), ¿has prometido de verdad a tu hija?*

    Esta palabra puede venir acompañada por un gesto realizado con los cinco dedos de la mano derecha, extendidos hacia la persona que está escuchando, como si uno deseara mostrar un objeto costoso, con el sentido implícito de: yo te ruego que esperes hasta que te haya mostrado esta cosa preciosa o, más bien, "permíteme que te haga una observación en relación con el tema". Por otra parte, la partícula בי (que probablemente no es una forma corrompida de אבי, sino un nombre concreto, *nomen concretum*, en el sentido de *dachîl* o *mustagır*, indica que uno pide protección, según la forma אי, צי, de בוה igual a בוא) existe y se utiliza todavía sin alteraciones en Haurán y en la estepa.

    Los beduinos introducen una petición importante con las palabras *anâ bî ahlak*, yo soy un protector de tu familia, o *anâ bî 'irdak*, yo confío en tu honor; por su parte, en Damasco ellos dicen *anâ dachîl ahlak, harîmak, aulâdak*, etc. Las mujeres beduinas utilizan esta partícula, *bî*, en un sentido más débil, para pedir, por ejemplo, un poco de jabón o de azucar, y con más frecuencia dicen *anâ bî lihjetak*, te pido que me escuches. (Las reflexiones anteriores han sido publicadas por Delitzsch, en la edición de su comentario del año 1876 (pp. 463–465) en una larga nota, de tipo técnico, que recogido y resumido aquí. Nota del traductor).

Pues bien, teniendo en cuenta todo eso, si ahora combinamos el אבי de Elihu con el árabe *bgâ*, el hebreo בעה, el arameo בעא, y el futuro hebreo יבעי (como בעי בי con) o con *ab* igual a אבא, del verbo *bajja* en el sentido de בוא, בי, todo eso nos lleva a interpretar esta palabra de la sección de Elihu desde una perspectiva árabe, en el sentido de *"yo deseo que Job sea ampliamente examinado..."* (me gustaría que...), como se sigue haciendo en el árabe dialectal de Haurán[75]. Según eso, al decir Abi (אָבִי) Elihu no invoca a Dios como "mi padre", sino que está mostrando su deseo de que Job sea juzgado por Dios.

Pasando ya a un tema más general, en este segundo discurso de Elihu, no podemos evitar la impresión de que existe una gran distancia entre este discurso y el resto del libro de Job. El lenguaje de este capítulo (Job 34) tiene un tono elevado, sin la dureza que aparece en otras secciones de la obra, como si las palabras de Elihu brotaran de la riqueza de un pensamiento muy condensado. Por otra parte, en esta sección no se conserva ya con toda su fuerza la norma de los aceptos poéticos, de manera que prevalece en ella la regularidad de las líneas estróficas, y su simetría normal en el despliegue del pensamiento.

Interpretación de Job 34, segundo discurso de Elihu. Si centramos ahora nuestra atención en la temática del discurso, dejando a un lado los aspectos más emocionales y externos, vemos que Elihu rechaza el reproche de injusticia que Job ha elevado contra Dios, pues piensa que se opone al mismo ser de Dios. En segundo lugar, Elihu quiere refutar las protestas de Job contra Dios, como contrarias al gobierno de Dios en el mundo, y esto lo hace de dos formas.

- Lo *hace apagógicamente* (es decir, *de un modo deductivo*), apelando al amor no egoísta de Dios, que se expresa en su forma de proteger y preservar todo aliento de vida en cada ser viviente, porque, siendo él quien ha creado todas las cosas podría hacer que todas volvieran a la no existencia (cf. 34, 12-15), y sin embargo las protege porque las ama.
- *Lo hace de un modo inductivo*, mostrando el juicio imparcial que Dios ejerce sobre príncipes y pueblo, por el que se infiere que el gobernante del mundo es totalmente justo, 34, 16-20. A partir de aquí, Elihu prueba que Dios puede ejercer justicia también porque él es omnisciente, de forma que ve lo que hay en la naturaleza interior del hombre, sin necesidad de una investigación judicial (34, 21-28).

---

75. De todas formas, conforme a la explicación de Wetzstein, no podemos interpretar en esa línea el אבי אבי de 2 Rey 2, 12 y 13, 14, como si el rey de Israel pidiera al profeta, por el ejército nacional y por el ejército de los fieles, con un tipo de abjuración como el que siguen utilizando los árabes en las circunstancias más difíciles "por el ejército del islam"; cf. por otra parte 2 Rey 6, 21, cf. Job 5, 13; Job 8, 9 (בנך).

Superando toda acusación y desconfianza humana, Dios gobierna sobre pueblos e individuos, y nada puede invertir y negar el justo castigo de los culpables, a no ser que ellos hagan humilde penitencia, unida con la oración, por el perdón de los pecados de inadvertencia, cf. 34, 29-32. Por otra parte, conforme a su juicio retributivo, Dios no responde a las demandas impías de los hombres arrogantes, que no tienen buen consejo (cf. 34, 33).

Resulta digno de resaltar el hecho de que Elihu no coincide aquí con lo que hemos dicho ya antes, especialmente en 12, 15, sino que sitúa su discurso en otra línea, de manera que su teodicea difiere con claridad de la que ha sido proclamada por los amigos de Job. En contra de los "amigos" de Job, Elihu no argumenta a partir de meras apariencias, sino que se apoya sobre sólidos principios.

Elihu no intenta explicar las muchas aparentes contradicciones de la justicia retributiva, que se manifiesta en los acontecimientos externos, como si quisiera definir a partir de ellos la justicia de Dios. No resuelve la cuestión de fondo con ejemplos empíricos, sino partiendo de la idea de la divinidad y de su relación con el mundo (es decir, de una forma apagógica o deductiva), y en ese fondo, desde esa necesidad interna de la justicia de Dios, supone que los misterios que aún quedan sin resolver, por la cortedad de entendimiento del hombre, alcanzarán una solución en el futuro.

Job 35. Tercer discurso

Job 35, 1-4

¹וַיַּעַן אֱלִיהוּ וַיֹּאמַר׃
²הֲזֹאת חָשַׁבְתָּ לְמִשְׁפָּט אָמַרְתָּ צִדְקִי מֵאֵל׃
³כִּי־תֹאמַר מַה־יִּסְכָּן־לָךְ מָה־אֹעִיל מֵחַטָּאתִי׃
⁴אֲנִי אֲשִׁיבְךָ מִלִּין וְאֶת־רֵעֶיךָ עִמָּךְ׃

¹Prosiguió Elihu su razonamiento y dijo:
²¿Piensas que ha sido correcto decir: mi justicia excede a la de Dios?
³Porque tú dices: ¿qué ventaja hay para ti, qué me aprovecha no haber pecado?
⁴Yo te responderé con razones, y a tus compañeros contigo.

35, 2. El neutro זאת se refiere prospectivamente a 3, 35, כי־תאמר, *a esto que tú has dicho*. Por su parte, חשב (cf. חָשַׁבְתָּ) se rige con acusativo de objeto y ל de predicado, como en 22, 10, cf. 13, 24 y con frecuencia. La segunda frase interrogativa de 35, 2 está coordinada a la anterior, y el pensamiento colectivo de esta ponderada construcción (35, 2-3) es el siguiente: ¿consideras tú que esto es recto, y piensas por eso que eres capaz de poner tu justicia por encima de la justicia divina, juzgando como juzgas que no hay en Dios una justicia que corresponda a la tuya (y que sea de verdad justa), porque Dios no hace distinción entre la justicia y pecado de los hombres, y permite que la justicia del hombre quede sin recompensa (y el pecado sin castigo)?

La palabra צִדְקִי (que Olshausen quiere leer como צדקתי, en Job 9, 27, con אמרתי en vez de אמרי) forma una frase de sustantivo con מאל: *justitia mea est prae Deo (prae divina)*, mi justicia es mayor que la de Dios, mayor que la justicia divina. El מן es comparativo como en Job 32, 2, cf. lo dicho en Job 34, 5, donde digo que la partícula מן no es equivalente al ἀπό de Job 4, 17. La expresión תאמר כי־ viene seguida primero por una *oratio obliqua*: ¿qué provecho (cf. צדקך) implica esto para mí (para ti)?, y después por una oración directa: ¿o qué provecho tendré de no haber pecado? (cf. בצדקי). El מן (cf. מֵחַטָּאתִי) es también comparativo.

Esta combinación, constantemente ambigua, puede entenderse dentro del uso común del lenguaje, en el sentido de obtener provecho de algo, como en הועיל ב, no en הועיל מן. Más aún, *prae peccato meo* es equivalente *a plus quam inde quod pecco*, cf. Sal 18, 24, מעוני; Os 4, 8, אל־עונם.

Hemos observado ya en 21, 15 que Job no dijo directamente (cf. Job 21, 15) lo que Elihu pone aquí en su boca, sino que esto es una inferencia de algo que está implicado en algunos de sus textos, como Job 9, 22. La polémica de Elihu en contra de Job y de sus compañeros (רעיך no son los tres, como traducen LXX y Jerónimo, sino que se identifica con el אנשי און, el hombre malo con quien Job queda comparado en palabras como Job 34, 8. 36) no es por tanto acertada, especialmente desde el momento en que Elihu rechaza no solo la conclusión sino las premisas en las que Job se apoya.

Job 35, 5-8

⁵ הַבֵּט שָׁמַיִם וּרְאֵה וְשׁוּר שְׁחָקִים גָּבְהוּ מִמֶּךָּ׃
⁶ אִם־חָטָאתָ מַה־תִּפְעָל־בּוֹ וְרַבּוּ פְשָׁעֶיךָ מַה־תַּעֲשֶׂה־לּוֹ׃
⁷ אִם־צָדַקְתָּ מַה־תִּתֶּן־לוֹ אוֹ מַה־מִיָּדְךָ יִקָּח׃
⁸ לְאִישׁ־כָּמוֹךָ רִשְׁעֶךָ וּלְבֶן־אָדָם צִדְקָתֶךָ׃

⁵Mira a los cielos. Contémplalos y fíjate en las nubes están más altas que tú.
⁶Si pecas ¿qué habrás logrado contra él? Si tus rebeliones se multiplican ¿qué le harás?
⁷Y si eres justo ¿qué le darás a él? ¿O qué recibirá de tu mano?
⁸A un hombre como tú daña tu impiedad; y a ti como hijo de hombre aprovecha tu justicia.

35, 5–8. Job debe mirar hacia el cielo, para recibir de su altura una noción de la exaltación de Dios, que habita sobre los cielos. La combinación הַבֵּט וּרְאֵה es como la de Sal 80, 15. En otra línea, שְׁחָקִים (cf. árabe *shq*, flotar sobre pecados, hacer cosas finas, por tanto, lo opuesto de עבים) son los estratos delgados y transparentes de la atmósfera, por encima de las nubes que parecen colgar de ella.

מן tras גבה evoca la altura del cielo que está en la parte opuesta de aquel que lo contempla. De la exaltación de Dios se infiere que resulta imposible ejercer ningún influjo humano sobre él, de forma que Dios no puede sufrir o padecer por lo que hacen los hombres (מַה־תִּפְעָל־בּוֹ). El hecho de que los hombres obren bien o mal no aumenta ni disminuye la felicidad de Dios; la bendición o maldición, el daño o el provecho, se encuentra solo de parte de los hombres, de quienes procede esa bendición o maldición (cf. Job 35, 8).

En este contexto, Elihu quiere decir que el mal o el bien, con todas sus consecuencias, influye solo en aquellos que lo realizan. El texto alude así *al hombre como tú* (לְאִישׁ con *munach* y כָּמוֹךָ también con *munach*), al hijo de hombre (אָדָם־בֶּן), un viviente capaz de bien y mal, de manera que haciendo una u otras cosa determina su fortuna o su castigo, su bienaventuranza o su maldición, a diferencia de Dios que permanece incambiable, siempre él mismo en su perfecta justicia.

Lo que dice aquí Elihu lo ha dicho ya Elifaz en 22, 2, y el mismo Job ha desarrollado ideas semejantes en 7, 20. Pero, conforme a la visión de Elihu, estas razones, planteadas de un modo nuevo, son motivos poderosos para que Job se someta de un modo paciente a la voluntad de Dios, porque: ¿qué objeción puede elevar él contra Dios, para justificar sus quejas contra la aflicción que sufre, en contra de unas afirmaciones como estas, según las cuales la bondad lleva en sí su recompensa y el pecado su castigo, de manera que la recompensa de Dios (es decir, la felicidad del hombre) no es un premio inmerecido, ni la aflicción una consecuencia caprichosa de la voluntad de un Dios airado? Estrictamente hablando, conforme a esta visión, no hay premio ni castigo de un Dios exterior (ajeno a los hombres), sino que la felicidad o la aflicción son consecuencia de la obra de los mismos hombres.

Job 35, 9-13

⁹ מֵרֹב עֲשׁוּקִים יַזְעִיקוּ יְשַׁוְּעוּ מִזְּרוֹעַ רַבִּים׃
¹⁰ וְלֹא־אָמַר אַיֵּה אֱלוֹהַּ עֹשָׂי נֹתֵן זְמִרוֹת בַּלָּיְלָה׃
¹¹ מַלְּפֵנוּ מִבַּהֲמוֹת אָרֶץ וּמֵעוֹף הַשָּׁמַיִם יְחַכְּמֵנוּ׃
¹² שָׁם יִצְעֲקוּ וְלֹא יַעֲנֶה מִפְּנֵי גְּאוֹן רָעִים׃
¹³ אַךְ־שָׁוְא לֹא־יִשְׁמַע אֵל וְשַׁדַּי לֹא יְשׁוּרֶנָּה׃

⁹Claman a causa de las muchas opresiones, piden ayuda del brazo de los grandes.
¹⁰Pero nadie dice: ¿dónde está Eloah, mi Hacedor, que llena de cánticos la noche,
¹¹enseñándonos más que a las bestias de la tierra, para saber más que las aves del cielo?
¹²Allí claman, pero él no escucha, a causa de la soberbia de los malos.
¹³Ciertamente Dios no escucha lo que es vanidad; ni Shadai lo mira.

35, 9-10. En Job 35, 9 la acentuación de מרוב con *dech*, según la cual Dachselt interpreta *prae multitudine (oppressionum) oppressi clamabunt*, resulta errónea. Hay que escribir מֵרֹב, como en los restantes casos; según muchos códices y las ediciones de Jablonski, Majus, Michaelis y otros esta palabra ha de ser acentuada con *munach*, seguida por עֲשׁוּקִים, con un *munach vicario: prae multitudine oppressionum* (עשוקים como en Ecl 4, 1, y probablemente también en Am 3, 9) *edunt clamorem* (*hifil*, con significado de *kal* intensivo, como por ejemplo en הזנה, cometer fornicación, Os 4, 19).

Sobre זרוע, Job 35, 9b (brazo, poder), cf. lo ya dicho en este comentario. רבים son los grandes o señores (árabe *arbâb*). El plural, vinculado a sujeto general, está seguido por el singular en Job 35, 10: *y nadie dice...* (exactamente como en האמר, Job 34, 31).

Elihu debilita la duda expresada por Job en 24, 12, diciendo *que Dios permite que prevalezca la injusticia, y que los inocentes oprimidos queden sin ser reparados o vengados*. Pues bien, a su juicio, la opresión de los débiles proviene del hecho de que ellos no buscan seriamente al único que les podría ayudar, esto es, a Dios su creador, quien, como indica un pasaje de la *Edda* (Wotán concede cantos a los suyos...), suscita himnos (con זמרות, palabra onomatopéyica de זמר) en la noche: este es el Dios que en la noche de la tristeza pone en boca de los que sufren cantos de alabanza por la luz (por la ayuda) que amanece para ellos. Este canto de gloria en la noche de los cielos (Stickel, Hahn) se sitúa en la línea de la música de las estrellas, como supone Job 34, 20. 25, de forma que la noche aparece así como tiempo de cambio repentino, inesperado, para los hombres.

35, 11-13. La mayor parte de los comentaristas (entre los últimos Schlottmann) toman los dos מן de 35, 11 (מִבַּהֲמוֹת וּמֵעוֹף) como comparativos pues, según Elih, este pasaje destaca la relación consciente en la que Dios nos ha colocado ante sí mismo; según eso, el sufriente no debe responder quejándose o acusando a Dios, sino que ha de inclinarse humildemente, elevando ante Dios su oración.

Pero en la línea Job 12, 7 (cf. Prov 6, 6, וחכם), el texto ha de traducirse: "el que nos enseña (מלפנו igual a מאלפנו, cf. 2 Sam 22, 40, *Psalter* i. 160) *más que a las bestias de la tierra* (de forma que a través de ellas llega a nosotros la instrucción que proviene de Dios) y nos hace *más sabios que a las aves del cielo*. El cambio entre futuro y participio nos lleva a pensar que la instrucción divina se realiza también a través de la creación animal. En este contexto se sitúa el tema de la oración: los leones rugen, Sal 104, 21; el ganado sediento grita a Dios, Joel 1, 20; los cuervos le llaman, Sal 147, 9.

Partiendo del pensamiento de Job 35, 10, la aflicción no lleva a la mayor parte de los hombres a invocar al Dios todopoderoso, para que les ayude, pues para ello hace falta un corazón humillado, abierto a la ayuda del Altísimo. Según eso, en 35, 12, es más natural tomar שם (cf. שָׁם יִצְעֲקוּ וְלֹא יַעֲנֶה , cf. sobre Job 23, 7) en el sentido temporal de entonces (τότε), más que en el sentido local de "allí", en relación al lugar de la opresión (LXX, Jerónimo).

La división del verso (35, 12) es correcta, y H. B. Starcke lo ha interpretado bien: *Tunc clamabunt (sed non respondebit) propter superbiam (insolentiam) malorum:* clamaron entonces, pero (Dios) no respondía, por la soberbia-insolencia de los malos. מפני no se conecta con יענה en el sentido de *non exaudiet et servabit*, para lo cual, como en una *constr. praegnans,* uno hubiera esperado מן, cf. Sal 22, 22, en lugar de מפני, no en el sentido de *non exaudiet propter* (Hirzel, Schlottmann), porque aquí no se dice que los arrogantes, רעים, son aquellos cuya oración no es escuchada sin más, sino aquellos cuya oración no se escucha por el llanto o la aflicción que provienen de la opresión de los poderosos. Por eso, al no dejar que la opresión les lleve a vincularse más con Dios, estos oprimidos gritan, pero Dios no les escucha, por la arrogancia de los malvados, a quienes ellos, los oprimidos, deben soportar.

Job 35, 13 pone de relieve la razón por la que ellos, esos hombres, no reciben respuesta, pues Dios no escucha (ni el Omnipotente acoge) una oración vacía (es decir, un mero movimiento de labios, sin verdadero espíritu de oración). De un modo equivocado, Hahn afirma que אך no tiene el significado de *certo* y *verumtamen*; pero nosotros preferimos dar a esa partícula un significado restrictivo (pura vaciedad, hueco sin valor) que proviene de un significado anterior de origen positivo (cf. Hupfeld, *Zeitschr. fr Kunde des Morgenl.* Ii 441 s.), pero que se expresa aquí de un modo adversativo. De todas formas, tomada en sí, esa partícula no tiene un sentido adversativo, pues la idea de *verumtamen non exaudit* ha sido ya expresada en ולא יענה (en 35, 12).

Job 35, 14-16

¹⁴ אַף כִּי־תֹאמַר לֹא תְשׁוּרֶנּוּ דִּין לְפָנָיו וּתְחוֹלֵל לוֹ׃
¹⁵ וְעַתָּה כִּי־אַיִן פָּקַד אַפּוֹ וְלֹא־יָדַע בַּפַּשׁ מְאֹד׃
¹⁶ וְאִיּוֹב הֶבֶל יִפְצֶה־פִּיהוּ בִּבְלִי־דַעַת מִלִּין יַכְבִּר׃ פ

¹⁴Aunque hables, tú no le ves; (pero) tu causa está ante él; por tanto, aguárdalo.
¹⁵Pero, si en su ira no ha castigado aún ¿no estará él muy familiarizado con el enojo?
¹⁶Por eso abre Job su boca en vano y multiplica palabras sin sabiduría.

35, 14. Este discurso no se dirige exclusivamente a Job, porque trata en principio de los actos de injusticia que prevalecen entre los hombres y que, sin embargo, permanecen en apariencia sin castigo. Pero se aplica también de un modo especial a Job, porque como hemos visto en 23, 8-10, cf. 19, 7; 30, 20, se ha quejado porque su oración no ha sido escuchada.

La expresión אַף כִּי significa en general *quanto minus*, Job 4, 19, o también *quanto magis*, Prov 15, 11, pero nunca *quanto minus si* (Hirzel, Heiligstedt) o *quanto magis si* (Hahn), o tampoco lo que supone Ez 15, 5, donde esa expresión significa *etiamne quum*. Ciertamente, de un modo natural, significa *etiam quum*, pero ella puede significar también *etiamsi, etsi*, tanto aquí como en Neh 9, 18.

Estas primeras palabras, en el sentido de *quamvis dicas (opineris)* vienen seguidas por una *oratio obliqua*, como en Job 35, 3. Como dice la parte final de 35, 14, Elihu declara que *el tema de fondo es distinto de lo que tú (Job) piensas*. La temática que ha de ser resuelta se encuentra ante él (ante Dios); él la conoce bien, y tú no puedes hacer otra cosa que esperar por él (con חולל, una palabra que solo aparece aquí, en vez de con יחל o הוחיל, cf. Sal 37, 7, והתחולל לו). La decisión, aunque tarde tiempo en cumplirse, no fallará.

En **Job 35, 15-16**, la mayoría de los comentaristas actuales toman 35, 15 como antecedente de 35, 16, en cuyo caso, dejando a un lado las distorsiones que así se producen, se pueden dar dos interpretaciones: (1) Sin embargo ahora, dado que su ira (la de Dios) no le visita ... Job abre su boca. (2) Sin embargo, dado que Dios no visita su ira (la de Job; cf. la referencia de אפו a Job en 18, 4; 36, 13. 18) Job abre su boca, etc.

Hay ejemplos de cláusula confirmatoria con כי que preceden a la principal, como Gen 3, 14. 17. Pero en estos casos, en conexión con esta forma de construir la frase, el verbo tiende siempre a encontrarse en la cláusula principal o en la conclusión, de un modo prominente (y en esta caso aquí podríamos esperar איוב ויפצה), aunque en árabe se podrían disponer las palabras de otra manera (en conexión con una diferencia de sujeto en el antecedente y en la conclusión, cf. De Sacy, *Arab. Gramm.* 1201, 2).

En esa línea, por un largo tiempo, yo mismo pensé que Job 35, 15 debía tomarse de un modo interrogativo: y ahora (ועתה como inferencia lógica y conclusión, Ewald 353, b) ¿no debería su ira castigar (פקד como absoluto, Job 31, 14), y no debería él tomar noticia, etc.?, con כי interrogativo como en 1 Sam 24, 20; 28, 1; 1 Rey 11, 22, como הכי (¿es eso así, de tal manera que...? o ¿debería ser eso así, de tal forma que...?), en Job 6, 22, y frecuentemente en conexión con aquello que se ha dicho, como en Gen 21, 7 en relación con el uso modal del pretérito.

Pero, en la línea de esta traducción, la relación de Job 35, 16 con lo que le precede resulta poco apropiada. Pues bien, Ewald ha ofrecido la traducción adecuada (a pesar de que interpreta mal el פש): "Por lo tanto, dado que su ira aún no le ha castigado, él (Job) no conoce mucho sobre la locura, la falta de sentido, de su gesto". Job 35, 15b ha de tomarse como conclusión de Job 35, 15a, pero no como exclamación, sino como interrogación. El uso interrogativo de ולא no es inusual, y así aparece en 2 Sam 20, 1; Ez 16, 43; Ez 16, 47.56; 32, 27, y en nuestro caso. Y lo mismo que en nuestro caso, este interrogativo ולא aparece tras una cláusula antecedente de tipo hipotético, cf. 1 Sam 20, 9; Ex 8, 22.

En conexión con esta traducción interrogativa de Job 35, 15, sigue siendo cuestionable si se refiere al pecado concreto (personal) de Job o a un pecado que prevalece entre los hombres en general. El tema de este tercer discurso de Elihu, exige que la pregunta se entienda en la segunda línea (referido al pecado de los hombres como tales), aunque con una referencia al pecado de arrogancia de Job. La traducción muestra la forma en que Job 35, 16 está conectada con lo que le precede.

Job 35, 16a es una cláusula circunstancial; pero si uno no quiere tomarla como cláusula subordinada, sino verla al mismo nivel que 35, 15, se trataría de una cláusula adversativa unida a la anterior con *waw*, como sucede con frecuencia: *Pero (sin embargo) Job...* פצה פה (יִפְצֶה־פִּיהוּ) es abrir la boca de un modo burlesco, como en Lam 2, 16; 3, 46.

הבל es el acusativo que sirve para ofrecer una definición más ceñida del tema (igual a בהבל), y הכביר, que aparece solo aquí y en Job 36, 31, significa al mismo tiempo *magnificare* y *multiplicare*: Job multiplica su altas palabras emocionales. En esa línea, esta palabra, יכביר, ha de tomarse sin duda como hebreo–arábiga (árabe *akbara*), y en ese contexto podemos recordar que Job 35, 15 está lleno de arabismos:

— *En esa línea ha de entenderse la combinación* כִּי־אַיִן פָּקַד, que es única en el hebreo de la Biblia. Tanto si se toma como no originalmente como relativa, esta frase, con el sentido de *non est quod visitaverit*, Ewald 321, b, corresponde al uso popular arábico de *lys* por *lâ*, Gesenius *Thesaurus* i. 82, b. Probablemente אין realiza la función de una negación intensiva (aunque Carey lo niegue).

— *La combinación* יָדַע בַּפַּשׁ מְאֹד *significa conocer algo*, tomar conocimiento de una cosa (a diferencia de Job 12, 9, pero véase Job 24:12 sobre este tema). Es como la construcción del verbo árabe *alima* con *bi* (en relación con) o con *r–bianna* (a causa de...). Por su parte מאד (cf. *Comentario* a Sal 31, 12) no corresponde a (no se vincula directamente con) בפש (cosa que en principio sería posible), sino que, de acuerdo con Sal 139, 14, corresponde a ידע.

— *La palabra* פַּשׁ *ha de interpretarse especialmente a partir del árabe*. El significado de "multitud" (conforme a los comentaristas judíos, según פושׁ, *nifal, se diffundere*, Nah 3, 18) no es apropiado; el significado de "mal" (LXX, Jerónimo y otros, con פשׁ igual a פשׁע) es forzado y carece de sentido. Por el contrario, el árabe *fšš* (aunque no en sus derivados, *fashsh* y *fâshûsh*: cabeza vacía, imbecilidad, en sentido metafórico) abre un camino que nos permite entender bien este pasaje, especialmente si tenemos en cuenta el sentido siro-arábigo de la palabra, que es aquí el natural.

Fijándonos en el sentido de פַּשׁ, debemos recordar que el verbo árabe *fšš* (פשש), relacionado con el verbo *fšr, fršׁ*, extenderse, expandirse) se aplica inicialmente al agua (*fashsh el-ma*): desbordar su cauce, sus límites. Por eso, cuando se desborda el agua del lago *el-Hgne*, extendiéndose en el valle tras la lluvia del invierno, se dice *el-mefeshsh*. Esa palabra se aplica también a una botella o vasija de cuero, cuando se abre y se vacía; lo mismo se dice de un tumor que se abre, o de la ira que se desboca, de donde proviene la frase: ¿me has hecho una *mefeshshe*, un objeto de tu ira? A partir de ese término árabe *fšš* (distinto del *fašˁ* con *waw* media, que significa nadar, mantenerse arriba, que toma en hebreo la forma פוש, cf. Hab 1, 8; Jer 50, 11; Mal 4, 2, en el sentido de ser orgulloso) se forma פש, en la línea de otras palabras como מס, מד, ב con el significado de זדון o incluso de עברה en el sentido de altivez excesiva, orgullo que explota con violencia[76].

Interpretación de Job 35. De esta manera, también al final del tercer discurso de Elihu se confirma el colorido arábigo y más en concreto siro-arábico que es común de esta sección y de todo el libro de Job. Por otra parte, aquí echamos en falta las figuras audaces y originales que se multiplicaban en el libro, hasta el cap. 31, como olas sucesivas, percibiendo una deficiencia (decadencia) en el estilo, como la que se percibe entre el *Qohelet* y la Sabiduría de Salomón.

El pensamiento principal de esta sección sigue siendo el de los tres amigos, y el del mismo Job: que la piedad de los piadosos les aprovecha a ellos mismos, no a Dios, sin que Dios tenga alguna obligación de recompensarles por ello. Elifaz había distinguido ya en Job 22, 2 entre la oración de los piadosos que Dios escucha en tiempos de necesidad y el grito sin respuesta de los impíos (cf. Job 27, 9). Pero Elihu libera a estos pensamientos de su aplicación anterior que podía ser errónea.

Según eso, si la piedad del hombre no proporciona nada a Dios (nada que él tenga obligación de recompensar), Job no puede atreverse a mirar su aflicción (misteriosa como es) como si fuera injusta; en esa línea, si los hombres piadosos no experimentan de un modo directo e inmediato la ira vengadora de Dios en contra de la soberbia de sus opresores, la pregunta sobre el recto sentido de su oración resultaría más importante que el lamento por la falta de justicia de Dios en el gobierno del mundo.

Job se mantiene callado después de este discurso de Elihu, que no contiene para él ningún verdadero consuelo. Sin embargo, este discurso ofrece una censura y una crítica que los orgullosos han de recibir humildemente. Este es un discurso

---

76. El significado de expandirse se encuentra también en el fondo del nombre *fishshe*, cosas livianas (en Egipto). El significado *discutere* (y especialmente *carminare*, cardar la lana), que tiene también la palabra talmúdica פשש, conserva solo un matiz del sentido original: *fatuum esse*, estar vacío, como en ʾ*gaus fashûsh*, nueces vacías. Así se dice que el arroz del valle palestino de Hule es peor que el de Egipto, porque al cocerse con pescado se rompe en piezas. En esa línea se añade que cuando la semilla de maíz para sembrar se pone en el agua y cae hasta el fondo es buena, mientras que la que nada en la superficie es mala, con *jefûsh*, ser malo.

El *piel* de *fashsha* significa hacer que el agua desborde demasiado. En esa línea *fashshasha qalbahu*, él dio aire a su corazón, significa que reveló un secreto que le pesaba. Un proverbio dice: el mercado (con su vida y sus caras cambiantes) es un *feshshâsh* de rostros, en el sentido de que así consuela a un corazón cansado. En *hifil*, se dice en forma de proverbio: *el-bukâ jufishsh*, el llanto libera la angustia del alma (nota de Wetzstein).

que puede tocar el corazón de Job. Pero no es tan claro si toca el corazón de la idea de este libro.

Job 36-37. Cuarto discurso

Esquema: 6.7.6.6.6.7.6.8 / 11.11.8.6.8.11

Job 36

Job 36, 1-4

¹וַיֹּסֶף אֱלִיהוּא וַיֹּאמַר׃
² כַּתַּר־לִי זְעֵיר וַאֲחַוֶּךָּ כִּי עוֹד לֶאֱלוֹהַּ מִלִּים׃
³ אֶשָּׂא דֵעִי לְמֵרָחוֹק וּלְפֹעֲלִי אֶתֵּן־צֶדֶק׃
⁴ כִּי־אָמְנָם לֹא־שֶׁקֶר מִלָּי תְּמִים דֵּעוֹת עִמָּךְ׃

¹Entonces Elihu continuó y dijo:
²Aguántame un poco y te instruiré, pues aún hay palabras para Eloah.
³Yo quiero ir a buscar mi conocimiento desde lejos para atribuir justicia a mi Hacedor.
⁴Porque de cierto no son mentira mis palabras:
¡contigo está uno que es íntegro en sus conceptos!

36, 1-2. Los tres discursos precedentes de Elihu habían sido introducidos con וַיַּעַן; este cuarto, para situarse en la línea de los tres anteriores, está introducido como continuación (con וַיֹּסֶף) de los otros. Job ha de esperar todavía un poco, porque él tiene aún palabras (en el sentido de עוֹד לִי), o, mejor dicho, porque hay aún palabras que pueden decirse en favor de *Eloah*, es decir, en defensa de Dios, en contra de los lamentos y acusaciones de Job.

Esta parece ser la única ocasión en que la palabra aramea כַּתַּר se aplica en hebreo. Por su parte, הוה, *nunciare* (árabe *whâ*, I, IV) es un arameismo poético, que aparece también en Sal 19, 3 (sobre la construcción, cf. Job 32, 6). Por su parte, זְעֵיר (forma diminutiva, en la línea del árabe *zu'air*) ha de entenderse, como Is 28, 10.13 desde el lenguaje popular (de Jerusalén), aplicado aquí de un modo poético.

El verbo נשא, **Job 36, 3** no ha de entenderse en la línea de נשא משל, sino de 1 Rey 10, 11. Por su parte, לְמֵרָחוֹק significa, como en Job 39, 29; Is 37, 26, *e longinquo*, es decir, desde muy antiguo, antes del ancho reino de la historia y de la naturaleza. La expresión נתן צדק sigue en la línea de la analogía de ענתן כבוד. En esa línea, el término דעה, **Job 36, 4** se intercambia con el דע que pertenece exclusivamente a Elihu, pues él se presenta a sí mismo como תְּמִים דֵּעוֹת, como en 37, 16 donde el mismo Dios aparece como תְּמִים דֵּעִים (cf. 1 Sam 2, 3, אל דעות).

En esta combinación con דעות la palabra תמים no puede aplicarse a la pureza de carácter, sino a la absoluta perfección del conocimiento, que Elihu atribuye en todos los sentidos a Dios, en relación con la teodicea que él opone a la de Job que, a su juicio, carece de verdad y claridad de expresión.

Job 36, 5-7

⁵ הֶן־אֵל כַּבִּיר וְלֹא יִמְאָס כַּבִּיר כֹּחַ לֵב׃
⁶ לֹא־יְחַיֶּה רָשָׁע וּמִשְׁפַּט עֲנִיִּים יִתֵּן׃
⁷ לֹא־יִגְרַע מִצַּדִּיק עֵינָיו וְאֶת־מְלָכִים לַכִּסֵּא וַיֹּשִׁיבֵם לָנֶצַח וַיִּגְבָּהוּ׃

⁵Mira, grande es Dios, pero no altanero, poderoso por la fuerza de su sabiduría.
⁶No preserva la vida del impío, pero a los afligidos otorga derecho.
⁷No aparta sus ojos de los justos; pero con reyes sobre el trono, los establece para siempre y son exaltados.

36, 5. El objeto que ha de ser mentalmente añadido a וְלֹא יִמְאָס ha de ser derivado, como en Job 42, 6, del mismo contexto. La idea de fondo del verbo es, como la de Job 8, 20: Dios es exaltado, pero no mira de un modo desdeñoso desde su altura (*non despicit*) o, para decirlo de un modo más preciso, no se coloca a sí mismo sobre la justicia que se debe a la menor de sus creaturas. Dios es grande por su poder de corazón (כַּבִּיר כֹּחַ לֵב), cf. Job 34, 33 אנשי לבב, árabe *ulû-l-elbâb*), es decir, por su entendimiento (νοῦς πνεῦμα), para distinguir entre el bien y el mal, siempre y en todo lugar.

Job 36, 6-7 describe la forma en que el reino de Dios sobre (en) los hombres supera toda superioridad, no meramente externa, sino espiritual, mostrando que esa actitud se vincula con su condescendencia respecto a los humildes. Esta visión del objeto de la acción de Dios con los humildes, a quienes asienta con los reyes en el trono, וְאֶת־מְלָכִים לַכִּסֵּא (como en Is 9, 11), se vuelve más significativa por el uso del futuro consecutivo, que sigue como conclusión.

Ewald piensa que esta explicación se opone al sentido de los acentos y a la estructura de la misma sentencia. Pero, en contra de eso, debemos afirmar que ella responde perfectamente al uso de los acentos y a la estructura de fondo del texto, y además es fiel a la sintaxis (Gesenius 129, 2, b, y el mismo Ewald 344, b). El Sal 9, 5 (cf. Sal 132, 12; Is 47, 1), muestra la forma en que ha de entenderse לכסא (hace que se sienten sobre el trono). Job 5, 11; 1 Sa 2, 8; Sal 113, 7 son también pasajes paralelos.

Job 36, 8-10

⁸ וְאִם־אֲסוּרִים בַּזִּקִּים יִלָּכְדוּן בְּחַבְלֵי־עֹנִי׃
⁹ וַיַּגֵּד לָהֶם פָּעֳלָם וּפִשְׁעֵיהֶם כִּי יִתְגַּבָּרוּ׃
¹⁰ וַיִּגֶל אָזְנָם לַמּוּסָר וַיֹּאמֶר כִּי־יְשֻׁבוּן מֵאָוֶן׃

⁸Aunque estuvieran sujetos con cadenas, apresados con cuerdas de aflicción,
⁹él les daría a conocer sus obras y las rebeliones de las que se gloriaban.

¹⁰Y abrirá entonces sus oídos a la corrección y los exhortará a convertirse de la iniquidad.

El sujeto no son en modo alguno los רשעים (Hahn), sino los צדיקים, o aquellos que pueden ser susceptibles de corrección, que es necesaria para ellos, como en Sal 107, que presenta muchos elementos comparables a los de este discurso de Elihu. Las cadenas de **Job 36, 8a** (זקים) han de entenderse literalmente, pero las cuerdas de **36, 8b** de un modo figurado. El salmista vincula ambos elementos en אסירי עני וברזל, Sal 107, 10. La conclusión comienza con Job 36, 9, y se repite de un modo distinto en 36, 10.

פעל (cf. פָּעֳלָם) se toma aquí en el sentido de *maleficium*, obras malas, como en árabe *fa'alat*, en la línea de מעשה, *facinus*, Job 33, 17. כי, en **Job 36, 9** tiene el sentido objetivo de *quod*, lo mismo que en **36, 10**. No ha de traducirse, sin embargo, *quod invaluerint* (Rosenmüller), pues ello se opone al sentido más natural del *hitpael*, sino conforme a Job 15, 25, *quod sese extulerint* (que se habían exaltado a sí mismos).

La palabra מוסר, παιδεία, disciplina, se intercambia aquí con la palabra menos utilizada de מסר que aparece en Job 33, 16, donde hemos encontrado también la frase גלה אזן, descubrir el oído, es decir, abrirlo. אמר כי (cf. וַיֹּאמֶר כִּי־יְשֻׁבוּן) corresponde al árabe *amara an* (*bi-an*), mandar que.

Aquí aparece de nuevo, de un modo muy claro, el pensamiento de Elihu: los sufrimientos de los justos han de tomarse como castigos correccionales, que tienen la finalidad de separarles de los pecados, en los que han caído por influjo de las tendencias de la carne, como advertencia de Dios, para que hagan penitencia, una penitencia pensada para su bien.

Job 36, 11-12

¹¹ אִם־יִשְׁמְעוּ וְיַעֲבֹדוּ יְכַלּוּ יְמֵיהֶם בַּטּוֹב וּשְׁנֵיהֶם בַּנְּעִימִים׃
¹² וְאִם־לֹא יִשְׁמְעוּ בְּשֶׁלַח יַעֲבֹרוּ וְיִגְוְעוּ כִּבְלִי־דָעַת׃

¹¹Si escuchan y le sirven, acabarán sus días con bien y sus años con dicha.

¹²Pero si no escuchan, serán pasados a espada y perecerán por falta de conocimiento.

36, 11–12. Dado que en 36, 10 ha precedido la declaración de la voluntad de Dios, resulta natural que tomemos ויעבדו en el sentido de *obsequi*, esto es, de cumplir esa voluntad (como en 1 Rey 12, 7, cf. מעבד de עבד en el sentido general de *facere*, hacer), pero también en la línea que propone Umbreit, es decir, de *colere Deum*, de cumplir la voluntad de Dios (como en Is 19, 23, árabe *'âbid*, uno que reverencia a Dios, una persona piadosa).

En lugar de יבלו, como en Is 65, 22 (palabra que la Masora marca con לית, es decir, "en ningún otro lugar") y del *qetib* de Job 21,13, aquí hay que leer sin duda: יכלו (targum יִשְׁלְמוּן, *peragent*, como en Ez 43, 27, cf. edición de la *Biblia Hebraica Sttutgartensia* 1976: יְכַלּוּ). נעימים es, como en Sal 16, 6, un masculino neutro: *amoena*. Sobre el sentido de עבר בשלח, precipitarse sobre el arma, es decir, sobre la espada, cf. Job 33, 18. Sobre דעת בבלי cf. Job 35, 16; 4, 21. La falta de penitencia hace que la aflicción, que debería ser un medio de rescate, pueda convertirse en principio de destrucción total. A pesar de ello, algunos no quieren ser avisados y corregidos por ella, es decir, por falta de conocimiento (בְּלִי־דָעַת).

Job 36, 13-15

¹³ וְחַנְפֵי־לֵב יָשִׂימוּ אָף לֹא יְשַׁוְּעוּ כִּי אֲסָרָם׃
¹⁴ תָּמֹת בַּנֹּעַר נַפְשָׁם וְחַיָּתָם בַּקְּדֵשִׁים׃
¹⁵ יְחַלֵּץ עָנִי בְעָנְיוֹ וְיִגֶל בַּלַּחַץ אָזְנָם׃

¹³ Los hipócritas de corazón atesoran ira, no se arrepentirán cuando los ate.
¹⁴Fallecerán sus almas en su juventud y su vida será como la de los impuros.
¹⁵Y él liberará al pobre de su aflicción; y abrirá (despertará) su oído de la opresión.

36, 13. Aquel que está irritado contra Dios en su aflicción, y no ora ante él humildemente, muestra así que es un חנף, uno que está separado de Dios, alguien que no es צדיק. En esta línea, la palabra אף no significa la ira divina (como en θησαυρίζουσιν ὀργήν, según Rosenmüller, en la línea de Rom 2, 5), ni significa tampoco ellos "amontonan ira" sobre sí mismos (Wolfson, que suple aquí la palabra עליהם), sino que significa la impaciencia, el descontento y la murmuración de los mismos hombres que buscan y amontonan ira en sus corazones, בלבם (cf. Job 22, 22, donde שים בלב significa no solo tomar, sino también *preservar en el corazón*.

Tomada así, de un modo absoluto, la palabra שים significa en los demás lugares del libro, *prestar atención a*, cf. Job 4, 20; 24, 12; 34, 23, o (como en árabe *wḍ'*) poner como prenda. Aquí significa *reponunt sibi, recondunt* (con un implícito *in ipsis*), como en árabe *šām*, etc., en el sentido de atesorar.

Con תמת, con el sentido de ותמת (Is 50, 2) o de ותמת, se indica el castigo que proviene de esta frustración del propósito divino de la gracia, tema que sigue a lo anterior, en asíndeton, ἀσυνδέτως (לֹא יְשַׁוְּעוּ כִּי), como en Os 7, 16. En **36, 14**, חיה se intercambia con נפש, como en 33, 22. 28. נער (que es por otra parte una palabra favorita de Elihu) recibe aquí el mismo sentido que en Job 33, 25 y en Sal 88, 16, un salmo que tiene muchas semejanzas con esta sección de Elihu y con el resto del libro de Job.

La *beth* de בַּקְּדֵשִׁים tiene el sentido de *aeque ac* (targum היך), como en Job 34, 36, cf. תחת, Job 34, 26. Jerónimo traduce *inter effeminatos*; porque los קדשים (que aplicado a los paganos, equivale a קדושים, como כמרים, en el mismo sentido, equivale a כהנים) son *hombres consagrados, que se prostituyen en el templo* como si fueran mujeres en honor de la deidad, al servicio de un tipo incontinencia u homosexualidad (cf.

Keil sobre Dt 23, 18), una abominación pagana que se extendió una y otra vez en Israel (1 Rey 14, 24; 15, 12; 22, 47), vinculada al culto de Astarte y Baal, que era originario de Siria, un culto al que aquí se alude desde la perspectiva del libro de Job.

36, 15. Por el contrario, para aquel que sufre, no por simple necesidad, sino de un modo voluntario, este sufrimiento es un medio de rescate y de purificación moral. Obsérvese el juego de palabras entre יְחַלֵּץ y בְּעָנְיוֹ. En ambos casos, de acuerdo con el pensamiento fundamental de Elihu, la *beth* tiene un sentido instrumental.

Job 36, 16-18

¹⁶ וְאַף הֲסִיתְךָ ׀ מִפִּי־צָר רַחַב לֹא־מוּצָק תַּחְתֶּיהָ וְנַחַת שֻׁלְחָנְךָ מָלֵא דָשֶׁן׃
¹⁷ וְדִין־רָשָׁע מָלֵאתָ דִּין וּמִשְׁפָּט יִתְמֹכוּ׃
¹⁸ כִּי־חֵמָה פֶּן־יְסִיתְךָ בְסָפֶק וְרָב־כֹּפֶר אַל־יַטֶּךָּ׃

¹⁶Y también a ti te separará de la angustia a un lugar espacioso libre de estrechez, y la provisión de tu mesa estará lleno de manjares.
¹⁷Pero tú estás lleno del juicio de los malhechores, pues justicia y juicio se vinculan.
¹⁸Que la ira no te conduzca a la destrucción, que no evitarás ni aun pagando un gran rescate.

Job 36, 16. Elihu aplica aquí a Job lo que ha dicho en la estrofa anterior. Como es usual, אַף (lo mismo que גַם y אַך) se coloca al principio de la frase, aunque no forme parte de la sentencia que sigue, y de esa forma וְאַף הֲסִיתְךָ no se puede entender en el sentido de והסית אף אתך. El pretérito הסיתך no tiene un sentido de promesa, sino que a través de esa palabra Elihu está indicando el designio con el que Dios ha decretado el sufrimiento presente para Job (pues a través del sufrimiento, Dios quiere liberarle del gran castigo).

La expresión הסית מן (cf. הֲסִיתְךָ מִפִּי־צָר), como en 2 Cron 18, 31, significa *te liberará del gran desastre, te separará de la gran angustia* (צר con *rebia magnum*) que te apresa con sus garras, y amenaza con destruirle. Liberándole de ese desastre, Dios quiere que Job alcance la gran prosperidad. Este es un pensamiento que Elihu expresa con la imagen de un lugar espacioso y de un banquete abundante (cf. Sal 4, 2; 23, 5).

רחב es locativo y לֹא־מוּצָק תַּחְתֶּיהָ puede ser una cláusula de relativo, con el sentido de "cuyo fundamento (base) no está estrechado" (no sea angosto), en cuyo caso מוּצָק no podría ser constructo *hofal*, como en Is 9, 1, según la forma מחנק, Job 7, 15 (cf. Ewald 160, c, nota. 4), Saadía traduce en árabe *lâ ḍîq fî mûḍ'hâ* (*cujus in loco non angustiae*, en cuyo lugar no hay estrechez). Pero esa palabra מוּצָק podría ser virtualmente un adjetivo, con el sentido de *sin angustia* (לֹא igual a בְּלֹא, como en Job 34, 24), cf. comentario a Job 12, 24), es decir, sin estrechez.

A partir de aquí, en 36, 16c comienza una frase especial que ya no es de tipo locativo: "y la provisión de tu mesa estará llena de manjares" שֻׁלְחָנְךָ מָלֵא דָשֶׁן

(וְנַחַת). La provisión (נַחַת, de נוח, expandirse) estará llena de alimentos pingues. מָלֵא (que puede ser adjetivo o verbo) concuerda por atracción con el género de aquello a lo que se refiere. En contra de Rosenmüller y de otros no es preciso derivar נָחַת de un arameismo en la línea de ירד.

En **36, 17**, דִין se aplica al juicio negativo de Job en relación con Dios y con su forma de actuar (cf. Sal 76, 9, en el sentido de decisión judicial, y de Prov 22, 10, donde significa el rechazo inadecuado de una decisión justa). Job 36, 17 no es una cláusula condicional (Hahn), en cuyo caso el presente hipotético hubiera tenido una función básica de tipo afirmativo, sino una cláusula predicativa de tipo adversativo: *pero (sin embargo) tú estás lleno del juicio de los malhechores*, tras lo cual, en forma de ἀσυνδέτως (asíndeton) como en Job 36, 14, se expresa el sentido negativo del juicio realizado a la manera de los malhechores: esta forma de juzgar y este juicio se vinculan mutuamente.

Rödinger, Dietrich y Schlottmann han traducido esta idea de un modo equivocado: juicio y sentencia (culpa y castigo) te poseerán; יתמכו, *prehendunt* scil. *se* (en hebreo te agarrarán de la mano), se utiliza en el sentido arameo de סמך: acercarse, vincularse mutuamente (hebreo rabínico: סמוך, estar cerca, a la mano). El sentido es que, en contra del perdón que ofrece Dios, Job prefiere quedar apresado por el juicio de los malhechores.

En **Job 36, 18** rechazamos la interpretación de חֵמָה como nata o crema de leche (חמה sería igual a חמאה, como en 29, 6), pues pensamos que no tiene sentido identificar crema con superficialidad, como hacen Ewald, Hirzel, Vahinger, Heiligstedt. La traducción de Renan: *N'espère pas détourner la colère de Dieu par une amende,* es un simple puzle, carente de todo sentido por el que el autor se muestra incapaz de entender lo más mínimo del libro de Job.

En general, el pensamiento, "no pienses que por tener muchas riquezas podrás ser capaz de satisfacer las exigencias de Dios" está aquí totalmente fuera de lugar. Por otra parte, חמה, que, como דאגה, Prov 12, 25 (Ewald 174, g), se construye en masculino, no puede aplicarse a la ira de Dios, dado que el poeta no puede haber atribuido a Dios por הסית un tipo de instigación mala o un impulso *in malam partem*.

Lo que aquí se expresa es la propia חמה de Job (Hahn), que es su pasión, un tipo de "ira". Cf. אַף, Job 36, 13. שׁפק ha de explicarse, por su parte, en la línea de Job 34, 37, cf. 27, 23 (chocar las manos, aplaudir, en tono de risa); finalmente כפר significa reconciliación o expiación, como en Job 33, 24.

Elihu advierte a Job que no puede dejarse llevar a sí mismo por el calor de la pasión o de la ira, pues en esa línea acabará siendo objeto de irrisión y burla de la gente. La verdadera redención solo se consigue en forma de camino de bienaventuranza, sometiéndose de un modo humilde al castigo de Dios. El sentido de conjunto es claro: un veredicto contrario (דִין) y una condena (מִשְׁפָּט) se vinculan mutuamente; (כִּי) porque la ira desbocada te llevará fuera de ti mismo, y por medio de ella no podrás escapar de la ira de Dios.

Job 36, 19-21

¹⁹ הֲיַעֲרֹךְ שׁוּעֲךָ לֹא בְצָר וְכֹל מַאֲמַצֵּי־כֹחַ׃
²⁰ אַל־תִּשְׁאַף הַלָּיְלָה לַעֲלוֹת עַמִּים תַּחְתָּם׃
²¹ הִשָּׁמֶר אַל־תֵּפֶן אֶל־אָוֶן כִּי־עַל־זֶה בָּחַרְתָּ מֵעֹנִי׃

¹⁹¿Acaso el gritar podrá liberarte de la angustia, y todas tus protestas podrán liberarte?
²⁰No pidas que venga la noche que destruya (elimine) a los pueblos de su lugar.
²¹Ten cuidado, no te inclines al mal, porque eso has deseado más que la aflicción.

36, 19. Aquellos comentaristas que piensan que según 36, 18 Job no debería imaginar que él sería capaz de liberarse a sí mismo a través de un gran rescate interpretan así el texto: ¿valorará Dios tus riquezas? (Farisol, Rosenmüller, Umbreit, Carey, Ebrard y otros); o ¿bastarán tus riquezas? (Hirzel, Schlottmann) o, ¿podrás liberarse de algún otro modo semejante? (Ewald). Pero esta traducción va en contra del sentido del texto, sin contar la violencia que ha de hacerse a הֲיַעֲרֹךְ para interpretar su sentido en esa línea.

Por su parte, la palabra שׁוּעַ (cf. הֲיַעֲרֹךְ) aunque en sentido abstracto puede significar riqueza (cf. árabe *sa'at, amplitudo*), conforme al sentido del lenguaje (cf. Job 30, 24), en la medida en que podemos estudiarla, es una forma derivada de שׁוּע o שׁוֹעָה, como un grito pidiendo ayuda. En esa línea se sitúan Job 35, 9; 36, 13 y otros pasajes.

Lo que sigue resulta aún menos concorde con este sentido de redención. Hirzel traduce: ¡Ni Dios ni todos los tesoros del mundo…! Pero la palabra בְּצָר no equivale en modo alguno al בצר de Job 22, 24; pues en 36, 16, צר significa angustia, y la expresión לא בצר está indicando una condición libre de angustia, como לא בחכמה en Job 4, 21, y לא ביד en Job 34, 20.

Finalmente, אמיץ כח significa poderoso en fuerza física, como en Job 9, 4.19. Por su parte, מאמצי־כח significa grandes pruebas de fuerza, no "tesoros" de riqueza. Stickel interpreta el texto en la línea correcta diciendo: "¿Podrán liberarte tu grito de rabia y tus protestas? ¡Tampoco los gritos de batalla hacen posible que un guerrero se libere en el combate…!. El fondo de la traducción es bueno, pero el signo del guerrero debe ser superado. Por su parte, ערך no es más que una hermosa palabra con el sentido de שִׂים שִׁית colocar, situar.

36, 20-21. Elihu dice a Job que considere la falta de sentido de su lucha con Dios, y le advierte diciendo que sus palabras son una terrible provocación en contra del juicio divino. Así le dice que no anhele (cf. Job 7, 2) *noctem illam* (con artículo enfático) *sublaturam populos loco suo*: "No pidas que venga aquella noche que destruirá (eliminará) a los pueblos de su lugar".

לְעֲלוֹת es equivalente a *futuram* (הָעֲתִידָה o הַהֹוֶה) y *ut tollat* en el sentido de *sublaturam* (cf. comentario sobre Job 5, 11); לָשׂוּם, *collocaturus*. Al enfrentarse de esa manera con Dios, Job está evocando y provocando en el fondo (también para él) un tipo de muerte que vendrá sobre todos. Si todos los pueblos han de ser tomados (destruidos) por ese destino de muerte ¿cómo podrán ser los individuos como Job capaces de liberarse de ella?

Pues bien, a pesar de eso, en vez de ponerse humildemente en manos de Dios que le puede liberar, Job tiene el atrevimiento de enfrentarse con el terrible juicio de Dios. Por eso, Elihu le pide que abandone a tiempo esta absoluta maldad (אָוֶן), hacia la que él se ha inclinado en vez de ponerse עֳנִי, de forma quieta, humilde, resignada, en manos de Dios.

בחר על (cf. בָּחַרְתָּ מֵעֹנִי) significa en 2 Sam 19, 39 escoger algo; en nuestro caso se refiere a la actitud de Job que ha escogido aquello que es malo para él, la rebelión en contra de Dios. Esta mala elección define la suerte de Job, cuando en vez de elegir a Dios y ponerse en sus manos se enfrenta con él. La construcción es notable, pues se hubiera esperado una frase distinta en la línea de עַל־עֳנִי זֶה בחרת, *hanc elegisti prae toleratione*.

Job 36, 22-25

²² הֶן־אֵל יַשְׂגִּיב בְּכֹחוֹ מִי כָמֹהוּ מוֹרֶה׃
²³ מִי־פָקַד עָלָיו דַּרְכּוֹ וּמִי־אָמַר פָּעַלְתָּ עַוְלָה׃
²⁴ זְכֹר כִּי־תַשְׂגִּיא פָעֳלוֹ אֲשֶׁר שֹׁרְרוּ אֲנָשִׁים׃
²⁵ כָּל־אָדָם חָזוּ־בוֹ אֱנוֹשׁ יַבִּיט מֵרָחוֹק׃

²²Dios actúa de un modo excelso por su poder. ¿Qué maestro hay semejante a él?
²³¿Quién le ha trazado su camino? ¿Quién le dirá: eso lo has hecho mal?
²⁴Acuérdate de enaltecer su obra, una obra que los hombres han cantado.
²⁵Todos ellos la ven; la mira el hombre desde lejos.

36, 22. La mayor parte de los comentaristas modernos, siguiendo a los LXX que ponen δυνάστης, dan a מוֹרֶה el significado de "señor", comparando la palabra con el árabe *mar-un* (*imru-un*), siríaco *mor* (con el artículo *moro*) o *more* (o también *morjo*), caldeo מרא, Talmud מר (cf. Philo, ii. 522, ed. Mangey: οὕτως, es decir, μάριν φασὶ τὸν κύριον ὀνομάζεσθαι παρὰ Σύροις: de esa manera, los sirios llaman a Dios "mar", μάριν). Pero Rosenmüller, Arnheim, Lwenthal, Wolfson y Schlottmann, en la línea del targum, traducción siríaca y Jerónimo, interpretan rectamente la palabra no como "señor" o dueño, sino como "maestro". Y lo hacen por tres razones.

— Porque מוֹרֶה (de הורה, Sal 25, 8.12; 32, 8) no se vincula etimológicamente como *mar/maran* (de מרא, árabe *marúa, opimum, robustum esse*).
— Por otra parte, Elihu representa a Dios ante todo como maestro, que no solo educa a los hombres por medio de sueños, sino también a

- través de la aflicción, como hemos puesto de relieve en Job 33,14; 34, 32, y lo hace también a través de las creaturas del mundo, que son sus maestras (Job 35, 11).
- La designación de Dios como educador incomparable es aquí muy apropiada, pues su gobierno se describe en 36, 22 como el de un maestro muy exaltado, suscitando la reverencia de los hombres.

Job 36, 23 no ha de traducirse: ¿quién le ha trazado su camino, quién ha determinado lo que él debe hacer, esto es, quién ha fijado la conducta de Dios (פקד על como en Job 34, 13)? Es decir, como traduce correctamente Rosenmüller, *quis ei praescripsit quae agere deberet* ¿quién ha prescrito a Dios lo que él debe hacer? Dios no está bajo el mando de nadie, no debe responder de su conducta ante nadie. Por eso: *quis dixerit* ¿quién podrá decirle (cf. comentario a Job 35, 15) tú has obrado mal?

En esa línea, el hombre ha de actuar siempre como alguien que está aprendiendo, que no puede atreverse a censurar las obras de Dios, que es el único absoluto, aquel cuya forma de actuar no puede juzgarse conforme a ninguna ley de otros, sino solo conforme a sus propias leyes divinas. Según eso, Job debe tener en cuenta (*memento* en el sentido de *cura ut*) que debe alabar siempre (תשׂגיא, 12, 23) las obras de Dios, que han sido cantadas (cf. por ejemplo Sal 104, 22) por אנשׁים, hombres de gran autoridad (cf. **Job 36, 24**); Jerónimo: *de quo cecinerunt viri* (hombres grandes han cantado la grandeza de Dios). Job debe aprender, no dar lecciones a Dios.

36, 25. שׁרר no tiene nunca el sentido de *intueri* (Rosenmüller, Umbreit). Por otra parte, Elihu es amigo de ofrecer alusiones directas o indirectas (cf. Job 33, 27; 35, 10) de los salmos. Por otra parte, como sigue diciendo, con referencia a las actuación, פעל, de Dios, todos los hombres le cantan con gozo y admiración; los mortales le contemplan desde lejos con un miedo reverencial, conforme a una experiencia que el mismo Job ha puesto ya de relieve (26, 14) con las mismas palabras de su boca. Por eso, Job debe enaltecer la obra de Dios, no criticarle.

Job 36, 26-29

²⁶ הֶן־אֵל שַׂגִּיא וְלֹא נֵדָע מִסְפַּר שָׁנָיו וְלֹא־חֵקֶר׃
²⁷ כִּי יְגָרַע נִטְפֵי־מָיִם יָזֹקּוּ מָטָר לְאֵדוֹ׃
²⁸ אֲשֶׁר־יִזְּלוּ שְׁחָקִים יִרְעֲפוּ עֲלֵי ׀ אָדָם רָב׃
²⁹ אַף אִם־יָבִין מִפְרְשֵׂי־עָב תְּשֻׁאוֹת סֻכָּתוֹ׃

²⁶Dios es exaltado y no le conocemos, el número de sus años no podemos calcularlo.
²⁷Hace que caigan las gotas de agua, caen como lluvia en la niebla,
²⁸cuando las nubes destilan agua, y se vierten sobre la multitud de los hombres.
²⁹¿Quién entenderá la expansión de las nubes (y) el fragor de su tabernáculo?

36, 26. La *waw* de la casi conclusión de 36, 26b responde a la *waw* del despliegue del pensamiento de 36, 26a (cf. וְלֹא נֵדָע; Gesenius 145, 2). Como sujeto de fondo, שָׁנָיו מִסְפָּר está concebido como un nominativo (cf. sobre Job 4, 6), no en frases semejantes de tipo antecedente: el número de sus años ¿quién podrá calcularlo? La palabra שֵׂגִיא, que en el AT hebreo solo aparece aquí y en Job 37, 23 se utiliza por lo demás en el AT caldeo.

En las reflexiones que siguen, Elihu describe el carácter maravilloso de la lluvia. Así dice un *Midrash* (*Jalkut*, 518), que si el libro Job no hubiera hecho nada más que explicarnos el despliegue del diluvio (cf. Job 22, 15-18) ello hubiera sido suficiente para alabar su obra; y si él solo nos hubiera explicado el origen de la lluvia (מעשׂה ירידת גשמים) ello hubiera sido más que suficiente. Esto es lo que exponen aquí estos discursos de Elihu.

36, 27. Gesenius, *Handwörterbuch*, traduce 36, 27: cuando él (Dios) ha desplegado para sí mismo las gotas de agua, entonces... Pero la palabra que se utiliza aquí es יגרע, no גרע; y גרע no significa ni en árabe ni en hebreo *attrahere in sublime* (Rosenmüller), sino solo *attrahere* (raíz גר) y *detrahere*; y el último significado es el que prevalece en hebreo (Job 15, 8; 36, 7).

Con la partícula כי (cf. כִּי יְגָרַע נִטְפֵי־מָיִם en 36, 27) se muestra el carácter y exaltación trascendente de aquel que está más allá de todos los caminos y cambios de la creación. Dios despliega (hace como que broten de sí) las gotas de agua, es decir, hace que esas gotas desciendan desde las aguas superiores, que están confinadas arriba, sobre el círculo del cielo, las aguas que pasan sobre nosotros como nieblas y nubes (cf. *Comentario a Génesis*, pág. 107); y estas gotas de agua se destilan y descienden (זקק, rezumar, destilar, aquí no en forma transitiva, sino como intransitivo. En esa línea, las gotas de agua se identifican con la misma lluvia, son la lluvia, לאד, con la niebla, dado que se trata de una niebla producida por la misma lluvia (cf. Gen 2, 6), que llena la atmósfera (רקיע), de manera que la caída de esa niebla con gotas de agua se identifica con la lluvia.

De esa forma, como dice **Job 36, 28,** las nubes (llamadas שׁחקים a causa de su tenue capa o estrato de aire, a diferencia de un tipo de niebla que lo cubre todo) hacen que la lluvia descienda suavemente sobre la multitud de los hombres, a lo largo y a lo ancho de la tierra sobre la que ella desciende. Los dos verbos se utilizan aquí de un modo transitivo, נזל como en Is 45, 8 y רעף como en Prov 3,20.

Con אַף אִם־יָבִין, **Job 36, 29** comienza una pregunta muy significativa: ¿quién podrá comprender cómo se expanden las nubes, el sonido atronador de su tabernáculo? Si el hombre no entiende el sentido de la lluvia mucho menos podrá comprender la forma y sentido de su despliegue, con אף אם que corresponde a הַאף en el primer miembro de una doble cuestión, como en Job 34, 17 (הַאַף שׂוֹנֵא מִשְׁפָּט) en Job 40, 8.

Por su parte, מפרשׂי no son los "estallidos" de la lluvia, con פרשׁ igual a פרס, *frangere*, *findere*, sino sus expansiones, la extensión de la lluvia, como en Ez 27, 7, de פרשׂ, *expandere*, Sal 105, 39, cf. arriba sobre Job 36, 9. Así se alude al crecimiento de las nubes de la tormenta, que pueden empezar de un principio muy pequeño, como el de la mano de un hombre (cf. 1 Rey 18, 44), para cubrir después toda la atmósfera.

La omnipotencia majestuosa de Dios se esconde detrás de las nubes como en un סכה o tabernáculo (Sal 18, 12) entretejido de pequeñas ramas; y el trueno que acompaña a la lluvia aparece aquí como un sonido atronador (תשאות, como en Job 39, 7, palabra formada de שוא, retumbar), un sonido que proviene del pabellón de las nubes en las que actúa el Dios atronador.

Job 36, 30-33

³⁰ הֵן־פָּרַשׂ עָלָיו אוֹרוֹ וְשָׁרְשֵׁי הַיָּם כִּסָּה׃
³¹ כִּי־בָם יָדִין עַמִּים יִתֶּן־אֹכֶל לְמַכְבִּיר׃
³² עַל־כַּפַּיִם כִּסָּה־אוֹר וַיְצַו עָלֶיהָ בְמַפְגִּיעַ׃
³³ יַגִּיד עָלָיו רֵעוֹ מִקְנֶה אַף עַל־עוֹלֶה׃

³⁰Mira, él extiende su luz sobre sí y cubre las profundidades del mar.
³¹Y de esa forma él alimenta a los pueblos, y produce comida en abundancia.
³²Con sus dos manos él encubre la luz; y la dirige como uno que da en el blanco.
³³Con el trueno, Dios se anuncia, también al ganado cuando él se aproxima.

36, 30. Unos pocos comentaristas (Hirzel, Hahn, Schlottmann) piensan que, cuando habla del "mar" (הַיָּם), Elihu se está refiriendo al océano celeste, o al mar de las aguas superiores; pero eso es muy problemático (cf. comentario a Job 9, 8). Otros, como Umbreit y Ewald, piensan que se refiere a las masas de agua que se elevan hasta el cielo desde las profundidades del mar, de manera que este pasaje se puede comparar con un texto persa citado por Stickel (quien, sin embargo, piensa que la *waw* de ושרשי es una *waw adaequationis*): "Una exhalación se eleva del mar, y desciende de nuevo sobre los desiertos, conforme al mandato de Dios".

En ambos casos, כִּסָּה puede ser equivalente a כסה עליו, *obtegit se*, se cubrió a sí mismo, cosa que como tal es posible. Pero alguien que haya sido testigo de una tormenta a la orilla del mar, pensará que se trata más bien de una de estas tres explicaciones:

— Él (=Dios) cubrió las profundidades del mar (cf. Sal 18, 15) con las olas descendientes (B. Blumenfeld, *Hiob*). Pero en ese caso, el tema de Job 36, 30a tendría que interpretarse a la luz de la claridad del cielo que sigue a la oscuridad de la tormenta, lo que resulta poco probable desde la perspectiva de Job 36, 32a.
— Cuando el sol se encuentra brillantemente iluminado por el relámpago, los abismos del océano se encuentran velados en una oscuridad mucho más honda. Esta observación es correcta, pero no menos lo es otra, según la cual, en una tormenta de truenos, especialmente cuando

acontece en la noche, la misma tormenta de fuego desciende y se pierde en las profundidades del mar, como si fuera una serpiente lanzada a su hondura (פחים, cf. Sal 11, 6), de manera que el agua se ilumina de pronto ante los rayos como si fuera un mar de llamas.

– En la línea anterior se pueden explicar las palabras "él extiende sobre sí mismo su luz" (la luz que ilumina incesantemente el mundo), de manera que Dios cubre con esa luz las raíces del mar, es decir, el mismo mar hasta sus profundidades, pues extiende su luz más y más en sus profundidades (Stuhlmann, Wolfson). De esa forma parece que interpreta también el texto Jerónimo: *Et (si voluerit) fulgurare lumine suo desuper, cardines quoque maris operiet* (y si quisiera iluminarnos con su luz desde arriba, él abriría también los quicios del mar)[77].

36, 31–32. Aquello que hace que la luz del relámpago sea su manifestación (עליו פרש), y lo que significa que cubra la tierra hasta abajo, hasta las raíces del mar con su luz, se establece aquí partiendo del designio en parte judicial, en parte beneficial y gratuito que se expresa en conexión con ello.

La palabra בם (cf. כִּי־בָם יָדִין) se refiere en forma neutra (como בהם, Job 22, 21) a los fenómenos de la tormenta. Por su parte, la palabra מַכְבִּיר (con *lamed*, ל, adverbial como en לרב, Job 26, 3), significa "que hace grande", en el sentido de "haciendo grande", de abundancia (solo aquí tiene ese sentido). Aquí está en *hifil*, según la forma משחית, *perdens* en el sentido de *perditio*.

En Job 36, 32 Dios está representado bajo una figura militar, como una serie de relámpagos. Él cubre la luz con ambas manos, es decir, las dos manos quedan totalmente cubiertas de luz (cf. סכסך y el árabe *škk*, cubrir totalmente las manos) que se expande de ellas, y de esa forma Dios dirige la luz (עליה refiriéndose a אור como femenino, como en Jer 13, 16, y a veces en el Talmud).

Pero ¿cuál es el sentido de בְּמַפְגִּיעַ? Hahn toma מפגיע como *hifil*, lo mismo que מכביר: un objeto de ataque. Pero ¿cuál es el sentido original de ese *hifil*? Debería ser במפגע (Job 7, 20), como quiere leerlo Olshausen. Por su parte, Ewald, Hirzel y otros, siguiendo el ejemplo de Teodoción, con los LXX, versión siríaca y Jerónimo, traducen: *en contra del adversario*. Por su parte, בְּמַפְגִּיעַ significa precisamente lo opuesto en Is 49, 16: *intercesor* (propiamente hablando uno que influye con oraciones). Sin embargo, sería posible que esta palabra, igual que פגע con acusativo (que significa usualmente un encuentro hostil, Ex 5, 3, pero otras muchas veces

---

77. El targum traduce אור (cf. Job 36, 30.32) por מטרא, *pluvia*, conforme a la opinión errónea de R. Jochanan: כל אורה שנאמר באליהוא אינו אלא בירידת גשמים. Aben-Ezra y Kimchi explican también אורעלי־, Is 18, 4, conforme a este pasaje. Los LXX traducen Job 36, 30: ἰδοὺ ἐκτενεῖ ἐπ' αὐτὸν ἠδώ (*Códice Alejandrino* επ αυτον το τοξον; *Códice Sinaítico* επ αυτην ηωδη, con la corrección de ηδω y τοξον), probablemente conforme a la lectura אידו en vez de אורו. Pero ¿qué relación pueden tener ἠδώ y el τοξον del arco iris?

un encuentro amistoso: Is 47, 3; 64, 4), fuera un ἐναντιόσημον (una palabra que tiene el sentido contrario al original), en el sentido de intercesor y acusador.

Preferimos seguir el uso del lenguaje, tal como aparece en estos pasajes, conforme al cual הפגיע significa *facere ut quid incurset s. petat* (es decir, *que ande errante*, Is 53, 6). Por su parte, מפגיע es alguien que da en el blanco, en contra de aquel que falla el tiro. La *beth* (cf. בְּמַפְגִּיעַ) es una *beth essentiae* (cf. comentario a Job 23, 13), utilizada aquí como en Ex 6, 3; Sal 55, 19; Is 40, 10. Con ambas manos él toma la "sustancia" (la luz) del relámpago, de forma que las llena con esa luz, de manera que las manos se encuentran totalmente cubiertas con el relámpago, al que Dios le da el mandato (le confía la tarea) de amar (actuar) con seguridad.

36, 33. *En 36, 33a,* targum, traducción siríaca, Símaco, Teodoción (del cual se toma el texto de Job 36, 32-33 en los LXX)[78], Jerónimo, Lutero y otros van en contra de la idea anterior, dado que traducen רעו en el sentido de רעהו, "su amigo" (compañero). Entre los modernos, solo Umbreit y Schlottmann aceptan este significado. Por su parte, Bötticher y Welte, siguiendo el ejemplo de Cocceius, Tingstad y otros intentan traducir el texto en el sentido de "con igual determinación".

Pero la mayor parte de los comentadores, de Ewald a Hahn, han decidido traducir el texto de un modo simple, conforme al uso del lenguaje y al contexto: *Con su voz, con la voz del trueno* (con רעו como en Ex 32, 17), *(Dios) da noticias de sí*, se anuncia a sí mismo.

En **Job 36, 33b** Teodoción (LXX), traducción siríaca y Jerónimo vocalizan מִקְנֶה lo mismo que nosotros, pero traducen la palabra como *possessio*, una traducción que no nos permite interpretar el texto. Da la impresión de que en los intentos que el targum ha realizado de interpretar Job 36, 33, los traductores han tenido delante la palabra קנא y קנאה, conforme a lo cual Hahn traduce: *el despliegue de la ira (anuncia) la llegada de aquel que viene*. Otros han traducido el texto de formas distintas, pensando con frecuencia que מקנה significa algo excitante, de manera que se podría pensar que quien viene excitando la ira es el mismo Dios. Por su parte, W. Berg y recientemente Bleek, suponen que el texto ha de entenderse en la línea de (מקנה) אף בעולה, en el sentido de *excandescens (zelans) ira* (ira que arde en contra de la iniquidad). Pero esta no es una idea adecuada, y no responde a lo que el texto quiere expresar.

Aben-Ezra y Duran piensan que el texto se está refiriendo al anuncio de una tormenta de truenos que se aproxima, y que se manifiesta en los mismos animales (מִקְנֶה) que la perciben. En esa línea, Ewald traduce: (Dios se) anuncia con su trueno, incluso a los animales, que sienten que él se está aproximando.

---

78. Cf. Bickel, *De indole ac ratione versionis Alex. in interpretando l. Iobi*, pag. 50. El *Códice Alejandrino* ofrece, igual que el *Vaticano*, esta traducción: αναγγελει περι αυτου φιλον (corr. φιλος) αυτου κς κτησις και περι αδικαις.

Discursos de Elihu

Por su parte, Rosenmüller y Duran traducen: *pecus non tantum pluviam proximam, sed et antequam nubes in sublime adscenderint adscensuras praesagit*, en el sentido de "los animales no solo presagian la lluvia próxima, sino que ellos, antes de que las nubes asciendan, descubren su próximo ascenso", conforme Virgilio, Georg. i., 374 s.: *illum (imbrem) surgentem vallibus imis Aeriae fugere grues...* (nunca la borrasca ataca sin aviso: cuando sube, ya han huido las grullas de lo alto hasta el fondo de los valles)

Pero עליו se refiere a Dios, y por lo tanto también a על־עולה, es decir, a aquel que dirige las nubes de las tormentas (Jer 10, 13; 51, 16; Sal 135, 7), de forma que él mismo asciende con la tormenta..., o quizá mejor, teniendo en cuenta el sentido bélico frecuente de עלה, hay que decir que es el mismo Dios quien viene en la tormenta como para una batalla. El estallido del trueno le anuncia (anuncia a aquel mismo que se revela y viene como un juez misericordioso); los mismos animales le perciben, conociendo el momento en que él se eleva, pues el ganado se junta cuando se aproxima la tormenta, buscando con miedo un refugio.

Para entender mejor estar referencias, recordemos que los oradores del libro son árabes, y que la escena está situada en el campo. Elihu se refiere también al mundo animal en Job 35, 11. Según eso, el argumento de la escena no puede sorprendernos.

Job 37

Job 37, 1-5

1אַף־לְזֹאת יֶחֱרַד לִבִּי וְיִתַּר מִמְּקוֹמוֹ׃
²שִׁמְעוּ שָׁמוֹעַ בְּרֹגֶז קֹלוֹ וְהֶגֶה מִפִּיו יֵצֵא׃
³ תַּחַת־כָּל־הַשָּׁמַיִם יִשְׁרֵהוּ וְאוֹרוֹ עַל־כַּנְפוֹת הָאָרֶץ׃
⁴ אַחֲרָיו ׀ יִשְׁאַג־קוֹל יַרְעֵם בְּקוֹל גְּאוֹנוֹ וְלֹא יְעַקְּבֵם כִּי־יִשָּׁמַע קוֹלוֹ׃
⁵ יַרְעֵם אֵל בְּקוֹלוֹ נִפְלָאוֹת עֹשֶׂה גְדֹלוֹת וְלֹא נֵדָע׃

¹Ciertamente, ante esto tiembla mi corazón y salta de su sitio.
²Oíd bien el fragor de su voz, el estruendo que sale de su boca.
³Bajo todos los cielos resuena su voz, y su luz alcanza los confines de la tierra.
⁴Tras él suena un bramido: truena él con voz majestuosa. Se oye el trueno, y no lo detiene.
⁵Truena Dios maravillas con su voz, hace cosas incomprensibles para nosotros.

37, 1. Louis Bridel tiene quizá razón cuando introduce tras Job 36 esta observación: *L'eclair brille, la tonnerre gronde.* לְזֹאת no se refiere al fenómeno teórico de la tormenta, representada como pensamiento de la mente, sino a aquella que en este contexto ha de ser percibida por los sentidos. La combinación שִׁמְעוּ שָׁמוֹעַ puede significar dos cosas "escucha constantemente" (Is 6, 9) y "escucha atentamente" (Job 13, 17). Aquí tiene el segundo sentido.

רגז (cf. בְּרָגֶז קָלוֹ) referido al trueno corresponde a los vérbos *rhz* y *rjs*, que pueden utilizarse con un sentido semejante. La repetición de קוֹל por cinco veces puede recordar los siete pasajes en los que aparecen las קוֹלוֹת (ἑπτὰ βρονταί) en Sal 29, 1-11. El paralelo es הגה, **Job 37, 2,** un tipo de murmullo o, más bien, el rugido del león y el arrullo de una paloma. El sufijo de יְשָׁרֵהוּ se refiere al trueno que resuena con largo fragor sobre el cielo; ese verbo no es un perfecto *piel* de ישר (Schlottmann), porque "trazar una dirección bien definida" (2 Cron 32, 30) no es una expresión apropiada para el trueno, sino futuro *kal* de שרה, liberar, desatar (Ewald, Hirzel y muchos otros).

Lo que **Job 37, 3a** dice del trueno lo dice **Job 37, 3b** de la luz, es decir, del relámpago que Dios envía a los extremos o alas πτέρυγες, esto es, a los fines de la tierra. אחריו, **Job 37, 4,** se refiere naturalmente al relámpago, que viene seguido por el rugido del trueno, y יעקבם alude al rayo que se escucha tras el brillo del relámpago.

Dios no se contiene (עקב igual que עכב en el targum, como el árabe *'aqqaba*, posponer), sino que hace estallar los relámpagos en rápida sucesión. La traducción de Ewald (¿no debería Dios encontrar, dañar, a los hombres que han de ser castigados?) no se funda en el texto. En **Job 37, 5** נפלאות, *mirabilia*, equivale a *mirabiliter*, como en Dan 8, 24. Cf. Sal 65, 6; 139, 14. ולא נדע quiere poner de relieve que los actos poderosos de Dios, con su relación de causa y efecto, tal como aparecen en la tormentas, desbordan la comprensión del hombre, transcienden su pensamiento.

Job 37, 6-10

⁶ כִּי לַשֶּׁלַג׀ יֹאמַר הֱוֵא אָרֶץ וְגֶשֶׁם מָטָר וְגֶשֶׁם מִטְרוֹת עֻזּוֹ׃
⁷ בְּיַד־כָּל־אָדָם יַחְתּוֹם לָדַעַת כָּל־אַנְשֵׁי מַעֲשֵׂהוּ׃
⁸ וַתָּבֹא חַיָּה בְמוֹ־אָרֶב וּבִמְעוֹנֹתֶיהָ תִשְׁכֹּן׃
⁹ מִן־הַחֶדֶר תָּבוֹא סוּפָה וּמִמְּזָרִים קָרָה׃
¹⁰ מִנִּשְׁמַת־אֵל יִתֶּן־קָרַח וְרֹחַב מַיִם בְּמוּצָק׃

⁶Porque él dice a la nieve: ¡Cae sobre la tierra! y a la suave lluvia y a los grandes aguaceros.
⁷Y sella la mano de todo hombre, para que todos los mortales reconozcan su obra.
⁸Las fieras salvajes entran en sus guaridas y permanecen en sus moradas.
⁹De las partes remotas viene el torbellino, y el frío de las nubes barredoras.
¹⁰Por el soplo de Dios llega el hielo y la extensión de las aguas se congela.

37, 6. Como אבי, 34, 36, y פש, 35,15, la palabra הֱוֵא (mal traducida en los LXX, targum y siríaco como "ser hacia la tierra") pertenece a los arabismos más chocantes de la sección de Elihu: significa *delabere* (Jerónimo *ut descendat*, para que descienda), un significado que no puede fundarse en el árabe *hawâ* desde su significado radical, establecido en Gesenius-Dietrich, *Handwörterbuch*, respirar, soplar, sino que viene de un significado radical, mirar con admiración, e incluso abrir la boca, a través de un desarrollo del significado, que nos sitúa en la línea de la noción primaria hebrea de הוה, conforme a la cual hay que corregir lo dicho sobre Job 6, 2 y 30, 13[79].

La ל de לְשֶׁלֶג influye también en Job 37, 6b (en todo el verso). El nombre hebreo de lluvia, גשם (pariente del caldeo גשם y del árabe *gism*), significa la lluvia en sentido colectivo. La expresión de Job 37, 6b se explica de un modo más

---

[79]. El árabe *hawâ* es originalmente χαίνειν, mirar boquiabierto, respirar, p.ej., *hawat et-ta'natu, la puñalada mira* (imperf. *tahwî*, inf. *huwîjun*), *cuando abre su boca*. Para completar la vision, el turco Kamus añade: como un tulipán. En esta línea hay que ver *hâwijatun*, χαίνουσα χαῖνον, es decir, χάσμα igual a *huwatun, uhwî atun, huwaâ tun, mahwaî un*, una hendidura, un corte profundo, un abismo, βάραθρον, *báratro*; *hawijatun* y *hauhatun* (forma reduplicativa), en el sentido de un pozo o fuente muy profunda.

Pero las mismas palabras, *hawijatun, hûwatun, uhwîjatun, mahwâtun* significan también como el árabe usual *hawa'â'un*, el gran χάσμα o hendidura entre la tierra y el cielo, es decir, el ancho espacio vacío, entendido como *'gauwun*. Entre los significados, aplicaciones o referencias más amplias de *hawâ* están el aire seco en movimiento, una corriente de aire, viento. Todas ellas son secundarias y se relacionan al significado primario de *sama,ˆ* nubes de agua, lluvia, la hierba producida por la lluvia, que provienen del significado primario de altura, cielo, cf. Mehren, *Rhetorik d. árabeer*, pág. 107, Z. 14 ss.

Sin embargo, en general, *hawâ* significa también un espacio extenso, vacío, y por transferencia de ese sentido de vacío puede significar también la mente y el corazón vacío, como formas reduplicadas de *hûhatun* y *hauhâtun*: desprovisto de entendimiento y de coraje, cf. Koran xiv. 44: *wa-af'i-datuhum hawâun*, que Bedhw empieza explicando como *hawâ* dirigida por *chalâ*, vaciedad, espacio vacío, es decir, como él añade: *châlijetun 'an el-fahm*, como cuando se le dice a alguien que le falta entendimiento y coraje *qalbuhu hawâun*. De aquí proviene también *hauwun*, vaciedad, un hueco, por ejemplo en un muro o en un tejado, un tipo de buhardilla (*kauwe, kûwe*), pero también, en genitivo, el espacio que queda entre personas y cosas, el espacio que ellas no ocupan, por ejemplo, en *qa'ada fî hauwihi*, él se separa de otros. Del significado de vacío proviene (1) *hawat el-mar'atu*, i.e., *vacua fuit mulier* en el sentido de *orba liberis*, sin hijos, como χήρα, viuda, propiamente "vacía", en francés *vide*; (2) *hawâ er-ragulu*, es decir, *vacuus, inanis factus est vir* en el sentido *exanimatus*, sin alma (cf. árabe *frg*, se volvió vacío, eufemismo por murió).

A partir de ese significado primario se ha desarrollado el significado general y conocido en árabe de *hawâ*, flojo y libre, sin estar atado a nada, ir más allá, volar, nadar, etc., *libere ferri, labi*, en libertad, extenderse como el viento, o lo que es igual, traído y llevado por el viento, especialmente hacia abajo, en sentido de descender, caer, inclinarse hacia abajo. Desde ese fondo, como otras muchas semejantes, esta palabra toma el significado de sonido (como también שא, שאה): como algo que cae haciendo ruido, δουπεῖν, *rumorem, fragorem edere* (caer con fragor de *frangi*), de aquí *hawat udhnuhu jawîjan*, que se aplica a cantar al oído de alguien.

Finalmente, en esa línea se sitúa el verbo árabe *hawan* (perfecto *hawija*, imperfecto *jahwâ* con la abreviatura), llevar o dar ánimo a alguien, un significado que está vinculado a la noción de pasar/volar por el espacio o caer (pero no en clave de respirar o soplar). Se utiliza también en sentido emocional, en el sentido de deseo, apetito, pasión, amor intenso…, y puede aplicarse intelectualmente a opiniones libres o aserciones que brotan de una preferencia personal, o de un capricho de la mente (nota de Fleischer).

amplio en Job 37, 6c, donde מִמְּרוֹת no significa gotas de lluvia (Ewald), sino, como el árabe *amtr*, aguaceros.

Aquí se alude a las maravillas de la naturaleza durante la dura estación (תִּיו חרף, Cant 2, 11) que se extiende entre el equinoccio de otoño y de invierno. Se alude también a las aguas que caen en otoño (lluvia temprana), con las que comienza esa estación, y a las lluvias antes del equinoccio de invierno (la lluvia tardía, Zac 10, 1), cuando suelen caer las nieves, que producen generalmente una gran desolación, en el tiempo del invierno propiamente dicho, con sus vientos helados y los aguaceros, cuando el trabajo de los nómadas queda como paralizado, de manera que cada uno se retira a su hogar, o busca un refugio adecuado.

Este es el sentido de **Job 37, 7**: él cierra (חתם ב) como en Job 33, 16 las manos de todos los hombres, de manera que ellos no pueden abrirlas para trabajar, a fin de que todos los pueblos (los vivientes) que forman parte de su obra puedan alabar a Dios, viniendo a la percepción de que él es quien hace todas las cosas. La expresión es notable y por la inserción de una ם, mem, puede entenderse mejor a partir de Job 33, 17: cf. יַחְתּוֹם לָדַעַת כָּל־אַנְשֵׁי מַעֲשֵׂהוּ, a fin de que cada una y todas las creaturas puedan reconocer la obra de Dios. En esa línea traduce incluso Jerónimo: *ut noverint singuli opera sua*, para que todos conozcan su obra. La conjetura עשׂהוּ אנשׁים (Schultens junior, Reiske, Hirzel) resulta menos adecuada que el texto.

El futuro consecutivo de **Job 37, 8** sigue ofreciendo la descripción de lo que sucede en el tiempo de la estación fría y lluviosa. Esa expresión recuerda la de Sal 104, 22, como Job 34, 14 recuerda a Sal 104, 29. El invierno es también la estación de los vientos de tormenta y de lluvia

En **Job 37, 9** Elihu evoca las tormentas que vienen a través del gran desierto vacío, como en Job 1, 19, propias del viento sur (Is 21, 1; Zac 9, 14) o, mejor dicho, del viento del sudeste (Os 13, 15), con las que crece la violencia de los aguaceros. הַחֶדֶר es propiamente hablando un espacio rodeado, un área cerrada, pero no un almacén (tema que puede comparase a Sal 135, 7), sino un *adytum*, un tipo de cámara, como en árabe *chidr*, como en *Vita Timuri* ii, 904.

Tras haber removido la tierra superior, los vientos corrieron *sitr chidriha*, la cortina de la parte interior del sur (sudeste). Cf. Job 9, 9 חדרי תימן y 23, 9 יעטף ימין (en el sentido de *si operiat se, si se cu*bre), aplicado especialmente al gran desierto del sur (sudeste), conforme a lo cual ארץ חדרך, cf. Zac 9, 1, ha sido traducido por el targum דרומא ארעא.

En oposición a este viento del sudeste, la palabra מזרים, Job 37, 9, parece evocar el viento del norte; de todas formas, por sí misma, ella significa la dispersión de los vientos, como también en el Corán, donde se dice que los vientos son los dispersadores, *dhârijât*, Sur. li. 1[80].

---

[80]. Esta palabra *dhârijât* se explica también de un modo distinto. Pero la primera explicación, ofrecida en Beidhwi (ii. 183, edición de Fleischer) es: "Los vientos que dispersan el polvo y otras cosas".

En מזרים, sin ningún fundamento para ello, Reiske apela al árabe *mirzam* (el nombre de dos estrellas, de las que derivan la lluvia y el frío); por su parte, también el targum piensa en una de esas dos constelaciones: מכות מזרים (del viento, i.e., el viento de la bóveda del cielo, de los *mezarim*); Aquila, Teodoción ἀπὸ μαζούρ (igual a מזרות, Job 38, 32); LXX ἀπὸ δὲ τῶν ἀκρωτηρίων, no sabemos de dónde.

37, 10. Por lo que toca a מִנִּשְׁמַת־אֵל (con un מן causal) con referencia al viento, cf. lo dicho sobre Job 4, 15. יתן, ello sucede, viene a realizarse, se utiliza como en Gen 38, 28; Prov 13, 10. La palabra מוצק (de בְּמוּצָק) no significa *fusum*, fundido, de יצק, sino *coarctatum*, limitado, estrechado, de צוק. La idea de fondo es como la de Job 38, 30 (cf. Mutenebbi: "la inundación queda estrechada por bloques de hielo"). La ב de במוצק es como la de Job 36, 32, una *beth essentiae*, que se emplea de manera más común en hebreo que en árabe, como expresión del sentido del predicado: la amplitud del agua queda estrechada, de manera que ella tiene que volverse más compacta a la fuerza.

Job 37, 11-13

11 אַף־בְּרִי יַטְרִיחַ עָב יָפִיץ עֲנַן אוֹרוֹ:
12 וְהוּא מְסִבּוֹת ׀ מִתְהַפֵּךְ (בְּתַחְבּוּלָתוֹ) [בְּתַחְבּוּלֹתָיו]
לְפָעֳלָם כֹּל אֲשֶׁר יְצַוֵּם ׀ עַל־פְּנֵי תֵבֵל אָרְצָה:
13 אִם־לְשֵׁבֶט אִם־לְאַרְצוֹ אִם־לְחֶסֶד יַמְצִאֵהוּ:

11 Él carga también las nubes con lluvia; y extiende la nube de su luz.
12 Y ellas mismas giran alrededor, dirigidas por él,
para ejecutar todo lo que manda sobre la faz de la ancha tierra.
13 Por castigo por su tierra o por misericordia, él hará que descarguen.

37, 11. Con אף que sirve para ampliar la descripción, en presencia de la tormenta del cielo, Elihu retoma sin cesar el tema de esta maravilla de la naturaleza. Las antiguas versiones vinculan la palabra בְּרִי en parte con בר, *electus* (LXX, traducción siríaca, Teodoción) o con trigo (Símaco, Jerónimo), y en parte con ברה igual a ברר con el significado latino de *puritas, serenitas* (targum).

Pero, como Schultens ya sabía, ברי viene de una forma hebreo-aramea, רי, árabe *rîyun, rîj-un* (de רוה igual a *riwj*), en el sentido de irrigación abundante, con ב; por su parte יַטְרִיחַ no significa, conforme al árabe *atraha*, "descender, arrojarse abajo," de manera que aquello de lo que venimos hablando sería la carga de agua de las nubes (Stickel)[81], sino que, de acuerdo con טרה, significa pesar (cf. árabe *taraha ala*, cargar), cargar con facilidad (Ewald, Hirzel, Hahn, Schlottmann), y

---

81. Esta palabra *atraha* es más bien una invención de los léxicos árabes normales, en vez de *ittaraha* (forma VIII), con estos sentidos: (1) arrojarse uno mismo; (2) arrojar algo de uno mismo, con un acusativo indicando la cosa que se arroja (nota de Fleischer).

todavía mejor, abundancia de agua. Dios carga las nubes (cf. *rawij-un,* nubes como el lugar de abundancia de lluvia).

עֲנַן אוֹרוֹ, su nube de luz es aquella que está cargada con el relámpago, y en este contexto הפיץ tiene aquí el significado radical hebreo-árabe de *effundere, diffundere,* donde no predomina la idea de dispersar, sino la de una extensión amplia (como en árabe *faid,* abundancia).

והוא, **Job 37, 12**, se refiere a la nube cargada de relámpagos. Esta nube se extiende por el entorno (מסבות, adv. como מסב, alrededor, 1 Rey 6, 29) buscando un lugar, donde pueda descargar el agua que lleva, conforme a la dirección o disposición adecuada (תחבולת, es una palabra que pertenece al libro de los Proverbios). Los LXX, el *Códice Vaticano* y el *Alejandrino* la dejan en el fondo sin traducir.

El *Códice Alejandrino* pone εν θεεβουλαθωθ y el *Códice Sinaítico* tiene una traducción que es aún más extraña. Sea como fuere, el texto quiere indicar que ellas (las nubes, llenas de relámpagos) tienen que cumplir el mandamiento de Dios descargando el agua sobre la superficie de la tierra. ארצה tiene el mismo sentido que en Job 34, 13, y la combinación תבל ארצה funciona como en Prov 8. 31, cf. ותבל ארץ, Sal 90, 2. La referencia del sufijo pronominal a los hombres no tiene aquí sentido, como no lo tenía en 37, 4.

En **Job 37, 13** los dos אם tienen sin duda un sentido correlativo, como en Job 34, 29, en la línea de dos *waw,* como *sive... sive* (árabe *in... wa-in*). En el tercer caso (אִם־לְחֶסֶד) esa partícula aparece a modo de condición, pero ¿de qué tipo? Según Ewald, Hirzel, Hahn, Schlottmann y otros, la *waw* indica la siguiente condición: si ella (la vara del castigo) pertenece a su tierra, es decir, si ha servido a la tierra... Pero, aunque el sufijo posesivo de לארצו muestre que la ל ha de tomarse como un *dat. commodi,* seguido por una cláusula verbal de tipo condicional (sea como castigo, sea para bien de la tierra, sea por misericordia de Dios), el sentido final del texto es siempre que la tormenta de agua descargará sobre la tierra.

La acentuación parece insistir en ese triple *sive* (la descarga de la tormenta por castigo, por misericordia o para bien de la tierra), siempre en relación con los hombres. Desde ese fondo, pensamos que Elihu se está refiriendo con אם, a las tres condiciones en las que se expresa la acción de Dios en relación a la tormenta: אִם־לְשֵׁבֶט אִם־לְאַרְצוֹ אִם־לְחֶסֶד, castigo, bien de la tierra y misericordia.

Job 37, 14-16

¹⁴ הַאֲזִינָה זֹּאת אִיּוֹב עֲמֹד וְהִתְבּוֹנֵן ׀ נִפְלְאוֹת אֵל׃
¹⁵ הֲתֵדַע בְּשׂוּם־אֱלוֹהַּ עֲלֵיהֶם וְהוֹפִיעַ אוֹר עֲנָנוֹ׃
¹⁶ הֲתֵדַע עַל־מִפְלְשֵׂי־עָב מִפְלְאוֹת תְּמִים דֵּעִים׃

¹⁴Escucha esto, Job; detente y considera las maravillas de Dios.

¹⁵¿Sabes cómo concierta Eloah las nubes y cómo hace alumbrar la luz de su nube?

¹⁶¿Has conocido las diferencias de nubes, las maravillas del perfecto en conocimiento?

37, 14-15. Job se mantiene callado, en vez de exigir a Dios que extraiga de sus maravillosos actos en la naturaleza una conclusión que ilumine el misterio del sufrimiento. En **37, 15**, las palabras ב ידע (cf. הֲתֵדַע בְּשׂוּם־אֱלוֹהַּ), no se vinculan entre sí como en Job 35, 15 (Ewald 217, pág. 557), pues la *beth* tiene sentido temporal y שׂוּם es equivalente a שִׂים לִבּוֹ (cf. sobre Job 34, 23); עליהם no se refiere a נפלאות (Hirzel) o a los fenómenos de la tormenta (Ewald), sino que tiene un sentido neutral (como בם en Job 36, 31, בהם en 22, 21), y encuentra en el verso siguiente (37, 15) su desarrollo distintivo: la luz de las nubes es su esplendor refulgente, el rayo.

37, 16. Sin una referencia ulterior, ידע על significa tener conocimiento sobre algo. מפלשׂי es un ἅπ. γεγρ. No es necesario pensar que se trata de una palabra mal escrita, que viene de מפרשׂי, Job 36, 29, o que proviene de esa palabra a través de un cambio de letra (como אלמנות igual a ארמנות, Is 13, 22). El verbo פלס significa preparar un camino o, por ampliación, hacer un camino: Prov 5, 6. En un caso significa "pesar" (Sal 58, 3), como denominativo de פלס, una balanza (*statera*), que se menciona como medio para ajustar mercancías. Por eso, מפלשׂי podría ser sinónimo de משׁקלי (así lo ha visto el *Midrash*, cf. *Jalkut*, 522), con el significado de pesos (relación entre pesos), o también un balanceo de cosas de pesos equivalente (Aben-Ezra, Kimchi y otros), en latín *quomodo librentur nubes in aëre* (en el sentido de cómo vuelan libres las nubes en el aire)[82].

מפלאות es también una palabra que no aparece en ningún otro lugar de la Biblia. De igual manera, עד pertenece exclusivamente al lenguaje de Elihu. A Dios se la llama תמים דעים (cf. Job 36, 4), perfecto en conocimiento, en el sentido de Omnisciente, aquel cuyo conocimiento es absoluto, tanto por su profundidad como por su amplitud.

Job 37, 17-20

¹⁷ אֲשֶׁר־בְּגָדֶיךָ חַמִּים בְּהַשְׁקִט אֶרֶץ מִדָּרוֹם׃
¹⁸ תַּרְקִיעַ עִמּוֹ לִשְׁחָקִים חֲזָקִים כִּרְאִי מוּצָק׃
¹⁹ הוֹדִיעֵנוּ מַה־נֹּאמַר לוֹ לֹא־נַעֲרֹךְ מִפְּנֵי־חֹשֶׁךְ׃
²⁰ הַיְסֻפַּר־לוֹ כִּי אֲדַבֵּר אִם־אָמַר אִישׁ כִּי יְבֻלָּע׃

¹⁷Tú, cuyos vestidos se vuelven calientes cuando arde la tierra con el viento del sur...:
¹⁸¿extendiste tú con Dios los cielos, que están firmes como un espejo fundido?
¹⁹Muéstranos qué debemos decirle, incapaces de organizar nada, por la oscuridad.
²⁰¿Necesita él que le cuenten lo que yo digo, o deseará uno ser destruido?

---

82. La palabra es, por tanto, una metáfora tomada de la balanza, y en esa línea podemos recordar que el idioma siro-arábigo, partiendo del uso que sus pueblos han hecho de la balanza, tiene muchas metáforas de ese tipo. De todas formas, el árabe no tiene una palabra propia para la balanza, pues *teflîs*, una palabra incluida por Gesenius, en *Thes.* y por Schindler en su *Handwörterbuch*, no aparece en las fuentes antiguas y solo ha empezado a utilizarse con ese sentido en tiempos modernos.

Job 37, 17–19. La mayor parte de los comentaristas conectan 37, 17a con 37, 16: ¿Conoces tú como puede suceder que...? Pero אשר después de ידע significa *quod*, cf. Ex 11, 7, no *quomodo* (como sucede a veces cuando un texto se compara con una cláusula antecedente), en vez de כאשר, Ex 14, 13; Jer 33, 22. Según eso, nosotros traducimos: "tú, cuyos vestidos...", vinculando, sin embargo, esas palabras no con Job 37, 16 (como hace, por ejemplo, Carey), sino con Job 37, 18, como hacen Bolduccio y Ewald, sin que se eche en falta la ה antes de תרקיע:

"Tú que, cuando la tierra (la parte de la tierra en la que estás) se encuentra en reposo", es decir, cuando estás en medio del bochorno, cuando viene el calor sofocante del sur (sobre este *hifil* cf. Gesenius 53, 2: cuando el aire sopla desde allí, sin דרום que significa directamente el viento sur)... Tú que, cuando eso sucede, tienes tan poco aguante que no logras soportar el calor de tus vestidos ¿puedes, ahora y entonces, mantener extendido con Dios el cielo, que por su firmeza es como un espejo fundido?

En muchos lugares, el firmamento hemisférico, que se extiende sobre la tierra, con sus aguas subcelestes, se compara con un claro zafiro (Ex 24, 19), con una cubierta como de horno (Sal 104, 2), con un toldo (Is 40, 22). La comparación con un espejo metálico (con מוצק que aquí no viene de צוק, Job 37, 10, sino de יצק) ha de entenderse por tanto conforme a Petavius: *Coelum areum* στερέωμα *dicitur non a naturae propria conditione, sed ab effectu, quod perinde aquas separet, ac si murus esset solidissimus* (el cielo superior del aire se llama στερέωμα o firmamento, no por su condición intrínseca, sino por el efecto que produce, pues separa las aguas, como si fuera un muro solidísimo).

También en תרקיע subyace, al mismo tiempo, una noción que es de firmeza y delgadez. El primer significado (raíz רק) es golpear, hacer que algo sea fino, *stipare* (árabe *rq'*, reparar algo en el sentido de *resarcire*, así, por ejemplo, reparar unas medias), hacer que algo se vuelva delgado por presión. La ל que se vincula con תרקיע es una partícula de acusativo; y así la podemos comparar con Job 8, 8; 21, 22, lo mismo que en con 5, 2; 19, 3.

Por lo tanto, así como Dios es el único creador (Job 9, 8), así también, él es el *Todo providente* preservador del mundo. Él nos hace conocer (הודיענו, según el texto babilónico, *kere* de הודיעני) lo que tenemos que decirle, a fin de que podamos mostrar que podemos vincularnos con él. Nosotros no podemos disponer de ninguna cosa (algo que debe explicarse conforme a ערך מלין, Job 32, 14, comparar con Job 36, 19), por razón de la oscuridad de nuestro entendimiento, σκότος τῆς διανοίας. La expresión מפני tiene el mismo sentido que en Job 23, 17, pero difiere de Job 17, 12. Por su parte, חשך se diferencia de ambos pasajes, y en esa línea se utiliza σκότος en el Nuevo Testamento para indicar la oscuridad intelectual (cf. en el AT: Ecl 2, 14; Is 60, 2).

El significado de **37, 20** no puede ya interpretarse mal si (como hacen Hirzel, Hahn y Schlottmann) traemos en la mente el pasaje de Job 36, 10, en conexión con אמר כי: ¿puedo yo, un hombre de visión escasa, envuelto en tinieblas, desear que se diga a Dios aquello que se dice de un modo arrogante en contra de él? ¿Podría alguien desearlo seriamente (אמר, un perfecto modal, como Job 35, 15) el mal de Dios (lo malo para Dios) de manera que él (quien desea el mal para Dios) viniera a ser devorado, es decir, destruido por la majestad de Dios (cf. לבלעו, Job 2, 3)? Retando de esa forma a Dios, y exigiéndole así un reconocimiento firme para su propio favor, el hombre estaría pidiendo la intervención de un tribunal que sería destructivo para él.

Job 37, 21-24

²¹ וְעַתָּה ׀ לֹא רָאוּ אוֹר בָּהִיר הוּא בַּשְּׁחָקִים וְרוּחַ עָבְרָה וַתְּטַהֲרֵם׃
²² מִצָּפוֹן זָהָב יֶאֱתֶה עַל־אֱלוֹהַּ נוֹרָא הוֹד׃
²³ שַׁדַּי לֹא־מְצָאנֻהוּ שַׂגִּיא־כֹחַ וּמִשְׁפָּט וְרֹב־צְדָקָה לֹא יְעַנֶּה׃
²⁴ לָכֵן יְרֵאוּהוּ אֲנָשִׁים לֹא־יִרְאֶה כָּל־חַכְמֵי־לֵב׃ פ

²¹Ahora no ven la luz del sol brillando en la altura, pero pasa el viento y las aclara.
²²El oro viene del norte: por encima de Eloah, que es majestad terrible.
²³Es Shadai, no podemos encontrarle, es sublime y fuerte, justo y recto, a nadie oprime:
²⁴por eso le temen todos los hombres, y él no teme a los sabios.

Aquel que censura las acciones de Dios, y murmura en contra de él, se hace daño a sí mismo; por el contrario, aquel que se somete a Dios de un modo paciente será recompensado. Este es el despliegue del pensamiento por el que esta última estrofa del discurso de Elihu se vincula a todo lo precedente.

Si hemos sacado la correcta conclusión de 37, 1, con la descripción que Elihu hace de la tormenta que viene del cielo, que culmina ahora con וְעַתָּה, 37, 31, estas palabras con las que termina el discurso no han de tomarse como meramente conclusivas (cerrando todo lo anterior), sino como interpretación de todo lo dicho. Pues bien, ahora, en un momento dado, uno no ve la luz (אור es la luz del sol, como en 32, 26), que brilla en las alturas etéreas (con בהיר que es de nuevo una palabra hebreo-árabe, cf. *bâhir*, brillar mucho, desbordarse de luz, como se dice especialmente de la luna, cuando deslumbra con su claridad).

Pero solo se necesita una ráfaga de viento para que se aclare el cielo, de forma que podamos ver de nuevo la luz deslumbrante del sol. De esta manera, Elihu quiere decir que Dios está escondido solo por un tiempo, en el cual uno corre el riesgo de perderse en la perplejidad, puede desvelarse muy pronto a sí mismo, para nuestra sorpresa y confusión, de manera que no tenemos más remedio que inclinarnos humilde y quietamente, ante el momento de su visitación.

Con respecto al hecho de que las nubes se aparten ante el sol que estaba cubierto de ellas, a lo que se refiere **Job 37, 21** con זהב, las palabras de **Job 37, 22**, parecen referirse al sol que sale como si fuera de oro: *esh-shemsu bi-tibrin*, el sol es oro, dice Abulola. La literatura oriental y clásica ofrece un largo número de ejemplos en los que el amanecer del sol se compara con una revelación de oro. Ello no debería dejarnos perplejos en este lugar del libro de Job, donde nos hallamos ante un poeta hebreo arabizante, en el que encontramos numerosos pasajes que no se pueden explicar desde la literatura del Antiguo Testamento (de forma que hay que acudir al árabe para entenderlas mejor).

De todas formas מצפון va en contra de esa traducción figurativa de זהב (LXX νέφη χρυσαυγοῦντα), en la línea de Ez 1, 4 donde se nos ofrece una buena razón para hablar de la gloria del Juez Celestial, que está montado sobre un querubín, que viene del norte. Pero ¿por qué razón debería Elihu representar la luz dorada del sol viniendo del norte? Ciertamente, en la visión de los antiguos, el norte es la región de donde viene el oro, pues allí guardan los "grifos" (seres mitológicos) las minas de oro en las montañas de las tribus "arimaspianas" (cf. Herodoto, iii. 116). Precisamente allí, atravesando el paso estrecho del Cáucaso, a lo largo de las montañas gordianas, hay razas bárbaras que excavan y trabajan el oro (Plinio, H. N. vi. 11); por su parte, en la tierra de los escitas, se dice que las mismas hormigas traen oro (ib. xxxiii. 4).

Sin duda, Egipto podía procurarse el oro de Etiopía, y los fenicios lo traían de Ofir, como ha mencionado ya el libro de Job, es decir, desde la India. A pesar de ello, se pensaba que en el norte se hallaba el país que producía las minas más ricas de oro; en sentido más concreto, solía evocarse la tierra del norte de Asia, con las montañas de Altai[83]. En este contexto ha de estudiarse (compararse) el tema de Job 28, 1. 6.

Lo que Job ha descrito de una forma tan extensa y menuda en el cap. 28, es decir, el hecho de que el hombre logra extraer los tesoros escondidos del interior de la tierra, pero que la sabiduría de Dios transciende todo eso, se expresa aquí de un modo no menos grandioso y resumido: del norte viene el oro, que el hombre vincula con la región desconocida del norte (צפון, ζόφος, de צפן, palabra vinculada con טמן, טמר)[84]. Pues bien, por encima del oro, *Eloah* es la majestad (no en sentido de genitivo: terror de majestad, Ewald 293, c), sino en sí mismo, pues el cielo le cubre como un vestido (Sal 104, 1), haciendo que sea inaccesible (הוד, *gloria*, cf. comentario a Job 39, 20, como כבוד que significa una dignidad imponente).

Job 37, 21 afirma que el sol escondido tras las nubes no ha perdido nada de la intensidad de la luz, pero el hombre tiene que esperar que se separen las nubes

---

83. Cf. Ersch y Gruber, *Wörterbuch*, art. *Gold*, pp. 91, 101. Por otra parte, las tradiciones hindúes sobre *Uttaraguru* (la "alta montaña"), y sobre la sede de *Kuvra*, el Dios de la riqueza, no tienen influjo en el libro de Job. Cf. sobre el tema Lassen, *Indische Alterthumskunde*, i.848.

84. El verbo צפה no forma parte de este contexto, sino que la palabra que nos interesa es צפה, que significa propiamente afinar, estrechar (como רקע, hacer que algo se vuelva fino a través de golpes); cf. árabe *sfh*, golpear sobre algo que es llano (de ahí viene la palaba *el-musâfaha*, vinculada al saludo que se hace estrechando las manos).

para verle. De esa manera, cuando los designios y las obras de Dios son misteriosas para nosotros, debemos esperar, sin murmurar, aguardando la revelación y solución de su misterio (que Dios mismo se manifieste como un sol de oro superior).

Ciertamente, del norte viene el oro (sigue diciendo Job 37, 22) que se obtiene excavando en sus montañas. Dios, en cambio, está rodeado de una gloria inaccesible y terrible, infinitamente mayor que la de sol. Según eso, nosotros no podemos alcanzar al Todopoderoso (*Shadai*), que es grande en poder; no podemos adueñarnos de su juicio, dado que la naturaleza del Absoluto está por encima de nuestro conocimiento; el consejo del Todopoderoso es impenetrable.

Pues bien, a pesar de que nosotros no podemos penetrar en el misterio de Dios, estamos seguros de que él es recto y bueno: "Él no pervierte el derecho y la plenitud de la justicia". Esta expresión es digna de ponerse de relieve. La expresión ענה משפט es como el talmúdico ענה דין que equivale a משפט הטה. Pues bien, al afirmar que Dios no pervierte la justicia (רב־צדקה), Elihu está confesando que Dios no pervierte en modo alguno la rectitud y el juicio verdadero, de forma que sus actos son perfectamente consistentes con la justicia. La expresión רב־צדקה es la forma abstracta de צדיק כביר, Job 34, 17, es decir, la *summa justitia* de Dios.

Uno puede sentirse tentado a convertir ומשפט en שׂגיא כח, y a leer ורב conforme a Prov 14, 29, pero el texto así conseguido sería aún más difícil que la combinación לא יענה...ומשפט. No sería solamente un texto difícil, sino también falso en lugar del correcto, para culminar la idea diciendo sin más que לא יענה (LXX, traducción siríaca, Jerónimo), es decir, que "Dios no responde", conforme a lo cual Hirzel traduce: él no responde, es decir, no da razón de su ser a los hombres.

La traducción correcta de **37, 23-24** que hemos propuesto es esta: "él es el Todopoderoso, no le podemos encontrar, es grande en poder, él no pervierte el juicio y la justicia. Por eso, los hombres le miran (=han de mirarle) con reverencia, pero él no mira en modo alguno (a los sabios-soberbios de corazón", es decir, *no tiene acepción de personas*, ni se deja llevar por la prepotencia de los hombres.

La acentuación divide Job 37, 23 en dos mitades, la segunda de la cuales comienza con ומשפט, con una *waw* significativa, sobre la cual J. H. Michaelis observa: *Placide invicem in Deo conspirant infinita ejus potentia et justitia quae in hominibus saepe disjuncta sunt* (en Dios se vinculan de un modo pacífico su potencia y su justicia, cosas que en los hombres se encuentran con frecuencia separadas).

Elihu termina su discurso con una inferencia práctica: por lo tanto, los hombres, es decir, los que viven de un modo recto y con sano corazón, siendo incorruptibles, irreprochables, temen a Dios (יראוהו le veneran). Dios no mira el corazón de los sabios vacío de verdadero conocimiento, es decir, el de aquellos que se imaginan a sí mismos de un modo distinto al que son, y están así orgullosos de su לב, de su conocimiento falso. El sentido de ese *qui sibi videntur* (Jerónimo), que se miran a sí mismos de un modo falso, no se centra en el לב (cf. Is 5, 21), sino en la antítesis entre Dios y aquellos que se juzgan a sí mismos de un modo falso.

Interpretación de Job 36-37, conjunto del discurso de Elihu. En su último discurso, la intención fundamental de Elihu (Job 36, 2-4) ha sido defender a Dios en contra de la acusación de injusticia que le ha dirigido Job. Cuando juzgamos la omnipotencia de Dios, debemos guardarnos de censurarle, pues él se encuentra infinitamente exaltado sobre nosotros y sobre nuestra comprensión.

Cuando juzgamos el amor de Dios, debemos guardarnos de interpretar su relación con nosotros, dirigida siempre a nuestro bien, como persecución de un enemigo. Cuando juzgamos su justicia, tenemos que guardarnos de defender nuestra propia justicia a costa de la divina, para así no tener que humillarnos ante él de un modo penitente, recibiendo el castigo merecido para bien nuestro. Desde ese fondo, los dos rasgos peculiares de los discursos de Elihu aparecen en este cuarto discurso de un modo tan prominente como en el primero:

— *Los discursos de Elihu piden a Job que se someta ante Dios, de un modo penitente, pero no le acusan (a Job) de graves pecados* (como han hecho los tres amigos en los capítulos anteriores de este libro), porque todos los hombres, incluso los mejores, están sometidos al sufrimiento y tienen defectos morales escondidos, que ellos deben percibir y aceptar para no perecer por su causa. Elihu hace aquí por Job justamente aquello que hace John Bunyan (*El progreso del peregrino*) con el hombre de la casa del Intérprete, cuando barre la habitación, de forma que los cristianos quedan impresionados por la cantidad de polvo que en ella había. Así Elihu quiere limpiar el polvo añadido de la mente de Job.

— *En segundo lugar, esos discursos enseñan que Dios se vale de los sufrimientos de los justos (como en el caso de Job) a fin de llevarles a un conocimiento mejor de sus defectos ocultos*, y a fin de bendecirles así de un modo más abundante, en el caso de que superen esos defectos. De esa forma, los sufrimientos de aquellos que temen a Dios constituyen una medicina saludable, un castigo disciplinar, una advertencia salvadora. Lógicamente, los justos deben ser probados a través de una verdadera piedad, no de una piedad fingida, en la escuela de la aflicción, a través de un serio examen personal, de una acusación intensa de sí mismo y de una sumisión humilde a Dios.

Según eso, los discursos de Elihu concuerdan con el resto del libro en el sentido de que liberan el dolor de Job de la visión según la cual Dios le castiga por sus pecado (cf. comentario a 32, 3). En esa línea, Elihu acepta la visión de fondo del libro, tal como culminará en la revelación de Dios, en los capítulos finales (no la de los tres amigos), de manera que él no toma el pecado de Job como causa de su sufrimiento. Según eso, conforme a la visión del resto del libro, la aflicción que Job sufre no tiene nada que ver con su pecado personal, a no ser desde la perspectiva de la tentación de Satán en la que se inscribe esta historia.

En esa línea, cuando Dios intervenga para resolver la trama de esta historia, proclamará que su siervo Job (cf. 41, 7) tiene razón en contra de sus tres amigos falsos: su aflicción o sufrimiento no es una consecuencia merecida, no es un efecto de la justicia retributiva del mismo Dios, no es por tanto un castigo, sino un enigma, ante el que Job debería haberse inclinado humildemente, en vez de protestar contra el decreto de Dios, que los lectores del libro conocen por el prólogo, un tema que Job ignora (él no conoce la "apuesta" de Dios y Satán en Job 1-2), algo que él solo podrá comprender al final, cuando descubre que el sufrimiento tenía que haber sido para él una ocasión para descubrir y aceptar el glorioso testimonio de Dios.

Pero, miradas así las cosas, el tipo de crítica que hallamos de fondo en los discursos de Elihu resulta irreconciliable con la experiencia de sufrimiento que está en el fondo de la protesta de Job. En contraste con la falsa doctrina de la retribución, el poeta de los discursos de Elihu separa pecado y castigo o punición, diciendo que la aflicción del justo no tiene más finalidad que la de probar al mismo justo, y de hacerlo por medio de sufrimientos. Pero esa visión no resuelve tampoco por sí misma el enigma de los sufrimientos de Job.

Pues bien, en perspectiva radical, el tema y sentido de fondo del sufrimiento de Job, no es el que suponen los discursos de Elihu, como han pensado algunos comentaristas en la línea de Simon (cf. *Zur Kritik des B. Hiob*, 1861, S. 34.) y Hengstenberg, sino que ha de entenderse a la luz misterio de la Cruz de Cristo, pues el sentido de ese sufrimiento ha de entenderse desde la perspectiva de la justicia de Dios (no de su afán de probar a los hombres con castigos).

Conforme a su propia noción, la cruz es un sufrimiento por razón de la justicia, es decir, ἕνεκεν δικαιοσύνης (o como dice el Nuevo Testamento, ἕνεκεν Χριστοῦ). En contra de eso, Elihu separa pecado y sufrimiento, como si no tuvieran ninguna relación, insistiendo en la falsa doctrina de la retribución, distinguiendo entre castigo disciplinar y retribución judicial. Como he mostrado en otro lugar (cf. *Hiob*, en Herzog, *Real-Encyklopädie*, pág. 119), esta sección de Job ha surgido con el intento de moderar la intensa dureza con la que el antiguo poeta había desarrollado su idea a través de los discursos de los "tres amigos" de Job, pero no ha logrado plenamente el tema base del sufrimiento.

En conexión con el libro de Job, el escritor ha sentido aquello que debe sentir todo cristiano al situarse ante sus manchas o pecados. El esfuerzo que ha hecho Job por mantener la propia justicia frente a las exhortaciones que los amigos le dirigen para que haga penitencia, tal como lo percibimos en los discursos de Job, no tiene sentido allí donde se descubre y se extiende el "polvo de la habitación" (los pecados de fondo de los hombres).

Los tres amigos han fracasado en el intento de entender el sufrimiento de Job, pues ellos han insistido una y otra vez en el hecho de que Job era un gran malhechor que merecía más y más castigo. Elihu insiste, en cambio, en la vanagloria de Job, en el hecho de que tiende a fundarse en una seguridad carnal, cayendo en un tipo de defectos de los que no puede quedar libre ni el hombre más piadoso (pero sin tener en cuenta el misterio de fondo de la cruz).

Pies bien, el mismo Job, que había respondido a las acusaciones de su tres "amigos", se mantiene ahora en silencio después de los discursos de Elihu. En este contexto, en la línea de todo lo anterior, debemos indicar que el hecho de que Job se mantenga en silencio ante esas exhortaciones a la penitencia no es contrario al espíritu del drama

En principio, la amonestación de Elihu es parecida a la llamada a la penitencia con la que Elifaz había comenzado su discurso en Job 4, 1, sin haber logrado que Job quedara en silencio. Pero, desde aquel primer momento, en Job 4, (a través de las discusiones anteriores expresadas en el libro), Job se ha vuelto cada vez más moderado, y ante el recuerdo de su inconveniente lenguaje respecto a Dios, debe haber reconocido que ha exagerado en su derecho de defenderse a sí mismo ante Dios, de manera que al fin guarda silencio.

De todas formas, este silencio de Job ante los discursos de Elihu no es el mismo que él mantendrá más adelante, en Job 40–42, cuando Dios mismo le hable, haciéndole superar su testimonio anterior, ratificando, al mismo tiempo, la superación de la teodicea de sus amigos, es decir, cuando el mismo Dios rechace un tipo de teodicea que vinculaba de manera inmediata el pecado y el castigo.

Sin embargo, en otra línea, debemos reconocer que aquello que el autor final del libro (en 32, 1-5) ha puesto ante nosotros en la introducción a los discursos de Elihu va en la línea de la idea del conjunto del libro, y que esta sección de Elihu, lo mismo que la introducción general de Job 1-2, forma parte de su conjunto, es decir, del desarrollo dramático de la obra. Por esa razón, el comentarista del libro ha de esforzarse por comprender de la manera más intensa el sentido de estos discursos de Elihu como una parte de la forma original del libro de Job.

En esa línea, esos intentos vinculados a los discursos de Elihu no resultan al fin del todo convincentes, y hay otras consideraciones que nos llevan a pensar que ellos no formaban parte del libro original, como lo muestra especialmente el hecho de que el epílogo del libro no nombre a Elihu (sino solo a los tres amigos de Job, por quienes él debe interceder) y la consideración de que estos discursos carecen de la perfección artística del resto del libro.

Ciertamente, el autor de esos discursos de Elihu tiene en común con el conjunto del libro un tipo de estilo hebreo-arábigo, en la línea del lenguaje y de la tierra de Haurán, y tiene relaciones con la parte anterior y posterior del libro.

Discursos de Elihu

Pero eso puede explicarse por el hecho de que él ha vinculado profundamente sus discursos con el resto del libro, como lo muestran los puntos de contacto del cuarto discurso con Job 28, y con los discursos de Yahvé, lo que nos hace pensar que el autor de esos discursos de Elihu forma parte del contexto y de la tierra del poeta antiguo, autor del resto del libro.

Según todo eso, no hay razón alguna para pensar que estos discursos de Elihu pertenecen a un período muy posterior al resto del libro. Su autor es el segundo o posiblemente el primer editor del libro en su conjunto, aquel que sacó a la luz el tesoro escondido del poema de Job y de sus tres amigos, y lo enriqueció introduciendo en el libro su propia sección, que resulta inestimable y de gran valor para la percepción del plan de conjunto la redención.

En este momento podemos recordar que (conforme a nuestra visión), en la última estrofa de su último discurso propio (31, 35-27), Job deseaba y retaba a Dios, pidiéndole que proclamara su decisión como mediador y juez final entre él y sus tres oponentes, que habían explicado su sufrimiento como un castigo del Dios justo, mientras que él, por sí mismo, estaba seguro de su inocencia, presentándose como vencedor, por encima de las acusaciones humanas y divinas.

En esa línea, Job había querido poner el juicio y condena de sus oponentes como una corona sobre su frente, mostrándose así como vencedor frente a ellos. Al mismo tiempo, él había querido proclamar su justicia y defenderse frente al Dios que supuestamente le castiga, para presentarse así ante él como un príncipe, con todos los honores.

El hecho de que se haya presentado como un צדיק, es decir, como un justo, no es algo en sí mismo censurable, porque Job lo es; pero es censurable el hecho de que se considere a sí mismo como un מצדק נפשו מאלהים, como alguien que es justo en oposición a (y por encima de) Dios, que no está enojado con él, ni le castiga (en contra de lo que él piensa). Es censurable el hecho de que Job mantenga su propia justicia frente a la de Dios, rechazando así la justicia divina.

Pues bien, todo esto se explica como resultado de la falsa idea que ha surgido en él por el sufrimiento, una idea que ha sido reforzada por sus amigos; por eso es necesario que reciba un tipo de censura y haga un tipo de penitencia. En esa línea, dado que Dios, por su propia naturaleza, no pueda hacer nunca lo que es malo, todo orgullo del hombre frente a Dios constituye un gesto pecador en contra de la providencia divina, una providencia ante la que el hombre debería más bien inclinarse humildemente.

En esa línea hemos destacado ya la falsa idea de Job que considera a Dios como enemigo, cuya conducta él no puede reconocer como justa, indicando que ella (esa falsa idea) no llena totalmente su alma. La noche de la tentación en la que él parece sepultado ha venido a romperse (a superarse) varias veces con el brillo de la fe verdadera en el Dios que puede responderle, de forma que, en esa línea, Dios aparece ante él como Vindicador (Defensor) y Redentor, y Job le sigue llamando, y sigue esperando en él, por encima de todos sus reproches.

Dentro de Job se han mantenido en lucha naturaleza y gracia, engaño y fe. Estos dos elementos contrarios se habían ido separando de un modo cada vez más claro en el curso de la controversia, pero aún no se ha llegado a la victoria de la fe sobre la ilusión, de manera que las dos líneas de su visión han ido avanzando de una forma que parecía irreconciliable, una junto a la otra, en el alma de Job.

Sus últimos monólogos desembocaban por un lado en la humilde confesión de que la sabiduría de Dios es insondable, y por otro en el hecho de que el temor de Dios forma parte de su sabiduría para los hombres. Por otra parte, Job sigue manteniendo su desafío, pidiendo a Dios que responda a su defensa, de manera que él pueda presentar ante el mismo Dios su defensa (la defensa de todos sus pasos), entrando en su presencia como un príncipe, no como un esclavo.

Pues bien, para que al final del drama se revele Dios de verdad a sí mismo como Defensor y Redentor, el desafío y atrevimiento de Job tiene que ser previamente moderado (castigado), a fin de que él mismo pueda obtener su victoria sobre esos defectos, a través de su abajamiento y sumisión. Dios no puede reconocer a Job como su siervo antes que él reconozca de un modo penitencial su debilidad pecadora, viniendo así a presentarse como siervo de Dios, mostrándose de verdad ante Dios como un hombre en quien no existe pecado expreso y firme en contra de Dios. Esto acontecerá cuando Dios se le aparezca, y con un lenguaje que no es de ira, sino de condescendencia amorosa (pero también de reproche intenso) haga que Job, su *titán*, arrepentido y humillado ante sus propios ojos, pueda ser exaltado interior y exteriormente.

Job 38, 1–42, 6
DESENLACE EN LA CONCIENCIA

Job 38, 1–40, 5. Primer discurso de Yahvé y respuesta de Job

Esquema: 4.8.8.8.12.12.6.6.7 / 8.8.8.12.15.10 / 2.4

Job 38

Job 38, 1-3

¹ וַיַּעַן־יְהוָה אֶת־אִיּוֹב (מִן) (הַסְעָרָה) [מִן] [הַסְּעָרָה] וַיֹּאמַר׃
² מִי זֶה ׀ מַחְשִׁיךְ עֵצָה בְמִלִּין בְּלִי־דָעַת׃
³ אֱזָר־נָא כְגֶבֶר חֲלָצֶיךָ וְאֶשְׁאָלְךָ וְהוֹדִיעֵנִי׃

¹Entonces respondió Yahvé a Job desde un torbellino y dijo:
²¿Quién es ese que está oscureciendo el consejo con palabras sin sabiduría?
³Cíñete la cintura como un hombre: yo te preguntaré y tú me responderás.

Job había dicho en 31, 34: "Pueda el Señor responderme". Dios ahora le responde, y lo hace desde la tormenta (en el *qetiv* conforme a un tipo de escritura que aparece solo aquí y en 40, 6, con מן הסערה palabra que ha sido adaptada dos veces en el *kere*), que aparece en general como precursora de la manifestación de Dios en el mundo, al menos de aquella justicia por la que Él se revela a sí mismo, en su absoluta grandeza, inspirando un tipo de terror sagrado y de excelencia judicial. El artículo de הַסְּעָרָה, la tormenta, ha de entenderse de un modo general, pero, con respecto a los discursos de Elihu se refiere a la tormenta que había sido descrita en los capítulos anteriores.

38, 2-3. No ha de traducirse ¿quién es aquel qué…?, pues en ese caso no habría que poner המחשיך, sino ¿quién está pues oscureciendo…? זה hace que el interrogativo מי tenga más viveza y fuerza demostrativa, Gesenius 122, 2. El participio מחשיך (en lugar del cual se podría haber puesto יחשיך) parece suponer que Job acaba de proclamar sus palabras inmediatamente antes, siendo interrumpido por Yahvé, sin que haya intervenido en medio otro orador (es decir, Elihu).

De un modo intencionado se pone עצה (consejo, decreto) en vez de עצתי (cf. עם en lugar de עמי, Is 26, 11), para describir aquello que se ha dicho antes conforme a su cualidad. Se trata nada menos que de un plan o decreto, lleno de sentido y finalidad, que Job ha oscurecido, es decir, ha distorsionado, juzgándolo falsamente o, como veremos, colocándolo en una falsa luz, con palabras sin sentido[85].

Cuando ahora Yahvé (el Dios de Israel, y no simplemente *Eloah* o *Shadai*) condesciende y dialoga con Job con preguntas y respuestas, él no hace exactamente lo que Job deseaba (Job 13, 22), sino algo bastante distinto, en lo que Job no había nunca pensado. Dios le sorprende con preguntas que tienen la finalidad de conducirle indirectamente a la conciencia de la equivocación y al absurdo de sus retos, entre las que se incluyen muchas cuestiones "que la filosofía natural de la actualidad puede enfocar de manera más científica, pero a las que no puede responder de un modo satisfactorio" (Alex. v. Humboldt, *Kosmos*, ii. 48, cf. Tholuck, *Vermischte Schriften*, i. 354). En lugar de כגבר (lectura de Ben-Ascher), el texto de Ben-Naphtali pone כגבר (cf. Ez 17, 10), a fin de que no vayan juntas dos aspiradas semejantes.

Job 38, 4-7

⁴ אֵיפֹה הָיִיתָ בְּיָסְדִי־אָרֶץ הַגֵּד אִם־יָדַעְתָּ בִינָה׃
⁵ מִי־שָׂם מְמַדֶּיהָ כִּי תֵדָע אוֹ מִי־נָטָה עָלֶיהָ קָּו׃
⁶ עַל־מָה אֲדָנֶיהָ הָטְבָּעוּ אוֹ מִי־יָרָה אֶבֶן פִּנָּתָהּ׃
⁷ בְּרָן־יַחַד כּוֹכְבֵי בֹקֶר וַיָּרִיעוּ כָּל־בְּנֵי אֱלֹהִים׃

⁴ ¿Dónde estabas tú cuando yo fundaba la tierra? ¡Házmelo saber, si eres capaz de juzgar!
⁵ ¿Quién dispuso sus medidas, si lo sabes? ¿O quién tendió sobre ella la cuerda de medir?
⁶ ¿Sobre qué están fundadas sus bases? ¿O quién puso su piedra angular,
⁷ cuando alababan juntas las estrellas del alba y gritaban de alegría todos los hijos de Dios?

38, 4. Este examen comienza de un modo semejante al de 15, 7. En oposición al Job, censor de Dios, tenían razón los amigos, aunque solo de un modo negativo, pues su acusación estaba fundada en una autoilusión, como si ellos estuvieran en posesión de la llave del misterio del gobierno divino del mundo.

יָדַעְתָּ בִינָה significa comprender en el sentido de juzgar, poseer una comprensión competente de la realidad, cf. 1 Cron 12, 32; 2, 12, o (ידע en el sentido de *cognoscere*, no de *novisse*) entender de un modo apropiado, Prov 4, 1; Is 29,

---

85. 85. La acentuación correcta es מחשיך con *mercha*, עצה con *athnach*, במלין con *rebia mugrasch*, בְּלִי (sin *makkeph*) con *munach*.

24. La partícula כי, en **Job 38, 5,** puede ponerse en lugar de אם (cf. Job 38, 18), pues כי תדע significa "supón que tú lo conoces", y esto (*si forte scias*) es un caso equivalente al de *an forte scis*, Prov 30, 4.

La fundamentación de la tierra se compara en general con la de un edificio construido por el hombre. La pregunta *¿sobre qué están fundadas sus bases, las bases de sus pilares, sus cimientos?* (con טבע, árabe *ṭb'*, en el sentido de fijar algo sobre su base, cf. también árabe *ṭbq*, colocar dos cosas planas, una sobre otra, de forma que ambas se ajustan, o también implantar algo en su base, *immergere*, sumergir y ajustar algo, *immergi*), y esto nos lleva a pensar que la tierra está colgando libre en el espacio, cf. Job 26, 7.

En el momento en que Dios ajustaba así la tierra no había nadie presente, pues el hombre no había sido creado todavía. Sin embargo, los ángeles contemplaban con gozo el fundamento del lugar en el que viviría en el futuro la familia humana, descubriendo los gestos poderosos de Dios de acuerdo con su decreto de amor.

38, 6. Esta imagen toma el modelo de la edificación de un templo, con la fijación de sus cimientos, Es 3, 10, y la colocación de la piedra angular, Zac 4, 7, cuando los ángeles, creados antes del mundo visible, contemplaban y gozaban por la creación de Dios (cf. *Psychologie* pág. 63; *Génesis*, pág. 105). Esto no se dice aquí de esa manera, pero está implícito en el texto, cf. Hofmann, *Schriftbew.* i. 400.

Los בני אלהים o "hijos de Dios" son aquí, como en Job 1-2, los ángeles que proceden de Dios a través de un modo de creación que se parece al engendramiento, y que forman con él una πατριά (cf. *Comentario a Génesis*, pág. 121). Por su parte, las estrellas de la mañana (כּוֹכְבֵי בֹקֶר) se mencionan en relación con los ángeles, porque entre estrellas y ángeles, comprendidos ambos en la expresión צבא השמים (*Génesis*, pág. 128), existe una misteriosa conexión, que se manifiesta de muchas maneras en la Sagrada Escritura (cf. en otra línea, Hofmann, *Ibíd.*, pág. 318).

38, 7. כוכב בקר es la estrella de la mañana, que en Is 14, 12 se llama הילל (fuera de la Biblia: נגה) por su luz deslumbrante que excede con su brillo a la luz de las otras estrellas. Se le llama בן־שחר, hija (hijo) de la aurora, porque surge y crece en la mañana como si surgiera de ella. De esa forma se alude aquí al nacimiento del mundo que viene a la existencia, y ello se vincula a la mención de la estrella de la mañana. Este plural (כּוֹכְבֵי בֹקֶר), estrellas de la mañana, no evoca la pluralidad de las estrellas que empezaron a existir de un modo colectivo aquella mañana (Hofmann, Schlottmann), sino que está evocando a Lucifer con las estrellas que son semejantes a él, como כסילים, Is 13, 10, que es Orión, con sus estrellas pares, árabe *suhayl* (Canopus), que aparece como nombre genérico para las estrellas de gran brillo.

En esa línea, de un modo general, *suhêl* aparece entre los nómadas y los hauranitas como símbolo de aquel/aquello que es brillante, glorioso y hermoso[86],

---

86. Un hombre o mujer de gran belleza se llama *suheli, suhelije*. En esa línea, he oído a una mujer del Haurán decir a su compañera *nahaŕ el-jom neda,˘ shuft ledsch* (árabe *lk*) *wahid Suheli*, esto es, *hoy hay rocío, yo he visto a un* suhêli *para tí*, es decir, a un hombre muy hermoso (nota de Wetzstein).

de manera que incluso los seres de luz, de gran importancia entre los espíritus celestes, pueden ser entendidos como כוכבי בקר, entre los que se cuentan las estrellas, tanto las del cielo como las de la tierra, que se incluyen en la esfera superior de la realidad, comprendida en השמים, Gen 1, 1.

Alegría y luz son nociones recíprocas, y la escala de los tonos de la alegría se compara a la escala de la luz y sus colores; según eso, la plenitud de la luz, en la que las estrellas de la mañana brillan con fuerza, todas juntas, en la fundación de la tierra, puede simbolizarse con un armonioso canto de alegría.

Job 38, 8-11

⁸ וַיָּסֶךְ בִּדְלָתַיִם יָם בְּגִיחוֹ מֵרֶחֶם יֵצֵא׃
⁹ בְּשׂוּמִי עָנָן לְבֻשׁוֹ וַעֲרָפֶל חֲתֻלָּתוֹ׃
¹⁰ וָאֶשְׁבֹּר עָלָיו חֻקִּי וָאָשִׂים בְּרִיחַ וּדְלָתָיִם׃
¹¹ וָאֹמַר עַד־פֹּה תָבוֹא וְלֹא תֹסִיף וּפֹא־יָשִׁית בִּגְאוֹן גַּלֶּיךָ׃

⁸¿Quién encerró con puertas el mar, cuando se derramaba saliendo de su seno,
⁹cuando yo le puse nubes por vestidura y una densa niebla como sus pañales?
¹⁰Yo establecí para él mis límites (leyes); le puse cerrojos y puertas,
¹¹y dije: "Hasta aquí llegarás y no pasarás; y aquí se detendrán tus olas orgullosas".

38, 8–11. Es evidente que estos versículos, unidos a los anteriores (Job 38, 4-7) están retomando el motivo de Gen 1, 2, cuando se pasa del principio de la creación como תהו ובהו (un abismo) a la indicación del תהום como signo de la condición originaria de la tierra en su formación. Pues bien, estas preguntas de Job 38, 8-9 no se refieren al תהום, cuando las aguas superiores del cielo y las inferiores de la tierra no se encontraban todavía separadas, sino que, dejando a un lado las condiciones intermedias de la formación de la tierra, se refiere al mar, cuyas aguas Dios fijó y encerró, como con una compuerta y con cerrojos, cuando la creación se hallaba todavía revestida por un tipo de densa niebla (que forma desde entonces una de sus particularidades), manifestando una vez y otra su individualidad.

Pues bien, por la palabra de Dios, las aguas del mar irrumpieron entonces (con גיח refiriéndose al feto que nace, como en Sal 22, 10) de las entrañas de la tierra, que se hallaba hasta entonces en una situación de caos. El hecho de que el mar, a pesar del carácter llano de sus orillas, no se extienda sobre la tierra, es una obra de la omnipotencia de Dios que se impuso sobre las aguas, encerrándolas en unos límites determinados (חק como en Job 26, 10; Prov 8, 29; Jer 5, 22, en el sentido de גבול, Sal 104, 9), que pueden entenderse como muros verticales, una barrera firme tras la cual se encuentra contenido el mar[87].

---

87. En lugar de וּפֹה, Js 18, 8, en ciertos manuscritos de Job 38,11 aparece el *qetiv* חק (cf. 38, 10 חֻקִּי). La frase וּפֹא־יָשִׁית es equivalente a un pasivo (Gesenius 137): establezca una frontera

Job 38, 12-15

¹² הֲמִיָּמֶיךָ צִוִּיתָ בֹּקֶר (יִדַּעְתָּה) (שַׁחַר) (יְדַעְתָּן) (הַשַּׁחַר) מְקֹמוֹ:
¹³ לֶאֱחֹז בְּכַנְפוֹת הָאָרֶץ וְיִנָּעֲרוּ רְשָׁעִים מִמֶּנָּה:
¹⁴ תִּתְהַפֵּךְ כְּחֹמֶר חוֹתָם וְיִתְיַצְּבוּ כְּמוֹ לְבוּשׁ:
¹⁵ וְיִמָּנַע מֵרְשָׁעִים אוֹרָם וּזְרוֹעַ רָמָה תִּשָּׁבֵר:

¹²¿Has mandado alguna vez a la mañana? ¿Le has mostrado al alba su lugar,
¹³para que ocupe los confines de la tierra y sean sacudidos de ella los malvados,
¹⁴para que cambie como el barro de un anillo y todo tome el aspecto de una vestidura.
¹⁵Pero la luz se les quita a los malvados y es quebrantado el brazo enaltecido.

38, 12–13. Comenzando en un lugar, la luz del amanecer de la mañana toma posesión de la extensión de la tierra, como si fuera desde sus extremos, y sacude (expulsa) de ella a los malhechores, que se habían puesto a descansar la noche anterior. נער, que combina los sentidos de empujar y sacudir, tiene aquí el segundo sentido, como en árabe *nâ'ûra*, una rueda de agua (noria) que llena sus compartimentos en la parte inferior (pozo o río), para descargarlos en la parte superior. En vez de יְדַעְתָּה שַׁחַר con una *heth* (h) ociosa, el *kere* pone יְדַעְתָּ הַשַּׁחַר.

La tierra es el sujeto de **38, 14a**: la aurora es como un sello de firmar, que imprime un determinado signo en la tierra arcillosa, cuyas formas se diluían en la noche oscura, hasta volverse en la mañana una señal o conjunto visible y distinguible. El sujeto de **38, 14b** no es la mañana y la aurora (Schultens), y menos aún los confines de la tierra (Ewald con la conjetura: יתיצבו, se vuelven de un blanco brillante), sino los objetos concretos de la tierra: la luz de la mañana da a cada uno de esos objetos su matiz particular de luz, de tal forma que allí donde se extendía una oscuridad uniforme las cosas aparecen ahora distintas e independientes, mostrándose en la diversidad de sus formas y tamaños. En כְּמוֹ לְבוּשׁ, la palabra לְבוּשׁ aparece como acusativo (árabe *kemâ libâsan*, o *thauban*), mientras que כלבוש (Sal 104, 6, *instar vestis*) actúa como genitivo.

Al final de la estrofa, todas las cosas aparecen definidas por la *lamed*, ל de finalidad (de Job 38, 13). La luz de los malvados es, conforme a Job 24, 17, la oscuridad de la noche, que es para ellos (como tiempo para sus acciones) como la luz del día para el resto de los hombres. El despliegue de la luz de la mañana les priva (a ellos que son enemigos de la luz, en su sentido más profundo, cf. 24, 13) de su posibilidad de realizar las obras perversas que se disponían a perpetrar, de forma que quedan frustrados sus intentos.

La *ayin* (ע) de רשעים, **Job 38, 13–15**, es una עין תלויה, es decir, un *ayin suspensum*, que el *Midrash* interpreta así: los רשעים, que son ahora עשירים (ricos),

---

(cf. שט, Os 6, 11) en contra de la orgullosa elevación de las olas.

se volverán en el futuro רָשִׁים (es decir, pobres); Dios les priva de la עַיִן (luz del ojo), abandonándoles en manos de la oscuridad que ellos han amado o escogido.

Job 38, 16-21

16 הֲבָאתָ עַד־נִבְכֵי־יָם וּבְחֵקֶר תְּהוֹם הִתְהַלָּכְתָּ׃
17 הֲנִגְלוּ לְךָ שַׁעֲרֵי־מָוֶת וְשַׁעֲרֵי צַלְמָוֶת תִּרְאֶה׃
18 הִתְבֹּנַנְתָּ עַד־רַחֲבֵי־אָרֶץ הַגֵּד אִם־יָדַעְתָּ כֻלָּהּ׃
19 אֵי־זֶה הַדֶּרֶךְ יִשְׁכָּן־אוֹר וְחֹשֶׁךְ אֵי־זֶה מְקֹמוֹ׃
20 כִּי תִקָּחֶנּוּ אֶל־גְּבוּלוֹ וְכִי־תָבִין נְתִיבוֹת בֵּיתוֹ׃
21 יָדַעְתָּ כִּי־אָז תִּוָּלֵד וּמִסְפַּר יָמֶיךָ רַבִּים׃

¹⁶¿Has entrado en los veneros del mar o escudriñado las fuentes del abismo?
¹⁷¿Se te han revelado las puertas de la muerte y has visto las puertas de la oscuridad?
¹⁸¿Has considerado la extensión de la tierra? ¡Declara si sabes todo esto!
¹⁹¿Dónde está el camino de morada de la luz? ¿Y dónde está el lugar de las tinieblas,
²⁰para que las lleves a sus límites y puedas conocer las sendas de su casa?
²¹¡Quizá lo sabes, pues habías ya nacido y es grande el número de tus días!

38, 16-17. La raíz נב tiene el sentido primario de situarse ante la percepción del hombre (cf. *Comentario* a *Génesis*, pág. 635), de manera que נבך en árabe es un país hermoso que agrada a la vida (*nabaka,* una colina, un país de colinas), y aquí (en un sentido vinculado por su raíz y significado a נבע, traducción siríaca, Talmud, y a נבג, árabe *nbg, nbṭ, scatuirire,* brotar) y alude al agua que brota y se expande.

Una conjetura de Hitzig, aceptada por Olshausen, נבלי, tiene el defecto de poner a un lado una palabra que es perfectamente clara, por lo que toca al lenguaje. Sobre חקר cf. lo dicho sobre Job 11, 7. A la cuestión que Dios plantea a Job en 38, 17, retomando su propia petición (cf. 26, 6), este tiene que responderle de manera negativa. A fin de evitar la colisión entre dos letras aspiradas, el interrogativo ה falta delante de התבננת, Ewald 324, b.

38, 18-21. הִתְבֹּנַנְתָּ עַד (38, 18) significa, según Job 32, 12, observar algo con mucha atención. El sentido de la pregunta es, según eso, el de si Job ha prestado suficiente atención a la anchura de la tierra, y si por tanto tiene un conocimiento comprensivo y total de ella. כלה no se refiere a la tierra (Hahn, Olshausen y otros) sino, como palabra neutra, a los puntos de interrogación anteriores.

Las preguntas de **Job 38, 19** se refieren a los principios de la luz y de la oscuridad, es decir, a sus causas finales, de dónde provienen como fenómenos cósmicos. ישכן־אור es una cláusula de relativo, Gesenius 123, 3, c. El nombre que gobierna (*regens*) ese virtual genitivo, que en árabe debería estar sin artículo, por hallarse determinado por el *regens*, es (de acuerdo con la sintaxis hebrea que es más libre en este campo) הדרך (cf. Gesenius 110, 2).

Desenlace en la conciencia

Esto que se dice del límite de la oscuridad, esto es, del extremo más lejano al que llega, y de los caminos que llevan a su casa, se aplican también a la luz, que el poeta tiene quizá muy presente ante su mente (cf. Job 24, 13). Tanto la luz como la oscuridad tienen una primera causa que resulta inaccesible para el hombre, una causa que está más allá de su poder de investigación.

La frase afirmativa de **Job 38, 21** ha de tomarse en sentido irónico: ¡Ciertamente, tú eres más viejo que el principio de la creación, cuando la luz y la oscuridad, como poderes de la naturaleza que se distinguen y vinculan uno y otro (cf. Job 26, 10), vinieron a introducirse en el mundo naciente: ¡Tú eres tan antiguo como el mundo, de manera que tienes un conocimiento exacto del orbe y de tu origen, eres contemporáneo al principio del mundo! (cf. Job 15, 7). Sobre el futuro vinculado con אָז (cf. כִּי־אָז תִּוָּלֵד), normalmente con el significado de aoristo, cf. Ewald 134, b. La atracción, en conexión con וּמִסְפַּר, es como la de Job 15, 20- 21.

Job 38, 22-27

²² הֲבָאתָ אֶל־אֹצְרוֹת שָׁלֶג וְאֹצְרוֹת בָּרָד תִּרְאֶה׃
²³ אֲשֶׁר־חָשַׂכְתִּי לְעֶת־צָר לְיוֹם קְרָב וּמִלְחָמָה׃
²⁴ אֵי־זֶה הַדֶּרֶךְ יֵחָלֶק אוֹר יָפֵץ קָדִים עֲלֵי־אָרֶץ׃
²⁵ מִי־פִלַּג לַשֶּׁטֶף תְּעָלָה וְדֶרֶךְ לַחֲזִיז קֹלוֹת׃
²⁶ לְהַמְטִיר עַל־אֶרֶץ לֹא־אִישׁ מִדְבָּר לֹא־אָדָם בּוֹ׃
²⁷ לְהַשְׂבִּיעַ שֹׁאָה וּמְשֹׁאָה וּלְהַצְמִיחַ מֹצָא דֶשֶׁא׃

²²¿Has penetrado en los depósitos de la nieve? ¿Has visto los almacenes del granizo,
²³que he reservado para el tiempo de angustia, para el día de la guerra y de la batalla?
²⁴¿Por qué camino se divide la luz y se esparce el viento del este sobre la tierra?
²⁵¿Quién abrió un cauce a la tormenta de lluvia, y un camino a los relámpagos y truenos,
²⁶para llover sobre la tierra deshabitada, sobre el desierto sin seres humanos,
²⁷para saciar la tierra desierta y sin cultivo y para hacer que brote la tierna hierba?

38, 22-23. La idea de **Job 38, 22** no es, como por ejemplo, la de los campesinos de la zona de Menn, a cuatro horas de camino de Damasco, que amontonan la nieve del invierno en un hueco de la roca, a fin de llevarla a Damasco y a las ciudades de la costa, en los meses calientes de verano. Al contrario, Dios almacena la nieve y el granizo en la parte superior del firmamento, a fin de que descienda a su tiempo a la tierra.

אצרות (cf. Sal 135, 7) constituyen la causa final de esos fenómenos que Dios ha creado, y que el poeta describe (¡no lo olvidemos!) de forma ética, no científica, conforme a una percepción antigua de las cosas del mundo. El libro de Job describe esos fenómenos conforme a la visión simbólica de entonces; pero, al mismo tiempo, lo hace conforme a su tarea de profeta, presentándolos como agentes de destrucción, entre los que se encuentra no solo el granizo, sino también la nieve, como lo hace (según un manuscrito conservado por Wetzstein) el poeta Muhammed el-Chatb el-Bosrwi cuando describe una terrible nevada, que cayó en el Haurán, en febrero de 1860, en la que perecieron innumerables rebaños de ovejas, cabras y camellos, y también muchos seres humanos[88].

En la línea de Job 24, 1; 19, 11, עֶת־צָר significa un tiempo de juicio para los opresores, es decir, para los adversarios. Pero es mejor entender la expresión en la línea de Job 36, 16; 21, 30, como tiempo de tristeza: fuertes nevadas y tormentas de granizo traen tiempos duros para los hombres y para el ganado, y a veces deciden incluso la ventura de una guerra, como si fuera por decreto divino (Js 10, 11, cf. Is 28, 17; 30, 30; Ez 13, 13).

38, 24-27. Job 38, 24a no trata, como Job 38, 19a, del lugar del que nace la luz, sino de la forma de distribución de la luz sobre el conjunto de la tierra, como en Job 38, 24b, donde se habla de las leyes según las cuales avanza el viento del este, extendiéndose sobre la tierra. אור no es el relámpago (Schlottmann), sino la luz en general. La luz y el viento aparecen unidos, pues sus cursos no pueden ser descritos. הפיץ, es *diffundere*, como en Ex 5, 12; 1 Sam 13, 8, Gesenius 53, 2.

Job 38, 25 evoca el descenso de torrentes de lluvia, inundando ciertas regiones de la tierra. El hecho de que los torrentes de agua se derraman hacia la tierra puede entenderse como si hubiera un acueducto que desciende a la tierra desde el cielo. Por otro lado, tanto 38, 25 como 38, 26 están evocando el relámpago, cuya dirección resulta inaccesible para el hombre, iluminando la tierra aquí o allí.

Este camino de la lluvia, que descarga el agua en diversas partes de la tierra, se extiende también a la estepa deshabitada. לא־איש (en lugar de בלא) es virtualmente un adjetivo. (cf. comentario a Job 12, 24). La combinación superlativa de שׁאה ומשׁאה (de שׁוא igual a שׁאה) significa estar desolada y producir un sonido fuerte y monótono de desolación, como en Job 30, 3. Dios dirige los cambios de los tiempos no solo con el propósito de mostrar su reinado sobre los hombres (en contra de lo que ellos podían prever a veces), sino que su cuidado se dirige incluso a regiones donde no hay habitantes humanos.

Job 38, 28-30

²⁸ הֲיֵשׁ־לַמָּטָר אָב אוֹ מִי־הוֹלִיד אֶגְלֵי־טָל׃

²⁹ מִבֶּטֶן מִי יָצָא הַקָּרַח וּכְפֹר שָׁמַיִם מִי יְלָדוֹ׃

³⁰ כָּאֶבֶן מַיִם יִתְחַבָּאוּ וּפְנֵי תְהוֹם יִתְלַכָּדוּ׃

---

88. Los hauranitas hablan de la nieve como si fuera fuego: *jahrik*, pues ella quema (como se dice incluso en francés, cuando se habla de la nieve *brûlant*, es decir, que quema por su gran frío. En esa línea, Job 1, 16 podría aplicarse también a la nieve; pero en aquel caso el contexto exige que la palabra se aplique al fuego material.

²⁸¿Hay padre para la lluvia? ¿Quién engendró las gotas del rocío?
²⁹¿De qué vientre salió el hielo? Y a la escarcha del cielo ¿quién la dio a luz?
³⁰Las aguas se endurecen como piedra y se congela la faz del abismo.

38, 28–30. Lluvia y rocío no tienen un padre creado, hielo y escarcha no tienen madre creada. En ambos casos, el paralelismo muestra que מי הוליד está preguntando por aquel que engendra, y מי ילדו por aquella que concibe (cf. Hupfeld sobre Sal 2, 7). בטן es el útero y metonímicamente (al menos en árabe) la progenie que viene del útero. Así se dice *ex utero cujus is*, con מי מבטן, que se distingue del מאי־זה בטן, *ex quo utero* is.

אגלי־טל ha sido muy bien traducido por los LXX, y el *Códice Vaticano* y *Sinaítico*: βώλους (con omega) δρόσου; Gesenius y Schlottmann corrigen la palabra y ponen βόλους, pero βῶλος no significa meramente un bloque, sino también un tipo de óvalo o pelota.

Aquí se alude a las partículas del rocío, uniéndose entre sí (LXX, *Códice Alejandrino*: συνοχὰς καὶ βω. δρ.), en forma ovalada, de אגל, que no deriva de גלל, sino del árabe *'jil, retinere*, recoger (de aquí viene *agîl*, agua retenida, *ma''gal*, un pozo, una piscina; אגלי es constructo, como עגלי de עגל). Las aguas se esconden a sí mismas cuando dejar de existir como fluido, es decir, cuando se hielan.

La superficie de la profundidad (LXX ἀσεβοῦς, para lo que Zwinglio pone al margen ἀβύσσου) se congela, se oprime (cf. árabe *lekda*, amontonarse, sinónimo de *hugum*) convirtiéndose en una masa sólida. De todas formas, las preguntas no se refieren meramente al análisis del fenómeno externo del agua, sino a sus causas finales.

Job 38, 31-33

³¹ הַתְקַשֵּׁר מַעֲדַנּוֹת כִּימָה אוֹ־מֹשְׁכוֹת כְּסִיל תְּפַתֵּחַ׃
³² הֲתֹצִיא מַזָּרוֹת בְּעִתּוֹ וְעַיִשׁ עַל־בָּנֶיהָ תַנְחֵם׃
³³ הֲיָדַעְתָּ חֻקּוֹת שָׁמָיִם אִם־תָּשִׂים מִשְׁטָרוֹ בָאָרֶץ׃

³¹¿Podrás anudar los lazos de las Pléyades? ¿Desatarás las ataduras de Orión?
³²¿Harás salir a su tiempo las constelaciones? ¿Guiarás a la Osa Mayor con sus hijos?
³³¿Conoces las leyes de los cielos? ¿Dispones tú su dominio en la tierra?

38, 31. No hay duda de que מעדגות significa anudar, atar o vincular (de עדן igual a ענד, Job 31, 36), pues así lo ha mostrado la traducción unánime de los LXX (δεσμόν) y la del targum (שירי equivale a σειράς), con el testimonio de la Masora, conforme a la cual la palabra tiene aquí un significado distinto del que tiene en 1 Sam 15, 32, y en el lenguaje del Talmud, donde en *Kelim*, c. 20, מעדנין, significa los nudos al final de una alfombra (que si se desatan hacen que se suelte toda la alfombra), y en *Sukot*, 13b, indica las bandas de madera con las que se sujetan las ramas o cortezas de sauce, con el fin de formar un tipo de choza o tabernáculo (*succa*). Pero מדאני *Sabbat*, 33a, significa un ramo de mirto (para olerlo en el *Sabbath*).

En esa línea, כימה ha de entenderse, según la comparación persa de las Pléyades, como un *bouquet* o ramo de joyas o flores (cf. Job 9, 9), y también en la línea de un lazo o collar (*'ipd-eth-thurajja*), como dice Sadi en su *Gulistan* (pág. 8 de la traducción de Graf): "como si las copas de los árboles estuvieran rodeadas por el collar de las Pléyades". El nombre árabe *thurajja* (diminutivo femenino de *tharwân*) significa la ricamente adornada y agrupada constelación de las Pléyades. En esa línea, כימה evoca sin duda un grupo vinculado en forma de círculo[89], y en esa línea Beigel (cf. Ideler, *Sternnamen*, pág. 147) traduce bien el texto: ¿Podrías tú distribuir la roseta (sería mejor poner *cadena*) de diamantes de las Pléyades?

Por lo que se refiere a כסיל, estamos seguros de que esa palabra significa Orión (y en esa línea, traducen las versiones griegas, poniendo Ὠρίων, la traducción siríaca *gaboro*, el targum נפלא o נפילא, el gigante). Orión y las Pléyades son visibles en el cielo sirio durante más tiempo que entre nosotros, y ascienden sobre el horizonte unos 17 grados más que entre nosotros.

38, 32. De todas formas, la figura de un gigante encadenado a los cielos no puede derivarse de las tradiciones semíticas; por otra parte, resulta cuestionable el hecho de que כסיל (como suponen Saadía, Gecatilia, Abulwalid y otros) pueda identificarse con *Suhl*, es decir, con Canopus, especialmente por el hecho de que se le considere un ayudador poco fiable (כסיל, en hebreo es un loco, en árabe un perezoso, *ignavus*), que mantiene una relación mítica con la constelación de la Osa, a la que aquí se le llama עיש.

38, 33. Así aparecen todavía vinculados con ese nombre los hijos e hijas de un hombre a quien se toma como asesinado por Ged, la estrella polar. Interpretando de esa forma a Orión, la palabra משכות (que puede compararse al árabe *msk*, *tenere*) evoca las cadenas (árabe *masaka*t) con las que (según el mito) él está encadenado en el cielo, para impedir que se separe demasiado pronto del grupo y alcance su meta[90].

---

89. El verbo כום se utiliza todavía en *piel* (apilar, formar un grupo, *mukauwam*, que se eleva) e *hitpael* (acumular) en Siria. Interpretado así, כום, *kôm* es todo valle desolado desde tiempo antiguo, con montones de piedras caídas; cf. Fleischer, *De Glossis Habichtianis*, p. 41 s. Según Kamus, en el idioma antiguo del Yemen, *kîm*, en el sentido de *mukâwim*, significa una confederación (synon. *chilt*, *gils*), y en esa línea כימה tendría que significar una confederación, o un grupo, una asamblea (*coetus*) de confederados.

De todas formas, quizá כימה podría verse como una tropa de camellos. Por otra parte, al menos los beduinos, llaman a la estrella que está directamente delante de la constelación de siete estrellas de las Pléyades, la *hadi*, es decir, el cantor que dirige de algún modo la procesión, que anima a los camellos con el sonido de la *hadwa* (חדוה), y que de esa manera les anima a caminar (nota de Wetzstein). Sobre las πλειάδες, que quizá lleven ese nombre por ser un grupo (figurativamente γότρυς) de varias estrellas (ὅτι πλείους ὁμοῦ κατὰ συναγωγήν εἰσι, cf. Kuhn, *Zeitschr.* vi. 282-285.)

90. En junio de 1860 fui testigo de una disputa en un campamento de beduinos *Mo'gil*, en el que uno acusaba a otros de haber hecho posible que los enemigos tomaran y se llevaran sus camellos, a causa de su negligencia. Pues bien, cuando los acusados dijeron que ellos habían ido muy pronto en persecución de los malhechores, añadiendo que habían vuelto solo a la puesta del sol, el acusador respondió: Vosotros *habéis venido como Suhl a Ged* (פזעתם לי פזע סהיל ללגדי). Yo pregunté

Desenlace en la conciencia

מזרות no se distingue mucho de מזלות, 2 Rey 23,5 (cf. מזרך, la "estrella de la fortuna", según las monedas de Cilicia, y no se refiere a los 28 días de cada mes o *menâzil* (del árabe *nzl*, descender, volver) *lunar*[91], sino a los doce signos del zodíaco, que también se imaginaban como *menâzil*, i.e., como las moradas celestes o estaciones (*burûg*, lugares defendidos) en los que el sol se va recogiendo a medida que describe el círculo del año[92].

El uso del lenguaje ha transferido la palabra *lzm* también a los planetas, los cuales, dado que se sitúan en el plano ecuatorial del sol, parecen girar en torno a las constelaciones del Zodíaco. Según eso, la pregunta de Dios a Job en 38, 32 se formula así: ¿Puedes tú señalar el signo zodiacal apropiado para cada mes, de tal manera que se muestre visible tras la puesta del sol? Sobre Job 38, 33 cf. *Comentario a Génesis* 1, 14-19. משטר está construido en analogía con משל, עצר, רדה ב; y con שמים como singular (Ewald 318, b).

Job 38, 34-38

³⁴ הֲתָרִים לָעָב קוֹלֶךָ וְשִׁפְעַת־מַיִם תְּכַסֶּךָּ׃
³⁵ הַתְשַׁלַּח בְּרָקִים וְיֵלֵכוּ וְיֹאמְרוּ לְךָ הִנֵּנוּ׃
³⁶ מִי־שָׁת בַּטֻּחוֹת חָכְמָה אוֹ מִי־נָתַן לַשֶּׂכְוִי בִינָה׃
³⁷ מִי־יְסַפֵּר שְׁחָקִים בְּחָכְמָה וְנִבְלֵי שָׁמַיִם מִי יַשְׁכִּיב׃
³⁸ בְּצֶקֶת עָפָר לַמּוּצָק וּרְגָבִים יְדֻבָּקוּ׃

³⁴ ¿Puedes alzar tu voz a las nubes para que te cubra gran cantidad de agua?
³⁵ ¿Envías tú los relámpagos, para que vayan, o para que te digan: aquí estamos?

---

a mi vecino lo que esas palabras significaban, y él me aseguró que ellas forman un proverbio muy utilizado, cuyo origen es como sigue.

Ged (es decir, la estrella polar, llamada en Damasco *mismâr*, משמר) mató a *Na'sh* (נעש), y así aparece cada noche acompañado por los hijos del asesinado *Na'sh*, determinados a vengarse por el asesinato. Los hijos, a quienes los poetas llaman generalmente *Benî* en vez de *Benât Na'sh*, van primero con el cadáver de su padre, seguidos por las hijas. Una de esas últimas, se llama *Waldâne*, y es una mujer yacente que solo hace poco tiempo ha dado a luz a un hijo, y lo lleva en su regazo, estando todavía pálida por haber dado a luz (la clara atmósfera de Siria permite ver al hijo en el regazo de *Waldâ*ne). A fin de ayudar a *Ged* en su peligro, *Suhl* aparece en el sur, y se esfuerza por avanzar hacia el norte con su brillo resplandeciente, pero se ha levantado demasiado tarde, de manera que la noche avanza antes de que pueda alcanzar su meta. Este es el "mito". Más tarde volví a escuchar con frecuencia esta historia que es bien conocida entre los hauranitas (nota de Wetzst). Nosotros podemos añadir lo siguiente a modo de explicación: las Pléyades rodean a la estrella polar, como hacen todas las estrellas, porque la estrella polar está en el eje del firmamento, pero ellas se acercan más que Canopo (nota de Wetzstein).

91. Así piensa A. Weber en su *Abh. über die vedischen Nachrichten von den naxatra* (sobre los lugares en los que se detiene la luna), 1860 (cf. *Lit. Centralbl.* 1859, col. 665), que ha sido refutado por Steinschneider, *Hebr. Bibliographie*, 1861, Nr. 22, pág. 93 s.).

92. Los nombres Carnero, Toro, etc., según Epifanio, *Opp.* i. p. 34 s. (edición de Petavio) han sido transferidos de la astrología griega a la judía, cf. *Wissenschaft Kunst Judenthum*, pág. 220 s.)

³⁶¿Quién puso la sabiduría en los riñones? ¿Quién dio inteligencia al gallo?
³⁷¿Quién cuenta con sabiduría las vetas de nubes y los odres celestes quién los vacía
³⁸cuando el polvo se endurece como una masa y los terrones se pegan unos a otros?

38, 34-35. Así como el tema de Job 38, 34a ha sido elaborado en 38, 26, así el de 38, 34b ha sido elaborado en la línea de Job 22, 11. La כ de תְּכַסֶּךָּ ha recibido en ambos pasajes un *dagesh*, como en Job 36, 2.18; Hab 2, 17.

Lo que Yahvé niega aquí al poder natural del hombre resulta posible al hombre que tiene fe, como muestra la historia de Elías, cuando produce la lluvia. Pero eso no entra aquí en consideración. Como prueba de la omnipotencia divina y de la debilidad del hombre, Elihu recurre constantemente a la lluvia y a la tormenta con rayos y truenos, que responden a la voluntad de Dios.

38, 36. En esa línea, muchos comentaristas modernos desde Schultens intentan, con gran violencia, que טחות y שכוי signifiquen *meteoros y fenómenos celestes*. Por su parte, Eichhorn (con Hirzel y Hahn) comparan los nombres árabes para las nubes, *tachâ (tachwa)*, Ewald árabe *ḍiḥḥ*, salida del sol, con el hebreo טחות; y en esa línea piensan que שכוי, cuya raíz es שכה, *spectare*, es algo extraordinario que sucede en el cielo, como un fenómeno atmosférico, un meteoro (Hirzel), un prodigio causado por la luz (Ewald, Hahn). Desde ese fondo traduce Umbreit: ¿Quién ha puesto sabiduría en las nubes negras, y ha dado entendimiento a los meteoros?

Pero el significado que se atribuye de esa forma a las palabras raya en lo absurdo. ¿Por qué, en esa línea, la palabra טחות, de טוח, árabe *tîych*, engordar, añadir grasa, no significa aquí, como en Sal 51, 8, los riñones (inmersos en un tipo de almohada de grasa), como sede de la facultad de predecir, כליות, Job 19, 27, como la sede del deseo más hondo de conocimiento del futuro? Sea como fuere, en ese contexto, después de haber hablado de las constelaciones y del influjo de las estrellas, resulta muy justificado el hecho de evocar el don y camino de las adivinaciones, como hará la estrofa siguiente.

Si טחות significa los riñones, es muy natural interpretar la palabra שכוי también en línea psicológica, aplicándola al entendimiento (targum b., traducción siríaca y árabe), o de un modo semejante (Saadía, Gecatilia), como hacen Gesenius, Carey, Renan y Schlottmann. Pero hay otra traducción que es digna de mencionarse, aunque no ha sido evocada por Rosenmüller, Hirzel, Schlottmann o Hahn, según la cual שכוי significa gallo, *gallum*. Así leemos en *b. Rosch ha-Schana*, 26a: "Cuando vino a *Techm-Kn-Nishraja*, R. Simeon b. Lakish decía: La novia se llamaba ניופי y el gallo שכוי". En esa línea, Job 38, 36 ha de interpretarse tomando שכוי en el sentido de "תרנגול".

El *Midrash* interpreta este pasaje de la misma manera, en *Jalkut*, 905, donde comienza: "R. Levi dice: En árabe el gallo se llama סכוא.". Con esto podemos comparar *Wajikra rabba*, c. 1: "La palabra סוכו es árabe; en Arabia un profeta se llama סכוא". En ese trasfondo se puede inferir que שׂכוי se aplica a un gallo en cuanto vidente, es decir, como profeta.

En cuanto a la formación de la palabra, esta sería sin paralelo (Ewald, Olshausen) en el caso de que debiera tener el acento en la penúltima, pero muchos códices y las mejores ediciones, que han notado esto, ponen el acento de שֶׂכְוִי en la última sílaba, como una variante. Este es un nombre secundario, Gesenius 86, 5, un nombre "relativo" (De Sacy, *Gramm. Arabe*, 768), en la línea de שׂכרי, el que especula o explora, de שׂכה, שׂכו שׂכו, *speculatio*, como פלאי, Jc 13, 18 (cf. Sal 139, 6), milagroso, de פלא, palabra vinculada al caldeo סכוי, סכואה, de sentido semejante.

En conexión con su significado primitivo de *speculator*, se entiende el hecho de que סכו en hebreo samaritano (cf. Lagarde, sobre *Prov*, pág. 62) pueda significar *el ojo*. Sin embargo, aquí, en un poeta hebreo, esa palabra se refiere más bien al gallo, del que por ejemplo Gregorio Magno dice: *Speculator semper in altitudine stat, ut quidquid venturum sit longe prospiciat* (está siempre especulando, explorando, en la altura, a fin de ver de lejos lo que sucederá).

Este significado de *speculator* (explorador) igual a gallo[93] fue aceptado de un modo general, al menos hasta la edad talmúdica, como muestra la *Beraka* que prescribe que aquel que escucha el canto del callo diga: "Bendito sea aquel que dio conocimiento al gallo (שׂכוי) para distinguir entre el día y la noche". De acuerdo con esto, el targum II traduce: ¿Quién ha dado conocimiento al לתרנגול ברא, gallo silvestre? Por su parte, el targum b dice לליבא ¿quién ha dado inteligencia al corazón (del hombre), para alabar a su Señor? Por su parte, Jerónimo traduce: *quis posuit in visceribus hominis sapientiam et quis dedit gallo intelligentiam*, ¿Quién puso sabiduría en las vísceras del hombre e inteligencia en el gallo?

Nosotros aceptamos esa traducción tradicional, que Gesenius condenaba como un *talmudicum commentum*, pensando que ella es mejor que el modo de actuar de los modernos que no hacen mas que estar inventando un significado que la palabra no tiene. Pues bien, lo que Cicerón, *De divin*. Ii, 26 evoca, preguntando si "Dios pudo dar a los gallos la capacidad de cantar, anunciando aquello que podía ser obra de la naturaleza o del acaso, aparece aquí como algo que Yahvé se atribuye a sí mismo (es Yahvé mismo quien evoca y anuncia el futuro).

La capacidad de profetizar κατ' ἐξοχήν el tiempo, es decir, de medir los signos animales se relaciona, en esta conexión astrológico-meteorológica con los riñones, que son, conforme a la visión semítica un *medium* para los augurios (cf. mi *Psychol*. pág. 268f.). El mismo Corán presenta al gallo como un vigía con la función de despertar a los ejércitos celestiales para realizar su deber.

93. Aquí no se puede aducir como comparación ninguna palabra árabe, pues *tuchaj*, gallo, tiene consonantes distintas. De todas formas, si tuviéramos que pensar en el árabe *škâ* en el sentido de *šak, fortem esse*, שׂכוי debería ser un sinónimo de גבר, que por su parte es también un nombre para el gallo.

Por su parte, Masius, en sus *Estudios sobre la naturaleza*, ha puesto de relieve la importancia que se le ha dado al gallo como animal proféticamente dotado para la adivinación. Más aún, la adoración de los gallos en la religión idolátrica de los semitas estaba dirigida a los astros.

Los sabeos ofrecían a la divinidad gallos (cf. Chwolsohn, ii. 87), como hacen los *jezidíes* que ofrecen un gallo blanco, que ellos toman como un símbolo del sol (*Deutsch. Morgenlnd. Zeitschr.* 1862, pág. 365 s.). En **Job 38, 37** Jerónimo traduce: *Et concentum coelorum quis dormire faciet* (¿quién hace que el concierto de los cielos descanse, se equilibre?). Pero נבלי no significa aquí harpas, sino odres o botellas.

Por su parte, השכיב (cf. יַשְׁכִּיב) no es dejar en descanso, sino poner debajo, descargar, vaciar, pues esto es lo que significa también en *kal*, como el árabe *sakaba*. בצקת (**38, 38**) puede tomarse en sentido activo (cuando descarga…), pero conforme a 1 Rey 22, 35 resulta también posible una traducción intransitiva: cuando el polvo viene a juntarse, fluye y se junta (con לַמּוּצָק), pero no en forma de líquido, sino como una masa compacta, en la línea de Job 37, 18: *cuando el polvo disperso, seco, arenoso se convierte por la lluvia en suelo compacto* (árabe *ruṣidat: firmata est terra imbre*; cf. árabe *lbbd: pluviam emisit donec arena cohaereret*, la tierra se seca y se afianza por el rocío, por la lluvia). רגבים, *glebae*, como en Job 21, 33, de רגב, árabe *rjb*, en el sentido primario de la palabra, que aquí debe suponerse: hacer que algo tenga cohesión y se junte, se endurezca, volviéndose firme.

Job 38, 39-41

³⁹ הֲתָצוּד לְלָבִיא טָרֶף וְחַיַּת כְּפִירִים תְּמַלֵּא׃
⁴⁰ כִּי־יָשֹׁחוּ בַמְּעוֹנוֹת יֵשְׁבוּ בַסֻּכָּה לְמוֹ־אָרֶב׃
⁴¹ מִי יָכִין לָעֹרֵב צֵידוֹ כִּי־(יְלָדוֹ) [יְלָדָיו] אֶל־אֵל יְשַׁוֵּעוּ יִתְעוּ לִבְלִי־אֹכֶל׃

³⁹¿Cazarás tú la presa para la leona? ¿Saciarás el hambre de sus cachorros,
⁴⁰cuando se tumban en sus guaridas o se ponen al acecho en la espesura?
⁴¹¿Quién prepara al cuervo su alimento, cuando sus polluelos graznan a Dios y andan errantes por falta de comida?

38, 39–40. Sobre la abundancia de nombres que el AT tiene para el león, cf. comentario a Job 4, 10. לביא puede emplearse para la leona, aunque el nombre más exacto para ella es לביה, porque לביא es igual a לבי, de forma que לבאים son los leones y לבאות las leonas. La leona se nombra aquí primero, porque ella tiene que procurar la comida para los leoncitos (גורים). Por otra parte, cuando los leones son todavía jóvenes, pero pueden valerse ya por sí mismos, se llaman כפירים.

La frase מלא חיה (con חיה que se aplica a la vida que necesita nutrirse, Job 33, 20) es equivalente a מלא נפש, Prov 6, 30 (cf. mi *Psychol.* Pág. 204 *ad fin.*). El libro de los Salmos ofrece aquí paralelos para cada palabra. Sobre Job 38, 39b, cf.

Sal 104, 21; sobre ישחו cf. Sal 10, 10[94]; sobre מעונות, *lustra*, cf. Sal 104, 22 (sobre Job 37, 8 hemos tratado ya); sobre סך, סכה, que se utiliza en el mismo sentido, cf. Sal 10, 9; Jer 25, 38.

La visión de los cuervos que graznan (**38, 41**) tiene un paralelo en Sal 147, 9. Por su parte, כי, *quum*, viene seguido por un futuro con el significado de presente, como en Sal 11, 3. Como aquí, en el Sermón de la Montaña (Lc 12, 24) se evocan también los cuervos, que por su graznido sobresalen o se hacen notar entre el resto de los pájaros que buscan comida, de forma que se habla de ellos, y no de los pájaros sin más como en el paralelo del evangelio de Mateo.

Job 39

Job 39, 1-4

¹ הֲיָדַעְתָּ עֵת לֶדֶת יַעֲלֵי־סָלַע חֹלֵל אַיָּלוֹת תִּשְׁמֹר:
² תִּסְפֹּר יְרָחִים תְּמַלֶּאנָה וְיָדַעְתָּ עֵת לִדְתָּנָה:
³ תִּכְרַעְנָה יַלְדֵיהֶן תְּפַלַּחְנָה חֶבְלֵיהֶם תְּשַׁלַּחְנָה:
⁴ יַחְלְמוּ בְנֵיהֶם יִרְבּוּ בַבָּר יָצְאוּ וְלֹא־שָׁבוּ לָמוֹ:

¹¿Sabes cuándo paren las gacelas de la roca? ¿Has mirado a las cabras pariendo?
²¿Has contado los meses de su preñez y conoces el tiempo en que han de parir?
³Se encorvan, hacen salir a sus hijos y pasan sus dolores.
⁴Sus hijos se robustecen y crecen en el desierto; luego se van y ya no regresan.

39, 1-2. La estrofa trata de las gamuzas o cabras salvajes, de los íbices (incluyendo quizá diversos tipos de rebecos y ciervos). Las primeras se llaman יעלים, de יעל, árabe *wʾl* (formación secundaria de עלה, árabe *ʿla*), que significa subir, son por tanto las cabras que escalan las rocas. חולל es infinitivo *pil*, τὸ ὠδίνειν, sufrir los dolores de parto, cf. *pul*, Job 15, 7. שמר, observar, como en Ecl 11, 4; 1 Sam 1, 12; Zac 11, 11.

En Job 39, 2 se vincula el cumplimiento de la preñez de esas cabras, con el tiempo del alumbramiento de las crías. תספור (תִּשְׁמֹר) escrito plenamente, como en Job 14, 16; לדתנה (*lidttâna*, como עת igual a עדת) con una terminación eufónica לדתן, como en Gen 42, 36; Gen 21, 29, que se emplea también para poner de relieve una pausa, Ruth 1, 19, Gesenius 91, 1, 2.

En vez de תפלחנה Olshausen quiere leer תפלטנה, pero esta palabra (que es sinónima de תמלטנה) hubiera significado *dejar escapar*. La palabra original (sinónimo de. תבקענה), en cambio, significa *hacer que se divida*, i.e., pasar a través

---

94. Las lenguas semitas tienen varias palabras para indicar la posturas de las fieras de presa, cuando están descansando, preparadas para lanzarse sobre la presa, en el sentido de "yacer a la espera", aguardando (רצד, רבץ, árabe *rbṣ, wkkd*) o en el gesto de *lh*, volcadas (tensadas) hacia la presa, como en la frase *insidiatus est ei*, la está vigilando, que corresponde a ישבו, Job 38, 40, que ha de entenderse en este contexto, cf. *Psalter*, i. 500 nota.

de un objeto dividido (cf. árabe *felâh*, el acto de romper y seguir hacia adelante, libertad, prosperidad).

39, 3-4. Sobre פרע (cf. תִּכְרַעְנָה), arrodillarse, como postura de alguien que sufre grandes dolores, cf. 1 Sam 4, 19. El texto no habla de "expulsar sus penas", sino de hacer nacer a sus hijos, חבל (cf. חֶבְלֵיהֶם) significa en esta frase, por metonimia, como Schultens ha mostrado, el *foetus* (feto), en árabe *ḥabal,* plur. *aḥbâl,* y ὠδίν, que se aplica incluso a un niño ya crecido, como fruto de un dolor anterior.

Así en Ésquilo, *Agam.* 1417f.; la misma frase, ῥίψαι ὠδῖνα en el sentido de *edere foetum*, se encuentra en Euripides, *Ion* 45.

De esa forma, nacidos con facilidad, los jóvenes animales crecen rápidamente y maduran (חלם, *pinguescere, pubescere*, hacerse mayores, de donde viene חלום, un sueño, como resultado de la pubertad (cf. *Psychol.* pág. 282), crecer en el desierto (בבר, targum igual a בחוץ, cf. i. 329, nota), buscar el campo abierto y no volver de nuevo למו, *sibi*, es decir, a ellos mismos, *sui juris esse volentes*, queriendo ser autónomos (Schultens).

De todas formas, el texto podría significar *sin querer volver a* ellas, es decir, a las madres, pues en hebreo resulta a veces difícil distinguir los géneros, de forma que incluso en חבליהם y בניהם se utiliza el masculino de un modo común ἐπικοίνως. De todas formas, preferimos interpretar el texto en la línea de Job 6, 19; 24, 16. Sea como fuere, Bochart tiene razón cuando dice: *Non hic agitur de otiosa et mere speculativa cognitione, sed de ea cognitione, quae Deo propria est, qua res omnes non solum novit, sed et dirigit atque gubernat* (aquí no se trata de un conocimiento ocioso y meramente especulativo, sino de aquel conocimiento que es propio de Dios, que no solo conoce, sino que dirige y gobierna todas las cosas).

Job 39, 5-8

⁵ מִי־שִׁלַּח פֶּרֶא חָפְשִׁי וּמֹסְרוֹת עָרוֹד מִי פִתֵּחַ׃
⁶ אֲשֶׁר־שַׂמְתִּי עֲרָבָה בֵיתוֹ וּמִשְׁכְּנוֹתָיו מְלֵחָה׃
⁷ יִשְׂחַק לַהֲמוֹן קִרְיָה תְּשֻׁאוֹת נוֹגֵשׂ לֹא יִשְׁמָע׃
⁸ יְתוּר הָרִים מִרְעֵהוּ וְאַחַר כָּל־יָרוֹק יִדְרוֹשׁ׃

⁵¿Quién dio libertad al asno montés? ¿Quién soltó las ataduras del onagro?
⁶Yo le di por casa el desierto, puse su morada en lugares estériles.
⁷Él se burla del bullicio de la ciudad y no oye las voces del arriero.
⁸En lo escondido de los montes escruta y busca tras toda cosa verde.

39, 5-7. Se trata del asno salvaje (no asno de selva)[95] que se llama en hebreo y árabe פרא (*fer, ferâ* o *himâr el-wahsh*, i.e., *asinus ferus*), y en arameo ערוד. La

---

95. El onagro (פֶּרֶא o *fer*) tiene un color amarillento sucio, con vientre blanco, uña no partida y largas orejas; no tiene cuernos y se parece en algún sentido a la gacela, pero es mucho

primera palabra le describe como un animal de piernas rápidas; la segunda como un animal hui-dizo, difícil de ser domesticado por los hombres. El nombre que recibe en las zona oriental de Asía es *kulan*.

Los LXX traducen de un modo correcto: τίς δὲ ἐστιν ὁ ἀφεὶς ὄνον ἄγριον ἐλεύθερον (¿quién es aquel que ha dejado libre al ὄνον ἄγριον, onagro?). חפשי está en acusativo de predicado (cf. Gen 33, 2; Jer 22, 30). En paralelo con ערבה (que, conforme a su etimología, es tierra de oscuridad, tierra desconocida) aparece aquí מלחה, adjetivo que viene de sal, en el sentido de ארץ מלחה, tierra salitrosa, es decir, infructuosa, incapaz de ser cultivada, como las tierras que están alrededor del mar de la Sal (mar Muerto) de Palestina. Pues bien, el asno salvaje lame gustosamente la sal o natrón del desierto, y de esa forma se distingue de otros animales no domesticados, que se alimentan de plantas o productos especiales.

En **Job 39, 8,** Ewald (cf. *Gramm.* pág. 419, nota) ha puesto de relieve la dificultad de entender el sentido de la palabra יתור (יְתוּר הָרִים). No hay razón para traducir esa palabra en la línea de los LXX (kataske,yetai o;rh), del targum o de Jerónimo (*circumspicit montes*), en el sentido de andar explorando o buscando comida en los montes. Al contrario, יתור puede significar *abundancia* (en la línea de יבול לחום, Job 20, 23, de יתר, árabe *wtr*) o algo que puede ser *investigable*, algo que se puede buscar (según la forma יקום, de תור, árabe *tar*, andar explorando, mirar por). Ese es el sentido que hemos preferido, con Olshausen 212, y muchos otros comentaristas.

Job 39, 9-12

⁹ הֲיֹאבֶה רֵּים עָבְדֶךָ אִם־יָלִין עַל־אֲבוּסֶךָ׃
¹⁰ הֲתִקְשָׁר־רֵים בְּתֶלֶם עֲבֹתוֹ אִם־יְשַׂדֵּד עֲמָקִים אַחֲרֶיךָ׃

---

más lento; su pelo es lacio como el de los ciervos, y así forma una especie de intermedio entre un tipo de ciervo y el asno. Es totalmente distinto del *mah* o *baqar el-wahsh*, un tipo de toro salvaje, cuyos grandes y tiernos ojos son muy celebrados por los poetas de la estepa. Este buey es cornudo, de uña partida y forma una transición entre el ciervo y el toro, distinguiéndose también del *ri'm*, ראם, asemejándose a un tipo de antílope, de la raza de los *nlgau*, bueyes azules de la India, los *portax tragocamelus*. No he visto vivos a esos dos últimos tipos de animales, pero he visto a menudo sus pieles en las tiendas de Ruwal. Ambos tipos son admirables por su rápida carrera, y se dice de ellos (de los *fer* o פרא) que no hay ningún corredor que les sobrepase en velocidad.

Los poetas comparan a una tropa de jinetes que galopan velozmente y desaparecen en el horizonte con un rebajo de *fer* o de onagros. A pesar de la dificultad y de los riesgos que ello implica, los nómadas son apasionados cazadores de onagros, de forma que el proverbio citado por Kamus (*kull es-sêd bigôf el-ferâ*: todo cazador choca con la piel o vientre de un *fer*) resulta exacto, pues indica la dificultad que supone cazar un *fer*. La presencia de los *fer* se muestra por un tipo de nube de polvo, que puede verse a varias millas de distancia. Cuando ven esa nube, los cazadores galopan en contra de los *fer*, desde varias direcciones, y aprovechando que algunos se separan del grupo pueden a veces cazarlos, con la ayuda de sus perros y de sus armas. El rebaño de onagros se llama *gemîle*, y su líder o macho principal es el *'anûd* (ענוד), como en los rebaños de gacelas (nota de Wetzstein).

¹¹ הֲתִבְטַח־בּוֹ כִּי־רַב כֹּחוֹ וְתַעֲזֹב אֵלָיו יְגִיעֶךָ׃
¹² הֲתַאֲמִין בּוֹ כִּי־(יָשׁוּב) [וְיָשִׁיב] זַרְעֶךָ וְגָרְנְךָ יֶאֱסֹף׃

⁹¿Querrá el oryx (antílope) servirte o quedarse en tu pesebre?
¹⁰¿Atarás al oryx con rienda para abrir el surco? ¿Irá en pos de ti labrando los valles?
¹¹¿Confiarás en él porque es grande su fuerza? ¿Le encomendarías tu labor?
¹²¿Confiarás en el para recoger tu cosecha y para guardar lo que tienes en la era?

39, 9. En los buenos textos, רֵים tiene un *dagesh* en la *resh*, y הֲיֹאבֶה el acento en la penúltima, como Prov 11, 21 ינקה רע, y Jer 39, 12 רע מאומה. Pero el tono se atrasa aquí según norma, Gesenius 29, 3, b; y se pone *dagesh*, como también en los casos en los que la segunda palabra comienza con una aspirada; este es el *dag. forte conjuntionis*, *dagesh* fuerte de unión, que se pone también a la letra *resh* (cf. Prov 15, 1: מַעֲנֶה־רַּךְ, de un modo excepcional, según la regla de Gesenius 20, 2, a). Esto ocurre trece veces en el AT, como reliquia de un modo de puntuación que trataba a la ר (igual que en árabe) como una letra capaz de ser doblada (Gesenius 22, 5), cosa que ha sido abandonada (dejada a un lado) en el sistema de puntuación que se he impuesto después. Por su parte, רֵים (Sal 22, 22, רם) es una forma contracta de ראם (Sal 92, 11, *plene*, ראים), como el árabe *ri'm* (Olshausen 154, a)⁹⁶.

Ese es el nombre que, en la actualidad, en Siria, se aplica a la gacela, que en su mayor parte es blanca, con una parte trasera amarilla y bandas amarillas en la cabeza (es el *antílope leucoryx*, que se distingue del árabe *'ifrî*, el *antílope oryx*, color tierra, amarillento, y del árabe *ḥmrı̂,ˆhimrı̂,ˆ*con el color blanco de las ciervas, que lleva el nombre de *antílope dorcas*). También el Talmud (*b. Zebachim*, 113b; *b. Bathra*, 74b) combina ראימא y אורזילא o ארזילא, que es un tipo de gacela (árabe *gaza*l), y de esa forma reconoce que el *reêm* pertenece al género de los antílopes, de los cuales la gacela forma una especie menor.

La pregunta de **Job 39, 10** supone que se trata de un animal que reside en las montañas, como han probado Bochart y recientemente Schlottmann (valiéndose de un tratado académico de Lichtenstein sobre los antílopes, 1824). Este es el *oryx*, como han supuesto también probablemente los LXX cuando lo traducen por μονοκέρως.

Según el Talmud, la palabra קרש (forma mutilada de μονοκέρως), según *Chullin, 59b*, se refiere a un animal de un cuerno, que se define de manera más precisa como טביא דבי עילאי, *gacela (antílope) de Be (Beth)-Illi* (cf. Lewysohn, *Zoologie des Talmuds*, 1858, 146).

---

96. Dado que *ra'ima*, inf. *ri'mân*, tiene el significado de descansar, seguir a otros, רימנא, רים, ראם (targum), parece describir al oryx, búfalo, como un animal gregario, aunque todos los rumiantes tienen en común esta característica. Sobre ראם, árabe *r'm*, cf. Seetzen, *Reise*, iii. pág. 393, Z 9 s. y también iv. 496.)

El oryx aparece también en los monumentos de Egipto, a veces con dos cuernos, pero generalmente con uno, rizado o curvado de diversas formas y tanto Aristóteles (Cf. Sundevall, *Die Thierarten des Aristoteles,* Stockholm, 1863, pág. 64 s.) como Plinio le describen como un animal de un cuerno y de pezuña hendida, por lo que uno debe pensar que se trata de una variedad del oryx de un solo cuerno (aunque ese dato no ha sido todavía demostrado plenamente en los estudios de historia natural), un antílope monocornio (=unicornio) del que tenemos una información que parece casi asegurada, tanto en Asia superior como en África central[97].

Según todo eso, podemos afirmar que hay motivos suficientes para afirmar que la tradición de la existencia de *unicornios* se extendió a partir de un antílope (quizá un caballo) al que le salía un tipo de cuerno a partir de uno de los puntos de osificación en la frente.

El texto de Job no puede referirse al búfalo propiamente dicho, *Bos bubalus,* porque ese tipo de animal solamente vino de la India al Asia occidental y a Europa en un tiempo más reciente. Tampoco puede referirse a otras especies de ese animal, que se distinguen por sus cuernos planos, con su mirada curiosa y ojos inyectados en sangre, un animal que ha sido bien domesticado (incluso en la moderna Siria), siendo utilizado como animal doméstico.

Por otra parte, hay antílopes que parecen caballos, y otros más parecidos al buey (de donde les viene el nombre de βούβαλος, βούβαλις, que ellos han recibido por su parecido con los bueyes), o a los ciervos e incluso a los asnos. Schultens

---

97. J. W. von Müller (*Das Einhorn von gesch. u. naturwiss. Standpunkte betrachtet,* 1852) creía que un cuerno de la colección Ambras de Viena era ciertamente el cuerno de un monoceronte (cf. Fechner, *Centralblatt,* 1854, Nr. 2), pero ese dato está difícilmente confirmado. J. W. von Müller, Francis Galton (*Narrative of an Explorer in Tropical South Africa,* 1853) y otros viajeros han oído a nativos que hablan ingenuamente del unicornio, pero no lo han visto ellos mismos. Por otro lado, Huc y Gabet (en el libro de sus viajes por Mongolia y Tíbet) nos dicen que un cuerno de este animal fue enviado a Calcuta, y que medía 50 centímetros de longitud y 11 de circunferencia, y que así iba disminuyendo de anchura gradualmente desde el principio al final. Era casi totalmente derecho, negro, etc...

Hodgson, cuando era cónsul inglés en Nepal tuvo la suerte de conocer un unicornio. Era un tipo de antílope, que en la zona sur del Tibet que limita con Nepal suele recibir el nombre de *Tschiru*. Por otra parte, él envió a Calcuta la piel y el cuerno de un unicornio que había pertenecido a la casa de fieras del rajá de Nepal, ofreciendo una detallada descripción de sus rasgos especiales, y se ha supuesto que este antílope, que llevaría el nombre de *Antilope Hodgsonii,* de la raza de los *tschiru,* se identifica con el oryx de un cuerno de los testimonios antiguos.

R. von Schlagintweit (*Zoologischer Garten,* I, pág. 72) ha descrito una oveja salvaje (no un antílope) con un cuerno, formado por dos partes cornudas que crecen gradualmente unidas, cubiertas por un tipo de funda. La existencia de esa oveja monocornuda no va en contra de la credibilidad del relato ofrecido por Huc-Gabet (del cual me ha informado el Prof. Will diciéndome que es el testimonio de más peso sobre el tema). Hay otro relato menos preciso en la descripción de un viaje de *Selm Bisteris* (Beirut, 1856), quien afirma que en la casa de fieras del virrey de Egipto vio un animal del color de la gacela, pero con forma y tamaño de asno, con un lago cuerno recto, saliéndole de entre las orejas; se trataría según él de un antílope de un cuerno y de pezuña no hendida (nota de Wetzstein).

considera erróneamente que el ראם es el búfalo, y su equivocación proviene de un pasaje del *Divan* de los Hudheilites, que dieron al *rím* el nombre de *dhu chAdán*, un tipo de buey, animal de cuatro patas, que puede referirse no solo al oryx común, sino también al *leucoryx*, el primero de patas blancas y piernas con franjas blancas, mientras el segundo es todo blanco, de pies y patas.

Hay menos razones para pensar que el texto se refiere al rinoceronte, como supone Aquila y en parte Jerónimo; ῥινοκέρως no es más que una mala traducción de μονοκέρως de los LXX. Sea como fuere, la pregunta de **Job 39, 10,** como he señalado, alude a un animal que habita en las montañas y que no ha sido domesticado por el hombre.

El vebo אבה (cf. הֲיֹאבֶה) significa *querer* (decidirse por), estar dispuesto a realizar algo (aquí a servir a los hombres). El *surco* (תלם, *sulcus*, no *porca*, que es la elevación entre dos surcos) es la tierra que debería ser abierta (labrada) por medio del arado que este este tipo de antílope (oryx) rechazaba. Por su parte, אחריך **39, 11,** se refiere al agricultor que va delante o al lado del arado; ciertamente, según Hahn, este es el agricultor que ha terminado ya la siembra, pero resulta más natural pensar que es el mismo que dirige al animal que va arando, un animal que ciertamente no se encuentra abandonado, para labrar la tierra a su capricho.

Sobre la partícula כי, **Job 39, 12,** como expresión del objeto, cf. Ewald 336, b. El *qetib* (יָשׁוּב) utiliza aquí el *kal* de שׁוּב de un modo transitivo: cosechar aquello que se ha sembrado (cf. Job 42, 10). גרנך puede ser un locativo (en la era) o un acusativo de objeto, por sinécdoque, *continentis pro contento*, como en Rut 3, 2; Mt 3, 12.

La forma de plantear la cuestión en su totalidad nos lleva a admitir que nos hallamos ante un animal que externamente se parece a un buey bajo el yugo, y de esa forma ha sido representado en otros lugares el ראם, que se toma como un tipo de buey, cf. Dt 33, 17; Sal 29, 6; Is 34, 7. Pues bien, en este contexto podemos ya afirmar que la conclusión a la que habían llegado hace tiempo Hahn y Gesenius, *Handwörterbuch*, diciendo que ese animal que no acepta el arado (el dominio) del hombre es un búfalo, en el sentido estricto del término, es una equivocación. Ese animal que rechaza el arado no es un antílope, ni un oryx o *leucoryx*, que son muy semejantes, de forma que ellos no han sido distinguidos por los antiguos. Ese animal es más bien un tipo de rumiante como el buey, pues tiene su mismo tipo de pezuña y un cuerpo de formas redondeadas, por lo que viviendo en libertad (no domado por los hombres) viene a presentarse como una especie de tribu salvaje de bueyes.

Job 39, 13-18

13 כְּנַף־רְנָנִים נֶעֱלָסָה אִם־אֶבְרָה חֲסִידָה וְנֹצָה׃

14 כִּי־תַעֲזֹב לָאָרֶץ בֵּצֶיהָ וְעַל־עָפָר תְּחַמֵּם׃

15 וַתִּשְׁכַּח כִּי־רֶגֶל תְּזוּרֶהָ וְחַיַּת הַשָּׂדֶה תְּדוּשֶׁהָ׃

¹⁶ הִקְשִׁיחַ בָּנֶיהָ לְּלֹא־לָהּ לְרִיק יְגִיעָהּ בְּלִי־פָחַד׃
¹⁷ כִּי־הִשָּׁהּ אֱלוֹהַּ חָכְמָה וְלֹא־חָלַק לָהּ בַּבִּינָה׃
¹⁸ כָּעֵת בַּמָּרוֹם תַּמְרִיא תִּשְׂחַק לַסּוּס וּלְרֹכְבוֹ׃

¹³El ala del avestruz vibra gozosamente. ¿Es ella piadosa, con sus alones y plumas?
¹⁴No, ella desampara en la tierra sus huevos, y sobre el polvo hace que maduren,
¹⁵y olvida que el pie los puede pisar y que una fiera del campo puede aplastarlos.
¹⁶Trata a sus crías con dureza, como no suyas, y no teme que su trabajo sea en vano,
¹⁷porque Dios la privó de sabiduría y no le hizo compartir inteligencia.
¹⁸Sin embargo, en cuanto se levanta, se burla del caballo y de su jinete.

39, 13-15. Como el onagro, y el oryx o antílope, parecidos al buey, que no pueden ser domados por los hombres, ni empleados a su servicio (a diferencia de los asnos o bueyes domésticos), tampoco los avestruces pueden ser domadas; ellas se parecen a las cigüeñas, que son también zancudas, por el color de sus plumas y por su vida gregaria, pero tiene rasgos propios, que han de ser puestos de relieve.

רננים, que significa un gemido, un tipo de sonido trémulo y estridente (cf. Job 29, 23), es el nombre de el avestruz hembra, cuyo chillido peculiar se llama en árabe *zimâr*, זמר. Por su parte, la palabra נעלס (cf. נעלסה), de עלס, que, en comparación con עלץ, עלז, se utiliza muy poco, significa hacer gestos de alegría (como si el movimiento de las alas del avestruz fuera un gesto de gozo). אם, **Job 39, 13**, es un interrogativo, *an* (acaso).

El texto pregunta si la avestruz es חסידה, *pía,* piadosa (cf. אם־אברה חסידה), en un juego de palabras, por el que ella viene a ser relacionada con la cigüeña (que es también un ave grande), que se llama de esa forma, la חֲסִידָה, es decir, la *piadosa* (como los *hasidim* de la tradición judía antigua y moderna). Así se dice *pia instar ciconiae*, piadosa como la cigüeña. Sobre esta figura de lenguaje, cf. Mehren, *Rehtorik der Araber*, pág. 178).

La partícula כי, Job 39, 14, ratifica la negación implicada en la pregunta, como en Is 28, 28. La idea no es que el avestruz hembra abandona la maduración (eclosión) de sus huevos en la tierra (עזב ל como en Sal 16, 10), haciendo así que "brillen, se calienten, sobre el polvo" (Schlottmann), porque la energía de calor necesaria para la maduración de los huevos procede del lugar donde los coloca la avestruz hembra, con el calor del sol, que aquí debería haberse mencionado, de forma que uno podría haber esperado el *hifil* en vez del *piel* תחמם, que solo puede entenderse bien en referencia al calor de la madre que incuba los huevos. De todas formas, (en contra de lo que parece suponer el texto) el avestruz hembra incuba también sus huevos, aunque de cuando en cuando los abandona para que sean חמם (cf. תְּחַמֵּם), incubados, por el sol[98].

---

98. Parece, sin embargo, que de hecho el avestruz hembra incuba con cuidado sus huevos, aunque algunas veces puede dejar que ellos sean incubados de día por el sol y de noche por el macho,

El texto ofrece así un contraste con la φιλοστοργία (cuidado por los huevos o, mejor dicho, por los hijos), de la cigüeña pues se dice que el avestruz hembra deja los huevos en un agujero de la tierra de forma que cuando el agujero está lleno parece desentenderse de ellos, a diferencia de la cigüeña que pone su casa (=se mantiene) encima de sus huevos (cf. Sal 104, 17: חֲסִידָה בְּרוֹשִׁים בֵּיתָהּ). רננים se construye de acuerdo con su significado, como femenino singular, Ewald 318, a.

Dado que, según el texto, el avestruz actúa de esa forma, lo que puede suceder a consecuencia de ello con los huevos se describe con la palabra ותשכח (cf. וַתִּשְׁכַּח כִּי־רֶגֶל תְּזוּרֶהָ), diciendo que ella (el avestruz) olvida que un pie humano puede aplastar a sus huevos (זור, oprimir, como הַזּוּרָה, Is 59, 5, igual que הַזּוּרָה, aquello que está aplastado, cf. לנה Zac 5, 4; Gesenius 146, 3), y que las bestias del campo pueden pisarlos y romperlos (דוּשׁ como el árabe dâs, romper, pisando sobre algo)

39, 16-18. La dificultad de הִקְשִׁיחַ (39, 16), de קשח, árabe qsḥ, forma endurecida de קשה, árabe qsâ, está en el hecho de que se aplica al avestruz hembra, pero se encuentra aquí en masculino. Ciertamente, esa dificultad puede superarse puntuando la palabra de un modo distinto (Ewald); pero ese cambio de puntuación resulta innecesario, porque el hebreo utiliza también el masculino en vez del femenino, aun en casos en que ello podría parecer imposible (cf. Job 39, 3, y comparar por ejemplo con Is 32, 11).

Jerónimo traduce correctamente conforme al sentido: *quasi non sint sui*, pero la ל no equivale directamente a la כ. Lo que aquí se quiere decir es que, a causa de la dureza de su conducta, el avestruz hembra trata a sus crías como si no fueran de ella, de forma que le resultan extrañas, Ewald 217, d.

En **Job 39, 16** la acentuación varía, de forma que la palabra "en vano" (לָרִיק) puede puntuarse de maneras distintas (con *rebia mugrasch*, con *tarcha*, con *mercha*), y de esa manera las interpretaciones del gesto de abandonar los huevos en el suelo pueden expresarse también con matices diferentes. De todas formas, el sentido de fondo es el mismo: según este pasaje de Job, el trabajo (el esfuerzo, la fatiga) por fecundar y madurar los huevos, poniéndolos en lugares donde no puedan ser pisados, carece de resultado, si es que el avestruz no se preocupa de ellos, si es que no anticipa lo que puede suceder y no pone los medios para impedirlo (de manera que ha podido aparecer así como animal sin entendimiento).

Los huevos, que están simplemente cubiertos con un poco de tierra, o que yacen sin más sobre el nido pueden convertirse de hecho en víctimas de los chacales, los gatos silvestres y otro tipo de animales, y por su parte los hombres pueden también recogerlos, uno por uno, limitándose a borrar la huella de sus pasos, sin que el avestruz hembra lo note, porque si ella observa que su nido ha sido descubierto se coloca encima de los huevos o los pone en algún otro lugar (así lo dice Schlottmann, citanto a Lichtenstein, *Südafrik. Reise*).

---

sin que ella se siente siempre encima, empollando sobre los huevos; cf. Funke, *Naturgeschichte* (1864), pág. 243 s.

Pues bien, el hecho de que el avestruz abandone sus huevos, corriendo así el riesgo de que sean pisados o robados, se funda, según **Job 39, 17**, en el hecho de que Dios le ha privado de sabiduría (חָכְמָה, *hokma*) no ha dejado que participe de ella (con ב, cf. בְּבִינָה, como en Is 53, 12, LXX ἐν, como en Hch 8, 21). El Dios de Job pone así de relieve una de las (supuestas) estupideces del avestruz, a las que alude también un proverbio árabe: *ahmaq min en-na'ame*, "más tonto que un avestruz".

Pero si al avestruz se le ha negado esta "sabiduría" de cuidar de sus huevos, se le ha dado otra capacidad muy característica: en el momento en que ella (כעת seguida por una frase elíptica de relativo, como en el בעת de Job 6, 17) se estira y afianza de pie, puede ponerse en movimiento con gran velocidad, de un modo inmediato (con המריא que es igual a המרה), y de esa forma huye con un gran movimiento de alas, medio corriendo, medio volando, riéndose (liberándose) del caballo y del jinete, que no pueden alcanzarla, apareciendo como el más veloz de todos los animales.

Así lo indican varios proverbios árabes como *dâ mn 'l-dlîm 'zalı* (con *'zalîm*, equivalente a *delîm*) y *'nfr mn 'l-n'âmt,* que destacan la velocidad del avestruz, su forma de huir, como muestra otro proverbio árabe (*ḥmq mn 'l-wa'nat*), refiriéndose a las "alas del avestruz", para indicar así la forma en que escapa del peligro, "galopando" a gran velocidad. Por otra parte, al referirse a תמריא y תשׂחק, que son los avestruces hembras, hay que destacar que ellas son muy ansiosas, y que abandonan todo cuando están llenas de miedo, a diferencia de los machos que no abandonan a las crías y que no huyen ante el peligro[99].

99. Hemos tomado las referencias anteriores de Doumas, *Horse of the Sahara*. Añado aquí una contribución de Wetzstein que solo he podido introducir cuando había ya completado la exposición anterior.

Las avestruces hembras se llaman רננים no por el zumbido de sus alas cuando corren ayudándose de ellas, sino por el grito penetrante que producen cuando defienden sus huevos contra las bestias de presa, especialmente las hienas, o cuando llaman al macho. Los avestruces hembras se llaman también *rubd*, del singular *rubda* (en vez de *rabdâ*) por el color negro de sus largas plumas de las alas, porque esas plumas se diferencian de los machos, que se llaman חיק (*hêtsh*) porque son blancas. La "tribu" o manada de los avestruces lleva el nombre de יענה בת (árabe *bdt 'l-wa'nat*), "habitante del desierto", porque ellas residen en las partes más solitarias de la estepa, incluso en desiertos que parecen totalmente estériles. Neshwn el Himjarite, en su *'Shems el-'olm'* (manuscrito en Librería Real de Berlín, *sectio* Wetzstein I No. 149, vol. i.f. 110b), define la palabra *el-wa'na* como: ארץ ביצא לא תובת שיא, un lugar o distrito de color blanco (de yeso o arena), que no produce nada; y Kamus lo explica diciendo que es ארץ צלבה, un duro e infértil lugar. Pues bien, en ese entorno viven los avestruces.

En perfecta analogía con el hebreo, en árabe, el avestruz se llama *abu (umm) es-sahârâ*, habitante de los desiertos estériles. En esa línea resulta muy correcto el nombre יענים, Lam 4, 3, que corresponde a la forma יעלים (cabras monteses); también en esa línea, יען equivale a בת היענה y יעל es igual que בת היעלה, habitante de las rocas inaccesibles. Por su parte, según Neshwn, *wa'l* (יעל) y *wa'la* se refiere exclusivamente a las partes altas de las rocas, y *wa'il* solamentre a la cabra montés.

El nombre árabe más común del avestruz es *na'ame*, נעמה, colectivo *na'am*, por la suavidad (*nu'ûma*, נעומה) de sus plumas, con las que las mujeres árabes hacen almohadas y cojines (especialmente en Damasco). *Umm thelâthin*, madre de las treinta, es también el nombre del avestruz hembra, porque ella pone regularmente treinta huevos. El huevo de la avestruz se llama en la estepa *dahwa*,

Job 39, 19-25

^{19} הֲתִתֵּן לַסּוּס גְּבוּרָה הֲתַלְבִּישׁ צַוָּארוֹ רַעְמָה׃
^{20} הֲתַרְעִישֶׁנּוּ כָּאַרְבֶּה הוֹד נַחְרוֹ אֵימָה׃

דחוה (colectivo. *dahû*), una palabra que es ciertamente muy antigua. A pesar de ello, los hauranitas prefieren la palabra *medha*, מדחה.

Un lugar excavado como hueco en el suelo les sirve de nido, hecho especialmente en la arena. En esa línea, los nidos de avestruces son muy comunes en las zonas arenosas de Ard ed-Dehan (דהנא), entre las montañas de Shemmar de Sawd (Caldea). Allí suelen ir a finales de abril los cazadores de avestruces, para buscar y después llevar su caza, y en especial las plumas de los avestruces, a Siria. Los cazadores nos informan que el avestruz hembra se sienta sola sobre el nido desde la mañana hasta la tarde, y desde el anochecer hasta la mañana se sienta con el macho, que durante el día anda buscando comida.

La afirmación de que el avestruz no se sienta empollando sobre los huevos se debe quizá al hecho de que con cierta frecuencia (y especialmente cuando llegan los cazadores) el avestruz hembra abandona los huevos, durante el primer período de su germinación. Eso es todo lo que dice Job 39, 14-15, nada más que eso, y en ello se funda la afirmación de que no tiene inteligencia (porque Dios no se la ha dado). Pues bien, cuando se acerca el tiempo de la eclosión de los huevos con el nacimiento de las crías (*el-faqs*, פקץ) el avestruz hembra ya no abandona los huevos. La misma observación puede hacerse sobre las codornices de Palestina (*el-hagel*, חגל), que tienen muchas cosas en común con los avestruces.

El hecho de que se diga que el avestruz hembra es estúpida (Job 39, 17) puede deberse al hecho de que cuando abandona asustada los huevos, ella busca y llama al macho con un grito muy fuerte. De esa forma, cuando los cazadores amenazan el nido, ella hace que el macho vuelva a defenderlo (por eso se le llama en árabe *zalim*, la violenta). Pues bien, si el cazador se ha escondido en la arena, junto al nido, cuando viene la pareja de avestruces a defender el nido, es normal que el cazador mate a los dos con un par de tiros.

También puede tomarse como estupidez el hecho de que cuando el viento está en calma, en vez de huir ante los cazadores a caballo, el avestruz intenta esconderse tras un montículo, o en un hueco del suelo. Pero, cuando resulta imposible ya escapar, se dice que ella intenta ocultar su cabeza en la arena, aunque los cazadores afirman que eso no es cierto, que es falso. Si el viento ayuda, la veloz avestruz extiende las plumas de su cola en forma de vela e, impulsándose a sí misma con las alas extendidas, escapa con facilidad de sus perseguidores.

La palabra תַּמְרִיא, Job 39, 18, parece ser una expresión de cazadores y, sin acusativo de objeto, describe esta expansión de las plumas (de las alas extendidas de los avestruces cuando huyen); pues bien, en esa línea, palabra תַּמְרִיא es un buen sinónimo de la palabra תעריש (árabe *t'riŝ*) de los cazadores actuales de avestruces, que aluden al mismo fenómeno. Así canta el poeta Rshid, de la raza de cazadores de Sulubt: "Y la cabeza de la novia con sus cabellos sueltos (negros y suaves) se parece a las plumas de las hembras del avestruz, cuando ellas las extienden ('*arrashanna*). Ellas (los avestruces) vieron al cazador que venía en contra, cuando no había lugar para esconderse, y por eso extendieron sus alas y huyeron".

La prohibición de comer carne de avestruz en la Torá (Lev 11, 16; Dt 14, 15) se funda quizá en la crueldad de la caza, porque, con raras excepciones, a los avestruces se les mata solo cuando están incubando sus huevos. La hembra, que como hemos dicho ya no huye en el tiempo final de la incubación, se para cuando llegan los cazadores, inclina su cabeza a un lado y mira sin moverse a sus enemigos que vienen a matarla. Muchos beduinos me han dicho que un hombre tiene que tener un corazón muy duro para disparar en esas circunstancias. Tras haber matado a la hembra, el cazador cubre la sangre con arena, pone de nuevo a la hembra sobre los huevos, se esconde a cierta distancia y espera hasta la tarde, cuando viene el macho, a quien ahora mata, al lado de su hembra muerta. La Torá mosaica ha podido prohibir la caza de los avestruces en estas circunstancias, por un sentimiento de humanidad que aparece regulado de manera en otras decisiones de su código (cf. Ex 23, 19; Dt 22, 6; Lev 22, 28, etc.).

²¹ יַחְפְּר֣וּ בָעֵ֣מֶק וְיָשִׂ֣ישׂ בְּכֹ֑חַ יֵ֝צֵ֗א לִקְרַאת־נָֽשֶׁק׃
²² יִשְׂחַ֣ק לְ֭פַחַד וְלֹ֣א יֵחָ֑ת וְלֹֽא־יָ֝שׁ֗וּב מִפְּנֵי־חָֽרֶב׃
²³ עָ֭לָיו תִּרְנֶ֣ה אַשְׁפָּ֑ה לַ֖הַב חֲנִ֣ית וְכִידֽוֹן׃
²⁴ בְּרַ֣עַשׁ וְ֭רֹגֶז יְגַמֶּא־אָ֑רֶץ וְלֹֽא־יַ֝אֲמִ֗ין כִּי־ק֥וֹל שׁוֹפָֽר׃
²⁵ בְּדֵ֤י שֹׁפָ֨ר ׀ יֹ֘אמַ֤ר הֶאָ֗ח וּֽ֭מֵרָחוֹק יָרִ֣יחַ מִלְחָמָ֑ה רַ֥עַם שָׂ֝רִ֗ים וּתְרוּעָֽה׃

¹⁹¿Le das su fuerza al caballo? ¿Cubres su cuello de crines ondulantes?
²⁰¿Lo harás temblar como a una langosta? El resoplido de su nariz es formidable.
²¹Escarba la tierra, se alegra en su fuerza y sale al encuentro de las armas.
²²Se burla del miedo; no teme ni vuelve el rostro ante la espada.
²³Sobre él resuenan la aljaba, el hierro de la lanza y de la jabalina;
²⁴pero él, con ímpetu y furor, pisa la tierra y no para ni ante el sonar de la trompeta.
²⁵A cada sonido de trompeta dice: ¡Eah! Desde lejos huele la batalla, el grito de los capitanes y el sonido de las trompetas.

39, 19. Tras el avestruz que, como dicen los árabes, está compuesta de la naturaleza de un ave y un camello, viene el caballo, con belleza heroica, con su impetuoso deseo de guerra, que aparece así como evidencia de la sabiduría del gobernante del mundo, una sabiduría que exige la admiración de los hombres. Como dice K. Löffler, en su *Geschichte des Pferdes* (1863), este pasaje del libro de Job ofrece la más antigua y preciosa descripción del caballo y puede compararse con la alabanza del caballo en Hammer-Purgstall, *Duftkörner*, superándole por su majestuosa simplicidad, que es un testimonio de superioridad clásica.

Jerónimo traduce mal Job 39, 19b: *aut circumdabis collo ejus hinnitum* (¿o rodeas su cuello con el trueno?). En esa línea sigue Schlottmann, que desea que el texto se entienda así: ¿Adornas tú su cuello con la voz del trueno? צַוָּארוֹ, de צַוָּאר, significa propiamente rodear (adornar), como el pérsico *gerdan, gerdan*, צוּר, árabe *sar*, girar, volverse.

Pero rodear, en pérsico *gerdîden* (volverse, rodear) no tiene semejanza alguna con la voz del relincho. Y רעמה tampoco significa dignidad (Ewald 113, , sino la crin, y no viene de רעם igual a ראם (רם), sino del pelo de la crin, que se encuentra arriba (como λοφιά), en el sentido de מער, temblar, como las crines que se ondulan (Eliz. Smith: la crin temblorosa); como φόβη, según dice Kuhn, palabra emparentada con σόβη, la cola, de φοβεῖν (σοβεῖν), menearse, sacudir, *scare*, cf. ἀΐσσεσθαι de la crin.

39, 20. El movimiento del caballo al que se alude con הַתַרְעִישֶׁנּוּ (de רעש, árabe *r's, r'š* (*tremere*, temblar) viene determinado por su comparación con la langosta (כָּאַרְבֶּה) que aparece como animal que galopa a saltos, ahora a la derecha, ahora a la izquierda, en una línea que se dice de "caracol" (caracolear), una palabra que se utiliza en la cría de caballos, tomada del árabe *hargala-l-farasu* (cf. חרגל), a través de la presencia árabe en España. Más aún, el árabe *r's* se utiliza para la carrera del avestruz y el vuelo de la paloma, como movimiento lateral y oblicuo (Carey). *Nachar* (cf. נִחְרוֹ) Job 39, 20, no es el relincho del caballo, sino su resoplido por las narices (cf. árabe *nachır,* resoplar, respiración fuerte en la garganta), en griego φρύαγμα, latín. *fremitus* (cf. Esquilo, *Los siete contra Tebas,* 374, conforme al texto de Hermann: ἵππος... βρέμει, el caballo resopla). Por su parte, הוֹד puede significar un sonido explosivo (un resoplido), pero quizá responde mejor al árabe *hawıd,* y significa un sonido largo y fuerte, como el retemblar de un trueno (*hawıd er-ra'd*), el bramido de viento (*hawıd er-rijah*), y otras palabras semejantes[100]. Esta frase de sustantivo quiere poner de relieve el terror que causa el resoplido del caballo en la batalla.

En **Job 39, 21-23** el plural alterna con el singular, evocando el sonido de una multitud de caballos galopando sobre el suelo, conforme al verso bien conocido de Virgilio, Eneida VIII, 596: *Quadrupedante putrem sonitu quatit ungula campum* (la uña de los cuadrúpedos bate con su trotar el campo...). El sonido del galopar del caballo aparece también en otra línea de Virgilio, Georg. iii. 87s: *Cavatque tellurem, et solido graviter sonat ungula cornu* ("el córneo casco cava el suelo, retumbando en grandes sones").

Como muestra el árabe *háfir,* חפר es pezuña, el nombre preciso que se emplea para evocar la pisada impaciente de los caballos en el suelo. עמק es el suelo, el llano, de manera que el sentido de la descripción se vuelve ya evidente, pues se refiere al caballo de guerra. El verbo שׂישׂ (שׂוּשׂ) tiene aquí el sentido básico de *exsultare,* alegrarse (cf. árabe *srts,* griego *skirtân,* del movimiento del feto). El caballo se regocija por su fuerza, LXX γαυριᾷ ἐν Ἰσχύϊ. נֶשֶׁק, armamento, es metonímico y se refiere a la hueste armada de los enemigos.

Por su parte, אשׁפה, la aljaba o carcaj no se utiliza metonímicamente para referirse a las flechas de los enemigos, silbando en torno a los soldados (Schultens), sino que **Job 39, 23** forma la descripción final del caballo que se lanza sin miedo, de un modo orgulloso e impetuoso, traqueteando en persecución de los enemigos, bajo el resplandor de su jinete (Schlottmann y otros). רנה (cogn. de רנן, cf. אשׁפה תרנה) el movimiento de la aljaba, como el árabe *ranna, ranima,* que se refieren al chasquido del arco cuando lanza la flecha. No tiene sentido puntuar תרֻנָּה (Prov 1, 20; 8, 3), en vez de תרנה, pues va en contra de la puntuación que aparece en otros idiomas semitas (cf. Gesenius *Thesaurus*).

Sobre **Job 39, 24** podemos comparar el árabe *iltahama-l-farasu-l-arda,* en el sentido del caballo que *come la tierra,* de donde viene *lahimm, lahîm,* alguien

---

100. Un verso del poema de Ibn-Dchi en honor de Dôkân ibn-Gendel dice así: "Ante la presencia numerosa (*lekdata*) de Taijr los caballos huyeron repelidos, de forma que podías oír el sonido de los portadores de campanillas (*hawıda mubershemaî*) de los guerreros" (*el-menaî* r, en sentido estricto, significa uno que lucha con la lanza). *Hawî*d significa aquí el sonido de las campanillas que aquellos que quieren presentarse como guerreros cuelgan del cuello de los caballos, para así llamar la atención de los enemigos. El significado es por tanto el siguiente: "Tú podías oír su sonido, que solo puede escucharse en el fragor de la batalla, cuando los soldados consagrados a la muerte huyen como cobardes". Ese Taijr (*Têjâr*) arriba citado era el hijo de Canaán (muerto en torno al 1815), un gran guerrero de la tribu nómada de los *'Aneze* (nota de Wetzstein).

que se «traga el campo» por su rapidez, un corredor veloz; así se dice aquí que el caballo traga la tierra, con gran fuerza y rabia (ברעש ורגז), de manera que pasa con tanta velocidad que ella (la tierra) va desapareciendo a su paso, pues el caballo la va tragando (cf. גמא intensivo de גמא, de donde viene גמא, el papiro que traga agua). Una expresión algo diferente es la de *nahab-el-arda*, con el mismo significado sentido de *rapuit campum* (devoró el campo).

El sentido de Job 39, 24 se parece al de Virgilio, *Georg.* iii.:83f.: *Tum si qua sonum procul arma dedere, stare loco nescit* (cf., al escuchar el repentino ruido de armas se azara: aguza las orejas, sus patas se estremecen...) y al de Esquilo en *Los siete contra Tebas* 375: ὅστις βοὴν σάλπιγγος ὁρμαίνει (cuando escucha la voz de la trompeta, cf. Hermann, ὀργαίνει μένων, esperando de un modo impaciente la llamada de la trompeta...). האמין (cf. ולא-יאמין, 39, 24) significa aquí "mostrar estabilidad" en un sentido básicamente físico (Bochart, Rosenmüller y otros): *no permanece quieto*, es decir, no quiere estar parado cuando (כי, *quum*) suena la voz de la trompeta de guerra.

39, 25. שופר es la trompeta que ofrece diversas señales de ataque o repliegue para el ejército (cf. Jc 3, 27): reunir al ejército que está persiguiendo a los enemigos, 2 Sam 2, 28; convocar al pueblo que se ha rebelado, 2 Sam 20, 1; despedir al pueblo al final de la guerra, 2 Sam 20, 22; dar el toque de defensa o asalto de una ciudad, Amos 3, 6, siempre en un contexto de guerra, Jer 4, 19. Tan pronto como se escucha la trompeta (בדי, es decir, en cualquier tiempo que sea), el caballo muestra su deseo de guerra con un gozoso relincho, incluso de lejos, antes de que tenga lugar el encuentro o batalla propiamente dicha.

El caballo muestra así que "huele" o presagia (*praesagit*, conforme a la expresión de Plinio) el próximo conflicto, lo huele o lo siente por anticipado, incluso antes de que se escuche la voz atronadora de los jefes, llamando a la batalla, antes de que se pregone el grito de combate para iniciar el asalto.

Así dice Layard, *New Discoveries*, p. 330, "aunque sea dócil como un cordero y no necesite otra guía que la del cabestro, cuando el caballo árabe escucha el grito de guerra de la tribu, y siente la espera flameante de su jinete, sus ojos relampagueen de fuego, sus narices se enrojecen y abren, su garganta se arquea, y su crin y su cola se extienden y flamean contra el viento". Un proverbio beduino dice que un caballo, bien entrenado, cuando galopa a toda velocidad, tiene que llevar a su jinete entre su cuello y su cola.

Job 39, 26-30

26 הֲמִבִּינָתְךָ יַאֲבֶר־נֵץ יִפְרֹשׂ (כְּנָפוֹ) [כְּנָפָיו] לְתֵימָן׃
27 אִם־עַל־פִּיךָ יַגְבִּיהַּ נָשֶׁר וְכִי יָרִים קִנּוֹ׃
28 סֶלַע יִשְׁכֹּן וְיִתְלֹנָן עַל־שֶׁן־סֶלַע וּמְצוּדָה׃
29 מִשָּׁם חָפַר־אֹכֶל לְמֵרָחוֹק עֵינָיו יַבִּיטוּ׃

³⁰(וְאֶפְרֹחָו) [וְאֶפְרֹחָיו] יְעַלְעוּ־דָם וּבַאֲשֶׁר חֲלָלִים שָׁם הוּא: פ

²⁶¿Acaso vuela el halcón por tu inteligencia y extiende hacia el sur sus alas?
²⁷¿Se remonta el águila por tu mandato y construye en alto su nido?
²⁸Ella habita en la peña y construye su nido en el risco del peñasco y en su solidez.
²⁹Desde allí acecha la comida que sus ojos observan desde muy lejos.
³⁰Sus polluelos chupan la sangre; donde haya cadáveres, allí está ella.

39, 26. Las versiones antiguas son unánimes al afirmar que, conforme al sentido de su raíz, נץ significa *halcón*, lo cual es claro en los jeroglíficos: el ave que habita en las alturas, el ave que vuela muy alto (cf. árabe *nṣṣ*, elevarse, *ndd*, extender las alas para el vuelo). El *hitpael* יאבר (yusivo en forma de pregunta, como en Job 13, 27) puede significar tener plumas, *plumescere* (targum, Jerónimo), pero este sentido no responde a la pregunta; por eso, Gregory entiende el *plumescit* de la Vulgata en el sentido de "mudarse" (cambiar), para lo cual el halcón busca los lugares soleados.

De todas formas, en sí misma, la palabra האביר no puede significar "adquirir nuevas plumas"; y además el cambio anual de plumas es algo común en todas las aves, aunque en el AT solo se pone de relieve el cambio de plumas del águila, Sal 103, 5; Miq 1, 16, cf. Is 40, 31 (LXX πτεροφυήσουσιν ὡς ἀετοί)¹⁰¹. Según eso, el centro de la cuestión ha de estar en la dirección, לתימן, hacia el sur, indicando que el halcón es un ave de paso, pues Dios le ha dado el instinto para emigrar hacia el sur cuando se aproxima la estación del invierno.

39, 27. Con este verso termina el ciclo de las figuras tomadas de la vida animal, que habían comenzado con el león, rey de los cuadrúpedos, y que concluyen con el águila, que es la reina de las aves. Se llama נשר, árabe *nsr*, de arrancar, quitar... Ese nombre está emparentado con el nombre del buitre, en virtud de su gran poder de asimilación, como como *vultur, vultor*, que deriva de *vellere*, un nombre que es común para el águila real, el buitre carroñero (*Cathartes percnopterus*), e incluso para otros tipos de águilas y halcones.

Nada hay en contra de aplicar esta palabra para el águila κατ᾽ ἐξοχήν, el ágila dorada o real (*Aquila chrysatos*), pues ella puede alimentarse incluso de cadáveres, aunque no en putrefacción. Job 39, 27 se puede traducir de dos maneras: ¿se eleva el águila por tu mandato? o, ¿sucede así que a tu mandato el águila...? Aquí parece más normal la primera traducción.

La palabra מצודה, **Job 39, 28**, significa propiamente *specula* (de צוד, espiar, contemplar...); en esa línea se entiende el árabe *masa*d que es una colina alta, la

---

101. Menos desfavorable para esta traducción es el hecho de que אברה significa plumas largas y que אבר es el ala que está compuesta de ellas (quizá desde el Talmud אברים significa alas y piernas, *artus*, de אבר, igual a הבר, árabe *hbr*, dividir y ofrecer junturas, aunque נוצה (de נצה, volar) es la designación más general para las plumas de las aves.

cumbre de una montaña. La forma rara יעלעו (cf. יַעְלְעוּ־דָם, **39, 30**), en vez de la cual autores como Gesenius y Olshausen quisieran leer לעלעו o ילעלעו (de לוּעַ, *deglutire*, comer), ha de ser derivada de עלע, una forma secundaria, derivada de עלעל (de עוּל, chupar, dar de mamar)[102], como שרש de שרשר (de שרר, árabe *srr*, hacer firme), Ewald 118, a. Por su parte, Fürst, *Handwörterbuch*, entrada עוּל (pues su diccionario no ofrece entrada propia para עלע) dice que esa palabra se forma a partir de לעלע (*Jesurun*, p. 164). De un modo que no es inadecuado, Schultens compara incluso esa palabra con גלג igual a גלגל que está en el fondo de גלגתא, Γολγοθᾶ igual a גלגלתא. Las últimas palabras de Job 39, 30 han sido quizá evocadas por Mt 24, 28.

39, 29. Elevado sobre un pico de montaña, el águila construye su aguilera, y Dios le ha concedido una vista muy aguda, de forma que puede ver desde muy lejos la comida necesaria para sus aguiluchos. No ve solo en el valle vecino a su nido, sino que logra descubrir a menudo sus presas en lugares muy distantes, al otro lado de la línea de montañas, de manera que eleva su vuelo y trae comida desde allí para su nido. En esa línea, Dios actúa de manera extraña, pero maravillosa, aparentemente en líneas que parecen contradictorias, pero que en verdad se conectan de un modo armonioso y sabio, en el conjunto del mundo de la naturaleza.

Job 40

Job 40, 1-2

¹ וַיַּעַן יְהוָה אֶת־אִיּוֹב וַיֹּאמַר:
² הֲרֹב עִם־שַׁדַּי יִסּוֹר מוֹכִיחַ אֱלוֹהַּ יַעֲנֶנָּה: פ

¹Entonces respondió Yahvé a Job y dijo:
²¿Disputará el censurador con Shadai? ¡Que el instructor de Eloah responda!

Con Job 40, 1 se vuelve de nuevo a Job 38, 1, pues el discurso de Yahvé ha llegado ya de algún modo a la meta que se había asignado, que era responder al estallido de censura de Job.

Job 40, 2. רב (cf. הֲרֹב) es un infinitivo absoluto, como en Jc 11, 25; el texto deja que el oyente interprete la relación sintáctica de esta palabra con el conjunto

---

102. El árabe *'alla* no pertenece a este contexto. Esa palabra toma el significado de *iterum bibere,* beber de nuevo, a partir del significado primario "venir sobre algo", que puede aplicarse después de varias formas, como tomar una bebida por segunda, tercera o cuarta vez, después de la primera. Más sobre este tema en *Comentario* a Isaías 3, 4.

Nota complementaria. La cuadrilítera עלעל, en el caso de que hubiera que apelar a ella, no puede derivarse de עלע, ni puede compararse como se ha hecho con *'ll*, beber. Este verbo árabe no significa en modo alguno beber, sino que, partiendo de su significado original, relacionado con עלה, árabe *la,ˆ* significa también tomar una segunda o tercera bebida. עלעל proviene de עוּל, *lactare*, mamar, dar de mamar. El dialecto de Haurán *'âlûl* (plural *'awalîl*), como el hebreo עוֹלֵל (igual a מְעוֹלֵל), tiene el significado de joven, *juvenis*, especialmente *juvencus*.

del texto. El verbo tiene sin duda un sentido de futuro (cf. 2 Rey 4, 43): *num litigabit*, Gesenius 131, 4, b (¿acaso litigará? ¿Querrá ahora disputar?). El infinitivo absoluto viene seguido por יִסּוֹר como sujeto que, en la línea de la forma שִׁכּוֹר, significa un *censurador*, un buscador de faltas.

El tema está en saber si Job seguirá queriendo disputar con Dios. Aquel que pone en duda la justicia de Dios, como si conociera todo mejor que él, debería responder para eso a las cuestiones que Dios le plantea.

Job 40, 3-5

³ וַיַּעַן אִיּוֹב אֶת־יְהוָה וַיֹּאמַר׃
⁴ הֵן קַלֹּתִי מָה אֲשִׁיבֶךָּ יָדִי שַׂמְתִּי לְמוֹ־פִי׃
⁵ אַחַת דִּבַּרְתִּי וְלֹא אֶעֱנֶה וּשְׁתַּיִם וְלֹא אוֹסִיף׃ פ

³Entonces respondió Job a Yahvé y dijo:
⁴Soy demasiado pequeño ¿qué te responderé? ¡Me tapo la boca con la mano!
⁵Una vez hablé, y no replicaré más; y dos veces, pero no volveré a hablar".

Job es pequeño, es decir, no es capaz de responder a la tarea que ello exige, por eso mantiene su boca firmemente cerrada (cf. Job 21, 5; 29, 9), porque cualquier cosa que dijera no sería adecuada, no lograría alcanzar su objetivo. Por una vez él ha tenido el atrevimiento de criticar las obras de Dios; pero ya no se atreve a hacerlo por segunda vez, con שְׁתַּיִם igual a שֵׁנִית, Gesenius 120, 5; por eso se inclina gozoso ante la maravillosa sabiduría de Dios y ante su amor inmenso y deslumbrante.

Pero ¿cómo puede ser esto? ¿No ha sido el discurso divino totalmente distinto de aquello que Job había pedido? Uno habría esperado que Dios hubiera dicho algo totalmente distinto de lo que se había ido diciendo en el drama anterior, de manera que las expectativas pueden haber quedado frustradas: para ello, solo se necesita volver atrás y leer lo que Job ha reconocido y descrito sobre Dios en 9, 4-10, donde le presenta como un Señor sabio y poderoso, por encima del mundo de la naturaleza, y más en especial como un gobernante irresistible, siempre por encima de todo lo que es grande, por encima de las posibilidades humanas.

40, 4. Uno podría haber leído también lo que Job dice 12, 7-10, donde alude a las creaturas del cielo y de la profundidad del abismo, como pruebas del divino poder creador. Se podría acudir a 12, 11-25, donde Job esboza la más excelsa pintura de las obras terribles de Dios en la naturaleza y en la vida de los hombres; a Job 26, 5-14, donde alaba a Dios como creador y Señor de todas las cosas, añadiendo que todo lo que él dice sobre Dios es solo un débil eco del trueno de su poder; a Job 28, 23, donde describe la absoluta sabiduría de Dios como creador y gobernante del mundo entero, etc.

Desenlace en la conciencia

Si uno pondera estos pasajes de las "confesiones" de Job, no podrá decirse que el discurso de Yahvé, con la exhibición de su poder creador y de su sabiduría (de lo que debía tratarse) añada algo a lo que antes Job no supiera. Por eso resulta necesario que preguntemos: ¿qué es lo que hay de nuevo en el discurso de Yahvé, capaz de haber realizado en Job un efecto tan grande, de forma que él ya no responde más con argumentos, sino que se ha humillado a sí mismo, en gesto de penitencia, disponiéndose así para el acto de "rendición" que sigue?

40, 5. Job no había querido entrar en ningún momento en controversia con Dios sobre el tema de las obras de la creación. No ha tenido nunca la ilusión de mantener en ese campo una disputa con Dios, pues sabe bien que si Dios quisiera discutir con él en ese campo, no hubiera sido capaz de responderle nada (ni de una cosa entre mil, cf. 9, 3).

Y sin embargo, sin discutir sobre los argumentos de Job (sin entrar en verdadero diálogo con él), Dios se ha limitado a mostrarle su poder, y Job ha caído en la cuenta de su pecado. ¿Cómo ha podido suceder eso? ¿Quizá ha fracasado en este punto el argumento central o la trama del libro? ¿No será que el poeta ha tenido la necesidad de apelar a medios inadecuados o desacostumbrados para trazar una línea de conjunto en el libro, introduciendo en este momento el arrepentimiento de Job, porque el conjunto de argumentos anteriores habían fracasado?

Interpretación de Job 38, 1-40, 5. De todas formas, el poeta autor del poema no es tan inepto como para eso (como si fuera incapaz de trazar un argumento unitario en su libro), de forma que nosotros estamos obligados a pensar de nuevo el tema y entender la disposición del discurso de Yahvé antes de censurarle. Una de las últimas palabras de Job antes de la aparición y discurso de Yahvé había sido שדי יענני (que el Altísimo me conteste), mostrando así que él deseaba una decisión de Dios respecto a su inocencia (cf. Job 31, 35).

En sí mismo, este deseo no es pecaminoso; más aún, este es un fruto de su fe escondida, cuando él abre una mirada de esperanza desde su aflicción y desde la acusación de los amigos, queriendo descubrir el futuro de Dios como vindicador y redentor. Pero ese deseo se vuelve de hecho pecado cuando él presenta su dolor como como una acusación contra Dios, pues solo puede entender el sufrimiento como un castigo por el pecado y, siendo consciente como es de su inocencia, mira su dolor como efecto de un decreto de Dios que se ha elevado como enemigo suyo (en oposición a lo que debería ser la justicia divina).

Esta condición de conflicto y tentación de Job ha sido la que ha prevalecido en el libro. Su fe se ha visto cerrada entre nubes, de forma que solo ha podido descubrir unos simples destellos del rayo de la luz de Dios en medio de la noche. El resultado de ese conflicto de Job se ha expresado en su reto elevado en contra de Dios, pues Job (sabiéndose inocente) considera a Dios como culpable de su dolor, dirigiendo en contra de él las acusaciones que los amigos de Job no habían podido admitir. Si Job no es culpable de su dolor, el culpable tiene que ser Dios, ante quien Job presenta su alegado, quiere defender su inocencia en un juicio abierto.

Job se convierte así en un יסור, es decir, en un מוכיח אלוה, un censurador de *Eloah*, elevándose a sí mismo sobre Dios, pensando que él es su enemigo, en vez de ser su mejor amigo. Su desafío no es, sin embargo, un común antiteísmo (o una ausencia de Dios); al contrario, en realidad, Job es el servidor inocente de Dios, y su tono desafiante es solo el resultado de una fuerte tentación, de la falsa concepción de un hombre que no logra comprender la mente de Dios.

Pues bien, en el fondo de esa tentación y de su acusación contra Dios, Job ha mantenido una intensa fe, que se muestra a modo de confianza en el Dios a quien él no comprende. Esta visión como experiencia de fondo se mantiene y crece a medida que avanza el drama, de manera que va abriéndose una luz, un camino de victoria para Job y del verdadero Dios, de forma que solo será necesario un tipo de golpe, de choque interior para que quede clara la justicia de Dios y la inocencia de fondo de Job.

En esa línea, de un modo indirecto pero fuerte, Yahvé responde a la pregunta que Job le dirigía pidiendo: שדי יענני (que *Shadai* me responda). Pues bien, eso es lo que Dios hace realmente, aunque sea desde la tormenta (como en el monte Sinaí), pero no para aplastarle y destruirle, sino para instruirle y convencerle, a través de una condescendencia amorosa, manifestando así, de un modo indirecto que Dios no toma a Job como un malhechor, maduro para el juicio de destrucción, sino como como un hombre honesto con quien él dialoga.

Pues bien, para establecer ese diálogo, Dios debe destruir aquella locura y temeridad por la que Job, siervo de Dios, se había vuelto contrario a lo que debería haber sido. Por eso, antes de que pueda descubrir a Dios como su testigo y redentor (cosa que él a veces ha olvidado), Job debe superar con su penitencia la forma que había tenido de censurar y condenar a Dios. En esa línea, al mismo tiempo, Job debe superar aquella loca imaginación por la que había supuesto que su aflicción (su dolor) era consecuencia de una acción hostil de Dios.

¿Por qué medios puede Job ser conducido a un conocimiento penitente de su juicio injusto en contra del decreto divino y de su lucha contra Dios? ¿Puede ser quizá porque Dios le diga realmente cuál es su situación, mostrándole que él no sufre como pecador el castigo por su pecado y diciéndole, al mismo tiempo, que su decreto de sufrimiento (su enfermedad, su dolor) no es castigo injusto, porque su designio (el de Dios) no es hostil, sino que sirve para purificarle?

Ciertamente no se trata de que Dios está obligado a responder, porque Job no es digno de que su caso sea reconocido por Dios antes de que él reconozca con su penitencia el error de su conducta, admitiendo que de alguna forma ha pecado al elevarse contra su creador. Dios no puede "justificar" a Job antes de que él se muestre arrepentido, pues, de esa manera, él estaría fortaleciendo un tipo de autojustificación de Job, si es que él diera testimonio de su inocencia, antes de que su pecado de vanagloria (pecado en el que Job ha caído insistiendo en su inocencia) se transforme y surja en Job un tipo de humildad por la que él pueda probar la nobleza de la condición y de su actitud ante Dios.

Por lo tanto, en contra de lo que podía esperarse, Dios empieza hablando a Job de un modo general, sobre temas de su justicia o injusticia, en referencia a su aflicción, en vez de decirle sin más que le perdona. Esto implica una profunda humillación para Job (que debe reconocer su pecado), pero aún más para el mismo Dios, que tiene que aparecer como *abecedarium naturae* (principio de comprensión de la naturaleza), antes de actuar como dador de gracia, haciendo sonrojarse de esa manera a Job, su censurador.

Job conocía ya y aceptaba, antes de ese discurso de Dios sobre la naturaleza, lo que Dios le está diciendo: que él (Dios) es el todopoderoso y todosabio, creador y gobernante del mundo, que la misma naturaleza del mundo que Dios ha creado está elevada sobre todo conocimiento y poder humano, llena de creaciones y disposiciones divinas que son maravillosas, llena de cosas misteriosas e incomprensibles, que los débiles hombres ignoran.

Esto lo sabía ya Job y lo aceptaba, pero ahora tiene que escucharlo de nuevo, porque no lo conocía bien, porque la naturaleza, que él conocía y aceptaba como heraldo del poder creador y organizador de Dios, es también predicadora de humildad. En esa línea, exaltado como creador y gobernante de la naturaleza, Dios se sitúa por encima de toda censura posible, de toda acusación que le dirige Job.

En esa línea, aquello que es nuevo en el discurso de Yahvé no es la prueba de la exaltación de Dios como tal, sino su relación con el misterio de la aflicción de Job y con su conducta, sin acusar a Dios como él ha hecho. Sería una locura que un hombre como Job, que no puede responder a ninguna de las preguntas que plantea el mundo de la naturaleza, acusara y condenara a Dios, con sus preguntas y sus juicios tan limitados, acusándole así como injusto.

El tono fundamental del discurso de Dios es el pensamiento de que la acción divina en la naturaleza se encuentra infinitamente por encima de todo conocimiento y poder humano, de manera que el hombre debe renunciar a cualquier intento de tener un mejor conocimiento que el de Dios, atreviéndose no solo a juzgarle, sino mucho menos a condenarle como injusto.

Pues bien, al mismo tiempo, al poner de relieve el hecho de que Job no tiene argumentos para juzgarle y condenarle, este discurso de Dios muestra su bondad y su sabiduría en la naturaleza, en hechos concretos como estos: Dios ha impedido que se despliegue el poder destructor de las aguas sobre el mundo, él hace también que llueva en la misma estepa, donde parece que el agua es inútil, pues ella no pueda ser cultivada por los hombres).

La forma en que Dios actúa en la naturaleza sirve también para el propósito más alto de fundamentar el orden moral del mundo (la caída del día impide que se extienda la labor de los malvados; la nieve y el granizo sirven como instrumentos del juicio divino...). En esa línea, la providencia divina se extiende a todas las creaturas, y lo hace siempre conforme a sus necesidades (ella provee de presas al león, ella responde al grito de los cuervos que imploran...).

Este discurso muestra al mismo tiempo el modo en que Dios distribuye sus múltiples dones de una forma que resulta a menudo paradójica para los hombres, pero siempre digna de admiración: a la cabra montés le permite vivir y crecer sin necesidad de esforzarse trabajando, le da libertad al onagro, rapidez al antílope, y a la avestruz le permite vivir sin ansiedad por sus crías, dotándola al mismo tiempo de gran velocidad; al caballo le da orgullo y decisión para la guerra, al halcón le ha dotado con instinto de migración y al águila la capacidad de poner nidos en lugares inaccesibles, dotándola, al mismo tiempo, de una larga vista.

Por todas partes, las maravillas del poder y de la sabiduría de Dios, y también su bondad poderosa y su providencia sabia transcienden infinitamente el conocimiento y capacidad de Job. Ciertamente, Job no puede contestar a ninguna de las preguntas de Dios, pero él puede sentir la finalidad con la que Dios se las ha planteado.

El Dios que pone límites al mar, que refresca el desierto, que alimenta a los cuervos, que cuida a la gacela en el desierto y al águila en su aguilera, es el mismo que, al parecer (a su juicio), le hace sufrir ahora de un modo tan injusto. Pues bien, en esa línea, si el Dios de la naturaleza es digno de adoración, también ha de serlo el Dios que parece el causante de su sufrimiento.

Por eso, Job ha de confesar que desde ahora guardará silencio, prometiendo de un modo solemne que en adelante no discutirá con Dios. Por su forma de actuar que es divina en la naturaleza, Job ha de entender que ese mismo Dios actúa de una forma igualmente maravillosa en su sufrimiento. Su humillación bajo los misterios de la naturaleza ha de volverse humillación ante el misterio de su aflicción, es decir, humillación creyente ante Dios. Y solamente ahora, cuando él se vuelva reverente ante el misterio que antes ha censurado, llega el tiempo en el que Dios pueda revelar para él su gloria interior. El tema se vuelve ya maduro para la revelación más honda de Dios, con colores de intensa belleza.

Job 40, 6–42, 6. Segundo discurso de Yahvé y segunda respuesta penitente de Job

Esquema: 6.10.9.12.10.9 / 4.6.6.8.9.10 / 6.6

Job 40, 6

⁶ וַיַּעַן־יְהוָה אֶת־אִיּוֹב (מִן) (סְעָרָה) [מִן]׀ [סְעָרָה] וַיֹּאמַר׃

⁶Entonces respondió Yahvé a Job desde el torbellino y dijo:

Segundo discurso de Yahvé

40, 6. También esta segunda vez, Yahvé habla a Job desde el torbellino o la tormenta, *se'arah* (סְעָרָה). Pero no lo hace con ira, sino con una profunda condescendencia, desde su majestad, a fin de liberar a su siervo de las oscuras imaginaciones que le llenan, ofreciéndole un gozoso conocimiento de su realidad. Dios no le pide sometimiento ciego, sino libre sumisión; Dios no le exige que acepte por (con) violencia su grandeza, sino que lo haga por persuasión. Resulta así claro que Dios es mucho más tolerante y compasivo que los hombres.

Pensemos en los amigos de Job, defensores del honor divino, obsesionados por su propia ortodoxia, en la forma en que atacaban a Job con ira. Pues bien, en contra de eso, Dios no responde a Job con ira, no le ataca ni condena. Este discurso muestra que es mucho mejor caer en las manos del Dios vivo que en las manos de los hombres, pues Dios es verdad y amor, pero los hombres tienen a veces amor sin verdad y otras veces verdad sin amor, pues ellos aprueban sin más a unos, y a otros le anatematizan. Cuando un hombre que, por otra parte, es un siervo de Dios como Job, falla en un punto o pecado, los hombres le condenan radicalmente, todos y del todo, y no admiten en él nada bueno. Dios, en cambio, discierne entre el bien y el mal, y hace que el bien sea un medio para liberar a los hombres del mal. Dios no actúa de un modo apresurado, sino que espera, como buen instructor, hasta que llega el momento de actuar. Él ha esperado mucho tiempo las condenas y retos de Job, manteniéndose en silencio. Y después, cuando comienza a hablar, Dios no arroja a Job sobre el suelo, con sus expresiones autoritativas, sino que le trata como a un niño; así empieza examinándole con el catecismo de la naturaleza, y le permite que sea él mismo quien admita sus fallos.

En este segundo discurso, Dios actúa con Job como en el bien conocido poema de Hans Sachs (1494-1575) sobre san Pedro a quien Dios permite que por un momento tome el gobierno del mundo en su lugar. De igual forma, en el caso de Job, Dios produce convencimiento; también aquí la forma de convencer de Dios es abajándose a sí mismo. Es Yahvé Dios quien, en el fondo, se despliega y actúa en forma humana (en humanidad) para convencer a los hombres de su amor.

Job 40, 7-9

⁷ אֱזָר־נָא כְגֶבֶר חֲלָצֶיךָ אֶשְׁאָלְךָ וְהוֹדִיעֵנִי׃
⁸ הַאַף תָּפֵר מִשְׁפָּטִי תַּרְשִׁיעֵנִי לְמַעַן תִּצְדָּק׃
⁹ וְאִם־זְרוֹעַ כָּאֵל ׀ לָךְ וּבְקוֹל כָּמֹהוּ תַרְעֵם׃

⁷Cíñete como fuerte la cintura: yo te preguntaré y tú me contestarás.

⁸¿Invalidarás tú también mi derecho? ¿Me condenarás para hacerte tú justo?

⁹¿Tienes tú un brazo como el de Dios? ¿Y puedes tú con tu voz tronar como él?

40, 7–9. La pregunta con הַאַף (40, 8) aparece como clímax en relación con 40, 2. Job no se limitaba solo a discutir con Dios, lo cual en sí mismo está mal, de cualquier forma que se tome, sino que ha ido tan lejos como para rechazar la justicia divina en el gobierno del mundo, de manera que por no dudar de su propia justicia humana ponía en duda la justicia de Dios. Cíñete la cintura como "hombre (como *geber–gibor,* fuerte guerrero…). Dios muestra su "brazo" en el gobierno del mundo, Dios eleva su voz en el trueno y así pregunta: ¿Puedes tú quizá hacer algo semejante, tú que parece que podrías gobernar el mundo con mayor justicia que yo? Las palabras כְמֹהוּ y וּבְקוֹל han de ir combinadas: ¿Puedes tú con tu voz tronar como Dios? La traducción sigue los acentos (וּבְקוֹל con *rebia mugrasch*).

> ¹⁰Adórnate ahora de majestad y alteza, vístete de honra y hermosura.
> ¹¹Derrama el ardor de tu ira; mira a todo lo altivo y abátelo.
> ¹²Mira a todo soberbio y humíllalo, y destruye a los impíos dondequiera que estén.
> ¹³Entiérralos a todos en el polvo, encierra sus rostros en la oscuridad.
> ¹⁴Entonces yo también declararé que tu diestra puede salvarte.

En este contexto, uno puede recordar directamente el juicio de Dios sobre todo lo que se eleva y exalta a sí mismo, tal como ha sido formulado en Is 2, donde se encuentran también en paralelo las palabras טמנם y בעפר (Is 2, 10). Es como si Dios le dijera a Job: Inténtalo hacer tú mejor, actúa mejor que yo en la ejecución de la justicia penal, y yo te alabaré. El texto supone que Job no puede hacerlo, insistiendo así en su poca consistencia, en la falta de visión que implican las acusaciones de Job contra Dios, al atreverse a decirle que está gobernando el mundo de un modo injusto. Las descripciones siguientes, que se refieren a animales extraños, de fuera del lugar donde Job habita (Behemot y Leviatán), sirven para hacer eso evidente.

Job 40, 15-18

¹⁵ הִנֵּה־נָא בְהֵמוֹת אֲשֶׁר־עָשִׂיתִי עִמָּךְ חָצִיר כַּבָּקָר יֹאכֵל׃
¹⁶ הִנֵּה־נָא כֹחוֹ בְמָתְנָיו וְאֹנוֹ בִּשְׁרִירֵי בִטְנוֹ׃
¹⁷ יַחְפֹּץ זְנָבוֹ כְמוֹ־אָרֶז גִּידֵי (פַחֲדוֹ) [פַחֲדָיו] יְשֹׂרָגוּ׃
¹⁸ עֲצָמָיו אֲפִיקֵי נְחוּשָׁה גְּרָמָיו כִּמְטִיל בַּרְזֶל׃

> ¹⁵He ahí a Behemot, que he creado contigo; come hierba, como el buey.
> ¹⁶Su fuerza está en sus lomos; su vigor, en los músculos de su vientre.
> ¹⁷Mueve su cola semejante al cedro, y los nervios de sus muslos están entretejidos.
> ¹⁸Sus huesos son tubos de bronce y sus miembros como barras de hierro.

40, 15. La palabra בְּהֵמוֹת (*behemot*, intensivo plural, en la línea de הוללות חכמות) está construida como si fuera una terminación abstracta, en forma de plural, pero sin la significación numérica del plural. Desde la perspectiva del hebreo el animal aquí evocado aparece como la bestia por excelencia, κατ' ἐξοχήν, el gigante de las bestias; pero en sí misma esa palabra es una forma hebraizada del egipcio *p-ehe-mau (muau)*, es decir, el *(p) buey (ehe) del agua* (con *mau*, forma hebraizada del nombre propio מֹשֶׁה, *Moshe*).

Como Bochart ha sido el primero en poner de relieve, בְּהֵמוֹת, el así llamado *Caballo del Nilo*, es decir el *Hippopotamus amphibius* (en Is 30, 6, בהמות נגב) es el emblema de Egipto, que extiende su poder y que lo hace todavía activamente en los ríos de África, pero que ya no se encuentra en el Nilo. Se la llama impropiamente "caballo" (*Hippos*), pero es más apropiado el nombre árabe "cerdo de agua". En italiano *bomarino*, en inglés *sea-cow*, como en egipcio *p-ehe-mau*.

El cambio de la *p* (*p-ehe-mau*a) en *b* (*behemot*) en palabras que pasan del egipcio al semítico se da en muchos casos, p. ej., *pug'* y בּוּץ, *harpu* y חרב (ἅρπη), *apriu* y עברים (según Lauth). Sin embargo, en principio, *p-ehe-mau* (no *mau-t*, pues ¿qué sentido tendría aquí el artículo postpositivo en femenino?), podría ser una retraducción del בהמות al egipcio, según piensa Jablonsky. A favor de esa tesis está el hecho de que la palabra *p-ehe-mau* falta en el egipcio de los jeroglíficos, donde el caballo del Nilo se llama *Apet*, que fue honrado como ser divino en el templo de Tebas[103]. עמך significa simplemente "contigo", es decir, que tú lo tienes ante ti.

40, 16-18. Este buey de agua come חציר, hierba verde, como los bueyes. Según eso, es natural que prefiere pastar de los productos de los campos (en árabe *chadîr* significa en particular avena verde). A pesar de ello, tiene una fuerza gigantesca. "Su fuerza está en sus lomos; su vigor, en los músculos de su vientre" (שרירי, propiamente hablando, en sus partes constitutivas, interiores)[104]. Son por tanto los ligamentos y músculos de su gran vientre. La cola peluda, corta en relación con el cuerpo del gran monstruo, se compara con un cedro (una rama de cedro), *ratione glabritiei*,

---

103. En las representaciones astronómicas, el *hippopotamus* aparece en la cercanía del polo norte, en el lugar del dragón, y lleva el nombre de *hes-mut*, palabra en la que *mut* es igual a *t. mau*, "la madre". De todas formas, el sentido de *hes* resulta oscuro; Birch piensa que tiene el sentido de furioso.

104. Partiendo de su sentido primario (hacer firme, fortalecer), el árabe *srir*, שרירא, puede significar también cosas puestas en conjunto, hechas de madera. Así un trono, una carretilla de mano, una cama, un candelabro, metafóricamente un "fundamento", lo que está junto (así dice Wetzstein). Por otra parte, las שרירי הבטן (בִּשְׂרִירֵי בִּטְנוֹ, 40, 16) no son las articulaciones y los músculos, y menos aún las partes privadas (como dicen otros), sino más bien las cuatro patas, portadoras del cuerpo del animal, que equivalen a *arkan el-batn*, es decir, a los huesos de מתנים, Job 40, 16, junto a las dos cuchillas o huesos centrales de la espalda. La palabra árabe *sarir* indica aquella parte de algo que sirve de soporte para el resto, aquella en la que se sostiene, moviéndose a partir de ella. Neshwân dice en sulibro (i. 280) que *'sarir* es el sustrato en que se apoya una cosa, y *sarir er-ra's*, significa lo mismo; es el lugar donde la cabeza se apoya sobre la nuca, en el cuello. Kamus ofrece en primer lugar el mismo significado, del que derivan los restantes; en la línea del árabe *muḍṭaja*, el soporte o apoyo de una cosa.

rotunditatis, spissitudinis et firmitatis, es decir, de su lisura, redondez, tenacidad y firmeza (Bochart). Dado que la cola de esta bestia es en general sin pelo, ella puede parecer como un hueso rígido, desnudo, como una rama o tronco de cedro. חפץ es una palabra hebreo-árabe, *hfd*[105], que se utiliza de la madera que se dobla (*el-'úd*).

Dado que esta descripción, como todo el libro está muy arabizada, , פחד 17, 40, puede ser *fachidh*, el muslo, como traduce la versión árabe: *'uruku afchad-hihi* (las venas de sus muslos). El targum, que mantiene aquí la misma palabra del texto (aunque hay otro targum que traduce גבריה ושעבוזוהי, *penis et testiculi ejus*, su pene y testículo, cf. Aruch, שעבז), pone en Lev 21, 10 פחדין en lugar de אשך, un testículo, propiamente hablando *inguina*, la ingle. Nosotros traducimos "los nervios de sus muslos" que se entremezclan y cruzan, como las ramas de la vid[106], es decir, los שׂריגים [107].

¿Por qué se pone el *qetiv* פחדו y no פַּחֲדָיו que es el *kere* (como por ejemplo en שעריו)? Puede ser una forma arameizante (como אשריו en otro contexto) puntuando en forma plural, o más bien, como dice Köhler en forma dual (como רגליו), de פחדים (como פעמים), en conexión con el hecho de que la zona femoral se toma como vinculada a los dos *testiculi*.

La palabra מטיל, **Job 40, 18**, es también hebreo-árabe; porque el árabe *mṭl* significa forjar o, más bien, expandir forjando (dando martillazos) y ensanchar, lo que es sin duda una formación secundaria de טול, *tala*, ser largo, como *makuna* de *kana*, *madana* de *dana*, *massara* (ciudad fortificada) de *sara*, especialmente (quizá siempre)

---

105. Wetzstein afirma en otra línea que uno puede comparar esa palabra con el árabe *chafada*, en futuro, mantener, sentarse, estar sin movimiento (en un lugar); de aquí ha tomado el sentido de desear, anhelar, pues en los lenguajes semitas el gesto de fijar (*ta'alluq*) el ojo y el oído en un objeto deseado es la base de esta noción (desear), por lo que estos verbos van unidos a la preposición ב. Según eso, la frase debería explicarse así: su cola permanece sin moverse, como una rama corta y dura de cedro, y en esa línea la cola pequeña de un animal aparece como signo de su fuerza para los semitas.

El año 1850 yo estaba visitando los alrededores de una fortaleza de montaña de *el-Hosn* con un octogenario, llamdo *Fjd*, que era el *sheikh* o jeque de *Fk in Gln*. Pasamos al lado de sus labradores, y como uno de ellos dejaba que su buey de arar fuera despacio, el *sheikh* le gritó desde lejos: "Más rápido, más rápido. Tus animales (tus novillos) no son bueyes débiles ni viejos, como si fueran regalo de viudo (a quien en su boda se dan como dote solo un par de viejos y débiles bueyes, del padre o hermano de la novia), sino que ellos están llenos de fuerza, con sus colas rígidas" (*wadhujuluhin muqashmare*, con מקשמר de קשור o שלאנב; cf. שלאנ, Job 21, 23 (nota de Wetzstein).

106. Según Fleischer, *fachidh* significa pierna gruesa, de la raíz *fach*, en el sentido general de estar hinchado, gordo.

107. En la elección de la palabra ישׂרגו, estuvo sin duda ante los ojos del poeta el *mushagarat ed-dawalî* (de שׂגר igual a שׂרג), es decir, el entrelazamiento de las ramas de la vid, cf. *Deutsch. Morgenl. Zeitschr.* xi. 477: "En todas partes, en este delicioso lugar de la tierra (Gûhta), dejada a sí misma, la vid se diversifica y ramifica, de manera que a menudo se entrecruzan más de una docenas de ramas, como si fueran grandes serpientes enroscadas, saliendo aquí y allí del tronco, que puede ser blanco como el de un álamo". Cf. también pág. 491: "Una vid enrollada en sí misma de la gordura de un hombre, como si estuviera formada de varillas de hierro"(cf. Job 40, 18).

por la intervención de nombres como *makan, medine, misr* (igual a מצור), y en nuestro caso por intervención de *metîl* (igual a *memtul*)[108], de donde procede probablemente la palabra μέταλλον (metal), hierro en barras o varillas, es decir, sin elaborar[109].

Sus huesos son como tubos de bronce (con גרמיו, una forma más arameizada), varas de hierro, lo que ofrece una descripción adecuada del esqueleto, comparativamente delgado pero fuerte como el hierro, que sostiene la gran masa de carne de ese tipo de jabalí gigante de agua que es el hipopótamo.

Job 40, 19-24

19 הוּא רֵאשִׁית דַּרְכֵי־אֵל הָעֹשׂוֹ יַגֵּשׁ חַרְבּוֹ׃
20 כִּי־בוּל הָרִים יִשְׂאוּ־לוֹ וְכָל־חַיַּת הַשָּׂדֶה יְשַׂחֲקוּ־שָׁם׃
21 תַּחַת־צֶאֱלִים יִשְׁכָּב בְּסֵתֶר קָנֶה וּבִצָּה׃
22 יְסֻכֻּהוּ צֶאֱלִים צִלֲלוֹ יְסֻבּוּהוּ עַרְבֵי־נָחַל׃
23 הֵן יַעֲשֹׁק נָהָר לֹא יַחְפּוֹז יִבְטַח כִּי־יָגִיחַ יַרְדֵּן אֶל־פִּיהוּ׃
24 בְּעֵינָיו יִקָּחֶנּוּ בְּמוֹקְשִׁים יִנְקָב־אָף׃

[19] Él es el primero entre las obras de Dios, su hacedor le acerca su espada.
[20] Pues los montes producen hierba para él, y todas las bestias del campo se alegran por él.
[21] Se acuesta bajo las plantas de loto, a cubierto, bajo cañas y zonas pantanosas.
[22] Las plantas de loto lo cubren con su sombra; los sauces del arroyo lo rodean (abrazan).
[23] Aunque el río le anegue, no se inmuta; aunque un Jordán amenace su boca está tranquilo.
[24] ¿Podrás cazarlo mientras él vigila? ¿Quién le perforará su nariz con trampas?

40, 19-20. Las obras de Dios como creador del mundo aparecen aquí como דַּרְכֵי־אֵל, caminos de Dios (cf. Job 26, 14, en las que se incluye su acción como creador del mundo). Pues bien, el primogénito de esa obras se llama aquí *Behemot*, no como primera en el tiempo, sino como la más alta de todas, como un *chef-d'oeuvre* de Dios (Bochart). רֵאשִׁית (la primera) no como en Prov 8, 22; Num 24, 20, con prioridad de tiempo, sino como en Am 6, 1.6, con prioridad de rango. El artículo de הָעֹשׂוֹ sin sufijo pronominal cumple aquí la función de acusativo (Ewald 290, d) y la de pronombre demostrativo (cf. Gesenius 109, *init*), en el sentido de "este, su creador", pero teniendo en cuenta que "este" no se aplica tanto hacia atrás como hacia adelante. Aquí no se quiere decir que Dios alcanza con su espada

---

108. El nombre מטיל se encuentra también en Neshwân, *Lexicon* i,63: "La palabra מטיל es equivalente a ממטול, *viz.*, aquello que se martillea, como el hierro u otros metales. Y de esa forma uno dice חדידה מטילה al referirse a una pieza de hierro que ha sido martillada al fuego para extenderse". Neshwân explica el verbo así: " מטל aplicado al hierro significa hacerlo más largo". El verbo מטל puede tomarse como una fusión de la raíz, מדד, טוט, מטט, cf. מוטה, en árabe de los beduinos *mût*, dar largos pasos, de la raíz טול, ser largo (nota de Wetzstein). Esta explicación del origen del מטל nos parece la más probable.

109. Ibn-Koreisch, en Pinsker, *Likkute*, p. קנא, lo explica con exactitud, como *sebikat hadîd*, que significa una pieza esmaltada y pulida de hierro.

a *behemot* (para matarle), sino que (y por eso falta aquí intencionadamente לוֹ) él (Dios) extendió (concedió) a *Behemot*, su espada especial, es decir sus gigantescos incisivos puestos uno frente al otro, con los que corta la hierba del prado como con una hoz: ἀρούρῃσιν κακὴν ἐπιβάλλεται ἅρπην (Nicander, *Theriac.* 566); ἅρπη es aquí el tipo de alfanje (espada curva) de los egipcios (*harpu* igual a חרב). Su alimento adecuado es la hierba; para ella están adaptados sus colmillos: "Porque los montes producen hierba para él", una hierba que es más escasa en el bajo Nilo, y más abundante en el alto valle del Nilo, donde hay unos montes a los que sube este torpe animal (cf. Schlottmann). La palabra בּוּל no es una contracción de יְבוּל (Gesenius), ni una corrupción de esa misma palabra (Ewald), sino un término hebreo-árabe equivalente a *baul*, producir, de *bâla*, engendrar, cf. *aballa, producir fruto* (propiamente, dar semilla, *bulal*), de la raíz בל, empapar, mojar[110]. En esa línea, Job 40, 20b pone de relieve el carácter pacífico, inofensivo, del animal; שָׁם es allí (y donde) el animal está comiendo hierba.

40, 21-23. Saadia traduce bien el árabe *tḥt 'l-dạÎ* (**Job 40, 21a**) y Abulwalid también, en 40, 22a: *ygtîh 'l-dl mdlllâ lh*, *tegit eum lotus obumbrans eum* (en el sentido de busca para él un lugar que le ofrezca sombra), interpretando el árabe *'l-dl*, más correctamente el árabe *'l-dâl*, como *es-sidr el-berrî*, es decir, como loto, *Rhamnus silvestris* (*Rhamnus Lotus*, según la clasificación de Linneo), en conexión con lo cual ha de ponerse de relieve la observación de Schultens: *Cave intelligas lotum Aegyptiam esse plantam Niloticam quam Arabes árabe nûfr vocant* (ten en cuenta que se trata del loto de Egipto, de la planta nilótica que los árabes llaman *nufr*). El hecho de que los animales salvajes de la estepa buscan la sombra del loto lo ha deducido Schultens de pasajes que provienen de los poetas[111].

El plural צֶאֱלִים proviene de la forma primaria צֵאל, como שִׁקְמִים de שִׁקְם, Olshausen 148, b; el árbol singular se llamaba quizá צֶאֱלָה (como el árabe *dâlt*), en

---

110. Job 6, 5; 24, 6, significa forraje mixto (farrago), o quizá fruto maduro, i.e., es decir, grano, Jc 19, 21, con el significado de "produjo forraje que estaba formado de grano de cebada"; esa palabra está vinculada al *jahushsh* (יחש) actual; y así se puede decir que los montes producen para él un tipo de forraje, formado por hierba verde de cebada verde, es decir, de *hashîsh*, como supone Wetzstein, cf. *Comentario* a Is 30, 24.)

111. El *lotus* se encuentra no solo en Siria, sino también en Egipto y en toda África. El árbol/arbusto *dâl* o *du* se produce en valles cálidos y húmedos, y por eso abunda en las costas del este del mar de Galilea, y recibe actualmente el nombre *sidra*, colectivo *sidr*; y su fruto es un tipo de "manzana" amarilla, llamada *dûma*, colect. *du*, que ha podido llamarse perenne porque el fruto del año anterior solo cae del árbol cuando está ya maduro el fruto del año nuevo. Me han dicho que en torno a Bagdad los *dûm* producen frutos dos veces al año.

En Egipto, ese fruto se llama *nebq* (נבק, no *nibq*), y el árbol es más fuerte y alto que en Siria, donde apenas crece más que cuatro pies. Solo en *Wdi 's-sidr* sobre las montañas de Judea he podido ver troncos más altos de papiro. Kamus aplica el significado de "suave árbol *dûm*" en primer lugar al *dûm* salvaje. En regiones más secas puede haber también un tipo superior de papiros, con mejor fruto. Neshwân (ii. 192) dice: *"dâla*, colectivo *dâl*, es el *dûm* silvestre, pero sus frutos me han parecido siempre dulces y agradables al gusto" (nota de Wetzstein).

Segundo discurso de Yahvé

la línea de la forma שׁקמה (Ewald 189, h). Ammianus Marcus xxii. 15 coincide con Job 40, 21: *Inter arundines celsas et squalentes nimia densitate haec bellua cubilia ponit* (entre cañas altas y cortadas, de poca densidad, esta planta produce un tipo de bellotas…). צללו, **Job 40, 22** (proviene de צלל, como גללו, Job 20, 7, de גלל), y está en aposición con el sujeto: los árboles de loto le cubren (al hipopótamo) dándole sombra. El juego de palabras del texto hebreo de 40, 22 (צֶאֱלִים צִלֲלוֹ) resulta difícil de reproducir en castellano.

La partícula הן (cf. הֵן יַעֲשֹׁק, **Job 40, 23**), evocando algo que es posible, recibe casi un sentido condicional, como en Job 12, 14; 23, 8; Is 54, 15. La versión árabe traduce de un modo apropiado, *'n tgâ 'l-nhr*, porque el árabe *tgâ* indica como עשׁק una conducta excesiva, insolente, y desde ese fondo, como el árabe *dlm*, *'tâ*, y otros verbos citados por Schultens, transfiere ese sentido ético al desbordamiento físico de un río, a la furia de las aguas desbocadas, a la elevación y hundimiento de unas corrientes fuertes de agua. Sin embargo, nada de eso logra aterrorizar a *Behemot*, que puede vivir tanto en el agua como en la tierra.

La expresión לֹא יַחְפּוֹז, que en sentido propio significa "no salta por eso", tiene aquí el significado de "no se molesta por eso". En lugar de Jordán, en 40, 23, especialmente en conexión con גיח, se podían haber mencionado otros ríos, como el *Gaihûn* (el *Oxus*) o el *Gaihân* (el *Pyramus*), que reciben su nombre de la fuerza con que el agua brota en su nacimiento (גוח, גיח, cf. *'gâcha*, quitar, saltar). Pero, a fin de expresar la noción de una corriente poderosa y a veces hinchada y profunda, el poeta ha preferido aludir al ירדן de su patria que, por otra parte, no se encuentra muy lejos del lecho del Jordán, porque todos los wadis del entorno donde el poeta presenta la escena fluyen de un modo directo o indirecto en el Jordán (como *Wâdi el-Meddân*, río de frontera entre el distrito de Suweit y el llano de Nukra).

En cuanto a la palabra יַרְדֵּן (Jordán) podemos decir que proviene probablemente de ירד), pero añadiendo que aquí no significa simplemente una corriente de agua (que nace en la montaña). Ciertamente, aunque ese nombre, Jordán, sigue teniendo un sentido geográfico, mantiene al mismo tiempo un sentido simbólico. La descripción termina en **Job 40, 24** con un reto irónico: ¿Podrás cazarlo mientras él vigila (ante su vista: בְּעֵינָיו)? ¿Quién le perforará su nariz con trampas? El poeta quiere decir que no hay nadie que podrá cazar o domar al hipopótamo, ni con fuerza ni con astucia, de forma que los medios que son suficientes para domar o cazar otros animales resultan del todo insuficientes para domar o cazar a este monstruo. La palabra מוֹקְשִׁים (cf. בְּמוֹקְשִׁים) se toma generalmente como sinónimo de חחים, Is 37, 29; Ez 19,4, en el sentido de trampas, o de cuerdas que se emplean para sujetar a un animal.

A esta descripción del *hippopotamus* (cf. Grehm, *Aus dem Leben des Nilpferds*, Gartenlaube 1859, Nr. 48, etc.) le sigue la del *cocodrilo*, de manera que ambos animales forman una pareja, como puede verse en otros lugares, como en la obra de Achilles Tatius, iv. 2, 19. Así dice Herder que *Behemot* y Leviatán forman los pilares de Hércules del fin de este libro, el *non plus ultra* que nos llevaría a un mundo distinto. Por otra parte, el mismo Herder afirma que estas descripciones del libro de Job no pueden tomarse en sentido puramente biológico, como las contribuciones de Pennant (*Zoologie*) o de Linneo (*Animal Kingdom*), como habrá advertido el lector.

Job 40, 25-29 (=41, 1-5)

²⁵ תִּמְשֹׁ֣ךְ לִוְיָתָ֣ן בְּחַכָּ֑ה וּ֝בְחֶ֗בֶל תַּשְׁקִ֥יעַ לְשֹׁנֽוֹ׃
²⁶ הֲתָשִׂ֣ים אַגְמ֣וֹן בְּאַפּ֑וֹ וּ֝בְח֗וֹחַ תִּקּ֥וֹב לֶֽחֱיֽוֹ׃
²⁷ הֲיַרְבֶּ֣ה אֵ֭לֶיךָ תַּחֲנוּנִ֑ים אִם־יְדַבֵּ֖ר אֵלֶ֣יךָ רַכּֽוֹת׃
²⁸ הֲיִכְרֹ֣ת בְּרִ֣ית עִמָּ֑ךְ תִּ֝קָּחֶ֗נּוּ לְעֶ֣בֶד עוֹלָֽם׃
²⁹ הַֽתְשַֽׂחֶק־בּ֭וֹ כַּצִּפּ֑וֹר וְ֝תִקְשְׁרֶ֗נּוּ לְנַעֲרוֹתֶֽיךָ׃

41, ¹¿Pescarás tú al leviatán con un anzuelo o sujetándole la lengua con una cuerda?
²¿Le pondrías una soga en las narices? ¿Perforarías con un garfio su quijada?
³¿Multiplicará ruegos él ante ti? ¿Te hablará con palabras lisonjeras?
⁴¿Hará un pacto contigo para que lo tomes por esclavo para siempre?
⁵¿Jugarás con él como con un pájaro? ¿Lo atarás para que jueguen tus niñas?[112]

En Job 3, 8, לויתן significaba el dragón celeste, que causa los eclipses de sol (según la mitología hindú era *râhu* la serpiente negra, y *ketu* la serpiente roja); en Sal 104, 26 no aparece como gran saurio o serpiente del agua, del tipo de los *hidrarcas* del mundo primordial (cf. Grässe, *Beiträge*, pp. 94 ss.), sino directamente como la ballena, igual que en el Talmud (Lewysohn, *Zoologie des Talmuds*, 178 s.). Sin embargo, en todos los demás lugares el cocodrilo aparece también como animal simbólico, y lo hace con el nombre de תנין, otro apelativo de este mundo natural maravilloso de Egipto, como emblema de la grandeza del Faraón (cf. *Comentario* a Sal 74, 13), pues el mismo cocodrilo aparece en árabe, como *el-fir'annu*.

El lenguaje del AT no posee un nombre propio para el cocodrilo; el mismo Talmud utiliza el nombre de קרוקתא igual a κροκόδειλος (Lewysohn, 271). לויתן es el nombre genérico para los monstruos marinos enroscados, y תנין para los monstruos muy largos. Dado que el nombre egipcio de cocodrilo no ha sido hebraizado, el poeta de Job se contenta con llamarle תמשך haciendo un juego de palabras con el nombre árabe (arabizado) de *tmsâh, timsâh* (cf. Ewald 324, a). En

---

112. En los próximos versos (final del cap. 40 y todo el cap. 41) varían las numeraciones. *El texto hebreo* (y muchas traducciones españolas) toman estos versos y los tres siguientes como parte final del cap. 40. Por el contrario, *la traducción de Reina-Valera*, con otras traducciones comienzan aquí el cap. 41. Como es normal, sigo en mi traducción y comentario la numeración del texto hebreo de la *Biblia Stuttgartensia*, con el comentario de Delitzsch. Téngase en cuenta esa variación de numeración para el final de este cap. 40 y el 41. Nota del traductor.

esa línea, él es llamado en copto *temsah*, en egipcio jeroglífico (sin artículo) *msuh* (*emsuh*), como animal que repta (y que sale del huevo, *suh*)[113].

Gesenius y otros traducen falsamente (**40, 25-29**): ¿Puedes tú amarrar su lengua con una cuerda? תַּשְׁקִיעַ no significa *demergere* en el sentido de *deprimere* (es decir, aplastar), sino *immergere* (introducir, atar): ¿Podrás tú meter su lengua en un tipo de hilo fuerte, es decir, lograr que pique en el anzuelo de tu cuerda para así arrancarle? El texto se refiere, según eso, a lo que debe suceder para que se pueda (en teoría) agarrar, pescar, al cocodrilo. Herodoto (y tras él Aristóteles) dice en ii. 68, que el cocodrilo no tiene lengua, pero la tiene, aunque uno no puede estirársela, porque su parte más extensa ha crecido hacia el fondo de su boca, en contra de lo que sucede con otros saurios, que tienen una lengua muy larga, que puede estirarse bastante.

Este es el pensamiento que sigue estando en el fondo de Job 41, 26. En primer lugar, los pescadores del Nilo hacen pasar un anillo o anzuelo a través de las agallas o la nariz de los peces grandes; después les atan con una cuerda hecha de fibra (σχοῖνον), tirando entonces al pez así atado en el agua, como si fuera un esclavo perpetuo de los pescadores, como pez o animal doméstico.

La palara צפור de Job 40, 29 no puede significar צפרת הכרמים, un pequeño pájaro de las viñas, un tipo de escarabajo (*Jesurun*, p. 222), o una especie de saltamontes (Lewysohn, 374) sino, conforme a las palabras de Cátulo, *passer deliciae meae puellae* (un pájaro que hace las delicias de mis niñas), como un gorrión, es decir, un pájaro o animal no dañino, con el que se puede jugar (שׂחק ב,,), en un sentido algo diferente de Sal 104, 26, donde no se trata de "jugar con", sino de aprovecharse de ellos (de los pájaros).

Job 40, 30 – 41, 1

³⁰ יִכְרוּ עָלָיו חַבָּרִים יֶחֱצוּהוּ בֵּין כְּנַעֲנִים׃
³¹ הַתְמַלֵּא בְשֻׂכּוֹת עוֹרוֹ וּבְצִלְצַל דָּגִים רֹאשׁוֹ׃
³² שִׂים־עָלָיו כַּפֶּךָ זְכֹר מִלְחָמָה אַל־תּוֹסַף׃
Job 41,¹ הֵן־תֹּחַלְתּוֹ נִכְזָבָה הֲגַם אֶל־מַרְאָיו יֻטָל׃

---

113. Los naturalistas (como dice Chabas en su *Papyr. magique*, p. 190, cuentan cinco especies de cocodrilos que viven en el Nilo, aunque los jeroglifos contienen un número mayor de nombres, determinados por el signo *cocodrilo*. Esto es lo que realmente sucede, aparte de la así llamada tierra del cocodrilo o σκίγκος (árabe *isqanqûr*), cuyo nombre copto, *hankelf* (que según Lauth significa *ha. n. kelf*, gobernante de la orilla), no ha aparecido todavía en los monumentos. Entre los muchos nombres egipcios antiguos para los cocodrilos, citados por Kircher hallamos *charuki*, un nombre que parece equivalente al copto *karus*, como κροκόδειλος ὁ κρόκος, pues κροκόδειλος es el nombre propio del *Lacerta viridis* (Herod. ii. 69). Lauth se inclina a pensar que *charuki* es una ficción de Kircher, lo mismo que el nombre del fénix, αλλοη (cf. p. 562). Sea como fuere, el número de nombres de los cocodrilos (sin incluir el de *charuki*) nos lleva a pensar que había una gran variedad de especies de cocodrilos, que difieren de todas las demás especies de animales, y que así se han encontrado de hecho en las tumbas egipcias: cf. Schmarda, *Verbreitung der Thiere*, i.89.

41, ⁶ ¿Harán banquete con él los pescadores? ¿Lo repartirán entre los mercaderes?
⁷¿Atravesarás tú su piel con dardos, o con arpón de pescadores su cabeza?
⁸Pon tu mano sobre él: recordarás la batalla y no volverás a hacerlo.
⁹Ante él, toda esperanza queda burlada, a su sola vista la gente se desmaya[114].

Los pescadores forman una especie de cofradía (árabe *ṣunf*), cuyos miembros asociados se llaman חַבָּרִים (compañeros, amigos). Sobre כרה על, cf. comentario a Job 6, 27. Así dice R. Akiba, en *b. Rosch ha-Schana*, 26b: "ellos decían gritando lo que nosotros decimos aquí מכירה, כירה". Según eso, Gen 50, 5 ha de entenderse como en la traducción siríaca. Esa palabra (כרה, cf. יִכְרוּ עָלָיו) tiene un origen sánscrito-semítico: sánscrito *kri*, persa *chirîden* (cf. *Jesurun*, p. 178).

En los LXX ἐνσιτοῦνται, pero en 2 Rey 6, 23 esa palabra no cuadra bien con עליו. כנענים o *cananeos*, eran en principios los fenicios; pero después, como los fenicios eran antiguamente raza de mercaderes, esa palabra se aplica directamente a mercaderes y comerciantes. El significado de la pregunta es si los mercaderes venden cocodrilos, quizá divididos en dos o cuarteados.

En el verso siguiente (40, 31), Dios pregunta si los hombres pueden matar al cocodrilo, con dardos (בְּשֻׂכּוֹת), que son armas arrojadizas puntiagudas (árabe *shauke*, como flechas), o con arpones de pescadores (צלצל, así llamados por el sonido silbante que producen en el aire, בְּצִלְצַל צִלָל). En ese verso, Job 40, 31, los acentos ayudan para la traducción: "Pon tu mano sobre él... Recordarás lo que ha pasado (la forma cómo ha respondido el cocodrilo), y no volverás a hacerlo", recordarás la lucha y no volverás a hacerlo. זְכֹר es un imperativo consecuente, cf. Gesenius 130, 2. תּוֹסַף es una forma pausal (cf. Prov 30, 6).

El sufijo de תֹּחַלְתּוֹ (**41, 1**) se refiere al asaltante no a la bestia (a la esperanza que el pescador asaltante puede tener sobre el cocodrilo). Por su parte, נִכְזָבָה está en pretérito, como נֶאֱלָמָה, Is 53, 7 (donde en algunos códices hallamos el acento *milra*). מראים con un sentido singular, como פָּנִים, se refiere al cocodrilo, y יֻטַל (de יטל equivalente a יוטל) se refiere al cazador que ha visto al cocodrilo.

Lo que se dice en 40, 30 ss. es perfectamente verdad. Aunque el cocodrilo fuera considerado como animal sagrado en algunas partes de Egipto, en Elefantina y Apollonopolis, se le tomaba, por el contrario, como animal que podía ser cazado y comido como alimento. Había, además, una especie pequeña de cocodrilos, con los que los niños podían jugar, pero eso no va en contra del texto, pues aquí, en todos los versos, se habla del gran cocodrilo, con su gran fuerza y vigor.

De todas formas, desde tiempos muy antiguos, se conoce la forma de cazar al cocodrilo, poniendo un cebo, quizá un palo, en una especie de soporte o lengüeta, con una cuerda atada, para arrastrarle después a tierra, donde le mataban,

---

114. Recordamos de nuevo la diferencia de numeración entre el texto hebreo (que sigue y comenta Delitzsch y la traducción de Reina-Valera). Nota del traductor.

clavándole una lanza en el cuello (Uhlemann, *Thoth*, pág. 241). Esta era una pesca a gran escala, de la que no habla nuestro texto. De todas formas, en la hipótesis de que se matara a los cocodrilos con arpones desde tiempos antiguos, eso sería más difícil de reconciliar con 40, 31.

Solo se podía matar al cocodrilo con arpones en el caso de que los arpones pudieran ser introducidos en las ranuras entre el cuello y la cabeza, o por las partes más débiles de los lados, lo cual es muy cuestionable que se hiciera en tiempos antiguos en Egipto, donde existía una especie muy grande de cocodrilos (ahora desaparecida). Sobre todo este tema tenemos poca información, de manera que no conocemos lo que podía hacerse en cada etapa de la historia de Egipto. Por otra parte, las preguntas que Yahvé dirige en relación con esos monstruos, conciernen a los hombres de su tiempo, y están formuladas en relación con el poder que ellos tenían entonces sobre la naturaleza. Las estrofas que siguen muestran lo que Dios quiere formular y decir con ellas.

Job 41, 2-3

² לֹא־אַכְזָר כִּי יְעוּרֶנּוּ וּמִי הוּא לְפָנַי יִתְיַצָּב׃
³ מִי הִקְדִּימַנִי וַאֲשַׁלֵּם תַּחַת כָּל־הַשָּׁמַיִם לִי־הוּא׃

¹⁰Nadie tan loco que se atreva a excitarle; ¿quién podrá permanecer ante mí?
¹¹¿Quién me ha dado, para que yo restituya? ¡Todo lo que hay bajo del cielo es mío!

Estas preguntas finales, aplicadas así, recogen el designio o finalidad de este segundo discurso de Job, con la referencia a *Behemot* y Leviatán, que había comenzado de un modo algo abrupto en Job 40, 15. Si el hombre no puede enfrentarse con algunas creaturas de Dios como son *Behemot* y Leviatan ¿cómo podrá hacerlo sin miedo ante Dios mismo? Nadie puede enfrentarse con Dios para exigirle sus derechos. Toda creatura bajo el cielo es de Dios; según eso, los hombres no poseen nada que no sea posesión y don divino, de manera que ellos deben humillarse de un modo reverente ante Dios, pues él es quien da y retira (quita) todo.

En **41, 2**, לֹא no equivale directamente a אֵין, pues la cláusula es de tipo exclamatorio. Por su parte, יְעוּרֶנּוּ de עוּר, tiene un sentido transitivo, como (ἐγείρειν). שׁוּב, Job 39, 12, tiene el significado de volverle (despertarle). En **41, 3**, el significado de הִקְדִּימַנִי está determinado por וַאֲשַׁלֵּם: anticiparse, en especial con regalos ofrecidos en concreto a una persona (árabe *aqdama*). הוּא tiene un sentido neutral, como en Job 13, 16; 15, 9; 31, 11. 28. תַּחַת es virtualmente un sujeto: aquello que está debajo...

Tras estos dos versos (41, 2-3), que tienen un sentido aparentemente epifonemático (esperando la respuesta del oyente o lector), se podría suponer que ahora debía ser Job quien respondiera a las preguntas de Dios. Pero de hecho, en vez de esa respuesta de Job, vuelve de nuevo la descripción de Leviatán, que aparecía ya como animal invencible y que ahora recibe nuevos rasgos.

Job 41, 4-6

⁴ (לֹא)[וְלוֹ] אַחֲרִישׁ בַּדָּיו וּדְבַר־גְּבוּרוֹת וְחִין עֶרְכּוֹ:
⁵ מִי־גִלָּה פְּנֵי לְבוּשׁוֹ בְּכֶפֶל רִסְנוֹ מִי יָבוֹא:
⁶ דַּלְתֵי פָנָיו מִי פִתֵּחַ סְבִיבוֹת שִׁנָּיו אֵימָה:

¹²No silenciaré sus miembros, la proporción de su poder y la gracia de su disposición.
¹³¿Quién ha levantado el manto de su piel? ¿Quién entrará en su doble hilera de dientes?
¹⁴Las puertas de su rostro ¿quién las abrirá? ¡En torno a sus dientes hay terror!

41, 4–5. La palabra אַחֲרִישׁ aparece otra vez, en Job 11, 3: hacer que se guarde silencio); aquí en su sentido usual, guardar silencio. El *qetub* supone que hay que leer el texto como afirmación, con לֹא en el sentido de "no": ¡No pasaré por alto sus miembros (cf. בַּדָּיו, como en Job 18, 13). Por su parte, דבר significa la relación interna de los elementos, las proporciones o aspectos centrales de su poder. Por su parte, חִין (que Ewald interpreta como medida) significa *gracia*, χάρις (sinónimo der חסד), y se aplica aquí en el sentido de "regularidad hermosa", y proviene de חנן, lo mismo que la forma más usual, que es חֵן, gracia. El lenguaje ha evitado la forma חנן, como he observado ya.

לבוּשׁ, vestido, podría traducirse como "cota de malla", pues ese es el significado que usualmente tiene el árabe *libaŝ* ; פְּנֵי לְבוּשׁוֹ no es la cobertura de su rostro (Schlottmann), que debería escribirse לְבוּשׁ פָּנָיו, dado que פְּנֵי es la parte superior de la frente, dirigida al observador (cf. Is 25, 7), como el árabe *wjh, (wag'h), si rem desuper spectes, summa ejus pars, si ex adverso prima* (si miras la cosa desde arriba es su parte más alta, si miras de enfrente es la primera); Fleischer, *Glossae*, i. 57).

Aquello que aparece como la doble hilera de sus dientes (בְּכֶפֶל רִסְנוֹ, con רסן, que es propiamente hablando una parte de la boca, aunque después toma el sentido de la boca entera) es la parte superior e inferior de las mandíbulas, armadas con poderosos dientes. Las bocas de su rostro son las mismas mandíbulas, que se dividen y abren hasta las orejas, con dientes que no están cubiertos con labios, de manera que la impresión que ellos producen resulta por tanto más terrible, como muestra la frase final de **41, 6:** ¡En torno a sus dientes hay terror (cf. con Job 39, 20). שִׁנָּיו genitivo de sujeto, es el círculo, ἕρκος, formado por los dientes (Hahn).

Job 41, 7-9

⁷ גַּאֲוָה אֲפִיקֵי מָגִנִּים סָגוּר חוֹתָם צָר:
⁸ אֶחָד בְּאֶחָד יִגַּשׁוּ וְרוּחַ לֹא־יָבוֹא בֵינֵיהֶם:
⁹ אִישׁ־בְּאָחִיהוּ יְדֻבָּקוּ יִתְלַכְּדוּ וְלֹא יִתְפָּרָדוּ:

¹⁵Orgullo eran los surcos de los escudos, estrechados por un rígido sello.
¹⁶El uno se junta con el otro de modo que el viento no pasa entre ellos.
¹⁷Unido está el uno con el otro, trabados entre sí, no se pueden separar.

41, 7-9. Dado que el poeta utiliza אפיק tanto en el sentido de *robustus* (12,12), como en el de *canal* (40, 18) resulta dudoso si esa palabra ha de entenderse en el sentido de *robusta (robora) scutorum* (la robustez de los escudos, como hace p. ej., Gesenius) o en el sentido de *canales scutorum* (Hirzel, Schlottmann y otros). Aquí preferimos ahora el segundo sentido, pero de manera que la robustez u orgullo de los escudos significa el hecho de que ellos (los escudos cuadrados) se encuentran unidos por esos canales, porque solo así se entiende la palabra סָגוּר, que se refiere a esos mismos escudos, tomados de forma independiente, pero unidos a los que están a sus lados. חוֹתָם צָר es un acusativo que sirve para precisar el tema: cada escudo aparece así unido firmemente al que está a su lado, como por medio de un sello. Los LXX traducen de forma admirable: ὥσπερ σμυρίτης λίθος, i.e., (como piedra de esmeralda, cf. Krause, *Pyrogeteles*, 1859, S. 228). Seis filas de escamas, y cuatro escamas de la garganta cubren la parte superior del cuerpo animal, firmes todas ellas, unidas unas a las otras de forma que trazan una capa casi impermeable, como la que describe aquí Job 41, 7, con expresiones y signos variantes. Según eso, גַּאֲוָה es un tipo de equipamiento del que el cocodrilo puede estar orgulloso. Umbreit y Bochart identifican esa palabra con גוה, la parte trasera del animal, pero eso parece menos exacto.

Job 41, 10-13

¹⁰ עֲטִישֹׁתָיו תָּהֶל אוֹר וְעֵינָיו כְּעַפְעַפֵּי־שָׁחַר׃
¹¹ מִפִּיו לַפִּידִים יַהֲלֹכוּ כִּידוֹדֵי אֵשׁ יִתְמַלָּטוּ׃
¹² מִנְּחִירָיו יֵצֵא עָשָׁן כְּדוּד נָפוּחַ וְאַגְמֹן׃
¹³ נַפְשׁוֹ גֶּחָלִים תְּלַהֵט וְלַהַב מִפִּיו יֵצֵא׃

¹⁸Cuando estornuda, lanza relámpagos; sus ojos son como los párpados del alba.
¹⁹De su boca salen llamaradas; centellas de fuego brotan de ella.
²⁰De sus narices sale humo, como de una olla o caldero que hierve.
²¹Su aliento enciende los carbones; de su boca salen llamas[115].

Muchos viajeros del Nilo, desde Herodoto, han observado atentamente que el cocodrilo goza del sol en la tierra, y entonces dirige sus mandíbulas abiertas hacia la parte soleada[116]; y en conexión con esto bosteza o estornuda con frecuencia, pues los rayos de luz producen irritación en su retina y, en consecuencia, en su garganta.

---

115. Téngase en cuenta lo que venimos diciendo de la doble numeración del texto hebreo y de la traducción. Nota del traductor.

116. Dr. Dieterici, *Reisebilder*, i, 194: "Hemos viso con frecuencia al animal yaciendo en la arena, con sus mandíbulas abiertas, y vueltas hacia los rayos cálidos del sol, mientas que pequeños pájaros, con su esbelta cola blanca, se introducen con toda tranquilidad en su boca terrible y comen gusanos de sus mismos dientes". Herodoto, ii. 68, cuenta exactamente la misma historia

Pues bien, en esa ocasión, dado que el sol brilla entre las partículas de agua de sus escamas, el cocodrilo al moverse puede arrojar esas partículas de agua que resplandecen bajo el sol. Esta delicada observación de la naturaleza, la ha condensado el poeta de Job en tres palabras en la que se expresa y condensa su genio poético (llamaradas; centellas de fuego; humo).

עטש (cf. עֲטִישֹׁתָיו, **41, 10**) es la palabra semítica usual para indicar los estornudos (sinónimo de זרר, 2 Rey 4, 35). תהל (cf. también Job 31, 26) es *hifil* de הלל. La comparación de los ojos del cocodrilo עפעפי־שחר (con Job 3, 9, de עפעף, mover con vibraciones rápidas, temblar...) o la traducción de ese gesto como εἶδος ἑωσφόρου (LXX), es muy significativa, pues conforme a Herodoto i. 68, el jeroglífico del cocodrilo son dos ojos[117], porque el amanecer, ἀνατολη, es ἐπειδήπερ (que ha de leerse probablemente como ἐπειδὴ πρὸ) παντὸς σώματος ζώου οἱ ὀφθαλμοὶ ἐκ τοῦ βυθοῦ ἀναφαίνονται (es decir, porque el amanecer está representado por los ojos del viviente, esto es, del cocodrilo que ascienden del abismo).

De esa forma se quiere evocar el brillo particular de los ojos de ciertos animales, que resplandecen así porque su iris se encuentra provisto de una "sustancia refulgente" o porque en la pupila de sus ojos (como en los de la avestruz) hay puntos que brillan como un metal, recibiendo el nombre de *tapetum lucidum* (tapiz lúcido). En esa línea, el brillo de los ojos ἐκ τοῦ βυθοῦ es el fulgor de la pupila en la profundidad de los ojos. Los ojos del cocodrilo, cuando están bastante cerca, con cierta inclinación, resplandecen a través del agua, con un brillo rojo, cuando se encuentran a solo unos pies bajo el nivel del agua.

De todas formas, la comparación de Job 41, 10 puede entenderse de un modo distinto. El párpado interior del cocodrilo, es decir, el tercero[118], tiene por sí mismo un color rojo-rosado, de manera que, destacando ese elemento, esos

---

y entre los amigos especiales de los cocodrilos cita a τὸν τροχῖλον (el pájaro llamado "lavandera", *Pluvianus Aegyptius*).

117. Por sí solos, los ojos del cocodrilo no son un jeroglífico. ¿Cómo pueden ser representados por sí mismos como ojos? En el *Ramesseum* y en otros lugares los ojos del cocodrilo aparecen con una cabeza dirigida hacia arriba, en compañía de leones yacentes, y los ojos del cocodrilo están representados con fuerza especial. Pues bien, cerca de ese grupo, el cocodrilo aparece también en posición curvada, y muy pequeño, pero esta vez en compañía de un escorpión que lleva un disco del sol. En el primer caso, el de los dos ojos del cocodrilo (κροκοδείλου δύο ὀφθαλμοί), me parece que estamos ante una figura de la noche más larga y en el segundo (κροκόδειλος κεκυφώς de Horapollo) ante una figura de la noche más corta, de tal forma que ἀνατολή y δύσις no se refieren a la salida y puesta del sol, sino de la noche, que en un caso prevalece y en el otro es derrotada por el día (interpretación que me ha sido comunicada por Lauth a partir de sus investigaciones sobre monumentos astronómicos). Pero, dado que el crecimiento del día comienza tras la noche más larga (y viceversa), las nociones de ἀνατολή y δύσις pueden retener su significado más natural, de manera que los ojos del cocodrilo son una figura de la luz que brilla de la oscuridad, mientras que la cola del cocodrilo significa la negra oscuridad (y Egipto como el país negro).

118. El Prof. Will no vincula esta figura al tercer párpado de la *membrana nictitans*, sino a un lugar de la *choroidea*, brillando con un lustre metálico, que es propio de la mayor parte de los

ojos pueden compararse con los párpados de la aurora. En esa línea, lo que **Job 41, 11-12** dice del cocodrilo, Achilles Tatius, iv. 2, lo dice del *hippopotamus,* afirmando que de sus ojos, narices y boca brota una especie de aliento, que es como un humo ardiente, una fuente de fuego (cf. καὶ πνέων πυρώδη καπνὸν ὡς ἀπὸ πηγῆς πυρός). Bartram ha observado que cuando el *alligator/lagarto* (cocodrilo de tipo caimán) sube a la tierra viene expulsando una especie de humo denso, a través de sus narices abiertas, con un sonido de trueno. Conforme a esta descripción, que es muy creíble, los caimanes (cocodrilos) pueden producir la impresión de que llevan dentro un tipo de fuego que se expande y expresa a través de su boca o sus narices. En esa línea, nuestro poeta reproduce poéticamente, pero de un modo fidedigno, esta misma impresión.

He tratado ya de כידוד (cf. כִּידוֹדֵי, de la raíz כד, que alude a las centellas de fuego, cf. 41, 11). Por su parte, יִתְמַלָּטוּ tiene el sentido de desenredarse, en este caso de deshacerse como en pequeñas partículas. La palabra וְאַגְמֹן, Job 41, 19, ha sido traducida por Saadía, Gecatilia y otros por *qumqum* (קוּמקוּם), un tipo de caldera. Los comentaristas modernos derivan esa palabra de נגה que significa brillar, traduciéndola como caldero ardiente. Pero esa traducción no tiene sentido, pues no puede establecerse de un modo lingüístico. Resulta preferible acudir al árabe אגן (*iggane*, en el sentido de cobre).

La palabra אגמון significaba en Job 40, 2, un tipo de σχοῖνος o caña roja, y en el Talmud de Jerusalém (*Sota* ix. 12), un tipo de utensilio doméstico (cf. árabe *ugum*). Ewald ha puesto de relieve su verdadero significado, como el de una olla o caldero que está hirviendo; un utensilio que se calienta, con fuego de cañas como carburante, produciendo con el agua que hierve un tipo de denso humo oscuro. Con eso compara el poeta la parte interior del cuerpo del cocodrilo que se expresa a través de unos ojos que parecen irradiar fuego.

Job 41, 14-17

14 בְּצַוָּארוֹ יָלִין עֹז וּלְפָנָיו תָּדוּץ דְּאָבָה׃
15 מַפְּלֵי בְשָׂרוֹ דָבֵקוּ יָצוּק עָלָיו בַּל־יִמּוֹט׃
16 לִבּוֹ יָצוּק כְּמוֹ־אָבֶן וְיָצוּק כְּפֶלַח תַּחְתִּית׃
17 מִשֵּׂתוֹ יָגוּרוּ אֵלִים מִשְּׁבָרִים יִתְחַטָּאוּ׃

²²Gran fuerza reside en su cuello, y delante de él cunde el desaliento.
²³Los flancos de su carne están firmes, muy unidos a ella, no se mueven.
²⁴Firme es como piedra su corazón, fuerte como piedra inferior de molino.
²⁵Cuando se levanta, los fuertes temen y retroceden a causa de su desfallecimiento[119].

---

animales nocturnos, es decir, al brillo de los ojos, que resplandecen gracias a su especial revestimiento. Cf. la magnífica cabeza de cocodrilo en Schlegel, *Amphibien-Abbildungen* (1837-44).

119. Sigue habiendo la diferencia de numeración que venimos indicando. Nota del traductor.

41, 14-15. Gran fuerza reside en su cuello, y ante ella surge el desaliento, la desesperación, la disolución (דאבה de דאב, árabe *d'b* igual a דוּב *hifil*, árabe *d'b*, hacer que alguien pierda su ánimo, sinónimo de חמס): cuando el cocodrilo se levanta surge por doquier el desaliento, de un lado a otro (ידוץ, cf. תְּדוּץ, árabe *jadisu*, expandirse); ante él se extiende un tipo de abatimiento que produce terror, que aniquila toda fuerza.

Incluso sus partes menos protegidas, como los flancos (מפלי), y especialmente la parte del vientre, se mantienen firmes y apretadas. Esas partes permanecen también bien ligadas al cuerpo entero, con דבקו, indicando que no caen con flacidez, sino que se insertan y vinculan en (con) el cuerpo, como si fueran de metal fundido, sin moverse de un lado para el otro, pues la piel que les tapa es muy gruesa, y está cubierta por duras escamas. Y dado que el aparato digestivo ocupa solo una parte pequeña del cuerpo, y sigue estando recubierto por la escamas del vientre, las partes tiernas del cocodrilo aparecen más pequeñas, más estrechas, más apretadas entre sí y más protegidas que en los otros animales.

41, 16-17. En este caso יצוק (cf. יְצוּק, 41, 16) no es aquí como en Job 27, 2; 29, 6, el futuro de צוק, sino el participio de יצק, lo mismo que en Job 41, 24: su corazón es firme y duro, como si fuera de bronce fundido, duro como una piedra, como la piedra bajera de un molino (כְּפֶלַח, de פלח, *falacha*), que ha de ser muy fuerte para que pueda soportar el peso y la fricción de la piedra superior.

De todas formas, el sentido de la imagen no se centra en un tipo de dureza de la piedra, sino más bien en el carácter indómito del espíritu y de la tenacidad de la vida simbolizada por el cocodrilo. La actividad de su corazón no se perturba fácilmente, e incluso las heridas mortales no le hacen perder su carácter indómito.

מִשֵּׂתוֹ (4, 17) de שֵׂת (igual a שְׂאֵת), forma primaria de שְׂאֵת, se entiende mejor en un sentido activo (temerosos cuando se alza) que en sentido pasivo. La palabra אֵילִים (אֵלִים) no se vincula como piensa Ewald, con אִיל (árabe *îjal*), carnero, sino con אֵילִים, cf. Ex 15, 15; Ez 17, 13 (cf. 2, גירים Cron 2, 16; 2, 2, נירי Sam 22, 29) y con אֵלִים, cf. Ez 31, 11; 32, 21, y con אוּלִים *qetib* de 2 Rey 24, 15; todas esas son formas alternativas y modos de escribir de un adjetivo participial derivado de אוּל (איל), que aparece ante todo en la forma primaria de *awil* (como גֵּר igual a *gawir*). El primer significado que se asigna al verbo אול es el de estar gordo, carnoso, un significado que después puede aplicarse de dos formas: ser estúpido o ser fuerte (Gesenius, *Handwörterbuch*). Pero esta es una mala concepción del tema: *âla* se dice de los fluidos que se vuelven "espesos" por la condensación, por la evaporación del líquido, y en ese sentido se puede afirmar que retroceden, engordan (así lo dice correctamente Gesenius en su *Thes.: notio crassitiei a retrocendendo*); la gordura viene pues de perder líquido, de retroceder.

El verbo *âla, ja'ûlu*, une en sí mismo los dos significados, de avanzar y de retroceder. En esa línea se vinculan los dos significados, el de *anteriorem* y el de *superiorem esse*, de manera que אל toma el sentido de alguien que posee el poder, alguien que, según eso, está ante y por encima de los demás.

Por su parte, יִתְחַטָּאוּ (**41, 17**) tiene el significado (que no aparece en ningún otro lugar), de retroceder, de no lograr su intento (de חטא, árabe *chaṭiya*, fracasar, en oposición al árabe *ṣâb*, que es dar en el blanco, lograr), un significado muy adecuado pues está poniendo de relieve el hecho de que los אילים no han logrado lo que querían, han sido incapaces de capturar y matar al monstruo. La palabra שברים (מִשְׁבָּרִים) ha de entenderse de un modo subjetivo, como תבירא igual a פחד, Ex 15, 16, en targum II, y también a la palabra árabe *thubûr*, que se emplea más en referencia a la mente.

Job 41, 18-21

¹⁸ מַשִּׂיגֵהוּ חֶרֶב בְּלִי תָקוּם חֲנִית מַסָּע וְשִׁרְיָה׃
¹⁹ יַחְשֹׁב לְתֶבֶן בַּרְזֶל לְעֵץ רִקָּבוֹן נְחוּשָׁה׃
²⁰ לֹא־יַבְרִיחֶנּוּ בֶן־קָשֶׁת לְקַשׁ נֶהְפְּכוּ־לוֹ אַבְנֵי־קָלַע׃
²¹ כְּקַשׁ נֶחְשְׁבוּ תוֹתָח וְיִשְׂחַק לְרַעַשׁ כִּידוֹן׃

²⁶Aunque le alcance la espada, ella no le clavará; ni la lanza, el dardo o la jabalina.
²⁷Para él, el hierro es como paja y el bronce como madera podrida.
²⁸La saeta (hijo del arco) no lo hace huir y las piedras de honda le son como paja.
²⁹Tomas las armas como si fueran hojarasca, y se burla del silbido de la jabalina.

41, 18 מַשִּׂיגֵהוּ, que está al principio como nombre absoluto tiene el sentido de "si alguien le alcanza", en el sentido de "si cualquiera llega hasta él", como ha destacado Ewald 357, c. La conclusión es בלי תקום, no le alcanzará la espada, no se le clavará (בלי con verbo de finalidad, como en Os 8, 7; 9, 16, *qetiv*).

חרב, espada, tiene aquí el sentido de arma o instrumento, no se emplea de un modo figurado (cf. Sal 17, 13). Por su parte, מַסָּע, de נסע, árabe *nz'*, significa moverse, apresurarse, pero aquí toma el sentido de "mísil", un dardo, algo que se arroja, como en árabe *minz'a*, una flecha, *manz'a*, la piedra de una honda, o la honda que lanza la piedra; según el targum, esa palabra podría significar la funda de la honda (*funda quae projicit lapidem*) que se emplea para arrojar o disparar las piedra). Pero, dado que קלע, el hecho de manejar las armas, se menciona por separado, parece que esa palabra no significa aquí la honda, sino los mísiles o proyectiles lanzados por la honda (o por otro instrumento de ese tipo, como podría ser la misma catapulta).

En esta combinación de armas de ataque (espada, dardo, lanza, jabalina…) resulta cuestionable si שִׁרְיָה (**41, 19**) es una palabra vinculada a שריון (שרין) que es una cota de malla. Pero más probablemente es equivalente al árabe *sirwe (surwe)*, un tipo de flecha con una cabeza final larga y ancha (a diferencia de eso, *serîje*, es más bien un arma corta, redonda). Según eso, suponemos que שִׁרְיָה es un tipo de flecha que podría tomarse como arpón o como jabalina (sobre los diversos tipos de flejas y armas egipcias, cf. G. F. Klemm, *Culturgeschichte*, v. 371 s.).

El hijo del arco (בֶּן־קֶשֶׁת) o de la אשפה, que es la aljaba, es sin duda la flecha o saeta. El ἀπ. γεγρ. תותח significa un tipo de arma arrojadiza, como supone el árabe *watacha*, arrojar. Por su parte, כִּידוֹן, **41, 20**, a diferencia de חנית (larza larga), es una espada corta o, más bien, dado que רעש implica un movimiento de lanzamiento, es un tipo de jabalina.

Pues bien, el cocodrilo toma todas esas armas como si fueran תבן, *tibn*, paja seca; en esa línea, las piedras de la honda aparecen para el cocodrilo como simple hojarasca (כְּקַשׁ). Esta palabra (קשׁ) puede significar hojarasca, o restos de paja que quedan tras la siega; pero quizá resulta preferible entenderla en el sentido de paja, la misma paja que se eleva contra el viento cuando se recoge en la era el grano, como sabe Job 13, 25; por otra parte, esa paja puede emplearse para fabricar ladrillos (cf. Ex 5, 12), o incluso para abono, y en ese sentido no tiene valor como arma para la guerra[120].

El plural נחשבו, Job **41, 21**, no parece que deriva de la palabra תותח tomada en sentido colectivo, sino del hecho de que, en vez de decir תותח וכידון, el poeta ha tomado וכידון como parte de una frase separada. La lectura de Parchon (y de Kimchi) y la forma de entender חחות se funda en un error.

Job 41, 22-26

²² תַּחְתָּיו חַדּוּדֵי חָרֶשׂ יִרְפַּד חָרוּץ עֲלֵי־טִיט׃
²³ יַרְתִּיחַ כַּסִּיר מְצוּלָה יָם יָשִׂים כַּמֶּרְקָחָה׃
²⁴ אַחֲרָיו יָאִיר נָתִיב יַחְשֹׁב תְּהוֹם לְשֵׂיבָה׃
²⁵ אֵין־עַל־עָפָר מָשְׁלוֹ הֶעָשׂוּ לִבְלִי־חָת׃
²⁶ אֶת־כָּל־גָּבֹהַּ יִרְאֶה הוּא מֶלֶךְ עַל־כָּל־בְּנֵי־שָׁחַץ׃

³⁰Por debajo tiene escamas puntiagudas que se extienden como sobre el barro.
³¹Hace que las aguas hiervan como una caldera, y que el mar sea como olla de ungüento.
³²En pos de sí ilumina el camino, de manera que el abismo parece blando.
³³No hay en la tierra quien se le asemeje; es un animal sin temor alguno.
³⁴Menosprecia toda arrogancia y es rey sobre toda bestia orgullosa.

41, 22. Bajo él, es decir תחתיו (igual a תחת en 41, 3), como sujeto virtual (cf. Job 28, 5). Sus partes inferiores son las más puntiagudas y afiladas, es decir, provistas de escamas cortantes. חדוד es una forma intensiva de חד (árabe *hadîd*,

---

120. Nos hemos referido al uso egipcio-arábico de la paja (cf. Fleischer, *Glossae*, p. 37). Por su parte, en Siria, la paja que ha sido ya cortada, pero no trillada en la era, puede permanecer un tiempo en el campo, bien protegida con piedras para que no se la lleve el viento, recibiendo el nombre de *qashsh*, cercano al de קש (nota de Wetzstein).

afiladas como herramientas), como חָלוּק, 1 Sam 17, 40, o חלק (que es lo contrario: suaves)[121], y en combinación con חרש חדודי (como en el caso de הַחֲרָשִׂים חדודי, cf. Job 30, 6), tiene un sentido de superlativo: son escamas salientes, prominentes, cortantes, como el árabe *chairu ummatin*, las mejores (Ewald 313, c.; cf. *Gramm. Arabe* 532). En los LXX se dice ἡ στρωμνὴ αὐτοῦ ὀβελίσκοι ὀξεῖς, en el sentido de "su parte de abajo son como obeliscos o piedras afiladas", haciendo que ירפד de Job 41, 22b pase a 21a, 30, y traduciendo esa palabra como si fuera רפידתו (árabe *rifâde, stratum*).

El verbo רפד (*rafada*), vinculado a רבד, significa extenderse (Job 17, 13), y también pisar. Lo que implica esta palabra no puede referirse al cocodrilo entero, cuyas escamas del vientre son más suaves, sino a la cola, cuyas escamas son más prominentes, culminando en una cavidad más honda, de manera que pueden separarse con dureza, en forma afilada. El pensamiento de fondo es que cuando la cola se agita y se mueve es como si pasara por la tierra un trillo con dientes de hierro.

Las afirmaciones de Job **41, 23** son básicamente realistas. Bartram, que vio dos caimanes luchando entre sí, afirma que su movimiento dentro del agua quedaba marcado en la superficie, de manera que daba la impresión de que el agua estaba hirviendo. Con מצולה se está evocando un tipo de remolino, desde el abismo, es decir, desde la profundidad (de צוּל igual a צלל, silbar, chocar, girar, surgir), como expresión de un cambio que se expresa con יָשִׂים יָם (de forma que el mar aparezca…). Incluso actualmente, los beduinos llaman al Nilo *bahr* (יָם, mar) y comparan sus crecidas, por las que el agua desborda su cauce, como las de un inmenso mar verdadero.

La observación de que el animal extiende un fuerte olor a azmilcre (un perfume extraído de algunos animales y plantas) se debe quizá al hecho de que puede tomar la figura de un tarro de ungüento (cf. LXX ὥσπερ ἐξάλειπτρον, que Zwinglio tradujo de forma equivocada como *spongia*); una doble glándula en la cola (de los cocodrilos y de los caimanes) provee a los egipcios antiguos y a los americanos de un tipo de (pseudo) azmilcre.

En **Job 41, 24** se quiere evocar el surco brillante y blanco que el cocodrilo deja tras de sí en la superficie del agua. En la base de esa imagen subyacen las descripciones del mar espumoso, que los poetas clásicos indicaban diciendo que estaba πολιός, de color canoso. Entre los antiguos, שׂיבה (יַחְשֹׁב תְּהוֹם לְשֵׂיבָה), el pelo canoso se tomaba como uno de los testimonios más hermosos de belleza, que inspiraba un gran respeto.

La palabra מָשְׁלוֹ, **Job 41, 25,** que el targum, la traducción siríaca, la versión árabe y la mayor parte de las versiones modernas (p. ej., Hahn: no hay en la tierra

---

121. También en árabe esta forma sustantivada es intensa, *lebbûn,* una gran cantidad de losetas o ladrillos, secados al aire, unas losetas con las que se pavimentan los patios de las casas agrícolas, unas losetas que son unas ocho veces más grandes que las ordinarias, llamadas *libne* (לבנה).

una maestría más grande) traducen en la línea de Zac 9, 10, como hacen los LXX, Jerónimo y Umbreit), es una inflexión de מֹשׁל (cf. Job 17, 6, donde este *nomen actionis* significa un proverbio engañoso, y donde התמשל significa comparase uno consigo mismo, ser igual (Job 30, 19). El sentido es aquí que "no hay nada semejante al cocodrilo".

עַל־עָפָר es también una expresión hebreo-árabe; se vincula con el uso árabe de la palabra *turba*, formada a partir de *turab* (cf. comentario a Job 19, 25), que se aplica a la superficie de la tierra, y a *et-tarbâ-u* que es el nombre de la misma tierra. Por su parte, הֶעָשׂוּ (en vez de העשׂוּי, como צפוּ, Job 15, 22, *qetiv*, igual a צפוּי), que proviene de עשׂוּו, *'asûw*, (cf. 1 Sam 25, 18, *qetiv*), es el predicado confirmatorio del sujeto lógico descrito en Job 41, 33 como incomparable.

Por su parte, לִבְלִי־חָת, *absque terrore*, sin miedo (cf. Job 38, 4), es un tipo de predicado en nominativo: este ser creado, hecho, aparece así como un ser sin terror, un viviente a quien nadie infunde miedo. En esa línea, en **41, 26b**, se dice que el cocodrilo es "rey sobre toda cosa elevada" (מֶלֶךְ עַל־כָּל־בְּנֵי־שָׁחַץ), de forma que mira desde su altura a los restantes seres, sin tener miedo de ellos. En conclusión, el Leviatán es rey sobre todos los hijos del orgullo, es decir, sobre todas las bestias de presa que se mueven orgullosamente en el entorno (cf. comentario sobre Job 28, 8).

Job 42

Job 42, 1-3

¹ וַיַּעַן אִיּוֹב אֶת־יְהוָה וַיֹּאמַר׃
² (יָדַעְתָּ) וְיָדַעְתִּי כִּי־כֹל תּוּכָל וְלֹא־יִבָּצֵר מִמְּךָ מְזִמָּה׃
³ מִי זֶה׀ מַעְלִים עֵצָה בְּלִי דָעַת לָכֵן הִגַּדְתִּי וְלֹא אָבִין נִפְלָאוֹת מִמֶּנִּי וְלֹא אֵדָע׃

¹Entonces respondió Job a Yahvé y dijo:
²Reconozco que todo lo puedes y que no hay para ti nada que no puedas.
³"¿Quién es ese que oscurece el consejo sin conocimiento?"
Así he dicho, sin entendimiento, cosas maravillosas para mí, sin conocerlas[122].

Ciertamente, Job sabía desde antes lo que ahora reconoce en **42, 2**, pero ahora ese conocimiento se ha elevado sobre él con una claridad divinamente iluminada, tal como hasta entonces nunca la había experimentado. Los monstruos extraños y maravillosos que Dios acaba de presentarle son una prueba de que Dios es capaz de poner todo en movimiento, mostrando, al mismo tiempo, que los planes con los que él actúa están más allá de toda comprensión.

---

122. Coincide de nuevo la numeración del texto hebreo y de la traducción (que se venían distinguiendo desde 40, 25 (texto hebreo) y 41, 1 (traducción). Nota del traductor.

Segundo discurso de Yahvé

De esa forma, aquello que es incluso más contradictorio, rectamente percibido, resulta ser muy glorioso. Teniendo eso en cuenta, el sufrimiento que Job padece no es aquella monstruosa injusticia de Dios que él pensaba y criticaba, sino que es una מזמה profundamente elaborada, una obra bien dispuesta, una sabia עצה de Dios.

En **42, 3** Job repite para sí mismo la palabra de advertencia que Dios le dirigía en 38, 2: "¿Quién es ese que oscurece el consejo sin conocimiento?". Ahora confiesa así que su juicio anterior era equivocado, de manera que ha merecido el reproche de Dios. De esa forma, como indica la palabra לכן, Job saca la conclusión a la que le ha conducido la palabra de castigo de Dios; así declara que sus juicios y reproches anteriores contra Dios eran demasiado rápidos, conclusiones falsas sobre cosas que se hallaban por encima de su poder de comprensión, pues él no poseía la capacidad necesaria de percibirlas y juzgarlas.

Sobre la forma de escribir יָדַעְתָּ, en el *qetiv*, que recuerda la traducción siríaca *med'et* (sin sufijo pronominal), cf. Gesenius 44, 4. Sobre la expresión de Job 42, 2b, cf. Gen 11, 6. La repetición de Job 38, 2 en 42, 3 tiene ciertas variantes, conforme a la costumbre de algunos autores, como he destacado en *Psalter*, i. 330. La palabra הִגַּדְתִּי, (he afirmado), que aparece en Job 42, 3, sirve para mostrar que Job no ha expresado juicios en general, sino que ha pronunciado un juicio estricto contra Dios (para condenarle), y que ahora se retracta de ello, con todas las consecuencias que ello implica. Las frases con ולא אָבִין y וְלֹא אֵדָע לֹא) son de tipo circunstancial, cf. Ewald 341, a.

Job 42, 4-6

⁴ שְׁמַע־נָא וְאָנֹכִי אֲדַבֵּר אֶשְׁאָלְךָ וְהוֹדִיעֵנִי׃
⁵ לְשֵׁמַע־אֹזֶן שְׁמַעְתִּיךָ וְעַתָּה עֵינִי רָאָתְךָ׃
⁶ עַל־כֵּן אֶמְאַס וְנִחַמְתִּי עַל־עָפָר וָאֵפֶר׃

⁴Escucha, te ruego, y hablaré. Te preguntaré y tú me enseñarás.
⁵Por escucha de oídas te había escuchado, mas ahora mis ojos te han visto.
⁶Por eso estoy triste y me arrepiento en polvo y ceniza.

Las palabras aquí empleadas a modo de súplica (**Job 42, 4**), las toma Job también de la boca de Yahvé (cf. Job 38, 3; 40, 7). Hasta aquí le ha interrogado Yahvé, a fin de hacer que reconozca su ignorancia y debilidad. Ahora, sin embargo, después que ha percibido esto, Job está ansioso de elevar preguntas a Yahvé, a fin de penetrar de manera cada vez más profunda en el conocimiento del poder y de la sabiduría divina, para así aprender y aceptar la verdad de Dios.

42, 5. Ahora, por primera vez, comienza para Job la verdadera y viva percepción de los caminos de Dios, que no se realiza ya por pura tradición (con una ל que evoca una percepción externa, לְשֵׁמַע־אֹזֶן, "por escucha externa, de oído a consecuencia de noticias que han llegado a mis oídos", cf. Sal 18, 45, cf. Is 23,

5), sino por experiencia y comunicación directa con Dios. Solo ahora puede decir y dice que conoce a Dios.

42, 6. Por medio de esta nueva luz, Job no puede engañarse más, tanto en relación con Dios como en relación consigo mismo; de esa forma pasa de la mentira anterior a la visión de la verdad, de forma que solo permanece en él el conocimiento penitencial de su pecado hacia Dios, y el nuevo conocimiento de la verdad de Dios. El objeto de אמאס es su conducta anterior. נחם es la expresión exacta para μετανοεῖν, la divina tristeza del arrepentimiento por no haberse arrepentido. Él se arrepiente (sentado) sobre polvo y ceniza, conforme al estilo de aquellos que se encuentran dominados por una pena muy profunda.

Interpretación de Job 40, 6–42, 6. En el segundo discurso que Yahvé ha dirigido a Job ya no trataba sobre su exaltación y su poder en general, sino que intentaba responder a la duda de Job respecto a la justicia del gobierno de Dios en el mundo, como ponía de relieve el largo pasaje sobre el hipopótamo y el cocodrilo. Ese pasaje (Job 40, 15–41, 34 de la traducción castellana, que corresponde a Job 40, 15–43, 26 del texto hebreo) podía parecer carente de finalidad y de conexión con lo anterior, de forma que incluso Eichhorn y Bertholdt suponían que las partes separadas de estos dos discursos de Yahvé se encuentran desordenadas. Pues bien, en contra de eso, ahora podemos advertir que esos textos sobre *Behemot* y Leviatán servían para que Job comprendiera mejor el misterio del poder y presencia de Dios.

En esa línea crítica, Stuhlmann, Bernstein y De Wette suponen que la segunda parte de la descripción de Leviatán (41, 4–26, cf. 41, 12–34 de la traducción) constituía una interpolación posterior, pues piensan que este pensamiento se encuentra "inflado" (sobrecargado) y destruye la conexión entre las palabras finales de Yahvé en 41, 25 y la respuesta de 42, 2-6. Desde otra perspectiva, Ewald rechaza toda la sección 40, 15-41, 26, atribuyéndola al escritor de los discursos de Elihu, una opinión que más tarde él mismo abandonó, pues en parte esta sección debía haber tenido como autor a un tercer poeta.

Pues bien, en contra de eso, podemos afirmar que esos discursos de Dios sobre *Behemot* y Leviatán forman parte de la enseñanza que él dirige a Job sobre el sentido de su poder y de su acción en el mundo. En esa línea debemos añadir que, prescindiendo de la expresión más convencional de Job 41, 4 (לֹא אַחֲרִישׁ בַּדָּיו), que se introduce para reasumir la descripción anterior), debemos añadir que el autor de esos discursos de Dios sobre *Behemot* y Leviatán sigue en el mismo tono de todo lo anterior, de forma que mantiene el mismo carácter elevado del resto del libro, como los discursos de Elihu, con su inclinación arabeizante y, con su mismo genio poético, con su riqueza de pensamiento y con la perfección técnica de sus detalles.

Más aún, esta sección sobre *Behemot* y Leviatán muestra el mismo conocimiento de Egipto del autor de los discursos anteriores del libro de Job, de manera que no podemos dudar de la autenticidad de esta sección, aunque tenga

Segundo discurso de Yahvé

ciertos rasgos distintos. Por eso, antes de poner en duda el carácter original de esta sección, hemos de hacer un intento de entenderla dentro del lugar en que ahora se encuentra, sabiendo que ella no ha sido introducida aquí por puro descuido.

Desde ese mismo fondo, debemos recordar que el primer discurso de Yahvé (Job 38-39) había sido muy distinto de lo que podíamos haber esperado, y sin embargo habíamos podido reconocer su profunda conexión con el plan de conjunto del libro. En esa línea, debemos decir lo mismo en relación con su segundo discurso (Job 40-41).

Después que Job ha respondido al primer discurso de Yahvé con una confesión de penitencia (40, 3-5), el segundo discurso no ha podido tener otra finalidad que la de fortalecer esa confesión, pues Yahvé ha querido seguir dando razones para esa confesión de Job y para profundizar y ratificar su tono saludable. El objetivo de fondo de este segundo discurso de Dios no ha sido el discutir con Job en general, sino retomar sus argumentos y sus críticas a causa de la prosperidad de los malvados, cosa que, a su juicio, no puede conciliarse con la justicia divina.

En esa línea, para concluir aquel debate en el que Job había mantenido con fuerza su propia justicia, pidiéndole a Dios que le respondiera, Dios le ha respondido de un modo elevado, describiendo su poder y su presencia misteriosa en la creación. También aquí, como resultado de todo lo anterior, la refutación de Dios sigue en la misma línea de la dignidad de Yahvé, que expone ante Job aquello en lo que Job debe creer, y más en concreto, aquello que Job debe percibir (y que antes no percibía) a fin de no creer por simple imposición, sino por buen conocimiento. Sin argumentar en concreto con Job, a fin de mostrarle que muchas cosas del gobierno del mundo son de esta forma y no de otra, Yahvé había retado a Job diciéndole que tomara en sus manos el gobierno del mundo, y que dejara libre curso a su ira, a fin de derribar todo aquello que estaba exaltado, a fin de que los malhechores no pudieran realizar ya nada malo.

De esa manera, al situarse ante la complejidad del gobierno del mundo, Job se ha visto obligado a reconocer la existencia de un fuerte contraste entre su debilidad y el orden de Dios, contra el que había protestado, descubriendo, al mismo tiempo, que Dios castiga realmente al impío, pero que debe tener sabios consejos cuando él no permite que las corrientes de su ira descarguen inmediatamente en contra de los impíos.

En esto concuerdan incluso autores como Simpson. Pero, dicho esto ¿qué finalidad tiene la descripción de los dos monstruos egipcios que, a juicio de Ewald están aquí fuera de lugar? Esta: a fin de mostrarle a Job la poca capacidad que él tiene de gobernar el mundo, y ejecutar el juicio sobre los malvados, Dios le ha presentado dos creaturas especiales, dos monstruos a quienes los hombres no pueden cazar, gigantes de gran estatura y de fuerza invencible, que desafían todos los posibles ataques de los hombres.

A nuestro juicio, estas dos descripciones tienen la finalidad de enseñar a Job su incapacidad de pronunciar sentencia sobre los malhechores, pues él es incapaz de atar y cautivar a *Behemot* con una cuerda, y tampoco puede acercarse a Leviatán, pues si lo hiciera quedaría aterrorizado para siempre, de forma que nunca más lo haría.

Este es quizá un signo bien relacionado con la trama del libro de Job, pues estos dos animales simbólicos, בהמות y לויתן (תנין) aparecen en el lenguaje de los profetas y de los salmos como símbolos del poder del mundo (y enemigos del Dios redentor y de su pueblo). Según eso, pensamos que la confesión de Job en 42, 2, se encuentra bien situada, al final de la descripción completa de Leviatán, que había estado dividida en dos partes, en el conjunto de Job 40, 25–41, 26, de forma que ella sirve para situar en su verdadera luz el tema que Job había planteado ante Dios.

Job 42, 7–16
DESENLACE EXTERNO

La confesión y tono de penitencia de Job quedan ahora ratificados. Él reconoce la omnipotencia divina que actúa conforme a un propósito sabiamente diseñado, en contra de su total ignorancia y debilidad. Ahora se abre ante él un mundo de divina sabiduría y de maravillosos pensamientos de Dios, algo de lo que él no conoce nada, pero de lo que aprenderá mucho a través de la instrucción divina. De estos misterios de Dios forma parte también su aflicción y dolor.

Job percibe así que todo forma parte de un sabio decreto de Dios, ante el que ahora se inclina en gesto de adoración, reconociendo que ese decreto es un misterio para él. Sentado sobre polvo y ceniza, Job expresa una profunda contrición por la violencia con la que él se ha situado ante el orden (desorden) de este mundo, queriendo rechazarlo (negando la justicia de Dios). Pero ahora se inclina ante el misterio, aunque sabiendo que no lo ha logrado descifrar.

La enseñanza final del libro no consiste simplemente en que Dios pide solo fe, por encima de todas las cosas, sino en saber que para el hombre justo los sufrimientos son camino que lleva a la gloria, y que la fe es el camino para la visión de Dios. En esto consiste el mayor deseo de Job, cuyo cumplimiento él espera allí donde su fe irrumpe y se eleva de entre las cenizas: él quiere contemplar a Dios, aunque deba morir antes en su dolor. Pues bien, aquí nos hallamos ante la realización de ese deseo, que Dios cumple a Job antes de que él muera o se rinda.

De esa forma, el mismo Job que antes solo conocía a Dios de oídas, puede ya decir: עתה עיני ראתך, ahora mis ojos te han visto. Su percepción de Dios ha penetrado así en un estadio totalmente nuevo. Antes, Dios le había ofrecido un testimonio de sí mismo, llamándole al arrepentimiento, pero sin que Job lograra arrepentirse por ello, en contra de lo que le exigían sus tres "amigos". Pero ahora, dado que Job ha eliminado el óxido de la corrupción, y su alma se ha vuelto pura, Dios puede presentársele como su Defensor y Redentor.

Ahora que Job ha arrancado por la penitencia todo lo que en sus discursos era expresión de pecado, solo permanece en él la verdad de su inocencia, como Dios mismo declara. Solo permanece en Job la verdad de haberse mantenido vinculado a Dios a pesar de la dura batalla de la tentación, por la cual, sin él haberlo sabido externamente, ha frustrado el designio de Dios.

Job 42, 7

⁷ וַיְהִ֗י אַחַ֨ר דִּבֶּ֧ר יְהוָ֛ה אֶת־הַדְּבָרִ֥ים הָאֵ֖לֶּה אֶל־אִיּ֑וֹב
וַיֹּ֨אמֶר יְהוָ֜ה אֶל־אֱלִיפַ֣ז הַתֵּימָנִ֗י חָרָ֨ה אַפִּ֤י בְךָ֙ וּבִשְׁנֵ֣י רֵעֶ֔יךָ
כִּ֠י לֹ֣א דִבַּרְתֶּ֥ם אֵלַ֛י נְכוֹנָ֖ה כְּעַבְדִּ֥י אִיּֽוֹב׃

⁷ Aconteció que después que habló Yahvé estas palabras a Job, Yahvé dijo a Elifaz, el temanita: Mi ira se ha encendido contra ti y tus dos compañeros, porque no habéis hablado de mí lo recto, como mi siervo Job.

A fin de mantener solo la justicia de Dios, los amigos habían condenado a Job, en vez de buscar un mejor conocimiento y conciencia de su situación; de esa forma, ellos han abandonado la verdad, pensando que de esa forma defendían la justicia de Dios, una defensa que Dios rechaza, como Job les había dicho. A pesar de eso, Dios quiere obrar de una forma benévola.

Job 42, 8

⁸ וְעַתָּ֡ה קְחֽוּ־לָכֶ֣ם שִׁבְעָֽה־פָרִים֩ וְשִׁבְעָ֨ה אֵילִ֜ים וּלְכ֣וּ ׀
אֶל־עַבְדִּ֣י אִיּ֗וֹב וְהַעֲלִיתֶ֤ם עוֹלָה֙ בַּֽעַדְכֶ֔ם וְאִיּ֣וֹב עַבְדִּ֔י
יִתְפַּלֵּ֖ל עֲלֵיכֶ֑ם כִּ֧י אִם־פָּנָ֣יו אֶשָּׂ֗א לְבִלְתִּ֞י עֲשׂ֤וֹת עִמָּכֶם֙
נְבָלָ֔ה כִּ֠י לֹ֣א דִבַּרְתֶּ֥ם אֵלַ֛י נְכוֹנָ֖ה כְּעַבְדִּ֥י אִיּֽוֹב׃

⁸ Ahora, pues, tomad siete becerros y siete carneros, id a mi siervo Job y ofreced holocausto por vosotros. Mi siervo Job orará por vosotros y yo de cierto lo atenderé para no trataros con afrenta por no haber hablado de mí con rectitud, como mi siervo Job.

Schlottmann y Ewald, traducen נכונה como "aquello que es sincero" y lo aplican a la fidelidad interna de Job, en oposición a las palabras de los amigos, que van en contra de su conocimiento, que debería ser mejor, y de su conciencia. Pero *nkwn* (נְכוֹנָה) no tiene nunca ese significado, pues significa *directum* (lo que es *rectum* o recto) o *erectum* (lo que es firme, estable), pero no lo que es simplemente *sincerum*.

De todas formas, la verdad objetiva y la fidelidad subjetiva se vinculan aquí en la noción de "lo que es correcto", que en los discursos de Job se ha expresado de dos formas principales: (a) Job ha negado con toda su fuerza la afirmación según la cual la aflicción y el dolor es siempre un castigo por el pecado. (b) Job ha mantenido siempre firme la conciencia de su inocencia, sin dejarse convencer por lo opuesto. Esa actitud era la correcta, y su fidelidad era más preciosa a los ojos de

Dios que la falta de fidelidad de los amigos, que se presentaban como defensores celosos del honor de Dios.

Después que Job ha reconocido su error de un modo penitente, Dios toma una decisión entre él y sus amigos, conforme a su deseo y a su súplica anterior, 16,

El testigo celeste, al que Job había apelado, se hace escuchar sobre la tierra y llama a Job con el dulce nombre de mi siervo, עבדי.

Y así, como Siervo de Dios, Job no aparece solo como favorecido por él, sino como instrumento de su gracia para los pecadores. Y de esa manera, como su fe ha brillado con fuerza, él se ha convertido en profeta no solo de su propio futuro, sino también del futuro de sus amigos, de manera que actúa como mediador sacerdotal entre sus amigos y Dios.

Por eso, los amigos de Job (contra los cuales Dios se encuentra airado, pero sin considerarles malvados, רשעים, sino solo personas que han errado), tienen que ofrecer un sacrificio como medio de reparación, y en ese contexto Job tendrá que elevar una intercesión sacerdotal a favor de ellos, pues precisamente Dios aceptará la mediación de aquel (כי אם, no otro), a quien ellos habían mirado como alguien que había sido castigado (cf. Gen 19, 21), no la de otro, de manera que una honda vergüenza deberá abrir sus ojos (los ojos de sus "amigos").

También aquí, como en la introducción del libro, aparece de nuevo el tema de la עולה o sacrificio de holocausto que realiza la reparación. La עולה es el más antiguo y, conforme a su significado, el más completo de los sacrificios sangrientos. Toros y carneros son también los animales básicos que se emplean para los sacrificios sangrientos del ritual mosaico. De todas formas, el animal propio de las ofrendas por el pecado es el macho cabrío (con la cabra), animales que aquí no aparecen, porque el tiempo y lugar no son adecuados para separar y distinguir entre el sacrificio por el pecado y el holocausto, es decir, entre חטאת y עולה.

El número doble (siete y siete animales sacrificados) pone de relieve la más honda profundidad de la ofrenda que debe realizarse. En esa línea, los tres obedecen al mandato de Dios pues, aunque se han equivocado, la voluntad de Dios se encuentra para ellos por encima de toda otra norma, y por los tanto ellos se someten como amigos a la intercesión de su amigo Job[123].

Job 42, 9

⁹ וַיֵּלְכוּ אֱלִיפַז הַתֵּימָנִי וּבִלְדַּד הַשּׁוּחִי צֹפַר הַנַּעֲמָתִי וַיַּעֲשׂוּ
כַּאֲשֶׁר דִּבֶּר אֲלֵיהֶם יְהוָה וַיִּשָּׂא יְהוָה אֶת־פְּנֵי אִיּוֹב׃

⁹ Fueron, pues, Elifaz, el temanita, Bildad, el suhita, y Sofar, el naamatita, e hicieron como Yahvé les había dicho. Y Yahvé aceptó la persona (oración) de Job.

---

123. En este contexto se entiende el proverbio talmúdico, según el cual (cf. Früst, *Perlenschnüre*, pág. 80): או חברא כחברי איוב או איתותא, *o tener un amigo como los amigos de Job o morir*.

Yahvé se ha elevado como testigo de Job, y así ha realizado ya su redención espiritual. Pues bien, lo único que ahora falta es que Dios, que ha reconocido y testificado a favor de Job, su siervo, actúe también de un modo externo y visible, y se muestre él mismo, de manera misericordiosa como el Dios justo.

Job 42, 10

¹⁰ וַיהוָ֞ה שָׁ֤ב אֶת־(שְׁבִית) [שְׁב֣וּת] אִיּ֔וֹב בְּהִֽתְפַּֽלְל֖וֹ בְּעַ֣ד
רֵעֵ֑הוּ וַיֹּ֧סֶף יְהוָ֛ה אֶת־כָּל־אֲשֶׁ֥ר לְאִיּ֖וֹב לְמִשְׁנֶֽה׃

¹⁰ Y Yahvé le quitó a Job su aflicción (le hizo volver de su cautiverio…), cuando oró por sus amigos, y aumentó Yahvé al doble todas las cosas que habían sido de Job.

רעהו ha de entenderse de un modo general, como en Job 17, 21, y la ב de תפללו בְּהִ no significa "porque", sino "cuando". El momento en el que Job ora por sus amigos viene a convertirse de esa forma en el clímax o cumbre de una vida que había sido agradable para Dios, el momento de cambio de gloria para él. De aquí ha tomado el Talmud aquel proverbio que dice: תחלה כל־המתפלל בעד חברו נענה, i.e., aquel que ora por sus amigos encuentra siempre primero aceptación para sí mismo.

La frase שָׁב אֶת־שְׁבִית [שְׁבוּת] significa propiamente hablando "tornar la cautividad", y en sentido más amplio hacer que termine la miseria (en alemán la *Elend*) o cautiverio en un país extraño (cf. *Psalter*, ii. 192), pues en tiempo antiguo la expulsión del propio territorio se consideraba como signo de la más lamentable condición.

Esta frase o proverbio (*mashal*) no define directamente a Job como signo de Israel cuando estaba en el cautiverio, pero va en la línea de esa interpretación. Ahora, cuando Job ha sido recuperado y doblemente bendecido por Dios (como se le promete también a Israel en el exilio, cf. Is 61, 7 y frecuentemente) aparecen también con frecuencia los amigos simpatizantes.

Job 42, 11

¹¹ וַיָּבֹ֣אוּ אֵ֠לָיו כָּל־אֶחָ֨יו וְכָל־(אַחְיֹתָיו) [אַחְיוֹתָ֜יו]
וְכָל־יֹדְעָ֣יו לְפָנִ֗ים וַיֹּאכְל֨וּ עִמּ֥וֹ לֶ֨חֶם֙ בְּבֵית֔וֹ וַיָּנֻ֤דוּ לוֹ֙
וַיְנַחֲמ֣וּ אֹת֔וֹ עַ֚ל כָּל־הָ֣רָעָ֔ה אֲשֶׁר־הֵבִ֥יא יְהוָ֖ה עָלָ֑יו וַיִּתְּנוּ־ל֗וֹ
אִ֚ישׁ קְשִׂיטָ֣ה אֶחָ֔ת וְאִ֕ישׁ נֶ֥זֶם זָהָ֖ב אֶחָֽד׃ ס

¹¹ Y vinieron a él todos sus hermanos, todas sus hermanas y todos los que antes lo habían conocido y comieron pan con él en su casa. Se condolieron de él, lo consolaron de todo aquel mal que Yahvé había traído sobre él y cada uno le dio una *qesitá* (moneda de plata) y un anillo de oro.

La prosperidad atrajo de nuevo a todos aquellos a quienes la calamidad había alejado, porque el amor de los hombres es poco más que un número de gruesas o delicadas muestras de egoísmo. Solo ahora vienen todos y se regocijan con Job por su prosperidad, es decir, para disfrutar de ella. Él, sin embargo, no confía nuevamente en ellos, porque solo Dios es el juez respecto a los últimos motivos del amor humano, y el amor que nos muestran los otros es ciertamente más digno de agradecimiento que de odio.

Ellos son nuevamente sus huéspedes, y él les deja ante su propia vergüenza. Y ahora sus lenguas, que hasta el momento se habían mantenido alejadas, se han vuelto de nuevo elocuentes, pues elevan y ofrecen signos de congratulación y gestos de ayuda hacia Job, con expresiones de tristeza por su desventura pasada. Ese es ahora un gesto fácil, que no exige fe de parte de ellos, y así traen cada uno un regalo, de forma que se muestra en cada cosa que Yahvé ha restaurado su honor a su siervo Job. Todo se subordina ahora a Job, a quien habían tomado como alguien que había sido abandonado por Dios.

La *qesita*, קשיטה, o moneda que amigos y familiares ofrecen a Job es una pieza de metal pesada (con peso fijo), que tiene más valor que el *shekel*, pero sin que pueda precisarse, pues no se cita nunca en el sistema de pesos y medidas de monedas del tiempo de los patriarcas (cf. Gen 33, 19), en cuyo contexto se sitúa la historia de Job[124]. Por su parte, נזמים son anillos de la nariz y la oreja, y así aparecen, en Ex 32, 3, como ornamento de mujeres y hombres. Y a continuación el libro describe la forma en que Job fue bendecido.

Job 42, 12

¹² וַיהוָה בֵּרַךְ אֶת־אַחֲרִית אִיּוֹב מֵרֵאשִׁתוֹ וַיְהִי־לוֹ אַרְבָּעָה
עָשָׂר אֶלֶף צֹאן וְשֵׁשֶׁת אֲלָפִים גְּמַלִּים וְאֶלֶף־צֶמֶד בָּקָר וְאֶלֶף אֲתוֹנוֹת׃

¹² Y Yahvé bendijo el postrer estado de Job más que el primero, porque tuvo catorce mil ovejas, seis mil camellos, mil yuntas de bueyes y mil asnas.

Sobre la cantidad de la ganadería cf. Job 1, 3, un número que ahora aparece doblado. Pero el número de sus hijos será distinto[125].

---

124. Conforme a *b. Rosch ha-Schana*, 26a, R. Akiba encontró la palabra קשיטה en África con el significado de מעה (moneda), como traduce también el targum (cf. *Aruch, Wörterbuch*, voz קשיטה); por su parte, el árabe קשט significa balanzas y peso.

125. Job, lo mismo que los agricultores más ricos del momento actual, cuenta el número de las asnas, pues ellas son tres veces más caras que los asnos, por ser necesarias para la cría de nuevos animales, aunque no por su leche, pues los semitas no ordeñan a los asnos y caballos. Por otra parte, pueden ser también una ganancia colateral, pues los agricultores pobres, que solo pueden comprar un asno, tienen que tener forraje para alimentarlo.

Lo que hace que este animal sea indispensable para los agricultores es el hecho de que sea el más común (pues los camellos son muy raros entre los labradores) y el hecho de que sea casi el medio exclusivo de transporte. Los agricultores, por sí mismos, serían casi incapaces de llevar semilla

Job 42, 13-15

¹³ וַיְהִי־לוֹ שִׁבְעָנָה בָנִים וְשָׁלוֹשׁ בָּנוֹת:
¹⁴ וַיִּקְרָא שֵׁם־הָאַחַת יְמִימָה וְשֵׁם הַשֵּׁנִית קְצִיעָה וְשֵׁם הַשְּׁלִישִׁית קֶרֶן הַפּוּךְ:
¹⁵ וְלֹא נִמְצָא נָשִׁים יָפוֹת כִּבְנוֹת אִיּוֹב בְּכָל־הָאָרֶץ
וַיִּתֵּן לָהֶם אֲבִיהֶם נַחֲלָה בְּתוֹךְ אֲחֵיהֶם: ס

¹³ También tuvo siete hijos y tres hijas. ¹⁴ A la primera le puso por nombre Jemima; a la segunda, Cesia, y a la tercera, Keren-hapuc. ¹⁵ Y no había en toda la tierra mujeres tan hermosas como las hijas de Job, a las que su padre dio herencia entre sus hermanos.

42, 13–14. Según eso, en el lugar de los siete hijos y de las tres hijas anteriores, Job tuvo de nuevo el mismo número de hijos, lo que en algún sentido significa tener el doble, pues conforme a la visión del Antiguo Testamento, los hijos fallecidos no se toman como totalmente perdidos, pues ellos se cuentan también como miembros de la familia, cf. 2 Sam 12, 23. El autor de este libro muestra en todo, incluso en los mínimos detalles, que la relación de una persona con sus hijos muertos o ausentes es muy distinta que la relación con cosas que se han perdido.

La forma pausal שִׁבְעָנָה, siete (en vez de שבעה) va con un paragógico *ana,* que en otros casos aparece como sufijo femenino (Gesenius 91, 2). Esa forma con *âna* aparece aquí, de manera destacada, como una figura de embellecimiento literario, que suele añadirse a veces a las historia primordiales (cf. Gen 21, 9; Rut 1, 19). El texto puede traducirse: "él tuvo una *septiada* de hijos varones". Los nombres de los hijos quedan en silencio, pero no los de las hijas. El sujeto de ויקרא es cada una de las hijas, como en Is 9, 5 (cf. supra, en comentario a Job 41, 25, *existimaverit quis*). Una se llama יְמִימָה Yamima (árabe *jemâme, Paloma*) a causa de sus ojos; otra se llama קְצִיעָה, *Qasia, perfume,* porque parecía emanar un olor de *Cinamomo;* y la tercera se llamaba קֶרֶן הַפּוּךְ, *Keren-hapuc,* Cuerno de *Hapuk* (LXX ofrece una traducción helenizada: κέρας ἀμαλθείας), cuerno de Amaltea, que es un tipo de cabra que no es hermosa en sí misma, pero que es muy importante porque es el principal cosmético de belleza femenina (cf. Lane, en su libro sobre *Modos y costumbres de las mujeres egipcias modernas*). Esta tercera hija fue la más bella de todas, y su belleza se hallaba aumentada por medios artificiales.

---

para sembrar a una distancia que podía ser de seis u ocho millas. En general, el asno no tiraba del arado, y los agricultores de Siria solían utilizar para eso los bueyes.

Sin con un asno era difícil llevar el grano recogido hasta el molino (que podía estar a veces a un día de distancia), se empleaba también para transportar leña y forraje, lo mismo que el abono necesario para tierras que debían ser abonadas. Por otra parte, los camellos sirven para cosechar (*ragâd*), para transportar el grano (*ghalle*), la paja cortada (*tibn*), el combustible (*hatab*) y las demás cosas semejantes a una ciudad más grande o a los puertos de mar. Aquellas comunidades campesinas que no poseen camellos para realizar estas tareas los suelen alquilar a los árabes (nómadas), (nota de Wetzstein).

Estas tres hijas de Job fueron por tanto como las tres gracias. El autor del libro se fija en su belleza externa, cosa que no va en contra de la perspectiva del Antiguo Testamento, y así lo indica el verso que sigue (no había mujeres más bellas…). Sobre נמצא con acusativo, cf. Gesenius 143, 1, b. להם, etc., referido a las hijas (aunque está en masculino) se debe al hecho de que en hebreo resulta a veces difícil distinguir los géneros.

Job 42, 15 se entiende mejor desde una perspectiva árabe que israelita, porque la Torá de Israel solo reconoce a las hijas como herederas si es que el padre no ha tenido hijos, cf. Num 27, 8. El escritor de Job es consciente de que esta narrando las cosas desde una perspectiva extraisraelita y premosaica, y de esa forma habla de la herencia de las hijas. Por otra parte, esta distribución de la propiedad por igual entre hijos e hijas nos sitúa ante la visión agradable de una familia que vive en concordia al principio de la historia, y pone de relieve el hecho de que las hijas no necesitan casarse con herederos ricos, pues ellas se encuentran bien dotadas de bienes (igual que los hijos), como de algún modo evoca el verso que sigue.

Job 42, 16-17

¹⁶ וַיְחִי אִיּוֹב אַחֲרֵי־זֹאת מֵאָה וְאַרְבָּעִים שָׁנָה (וַיִּרְא) [וַיִּרְאֶה] אֶת־בָּנָיו וְאֶת־בְּנֵי בָנָיו אַרְבָּעָה דֹּרוֹת׃
¹⁷ וַיָּמָת אִיּוֹב זָקֵן וּשְׂבַע יָמִים׃

¹⁶ Después de esto vivió Job ciento cuarenta años, y vio a sus hijos y a los hijos de sus hijos, hasta la cuarta generación. ¹⁷ Job murió muy anciano, colmado de días.

En el lugar de וַיִּרְא, el *kere* ofrece la forma inusual de וַיִּרְאֶה, que no aparece en ningún otro lugar de la Biblia (cf. 1 Sam 17, 42). El estilo de las historias primordiales, que reconocemos aquí en todo el texto (cf. Gen 50, 23; Is 53, 10), se muestra de un modo especial en las últimas palabras. De un modo semejante, Gen 25, 8; 35, 29 recuerdan el final de los patriarcas; ellos murieron saciados de vida, pues una vida larga es un don de Dios, pero no es el mayor ni el final de todos.

Interpretación de Job 42, 7–16. Un poeta del NT hubiera terminado el libro de un modo diferente, indicando que, libre de su conflicto interior y divinamente confortado, Job murió en medio de su enfermedad, pero llegó hasta el trono de Dios con su palma de victoria, entre la multitud innumerable de aquellos que habían lavado sus vestidos, blanqueados en la sangre del cordero, según el libro del Apocalipsis.

En contra de eso, el poeta del Antiguo Testamento podía comenzar su libro con una escena celestial, pero no terminarla de la misma manera. Ciertamente, en algunos pasajes, que son como puntos luminosos de Nuevo Testamento dentro de este poema del Antiguo, Job se atreve a creer y esperar que Dios le reconocerá tras la muerte. Pero esta es solo una aspiración individual de fe, el extremo final de una esperanza que se opone a un fin de miedo total. Pues bien, el desenlace de Job 42 no responde a esa aspiración. La visión del cielo, que un poeta cristiano hubiera sido capaz de ofrecer al final del libro, solo se vuelve posible por la resurrección y ascensión de Cristo.

En esa línea, ciertamente, vale hasta aquí aquello que dice Oehler en su ensayo sobre *La sabiduría del Antiguo Testamento* (1854, S. 28), en oposición a los que piensan que el libro de Job se dirige directamente en contra de la doctrina mosaica de la retribución. En esa línea, el final del libro de Job sanciona de nuevo y ratifica el valor de la vida presente del hombre en este mundo. Pero, dicho eso, debemos añadir que el mensaje de consuelo que nos transmite este libro teológica y artísticamente incomparable es sustancialmente el mismo que el del Nuevo Testamento.

En esa línea, el consuelo final de cada hombre que sufre no depende de la obra de un genio de los cielos, sino que se funda en el amor de Dios, sin el cual el mismo cielo vendría a convertirse en un infierno. Según eso, el libro de Job es también un libro de consolación para la iglesia del Nuevo Testamento, pues nos enseña que nosotros no tenemos que luchar solo en contra de la carne y de la sangre, sino también contra el príncipe de este mundo, aportando nuestra colaboración a la conquista y superación del mal, meta a la que tiende desde Gen 3, 16 toda la historia del mundo (de la humanidad).

Esa historia nos muestra que la fe y la justicia vengadora son realidades totalmente opuestas; ella nos muestra que el verdadero hijo de la fe se apoya en el amor divino, superando el sentimiento de ira de este mundo; que los caminos incomprensibles de Dios tienden siempre a un final de gloria; y que el sufrimiento del tiempo presente no puede compararse con el final de la gloria futura.

La naturaleza de la fe, el misterio de la cruz, la justa práctica del cuidado de las almas... Estas y otras muchas cosas más nos enseña a la Iglesia a partir de este libro, cuya enseñanza no podrá ser nunca totalmente aprendida y completamente cumplida.

www.ingramcontent.com/pod-product-compliance
Lightning Source LLC
Chambersburg PA
CBHW050417240426
43661CB00055B/2174